HEYNE
JUBILÄUMS
REIHE

In derselben Reihe
erschienen außerdem als Heyne-Taschenbücher:

Thriller · Band 50/6
Klinik · Band 50/19
Horror · Band 50/21
Das endgültige Buch der Sprüche und Graffiti · Band 50/26
Sinnlichkeit · Band 50/31
Noch mehr Witze · Band 50/34
Das Buch der Sprüche und Graffiti · Band 50/39
Lust · Band 50/40
Beschwingt & heiter · Band 50/47
Sex · Band 50/50
Deutsche Erzähler des 19. Jahrhunderts · Band 50/52
Sehnsucht · Band 50/53
Körner, Sprossen, Keime · Band 50/57
Glück muß man haben · Band 50/59
Männerwitze · Band 50/62
Zauber der Leidenschaft · Band 50/65
Super-Sex · Band 50/67
Ärzte · Band 50/68
Immer fröhlich, immer heiter · Band 50/69
Alptraum · Band 50/71
Bürosprüche · Band 50/72
Lateinamerikanische Erzähler · Band 50/73
Louisiana · Band 50/74
Samurai · Band 50/76
Obsession · Band 50/77
Ratgeber Bauen und Wohnen · Band 50/79
Viel Vergnügen · Band 50/80
Ekstase · Band 50/81

Österreichische Erzähler · Band 50/82
Ratgeber Versicherung · Band 50/83
Grauen Pur · Band 50/84
Fröhlich und beschwingt · Band 50/85
Arztpraxis · Band 50/86
Bombenstimmung · Band 50/87
Starke Frauen · Band 50/88
Heiter und so weiter · Band 50/89
Frauenkrimis · Band 50/90
Lachsalven · Band 50/91
Romantische Liebe · Band 50/92
Geheimnisvolles Erbe · Band 50/93
Hinter dem Schleier · Band 50/94
1000 neue Witze zum Totlachen · Band 50/95
Herr Doktor · Band 50/96
Leidenschaftliche Liebe · Band 50/97
Glücklich und zufrieden · Band 50/98
Crime Ladies · Band 50/99
Die große Liebe · Band 50/100
Psycho · Band 50/101
Tatmotiv: Liebe · Band 50/102
Vergnügliches · Band 50/103
Halbgott in Weiß · Band 50/104
Stürme des Herzens · Band 50/105
König Artus · Band 50/106
Lachen ist ansteckend · Band 50/107
Die Patientin · Band 50/108
Shadorun · Band 50/109
Liebesglück · Band 50/110
Verborgene Zuflucht · Band 50/111
Im Reich der Fantasy · Band 50/112
Bitte lächeln · Band 50/113

HEYNE
JUBILÄUMS
REIHE

U-BOOT

Mit zahlreichen Fotos

WILHELM HEYNE VERLAG
MÜNCHEN

HEYNE JUBILÄUMSBÄNDE
Nr. 50/114

QUELLENHINWEIS

Carl Alman, GRAUE WÖLFE IN BLAUER SEE
Copyright © 1977 by Autor und Wilhelm Heyne Verlag GmbH & Co. KG,
München
Innenfotos: Arthur Grimm, Berlin; Süddeutscher Verlag, Bilderdienst, München;
Ullstein-Bilderdienst, Berlin; Archiv des Autors
(Der Titel erschien bereits in der Allgemeinen Reihe
mit der Band-Nr. 01/5747)

Paul Lund/Harry Ludlam, DIE NACHT DER U-BOOTE/Night of the U-boats
Copyright © 1973 by Paul Lund and Harry Ludlam
Published by Arrangement with W. Foulsham & Co. Ltd.
Copyright © 1983 der deutschen Ausgabe
by Wilhelm Heyne Verlag GmbH & Co. KG, München
Innenfotos: Archiv des Autors
Aus dem Englischen von Dr. Klaus Kamberger
(Der Titel erschien bereits in der Allgemeinen Reihe
mit der Band-Nr. 01/6137)

Jochen Brennecke, HAIE IM PARADIES
Copyright © der deutschen Ausgabe by Koehlers Verlagsgesellschaft mbh;
Herford
(Der Titel erschien bereits in der Allgemeinen Reihe
mit der Band-Nr. 01/644)

Umwelthinweis:
Dieses Buch wurde auf chlor- und säurefreiem Papier gedruckt.

5. Auflage

Copyright © 1996 dieser Ausgabe
by Wilhelm Heyne Verlag GmbH & Co. KG, München
Printed in Germany 1998
Umschlagillustration: Bilderdienst Süddeutscher Verlag, München
Umschlaggestaltung: Atelier Ingrid Schütz, München
Gesamtherstellung: Elsnerdruck, Berlin

ISBN 3-453-09856-0

Inhalt

CARL ALMAN
Graue Wölfe in blauer See
Seite 7

PAUL LUND/HARRY LUDLAM
Die Nacht der U-Boote
Seite 335

JOCHEN BRENNECKE
Haie im Paradies
Seite 543

KARL ALMAN
Graue Wölfe in blauer See

INHALTSVERZEICHNIS

Vorwort 11
Die Vorgeschichte 15
Durchbruch ins Mittelmeer 27
U 81 versenkt die ›Ark Royal‹ 32
U 331 versenkt die ›Barham‹ 42
Das Ende der ›Force K‹ 52
Italienische Froschmänner im Hafen von Alexandria 61
34 Deutsche U-Boote ins Mittelmeer 66
Deutsche Schnellboote vor Malta und Tobruk 71
Nachtgefecht 80
Die 6. Räumbootsflottille im Mittelmeer 88
Die unverwüstliche ›Hermes‹ 92
Die zweite Schlacht in der Syrte 95
Malta im Brennpunkt 99
Der U-Boots-Einsatz im Jahre 1942 104
Erfolge – Verluste bis 30. Juni 1942 104
Zwei Geleitzüge für Malta 112
U 83 vor Afrikas Küste 117
U 73 versenkt den Flugzeugträger ›Eagle‹ 130
U 83 wird eingeschleppt 144
Die Alliierten landen in Afrika 152
Toulon – Grab der französischen Flotte 159
Geleit- und Sicherungsdienst für Nordafrika 165
Schnellbootseinsätze im Jahre 1943 175
Der deutsche Übersetzverkehr in der Messinastraße 187
Die 2. und 10. Landeflottille 187
Die Räumung von Korsika 187
Der große Umfall 203
Einsatz deutscher U-Boote im Jahre 1943 209
Die 20. Marine-Bordflak in Italien 234
Die 9. Torpedobootsflottille dreimal vernichtet 239
Die 1. und 2. Geleitflottille 268

Die 10. Torpedobootsflottille 268
Die Räumbootsflottillen 1943/1944 277
U-Boots-Einsatz 1944 287
Bis zum bitteren Ende 287
Der Einsatz der 1. Schnellbootsdivision 1944 300
Das Jahr 1945 – Bis zum bitteren Ende 310

ANHANG

Ritterkreuzträger im Mittelmeer 319
Die 10. U-Flottille in Malta 321
Technische Daten des U-Bootes VII-C 322
Deutsches Marinekommando Italien 323
Deutsches Marinekommando Italien 1943-1944 324
Deutsches Marinekommando Tunesien 325
Versenkungserfolge der Malta-U-Boote 326
Versenkungserfolge deutscher U-Boote im Mittelmeerraum . 327
Verbleib der Mittelmeer-U-Boote 330
Quellenangaben 332
Zeitschriften 334

VORWORT

›Mare nostro‹ nannte Mussolini das Mittelmeer. Als Italien im Juni 1940 in den Krieg eintrat, gab es keine Absprache mit Deutschland zu gemeinsamem Handeln. Einen klaren Operationsplan ließ Italien nicht erkennen; es glaubte wohl den Krieg bereits gewonnen und genügte sich mit einem Angriff an der Alpenfront, wo im Sinne der Forderung ›Mare nostro‹ eigentlich nichts zu gewinnen war.

Größere Operationen zur See waren von der italienischen Marine nicht zu fordern. Zwar hatte Mussolini den Bau einer modernen Flotte in Angriff nehmen lassen, aber sie war personell und materiell noch nicht einsatzbereit. Es fehlte wohl auch an klaren Vorstellungen für ihren Einsatz. Anders stand es mit der starken italienischen Luftwaffe, die, gestützt auf zahlreiche strategisch günstig gelegene Flugplätze, ein achtunggebietender Faktor war.

Merkwürdig, daß Hitler nach Beendigung des Frankreich-Feldzuges nicht die strategisch wichtige Forderung Mussolinis nach Besetzung Tunesiens in die Waffenstillstandsbedingungen aufnahm, nicht minder merkwürdig, daß er den Kampf gegen England praktisch auf den noch schwachen Tonnage- und Luftkrieg beschränkte und die Vorstellungen des Großadmirals Raeder im September 1940 über die Möglichkeiten, die der Mittelmeerraum bot, zwar zustimmend zur Kenntnis nahm, aber nichts veranlaßte.

Erst schwere Rückschläge in der Cyrenaika und Mussolinis mißlungener Griechenland-Feldzug, der den Briten gestattete, sich in Griechenland und auf Kreta festzusetzen, zwangen 1941 Deutschland zu handeln.

Aber warum wurde nicht der Versuch unternommen, Malta zu nehmen?

Malta entschied nach dem Urteil des Generalfeldmarschalls Kesselring das Schicksal des Afrikakrieges.

Malta steht auch im Mittelpunkt dieses Buches, das in der Literatur über den Zweiten Weltkrieg insofern eine Lücke schließt, als der Seekrieg der Marine im Mittelmeer bisher noch keine zusammengefaßte Darstellung gefunden hat.

Das Buch erhebt keinen Anspruch darauf, ein Geschichtsbuch zu sein, das Schlußfolgerungen zieht. Nicht, was hätte geschehen können, sondern was geschah, nicht Möglichkeiten, sondern Tatsachen werden geschildert. Hier wird den tapferen Männern, die im Mittelmeer kämpften, ein Denkmal gesetzt, zumal auch denen, die einen gefährlichen und aufreibenden Dienst verrichteten, ohne sich besonders hervortun zu können, Männern, die bislang ungenannt blieben.

Daß deutsche U-Boote und Schnellboote im Mittelmeer Erfolge errangen, wurde durch manche Sondermeldung des Oberkommandos der Wehrmacht bekannt und ist auch heute wohl noch in Erinnerung. Aber wer hat außerhalb der Kriegsmarine eine Vorstellung von den Anforderungen, die an die Minenräumflottillen gestellt wurden, an die Besatzungen der Landeflottillen, der Sicherungsdivisionen, die unter schwersten Bedingungen die Truppen samt Ausrüstungen und Gerät von Sizilien, Sardinien und Korsika, von Kreta und den Inseln der Ägäis übersetzten, von den Besatzungen der Transporter und ihrer Bordflak, die drei Jahre den Transport und Nachschub des Afrikakorps unter bitteren Verlusten durch See- und Luftangriffe schafften? Sie alle kämpften bis zum völligen Aufbrauch ihrer Kräfte und Mittel. Dreimal verlor die 9. Torpedobootsflottille in der Ägäis bis zum letzten Boot ihren Bestand und wurde mit italienischen ›Beutebooten‹ neu formiert. Ähnlich erging es der 1. und 2. Geleitflottille und der 10. Torpedobootsflottille im Tyrrhenischen Meer und in der Adria.

Das alles hat der Verfasser übersichtlich und bewegend gestaltet. Auch den Leistungen italienischer Einheiten wird die Darstellung gerecht. Fesselnd und erregend ist die Schilderung des Einsatzes der ›Torpedoreiter‹ des italienischen Fregattenkapitäns Fürst Borghese, die in die Höhle des Löwen, den scharf bewachten Hafen von Alexandria, eindrangen und dabei die Schlachtschiffe ›Queen Elizabeth‹ und ›Valiant‹ außer Gefecht setzten.

Darf ich am Schluß des Vorwortes noch sagen, daß ich das Buch mit starker innerer Bewegung gelesen habe, das so viele Erinnerungen wachruft im Gedenken an die unvergessenen, lieben Kameraden, die ihre Treue mit dem Tode besiegelten, und in Dankbarkeit an alle die tapferen Männer, deren Tage hier geschildert werden.

Kreisch
Vizeadmiral a. D.
s. Z. Führer der U-Boote im
Mittelmeer 1942/43

Lüneburg, den 8. XII. 1966

1. TEIL

Die Vorgeschichte

bis zum Einsatz der ersten deutschen U-Boote

Das Mittelmeer ist im Laufe der Geschichte immer wieder Schauplatz blutiger Auseinandersetzungen seiner Anrainer gewesen. Im 18. Jahrhundert trat Großbritannien als seebeherrschende Macht in diesem Raum auf. Doch erst mit dem Bau des Suezkanals wurde es für das britische Imperium lebenswichtig, daß seine Verbindungen durch das Mittelmeer zu den persischen Ölquellen, nach Indien und dem Fernen Osten nicht gestört wurden.

England sicherte den Weg durch das Mittelmeer durch die Stützpunkte Gibraltar, Malta, Zypern und Alexandria und durch eine starke Flotte.

Ungeachtet dessen, baute auch Mussolini eine stattliche Flotte und erklärte das Mittelmeer zum ›Mare nostrum‹ der Italiener. Doch als Italien am 10. Juni 1940 in den Krieg Hitlers gegen Großbritannien und Frankreich eintrat, zeigte es sich, daß die italienische Flotte – trotz des frühzeitigen Ausscheidens der Franzosen – nicht in der Lage war, diesen Anspruch Mussolinis zu verwirklichen.

Die italienische Seekriegsleitung machte auch keine Anstrengungen, die Seeherrschaft im Mittelmeer für Italien zu sichern. Sie beschränkte sich darauf, ihre Flotte als drohenden Faktor (›Fleet in being‹), der gegnerische Kräfte band, zu erhalten und jeder Entscheidungsschlacht, die von den Briten mehrfach gesucht wurde, aus dem Wege zu gehen.

Selbst die Hauptaufgabe der italienischen Flotte in einem Krieg mit England, der Schutz der Seeverbindungen zum nordafrikanischen Kolonialreich, wurde nicht bewältigt. Denn auf diesem Verbindungsweg – dort, wo sich die britische mit der italienischen Lebenslinie schnitt – lag Malta, die britische Seefestung, der

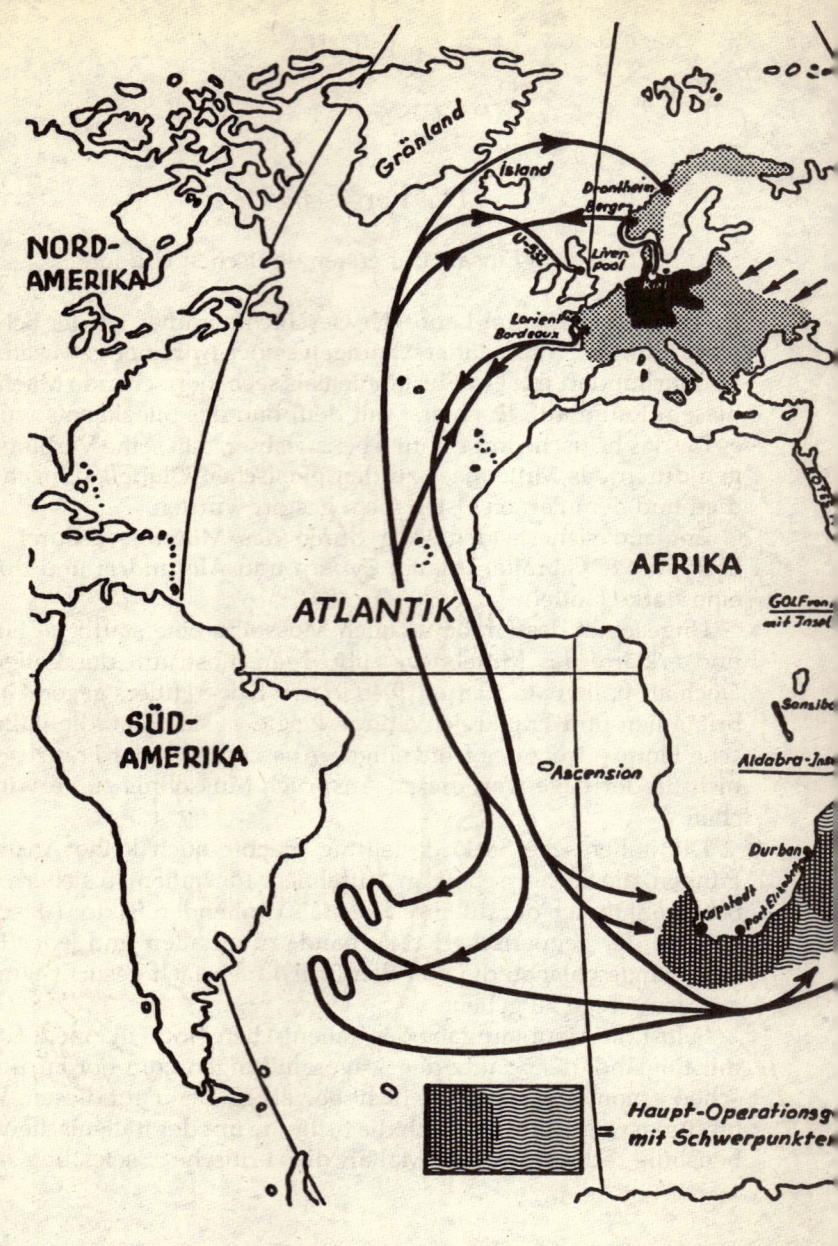

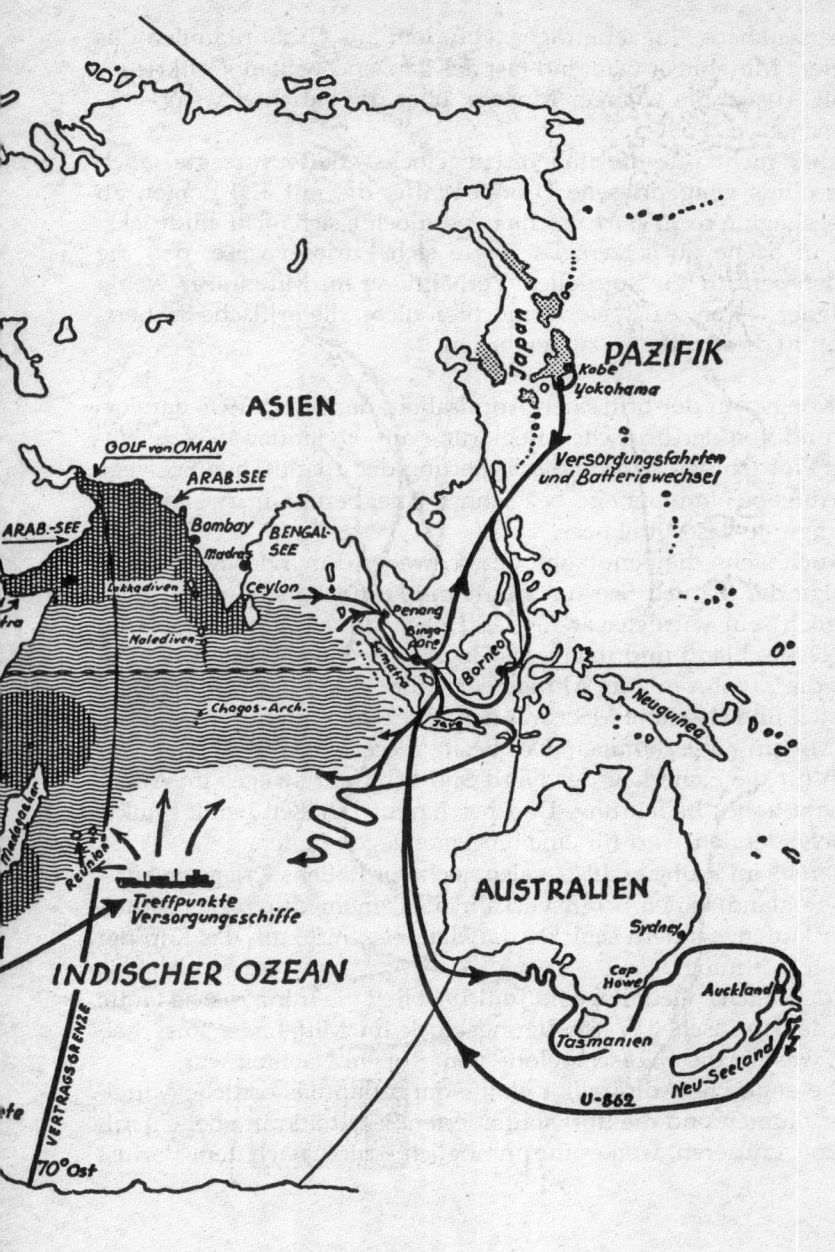

unversenkbare Flugzeugträger, von dem aus Großbritannien das mittlere Mittelmeer während fast des ganzen Zweiten Weltkrieges – mit Ausnahme weniger Monate, über die berichtet wird – beherrschte.

Aber nicht nur die italienische Hochseeflotte versagte, auch Mussolinis vielgepriesene U-Boot-Waffe, die mit 120 Booten zu Kriegsbeginn recht stark erschien, vermochte sich nicht eindrucksvoll in Szene zu setzen. Es zeigte sich kurioserweise, daß die Bootstypen für die speziellen Verhältnisse im Mittelmeer wenig geeignet waren. Auch sie vermochten nicht, die britische Seeherrschaft in diesem Raum zu gefährden.

Im Kriegsplan der britischen Admiralität, der schon 1938 entworfen und von der britischen Regierung am 30. Januar 1939 genehmigt worden war, wurde die Sicherung der atlantischen Seewege als Aufgabe Nummer eins bezeichnet. Aber bereits an zweiter Stelle rangierte das Mittelmeer.

Auch wenn die Benutzung des Seeweges durch das Mittelmeer infolge der starken See- und Luftstreitkräfte Italiens nicht mehr möglich sein würde, war England nach diesem Kriegsplan (der mit Deutschland und Italien als Gegnern rechnete) fest entschlossen, die Zufahrten zum Mittelmeer – die Straße von Gibraltar im Westen und das Rote Meer mit dem Suezkanal im Osten – mit allen Mitteln zu verteidigen. Der Besitz dieser beiden Zugänge war auch für die Sicherheit des Nord-Süd-Schiffahrtsweges im Atlantik von hoher Bedeutung. Darüber hinaus besaßen beide Punkte entscheidenden Wert für eine Blockade gegen Italien.

Bereits im Frühjahr 1940 – also noch vor Italiens Kriegseintritt – ließ England seinen Schiffsverkehr nicht mehr durch das Mittelmeer laufen, sondern schickte die Handelsschiffe um das Kap der Guten Hoffnung.

Frankreichs Niederlage im Juni 1940 ließ die französische Flotte aus dem britischen Verteidigungsblock im Mittelmeer ausscheiden, was für die englische Flotte von großem Nachteil war.

Die englische Admiralität wollte daraufhin das östliche Mittelmeer räumen und die dort stationierten Seestreitkräfte bei Gibraltar konzentrieren, weil es ihr unmöglich schien, nach dem Verlust der verbündeten französischen Flotte das östliche Mittelmeer allein weiter unter Kontrolle zu behalten.

In dieser kritischen Situation griff Winston Churchill ein. Er verhinderte die Durchführung dieses Beschlusses, weil er als Folge einer Räumung des Ostmittelmeeres den Verlust von Malta und Ägypten befürchtete.

Mit dem Kriegseintritt Italiens hätte nunmehr auch eine gemeinsame deutsch-italienische strategische Konzeption für den Kampf im Mittelmeer erarbeitet werden müssen; doch deutscherseits geschah vorerst nichts.

Italien hätte für die Festigung und den Ausbau seiner Position in Nordafrika zunächst Malta ausschalten oder nehmen müssen. Diese kleine Insel war die ärgste Bedrohung der italienischen Nachschubwege nach Afrika.

Doch dieses naheliegende strategische Ziel zu verfolgen, fühlte sich die italienische Wehrmachtführung nicht stark genug.

Zu Lande, in Nordafrika, waren die italienischen Streitkräfte unter Marschall Graziani, aus Libyen antretend, am 13. September 1940 zur Offensive gegen Ägypten vorgestoßen. Doch bereits in Sidi Barrani hielt der Marschall seine Truppen an, um diese Stadt zu einem Stützpunkt auszubauen, aus dem er sich dann zum Suezkanal vorkämpfen wollte.

Wenig später ließ Mussolini seine in Albanien stehende Streitmacht gegen Griechenland antreten. Es gelang den Griechen, den italienischen Angriff zum Stehen zu bringen.

Winston Churchill ließ daraufhin englische Truppen in Griechenland landen, was in der Folge die deutsche Führung zum Eingreifen zwang.

Admiral Cunningham, der Oberbefehlshaber der britischen Seestreitkräfte im Mittelmeer, eröffnete die von nun an nicht mehr endenden Kämpfe im Mittelmeer im August 1940. Aus Alexandria auslaufend, dampfte die Flotte mit dem Schlachtschiff ›Warspite‹, dem Flugzeugträger ›Eagle‹, dem Schlachtschiff ›Malaya‹ sowie mit Kreuzern und Zerstörern in Richtung italienische Südküste.

Drei Tage nach dem Auslaufen dieser Flotte wurde Admiral Cunningham die italienische Flotte in Sicht gemeldet. Sie bestand aus zwei Schlachtschiffen und sieben Kreuzern, gedeckt durch eine Anzahl Zerstörer.

Doch die italienische Flotte wich einem Zusammenstoß aus und drehte in der Nacht ab. Es blieb einem englischen U-Boot vorbehalten, dem Gegner den ersten schweren Verlust beizubringen. Durch einen Zweierfächer torpedierte es einen italienischen Kreuzer.

Als die italienische Flotte dann in Tarent (11./12. Dezember 1940) und bei Kap Matapan (28. März 1941)* schwere Verluste durch die Briten hinnehmen mußte, bekam sie einen Schock, von dem sie sich so recht nicht mehr erholte.

Schon im September 1940 war Großadmiral Raeder, der Oberbefehlshaber der Kriegsmarine, aufgrund mehrerer Denkschriften der Seekriegsleitung bei Hitler dafür eingetreten, den Schwerpunkt der deutschen Kriegführung ins Mittelmeer zu verlegen.

Das Ziel müsse sein, die Länder des Nahen Ostens in die Hand der Achsenstreitkräfte zu bekommen. So könnten Heer und Luftwaffe, zusammen mit der italienischen Wehrmacht, ihren Teil am Kampf gegen den Hauptgegner – England – beitragen.

Was Raeder nicht anbieten konnte, war eine Beteiligung der deutschen Kriegsmarine mit U-Booten an diesem Einsatz. Die Aufgabe der deutschen Seestreitkräfte lag für den Großadmiral auf dem Hauptkriegsschauplatz – dem Atlantik.

Am 9. Dezember 1940 traten die Truppen General Wavells mit der 7. Panzerdivision und der 4. Indischen Division in der Cyrenaika zur Gegenoffensive an. Eine australische Division kam später hinzu.

Sidi Barrani wurde den Italienern entrissen. Sollum fiel am 16. Dezember in britische Hand. Bardia ging verloren, Tobruk wurde eingeschlossen. Am 21. Januar 1941 begann der britische Angriff auf Tobruk. Auch diese Stadt fiel binnen 24 Stunden. Derna wurde am 30. Januar 1941 genommen. Und am 7. Februar meldete der britische Heeresbericht: ›Bengasi ist in unserer Hand!‹

---

* Bei einem britischen Trägerangriff auf Tarent wurden drei italienische Schlachtschiffe außer Gefecht gesetzt. In der Seeschlacht bei Kap Matapan verloren die Italiener drei Kreuzer und zwei Zerstörer. Ein Schlachtschiff wurde schwer beschädigt.

Die italienischen Streitkräfte liefen Gefahr, völlig aus Nordafrika hinausgedrängt zu werden. Zehn italienische Divisionen waren bereits zerschlagen. Die Engländer hatten 130 000 Gefangene gemacht. 1200 Kilometer waren die drei britischen Divisionen nach Westen vorgestoßen.

In dieser Situation nahm Mussolini Hitlers Hilfeangebot an.

In der Führerweisung Nr. 22 begründete Hitler dieses Hilfeangebot am 11. Januar 1941:

›Die Lage im Mittelmeer erfordert aus strategischen, politischen und psychologischen Gründen deutsche Hilfeleistung. Tripolitanien muß behauptet werden.‹

Die 5. leichte Division wurde im Februar nach Nordafrika entsandt. Ihr sollte die 15. Panzerdivision folgen.

Am 6. Februar 1941 übertrug Feldmarschall von Brauchitsch dem damaligen Generalleutnant Erwin Rommel den Oberbefehl über das Deutsche Afrikakorps.

Am 19. März 1941 wurde Rommel im Führerhauptquartier darauf ›vergattert‹, vorerst keinen entscheidenden Schlag gegen die Briten in Nordafrika zu führen. Erst nach dem Eintreffen der 15. PD in Nordafrika – gegen Ende Mai – könne er einen begrenzten Angriff im Raume Agedabia führen.

Aber Rommel griff schon in der Nacht zum 31. März an. Marsa el Brega – das Tor zur Cyrenaika – fiel im ersten Ansturm. Agedabia wurde am 2. April genommen. Der Vorstoß des DAK durch die Cyrenaika im April 1941 festigte Rommels Ruf als draufgängerischer und erfolgreicher General.

Bereits am 11. April griffen Rommels Streitkräfte Tobruk an. Doch sein Plan, die Festung im Handstreich zu nehmen, scheiterte. Tobruk wurde schließlich – nach mehreren vergeblichen Anläufen – umgangen. Bardia fiel, Sollum wurde hart umkämpft. Der englische Gegenangriff – die ›Operation Battleaxe‹ – scheiterte nach 72 Stunden erbitterten Kampfes, in dem es um ganz Nordafrika ging. Über 100 britische Panzer gingen in diesen 72 Stunden verloren. Winston Churchill schrieb in seinen Memoiren zu diesem Entscheidungstage:

›Am 17. Juni ging alles in die Brüche!‹

Die Engländer aber wußten, wo der schwache Punkt der

Rommelschen Offensive lag: im Nachschub über das Mittelmeer.

Schon am 10. Januar 1941 hatte die britische Admiralität nach Malta gefunkt:

›Stoppt alle Versorgungstransporte von Italien nach Tripolis!‹

Dieser Befehl galt Captain G. W. G. Simpson, der an diesem 10. Januar 1941 seine Amtsgeschäfte als Chef der 10. Malta-U-Boots-Flottille aufnahm. Aber zu diesem Zeitpunkt hatte ›Shrimp‹ Simpson nicht ein einziges U-Boot in Malta zur Verfügung. Lediglich in Alexandria befand sich eine Flottille großer U-Boote der Patrouillen-Klasse.

Luftangriffe auf die italienischen Versorgungsrouten nach Tripolis hatten bis dahin mit den geringen, auf Malta stationierten Luftstreitkräften keine großen Resultate erbracht. So kam es zu dem Entschluß, eine U-Boots-Flottille – es handelte sich um die kleinen U-Boote der U-Klasse – aus der Nordsee abzuziehen und nach Malta zu verlegen, um sie gegen die Geleitzugrouten der Italiener operieren zu lassen.

Diese U-Boote fügten den italienisch-deutschen Versorgungsgeleiten bald schwere Verluste zu. Auch Flugzeuge und Überwasserstreitkräfte griffen in diesen Kampf ein.

Den Auftakt machte das U-Boot ›Upright‹ unter Leutnant zur See E. D. Norman. Am 25. Februar versenkte es den italienischen Kreuzer ›Diaz‹, der ein Großgeleit Neapel-Tripolis begleitete.

Später waren zwanzig Boote bei der 10. Malta-U-Boots-Flottille im Einsatz*.

Vom 25. April bis zum 1. Mai versenkte ›Upholder‹ unter dem erfolgreichsten englischen U-Boots-Kommandanten, Korvettenkapitän M. D. Wanklyn, bei der Insel Kerkennah aus deutsch-italienischen Nachschubgeleiten drei Schiffe mit zusammen 15 410 BRT.

Wenige Tage vorher hatte ›Urge‹ unter Korvettenkapitän Tomkinson den italienischen Tanker ›Franco Martelli‹ (10 535 BRT) versenkt.

Am 24. Mai war wieder ›Upholder‹ erfolgreich. Durch seine

---

* Siehe Anhang: Die 10. U-Flottille in Malta (S. 321)

Torpedos ging der italienische Passagierdampfer ›Conte Rosso‹ zehn Seemeilen vor Syracus unter. Von den 2500 eingeschifften Soldaten wurden 1680 Mann gerettet. Die übrigen ertranken.

So ging es Schlag auf Schlag.

Den Höhepunkt dieser englischen Offensive bildete der Angriff der ›Unique‹ unter Leutnant zur See Collett und abermals der ›Upholder‹ unter Wanklyn auf einen am 18. September 1941 auslaufenden italienischen Großgeleitzug nach Tripolis mit den Truppentransportern ›Marco Polo‹ (12 172 BRT), ›Esperia‹ 11 398 BRT), ›Neptunia‹ (19 475 BRT) und ›Oceania‹ (19 507 BRT). Dieser Geleitzug wurde von vier Zerstörern und einem Torpedoboot gesichert, zu dem am 19. September weitere vier Zerstörer stießen.

›Upholder‹ versenkte nördlich Tripolis die Dampferriesen ›Neptunia‹ und ›Oceania‹, während ›Unique‹ mit drei Torpedos, nur elf Seemeilen vom gleichen Hafen entfernt, die ›Esperia‹ versenkte.

›Unbeaten‹ (Leutnant zur See Woodward), das die beiden anderen Boote herangeführt hatte, ging leer aus.

Die italienischen Zerstörer verhinderten die Versenkung der ›Vulcania‹. Es gelang ihnen darüber hinaus in einer großartigen, mit letztem Einsatz geführten Rettungsaktion, 6 500 eingeschiffte Soldaten zu retten. Doch 384 Soldaten fanden den Tod.

Als von Juli 1941 an die monatlichen Verluste der für die Versorgung der Afrikafront eingesetzten italienischen und deutschen Tonnage bis auf 70 Prozent anstiegen und der Nachschub für Rommel nicht mehr ausreichte, war die Existenz des Afrikakorps gefährdet. Das Schwinden der italienischen Seestreitkräfte im Mittelmeer begann sich nunmehr auch auf die Lage in Tobruk auszuwirken. Daher forderte General Rommel dringend deutsche U-Boote an, um die von ihm belagerte Festung von der Seeseite her einzuschließen und die Briten an der Versorgung Tobruks auf dem Seewege von Ägypten her zu hindern.

Jede Verstärkung Tobruks bedeutete eine Gefahr für den Rücken der deutschen Sollum-Front und damit für den Besitz der ganzen Cyrenaika.

Nunmehr griff Hitler ein und befahl die Entsendung deutscher U-Boote ins Mittelmeer.

Ende September 1941 liefen die ersten sechs Atlantik-U-Boote durch die Straße von Gibraltar. Sie kamen unangefochten durch.

Im gleichen Monat wurde in Salamis die 23. U-Flottille aufgestellt. Erster Flottillenchef wurde Kapitänleutnant Frauenheim. Ende Oktober 1941 wurde die 29. U-Flottille in La Spezia und Pola gebildet. Chef dieser Flottille wurde Korvettenkapitän der Reserve Becker. Beide U-Flottillen wurden dem Marinekommando Italien unterstellt.

Dem Einsatz der deutschen U-Boote im Mittelmeer lagen folgende, von Vizeadmiral a. D. Leo Kreisch später festgehaltene Überlegungen zugrunde:

›Der Schwerpunkt des U-Boot-Einsatzes lag zunächst im östlichen Mittelmeer. Die Aufgabe: Angriff auf den von Port Said und Alexandria nach Bengasi und Tobruk laufenden feindlichen Seenachschub.

Ferner galten als lohnende Angriffsobjekte: Zur Versorgung Maltas eingesetzte Geleitzüge; der Küstenverkehr nach den Häfen Syriens und Zyperns sowie feindliche Einheiten, die den eigenen Nachschub bedrohen oder von See her in die Erdkämpfe eingreifen konnten.

Auch in Minenunternehmungen gegen Port Said und gegen die Häfen an der syrischen Küste sowie in der Abwehr von feindlichen Operationen gegen italienische Stützpunkte wurden dem U-Boot angemessene Aufgaben gesehen.

Durch das westliche Mittelmeer lief nur selten feindlicher Nachschubverkehr. Eine alliierte Landung in Nordafrika erschien 1941 noch wenig wahrscheinlich. So kam im westlichen Mittelmeer als mögliche Aufgabe der deutschen U-Boote lediglich die Abwehr etwaiger Feindoperationen gegen italienische Stützpunkte in Frage.‹*

Salamis wurde darum als erster deutscher U-Boots-Stützpunkt gewählt, weil er sich in deutscher Hand befand und demzufolge schnell herrichten ließ. Ferner lag er günstig zum Haupteinsatzgebiet.

Von Nachteil waren seine geringe Leistungsfähigkeit und schwierige Nachschubverhältnisse.

---

* Siehe Kreisch, Leo: ›Vom Einsatz deutscher U-Boote im Mittelmeer‹

Die italienische Marine stellte in großzügiger Weise Pola und La Spezia zur Verfügung. Beide Häfen waren als U-Boots-Stützpunkte sehr gut geeignet.

Als erster ›mit Wahrung der Geschäfte beauftragter Führer der U-Boote-Mittelmeer‹ ging Korvettenkapitän Viktor Oehrn Anfang November 1941 zur Führungsstelle nach Rom. Gleichzeitig wurde er deren 1. Admiralstabsoffizier.

Zunächst wurde die Befehlsstelle im italienischen Marineministerium in Rom untergebracht. Das hatte den Vorteil der unmittelbaren Verbindung mit deutschen und italienischen Führungsstellen. Nachteilig war, daß die einzelnen Stützpunkte von Rom aus nur auf zeitraubenden Wegen erreicht werden konnten. Um kurzfristig nach Salamis zu gelangen, mußte zum Beispiel immer wieder die italienische Zivilfluglinie ›Ala Littoria‹ in Anspruch genommen werden. Die deutsche und italienische Luftwaffe halfen aus, wo sie konnten.

Ungefähr zehn Kilometer nördlich von Rom wurde in der baumlosen Campagna eine Funkstation errichtet. Diesen Platz bestimmten funktechnische Überlegungen.

Anfang November gingen vier weitere U-Boote ins Mittelmeer. Die deutsche Seekriegsleitung kam zu dem Schluß, daß 26 U-Boote im Mittelmeer erforderlich seien. Die Überlegungen, die zu dieser Zahl führten, wurden durch verschiedene Faktoren bestimmt, unter denen die Einschätzung der operativen Dringlichkeit sowie die Aufnahmefähigkeit der im Mittelmeer zur Verfügung stehenden Stützpunkte entscheidend waren.

Die Zahl von 26 U-Booten bedeutete, daß durchschnittlich acht bis neun Boote am Feind standen. Die Erfahrung im Einsatz von U-Booten hatte gezeigt, daß jeweils ein Drittel der Boote zur Instandsetzung im Stützpunkt, ein weiteres Drittel auf dem An- oder Rückmarsch zum oder vom Operationsgebiet und nur ein Drittel am Feind ist.

Da sich die vorhandenen Boote des Typs VII-C* in bezug auf Aktionsradius, Handlichkeit, Tauchzeiten, Seeausdauer und Geschwindigkeit am besten zum Einsatz im Mittelmeer eigneten

---

* Siehe Anhang: Technische Daten des U-Bootes VII-C (S. 322)

und der Aktionsradius auch einen Marsch von deutschen Häfen aus durch die Straße von Gibraltar zu den Mittelmeerstützpunkten gestattete, wurden zunächst nur Boote dieses Typs dorthin entsandt.

Mit ihrer Ankunft in den neuen Stützpunkten begann der sieg- und verlustreiche Einsatz der Deutschen Kriegsmarine im Mittelmeer.

2. TEIL

Durchbruch ins Mittelmeer

Die Neumondnacht in den letzten Septembertagen des Jahres 1941 war dunkel. Wolken wurden vom leichten Wind über den Himmel geschoben. Es ging eine leichte Dünung, und U 81, das mit fünf weiteren Booten ins Mittelmeer gehen sollte, lief in Marschfahrt auf die Enge von Gibraltar zu.

Kapitänleutnant Fritz Guggenberger, einer der U-Boots-Fahrer aus der Crew 34*, stand in der Zentrale am Kartentisch. Sein Obersteuermann hatte die Seekarte der Straße von Gibraltar ausgebreitet.

»Wir müßten aus Südwesten kommen und dann im Überwassermarsch durchbrechen, Herr Kaleunt!«

»Das wäre wohl am schnellsten«, gab der Kommandant zu, »aber die allgemeine Anweisung lautet anders.«

»Ja, mit aufgeladener Batterie 30 Seemeilen westlich der Straße tauchen und im Unterwassermarsch auf fünfzig Meter Tiefe bis 30 Seemeilen ostwärts der Enge laufen. Es ist auf dieser Tiefe unter normalen Verhältnissen mit einem Strom von zwei Seemeilen stündlich in Fahrtrichtung zu rechnen.«

»Gut gelernt, Obersteuermann! – Aber wir werden doch versuchen, ob es nicht über Wasser geht. Dann sind wir in einem Drittel der Zeit durch.«

»Wenn wir am Ausgangspunkt sind, läuft gerade Flut und schiebt uns rein!«

U 81 glitt in gleichmäßiger Fahrt weiter und erreichte die Ausgangsposition zum Durchbruch.

Friedrich Guggenberger enterte auf den Turm. Der II. WO** deutete nach Backbord voraus.

---

* Crew ist in der Marine der Jahrgang. Crew 34 heißt also: Dieser Offizier ist 1934 in die Marine eingetreten
** II. Wachoffizier

»Kleiner Dampfer, Herr Kaleunt!«

»Wahrscheinlich ein Spanier, weil er sich so dicht unter die Küste klemmt.«

U 81 lief nun mit ›Beide Halbe Fahrt‹ weiter. Unter den Füßen des Kommandanten vibrierte das Boot.

»Obersteuermann an Kommandant. – Zeit zur Kursänderung.«

»Auf achtzig Grad gehen!« befahl Guggenberger.

An Backbord tauchten die Felsen der spanischen Südküste aus der Dunkelheit auf. An Steuerbord lagen die Berge des Schwarzen Kontinents Afrika. Enger wurde die Straße. An Steuerbord kamen Leuchtfeuer in Sicht.

»Der Hafen von Tanger«, sagte der Kommandant beiläufig, und die angespannte Haltung des steuerbordachteren Ausgucks lockerte sich.

»Backbord voraus ein Dampfer. Fährt abgeblendet.«

»Steuerbord zehn!« kam die sofortige Reaktion des Kommandanten, und langsam schor U 82 aus der Nähe dieses Dampfers heraus, ehe es wieder auf den alten Kurs zurückgelegt wurde.

Das Leuchtfeuer von Tarifa sandte einen Strahl gleißenden Lichtes über den Himmel. Jedesmal, wenn der wandernde Lichtstrahl das Boot erreichte, kamen sich Brückenwächter und Kommandant nackt vor.

»Das schiebt ja mächtig, Herr Kaleunt«, wisperte der II. WO.

Guggenberger nickte. Nun befand sich Kap Tarifa, auch Punta Marroqui genannt, an Backbord querab. Das war also die Südspitze Europas, ging es dem Matrosen-Obergefreiten Jöhngens durch den Kopf, der als backbordachterer Ausguck auf dem Turm des Bootes stand und die See absuchte, wobei er immer wieder die Augen zusammenkneifen mußte, wenn das Licht des Leuchtfeuers zu ihm herumgewandert war.

»Sollen wir uns nicht lieber unter Wasser verholen, Herr Kaleunt?«

Denselben Gedanken hatte auch Guggenberger bereits gehabt, doch dann schüttelte er den Kopf.

»Wir bleiben oben! Hier trägt der britische Löwe ein falsches Gebiß.«

Dieser Satz vom falschen Gebiß des britischen Löwens bei Gibraltar bewahrheitete sich jedoch nur noch bei den beiden folgenden Durchbrüchen deutscher U-Boote ins Mittelmeer. Dann aber waren die Engländer, die die Straße vorerst nicht sehr streng bewacht hatten, aufgewacht.

»Hundertprozentiger Ausguck!«

Schon wich das Land zurück, und die Bucht von Gibraltar weitete sich nach Backbord hin. Der gigantische Felsen der Festung Gibraltar mit seinen 425 Metern Höhe und einer Breite bis zu 1200 Metern war schon ein gewaltiger Brocken. Schwarz zeichneten sich Fels und Festungswerke gegen den etwas helleren Himmel ab. Nichts regte sich an Land.

»Lichter an Steuerbord voraus!«

Guggenberger richtete sein Nachtglas auf die angegebene Stelle.

»Das sind beleuchtete Boote. Daneben weitere Boote. Es sieht so aus, als hätten sie eine Sperre quer über die Straße gezogen.«

»Wenn sie nur nicht mit Trossen untereinander verbunden sind, Herr Kaleunt!«

»Backbord zehn! – Mittschiffs! – Recht so!«

Genau in die Lücke zwischen zwei Booten hielt U 81 hinein. Näher und näher kamen die Lichter, standen schließlich an Steuerbord und Backbord querab. Wenn jetzt Trossen im Weg wären, müßten sie das Boot packen. Alle warteten auf das Knirschen, mit dem der Bug die Trossen erfassen und zersägen würde; aber nichts dergleichen geschah. Alles blieb ruhig. Das Boot hatte die Bewacherreihe passiert.

Die Straße wurde breiter. Das Land wich schnell zurück.

»Schatten voraus!« meldete der Bootsmannsmaat der Wache.

»Sind zwei Zerstörer, die aufeinander zu laufen, Herr Kaleunt!«

»Beide kleine Fahrt!«

Die Geschwindigkeit von U 81 verringerte sich. Als das Boot auf ungefähr 1000 Meter herangekommen war, drehten die Zerstörer und liefen nach Norden und Süden ab. Größer wurde der Zwischenraum, und mit wieder hochgehender Geschwindigkeit lief das U-Boot hindurch und erreichte das freie Wasser des Mittelmeeres. Mit Einfall der Morgendämmerung ging U 81 auf Haustiefe 50 Meter und lief in sparsamem Unterwassermarsch weiter.

Als das Boot wenige Tage darauf in Salamis festmachte, wurde Fritz Guggenberger dort bereits von Oberleutnant zur See von Tiesenhausen begrüßt, der es mit U 331 als erster geschafft hatte und am 2. Oktober in Salamis eingelaufen war.

Von Tiesenhausens Boot war nicht so ungeschoren davongekommen wie U 81. Es war unmittelbar nach dem Durchbruch von britischen Panzerfähren beschossen worden. Zum Glück hatten die Granaten nur die Außenhaut des Bootes an einigen Stellen durchschlagen.

Admiral Förste, der Gruppenbefehlshaber Süd, begrüßte Kommandant und Besatzung im neuen Stützpunkt. Damit gehörten diese ersten Boote zur 23. U-Flottille, die von Kapitänleutnant Frauenheim geführt wurde.

In kurzen Abständen trafen nacheinander noch U 75 (Kapitänleutnant Ringelmann), U 97 (Kapitänleutnant Heilmann), U 79 (Kapitänleutnant Kaufmann) und U 205 (Kapitänleutnant Reschke) in Salamis ein. Keines der ersten sechs ins Mittelmeer entsandten Boote war verlorengegangen.

Wenige Tage später liefen diese sechs U-Boote zur ersten Mittelmeer-Feindfahrt aus.

Vor der nordafrikanischen Küste, zwischen Alexandria und Tobruk, versenkte U 331 einige Nachschubleichter des Gegners. Auch U 75 kam auf zwei Leichter zum Schuß, die unmittelbar nach den Treffern auseinanderbrachen. U 97 torpedierte zwei kleinere Frachter, und U 79 sichtete am 15. Oktober 1941 einen Küstensegler.

Fahlgrün leuchtete die erste Helle des Morgens, als Kapitänleutnant Wolfgang Kaufmann aus dem Schlaf gerissen wurde:

»Kommandant auf die Brücke!«

Kaufmann griff nach seiner Mütze und stülpte sie sich im Laufen über den Schädel.

»Aufwärts!« rief er, als er die Leiter in der Zentrale erreichte und kletterte auch schon empor. Er nickte dem Rudergänger im Turm zu und schwang sich auf die Brücke.

»Was ist los?«

»Schatten voraus, Herr Kaleunt! Küstenmotorsegler und kleineres Geleitfahrzeug.«

Kaufmann richtete sein Fernglas auf die angegebene Stelle. Er sah die beiden Fahrzeuge.

»Magere Braten, aber als Auftakt doch ganz ordentlich. – Ich übernehme. Wir setzen uns vor und greifen dann unter Wasser an.«

Eine Ruderkorrektur ließ U 79 herumgehen, und mit AK* der beiden Diesel stampfte das Boot nun durch die fast glatte See. Eine halbe Stunde später hatte es eine günstige vorliche Position erreicht.

»Auf Tauchstationen!«

Das Boot verschwand von der Oberfläche der See und wurde vom LI** in Sehrohrtiefe eingependelt. Hinter dem Angriffsrohr hockte der Kommandant und ließ den ›Spargel‹ ausfahren. Er erkannte den Segler und gleich darauf auch das Geleitfahrzeug.

»Rohr I und II klar zum Unterwasserschuß!«

Preßluft füllte die Ausstoßpatronen, die beiden Rohre wurden bewässert, die Mündungsklappen aufgedreht. Wolfgang Kaufmann visierte die Gegner an, die inzwischen schon sehr nahe herangekommen waren.

»Fahrzeuge passieren in ungefähr 500 Metern das Boot.«

Die Schußwerte wurden durch den Torpedorechner gejagt. Gleichzeitig damit stellten die ›Mixer‹ im Bugraum diese Werte an den beiden Torpedos ein.

»Stehen gut im Visier.«

»Hartlage!« meldete der Zielgeber bereits.

Aber noch ließ Kaufmann die beiden Ziele weiter einwandern. Wenn die beiden Aale nur nicht die mit geringem Tiefgang laufenden Fahrzeuge untersteuerten.

»Rohr I – lllos!«

Das Boot hob sich leicht an. Zentralemaat Lechner flutete die Ausgleichtanks.

»Torpedo läuft!« kam die Meldung aus dem Bugraum.

»Rohr zwo – lllos!«

Der Mixer im Bugraum schlug zur Sicherheit noch auf die

---

* Äußerste Kraft
** Leitender Ingenieur

Handabzugstaste; für den Fall, daß die Elektrik versagte. Auch dieser Torpedo lief.

In diesem Augenblick tauchten Kriegsschiffsmasten über der Kimm auf, und als die beiden Torpedos mit hohen Sprengsäulen an den Zielen detonierten, sah Kaufmann bereits die Aufbauten eines Zerstörers, der genau auf das Sehrohr zulief.

»Beide Aale Treffer. Motorsegler ist in der Mitte durchgebrochen. – Das Geleitfahrzeug hat gestoppt. – Wasserbomben-Explosionen!«

Eine Minute später war auch das Geleitfahrzeug gesunken, und während der Zerstörer zur Untergangsstelle abdrehte, lief U 79 mit Backbordruder in einem großen Bogen nach Norden. Wie sich später herausstellte, hatte das Boot neben dem Segler noch das britische Kanonenboot ›Gnat‹ versenkt. ›Gnat‹ war das erste, wenn auch – mit 625 Tonnen – nur kleine Kriegsschiff, das England im Mittelmeer verlor.

Doch bald sollte es zu den ersten Paukenschlägen im Mittelmeer kommen. Und wenn die Engländer bis dahin noch nicht um ihre Flotte gebangt hatten, so würden sie es nach diesen beiden Paukenschlägen um so mehr tun.

U 81 versenkt die ›Ark Royal‹

»Herr Admiral, die italienische Luftaufklärung meldet um 15.00 Uhr Verband, bestehend aus Schlachtschiff, zwei Flugzeugträgern, Kreuzern und Zerstörern in Quadrat CH 9148, Kurs West.«

»Danke, Daublebsky!«

Admiral Dönitz erhob sich aus seinem Sessel und ging ins Lagezimmer. Der 2. Admiralstabsoffizier folgte dem Befehlshaber der U-Boote. Der Abschnitt Mittelmeer interessierte Dönitz besonders. Der BdU wandte sich dem Asto zu: »Daublebsky Funkspruch an U 81 und U 205: Beide Boote sollen gemeinsam das Seegebiet bei Kap Degarta besetzen. Feindlicher Kriegsschiffsverband in Quadrat CH 9148 mit Westkurs.«

Italienische Seeaufklärer hatten an jenem 12. November 1941

die in Gibraltar stationierte ›Force K‹ (Vizeadmiral Sommerville) gesichtet, die am 10. November mit dem Schlachtschiff ›Malaya‹, den Flugzeugträgern ›Ark Royal‹ und ›Argus‹, dem Leichten Kreuzer ›Hermione‹ und sieben Zerstörern ins westliche Mittelmeer ausgelaufen war, um 37 Jagdflugzeuge und sieben Bomber nach Malta zu starten. Als die italienischen Maschinen den Verband sichteten, befand sich dieser schon auf dem Rückmarsch nach Gibraltar.

Als der FT-Spruch des BdU die beiden Boote U 81 (Guggenberger) und U 205 (Reschke) erreichte, war die italienische Standortmeldung bereits fünf Stunden alt. Beide Kommandanten gingen an die Arbeit. Zunächst galt es folgende Überlegungen anzustellen: Wo konnte die ›Force K‹ jetzt stehen? Wollte sie nach Gibraltar zurückkehren?

Kapitänleutnant Fritz Guggenberger beschloß, sich auf Lauerstellung zu legen.

Auch U 205 unter Kapitänleutnant Reschke hatte nach der Quadratangabe des BdU eine gut vorliche Stellung zum Kriegsschiffs-Konvoi.

Der Kommandant ließ das Boot in kurzen Schlägen auf und ab stehen. Die Nacht zum 13. November verging in fieberhafter Suche nach den Kriegsschiffen.

An Bord dieses Bootes knisterte die aufgestaute Erregung. Wenn es ihnen gelänge, den Verband zu erwischen und ein paar Aale auf eines der dicken Plätteisen loszumachen! Nicht auszudenken, was dann los sein würde.

Es war am anderen Morgen, ein Freitag, dazu der 13. November 1941, als der Wachhabende Offizier den Alarmruf ›Kommandant auf die Brücke!‹ durch den Rudergänger und Zentralemaaten weitergeben ließ.

Franz-Georg Reschke enterte auf. Der Bootsmannsmaat der Wache deutete auf leichte Rauchfahnen, die sich über dem östlichen Horizont erhoben.

»Das ist der Verband, Herr Kaleunt!«

»Abwarten. Wollen mal sehen, was da gleich über die Kimm kommen wird.«

»Das sind Kriegsschiffsmasten, Herr Kaleunt!« meldete der

Bootsmannsmaat der Wache ein paar Minuten darauf. Reschke blickte auf seine Uhr.

»Kommandant an Funkraum, FT an BdU: Feindlicher Kriegsschiffsverband um 05.06 Uhr in Sicht.«

Die Meldung ging hinaus, erreichte auch U 81, das weiter herausgesetzt stand, aber sofort andrehte, um heranzuschließen.

»Auf Tauchstationen!« befahl Reschke.

U 205 ging auf Sehrohrtiefe hinunter. Das Sehrohr wurde ausgefahren, und der Kommandant versuchte, die höher und höher herauskommenden Einheiten zu klassifizieren. Ruderkorrekturen brachten das Boot in den nächsten zwei Stunden dicht an den Konvoi heran.

»Wir schießen Zweierfächer auf den vorderen Flugzeugträger. – Ein!« befahl Reschke, als er sah, wie einer der Zerstörer aus dem Verband herausschor und nun auf das Boot zulief. Surrend fuhr der Motor das Sehrohr ein. Wieder glitt das Boot leicht herum.

»Schraubengeräusche näher kommend!« meldete der Horchraum.

Eine Minute später wanderten sie bereits wieder aus. Der Zerstörer hatte gedreht und dampfte zum Konvoi zurück. Reschke warf noch einen schnellen Blick durch das wieder ausgefahrene Sehrohr.

»Fächer aus Rohr I und II – lllos!«

Das Boot drohte durchzubrechen. Der Spargel kam hoch aus der See heraus, endlich rauschte das Wasser in die Ausgleichstanks.

»Rohr III – Schuß auf Zerstörer!«

Über den Daumen gepeilt, ließ der Kommandant diesen Torpedo schießen.

Als das Sehrohr ausgefahren wurde, sah Reschke, daß ein zweiter Zerstörer einen Zack einlegte, der ihn genau auf das U-Boot zu führte.

»Ein! – Auf achtzig Meter gehen!«

Das Boot kippte an, bekam schnell mehr Vorlastigkeit, als der LI ›zehn Mann Bugraum!‹ befahl.

Mit hart Steuerbord-Ruder drehte das Boot weg und wurde auf 190 Grad eingesteuert.

»Zeit ist um!«

»Schraubengeräusche näher kommend!«

Zwei Torpedodetonationen dröhnten durch das Boot, und gleich darauf eine dritte Einzeldetonation.

»Alle drei Torpedos Treffer. Wahrscheinlich einen Flugzeugträger und den Zerstörer getroffen.«

Dröhnend rasselten auf einmal die Schraubengeräusche über das Boot hinweg.

»Hart Steuerbord!«

Wieder beschrieb U 205 einen engen Kreis.

Zwei einzelne Wasserbomben krachten nahe beim Boot auseinander. Schlagartig erlosch das Licht. Die Notbeleuchtung sprang an.

Irgendwo war ein Wasserstandsglas zerklirrt. Wasser spritzte ins Boot. Aber Sekunden später war dieser Wassereinbruch gestoppt.

»Schraubengeräusche auswandernd!«

»Auf 120 Meter gehen!«

Der LI gab die Befehle weiter. Die beiden Tiefenrudergänger führten sie sofort aus. Tiefer sackte das Boot. Im schmalen Korridor zwischen dem Bugraum und der Zentrale standen zwei Männer mit gespreizten Beinen, wie an einem Abhang. Die weiß gestrichenen Verschlußkappen der Torpedorohre leuchteten durch das offene Schott zu ihnen herüber. Im Oberfeldwebelraum schepperte das ins Rutschen gekommene Geschirr zu Boden.

Ein Poltern und Gurgeln wurde vernehmbar, dann erfolgte die schmetternde Explosion der nächsten Wasserbombe. Von diesem Zeitpunkt an fielen sie dicht an dicht. Das Mahlen der Zerstörerschrauben war nun auch ohne Horchgerät zu vernehmen.

»Frage Ausfälle?« kam die Stimme des Kommandanten wenig später.

»Keine Ausfälle!«

Mit einem Schlage entspannten sich die Gesichter. Die Zerstörer entfernten sich.

Als aber U 205 gegen Nachmittag auftauchen wollte, wurde es wenige Sekunden, nachdem es die Wasseroberfläche durchbrochen hatte, von einem Flugzeug gesichtet und wieder unter Wasser gedrückt. Eine Bombe krepierte hundert Meter achteraus im Kielwasser.

»Wenn wir richtig mitgekoppelt haben, dann müßten wir in der nächsten halben Stunde den Verband sehen, Obersteuermann. – Ich gehe auf die Brücke!« Fritz Guggenberger enterte zum Turm auf.

»Nichts zu sehen?«
»Nichts, Herr Kaleunt!«
Zehn Minuten vergingen.
»Flugzeuge, Steuerbord querab!«
Mit einem leisen Fluch drehte sich der Kommandant um.
»Alarm! – Schnelltauchen!«

Die Alarmglocke schrillte durch das Boot. Der Wettlauf um wichtige Sekunden begann – Sekunden, die über Tod oder Leben entschieden.

»Diesel tauchklar!« schrie der Dieselobermaschinist durch den Dunst. Die Abgasklappen wurden eingeschliffen. Sie verursachten ein unbeschreibliches Geräusch, das irgendwie an eine Fliegersirene erinnerte. Schon landeten die abenternden Brückenwächter in der Zentrale. Der Kommandant schloß das schwere Turmluk.

»Fluuuten!«

Die Entlüftungshebel wurden gerissen. Pfeifend entwich die Luft aus den Tauchzellen. Brausend drang die See hinein.

»Auf fünfzig Meter gehen!«

Am Tiefenmesser verfolgte der LI das Fallen des Bootes. 10 Meter – 20 – 30 – 35 zeigte die Nadel an. Jetzt erst krachte es an Backbord.

Die Bombe war eingehauen.
»Boot ist auf 50 Meter eingesteuert!«
»Danke, LI, das war ausgezeichnet!«

Eine halbe Stunde später tauchte das Boot wieder auf und – wurde von einem Zerstörer erneut unter Wasser gedrückt. Beim nächsten Auftauchen gegen 13.40 Uhr waren es wieder Flugzeuge, die den Kommandanten veranlaßten, das Boot mit Alarmtauchen unter Wasser zu bringen. Aber diese Maschinen warfen nicht.

»Haben uns wahrscheinlich nicht gesehen. – Auftauchen!«

Genau um 14.10 Uhr sichtete der steuerbordachtere Ausguck eine neue Maschine aus Osten. Eine Minute später war das Boot auf Sehrohrtiefe eingesteuert.

»Wir bleiben unten. Der Kriegsschiffsverband müßte gegen 15.00 Uhr in unserem Quadrat stehen.«

Sparsam machte der Kommandant vom Sehrohr Gebrauch. Um 14.15 Uhr wurden weitere Maschinen gesichtet.

»Scheint die Luftsicherung des Verbandes zu sein.«

Fünf Minuten später sah Guggenberger den bleistiftdicken Gefechtsmast eines Schlachtschiffes über der Kimm auftauchen. Der Funkmaat aus dem Horchraum meldete die Schraubengeräusche vieler schwerer Schiffsmaschinen; sie trieben dem lauernden Hai die Beute zu.

In den nächsten Minuten war es dem Kommandanten, als sehe er eine Fata Morgana. Nacheinander erkannte er die drei avisierten großen Kriegsschiffe. Und der Verband hielt genau auf U 81 zu.

»Drei große Kriegsschiffe, darunter ein Schlachtschiff!« berichtete er der Besatzung.

»Auf Gefechtsstationen! – Boot greift den Verband an. – Alle Rohre klar zum Unterwasserschuß!«

Näher und näher kamen das Schlachtschiff und die beiden Träger. Insgesamt zählte Guggenberger sechs Zerstörer, die diese großen Einheiten als Nahsicherung umgaben und scharf nach Gegnern Ausschau hielten. Hohe Schnauzbärte gischteten an den Zerstörern empor.

»Ein!« befahl Guggenberger, während schon alle Vorbereitungen zum Torpedoschuß bis auf die letzten Einstellungen getroffen waren.

»Wir schießen Viererfächer auf Schlachtschiff und vorderen Flugzeugträger.«

»Rohre sind klar!«

»Aus!« Abermals korrigierte der Kommandant die Schußunterlagen. Die Feuerleitanlage übertrug die errechneten Werte auf die Torpedos.

Gewaltig wie ein Gebirge aus Stahl wanderte der Bug des Schlachtschiffes in die Zieloptik des Angriffsrohres hinein. Da war auch der eine Flugzeugträger. Auch er wurde anvisiert. Noch etwas! Nein, noch nicht schießen! Noch eine letzte Korrektur, und wieder das Einfahren und Herausstecken des ›Auges‹.

»Viererfächer – lllos!«

Im Abstand von jeweils eineinhalb Sekunden verließen alle vier Torpedos die Rohre. Die Preßluft wölkte in den Bugraum hinein, und obwohl der Zentralemaat sofort die Hebel der Ausgleichstanks gerissen hatte, ging das Boot durch den enormen Gewichtsverlust vorn hoch. Der LI rief dem Tiefenrudergänger seine Befehle zu. Aber schon verringerte sich die Wassertiefe: 13 Meter, 12,5 Meter.

»Zehn Mann Bugraum!«

Durch die Zentrale rannten die Männer nach vorn. Das Boot stand auf einmal; die Achterlastigkeit war gestoppt, und plötzlich sackte es nach unten weg.

»Auf 100 Meter gehen und …«

»Rumms! – Rumms! – Rumms!« krachten drei Torpedodetonationen.

Noch immer waren die zehn Männer im Bugraum. Mit großer Vorlastigkeit jagte das Boot in die Tiefe. Von Zerstörerschrauben war noch nichts zu hören.

Auf 100 Meter fing der LI das Boot ab.

»Wie oft hat es geknallt?« fragte Guggenberger, der in die Zentrale abgeentert war.

»Dreimal, Herr Kaleunt.«

»Drei Treffer!« bestätigte der Obersteuermann.

»Einen Treffer hat das Schlachtschiff ganz bestimmt abbekommen. Was mit den beiden anderen Treffern ist, das ist noch ungewiß.«

Der Funkmaat hatte inzwischen seinen Platz hinter dem Gruppenhorchgerät eingenommen. Er meldete Zerstörer, die an den typischen Schraubengeräuschen zu erkennen waren. Es waren mehrere, die nach allen Richtungen liefen und das U-Boot suchten, das hier mitten in den Kriegsschiffsverband eingebrochen war und zwei Schiffe getroffen hatte.

»Zerstörer, Backbord querab! Er kommt in Lage Null!«

»Rabamm! – Rabamm! – Rabamm!«

Das Boot schüttelte sich.
»Schleichfahrt! – Backbord zehn!«
Alle Maschinen, die nicht unbedingt benötigt wurden, waren ausgeschaltet worden, als U 81 jetzt versuchte, sich davonzuschleichen.
Auf einmal war das Jicheln der schnell rotierenden Zerstörerschrauben mit bloßem Ohr zu vernehmen.
»Zerstörer querab. Schnell näher kommend!«
Nun liefen aber zwei Zerstörer aus verschiedenen Richtungen auf das Boot zu. Und durch das Rotieren der Schrauben, durch das Pinken der plötzlich auftreffenden Asdic-Strahlen vernahmen alle die Abschüsse der Wabosalven.
Fritz Guggenberger sah im Geiste Dutzende von Wasserbomben, die genau über dem Boot geworfen wurden. Sie ließen nur eine Alternative zu. »Beide dreimal AK!«
U 81 ging auf Höchstfahrt. Das waren zwar auch nur acht Knoten – mehr gaben die E-Maschinen nicht her –, doch brachte es sie Meter um Meter aus der unmittelbaren Gefahr heraus. Wie lange brauchten die Wabos, um das Boot, hier in einhundert Meter Tiefe, zu erreichen? Wie viele Sekunden blieben dem Boot noch?
Die ersten Detonationen lagen, mit flacher Einstellung geworfen, über dem Boot; die nächsten zwar tiefer, aber weiter nach achtern herausgesetzt.
Dennoch zerklirrten Glühbirnen und Wasserstandsgläser. Eine Abgasklappe machte Wasser. Die Hauptbeleuchtung fiel aus.
Aber bald wurden alle Stationen wieder klargemeldet. Drei Stunden lang gelang es den Zerstörern immer wieder, dicht an das Boot heranzukommen. Dann verloren sie es. U 81 schüttelte seine Gegner ab. Die nächsten Wasserbomben lagen drei Seemeilen achteraus.
Insgesamt hatten die Zerstörer 132 Wasserbomben vergeblich auf U 81 geworfen.

In den frühen Morgenstunden des 14. November ging zuerst ein Funkspruch von U 205 beim BdU ein. Das Boot meldete drei Torpedotreffer auf einen Flugzeugträger und einen Zerstörer. Eine Stunde später meldete sich auch U 81, und sein Funkmaat tastete durch: »Viererfächer auf Schlachtschiffe ›Malaya‹ und ›Ark

Royal‹. Ein Treffer Schlachtschiff wahrscheinlich. Zwei weitere Treffer Ziel ungewiß.«*

Ungefähr zur gleichen Zeit sank der Flugzeugträger ›Ark Royal‹ nur 25 Seemeilen ostwärts von Gibraltar.

Das Schlachtschiff ›Malaya‹ aber mußte schwer beschädigt nach Gibraltar eingeschleppt werden. Es war von einem Torpedo unter dem vorderen Turm getroffen worden.

Während der Dauer des gesamten Krieges kam die ›Malaya‹ nicht mehr zum Einsatz.

Die erst 1939 in Dienst gestellte ›Ark Royal‹ hatte eine Wasserverdrängung von 22 600 Tonnen. Die insgesamt 2 000 Mann Besatzung wurden von Captain Maund geführt.

Durch Funkspruch des BdU erfuhr auch die Besatzung von U 81, daß sie diesen Flugzeugträger versenkt hatte, von dem aus wenige Monate zuvor die Flugzeuge aufgestiegen waren, die das deutsche Schlachtschiff ›Bismarck‹ gestellt und den verhängnisvollen Torpedotreffer in die Ruderanlage erzielt hatten.

Am 10. Dezember 1941 erhielt Kapitänleutnant Guggenberger das Ritterkreuz des Eisernen Kreuzes.

Am 15. November faßte der BdU die Boote U 81, U 205, U 431 und U 565 zur ›Gruppe Arnauld‹ zusammen und stellte ihr wegen vermutlich verstärkter britischer U-Jagd frei, sich bis zwei Grad Ost abzusetzen. Stützpunkt dieser Boote wurde erstmalig La Spezia. Damit unterstanden sie der 29. U-Flottille, deren Stützpunkte La Spezia und Pola waren. Chef dieser Flottille war Korvettenkapitän Becker.

In der Zeit vom 16. bis 20. November wurde eine dritte Welle von weiteren sechs U-Booten ins Mittelmeer entsandt. Sie wurden – je nach ihrem Auslaufen – bis Ende November in den italienischen Stützpunkten erwartet.

Die Entsendung dieser dritten Welle war von der SKL** angeordnet worden. Als Begründung wurde dazu angegeben (siehe KTB*** des BdU):

---

   * Siehe Kriegstagebuch des BdU vom 1. 2. 1940 bis 1. 1. 1942
  ** SKL = Seekriegsleitung
*** KTB = Kriegstagebuch

›1. In Nordafrika hat eine Offensive der Engländer an der ganzen Front eingesetzt.
2. Nach Agenten- und B-Meldungen sollen westlich und ostwärts Gibraltar je ein Boot versenkt sein.
Um welche Boote es sich dabei handelt, ist vorläufig unbestimmt.
Zur fraglichen Zeit am 17. November haben bei Gibraltar vielleicht noch U 433 und U 565, weiter ostwärts von Gibraltar U 81 und U 205 gestanden.
Westlich Gibraltar könnte der Verlust bei einem angeblich vor der portugiesischen Küste beobachteten Geleitzugangriff entstanden sein, über den Meldungen von Booten noch nicht vorliegen.‹
Soweit die Niederschrift des KTB des Befehlshabers der U-Boote.

Die Vermutungen, die der BdU insgeheim gehabt hatte, bestätigten sich wenig später. U 433 unter Kapitänleutnant Hans Ey war am frühen Morgen des 17. November südlich von Malaga durch die britische Korvette ›Marigold‹ versenkt worden. Der Kommandant und ein Teil der Besatzung wurden von der ›Marigold‹ aufgefischt und gerieten in Gefangenschaft.

Damit war das erste für den Mittelmeer-Kriegsschauplatz bestimmte U-Boot vernichtet worden.

Der am 22. November von der SKL gegebene Befehl über den Sondereinsatz Mittelmeer machte eine Umgruppierung aller einsatzfähigen Boote erforderlich. U 431 und U 375 erhielten Befehl, mit Marschfahrt das Quadrat CG 89 anzusteuern. U 431 erhielt Befehl, nach Passieren Gibraltars seinen Marsch nach Osten fortzusetzen. U 205 sollte in Messina Brennstoff ergänzen, falls dies unbedingt notwendig würde. Für U 81 wurde am 23. November ebenfalls eine Versorgung in Messina vorgesehen, falls eine solche ohne Verzögerung möglich sei. Nach Passieren Messinas sollte das Boot vorübergehend der 23. U-Flottille unterstellt werden. Vom Chef der 23. U-Flottille erhielten daraufhin U 205 und U 565 (Kapitänleutnant Jebsen) ein neues Operationsgebiet in CP 4771 bis zur afrikanischen Küste, mit Schwerpunkt in 7160 bis 7190 und 7130 bzw. CO 6993, mit Schwerpunkt in 93-20-50-80.

U 331 versenkt die ›Barham‹

Inzwischen war U 331 von Salamis aus zu einer neuen Feindfahrt ausgelaufen. Das Boot hatte einen Nebenauftrag erhalten. Und zwar sollte es am Abend des 17. November 1941 einen Kommandotrupp des Sonderverbandes ›Lehrregiment Brandenburg‹ unter der Führung von Leutnant Kiefer bei Ras Gibeisa, an der afrikanischen Küste ostwärts Marsa Matruk, an Land setzen. Der Kommandotrupp hatte die Aufgabe, die feindliche Bahnlinie entlang der Küste an mehreren Stellen zu sprengen.

Der Kommandotrupp wurde am 17. November ausgesetzt. Da er noch in der gleichen Nacht zurückkommen sollte, blieb Oberleutnant z. See von Tiesenhausen die ganze Nacht auf der Brücke seines Bootes. Aber der Trupp kam nicht zurück.

Mit Tagesanbruch lief das Boot ab, legte sich auf Grund und kehrte in der folgenden Nacht wieder in die Bucht von Ras Gibeisa zurück. Aber die ›Brandenburger‹ erschienen nicht. Sie waren in Gefangenschaft geraten.

Von Tiesenhausen marschierte nun Richtung Tobruk, um seinen Auftrag ›Störung – wenn möglich Unterbindung – des feindlichen Nachschubverkehrs über See nach Tobruk‹ durchzuführen.

Bis zum Morgengrauen des 25. November wurde von U 331 kein einziges Schiff gesichtet. Dann aber, das Boot stand getaucht etwa nördlich Bardia unter der Küste, meldete der Funkgast in aller Frühe aus dem Horchschapp: »Horchpeilung aus Norden, Herr Oberleutnant!«

Sofort ließ Tiesenhausen sein Boot auf Sehrohrtiefe gehen. Nichts war vom Gegner zu entdecken. U 331 kehrte an die Wasseroberfläche zurück und – wurde mit Alarmtauchen von einem Flugzeug wieder unter Wasser gedrückt.

Nun ließ der Kommandant sein Boot im Unterwassermarsch auf die Horchpeilung zulaufen. Bis zur Mittagszeit war die Horchpeilung langsam nach Nordosten ausgewandert.

Tiesenhausen mußte nun versuchen, im Überwassermarsch heranzuschließen. Er ließ auftauchen. Das Boot klotzte mit Marschfahrt hinter dem Geleitzug her nach Nordosten. Um 14.30 Uhr meldete der I. WO Rauchsäulen Steuerbord voraus. Zehn Minuten später kamen Zerstörermasten in Sicht. Entfernung etwa zwölf Seemeilen. Als einzelne dünne Nadeln standen sie über der Kimm.

»Größerer Schiffsverband mit Zerstörer-Nahsicherung. In der Mitte scheinen ein paar große Plätteisen zu liegen. Der Verband marschiert nach Süden.«

U 331 klotzte dem Verband mit AK entgegen. Plötzlich zackte dieser jedoch weg und steuerte Ostkurs.

»Der läuft uns weg, Herr Oberleutnant!« meldete der Obersteuermann, der nach oben gekommen war, um Kurs und Fahrt des Gegners zu errechnen.

»Flugzeug, etwa drei Seemeilen achteraus!«

Für den Kommandanten war dies eine schwierige Situation. Tauchte er, so war der Großverband mit Sicherheit weg. Blieb er oben, und das Flugzeug hatte ihn gesehen, dann würden sehr bald sie selber weg sein.

»Wir bleiben oben!« entschied er sich, als er sah, daß die Maschine nicht auf das Boot einschwenkte, sondern in der alten Richtung weiterflog.

»Da! Der Verband geht wieder auf Gegenkurs und kommt jetzt genau auf uns zu, Herr Oberleutnant!«

»Ich sehe es. Wir bleiben noch etwas oben, ehe wir tauchen.«

»Ist ein Kriegsschiffsverband, Herr Oberleutnant. Jetzt sieht man es ganz genau.«

»Wenn wir auch so ein Schwein hätten wie Guggenberger!«

»Auf Tauchstation, ehe man uns bemerkt!«

U 331 verholte sich unter Wasser.

»Auf Gefechtsstationen!«

In Sehrohrtiefe eingesteuert, lief das Boot nun unter Wasser weiter. Der Feindverband kam stetig näher, wie von Tiesenhausen durch ständiges Ausfahren des Sehrohrs und immer neue Rundblicke erkennen konnte.

»Verband besteht aus drei Schlachtschiffen und acht Zerstörern!« berichtete er der Besatzung, die in der spannungsgeladenen Atmosphäre des Bootes ›blind‹ auf ihren Stationen stand.

Es war genau 16.00 Uhr, als feststand, daß sie den Verband vor die Rohre bekommen würden.

»Horchraum besetzen!« befahl Tiesenhausen.
Von nun an wurde aus dem Horchraum laufend zum Turm gemeldet.
»Aus!«
Das Sehrohr wurde ausgefahren. Der Kommandant sah, wie an den Rahen der Schlachtschiffe Signalflaggen geheißt wurden. Dann erkannte er zwei Zerstörer, die sich an der Backbordseite des Verbandes vorsetzten und nun in Dwarsstaffel, mit etwa 500 Meter Abstand zueinander, weiterliefen.
Wenn das Boot in eine sichere Angriffsposition gelangen wollte, dann mußte er es zwischen den beiden Zerstörern hindurchsteuern, ging es Tiesenhausen durch den Kopf. Er drehte das Sehrohr etwas und konzentrierte sich auf die beiden Zerstörer. Kleinste Ruderkorrekturen brachten U 331 genau in die Mitte zwischen beide Boote.
»Sehrohr ein!« befahl er.
»So, Walther, jetzt müssen wir sehen, wie wir nach den Meldungen des Horchschapps zwischen den Zerstörern durchrutschen.«
Obersteuermann Walther nickte. Der Blick des Kommandanten wanderte zum Befehlsübermittler für die Feuerleitanlage. Er lächelte ihm beruhigend zu.
Dann erfaßte sein Blick den Gefechtsrudergänger, der den Kompaß beobachtete.
»Steuerbord fünf – Mittschiffs –, recht so!« befahl der Kommandant, als der Horchraum den an Backbord stehenden Zerstörer, näher kommend, meldete.
Dann waren die beiden Zerstörer auf gleicher Höhe und eine Minute darauf schon hinter dem Boot, das noch immer auf die Schlachtschiffe zuhielt.
»Sehrohr aus!«
Surrend fuhr der Elektromotor das Sehrohr in die Höhe. Von Tiesenhausen überzeugte sich durch einen schnellen Blick nach achtern, daß die beiden Zerstörer, die in ungefähr 250 Meter Abstand an U 331 vorbeigelaufen waren, nichts gemerkt hatten und ihren Kurs fortsetzten.
Ein Pedaldruck trieb den Sattelsitz um die Zielsäule herum.

Jetzt hatte er andere Ziele anzupeilen. Von nun an galt seine ganze Aufmerksamkeit den drei Schlachtschiffen, die er als ungeheuerliche Kolosse im Sehrohrausblick erkannte.

Unbeirrt durchzogen diese stählernen Riesen die See und ließen weiße Schaumkronen auf der nur leicht bewegten Oberfläche tanzen.

»Wir greifen an!«

Mit Hartruderlage versuchte der Kommandant, das Boot dicht an das vorderste Schlachtschiff heranzudrehen. Aber dieses Manöver war für das vorderste Schlachtschiff zu spät gekommen, die Gegnerfahrt war zu groß.

»Sehrohr aus!«

Nach dem ersten schnellen Blick sah von Tiesenhausen, wie eben der zweite Stahlriese näher kam. Diesen mußten sie treffen. Das Boot ging nach einer abermaligen Ruderkorrektur näher heran. Schnell kam das Schlachtschiff auf. Die Werte wurden durchgegeben. Obersteuermann Walther bediente die Rechenmaschine, die pausenlos die Schußwerte ausspuckte. Alle vier Rohre waren zum Fächerschuß klargemacht worden. Diesmal wollte Tiesenhausen die gesamte Chargierung anlegen. Aber noch war es nicht soweit. Noch bestand für den Riesen eine geringe Chance zu entkommen.

Ein erneuter schneller, nur Sekunden dauernder Überblick. Das Boot stand genau querab zum Gegner. Ungeheuer groß, niemals zu verfehlen, wanderte das Schlachtschiff durch die Zieloptik.

»Viererfächer – lllos!«

In genau vorgesehenen Abständen flitzten die vier Torpedos aus den Rohren. Preßluft blies, Wasser rauschte in die Ausgleichtanks.

Das Sehrohr weiter nach achtern drehend, sah Tiesenhausen, wie eben das dritte Schlachtschiff in das Blickfeld kam und genau auf das U-Boot zuhielt.

»LI! Auf fünfzig Meter gehen!«

Aber anstatt den hart nach unten gelegten Tiefenrudern zu folgen, wurde U 331 plötzlich nach oben gedrückt.

»Boot mit Oberkante Turm durch!« meldete der LI aus der Zentrale zum Turm.

»Turm räumen!« rief Tiesenhausen, denn jeden Augenblick

konnte der Bug des Schlachtschiffes den Turm zersägen. Er hatte gesehen, wie nahe das Schlachtschiff bereits herangekommen war und daß nur noch eine Rammung folgen konnte, wenn das Schlachtschiff auch nur etwas mitgedreht hatte. Auf jeden Fall hatte der Gegner das Boot bestimmt gesehen.

Obersteuermann Walther warf als letzter seine Unterlagen in die Zentrale, enterte ab und schloß das Luk zwischen Zentrale und Turm. Wenn das Schlachtschiff nur den Turm rammte, dann hatten sie noch eine Chance.

Alles dies war binnen weniger Sekunden vor sich gegangen. Schraubengeräusche waren sehr laut wahrnehmbar. Und dann dröhnten nacheinander drei dumpfe Trefferdetonationen und zweieinhalb Sekunden darauf eine vierte.

»Vier Treffer, Herr Oberleutnant!«

Aber Tiesenhausen hörte diesen Ruf überhaupt nicht. Er starrte noch immer auf das Tiefenmanometer, das sich nicht rührte, und wartete auf den Rammstoß des dritten Schlachtschiffes, der aber nicht erfolgte. Aber dann schlug der Zeiger endlich aus. Das Boot fiel.

Der Zeiger des Tiefenmanometers rotierte weiter. Fünfzig Meter gingen durch. 60 – 70 – 80 Meter. Dann stand die Nadel wieder still. Aber das Boot konnte nicht so abrupt stehen bleiben. Da war etwas faul! Tiesenhausen entsann sich eines ähnlichen Falles, den er als I. WO auf Korths Boot – U 93 – erlebt hatte.

»Frage: Vorderes Tiefenmanometer?«

Jetzt erst schaltete der Gast, und Sekunden später meldete er: »Endstellung!«

Der Zeiger des Zentralmanometers drehte sich nun weiter und pendelte sich erst auf 266 Meter ein.

So tief hatte bis zu diesem Zeitpunkt noch kein anderes deutsches Boot gestanden. Die Stimme des Kommandanten durchbrach die Stille. Sie klang ruhig und fest.

»Na schön! Wir werden sehen, ob die Röhre das aushält. Bringen Sie das Boot auf 250 Meter!«

Mit Schleichfahrt lief U 331 ab.

»Hier unten kann uns keiner!« sagte der Zentralemaat in die Stille hinein.

Und dann kamen Schritte über den Gang. Die wuchtige Gestalt von Dieselobermaschinist Köchy schwang sich durch das Kugelschott.

»Haben wir den Zerstörer getroffen?« fragte er ahnungslos.

»Nee, Köchy!« belehrte Walther den Kameraden. »Das war kein Zerstörer, das war ein Schlachtschiff, und wir haben ihm aus 375 Meter Entfernung einen Viererfächer verpuhlt.«

Der Obermaschinist starrte alle nacheinander ungläubig an.

»Sie werden sich an den Gedanken gewöhnen müssen, Köchy!« schloß der Kommandant die Diskussion mit einem leichten Lächeln.

Wasserbomben wurden geworfen. Sie knallten weitab und hoch, sehr hoch über dem Boot auseinander.

Um 21.00 Uhr wurde kurz nach dem Auftauchen über FT die Torpedierung eines Schlachtschiffes gemeldet. Daß er das Schlachtschiff versenkt hatte, wußte von Tiesenhausen noch nicht, und darum meldete er auch nur eine Torpedierung.

Im KTB des Befehlshabers der U-Boote steht unter dem 26. November folgender kurzer Satz: ›Erfolgsmeldung: U 331 hat im östlichen Mittelmeer ein Schlachtschiff torpediert. Ein neuer schöner Erfolg.‹

Insgesamt – das wurde später festgestellt – war U 331 mit dem Turm fast 45 Sekunden über Wasser gewesen. Zeit genug für den stählernen Berg des Schlachtschiffes, das Boot zu rammen oder mit Artillerie zu vernichten.

Was war nun aber auf der Feindseite geschehen? Warum hatte die ›Valiant‹ – sie war das dritte Schlachtschiff – das U-Boot nicht einfach überlaufen und in der Mitte durchgeschnitten?

Die Flaggensignale, die von Tiesenhausen kurz vor seinem Angriff gesehen hatte, hatten eine Formationsänderung des Gesamtverbandes eingeleitet. Die drei Schlachtschiffe ›Queen Elizabeth‹, ›Barham‹ und ›Valiant‹, die in Kiellinie liefen, drehten auf dieses Signal hin nach Backbord zur Staffel.

In diesem Augenblick trafen die Torpedos von U 331 die ›Barham‹. Die am Schluß laufende ›Valiant‹ sichtete Sekunden später den U-Boots-Turm, ›nur 130 Yards entfernt, 7 Grad an Steuerbord‹.

Sofort ließ der Kommandant der ›Valiant‹ hart Steuerbord drehen und mit den Maschinen auf AK heraufgehen, um das feindliche U-Boot zu rammen. Gleichzeitig damit ließ er aus den leichten Maschinenwaffen das Feuer eröffnen.

Doch U 331 stand so dicht an der Bordwand des hoch emporragenden Schlachtschiffes, daß dessen Waffen nicht tief genug gesenkt werden konnten. Die Geschosse gingen sämtlich über den Turm des U-Bootes hinweg.

Da die ›Valiant‹ sich beim Sichten des U-Bootes in der Backborddrehung befunden hatte, dauerte es entscheidende Sekunden, ehe das Schlachtschiff den Dreh nach Steuerbord aufnahm. Der Kommandant der ›Valiant‹ berichtete: »Nur 35 Yards neben unserer Bordwand schnitten Turm und Sehrohr des U-Bootes – genau 45 Sekunden, nachdem wir es zum erstenmal gesichtet hatten – wieder unter. Wir hatten den Angreifer um Haaresbreite verfehlt.«

In diesen entscheidenden Sekunden mußte die ›Valiant‹ dann auch noch mit hart Backbordruder abermals herumgehen, weil sie sonst genau in die schwer getroffene ›Barham‹ hineingelaufen wäre.

Es waren nur drei Torpedos gewesen, die das Schlachtschiff getroffen hatten. Einer dieser drei Aale hatte dabei eine der Munitionskammern der ›Barham‹ getroffen und eine vierte Explosion ausgelöst.

Gewaltige Munitionsdetonationen rissen den 31 000 Tonnen großen Riesen auseinander. Genau 4 Minuten 45 Sekunden nach den Treffern war das Schlachtschiff auf 32°34′ Nord/26°24′ Ost gesunken. Obwohl die anderen Einheiten in der Nähe waren, verloren 862 britische Seeleute ihr Leben.

Ein winziges deutsches U-Boot hatte den weithin hallenden Paukenschlag im Mittelmeer ausgelöst. Mit diesem Dreierfächer durfte U 331 den Ruhm für sich in Anspruch nehmen, als einziges U-Boot ein britisches Schlachtschiff auf freier See versenkt zu haben.

Die Engländer dementierten den Verlust der ›Barham‹. Erst zwei Monate später gaben sie ihn zu. Was hatte sie dazu bewogen, mit allen Schlachtschiffen auszulaufen?

Admiral Cunningham war mit seiner Hauptflotte am 24. November aus Alexandria ausgelaufen, weil er den auf Malta stationierten leichten Schiffen bei ihrer Suche nach den am 21. November gemeldeten italienischen Nachschubgeleiten Rückhalt geben wollte.

Tatsächlich waren auch am 20. und 22. November zwei italienische Truppentransporter für Afrika ausgelaufen. Sie wurden durch eine starke Sicherungsgruppe geleitet, die von den schweren Kreuzern ›Gorizia‹, ›Trieste‹, ›Trento‹ und sieben Zerstörern und Torpedobooten gebildet wurde.

Beim Marsch durch die Messinastraße erreichten noch die drei leichten Kreuzer ›Luigi di Savoia‹, ›Duca degli Abbruzzi‹ und ›Giuseppe Garibaldi‹ die Deckungsgruppe. Je zwei weitere Transporter, die aus Tarent und Brindisi ausliefen, stießen zum Konvoi. Als Brennstofftransporter kam der leichte Kreuzer ›Luigi Cadorna‹ hinzu.

Diese starke Gruppe konnte von Malta aus nicht mit Seestreitkräften angegriffen werden. Aber britische Flugzeuge griffen in der Nacht zum 22. November von der Insel aus an und beschädigten die ›Trieste‹ durch Lufttorpedotreffer so stark, daß sie nur mit Mühe nach Messina zurückkehren konnte.

Vor Syrakus gelang es dem britischen U-Boot ›Utmost‹ (Korvettenkapitän R. D. Cayley), den leichten Kreuzer ›Duca degli Abbruzzi‹ zu torpedieren.

Diese starken Deckungskräfte der Italiener veranlaßten Admiral Cunningham zum Auslaufen mit seiner Hauptstreitmacht.

Nun waren noch zwei britische Schlachtschiffe übrig; aber auch sie sollten noch vor Jahresschluß durch einen tollkühnen italienischen Handstreich ausgeschaltet werden.

Am 26. November 1941 schrieb der BdU unter ›Allgemeines zur Mittelmeerlage‹ in das amtliche KTB: ›Den Schwerpunkt der U-Boots-Tätigkeit im Mittelmeer sehe ich immer noch im Osten. Sowohl der britische Nachschub über See für die Afrikafront wie auch die britischen Angriffe auf die eigenen Zufuhren nach Afrika können von entscheidendem Einfluß auf die Randlage sein.

Beide bieten für U-Boote vermutlich günstige Angriffsziele. Die

Nachrichten über englische Angriffsabsichten auf Oran und Algier scheinen mir dagegen weniger wahrscheinlich. Daß ein laufender Zufuhrstrom von Gibraltar und Malta nach Osten geht, ist ebenfalls nicht erwiesen. Hinzu kommt, daß durch den Verlust von ›Ark Royal‹ und ›Malaya‹ die Gibraltarstreitkräfte stark geschwächt sind. Zur Zeit kann von großen Schiffen nur ›Argus‹ fahrbereit sein, so daß größere Operationen wenig wahrscheinlich sind.

Ich schlage daher der SKL vor, zwei weitere Boote, U 95 und U 557, vom westlichen ins östliche Mittelmeer zu schicken und eine vorübergehende Schwächung der U-Boots-Zahlen im westlichen Mittelmeer in Kauf zu nehmen.‹

Einen Tag später hatte die SKL bereits die Entsendung von zwei U-Booten aus dem westlichen ins östliche Mittelmeer abgelehnt.

Die SKL sah die Angriffsabsichten auf Oran und Algier als sehr ernst an.

Am 27. November ordnete die SKL darüber hinaus folgendes an: ›Das östliche Mittelmeer ist mit 10, das westliche mit 15 Booten laufend zu besetzen. Das Seegebiet westlich Gibraltar ist mit weiteren 15 Booten im Operationsgebiet zu besetzen.‹

Dies bedeutete, daß laufend je 15 U-Boote westlich *und* östlich der Straße von Gibraltar stehen sollten. Dazu kamen die 10 Boote im östlichen Mittelmeer.

Bis zum Erreichen dieser Zahlen sollte ein entsprechendes Verhältnis aufrechterhalten werden.

Zu dem Zeitpunkt, da dieser Befehl von der SKL erteilt wurde, standen folgende U-Boote im Operationsgebiet:

Im östlichen Mittelmeer: 7 Boote.

    U 81   (Kapitänleutnant Guggenberger)
    U 205 (Kapitänleutnant Reschke)
    U 331 (Oberleutnant z. See von Tiesenhausen)
    U 559 (Kapitänleutnant Heidtmann)
    U 565 (Kapitänleutnant Jebsen)
    U 431 (Kapitänleutnant Dommes)
    U 79   (Kapitänleutnant Kaufmann).

Im westlichen Mittelmeer: 4 Boote (3 weitere Boote sollten hinzukommen):

U 95 (Kapitänleutnant Schreiber; am 28. November südwestlich Almeria durch holländisches U-Boot O 21 versenkt)
U 562 (Kapitänleutnant Hamm)
U 557 (Kapitänleutnant Paulsen)
U 652 (Oberleutnant z. See Fraatz).
Hinzukommen sollten:
U 90 (Kapitänleutnant Oldörp)
U 96 (Kapitänleutnant Lehmann-Willenbrock)
U 558 (Kapitänleutnant Krech).
(Diese drei Boote gelangten nicht ins Mittelmeer.)
Westlich Gibraltar standen:
U 332 (Oberleutnant z. See Hüttemann)
U 375 (Kapitänleutnant Koenenkamp)
U 372 (Kapitänleutnant Neumann)
U 453 (Kapitänleutnant Frhr. von Schlippenbach)
U 67 (Kapitänleutnant Müller-Stöckheim).

Es wurde vom BdU vorgesehen, das östliche Mittelmeer mit den am 29. November auslaufenden U 206, U 71 und U 563 zu verstärken. Für das Gibraltargebiet sollten dann noch fünf Boote der Gruppe ›Steuben‹, die zur Zeit auf einen Geleitzug im Azorengebiet operierten, abgestellt werden.

So befanden sich zu Ende November 1941 von den 16 ins Mittelmeer entsandten U-Booten 14 im neuen Kampfgebiet. Zwei waren verlorengegangen. Und zwar war U 433 von der britischen Korvette ›Marigold‹ versenkt worden, während U 95 im Kampf U-Boot gegen U-Boot den kürzeren gezogen hatte. Der Kommandant von U 95, Kapitänleutnant Schreiber, wurde mit einem Teil der Besatzung gerettet.

Die strategischen Auswirkungen der beiden großen U-Boots-Erfolge im November waren gewaltig. Einen Monat später – zeitlich überaus glücklich mit diesen Erfolgen zusammenfallend – veränderte das kühne und erfolgreiche Unternehmen italienischer Torpedoreiter gegen Alexandria das Schwergewicht endgültig und sicherte den Achsen-Seestreitkräften schlagartig – wenn auch nur für sechs Monate – die Seeherrschaft in beiden Hälften des Mittelmeeres.

Das Ende der ›Force K‹

Beginnend mit dem 6. Dezember 1941, gingen weitere deutsche U-Boote ins Mittelmeer. Zuerst vier Boote, die sich teilweise auf der ersten Feindfahrt befanden. Dennoch entschloß sich der BdU dazu, sie durch die Straße von Gibraltar zu schicken. So erhielten die am 4. Dezember ausgelaufenen U 208 (Oberleutnant Schlieper) und U 568 (Kapitänleutnant Preuß) Weisung, mit schneller Marschfahrt Gebiet CO anzusteuern*.

U 372 (Kapitänleutnant Neumann) und U 375 (Kapitänleutnant Koenenkamp), die bisher westlich von Gibraltar standen, erhielten neue Angriffsräume östlich Gibraltar bis CH 76 rechte Kante. Absetzen bei starker Abwehr nach Osten wurde den Booten freigestellt.

Einen Tag später wurden drei weitere Boote für das östliche Mittelmeer abgestellt. Und zwar U 652 (Oberleutnant Fraatz), U 573 (Kapitänleutnant Heinsohn) und U 374 (Oberleutnant z. See von Fischel). Diese drei Boote erhielten gleichfalls Weisung, Quadrat CO anzusteuern. Brennstoffergänzung für diese Boote war in Messina vorgesehen.

U 453 (Kapitänleutnant Frhr. von Schlippenbach), bisher ebenfalls westlich Gibraltar stehend, erhielt als Angriffsraum das Gebiet ostwärts Gibraltar zugewiesen, nach Vorgang von U 372 und U 375.

Am 8. Dezember ging die operative Führung der U-Boote im westlichen Mittelmeer an den stellvertretenden FdU Italien, Korvettenkapitän Oehrn, über. Trennungslinie war die Straße von Gibraltar. Im östlichen Mittelmeer behielt vorläufig die 23. U-Flottille die Führung.

An diesem Tage wurde U 95 mehrfach aufgefordert, sich zu melden. Noch wußte der BdU nichts davon, daß das Boot bereits am 28. November durch ein holländisches U-Boot versenkt worden war. Der BdU schrieb in sein KTB: ›Es muß damit gerechnet werden, daß das Boot wahrscheinlich in der Gibraltarstraße vernichtet wurde.

---

* Siehe KTB des BdU vom 6. Dezember 1941

Erfolgsmeldungen: keine!‹

Neben den genannten Booten liefen bis zum 23. Dezember noch U 74 (Kapitänleutnant Kentrat), U 77 (Kapitänleutnant Schonder), U 432 (Kapitänleutnant Schultze), U 83 (Kapitänleutnant Krauss), U 577 (Kapitänleutnant Schauenburg) und U 202 (Kapitänleutnant Linder) mit Einsatzziel Mittelmeer aus.

Doch diesmal hatte der britische Löwe kein falsches Gebiß mehr. U 208 wurde am 11. Dezember noch westlich der Straße von Gibraltar durch die britische Korvette ›Bluebelle‹ vernichtet. Kein Mann der Besatzung wurde gerettet.

U 432 wurde durch eine Fliegerbombe schwer beschädigt und mußte umkehren. U 451 (Kapitänleutnant Hoffmann) erhielt unmittelbar vor Tanger am 21. Dezember einen Bombentreffer durch britische Flugzeuge und sank so schnell, daß nur ein einziger Mann der Besatzung gerettet werden konnte.

U 202 wurde ebenfalls von Flugzeugen des am 14. November gesunkenen Trägers ›Ark Royal‹ – die nun in Gibraltar stationiert waren – beschädigt und mußte den Rückmarsch antreten.

U 206, das bereits Ende November ins Mittelmeer gehen sollte, wurde am 30. November beim Auslaufen aus der Biskaya von Flugzeugen gesichtet, bebombt und ging mit der gesamten Besatzung unter.

U 71, U 558 und U 563 mußten ebenfalls wegen Motorschadens und wegen Bombenschäden durch Flugzeuge vorzeitig umkehren.

Am 11. Dezember meldeten U 568 und U 374, daß sie die Straße von Gibraltar passiert hätten. Sie wurden damit operativ dem FdU Italien unterstellt. Der BdU gab am 11. Dezember seine Ansichten zur Lage der SKL in folgendem Sinne bekannt:

›1. Hauptaufgabe ist die Erhöhung der U-Boots-Zahlen im Gebiet Tobruk-Alexandria.
2. Im Raum Gibraltar sehe ich die Hauptaufgabe im Angriff auf HG- und OG-Geleitzüge, da mir eine englische Operation in Oran und Algier wenig wahrscheinlich erscheint.
3. Die Boote des Typs IX* sind für die Verwendung im Mittel-

---

* Wasserverdrängung 1153 m^3 (getaucht)

meer und im Gibraltarraum wenig geeignet, denn sie sind leichter zu orten als Typ VII*, komplizierter und daher weniger standfest gegen Wasserbombenverfolgung und tiefensteuermäßig schwieriger als diese. Ihr Hauptvorteil – größerer Brennstoffvorrat – kommt dagegen im Mittelmeer und im Gibraltarraum nicht zum Tragen.‹

Wenige Tage später, am 18. Dezember, berichtet das KTB über die Lage im Mittelmeer:

›Bei Betrachtung der augenblicklichen U-Boots-Lage im Mittelmeer und der noch beabsichtigten Verstärkung der U-Boots Zahlen muß klar erkannt werden, daß sich der größte Teil der erfahrenen Kommandanten und Besatzungen der deutschen U-Boots-Waffe im Mittelmeer befindet beziehungsweise nach dorthin marschieren muß.

Über die Gibraltarenge, Gibraltarpassage, bin ich folgender Ansicht:

1. Gibraltarpassage ist nach Versenkung der ›Ark Royal‹ durch Verstärkung der Bewacherlinie und insbesondere durch weit nach Osten und Westen reichende Luftüberwachung, die auch nachts fliegt, schwieriger geworden.

Durch letztere ist die Unterwasserpassage wegen der Länge der zu überbrückenden Strecke erschwert.

Bei Vollmond ist Über- und Unterwasserpassage unmöglich gemacht. Gibraltar passiert haben 19 Boote (bis 18. Dezember), davon 11 nach Versenkung der ›Ark Royal‹.

Bei der Durchfahrt gingen drei Boote verloren, drei Boote wurden durch Fliegerbomben beschädigt und mußten den Rückmarsch nach Westfrankreich antreten.

2. Die Gibraltarpassage nach Westen ist wesentlich schwieriger, da gegen den Strom. Wenn nach Beendigung der Operationen der Boote im Mittelmeer diese in den Atlantik zurückkehren sollen, wird eine erheblich stärkere Überwachung bei Gibraltar wahrscheinlich sein. Größere Verluste sind die voraussichtliche Folge.

3. Der Einsatz der U-Boote im Mittelmeer ist zur Zeit unumgänglich notwendig; er birgt jedoch auch die Gefahr in sich, daß

---

* 750 m³ bzw. 850 m³

die U-Boote sich dort für die Zwecke der Atlantikschlacht eines Tages in einer Mausefalle befinden. Die Lösung dieser Frage muß jedoch der weiteren Entwicklung vorbehalten bleiben.‹

Der Befehl der 1. SKL 2042/41, Chefsache über den U-Boots-Einsatz Mittelmeer, wurde am 20. Dezember von dem BdU wie folgt beantwortet:

›In Durchführung dieses Befehls und im Hinblick auf die Einsatzmöglichkeit neuer U-Boote und neuer Kommandanten bzw. großer Boote ist folgender Einsatz beabsichtigt:

Ins Mittelmeer entsandt werden nach dem Vollmond U 83, U 451, U 202, U 133 und U 577. Mit diesen befinden sich dann 25 Boote im Mittelmeer. Zur Neumondsperiode, Mitte Januar, werden fünf weitere Boote entsandt. Im Februar folgen abermals vier Boote. Wegen dieser Streuung wird auf die im Fernschreiben Deutsches Marinekommando Italien 8193/41 Gekados gemeldete Werftkapazität im Mittelmeer Bezug genommen. Diese Werftkapazität beträgt bis 15. Januar 13 Boote.

Bis Februar 15 Boote, später 20 Boote. Damit ist der leistungsfähigste Teil der U-Boots-Waffe im Mittelmeer.‹

In den ersten Sommermonaten des Jahres 1941 war nur ein geringer Prozentsatz der deutsch-italienischen Versorgungstonnage versenkt worden, doch im August 1941 gelang es den britischen See- und Luftstreitkräften, 53 Prozent des nach Nordafrika laufenden Nachschubs zu vernichten. Im Oktober waren es 63 Prozent, und der November erreichte mit 70 Prozent einen Höchststand. Damit war es für die Panzergruppe Afrika unmöglich geworden, frei zu operieren, weil ihr Brennstoff und Munition fehlten.

Diese hohe Versenkungsquote verdankten die Engländer im wesentlichen der Kampfkraft der Insel Malta. Bis zum Mai 1941 war es ihnen gelungen, die Insel langsam zu verstärken und auch noch (ab Januar 1941) eine U-Boots-Flottille dorthin zu verlegen, die verhältnismäßig rasch auf die Zahl von 20 Booten aufgestockt wurde. Malta wurde zum waffenstarrenden Stützpunkt gegen die Achsen-Geleitzüge und erreichte bis November 941 ein Maximum an Kampfstärke.

Gibraltar war noch stärker ausgebaut. Um die von dort drohende Gefahr auszuschalten, unternahm das italienische U-Boot ›Scirè‹ unter Korvettenkapitän Fürst Borghese schon am 20. September 1941 einen Angriff auf Gibraltar. Das U-Boot drang in die Bucht von Gibraltar ein und setzte drei Torpedoreiter-Teams mit ihren ›Maiali‹ aus, die auf der Reede und im Kriegshafen einen Frachter von 2444 BRT und den Marinetanker ›Denby Dale‹ (8145 BRT) versenkten und das Motorschiff ›Durham‹ (10 893 BRT) torpedierten.

Damit machten zum erstenmal die italienischen Kleinkampfverbände von sich reden.

Im Oktober holten die Engländer zum Gegenschlag aus. Das U-Boot ›Rorqual‹ (LtCdr. Napier) hatte in der Bucht von Athen eine Minensperre gelegt. Am 20. Oktober sanken auf dieser Sperre die italienischen Torpedoboote ›Aldebaran‹ und ›Atair‹.

Aus einem afrikasteuernden Geleitzug versenkte in der Nacht zum 2. November 1941 das Malta-U-Boot ›Utmost‹ (LtCdr. Cayley) die italienischen Dampfer ›Marigola‹ (5996 BRT) und ›Balilla‹ (2469 BRT).

Die am 21. Oktober 1941 in Malta eingetroffene ›Force K‹ unter W. G. Agnew lief in der Nacht zum 9. November 1941 aus Malta aus. Es waren die kleinen Kreuzer ›Aurora‹ und ›Penelope‹, ferner die Zerstörer ›Lively‹ und ›Lance‹. Sie sichteten in den frühen Morgenstunden des 9. November einen italienischen Großkonvoi, der aus sieben Handelsschiffen bestand und von sechs Zerstörern begleitet wurde. Als weitere Sicherung standen die Schweren Kreuzer ›Trento‹ und ›Trieste‹ in der Nähe.

Es kam zu einem harten Nachtgefecht. Alle sieben Handelsschiffe, fünf Frachter und zwei Tanker, mit zusammen 39 787 BRT, wurden versenkt. Binnen fünf Minuten waren die mit Kurs auf Libyen laufenden Dampfer von der Wasseroberfläche verschwunden. Die Hilferufe der Schiffbrüchigen hallten über die See. Hohe Flammensäulen, Explosionen und dicke Rauchwolken, unter denen nur noch Trümmer schwammen, boten ein Bild der Trostlosigkeit.

Die beiden Kreuzer ›Trento‹ und ›Trieste‹ und ihre vier Zerstörer drehten ab und verließen den Konvoi. Die sechs Geleitzerstörer blieben allein zurück. – Der Geleitzerstörer ›Fulmine‹ erhielt so schwere Artillerietreffer von den Kreuzern ›Aurora‹ und ›Penelope‹, daß er sank.

Während der Bergungsarbeiten erhielt der italienische Zerstörer ›Libeccio‹, der Überlebende an Bord nahm, einen Torpedotreffer.

Das schwer beschädigte Boot wurde von dem Zerstörer ›Euro‹ in Schlepp genommen. Aber zwei Stunden später war die ›Libeccio‹ nicht mehr zu halten. Die Trossen wurden gekappt, und der Zerstörer sank. Auch die vier übrigen Zerstörer wurden schwer beschädigt.

Dieselbe Kampfgruppe K unter Captain Agnew stieß am Nachmittag des 24. November auf die Dampfer ›Maritza‹ und ›Procida‹, die im Geleit zweier Torpedoboote mit Truppen und Material an Bord nach Afrika liefen.

Kreuzer ›Penelope‹ eröffnete um 15.45 Uhr das Feuer. Eine halbe Stunde standen die beiden Torpedoboote im Gefecht, dann liefen sie schwer beschädigt ab. Um 16.30 Uhr sahen die Engländer, wie der erste Dampfer und zehn Minuten später der zweite unter gewaltigen Explosionen in die Luft flogen.

Von den Besatzungen und den eingeschifften Soldaten wurde nie wieder etwas gehört.

Ihren größten Erfolg erzielte diese ›Force K‹ am 1. Dezember 1941. Um 3.00 Uhr sichtete sie den Dampfer ›Adriatico‹. Die ›Aurora‹ eröffnete das Feuer mit einer Warnsalve und gab der Besatzung des Dampfers fünfzehn Minuten Zeit, in die Boote zu gehen. Als aber die ›Adriatico‹ das Feuer eröffnete, wurde sie in Brand geschossen und explodierte um 4.00 Uhr.

Die ›Adriatico‹ war am 29. November mit einer Ladung von 2300 Fässern Benzin aus Argostoli ausgelaufen.

Die ›Force K‹ lief in südlicher Richtung weiter und stieß auf den Tanker ›Mantovani‹ (10 400 BRT) und den Zerstörer ›Da Moro‹. Gegen 18.00 Uhr wurden diese beiden Einheiten 60 Meilen vor Tripolis gestellt. Der Zerstörer ›Da Moro‹ explodierte sieben Minuten nach Feuereröffnung. Die ›Mantovani‹, die eine Ladung von je 3000 Tonnen Benzin, Schweröl und Flugzeugbenzin geladen hatte, flog nach vielen Treffern um 20.00 Uhr mit einer zweihundert Meter hohen Explosionswolke in die Luft.

Nunmehr wurden deutscherseits die ersten Teile des II. Fliegerkorps nach Sizilien verlegt, und die Italiener entschlossen sich, Großgeleite wieder mit der gesamten Flotte zu decken.

Am 9. Dezember versenkte das U-Boot ›Porpoise‹ das mit 2000 Gefangenen – überwiegend Engländern – besetzte Motorschiff ›Sebastion Venier‹ (6311 BRT), das von Bengasi ausgelaufen und nach Neapel bestimmt war. Das italienische Lazarettschiff ›Arno‹ begann trotz schwerer See mit den Bergungsarbeiten. In einer sowohl seemännischen als auch menschlichen Höchstleistung gelang es der Besatzung der ›Arno‹, trotz der U-Boots-Gefahr 1800 schiffbrüchige Gegner zu retten.

Am gleichen Tage versenkte das britische U-Boot ›Talisman‹ (LtCdr. Willmott) südlich Kap Matapan (Südspitze des Peloponnes) das italienische Motorschiff ›Calitea‹ (4013 BRT).

Aus Palermo liefen an diesem Tage die Kreuzer ›Alberico di Barbiano‹ und ›Alberto di Giussano‹ mit dem Torpedoboot ›Cigno‹ als Benzintransporter aus. Als die drei Fahrzeuge kurz nach Passieren von Cap Bon (Nordostspitze von Tunesien) von der britischen Luftaufklärung erfaßt wurden und für sie die Gefahr bestand, in einen Bomberangriff zu geraten, drehten die Schiffe und traten den Rückmarsch an. Ein Zufall wurde diesen Einheiten zum Verhängnis.

Drei britische und ein holländischer Zerstörer, die sich auf dem Marsch von Gibraltar nach Alexandria befanden, faßten den Verband auf. Captain Stockes, der sich als Verbandsführer auf dem Zerstörer ›Sikh‹ befand, befahl den Angriff. Mit ›Legion‹, ›Maori‹ und dem Niederländer ›Isaac Sweers‹ eröffneten sie das Feuer und versenkten beide italienischen Kreuzer. Nur das Torpedoboot ›Cigno‹ entkam, nachdem es noch 500 Schiffbrüchige gerettet hatte.

Konteradmiral Toscano und 900 Männer der Besatzung beider Kreuzer fielen.

Nunmehr waren die Italiener endgültig entschlossen – und nach den großen Erfolgen der deutschen U-Boote dazu angestachelt –, ihre Großkampfschiffe einzusetzen. Als am 13. Dezember fünf schwer beladene Dampfer nach Afrika ausliefen, erhielten sie acht Zerstörer als Nahsicherung und das Schlachtschiff ›Caio Duilio‹, zwei Kreuzer und drei Zerstörer als Fernsicherung. Als

Deckungsgruppe gingen ferner die Schlachtschiffe ›Littorio‹ und ›Vittorio Veneto‹ mit vier Zerstörern in See.

Es kam zum ›Ersten Seegefecht in der Syrte*‹.

Beim Verlassen der Messinastraße erhielt das Schlachtschiff ›Vittorio Veneto‹ einen Torpedotreffer unter dem achteren Turm. Es konnte jedoch mit zwanzig Knoten Fahrt nach Tarent weiterlaufen. Die ›Vittorio Veneto‹ war von dem Malta-U-Boot ›Urge‹ (Korvettenkapitän Tomkinson) torpediert worden. Das war am 14. Dezember. Als das 15. Kreuzergeschwader – genannt ›The Fighting Fifteenth‹ – unter Konteradmiral Vian, das mit Kreuzern und Zerstörern nach Alexandria unterwegs war, am 17. Dezember auf diesen italienischen Flottenverband stieß, griff Vian an.

Admiral Jachino, der italienische Kampfgruppenführer, hatte kurz vorher eine Flugzeugmeldung über das Auslaufen der ›Force K‹ aus Malta erhalten. Die ›Force K‹ sollte jedoch lediglich den Nachschubtransporter ›Breconshire‹ aufnehmen. Nach kurzer Gefechtsberührung ließ Admiral Jachino abdrehen, weil es zu dunkel wurde. Der Geleitzug erreichte seinen Zielhafen. Aus diesem 15. Kreuzergeschwader schoß dann U 557 (Kptlt. Paulsen) vor Alexandria die ›Galatea‹ heraus.

Dem Malta-U-Boot ›Upright‹ (Leutnant zur See Norman) gelang es am 13. Dezember, im Golf von Tarent aus einem Zubringer-Geleitzug das Motorschiff ›Filzi‹ (6836 BRT) und den Dampfer ›Carlo del Greco‹ zu versenken. Mit diesen Schiffen gingen abermals Panzer und Treibstoff verloren.

Die ›Breconshire‹ wurde von der ›Force K‹ nach Malta geleitet. Die Einheiten des Kampfverbandes liefen sofort wieder aus Malta aus, da offenbar eine Gelegenheit gegeben war, die italienische Flotte zu treffen und den Kampf aufzunehmen.

In den frühen Morgenstunden des 19. Dezember lief dieses Geschwader mit drei Kreuzern und vier Zerstörern im Seeraum von Tripolis auf eine von italienischen Kreuzern gelegte Minensperre.

Der Kreuzer ›Neptune‹ erhielt vier Minentreffer. Binnen einer Minute war er mit der gesamten Besatzung von der Wasserober-

---

* Als ‹Große› und ›Kleine Syrte‹ bezeichnet man die Bucht zwischen Tunis und der Cyrenaika

fläche verschwunden. Nur ein Mann konnte wenig später aufgefischt werden.

Die ›Aurora‹, Captain Agnews Flaggschiff, wurde durch zwei Minentreffer so schwer beschädigt, daß sie nur mit Mühe Malta erreichte. Auch die ›Penelope‹ wurde beschädigt. Der Zerstörer ›Kandahar‹, der ebenfalls mehrere Minentreffer erhalten hatte, verlor sein Heck. Er blieb mit starker Schlagseite gestoppt liegen. Nach Übernahme der Reste der Besatzung wurde er durch Torpedotreffer der eigenen Zerstörer versenkt.

Damit war binnen weniger Stunden das Schicksal der ›Force K‹ – die so große Erfolge erzielt hatte – entschieden. Sie hatte aufgehört zu existieren. Der Kampf gegen die deutsch-italienischen Geleitzüge mußte nun allein von den U-Booten der 10. Malta-U-Flottille und von der RAF fortgeführt werden.

U 557 stand schon einige Zeit im östlichen Mittelmeer. Das Boot war aus dem Stützpunkt Salamis ausgelaufen und hatte das Seegebiet vor Alexandria, neben Tobruk einer der Brennpunkte, als Einsatzraum erhalten. Vergebens suchte das Boot nach Objekten, die einen Torpedoschuß lohnten. Am 14. Dezember war es soweit. Kapitänleutnant Paulsen wurde am späten Nachmittag auf die Brücke gerufen. Aus Richtung Malta war der Gefechtsmast eines Kreuzers in Sicht gekommen. Dann wurden mehrere Zerstörer erkannt. Ein ganzer Kriegsschiffsverband.

»Boot greift Kreuzer an«, befahl der Kommandant.

Mit Einfall der Dämmerung war der Kreuzer nahe an U 557 herangekommen und schickte sich an, in den Hafen von Alexandria einzulaufen.

Paulsen schoß einen Dreierfächer. Alle drei Torpedos trafen, und die ›Galatea‹ sank schnell. Ihr Verlust folgte dem der ›Ark Royal‹ und ›Barham‹ und war ein weiterer schwerer Schlag für die britischen Seestreitkräfte im Mittelmeer. Weitere schwere Verluste standen der englischen Flotte noch bevor; von See her und auch aus der Luft.

U 557 meldete den Erfolg und erhielt Rückmarschbefehl nach Salamis.

Es lief mit schneller Fahrt nordwärts und stand am 16. Dezember westlich von Kreta. Hier wurde das Boot von dem auslaufenden italienischen Torpedoboot ›Orione‹ bei Nacht als Feind angesehen und gerammt.

Der Druckkörper von U 557 muß sofort weit aufgerissen gewesen sein, denn wie ein Stein sank das Boot, und kein einziger Mann der Besatzung konnte gerettet werden.

Sofort setzte eine peinlich genau durchgeführte Untersuchung des Falles ein. Diese Untersuchung ergab schließlich, daß alle an dem Unglück beteiligten Dienststellen, nämlich drei italienische und vier deutsche Stellen, den erlassenen Richtlinien getreu verfahren hatten. Und doch konnte keiner der Beteiligten – einschließlich des Torpedobootes und des U-Bootes – für sich in Anspruch nehmen, von jeder Schuld frei zu sein.

Vizeadmiral Kreisch schreibt darüber:

›Die Summierung jeweils geringfügiger Unterlassungen und Abweichungen, von denen jede – für sich betrachtet – bedeutungslos war, hatte im Endergebnis zu einem harten Schicksalsschlag geführt: dem Verlust eines Bootes und einer vorzüglichen Besatzung.

Rückblickend muß man es als eine besonders gnädige Fügung betrachten, daß bei den sich während zweier Jahre täglich vollziehenden ineinandergreifenden Handlungen und den damit gegebenen Reibungsmöglichkeiten nicht mehr passierte. Ich gedenke hier gern der taktvollen und klugen Unterstützung durch die italienischen Verbindungsoffiziere, den Fregattenkapitän Conte di Gropello und den Korvettenkapitän Polina. Sie waren gute Kameraden und haben niemals Öl ins Feuer, nur auf bewegte Wogen gegossen.‹

Italienische Froschmänner im Hafen von Alexandria

Am 3. Dezember 1941 lief das U-Boot ›Scirè‹ unter dem inzwischen zum Fregattenkapitän beförderten Fürsten Valerio Borghese aus La Spezia aus. An Bord befanden sich drei Torpedoreiter-

Teams: Oberleutnant z. See Luigi Durand de la Penne mit seinem zweiten Mann, Obermaat Emilio Bianchi, Kapitänleutnant (Ing.) Antonio Marceglia mit Spartaco Schergat; und Schiffsartillerieoffizier Vincenzo Martellotta mit dem Obermaaten Mario Marino. Sie hatten drei ihrer ›Maiali-Schweine‹ an Bord – Torpedos mit einem abschraubbaren Sprengkopf –, und ihr Ziel war der englische Kriegshafen von Alexandria.

Am 9. Dezember erreichte das Boot Porto Lago auf der Insel Leros. Von hier aus lief die ›Scirè‹ am Morgen des 14. Dezember in Richtung Süden aus und befand sich am Abend des 17. Dezember in See zwischen der Insel und Alexandria. Da Fregattenkapitän Borghese nicht wußte, ob die englische Flotte im Hafen war, setzte er einen Funkspruch an Supermarina ab:

›Verschiebe die Aktion von der Nacht des 17./18. auf die Nacht des 18./19. Dezember.‹

Am gleichen Abend befand sich Fregattenkapitän Ernesto Forza, der Chef der Decima Flottiglia MAS, der die Torpedoreiter unterstanden, in Athen, um die Luftüberwachung Alexandrias für die Torpedoreiter zu führen und zu koordinieren.

Die Luftaufklärung hatte ihm soeben gemeldet, daß im Kriegshafen von Alexandria zwei Schlachtschiffe lägen. Er gab diese Meldung über FT sofort an die ›Scirè‹ weiter, was zur Folge hatte, daß Borghese sich doch für eine sofortige Aktion entschloß.

Den ganzen 18. Dezember lief die ›Scirè‹ Richtung Alexandria und erreichte am Abend dieses Tages um 18.40 Uhr den Ausgangspunkt, nur 1,3 sm vor dem Hafen. Angesichts des Leuchtfeuers der Hafenmole ging das Boot auf Tiefe und legte sich auf Grund.

Die drei Gruppen Torpedoreiter wurden noch einmal eingewiesen. Ein Zerstörer lief über das Boot hinweg, ohne es jedoch auszumachen.

Daß der Gegner mit einem Angriff rechnete, war durch einen Funkspruch des Admirals Cunningham an die ihm unterstellten Verbände vom 18. Dezember bestätigt worden. Darin hieß es, daß möglicherweise mit einem Angriff auf Alexandria mit Lufttorpedos, von mittleren Kriegsschiffen oder durch Torpedoreiter zu rechnen sei.

Gegen 21.00 Uhr tauchte das U-Boot auf, setzte die Kampfschwimmer mit ihren ›Schweinen‹ ab und nahm Kurs auf die offene See. Diese ›Schweine‹ genannten, sechseinhalb Meter langen Torpedos mit einem Durchmesser von ungefähr fünfzig Zentimetern hatten einen eigenen Antrieb. Sie verfügten über einen mit Sprengstoff gefüllten Gefechtskopf, der durch einen Mechanismus ausgeklingt werden konnte. Der Sprengkopf war 300 kg schwer.

In ihren Gummianzügen mit Gummikappen und Tauchmasken sahen die sechs Männer aus wie Wesen von einem anderen Stern.

Mit drei Knoten Fahrt näherten sie sich den gut einen Meter hoch aus dem Wasser ragenden Stahlnetzen der Hafenabsperrung, die ein unüberwindliches Hindernis für sie waren. Doch an einer Stelle war diese Sperre für die soeben einlaufenden Zerstörer Admiral Vians geöffnet worden. Zwischen den Zerstörern liefen die drei ›Schweine‹ in den Kriegshafen hinein.

Mit bewunderungswürdiger Kühnheit nahmen es die Piloten in Kauf, von den Zerstörern erkannt, angegriffen und getötet zu werden. Das hielt sie nicht davon ab, ihre einmalige Chance zu nutzen.

Mehrfach kamen die Zerstörer bis auf fünfzig Meter an die Torpedoreiter heran. Die drei Teams verloren sich schließlich aus den Augen, aber das machte nichts, denn alle drei hatten ihre Ziele zugewiesen bekommen und konnten unabhängig voneinander operieren.

Kapitänleutnant de la Penne sah an Backbord den gewaltigen Schatten des Schlachtschiffs ›Queen Elizabeth‹. An Steuerbord gegenüber, direkt am Kai, lag der Motortanker ›Sagona‹ (7554 BRT). Am Tanker längsseits festgemacht, der Zerstörer ›Jervis‹. Direkt voraus konnten er und Bianchi auch ihr Ziel – das britische Schlachtschiff ›Valiant‹ – erkennen. Der Stahlgigant lag völlig abgeblendet.

Dicht beim Schlachtschiff angekommen, ließ sich de la Penne von dem Torpedo heruntergleiten und schwamm auf das Schiff zu. Er stieß gegen das Stahlnetz, das den Schiffskörper schützte und tauchte daran ein Stück hinunter. Er bemerkte keine Sprengkörper im Netz. Dann schwamm er zu Bianchi zurück, mit dem er durch eine Leine verbunden war, damit sie einander nicht verloren.

Zentimeterweise holten sie den Torpedo an das Netz heran dann warfen sie sich vorn und achtern auf die Netzoberkante. Das Netz sackte weg, und der Torpedo glitt hinüber. Sie befanden sich nun – getaucht – dicht an der Steuerbord-Bordwand des Schlachtschiffs und suchten die günstigste Stelle für die Sprengladung aus: unterhalb des vorderen Turmes.

Nun wollte de la Penne noch einmal hinauf, um die Lage zu beobachten. Er schwamm – sich abermals über das Stahlnetz schwingend – ein Stück von der ›Valiant‹ fort und kehrte – durch die Leine dazu imstande – wenig später über das Netz zu dem auf Grund liegenden Torpedo zurück.

Obermaat Bianchi war verschwunden. Seine Leine war um den Griff geschlungen. De la Penne suchte die nähere Umgebung ab – nichts!

Er versuchte nun, den Torpedo allein wieder zu starten – vergebens. Die Schraube war in den Hafenschlick eingesunken. Nun löste er den Gefechtskopf und schleppte ihn unter den Rumpf der ›Valiant‹. Er lag dort nur eineinhalb Meter unter dem Kiel und genau unter dem vorderen Gefechtsturm. Der Zeitzünder war eingestellt.

De la Penne schwamm nach oben. Als er durchkam, platschte das Wasser. Plötzlich wurde ein Scheinwerfer eingeschaltet. Der Strahl erfaßte ihn. Kugeln peitschten ins Wasser, und de la Penne schwamm zu einer der Ankerbojen hinüber und – stieß auf Bianchi. Der Obermaat war durch sein streikendes Atemgerät zum Auftauchen gezwungen worden und hatte hier Zuflucht gesucht. Bianchi und de la Penne wurden von einem bald darauf zu Wasser gelassenen Boot aufgenommen und an Bord des Schlachtschiffs ›Valiant‹ gebracht. Hier zeigten sie ihre Wehrpässe, schwiegen aber dem sie befragenden Ersten Offizier gegenüber. Erst wenige Minuten vor der Explosion sagte Oberleutnant de la Penne, daß das Schiff binnen kurzem in die Luft fliegen würde.

Zur gleichen Zeit wie dieses Team hatte auch die Gruppe Martellotta-Marino ihren Sprengkopf an dem schwedischen Tanker angebracht und war anschließend an Land gegangen. Hier wurden sie entdeckt und festgenommen.

Marceglia und Schergat, deren Ziel die ›Queen Elizabeth‹ war, leisteten ebenfalls ganze Arbeit. Sie schwammen nachher an Land und machten sich auf den Weg nach Alexandria. Hier hatten sie die Adresse eines Agenten, der sie aufnehmen sollte. Sie wurden von der Wache des U-Bootes ›Rosetta‹, das am letzten Kai lag, angehalten. Erkannt wurden sie, als sie eine in Ägypten unbekannte englische Fünfpfundnote vorwiesen.

Um sechs Uhr stieg bei dem Tanker ›Sagona‹ eine gewaltige, dumpf grollende Explosionsflamme gen Himmel. Der Flottentanker war schwer getroffen und sank schnell. Der bei ihm längsseits liegende Zerstörer ›Jervis‹ wurde ebenfalls beschädigt.

Zwanzig Minuten später ging die Gigantenfaust der 300-Kilo-Ladung unter dem vorderen Turm der ›Valiant‹ hoch. Der Boden unter den Füßen der Männer bebte. Der Schiffskörper wurde wie von einer Riesenfaust hochgehoben und legte sich dann – zurückfallend – gleich auf die Seite und begann zu sinken. Da das Wasser im Hafen flach war, dauerte es nur eine halbe Minute, bis das Schlachtschiff den Grund berührte und so starke Schlagseite bekam, daß es fast zu kentern drohte. Doch es hielt sich.

Abermals vier Minuten später ging die dritte Sprengladung unter dem vorderen Flaggenmast der ›Queen Elizabeth‹ hoch. Ein dumpfes, starkes Krachen war weithin vernehmbar. Auch dieses Schlachtschiff sank sofort auf den Grund, schaute mit seinen Aufbauten aber über die Wasseroberfläche hinaus.

Als der 19. Dezember 1941 heraufzog und die Sonne eben über den Horizont auftauchte, ereigneten sich drei weitere Explosionen: Die drei Trägertorpedos hatten sich mit vorher eingestellten Zündladungen selber gesprengt.

Der Kriegshafen von Alexandria bot ein Bild des Schreckens. Mit aufgerissenen Leibern lagen beide Schlachtschiffe auf Grund. Eine Reihe von Zerstörern legte sich vor die gesunkenen Einheiten, um den Hafenbenutzern dieses Bild zu verbergen.

Einen Tag nach diesem großartigen Erfolg sandte Supermarina (Befehlshaber der U-Boote) einen FT-Spruch an die ›Scirè‹: ›Luftaufnahmen der Fernaufklärer haben ergeben, daß zwei Schlachtschiffe schwer getroffen wurden.‹

Ein Einsatz war zu Ende gegangen, der das Schwergewicht des

Mittelmeerkampfes verschob. Von nun an standen den Briten in Alexandria (von einer Reihe von Zerstörern abgesehen) nur noch die drei leichten Kreuzer des 15. Kreuzergeschwaders, ›Naiad‹ ›Euryalus‹ und ›Dido‹, und der Flakkreuzer ›Carlisle‹ zur Verfügung. In Malta befanden sich noch die Kreuzer ›Penelope‹ und ›Ajax‹. Diese Einheiten waren viel zu schwach, um sich gegen die noch einsatzbereiten vier italienischen Schlachtschiffe, die drei schweren und drei leichten Kreuzer, die Vielzahl der Zerstörer und die deutsch-italienischen U-Boots-Streitkräfte behaupten zu können.

Hinzu kam, daß bis Ende Dezember das gesamte II. Fliegerkorps auf Sizilien eingetroffen war und nun mit dem intensiven Bombardement von Malta begann, um die Insel sturmreif zu machen.

Geben wir Donald McIntyre das Wort. Er schreibt:* ›Diese sechs tapferen und findigen Männer schalteten auf einen Streich Cunninghams Schlachtgeschwader aus. Dies zu einer Zeit, da ein Ersatz nicht verfügbar war, denn nur wenige Tage vorher hatten die Japaner das Schlachtschiff ›Prince of Wales‹ und den Schlachtkreuzer ›Repulse‹ versenkt.‹

Diese beiden Schiffe waren durch japanische Flugzeuge an der Ostküste Malayas vernichtet worden. Die britische Flottenführung hatte ihnen keinen Flugzeugträger zum Schutz beigeben können – eine Auswirkung des Verlustes der ›Ark Royal‹ im Mittelmeer.

Dieser neuerliche Paukenschlag im Mittelmeer löste in England Bestürzung und in Italien und Deutschland Jubel aus.

34 Deutsche U-Boote ins Mittelmeer

Auch die deutschen Mittelmeer-U-Boote hatten im letzten Dezemberdrittel noch einige Erfolge zu verzeichnen. So gelang es U 573 am 21. Dezember, ostwärts Gibraltar einen von mehreren Zerstörern gesicherten 8000-Tonner durch Zweierfächer zu versenken.

---

* In: ›The Battle for the Mediterranean‹

U 559 versenkte einen Tag darauf einen Dampfer und torpedierte einen zweiten.

U 568 versenkte einen Zerstörer.

Unter dem 30. Dezember steht folgende Notiz im KTB des BdU: ›Nachdem am 16. Tag nach Auslaufen von U 451 keine Gibraltarpassiermeldung eingegangen ist, muß mit dem Verlust dieses Bootes gerechnet werden.‹

Und als Gekados-Chefsache 783 meldete der BdU an die Seekriegsleitung:

›1. Mit SKL-Chefsache 2024 ist der Einsatz von gleichzeitig 10 U-Booten im östlichen Mittelmeer und 15 gleichzeitig westlich und ostwärts Gibraltarstraße befohlen worden. Das bedeutet die Entsendung von zirka 34 Booten in das Mittelmeer.

2. Zur Zeit befinden sich 23 Boote im Mittelmeer. Es müssen demnach also noch 11 Boote ins Mittelmeer entsandt werden. Diese Zahl ist höher als die vom BdU BNR Gekados Chefsache 763 gemeldete, da inzwischen Verluste eingetreten sind und mit 1. SKL Nr. 2047 Gekados Chefsache befohlen wurde, entstandene Verluste aufzufüllen.

3. Bisher hat die Passage der Gibraltarstraße nach der ›Ark-Royal‹-Versenkung 31 Prozent Ausfälle gekostet. Von 24 Booten, die nach der Versenkung der ›Ark Royal‹ ins Mittelmeer entsandt wurden, sind 4 in der Gibraltarstraße verlorengegangen, 4 mit Bombenschäden umgekehrt und nur 16 ins Mittelmeer eingedrungen.

Die Entsendung von 11 weiteren Booten ins Mittelmeer bedeutet also die Bereitstellung von 17 Booten, da mit dem Verlust oder der Beschädigung von 5 bis 6 Booten in der Gibraltarstraße zu rechnen ist.

4. Ebenso bedeutet der befohlene Einsatz von 7 U-Booten westlich der Gibraltarstraße gleichzeitig eine Bereitstellung von 10 Booten, da in der Neumondperiode in diesem sehr stark überwachten Raum mit Verlusten gerechnet werden muß. Es ist daher zu prüfen, ob der militärische Wert des Einsatzes im Mittelmeer und um Gibraltar und die U-Boots-Aussichten dort diesen hohen Verlust aufwiegen.

a) U-Boots-Einsatz im östlichen Mittelmeer hat bisher entlastend auf den Afrikakrieg gewirkt. Gelingt es, dort noch ein schweres Schiff zu versenken, wird die eigene Transportsicherheit nach Afrika wesentlich verbessert sein. U-Boots-Abwehr in diesem Raum ist bisher sehr schwach, andererseits starker Feindverkehr. Aus diesen Gründen U-Boots-Einsatz im östlichen Mittelmeer richtig. Erfolge vorhanden. Verluste bisher gering.

b) Im Raum beiderseits Gibraltar starke Abwehr. Flieger auch bei Nacht und zu jeder Mondzeit. Feindverkehr nach Osten bisher gering. Beim Passieren der von SKL vermuteten militärischen Transporter oder Ziele, zu deren Bekämpfung die Aufstellung im Gibraltarraum erfolgt ist, ist besonders starke Abwehr sicher. Erfolgsaussichten gering, sehr schwierig und nur mit starken Verlusten zu erkämpfen.

5. ...

6. Der befohlene Einsatz von gleichzeitig 15 U-Booten ist für den Gibraltarraum nicht ökonomisch. BdU hält Vorschlag des BdU-Gekados 736 Chefsache Aufstellung von je zwei bis drei Booten westlich und östlich der Gibraltarstraße mit gelegentlichen Vorstößen zur Straße hin für richtig. Er schlägt daher folgendes vor:

7. a) Entsendung von zwei bis drei weiteren Booten ins Mittelmeer, womit die Entsendung von U-Booten in diesen Kampfraum vorläufig abgeschlossen ist. Mit Rückkehr dieser Boote in den Atlantik rechnet der BdU in absehbarer Zeit nicht.

b) Aufstellung von gleichzeitig nur drei Booten westlich Gibraltar.

8. Der Vorschlag zu 7. kommt der Wiederaufnahme der Atlantikkriegsführung zugute. Auch aus diesem Grunde dürfen nach Ansicht des BdU nicht Kräfte im Gibraltarraum gebunden werden, da diese Bindung unökonomisch ist und nicht höhere Bootszahlen ins Mittelmeer hineingeschickt werden sollten, als unbedingt notwendig ist, da mit diesen Zahlen bester U-Boots-Kommandanten und -Besatzungen für die Atlantikschlacht nicht mehr zu rechnen ist.

9. Um Entscheidung wird gebeten, damit der BdU mit den jetzt klarwerdenden Booten entsprechend disponieren kann.‹

Ende Dezember übernahm Kapitän zur See Leo Karl Kreisch als Führer der U-Boote Italien die Führung von Korvettenkapitän Oehrn, der als erster Admiralstabsoffizier bei ihm blieb.

Der neue FdU Italien, der am 27. Januar 1942 in der Befehlsstelle nördlich Rom eintraf, war von Hause aus Torpedospezialist. Er war vorwiegend bei der Torpedobootswaffe und als Admiralstabsoffizier im Flottenstab, ferner im Kieler Stationskommando tätig gewesen.

Sein Kommandowimpel hatte auf den Kreuzern ›Nürnberg‹ und ›Lützow‹ geweht.

Am 13. Juni 1941 war die ›Lützow‹ auf der Höhe von Bergen von einem englischen Flugzeugtorpedo getroffen worden. Dies war für Kommandant und Besatzung um so schmerzlicher gewesen, als der Kreuzer gerade auf Kreuzerkrieg in den Südatlantik gehen wollte.

Während der Reparaturzeit der ›Lützow‹ hatte Kapitän z. See Kreisch ein Kommando als Chef des Marinelehrkommandos in Rumänien und gleichzeitig als Chef des Stabes der rumänischen Flotte erhalten. Diese Kommandos erwiesen nach seinen Worten ›ihren Wert als eine gediegene Vorschule für einen Koalitions-Kriegsschauplatz‹.

Dem FdU Italien stand ein nur verhältnismäßig kleiner Stab zur Verfügung. Und zwar sah die Stellenbesetzungsliste folgendermaßen aus:

›Führer der Unterseeboote Italien‹ (FdU Italien). Ab August 1943:
›Führer der Unterseeboote Mittelmeer‹ (FdU Mittelmeer).
Dienststelle: Rom. Ab August 1943: Toulon/Aix en Provence.
FdU: Korvettenkapitän Oehrn (mWdGb)   11. 41 – 2. 42
Kapitän z. See (später Konteradmiral)
Kreisch   2. 42 – 1. 44
Kapitän z. See Hartmann   1. 44 – 9. 44
Adjutant: Oberleutnant MA Tegtmeyer
1. Admiralstabsoffizier:
   Korvettenkapitän Oehrn   11. 41 – 5. 42
   Korvettenkapitän Schewe   5. 42 – 9. 44

2. Admiralstabsoffizier:
   Korvettenkapitän Schewe   11. 41 – 4. 42
   Kapitänleutnant Wallas   12. 42 – 9. 44
Verbandsingenieure:
   Kapitänleutnant (Ing.) Dipl.-Ing. Gottwald   2. 43 – 2. 44
   Kapitänleutnant (Ing.) Zschetzsching   2. 44 – 7. 44
Verband-Verwaltungsingenieur und Richter (nicht offiziell besetzt).
Nachrichtenoffizier:
   Oberleutnant z. See Becker
23. Unterseeboots-Flottille:
   (Aufgestellt September 1941. Mai 1942 in die 29. Unterseeboots-Flottille aufgegangen)
Stützpunkt: Salamis
Flottillenchef: Korvettenkapitän Frauenheim
29. Unterseeboots-Flottille:
   (Aufgestellt Dezember 1941, aufgelöst September 1944)
Stützpunkte:
   La Spezia (bis August 1943 Hauptstützpunkt)
   Toulon (ab August 1943 Hauptstützpunkt)
   Pola, Marseille, Salamis
Flottillenchefs:
   Korvettenkapitän Becker (Franz)   12. 41 – 5. 42
   Korvettenkapitän Frauenheim   5.42 – 7. 43
   Korvettenkapitän Jahn (Gunter)   8. 43 – 9. 44

Alle Offiziere des Stabes und die Flottillenchefs waren erfahrene, hochausgezeichnete U-Boots-Kommandanten. In Korvettenkapitän Oehrn stand Kapitän z. See Kreisch ein erfahrener und wertvoller Ratgeber zur Seite, den er auf tragische Weise verlor.

Und zwar hatte der FdU Italien ihn eingangs Juni 1942 bei der großen Afrikaoffensive Rommels dem Stab des Befehlshabers des Deutschen Marinekommandos für Afrika zugeteilt.

Anfang Juli fuhr Korvettenkapitän Oehrn hinter den deutschen Linien auf dem Weg zu Rommel einem englischen Kommandotrupp in die Arme. Er geriet schwer verwundet in englische Gefangenschaft.

Korvettenkapitän Schewe, der bis zum Weggang Oehrns 2. Admiralstabsoffizier war und jetzt zum I Asto aufrückte, war bereits am 23. Mai 1941 mit dem Ritterkreuz ausgezeichnet worden.

In ihm hatte Konteradmiral Kreisch einen stets zuverlässigen und fachkundigen Mitarbeiter zur Seite.

Besondere Verdienste in der Anleitung der Kommandanten der Wiederherstellung der Kampfkraft von Booten und Besatzungen und in den schwierigen Verwaltungsfragen erwarben sich die Flottillenchefs, die Korvettenkapitäne Frauenheim und Jahn. Sie hatten sich vorher als U-Boots-Kommandanten einen Namen gemacht und waren beide Ritterkreuzträger.

Korvettenkapitän Becker, der die 29. U-Flottille führte, war ein U-Boots-Offizier des 1. Weltkrieges. Er kannte das Mittelmeer und hatte dort Versenkungserfolge erzielt. Seine vorzüglichen italienischen Sprachkenntnisse ermöglichten es ihm, ein gutes Verhältnis zu den italienischen U-Boots-Kameraden und auch zu den Werftarbeitern herzustellen.

Becker wurde im Mai 1942 Verbindungsoffizier zur Supermarina. So lernte er fast alle italienischen U-Boots-Kommandanten kennen und konnte ein kameradschaftliches Klima schaffen.

Dies war die Lage Ende 1941 im Mittelmeer. Und bereits jetzt nach kurzer Fahrzeit zeigte sich den Kommandanten der deutschen U-Boote, daß das Mittelmeer infolge der zahlreichen Bewacher und der regen Lufttätigkeit ein schwieriger Kampfplatz war, auf dem jeder Erfolg hart erkämpft werden mußte.

Deutsche Schnellboote vor Malta und Tobruk

Vom ersten Auftauchen deutscher U-Boote im Mittelmeer bis zum Einsatz weiterer Kleinkampfeinheiten der Kriegsmarine sollte es nicht mehr lange dauern.

Schon im November 1941 wurde die 2. Schnellbootsflottille aus ihrem Einsatzraum im Finnischen Meerbusen herausgelöst und in einem beschwerlichen Fluß- und Kanaltransport über den Rhein, den Rhein-Rhône-Kanal und die Rhône ins Mittelmeer verlegt. Im

Januar/Februar 1942 trafen die Boote dieser Flottille in ihren Einsatzhäfen La Spezia, Gaeta, Augusta und Porto Empedocle ein.

Flottillenchef war Korvettenkapitän Kemnade, der diese Flottille am 15. Mai 1940 in Kiel aufgestellt hatte. Bis zum Abtransport in das Mittelmeer hatte er bereits mit seinen Booten an der holländischen Küste, am Kanal und im Finnbusen im Einsatz gestanden.

Alle Boote mußten nach dem Einlaufen in ihre neuen Stützpunkte grundüberholt werden.

Bereits am 14./15. Februar liefen die ersten Boote zur Bekämpfung eines von Alexandria nach Tobruk laufenden britischen Geleitzuges aus. Hierbei entstanden an allen Booten Schäden. So platzten und brachen zum Beispiel die Vorschiffs-Scheuerleisten ab. Dies geschah jedoch nicht durch Seeschlag, sondern durch das Arbeiten des Bootskörpers. Die Boote mußten abermals zur Überholung in die Werft gegeben werden.

Ende Februar waren sechs Boote einsatzbereit.

Die Schnellboote unterstanden zunächst dem Führer der Torpedoboote. Erst am 20. April 1942 wurde die Dienststelle eines ›Führers der Schnellboote‹ geschaffen. FdS war vom April 1942 bis Kriegsende Kapitän z. See und Kommodore Rudolf Petersen.

Korvettenkapitän Kemnade erkannte bereits während der ersten kleinen Einsätze die Schwierigkeiten, die das Mittelmeer der Schnellbootsfahrt entgegenstellte. Er berichtete am 28. Februar 1942:

›Die Hafenbelegung von La Valetta (Malta) mit Handelsschiffen ist in den letzten vierzehn Tagen fast unverändert gewesen. Sie betrug immer nur ein bis zwei Dampfer. Hieraus schließe ich, daß auch in der Sizilienstraße seit Januar kein Nachschubverkehr stattfand. Da seit dem 19. Januar kein Geleitzug mehr nach Malta eingelaufen ist, kann die Zufuhr zu diesem Stützpunkt nur unwesentlich gewesen sein. Die Wetterlage war während der zweiten Februarhälfte ausgesprochen schlecht, so daß die Flottille kaum Einsätze fahren konnte.

Ich halte es im Hinblick auf die noch durchzuführenden Minenunternehmungen und sonstigen Einsätze für zweckmäßig, die Flottille nur bei gemeldeten Geleitzügen oder Einzeldampfern in der Sizilienstraße anzusetzen, um Bootskörper und Maschinen zu schonen.

Auffallend stark war wieder der Nachschubverkehr Alexandria-Tobruk.

Besprechung über Einsatz der Flottille von der Sudabucht (Kreta) aus, mit Absprung nach Brennstoffergänzung auf Ankerplatz bei der Halbinsel ›Phönix‹ (an der Südküste Kretas), hat beim Marinebefehlshaber Italien in Rom am 18. Februar stattgefunden.‹

Der Einsatz der Schnellboote aus ihren sizilianischen und dann nordafrikanischen Häfen im Frühjahr 1942 war zuerst bescheiden, steigerte sich aber nach Eingang des nötigen Nachschubs sehr rasch. Mit dem Vorstoß des Afrikakorps auf die Gazalastellung wurde der Hafen Derna als neuer Einsatzhafen frei. Aber auch von ihrem Stützpunkt Augusta (nördlich von Syrakus) liefen die Boote immer wieder zu Minenunternehmungen nach Malta und zur Störung des britischen Nachschubverkehrs nach dem eingeschlossenen Tobruk aus. Darüber hinaus wurden Minenunternehmungen bis Alexandria durchgeführt und Torpedoeinsätze gegen Malta gefahren.

Am 19. April 1942 liefen die Boote S 63, S 54, S 56, S 33, S 34, S 31 und S 58 aus. Wegen Motorenschadens mußte S 34 um 20.18 Uhr nach Augusta zurückkehren. Die übrigen legten eine Minensperre vor La Valetta.

Im Einsatz vor Malta am 17. Mai 1942 erhielt S 34 im Kampf mit feindlichen Seestreitkräften einen Artillerievolltreffer in die Abteilung IV Steuerbord und blieb bewegungsunfähig liegen.

Im Feuer des Gegners lief S 59 zur Hilfeleistung heran und übernahm die Besatzung. Durch Sprengpatronen wurde das beschädigte Boot versenkt.

Die drei übrigen Boote dieses Einsatzes, S 59, S 58 und S 35, liefen unbeschädigt in Augusta ein.

Nach S 31, das bereits eine Woche vorher nahe La Valetta auf eine Mine gelaufen und gesunken war, erlitt die Flottille damit ihren zweiten Bootsverlust.

Nach der Überführung einer Bootsgruppe nach Derna erhielt Korvettenkapitän Kemnade vom Befehlshaber des Führungsstabes Nordafrika den ersten Einsatzbefehl.

Unter Führung des Flottillenchefs liefen vier Schnellboote am 3. Juni um 18.30 Uhr von Derna aus, um einen Erkundungsvorstoß in das Seegebiet vor der feindlichen Küste zwischen 23.30 und 24.40 Grad Ost zu unternehmen. Ihre Aufgabe lautete: ›Feststellung feindlichen Nachschubverkehrs und Angriff auf alle diesem Zweck dienenden Einheiten. Günstige Gelegenheiten zur Vernichtung von Bewacherstreitkräften sind auszunutzen. Auf dem Rückmarsch muß Länge von Ras el Tin spätestens um 05.00 Uhr nach Westen überschritten sein. Eigenes U-Boot stand bisher östlich 24 Grad 26 Minuten und hat Befehl, weiter nach Osten auszuweichen.‹

Korvettenkapitän Kemnade beabsichtigte, das Seegebiet westlich und ostwärts Tobruk in Sichtweite der Küste mit Bootsabständen von 4 sm aufzuklären.

Mit S 54 als Führerboot, S 57, S 30 und S 58 lief der Flottillenchef aus. Das Führerboot stand am südlichsten.

Oberleutnant zur See Schmidt stand vorn auf der mit Eisenblech ausgeschlagenen Brücke von S 54 und suchte durch sein lichtstarkes Nachtglas die See und immer wieder auch die an Steuerbord gut sichtbare Küste ab. Das Schnellboot lief mit Kurs Ost 15 Knoten. Ein paar Sterne standen am Himmel. Leise bullerten die drei Daimler-Benz-Maschinen, die das 32,8 Meter lange und 82 Tonnen schwere Boot durch die See trieben.

»Sofort Meldung, wenn etwas in Sicht kommt!« befahl er, ging die Stufen des Niederganges hinunter und verschwand im Steuerstand.

Der Posten Ausguck und die Nummer Eins, die Brückenwache gingen, blieben zurück.

Oberleutnant zur See Schmidt ging zum Flottillenchef hinein. Vielleicht hatte der etwas für ihn? Der Ruderstand, der nach vorn und zu beiden Seiten aus Glas bestand und so dem Rudergänger freien Ausblick verschaffte, lag geschützt. Mit der Brücke war der etwas tiefer liegende Ruderstand durch zwei schräg nach unten gehende Klappfenster verbunden.

Der Rudergänger beugte sich über den Kompaß. Er korrigierte den Kurs, und leise schnurrte das Ruder. Dabei horchte er mit einem Ohr auf das eben beginnende Gespräch zwischen Kommandanten und Flottillenchef.

Als er wieder aufblickte, sah er, wie der Posten Ausguck nach vorn deutete.

Fast im gleichen Augenblick meldete er: »Schatten Steuerbord voraus, Herr Bootsmann!«

Die Nummer Eins drehte sich um, klopfte kurz an das kleine Fenster, hinter dem er den Kopf des Kommandanten erkannte.

Das Fenster wurde aufgestoßen. Oberleutnant Schmidt reckte seinen Schädel hindurch.

»Was ist los, Nummer Eins?«

»Schatten in Kompaßpeilung 120 Grad, Herr Oberleutnant!«

Mit wenigen Schritten kam der Oberleutnant den kleinen Niedergang herauf und setzte das Fernglas an die Augen.

Korvettenkapitän Kemnade folgte ihm auf dem Fuße.

»Schatten, Herr Kapitän!«

»Auf 24 Meilen gehen. Auf Schatten zuhalten. UK-Befehl an S 57: Heranschließen!«

Der Funkgast an der Eigenverständigung hantierte an seinen Schaltern. Dann erklang seine Stimme: »Flo-Chef an K S 57: Heranschließen!«

Der Befehl wurde umgehend von S 57 bestätigt.

Mit 24 Knoten Fahrt jagte S 54 durch die See. Nur langsam kam der Schatten näher.

»Muß ein Zerstörer sein, Herr Kapitän!«

»Steuert 90 Grad!« meldete der Bootsmann.

»UK-Befehl an alle: ›Feind steuert 90 Grad. Wahrscheinlich Zerstörer.‹«

Der Befehl wurde durchgesagt, und von den anderen Booten kamen die Bestätigungen.

»Holen Sie nach Süden aus, zum Vorsetzen, Schmidt!«

Mit 26 Knoten drehte das Boot nach Steuerbord und jagte nach Süden. Der Bootsmann erkannte dann, daß es sich bei dem Fahrzeug um einen schnellen Dampfer von 5000 bis 6000 BRT handelte.

»Wir setzen zum Angriff an!«

Die Nummer Eins arbeitete bereits am Zielgerät.

»Rohre fertig machen!« schallte sein Befehl über die Brücke.

Die Rohrdeckel vorn öffneten sich. Der Druck der Preßluft wurde eingetrimmt.

Das Boot war klar zum Schuß.
Da entdeckte der Ausguck einen weiteren Schatten.
»Zerstörer Steuerbord voraus!« rief er gellend.
»Alarrrm!«
»Befehl an alle: ›Ein Dampfer, ein Zerstörer auf Ostkurs voraus; mittlere bis hohe Fahrt, Standort Riese (Tobruk-Ansteuerungstonne) in 57 Grad, 4,5 sm.‹«
Als gegen 23.30 Uhr der Mond im Osten aus der See emporstieg, drehte der Zerstörer mit geringer Fahrt auf Südkurs. Der Dampfer behielt seinen östlichen Kurs bei.
»An Torpedowaffe: Beide Rohre klar!«
Die Nummer Eins preßte die Stirn gegen die Optik. Der Dampfer wanderte ins Visier.
»Lage neunzig*, Nummer Eins. Ich drehe zu.«
Der Navigationsgast war bereits aus seinem Schapp herausgekommen. In jeder Hand hielt er eine Stoppuhr.
»Achtung!«
»Backbordrohr – lllos! Steuerbordrohr – lllos!«
Beide Torpedos liefen, gingen aber vorn am Dampfer vorbei, der – wie sie erst jetzt entdeckten – inzwischen fast gestoppt lag.
In diesem Augenblick meldete der Ausguck einen zweiten Zerstörer achteraus vom Dampfer.
»Das ist ein großer Zerstörer, Herr Kapitän. Zwei Schornsteine!«
Der BU gab diesen Befehl durch, und nacheinander bestätigten die anderen Boote.
»Nachladen!«
In Fahrt die beiden Rohre nachzuladen, war kein Kinderspiel, aber die Männer hatten dies oft genug geübt, und so klappte es auch diesmal sehr schnell.
»Beide Rohre sind nachgeladen!« meldete der Torpedomaat.
»Boot greift wieder an. Auf Dampfer zielen!«
Mit knapp 10 Knoten Fahrt schob sich S 54 an den Dampfer heran, der inzwischen wieder mehr Fahrt aufgenommen hatte.
Die Nummer Eins sah den Dampfer in das mattrot schimmern-

---

* Lage 90 heißt: Der Gegner liegt quer zur Schußrichtung

de Fadenkreuz des Zielapparates einlaufen. Abermals kamen die Befehle zum Schuß. Ein Schlag mit nachfolgendem kurzen, grellen Zischen. Der erste Aal jagte durch die Luft, platschte ein paar Meter vorn ins Wasser.

»Torpedo läuft!«

»Steuerbordrohr – lllos!«

Die Nummer Eins drückte auf eine Taste des Zielapparates, als unten auch schon der Handabzug niedergeschlagen wurde.

»Zehn! – Zwanzig!« meldete der Navigationsgast und meinte die vertickenden Sekunden, die beide Aale unterwegs waren.

»Entfernung war höchstens 700, Herr Kapitän!«

»Torpedos gehen vorn vorbei, Herr Kapitän!«

»UK-Befehl an alle: ›S 54 hat sich verschossen!‹«

Innerlich fluchend, aber nach außen hin gelassen wie immer, gab der Flottillenchef diesen Befehl durch.

»Wir müssen abdrehen, Schmidt! Damit wir bei dem herrlichen Mondlicht nicht von dem achteraus stehenden Zerstörer gesehen werden!«

»Steuerbord zwanzig!«

Das Ruder schnarrte, und S 54 glitt langsam herum.

»Wir machen Fühlungshalter und führen die anderen Boote heran.«

Durch UK-Verständigung gelang das Heranführen.

Der vor dem Dampfer laufende Zerstörer steuerte jetzt wieder auf Ostkurs. Drei Minuten später meldete der BÜ: »K S 57 an Flo-Chef: Greife an!«

»Einzelschuß auf achteraus stehenden Dampfer!« meldete der BU zwei Minuten darauf. Und kurze Zeit später: »K S 58 an Flo-Chef: Doppelfehlschuß auf Dampfer!«

»K S 57 an Flo-Chef: Greife achteraus stehenden Zerstörer mit Einzelschuß an!«

Die beiden Ferngläser des Kommandanten und des Flottillenchefs richteten sich auf den hinteren Zerstörer.

Auf einmal hörten sie ein dumpfes Krachen. Dann sahen sie, wie am achteren Zerstörer eine schwarze Detonationssäule emporsprang, und mitten aus dieser Säule schossen Flammen hervor. Auch aus dem Achterschiff des Zerstörers stoben Flammen. Dicke

Funkenschwaden flatterten in die Höhe. Zwei, drei Munitionsexplosionen dröhnten durch die Nacht.

»Vorn laufender Zerstörer dreht über Nord auf West zur Detonationsstelle, Herr Kapitän!«

»UK-Befehl an alle: ›Zerstörer erst nach Rettungsaktion angreifen. Dampfer geht vor!‹«

Die Boote bestätigten, und S 54 lief zwischen dem Geleit und der Küste weiter, um Fühlung zu halten und etwa abgekommene Boote heranzuführen. Um Mitternacht hatte auch das letzte Boot den Geleitzug gefunden.

Inzwischen war der Zerstörer gesunken.

Nach Mitternacht schossen S 57 und S 30 je einen Einzelfehlschuß auf den Dampfer. Auch S 58 meldete einen Einzelfehlschuß. S 30, das ein Rohr nachgeladen hatte, schoß einen Zweierfächer. Resultat: Doppelfehlschuß. Dann jagte das Boot auch noch seinen letzten Aal vorbei.

Es war für Korvettenkapitän Kemnade eine Tortur, immer wieder neue Meldungen über Fehlschüsse zu hören. Insgesamt verschossen die beteiligten Boote 15 Torpedos, und nur ein einziger davon traf und versenkte den Zerstörer.

Als die Boote zum letztenmal angriffen, schoß der Dampfer laufend grüne Leuchtraketen. Einer der Zerstörer erkannte S 57, drehte auf das Boot zu und eröffnete das Feuer mit Leuchtgranaten. Die Nacht wurde durchzuckt von den lichtarmen Abschüssen, den grellblitzenden Flugbahnen und dem grünen Leuchtgranatenlicht.

»Rückmarsch antreten!« befahl der Flottillenchef.

Alle Boote liefen wohlbehalten in Derna ein. Der Kurzbericht von Korvettenkapitän Kemnade zu dieser Unternehmung lautete*:

›Flottille im Aufklärungsstreifen 3 sm Bootsabstand nach Osten. Erster Schatten 22.30 Uhr gesichtet. Ab 23.00 Uhr und 0.00 Uhr haben alle Boote Fühlung. Warum bei 15 Torpedoschüssen nur ein Treffer erzielt wurde, ist dadurch zu erklären, daß erstens auf zwei Booten Bedienungsfehler beim Losmachen der Torpedos aufgetreten sind und zweitens der Dampfer nach Mondaufgang die Boote

---

* Siehe: KTB der 3. Schnellbootsflottille

auf 1500 m erkennen und Abwehrmanöver einleiten konnte. – gez. Kemnade.‹

Am nächsten Abend, dem 4. Juni 1942, liefen abermals S 54, S 57, S 30 und S 58 um 18.30 Uhr aus Derna aus. Der Auftrag lautete diesmal: ›Torpedoeinsatz im Gebiet um Tobruk und Ras Azzaz.‹

Da nach der Luftaufklärung des 4. Juni der in der vorhergegangenen Nacht angegriffene Dampfer nach Tobruk eingelaufen war, entschloß sich Korvettenkapitän Kemnade, bis zur Hafeneinfahrt vorzustoßen und gegebenenfalls den in der Bucht liegenden Dampfer anzugreifen.

Als sie sich dem Hafenbereich näherten, sahen die Männer auf der Brücke des Führerbootes, daß an der Südseite des Hafens ein grünes Licht leuchtete. Mitten in der Hafeneinfahrt lag eine weiß blinkende Tonne.

»Alle kleine Fahrt – 5 Meilen. – Neuer Kurs 285 Grad!« befahl der Kommandant von S 54.

Das Boot glitt gehorsam unter dem Ruderdruck herum und steuerte die Hafeneinfahrt an. Korvettenkapitän Kemnade schaute auf die Uhr. Es war 23.02 Uhr.

»Schatten Nordufer der Bucht!«

»Schatten auf dem Südufer der Bucht!« meldete der Posten Ausguck unmittelbar, nachdem die Nummer Eins die erste Sichtmeldung gegeben hatte.

»Das sind Dampfer, Herr Kapitän.«

»Wir greifen beide mit je einem Torpedo an!« entschied der Flottillenchef. »Näher herangehen.«

Langsam glitt S 54 in den Hafenbereich hinein. Die See war fast glatt. Kein Zerstörer war zu sehen. Dann fielen die beiden Schüsse im Abstand von zwei Minuten. Aber nur einer der Torpedos detonierte. Im Dunkel der Nacht wölbte sich aus dem einen Dampfer ein Rauch- und Flammendom empor. Dann war es wieder ruhig.

Alles ging sicher wie immer. S 54 drehte ab, kam in einem Kreisbogen wieder in Angriffsposition, und um 23.27 Uhr und 23.29 Uhr jagten die beiden nächsten Torpedos, vom Druck der Preßluft getrieben, aus den Rohren, klatschten ein paar Meter weiter vom auf die See und liefen – genau an der Blasenbahn zu erkennen – auf die beiden Schatten zu. Dreizehn Sekunden nach dem Abschuß des zweiten Torpedos detonierte der erste (nach 2 Minuten, 13 Sekunden Laufzeit). Der zweite nach genau 2 Minuten Laufzeit.

»Wassersäule! Schwarze Rauchwolke, Herr Kapitän!«
»Keine Ziele mehr im Hafen?«
»Nichts in Sicht!«
»Kein Objekt für Aale!« meldeten die übrigen Boote.
»Abdrehen! Von der Küste absetzen. Geschwindigkeit 9 Knoten.«

Die vier Boote liefen nach Norden. Zwei Dampfer waren torpediert worden. Später stellte es sich heraus, daß sie gesunken waren.

Nachtgefecht

Nach diesen ersten Erfolgen der 3. Schnellbootsflottille kam dann der große Schlag. Am Abend des 15. Juni wurde die Flottille gegen einen von Alexandria nach Malta laufenden Geleitzug angesetzt. Es handelte sich um den Konvoi ›Vigorous‹, der unter dem Befehl von Admiral Vian am 13. Juni Alexandria verlassen hatte. Zu diesem Konvoi gehörten sieben Kreuzer und 17 Zerstörer. Sie sollten zwei Gruppen Handelsschiffe, die aus Haifa und Port Said kamen, in Höhe Tobruk aufnehmen und nach Malta geleiten.

Dieser Geleitzug wurde von der deutschen Luftaufklärung am 14. Juni erfaßt und angegriffen. Zwei Handelsschiffe wurden versenkt, zwei weitere in Brand geworfen und beschädigt.

Am Abend des 14. Juni erhielt Admiral Vian die Meldung, daß das Gros der italienischen Kriegsflotte aus Tarent ausgelaufen sei, darunter zwei Schlachtschiffe und vier Kreuzer. Diese Einheiten steuerten nach Süden. Am frühen Morgen des 15. Juni erhielt Admiral Vian von Admiral Harwood – der Admiral Cunningham als Oberbefehlshaber Mittelmeer abgelöst hatte – den Befehl, umzukehren. Fünf Stunden darauf wurde dieser Befehl widerrufen, und der aus vielen Schiffen bestehende Konvoi lief nun wieder Richtung Malta.

Als neue Luftaufklärung ergab, daß die italienische Flotte nur noch 150 sm entfernt war, wurde der Konvoi abermals auf Gegenkurs nach Osten gedreht. So liefen die Dampfer und Kriegsschiffe lange Zeit hin und her – dies in einem Gebiet, das von den britischen Seeleuten die ›Bomben-Allee‹ genannt wurde.

Zur gleichen Zeit bewegte sich ein weiterer Großkonvoi aus Gibraltar nach Malta, dessen Codebezeichnung ›Harpoon‹ war; doch darüber später.

Am 15. Juni um 18.00 Uhr wurde die 3. Schnellbootsflottille auf den Geleitzug ›Vigorous‹ angesetzt, der zu dieser Zeit noch immer von Stukas und Ju 88 angegriffen wurde und aus allen Rohren seiner Fla-Waffen feuerte.

Mit sechs Booten lief die bisher größte S-Boot-Streitmacht aus. Um 19.00 Uhr teilte Korvettenkapitän Kemnade seine Flottille in zwei Gruppen zu je drei Booten auf.

Oberleutnant zur See Siegfried Wuppermann, Kommandant von S 56, sichtete den Verband als erster. Um 20.03 Uhr ließ er einen KR-Funkspruch an den Flottillenchef tasten. ›Alarm Quadrat 5267. Bitte keine Leuchtbomben!‹

Die deutschen Flugzeuge warfen nämlich Leuchtbomben ab, um Licht für ihre Bombenangriffe zu haben; ohne jedoch daran zu denken, daß dieses Licht auch die S-Boote anstrahlte und dem Gegner verriet.

Die Boote der ersten Gruppe bekamen vorübergehend Fühlung mit den Handelsschiffen. Aber die zweite Gruppe, deren Boote der Flottillenchef teilweise bis zu zehn Seemeilen auseinander operieren ließ, fand die Handelsschiffe nicht. Dann aber sichtete das Führerboot den Konvoi und gab über UK-Verständigung durch: ›KR von Chef. Ala Quadrat 5257. Feind steuert 260 Grad. Fahrt 14 Knoten. – Halte Fühlung im Kielwasser.‹

Alle sechs Boote liefen nun mit hoher Fahrt auf westlichen und östlichen Kursen hin und her und versuchten, an die Handelsschiffe heranzukommen. Doch immer wieder wurden die Boote durch Leuchtbomben angestrahlt, von den Zerstörern erkannt und eingekesselt, gejagt, beschossen und nach verschiedenen Richtungen abgedrängt. Dabei geschah es, daß die Boote der zweiten Gruppe mehrmals außer UKW-Reichweite kamen. Ein

Boot hatte plötzlich Verbindung mit den Booten der ersten Gruppe.

Um 00.15 Uhr ließ S 54, das Führerboot, das den Feind aufgefaßt hatte, über Funk alle Boote verständigen: ›Quadrat 5182 obere Kante Mitte. Halte Fühlung an Zerstörer, Kurs Nordwest, mittlere Fahrt.‹

Korvettenkapitän Kemnade tat dies in der Hoffnung, Boote, die kein Ziel erkannt hatten, mit ansetzen zu können.

Gegen 01.25 Uhr erhielt S 59 vom Flottillenchef Schußerlaubnis auf zwei Zerstörer, die nach Meldung des Bootes in günstiger Position standen. Wenig später hatte auch S 54 Fühlung an einem Zerstörer der Jervis-Klasse und versuchte, zum Schuß zu kommen.

Die von S 59 geschossenen Torpedos gingen vorbei.

Um 01.39 Uhr ließ der Flottillenchef einen UK-Spruch durchgeben: ›Flo-Chef an S 56 und S 59: Vorstoßen ab 01.40 Uhr von Quadrat 5156 bis 5183. Kurs 300 Grad, 26 Knoten.‹

Wenige Sekunden nach 02.00 Uhr schoß S 58 beide Torpedos auf einen Zerstörer.

Beide vorbei.

Dann aber erkannte Oberleutnant z. See Wuppermann den Feind, und was nun geschah, das berichtete er folgendermaßen: ›PO 249 Quadrat CO 5192 RKO. Habe Gegner im Visier. Bin sicher, daß es ein Kreuzer ist. Feind steuert 150 Grad und läuft 15 Knoten. Meine Lage ist jetzt 40 Grad. Entfernung 1000 Meter. Der Kreuzer paßt nur noch zur Hälfte ins Fernglas. Der hinter mir stehende Zerstörer ist durch mein Kielwasser durchgeschoren und steht nun Steuerbord achteraus von mir. Entfernung etwa 500 Meter. Der in der Sicherung vorn stehende Zerstörer steht jetzt Steuerbord voraus vor dem Kreuzer, etwa 800 Meter von mir entfernt. Ich lasse auf den Kreuzer zu drehen und will im Zudrehen um 02.50 Uhr schießen. Erst kurz vorher ist genügend Ausstoßluft auf den Preßluftflaschen.

Bei meiner nochmaligen Frage, ob die Torpedoanlage klar ist, stelle ich fest, daß der Backborddeckel nicht richtig geöffnet ist. Ich gebe Befehl, auf rechtweisend 40 Grad zu gehen und Unterwasserauspuff.

Im selben Augenblick, nachdem ich vorher noch den viereckigen großen Gefechtsturm und davor zwei oder drei Türme mit jeweils Zwillings- oder Drillingsrohren und davor die hochaufragende Kreuzerback und den Bug, der etwa mit Lage 40 bis 50 auf mich zu lag, erkannte, ging auf dem Kreuzer der Scheinwerfer vom vorderen Mast an, und ich lag genau in seinem Lichtkegel. Bin selbst vollkommen geblendet. Dann erkannte ich aber, wie der Backborddeckel sich ganz öffnete, und befahl: ›Backbord fünnef! – Beide Rohre fertig!‹

Und kurz vor dem Eindrehen meines Stevens in den Scheinwerfer machte ich den Steuerbordtorpedo los. Den Backbordtorpedo löste ich kurz darauf genau in den Scheinwerfer hinein. Beide Aale wurden also von mir über den Daumen losgemacht, weil die Nummer I am Zielgerät nichts mehr erkennen konnte, da sie sich genau im Zentrum des starken Scheinwerferlichtkegels befand.

Die eingestellte Lage war 60. Fahrt 15 Knoten. Geschätzte Entfernung kurz vor dem Schuß zwischen 500 und 700 Meter.

Nach Lösen des Backbordtorpedos erfaßte mich ein zweiter Scheinwerfer, wahrscheinlich vom achteren Mast des Kreuzers. Nun lag ich genau im Blickpunkt beider Scheinwerfer, und alle Männer auf der Brücke waren geblendet. Ich befahl: ›Hart Steuerbord! Backbordmaschine Große Fahrt voraus. Mitte Halbe Fahrt voraus. Steuerbordmaschine stop!‹

So kam das Boot am schnellsten herum. Mit einem Blick nach achtern erkannte ich, daß der hinter mir stehende Zerstörer beinahe bis auf 100 Meter heran war. Sein Steven und seine Brücke waren auch noch vom Scheinwerferlicht des Kreuzers angestrahlt.

Im selben Augenblick eröffnete dieser Zerstörer das Feuer mit leichten Fla-Waffen.

02.50 Uhr 34 Sekunden:

Beide Scheinwerfer erlöschen schlagartig. Steuerbordtorpedo hat im Vorschiff getroffen. Dort geht Munition hoch. Es sieht wie ein Feuerwerk aus.

Gleichzeitig ging ein schwerer Stoß durch unser Boot. Ein dumpfer Knall war zu hören. Wenige Sekunden darauf eine zweite starke Detonation, und wo bisher noch das Mittelschiff des Kreuzers zu sehen gewesen war, blaffte eine schwarze Qualmwolke mit einer grauen, noch höheren Dampfwolke blitzschnell aus dem Mittelschiff heraus.

›Treffer in den Maschinen- oder Kesselräumen!‹ rief meine Nummer I.

Noch immer peitschten die Fla-Waffen des Zerstörers, aber nun ging ich auf 180 Grad und ließ alle Maschinen AK laufen. Mit 33 Knoten Fahrt jagte ich zur Seite und beobachtete im Ablaufen nach achteraus mehrere Sekunden lang den getroffenen Kreuzer. Eine Qualmwolke hüllte alles ein und ließ nichts mehr genau erkennen. Die Explosionen, mit denen im Vorschiff die Munition hochging, verstummten.

Nun mußte ich wieder meine ganze Aufmerksamkeit den beiden Zerstörern widmen, zwischen denen ich ja stand.

Mein Ausguck beobachtete weiterhin die Qualmwolke und meldete, daß sie langsam kleiner würde und daß der Kreuzerbug nicht mehr herausgekommen sei.

Um 02.52 Uhr: Der Backbord achteraus stehende Zerstörer eröffnet wieder das Feuer aus seinen Fla-Waffen. Der an der Backbordseite des Kreuzers stehende Zerstörer setzt Seitenlaternen und läßt mehrere kurze Töne aus seiner Sirene erschallen. Ich beginne zu nebeln. Aber noch liegt das Feuer des Zerstörers gut, schlägt jedoch zum Glück vor und hinter dem Boot in die See ein.

Dann frißt es sich am Ende der Nebelwand fest.

Kurz darauf, ich stehe nun beinahe Steuerbord quer von dem vorderen Jervis-Zerstörer, als dieser jetzt zu dem achtern von mir stehenden und in den Nebel schießenden Zerstörer hinübermorst, weil dessen Feuer dicht beim morsenden Zerstörer in die See hieb. Sofort wurde das Feuer eingestellt, und ich ließ den Nebel abstellen, um ihn später abermals anzustellen. Dann ließ ich eine Wasserbombe werfen, um ihn zu täuschen.

Es war inzwischen 02.53 Uhr geworden. Noch immer stehe ich genau zwischen den beiden Zerstörern. Mein Kurs ist 220 Grad, Fahrt 33 Knoten. Die Zerstörer laufen schätzungsweise 28 Meilen.

Der Steuerbord achtern stehende Zerstörer ist inzwischen langsam in mein Kielwasser eingeschoren und eröffnet erneut das Feuer aus leichten und mittleren Waffen. Der Zerstörer an Backbord dreht langsam weiter nach Backbord ein. Der mich verfolgende

Zerstörer folgt genau im Kielwasser und bleibt uns bis 03.20 Uhr auf den Fersen. Er schießt aber nicht mehr planmäßig und scheint mein Kielwasser zu verlieren, weil ich mehrere Zickzackkurse steuere.

In dieser Situation trifft ein FT-Spruch vom Chef ein: ›Auf nach Osten laufende Zerstörer achten!‹

Um 03.23 Uhr laufe ich Kurs 180 Grad und 30 Knoten. Der Zerstörer ist außer Sicht. Ich will Rückmarsch nach Derna antreten, erhalte UK-Fühlung mit S 58, das sich ebenfalls absetzt, nachdem es bereits längere Zeit Fühlung am Verband verloren hat.

Ein FT-KR-Spruch des Chefs geht ein: ›Standort melden!‹

Um zu ermöglichen, daß die eigene Luftwaffe bei Tage Genaueres feststellen kann, setze ich folgenden Funkspruch ab: ›02.51 Uhr ein Kreuzer, fünf Zerstörer CO 5168, Kurs 100 Grad, Fahrt 15 Knoten. Doppeltreffer auf Kreuzer. S 56, Wuppermann, Kommandant.‹

Es war der Kreuzer ›Newcastle‹, der hier versenkt worden war.‹

Ein weiterer Erfolg war den S-Booten beschieden: S 55 unter Oberleutnant zur See Weber torpedierte den Zerstörer ›Hasty‹.

Der Zerstörer konnte zwar nach dem Treffer seine Fahrt zunächst mit sechs Meilen fortsetzen, mußte jedoch eine Stunde später von der Besatzung verlassen werden und sank dann ebenfalls.

Korvettenkapitän Kemnade schrieb in seiner Stellungnahme zu dieser Unternehmung:

›1. Die Aufnahme der Fühlung am Geleitzug nach Standortmeldung der Luftwaffe verlief bei laufender Meldung der Flugzeugfühlunghalter über dem Geleitzug planmäßig und ohne Schwierigkeiten. Jedes Boot der Flottille erkannte den Standort des Geleitzuges ab 18.30 Uhr an den bis zur Dunkelheit beobachteten Flak-Sprengpunkten über dem von der Luftwaffe unaufhörlich angegriffenen Geleitzug.

Meine Absicht, die Boote S 56, S 36, S 59 im Süden Fühlung gewinnen zu lassen, wurde dadurch vereitelt, daß erstens der Gegner während der Abenddämmerung längere Zeit südwestlichen Kurs gesteuert haben muß und zweitens diese Boote nach Sichten der feindlichen Sicherung um 19.25 Uhr anstatt nach Südwesten nach Nordwesten abliefen und Fühlung an den Zerstörern behielten. Diese Tatsache hat sich jedoch für den Verlauf der Operation nicht als nachteilig erwiesen.

2. Daß die Boote S 56, S 59 und S 36 an den Zerstörern und nicht an den Dampfern Fühlung halten und angreifen konnten, war zwangsläufig bedingt durch das Leuchtbombenwerfen der deutschen Luftwaffe. Ich selbst stand von 20.27 Uhr an mit drei Booten im Kielwasser des achteraus vom Geleitzug stehenden Zerstörers, von dem die letzten drei Dampfer beobachtet wurden. Da ich durch die Leuchtbombenwürfe von den Zerstörern erkannt und gejagt wurde, verlor ich um 23.09 Uhr die Fühlung.

Einem Boot der Flottille gelang es noch während des Leuchtbombenwerfens, durch den Sicherungsgürtel durchzustoßen und zum Angriff auf die Dampfer anzusetzen.

Der Uhrzeitbefehl für den gleichzeitigen Angriff aller Boote konnte so lange nicht gegeben werden, wie noch Leuchtbomben am Himmel standen.

Als S 56 und S 59 um 21.24 Uhr meldeten, daß sie durch Zerstörerjagd und Leuchtbomben Feindverband verloren hätten, wurden sie durch Angabe von Peilungen wieder herangeführt.

3. Da das Leuchtbombenwerfen trotz mehrerer KR-Sprüche nicht eingestellt wurde und überdies die Nacht kurz war, gelang es den übrigen vier Booten der Flottille nicht mehr, bis 03.00 Uhr wieder Anschluß an den Geleitzug zu gewinnen.

Die Leistung des Kommandanten S 56, Oberleutnant z. S. Wuppermann, verdient besondere Anerkennung. Es ist das erstemal im Kriege, daß sich einem Schnellboot ein Kreuzer als Ziel bot. Es ist nur der Kaltblütigkeit und dem Draufgängertum des Kommandanten zu verdanken, daß das Boot den Gegner unter den vorliegenden Verhältnissen erfolgreich angreifen konnte.

Die Luftaufklärung des nächsten Tages meldete ein ausgedehntes Trümmerfeld mit zahlreichen Wrackteilen und großen Ölflecken in der Nähe der Versenkungsposition, so daß mit dem Untergang dieses Kreuzers gerechnet werden kann.

An Bord, den 17. Juni 1942, gez. Kemnade.‹

Damit hatten auch die Schnellboote Einsatzbereitschaft und Angriffsgeist bewiesen. Minenaufgaben folgten. Die Boote liefen aus den Häfen der afrikanischen Küste nach Alexandria. Sie erlebten

Nachtgefechte mit überlegenen Gegnern und Einsätze bei schwerer See und Windstärken bis 5, die den Booten hart zusetzten. Vor allem aber liefen diese wenigen Boote immer wieder Richtung Malta aus. Vor La Valetta warfen sie in laufenden Einsätzen Minen bis dicht vor die Einfahrt. Mehrere Schiffe gingen auf diesen Minen verloren.

Korvettenkapitän Kemnade erhielt am 23. Juli 1942 das Ritterkreuz.

In der Operation ›Pedestal‹ lief zwischen dem 10. bis 15. August wieder ein vielfach angegriffener großer Nachschubkonvoi der Engländer nach Malta. Zu seiner Bekämpfung wurden nach Absprache mit ›Supermarina‹ auch deutsche U-Boote eingesetzt*. Außerdem waren wieder einige Boote der 3. S-Flottille beteiligt. Gemeinsam mit den italienischen Schnellbooten MS 16, MS 22 und MS 31 griffen auch S 3o unter Oberleutnant z. S. Weber, S 31 unter Oberleutnant z. S. Brauns und S 59 unter Oberleutnant z. S. Müller an. Dazu MAS 554 (Oberleutnant Calcagno) und MAS 557 (Leutnant Cafiero).

Die Transporter ›Rochester Castle‹, ›Santa Elisa‹, ›Almeria‹, ›Lykes‹ und ›Wairangi‹ wurden torpediert. Die drei letzten Dampfer sanken sofort.

S 30 und S 31 waren mit je einem Dampfer an der Versenkung beteiligt. S 59 hatte keinen Erfolg.

Im November 1942 folgten der 3. Schnellbootflottille die Boote der 7. Schnellbootflottille über den Rhein, den Rhein-Rhône-Kanal und die Rhône ins Mittelmeer.

Korvettenkapitän Hans Trummer hatte diese Flottille aufgestellt und ausgebildet. Er blieb ihr Chef bis Juli 1944.

Als diese Boote ins Mittelmeer kamen, wurde aus den beiden Flottillen die 1. Schnellbootsdivision gebildet. Im September 1943 kam dann noch die 21. Schnellbootsflottille hinzu, die über Friedrichshafen im Bahntransport nach Italien verlegt worden war**.

---

* Siehe Kapitel: U-Boots-Einsatz und Versenkungserfolge der U-Boots-Waffe im Jahre 1942.
** Siehe Kapitel: Der Einsatz der 1. Schnellbootsdivision 1944 (S. 300)

Die 6. Räumbootsflottille im Mittelmeer

Als weitere Verstärkung der wenigen deutschen Kleinkampfeinheiten wurde Ende November 1941 die 6. Räumbootsflottille aus Cuxhaven Richtung Mittelmeer in Marsch gesetzt. Diese Flottille war im August 1941 aus vier Booten der 2. und vier Booten der 3. Räumbootsflottille zusammengestellt worden. Der Flottillenstab kam teilweise von der 3. Räumbootsflottille und wurde zum anderen Teil zur neu zusammengestellten Flottille kommandiert. Zur Flottille gehörten:

    Flottillenchef: Korvettenkapitän Peter Reischauer
    Marinestabsarzt Dr. med. Austen
    Oberassistenzarzt Graeper (gefallen)
    Flo.-Ing. Oberleutnant (Ing.) Eigenbrod
    2. Flo.-Ing. Leutnant (Ing.) d. Res. Heinz Schulz
    3. Flo.-Ing. Leutnant (Ing.) Altmann
    Sperrwaffenoffizier Leutnant zur See Ossenbrügge
    (später Leutnant zur See Pfannmöller)
    VO Oberleutnant (V) Karl-Heinz Bohle
    2. VO Leutnant (V) Harald Epperlein
    Kommandanten:
    Oberleutnant zur See Merks
    Oberleutnant zur See Hermann Horlitz
    Leutnant zur See d. Res. Karl Rimella (gefallen)
    Leutnant zur See Peter Gerhard
    Oberleutnant zur See Fred Anders
    Leutnant zur See Hartmut Diederichs
    Leutnant zur See Leo Wimmer-Lamquet
    Oberleutnant zur See Voigt
    Obersteuermann Kautz (gefallen)
    Obersteuermann Drescher

Von Cuxhaven aus gingen die Boote R 9 bis R 16 in Richtung Rotterdam in See. Es waren dies alte Boote der Baujahre 1927 bis 1930. Einer ihrer Vorteile war – nach Meinung des Flottillenchefs –, daß es Schraubenboote waren und daß alle mit MWM-Motoren (Motorenwerke Mannheim) ausgerüstet waren.

    Ursprünglich sollte die Flottille aus anderen Booten zusammengestellt werden, die alle verschiedene Motorentypen hatten. Diese Anordnung wurde auf Hinweis des Flottillenchefs geändert. Ihre Bewaffnung bestand aus jeweils zwei Zweizentimeter-Fla-MW und mehreren MG.

Die Boote, die nur 60 Tonnen groß waren und 18 Mann Besatzung hatten, besaßen keine Panzerung. Das erklärt die erheblichen Verluste, die sie bei Fliegerangriffen erlitten.

Von Rotterdam aus liefen die schwarz gemalten und als Flugsicherungsboote getarnten Boote – die Besatzungen ebenfalls zur Tarnung in Zivil – rheinaufwärts. Durch den Rhein-Rhône-Kanal ging es in die Doubs, von dort weiter zur Saône.

Schon auf dem Rhein-Rhône-Kanal waren viele Schleusen zu überwinden. Diese Hindernisse mehrten sich auf den Flüssen Frankreichs. Insgesamt waren es 160 Schleusen, die passiert wurden. Teilweise waren diese Schleusen so schmal, daß die Scheuerleisten der 4,4 Meter breiten Boote abgehoben werden mußten.

Daß es dennoch auf dem Wege zum Mittelmeer keine größeren Havarien gab, gilt als ein Zeichen der vorzüglichen Seemannschaft der einzelnen Kommandanten und Besatzungen. Allerdings wurde nur am Tage gefahren. Einmal gab es eine kurze Grundberührung; ein Ruder wurde verbogen. Dieses Boot wurde in Mannheim repariert.

In Chalon-sur-Saône mußte eine Zwangspause von sieben Wochen eingelegt werden, weil die Rhône zuwenig Wasser führte. Daß sich dies nachteilig auf die Stimmung der Besatzung ausgewirkt hätte, kann nicht gesagt werden, denn in diese Zeit fiel das Weihnachtsfest.

Nach insgesamt vierzehn Tagen reiner Fahrzeit erreichten alle Boote das Mittelmeer. Sie liefen nach La Spezia, wo sie in der dortigen Werft überholt wurden.

Vierzehn Tage darauf traten die Boote von La Spezia aus den Weg nach Süden an. Es ging immer dicht unter der Küste entlang. Von den acht Booten der Flottille liefen allein sieben bei Castel Volturno in dichtem Nebel auf Grund. Alle Boote kamen wieder frei, jedoch hatte sich R 13 Schrauben und Ruder verbogen.

Dieses Boot wurde von italienischen Schleppern nach Neapel in die Werft gebracht.

Der weitere Weg der Flottille führte über Sizilien und die kleinen Inseln Pantelleria und Lampedusa nach Tripolis. Hier sollte die 6. Räumbootsflottille ihren Stützpunkt finden. Stützpunktoffizier in Tripolis war zuerst Oberleutnant zur See Roscher, später Oberleutnant zur See d. Res. Langhof.

Mit dem Vichy-freundlichen Kapitänleutnant der Marineflieger Le Berre als französischem Verbindungsoffizier, der die Boote bei der Überführung durch Frankreich begleitete, hatte die Flottille einen freundlichen und hilfsbereiten Ratgeber zur Seite.

Die in Chalon-sur-Saône und auf der Rhône auf jedem Boot befindlichen französischen Offiziere und Lotsen verhielten sich mehr oder weniger unfreundlich, blieben jedoch korrekt.

Die Boote fuhren die ersten kleineren Geleitfahrten vor der afrikanischen Küste und verlegten bereits nach kurzer Zeit, ungefähr Mitte März, nach Bengasi.

Von Bengasi aus gingen die Boote laufend mit Geleiten für das Deutsche Afrikakorps nach Osten in See.

Als das DAK um die Wüstenfestung Tobruk kämpfte, stand die gesamte Flottille um den Hafen herum verteilt und drang in den frühen Morgenstunden des 22. Juni auch von See her in Tobruk ein, wo immer noch vereinzelt gekämpft wurde.

Auch im Hafen wurde noch geschossen. Die Boote erbeuteten mehrere britische Fahrzeuge, die eben in See gehen wollten, und machten eine Anzahl Gefangene.

Am 14. September erbeuteten Boote der Flottille vor Tobruk das britische Schnellboot MTB 314.

Dieses Boot gehörte zu den achtzehn britischen Schnellbooten, die mit zwei Zerstörern an der Operation ›Agreement‹ beteiligt waren.

Diese Operation galt Hafen und Festung Tobruk. Sie war vom britischen Oberbefehlshaber Mittelmeer, Admiral Harwood, in Zusammenarbeit mit den beiden britischen Oberbefehlshabern von Luft und Heer ausgearbeitet worden. Tobruk sollte von Land (unter Führung von Oberst Haselden) und von See her im Handstreich genommen werden.

Die achtzehn Schnellboote fuhren nach einem Stichwort auf die Hafeneinfahrt zu, wo ein Mann sie einleuchten sollte. Doch dieser

Mann hatte seinen Scheinwerfer verloren, und so fanden nur zwei Boote den Weg in den Hafen. Die beiden ebenfalls beteiligten Zerstörer ›Sikh‹ und ›Zulu‹, die ein 650 Mann starkes Marinekorps an Bord hatten, liefen nun ebenfalls auf die Hafeneinfahrt zu, um das Korps zu landen und anschließend Schiffs- und Küstenziele anzugreifen.

Die erste Welle kam teilweise an Land. Dann gab es Alarm. Ein deutsches Funkmeßgerät hatte die Kriegsschiffe aufgefaßt. Der Zerstörer ›Sikh‹ wurde in Brand geschossen. ›Zulu‹ lief zur Hilfeleistung herbei. Aber die Trosse, mit der ›Sikh‹ abgeschleppt wurde, wurde von einer 8,8-cm-Granate durchschlagen.

›Zulu‹ wurde von italienischer und deutscher Flak zusammengeschossen und sank. ›Sikh‹ sank ebenfalls. Ein Teil der Besatzung wurde später aufgefischt.

Der Flakkreuzer ›Coventry‹ wurde von deutschen Bombern versenkt. Ein italienischer Jäger griff drei angreifende Schnellboote im Tiefflug an und versenkte sie. MTB 314 aber lief auf Grund, und als die Räumboote ausliefen, um im Wasser schwimmende Schiffbrüchige aufzunehmen, kaperten sie das Boot, ehe es von der eigenen Besatzung versenkt werden konnte.

Dieses Boot wurde später als RA 10 unter deutscher Kriegsflagge in Dienst gestellt. Es bildete eine Verstärkung für die Flottille, denn es war ein völlig neues, erst 1941 gebautes Boot, das mit seinen 55 Tonnen eine Geschwindigkeit von 4o Knoten erreichte. Es war mit einem Vierlings-MG und zwei Torpedorohren ausgerüstet.

Im Verlauf der Kämpfe in Nordafrika wurde die 3. Räumbootsflottille im Sommer 1942 immer weiter nach Osten verlegt. Schließlich befand sich ihr Stützpunkt in Marsa Matruk. Dort wartete die Flottille auf die Eroberung des Niltals und Unterägyptens, um als erste von See aus nach Alexandria einzulaufen.

Immer wieder wurden die Begleit- und Räumfahrten durch Fliegerangriffe gestört.

Bei dem Geleit des Dampfers ›Sturla‹ durch R 11 zum Beispiel geriet dieses kleine Geleit in einen Angriff, der von einem britischen Kreuzer und fünf Zerstörern auf Marsa Matruk geführt wurde.

Der vor der Hafeneinfahrt auf und ab stehende Dampfer ›Sturla‹ wurde mit wenigen, genau sitzenden Salven versenkt. R 11 entkam, sich einnebelnd, in den Hafen und war gerettet.

Die Besatzung der ›Sturla‹ wurde von der 3. S-Flottille gerettet.

In den Novembertagen machten alle Räumboote den Rückzug nach Westen mit. Sämtliches Material wurde mitgeführt. Keines der Boote ging verloren. So endete der Einsatz der R-Boote im Jahre 1942 mit einem Rückzug. Aus der durch den deutschen Vorstoß nach Osten genährten Hoffnung, Alexandria von See her zu nehmen, war nichts geworden.

Die unverwüstliche ›Hermes‹

Nach dem Ende des Balkanfeldzuges wurde im Dock von Salamis im Mai 1941 der in England erbaute griechische Zerstörer ›Basileos Georgios I.‹ erbeutet. Dieser Zerstörer wurde so schnell wie möglich instand gesetzt, mit ausgebildetem Personal bemannt und am 21. März 1942 als Zerstörer ›ZG 3 – Hermes‹ in Dienst gestellt.

Damit hatte die Kriegsmarine ihr erstes größeres Kriegsschiff im Mittelmeer. Erster Kommandant der ›Hermes‹ war Kapitän zur See Johannesson; ihm folgte Fregattenkapitän Kurt Rechel.

Dieser Zerstörer fuhr unter einem glücklichen Stern. Er wurde zunächst im östlichen Mittelmeer eingesetzt. In zahlreichen Geleiten in der engeren Agäis – und vor allem nach der Eroberung Kretas von dieser Insel in Richtung Tobruk – hat er sich als Geleitführer hervorragend bewährt. Trotz vieler feindlicher Luftangriffe bei Geleiten nach Afrika und reger feindlicher U-Boots-Tätigkeit in der Agäis ist kein einziges der von ihm geleiteten Schiffe verlorengegangen.

Während eines Geleites nach den Dardanellen ortete er das britische U-Boot ›Triton‹. Durch geschicktes Manövrieren und gute Einweisungen konnte die ›Hermes‹ einen U-Jäger ansetzen, der das englische U-Boot versenkte.

Besonders hervorzuhebende Einsätze der ›Hermes‹ waren im

Sommer 1942 die vom 2. bis 3. Juli dauernden Minenunternehmungen in der Agäis mit dem Minenschiff ›Bulgaria‹.

Vom 18. bis 20. August 1942 galt es, das beschädigte U-Boot U 83 (Kapitänleutnant Kraus) 120 Seemeilen südostwärts Kreta aufzunehmen und nach Salamis zu geleiten. ›Hermes‹ übernahm diese Aufgabe und brachte das Boot sicher zurück.

Einen Kampf auf Biegen und Brechen lieferte ›Hermes‹, als sie vom 22. bis 24. September 1942 den Benzintanker ›Rondine‹ von der Sudabucht auf Kreta nach Tobruk geleitete.

Der Tanker hatte unterwegs mehrere Maschinenstörungen. Zweimal fiel die gesamte Maschinenanlage aus. Doch ›Hermes‹, die mit dem italienischen Torpedoboot ›Orso‹ dieses Geleit führte, brach das Unternehmen trotz zahlreicher Fliegerangriffe und Bombenwürfe nicht ab und brachte den Tanker sicher nach Tobruk.

Das vom 9. bis 11. Oktober währende Minenunternehmen südlich Kreta mit einigen Minenschiffen wurde ebenfalls von ›Hermes‹ geführt.

In den ersten Novembertagen geleitete ›Hermes‹ die Dampfer ›Col di Lana‹, ›Mualdi‹ und den Tanker ›Portofino‹ von Piräus nach Bengasi.

Neben ›Hermes‹ waren noch die italienischen Zerstörer ›Freccia‹, ›Folgore‹ und die drei Torpedoboote ›Ardito‹, ›Uragano‹ und ›Lupo‹ als Geleitsicherung abgeteilt. Der Konvoi kam sicher in Bengasi an.

Ende März 1943 wurde ›Hermes‹ nach Italien in Marsch gesetzt, um an Geleitaufgaben in Richtung Tunesien sowie für Minenoperationen eingesetzt zu werden.

Vom 19. bis 20. April führte ›Hermes‹ allein ein Minenunternehmen in der Straße von Sizilien durch. Einen Tag darauf – der Zerstörer befand sich bereits auf dem Rückmarsch – sichtete er das englische U-Boot ›Splendid‹ (LtCdr. I. L. McGeoch). Mit AK lief ›Hermes‹ auf die Stelle zu, dabei aus ihren vier 12,7-cm-Geschützen feuernd.

Die ›Splendid‹ erhielt schwere Treffer im Druckkörper und sank schnell.

Nun bewies die Besatzung der ›Hermes‹ die große Bruderschaft auf See: Nachdem ›Splendid‹ gesunken war, fischte ›Hermes‹ die 32 Männer der Besatzung aus der See und rettete ihnen damit das Leben.

Vier Tage später – am 24. April – geleitete ›Hermes‹ bereits wieder einen Truppentransport nach Tunis. Neben ihr waren noch die italienischen Zerstörer ›Pancaldo‹ und ›Pigafetta‹ beteiligt.

Abermals wurde auch dieses Geleit aus Malta angegriffen. Bomber und Jagdbomber erzielten Treffer auf dem Zerstörer ›Pigafetta‹. Der genau schießenden Luftabwehr von ›Hermes‹ gelang es, zwei Maschinen in Brand zu schießen. Auch dieser Konvoi kam heil durch.

Am 29. April lief ›Hermes‹ neuerlich zu einem Truppentransport von Italien nach Tunis. Wieder war ›Pancaldo‹ dabei. Bereits in der Straße von Sizilien wurden beide Zerstörer zum erstenmal von Bombern angegriffen, die von Malta kamen. Dieser erste Angriff blieb jedoch erfolglos. Am anderen Morgen – der Geleitzug war bereits vor Kap Bon angelangt – griffen Bomber und Jagdbomber in mehreren Wellen an. Der Zerstörer ›Pancaldo‹ erhielt schwere Bombentreffer. An Bord der ›Hermes‹ konnte man erkennen, wie auf dem Kameradenboot Munition hochging und gewaltige Löcher in den Bootskörper riß.

Binnen weniger Minuten war ›Pancaldo‹ gesunken.

Alle Fla-Waffen der ›Hermes‹ – vier Dreisieben-Flakgeschütze und vier Zweizentimeter-Fla-MW- erwiderten das Feuer der nach den Bombern im Tiefflug angreifenden Jagdbomber. Beim Bomberangriff war bereits eine Maschine durch Volltreffer der ›Hermes‹-Geschütze in der Luft auseinandergerissen. Nun stürzten drei weitere Angreifer als brennende Fackeln in die See.

Dann erhielt auch ›Hermes‹ einen Bombennahtreffer in die Maschinenanlage. Beide Kraftwerke fielen aus, und abermals griffen Jagdbomberschwärme das in der See treibende Schiff an.

Während in den Maschinenräumen alles fieberhaft bei der Arbeit war, um den Zerstörer wieder in Fahrt zu bekommen, schossen alle Waffen. Selbst die 12,7-cm-Geschütze feuerten.

Jabos wurden getroffen, stürzten brennend ab und explodierten beim Aufschlag. Insgesamt wurden außer dem einen Bomber neun Jabos abgeschossen.

Die Besatzung der ›Hermes‹ hatte bestes deutsches Soldatentum in schwerer Lage bewiesen.

Es gelang, die Maschine wieder klarzubekommen und den Hafen von La Goulette zu erreichen.

Da der Zerstörer nicht wieder einsatzbereit war, mußte er am 7. Mai 1943, als die Gefahr bestand, daß er durch einen überraschenden Vorstoß der Alliierten in Feindeshand fiel, gesprengt werden. Ein Jahr hatte dieser Zerstörer im Einsatz gestanden und in vielen Unternehmungen seinen Ruhm begründet. Fregattenkapitän Rechel erhielt am 8. Mai 1943 das Ritterkreuz.

Die zweite Schlacht in der Syrte

Zu Beginn des Jahres 1942 stand die Luftflotte 2 mit dem II. und X. Fliegerkorps unter der Führung von Feldmarschall Kesselring, der bereits am 28. November 1941 zum Oberbefehlshaber Süd ernannt worden war, im Mittelmeerraum mit starken Fliegerkräften im Einsatz. Ziel der Angriffe der deutschen Flugzeuge war in erster Linie Malta, dann erst die durch Luftaufklärung und Agentenberichte in See gemeldeten feindlichen Konvois.

Dadurch war das Gleichgewicht der Kräfte in der Luft wiederhergestellt, und nach den Einsätzen der deutschen und italienischen U-Boote und der Torpedoreiter im November und Dezember 1941 war der Gegner auch zur See so stark dezimiert, daß nunmehr die Versorgung der deutsch-italienischen Truppen in Afrika reibungslos vor sich gehen konnte. Es gelangten auch tatsächlich so viel Nachschubgüter nach Nordafrika, daß das Deutsche Afrikakorps am 21. Januar 1942 zu einer neuerlichen Offensive nach Osten antreten konnte. Sehr schnell stießen die Kampfverbände vor, besetzten Derna und Bengasi und erreichten die Gazala-Linie.

Während noch im Dezember 1941 von den insgesamt dreißig nach Afrika ausgelaufenen Transportern acht mit 38 757 BRT versenkt wurden, gingen im Januar 1942 von fünfunddreißig Schiffen mit 173 952 BRT nur ganze zwei mit 18 839 BRT verloren.

Eines der im Januar versenkten Schiffe war das Kühlschiff ›Perla‹, das am 5. Januar 1942 gegen 14.30 Uhr von Tripolis in Richtung Trapani ausgelaufen war. Es wurde in den frühen Morgenstunden des 7. Januar von einem U-Boot der 10. Malta-Flottille aufgefaßt und durch einen Torpedofächer versenkt. Am 23. Januar traf es den früheren italienischen Überseedampfer ›Victoria‹, der als Truppentransporter bereits oftmals nach Afrika und zurück gelaufen war. An Bord des Truppentransporters befanden sich 1500 Mann Truppen und Kriegsmaterial für die Front. Am Abend des 23. Januar hatte der Konvoi noch eine Luftsicherung durch neun Ju 88 erhalten. Die ersten Luftangriffe auf die ›Victoria‹ begannen gegen 16.15 Uhr. Die geworfenen Bomben detonierten nahe beim Dampfer, der mit drei weiteren Handelsschiffen einen von Kreuzern geschützten Konvoi bildete.

Mit Sonnenuntergang griffen erstmals englische Torpedoflugzeuge des Typs ›Beaufort‹ an. Sie durchstießen das Abwehrfeuer und warfen ihre Torpedos, von denen einer die ›Victoria‹ mittschiffs an Steuerbord traf. Das Schiff blieb gestoppt liegen.

Die eingeschifften Soldaten versuchten, mittels der Rettungsboote an Bord der Begleitzerstörer zu gelangen.

Als nächste griffen zwei ›Albacores‹ der 826. Squadron an. In einer dieser Maschinen saß der Squadronchef Lieutenant-Commander J. W. S. Corbett. Pilot der zweiten Maschine war Lieutenant H. M. Ellis.

Die Maschine des Commanders wurde abgeschossen, aber Lieutenant Ellis kam zum Wurf. Sein Torpedo traf und ließ die ›Victoria‹ sinken.

Die ›Victoria‹, die ›Perle der italienischen Handelsflotte‹, wie Graf Ciano dieses Schiff bezeichnete, war nicht mehr.

Im Monat Januar 1942 flog das X. Fliegerkorps von Sizilien aus insgesamt 262 Angriffe gegen Malta, davon 73 bei Nacht. Es verging kein Tag, an dem Malta nicht angegriffen wurde, und nur in acht Nächten blieb die Insel in diesem Monat vom Fliegeralarm verschont. Aber noch war der Höhepunkt der Luftoffensive gegen Malta nicht erreicht.

Von den dreiunddreißig im Monat Februar nach Afrika entsandten Handelsschiffen gingen drei mit insgesamt 15 942 BRT verloren.

In der Nähe von Punta Alice wurde der Tanker ›Lucania‹ von einem U-Boot der Malta-Flottille versenkt. Der schnelle Tanker wollte im Alleingang versuchen, nach Tripolis zu gelangen, und sank angesichts der kalabrischen Berge.

Ein eigenartiger Zwischenfall ereignete sich bei der Versenkung des Dampfers ›Ariosto‹.

Das Schiff war am 13. Februar gegen 17.40 Uhr im Geleit eines Zerstörers von Tripolis ausgelaufen, um nach Trapani zu gehen.

Bei Antonio Trizzino lesen wir über diesen Konvoi*:

›Das Schiff hielt sich außer Sichtweite der Küste auf hoher See und hatte bereits einen Teil seines Weges zurückgelegt. Doch am 14. Februar gegen 12.30 Uhr erhielt der Kommandant des begleitenden Zerstörers vom Admiralstab den Befehl, längs der Küste des Golfs von Hammamet zu fahren. ›Befehl ist Befehl‹, berichtete der Kommandant später, und so wurde die ›Ariosto‹ angewiesen, an die Küste heranzufahren. Auf diesem Wege stieß sie auf ein dort in Lauerstellung liegendes englisches Unterseeboot, das die ›Ariosto‹ versenkte. Trotz der Nähe der Küste und ungeachtet der Rettungsmaßnahmen durch die Begleitfahrzeuge kamen 198 Menschen ums Leben.‹

An solchen und ähnlichen Zwischenfällen ist die Geschichte der Afrikakonvois reich, ohne daß jemals geklärt wurde, ob diese Zwischenfälle Zufall oder Verrat waren.

Es ist aber falsch zu sagen, daß die englischen U-Boote nur durch Verrat zu ihren Erfolgen gekommen seien. Richtig ist vielmehr, daß diese Boote jede Seeroute von Afrika nach Sizilien und dem italienischen Festland belauerten und auf diesen Zwangswechseln ihr Wild erwarteten.

So erging es auch der ›Tembien‹ böse, als sie am 27. Februar 1942 in Begleitung eines Zerstörers von Tripolis auslief, um nach Palermo zu gehen. Nur zwanzig Meilen vor Tripolis wurde der Dampfer von einem englischen U-Boot versenkt, das sich in günstige Ausgangsposition gebracht hatte und seine Chance nutzte.

Im März wurden von siebenunddreißig Transportern nur zwei mit zusammen 8729 BRT versenkt. Dafür kam es zwischen dem

---

* Siehe Trizzino, Antonio: ›Die verratene Flotte‹

14. und 18. März zu einem Duell zwischen italienischen und englischen U-Booten, in welchem die Engländer Sieger blieben. Die drei Malta-U-Boote ›Ultimatum‹, ›Unbeaten‹ und ›Upholder‹ versenkten im mittleren Mittelmeer die drei italienischen U-Boote ›Ammiraglio Millo‹, ›Guglielmotti‹ und ›Tricheco‹.

Das war ein schwerer Schlag für die italienische U-Boots-Waffe. Nur zwei Tage darauf mußte die italienische Marine in der zweiten Schlacht in der Syrte abermals hohe Verluste hinnehmen.

Und zwar lief das 15. britische Kreuzergeschwader unter Admiral Vian am 20. März 1942 von Alexandria aus, um vier schnelle Transporter zu geleiten, die, bis unter die Lukendeckel beladen, für Malta bestimmt waren. Aus Tobruk und von Malta (hier die ›Force K‹) liefen Kriegsschiffseinheiten diesem Konvoi entgegen und verstärkten die Bewacherstreitkräfte auf vier Leichte Kreuzer und 16 Zerstörer.

Vians Konvoi wurde am 21. März von dem U-Boot ›Platino‹ entdeckt. Um Mitternacht des 22. März lief aus Tarent das Schlachtschiff ›Littorio‹ unter der Führung von Admiral Jachino mit vier Zerstörern aus. Zu ihnen stießen aus Messina die Schweren Kreuzer ›Gorizia‹ und ›Trento‹ und der Leichte Kreuzer ›Bande Nere‹ mit vier Zerstörern.

Dieser starke Flottenverband wurde bald darauf von einem englischen U-Boot gesichtet und gemeldet.

Admiral Vian teilte seinen Konvoi in sechs Gruppen, um den Feind zu verwirren und auseinanderzuziehen.

Gegen 14.30 Uhr wurden die ersten italienischen Einheiten von dem Kreuzer ›Euryalus‹ gesichtet.

Die Italiener hatten den Gegner schon viel eher erkannt, denn um 12.37 Uhr war von der ›Gorizia‹ ein Flugzeug katapultiert worden, das den englischen Konvoi sichtete.

Admiral Vian griff den Gegner mit der ›Cleopatra‹ und der ›Euryalus‹ an, und um 13.35 Uhr eröffnete die Gruppe, ›Gorizia‹ aus 21 000 Meter Entfernung das Feuer auf die beiden englischen Einheiten.

Als sich der Abstand auf 18 000 Meter verringert hatte, erwiderten die englischen Kreuzer das Feuer mit ihren zehn Geschützen des Kalibers 13,2 cm.

Um 15.10 Uhr schloß die Gruppe ›Littorio‹ heran. Gegen 16.43 Uhr eröffnete die ›Littorio‹ aus 17 500 Meter Distanz das Feuer und setzte mit den ersten Salven einen Feindzerstörer außer Gefecht. Die ›Cleopatra‹ wurde ebenfalls getroffen. Sie zog sich hinter einen Nebelschleier zurück. Mehrere weitere Zerstörer wurden beschädigt. Um 18.45 Uhr wurde der Kampf abgebrochen.

Auf italienischer Seite gingen die beiden Zerstörer ›Lanciere‹ und ›Scirocco‹ verloren. Vier Tage später wurden noch sieben Schiffbrüchige der ›Lanciere‹ und zwei der ›Scirocco‹ aufgefischt.

Das Gefecht hatte die Engländer zur Kursänderung nach Süden gezwungen. Dadurch waren die Schiffe auch am kommenden Tag noch in See. Dies gab deutschen Bombern die Möglichkeit, den Verband bei Tageslicht anzugreifen. Sie versenkten ein Schiff 20 Meilen vor dem rettenden Hafen. Und die berühmte ›Breconshire‹ wurde so schwer getroffen, daß sie auf Strand gesetzt werden mußte.

Die beiden übrigen Schiffe wurden im Hafen von Malta durch die deutsche Luftwaffe versenkt.

Von den 26 000 Tonnen Versorgungsgütern, die für Malta bestimmt waren, erreichten nur 5000 Tonnen das Ziel.

Am 1. April verließ Admiral Cunningham den Mittelmeer-Kampfraum. Er wurde in den nächsten Wochen von Vizeadmiral H. D. Pridham-Wippell, seinem Stellvertreter, ersetzt. Am 20. Mai 1942 traf Admiral Sir Henry Harwood in Alexandria ein, um die britischen Mittelmeerstreitkräfte zu übernehmen.

Am 1. April 1942, dem Tage der Verabschiedung von Admiral Cunningham, gelang es dem Malta-U-Boot ›Urge‹, nahe der Insel Stromboli den Leichten italienischen Kreuzer ›Bande Nere‹ zu versenken.

Malta im Brennpunkt

Einen Tag darauf eröffneten die deutsch-italienischen Luftstreitkräfte die große Luftoffensive gegen Malta. Ziel dieser Offensive war es, die U-Boots-Stützpunkte, die Hafenanlagen und Flugfelder

der Insel zu vernichten und so im mittleren Mittelmeer endgültig die Oberhand zu gewinnen. Dies war schon in einer OKW-Weisung vom 29. Oktober 1941 gefordert worden. In den Besprechungen und Beratungen der Achsen-Streitkräfte spielte auch das ›Unternehmen Herkules‹ – die Wegnahme von Malta – eine große Rolle. Aber man entschied sich schließlich dahingehend, daß zunächst die ›Panzerarmee Afrika‹ Ende Mai angreifen, Tobruk erobern und bis zur ägyptischen Grenze vorstoßen sollte. Erst dann – Mitte Juni oder spätestens in der Zeit des Juli-Vollmondes – sollte ›Herkules‹ starten.

Das II. Fliegerkorps (General der Flieger Loerzer) griff nun im Verein mit italienischen Verbänden Malta pausenlos an. Durch diese Angriffe, die Mitte April ihren Höhepunkt erreichten, wurden in Malta unter anderem auch die britischen Zerstörer ›Lance‹, ›Gallant‹ und ›Kingston‹, das Minensuchboot ›Abingdom‹, die U-Boote ›P 36‹, ›Pandora‹ und ›Glavkos‹ (letzteres ein griechisches U-Boot), der Marinetanker ›Plumleaf‹ (5916 BRT) sowie mehrere kleine Fahrzeuge versenkt.

Der Kreuzer ›Penelope‹ wurde schwer beschädigt und am 10. April nach Gibraltar geschleppt. Das getaucht liegende U-Boot ›Unbeaten‹ wurde ebenfalls so schwer beschädigt, daß es zur Reparatur nach Gibraltar gehen mußte.

Das polnische U-Boot ›Sokol‹ – der 10. Malta-Flotte zugeteilt – wurde ebenfalls schwer beschädigt. Am 13. April lief es ›mit 200 Löchern in der Außenhaut‹ nach Gibraltar.

Einen Tag darauf, am 14. April, erlitt die 10. Malta-Flottille einen ihrer schwersten Schläge. Bei dem Versuch, im Seeraum vor Tripolis einen italienischen Geleitzug anzugreifen, wurde das erfolgreichste englische U-Boot*, die ›Upholder‹ unter Viktoriakreuzträger Wanklyn, während der 25. Feindfahrt von dem italienischen U-Boot ›Pegaso‹ aufgefaßt und durch Torpedoschuß versenkt. Kein Mann der Besatzung der ›Upholder‹ kam mit dem Leben davon.

Eine große Hoffnung für die Engländer war, daß der amerikanische Flugzeugträger ›Wasp‹ 46 Spitfires nach Malta bringen wür-

---

* Siehe Anhang: Versenkungserfolge der Malta-U-Boote (S. 326)

de. Am 20. April trafen diese Maschinen auf Malta ein. Drei Tage später war der Großteil davon durch die Angriffe des II. Fliegerkorps auf die Flugplätze und Flugzeughallen zerstört oder beschädigt, und die Zahl der einsatzbereiten Jäger war auf sechs gesunken.

Hinzu kam, daß die 3. Schnellbootsflottille den Hafen La Valetta und die Buchten vor Malta gründlich verminte.

Auf eine dieser Minen lief am 27. April das U-Boot ›Urge‹, als es auf dem Wege nach Alexandria ausgelaufen war. Bis zum 10. Mai hatte das letzte U-Boot der 10. Flottille Malta verlassen.

Am 9. Mai flogen insgesamt 60 neue Spitfires von den Flugdecks der ›Wasp‹ und der ›Eagle‹ nach Malta. Einen Tag später meldete Feldmarschall Kesselring, daß Malta neutralisiert sei.

Von April bis einschließlich Juli 1942 gingen von 241 Schiffen für Afrika nur 11 Schiffe verloren.

Von den 64 Transportern, die im August 1942 nach Afrika ausliefen, gingen bereits wieder 11 mit 59 972 BRT unter.

Während der Operation ›Pedestal‹ kam es zu wechselvollen Kämpfen, an denen auch deutsche U-Boote mit großem Erfolg teilnahmen*.

Es waren überwiegend aus Alexandria – und dann auch wieder von Malta – auslaufende U-Boote, die die italienischen und deutschen Transporter vernichteten. So gelang es der ›Porpoise‹ – nach Legen einer Minensperre, auf der das italienische Torpedoboot ›Cantore‹ sank –, am 14. und 15. August die Transporter ›Ogaden‹ und ›Lerici‹ mit insgesamt 10 623 BRT zu versenken.

Das U-Boot ›United‹ versenkte zwei Tage darauf den italienischen Transporter ›Rosolino Pilo‹ (8326 BRT), und am selben Tage stand ›Safari‹ unter Fregattenkapitän Bryant vor Sardinien und versenkte zwei Schiffe mit 5075 BRT.

Der Transporter ›Manfredo Campiero‹ (5463 BRT), der sich auf der Fahrt von Griechenland nach Tobruk befand, wurde am 27. August vom U-Boot ›Umbra‹ (Kapitänleutnant Maydon) versenkt. Den Schluß der Versenkungen im August durch britische U-Boote machte das Boot ›Rorqual‹ unter Korvettenkapitän Napier, das bei

---

* Siehe: Der U-Boots-Einsatz im Jahre 1942 (S. 104)

Korfu einen italienischen Konvoi auffaßte, angriff und den Transporter ›Monstella‹ (5311 BRT) versenkte.

Von September bis Dezember 1942 sanken jeden Monat acht und neun Schiffe in wechselnder Reihenfolge. So ging gerade in einer kritischen Zeit, da sich die Panzerarmee Afrika im Kampf um die Alamein-Stellung befand, viel wertvolle Ladung verloren.

Britischen Torpedofliegern passierte dann das Mißgeschick, daß sie in der Nacht zum 10. September 1942 das italienische Lazarettschiff ›Arno‹ (8024 BRT) versenkten.

Die drei U-Boote ›Unbending‹ (Stanley), ›Unbroken‹ (Mars) und ›Safari‹ (Bryant) schossen aus einem weiteren Geleitzug bei Lampione den Zerstörer ›Da Verazzono‹ und zwei Transporter mit zusammen 9856 BRT heraus.

Bereits Mitte Juli wurden die ersten U-Boote der 10. Flottille wieder nach Malta zurückverlegt. Bis Mitte August war die Zahl der Flugzeuge auf der Insel auf 250 erhöht worden. Darunter befand sich eine Reihe schwerer Bomber.

Beides trug mit dazu bei, daß die Schiffsverluste der Achse wieder anstiegen.

Der stählerne Würgegriff um Malta war damit gesprengt worden.

Unmittelbar nach Verlust der Schlacht von Alamein, als die geschlagenen deutsch-italienischen Verbände nach Westen zurückströmten, lief in Nordwestafrika das ›Unternehmen Torch‹ an. Schon als Montgomery am 23. Oktober mit der 8. Armee bei Alamein zur Gegenoffensive antrat, waren die Geleitzüge aus den Häfen der Britischen Inseln in See gegangen. Kurs dieser Schiffe war die Straße von Gibraltar. In den ersten Morgenstunden des 8. November begannen die anglo-amerikanischen Landungen in den Häfen Casablanca, Oran und Algier.

Hauptquartier der ›Allied Expeditionary Forces‹ war Gibraltar.

Während die ›Western Task Force‹ an der Westküste Marokkos mit Hauptziel Casablanca landete, wurde der ›Center Task Force‹ der Raum Oran zugewiesen.

Die ›Eastern Task Force‹ hingegen landete im Raume Algier. Es kam hierbei zu Kämpfen französischer Streitkräfte gegen die Alliierten. So leisteten vor allem im Raume Casablanca und Oran französische Küstenbatterien, Flottenverbände und Teile von Armee-Einheiten Widerstand. Vor Casablanca gingen ein Kreuzer, sechs Zerstörer und sieben U-Boote verloren. Vor Oran waren es vier Zerstörer, ein Aviso und zwei U-Boote.

Lediglich in Algier unterblieb der Widerstand, weil sich zum Zeitpunkt der alliierten Landungen der Oberbefehlshaber der französischen Streitkräfte, Admiral Darlan, dort befand. Bis zum 10. Oktober erreichte Admiral Darlan, daß alle französischen Truppen den Kampf gegen die Anglo-Amerikaner einstellten.

Bei den Kämpfen kam es zu dramatischen und entsetzlichen Massakern.

Nach einer Besprechung mit Feldmarschall Kesselring schrieb General Cavallero, der Chef des Comando Supremo, in sein Tagebuch:

›Unser Eingreifen in Tunesien ist das einzige Mittel, um Tripolitanien noch zu retten.‹

Deutsche U-Boote wurden auf diese Schiffsmassierungen angesetzt (siehe Der U-Boots-Einsatz im Jahre 1942). Sie konnten zwar Erfolge erzielen, waren aber nicht in der Lage, diese gewaltige Streitmacht aufzuhalten.

Bereits am 17. November 1942 lief wieder ein Geleitzug aus Alexandria zur Versorgung von Malta aus. Alle vier Handelsschiffe erreichten die Insel. Das 15. Kreuzergeschwader, jetzt von Konteradmiral Power geführt, machte im Hafen von Malta fest und war von nun an ein kampfkräftiger Rückhalt für die 10. U-Boots-Flottille.

Als das Jahr 1942 zu Ende ging, befanden sich die strategisch wichtigen Seewege im Mittelmeer wieder in englischer Hand. Die Lage im Mittelmeerraum hatte sich entscheidend geändert. Die Waage senkte sich zugunsten der Alliierten.

Der U-Boots-Einsatz im Jahre 1942

Erfolge – Verluste bis 30. Juni 1942

Die Zahl der im Mittelmeer operierenden deutschen U-Boote bezifferte sich Anfang 1942 auf 21 Boote. Von den bis zum Jahresende 1941 ins Mittelmeer verlegten 26 U-Booten waren fünf verlorengegangen.

Die Aufgabe dieser U-Boote lautete im ersten Halbjahr 1942 vorwiegend: Angriff auf den von Suez und Alexandria laufenden Nachschubverkehr längs der afrikanischen und syrischen Küste. Vor allem im Seegebiet zwischen Suezkanal und Tobruk.

Dies besagt, daß die U-Boote hauptsächlich im östlichen Mittelmeer operierten. Einzelne Boote wurden jedoch auch ins westliche Mittelmeer entsandt, da mit der Versorgung Maltas auch von Westen her zu rechnen war. Torpedoeinsätze und Minenlegen – letzteres nur im östlichen Mittelmeer – wechselten einander ab. Jeder dieser Einsätze war äußerst gefährlich und oftmals verlustreich.

Die Häufigkeit ruhigen Wetters und glatter See, die das Mittelmeer für den Touristenverkehr so anziehend macht, ist den U-Booten sehr abträglich; denn sie erleichtert dem Gegner das Orten und die Verfolgung des U-Bootes.

Den Booten hingegen wurde dadurch jeder Angriff erschwert. Um so höher sind die Erfolge deutscher U-Boote im Mittelmeer zu werten.

Die Verluste des Jahres 1942 begannen bereits am 9. Januar. An diesem Tage wurde U 577 unter Kapitänleutnant Herbert Schauenburg, nordwestlich Marsa Matruk stehend, überraschend von Fliegern angegriffen und durch Bombenvolltreffer versenkt. Kein Mann der Besatzung kam mit dem Leben davon. Drei Tage später kam es zu einem U-Boots-Duell ostwärts Catania zwischen U 374 (Oblt. zur See Unno von Fischel) und dem Malta-U-Boot ›Unbeaten‹ (Woodward). U 374 wurde durch Torpedofächer versenkt.

Somit begann der Januar mit zwei Verlusten.

Nur einige kleine Transportschiffe wurden in diesem Monat

versenkt. Es waren meistenteils Schiffe von 1500 bis 2000 BRT. Ihre Größe wurde durch die Hafenverhältnisse, insbesondere die von Tobruk, diktiert. Tobruk war der wichtigste Nachschubhafen für die 8. Armee in Afrika.

Kapitän zur See Kreisch hatte schon einmal – um diesen Hafen endgültig auszuschalten – eine enge Aufstellung von U-Booten in diesem Seegebiet vorgesehen.

Die den einzelnen Booten zugewiesenen Operationsgebiete liefen naturgemäß zum Hafen Tobruk hin spitz aus.

»In der zeichnerischen Darstellung«, sagte Vizeadmiral Kreisch später*, »sah das einer Torte im Anschnitt peinlich ähnlich. Wir im Stabe hatten jedenfalls diese Vorstellung. Welch Gleichklang der Seelen! Hunderte von Meilen von uns getrennt, nannten die Kommandanten in ihren Kriegstagebüchern die befohlene Aufstellung mit ruhiger Selbstverständlichkeit die ›Tobruk-Torte‹.

Das wurde bei uns ein taktischer Begriff, der dann später, vor Algier oder Oran angewandt, wortreiche Erklärungen ersparte.«

Am gleichen Tage, da U 374 versenkt wurde, stieß U 73 unter Kapitänleutnant Rosenbaum vor Tobruk auf den britischen Zerstörer ›Kimberley‹. Der Kommandant, Angehöriger der Crew 32, einer der ›Oldtimer‹ der U-Boots-Fahrt, der als Kommandant auf dem Einbaum U 2 seit Kriegsbeginn dabei war und seit September 1940 U 73 führte, griff sofort an. Der erste Torpedo traf die ›Kimberley‹. Die auf dem Heck liegenden Wasserbomben rissen dem Zerstörer das Heck weg. Dennoch konnte er nach Alexandria eingeschleppt werden.

Die SSS-Rufe des Zerstörers riefen binnen weniger Minuten zwei der Bomber herbei, die ständig über See im Raume Tobruk patrouillierten.

Die aus der tief im Westen stehenden Sonne kommende erste Maschine wurde so spät gesehen, daß das U-Boot nicht mehr rechtzeitig wegtauchen konnte.

Die Bomben rissen das Achterschiff auf. Das Boot sackte durch, konnte gehalten und dann wieder emporgebracht werden. Als alle Meldungen beim Kommandanten eingelaufen waren,

---

* Siehe Kreisch, Leo: a.a.O.

schien für Rosenbaum das Ende seines Bootes gekommen, denn nichts anderes hieß es, wenn im Mittelmeer ein Boot tauchunklar war.

Und U 73 *war* tauchunklar.

Kapitänleutnant Rosenbaum ließ auf Heimatkurs Richtung La Spezia gehen. Die ganze Nacht klotzte das Boot mit AK durch die See. Der Morgen des 13. Januar 1942 zog herauf. War dies ein Omen? Der Dreizehnte!

Aber es geschah nichts. Wohl wurden mehrfach Flugzeuge gesichtet, aber keines sichtete seinerseits das U-Boot. Und so lief U 73 weiter.

Es erreichte ein paar Tage darauf unangemeldet – denn auch das FT-Gerät war ausgefallen – La Spezia und schlich mit tief im Wasser hängendem Achterschiff in den Hafen.

Längst schon aufgegeben, war das Boot dennoch entkommen. Nun ging es an die zeitraubende, Monate währende Reparatur. Alles, was an Bord war, mußte ersetzt werden, sogar die beiden Dieselmotoren.

Aber dieses Boot, das gerade noch einmal davongekommen war, sollte noch im selben Jahr von sich reden machen.

Am 10. März 1942 hatte die deutsche U-Boots-Waffe wieder einen großen Tag.

Admiral Vian war einen Tag vorher aus Alexandria ausgelaufen. Zwei weitere Leichte Kreuzer und neun Zerstörer gehörten zu seiner Kampfgruppe, dem 15. Kreuzergeschwader. Zum erstenmal wehte die Flagge des Befehlshabers auf der ›Cleopatra‹, welche die ›Naiad‹ als Flaggschiff abgelöst hatte.

Am Nachmittag des 11. März sichtete der II. WO von U 565, das zu diesem Zeitpunkt nordostwärts Sollum stand, den feindlichen Verband.

»Kommandant auf die Brücke!«

Oberleutnant zur See Jebsen, der sich gerade in der Zentrale aufgehalten hatte, enterte in den Turm und von dort auf die Brücke.

»Was ist los?« fragte er.

»Rauchsäulen und die ersten Gefechtsmasten über der Kimm, Backbord querab.«

Das U-Boot, das mit Südkurs auf die afrikanische Küste zuhielt, lief mit sparsamer Marschfahrt.

Der Kommandant beobachtete die Rauchsäulen und die Gefechtsmasten, die innerhalb einer Minute noch besser herauskamen.

»Kriegsschiffsverband auf Westkurs.«

»Wahrscheinlich aus Alexandria, Herr Oberleutnant!«

»Sieht so aus!«

Höher wuchsen die Aufbauten aus der See. Ein Ruderkommando ließ U 565 auf Südostkurs herumgehen.

»Auf Tauchstationen!«

Die Brückenwächter enterten in den Turm, von hier aus in die Zentrale ab. Jebsen drehte das Turmluk dicht.

»Luk ist zu!«

Der LI ließ fluten. Leicht vorlastig ging das Boot nach unten und wurde vom LI auf Sehrohrtiefe eingependelt.

»Boot hängt im Sehrohr!«

Im Sattelsitz hockend, versuchte der Kommandant etwas zu erkennen. Da waren die Aufbauten der Kriegsschiffe! Dann sah er zwei Zerstörer, nach Backbord und Steuerbord von den dicken Rauchsäulen herausgesetzt, über der Kimm auftauchen. Sie liefen mit mittlerer Fahrt, ungefähr 20 Knoten.

»Zwei Zerstörer in Sicht! Wahrscheinlich die vordere Sicherung. – Auf Gefechtsstationen! – Rohr I bis IV klar zum Unterwasserschuß!«

Der an Backbordseite des Verbandes laufende Zerstörer drehte plötzlich genau auf U 565 zu. Der Kommandant ließ mit Steuerbord zehn nach Südosten wegdrehen. Als der Zerstörer wieder zurückzackte, ging das Boot ebenfalls mit.

Auf einmal zackte der gesamte Verband nach Norden weg.

»Beide AK!«

Mit Höchstfahrt lief U 565 hinterher, und als dann der Verband nach einer halben Stunde schulmäßig wieder zurückdrehte, erkannte Jebsen, daß dies nur ein Routinezack gewesen war und daß der Verband immer noch Generalkurs West steuerte.

»Sehen Sie mal durch, Becker!«

Jebsen ließ seinen I. WO durch das Sehrohr blicken. Dann übernahm er wieder die Führung.

»Das sind Kreuzer, Oberleutnant!«

»Ja, drei Kreuzer und ein Rudel Zerstörer. Die wollen wahrscheinlich wieder die Versorgung für die Truppen des DAK unterbinden.«

»Achtung, Torpedowaffe. Rohr I bis III fertig zum Fächerschuß!«

Die bezeichneten Rohre wurden gewässert. Die Schußwerte liefen in der Rechenanlage zusammen, hinter der der Obersteuermann in der Enge des Turmes saß. Der Zielgeber meldete Hartlage. Aber noch war die Entfernung zu groß.

»Wenn er nur nicht wegzackt, Herr Oberleutnant!«

»Sie haben eben erst einen Routinezack beendet, Becker.«

»Dann sollten wir schießen!«

Riesig, trotz der Entfernung die gesamte Zieloptik ausfüllend, stand der Kreuzer im Visier. Alle Schußunterlagen waren eingestellt.

»Fächer – lllos!«

Im Zweisekundenabstand jagten die Torpedos los. Preßluft zischte. Das Boot wollte nach oben ausbrechen. Der Zentralemaat flutete die Ausgleichstanks, und das Boot kam wieder in Trimm.

»Torpedos laufen!« meldete der Torpedomaat aus dem Bugraum.

»Aus!« ließ der Kommandant eine Minute später das unmittelbar nach dem Schuß eingefahrene Sehrohr wieder ausfahren. Surrend glitt es empor, und Jebsen überzeugte sich, daß der Verband noch immer mit Westkurs lief.

Schon wurde die Sicht schlechter. Die Dämmerung fiel ein.

»Zeit ist um!« meldete der Obersteuermann nach einem Blick auf die Stoppuhr.

In diesem Augenblick sah der Kommandant, wie mittschiffs am Kreuzer eine Einschlagpinie emporstieg, und noch ehe er dies berichten konnte, sprang die zweite Treffersäule empor. Flammen stoben gen Himmel.

»Doppeltreffer auf Kreuzer!«

Die Explosionen drangen an die Ohren der Männer. Gedämpft flackerte Jubel auf.

»Ruhe im Boot!«

Jebsen sah, wie der Kreuzer stoppte und die Zerstörer auseinanderliefen. Einer schoß Leuchtgranaten.

»Kreuzer bekommt starke Schlagseite, liegt jetzt gestoppt.«

Einer der dahinter laufenden Zerstörer kam nur mit Hartruderlage von dem Kreuzer frei.

Dann erkannte Jebsen einen Zerstörer, der direkt auf ihn zu drehte, und auf einmal hörten sie alle das Pinken der Asdicortung.

»Hart Steuerbord! – Mittschiffs! – Auf 120 Meter gehen!«

In der Drehung nach Süden ging U 565 in die Tiefe.

»Zerstörerschrauben Backbord querab; auswandernd!«

Die ersten Wasserbomben fielen und wurden vom Zentralemaaten auf einer kleinen Tafel ›aufgemalt‹.

Der LI hielt den Blick auf das Tiefenmanometer gerichtet. Achtzig Meter gingen durch, als abermals Zerstörerschrauben zu hören waren und wiederum das Pinken der Ortung erklang.

Eine zweite Wabo-Serie explodierte ungefähr hundertfünfzig Meter querab. Die Druckwelle traf das Boot und warf es um zwanzig Grad aus dem Kurs. Der Gefechtsrudergänger korrigierte.

Die Geräusche der Ortung verstummten.

»Boot steht auf 120 Meter!«

»Schleichfahrt!«

U 565 glitt mit kleinster Fahrtstufe nach Süden.

Als der Horchraum erneut Zerstörerschrauben meldete, ließ Jebsen das Boot nach Osten abdrehen und auf 180 Meter gehen.

Hinter dem Boot, aber bereits über eine Meile entfernt, krachten Wasserbomben. Und dann dröhnten gewaltige Explosionen durch die eingefallene Nacht, und der Mann am Horchgerät meldete:

»Sinkgeräusche!«

Der Kommandant eilte ins Horchschapp, stülpte sich den zweiten Kopfhörer über und vernahm nun auch das Bersten und Krachen der von der See eingedrückten Planken, dann eine Unterwasser-Kesselexplosion und schließlich ein Gurgeln und Schlürfen.

»Feindlicher Kreuzer ist gesunken!«

U 565 kam frei und lief nach einigen Tagen des Suchens nach neuer Beute zum Stützpunkt zurück. Es hatte den Kreuzer ›Naiad‹ des 15. Kreuzergeschwaders versenkt.

Drei Tage nach diesem großen Erfolg lief U 133, das aus Salamis kam, auf eine vor dem Hafen liegende eigene Minensperre. Die Detonation riß das Boot weit auf, und binnen weniger Sekunden sackte es weg. Niemandem von der Besatzung gelang es, dem stählernen Sarg zu entkommen.

Am 26. März faßte der Oberleutnant zur See Fraatz mit U 652 vor Sidi Barrani einen der vielen britischen Kleinkonvois auf. Es handelte sich um den Zerstörer ›Jaguar‹, der den Marinetanker ›Slavol‹ nach Tobruk geleitete.

Der erste Torpedo traf die ›Jaguar‹, die binnen weniger Minuten sank. Ein weiterer Treffer ließ den Tanker (2623 BRT) sinken.

Zwei Tage vorher hatte dasselbe Boot einen britischen U-Jagdverband, der aus der 5. Zerstörerflottille bestand, aufgefaßt. Dieser Verband war als Sicherung der englischen Einheiten eingesetzt, die in der zweiten Schlacht in der Syrte auf die italienischen Streitkräfte stießen.

Das Boot wurde von diesem Verband gejagt. Es gelang ihm schließlich, auf einen der Zerstörer zum Schuß zu kommen. Der Zerstörer – es handelte sich um die ›Heytrop‹ – sank binnen einer Minute. Das deutsche U-Boot konnte sich auf große Tiefe in Sicherheit bringen.

Am 2. Mai wurde ein deutsches U-Boot vernichtet, das vorher auf mehreren Feindfahrten unter Kapitänleutnant Kentrat im Atlantikkampf eingesetzt war. Mit U 74 war Eitel-Friedrich Kentrat am 14. Dezember gleichzeitig mit U 77 (Kapitänleutnant Schonder) ins Mittelmeer befohlen worden. Beide waren am Abend jenes 14. Dezember in der Verfolgung des HG 76 begriffen, als sie vom BdU Befehl erhielten, ins Mittelmeer zu gehen und den Konvoi den anderen Booten zu überlassen.

Trotz verstärkter Überwachung war es Kentrat gelungen, die Straße von Gibraltar im Unterwassermarsch zu passieren. Am 22. Dezember war sein Boot in La Spezia eingelaufen. Dort erhielt Kentrat das ihm bereits am 3. Dezember verliehene Ritterkreuz.

Das Boot befand sich auf seiner ersten Feindfahrt unter dem neuen Kommandanten, als es am 2. Mai 1942 im westlichen Mittelmeer von Flugzeugen des britischen Geschwaders 202 aufgefaßt, gebombt und unter Wasser gedrückt wurde. Den Flugzeugen gelang es, zwei britische Zerstörer heranzurufen.

Die ›Wishart‹ und ›Wrestler‹ orteten das Boot und versenkten es durch Wasserbomben. Es entstand Totalverlust; kein Mann der Besatzung konnte gerettet werden.

Nur zwei Tage vorher war U 573, das ebenfalls ins westliche Mittelmeer entsandt worden war, nordwestlich Algier durch britische Flugzeuge schwer gebombt worden. Das Boot war tauchunklar. Kapitänleutnant Heinson lief in Cartagena (Spanien) ein, um es so dem Zugriff der Bomber zu entziehen. Hier wurden Boot und Besatzung am 1. Mai 1942 interniert.

Die Internierten kehrten später nach Deutschland zurück. Das Boot wurde 1943 an Spanien verkauft und von den Spaniern als ›G 7‹ in Dienst gestellt.

Ungefähr einen Monat darauf passierte U 652 das gleiche Mißgeschick. Das Boot wurde im östlichen Mittelmeer vor Sollum durch Fliegerbomben so stark beschädigt, daß es tauchunklar war. Funksprüche des Bootes erreichten das in der Nähe stehende U 81, das Kurs auf das schwer havarierte Boot nahm und es versenkte. Die Besatzung und sein Kommandant, Kapitänleutnant Fraatz, wurden an Bord genommen.

Bis dahin hatte U 652 einen Großtransporter, einen Zerstörer und drei Schiffe mit zusammen 10 775 BRT versenkt.

U 81 war bereits im ersten Maidrittel zur Feindfahrt ausgelaufen. Diese führte in das Operationsgebiet vor der syrischen Küste. Am 18. Mai gegen 23.00 Uhr beschoß das Boot die Ölraffinerien und den Hafen von Haifa mit 100 Schuß seiner 8,8-cm-Bordkanone. Brände flackerten empor und erhellten die Nacht. Aus der Raffinerie stiegen riesige Flammendome in den Himmel empor und zeigten die Wirksamkeit dieser Beschießung an.

Als das Boot ablief, um zu freier Jagd Richtung Alexandria zurückzulaufen, blieb eine Stätte der Verwüstung zurück. Wenig später lief es dann zur Hilfeleistung auf U 652 zu und konnte die Besatzung heil heimbringen.

Zehn Tage später wurde U 568 unter Kapitänleutnant Joachim Preuß nordostwärts von Tobruk von einer britischen U-Jagdgruppe entdeckt und verfolgt. Nicht weniger als 15 Stunden wurde das Boot von den britischen Zerstörern ›Hero‹, ›Hurworth‹ und ›Elridge‹ gejagt. Hundert Wasserbomben wurden geworfen. Das Boot erlitt schwere Schäden. Und dann erhielt es einen direkten Treffer einer mit größter Tiefe eingestellten Wabo-Serie. Trümmer kamen zur Wasseroberfläche empor und zeigten den Jägern, daß ihr Wild unter Wasser tödlich getroffen worden war. Mit dem Boot ging die gesamte Besatzung unter.

So hielten sich Erfolge und Verluste die Waage. Die Verluste die eintraten, wurden von den spärlich neu ins Mittelmeer entsandten Booten wieder ausgeglichen.

Am 12. Juni versenkte U 77 unter dem auf Großsegelschiffen gefahrenen Kommandanten, Kapitänleutnant Heinrich Schonder, vor Sollum den britischen Zerstörer ›Grove‹. Wenige Tage später gelang wiederum U 205 ein großer Erfolg.

Zwei Geleitzüge für Malta

In den ersten Junitagen sammelten sich die in Alexandria stationierten Kriegsschiffs-Einheiten, um einen Konvoi von elf Nachschubdampfern nach Malta durchzubringen.

Gleichzeitig rüstete sich auch die in Gibraltar stationierte Kampfgruppe H, die einen aus sechs Dampfern bestehenden Konvoi nach Malta geleiten sollte.

Diese Doppelunternehmung sollte die Achsen-Streitkräfte zersplittern und bot demzufolge eine größere Chance, heil durchzukommen.

Der Konvoi ›Harpoon‹ aus Gibraltar lief am 12. Juni ins Mittelmeer und erreichte die Straße von Sizilien, ohne mehr als nur ein Schiff zu verlieren. Es war die ›Tanimbar‹, die von italienischen Maschinen versenkt wurde, welche aus Südsardinien aufgestiegen waren. Der Kreuzer ›Liverpool‹ der Geleitsicherung wurde beschädigt.

Als die Hauptsicherung am Abend des 14. Juni um 21.30 Uhr zurücklief, griff ein aus Palermo auslaufendes italienisches Geschwader den Konvoi an. Zwei Dampfer sanken. Ein dritter war schwer getroffen und mußte wenig später selbst versenkt werden.

Die Zerstörer ›Bedouin‹ und ›Cairo‹ wurden getroffen. ›Bedouin‹ sank, ›Cairo‹ wurde beschädigt. Der italienische Zerstörer ›Vivaldi‹ wurde ebenfalls getroffen. Stukas, die am Morgen des 15. gegen 7.00 Uhr angriffen, versenkten den Zerstörer ›Cant‹ und schlugen die ›Kentucky‹ kampfunfähig. Zwei unbeschädigte Schiffe – die ›Troilus‹ und der Dampfer ›Orari‹ – erreichten Malta.

Dem Konvoi ›Vigorous‹ erging es noch schlimmer. Er wurde von zwei der italienischen Schlachtschiffe, mehreren Kreuzern und Zerstörern angegriffen. Dieser Konvoi lief ein paarmal durch entgegengesetzte Befehle dazu gezwungen – im gefährlichen Gebiet ›Bomben-Allee‹ hin und her.

So erhielt U 205 (Kapitänleutnant Reschke), das vor der Küste im Raume Tobruk stand, am Nachmittag des 15. Juni die Chance, heranzuschließen.

U 205 lief mit großer Marschfahrt nach Norden. Es war am Nachmittag des 15. Juni, und aus dem Funkschapp wurden laufend Sichtmeldungen der Flugzeuge übermittelt. Der Kommandant befand sich auf der Brücke, als im Nordwesten dumpfe Explosionen aufbrandeten.

»Fliegerbomben, Herr Kaleunt!« bemerkte der I. WO.

»Dort raken die Bomber und Stukas am Geleitzug.«

»Hört sich sehr nahe an, Herr Kaleunt. Eigentlich kann das doch nur der Fall sein, wenn …«

»Wenn der Verband umgekehrt ist!« ergänzte Reschke und lächelte dabei.

So war es auch. Um 9.40 Uhr hatte Admiral Vian seinen Verband wieder auf Ostkurs gehen lassen. Mit jeder Schraubenumdrehung liefen die Fahrzeuge nun näher an U 205 heran. Hatten sie noch zur Zeit der Kehrtwendung knapp 100 Seemeilen westlich Kreta gestanden, so befanden sie sich am Nachmittag des 15. Juni südlich Kreta.

»Scharf Ausguck halten, Männer!«

Dieser Aufforderung hätte es nicht bedurft, denn alle Brückenwächter starrten auf die See.

Jeder suchte seinen Sektor ab.

Es war 18.06 Uhr, als abermals schwere Bombendetonationen zu den Brückenwächtern herüberdrangen.

Es waren Bomben deutscher Flugzeuge, die den australischen Zerstörer ›Nestor‹ außer Gefecht setzten.

»Steuerbord voraus Rauchsäulen!«

Die Meldung elektrisierte jeden einzelnen Mann. Sie pflanzte sich von Station zu Station fort. Das Glas vor die Augen gepreßt suchte Reschke die Kimm ab.

»Zerstörermasten!«

»Das ist der Feger, Herr Kaleunt.«

»Auf Tauchstationen!«

Das Boot glitt auf Sehrohrtiefe hinunter. Einige Minuten später sichtete Reschke den ersten Zerstörer. Dann einen Kreuzer und schließlich noch einen. Die Dämmerung fiel ein und der Kommandant ließ wieder auftauchen, um den Verband nicht zu verlieren.

Es wurde finster. Die Schatten der Kriegsschiffe waren inzwischen sehr groß geworden.

»Auf Gefechtsstationen! Wir greifen den Kreuzer an.«

Für die Männer auf dem Turm begannen bange und zugleich auch erregende Minuten. Es galt, sich an das Edelwild heranzupirschen, um des Treffers sicher zu sein.

Der Kreuzer war nun gut zu erkennen. Aber nichts von Leben war an Bord des Kriegsschiffes zu sehen. Alles war verdunkelt.

Reschke gab seine Befehle, die vom Gefechtsrudergänger wiederholt und ausgeführt wurden. Fahrtstufe und Kurs wechselten. Das Boot kam näher heran. Mitternacht war vorüber. Die neue Wache war aufgezogen. Es ging auf 1.00 Uhr zu, und noch immer stand das Boot nicht so günstig, daß sich ein Schuß gelohnt hätte.

»Wir gehen noch näher ran!« entschied der Kommandant.

Die UZO* war bereits auf die vorn auf dem Turm stehende Zielsäule aufgesetzt worden. Durch diese Zielsäule war sie mit der Rechenanlage im Turm verbunden. Hinter der UZO stand der I. WO als Torpedooffizier. Unten in der Zentrale wurde mitgekoppelt.

»Torpedowaffe: Rohr I bis III klar zum Überwasserschuß!«

Die Ausstoßrohre wurden bewässert. Die Mündungsklappen geöffnet.

---

* Zieloptik

»Frage Wassertiefe?«

Ganz kurz mußte gelotet werden, trotz der damit verbundenen Gefahr, daß der Gegner dies erhorchen konnte. Man mußte wissen, wieviel Wasser sich unter dem Kiel befand, wenn es in den Keller ging.

»Zerstörer! Zackt auf uns zu!«

»Bereithalten zum Einsteigen!«

Jeder Mann auf dem Turm war gespannte Aufmerksamkeit.

»Wenn er noch ein paar hundert Meter näher kommt, müssen wir tauchen, Herr Kaleunt!« wisperte der Bootsmannsmaat der Wache.

»Zackt weg!« kam die befreiende Meldung des II. WO.

Drei Zerstörer waren zu erkennen. Und in der Mitte der wuchtige Schatten des Kreuzers. Der Kreuzer wanderte ins Fadenkreuz, das in der Nacht mit grünem Schimmer phosphoreszierte.

»Kommen Sie auf den vorderen Mast und Mitte Brücke ab, I. WO.«

»Hartlage! – Hartlage!«

Der Kreuzer füllte jetzt die gesamte Zieloptik aus.

»Fächer – lllos!«

Drei Torpedos liefen zum Gegner hinüber, der auf einmal in ein fantastisches Meeresleuchten hineinlief. Reschke starrte zu ihm hinüber, bis ihn der Ruf des backbordachteren Ausgucks losriß.

»Zerstörer Backbord querab! – Noch einer!«

Im Umwenden sah der Kommandant die beiden schnellen Fahrzeuge mit AK durch die See pflügen, genau auf das Boot zu.

»Alarrrm!«

Nacheinander glitten die Männer von der Brücke herunter, rutschten aus dem Turm in die Zentrale; dicht hintereinander, die Stiefel des Obermannes fast auf dem Kopf des Untermannes.

Und während Reschke noch am Deckel des Turmluks hing und es dichtdrehte, erklang auch schon die Stimme des LI. »Fünnef – vier – drei – zwo!«

Die See schoß in die Tauchtanks.

»Zehn Mann Bugraum!«

Getrappel der Füße. Stark vorlastig glitt das Boot hinunter. Zwei detonierende Wasserbomben zeigten an, daß es höchste Zeit wurde. Zehn Sekunden später krachten drei weitere Wabos mit tiefer Einstellung. Das Boot schien noch an Fahrt zu gewinnen.

»Zeit ist um!« meldete der Obersteuermann, der seine Stoppuhr nicht aus den Augen gelassen hatte.

Und auf einmal dröhnten zwei dumpfe Explosionen.

»Torpedotreffer!« sagte der Torpedomaat lakonisch. Er hatte ein Ohr dafür. Er hörte sie aus Dutzenden anderer Detonationen heraus.

»Zwei Aale haben getroffen, Herr Kaleunt!«

Reschke hörte nicht. Er horchte nach oben, wo die Schraubengeräusche – jetzt mit bloßem Ohr wahrnehmbar – lauter wurden.

»Hart Steuerbord!«

Das Boot drehte im Tiefergehen und – entging dem nächsten Wabo-Fächer.

»Auf 120 Meter einpendeln!«

Mit Schleichfahrt lief U 205 nach Nordosten. Fünf Minuten lang ging alles gut, dann meldete der Horchraum abermals Schraubengeräusche von Zerstörern. Dann fielen wieder Wasserbomben; viele, dicht hintereinander. Schließlich lief ein Zerstörer direkt über das Boot weg. Würde er werfen? Nein, er warf nicht! Noch einmal war alles gutgegangen. Der Zerstörer lief ab.

Minuten vergingen. Plötzlich war ein Knacken zu vernehmen. Draußen an der Bordwand erklang es. Dazwischen ein Poltern und Rumoren. Dann – wie MG-Garben – kurze, berstende Laute.

»Sinkgeräusche!« meldete der Funkmaat aus dem Horchraum.

Südostwärts von Kreta ließen die um 1.15 Uhr geschossenen Torpedos von U 205 den Kreuzer ›Hermione‹ um 1.27 Uhr für immer in die Tiefe gehen.

Zwei Torpedos hatten gewaltige Löcher in die Flanke des Kreuzers gerissen. Der Konvoi ›Vigorous‹ hatte ein weiteres Schiff verloren. Donald MacIntyre sagte abschließend darüber[*]: »So endete eine verzweifelte, tapfere Episode der Schlacht im Mittelmeer. Von 17 Versorgungsschiffen trafen nur zwei mit 15 000 Tonnen Ladung in Malta ein. Dies wurde erreicht durch einen hohen Preis an Schiffen, Flugzeugen und Leben.«

---

[*] In: ›The Battle for the Mediterranean‹

U 83 vor Afrikas Küste

Eines der Boote, das sich im Mittelmeer im Jahre 1942 oftmals im Einsatz befand, war U 83 unter Kapitänleutnant Hans Werner Kraus. Der Morsename des Bootes fehlte nie sehr lange im Funkverkehr der Mittelmeerfront.

Als dieses Boot im Frühjahr 1942 zur dritten Feindfahrt auslief, erhielt Kapitänleutnant Kraus vom Flottillenchef keinen Einsatzbefehl.

»Den bekommen Sie nach dem Auslaufen durch Funkspruch«, erklärte Korvettenkapitän Frauenheim dem Kommandanten.

Von Salamis aus ging es im Zweitagemarsch durch die Agäis. Das Prüfungstauchen, Einschießen der Artillerie und einige Probealarme, zum Eingewöhnen der neu an Bord gekommenen Soldaten, verkürzten diese Zeit.

Das Boot passierte Kreta. Als es in der Dämmerung am dritten Morgen tauchte, wurden Wabo-Detonationen gehört. Das war der Willkommensgruß der Front, von dem sie nicht wußten, ob er einem der eigenen oder einem Feind-Boot gegolten hatte.

Lassen wir an dieser Stelle Kapitänleutnant Kraus über jene Feindfahrt berichten*:

»Gegen zehn Uhr tauche ich auf. Die Sonne steht nun hoch genug und blendet nicht mehr. Die Zeit morgens nach Sonnenaufgang und abends vor Sonnenuntergang ist für die im Überwassermarsch laufenden U-Boote die gefährlichste. Der Ausguck im Sonnensektor wird durch Sonne und Wasserspiegelung so geblendet, daß er trotz Brille und Blendglas nichts sehen kann. Unsere Gegner aus der Luft wissen das leider nur zu gut.

Über FT geben wir Standortmeldung. Kurze Zeit später bekomme ich den Einsatzbefehl. Es ist ein ›Offiziersfunkspruch‹ (nur vom Offizier zu entschlüsseln). Drei Fortsetzungen lang.

Das Boot erhält die Aufgabe, in der übernächsten Nacht einen deutschen Geleitzug zu einem genau bestimmten Punkt an der afrikanischen Küste im Golf von Bomba, hinter der englischen

---

* Siehe Kraus, Hans-Werner: ›U-Boots-Krieg im Mittelmeer‹, i. Ms.

Front, zu führen und eine sodann durchzuführende Landungsoperation im Rücken der Engländer durch Artilleriefeuer zu decken. Die Landungsflotte soll aus einem guten Dutzend Panzerfähren und einigen Räum- und Schnellbooten bestehen. Sie soll am Abend des folgenden Tages aus Derna auslaufen und um 23.00 Uhr am Treffpunkt, etwa fünf Meilen von der Landungsstelle entfernt, stehen.

Panzer und Artillerie sollen einen Brückenkopf zur Unterstützung eines von Rommel geplanten Frontalangriffes in Richtung Tobruk bilden.

Ich bin entsetzt. Wir mit unseren eineinhalb Kanonen sollen die Artilleriedeckung für eine Landungsoperation übernehmen!

Die Nacht ist dunkel, die See ruhig bis auf eine ganz leichte Dünung. Hinter uns ist das Kielwasser noch weit als leuchtender hellgrüner Strich zu sehen. Unsere beiden Diesel hämmern ihr gleichmäßiges Lied, sie treiben das Boot bei vollen Umdrehungen der afrikanischen Küste entgegen. Kurz nach der Wachablösung um 4.00 Uhr am anderen Morgen läßt mich der Obersteuermann wecken: ›An Kommandant! Morgendämmerung beginnt!‹

Die Meldung ist noch nicht ganz durch, da bin ich schon oben. Im Osten kann man eben einen helleren Schimmer ahnen. Langsam verfärbt sich der Himmel. Schon ist im Dunst die Küste zu sehen. Wir ›schießen‹ schnell noch einige Sterne, denn ein genauer Standort ist wichtig für unser Vorhaben. Dann stoppen die Diesel. Die E-Maschinen springen nach einigen Sekunden an.

›Unterdeck ist tauchklar!‹ meldet der LI. Bald darauf zeugen nur noch ein paar Strudel und Luftbläschen davon, daß hier ein U-Boot gestanden hat.

Das Boot wird eingesteuert. Jetzt schicke ich die Männer in die Kojen. Nur die Tiefenruderbefehle des LI sind noch halblaut zu hören. Mit dem Funker suche ich am Horchgerät Millimeter um Millimeter der Skala nach einer Geräuschpeilung ab. Nichts ist zu hören.

Durch das Sehrohr peile ich einige markante Punkte der Küste an. Wir stehen an der richtigen Stelle. Hin und wieder bemerke ich Mündungsfeuer von Geschützen. Rauchpilze steigen empor. Höchstens zehn bis fünfzehn Kilometer westlich von uns befindet sich die Front.

Als ich mich wenig später wieder ans Sehrohr setze, sehe ich eine Menge Staubfahnen, die sich schnurgerade auf die Küste zubewegen. Genau auf den Platz, den ich heute nacht für die Landung vorgesehen habe. Lastwagen, ZkKW mit Geschützen tauchen auf, verschwinden hinter den Dünen und bleiben dort stehen.

Der Engländer bringt hier also Truppen und Artillerie in Stellung. Das heißt: Unser Vorhaben ist bekannt. Verrat? Ich spüre plötzlich eisige Kälte in meinem Turm. Und wir können nichts tun.

Wir müssen warten, bis es dunkel geworden ist.

Ich lege mich eine Stunde hin, als wir Kurs auf den Treffpunkt nehmen. Der I. WO nimmt ab und zu einen Rundblick durch das Sehrohr. Die Sonne geht unter. Nun sind Himmel, Meer und Wüste eine einzige Symphonie in Rot, die schnell verblaßt. Die Dämmerung fällt ein.

Um 22.00 Uhr sind wir am Treffpunkt. Im Sehrohr ist bei stockdunkler Nacht nichts mehr zu sehen. Alles ist auf Gefechtsstationen. Immer wieder suche ich den nördlichen Sektor ab. Nichts! Es geht auf 23.00 Uhr. Ich beabsichtige eben, aufzutauchen, als eine schwache Peilung im Nordosten gehorcht wird. Schnellaufende Schrauben. Die Nerven sind bis zum Zerreißen gespannt. Ich mache deutlich zwei Fahrzeuge aus, die genau auf uns zukommen. Eigentlich sind mir die Schraubengeräusche für Schnell- oder Räumboote zu stark.

Wenn es nur nicht so dunkel wäre. Jetzt kann ich die Schatten ausmachen. Für Schnellboote sind sie zu hoch. Vielleicht Italiener?

Da schiebt sich eben der eine Schatten in den Lichtreflex eines größeren Sternes. Die Silhouette ist deutlich zu erkennen. Mir stockt der Atem. Es sind zwei englische Geleit-Kanonenboote. Sie sind pünktlich am Treffpunkt. Jetzt gehen sie mit der Fahrt herunter und dampfen Zickzack auf und ab.

Soll ich sie angreifen? Bei dem geringen Tiefgang der Boote wäre ein Treffer fraglich. Ich lasse für alle Fälle die Bugrohre klarmachen.

Mit Schleichfahrt laufen wir weiter nach Norden. Ich will versuchen, so schnell wie möglich aufzutauchen und die Landungsgruppe durch Funk zu warnen.

Um Mitternacht sind die beiden Kanonenboote noch eben in Sicht. Vom Landungsverband keine Spur!

›Klar zum Auftauchen!‹

Ich lasse alle Lampen im Boot löschen, damit sich die Augen schon unten an die Dunkelheit gewöhnen.

›Anblasen!‹

Zischend und polternd fährt die Druckluft in die Tauchzellen. Das Boot steigt an die Oberfläche. Im Turmluk stürzt mir eine anständige Pütz Wasser entgegen, dann stehe ich oben.

Kurs Nordwest steuernd, versuchen wir, den Landungsverband zu treffen. Der Mond geht auf. Wir gehen auf Höchstfahrt. Die Kanonenboote hinter uns sind verschwunden. Im Mondlicht sehen wir noch drei englische Schnellboote mit hoher Bugsee in östlicher Richtung ablaufen. Die haben anscheinend auch hier draußen gewartet.

Der Warnfunkspruch wird abgesetzt. Die Antwort läßt nicht lange auf sich warten. Wir atmen erleichtert auf. Der Landungsplan ist fallengelassen worden, da mit Sicherheit angenommen wurde, daß der Feind über unsere Absicht unterrichtet war.«

Soweit der Bericht des Kommandanten. U 83 erhielt nunmehr freies Manöver im Seegebiet vor der afrikanischen Küste. Schon am nächsten Morgen wurden ostwärts Tobruk Mastspitzen gesichtet. Das Boot ging auf Sehrohrtiefe hinunter. Ein kleiner Flak-Kreuzer kam in Sicht. Die Rohre wurden klargemacht. Hinter dem Westkurs steuernden Flak-Kreuzer tauchte ein großes Schiff mit zwei Schornsteinen auf.

»Anscheinend ein Truppentransporter!« berichtete der Kommandant seinem I. WO, der neben ihm im Turm stand.

»Backbord und Steuerbord des Truppentransporters jeweils ein Zerstörer. – Auch achtern einer.«

»Welchen nehmen wir, Herr Kaleunt?«

»Den dicken. Ist ein ziemlich fetter Brocken. Schätze, zehn- bis zwölftausend Tonnen.«

Schnelle Fahrt machend, kamen die Einheiten rasch näher. U 83 ging auf Angriffskurs.

Der Kreuzer passierte das Boot.

»Rohre bewässern! – Mündungsklappen auf!«

Fahrt, Lage und Entfernung wurden vom Kommandanten durchgegeben.

»Tiefeneinstellung vier Meter. – Frage Bugrohre klar?«

»Torpedowaffe ist klar!« kam die Antwort.

»Fächer fertig! – Fächer – lllos!«

»Zum Teufel! Was ist los?« schrie der Kommandant in die Zentrale hinunter. Kein Schuß war gefallen. Schnell wanderte der große Dampfer aus.

»Torpedorohre unklar!« kam die Meldung aus dem Bugraum. »Mündungsklappen waren nicht rechtzeitig geöffnet!«

Dann fiel doch noch der Viererfächer. Die Schußwerte mußten eigentlich noch stimmen, denn das Torpedoziel- und -rechengerät arbeitete automatisch mit den einmal eingestellten Unterlagen weiter, wenn das Ziel laufend im Fadenkreuz gehalten wurde.

Allerdings stand der Dampfer nun in ziemlich spitzer Lage, was die Trefferaussichten verringerte.

Der Geleitzug kam außer Sicht. Kapitänleutnant Kraus verließ den Turm und kaufte sich den Torpedomixer. Das Donnerwetter war Wochen später noch Gespräch in den U-Boots-Unterkünften. Was war eigentlich geschehen?

Wegen einer Verklemmung ließen sich die Mündungsklappen nur schwer öffnen. Aber weil der Torpedomaat nicht mit einer so schnellen Schußabgabe rechnete, hatte er klargemeldet; in der Hoffnung, daß bis zum Schußbefehl die Klappen auf sein würden.

Der I. WO als verantwortlicher Offizier erhielt einen Verweis. Es war die erste Disziplinarstrafe, die Kapitänleutnant Kraus an Bord verhängte; es sollte auch die einzige bleiben.

Die vier Torpedos waren umsonst verschossen worden.

Bereits in der kommenden Nacht wurde abermals ein Geleitzug gesichtet, der mit Westkurs dicht unter der Küste bei Sidi Barrani lief. Das Boot setzte sich in der Sollum-Bucht weit vor. Als es hell wurde, zählte der Kommandant allein vierzehn Bewacher, Korvetten und bewaffnete Fischdampfer, und nur zwei kleine Dampfer. U 83 sackte in den Pulk hinein. Sparsam wurde vom Sehrohr Gebrauch gemacht. Hin und wieder duckte sich der Kommandant unwillkürlich, wenn ein Bewacher dicht über dem Boot hinwegrauschte. Zum Glück schien keiner ein Ortungsgerät an Bord zu haben.

Einer der beiden Dampfer wurde anvisiert. Der Einzelschuß lief an ihm vorbei und traf die dahinter überlappend laufende Korvette. Mit lautem Getöse flog die Korvette in die Luft. Ihre Munition und die am Heck bereitliegenden Wasserbomben rissen sie binnen weniger Sekunden in Stücke.

»Auf 120 Meter gehen!«

Das Boot stieß stark vorlastig hinunter und lief nach Norden ab. Im Horchgerät war ein tolles Getöse zu vernehmen. Oben lief anscheinend alles durcheinander. Die ersten Wabos fielen. Bis gegen Mittag wurde U 83 verfolgt, ehe es gelang, den Gegner abzuschütteln.

In den folgenden Tagen kam nur ein hellerleuchtetes Lazarettschiff in Sicht. Am Nachmittag dieses Tages stieß U 83 auf U 81 unter Kapitänleutnant Guggenberger. Nach kurzem Erfahrungsaustausch mit der Flüstertüte von Turm zu Turm verabredeten die Kommandanten, in den nächsten Tagen zusammen zu operieren.

Bald gab Guggenberger die erste Sichtmeldung: »Geleitzug auf Ostkurs!«

Der genaue Standort folgte, und U 81 gab weiter Fühlungshaltermeldung. Aber im schlechten Wetter mit steifem Westwind und Regenböen bekam U 83 keine Fühlung. Erst gegen Mitternacht kam das Boot doch noch heran. Der Konvoi bestand aus vier großen Dampfern und sechs bis acht Zerstörern. Durch Peilzeichen schlossen weitere U-Boote heran.

Es sah so aus, als sollte es eine Rudelschlacht im Mittelmeer geben.

Ein Dampfer wurde von einem der Boote im ersten Anlauf versenkt. Als auch U 83 angreifen wollte, lief einer der Zerstörer mit AK auf das Boot zu. Kraus ging mit Alarmtauchen in den Keller. Die ersten beiden Wabos detonierten dicht hinter dem Boot. Es gab nur Glasschaden. Zwanzig Minuten später tauchte Kraus wieder auf und stieß nach. Doch U 83 wurde ebenso wie die anderen Boote von den Zerstörern abgedrängt.

Einige Tage später sichtete Kraus einen Konvoi auf Westkurs. In der Nacht stieß U 83 von achtern in den Konvoi hinein. Kraus ließ einen Zweierfächer auf einen der Dampfer und einen weiteren auf einen Zerstörer der Jervis-Klasse schießen. Dann drehte U 83 mit AK nach achtern ab, wo noch immer die Lücke im Konvoi klaffte.

Kurz nacheinander bliesen beim Dampfer wie auch am Zerstörer die Torpedodetonationen empor. Dann dröhnten die Detonationen zu den Männern hinüber. Es klang wie gewaltige Hammerschläge. Über beiden Schiffen stand ein schwarzer Rauchpilz.

Das Sinken der beiden getroffenen Fahrzeuge konnte jedoch nicht mehr beobachtet werden, denn alle Zerstörer warfen Wabos und schossen Leuchtgranaten.

Ein Aufklärer meldete am Morgen einen mit Schlagseite liegenden Dampfer, dabei zwei Bewacher. Mittags lagen nur noch die beiden Bewacher dort.

Nach dieser Feindfahrt und Ankunft des Bootes in Salamis erhielt die gesamte Besatzung Heimaturlaub. Im Wehrmachtsbericht dieser Tage wurde U 83 namentlich genannt.

Drei Wochen später war U 83 wieder auslaufbereit. Als Operationsgebiet wurde ihm das östliche Mittelmeer zwischen Alexandria und Tobruk zugewiesen.

Gleich in der ersten Nacht stieß es vor Tobruk auf einen Geleitzug. Gegen die dunkle Küste war ein genaues Zielen fast unmöglich, darum schoß Kraus einen Viererfächer dorthin, wo sich mehrere Dampfer überlappten. Nach dem Fächerschuß lief das Boot mit AK nach Norden ab. Zwei Torpedoaufschlagpinien wurden gesehen, dann die entsprechenden Detonationen gehört.

Mit einem Schlage flammten auf allen Schiffen Scheinwerfer auf. In ihrem Licht sahen die Brückenwächter eines der Geleitboote in der See versinken. Daneben lag mit starker Schlagseite ein gestoppter Dampfer. Scheinwerfer leuchteten die Untergangsstelle an, um Überlebende zu finden. Der Dampfer begann zu brennen. Dann sackte er jäh weg. Plötzlich schwenkte ein Scheinwerfer genau auf U 83 ein. Sein Lichtstrahl erfaßte den Turm und ließ ihn wieder frei.

»An LI: Mit E-Maschinenzusatz fahren!«
»Frage: E-Maschinenzusatz?« wiederholte der LI.

»Ja, holen Sie alles aus den Böcken heraus, und wenn Sie sich mit dem Hintern auf die Sicherheitsventile setzen!«

Beide Diesel heulten mit bis dahin noch nicht gekannten Umdrehungen.

Die Verfolger – es waren inzwischen drei geworden – blieben langsam zurück. Anscheinend waren es Korvetten, die nicht mehr als 16 Knoten laufen konnten, während das Boot nun über 17 Knoten Fahrt machte.

Die Scheinwerfer verbissen sich in dem Auspuffnebel der Dieselmaschinen und verloren schließlich das Boot. Dann erloschen sie ganz.

Einige Nächte später wurde ein westgehender, in Richtung Tobruk laufender Konvoi gesichtet. Diesmal ließ Kraus das Boot von vorn in den Schiffspulk hineinsacken.

»Wir nehmen den Tanker. Hat schätzungsweise 8000 Tonnen. Schnell ran!«

Das Boot lief zum Angriff an. Ein Zweierfächer wurde geschossen. Dann kam der Befehl zur Kursänderung. Als U 83 nach Backbord drehte, tauchte plötzlich ein riesiger Schatten aus der Nacht auf. Das Boot war einem anderen großen Dampfer genau vor den Bug gelaufen.

»Alarmtauchen!«

Die einzige Rettung war, den Dampfer zu untertauchen. Das Boot wurde förmlich auf den Kopf gestellt. Gerade als der Kommandant das Luk dichtgedreht hatte, erschütterte eine gewaltige Detonation das Boot.

»Wabos?«

»Unsere Aale, Herr Kaleunt!« meldete die Nummer Eins, die den Knopf der Stoppuhr gedrückt hatte.

»Auftauchen!«

Daß dieser Entschluß richtig war, zeigte die nun beginnende Wasserbombenjagd an der Stelle, wo der Feind das Boot vermutete.

»Der Tanker brennt!«

»Ist in zwei Teile gebrochen, Herr Kaleunt!« berichteten Wachoffizier und Bootsmannsmaat der Wache nacheinander.

Kraus blickte durch sein Nachtglas zum Tanker hinüber. Das

auslaufende Benzin brannte auf dem Wasser weiter und bildete einen roten, flatternden Teppich. Rotglühend leuchteten die Aufbauten aus diesem schaurigen Teppich hervor. Explosionen ließen Stichflammen aufstieben, die als glitzernder Sprühregen von Milliarden brennender Benzintropfen herunterfielen.

Obwohl das Boot mindestens 4000 Meter entfernt stand, spürten alle die Hitze des Brandes.

»Die Freiwächter einzeln auf die Brücke kommen!«

Alle sollten sie dieses Bild schauerlicher Schönheit sehen. Die Zerstörer kamen nicht näher. Unbelästigt setzte sich das Boot ab.

Ein Maschinendefekt zwang das Boot dazu, sich unsichtbar zu machen. Es tauchte. Unter der Leitung des LI, Oberleutnant (Ing.) Herwig, wurde im Heckraum ein defektes Lager instand gesetzt.

Gegen Mittag tauchte U 83 auf. Der Kommandant klarierte mit dem Obersteuermann an der Karte den neuen Kurs. Als er wieder nach oben kam, stieß eben ein Flugzeug in 2000 Meter Entfernung auf das Boot herunter. Krug, einer der besten Ausgucks, hatte die Maschine nicht gesehen. Der Kommandant selbst rief: »Alarrrm!«

Schnell ging es hinunter. Mit Hartruderlegen drehte das Boot aus dem Kurs, und die Bomben krachten dicht beim Boot auseinander.

Verdattert stand die Brückenwache in der Zentrale und erwartete das Donnerwetter des Kommandanten. Als aber Hans Werner Kraus in die von Übermüdung gezeichneten Gesichter seiner Männer blickte, da wußte er, daß jede Rüge hier unnötig und sinnlos war.

Er schickte statt dessen alle in die Kojen und schaltete die Bordverständigung ein. »An alle Stellen: Rückmarsch!«

Der Flottillenchef, Korvettenkapitän Frauenheim, hatte volles Verständnis für diese Maßnahme des Kommandanten. Er war lange genug selber Kommandant gewesen und wußte, daß eine übermüdete Brückenwache und eine unklare Maschine Zeichen höchster Gefahr bedeuteten.

Fünf Tage nach dem Einlaufen in Salamis warf U 83 bereits wieder Leinen los. Das Boot marschierte ins östliche Mittelmeer vor die Palästinaküste. Zwischen Kreta und Zypern wurden Kanonen und MG eingeschossen. Der Kurs des Bootes wies auf Port Said. Von dort sollte es entlang der Küste nach Norden gehen.

Wenig später wurde ein einzeln laufender Dampfer von etwa 1500 BRT gesichtet.

Der Unterwassertorpedoschuß, aus geringer Entfernung geschossen, untersteuerte das Ziel.

Hinter dem Dampfer tauchte U 83 zum Artilleriegefecht auf.

Drei Schüsse in die Takelage des Dampfers ließen die Antenne herunterkommen. Zischend blies der Dampf ab. Die Besatzung ging in die Boote, und Kraus ließ das Feuer einstellen, bis die Boote abgelegt hatten. Dann schossen sie mit der Achtacht unterhalb der Wasserlinie Löcher in den Schiffsleib. Eine halbe Stunde später sackte der brennende Dampfer gurgelnd über das Heck in die Tiefe.

In den nächsten Nächten lag U 83 vor Haifa auf der Lauer. Hoch ragte der Karmelberg über der Stadt empor. Ein auslaufendes Schiff wurde kurz nach Mitternacht gesehen, dann folgten weitere und schließlich auch Zerstörer.

»UZO auf den Turm!«

Oberleutnant zur See Engel nahm seinen Platz hinter der Zieloptik ein.

»Den großen Dampfer, Engel!«

Der Torpedo-Offizier ließ den Gegner ins Fadenkreuz einwandern. Aus 600 Metern Entfernung fiel der Schuß. U 83 lief in großem Bogen nach vorn, um ein neues Ziel auszusuchen.

Nach 55 Sekunden sprang der Detonationspilz über dem Dampfer hoch, krachte die Explosion. Der Dampfer blieb mit dikker Qualmsäule liegen. Die Zerstörer schossen Leuchtgranaten.

»Dampfer hat gewendet, läuft mit starker Schlagseite zurück, Herr Kaleunt!« meldete wenig später der Bootsmannsmaat der Wache.

»Davor ein Bewacher!«

»Wir müssen ihm den Fangschuß geben.«

U 83 lief zum zweitenmal an. Ein Torpedo jagte dem Schiff entgegen. Wieder wurde es getroffen. Zerstörer wuchsen aus dem Dunkel heraus, als das Boot wendete. Mit Alarmtauchen ging U 83 auf Tiefe. In wilder Jagd liefen drei Zerstörer über das Boot hinweg. Unwillkürlich zogen alle die Köpfe ein. Nun müßte es eigentlich knallen. Aber es geschah nichts. Das Boot tauchte dreißig Minuten später wieder auf.

»Mit allem, was die Diesel hergeben, hinter der Mahalla her!«
Im Bugraum wurden die leergeschossenen Rohre nachgeladen. Als die Tagesdämmerung einsetzte, war das Boot noch nicht wieder herangeschlossen. Es holte weiter zur offenen See hin aus und jagte mit AK weiter. Die Mastspitzen wanderten nach achtern aus. U 83 mußte zum Angriff genügend Vorlauf herausholen.

Vor dem Geleitzug eindrehend, ließ Kraus wieder auf Sehrohrtiefe hinuntergehen. Als die inzwischen herangekommenen Dampfer einen Zack einlegten, schoß Kraus einen Fächer auf einen Tanker. Die Schußentfernung betrug ungefähr 3000 Meter. Nur ein Torpedo ging nach langer Laufzeit mittschiffs am Tanker hoch. Ob er genügt hatte, ihn zu versenken, konnte nicht beobachtet werden, denn nun wurde das Boot von zwei Zerstörern aufgefaßt und gejagt. Damit verlor U 83 die Fühlung am Konvoi, und Kapitänleutnant Kraus ließ das Boot nach dem Auftauchen wieder nach Norden laufen.

In den folgenden Nächten lag U 83 vor Haifa auf der Lauer. Außer einigen Bewachern wurde jedoch nichts gesichtet. Das Boot marschierte weiter nach Norden, und vor Saida – dem alten Sidon – konnte es einen Frachtensegler mit der Artillerie versenken.

Nächstes Ziel war der Hafen von Beirut. Aber auch hier lief kein Schiffsverkehr. Am Tage wurde wieder ein Frachtensegler aufgefaßt. Seine Besatzung sprang über Bord und schwamm an Land, während das Buggeschütz von U 83 in Aktion trat und ihn ›unter Deck schob‹.

Beirut und Haifa wurden zum zweitenmal angelaufen. Als auch diesmal nur Zerstörer in Sicht kamen, ließ Kraus einen Fächerschuß auf den Verband losmachen, der nichts erbrachte. Damit waren alle Torpedos verschossen.

Mit dem II. WO, Leutnant zur See Rahn, der zugleich Artillerieoffizier war, überlegte Kraus, was noch alles mit der Artillerie bewerkstelligt werden könnte. Sie kamen zu dem Entschluß, eine Fabrikanlage südlich Tripolis an der syrischen Küste anzugreifen. Gerade als das Boot in der ersten Morgendämmerung zur Beschießung auftauchen wollte, meldete der Ausguck Rauchwolken in 300 Grad.

Ein griechischer Dampfer, modern, mit 7,5-cm-Kanonen und mehrrohrigen 4-cm-Bofors bestückt, kam näher. An allen Geschützen standen Engländer in Stahlhelmen in Bereitschaft.

»Wenn wir nur noch einen Aal hätten!« sagte der Kommandant, ehe er den Befehl zum Absetzen gab.

Eine Stunde später – es war inzwischen taghell geworden – kam ein 500 BRT großer Segler aus Richtung Zypern in Sicht. Er lief nach Tripolis in Syrien. Das Boot tauchte auf, und aus zehn Kilometer Entfernung heulten Granaten zum Gegner hinüber. Die ersten drei Schüsse gingen vorbei. Der Segler setzte alles Zeug, um in den Hafen zu entkommen. Doch dann wirbelten die Treffer Holz und Eisen durch die Luft.

Auf der nur fünf Kilometer entfernten Küstenstraße hielten Lastwagen. Englische Soldaten stiegen aus, um sich das Drama durch Ferngläser anzusehen.

Der achtere Mast des Segelschiffes kam herunter. Das Vorschiff brannte, jetzt drehte es endlich in den Wind, und durch sein Fernglas sah Kraus, daß die Besatzung ins Boot ging. Einige Männer, denen es offensichtlich zu langsam ging, sprangen kopfüber in die See.

Jetzt krachte auf dem Segler Munition auseinander. Die Treibstoffladung ließ Flammendome fünfzig Meter hoch emporspringen. Ganze Schiffsteile flatterten losgerissen durch die Luft. U 83 drehte auf die offene See ab. Das Boot hatte mit diesem Segler sein 20. Fahrzeug versenkt. Vor einem Flugzeug ging es eine Stunde später in den Keller.

Als das Boot am Abend auftauchte, erhielt es den Rückmarschbefehl über Messina nach La Spezia.

Gegen Mitternacht stieß U 83 durch einen glücklichen Zufall auf eine abgeschossene deutsche Maschine. Sie übernahm sieben Besatzungsmitglieder, während englische Flugsicherungsboote über die See flitzten und nach der Maschine suchten.

Mit zwei Brandgranaten wurde die noch schwimmende Maschine versenkt.

Zwei Tage später lief das Boot in Messina ein, wo es von PK-Berichtern und einer Musikkapelle empfangen wurde. Der italienische Admiral Pannunzio begrüßte die Besatzung. Später kam auch noch Marineminister Riccardi. Das Boot hatte im Mittelmeer dreizehn Schiffe versenkt (sieben Schiffe wurden vorher bereits im Atlantik vernichtet). Am Abend stieg der FdU Italien, Kapitän zur See Kreisch, bei U 83 ein.

Dies hatte, wie der Kommandant nicht ahnen konnte, seine besondere Bewandtnis.

Kapitän zur See Kreisch – der FdU-Italien – hatte für diesen tapferen und sympathischen Kommandanten das Ritterkreuz beantragt und seinen Stab angewiesen, die Bewilligung durch Funk zu übermitteln.

Geben wir an dieser Stelle Vizeadmiral Kreisch das Wort*: »Ich wollte gerade diese Verleihung recht eindrucksvoll gestalten. Das Boot passierte auf dem Marsch nach La Spezia die Straße von Messina, wo ich ihm auflauerte und an Bord stieg. Es war der 17. Juni 1942.

Den eigentlichen Zweck meiner Mitfahrt verriet ich dem Kommandanten nicht. Statt dessen zog ich lediglich den Funkmaaten ins Vertrauen. Dieser sollte alle Nachrichten, die die Verleihung betrafen, nur mir geben.

Die Fahrt bis La Spezia dauerte zwei Tage. An ihrem Ende wollte ich, wenn die Aufmerksamkeit nicht mehr durch feindliche U-Boote und Flugzeuge oder eigene Minensperren in Anspruch genommen wurde, den Festakt vornehmen.

Der Witz sollte die völlige Überraschung des Kommandanten sein.

In der letzten Nacht kam prompt die Funknachricht und wurde ebenso prompt dem Kommandanten unterschlagen. Am nächsten Morgen weckte mich der Funkmaat sehr früh. Er hatte soeben als Auftakt zu unserer Feier einen kräftigen Anpfiff vom Kommandanten bekommen, weil sein Funkladen nicht funktioniert hätte.

Eines unserer Boote – U 431 unter Kapitänleutnant Dommes – war in Sicht gekommen, und dessen Kommandant hatte Kapitänleutnant Kraus durch Winkspruch zum Ritterkreuz beglück-

---
* Siehe Kreisch, Leo: a. a. O.

wünscht und dem überraschten Kommandanten auf dessen erstaunte Rückfrage mitgeteilt, daß dies in der vergangenen Nacht über Funk durchgegeben worden sei. Dommes wollte ebenfalls nach La Spezia gehen.

Es gelang, das weitere Gewitter, das über dem Haupt des armen Funkmaaten schwebte, zu entschärfen, und es gab dann doch noch eine sehr schöne Feier.«

Auf diese Art und durch seine vielen Besuche bei den Flottillen war Kapitän zur See Kreisch immer wieder darum bemüht, die Verbundenheit unter den U-Boots-Fahrern, den Stäben und Stützpunktbesatzungen möglichst eng zu verknüpfen. Daß ihm dies gelang, zeigen die vielen Beweise der Zuneigung und das Vertrauen, das der FdU-Italien bei den Besatzungen und in den Stützpunkten besaß.

Am 30. Juni schloß U 372 unter Kapitänleutnant Neumann die Halbjahresbilanz im Mittelmeer wiederum mit einem Paukenschlag ab.

Das Boot, das vor Port Said stand und die Seewege von Alexandria in Richtung Syrien und Haifa kontrollierte, entdeckte das 14600 BRT große U-Boot-Mutterschiff ›Medway‹, das sich auf dem Weg nach Haifa befand, um 90 Reservetorpedos dorthin zu bringen, wo einige britische U-Boote stationiert waren.

Der Zweierfächer von U 372 traf den Schiffsriesen so schwer, daß er binnen weniger Minuten von der Wasseroberfläche verschwand und seine 90 Torpedos mit in die Tiefe nahm.

Diese Versenkung markierte den Tiefstand des britischen Kriegsglücks im Mittelmeerraum. Von 90 Transportschiffen der Achsenstreitmächte, die im Juli nach Nordafrika liefen, gingen nur zwei mit zusammen 8819 BRT verloren.

U 73 versenkt den Flugzeugträger ›Eagle‹

Mit Beginn des zweiten Halbjahres 1942 verlegte sich der Schwerpunkt des U-Boots-Einsatzes mehr und mehr in das westliche Mittelmeer. Hier galt es, die aus Richtung Gibraltar nach Malta laufenden Versorgungskonvois zu stören. Aber auch im östlichen Mittelmeer operierten noch U-Boote mit Erfolg. So gelang es zum Beispiel in der ersten Julihälfte den Booten U 97 (Oberleutnant zur See Bürgel), U 375 (Kapitänleutnant Koenenkamp) und U 562 (Kapitänleutnant Hamm) sowie den italienischen U-Booten ›Perla‹ und ›Alagi‹, drei Transporter zu versenken und einen weiteren zu torpedieren.

Im August kam es wieder zu einem Zweikampf zwischen einem italienischen und einem britischen U-Boot. Nachdem es den Engländern in der ersten Jahreshälfte gelungen war, im Kampf U-Boot gegen U-Boot allein fünf italienische und ein deutsches U-Boot zu vernichten, war diesmal das italienische U-Boot erfolgreich.

Das britische U-Boot ›Thorn‹ (LtCdr. Norfolk) hatte am 4. August vor der libyschen Küste den italienischen Dampfer ›Monviso‹ (5322 BRT) versenkt. Am 7. August gelang es dem italienischen U-Boot ›Pegaso‹, das englische U-Boot zu versenken.

In der Ägäis versenkte das griechische, unter britischer Flagge fahrende U-Boot ›Nereus‹ zwei kleine Dampfer, während das britische U-Boot ›Proteus‹ den modernen deutschen Dampfer ›Wachtfels‹ (8467 BRT) vernichtete. Aber schon holte die U-Boots-Waffe zu einem weiteren schweren Schlag aus.

Am 10. August 1942 lief der Großkonvoi ›Pedestal‹ ins Mittelmeer ein, um nach Malta zu marschieren. Um diesen wertvollen Konvoi, bestehend aus vierzehn großen Dampfern und einem Tanker, sicher durchzubringen, wurden erstmals drei Flotten-Flugzeugträger eingesetzt.

›Das Schicksal Maltas beeinflußt unsere maritimen Pläne und Absichten von der Arktis bis zum Indischen Ozean. Nach unserem Fehlschlag im Juli, einen Geleitzug zu der belagerten Insel durchzubringen, mußte dies unbedingt im August gelingen‹, schreibt Roskill*, und damit ist die Wichtigkeit dieses Geleitzuges umrissen.

Während die ›Furious‹ Weisung erhielt, weitere Jagdflugzeuge nach Malta einzufliegen, fiel das Los, den Konvoi ›Pedestal‹ zu be-

---

* Siehe Roskill: ›Royal Navy‹

gleiten, auf die Flugzeugträger ›Eagle‹, ›Indomitable‹ und ›Victorious‹.

Den 15 Handelsschiffen des Konvois war eine Bedeckungsstreitmacht von 2 Schlachtschiffen, 3 Flugzeugträgern, 7 Kreuzern und 25 Zerstörern unter Führung von Vizeadmiral E. N. Syfret beigegeben. Unter den 15 Handelsschiffen befanden sich zwei amerikanische, die ›Almeria Lykes‹ und die ›Santa Elisa‹.

Der Konvoikommodore, Commander A. G. Venables, befand sich auf der ›Port Chalmers‹. Und mit der ›Rochester Castle‹, ›Deucalion‹, ›Glenorchy‹, ›Empire Hope‹, ›Wairangi‹, ›Waimarama‹, ›Melbourne Star‹, ›Brisbane Star‹, ›Dorset‹ und ›Clan Ferguson‹ standen ihm die schnellsten und modernsten englischen Handelsschiffe zur Verfügung. Der große Tanker ›Ohio‹ war durch den britischen Kriegstransportminister von den Amerikanern gechartert worden. Dieses 11 500 BRT große Schiff wurde von Captain D. W. Mason geführt.

Auf den drei Trägern befanden sich 46 Hurricanes, 10 Martlets und 16 Fulmars. Die Schlachtschiffe ›Nelson‹ und ›Rodney‹ hatten eine gewaltige Feuerkraft, die genügte, um die italienische Flotte in Schach zu halten. Gegen die deutsch-italienischen Flugzeuge waren allein vier der Kreuzer als Flakkreuzer ausgerüstet, und zwar waren dies ›Sirius‹, ›Charybdis‹, ›Phoebe‹ und ›Cairo‹.

Die Kreuzer ›Nigeria‹, ›Kenya‹ und ›Manchester‹ vervollständigten die gewaltigste Kampfkraft, die jemals um einen Mittelmeerkonvoi zusammengeballt war.

Als sich dieser Konvoi am 11. August auf der Höhe von Algier bewegte, wurde er von einem deutschen U-Boot, das im westlichen Mittelmeer operierte, gesichtet. Es war U 73 unter Kapitänleutnant Rosenbaum.

Die Mittagssonne des 4. August 1942 prallte wie flüssiges Kupfer auf die Steinpier neben dem Arsenal-Hafenbecken von La Spezia herunter. Dort lag seit dem frühen Morgen U 73 zur Proviantübernahme vertäut.

Der neue I. WO, Oberleutnant zur See Deckert, saß auf einer Proviantkiste und hakte die an Bord genommenen Lebensmittel in der Liste ab. Zur gleichen Zeit nahm der II. WO Munition an Bord, und Hellmut Rosenbaum, in Tropenhemd und kurzer Hose, sah kopfschüttelnd zu, wie sich ›Zustand‹ ausbreitete. Ein Kriegsberichter meldete sich beim Kommandanten als an Bord kommandiert.

Am Nachmittag legte das Boot ab und lief zwischen Tino und Palmeria hindurch südwärts. Bereits am 5. August erkrankten vier Besatzungsmitglieder an leichtem Fieber und Durchfall. Hinzu kam, daß einige kleine Unklarheiten entdeckt wurden, die unter Umständen zu einer Gefahr für das Boot werden konnten.

Aber Hellmut Rosenbaum ließ ins Operationsgebiet weiterlaufen.

Einen Tag später waren bereits sechzehn Männer erkrankt. Das Boot marschierte weiter. Am späten Nachmittag dieses 6. August kam ein Tanker in Sicht. Aber der Kommandant hatte vom FdU Italien Weisung erhalten, auf einen gemeldeten Großkonvoi zu operieren und seine Anwesenheit im westlichen Mittelmeer so lange wie möglich geheimzuhalten. So umfuhr U 73 diesen Tanker. Zwei Stunden vor Mitternacht wurde noch ein U-Boot gesichtet. Mit abgeschalteten Dieseln und leise laufenden E-Maschinen – die Torpedos schußbereit – wurde dieses Boot in 1,5 Seemeilen Seitenabstand passiert.

Mit Sonnenaufgang des 7. August lief U 73 getaucht weiter. Die See war spiegelglatt; eine sengende Sonne brannte darauf hernieder und ließ See und Horizont ineinander verschwimmen.

Die Kranken erholten sich am 8. und 9. August zusehends. Nur einer blieb mit hohem Fieber in der Koje liegen, und das ›Schlaue Buch‹ sagte, daß er Ruhr habe.

Der 10. August verging. In der Morgenfrühe des 11. August – das Boot hatte sich eben wieder unter Wasser verholt – kam eine Meldung aus dem Horchschapp: »Schraubengeräusche in 272 Grad.«

Helmut Rosenbaum ließ das Sehrohr ausfahren und suchte den Westhorizont ab.

Nichts war zu sehen.

»Steht anscheinend noch unterhalb der Kimm!« berichtete er den wartenden Männern. »Auf 270 Grad gehen!«

Der Rudergänger legte das Ruder herum, und U 73 lief mit ›Beide mittlere Fahrt‹ in Richtung Peilung. In Abständen von jeweils zwei Minuten ließ der Kommandant das Angriffssehrohr ausfahren. Erst beim achtenmal hatte er Glück.

»Steuerbord voraus Zerstörermasten. Entfernung 5000!«

»Der Feger, Herr Kaleunt!« bemerkte Deckert trocken.

»Hoffentlich. Dann müßten auch bald weitere Masten oder Rauchwolken in Sicht kommen. – Aus!«

Wieder surrte der Motor und trieb den ›Spargel‹ in die Höhe. Rosenbaum suchte die See ab. Er ließ sich etwas um die Zielsäule herumdrehen – und auf einmal stockte ihm der Atem.

»Schiffspeilung 40 Grad, ein großes Fahrzeug. Frachter? – Vielleicht ein Schlachtschiff!«

Im Boot wurden Rufe und Fragen laut. Ein Räuspern des Kommandanten ließ sie verstummen.

»Zerstörer Steuerbord vom großen Fahrzeug. Noch einer vor ihm, und ein dritter an Backbord!«

In den nächsten Minuten zählte der Kommandant allein fünf Zerstörer und einen weiteren nicht klassifizierbaren Bewacher.

»Verband läuft zwölf Knoten, legt große Zacks ein. Stehen jetzt 6000 Meter ab. Schuß zu unsicher.«

Als das Sehrohr das nächstemal ausgefahren wurde, war der gesamte Verband verschwunden.

»Hat offensichtlich wieder einen Zack eingelegt.«

Die Meldung aus dem Horchraum bestätigte diese Vermutung des Kommandanten. Im Boot herrschte fieberhafte Spannung. Die Luft war dick, und die laufenden E-Maschinen vergrößerten die im Boot herrschende Hitze um beträchtliche Grade. Aber davon merkten die Männer auf ihren Stationen, von denen mehrere Neulinge auf U-Boots-Fahrt waren, nichts. Jeder einzelne war nur noch gespannte Aufmerksamkeit.

»Aus!« befahl Rosenbaum gut eine Stunde später zum x-ten mal. Als der Sehrohrblick frei wurde, sah er plötzlich einen Zerstörer dicht beim Boot.

»Beide kleine Fahrt!«

Nun lief das Boot fast geräuschlos. Würde der Zerstörer darauf zuzacken?

Nein! In knapp 500 Meter Entfernung passierte er mit großer

Fahrt den Standort von U 73, zackte dann nach Nordosten weg und hielt mit weißgischtender Hecksee auf den in dieser Richtung verschwundenen Verband zu. Er schien den Kriegsschiffsverband zu suchen. Oder suchte er – sie?

»Schraubengeräusche in der Lage Null!«

»Sehrohr aus! – Zerstörer hat gedreht und läuft in Lage Null auf uns zu. – Morst mit Signalscheinwerfer. – Ein!«

Das Sehrohr wurde eingefahren, und die Schraubengeräusche wurden lauter. Sie waren schließlich im ganzen Boot zu hören.

Noch immer machte U 73 Schleichfahrt.

Knapp hinter dem Heck des Bootes, höchstens 100 Meter entfernt, passierte der Zerstörer das U-Boot, und rasselnd entfernten sich die Rotationsgeräusche seiner Schrauben.

Die Männer atmeten pfeifend aus. Unwillkürlich hatte jeder von ihnen den Atem angehalten.

Mit eiserner Selbstdisziplin hatte Hellmut Rosenbaum der Versuchung widerstanden, auf größere Tiefe zu gehen. Das Boot wäre dann blind gewesen. Als der Zerstörer verschwunden war ließ er das Luftzielrohr so weit wie möglich ausfahren, um einen weiten Rundblick zu nehmen.

Und bei diesem Rundblick erkannte er in der Richtung, die der Zerstörer angemorst hatte, einen förmlichen Mastenwald.

»Da läuft die ganze Mahalla, Männer. – Sehrohr ein!«

Abermals lief ein kleiner Zerstörer der Hunt-Klasse knapp 600 Meter achtern am Boot vorbei. Eine Viertelstunde darauf wiederholte sich dasselbe Manöver, nur daß dieses Fahrzeug bis auf 400 Meter herankam.

Die Spannung stieg auf einen Siedepunkt. Hellmut Rosenbaum stand mehrfach vor der Entscheidung: Sollte er auf einen der Zerstörer schießen oder sollte er noch warten und unter Umständen – nichts vor die Rohre bekommen?

Aber da waren Frachter gewesen. Mindestens sechs oder sieben. Und diese Frachter mußten nach Malta laufen und irgendwie an ihm vorbei. Außerdem waren mindestens zwei Kreuzer beim Verband gewesen.

»Kommandant an alle: Wir laufen auf den Feindverband zu. Beide große Fahrt!«

In einer weiten Kurve drehte das Boot auf Westkurs. Immer wieder ließ Rosenbaum kurz mit der Fahrt heruntergehen und das Sehrohr zu schnellen Rundblicken ausfahren.

»Auf Gefechtsstationen! Alle Rohre klar zum Unterwasserschuß!«

Die Würfel waren gefallen. Im Bugraum arbeitete der Torpedomaat mit seinen beiden Gasten. Er überprüfte die Einstellungen und meldete dann durch das Sprachrohr zum Turm hinauf: »Rohre klar!«

Oben im Turm befanden sich der Kommandant hinter dem Sehrohrblock, Oberleutnant Deckert dicht neben ihm und die Nummer Eins hinter der Rechenanlage. Den Rudergänger nicht zu vergessen.

I. WO und Nummer Eins berechneten die vom Kommandanten durchgegebenen Schußunterlagen und gaben die Werte über die Feuerleitanlage in den Bugraum hinunter.

»Aus!« befahl Rosenbaum, und als er den ersten Rundblick tat, erkannte er den Verband, und in der Steuerbord-Außenkolonne, ganz am Schluß sah er sein Ziel: einen Flugzeugträger. Flugzeugträger waren im Mittelmeerraum Edelwild.

Auf diesen richtete sich von nun an die gesammelte Aufmerksamkeit des Kommandanten. Er ließ alle vier Torpedos der Bugrohr-Chargierung auf ihn einstellen.

»Ein!« befahl er. Dann wandte er sich an die Besatzung: »An alle Stellen von Kommandant. Unser Ziel ist ein Flugzeugträger!«

Aber um die ›Eagle‹ – diese war es, die Rosenbaum anvisierte zu erreichen, um in Schußposition zu gelangen, galt es, die sie umschwärmenden sieben Zerstörer auszumanövrieren.

»Beide kleine Fahrt! – Ruder Backbord zehn! – Mittschiffs!«

Der Gefechtsrudergänger brauchte nur zu flüstern, so nahe stand er beim Kommandanten.

Die Schußwerte wurden vom I. WO – dem Torpedo-Offizier in den Bugraum hinuntergegeben.

»Achtung! Völlige Stille im Boot! Zerstörer kommen näher!«

Das Hummeln und Jicheln der Schrauben wurde lauter. Die Zerstörer überliefen das Boot, fanden es nicht, obgleich auftreffende Ortungsstrahlen zeigten, daß ihre Geräte eingeschaltet waren.

Ein neues Ruderkommando ließ U 73 zwischen dem dritten und vierten Zerstörer eindrehen. Das Boot befand sich nun innerhalb des Bewacherringes.

»Aus!«

Wieder waren der Kreuzer und dahinter, etwas nach Backbord herausgestaffelt, der Träger zu sehen. Ferner zwei Zerstörer als Nahsicherung. Und dann passierten acht Frachter das Boot.

»Diese Frachter, Deckert?« fragte Rosenbaum.

»Nein, Herr Kaleunt, den Träger!« half der I. WO seinem Kommandanten. Und Hellmut Rosenbaum schoß nicht auf diese 7000- bis 10 000-Tonner. Er wollte den Flugzeugträger versenken.

Genau 120 Sekunden später befand sich die ›Eagle‹ in Schußposition.

Noch einmal gab er eine Korrektur. Auf sechs Meter Tiefe sollten alle vier Aale das Ziel erreichen.

Zwei kleine Ruderkorrekturen erforderten gleichzeitig eine letzte Korrektur der Schußwerte. Die Torpedos waren mit geringer Streuung eingestellt. Es mußte mehr als einer treffen.

»Hartlage! – Hartlage!« meldete abschließend der Zielgeber.

»Sehrohr aus! – Torpedowaffe – Achtung!«

Der kurze Blick zeigte Rosenbaum die gigantischen Aufbauten und das gesamte Mittelschiff des Trägers in der Optik.

»Fächer – lllos!«

Nacheinander verließen die vier Torpedos die Ausstoßrohre. Wasser spritzte mit der aufwölkenden Preßluft in den Bugraum.

Der Zentralemaat flutete die Ausgleichstanks, außer dem achtern befindlichen Tank I. Der LI rief alle verfügbaren Männer nach vorn, damit das Boot nicht durchbrach, und durch diese Schwerpunktverlagerung stellte sich U 73 fast auf den Kopf und ging auf Tiefe.

»Torpedos laufen!« meldete der Mann im Horchraum, der den Lauf verfolgte. Und auf einmal, während das Boot – in richtigem Winkel – tiefer in die See hinunterging, erklang eine erste dröhnende Explosion. Zwei Sekunden später eine zweite, genauso dröhnend, und dann auch schon die dritte und unmittelbar dahinter die vierte.

»Alle vier Torpedos Treffer!« jubelte der Kommandant.

Für einen Augenblick brach sich die aufgestaute Erregung Bahn, hallten Geschrei und Hurrarufe durch die Röhre.

»Ruhe im Boot!« befahl Rosenbaum knapp.

Für ihn begann jetzt der schwierigste Teil der Unternehmung: Er mußte sein Boot heil aus der Mahalla der Kriegsschiffe herausbringen.

Dumpfes Krachen, helleres Bersten und dann ein Geräusch, als würden Tonnenlasten von dickem Kies von einem Wagen abgeschüttet, drangen ins Boot.

Jedermann konnte es hören.

»Sinkgeräusche!« meldete der Funkmaat aus dem Horchraum.

Aber konnte dieser große Träger von einer Torpedosalve so schnell versenkt werden?

Genau vierzehn Minuten nach dem Schuß dröhnte eine gewaltige Kesselexplosion durch die See.

Tief unter Wasser war die gesamte Kesselanlage der ›Eagle‹ explodiert.

Rings um das Boot krachten Wabos. Blind geworfen. Und dazwischen erklang immer wieder das Zirpen der Asdic-Ortung.

»Alle entbehrlichen Maschinen abstellen! Auf 170 Meter gehen! – Schleichfahrt!«

U 73 kroch in 170 Meter Tiefe nach Osten, drehte dann auf Südostkurs. Drei Stunden schlich das Boot solcherart weiter.

»Freiwache auf die Kojen! Tauchretter anlegen und über Kalipatronen atmen!«

Dieser Befehl wurde bereits eine Stunde nach Beginn der Schleichfahrt gegeben, denn Rosenbaum wußte nicht, wie lange der Gegner das Boot unten halten würde.

Als das Boot schließlich – mit fünf Tonnen Leckwasser in den Bilgen – auf Sehrohrtiefe hochging und Kapitänleutnant Rosenbaum die See absuchte, sah er kein Feindfahrzeug, wohl aber eine lange Ölschleppe, die U 73 hinter sich herzog.

»Treibstoff aus leckem Bunker umfüllen und Leckbunker ausdrücken!«

In der Abenddämmerung tauchte das Boot auf. In belebendem Strom drang frische Luft ins Boot und wurde von den Umwälzern in die letzte Ecke gedrückt. Der Funkmaat setzte nun den FT-

Spruch an den FdU Italien, Kapitän zur See Kreisch, ab: ›Geleit – 15 Zerstörer und Geleitboote, 2 Kreuzer, 9 bis 10 Frachter, 1 Flugzeugträger, 1 Schlachtschiff wahrscheinlich. Fächerschuß auf Flugzeugträger. Vier Treffer aus 500 Meter Entfernung. Starke Sinkgeräusche. – Alles klar! – Rosenbaum.‹

Am Abend des 11. August um 22.00 Uhr wurde in einer Sondermeldung des Deutschen Rundfunks die Versenkung des Flugzeugträgers ›Eagle‹ bekanntgegeben. Daß es sich um die ›Eagle‹ handelte, war von der Funküberwachung erkannt worden.

Die ›Eagle‹ hatte vorher auf neun Fahrten allein im Jahre 1942 183 Spitfire nach Malta gebracht.

Der größte Teil der Besatzung konnte von den Zerstörern gerettet werden, aber 200 Mann fanden mit der ›Eagle‹ – die genau acht Minuten nach den Treffern sank – den Tod.

Am Abend des 11. August wurde der Konvoi von 36 Ju 88 und He-111-Torpedoflugzeugen vergeblich angegriffen. Ein neuer Luftangriff am Morgen des 12. August auf der Höhe von Cap Bone verlief ebenfalls erfolglos. Erst am Nachmittag dieses Tages hatten neue Luftangriffe Erfolg. Die ›Victorious‹ wurde getroffen und ein Dampfer versenkt. Sovoia-Bomber, Caproni-Kampfbomber und vierzehn Macchi-Jäger der italienischen Luftwaffe griffen in den Kampf ein.

Das italienische U-Boot ›Uarscieek‹, das am 11. August einen Fehlangriff auf einen der übrigen Träger versucht hatte, griff am Mittag des 12. August zum zweitenmal vergebens an.

Das italienische U-Boot ›Dagabur‹ (Kapitänleutnant Peccori), das den Träger ›Furious‹ am 11. August angriff, wurde von den Begleitzerstörern entdeckt und vernichtet.

Am 12. August lief der Konvoi in eine italienische U-Boots-Linie hinein. Die Boote ›Emo‹ (Franco) und ›Cobalto‹ (Amicarelli) führten Torpedoangriffe durch. ›Cobalto‹ wurde aufgefaßt und von den Geleitzerstörern durch Wasserbomben versenkt. U-Boot ›Dessie‹ (Scandalo) versenkte einen Dampfer. Schließlich kam auch noch ›Bronzo‹ (Buldrini) heran und schoß einen weiteren Dampfer aus dem Konvoi heraus.

Zur gleichen Zeit war auch die Luftwaffe nicht untätig gewesen. Der Träger ›Indomitable‹ wurde schwer getroffen. Der Zerstörer ›Foresight‹ sank nach einem Volltreffer. Der Tanker ›Ohio‹ wurde nicht weniger als dreimal schwer getroffen. Er konnte seine Fahrt trotzdem bis Malta fortsetzen.

Inzwischen waren auch italienische Seestreitkräfte aus Trapani und Neapel ausgelaufen.

Als die aus Neapel ausgelaufenen Einheiten die nördliche Einfahrt der Straße von Sizilien erreichten, stießen sie auf eines der drei hier vorsorglich aufgestellten englischen U-Boote, die ›Unbroken‹. Dieses Boot torpedierte am Morgen des 13. August gegen acht Uhr die beiden Kreuzer ›Attendolo‹ und ›Bolzano‹.

Auf der Höhe von Biserta drehten die schweren Einheiten der Force K unter Admiral Syfret nach Westen zurück. Konteradmiral Burrough geleitete den Konvoi mit vier Kreuzern und zwölf Zerstörern allein weiter nach Malta. Als Burroughs Flaggschiff, die ›Nigeria‹, und der Flakkreuzer ›Cairo‹ kurz nach der Trennung von dem U-Boot ›Axum‹ unter Kapitänleutnant Ferrini torpediert wurden, stieg er auf einen Zerstörer über und schickte die ›Nigeria‹, die nur noch halbe Kraft laufen konnte, nach Gibraltar zurück. Kurze Zeit darauf wurden die ›Clan Ferguson‹ und die ›Empire Hope‹ durch die italienische U-Boote ›Dessie‹ und ›Bronzo‹ versenkt und der Dampfer ›Brisbane Star‹ torpediert. Schließlich wurde die ›Kenya‹ durch das U-Boot ›Alagi‹ unter Korvettenkapitän Puccini versenkt. Das gleiche Boot versenkte auch noch einen Dampfer. Admiral Syfret ließ auf die Katastrophenmeldungen hin einen seiner Kreuzer und zwei Zerstörer umkehren, um die Bedeckungskräfte wieder auf den alten Stand zu bringen.

Kurz nach Mitternacht des 13. August erfolgte dann ein deutsch-italienischer Schnellbootsangriff. Der Kreuzer ›Manchester‹ wurde torpediert und versenkte sich gegen fünf Uhr selber. Fünf Handelsschiffe sanken.

In den ersten hellen Stunden des 14. August griffen wieder deutsche Bomber aus Comiso an. Die ›Waimarama‹ wurde versenkt, zwei weitere Dampfer beschädigt, darunter auch der Großtanker ›Ohio‹.

Nur fünf der vierzehn Handelsschiffe erreichten Malta. Neun Handelsschiffe mit insgesamt 88 588 BRT wurden versenkt (davon vier durch italienische Schnellboote).

Der Tanker ›Ohio‹ (9514 BRT) erreichte Malta, war aber so schwer beschädigt, daß er für die Dauer des Krieges ausfiel.

Eine mit größter Erbitterung geführte Konvoischlacht war zu Ende gegangen.

Als U 73 Wochen später wieder in La Spezia einlief (es war nach der Versenkung der ›Eagle‹ nicht noch einmal zum Schuß gekommen), stand das Personal der 29. U-Flottille vor dem Wohnheim angetreten. Eine italienische Kapelle spielte das Deutschlandlied, und Kapitän zur See Kreisch, der von Rom herübergekommen war, zeichnete Hellmut Rosenbaum mit dem Ritterkreuz des Eisernen Kreuzes aus, das ihm bereits am 12. August verliehen worden war.

Kapitän zur See Kreisch, der trotz der U-Boots-Knappheit zwei Boote ins westliche Mittelmeer entsandt hatte, weil er mit einem großen Geleitzug von Westen für Malta gerechnet hatte, konnte zufrieden sein. Er sagte zur Leistung von U 73*: »Die Versenkung der ›Eagle‹ ist als ein Musterbeispiel für einen taktisch richtigen und ungewöhnlich schneidigen U-Boots-Angriff bemerkenswert. Dem U-Boots-Kommandanten gelang es, von vorn kommend, die Sicherung unter Wasser zu durchbrechen. Spärlicher und sehr geschickter Sehrohrgebrauch verschaffte ihm einen Überblick über Art und Aufstellung des Geleitzuges. Als wertvollste Einheit hat Rosenbaum den ziemlich am Schluß marschierenden Flugzeugträger ausgemacht.

Trotz der Gefahr, daß ein Wegzacken des Verbandes ihm alle Chancen nehmen konnte, ließ er sichere Ziele in Gestalt schwerbeladener Transporter auf geringem Abstand passieren.

Er setzte gewissermaßen alles auf eine Karte: auf die ›Eagle‹.

Rosenbaum berichtete, daß er seine Beobachtungen während des Angriffs laufend seinem neben ihm stehenden Wachoffizier dem Oberleutnant zur See Deckert, zugerufen habe. Deckert fühlte, was in der Seele seines Kommandanten vorging.

›Die ›Eagle‹, Herr Kaleunt! Die ›Eagle‹ oder gar nichts!‹ mahnte er wiederholt und gab damit eine mehr als moralische Stütze.

Rosenbaums taktisch richtiges Denken, sein Können und seine

---
* Siehe Kreisch, Leo: a. a. O.

Charakterstärke wurden belohnt. Die vier auf etwa 500 Meter Entfernung abgefeuerten Torpedos trafen sämtlich ihr Ziel. In wenigen Minuten war der stolze Träger mit seinen Flugzeugen verschwunden.«

(Kapitänleutnant Rosenbaum wurde später Chef der 30. U-Flottille in Konstanza. Er verunglückte auf einem Dienstflug.)

Da die Gesamtzahl der im Mittelmeer vorhandenen Boote auf etwa fünfzehn abgesunken war, wurden von Kapitän zur See Kreisch Verstärkungen angefordert. Denn von diesen fünfzehn Booten waren jeweils nur etwa fünf einsatzbereit.

Von nun an wurden wieder einige Boote ins Mittelmeer entsandt. Im Jahre 1942 waren es vierzehn Boote. Die meisten kamen allerdings erst nach der alliierten Landung in Nordafrika. Da im gleichen Zeitraum fünfzehn Boote verlorengingen, hatte die deutsche U-Boots-Waffe im Mittelmeer Ende Dezember 1942 einen Bestand von zwanzig Booten.

Mit dem Vordringen der Panzerarmee Afrika im Sommer 1942 verlagerte sich der Schwerpunkt des U-Boots-Einsatzes von August an in das westliche Mittelmeer.

Die einzigen Ziele, die sich ihnen hier im Herbst boten, waren die Flugzeugträger, die in unregelmäßigen Abständen von Gibraltar aus in das Seegebiet südostwärts der Balearen vorstießen, um von dort aus Jagdflugzeuge nach Malta zu starten. Aber es gehörte neben dem taktischen Können und der Findigkeit der Kommandanten eine große Portion Glück dazu, um mit vier Booten in dem relativ weiten Seegebiet einen stark gesicherten Flugzeugträger abzufangen.

Der FdU Italien, Kreisch, sagte zu dieser Phase des Kampfes: »Wir haben uns damals redliche Mühe gegeben. Wir haben viele Betrachtungen und Überlegungen angestellt, diese Aufgabe zu lösen. Es ist nicht ohne Interesse zu erfahren, wie nahe wir einem beachtlichen Erfolg waren.« (Darüber, wie der Träger ›Furious‹ um ein Haar einem deutschen U-Boot zum Opfer gefallen wäre, später.)

Im Stab des Befehlshabers der U-Boote Italien wurden schon im Spätsommer Überlegungen angestellt, welchen Beitrag die U-Boote zur Abwehr einer etwaigen alliierten Landung in Nordafrika leisten könnten. Eine Verstärkung der U-Boots-Zahlen war das dringendste Erfordernis, doch diesem Ansuchen wurde nur sehr zögernd stattgegeben. Die U-Boots-Kriegsführung im Atlantik stand verstärkt im Mittelpunkt. Außerdem waren mit dem U-Boots-Einsatz vor der USA-Küste sowie im Südatlantik zwei neue Einsatzgebiete hinzugekommen, die erfolgversprechender waren.

Die Seekriegsleitung sandte dem FdU Italien eine Denkschrift über alliierte Landungsmöglichkeiten, deren folgende Punkte interessant sind, da in ihnen genau die Orte genannt wurden, an denen schließlich die Landungen stattfanden.

1. Die Franzosen werden sich mit höchster Wahrscheinlichkeit einer Landung widersetzen.
2. Die leistungsfähigen Häfen Oran und Algier sind befestigt und werden verteidigt werden.
3. Neben Algier und Oran sind für eine Landung mit der erforderlichen Ausladung von Panzern und Schwergut vornehmlich Mostaganem und die Bougie-Bucht geeignet, die ostwärts Algier liegt.

In erster Linie zogen Mostagenem und die Bougie-Bucht das Interesse der U-Boots-Führung im Mittelmeer auf sich. Vizeadmiral Kreisch berichtet darüber:

»Mein Stab stellte in dieser Lage folgende Überlegungen an: Ein U-Boots-Einsatz trifft den Gegner am wirkungsvollsten im Augenblick der Landung an den Landungsplätzen. Aber wo wird er landen?

Am wahrscheinlichsten faßt man den Feind im Gibraltarschlauch. Das ist aber ein sehr schwieriges Operationsgebiet. Hier tritt den Booten eine massive Abwehr, zumal aus der Luft, entgegen. Die Boote können sich nur langsam und getaucht bewegen. Es wird sehr zeitraubend sein, sie von dort zu lösen und wieder zur Verfügung zu haben. Also empfiehlt es sich mehr, die Boote ostwärts des Gibraltarschlauches aufzustellen.

Sollen sie sich mit kleineren Zwischenräumen in einer Standlinie oder erweitert in zwei Standlinien aufstellen? Ist dem Überwasserangriff bei Nacht oder dem Unterwasserangriff bei Tage der Vorzug zu geben?

Danach richtet sich die Aufstellung der Boote auf der vermuteten Nacht- oder Tagesstrecke des Gegners. Zu beachten ist, daß eine Verbesserung der Position der Boote, vornehmlich ein Ablaufen und wieder Vorsetzen vor den Gegner, unter den Verhältnissen im Mittelmeer nicht möglich ist.

Sind die Boote vom Gegner überlaufen, dann können sie erst lange nach ihm auf den inzwischen erkannten Landestellen eintreffen.

Alle Möglichkeiten auszuschöpfen, verbietet sich. Denn eine Aufstellung sowohl auf den Anmarschwegen als auch an den vermuteten Landungsstellen läßt die geringe Zahl der Boote nicht zu.«

Diese wenigen Sätze kennzeichnen die Gefährlichkeit und Unwägbarkeit des Mittelmeereinsatzes der U-Boote.

Kapitän zur See Kreisch sah als Lösung eine Aufstellung in zwei Standlinien an. Die erste Linie wurde dabei so weit nach Westen vorgeschoben, daß ein nach Oran oder nach Mostaganem laufender Gegner mit Sicherheit noch gefaßt wurde. Die zweite Standlinie wurde etwa 100 Seemeilen dahinter aufgestellt. Die Boote sollten in ihren Standlinie bleiben, bis Klarheit über die Anzahl der Wellen bestand, in denen der Gegner marschierte, sowie über die Landungsziele.

Im engsten Kreise gab Leo Kreisch dieser Kompromißlösung die Bezeichnung ›Känguruh‹ und erläuterte sie: »Mit leerem Beutel große Sprünge machen.«

Zwischen dem Einsatz am Konvoi ›Pedestal‹ und der Landung lagen jedoch noch eine Reihe kleinerer Erfolge und schmerzlich empfundener Verluste für die U-Boots-Waffe.

U 83 wird eingeschleppt

Eines der Boote, das noch einmal Glück im Unglück hatte, war U 83, das inzwischen bereits wieder ausgelaufen war. Diese Feindfahrt hatte mit Widrigkeiten begonnen; denn kaum stand U 83 im Tyrrhenischen Meer, als seine Schraubengeräusche zu laut wurden. Das Boot lief Messina an. Hier schickte der LI einen Mann mit

Tauchretter hinunter, der die Ursache des Geräusches schnell feststellte: Der Flügel der Backbordschraube war stark verbogen. Anscheinend war beim Ablegen in La Spezia irgendein Gegenstand in die Schraube geraten.

Das Boot ging ins Dock. Der Schaden wurde behoben, und mit nur einem Tag Verspätung ging es durch die Messinastraße in Richtung Patras. In Sicht der Insel Kephalonia drehte U 83 nach Süden. Luft und Meer waren von unwahrscheinlicher Bläue, und der Kommandant ließ außer der Brückenwache noch jeweils weitere zwei bis drei Männer zum Luftschöpfen nach oben kommen. Dicht unter der kretischen Südküste schwenkte das Boot auf Ostkurs, Richtung Zypern. Einsatzziel war wieder einmal das Seegebiet zwischen Zypern und Port Said. Außerdem wollte der Kommandant auf dieser Feindfahrt auch die große Fabrik zwischen Beirut und Tripolis beschießen.

Südlich Zypern geriet U 83 in einen britischen Flottenverband. Die gesichteten Kreuzer standen jedoch zu weit entfernt, und auf Zerstörer wollte Kraus diesmal nicht schießen. Ein Versuch, Anschluß zu gewinnen, schlug fehl.

Am nächsten Tag setzte das Boot den Marsch nach Süden fort.

Haifa wurde erreicht. Hier war alles ruhig. In langen Suchschlägen stand das Boot vor Port Said auf und ab. Eines Morgens bemerkte Kraus durch das Sehrohr starken Flugzeugverkehr. Er blieb getaucht, und gegen Mittag wurden Schraubengeräusche gehorcht. Später traten an Backbord voraus Mastspitzen über die Kimm. Der Mastform nach waren es Kriegsschiffe. Nur Sekunden durfte das Sehrohr ausgefahren werden, denn die Flugzeuge jagten sehr tief in Rottenformation über die See hinweg.

Die Besatzung stand auf Gefechtsstationen und lauschte den Berichten des Kommandanten. Geben wir wieder Hans-Werner Kraus das Wort:

»Es ist mehr so eine Art Selbstgespräch, das ich hier oben im Turm halte. Es geht über die eingeschaltete Befehlsanlage an alle Stellen. Die Leute sind mir dankbar, denn es ist ja ihre einzige Verbindung zu den Ereignissen oben, von denen sie nie etwas sehen.

Bei meinen Blitzrundblicken kann ich jetzt klar einen Verband von zwei großen und einigen kleineren Schiffen ausmachen. Sie sind noch unter der Kimm. Nur Masten und Schornsteine, manchmal auch schon Brückenaufbauten, sind zu sehen. Sie befinden sich fast genau voraus – also beinahe unerreichbar für mich. Da beobachte ich, wie der ganze Verband etwa um 90 Grad dreht. Er hat auf uns zugezackt, denn die Schiffe wachsen schnell in ihrer ganzen Größe aus der Kimm heraus. Es sind zwei große Pötte, einer mit zwei, der andere mit drei Schornsteinen; davor ein kleinerer Flak-Kreuzer. Zu beiden Seiten und achteraus laufen je ein Zerstörer.

Wer beschreibt meine Überraschung, als ich im vorderen Zweischornsteinschiff unseren Freund von Tobruk wiedererkenne, bei dem der Angriff damals wegen der nicht schnell genug geöffneten Mündungsklappen danebenging.

Diesmal kommt er zu dicht an uns vorbei, als daß ein Angriff auf ihn erfolgreich wäre. Aber den Dreischornsteiner, den wollen wir uns holen.

Es scheint ein Truppentransporter oder sogar ein Hilfskreuzer zu sein. Er hat gut seine 15 000 Tonnen und ist vorn und achtern mit Geschützen bestückt.

Auf 400 Meter schießen wir unseren Fächer, dann gehen wir schnell auf Tiefe.

Zwei Detonationen zerreißen brutal die lastende Stille. Treffer!

Dann kommen Wasserbomben, etwa eine Stunde lang; viele. Dann Stille.

Und nun geschieht etwas, was wir bisher in dieser Form noch nicht erlebt hatten. Wir hören ein Knacken über uns, als würden jemandem die Knochen gebrochen. Das Knacken und Brechen wird stärker; es poltert, als fielen ganze Waggonladungen Steine auf das Boot. Dazwischen helles, scharfes Knallen, als zersprängen Stahlsaiten.

Ein Hexensabbat ist über uns los. Uns weicht langsam alle Farbe aus den Gesichtern. Über uns kämpft ein Schiff seinen Todeskampf. Wir fürchten, daß uns dieser Koloß auf den Kopf fällt. Nach 40 Minuten vernehmen wir ein letztes Zischen und Rauschen, dann herrscht Stille.

Erst nach Eintritt der Dunkelheit können wir auftauchen und uns nach Norden absetzen.

Wir melden über FT unseren Erfolg.

Nach unseren Unterlagen ist es die 20 000 BRT große ›Atlanta‹ gewesen, die hier für immer von der See verschwunden ist.«

Soweit der Bericht des Kommandanten.

Gegen Mitternacht, der Obersteuermann hatte eben als III. WO abgelöst, kam Fliegeralarm von der Brücke. Der Kommandant eilte in die Zentrale. Die Brückenwächter fielen gerade wie reife Pflaumen von oben herunter. Das Boot kippte an. Es befand sich eben auf Sehrohrtiefe, als die ersten Bomben krachten. Wie ein Ball wurde U 83 herumgewirbelt. Das Licht erlosch schlagartig. Glas zerklirrte. Die Maschinen blieben stehen. Das Boot stellte sich jäh auf den Kopf. Leute flogen gegen Geräte und Leitungen. Es gab Verletzte, und nun schien U 83 auf immer unterzugehen.

»Überall anblasen!« rief Kapitänleutnant Kraus.

Zischend fuhr die Preßluft in alle Zellen. Das Boot stand. Der Bug hob sich wieder, kam empor, und das Boot schoß an die Wasseroberfläche zurück.

Als Hans-Werner Kraus das Turmluk aufriß, schlug ihm strahlende Helle entgegen. Um das Boot hingen Leuchtfallschirme am Himmel.

Zwei, drei Flugzeuge stießen auf U 83 nieder und eröffneten aus ihren Bordwaffen das Feuer.

»Feuer erwidern!«

Die Zwozentimeter traten in Aktion. Aber weder die Maschinen noch das Boot erzielten Treffer, und als die Leuchtbomben erloschen, waren auch die Flugzeuge verschwunden. Sie hatten wahrscheinlich keine Bomben mehr.

Tauch- und manövrierunfähig lag U 83 auf dem Wasser, ein gutes Ziel für weitere Bomber. Unter Deck arbeitete alles unter Leitung des LI an den Maschinen und dem ausgefallenen Sender. Eine Stunde später meldete der Dieselobermaschinist, daß ein Diesel wieder laufe. Der Notsender war inzwischen klar und sandte Notzeichen mit dem Standort. In Rom wurden diese Zeichen verstanden und quittiert.

Kapitänleutnant Kraus ging durch das Boot. Was er sah, bestätigte ihm die Tauchunklarheit des Bootes. Eine Bombe hatte es vorn am Bug getroffen. Die Bugrohre machten stark Wasser, das aber gerade noch von den Pumpen bewältigt werden konnte. Alle Gestänge für die Tiefenruder und vorderen Entlüftungen waren verbogen. WC und Funkraum glichen einem Scherbenhaufen. Alles Porzellan war hin. Im Bugraum konnten sich die Männer wegen der sich entwickelnden Chlorgase aus der Batterie nur mit Tauchrettern und Gasmaske bewegen.

Kapitänleutnant Kraus spielte bereits mit dem Gedanken, das Boot hinter der Alameinfront zu sprengen und mit der Besatzung zu Rommels Truppen zu gehen.

Als aber am nächsten Morgen alles ruhig blieb, befahl er Kurs auf Kreta. Den ganzen Tag über wurde kein einziges Flugzeug gesichtet. Ein Funkspruch sagte ihnen, daß der Zerstörer ›Hermes‹ unterwegs sei und sie am nächsten Morgen erreicht haben würde. Er war sofort nach der Meldung aus Athen ausgelaufen. Am 18. August traf ›Hermes‹ bei U 83 ein und schleppte das Boot unter den Augen der Engländer in Richtung Salamis.

Ständig hingen Maschinen der deutschen Luftsicherung über dem kleinen Konvoi.

Zwei Tage später, am 20. August, wurde Salamis erreicht.

Dort wurde das Loch im Bug provisorisch mit Beton vergossen. Kapitänleutnant Kraus überführte sein Boot nach La Spezia in die Werft. Er erhielt hier die italienische Tapferkeitsmedaille in Silber.

Im Oktober 1942 übergab er U 83 seinem Nachfolger, Oberleutnant zur See Wörishoffer, und nahm Abschied vom Mittelmeer, um eines der soeben fertig gewordenen großen U-Boote zu übernehmen.

U 372 erging es schlimmer als U 83. Korvettenkapitän Neumann, der im östlichen Mittelmeer vor der palästinensischen Küste und vor Jaffa operierte, wurde dort von einer U-Jagdgruppe aufgefaßt, mehrere Stunden gejagt und dann versenkt. Der Kommandant und einige Besatzungsmitglieder gerieten in Gefangenschaft.

In den Ruhm, dieses Boot versenkt zu haben, teilten sich die beiden Zerstörer ›Sikh‹ und ›Zulu‹ und die Geleitzerstörer ›Croome‹ und ›Tetcott‹.

›Sikh‹ und ›Zulu‹ sollten nur etwas mehr als einen Monat dieses Boot überleben.

Hier an den kleinen Konvois vor Port Said versenkte am 26. August U 375 unter Kapitänleutnant Koenenkamp den Transporter ›Empire Kumari‹ mit 6228 BRT.

Im Lagezimmer des FdU-Italien nahe Rom beriet Kapitän zur See Kreisch mit seinem Stab die Lage.

»Ein stark gesicherter Flugzeugträger ist aus Gibraltar ausgelaufen. Drei unserer Boote stehen in einer Aufklärungslinie am Ostausgang der Gibraltarstraße, ein viertes ist auf dem Marsch dorthin, um diese Linie zu verstärken.«

»Es ist aber fraglich, Herr Kapitän«, warf der 1. Admiralstabsoffizier, Korvettenkapitän Schewe, ein, »ob es dem vierten Boot möglich sein wird, vor dem englischen Verband zur Stelle zu sein.«

»Nun gut, dann werden wir es in ein Gebiet leiten, wohin der Flugzeugträger vermutlich laufen wird, um die Maschinen nach Malta zu starten.«

Die Offiziere des Stabes zirkelten ihre Kreise um Malta herum ab, mit den möglichen Aktionsradien der Jagdflugzeuge. Von Gibraltar aus wurde dasselbe getan, hier unter Zugrundelegung der Vormarschgeschwindigkeit des Trägers und seines Verbandes.

»Hier müßte das Boot eine Chance haben, Herr Kapitän!«

Der I. ASTO deutete auf den Seeraum südostwärts der Balearen.

»Gut. FT-Spruch an U 458: Ansteuern Raum südostwärts Balearen. Dort wird vermutlich britischer Träger ›Furious‹ bei Hellwerden Jagdflugzeuge nach Malta starten.«

Der Funkspruch ging hinaus und erreichte das Boot, das in den Operationsraum westliches Mittelmeer unterwegs war. Als er Kapitänleutnant Diggins auf die Brücke gebracht wurde, lächelte der Kommandant.

»Kurswechsel, I. WO! Wir steuern 38-00 Nord und 05-00 Ost an.«

Das Boot, das mit Generalkurs 210 Grad nach Südsüdwesten lief, ging auf Kurs 230 Grad.

»Was ist los, Herr Kaleunt?«

»Morgen früh sollen wir südostwärts von Menorca auf den englischen Flugzeugträger ›Furious‹ stoßen.«

»Und wie sollen wir in dem Riesenaquarium dieses winzige Pünktchen finden?«

»Ich hoffe, daß wir etwas Glück haben.«

»*Etwas* Glück genügt nicht, Herr Kaleunt!«

Zwei Stunden nach Mitternacht erreichte das Boot die befohlene Position. Kurt Diggins war mit der neuen Wache auf den Turm gekommen und suchte die nächtliche See ab. Nichts war zu sehen als die unendliche Fläche des Wassers.

»Hundertprozentiger Ausguck! Wer den Flugzeugträger zuerst sichtet, erhält drei Tage zusätzlichen Urlaub.«

Die nächsten Stunden vergingen in quälender Ungewißheit. Würde der Verband in Sicht kommen? Und wenn ja, würden sie zum Schuß kommen?

»Mastspitzen!« meldete eine halbe Stunde vor Tagesanbruch, noch in der Dämmerung, der Bootsmannsmaat der Wache.

»Kommandant auf die Brücke!« rief der II. WO, der die Wache um 4.00 Uhr übernommen hatte. Kapitänleutnant Diggins erschien.

»Mastspitzen, Herr Kaleunt!«

»Tatsächlich. – Kriegsschiffsverband! Kommt schnell näher!«

»Auf Tauchstationen!«

So schnell wie diesmal war das Boot noch nie unter der Wasseroberfläche verschwunden.

In Sehrohrtiefe eingependelt, lief es mit kleiner Fahrt weiter auf den Verband zu. Schon sah Diggins die Aufbauten eines Flugzeugträgers.

»Der rennt uns genau vor den Bug! – Auf achtzig Meter gehen!«

Der Kommandant hatte die Sicherungszerstörer gesehen, von denen zwei direkt auf das Boot zuhielten.

Die Schraubengeräusche gingen über das Boot hinweg. Nichts geschah.

»Auf Sehrohrtiefe gehen!«

Sie hatten den Sicherungsring untertaucht.

»Auf Gefechtsstationen! – Boot greift Flugzeugträger an!«
Näher und näher kam der Träger heran. Gleich konnte er schießen.
»Rohre bewässern. Rohr I bis IV klar zum Unterwasserschuß!«
Preßluft ging auf die Ausstoßpatronen.
Die Fertigmeldelampen müßten jetzt aufleuchten und dem Kommandanten, seinem I. WO und dem Oberbootsmann hinter der Rechenanlage zeigen, daß das Boot schußbereit war. Aber nichts dergleichen geschah.
»Bugraum von Kommandant. Was ist los?« rief Diggins unterdrückt. »Warum wird nicht klargemeldet?«
»Rohre lassen sich nicht bewässern, Herr Kaleunt! Störung!« schallte die Antwort aus dem Bugraum herauf.
»Mündungsklappen sind auf!« kam wenig später die erlösende Meldung.
»Himmelherrgott noch mal!«
Da aber die Mündungsklappen gleichzeitig geöffnet worden waren, strömten viele Tonnen Wasser sofort in die Rohre hinein, weil diese nicht vorher aus dem unter den Rohren befindlichen Tank bewässert worden waren. Das Boot bekam starke Buglastigkeit.
»Untergeschnitten!« knirschte Diggins wütend.
Sofort handelten der LI und die Tiefenrudergänger, um das Boot wieder auf Sehrohrtiefe einzupendeln. Als der Kommandant den Ausblick endlich frei hatte, war die Chance zum Schuß bereits vertan. Der Flugzeugträger war vorbeigezogen und nun infolge seiner hohen Fahrtstufe nicht mehr einzuholen. Ein Fehler an der Bewässerungsleitung hatte das Boot um einen bereits sicher erscheinenden großen Erfolg gebracht.
Für die ›Furious‹ hätte es bei der geringen Schußentfernung von höchstens 600 Meter kein Entkommen vor diesem Viererfächer gegeben.
Besonders merkwürdig war, daß von diesem Zeitpunkt an Kurt Diggins das Glück verließ. Er hatte vorher zwei Dampfer versenkt und einen weiteren torpediert. Seine beiden nächsten Unternehmungen waren endlose Pechsträhnen. Von der dritten kehrte das Boot nicht mehr zurück.

Die Alliierten landen in Afrika

Mitte August 1942 war Admiral Cunningham zum Oberbefehlshaber der alliierten Marineverbände für die Operation ›Torch‹ ernannt worden. Am 1. November traf er in Gibraltar ein, wo sich das Hauptquartier der alliierten Expeditions-Streitkräfte befand.

Der Angriffsplan sah zwei verschiedene Operationen vor: die der englischen Streitmacht gegen Algier und Oran und jene der amerikanischen Streitmacht gegen Casablanca und die marokkanische Küste.

Schon in den ersten Oktobertagen liefen Vorausgeleitzüge nach Gibraltar. Zwischen dem 22. Oktober und 1. November folgten vier Großkonvois aus England mit den Angriffsstreitkräften. Die Kriegsschiffe – 160 an der Zahl – liefen Ende Oktober aus Scapa Flow aus.

Zur gleichen Zeit, da sich die Großkonvois auf dem Marsch nach Gibraltar befanden, faßten die im Atlantik operierenden deutschen U-Boote den Konvoi SL 125 (von Sierra Leone nach England gehend) auf und griffen ihn an. Zwar versenkten sie in den sieben Tage dauernden Kämpfen zwölf Handelsschiffe, dafür konnte aber der Strom der Schiffe für Nordafrika unbehelligt durchlaufen.

In den späten Abendstunden des 5. November passierten die Schiffe Kap Trafalgar. Am Nachmittag des 6. November liefen die ersten Meldungen vom Anlaufen einer großangelegten Operation beim FdU-Italien ein. Am Abend erhielt Kapitän zur See Kreisch ein Telegramm aus dem Führerhauptquartier: ›Von Zerschlagung Gibraltargeleitzug abhängt Schicksal Afrikaarmee. Erwarte rücksichtslosen sieghaften Einsatz. – Hitler.‹

Sofort wurden alle verfügbaren U-Boote in Richtung der Geleitzüge in Marsch gesetzt.

Bis zum Tagesanbruch des 8. November waren die für Algier bestimmten Truppen der ›Eastern Task Force‹ an Land gesetzt. Hier war der französische Widerstand nicht sehr stark. Immerhin sanken die beiden britischen Zerstörer ›Malcolm‹ und ›Broke‹ im Gefecht.

Die erste Annäherung der ›Center Task Force‹ unter Commodore Troubridge auf Oran wurde abgewehrt. Französische Zerstörer liefen aus, um die Landungsstreitmacht anzugreifen. Sie wurden nach heftigem Kampf abgewehrt. Alle fünf französischen Zerstörer wurden versenkt. Erst am 10. November stellten die Franzosen den Kampf ein.

Die ›Western Task Force‹, die vom 24. Oktober an aus USA-Häfen und den Bermudas in See gegangen war, bestand aus 103 Fahrzeugen. Vizeadmiral Hewitt hatte die Führung übernommen. An Bord seiner Schiffe befand sich ein Armeekorps mit insgesamt 35 000 Mann und 250 Panzern. Generalmajor Patton führte dieses Armeekorps, das neben der 2. Panzerdivision noch aus der 3. ID und zwei Dritteln der 9. ID bestand.

Da Casablanca zu stark befestigt erschien, landeten diese Streitkräfte am 8. November bei Fedala, Mehedia und Safi. Die Landungen bei Fedala und Safi gelangen. Bei Mehedia leisteten die Franzosen zwei Tage erbitterten Widerstand. Küstenartillerie und vor allem der französische Kreuzer ›Primauguet‹ und fünf Zerstörer kämpften bis zur Versenkung. Das Schlachtschiff ›Jean Bart‹ wurde ebenso wie alle anderen französischen Einheiten, die den Kampf aufnahmen, zusammengeschossen.

Erst am frühen 11. November wurde der Widerstand aufgegeben, nachdem Admiral Darlan – der sich zufällig in Nordafrika befand – alle französischen Truppen über den Rundfunk aufgefordert hatte, den Kampf einzustellen.

Damit waren die Alliierten am dritten Landungstag im Besitz aller strategisch wichtigen Punkte.

Deutsche Flugzeuge und U-Boote versuchten in dieser Zeit immer wieder zum Schuß zu kommen. Vom 8. bis 14. November wurden allein vor der marokkanischen Küste folgende U-Boote angesetzt:

U 84, U 91, U 92, U 98, U 108, U 130, U 135, U 173, U 185, U 263, U 411, U 413, U 509, U 564, U 613, U 653 und U 752.

Von diesen Booten erzielte U 173 am 11. November den ersten Erfolg, als es vor Casablanca aus dem Konvoi UGF den Truppentransporter ›Joseph Hewes‹ (9359 BRT) versenkte und den Tanker ›Winooski‹ (10 600 BRT) nebst dem US-Zerstörer ›Hambleton‹ torpedierte.

Im Mittelmeer selbst kam U 407 ebenfalls am 11. November zum Schuß auf einen der riesigen Transporter. Kapitänleutnant Brüller versenkte die ›Viceroy of India‹, ein Schiff mit 19 617 BRT.

Einen Tag später griff U 515 (Kapitänleutnant Henke) an. Das Boot war am 8. November vom BdU aus dem Atlantik in Richtung Gibraltar geschickt worden.

Admiral Dönitz hatte nach der Meldung der SKL über die Landung der Alliierten an der marokkanischen Küste alle U-Boote, die zwischen der Biskaya und den Kapverdischen Inseln standen und noch ausreichend versorgt waren, nach der marokkanischen Küste umdirigiert. Nach Rücksprache mit der SKL wurden dann von ihm auch noch die Boote, die im Operationsgebiet Nordatlantik standen, in den Gibraltarraum umgeleitet.

Am 8. November schrieb der BdU in sein KTB:

›Offensichtlich handelt es sich bei der Landung an der algerischen und marokkanischen Küste um Invasionsunternehmen größten Stils, für deren Durchführung der Gegner laufend starken Nachschub benötigt. Der Einsatz der U-Boote kommt für die Beeinträchtigung der ersten Landungen zu spät, denn die ersten Boote können frühestens am 9. bzw. 11. November eintreffen. Durch ihr Eingreifen kann jedoch eine Bekämpfung der weiteren Großausschiffungen und des Nachschubverkehrs (besonders nach dem Mittelmeer) erfolgen.

Die Erfolgsaussichten dürfen nicht zu hoch angesetzt werden. – Jeder Angriff auf dem flachen Wasser bedeutet vollen Einsatz. Trotzdem erfordert die Wichtigkeit der Bekämpfung des Nachschubs rücksichtslosen U-Boots-Einsatz*.‹

U 515 stieß am 12. November auf einen Kreuzerverband, der mit Ostkurs und 15 Knoten Fahrt lief. Fünf Stunden lief U 515 mit AK, ehe es den zum Angriff nötigen Vorlauf erreichte. Mehrfach torpedierte Henke in vier Anläufen das britische Zerstörermutterschiff ›Hecla‹, das er für einen Kreuzer hielt. Die ›Hecla‹ sank. Er torpedierte ferner den Zerstörer ›Marne‹, dem es jedoch gelang, schwer beschädigt Gibraltar zu erreichen.

U 130 unter Korvettenkapitän Kals aber leistete ein Meister-

---

* Siehe Dönitz, Karl: ›Zehn Jahre und zwanzig Tage‹

stück: Dieses Boot durchbrach – mit nur 25 Meter Wasser unter dem Kiel – die aus zwanzig Zerstörern bestehende amerikanische Sicherung auf der Reede von Fedala und schoß aus den dort liegenden Großtransportern drei heraus. Danach kam es heil aus dem Sicherungsring heraus.

Im amerikanischen Navy's Communique vom 2. Dezember 1942 hieß es darüber:

›The following US Naval Transports were lost during the earley part of November as a result of enemy submarine torpedoes during the occupation of North Africa by US Forces:

   a) ›H. Bliss‹ (ex ›President Cleveland‹)   12 568 BRT
   b) ›Hugh L. Scott‹ (ex ›President Pierce‹)   12 579 BRT
   c) ›Edward Rutledge (ex ›Exeter‹)   9 360 BRT‹

Ein Untersuchungsausschuß der US-Navy konnte nicht erklären, wie U 130 dieses Unternehmen hatte durchführen können*.

Am 15. November gelang es U 155 unter Kapitänleutnant Piening, den Geleitträger ›Avenger‹ zu versenken. Dazu den Truppentransporter ›Ettrich‹ (11 279 BRT). Ein weiterer Transporter – die ›Almaak‹ mit 6736 BRT – wurde torpediert, konnte aber den nächsten Hafen erreichen.

Auch U 173 erzielte einen weiteren Erfolg, und die Boote U 92 und U 263 konnten einen und zwei Transporter versenken. Damit war die Zeit der Erfolge westlich Gibraltar am 20. November 1942 vorüber.

Im Mittelmeer selbst aber ging der Kampf vom ersten Tag der Landung bis in das Jahr 1943 hinein.

U 331 unter Kapitänleutnant Freiherr von Tiesenhausen lief am 7. November 1942 aus La Spezia aus. Das Boot hatte nach dem großen Erfolg der ›Barham‹-Versenkung immer wieder neue Erfolge errungen. Am 2. April 1942 war Tiesenhausen und Kapitänleutnant Guggenberger gemeinsam mit Korvettenkapitän Fürst Borghese vom Herzog von Aosta die italienische Tapferkeitsmedaille in Silber verliehen worden.

Im westlichen Mittelmeer hatte das Boot Frachtensegler mit der

---

* Siehe dazu Alman, Karl: ›Graue Wölfe vor Marokko‹

Artillerie versenkt und war schwer beschädigt worden. Nun lief es zu seiner sechsten Feindfahrt im Mittelmeer aus. Als es die algerische Küste nahe Cap Matifou erreichte, machte ein ungewöhnlich starkes Meeresleuchten dem Boot zu schaffen.

Aufgetaucht suchte U 331 die Küstenlinie ab.

»Eigentlich müßte hier doch Verkehr sein, Herr Kaleunt!« meinte der III. WO, als auch schon der Bootsmannsmaat der Wache meldete: »Großer Schatten Steuerbord voraus!«

Tiesenhausen suchte die bezeichnete Stelle ab.

»Tatsächlich, ein großer Transporter! Liegt offensichtlich gestoppt.«

»Geleitfahrzeug, Herr Kaleunt! – Zwanzig Grad Backbord voraus!« meldete der backbordachtere Ausguck.

»Steht vor dem großen Plätteisen auf und ab.«

»Auf Gefechtsstationen!«

Alles wurde zum Dreierfächer klargemacht. Das Boot erreichte eine günstige Schußposition. Auf einmal warf das Geleitfahrzeug Wasserbomben.

»Blinder Alarm. Der wirft auf gut Glück.«

Der Fächerschuß jagte los. Wie grüngoldene Geisterfinger jagten die Torpedolaufbahnen durch die See. Sah der Gegner das denn nicht?

Alle drei Torpedos trafen den riesigen Transporter und ließen ihn sofort mit starker Schlagseite sinken.

Das Geleitfahrzeug drehte um und kam in Lage Null auf das Boot zu.

»Alarmtauchen!«

Die Glocke schrillte. Das Boot stieß steil hinunter, wurde bereits auf dreißig Meter abgefangen, weil das Wasser hier sehr flach war, und drehte auf die offene See zu.

Einige Wabos fielen, aber die Explosionen lagen weit hinter dem Boot, das entkommen konnte. Die leergeschossenen Rohre wurden nachgeladen.

In den nächsten beiden Nächten kam U 331 nicht zum Schuß, und am 17. November wurde das Boot, nordwestlich Algier stehend, überraschend von Bombern angegriffen. Die ersten Bomben beschädigten es schwer. Die von den Stationen einlaufenden Meldungen zeigten Tiesenhausen, daß sein Boot nicht mehr tauchklar war. Die Abwehrwaffen waren zerstört.

Weitere Angriffe von Jagdbombern, die nach der Meldung der zuerst angreifenden Maschinen von den Flugdecks der ›Formidable‹ aufgestiegen waren, brachten neue Schäden. Männer fielen.

Der Lufttorpedo einer Swordfish gab dem sinkenden Boot den Fangschuß.

»Alle Mann aus dem Boot!« befahl von Tiesenhausen.

Mit fünfzehn geretteten Besatzungsmitgliedern trat der Kapitänleutnant, der die ›Barham‹ versenkt hatte, den Weg in die Gefangenschaft an. –

Eines der Boote, die zum Jahresende ins Mittelmeer dirigiert wurden, war U 617 unter Kapitänleutnant Albrecht Brandi. Das Boot war Anfang November 1942 zu seiner zweiten Feindfahrt in den Atlantik ausgelaufen. Am 4. November erhielt Brandi einen Kommandanten-Funkspruch mit dem Befehl, durch die Straße von Gibraltar nach La Spezia zu gehen, von wo aus das Boot dann im Mittelmeer eingesetzt werden sollte.

Bereits westlich Gibraltar wurde das Boot von einer Sunderland unter Wasser gedrückt. Im Unterwassermarsch durchlief es die Meerenge, wo starke Feindstreitkäfte standen und den U-Booten auflauerten.

U 617 sichtete – eben aufgetaucht – mehrere Kriegsschiffe. Auf einen Verband aus mehreren Zerstörern, einigen Transportern und einem Kreuzer ließ Brandi einen Viererfächer schießen.

Unmittelbar darauf wurde das Boot wieder unter Wasser gedrückt. Aus der Richtung, wo einer der Zerstörer stand, wurden Torpedodetonationen gehorcht. Dann Sinkgeräusche. Zwei weitere Torpedos explodierten. Was sie getroffen hatten, war nicht zu klären.

Dann erst lief das Boot in La Spezia ein.

So gab einer *der* Kommandanten im Mittelmeer seinen Einstand, die in den folgenden Monaten immer wieder von sich reden machen sollten.

Am 1. Dezember 1942 stieß U 375 unter Kapitänleutnant Koenenkamp auf den britischen Minenkreuzer ›Manxman‹. Der Kreuzer war am 11. November mit sechs Zerstörern von Alexandria nach Malta gelaufen, um Nachschub zur Insel zu bringen. Auf seinem weiteren Wege nach Oran wurde er von U 375 aufgefaßt und durch einen Fächerschuß schwer beschädigt. Er mußte den Hafen anlaufen.

Alle deutschen U-Boote waren verspätet an den Landestellen der alliierten Truppen eingetroffen, wie dies vorauszusehen war. Eine nachhaltige Wirkung blieb ihnen versagt, wenn es ihnen auch gelang, vom Zeitpunkt der Landung bis Jahresende im Mittelmeer einen Truppentransporter von 24 000 BRT und eine Reihe weiterer Transporter zu versenken. Davon im November allein fünf mit zusammen 43 000 BRT. Im Kampf mit Zerstörern und Bewacherstreitkräften wurden vier Zerstörer versenkt.

Diese Erfolge waren jedoch mit hohen Verlusten errungen. Und zwar ereilte als erstes U-Boot im Landungsraum U 605 unter Kapitänleutnant Schütze am 7. November das Schicksal. Das Boot stand im Vorpostenstreifen direkt vor Algier und erlebte den ersten Ansturm der Feindstreitkräfte. Es wurde durch die britischen Korvetten ›Lotus‹ und ›Poppy‹ versenkt. Kein Mann der Besatzung überlebte.

U 660 unter Kapitänleutnant Baur wurde ebenfalls von der ›Lotus‹ im Verein mit der Korvette ›Starwort‹ am 12. November vor Oran versenkt. Diesmal gerieten der Kommandant und ein Teil der Besatzung in Gefangenschaft.

Nordostwärts Oran wurde am 14. November U 595 unter Kapitänleutnant Jürgen Quaet-Faslem durch Fliegerbomben versenkt. Auch hier konnten der Kommandant und ein Teil der Besatzung gerettet werden.

Einen Tag später ereilte U 259 unter Kapitänleutnant Klaus Köpke das gleiche Schicksal. Doch diese Besatzung hatte weniger Glück. Alle gingen mit dem Boot binnen weniger Sekunden nach dem Bombentreffer in die Tiefe.

U 331 ging am 17. November verloren, und schließlich ereilte auch U 411 unter Kapitänleutnant Spindlegger am 20. November vor Bone (Algier) das Schicksal in Gestalt einiger Flugzeuge, die das Boot mit Bomben tauchunklar machten. Durch den australischen Zerstörer ›Quiberon‹ und den britischen Zerstörer ›Quentin‹

wurde es dann versenkt. Auch hier wurde kein einziger Mann gerettet.

Bereits einige Tage vorher, am 30. Oktober 1942, hatte es einen der erfolgreichsten Mittelmeer-U-Boots-Kommandanten in der Höhle des Löwen nordostwärts Port Said erwischt. Und zwar Kapitänleutnant Hans Heidtmann auf U 559.

Heidtmann hatte, nordostwärts Port Said stehend, den Verkehr in Richtung Syrien-Alexandria überwacht und einen Transporter versenkt. Am 30. Oktober griff er wieder einen Konvoi an. Doch die Geleitzerstörer ›Dulverton‹ und ›Hurworth‹ erkannten das U-Boot und griffen es rechtzeitig an. Drei weitere Zerstörer, die ›Pankeham‹, ›Petard‹ und ›Hero‹, kamen hinzu, und zu fünft gelang es ihnen, das Boot nach einer Reihe von Serienwürfen zu versenken.

Der Kommandant und Teile der Besatzung wurden gerettet und gerieten in Gefangenschaft.

Ende Dezember stellte sich folgende Bilanz:

Bestand 1. Januar 1942:	21 U-Boote
Zugänge:	14 U-Boote
Verluste:	15 U-Boote
Bestand 1. Januar 1943:	20 U-Boote

Toulon – Grab der französischen Flotte

Nach den alliierten Landungen in Nordafrika mußten deutscherseits Schritte unternommen werden, um die Mittelmeerküste des französischen Mutterlandes zu sichern, wenn die Alliierten nicht auch dort landen sollten.

So antwortete Deutschland auf die anglo-amerikanischen Landungen in Afrika mit der Besetzung von Südfrankreich. Der französische Kriegshafen Toulon, der noch immer als Hauptstützpunkt der Vichy-Marine diente, wurde von der Besetzung ausgenommen, weil die übrigen Teile der Flotte, die in Casablanca, Oran und Algier stationiert waren, sich tapfer gegen die Alliierten zur Wehr gesetzt hatten.

Dies sollte eine Anerkennung sein. Außerdem fehlten die Truppen und Seestreitkräfte, um den bei der Besetzung Toulons zu erwartenden Widerstand zu brechen.

Am 14. November wurde das französische Protektorat Tunis mit Zustimmung Vichys, das von Marschall Pètain repräsentiert wurde, unter deutsch-italienischen Schutz gestellt. Seit dem 11. November waren deutsche Truppen, wenn auch nur kompanieweise, nach Tunis geflogen worden.

Mit der Landung in Nordafrika hatten sich die Alliierten eine strategisch hervorragende Position im Mittelmeer aufgebaut und darüber hinaus mit der ersten lockeren Umklammerung Europas begonnen. An den eroberten Orten wurden bald Flugplätze angelegt und die bereits vorhandenen ausgebaut. Damit hatten die Achsenstreitkräfte zwei neue Fronten hinzubekommen: einmal die Afrika-Westfront, zum anderen die Mittelmeerküste Frankreichs.

Da mit weiteren Landungsunternehmen der Alliierten auch in Südfrankreich zu rechnen war, wurde das unbesetzte Toulon bald als Unsicherheitsfaktor angesehen. General de Gaulle, der in London eine freifranzösische Regierung gegründet hatte, General Giraud und Admiral Darlan, die sich ebenfalls den Gegnern Deutschlands zur Verfügung gestellt hatten (letzterer unter dramatischen, bis heute nicht völlig geklärten Umständen), würden – darüber bestand kein Zweifel – alle Mittel anwenden, um die in Toulon liegende französische Flotte zum Überlaufen zu bewegen.

Ein Großteil dieser französischen Schiffe war fahrbereit. Einzelne hatten sogar – mit deutscher Genehmigung – Übungsfahrten gemacht, um sich schlagkräftig zu erhalten. Sie wären eine beträchtliche Verstärkung der alliierten Seestreitkräfte gewesen. Daher beschloß man auf deutscher Seite, zu handeln.

Das Marine-Personalamt in Berlin rief zwölf Marineoffiziere zusammen, die unter Führung von Kapitän zur See Gumprich am 25. November nach Paris flogen. Von dort aus wurden sie mit einer Ju 52 nach Marseille gebracht, wo Kapitän zur See Gumprich sie in das Geheimnis einweihte: Toulon sollte überraschend in Besitz genommen werden.

Eine Besprechung bei General Hauser, dem Kommandierenden

General des I. SS-PzK., ergab dann, daß sie nach Aix weiterfuhren, wo der Stab der 7. Panzerdivision lag.

Diese Division, die eben aus Rußland gekommen war, war vom 8. bis 12. November über Cognac-Bazas in den ihr zugewiesenen Verfügungsraum zwischen Perpignan und Narbonne am Mittelmeer gezogen. Da es bei der Besetzung Südfrankreichs zu keinen Unruhen gekommen war, hatte die Division einige Ruhetage genossen, bevor sie in der Nacht zum 25. November in den neuen Bereitstellungsraum Aix-en-Provence (nördlich Marseille) verlegt wurde.

In einer Besprechung mit Generalleutnant Freiherr von Funk, dem Kommandeur der 7. PD, wurde die zum 26. November geplante Besetzung von Toulon besprochen. An Marinestreitkräften standen etwa 100 Mann unter Korvettenkapitän Gläser zur Verfügung. An sich sollten es 350 Mann sein, und Korvettenkapitän Wachsmuth, einer der aus Berlin geschickten zwölf Offiziere, sollte mit diesen Männern zwei der französischen Zerstörer bemannen und für die deutsche Mittelmeerstreitmacht in Dienst stellen.

In der Besprechung bei General von Funk trug Kapitän zur See Gumprich den Wunsch der Marine vor, möglichst viele Schiffe unbeschädigt in die Hand zu bekommen. Es sollte versucht werden, Admiral de Laborde, den französischen Flottenchef, dafür zu gewinnen, daß er auf deutscher Seite den Kampf fortsetzte. Doch waren noch keine deutschen Besatzungen für die französischen Schiffe vorhanden.

Die anwesenden Offiziere der Luftwaffe sicherten die Verminung des Hafengebietes zu, falls die französische Flotte Anstalten machen sollte, auszulaufen und zum Gegner überzugehen.

Der Angriffstermin, ursprünglich für den 26. November vorgesehen, wurde auf den 28. November verschoben und schließlich auf den 27. November festgesetzt.

Nach Einbruch der Dunkelheit des 26. November rollten die Panzerverbände los. Beim Divisionsstab befanden sich Kapitän zur See Gumprich und Korvettenkapitän Wachsmuth, der die Zerstörer übernehmen sollte. Die übrigen Seeoffiziere wurden auf die anderen vier Kampfgruppen aufgeteilt, die die Seefestung und die Halbinsel Mandrier mit sämtlichen Forts besetzen sollten.

Mitten in der Nacht wurde am Rande des Festungsgebietes noch eine kurze Rast eingelegt. Letzte Nachrichten über die Verhandlungen mit Admiral de Laborde trafen ein, nach denen der Admiral nicht gesonnen war, mit den Deutschen zu gehen.

Dies wäre durchaus nicht so verblüffend gewesen, wie es im nachhinein wirkt. Rufen wir uns ins Gedächtnis zurück:

Marokko, Algerien und Tunesien gehörten zu Frankreich. Frankreich aber hatte mit Deutschland einen Waffenstillstandsvertrag geschlossen und war somit nichtkriegführende Nation geworden. Der französische Staatschef Pètain und Premierminister Laval standen auf deutscher Seite. Sie wollten wahrscheinlich das nordafrikanische Kolonialgebiet für Frankreich erhalten, und Hitler hatte es auch bis dahin unangetastet gelassen.

Als nun die Alliierten in dieses Gebiet einfielen, befahl Admiral Darlan, der Oberbefehlshaber der Vichy-Truppen, der zufällig in Algier war, um seinen an Kinderlähmung erkrankten Sohn zu besuchen, zuerst den militärischen Widerstand gegen diese Invasion.

General Juin, der französische Befehlshaber in Algier, der auf seiten der Anglo-Amerikaner stand und der die Streitkräfte neutral halten wollte, war damit ausgeschaltet.

Durch einen Trick wurde Admiral Darlan am Abend des 9. November vom Krankenlager seines Sohnes zu General Juin gebeten. Der Admiral fuhr in eine Falle und wurde gezwungen, einen Befehl zu unterzeichnen, in dem alle französischen Truppen zur Einstellung des Kampfes aufgefordert wurden. Auf diese Weise also war der Aufruf des Admirals zustande gekommen.

Admiral Darlan wurde am 29. Dezember bei einem mehr als mysteriösen Attentat ermordet. Sein Mörder wurde 48 Stunden darauf ohne ordentliche Gerichtsverhandlung erschossen.

Doch zurück zu den ersten Morgenstunden des 27. November, da sich deutsche Generale bei Toulon als Verkehrsposten betätigten, um die langen Kolonnen in Fluß zu halten.

Die Waffen-SS-Einheiten des I. SS-Korps rückten gleichzeitig mit der 7. PD von Osten her in Toulon ein.

Auf dem Divisionsgefechtsstand der 7. PD liefen Meldungen ein, daß einige Schiffe auszulaufen versuchten und andere Dampf aufmachten. Die Verminung durch die Luftwaffe wurde daraufhin angeordnet. Bevor dies geschah, waren schon einige französische U-Boote entkommen.

»Die Verminung war überflüssig«, sagte Kapitän zur See Wachsmuth nach dem Kriege. »Wir waren nicht gefragt worden, sonst hätten wir sie verhindert; denn sie versperrte uns nur selber den Hafen.«

Die nächsten Meldungen, die eingingen, wurden von dumpfen Explosionen drastisch untermalt.

»Die Franzosen versenken ihre Schiffe.«

Gegen 6.30 Uhr waren sämtliche Forts im Hafengebiet und auf der Halbinsel St. Mandrier besetzt.

Mit Kapitän zur See Gumprich fuhr Korvettenkapitän Wachsmuth als erstes durch die Stadt zum Hafen. Aber sie konnten das Unheil nicht mehr verhindern. Schlachtschiffe, Kreuzer, Zerstörer gingen auf Grund. In dem flachen Hafenbecken ragten die Geschütztürme des französischen Flaggschiffs ›Strasbourg‹ aus dem Wasser heraus.

Folgende Einheiten wurden von den Franzosen selber versenkt: Ein Schlachtschiff, zwei Schlachtkreuzer, sieben Kreuzer, ein Flugzeugträger, 15 Zerstörer, 13 Torpedoboote, 14 U-Boote und eine große Zahl kleinerer Fahrzeuge.

Lassen wir Kapitän zur See Wachsmuth berichten, wie sich ihm am frühen Morgen des 27. November der Hafen von Toulon darbot:

»Schrecklich und für jeden Seemann erschütternd der Anblick der sinkenden, brennenden und kenternden Schiffe. Nur einige Zerstörer konnten gerettet werden.

Und fast noch schlimmer ist der Anblick des Arsenals, aus dem die letzten Arbeiter in die Stadt flüchten. Die Docks laufen voll, die E-Werke und anderen Maschineneinrichtungen stehen still.

Langsam kommt im Laufe des Tages Ordnung in das Ganze. Die Marine bekommt das Arsenal, außerdem die Küstenbatterien, wo die ersten Marineartilleristen eintreffen.

Auch die übrigen Marinesoldaten treffen allmählich ein. In einem Verwaltungsgebäude des Arsenals richten wir unsere Dienststelle ein, wohnen in der Stadt im Hotel. Überall muß improvisiert werden, aber es klappt. Kapitän Gumprich war meist unterwegs zu den Außenstellen, ich blieb da und bearbeitete alles.

Nach zwei Tagen begann die Werft wieder zu arbeiten. Eine französische Arsenalleitung nahm ihre Arbeit ebenfalls wieder auf. Der Stabschef der Marine, Admiral Marquis, und der Chef des Kreuzergeschwaders, Admiral Auphan, stellten sich uns zur Verfügung.«

Im Hafen und auf den Reeden von Toulon waren 61 Kriegsschiffe mit zusammen 225 000 Tonnen gesunken. Die meisten lagen auf flachem Wasser, so daß später eine Anzahl leichter Fahrzeuge gehoben, instand gesetzt und für die deutsche Marine in Dienst gestellt werden konnte.

Im Hafen von Bizerta, der ebenso wie der Hafen von Tunis von Achsenstreitkräften in Besitz genommen worden war, wurden einige Zerstörer und U-Boote übernommen.

Ein besonderes Kapitel waren die französischen Marinesoldaten, die als Kriegsgefangene zu behandeln waren. Die deutschen Marinedienststellen entließen einige tausend an Ort und Stelle in die Heimat.

Der französische Flottenchef und sein Stab mußten gewaltsam von der ›Strasbourg‹, ihrem Flaggschiff, heruntergeholt werden, weil sie sonst verhungert wären. Als Admiral de Laborde von Bord ging, warf er wuterfüllt das Bild von Marschall Pètain ins Wasser.

Die italienischen Truppen, die laut OKW-Bericht gemeinsam mit den deutschen Verbänden in Toulon eingerückt sein sollten, waren in Wirklichkeit am 27. November erst bis Hyeres gelangt. Hier hatten sie auch die ersten Besprechungen mit den deutschen Befehlsstellen. Nur einige italienische Soldaten der Waffenstillstandskommission, die sich in Toulon befanden, erlebten den Einmarsch deutscher Truppen – im Luftschutzkeller – mit.

Nun aber sollte Italien das gesamte Gebiet der östlichen Riviera bis Ciotat an der Rhône zugesprochen erhalten. Nur das Arsenal von Toulon blieb deutsch besetzt, weil hier ein neuer U-Boots-Stützpunkt eingerichtet werden sollte.

Der Traum von Korvettenkapitän Wachsmuth, einige Zerstörer

in Dienst stellen und damit im Mittelmeer Krieg führen zu können, erfüllte sich nicht. Schiffe dieser Größe zu heben und instand zu setzen, war unter den gegebenen Verhältnissen nicht möglich.

Mit Admiral V. Thur, dem Marinebefehlshaber der italienischen Spezialstreitkräfte, war gut auszukommen. Weniger gut mit den Offizieren seines Stabes, die offensichtlich der Ansicht waren, die Deutschen sollten erst einmal alles in Ordnung bringen, ehe sie einzögen.

Wenn es auch mit der Aufstellung einer Zerstörerflottille nicht geklappt hatte, so war doch eine große Anzahl kleinerer Fahrzeuge in Sicherungsflottillen zusammengefaßt worden. So die 6. Sicherungsflottille ›Marseille‹ unter Korvettenkapitän Polenz und die 7. Sicherungsdivision in Trapani unter Kapitän zur See Bramesfeld.

Geleit- und Sicherungsdienst für Nordafrika

Nachdem die militärische Aufgabe der Marine in Toulon beendet war, übernahm Konteradmiral Scheer die Aufgabe als Arsenalkommandant.

Am 21. Dezember wurden Kapitän zur See Gumprich und Korvettenkapitän Wachsmuth abgelöst.

Korvettenkapitän Wachsmuth kam nach Afrika, wo gleich nach der Besetzung Tunesiens ein ›Marinekommando Tunesien‹ unter Kapitän zur See Loyke, dem Chef des Stabes des ›Deutschen Marinekommandos Italien‹, aufgestellt worden war, das Anfang Dezember von Kapitän zur See Meendsen-Bohlken übernommen wurde.

Ostwärts davon, mit der Basis Tripolis, bestand noch das ›Deutsche Marinekommando Nordafrika‹ unter Kapitän zur See Meixner.

Beide Marinekommandos hatten die Aufgabe, die deutschen Nachschubtransporte zu steuern und die Küstenverteidigung, die Hafen- und Nachrichtenorganisation im Rahmen ihrer Heeresgruppen zu erhalten.

Kapitän zur See Meendsen-Bohlken forderte Korvettenkapitän Wachsmuth als seinen Ersten Admiralstabsoffizier an.

Am 29. Dezember flog Wachsmuth in einer Ju 52 über Trapani nach Bizerta, wo er auf Fort L'Euch als A I das Deutsche Marinekorps Tunesien übernahm. In der Silvesternacht verabschiedete sich Wachsmuths Vorgänger, Korvettenkapitän Reischauer, der außerdem Chef der 6. Räumbootsflottille war, um seine Flottille nach Sizilien zu verlegen.

Eine erste Dienstfahrt, die bis nach Gabes führte, zeigte dem neuen A I die Ausdehnung des Gebietes, das dem Marinekommando Tunesien unterstand. Der gesamte Stab einschließlich des Chefs, Kapitän zur See Meendsen-Bohlken, machte diese Fahrt mit*.

Da das Verhältnis zum italienischen Admiral in Tunesien besonders wichtig war, versuchte man deutscherseits, den besten Kontakt mit ihm zu haben. Es war dies zuerst Admiral Luigi Biancheri, der schon am 9. November 1942 das Marinekommando Tunesien aufgestellt hatte und auf Fort St. Jean residierte. Ihm beigegeben war auch ein deutscher Adjutant.

Dieses italienische Marinekommando unterstand dem Deutschen Marinekommando Italien, und das deutsche wiederum dem italienischen Comando supremo.

Hier war also viel Fingerspitzengefühl vonnöten und nicht weniger diplomatisches Geschick, besonders beim Einsatz der deutschen Schnellboote.

Zur bereits im Mittelmeer operierenden 3. S-Flottille war inzwischen die 7. S-Flottille unter Korvettenkapitän Trummer hinzugekommen. Ebenso erforderte der Einsatz der Marine-Fährprähme, der Hilfs-Minensuch- und Räumboote und der Hummerboote aus St. Jean de Luz, die als Hafenschutz-Flottille aufgestellt wurden, viel Geschick.

Hinzu kam noch die Zusammenarbeit mit den französischen Stellen: dem Gouverneur Esteva und dem Marinechef Derrien, dessen Stab sich zuerst in Pecharia, später auf Fort Ra-Ra befand.

---

* Siehe Anlage: Deutsches Marinekommando Tunesien (S. 325)

Maitre de Vallen, der französische Verbindungsoffizier in Corniche, war besonders um das gegenseitige Verständnis, nicht nur von der Sprache her, bemüht, und mit Colonel (Ing.) Cordonnier stand dem Deutschen Marinekommando ein tatkräftiger französischer Ingenieuroffizier zur Verfügung, der die Hafenanlagen und Ölbunker in La Caniere aktionsbereit hielt. Dadurch trug er viel dazu bei, daß die Truppen- und Materialtransporte nach Tunesien reibungslos liefen. Die Werftleitung war in Ferryville stationiert. Arsenalkommandant war Kapitän zur See Deters.

Allabendlich wurde die ›kleine Lage‹ gehalten, in der Kapitän zur See Meendsen-Bohlken die Ereignisse des zu Ende gehenden und die durchzuführenden Aufgaben des kommenden Tages darlegte. Zu diesen Besprechungen gab es Rotwein und ›Zigarren‹.

Beim Stab auf Fort L'Euch ging alles einfach zu. Es gab eine Offiziersmesse, ein großes Lagezimmer sowie die Räume für den Chef und den A I. In der langen Kasemattenreihe mit ihren alten 24-cm-Haubitzen wurden Büroräume, Chefzimmer, Offiziersräume und die Anlagen des Marine-Nachrichten-Offiziers untergebracht. Die Angehörigen des Stabes wohnten im benachbarten Fort El Roumi. Alles in allem eine provisorische Unterkunft, die aber den Blick auf das Meer, auf Hafen und Stadt Bizerta bis hinunter nach Ferryville offenließ. Vom nahen Cap Blanc hatte man einen herrlichen Blick die Küste entlang nach Westen. Von hier aus beobachtete der Meteorologe Dr. Bruch die Wetterlage. An dieser Stelle wurde schließlich auch das erste Funkmeßgerät in Tunesien aufgestellt.

Als schließlich die Panzerarmee Afrika am 21. Januar 1943 Tripolis aufgeben mußte und in die Südfront des Tunesienraumes einschwenkte, wurde im Marinekommando Tunesien mit der Ausarbeitung eines Räumungsplans begonnen.

Die Alliierten verstärkten ihre Luftangriffe auf die Häfen Bizerta, Tunis, Sousse, Sfax und Gabes. Dadurch gingen viele Schiffe verloren; Hafenanlagen wurden zerstört.

Mit nur rund sechzig einsatzbereiten Jagdmaschinen konnte Oberst Harlinghausen unmöglich die Transporte über See und die Häfen schützen und sich außerdem noch am Erdkampf beteiligen. Die Geleitzüge über See erlitten daher schwere Verluste. Und auch die durch die Luft in Ju 52 und GO 242 transportierten Waffen und der Mannschaftsersatz wurden erheblich dezimiert.

Zwar setzten sich die Italiener tatkräftig für die Geleitsicherung ein, doch ihre Abwehr der Feindangriffe war nicht sehr wirkungsvoll.

Die einzelnen Seetransportführer – Hoffmann in Bizerta, Oberlein in Ferryville, Gündel und Teubner in Tunis, Neumann in Sousse, Bartels in Sfax – waren unermüdlich tätig, um den benötigten Schiffsraum bereitzustellen, von dem letztlich das Schicksal des Brückenkopfes Tunesien abhing. In diesem Zeitabschnitt bekamen die Kleinfahrzeuge, die Siebelfähren, Fährprähme und I-Boote immer größere Bedeutung.

Wie lange Tunesien gehalten werden konnte, hing in erster Linie vom Nachschub ab. Darum versuchten die Alliierten auch mit allen Mitteln, diesen Nachschub zu unterbinden. Immer wieder mußte das Marinekommando Tunesien diese Probleme mit dem Oberbefehlshaber der 5. Panzerarmee, General von Arnim, und auch mit dem Oberbefehlshaber Süd, Feldmarschall Kesselring, durchrechnen.

Nachdem es noch im November gelungen war, 33 000 Tonnen Kriegsmaterial nach Tunesien zu bringen, allerdings bei einem Verlust von 59 000 Tonnen, gingen den Transportflotten der Achse im Dezember 96 000 Tonnen verloren. Im Januar 1943 waren es 130 000 Tonnen, die in Häfen oder auf dem Marsch durch das Mittelmeer vernichtet wurden.

Im Februar sanken 96 000 Tonnen. Mit 100 000 Tonnen waren die Märzverluste wiederum angestiegen, und der April brachte mit 108 000 Tonnen eine weitere Steigerung. Im Mai erlebte die Transportflotte die schwersten Schläge, indem in den ersten vierzehn Tagen allein 120 000 Tonnen versenkt wurden davon 65 000 Tonnen in den Häfen, die geräumt werden mußten.

Es kam zu wahrhaft atemberaubenden Kämpfen. Vom Kriegsausbruch im Mittelmeer bis zur Räumung von Tripolis waren in diesen Gewässern allein 360 italienische Handelsschiffe versenkt und 275 beschädigt worden. Das bedeutete 1 345 000 BRT versenkten und 1 195 000 BRT beschädigten Schiffsraum. Viele Kapitäne waren mit ihren Schiffen untergegangen. Die Zahl der ertrunkenen deutschen und italienischen Soldaten ging in die Zehntausende. Sie ist bis heute noch nicht genau festgestellt.

Der italienischen Korvette ›Cicogna‹ gelang am 13. März 1943 südlich Sizilien ein Abwehrerfolg. Sie gehörte zur Bedeckungsstreitmacht eines Kleinkonvois und entdeckte ein britisches UBoot. Durch Wasserbomben versenkte sie es. Es war das U-Boot ›Thunderbolt‹.

Wenige Tage darauf, am 29. März, drehte das britische U-Boot ›Unrivalled‹ (Leutnant Sprice) den Spieß um und versenkte in der Bucht von Picarenzi die beiden U-Jäger UJ 2201 und UJ 2204.

Um den italienischen Flottenstützpunkt La Maddalena auszuschalten, griffen ihn am 10. April vierundachtzig amerikanische Liberators (B 24) an. Der Schwere Kreuzer ›Trieste‹ und die Schnellboote MAS 501 und MAS 503 wurden dabei versenkt.

›Trieste‹ gehörte zu den Schweren Kreuzern, die nach dem alliierten Bombenangriff auf Neapel – dem der Leichte Kreuzer ›Attendolo‹ zum Opfer gefallen war – nach La Maddalena ausgewichen waren. Der Kreuzer ›Gorizia‹ wurde ebenfalls am 10. April 1943 getroffen und schwer beschädigt.

Luftangriffe auf La Spezia, wohin sich die Schlachtschiffe und Zerstörer aus Neapel zurückgezogen hatten, beschädigten Arsenal und Werft. Die ›Littorio‹ wurde durch Bombentreffer leicht beschädigt. Einige kleinere Fahrzeuge sanken.

Trotz dieser alliierten Versuche, die Luft- und Seetransporte nach Tunesien lahmzulegen, gelangten im April 1943 noch 2500 Soldaten und 18 690 BRT Nachschubgüter hinüber. Verloren gingen im gleichen Zeitraum auf See ein Tanker, zwei Zerstörer und zwölf kleinere Geleitfahrzeuge.

Bei den April-Transporten war es immer wieder der Zerstörer ›Hermes‹ unter Fregattenkapitän Kurt Rechel, der sich vorbildlich schlug und manches Schiff rettete.

Das Marinekommando Tunesien bereitete inzwischen alles für die Räumung vor.

Bereits im Februar 1943 war Kapitän zur See Meendsen-Bohlken nach Rom geflogen, um eine freiwillige Zurücknahme des Brückenkopfes nach Sizilien oder wenigstens die Zurücknahme der Front auf eine kürzere, gutausgebaute Linie vorzuschlagen. Er flog wenig später zur Berichterstattung nach Berlin und zum ObdM weiter.

Als Konteradmiral und neuer Befehlshaber des Marinekommandos Italien kehrte Meendsen-Bohlken aus Berlin nach Bizerta zurück, um sich zu verabschieden. Kapitän zur See Meixner, alter k. u. k. U-Boots-Kommandant, wurde neuer Befehlshaber in Tunesien. Doch ehe Kapitän zur See Meixner kam, hatte Korvettenkapitän Wachsmuth die Führung des Marinekommandos.

Anfang April verschärfte sich die Lage des Marinekommandos infolge des Beginns der neuen alliierten Offensive auf der Landfront im Süden.

Am 6. Mai wurde Bizerta nach Sprengung aller militärisch wichtigen Anlagen vom Deutschen Marinekommando Tunesien aufgegeben. Die Hafeneinfahrt wurde durch Versenkung einiger beschädigter Schiffe gesperrt.

Am 7. Mai verlegte der Stab nach Cap Bon. Hier gab Kapitän zur See Meixner Befehl, alle fahrbereiten Fahrzeuge nach Sizilien zu schicken und die weitere Rückführung von dort aus zu leiten. In La Goulette sammelten alle Einheiten. ›Hermes‹ hätte bei etwas mehr Glück auch noch gerettet werden können. Nur vierzehn Tage später, und der Zerstörer wäre wieder fahrbereit gewesen. Er und andere Schiffe wurden in der Hafeneinfahrt versenkt. Die ersten Feindpanzer erschienen bereits auf dem Flugplatz, als die letzten Räumboote der 6. R-Flottille, die Hummerboote, Schlepper, HS-Boote und als letztes Boot S 151 der 7. S-Flottille ausliefen. Ein Hummerboot ging verloren, ebenfalls der Schlepper ›Sousse‹. Der Dampfer ›Tebessa‹ erhielt einen Bombentreffer, erreichte aber Sizilien.

In der Nacht bei auffrischender See wurde der Konvoi von feindlichen Zerstörern gejagt. Frühmorgens am 8. Mai erreichte er wohlbehalten Porto Empedocle.

Am nächsten Tag ging es zur 7. Sicherungsdivision (Brahmesfeld) nach Trapani weiter. Von hier aus wurde versucht, noch Soldaten auf das Festland zu retten, doch das schlechte Wetter und die Bootslage vereitelten dies. Einige Boote kamen noch auf eigene Faust aus Afrika herüber.

Kapitän zur See Meixner geriet am 10. Mai in Gefangenschaft.

Admiral Pinne, der inzwischen Admiral Biancheri als italienischen Marinebefehlshaber Tunesien abgelöst hatte, floh mit seinem Stab auf ein Lazarettschiff. Den deutschen Verbindungsoffizier Bewersdorf ließ er in Tunesien zurück.

Am 12. Mai fand in Rom die Unterredung zwischen Konteradmiral Meendsen-Bohlken und Großadmiral Dönitz statt, bei der es um Führungsfragen ging. Bereits im März war beim Deutschen Marinekommando ein ›Deutscher Stab Supermarina‹ unter Vizeadmiral Friedrich Ruge aufgestellt worden. Vizeadmiral Ruge sollte als Sachverständiger die italienische Geleitsteuerung beeinflussen und lenken.

Nach dieser Besprechung gingen Konteradmiral Meendsen-Bohlken und sein Chef des Stabes Loyke in die Heimat. Vizeadmiral Ruge wurde neuer Befehlshaber des Deutschen Marinekommandos Italien, Kapitän zur See Brahmesfeld Chef des Stabes und Fregattenkapitän Wachsmuth FI. Ihm oblag die personelle Abwicklung des Marinekommandos Tunesien. Damit hatte diese Dienststelle aufgehört zu existieren.

Das Deutsche Marinekommando Italien befand sich in Santa Rosa, zwanzig Kilometer nördlich von Rom an der Via Cassia, nahe dem Dorf Storta. Die Supermarina hatte dort eine Großbunkeranlage gebaut. Auch die anderen Führungsstäbe waren aus der Hauptstadt in die Umgebung verlegt worden, um Rom vor Luftangriffen zu bewahren. Lediglich der Quartierstab unter Sporleder befand sich auch weiterhin im Ministerium. Die Wohnungen befanden sich im Hotel ›Eden‹. Der deutsche Stab wurde von der Supermarina verpflegt und betreut. Das war insofern günstig, als die neue Tätigkeit – noch mehr als in Afrika – in engster Zusammenarbeit mit den italienischen Stellen vor sich gehen mußte. Man wollte sich in die italienische Seekriegsführung und Geleitzugsteuerung einfügen und gleichzeitig unmerklich Einfluß darauf nehmen.

Admiral Riccardi war Marineminister in Rom, Admiral Sansonetti Chef der Supermarina, Kapitän zur See Giartosio war Chef der Operationsabteilung, und als Verbindungsoffizier arbeitete Kapitän zur See Sestini, der zwei Jahre vorher Verbindungsoffizier im Stab des deutschen BdU gewesen war.

Insbesondere galt es, die Schnellbooteinsätze und die Minenunternehmungen zu koordinieren. Noch wichtiger war die Steuerung der Geleitzüge entlang der italienischen Küste und zu den Inseln. Dabei waren zwei Aufgaben durchzuführen:
1. Die Verteilung der Geleitfahrzeuge,
2. die Führung der Geleite.

In den Geleitflottillen fuhren nun auch französische Torpedoboote unter deutscher Flagge. Sie mußten von den Italienern gepachtet werden, da diese sie sich ›unter den Nagel gerissen‹ hatten.

In allen wichtigen Häfen wurden deutsche Seetransportstellen eingerichtet; bei den italienischen Kommandostäben saßen deutsche Stabschefs. Gegen eine weitere Verstärkung der Küstenverteidigung stemmten sich die Italiener jedoch mit allen Mitteln. Schließlich erhielt das Marinekommando Italien doch noch eine Marine-Artillerie- und eine Eisenbahn-Batterie für Sizilien. Doch sie kamen nicht mehr auf die Insel, sondern blieben in Kalabrien hängen. Auf Korsika wurde ebenfalls eine deutsche Marine-Artillerie-Batterie eingesetzt.

Die anglo-amerikanischen Angriffe auf die zwischen Afrika und dem italienischen Festland liegenden Inseln begannen. Pantelleria (am 11. 6.) und Lampedusa fielen kurz nacheinander. In der Nacht zum 10. Juli begann die Invasion Siziliens.

Deutsche Schnellboote waren die einzigen Streitkräfte, die die Landung störten. Ein deutscher Stützpunkt nach dem anderen mußte aufgegeben werden. Die planmäßige Räumung der Insel über die Messinastraße begann. Hierbei leistete der Seetransport Unwahrscheinliches*.

Mit der Ausschaltung Mussolinis am 25. Juli trat mancher Wechsel ein. Vizeadmiral Ruge verließ Italien und ging als Admiral beim Stab der Heeresgruppe B in die Normandie.

Konteradmiral Meendsen-Bohlken kehrte als neuer und alter Befehlshaber des Marinekommandos Italien Anfang August 1943 zurück und lenkte ein weiteres Jahr lang die Geschicke dieses schwierigen Kommandos.

---

* Siehe Kapitel: ›Der deutsche Übersetzverkehr in der Messinastraße‹ (S. 187)

Die alliierten Luftangriffe auf die italienischen Häfen, aber auch auf Rom, nahmen zu.

In der Nacht zum 8. September landeten die Alliierten in der Bucht von Salerno. Am gleichen Abend schloß die Badoglio-Regierung einen Waffenstillstand mit dem Gegner und wurde damit zum Feind Deutschlands. Die italienischen Großkampfschiffe liefen aus ihren Häfen aus, um sich vom bisherigen Feind internieren zu lassen. Nur die kleineren italienischen Einheiten blieben zurück und wurden vom Deutschen Marinekommando beschlagnahmt. Sie wurden neu ausgerüstet, mit deutschen Besatzungen bemannt und wieder in Dienst gestellt. Die italienischen Marineoffiziere im Stab des Marinekommandos halfen den deutschen Kameraden bei dieser Aktion, wo sie konnten.

Während bisher das Deutsche Marinekommando Italien unter italienischer Führung für die Seekriegsführung im Gesamtmittelmeer von Gibraltar bis Suez verantwortlich war, übernahm nun auf Befehl des OKM die ›Gruppe West‹ das westliche Mittelmeer und die ›Gruppe Süd‹ die Adria und das östliche Mittelmeer.

Die Einflußnahme der Marinekommandos auf die U-Boots-Führung entfiel. Konteradmiral Kreisch wurde FdU Mittelmeer.

Die Räumung Sardiniens und Korsikas, zu der sich Hitler erst auf die Vorstellungen von Feldmarschall Kesselring hin entschlossen hatte, beraubte die Marine zwar der günstigen Flankenstellung von diesen Inseln aus. Aber die Inseln zu halten, hätte viel Menschen und Material gekostet, die an der italienischen Front unentbehrlich waren. Die dramatische und auch kampfreiche Übersetzung der Truppen und des Materials wurde von Fregattenkapitän von Liebenstein durchgeführt*.

Mitte Oktober wurde das Marinekommando nach Levico verlegt. Von hier aus waren die Nachrichten- und Verkehrsverbindungen zur ligurischen und adriatischen Küste besser. Aus den von den Italienern beschlagnahmten Torpedobooten wurden die 9. und 10. Torpedobootsflottille und die 7. Sicherungsdivision aufgestellt**.

---

* Siehe Kapitel: ›Die Räumung von Korsika‹ (S. 187)
** Siehe Kapitel: ›Die 10. Torpedobootsflottille‹ (S. 268)

Eine schwere Einbuße an Kampfkraft im westlichen Mittelmeer bedeutete die befohlene Verlegung der S- und R-Boote in die Adria. Während nur die 11. R-Flottille und die MAS-Boote im Westmittelmeerbereich verblieben, machten sich die 6. und 12. R-Flottille, die 3. und 7. S-Flottille und die italienischen MS-Boote, alle Siebelfähren, ein Teil der Fährprähme und Penichen auf den Weg von Genua nach Venedig und wurden der Gruppe Süd (Admiral Adria bzw. Admiral Agäis) zugeführt.

Zu Weihnachten führte Korvettenkapitän Trummer die letzten Schnellbootunternehmungen in der Bonifacio-Straße durch, ehe auch seine Flottille nach Osten ging und für Monate ausfiel.

Die Italiener spielten auch dabei eine gewisse Rolle: Mussolini war befreit und wieder als Staatsführer eingesetzt worden. Marschall Graziani hatte eine neue Regierung gebildet.

Nach dem Tode von Admiral Legnani hatte Kapitän zur See Ferrini die (Mussolini-treue) italienische Marine übernommen, während Sestini Chef des Verbindungsstabes wurde. Eine wirksame und gute Küstenverteidigung wurde aufgebaut. (Siehe Abschnitt ›Die Bordflakabteilung unter Korvettenkapitän Hoch‹.) Sie führte von Piombino bzw. von Benedetto nach Norden.

Fregattenkapitän Fürst Borghese warb Freiwillige für seine X. MAS-Flottille, die geschlossen auf deutscher Seite weiterkämpfte. Sie erhielten außer den MAS-Booten die von Borghese entwickelten Sturmboote; dazu einige Träger-U-Boote. Letztere waren versenkte italienische U-Boote, die durch Borghese wieder gehoben wurden. Kapitän zur See Zoli wollte ebenfalls eine neue Marine aufbauen und erhielt auch einige Boote. Beide, Zoli und Borghese, wollten immer mehr Einheiten haben. Lewinsky, dem Verbindungsoffizier zu den beiden Italienern, gelang es jedoch immer wieder, sie zu bremsen.

So tüchtig Borghese war, so gefährlich erschien er damals der deutschen Marineführung. Einmal wurde er sogar von seinen eigenen Leuten verhaftet und kam noch eben um einen Prozeß herum. Zoli war zu Borghese ein gutes Gegengewicht. In rückwärtigen Diensten und auf den Werften wurden nach und nach viele italienische Soldaten und Offiziere eingesetzt.

Während dieser Zeit hatten die Seestreitkräfte hauptsächlich

Minensperren zu legen und Feindhandlungen hinter der eigenen Front zu verhindern.

Von Levico aus verlegte das Marinekommando Italien zwischen Weihnachten und Neujahr nach Montecatini. Der Führungsstab wurde im ›Italo Argentino‹, dann im ›Castello‹, einer Spielhölle außerhalb der Stadt, eingerichtet. Damit ging ein turbulentes Jahr für das Marinekommando Italien zu Ende.

Schnellbootseinsätze im Jahre 1943

Im Zuge der Rückzugsbewegungen der Panzerarmee Afrika verlegte auch die 3. S-Flottille ständig weiter nach Westen bis in die Häfen des Brückenkopfes Tunesien. Dort war inzwischen auch die 7. Schnellbootsflottille unter Korvettenkapitän Trummer eingetroffen, die im November/Dezember 1942 auf demselben Wege wie die 3. S-Flottille ins Mittelmeer überführt worden war.

Im Januar/Februar 1943 brachten diese Boote Geleitzüge in die Häfen, sie legten Minensperren und fuhren Angriffe auf Feindfahrzeuge.

Im März kam es zu einem bemerkenswerten Gefecht mit leichten englischen Seestreitkräften.

Die 3. S-Flottille war am späten Abend des 12. März mit den Booten S 55, S 60 und S 54 aus ihrem Einsatzhafen Ferryville ausgelaufen. Kaum hatten die Boote die Mole von Bizerta auslaufend passiert, als das Wetter schlechter wurde. Im Seegebiet nördlich Bizerta, auf der Höhe von La Galite, blies ein Westnordwest von Stärke 4. Es herrschte Seegang 2 bis 3. Bei mondheller Nacht wechselte die Sicht infolge der teilweise sehr niedrigen Bewölkung zwischen 300 bis 5000 Meter.

In sparsamer Marschfahrt liefen die Boote durch die bewegte See.

S 55 stand als Führerboot am weitesten nach Backbord herausgesetzt. Roller kamen über und klatschten auf die Back. Gischt schäumte über den Bug gegen die Stahlverkleidung der Brückenkalotte und übersprühte die Männer, die hier Wache hatten. Das

Boot kam immer wieder vorn weit heraus und donnerte auf die See zurück, wobei die Männer tüchtig durchgestaucht wurden.

Oberleutnant zur See Haak, Kommandant auf S 60, dem dritten Boot, wandte sich seiner Nummer I zu.

»Sieht übel aus, was, Steffens?«

»Bißchen kabbelige See, Herr Oberleutnant, und ...«

Die Zweizentimeter vorn bellte plötzlich auf. Fünf, sechs Abschüsse hallten, dann sahen sie alle den Schatten, der steil auf sie herunterstieß, und schon peitschten Kugeln ins Wasser und zogen eine sofort wieder verschwindende Bahn dicht an Steuerbord vorbei.

»Flugzeug!« gellte eine Stimme.

Heulend zog die Maschine über dem Boot hinweg und verschwand.

»K an K: Achtung, Flugzeug! – Wahrscheinlich eigenes!«

Die Maschine kam nicht wieder, und da die Boote bei grober werdender See immer härter stießen und die ersten Schäden gemeldet wurden, brach Korvettenkapitän Kemnade, der auf S 55 unter Oberleutnant zur See Weber eingestiegen war, das Unternehmen ab.

»Flo-Chef an alle: Rückmarsch antreten!«

»Funkspruch KR an Marinekommando Tunesien. Wegen zu hoher Oberdünung kehrtgemacht.«

»In 290 Grad über der Kimm Flakfeuer!« meldete der Bootsmann dazwischen.

Korvettenkapitän Kemnade wandte sich um und beobachtete das Aufzucken der Abschüsse und die hellen Leuchtspurbahnen der Granaten.

»Auf Kurs 15 Grad gehen. Fahrt 15 Knoten.«

Oberleutnant zur See Weber gab den Befehl in den Ruderstand weiter.

»Jetzt wird es dunkler, Herr Kapitän. Die Wolken drücken herunter.«

»Ich werde die Flottille mit FuMB an den Feind heranführen, Weber.«

Hinter dem Funkmeßgerät saß der Funkmaat und versuchte, etwas zu orten.

Da: »Feindliche Seestreitkräfte in rechtweisend 315 Grad. Lautstärke zwo!«

»Wir haben sie, Herr Kapitän!«

»KR-Spruch an Marinekommando Tunesien: ›Feindliche Seestreitkräfte in 315 Grad. Eigener Standort Quadrat CJ 7675. Flottille versucht, heranzuschließen‹.«

Der Flottillenchef wandte sich an den Kommandanten: »Auf 28 Meilen gehen. Wir halten auf nördlichem Kurs vor Weber!«

Der Befehlsübermittler rief über die UKW-Eigenverständigung die übrigen Boote. Die Bestätigungen kamen durch, und nun jagten sie mit weißgischtenden Schnauzbärten durch die See. Die Maschinen summten heller und stärker. Der Maschinentelegraph lag mit allen drei Zungen auf AK voraus.

»Ortung lauter werdend. Fünf Dez* an Backbord.«

»Alle Minute melden!«

»Ortung Stärke 4, jetzt drei Dez an Backbord.«

Wenig später schien es dem Flottillenchef klar, daß der Gegner durchgebrochen war.

»FT KR an Marinekommando 21.16 Uhr. Feind scheint durchgebrochen. Ich stoße nach!«

Erregung hatte die Männer auf den drei schnellen Fahrzeugen gepackt, von denen jedes vier Torpedos mit sich führte. Oberleutnant zur See Weber, der Kommandant von S 55, suchte den Horizont in Vorausrichtung ab. Dort mußten bald die ersten Schatten auftauchen.

»Flo-Chef an alle!« gab sein Befehlsübermittler durch. »Kurs 50 Grad. Fahrt 30 Meilen!«

Der Maschinentelegraph klingelte, und S 55 wurde schneller. Ebenso die beiden Rottenboote. Sie jagten nun, zu gut einem Drittel aus dem Wasser herausragend, dem Kollisionspunkt mit dem Gegner entgegen.

Fünfzig Minuten vergingen, vom Gegner war noch immer nichts zu sehen.

Auf einmal flitzten Leuchtgranaten in flacher Flugbahn über die See hinweg. Aber diese Granaten waren nicht auf die drei zum

---

* Ein Dez = 10°, drei Dez also 30°

Torpedoschuß bereiten S-Boote gerichtet; sie verglühten weit vorn in der Nacht.

»Rabamm!« dröhnte eine Torpedodetonation zu den Booten hinüber.

»Das ist die 7. Flottille. Eines ihrer Boote hat einen Torpedotreffer erzielt, Herr Kapitän!«

Das Schiffsgeschützfeuer verstärkte sich.

»Auf 90 Grad gehen. Mit AK weiterlaufen. Offensichtlich werden die Boote der 7. Flottille gejagt. Wir müssen ihnen zu Hilfe kommen.«

»FT-Spruch von Chef 7. S-Flottille, Herr Kapitän!«

»Danke, Detmers!«

Korvettenkapitän Kemnade las: »Quadrat 7672-6230 Zerstörer hohe Fahrt. Ich greife an!«

»Wir laufen direkt auf die Stelle zu, Herr Kapitän«, sagte Oberleutnant Weber, als auch er den Spruch gelesen hatte.

»Aufpassen, Männer! Ausguck auf Leuchtzeichen achten und …«

»Deutsches ES, drei Dez an Backbord. Wahrscheinlich von eigenem Flugzeug.«

Die Zeit vertickte nun unter starker Spannung. Jede Sekunde konnte es soweit sein. Aber es sollte noch bis 22.43 Uhr dauern, bevor der Bootsmann sich räusperte.

»Schatten voraus in Sicht!«

»Noch einer! – Ein Dez an Backbord herausgesetzt ein dritter Schatten. Sind Zerstörer, Herr Kapitän!«

»Steuern Westkurs, machen nur wenig Fahrt.«

»Schnelle Schußabgabe, Weber. Wir stehen im Nordwesthorizont und können leicht gesehen werden.«

»BÜ! Flo-Chef an alle: Schußerlaubnis!«

»Schießen, Weber!«

»Gegnerfahrt 15 Meilen. Bug links. Lage 30.«

Die große Erregung wich plötzlich sachlicher Geschäftigkeit. Die Nummer I hantierte am Zielgerät.

Wie durch Geisterhände bewegt, öffneten sich die beiden Rohrdeckel. Der Torpedomixer Backbord warf einen Blick auf die Ausstoßpatrone. Die Preßluft stimmte.

»Beide Rohre klar!«

Oberleutnant zur See Weber war auf das an der Rückseite der Brücke liegende Signaldeck gesprungen, um besser beobachten zu können. Er sprang wieder hinunter, beugte sich durch das geöffnete Fenster ins Ruderhaus.

»Augenblicklicher Kurs?«

»Neunzig Grad, Herr Oberleutnant!«

»Wir schießen auf oststeuernden Zerstörer, Herr Kapitän. Der Zerstörer steht mit westlaufendem noch vor Überlappung. Möglichkeit besteht, daß wir beide treffen.«

»K S 60 an Flo-Chef: Habe einen Torpedo auf zweiten Zerstörer geschossen. Lage 80, Gegnerfahrt 6 Meilen.«

Einen Blick warf Kemnade auf das als taktische Nummer zwo laufende Boot an Steuerbord querab, um sich dann wieder dem eigenen Ziel zuzuwenden.

»S 60 muß einen weiteren Zerstörer gesehen haben, der hinter diesen beiden steht und den wir noch nicht gesichtet haben!« bemerkte der Flottillenchef, ehe sich seine Aufmerksamkeit wieder den Torpedomännern beiderseits der Brücke zuwandte. Er sah, daß ihre Hände dicht über den Abzugstasten schwebten und wie sie in angespannter Haltung auf den Befehl warteten. Da kam er auch schon.

»Steuerbordrohr – lllos!«

Der Drücker klackte, als er niedergeschlagen wurde. Es zischte gefährlich, und ein paar Meter vor dem Boot spritzte die See hoch auf, als der Torpedo ins Wasser klatschte und nun mit eigener Maschinenkraft seinen Weg zum Gegner fortsetzte.

»Torpedo läuft!«

»Steuerbordrohr – lllos!«

Wieder das Klacken der Taste, das dumpfe Poltern des Abschusses und das Aufspritzen beim Eintauchen in die See.

Beide Male hatte die Nummer I hinter dem Zielgerät gleichzeitig mit den Mixern auf den Auslöseknopf der elektrischen Abfeuerung gedrückt.

Deutlich waren die Blasenbahnen zu erkennen. Sie durchfurchten ein Meeresleuchten.

»Zwanzig!« meldete der Navigationsmatrose, dessen Blick auf die laufenden Stoppuhren gerichtet war.

»Habe zwoten Torpedo geschossen!« meldete unmittelbar nach dem Schuß des zweiten Torpedos auf S 55 auch der BE von S 60.
»Zerstörer laufen auf altem Stremel weiter, Herr Kapitän.«
»K S 54 an Flo-Chef: Habe Zweierfächer geschossen.«
»Große Chance für uns, Weber!«
»Sechzig!« kam die helle Stimme des Matrosen.
Und dann stieg plötzlich dort, wo der erste Zerstörer stand, eine blutigrote Torpedodetonation empor. Eine riesige Wassersäule stob aus der See in die Höhe. Dann schwarzer Qualm, der alles einhüllte, und drei, vier unerhört starke Berstgeräusche.
»Da, die zweite Torpedodetonation!«
Wieder stieg das rote Todesfanal in die Höhe, schien nach den niedrighängenden Wolken stechen zu wollen. Und schon stob es zum drittenmal himmelan. Die Detonationen erschütterten das Boot. Es ruckte und bewegte sich unter den Füßen der Männer, die auf dieses schaurige Bild der Vernichtung starrten.
»Nur noch ein Zerstörer Backbord von der Qualmsäule zu sehen, Herr Kapitän.«
»Drei Torpedodetonationen!«
»Der eine Zerstörer ist weg!«
»Mit Sicherheit auseinandergebrochen.«
»Zerstörer schießt!«
Glühende Feuerbälle flitzten durch die Nacht, pfiffen hoch über das Führerboot hinweg und verschwanden im schwarzen Nichts hinter dem Boot. Schon senkten sich die Flugbahnen tiefer herunter.
»Nebeln. An alle: Mit AK nach Norden ablaufen!«
Die Motoren, die kurz vor dem Schuß auf ›Kleine Fahrt‹ hintergedrosselt worden waren, dröhnten stärker. Die Boote jagten nach Norden. Dicke Watte quoll aus den Nebeldüsen und hüllte sie ein. Nach achthundert Metern schlugen sie einen Haken, dann noch einen, und das Feuer des Zerstörers verlor sich.
»Der dritte Treffer kann nicht auf dem versenkten Zerstörer sein, Weber.«
»Ich habe vorhin einen dritten Schatten gesehen, Herr Kapitän. – Außerdem hat auch Haak über UKW einen dritten Zerstörer gemeldet.«

»Nur so kann es sein, Weber. Auf jeden Fall ist einer mit Sicherheit weg. – Frage an S 60: Wieviel Zerstörer gesichtet?«

Die Antwort kam eine Minute später: »Drei Einheiten beim ersten Sichten einwandfrei ausgemacht. Beim später erfolgenden Losmachen der Torpedos und bei der Konzentration auf das Angriffsziel nur zwei Einheiten gesehen.«

»Frage: Hat noch jemand dritte Einheit gesehen?«

»Seemännische Nummer Eins hat ebenfalls dritten Zerstörer gesehen und gemeldet.«

Demnach ist es durchaus möglich, daß drei Einheiten in unserem Bereich waren, die zu dem von der 7. S-Flottille angegriffenen Verband gehörten.

In das KTB der Flottille schrieb Korvettenkapitän Kemnade: »Ich betone, daß ich selber nur zwei Zerstörer in Sicht gehabt habe, von denen einer mit Sicherheit durch Doppeltreffer gesunken ist. Die weitere Detonation rechts davon ist mir nur dadurch erklärlich, daß während aller drei Detonationen weiter links von den sehr umfangreichen Wasser- und Qualmsäulen ein dritter Zerstörer bereits in spitzer Lage mit starker Bugsee auf die Boote zulief und die Jagd aufnahm.«

Der verfolgende Zerstörer hatte die Jagd noch nicht aufgegeben.

Er eröffnete plötzlich das Feuer.

»Zickzackkurse und nach Norden absetzen!« befahl Kemnade.

»Alle Maschinen zwanzig mehr!«

Von den roten Knöpfen im Ruderstand wurden die Klingelimpulse zur Maschine weitergegeben. Hebel und Schalter wurden in der Maschine betätigt. Die Boote jagten nun mit 33 Knoten weiter. Sie zackten. Weit, bedrohlich weit legten sie sich über. Alles klammerte sich bei dieser Höllenfahrt fest, bei der ihnen, sooft der Bug auf die See herunterdonnerte, die Beine in den Bauch gestaucht wurden.

»Feind schießt mit Seezielmunition. Nur ein paar Flakgranaten.«

Durch sein Fernglas sah der Flottillenchef, daß der Gegner immer wieder Zielwechsel auf die ihm einzeln zu Gesicht kommenden Boote machte. Dicht bei S 55 krachten zwei Granaten als Doppelaufschläge in die See. Weitere Granaten detonierten in der Nähe. Splitter surrten über die Brücke.

Plötzlich ein scharfer Krach, dann die Meldung: »Motoren-Luftleitung durchschlagen.«

»Die Minen, Herr Kapitän!«

»Als Notwurf unscharf werfen!«

Im Regen der Splitter warfen die Minenkommandos die Minen in die See, denn: Wurden sie getroffen, so jagten sie das ganze Boot in die Luft.

»Ein Schwerverwundeter!« meldete der Bootsmannsmaat und zwei Männer brachten den Getroffenen nach unten.

Auch auf S 60 wurde ein Mann – allerdings nur leichtverwundet.

»Motoren dürfen nicht mehr abgestellt werden, Weber.«

Der Kommandant bestätigte.

»Feindliche Zerstörer voraus, auf Westkurs!« meldete der Ausguck.

»Schießt Leuchtgranaten nach Südwesten!«

»Grün Neun! Auf Ostkurs drehen!«

Die drei Boote glitten herum, um nicht von der nunmehr erkannten feindlichen Zange geschnappt zu werden.

»Zerstörer im Norden eröffnet Feuer auf uns!«

Grünen Bällen gleich kamen die 12,7-cm-Granaten aus dem vorderen Doppelturm des Zerstörers und jagten auf S 54 zu. Oberleutnant zur See Schmidt ließ einen kleinen Zack einlegen.

»Achtern laufender Zerstörer schießt auf die Nebelwand!«

Die Motoren zitterten, als S 54 mit Steuerbord zehn nach Osten herumging.

»S 54 wird eingedeckt, Herr Kapitän!«

Das am weitesten nach Westen herausgesetzte Boot unter Oberleutnant zur See Schmidt erhielt nun von beiden Zerstörern Feuer. Es zackte mit gefährlichem Hartruderlegen nach Backbord und Steuerbord, während die See rings um das Boot immer wieder in schnellen Stößen Wassergeysire ausspie und berstende Schläge in der Luft zeigten, daß nunmehr auch Flakmunition verwendet wurde.

»Wir müssen für S 54 Nebelwände legen und es aufnehmen. Auf ›Alle 15 Meilen‹ heruntergehen!«

Die Meldung ging durch. S 55 verlangsamte seine Fahrt, und nun holte S 54 schnell auf.

»Nebeln!«

Die Düsen spien dicke weiße Rauchballen aus. Mit Backbord zehn schor S 55 aus dem alten Kurs heraus und legte eine dichte Nebelwand, in die S 54 keine zwei Minuten später hineinlief und dann hart nach Osten wegzackte.

»K S 54 an Flo-Chef. Danke!«

»Alle AK!«

Auch S 55 nahm wieder Höchstfahrt auf, und während nunmehr hinter ihnen beide Zerstörer an der Nebelwand klebten und ihre Artillerie Salve auf Salve in den dicken weißgrauen Brodem hineinjagte, liefen die Boote ab. Wenige Minuten später empfing der Funkmaat von S 55 einen FT-Spruch von S 158. Dieses Boot, das im Flottillenverband der weiter ostwärts operierenden 7. S-Flottille die Feindzerstörer ebenfalls angegriffen hatte, meldete die Versenkung des Zerstörers ›Lightning‹.

Um 23.11 Uhr brach der Feind die Schnellbootjagd ab. Man sah ihn noch Leuchtgranaten schießen, dann kam er außer Sicht.

»Zerstörer werden gesammelt haben, um an der Untergangsstelle nach Überlebenden zu suchen, Herr Kapitän.«

»Scheint mir auch so, Weber.«

»Flottille sammelt in Lucie-Gelb. FT-Spruch an Marinekommando Tunesien: Zerstörer retten Überlebende, folgen nicht nach Osten.«

Die Boote liefen wenig später in Ferryville ein.

Die Stellenbesetzung der 3. Schnellbootsflottille lautet zu dieser Zeit:

Flottillenchef: Korvettenkapitän Kemnade
Flottilleningenieur: Oberleutnant zur See (Ing.) Völckers
2. Flottilleningenieur: Oberleutnant zur See (Ing.) Lührs
3. Flottilleningenieur: Leutnant zur See (Ing.) Nauroschat

Boote:	Kommandanten:	Leitende Maschinisten:
S 30	Olt. z. See Backhaus	Obermaschinist Liebig
S 33	Olt. z. See Brauns	Obermaschinist Siebenlist
S 36	Olt. z. See Brauns (i. V.)	Obermaschinist Gutschon

S 54	Olt. z. See Schmidt	Obermaschinist Schäfer
S 55	Olt. z. See Weber	Obermaschinist Kapp
S 57	Olt. z. See Erdmann	Obermaschinist Schmold
S 58	Olt. z. See Schulz	Obermaschinist Klein
S 59	Olt. z. See Müller	Obermaschinist Ludwig
S 60	Olt. z. See Haak	Obermaschinist Offermann
S 61	Olt. z. See v. Gernet	Obermaschinist Bromann

Die Schnellboote liefen weiter aus. Dann verlegte die 3. S-Flottille nach Porto Empedocle. Bis zum 7. Mai 1943 wurden alle Boote nach Sizilien übergeführt.

Mit Beginn der Invasion Siziliens griffen die Boote der 3. und 7. S-Flottille immer wieder feindliche Transporter und Kriegsschiffe an.

Etwa zur gleichen Zeit erhielt Fregattenkapitän Herbert Max Schultz den Befehl, die 1. Schnellbootsdivision aufzustellen. Es war geplant, den beiden im Mittelmeer vorhandenen Schnellbootsflottillen noch drei weitere zuzuführen:

Erstens die 21. S-Flottille unter Kapitänleutnant Wuppermann. Diese Flottille wurde im September 1943 aufgestellt. Sie bestand aus Luftschraubenbooten, die von Friedrichshafen mit der Eisenbahn zum Mittelmeer transportiert wurden.

Hinzu kam die 22. S-Flottille unter Kapitänleutnant Hüsing, die aber erst im Dezember 1943, und zwar aus KS*-Booten, aufgestellt wurde.

Da diese Boote erst im Mai 1944 auf dem Bahntransport in den Mittelmeerraum verlegt wurden, kamen sie dort nicht mehr zum Einsatz.

Anders die 24. S-Flottille. Diese wurde aus italienischen Booten im November 1943 aufgestellt und bald darauf eingesetzt. Flottillenchef war Kapitänleutnant Hans-Jürgen Meyer.

Als die Alliierten auf Sizilien landeten, begann für die Schnellboote ein neuer Kampfabschnitt. Mit schnellen Vorstößen in die Flanken der feindlichen Schiffsansammlungen vor der Küste und in immer neuen Angriffen gegen Kriegsschiffe zeichnete sich hier besonders die 7. S-Flottille aus.

---

* KS = Kleine Schnellboote

Den deutschen Schnellbooten ist es mit zu verdanken, daß es dem Gegner nicht gelang, in die Straße von Messina einzudringen. Hätte er bei einem seiner zahlreichen Versuche Erfolg gehabt, so wären alle auf Sizilien stationierten Truppen verloren gewesen.

Eines dieser Abwehrgefechte begann am späten Abend des 16. Juli. Englische Motor-Torpedoboote und Zerstörer erschienen am Südeingang der Messinastraße. Die gesamte 7. S-Flottille lief aus. Es entspann sich ein dramatisches Duell, das bis in die Morgenstunden des 17. Juli andauerte.

Mit Torpedos und Bordkanonen versuchten die schnellen Fahrzeuge, den Sieg zu erringen. Zwei englische MTB wurden versenkt, mehrere Zerstörer beschädigt. Fünf deutsche Boote wurden im Verlauf der Nacht teilweise schwer getroffen. Auf allen Booten entstanden Verluste. Es gab Tote und Schwerverwundete, aber die Flottille schlug auch diesen Versuch des Gegners, in die Messinastraße einzudringen, unter stärksten eigenen Verlusten zurück.

Captain Roskill schrieb über diese britischen Versuche*: ›Es gelang uns nicht, uns in den Gewässern der Straße von Messina festzusetzen. Der Gegner mußte die Straße von Messina, die an ihrer schmalsten Stelle nur zweieinhalb Meilen breit ist, überschreiten, wenn seine Truppen aus Sizilien entkommen sollten.‹

Auch die Amerikaner versuchten immer wieder, mit Zerstörerverbänden an der Nordküste Siziliens zur Messinastraße vorzudringen.

Am Abend des 3. August um 19.00 Uhr liefen zwei Zerstörer, ›Gherardi‹ (LtCdr. J. W. Schmidt) und ›Rhind‹ (LtCdr. O. W. Spahr), aus Palermo aus, um die deutsche Seeflanke zu beschießen und deutsche Nachschubschiffe an der Küste zu vernichten. Sie stießen auf ein Landungsfahrzeug, das von zwei deutschen Schnellbooten der 3. S-Flottille geleitet wurde. Zerstörer ›Gherardi‹ eröffnete um 22.23 Uhr das Feuer. Das Landungsfahrzeug wurde von der ersten Salve getroffen und flog in die Luft. Es hatte Landminen geladen.

Zerstörer ›Rhind‹ erzielte einen schweren Treffer auf einem

---

* Siehe Roskill: a. a. O.

Schnellboot. Das zweite Boot schoß einen Torpedo auf ›Gherardi‹. Doch die phosphoreszierende Torpedolaufbahn wurde gesichtet, und der Zerstörer konnte dem Aal um Haaresbreite ausweichen.

Als dann Ende August Sizilien aufgegeben werden mußte, gingen die Schnellboote in den Westmittelmeerraum. Mitte Oktober wurde ihre Überführung in die Adria befohlen.

Die inzwischen bis nach Genua zurückverlegte 3. und 7. S-Flottille und auch die MS-Boote traten ihren Weg über Land von Genua nach Venedig an. Sie wurden damit der Gruppe Süd (Admiral Adria bzw. Admiral Ägäis) unterstellt.

Während die Boote der zuerst übergeführten 3. S-Flottille schon aus ihren neuen Stützpunkten zu ersten Einsätzen ausliefen, führte Korvettenkapitän Trummer mit der 7. S-Flottille noch zu Weihnachten die letzten Schnellbootsunternehmungen in der Bonifacio-Straße (zwischen Korsika und Sardinien) durch.

Obgleich im Adriaraum erst wenige Schnellboote verfügbar waren, liefen diese bereits am Abend des 12. November zum Einsatz gegen das dalmatinische Inselgebiet aus. Es waren zwei Boote unter der Führung von Oberleutnant zur See Brauns. Sie versenkten auf dieser ersten Unternehmung einen großen Motornachschubsegler.

Am 28. November gelang es drei Booten unter Führung von Kapitänleutnant Gernet, ebenfalls im dalmatinischen Inselgebiet einen weiteren Motorsegler zu versenken.

Am späten Abend des 19. Dezember liefen abermals drei Boote auf Schußweite an den kleinen Hafen Lissa heran und beschossen die Anlagen mit der neuen Vierzentimeter-Bofors-Kanone, mit der die Boote ausgerüstet worden waren.

Fünf Tage später beschossen zwei Boote den etwas größeren Hafen Lacosta, der am 3o. bis 31. Dezember 1943 abermals beschossen wurde.

Einsatzhäfen der Flottille waren Grado, Pola und Venedig. Damit ging der Einsatz der Schnellboote im Jahre 1943 zu Ende.

Erst im Jahre 1944 sollten diese kleinen, schnellen Boote, in größerer Zahl eingesetzt, wieder beachtliche Erfolge erzielen.

Der deutsche Übersetzverkehr in der Messinastrasse

Die 2. und 10. Landeflottille
Die Räumung von Korsika

Am 1. April 1943 wurde Fregattenkapitän von Liebenstein Chef der 2. Landeflottille.

Von Marsala und Trapani aus sollten die etwa dreißig Marine-Fährprähme dieser Flottille – von denen allerdings ein großer Teil durch Feindeinwirkung und Überbeanspruchung in den Werften festlag – nach Afrika auslaufen und den Nachschub der Truppen im Brückenkopf Tunesien sicherstellen. Diese Aufgabe wurde für die Landeflottille um so bedeutsamer, je mehr die großen Schiffe durch die feindliche Luftwaffe, durch Überwasserstreitkräfte und vor allem durch U-Boote ausgeschaltet wurden.

Die MFP der bereits im Jahre 1942 aufgestellten 2. Landeflottille hatten anfangs die Häfen der libyschen Küste bis in Höhe Tobruk als Ziel. Später liefen sie nach tunesischen Häfen aus, und als Fregattenkapitän von Liebenstein sie übernahm, gingen die Transportergruppen nach Bizerta. Die schnelleren MFP legten die Strecke Marsala – Bizerta in 15 bis 16 Stunden zurück. Manchmal wurde die Fahrt im Hafen der Insel Pantelleria unterbrochen.

Die gleichfalls in Marsala liegenden Siebelfähren benötigten für die Überfahrt rund zwei Tage. Sie hatten außerdem einen riesigen Benzinverbrauch. Auf dem Marsch wurden sie von Kampffähren begleitet, die mit jeweils zwei bis vier 2-cm-Vierlingen bewaffnet waren; einer Waffe, vor der die feindlichen Jagdflugzeuge einen höllischen Respekt hatten.

Die MFP benötigten für die Fahrt nach Afrika nur 200 Liter Dieselöl. Neben einem 8,8-cm-Spezialgeschütz waren sie zunächst mit zusätzlich zwei 2-cm-Fla-Kanonen armiert. Ab April erhielten sie dann noch eine dritte 2-cm-Kanone.

Jede MFP-Besatzung bestand aus zehn Mann. Kommandant war ein Steuermann, der meist aus der Handelsmarine kam und auch dort Steuermann gewesen war. Nummer Eins war jeweils ein Unteroffizier.

Für Fahrten nach Afrika wurden Gruppen von vier bis sechs

Booten zusammengestellt, die von einem aktiven Leutnant zur See als Gruppenführer geführt wurden.

Leider stand auf Sizilien für die Flottille nur eine kleine Werft zur Verfügung, so daß beschädigte Fahrzeuge nach Castellamare am Golf von Neapel marschieren mußten. Diese Fahrt dauerte drei Tage. Bis zu vierzehn Tagen mußten dann die Boote oft warten, bis sie an der Reihe waren. Diese Wartezeit ergab sich, weil nach dem Verteilerschlüssel die Italiener jeweils zwei Einheiten in die Werft legen durften, ehe ein deutsches Schiff an der Reihe war. Dabei spielte es keine Rolle, ob nur eine winzige Stundenreparatur oder eine viermonatige Werftliegezeit erledigt werden sollte.

So konnte es geschehen, daß zur Zeit des drohenden Waffenstillstandes in Afrika, wo es auf jeden MFP ankam, 29 Boote nicht einsatzbereit waren.

Dies ist eine der bisher unbekannten Tragödien im Afrikakrieg. Sie kostete viele Tausende deutscher Soldaten jahrelange Gefangenschaft in den USA.

Als dann Ende Mai 1943 die 2. Landedivision vom OKM genehmigt wurde, übergab Fregattenkapitän von Liebenstein seine Flottille an Korvettenkapitän der Reserve Wehrmann, um die neue Division aufzustellen. Zur Übergabezeit waren von den 30 MFP nur vier bis fünf einsatzbereit.

Die 10. Landeflottille, die bis dahin von der Luftwaffe betreut worden war, wurde von der 2. Landedivision übernommen.

Gleichzeitig mit der Übergabe wurde von Liebenstein zum Seetransportführer Messinastraße ernannt. Am 23. Mai mittags fuhr er im Kraftwagen von Marsala nach Palermo. Hier besuchte er die Boote, die zur Reparatur in der Werft lagen. Von dort ging es weiter nach Messina, wo er die Landungsstellen der Pionier-Landungsboote, 15 Kilometer nördlich der Stadt am engsten Teil der Straße von Messina, besichtigte. Am Nordausgang der Stadt passierte er die Anlegestellen für die Siebelfähren, die soeben den Dampfer ›San Pedro‹ entluden.

Der Fregattenkapitän war kaum zehn Minuten dort, als es bereits Fliegeralarm gab. Dreimal innerhalb von zwei Stunden griffen viermotorige amerikanische Bomber an.

Anschließend machte von Liebenstein seinen Antrittsbesuch

beim italienischen Admiral Barone, der das italienische Marinekommando leitete.

Auf einem MFP fuhr von Liebenstein dann hinüber zum Festland, wo das Boot in Catona festmachte.

Die Aufgabe des Seetransportführers Messinastraße bestand darin, einen leistungsfähigen Übersetzverkehr über die Messinastraße zu organisieren, der den Nachschub an Wehrmachtsgut auch dann sicherzustellen hatte, wenn die erwarteten Großangriffe der Bomber eintraten.

Zur Zeit seiner Kommandoübernahme bestand auf beiden Ufern jeweils eine Landestelle für die Pionier-Landungsboote, die Siebelfähren und die MFP. Es galt, sofort möglichst viele Anlegestellen zu schaffen, um eine große Zahl von Übersetzlinien gleichzeitig laufen lassen zu können. Darüber hinaus mußten die Zeiten für das Be- und Entladen der Fahrzeuge auf ein Mindestmaß herabgedrückt werden.

Ein Luftangriff auf Reggio am 24. Mai hatte noch einige im Hafen liegende MFP gekostet. Fregattenkapitän von Liebenstein befahl daher, die Häfen zu verlassen.

Der Übersetzverkehr wickelte sich von nun an über die Landestellen am freien Strand ab.

Pioniere und Baubataillone bauten nördlich und südlich von San Giovanni Zufahrtsstraßen zu den Anlegestellen.

Die Amerikaner erkannten diese Anlegestellen nicht. Sie bombten dreimal wöchentlich die Häfen von Reggio, Messina und San Giovanni, wo nur noch der eingeschränkte italienische Fährverkehr lief.

Die in Messina befindlichen deutschen Marinedienststellen wurden aus der Stadt herausgezogen und in einem ständig wachsenden Zeltlager oberhalb des Dorfes San Giuseppe über Catona zusammengelegt.

Chefs der 2. und 10. Landeflottille waren Korvettenkapitän Wehrmann und Korvettenkapitän Roth. Als Roth an Malaria erkrankte, übernahm Kapitänleutnant Einecke die Führung der 10. Landeflottille.

Mit dem Vorrücken der alliierten Verbände auf Sizilien wurde die Luftlage für den Übersetzverkehr immer schwieriger. Die feindlichen Jäger stiegen nun von sizilianischen Plätzen auf und konnten längere Zeit über den Fährstellen stehen.

Sobald sie einen der MFP oder ein anderes Fahrzeug entdeckten, stürzten sich mehrere Jagdbomber darauf nieder. So wurde der Tagverkehr bald unterbunden. Die Boote liefen in den Abendstunden aus. Sie trafen dann kurz vor Mitternacht an der Ausladestelle ein. Von hier aus mußten sie gegen 4.00 Uhr – ob ausgeladen war oder nicht – wieder zurücklaufen. Ständig zu den Fährstellen unterwegs, geriet auch der Seekommandant Messinastraße, Fregattenkapitän von Liebenstein, oft in Fliegerangriffe. Als er einmal – Anfang August – mit Oberst Baade, dem Kommandanten Messinastraße, in einem Pionier-Sturmboot die Landestellen abfuhr, um den Flakschutz zu überprüfen, erlebten sie innerhalb der knapp zwei Stunden während der Fahrt drei Bombenangriffe durch Jabo-Schwärme. Auch mit Bordkanonen und MG wurden sie angegriffen. Zackend und kurvend gelang es dem Bootsführer, dem Geschoßhagel zu entkommen.

Durch die Bombenexplosionen unter Wasser kamen viele getötete Fische an die Oberfläche, und bald war alles dabei, die schmackhafte Nebenkost einzusammeln.

Dasselbe Sturmboot wurde am nächsten Tag von einem Jabo versenkt. Die Besatzung konnte durch eines der in See stehenden Lazarettschiffe aufgefischt werden.

Am 11. August erhielt der Seetransportführer Mittelmeer von General Hube das Stichwort für die Rückführung der deutschen Truppen von Sizilien auf das Festland. Diese sollte in fünf Nächten bewerkstelligt werden.

Für die Landeflottillen begann damit eine Operation, die den letzten Einsatz eines jeden einzelnen erforderte. Sechs Übersetzlinien waren vorgesehen, vier davon im engsten Bereich der Messinastraße. Die Offiziere des Stabes, Oberleutnant zur See Hans Henning von Cossel und Oberleutnant (MA) Werner, wurden als Kontrolloffiziere an den Übergangsstellen eingesetzt. Sie hatten Blitzentscheidungen zu treffen und überall gleichzeitig zu sein. Auf ihren Schultern ruhte die Verantwortung für eine reibungslose Überführung.

Die Rückführung der Verwundeten oblag dem Leitenden Arzt

der Landeflottillen, Oberstabsarzt Dr. Höschel. Leider mußte immer wieder festgestellt werden, daß die anglo-amerikanischen Flieger keinerlei Rücksicht auf die hierfür eingesetzten Rot-Kreuz-Boote nahmen. Und wenn die Rot-Kreuz-Flagge noch so groß war, rücksichtslos machten sie auch bei diesen Schiffen von Bomben und Bordwaffen Gebrauch.

In der ersten Rückführungsnacht griffen Feindbomber alle zwei Stunden an. Sie setzten Markierungsleuchtbomben. Auch am Tage wurden die Angriffe genau nach der Uhr geflogen. Die Organisatoren des Übersetzverkehrs stellten sich darauf ein und brachten in den Pausen Kraftfahrzeuge und Geschütze ungestört ans Festland, die man eigentlich auf der Insel zurücklassen wollte.

In der zweiten Nacht dauerten die Luftangriffe ununterbrochen von 21.00 Uhr bis 5.00 Uhr. Ein Pionier-Landungsboot ging verloren. Es erhielt einen Volltreffer, als es auf Truppen wartete. In den frühen Morgenstunden trafen dann die Truppen ein und wurden bei vollem Tageslicht übergesetzt. Den ganzen Tag ging es mit größtmöglicher Beschleunigung an sechs Fährstellen zum Festland hinüber.

Die Leistung von 900 Überfahrten am ersten Tage wurde am zweiten auf 1100 Überfahrten gesteigert. Am dritten waren es 1300 und am vierten sogar 1400 Fahrten, die die wenigen Fahrzeuge machten.

Niemand vermag zu ermessen, was die Marinesoldaten auf ihren kleinen Kolchern in diesen Nächten und Tagen ohne Schlaf und ohne Ruhe geleistet haben. Hier – ungenannt und nie erwähnt – schlug die große Stunde der Mittelmeereinsätze. Nicht im Kampf gegen feindliche Seestreitkräfte, sondern im Kampf mit der Zeit, der Müdigkeit und den ständig angreifenden Feindflugzeugen, um das Leben Tausender Kameraden zu retten.

Ein Vergleich soll zeigen, was es heißt, 1400 Überfahrten an einem Tag zu organisieren:

Beim Übersetzen der Division ›Hermann Göring‹ nach Sizilien im Juni 1943 konnten – ohne Behinderung durch den Feind und ohne einen vorrückenden Feind auf der Insel – nur 610 Fahrzeuge in See gebracht werden.

Die dritte Nacht brachte den ersten Höhepunkt der feindlichen

Luftangriffe. Allerorten standen die ›Christbäume‹ über den Landestellen, alles war taghell erleuchtet. Und dies war erst der Auftakt, denn nun setzten auch am Morgen rollende Jabo-Angriffe ein.

Alle halbe Stunde etwa erschienen 12 bis 16 Jabos, die in Rotten zu dreien und vieren an allen Stellen der Messinastraße Bomben warfen und aus Bordwaffen feuerten. Sie kamen aus Bergmulden und tief eingeschnittenen Tälern. Ihnen folgten Hochbomberangriffe.

In dieser kritischen Situation trat eine Einheit auf den Plan, die unter Führung von Oberst Nieper am 1. Juli 1943 aufgestellt worden war: die 22. Flakbrigade. Schon bei der Landung und beim Fallschirmabsprung feindlicher Verbände auf Sizilien hatte diese Brigade zahlreiche Flugzeugabschüsse erzielt, ohne allerdings die Aktion der Alliierten verhindern zu können.

Vor Beginn der Evakuierung verlegte Oberst Nieper seinen Gefechtsstand an die Messinastraße, um hier mit seiner Brigade einen flakartilleristischen Schwerpunkt zu bilden.

Feindliche Schnellboote und Zerstörer, die am Tage und in der Nacht versuchten, in die Straße von Messina einzudringen wurden von den Batterien Oberst Niepers zusammengeschossen.

Der Flakschirm wurde beinahe undurchdringlich. Waren alle Geschütze im zusammengefaßten Einsatz, konnten die Feindbomber in der Messinastraße kein Ziel direkt angreifen. Die Flak zwang den Feind zum ungezielten Bombennotwurf.

Nach fünf Tagen und Nächten waren die Gesichter der Männer hohlwangig geworden. Am 17. August 1943, gegen 7.00 Uhr, verließen die Führer der Nachhuten und die letzten transportfähigen Fahrzeuge die Insel.

60 000 Mann mit 6000 Fahrzeugen, Geschützen und Panzern, 17 000 Tonnen Munition und vor allem die 4000 Verwundeten waren in einer ungeheuren militärischen und organisatorischen Leistung ans Festland gebracht worden. Nichts wurde auf der Insel zurückgelassen.

Und dies alles hatten sieben MFP, zehn Siebelfähren, drei Pionier-Siebelfähren und 16 Pionier-Landungsboote unter Führung des Chefs der 2. Landeflottille, Korvettenkapitän Wehrmann, des

Noch greifen sie nicht ein. – Italienische Kreuzer während einer Flottenschau im Mittelmeer, Juni 1940.

Im Frühjahr 1938 verfügte Italien über 100 U-Boote. Hier eine Flottille im Hafen von Neapel.

Dezember 1940. – Italienische Schlachtschiffe greifen zum erstenmal in den Kampf im Mittelmeer ein.

Der Flugzeugträger »Ark Royal«; noch an der Pier in Malta.

Am 13. November 1941 sinkt die »Ark Royal« nach einem Torpedofächer aus den Rohren von U 81.

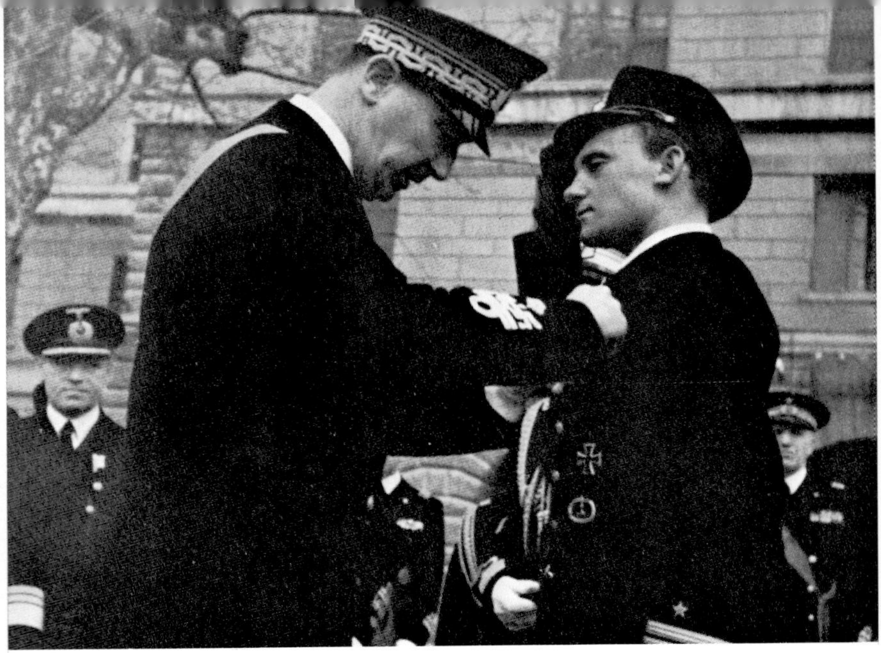

Kapitänleutnant Guggenberger, Kommandant von U 81, erhält aus der Hand des Herzogs di Aosta die Silberne Tapferkeitsmedaille.

Kapitänleutnant Freiherr von Tiesenhausen, der mit U 331 die »Barham« versenkte.

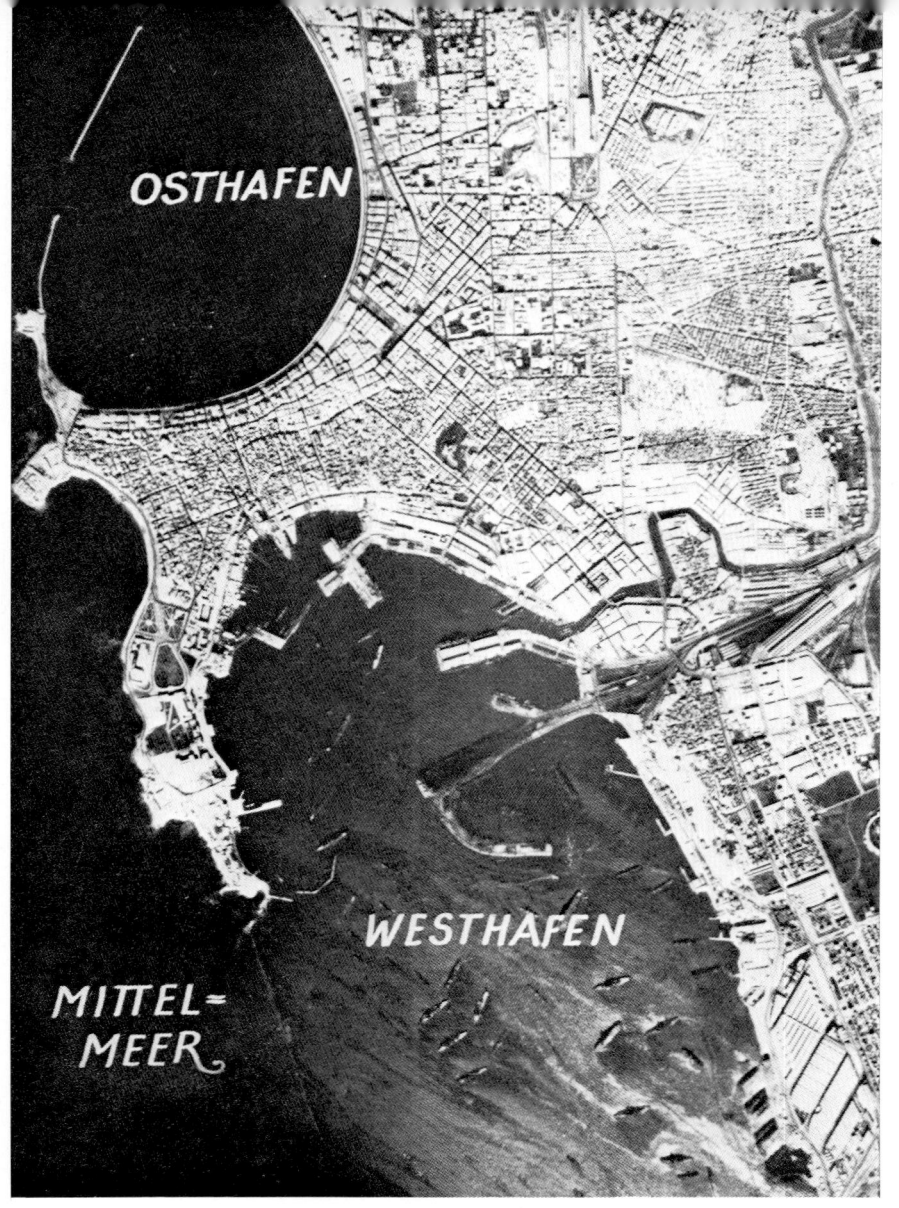

Der Hafen von Alexandria. Die bedeutendste britische Flottenbasis im Mittelmeer. – Ausgezeichnete Aufnahme von einem deutschen Fernaufklärer.

Der Hafen von La Valetta. Noch ist nichts zerstört (am 15. Januar 1941).

Das Arsenal von Malta, von einem italienischen Aufklärer fotografiert.

Bomben auf Malta.

Malta, Stützpunkt der 10. U-Flottille, wird gebombt. – Ein deutsches Kampfflugzeug über La Valetta, dem größten waffenstarrenden Hafen der Insel.

Dies sind die Maiali und ihre Torpedoreiter. Drei solcher Teams führten den großen Paukenschlag im Hafen von Alexandria.

Ein Torpedoreiterteam durchbricht die Netzsperre.

*Die italienischen Schnellboote der »Decima-Flottiglia MAS« zählten zu den schärfsten Waffen der italienischen Marine.

Schnellboot auf Feindfahrt. – Ein U-Boot ist gesichtet worden.

Das U-Boot ist gestellt. –
»Klar zum Werfen!«
Wasserbomben fallen.

Sekunden später hebt sich unter dem Druck der explodierenden Wasserbombe ein Berg aus der See.

Ein Boot der 6. R-Flottille nach einem Angriff auf den Flottillen-Stützpunkt.

Schwer getroffener Dampfer bei einem Luftangriff auf den Hafen von Derna. Vorn die 2-cm-Bedienung eines Räumbootes feuerbereit.

Ein Munitions-dampfer. Wird er in die Luft fliegen?

Im Hafen von Tobruk, Juli 1942. – Vorn das von der 6. R-Flottille erbeutete britische MTB 314. Im Hintergrund das italienische Commando Marina.

Ein Zeltlager der 6. R-Flottille an der nordafrikanischen Küste.

Der BdU, Admiral Dönitz, am 16./17. April in La Spezia. – Begrüßung von Kommandant und Besatzung von U 375 (Kapitänleutnant Koenenkamp). Kapitänleutnant Werner Kraus kam bald hinzu (rechts oben).

Ein deutsches U-Boot ist von Feindfahrt heimgekehrt.

Mit Kapitänleutnant Guggenberger (von rechts) Korvettenkapitän Oehrn und Kapitänleutnant Reschke begann die Schießzeit im Mittelmeer.

Kapitänleutnant Reschke (Mitte, weiße Mütze) ist von erfolgreicher Feindfahrt zurückgekehrt. Er wird von seinen Kameraden Jepsen und Dommes (rechts von ihm) begrüßt.

Kapitänleutnant Preuß (links) mit Besatzung von Feindfahrt zurück. Begrüßung durch Korvettenkäpitän Becker.

Torpedoübernahme auf einem U-Boot. – Erst diese »Aale« machen die U-Boot-Waffe zum gefährlichsten Gegner für alle Schiffe.

Rauchsäulen an Steuerbord! – Jetzt darf der Gegner nicht mehr außer Sicht kommen.

Der erste Schluck an Land. U-Dommes ist eingelaufen.

Besuch von Kapitän zur See Kreisch im U-Boots-Stützpunkt La Spezia, Sommer 1942.

Kapitänleutnant Koenenkamp wird von einer Rotkreuzschwester willkommen geheißen.

»Hein« Schonder, Kommandant von U 77, erhält am 23. August 1942 in Salamis aus der Hand von Kapitän zur See Kreisch das Ritterkreuz.

Im Lagezimmer des BdU. – Links Admiral Dönitz, rechts KorvKpt. Becker.

Verleihung des Ritterkreuzes durch Kapitän zur See Kreisch an Kapitänleutnant Rosenbaum nach Versenkung der »Eagle« am 5. September 1942.

Kapitän zur See Wachsmuth sollte in Toulon einige französische Zerstörer für das Mittelmeer übernehmen.– Er wurde später I. Admiralstabsoffizier des Deutschen Marinekommandos Tunesien.

Ein dramatisches Bilddokument von der Selbstversenkung der französischen Flotte in Toulon.

Das französische Schlachtschiff »Strasbourg« wurde am 27. November 1942 von seiner Besatzung im Hafen von Toulon auf Grund gesetzt.

Feindliche Bomber sind über der Messinastraße erschienen. – Die Fla-Waffen sind abwehrbereit.

Italienische Torpedoflieger errangen manchen Erfolg im Kampf gegen englische Malta-Konvois.

Ein italienischer Kreuzer auf Kriegsmarsch in der Straße von Sizilien. – Die Drillingsrohre der Mittelartillerie sind ausgeschwungen.

Italienische U-Boots-Männer bei der Pflege des Buggeschützes. – Die italienischen U-Boote kämpften mit großem Einsatz.

Fregattenkapitän Gustav Freiherr von Liebenstein. – Als Seetransportführer Messinastraße und bei der Räumung von Korsika leisteten seine kleinen »Kolcher« fast Unmögliches.

Ein britischer Geleitzug im östlichen Mittelmeer. Italienische Torpedoflieger haben ihn gestellt und dezimiert. Schwarzqualmende Wracks, schon sinkend, bleiben zurück.

Geleitzug nach Afrika. Auf der Brücke eines italienischen Geleitzerstörers sucht der Wachgänger die See ab. Im Kreis seines Peilrahmens der große Tanker, der den Sprit für Rommels Panzer nach Tripolis karrt.

Ein italienischer Leichter Kreuzer bereitet sich auf eine Minenaufgabe im Feindraum nahe Malta vor.

Albrecht Brandi dankt Konteradmiral Scheer für den Empfang, der U 617 in Toulon bereitet wurde.

Das erste deutsche U-Boot läuft in den neuen Stützpunkt Toulon ein.

Stab des FdU-Italien im Sommer 1943. – Von links nach rechts: KorvKpt. (Ing.) Dipl.-Ing. Gottwald, Verbandsingenieur; Oberleutnant (MA) Tegtmeyer, Adjutant; FdU-Italien, Konteradmiral Kreisch; Oberleutnant zur See Becker, Nachrichtenoffizier; KorvKpt. Schewe, I. Admiralstabsoffizier; Kapitänleutnant Wallas, 2. Admiralstabsoffizier.

Korvettenkapitän Reschke bei einer Ferntrauung.

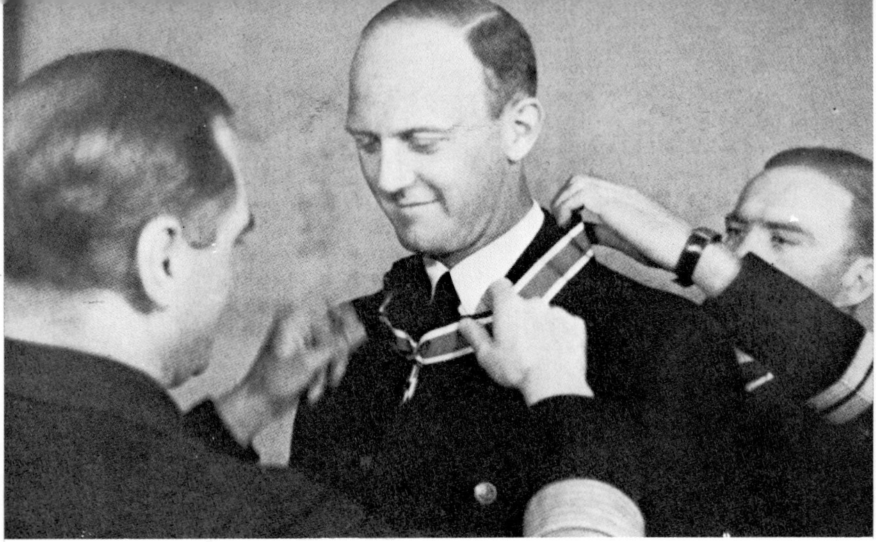

Verleihung des Ritterkreuzes an Kapitänleutnant Jahn im Mai 1943.

Oberleutnant zur See Siegfried Koitschka (links unten), nach vielen Erfolgen im Mittelmeer mit dem Ritterkreuz ausgezeichnet. Kapitänleutnant Freiherr von Schlippenbach erhält das Ritterkreuz (rechts unten).

Mittags, 5. Januar 1944, Fliegeralarm im Hafen von Piräus. – Deutsche Räumboote und U-Jäger nebeln den Hafen ein.

Hier eines der italienischen Torpedoboote, die nunmehr unter deutschem Kommando fahren.

Korvettenkapitän Fritz Hoch (links oben), Chef der 20. Marine-Bordflack. – Kapitän Carlheinz Vorsteher (hier als Oberleutnant) war beim Sturm auf Leros Kommandant von TA 15 (rechts oben).

Auch dieses Torpedoboot wurde in die 9. T-Flottille übernommen.

Eines der Räumboote. – Es prescht mit AK durch grobe See.

Die Feuerprobe der Torpedoboote beim Sturm auf Leros. – Torpedoboote der 9. T-Flottille ziehen eine dichte Nebelwand, in deren Schutz die Landungsboote zur Insel vorpreschen.

Wieder in See. – Hundertprozentiger Ausguck ist eine Lebensversicherung.

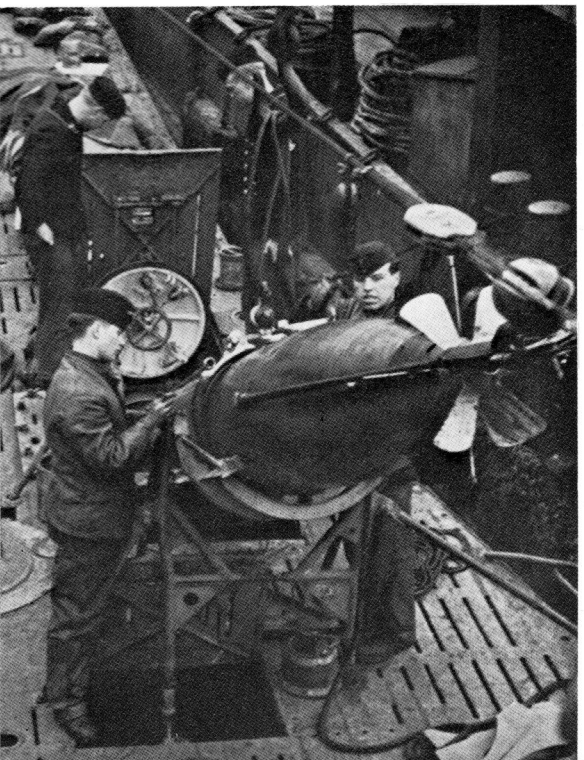

Bis zum bitteren Ende liefen sie aus. – Torpedo-Übernahme. – So bekommen die »Wölfe« ihre Reißzähne.

stellvertretenden Chefs der 10. Landeflottille, Kapitänleutnant Einecke, des Chefs der 4. Landeflottille, Korvettenkapitän Zimmermann, und des Kommandeurs des Pionier-Landebataillons 771, Hauptmann Paul, geschafft.

Daß sie es schaffen konnten, verdankten sie der 22. Flakbrigade unter ihrem Kommandeur Oberst Nieper.

Von den insgesamt 663 Feindflugzeugen, die während der 38tägigen Kämpfe über der Insel abgeschossen wurden, hatte die 22. Flakbrigade 169 vernichtet.

Generalfeldmarschall Freiherr von Richthofen sagte in einem Tagesbefehl an die 22. Flakbrigade: »Die Leistungen eines jeden Flakkanoniers während der Kämpfe auf Sizilien sind über jedes Lob erhaben.

Ich spreche der Flakbrigade 22 und allen auf der Insel eingesetzten Flakeinheiten für ihre hervorragende Leistung meine besondere Anerkennung aus.«

Fregattenkapitän von Liebenstein erhielt bereits im August das Deutsche Kreuz in Gold. Anfang September wurde er für seine Führungsleistungen als Seetransportführer Messinastraße im Wehrmachtsbericht genannt und mit dem Ritterkreuz ausgezeichnet.

Die Kriegsmarine hat im Mittelmeer Großes geleistet, aber es gibt kaum einen Einsatz, dem sich nicht diese Leistung der kleinen ›Kolcher‹ würdig zur Seite stellen ließe. Sie hat *die* Divisionen gerettet, die wenige Wochen später den ersten Ansturm des Gegners auf das italienische Festland aufhielten und dem Feind den Einbruch in die ›Festung Europa‹ lange Monate hindurch streitig machten. Im Abschlußbericht von Liebensteins heißt es*:

›Die Anglo-Amerikaner, die nunmehr auf den Höhen vor Messina standen, versuchten mit allen Mitteln zu verhindern, daß die deutschen Boote nach Beendigung ihrer Aufgabe aus der Messinastraße entkamen.

Laut Befehl sollten die Boote nach Neapel gehen. Sie marschierten am Tage bis zur Ortschaft Scylla, wurden den ganzen Tag über

---

* Siehe Liebenstein, Gustav Freiherr von: ›Schlußbetrachtung des KTB des Seetransportführers Messinastraße‹

von Jabos angegriffen, hatten jedoch zusätzlichen Flakschutz von Land her. Bei einsetzender Dunkelheit marschierten sie nach Norden. Sie kamen mit Ausnahme von zwei Siebelfähren, die am nächsten Morgen einem Jaboangriff erlagen, heil in Neapel an. Die Zeit in der Messinastraße war vorüber. Offizier und Mann waren stolz auf das, was sie dort leisten durften. Bald sahen sie neuen Einsätzen entgegen.‹

Knapp einen Monat darauf wurde Fregattenkapitän von Liebenstein vom Deutschen Marinekommando Italien die Leitung der Rückführung aller auf Korsika stehenden deutschen Truppen von der Marineseite her übertragen.

Im wesentlichen waren dies Teile der 90. Panzergrenadierdivision, die SS-Sturmbrigade ›Reichsführer SS‹; ferner die Bodenorganisationen des Fliegerführers Sardinien mit allem Gerät Fahrzeugen und Waffen.

Die Sturmbrigade ›Reichsführer SS‹, die durch ein Grenadierbataillon der 356. ID verstärkt worden war, war Anfang Juli 1943 aus dem Raum von Massa und Livorno nach Korsika verlegt worden. Sie sollte die Insel gegen ein vermutetes alliiertes Landungsunternehmen verteidigen.

Nach der Räumung von Sardinien wurden große Teile der dort stationierten 90. Panzergrenadierdivision, die sich in der Aufstellung befand, nach Korsika verlegt.

Nach dem Umfall der Italiener am 8. September 1943 wurden die auf Korsika stehenden italienischen Truppen zur Freigabe von Stadt und Hafen Bastia aufgefordert. Als dies abgelehnt wurde, griff die SS-Brigade am 15. September an, nahm am gleichen Abend Flugplatz, Stadt und Hafen und bildete einen Brückenkopf.

In diesem Brückenkopf wurde verteidigt. Anfangs gegen die Italiener, später auch gegen französische, im Dienst der Alliierten stehende Streitkräfte, die im Süden von Ajaccio gelandet waren.

Die deutschen Truppen sollten nunmehr zurückgeführt werden. Und zwar standen die Transporte der Soldaten mit ihren Handfeuerwaffen bei dieser Rückführungsoperation an erster Stelle. Nur ein Teil der Soldaten konnte mit Flugzeugen zum Festland hinübergeschafft werden.

Von Liebenstein erhielt vom Marinekommando Italien folgenden Befehl*:

›a) Aufnahme der Verbindung mit den Heeres- und Luftstellen zur Sicherstellung des Antransportes von Truppen und Geräten entsprechend den marineseitig klaren Transportmitteln.
b) Festlegung der Einschiffungsplätze.
c) Beladung der für den Rücktransport vorgesehenen Schiffe, Prähme usw. bzw. Einschiffung auf dieselben.
d) Steuerung der von Korsika abgehenden Geleite nach den vom Deutschen Marinekommando herausgegebenen Richtlinien und Weisungen.
e) Anforderung von Jagdschutz und enger Sicherung für die Geleite beim Fliegerführer Sardinien (nunmehr auf Korsika).‹

Durch diesen Befehl erhielt der ›Seetransportführer Korsika‹ gegenüber allen auf Korsika stehenden Marineeinheiten Weisungsrecht. Gleichzeitig oblag ihm die Aufgabe, beim Deutschen Wehrmachtskommandanten Korsika, Generalleutnant von Senger, als Verbindungsoffizier zu wirken.

In Bastia übernahm Liebenstein am Vormittag des 17. September die Dienstgeschäfte als Seetransportführer. Anschließend meldete er sich beim deutschen Wehrmachtskommandanten, dessen Stabsquartier sich in der Nähe des Flugplatzes Ghisonaccia bei Ajaccio befand.

Mittelpunkt für diese Überführungsfahrten würde Bastia sein. Aus diesem Grunde richtete der Seetransportführer dort sein Stabsquartier ein, denn vom Stabsquartier des Wehrmachtskommandanten aus waren es bis Bastia 80 Kilometer.

Die Räumung von Sardinien war soeben beendet worden. Von dort wurden nach Schätzungen 33 000 Soldaten, 5000 Fahrzeuge und 3000 bis 4000 Tonnen Material ans Festland gebracht. Hinzu kamen 600 Geschütze und ca. 100 Panzer.

Diese Zahlen mußten für den Seetransportführer als Grundlage für seine neue Aufgabe genügen.

---

* Siehe Liebenstein, Gustav Freiherr von: ›Bericht über die Durchführung der Räumung von Korsika‹

Folgende Marinedienststellen standen ihm zur Verfügung:
1. Die Seetransportstellen in Bastia und Porto Vecchio.
2. Die Marinefunkstellen in Bastia, Porto Vecchio und beim Fliegerführer Sardinien in Ghisonaccia.

Wegen seiner ungenügenden Wassertiefe und weil das Gebiet um Porto Vecchio nur noch ein paar Tage gehalten werden konnte, kam dieser Hafen als zweite Absprungbasis nicht in Frage. Dafür hatte aber Bastia im alten und neuen Hafen zwei Absprungstellen, die jeweils eine größere Anzahl von MFP, Siebelfähren und Penichen aufnehmen konnten. Die Kaianlagen des neuen Hafens waren sogar für große Dampfer geeignet.

Oberleutnant zur See von Cossel, dem A 1 des Seetransportführers, oblag es, die geplanten Ausweichstellen so schnell wie möglich vorzubereiten. Er war schon einige Tage vor Liebenstein nach Korsika übergesetzt und stellte dort fest, daß seitens der Marine bisher kaum etwas für diese Rücktransporte vorbereitet worden war.

Die Zurücknahme der gesamten Inselbesatzung in einen Brückenkopf im Norden Korsikas war vorgesehen worden, weil von hier aus der Seeweg zu den Landehäfen des Festlandes am kürzesten war. Dies erhöhte die Umlaufgeschwindigkeit des knappen Schiffsraumes. An drei Stellen stellte Oberleutnant von Cossel gute Möglichkeiten für Ausweichstellen fest:
1. In der Bucht von Sisco, 15 Kilometer nördlich Bastia.
2. In der Bucht von Pietra Corbara, 18 Kilometer nördlich Bastia.
3. In dem kleinen, schwierigen Hafen von Macianaccio, ca. 40 Kilometer nördlich von Bastia.

Das Heer legte darüber hinaus auf Anlegestellen südlich von Bastia großen Wert. Einmal, um für den Abtransport von Material die Anfuhrwege abzukürzen. Zum anderen, um für den Fall einer Änderung der taktischen Lage – etwa bei einer feindlichen Landung in Bastia, die nicht ausgeschlossen war – eine weitere Ausweichmöglichkeit zu haben. Doch daraus wurde nichts, denn bei dem Mangel an Nachrichtenmitteln war es notwendig, die Anlegestellen möglichst nahe beieinander zu halten.

Bei Beginn der Rückführung am 19. September standen von Liebenstein 35 MFP, vier Frachtpenichen, die Dampfer ›Kraft‹,

›Champagne‹ und ›Nikolaus‹, ferner vier KT*-Schiffe zur Verfügung.

Die großen Fahrzeuge mußten wegen der U-Boots-Gefahr im Geleit fahren. Räumboote der 7. Sicherungsdivision (11. R-Flottille) übernahmen die Geleitsicherung.

Mit dem 25. September wurde die Geleitzugsteuerung von Korsika nach dem Festland auch der 7. Sicherungsdivision übertragen. Allerdings ließ man dabei außer acht, daß man von Livorno aus, dem Sitz der 7. Sicherungsdivision, nicht übersehen konnte, wann die Gelegenheiten bestanden, Geleite ans Festland in Marsch zu setzen.

Ferner schloß die lange Dauer in der Übermittlung von Funksprüchen eine rasche Befehlsübermittlung aus.

Die Anforderung von Jagdschutz erfolgte zunächst über den Seetransportchef Mittelmeer, Kapitän zur See Conrad Engelhardt, beim Geleitschutzführer der Luftflotte 2. Beide Dienststellen saßen unmittelbar nebeneinander und arbeiteten auch eng zusammen, so daß der Seetransportchef bei Auslaufmeldungen gleich Jagdschutz anfordern konnte.

Um eine noch schnellere Umlaufzeit zu erreichen, schlug von Liebenstein vor, die MFP und Siebelfähren statt nach Piombino ans Festland nach Porto Ferraio auf Elba laufen zu lassen. Dadurch würde der Seeweg um ein Drittel verkürzt. Der Weitertransport von Elba ans Festland stellte kein Problem dar.

Dieser Vorschlag, vom Seetransportchef Mittelmeer genehmigt, wurde vom Oberbefehlshaber Süd zunächst mit dem Hinweis auf mangelnden Flakschutz abgelehnt. Erst am 1. Oktober wurde er freigegeben und wirkte sich, wie von dem Seetransportführer Korsika vorausgesehen, sehr positiv aus.

Von den Flugplätzen Ghisonaccia, Borgo und Poretto aus starteten vom ersten Tage bis zum 3. Oktober deutsche Transportflugzeuge. Sie beförderten 27 000 Mann von der Insel ans Festland.

Der bereits am 18. September im Hafen von Porto Vecchio beschlagnahmte Dampfer ›Tiberiade‹ wurde mit Marinesoldaten bemannt. Er übernahm ebenfalls Transportaufgaben. Doch schon am

---

* Kriegstransporter

folgenden Tage wurden die ›Tiberiade‹ und ein weiterer Dampfer – die ›Gilio‹ – bei einem Angriff von 20 Hochbombern auf Bastia im neuen Hafen getroffen. Beide Schiffe brannten lichterloh. ›Gilio‹ sank auf flachem Wasser. Sie hatte eine größere Ladung deutscher Lkw übernommen (die nach dem Angriff auf Siebelfähren umgeladen wurden. Danach konnte ›Gilio‹ wieder gehoben werden). Auch der wichtige Schlepper ›Gabes‹ wurde versenkt.

Mehrere Speicher, die getroffen wurden, standen in Flammen. Einige auf der Zufahrtstraße zum neuen Hafen stehende und auf dem Kai zur Einschiffung bestimmte Lkw wurden ebenfalls getroffen. Munition flog mit grellen Feuerschlägen in die Luft. Als die Rettungstrupps Verwundete und Tote bargen, explodierte noch immer Munition. Dennoch gelang es beherzten Offizieren und Soldaten, die nicht beschädigten Fahrzeuge aus der Gefahrenzone herauszufahren.

Eine Bombe traf den an der Pier liegenden Dampfer ›Nikolaus‹. Als er ablegte, um zu seinem Liegeplatz zu verholen, wo die Ladung auf Siebelfähren umgeladen werden sollte, erhielt er einen Torpedotreffer.

Ein englisches U-Boot hatte seinen Aal zielsicher durch die enge Sperrlücke geschossen. Die feuerdurchlohte Detonationspinie stand als Schreckenssignal über dem Schiff. Die ›Nikolaus‹ war manövrierunfähig.

In der darauffolgenden Nacht griffen abermals starke Bomberverbände an. Die noch in den Hafenspeichern lagernde italienische Munition flog in gewaltigen Flammenkaskaden in die Luft.

Gleißende ›Christbäume‹ erhellten das Hafengebiet.

Am 22. September erbat von Liebenstein über FT beim Seetransportchef einen starken Schlepper für das Leichtern des Dampfers ›Nikolaus‹.

Anläßlich einer Besprechung mit dem Wehrmachtskommandanten und dem Fliegerführer vertrat der Fregattenkapitän die Meinung, daß die Verwendung von Großschiffen nicht ratsam sei, weil ihre Beladung mindestens einen Tag, wenn nicht gar zwei Tage in Anspruch nehme. Während dieser langen Zeit sei die Gefahr groß, daß sie durch die feindliche Luftaufklärung erfaßt und danach bombardiert würden.

MFP hingegen könnten – das hatte der Übersetzverkehr auf der Messinastraße bewiesen – bei gut eingespielter Organisation binnen zehn Minuten beladen werden. Sein Vorschlag, auf die Großschiffe zu verzichten, wurde abgelehnt. Zum Glück hörten von dem Tage an die Fliegerangriffe plötzlich auf.

In der Nacht zum 23. September sank der Dampfer ›Kraft‹ infolge zunehmenden Leckwassers. Am 23. September gegen 18.25 Uhr wurde vier Seemeilen östlich Bastia MFP 240 durch einen U-Boots-Torpedo versenkt. Die Besatzung konnte jedoch gerettet werden. Zwei Stunden später liefen die beiden Penichen ›Freiburg‹ und ›Leipzig‹ nach Übernahme einer Restladung aus Porto Vecchio aus. Zur gleichen Zeit setzten die Sprengungen der militärisch wichtigen Anlagen ein.

Die Verluste bei den Fahrten zum Festland mehrten sich. Am 24. September erhielt die ›Champagne‹ elf Seemeilen ostwärts Bastia zwei Torpedotreffer. Ihr Kapitän behielt die Nerven, kehrte mit dem Schiff in Richtung Hafen zurück und setzte es südlich davon leicht auf Grund. Hier konnte es durch Siebelfähren bis auf zwanzig Fahrzeuge geleichtert werden. Eine gute seemännische und soldatische Leistung.

Am Nachmittag des 27. September erhielt die ›Champagne‹, die durch das Leichtern wieder schwimmfähig geworden war, einen weiteren Torpedotreffer und fiel damit endgültig aus.

Der Seetransportführer Korsika erfuhr am Abend dieses Tages, daß zu den bereits vorher bekannten Mengen an Material noch 172 Geschütze, 86 Fla, 1000 Sonder-Kfz, 1061 Lkw und Pkw ans Festland zu bringen seien.

Zum Schluß sollten auf der Insel zwei Brückenköpfe gebildet werden: der südliche in Borgo, der nördliche in Sisco. Von Sisco aus sollten auch die letzten Truppen abtransportiert werden: etwa 1000 Soldaten, 200 Gefangene und 100 Kfz.

Inzwischen hatte der Feind auf der Insel seinen Druck verstärkt. Nachdem marokkanische Truppen in Ajaccio gelandet waren, sah es kritisch aus. In den Morgenstunden des 30. September begann der Angriff südlich Borgo bei Casamozza. Durchgesickerte Feindtruppen griffen westlich Borgo an.

Am gleichen Tage traf der Befehl des Marinekommandos Italien ein, den ›Schlußakkord‹ nicht auf Sisco, sondern auf Bastia abzustellen.

SF*-Boote und SG 11** übernahmen dazu den Flankenschutz. Zwei R-Boote wurden mit Grundminen für die Verminung des Hafens von Bastia angefordert. Die Einschiffung des Sprengtrupps und des Restkommandos wurde auf R-Booten vorgesehen.

Am folgenden Tag entschloß sich der Seetransportchef endlich, sämtliche MFP nur noch nach Marina di Campo auf Elba laufen zu lassen. Doch schon am nächsten Tage wurde, wegen Anlandeschwierigkeiten in Marina di Campo, auf Porto Ferraio ausgewichen.

In der Frühe des 2. Oktober fuhr von Liebenstein zur Kommandantur, um genaue Angaben über den Schlußtermin zu erhalten und Klarheit über die zuletzt über See ans Festland zu bringenden Truppen zu bekommen. Eine genaue Durchrechnung ergab, daß die Zahl von 1000 Soldaten nicht stimmte, sondern daß noch 2900 Mann zurückgebracht werden mußten. Das bewog von Liebenstein dazu, jeden MFP mit 100 Soldaten besetzen zu lassen.

Als am Nachmittag des 2. Oktober bereits feindliches Artilleriefeuer auf die Straßen zum Wehrmachtskommandanten niederging und die von der SS-Sturmbrigade kommenden Meldungen zeigten, daß kein Tag länger gehalten werden konnte, wurde der 3. Oktober nachmittags als letzter Einschiffungstermin befohlen und über FT dem Seetransportchef und dem Deutschen Marinekommando Italien gemeldet.

Zum Glück trafen die MFP – die ja nur nach Elba zu laufen brauchten – sehr schnell wieder ein, so daß alles planmäßig durchgeführt werden konnte.

Der 3. Oktober begann mit spiegelglatter See und strahlendem Sonnenschein. Auf SG 11 war Oberleutnant zur See von Cossel zur Stelle. Alle nach 4.00 Uhr einlaufenden MFP wurden für den Mannschaftstransport festgehalten. Neun große und zwei kleine Räumboote liefen ein. Insgesamt standen 26 MFP für den Trup-

---

* SF= Sonderfahrzeuge
** SG 11 = ehemal. franz. Handelsdampfer ›Alice Robert‹; SG-Schiffe waren gemischte Einheiten

pen- und Verwundetentransport bereit. Vier SF-Boote, zwei KSF-Boote* und neun Leichter waren zur Stelle, und schließlich traf gegen Nachmittag noch eine weitere Anzahl MFP ein, die aber wegen des auf den Hafen Bastia niedergehenden Artilleriefeuers nicht einlaufen konnten.

Fregattenkapitän von Liebenstein begleitete den Wehrmachtskommandanten gegen 16.00 Uhr auf einem I-Boot** zur Ausweichanlegestelle Bastia-Süd. Die für den Stab vorgesehenen Boote R 200 und R 162 lagen bereit. Im Feuer der Feindartillerie gingen die Offiziere, die Funker und Schreiber an Bord. Beide Boote liefen vor den Hafen, wo sie nicht mehr erfaßt werden konnten, um von hier aus die Einschiffung zu überwachen und zu lenken.

Zur selben Zeit lief die 1. Gruppe der MFP aus. Die zweite Gruppe folgte um 17.00 Uhr. F 450 blieb im Hafen liegen und wurde weiter beladen. Um 17.30 Uhr erhielten KT 19 und Dampfer ›Gilio‹ vom Hafenkommandanten Bastia, Kapitänleutnant Lerch, Befehl zum Auslaufen. Auch F 450 – inzwischen voll beladen – lief aus.

Das Artilleriefeuer wurde durch SG 11 und die KSF sowie durch die Transport-SF erwidert. Letztere waren mit 8,8-cm-Flak bestückt.

Gegen 18.00 Uhr veranlaßte SS-Obersturmbannführer Gesele – der Kommandeur der SS-Sturmbrigade ›Reichsführer SS‹ – einige noch am Ufer liegende MFP dazu, mit ihren Zwozentimetern einmal die Berghöhen abzustreichen, weil sich der Gegner dort oben zeigte.

Diesem Feuer schlossen sich binnen Sekunden alle deutschen Fahrzeuge an. Es war ein unheimliches Bild. Aber dieses disziplinlose Schießen gefährdete die eigenen Soldaten, die sich noch zum Hafen und zu den Ausweichstellen zurückziehen mußten.

Nachdem die Ausweichstelle Bastia-Süd ausgefallen war, fuhr Fregattenkapitän von Liebenstein auf R 200 an alle auf Reede liegenden MFP und I-Boote heran und befahl ihnen, etwa 200 Meter nördlich vom Hafen anzulegen. Die I-Boote sollten von dort Truppen an Bord der MFP bringen.

---

* KSF = kleine Schnellboote
** I-Boot= Infanterieboot

Von dieser neuen Anlegestelle aus holte Oberleutnant von Cossel, der im Feindfeuer an Land war, alle Soldaten heran und ließ sie einschiffen. Hier wurden auch die letzten Flak- und Sturmgeschütze, die die Absetzbewegungen deckten, auf vier MFP verladen.

In den späten Abendstunden suchten Offizierssteifen auf Befehl von Fregattenkapitän von Liebenstein und Obersturmbannführer Gesele die Umgebung des Hafens Bastia nach Nachzüglern und Versprengten ab. Um 22.30 Uhr wurde dem Wehrmachtskommandanten gemeldet, daß der letzte deutsche Soldat eingeschifft sei.

Die letzten Sprengtrupps verließen gegen 24.00 Uhr Bastia. Für sie lagen noch I-Boote bereit, die sie zu den wartenden MFP brachten. Sie hatten die nicht fahrbereiten Dampfer ›Champagne‹ und ›Nikolaus‹ sowie sämtliche Kais des alten und neuen Hafens gesprengt. Die Hafeneinfahrt wurde mit Grundminen geschlossen.

Geben wir auch hier wieder Fregattenkapitän von Liebenstein das Schlußwort aus seinem KTB:

›Am 3. Oktober um 22.30 Uhr war das Korsika-Unternehmen abgeschlossen. Gegen 22.45 Uhr habe ich auf R 200, mit dem deutschen Wehrmachtskommandanten und seinem Stabe an Bord, und R 162 die Anlegestelle Bastia-Nord in Richtung Livorno verlassen.

SG 11 mit Oberleutnant zur See von Cossel blieb bis 1.00 Uhr vor Bastia stehen, und zwei von ihm abgeteilte R-Boote bis 4.00 Uhr, ohne daß sie noch einen deutschen Soldaten aufnehmen konnten.

Dies war unsere zusätzliche Sicherheit. Wir wollten keinen einzigen der tapferen Soldaten zurücklassen.

Um 5.00 Uhr am 4. Oktober 1943 liefen R 200 und R 162 mit dem Stab des Wehrmachtskommandanten und dem Seetransportführer Korsika in Livorno ein.‹

Wieder einmal mehr hatten die kleinen Kolcher eine hervorragende Leistung vollbracht. Zurückgeführt wurden von ihnen:

    6294 deutsche Soldaten
    700 Gefangene
    3026 Kraftfahrzeuge
    361 Geschütze
    105 Panzer
    5414 Tonnen Material.

Der große Umfall

Die italienische Flotte läuft nach Malta

Nach Mussolinis Sturz waren sich eingeweihte Kreise darüber klar, daß die Italiener früher oder später aus dem Achsenbündnis ausscheiden würden.

Um dieses Ereignis möglichst schnell herbeizuführen, eröffneten die alliierten Bomberverbände ihre rollenden Luftangriffe auf die italienischen Städte.

Siebenhundert Bomber griffen am 19. Juli auch die offene Stadt Rom an und warfen tausend Tonnen Bomben. Bologna folgte am 24. Juli. Livorno wurde am 25. Juli zur Hälfte zerstört. Kaum eine Stadt blieb von Bombern verschont. Lediglich auf Stadt und Hafen von La Spezia, dem Hauptsitz der italienischen Großkampfschiffe, fiel keine Bombe. Turin und Mailand erlebten den Feuersturm vom 7. August an. Pisa wurde schwer verwüstet.

In Foggia wurden 20 000 Kinder, Frauen und Greise unter den Trümmern ihrer Häuser begraben.

Am 6. September 1943 wurde Neapel zum 98. Male angegriffen.

Die italienische Bevölkerung wollte nach diesen grauenvollen Ereignissen nichts anderes als den Frieden.

Noch wußte am 6. September, dem Tag der Bombardierung von Neapel, niemand, daß schon drei Tage vorher bei Cassibile der Waffenstillstand zwischen den Alliierten und Italien unterzeichnet worden war.

Am 7. September beteuerte Admiral Maugeri gegenüber General Taylor, dem Kommandanten der 82. US-Fallschirmjägerdivision: »Die italienische Flotte ist bereit, sich unmittelbar nach der Verkündigung des Waffenstillstandes mit den Alliierten zu vereinigen*«

Am 7. September erschien im deutschen Hauptquartier des Oberbefehlshabers Süd in Frascati der italienische Marineminister De Courten, um Feldmarschall Kesselring einen Besuch abzustatten.

---

* Siehe Trizzino, Antonio: ›Die verratene Flotte‹

Im Hotel Tusculum, oberhalb Roms, saßen sich die beiden Herren gegenüber.

Der Chef des Stabes OB-Süd, General Westphal, war ebenfalls zugegen.

De Courten führte aus, daß die alliierte Landung auf dem italienischen Festland unmittelbar bevorstehe. Die italienische Flotte werde ihre Pflicht tun. Für sie gebe es nur einen Weg: »Kampf bis zum Äußersten und notfalls Untergang mit wehender Flagge.«

Am gleichen Nachmittag traf De Courten in Rom mit Admiral Bergamini, dem Chef der Schlachtflotte, und Admiral Da Zara, dem Befehlshaber des Schlachtgeschwaders von Tarent, zu einer Sitzung in seinem Ministerium zusammen. Der stellvertretende Chef des Admiralstabes, Admiral Sansonetti, war ebenfalls zugegen. Ferner noch der Chef der Marineoperationsabteilung, Admiral Girosi.

In seiner Doppeleigenschaft als Marineminister und Chef des Admiralstabes wußte De Courten um die Waffenstillstandsverhandlungen und den bereits abgeschlossenen Waffenstillstand. Aber er berichtete den hier versammelten Admiralen der Flotte kein Wort davon. Ihnen gegenüber, die die Flotte zum Kampf gegen die Alliierten einsatzbereit machten, um sich in einer großen Schlacht westlich Siziliens ihnen entgegenzustellen, bekräftigte er deren Einstellung, indem er den Befehl noch einmal bestätigte: »Kampf gegen die Alliierten bis zur letzten Granate!«

Er wies jedoch auch darauf hin, daß die Deutschen dem Faschismus wieder an die Macht verhelfen wollten und daß aus diesem Grunde die Flotte nach der Insel Maddalena auslaufen müsse, um einem deutschen Handstreich auf die Flotte zuvorzukommen.

Am 8. September, Admiral Bergamini war eben auf sein Flaggschiff, die ›Roma‹, zurückgekehrt, erhielt er sogar noch einen Telefonanruf vom Marineminister, er möge sich zur letzten Schlacht bereithalten.

Als das Signal ›RF‹ am Flaggenmast der ›Roma‹ gehißt wurde, das die Kommandanten der Kriegsschiffe zur letzten Befehlsausgabe rief, meldete überraschend Radio Algier: »Italien hat bedingungslos kapituliert!«

BBC London wiederholte die Meldung kurze Zeit später. Der

Verrat wurde den Admiralen offenbar. Um 18.30 Uhr gab auch General Eisenhower diese Meldung offiziell bekannt.

Admiral Cunningham forderte die italienische Flotte auf, sofort ankerauf zu gehen und Malta anzulaufen.

Admiral Bergamini wollte den Weg nach Malta nicht antreten. Er sagte zu einem Kommandanten: »Ich habe vor, die Flotte an einen italienischen Ankerplatz oder in einen Hafen zu führen, wo sie vor jeder feindlichen Einmischung sicher ist. Niemals werde ich meine Schiffe dem Feind übergeben.«

Um 3.00 Uhr früh, am 9. September, ging die Flotte ankerauf und lief mit 24 Knoten Fahrt nach Südwesten. Die drei Kreuzer ›Eugenio‹, ›Montecuccoli‹ und ›Regolo‹ bildeten die Spitzengruppe. Das Schlachtschiff ›Roma‹ war das nächste Schiff des Konvois, gefolgt von ›Littorio‹ und ›Veneto‹. Die Steuerbordsicherung wurde von den Zerstörern ›Legionario‹, ›Grecale‹, ›Oriani‹ und ›Velite‹ gebildet. An Backbord liefen ›Mitragliere‹, ›Fuciliere‹, ›Artigliere‹ und ›Carabiniere‹.

Das Kreuzergeschwader aus Genua unter Admiral Biancheri stieß um 6.15 Uhr mit drei Kreuzern und vier Torpedobooten zum Verband. Einundzwanzig Schiffe liefen nun nach Süden. Gegen Mittag des 9. September drehten diese Einheiten auf die Straße von S. Bonifacio zwischen Korsika und Sardinien ein.

Admiral Bergamini nahm Kurs auf Maddalena. Dort wollte er vor Anker gehen. Um 15.30 Uhr ließ der Admiral auf der Höhe des Nordkaps von Sardinien auf Gegenkurs gehen. Gegen 14.00 Uhr griffen alliierte Bomber den Verband an. Alle Schiffe eröffneten das Feuer auf die Maschinen. Über Funk wurde dieser alliierte Angriff nach Rom gemeldet.

Das Alliierte Hauptquartier dementierte und behauptete, es seien deutsche Bomber gewesen. Dies stimmte nicht. Erst um 15.40 Uhr griffen deutsche Maschinen ein, weil Reichsmarschall Göring und andere hohe Wehrmachtsoffiziere der Ansicht waren, die italienische Flotte sei ausgelaufen, um zum Feind überzugehen.

Fünfzehn Maschinen des Typs Do 217 K der 2. Fliegerdivision (General Johannes Fink) griffen an. Jede dieser Maschinen hatte eine 1400-Kilo-Bombe unter dem Rumpf, mit denen die stärksten Schiffspanzerungen durchschlagen werden konnten. Staffelkapitän war Major Bernhard Jope, der als Oberleutnant die ›Empress of Britain‹, ein Schiff von 42 000 BRT, am 26. Oktober 1940 in Brand geworfen hatte.

Die Maschinen griffen trotz starken Feuers einzeln an. Um 15.26 Uhr wurde die ›Roma‹ getroffen. Die Fahrtgeschwindigkeit des Schlachtschiffes sank auf zwei Drittel der Normalleistung ab.

Vier Minuten später wurde die ›Roma‹ zum zweitenmal getroffen. Das Schiff wurde in zwei Teile gerissen. Es kenterte und sank.

Von den 1849 Männern der Besatzung fanden 1254 und Admiral Bergamini den Tod. Zerstörer ›Vivaldi‹ wurde in der kommenden Nacht versenkt. Ob es sich hierbei um deutsche oder alliierte Flugzeuge handelte, ist nicht geklärt.

Viermal wurde die italienische Flotte angegriffen. Nur *ein* deutscher Angriff ist aber bisher bekannt.

In den ersten Morgenstunden des 9. September, als die italienische Schlachtflotte La Spezia verließ, waren im Golf von Salerno die alliierten Streitkräfte gelandet.

In Pola und Tarent ebenso wie in La Spezia weigerten sich die Kommandanten der in den Häfen liegenden Kriegsschiffe, die Einheiten nach Malta zu überführen. Lediglich der Kommandant des in Pola stationierten Schlachtschiffes ›Giulio Cesare‹ wollte sein Schiff ausliefern. Aber sein Leitender Ingenieur und mehrere andere Offiziere überwältigten ihn nach dem Auslaufen und nahmen Kurs auf Ortona, wo sie das Schiff versenken wollten.

Admiral Da Zara, der soeben von Rom nach Tarent zurückgekommen war, traf auf seinem Flaggschiff, der ›Duilio‹, ebenfalls die Vorbereitungen zur Versenkung seines Kreuzergeschwaders.

Einen Höhepunkt dieses dramatischen Tages bildeten die Ereignisse auf dem Kreuzer ›Indomito‹, der zur Zeit der Bekanntgabe des Waffenstillstandes in Portoferraio (Elba) lag. An Bord befanden sich durch einen Zufall der Herzog von Aosta, Admiral Nomis und der Präfekt von La Spezia, als sich die Besatzung auf dem Vorschiff versammelte und durch ihren Sprecher verkünden ließ, daß das Schiff niemals nach Malta auslaufen würde. Daß sie vielmehr ihr Schiff versenken würden, wenn ihnen ein solcher Befehl erteilt würde.

Dasselbe meldeten auch die Besatzungen der Zerstörer ›Animoso‹ und ›Impavido‹ und alle Torpedoboote, die auf Elba stationiert waren.

Die Torpedoboote ›Impetuoso‹ und ›Pegaso‹ liefen nach Bekanntwerden des Waffenstillstandes den Hafen Pollensa auf Mallorca an. Sie baten die spanischen Behörden um Wasser und Lebensmittel. Sie wollten jedoch nicht in die Internierung gehen, sondern liefen wieder aus und versenkten sich selber.

Aus allem ergibt sich, daß es nicht die italienische Flotte war, die den Verrat übte, sondern einige wenige Drahtzieher. Um die Sache zu kaschieren, ließ das Marineoberkommando in Rom einen Funkspruch an alle senden.

Er lautete: ›Waffenstillstandsklauseln beziehen sich nicht auf Auslieferung der Schiffe und nicht auf das Einziehen der Flagge. gez. Admiral Sansonetti*.‹

Die Waffenstillstandsbedingungen jedoch, die von den Italienern unterschrieben waren, sahen anders aus. Im Paragraphen 4 heißt es dort:

›Die italienische Flotte ist sofort in die vom Alliierten Oberkommando bestimmten Häfen zu überstellen. Unter Einhaltung der von ihm verfügten Einzelbestimmungen bezüglich ihrer Entwaffnung.‹

Durch Admiral Sansonettis Funkspruch wurden alle Kommandierenden Admirale getäuscht. Sie hofften auf Gleichstellung mit den alliierten Schiffsgeschwadern. Dies allein bewog die auslaufenden Einheiten, am Abend des 9. September ihren Kurs zu ändern. Admiral Da Zara wurde ebenfalls davon überzeugt, daß die Überführung der Flotte nach Malta nicht gleichzeitig deren Auslieferung und auch nicht das Niederholen der Flagge bedeuten würde.

Lediglich Admiral Galati auf dem Kreuzer ›Vivaldi‹ mißtraute seinen Oberen. In den Monaten davor hatte dieser Admiral sich dadurch hervorgetan, daß die seinem Schutz anvertrauten Transportgeleite nach Afrika kein einziges Schiff verloren hatten. Nun weigerte er sich entschieden, nach Malta zu laufen. Er wurde fest-

---

* Siehe Trizzino, Antonio: a. a. O.

genommen und auf S. Pietro inhaftiert. Sein Geschwader aber lief aus Tarent aus.

Aus Portoferraio liefen am Morgen des 10. September die sieben dort ankernden Torpedoboote aus. Ihr Kurs: Malta.

Als erster Verband traf das Geschwader aus Tarent am 10. September in Malta ein. Es waren die ›Andrea Doria‹, ›Caio Duilio‹, die Kreuzer ›Luigi Cadorna‹ und ›Pompeo Magni‹ sowie der Zerstörer ›Nivoloso Da Recco‹.

Alle führten zum Zeichen der Übergabe die von den Alliierten befohlene schwarze Flagge am Mast und die schwarzen Kreise auf dem Rumpf.

In La Valetta kamen englische Feuerwerkerkommandos an Bord und machten sämtliche Kanonenverschlüsse unbrauchbar.

Das La-Spezia-Geschwader folgte. An seiner Spitze der griechische Zerstörer ›Olga‹.

In der Straße von Sizilien befanden sich General Eisenhower und Admiral Cunningham an Bord des Zerstörers ›Hambleton‹ in See, als das Gros der italienischen Streitkräfte sie passierte. Da kamen sie, die ›Vittorio Veneto‹, ›Littorio‹, die Kreuzer ›Luigi di Savoia‹, ›Duca degli Abbruzzi‹, ›Giuseppe Garibaldi‹, ›Emanuele Filiberto Duca d'Aosta‹, ›Eugenio di Savoia‹, ›Raimondo Montecuccoli‹, der Zerstörer ›Grecale‹, ›Vlite‹, ›Legionario‹, ›Oriani‹, ›Artigliere‹. Dann der Kreuzer ›Attiglio Regolo‹. Drei Zerstörer waren zur Aufnahme der Schiffbrüchigen der ›Roma‹ zurückgeblieben.

Admiral Cunningham traute seinen Augen nicht. In seinem Buch (Cunningham, Admiral: ›A Saylors Odyssee‹) sagte er: ›Es erschien uns einfach unglaublich, daß die Italiener uns ihre Flotte auslieferten, ohne auch nur einen Schuß abzufeuern.‹

Am Nachmittag des 11. September wurde Admiral Da Zara von Admiral Cunningham angewiesen, die italienischen Schiffe zu entwaffnen und sie zu übergeben.

Admiral Da Zara verwies auf den FT-Spruch des Marineoberkommandos, nach welchem die Schiffe unter italienischem Befehl bleiben sollten. Daraufhin ließ Admiral Cunningham den Text des Waffenstillstandsvertrages verlesen.

Da alle Ankerplätze Maltas überfüllt waren, liefen die Schlachtschiffe ›Littorio‹ und ›Vittorio Veneto‹ nach Lago Amaro im Kanal von Suez. In Alexandria wurden die Kreuzer ›Aosta‹, ›Cadorna‹, ›Eugenio‹ und ›Montecuccoli‹ mit vier Zerstörern untergebracht.

Die ›Doria‹, ›Duilio‹, ›Abbruzzi‹ und ›Garibaldi‹ blieben mit den Torpedobooten in der Bucht von Marsa Scirocco zurück.

Der Kreuzer ›Scipione l'Africano‹ blieb in Tarent. Ende September lief er nach Malta. An Bord befand sich Marschall Badoglio, der den ›Langen Waffenstillstand‹ unterzeichnen sollte.

Die italienische Flotte, die in vielen Gefechten im Mittelmeer tapfer gekämpft hatte und von der die kleinen Einheiten – vor allen Dingen die unermüdlich im Geleitverkehr sich aufreibenden Torpedoboote – Beispiele höchster Tapferkeit geboten hatten, war seit diesem schwarzen September mit einem schweren Makel behaftet. 260 000 Tonnen Kriegsschiffsraum fielen damit an die Alliierten.

Der Kampf im Mittelmeer wurde von nun an allein von den deutschen Kleinkampfeinheiten und den deutschen U-Booten geführt.

Die Italiener waren von dem ›Mare nostrum‹ verschwunden. Nur ihre Kleinkampfeinheiten und die kleinen Boote liefen weiter aus. Letztere mit deutschen Marinesoldaten bemannt und unter deutschem Befehl.

Einsatz deutscher U-Boote im Jahre 1943

Am 1. Januar 1943 wurde der Führer der U-Boote Italien, Kapitän zur See Leo Kreisch, Konteradmiral. Das Jahr 1943 sollte für ihn zum schwersten Jahr im Mittelmeerraum werden.

Mit zwanzig Booten ging die deutsche U-Boot-Waffe auf diesem Kriegsschauplatz in das Jahr 1943 hinein. Aber bereits im Januar gingen zwei dieser zwanzig Boote verloren.

Am 13. Januar wurde vor der Küste bei Algier U 224 unter Oberleutnant zur See Kosbadt von der kanadischen Korvette ›Ville de Quebec‹ geortet, gejagt und mit Wabos versenkt. Nur ein Besatzungsmitglied wurde gerettet.

U 301 unterlag beim Duell mit dem britischen U-Boot ›Sahib‹. Dies geschah am 21. Januar 1943 westlich der Bonifacio-Straße/Korsika. Kapitänleutnant Körner ging mit seiner gesamten Besatzung unter.

Die im westlichen Mittelmeer vor der tunesischen und algerischen Küste stehenden U-Boote erzielten weitere Erfolge. U 73 (Oblt. zur See Deckert) versenkte ein Schiff von 7276 BRT. Kapitänleutnant Mehl gelang es, mit U 371 den U-Jäger ›Jura‹ zu versenken und ein Schiff zu torpedieren. U 453 (Kptlt. Freiherr von Schlippenbach) trug sich abermals in die Mittelmeer-Versenkungsliste ein, als es ein Schiff mit 5783 BRT durch Torpedoschuß versenkte.

Das italienische U-Boot ›Platino‹ wurde durch drei Korvetten gejagt, als es einen kleinen Konvoi angriff. Korvettenkapitän Patrelli-Campagnano ließ einen Fächer auf einen Dampfer und eine davor stehende, überlappende Korvette schießen. Die Korvette ›Samphire‹ explodierte und sank binnen zweier Minuten.

Vor der syrischen Küste operierte U 431 unter Oberleutnant zur See Schoeneboom. Das Boot versenkte vier Frachtensegler.

U 617 (Kptlt. Brandi), das am 7. Januar 1943 aus Pola ausgelaufen war, stieß in der Nacht zum 8. Januar 1943 vor den eigenen Minensperren ebenfalls auf ein feindliches U-Boot.

Kapitänleutnant Brandi, einer der hervorragendsten U-Boots-Kommandanten, ließ die Rohre I und II zum Schuß klarmachen.

Beide Boote belauerten einander, schlugen Haken, ließen die Diesel mit AK laufen, dann wieder mit Schleichfahrt. Mit dreimal AK versuchte Brandi, schneller zu sein und zum Schuß auf den erfahrenen Gegner zu kommen; vergebens.

Dann gelang es dem Gegner, U 617 breitseits zu fassen.

»Torpedolaufbahn Backbord querab!« rief der Bootsmannsmaat der Wache. Brandi reagierte sofort.

»Hart Backbord! Steuerbordmaschine AK voraus!«

U 617 drehte, weit überkrängend und Wasser schöpfend, wurde spitz – und der Torpedo passierte das Boot in dreißig Metern Entfernung.

Im hellen Mondlicht kämpften hier zwei stählerne Haie einen gespenstischen Kampf, der volle drei Stunden dauerte. Dann ließ

Brandi auf Tauchstation gehen, und mit Alarmtauchen verholte sich U 617 unter Wasser. Im Horchraum wurden die Schraubengeräusche des Feind-U-Bootes gehorcht, die sich schnell entfernten.

Dieselobermaschinist Böcker entdeckte einen Schaden an den Ventilen. U 617 marschierte zurück und lief am 10. Januar 1943 endgültig aus. Operationsgebiet war das mittlere Mittelmeer und die Cyrenaikaküste.

Bereits am 12. Januar zeigte sich dem Boot ein englischer Kreuzer. Aber mit dreißig Knoten geschätzter Fahrt war er für das hinterherklotzende Boot zu schnell. Den ganzen 13. Januar hindurch wurde das Boot immer wieder durch Flugzeuge unter Wasser gedrückt.

Am Morgen des 15. Januar, Oberleutnant zur See Niester hatte gerade die Wache übernommen, sichtete der backbordachtere Ausguck einen Schatten. – Ein Zerstörer!

Die Alarmglocken schrillten durch das Boot. Die Schnellentlüfter wurden gerissen. Die E-Maschinenwache schaltete ihre Gruppe vor den weißen Trommeln ein. Der vordere Tiefenrudergänger legte ›Hart unten!‹ Albrecht Brandi kam in die Zentrale gestürzt.

»Was ist los, Niester?«

»Überraschend von achtern aus zwohundertdreißig Grad Bootspeilung Zerstörer, Herr Kaleunt!«

Ein Blick auf den Chronometer zeigte Brandi, daß es eben 6.14 Uhr war.

»Haben Sie bemerkt, daß er auf uns zu lief, Niester?«

»Drehte direkt auf uns ein, Herr Kaleunt! Die müssen ein Gerät dabeihaben, das ihnen auch im Dunkeln unseren Standort verrät.«

»Kann ein Zufall sein«, bemerkte Brandi, obgleich er nicht davon überzeugt war.

»Wie sah es oben aus, Niester?« fragte der Kommandant weiter, als die Schraubengeräusche des Zerstörers verschwunden waren.

»Südwest mit Stärke vier. Himmel bedeckt.«

»Auf Sehrohrtiefe gehen!«

»Boot hängt im Sehrohr!« meldete der LI.

Bootsmann Stork und Steuermannsmaat Kühn beobachteten Lastigkeitswaage und Tiefenmesser.

Brandi besetzte das Luftzielsehrohr in der Zentrale, das bei der Dämmerung stärker zeichnete. Er sichtete nacheinander drei Dampfer und drei Bewacher. Die drei Dampfer liefen in Dwarslinie.

»Geleitzug in Sicht. Auf Gefechtsstationen! – An Torpedowaffe: Alle Rohre klar zum Unterwasserschuß!«

Brandi enterte jetzt in den Turm und schwang sich auf den Sattelsitz des Angriffssehrohrs. Oberleutnant Niester und Obersteuermann Jalke stellten sich neben ihn. Die Feuerleitanlage war bereits eingeschaltet. Der Torpedomaat meldete klar.

»Alles Direktschüsse!« berichtete Brandi den atemlos wartenden Männern auf den Stationen.

Nach der Uhr fielen die Kommandos zum Schuß. Vier Einzelschüsse, davon drei auf die Dampfer und einer auf eine Korvette. Zwei Dampfer wurden getroffen. Dann erklang eine dritte Detonation.

Der Funkmaat aus dem Horchraum meldete an zwei Stellen Sinkgeräusche.

»Wasserbomben, Herr Kaleunt!«

»Auf achtzig Meter gehen!«

Brandi setzte sich in das offene Kugelschott und spielte mit einem Hampelmann. Er ließ ihn Riesenwellen drehen, Aufschwünge machen. Und dazwischen gab er ruhig Ruderbefehle und Kursänderungen. Nach weiteren zwanzig Wabos entfernten sich die Bewacher.

Wieder meldete sich der Funkmaat. Er hatte Schraubengeräusche in 270 Grad gehorcht.

U 617 glitt auf Sehrohrtiefe empor, und zum zweitenmal sah Brandi im Sehrohrausblick einen kleinen Konvoi. Diesmal waren es vier Dampfer und vier Bewacher. Letztere sämtlich Korvetten.

Die Rohre waren inzwischen nachgeladen worden.

»Wir durchbrechen die Sicherung und schießen wieder auf die Transporter«, entschied Brandi.

Doch diesmal gingen seine drei geschossenen Torpedos vorbei.

Eine Korvette mit der aufgemalten Zahl 233 lief in hundert Meter Abstand am Boot vorüber.

Als der Konvoi passiert hatte, ließ der Kommandant zum Durchlüften auftauchen. Die Akkus wurden aufgeladen. Der Luftverdichter begann zu arbeiten. Die Lüfter in der Brückennock rotierten und wälzten Frischluft ins Boot. Der Tag verging. Die Nacht ebenso.

Im Morgengrauen des 16. Januar ging U 617 im ersten Büchsenlicht auf Tiefe. Gegen 9.00 Uhr meldete Funkmaat Schröder eine Horchpeilung mehrerer Schrauben, darunter auch solcher von Geleitfahrzeugen. Es waren zwei Dampfer, die von drei Korvetten geleitet wurden.

Vier gezielte Einzelschüsse auf jeweils zwei Dampfer und zwei Korvetten wurden geschossen. Beide Dampfer wurden getroffen. Auch bei den Korvetten wurden Torpedodetonationen gehorcht.

Einer der Frachter schien Munition geladen zu haben.

Hohe Flammen stoben aus seinen Ladeluken empor. In einer harten Detonation wurde der achtere Teil seiner Brückenaufbauten weggerissen. Dieser Dampfer sank jedoch erst, als der erste untergegangen war. Die beiden Korvetten schwammen noch.

Als der brennende Frachter unterschnitt, drehte die dritte Korvette auf U 617 ein. Sie schien das Sehrohr gesichtet zu haben.

»Schnell auf achtzig Meter gehen, Klemz!«

Der LI reagierte schnell. Das Boot stieß stark vorlastig hinunter und wurde während des Sturzes in die Tiefe mit Ruderlage Steuerbord zwanzig gedreht. Dreihundert Meter achteraus explodierten die Wasserbomben. Die Korvette blieb schnell zurück.

Erst mit Einfall der Abenddämmerung konnte das Boot wieder auftauchen. Ein Seeaufklärer drückte U 617 wieder unter Wasser. So ging es noch fünfmal in kurzen Abständen weiter. Erst als das Boot um 20.00 Uhr auftauchte, schien der Gegner abgeschüttelt.

Fünf Minuten später war der Seeaufklärer wieder zur Stelle.

Diesmal tauchte das Boot erst um 22.07 Uhr auf. Es setzte einen FT-Spruch an den FdU Mittelmeer ab:

›1. Aus Geleit von drei Dampfern und drei Bewachern einen kleinen und einen mittleren Dampfer versenkt.

2. Geleit von Malta. Ein mittlerer und ein großer Dampfer, drei Bewacher. Beide Dampfer versenkt.

3. Ein Heckaal. – Gehe Pola.‹

Kurz nach Mitternacht nahm der Funkenpuster der Wache einen FT-Spruch des FdU-Mittelmeer auf:

›Bravo, Brandi!‹

Als das Boot am 21. Januar in Pola anlegte, wurde Kapitänleutnant Brandi das Ritterkreuz verliehen. Der LI, Oberleutnant zur See (Ing.) Klemz, und die Wachoffiziere, Oberleutnant zur See Gautier und Oberleutnant zur See Niester, erhielten das EK I. Klasse.

Wenige Tage später lief U 617 wieder aus. Das Boot marschierte Richtung Tobruk. Unterwegs griff es einen Kriegsschiffsverband an und torpedierte einen Zerstörer. Bei der sofort einsetzenden Abwehr konnte das Sinken dieses Zerstörers nicht beobachtet werden.

Am 1. Februar 1943 sichtete der Bootsmannsmaat der Wache ein schnell laufendes Kriegsschiff.

»Wir kommen nicht näher heran!« meldete die Seemännische Nummer Eins.

»Dann versuchen wir eben, ihm auf diese Entfernung einen zu verpassen.«

Der Doppelfächer aus Rohr I und III traf nach über drei Minuten Laufzeit mittschiffs und achtern.

Im nächsten Augenblick schien das Kriegsschiff in tausend Teile zu zerbrechen. Auf ihm gingen über 100 Minen hoch und rissen es in Stücke. Es handelte sich um den britischen Minenkreuzer ›Welshman‹, der auf 32-12 Nord/24-52 Ost explodierte und sofort sank.

Damit war eines der wichtigsten Schiffe der Royal Navy versenkt worden.

Über den Wert der ›Welshman‹ schrieb Captain Roskill[*]: ›Wenn man einige wenige Schiffe aller Klassen nennen soll, die mithalfen, Malta zu retten, so muß die Wahl auf die ›Wasp‹ der US-Navy, das Nachschubschiff ›Breconshire‹ und den schnellen Minenleger ›Welshman‹ fallen.‹

Auf derselben Feindfahrt versenkte U 617 noch zwei Schiffe mit zusammen 4614 BRT.

---

[*] Siehe Roskill: a. a. O.

Aber auch im Februar gingen wieder drei U-Boote verloren. Binnen fünf Tagen sanken sie. U 205 machte am 17. Februar den Anfang. Kapitänleutnant Bürgel hatte inzwischen das Boot von Reschke übernommen.

Es war der Zerstörer ›Paladin‹ aus Malta, der das Boot nach Bombardierung durch Flugzeuge endgültig versenkte. Ein Teil der Besatzung und der Kommandant gerieten in Gefangenschaft.

U 562 (Kaptlt. Hamm) erging es ebenso. Nordostwärts Bengasi wurde es von Flugzeugen gesichtet, gebombt und anschließend von dem Zerstörer ›Isis‹ versenkt. Diesmal nahm das Boot alle Besatzungsmitglieder mit in die Tiefe.

Vor Algier wurde U 443 unter Oberleutnant zur See von Puttkamer durch eine U-Jagdgruppe aufgefaßt. Die drei Geleitzerstörer ›Bicester‹, ›Lamerton‹ und ›Wheatland‹ teilten sich in den Ruhm, das Boot versenkt zu haben.

Vor der syrischen Küste gelang noch U 81 ein Versenkungserfolg. Oberleutnant zur See Hanno Krieg, der das Boot von Kapitänleutnant Guggenberger übernommen hatte, versenkte hier vier Frachtensegler und torpedierte einen Tanker.

Der März sah ein kleines Rudel der wenigen Wölfe im Einsatz. Im westlichen Mittelmeer erzielten fünf Boote erhebliche Versenkungserfolge. Vor der Cyrenaika war ein Boot erfolgreich, und ein weiteres – wieder einmal U 81 – operierte vor der syrischen Küste und versenkte vier kleine Fahrzeuge. Erfolgreichstes Boot war U 596 unter Kapitänleutnant Jahn, das zwei große Dampfer mit zusammen 16 684 BRT versenkte und zwei weitere Dampfer torpedierte.

U 83 unter Kapitänleutnant Wörishoffer wurde am 9. März von einem Flugzeug gebombt und sank nach Volltreffer. Mit dem Boot ging die gesamte Besatzung unter. Damit hatte eines der erfolgreichsten U-Boote im Mittelmeer, auf dem auch Kapitänleutnant Kraus seine Fahrten zum Ritterkreuz gemacht hatte, zu existieren aufgehört.

Ein besonders dramatisches Schicksal hatte U 77 unter Oberleutnant zur See Otto Hartmann.

Nachdem das Boot im Februar 1943 zwei Schiffe mit 13 742 BRT versenkt hatte, konnte es auch im März wiederum zwei Schiffe mit 10 451 BRT versenken.

Am 28. März 1943 wurde dieses Boot ostwärts Cartagena aus der Luft angegriffen und erhielt einen Lufttorpedotreffer. Es gelang dem Kommandanten, das Boot an die Wasseroberfläche zurückzubringen. Geben wir einem der neun Überlebenden dieses Bootes das Wort. Lassen wir ihn über das berichten, was sich an jenem 28. März 1943 abspielte*.

»Nach geglücktem Auftauchen mußten wir stundenlang gegen zwei immer wieder angreifende Flugzeuge kämpfen.

Bei diesem erbitterten Abwehrkampf hat sich der 3. WO, unser verehrter Steuermann Matthias Otten, hervorragend bewährt. Mit eiserner Ruhe stand er hinter seinem Flieger-MG und schoß so lange, bis beide Maschinen abdrehen mußten.

Danach ließ er die Geheimsachen vernichten und alles klarmachen, was zur Rettung diente.

Der Kommandant befahl alle Mann aus dem Boot. Alle waren zu diesem Zeitpunkt noch am Leben. Aus 47 Kehlen schallten die letzten drei Hurras auf unser U-Hartmann über das Wasser.

Dann begann der Kampf mit der See.

Bereits nach Ablauf einer Stunde schrien die ersten Kameraden um Hilfe. Auch hier war Steuermann Matthias Otten wieder der Stärkste. Immer wieder schwamm er zu den Rufenden hin, sprach ihnen Mut zu, spornte sie an. Aber es half nichts. Einen nach dem anderen mußten wir sterben sehen. Manchem drückten wir zum letztenmal die Hand. Letzte Grüße wurden uns bestellt; an die Eltern, die Braut, die Frau.

Nach vier Stunden waren wir nur noch wenige. Das Wasser war eisig. Keiner glaubte mehr an Rettung. Auf einmal traf es uns als die letzten wie ein Schlag. Matthias Otten sagte zu uns: ›Es ist aus, Kameraden! Sollte einer von euch gerettet werden, bestellt die letzten Grüße an meine Angehörigen. Sagt ihnen, daß wir auch in dieser schwersten Stunde an sie gedacht haben.‹

Dann schloß auch er die Augen für immer. Mit neun Mann wurden wir am Nachmittag von einem spanischen Dampfer auf-

---

* Siehe Paustian, Hans: ›Bericht über die Versenkung von U 77 in ›Schaltung Küste‹.

gefischt und waren gerettet. Unsere Kameraden trieben am zweiten Tag in Calpe bei Alicante an.«

Diese Worte zeigen uns die andere Seite des U-Boots-Einsatzes, der über 27 000 Männern den Tod brachte.

Niemals wurde darüber gesprochen. Aber in den Herzen derer, die einen solchen Untergang und den Tod ihrer Kameraden erlebt haben, ist es in unauslöschlichen Lettern eingebrannt.

Das deutsche Konsulat in Madrid wurde von der spanischen Hafenkommandantur Altea am 30. März gegen zwanzig Uhr davon unterrichtet, daß der Fischkutter ›Mary Paquai‹ zwei tote U-Boots-Männer geborgen hatte. Am 31. März traf Konsul von Knobloch in Altea ein, wo auch Bootsmannsmaat Siebenbrod wartete, der an Bord des Kanonenbootes ›Calve Sotelo‹ zur Identifizierung eintraf.

Ein zweiter Fischkutter lief am Nachmittag dieses Tages mit drei weiteren Toten ein. Unter ihnen auch Obersteuermann Matthias Otten. Auch der Kommandant, Oberleutnant zur See Otto Hartmann, und der Leitende Ingenieur, Leutnant zur See (Ing.) Hans Schwarz, waren tot geborgen worden. In der Kirche von Altea wurden die fünf Särge der zuletzt gefundenen Toten aufgebahrt.

Die Besatzung des Fischkutters ›Penon de Ifach‹ bat um die Ehre, die gefallenen U-Boots-Männer auf ihren Schultern zum Friedhof tragen zu dürfen. Ein Zug Guardia Civil unter Gewehr ging als Ehrenabordnung mit. Kilometerlang war der Trauerzug. Unter einer alten Zypresse wurden die fünf Seeleute zur letzten Ruhe gebettet. Konsul von Knobloch hielt die Gedenkrede. Neun überlebende U-Boots-Männer trauerten um die gefallenen Kameraden, die von ihrer Seite gerissen worden waren.

Mit U 371 unter Kapitänleutnant Mehl trug sich ein Boot im Monat April in die Liste der siegreichen Boote ein, das auch in den drei Monaten vorher erfolgreich gewesen war. Kapitänleutnant Mehl war der zweite Kommandant dieses Bootes. Vor ihm hatte Oberleutnant zur See Driver es geführt.

U 371 versenkte im April vor der Cyrenaika-Küste einen kleinen Dampfer mit 1162 BRT.

Kapitänleutnant Kelbling gelang es mit U 593, vor der Cyrenaika ein Schiff zu versenken. Allmählich schälte sich eine Schar von Kommandanten heraus, die auch in den schwierigen Gewässern des Mittelmeers zu Erfolgen kamen. Erfolge, die um so höher zu bewerten waren, als sie unter den bekannt schweren Bedingungen und größter eigener Gefahr errungen werden mußten.

Ein deutsches U-Boot ging im April verloren. Es war U 602 unter Kapitänleutnant Philipp Schüler. Das Schicksal dieses Bootes und seiner Besatzung liegt noch heute im dunkeln. Am 23. April wurde es zum erstenmal vergebens vom Stützpunkt gerufen. Es antwortete nicht mehr. Irgendwo im Mittelmeer liegt es auf Grund. Zum Sarg geworden für so junge Soldaten.

Es hatte kurz vorher noch einen Dampfer versenkt.

Im Mai operierten nur wenige Boote im Mittelmeer. Der Einsatz – vor allem im westlichen Mittelmeer – wurde nun besonders erschwert durch die vom Gegner inzwischen fast lückenlos aufgebaute Kette von fest stationierten Radarstationen an der Nordafrika-Küste.

Zwischen dem Auftauchen eines U-Bootes, dem Erfassen desselben durch die Landstellen, der Alarmierung von Flugzeugen und Zerstörergruppen und dem Eintreffen des Gegners im Operationsraum des U-Bootes vergingen höchstens dreißig Minuten.

Diese Zeitspanne genügte jedoch den cleveren Kommandanten, um die Batterien aufzuladen und das Boot durchzulüften. Es war bereits weggetaucht, wenn der Gegner erschien.

Eines ist jedoch sicher: Bei scharfer Koordinierung aller alliierten Stellen und Kräfte in Ortung, Überwachung und schnellstem Einsatz von Flugzeugen und Zerstörern wäre der U-Boots-Einsatz bereits zu dieser Zeit im Mittelmeer unmöglich geworden.

»Es wäre«, sagte Fregattenkapitän Brandi nach dem Kriege, »dem Gegner ein leichtes gewesen, ständig einige Maschinen in der Luft zu haben und ihnen über Funk die Standorte gesichteter oder georteter U-Boote mitzuteilen, so daß sie binnen weniger Minuten zur Stelle hätten sein können. Das hätte ein Aufladen und damit auch jeglichen U-Boots-Einsatz unmöglich gemacht.«

U 414 unter Oberleutnant zur See Huth gelang es im Mai im westlichen Mittelmeer, aus einem Konvoi zwei große Schiffe mit zusammen 13 113 BRT zu versenken. Bei diesem Angriff wurde das Boot erkannt und lange gejagt. Am 25 Mai wurde es von der Korvette ›Vetch‹ nordwestlich von Tenes aufgefaßt und durch Wasserbombentreffer versenkt. Kein Besatzungsmitglied kam mit dem Leben davon.

Abermals wurde im Mai ein Zweikampf U-Boot gegen U-Boot für ein deutsches Boot zum Verhängnis. Am 21. Mai wurde U 303 (Kaptlt. Heine) südlich Toulon durch das englische U-Boot ›Sickle‹ torpediert. Das Boot brach in Sekundenschnelle auseinander.

Auch hier ging die Besatzung mit dem Boot unter.

Von diesem Zeitpunkt an war das Seegebiet vor den Häfen Oran und Algier bevorzugtes Einsatzgebiet der wenigen deutschen U-Boote. Der FdU-Italien, Konteradmiral Kreisch, sagte zu den Einsatzbedingungen, unter denen die Boote kämpfen mußten:

»Die Einsatzbedingungen waren denkbar schwierig für unsere Boote. Die von den Flugplätzen der langgestreckten nordafrikanischen Küste startenden Flugzeuge mit ihren Radargeräten sowie an der Küste stationierte Ortungsgeräte im Verein mit einer gut organisierten Abwehr auf dem Wasser stellten an Kühnheit und Können der U-Boots-Besatzungen höchste Anforderungen. Um so höher sind die in zähen und verlustreichen Kämpfen erzielten Erfolge zu werten.

Sie legen Zeugnis ab für die hohe Kampfmoral der U-Boots-Besatzungen. Denn nicht nur die ständige Gefährdung, auch die Lebensbedingungen an Bord forderten den Einsatz aller körperlichen und seelischen Kräfte. Selbst das Auftauchen bei Nacht zum unbedingt nötigen Aufladen der Batterien und Durchlüften des Bootes wurde zum Problem. Es konnte meist nur in mehreren Abschnitten durchgeführt werden.

An dem Füllungsgrad der Batterien hing aber das Leben der Besatzung. Eingepfercht in einen überhitzten Stahlzylinder, sahen sie wochenlang kein Tageslicht.

Und dennoch gingen die tapferen Männer treu und wagemutig immer wieder an den Feind.«

Was Wunder, daß beim FdU-Italien auch die Sorge um die Erhaltung der Gesundheit und der Moral der Besatzungen einen großen Raum einnahm.

Das Denken und Planen im Stab des FdU wurde von diesen beiden Dingen entscheidend bestimmt.

Zwischen den Feindfahrten wurden die Besatzungen, soweit sie nicht auf Heimaturlaub fahren konnten, in behaglich eingerichteten Erholungsheimen in der Nähe der Stützpunkte untergebracht.

Auf diesen ›U-Boots-Weiden‹ konnten sie sich erholen und entspannen, und hier zeigte es sich, daß sie die netten, übermütigen und großen Jungen geblieben waren, als die sie gekommen waren. Wer diese Bilder sah und von den Streichen erfuhr, die sie ausheckten, dem offenbarte sich, welche Wandlungen sich in den U-Boots-Männern vollzogen, sobald die Zentnerlast der Verantwortung und der ständigen Gefahr von ihren Schultern genommen wurde.

Hier waren die Quellen ihrer Kraft; ohne dieses vollkommene Ausspannen hätten sie solche Einsätze nie so lange durchhalten können.

So machte zum Beispiel einmal eine Besatzung einen Ausflug nach Venedig. Mitten auf dem Markusplatz stimmte sie in der Frühlingsnacht des Jahres 1943 einen Kanon an, und eine frohbewegte Menge spendete lauten Beifall.

Dann gingen Kommandant, Funkenpuster und Torpedomixer daran, auch die Zuschauer mit in den Kanon einzubeziehen. Der Text war schnell gelernt, und dann ging es los. Lauter wurde noch nie auf dem Markusplatz gesungen.

Es war die Besatzung des unter Kapitänleutnant Koenenkamps Kommando stehenden U 375, das auf einer der nächsten Feindfahrten, am 30. Juli 1943, nordwestlich von Malta durch US-U-Jäger PC 624 vernichtet wurde.

In der Befehlsstelle des FdU-Italien häuften sich die Sorgen. Aus eingehenden Meldungen, der Beobachtung des feindlichen Funkverkehrs und der Erfahrung hatte man dort ein zutreffendes Bild der Lage gewonnen. Geben wir zu diesem Komplex Vizeadmiral Kreisch das Wort:

»Aus dem nicht näher zu definierenden Instinkt der Soldaten wußten wir, wann und wo etwas Unangenehmes passiert sein konnte. Boote, für die wir dann fürchteten, wurden in den nächsten drei Nächten gerufen.

Bedrückend, dieses Warten auf Antwort.

Schewe pflegte dann nach Ablauf der Wartezeit sehr behutsam die Nadel mit der Nummer des vermißten Bootes aus der Lagekarte zu ziehen, wenn er allein war.

Ärztliche Betreuung während der Feindfahrt geschah im Bedarfsfall über Funk. Die Boote hatten einen recht bewährten gedruckten Ratgeber und einen genormten ›Pflasterkasten‹ an Bord.

Die angeblich verbürgte Geschichte, daß ein Kommandant auf die Anweisung ›Mittel 14 verabfolgen‹, die Mittel neun und fünf gemischt habe, weil 14 ausgegangen war, ist bei uns nicht passiert.

Dafür geschah einmal etwas anderes.

Ein Boot meldete, daß ein Mann sich den Arm ausgekugelt habe. Was tun? Ich dachte mir mein Teil, als ich die in der Nacht noch dem Boot durch Funk übermittelten Anweisungen des Chirurgen aus Rom las:

›Patient auf Flurplatten packen, festhalten, Arm mit kurzem Ruck nach hinten reißen. Wichtig: Patient muß völlig entspannen.‹

In der folgenden Nacht meldete das Boot den schon von mir vermuteten Mißerfolg. Der Patient hatte wohl bei der Pferdekur nicht richtig entspannt.

Nun wurde ich weich und befahl Einlaufen nach Salamis. Drei Tage knüppelten die Braven, dann lagen sie an der Pier.

In Eile kam der Verwundete über die steile Leiter zum Turmluk, den Kulturbeutel unter den gesunden Arm geklemmt, nach oben.

In der Hast rutschte er auf der Leiter aus. Dabei muß er wohl unwillkürlich eine recht zweckmäßige Bewegung gemacht haben, denn – der ausgekugelte Arm war wieder drin.

Der Gute fuhr nach beendeter Torpedoübernahme und Ausrüstung gleich wieder mit.

Um aber auch Erfahrungen zu sammeln, wurden gelegentlich Ärzte eingeschifft und machten Feindfahrten mit.

Aber das sahen die Sailors nicht gern, denn ihre Devise war: ›Hast du einen Doktor an Bord, gibt ihm der Teufel auch Arbeit.‹«

Zur Moral der Truppe gehörte auch eine ritterliche Kampfführung.

Die Rettung Überlebender versenkter Schiffe kam im Mittelmeer darum nicht in Frage, weil der Gegner, der mit starker Sicherung fuhr, die Boote angegriffen hätte und außerdem *immer* Rettungsmittel zur Verfügung hatte. Lassen wir wieder Vizeadmiral Kreisch über zwei Begebenheiten berichten, die zeigen, daß der Geist deutscher U-Boots-Fahrer im Mittelmeer durch die Gebote der Ritterlichkeit geprägt wurde:

»Das Boot des Kapitänleutnants Franken – es handelt sich um U 565, das eines der erfolgreichsten Mittelmeerboote wurde – tauchte einmal unmittelbar vor dem Suezkanal in einer ägyptischen Fischerflottille auf. Franken bestimmte zwei dieser Boote zur Übernahme aller Besatzungen und befahl den anderen, ihre Fahrzeuge zu verlassen und in die Beiboote zu gehen.

Infolge ungeschickter Hast kenterte eines dieser Beiboote. Franken unterbrach die Versenkung der Fischerboote, lief zur Unfallstelle und nahm die im Wasser Treibenden auf, die er dann an den ›Lumpensammler‹ abgab. Dann machte er sich wieder an seine Arbeit.

Das Ganze geschah an einer Stelle, die nur wenige Flugminuten vom nächsten englischen Einsatzflugplatz entfernt war.

Ich habe in meiner Stellungnahme zum Bericht des Kommandanten das Verfahren nicht gutheißen können, da es eine sehr starke und bei den vorhandenen Bergungsbooten entbehrliche Gefährdung seines Bootes bedeutete.

Gefreut hat es mich aber doch.«

Das andere Erlebnis betraf U 453 unter Kapitänleutnant von Schlippenbach.

Auch hierzu der Bericht von Vizeadmiral Kreisch: »Das Boot traf auf der Ausreise zu einer Unternehmung etwa hundert Seemeilen von Malta ein Rettungsfloß mit fünf englischen Fliegern, die seit Tagen in der See trieben und infolge von Hunger und Durst am Ende ihrer Kräfte waren.

Schlippenbach schrieb in sein KTB, wie schwer es ihm geworden sei, die armen Kerle nach Versorgung mit Lebensmitteln und Wasser ihrem Schicksal zu überlassen.

Eine Übernahme an Bord verbot sich, das Boot stand am Beginn einer vierwöchigen Unternehmung.

Trotz des allgemein gültigen Befehls, nur in dringenden Fällen zu funken, setzte Schlippenbach einen Funkspruch mit der Positionsangabe des Floßes ab.

Er hoffte, wie er schrieb, dem Führer der U-Boote – also mir – würde schon etwas einfallen.

Wir leiteten diesen Funkspruch an das italienische Marineministerium weiter, mit der Bitte, entweder eigene Seenotflugzeuge einzusetzen oder aber Malta zu verständigen.«

Im Juni erzielten im Mittelmeer fünf deutsche U-Boote Versenkungserfolge. Unter ihnen auch U 97 unter Kapitänleutnant Trox. Es gelang ihm im östlichen Mittelmeer, vor der Küste von Haifa, einen Konvoi aufzufassen. Zwei Schiffe mit beachtlichen 10 192 BRT konnte er daraus versenken.

Doch die übrigen Schiffe riefen ihr ›SSS‹ in den Äther. Flugzeuge drehten auf den Standort des Bootes zu und versenkten es durch Bombenwurf. Der Kommandant befahl: »Alle Mann aus dem Boot!« So konnten 21 Besatzungsmitglieder gerettet werden. Hansgeorg Trox selbst aber fiel.

Die Namen Krieg, Kelbling, Brandi, Deckert, von Schlippenbach, Brüller, Fenski, Jahn, Röther tauchten immer wieder auf. Sie bildeten die Phalanx der Mittelmeerstreitkräfte.

Kapitänleutnant Koenenkamp führte sich im Juli 1943 in diese Liste ein, indem er zwei Schiffe mit 14 396 BRT versenkte.

U 407 unter Kapitänleutnant Brüller torpedierte im mittleren Mittelmeer den britischen Kreuzer ›Newfoundland‹, während das italienische U-Boot ›Dandalo‹ unter Kapitänleutnant Turcio den Kreuzer ›Cleopatra‹ torpedierte.

Mehl, Fenski, Röther und Jahn waren auch im August erfolgreich.

Drei U-Boote gingen im Juli verloren. In der Straße von Messina wurde erstmalig ein deutsches U-Boot von einem englischen Motortorpedoboot versenkt. Es war U 561 unter Oberleutnant zur See Henning.

U 409 (Oblt. zur See Maßmann) wurde durch den britischen Zerstörer ›Inconstant‹ versenkt. Ein Teil der Besatzung konnte gerettet werden.

U 375 unter Kapitänleutnant Koenenkamp wurde am 30. Juli

durch den amerikanischen U-Jäger PC 624 versenkt. Kommandant und Besatzung fielen.

Der August ging mit nur einem Verlust gnädig vorüber. Es war U 458 unter Kapitänleutnant Diggins, das am 22. August durch den britischen Geleitzerstörer ›Easton‹ und den griechischen Zerstörer ›Pindos‹ versenkt wurde. Ein Teil der Besatzung und der Kommandant wurden gerettet.

Mit dem September begann noch einmal eine große Zeit der Mittelmeer-U-Boote. Vier Boote erzielten Erfolge. Die Spitzenleistung vollbrachte U 410 unter Oberleutnant zur See Fenski mit drei Versenkungen und 17 031 BRT. Kapitänleutnant Kelbling, einer der erfolgreichsten Kommandanten in der Bezwingung feindlicher Kriegsschiffe, versenkte mit U 593 ein Schiff von 7176 BRT und den amerikanischen Minensucher ›Skill‹.

Auch U 617 unter Kapitänleutnant Albrecht Brandi – seit dem 11. April Träger des Eichenlaubs zum Ritterkreuz – war wieder dabei. Brandi erhielt Ende August den Auftrag, einen Kriegsschiffsverband anzugreifen, der aus zwei Flugzeugträgern, drei Kreuzern und zwanzig Geleitfahrzeugen bestand und durch Agentenmeldung und vom B-Dienst angekündigt worden war.

Am 29. August lief U 617 aus. Die ersten Fahrzeuge des feindlichen Sicherungsringes wurden gesichtet. Im Unterwassermarsch versuchte U 617 heranzukommen.

»Wir greifen einen Flugzeugträger an!« unterrichtete Brandi vom Sattelsitz des Angriffssehrohrs aus seine Besatzung.

Der Flugzeugträger wuchs ins Visier. Alle Schußwerte waren auf die Aale übertragen worden. Aber als Brandi den Viererfächer schießen wollte, zackte der Verband um dreißig Grad ab. Der Befehl zum Schuß konnte nicht mehr gegeben werden. Das Boot mußte nun ständig zwischen den Fahrzeugen der Sicherungsketten manövrieren. Immer wieder wurde es von Korvetten und Zerstörern überlaufen.

Aber zum Glück von U 617 hatte keines der Fahrzeuge sein Asdic eingeschaltet.

Brandi ließ auch seinen I. WO, Oberleutnant zur See Gautier, einen Rundblick nehmen. Der I. WO sah die ›Illustrious‹ und die

›Formidable‹. Er begriff, warum sein Kommandant diese Jagd nicht aufgeben wollte.

Der Verband kam schließlich außer Sicht. Zwei Tage später sichtete Brandi einige Zerstörer, von denen zwei dicht beieinander standen und auf das Boot zuliefen, das auf Sehrohrtiefe eingesteuert war.

Brandi ließ zwei Zweierfächer auf diese Zerstörer schießen. Beide Fächer wurden in nur zehn Sekunden Abstand geschossen. Am Schluß der Laufzeit ließ Brandi das Sehrohr ausfahren. Keine Sekunde zu früh, denn als er beide Zerstörer im Visier hatte, stiegen die Einschlagpinien am achtern laufenden Kriegsschiff empor. Sekunden später traf auch der zweite Fächer sein Ziel.

Andere Zerstörer, die weiter herausgestaffelt standen, kamen mit AK angebraust.

»Auf hundert Meter gehen! Hart Steuerbord!«

U 617 stieß in die bergende See hinunter.

»Sinkgeräusche!« meldete der Horchraum Sekunden darauf.

Der Zerstörer ›Puckeridge‹ wurde durch die auf seinem Heck explodierenden Wasserbomben in Stücke gerissen.

Ob auch der zweite Zerstörer sank, konnte Brandi nicht beobachten, denn nun begann die Wasserbombenjagd. Serien von Bomben fielen achteraus. Und auch an Steuerbord schien die See zu kochen.

In Schleichfahrt gelang es zu entkommen. Eine Stunde nach Mitternacht tauchte U 617 auf. Der Mond schien, es war verhältnismäßig hell. Als Obersteuermann Jalke seine Wache übernahm, ging Brandi hinunter, um sich auf die Koje zu legen.

Jalke blieb als III. WO auf der Brücke. Die Zeit der Wache vertickte langsam. Auf einmal vernahm Jalke ein seltsames Rauschen. Er schnellte herum und sah, wie ein Flugzeug steil auf das Boot herunterstürzte.

»Flieger! – Schießen!«

Der Bootsmannsmaat im Richtsitz der Dreisieben schoß. Im gleichen Augenblick löste sich die erste schwere Bombe unter dem Rumpf der Maschine. Dann eine zweite.

An Backbord und Steuerbord von U 617 barsten die Bomben in der See. Eine dritte, wenig später geworfen, detonierte unter dem

Kiel. Der Bug wurde mehrere Meter angehoben und schlug dann krachend auf die See zurück.

Die Dreisieben aber feuerte weiter. Granaten peitschten in den Rumpf des Bombers hinein. Einer seiner Motoren brannte, und im Sturz raste er schließlich in die See. Beim Aufschlag barst er in einer Flammenrosette auseinander.

Die ersten beiden Detonationen seitlich von U 617 schleuderten Brandi fast aus der Koje. Er sprang auf, und in diesem Augenblick krachte es mit unheimlicher Wucht unter dem Boot. Alle Lichter erloschen. Rohrleitungen brachen. Wasser strömte, Preßluft zischte. Brandi rannte zur Zentrale. Er rutschte aus, blieb mit dem Fuß zwischen zwei Rohren hängen. Männer kletterten bereits über ihn hinweg.

»Halt!« rief er scharf. »Stehen bleiben!«

Das Unwahrscheinliche geschah. Die beginnende Panik erlosch.

»Notbeleuchtung ein!«

Die Männer befreiten den eingeklemmten Kommandanten. Der eilte in die Zentrale, sah die Turmleiter, die von oben heruntergekommen war, hakte sie neu ein und erreichte die Brücke. Jalke meldete den Abschuß des Bombers, der das Boot aus der Dunkelheit direkt angeflogen hatte.

Oberleutnant zur See Graf Arco, der II. WO, meldete die bisher festgestellten Schäden.

»Backborddiesel ausgefallen!« meldete der Dieselobermaschinist.

»Alle Mann an Oberdeck!« befahl Brandi vorsorglich.

Der LI meldete den Ausfall der elektrischen Ruderanlage.

»Handruder in Betrieb nehmen, Klemz!« befahl der Kommandant.

Das Boot nahm Kurs auf die afrikanische Küste. Zu allem Unglück begannen auch noch die Batterien zu gasen. Damit war das Boot tauchunklar geworden. Die im Boot arbeitenden Männer mußten ihre Tauchretter anlegen, um überhaupt atmen zu können.

Wenig später erschien ein zweites Flugzeug. Es flog um das Boot herum und eröffnete das Feuer auf die am Oberdeck stehenden Männer. Diese marschierten im Kreise um den Turm herum, um stets in Feuerlee zu bleiben; dabei sangen sie, und dem überraschten Kommandanten dröhnte es in den Ohren: »Das Karussell geht immer, immer rund herum!«

Die Maschine drehte ab. Das Boot erreichte die marokkanische Küste und lief unter Land weiter, um ein Versteck zu suchen.

Auf einmal ging ein harter Ruck durch das Boot. Ein gräßliches Knirschen zeigte an, daß es aufgelaufen war.

Brandi versuchte vergebens, es wieder flottzubekommen.

»Wir müssen es mit einem Torpedo sprengen!« stellte er schließlich fest. Er wollte als Kommandant allein an Bord bleiben und die Sprengung vornehmen.

Als alles von Bord gegangen und an Land geschwommen war, zeigte es sich, daß Oberleutnant zur See Gautier und Bootsmann Stork an Bord geblieben waren, um ihrem Kommandanten zu helfen. Dies trotz der damit verbundenen Lebensgefahr.

Der im Heckrohr liegende Torpedo wurde mit einer Sprengpatrone scharfgemacht. Die drei Männer gingen vor die Brücke. Brandi zündete die Sprengleitungen, mit denen der Aal und einige weitere Sprengladungen, die Bootsmann Stork angeschlagen hatte, zur Explosion gebracht werden konnten.

Brandi sprengte. Eine masthohe Flammensäule stieg aus dem Heck empor. Die Männer erhielten einen harten Schlag. Dann spürten sie, wie das Boot unter ihren Füßen wegrutschte. Sie sprangen ins Wasser und schwammen zur Küste. Hier wurden Gekados-Sachen verbrannt.

Das Boot aber sank nicht ganz. Wenig später erschienen drei Fahrzeuge. Sie eröffneten das Feuer auf den kleinen, aus dem Wasser ragenden Teil des Bootes. Dem britischen Zerstörer ›Hyazinth‹ wurde dann die ›Versenkung‹ von U 617 gutgeschrieben.

Die Besatzung wurde in Melilla – Spanisch-Marokko – von den Spaniern interniert. Albrecht Brandi kam in ein Offizierslager nach Cadiz. Der deutsche Marineattaché brachte ihm Papiere auf den Namen Albert Bergmann. Damit floh Brandi aus der Internierung, flog nach Berlin und berichtete über seine letzte Feindfahrt.

Anfang Februar 1944 traf Albrecht Brandi wieder in Toulon ein. Er übernahm U 380 von Korvettenkapitän Rother, der das U-Boots-Kommandantenalter bereits weit überschritten hatte.

Im Oktober wurde auch im Mittelmeer der ›Zaunkönig‹, wie der T-5-Torpedo genannt wurde, erstmals eingesetzt. Bei Operationen vor der tunesischen und algerischen Küste war U 371 unter Kapitänleutnant Mehl besonders erfolgreich. Dieses Boot versenkte mit dem neuen Torpedo, der sein Ziel nach den Schraubengeräuschen selbständig suchte, den Minensucher ›Hythe‹ und den Zerstörer ›Bristol‹. Mit einem E-Torpedo* versenkte das Boot noch einen 7176 BRT großen Dampfer.

U 223 unter Kapitänleutnant Wächter versenkte einen Dampfer von 4790 BRT.

Auch U 616 war unter Oberleutnant zur See Siegfried Koitschka mit einigen T-5-Torpedos an Bord ausgelaufen. Der junge Seeoffizier hatte das Boot am 8. Oktober 1942 als Kommandant übernommen. Nach einer Atlantik-Unternehmung war er ins Mittelmeer befohlen worden.

Damals lautete der Wahlspruch der U-Boots-Kommandanten: ›Die Dummen fahren zur See, die *ganz* Dummen im Mittelmeer.‹

Nachdem sich das Boot in Atlantikmanier durch die Straße von Gibraltar gemogelt hatte, operierte Koitschka im Mittelmeer nach denselben Grundsätzen – und bezahlte es mit Wasserbomben und Fliegerbeschuß. Er sagt darüber:

»Mehr oder weniger angeschlagen, erreichten wir den Stützpunkt La Spezia. Etwas klüger geworden, operierten wir bei der nächsten Feindfahrt tagsüber nur unter Wasser. Bei Nacht nach Möglichkeit über Wasser. Oft reichte jedoch die Zeit nicht aus, um die Batterien nachzuladen.

Um zu Erfolgen zu kommen, suchte man die Verkehrswege an der afrikanischen Küste auf. Große Geleite waren selten, meist waren es nur wenige – dafür sehr stark gesicherte Dampfer.

Nach jedem Treffer war eine Waboverfolgung obligatorisch. Außerdem wurde jedesmal die gegnerische Luftüberwachung wild und erschwerte das nächtliche Aufladen der Batterien erheblich. Trotz dieser Widrigkeiten konnten unsere U-Boote im Mittelmeer doch eine ganze Menge Erfolge erzielen.«

---

* Torpedo mit Elektro-Antrieb – hatte keine Blasenbahn

Einer dieser Erfolge gelang U 616 auf jener Feindfahrt, als es den ersten T-5-Aal im Heckrohr hatte.

Von Toulon aus lief das Boot ins befohlene Einsatzgebiet: die Salernobucht. Es war helle Mondnacht; diesige Schleier hingen über der See und machten sie ›klein wie einen Ententeich‹.

Plötzlich tauchte voraus der Schatten eines Einschornstein-Zerstörers auf. Es erschien den Brückenwächtern, als schwebe der Zerstörer über das Wasser hin. Dr. Siegfried Koitschka berichtete nach dem Kriege über diese Begegnung und den Torpedoschuß:

»Wir machten kehrt und zeigten dem Gegner die schmale Silhouette. Der Zerstörer schien uns jedoch geortet zu haben. Aus seinem Schornstein stiegen schwarze Rauchwolken, und er kam schnell auf. Entfernung zu dieser Zeit ungefähr 1500 Meter.

Jetzt hatten wir ihn genau im Kielwasser. Lage Null. Das war für einen Überwasserangriff eine aussichtslose Position.

Plötzlich fiel mir unser ›Zaunkönig‹ ein.

Der Zerstörer war ungefähr 1200 Meter achteraus, als wir den im Heckrohr bereitliegenden T-5-Torpedo losmachten.

Auf der Brücke bekamen wir langsam kalte Füße, denn der Gegner kam weiter auf. Gerade wollte ich Alarm geben, da sprang eine hohe Detonationswolke über dem Zerstörer hoch, und kurz darauf knallte es.

Als die Detonationssäule wieder in sich zusammenfiel, konnte man nur noch einen schwarzen Strich erkennen, der ebenfalls sehr schnell im Dunst verschwand.

Aus dem Funkraum kam unmittelbar darauf die Meldung: ›Ortung ist weg!‹

Binnen kürzester Zeit war der amerikanische Zerstörer ›Buck‹ gesunken.

Sinkgeräusche konnten geortet werden.

Jetzt mußte U 616 auf große Tiefe gehen, da weitere Zerstörer der ›Nachtpatrouille‹ der Amerikaner schnell aufkamen.«

Theodore Roscoe berichtet ergänzend dazu[*]:

---

[*] In: ›United States Destroyer Operations in World War II‹

»Der Zerstörer ›Gleaves‹ und das britische Landungsboot ›LCT 170‹ liefen zur Untergangsstelle der ›Buck‹. Sie retteten 57 Überlebende. Der Kommandant des Zerstörers, Lieutenant-Commander Klein, war nicht darunter. Mit weiteren 150 seiner Seeleute war der Kommandant mit seinem Schiff untergegangen.«

Nur fünfzehn Seemeilen von dieser Stelle entfernt war auch der amerikanische Zerstörer ›Rowan‹ in der Nacht zum 11. September von deutschen Schnellbooten torpediert worden und vierzig Sekunden nach dem Schuß gesunken. Die Position war: 40-07 Nord/14-18 Grad Ost.

Die T-5-Torpedos hatten sich als erschreckend wirksam erwiesen.

In Oberleutnant zur See, dann Kapitänleutnant Siegfried Koitschka war der Mittelmeer-U-Boots-Waffe ein neues As erstanden.

Der Zerstörer ›Buck‹ hatte in einer langen Nachtjagd vom 2. zum 3. August 1943 das italienische U-Boot ›Argento‹ verfolgt und es nach drei Waboserien vernichtet. Die ›Argento‹ kam noch einmal nach oben. Die ›Buck‹ rettete 46 Besatzungsmitglieder, einschließlich des Kommandanten.

Hierfür hatte LtCdr. Klein das Navy Cross erhalten.

Am 27. Januar 1944 erhielt Oberleutnant zur See Siegfried Koitschka nach einigen weiteren Erfolgen das Ritterkreuz.

Einer dieser Erfolge sei hier dargestellt, weil er charakteristisch ist für die Kriegführung der U-Boote im Mittelmeer.

U 616 war auf der nächsten Feindfahrt wieder zur afrikanischen Küste gelaufen. Direkt vor der Hafeneinfahrt von Mostaganem, zirka achtzig Kilometer ostwärts Oran, hatte sich das Boot auf die Lauer gelegt.

Es war am frühen Vormittag. Strahlender Sonnenschein und Seegang 1 bis 2 waren für die U-Boots-Fahrt nicht eben angenehm. Dennoch schob sich U 616 bis auf 6000 Meter an die Hafeneinfahrt heran. In vierzig Meter Tiefe konnte Oberleutnant zur See Koitschka hoffen, unbemerkt zu bleiben.

Als der Horchraum Schraubengeräusche meldete, ließ der Kommandant auf Sehrohrtiefe gehen und nahm einen Rundblick.

Siegfried Koitschka glaubte seinen Augen nicht trauen zu dürfen, denn was er in etwa 3000 Meter Entfernung auf den Hafen zulaufen sah, waren – fünf feindliche U-Boote.

Diese fünf U-Boote wurden von einem aufgeregt hin und her laufenden Geleitfahrzeug gesichert.

»Rohr I bis III klar zum Dreierfächer. – Heckrohr klar für Zaunkönig-Schuß!« befahl Koitschka.

Während die Männer die Rohre klarmachten, ließ der Kommandant zuerst Obersteuermann Boch, der hinter dem Torpedorechner saß, einen Blick auf die fünf U-Boote nehmen.

»So was habe ich noch nie gesehen, Herr Oberleutnant!« rief Boch, als er sich von seiner Überraschung erholt hatte.

Als nächster kam der I. WO, Oberleutnant zur See Seiler, an die Reihe, und ihm folgte der II. WO, Leutnant zu See Schauer.

»Die schieben wir unter Deck, Herr Oberleutnant!« meinte Schauer trocken.

»Wenig später konnte ich die Bewegungen an Oberdeck der Boote erkennen«, erinnert sich Dr. Koitschka heute. »Dort spielte sich allerhand ab. Die Leute machten Leinen klar und gaben sich gegenseitig Feuer für ihre Zigaretten. Einer schien bei der Monatswäsche zu sein.

Aus ungefähr 2000 Meter machte ich den Dreierfächer los und außerdem noch den ›Zaunkönig‹.

Alle vier Aale liefen auf ihr Ziel zu. Zwei große Wasserfontänen, begleitet von dem typischen ›Klick-Wumm!‹, störten die malerische Einlaufszene, und nur noch drei der fünf Boote erreichten den Hafen von Mostaganem.«

Wieder mußte sich U 616 auf tiefes Wasser verholen und den Gegner abschütteln. Ein paar Wasserbomben fielen, dann war das Boot abermals der drohenden Gefahr entkommen.

Der November brachte für U 407 wieder nur einen halben Erfolg: Nach der Torpedierung des Kreuzers ›Newfoundland‹ torpedierte Brüller diesmal den leichten Kreuzer ›Birmingham‹.

Oberleutnant zur See Nonn, ein neuer Kommandant im Mittelmeer, hatte U 596 von Kapitänleutnant Jahn übernommen. Dieser wiederum war im August Chef der 29. U-Flottille im eben fertiggestellten Stützpunkt Toulon geworden.

Unter Nonns Führung versenkte U 596 einen Dampfer mit 8009 BRT.

Am 30. Oktober war wieder ein deutsches U-Boot im Duell mit dem britischen Boot ›Ultimatum‹ versenkt worden: U 431 unter Oberleutnant zur See Schoeneboom. Schoeneboom hatte das Boot von Kapitänleutnant Dommes übernommen, der wiederum eines der neuen großen Boote als Kommandant übernahm.

Am 20. Oktober 1943 hatte Dietrich Schoeneboom das Ritterkreuz erhalten. Zwei Zerstörer und sechs Schiffe hatte U 431 versenkt. Zehn Tage darauf wurde das Boot vor Toulon vernichtet. Kein Mann kam mit dem Leben davon.

Zu der wachsenden Erfolgskurve gesellte sich die ebenfalls steigende Kurve der Verluste.

Wie U 593 (Kapitänleutnant Kelbling) am 13. Dezember durch den britischen Geleitzerstörer ›Calpe‹ und den amerikanischen Zerstörer ›Wainwright‹ nördlich Constantine versenkt wurde, sei in einem kurzen Bericht der Gegenseite dargestellt*:

›Diese beiden Zerstörer wurden bei der U-Boots-Jagd unterstützt durch die amerikanischen Zerstörer ›Niblack‹ und ›Benson‹. Die Einheiten liefen genau in der Mitte der See zwischen der nordafrikanischen und spanischen Küste.

Um 1.20 Uhr am 13. Dezember gab ›Wainwright‹ das Signal: ›Sub sighted!‹

U 593 tauchte sofort weg, und auch die Suche mit dem Asdic blieb vergebens. Um 2.29 Uhr traf der britische Zerstörer ›Calpe‹ ein. Stundenlang suchten die Zerstörer. Erst gegen 14.08 Uhr registrierten die Sonargeräte der ›Wainwright‹ einen Kontakt, und der Kommandant, Commander W. W. Strohbehn, fuhr den ersten Waboangriff.

›Calpe‹ erhielt um 14.23 Uhr Kontakt, und auch sie eröffnete das Bombardement.

Um 14.35 Uhr erneuerte ›Wainwright‹ seinen Kontakt und brachte ›Calpe‹ in Wurfposition. Der britische Zerstörer warf eine Waboserie um 14.40 Uhr. Sieben Minuten später stieß ein U-Boot, 1800 Yards von ›Wainwright‹ entfernt, an die Wasseroberfläche.

---

* Siehe Roscoe, Theodore: a. a. O.

Der amerikanische Zerstörer eröffnete das Feuer auf das tauchunklare Boot. Zwei Minuten danach kam die Besatzung von U 593 durch das Turmluk heraus und sprang über Bord. Jetzt erst ließ Commander Strohbehn das Feuer einstellen. Er schickte eine Bergungsgruppe mit einem Boot, um die im Wasser schwimmenden Schiffbrüchigen aufzufischen. Um 15.30 Uhr liefen die beiden Zerstörer mit ihren 52 Gefangenen, darunter Kapitänleutnant Gerd Kelbling, in Richtung Algier ab. Auf dem Meeresboden, unter ihnen, blieb U 593 zurück.‹

U 73 unter Kapitänleutnant Horst Deckert sichtete am Nachmittag des 16. Dezember einen Konvoi bei Cap Falcon/Algerien. Das Boot griff sofort an und versenkte den Dampfer ›John S. Copley‹. Sofortige Hilferufe des Dampfers ließen amerikanische Zerstörer aus Mers el Kebir auslaufen. Es war die 13. Zerstörerdivision unter Captain H. Sanders mit den Zerstörern ›Woolsey‹, ›Trippe‹ und ›Edison‹. Sanders' Flaggschiff war die ›Woolsey‹. Gegen 17.15 Uhr erreichten sie die Nähe des torpedierten Schiffes. Um 18.37 Uhr erhielt ›Woolsey‹ den ersten Kontakt mit dem U-Boot. Der erste Wabofächer ließ das Licht auf U 73 erlöschen und setzte eine Menge elektrischer Geräte außer Aktion. Ein starker Wassereinbruch veranlaßte Deckert, anblasen zu lassen. Das Boot wäre gesunken wie ein Stein, hätte er nicht diesen letzten Versuch unternommen, wenigstens die Besatzung zu retten.

Als das Boot aufgetaucht war, wurde es vom Radar der ›Woolsey‹ in 1900 Yards voraus erfaßt. Nahebei stand auch ›Trippe‹.

Beide leuchteten mit starken Scheinwerfern. Als einer der Zerstörer das Boot auffaßte, ließ Kapitänleutnant Deckert das Feuer auf den Scheinwerfer eröffnen. Heißer Stahl zischte über das Deck der ›Woolsey‹. Zwei Soldaten wurden verwundet. Sofort erwiderten ›Woolsey‹ und ›Trippe‹ das Feuer aus allen Rohren.

U 73 wurde schwer getroffen. Löcher im Druckkörper ließen das Boot schnell sinken. Es gab keine Rettung mehr. Die letzte Chance zu entkommen war mit dem Erkanntwerden vorüber.

»Alle Mann aus dem Boot!« war der letzte Befehl, den Kapitänleutnant Deckert gab. Aber U 73 sank sehr schnell, und das Boot nahm siebenundzwanzig Mann mit in die Tiefe. Vierunddreißig

Schiffbrüchige wurden von den amerikanischen Zerstörern aufgenommen, unter ihnen der Kommandant.

Dieser Jagd vorausgegangen waren am 11. und 12. Dezember die Erfolge des Bootes und einiger anderer Boote am Konvoi KMS 34.

U 223 unter Kapitänleutnant Wächter torpedierte die Geleitfregatte ›Cuckmere‹, als diese das Sehrohr des Bootes sichtete und auf U 223 eindrehte.

U 593 unter Gerd Kelbling, dem bereits am 19. August 1943 das Ritterkreuz verliehen worden war, wurde von der Geleitsicherung aufgefaßt und gejagt.

Wieder einmal bewies der junge Kommandant sein Draufgängertum und seinen Mut. In einer vierundzwanzigstündigen Jagd gelang es ihm, zuerst den Zerstörer ›Tyndale‹ und schließlich auch noch den Zerstörer ›Halcombe‹ mit dem neuen ›Zaunkönig-T-5-Torpedo‹ zu vernichten. Beide Zerstörer flogen im Donner ihrer explodierenden Wasserbomben auseinander und sanken schnell.

Dann aber wurde das Boot, wie vorher dargestellt, vernichtet. U 593 sank auf 37-38 Grad Nord/05-58 Grad Ost.

Das Jahr 1943 ging zu Ende. Obwohl im Verlaufe des Jahres zwölf Boote ins Mittelmeer entsandt worden waren, bestand die gesamte U-Boots-Waffe in diesen Gewässern am 31. Dezember 1943 aus nur mehr zwölf Booten. Mit dieser Zahl trat die U-Boots-Waffe in das Entscheidungsjahr ihres Mittelmeereinsatzes.

Die 20. Marine-Bordflak in Italien

Im April 1943 wurde Korvettenkapitän Fritz Hoch mit der Aufstellung der 20. Marine-Bordflak-Abteilung Italien beauftragt.

Hoch war im Ersten Weltkrieg Wachoffizier auf Torpedobooten gewesen. Seit Anfang des zweiten Krieges hatte er nacheinander zwei Marine-Flakabteilungen geführt und war für diesen Auftrag prädestiniert.

Die Abteilung umfaßte zirka 2000 Soldaten, die in vier Kompanien zu jeweils 500 Mann aufgeteilt wurden. Die Einsatzhäfen, zugleich Standorte dieser vier Kompanien, waren:

Livorno, Forte di Marmi, La Spezia, Genua; später kamen noch Sportorno und Marseille hinzu.

Aufgabe der 20. Marine-Bordflak war es, den Flakschutz für Versorgungsschiffe zu stellen, die nach den Inseln Sardinien und Korsika und entlang der italienisch-französischen Mittelmeerküste liefen. Südliche Begrenzung des Einsatzgebietes war die Insel Elba. Hier schloß sich nach Süden die bereits seit langem bestehende Marine-Bordflak Süd an.

Diese Abteilung war aus der Marine-Bordflak-Kompanie Kraneck (Korvettenkapitän MA Kraneck) hervorgegangen. Teile dieser Kompanie bildeten später den ersten Stamm der 20. und 22. Marine-Bordflak.

Neben dem Flakschutz für die Versorgungsschiffe verstärkte sich seit dem Spätherbst 1943 auch an Land der Einsatz zum Schutz der Schiffe in den zahlreichen kleineren Häfen wie Imperia, Savona, Varezze, San Remo, Sestri Levante, Rapallo und anderen.

Die zu schützenden Einheiten reichten vom 10 000-Tonner, der Lkw und Panzer transportierte, bis hinunter zum kleinsten Handelskolcher von 500 BRT und Marine-Fährprähmen.

Die Marine-Bordflak leistete im Jahre 1943 Außerordentliches. Sie übernahm den Schutz bei der Rückführung deutscher Truppen von Sizilien, Sardinien und Korsika ans Festland.

Als die Italiener am 8. September vom Achsenbündnis abfielen, nahm die Bordflak in den Häfen Genua und La Spezia alle italienischen Handels- und Kriegsschiffe in Besitz. Mit sieben Stoßtrupps zu jeweils dreißig Mann beschlagnahmte Korvettenkapitän Hoch, als Marine-Kampfkommandant Genua, persönlich die hier liegenden Schiffe.

Die Besatzungen wurden in den ersten Morgenstunden des 9. September blitzartig überrumpelt. Italienische Flaksoldaten auf den Handelsschiffen, die sich mit der Waffe wehrten, wurden niedergekämpft. Nach dem Kampf behandelte man sie fair.

In einem westlich gelegenen Teil des Hafens von Genua, wo die kleineren italienischen Kriegsschiffseinheiten lagen, wurde diese Inbesitznahme durch deutsche Marineoffiziere und -unteroffiziere durchgeführt. Die großen Einheiten waren bereits ausgelaufen.

Im Hafen von La Spezia wurde die in Forte di Marmi stationierte Kompanie eingesetzt. Auch hier gelang es, aller Schiffe habhaft zu werden, die im Hafen lagen.

Durch diese Maßnahmen erhielt der Seetransportchef Italien, Kapitän zur See Engelhardt, auf einen Schlag eine ganze Anzahl neuer Schiffe für seine ständig wachsenden Aufgaben. Bereits bei der Räumung von Korsika konnte er sie einsetzen. Sie leisteten ihren Beitrag zur erfolgreichen Überführung aller deutschen Truppen und ihres gesamten Materials.

Die Marine-Bordflak entwickelte sich im Laufe der Zeit zu einer Waffe von gefürchteter Wirksamkeit. Immer wieder gelang es den Männern, angreifende Flieger zum Abdrehen zu zwingen. Mehrfach wurden Feindflugzeuge abgeschossen.

Im Albergo Vittoria in Nervi richtete Korvettenkapitän Hoch für sich und seinen Stab die Befehlszentrale der Bordflak ein. Sein Ordonnanzoffizier war hier Leutnant zur See Hartmann. Feuerwerker der Abteilung war Oberbootsmann Helmut Rieper.

Im La Marinella, ihrem Soldatenheim auf der Steilküste von Nervi, trafen sich die Bordflak-Angehörigen nach gefahrvoller Feindfahrt wieder, um für ein paar Tage ›das Leben an die Brust zu nehmen‹.

Da kamen sie zusammen, die Rieper, Oberbootsmannsmaat Hermsen, der Adjutant des Kommandeurs, Oberleutnant zur See Büttner, der Kapitänleutnant beim Stab, Oberleutnant zur See Hansen, der I. Verwaltungsoffizier, Oberleutnant zur See Wilkens, Obermaat Planer, bekannt als der ›schwarze Panther‹, Obermaat Pohl und die Flakleiter von den Transportern. Sie gründeten den ›Verein der Achtmotorigen‹.

Aber neben diesen ausgelassenen Freizeitbeschäftigungen, an deren Ende der ›Kapitän‹ des ›Zirkus Hoch‹ meist mit einem Donnerwetter dreinfahren mußte, um Zucht und Ordnung wiederherzustellen, stand immer ein neuer gefahrvoller Einsatz.

Oft hatte Korvettenkapitän Hoch den zur Meldung gebrachten Männern gedroht, mit ihnen zum Admiral zu gehen, dann würden sie als Matrosen wieder zurückkommen. Aber es trat kein einziger Fall ein, in dem dies wirklich passiert wäre.

Denn eines wußte der Kommandeur: Bald würden die Männer, die hier über die Stränge schlugen, wieder hinter ihren Geschützen stehen. Im Donner der Bomben und im Hagelschlag der Bordwaffen würden sie den Feind anvisieren und vom Himmel herunterholen oder selbst getötet werden.

So geschah es auch bei Nettuno, als in Gegenwart des Kommandierenden Admirals Italien ein feindlicher Tieffliegerangriff abgewehrt wurde.

Die Achtacht eröffneten das Feuer. Die Bedienung jagte dem Feind ihre Granaten entgegen, wurde selbst mit Bordwaffenbeschuß eingedeckt, hielt an den Geschützen aus. Einer der Geschützführer, ein alter Artillerist, der bereits das EK I. Klasse auf der Brust trug, schoß zwei der Tiefflieger ab.

Spontan überreichte ihm der Admiral sein eigenes Kreuz in Gold und dem Führer des Kommandos Nettuno sein eigenes EK I. Klasse. Er hatte gesehen, daß die Bordflak zu zielen und zu treffen verstand.

Ebenso wie die 20. Marine-Bordflak Italien setzte sich die Marine-Bordflak Süd ein. Hier hatte schon im Winter 1942/43 ein Mann von sich reden gemacht, der als Flakleiter auf Transportern von Italien nach Afrika sagenhafte Erfolge errang. Es war der Bootsmannsmaat Karl Jörss, der als einziger Angehöriger der Marine-Bordflak am 17. Februar 1943 das Ritterkreuz erhielt.

Eine besondere Leistung vollbrachten Angehörige der 20. Marine-Bordflak-Abteilung im August 1944.

Unter einem Feldwebel war ein motorisierter Flakschutz in Ventimiglia eingesetzt. Dieser Feldwebel hörte nach der alliierten Landung in Südfrankreich, daß französische Maquis die deutsche Wehrmachtskommandantur in Nizza überfallen hätten. Er wußte, was die deutschen Soldaten erwartete, und zauderte keine Sekunde. Sofort raffte er fünfzehn seiner Männer zusammen, rüstete sie mit MPi und Handgranaten aus und raste in einem Lkw in Richtung Nizza. Er kam gerade zur rechten Zeit. Die Maquis standen im Begriff, die Wehrmachtskommandantur, in der sich fünfzig deutsche Soldaten und Stabshelferinnen verbarrikadiert hatten, anzuzünden.

Mit seinen fünfzehn Leuten befreite er die eingeschlossenen Kameraden im Handstreich. Dann kehrte er ohne Verluste zu seinem Flakzug zurück und wehrte die Flugzeugangriffe der Alliierten ab, welche auf der aus Frankreich nach Italien führenden Küstenstraße die zurückkehrenden deutschen Soldaten beschossen. Es gelang ihm, drei Maschinen abzuschießen und diesen Angriff abzuwehren.

Am 10. Oktober 1944 wurde Korvettenkapitän Hoch abgelöst, um als Kommandeur die 6. Marine-Bordflak-Abteilung Langeooge zu übernehmen.

Die Kompanien seiner Abteilung kämpften weiter. Bis zum 31. August 1944 waren dieser einen Abteilung schon über hundert Abschüsse zuerkannt worden. Die Zahl der wirklichen Abschüsse lag noch höher.

Feuerwerker Rieper erzielte im Herbst 1944 den größten ›Erfolg‹. Er nahm in Nervi einen General fest.

Als O. v. D. stieß er auf der Promenade von Nervi auf den General Rudolf Toussaint, der dort mit einer Dame spazierenging. Der General war zu der Zeit Generalbevollmächtigter in Italien. Für Rieper war das Bild eines deutschen Generals etwas auffällig. Er forderte ihm das Soldbuch ab. Der General hatte das Soldbuch ›vergessen‹, und so mußte er mit zur Wache. Der Spionenwahn grassierte.

Ganz Nervi hatte später über die Gefangennahme des Generals gelacht.

Bis Kriegsschluß hielten die einzelnen Kompanien auf ihren Posten aus. Und noch nach Kriegsschluß stellte Leutnant zur See Hartmann – der inzwischen die Bordflakkompanie Venedig übernommen hatte – in Cortina die deutsche Feldpolizei auf, um die gefangengenommenen deutschen Soldaten vor Übergriffen der Partisanen zu schützen.

Als Flakführer der Bordflakabteilung Süd (Neapel) erhielt auch Oberleutnant (MA) Helmuth von Wallis als Auszeichnung für seine zahlreichen Flugzeugabschüsse das Deutsche Kreuz in Gold.

So hat auch die Bordflak der Kriegsmarine in aller Stille ihren unvergessenen Beitrag zum Mittelmeerkrieg geleistet.

Die 9. Torpedobootsflottille dreimal vernichtet

Gleich nach der Kapitulation Italiens übernahmen Stoßtrupps der Marine einen großen Teil der in der Agäis und in italienischen Häfen verbliebenen italienischen Torpedoboote. Aus ihnen wurden in der Agäis die 9. und im Ligurischen Meer die 10. Torpedobootsflottille gebildet.

Die 9. Torpedobootsflottille bestand aus folgenden Booten:
TA 14 (ex ›Turbine‹) – Kapitänleutnant Hans Dehnert
TA 15 (ex ›Francesco Crispi‹) – Kapitänleutnant Carlheinz Vorsteher
TA 16 (ex ›Castelfidardo‹) – Kapitänleutnant Quaet-Faslem
TA 17 (ex ›San Martino‹) – Kapitänleutnant Düvelius
TA 18 (ex ›Solferino‹) – Kapitänleutnant Günther Schmidt
TA 19 (ex ›Calatafimi‹) – Kapitänleutnant Jobst Hahndorff
TA 37 (ex ›Gladio‹) – Oberleutnant zur See Winfried Winkelmann
TA 38 (ex ›Spada‹) – Oberleutnant zur See Scheller
TA 39 (ex ›Daga‹) – Kapitänleutnant Werner Lange
TA 40 (ex ›Pugnale‹) – Oberleutnant zur See Friedrich Nose
TA 41 (ex ›Lancia‹) – Oberleutnant zur See Ascherfeld
TA 42 (ex ›Alabarda‹) – Oberleutnant zur See Heinz Waldkirch
TA 43 (ex ›Sebenico‹) – Kapitänleutnant Werner Lange
TA 44 (ex ›Antonio Pigafetta‹) – Kapitänleutnant Fritz Vollheim
TA 45 (ex ›Spica‹) – Kapitänleutnant Klaus Glissmann
  Der Flottillenstab setzte sich zusammen aus:
  Flottillenchef: Fregattenkapitän Riede (bis Februar 1944)
  Flottillenchef: Fregattenkapitän Dominik (Februar bis Oktober 1944)
  Flottillen-Ing.: Kapitänleutnant (Ing.) Züllich
  Flottillenarzt: Oberstabsarzt Böse
  Personalreferent: Kapitänleutnant Vorsteher

Die Flottille unterstand einsatzmäßig dem Kommandierenden Admiral Agäis, Vizeadmiral Werner Lange.
 Ihr Einsatzgebiet sollte das Ägäische Meer sein. Sie war für die

beabsichtigten Landungsunternehmen vorgesehen, ferner für den Geleitdienst, Truppentransporte und Minenaufgaben. Ihr erster Stützpunkt war Piräus, der Hafen von Athen.

Wie aber waren die Besatzungen zusammengetrommelt worden? Welchen Weg nahmen sie, und wie fanden sie sich in ihrem neuen Einsatzgebiet ein? Geben wir Kapitän zur See Vorsteher das Wort*:

»Am 20. September 1943 wurde in den Torpedoboots- und Zerstörerflottillen in der Heimat und im Norwegenraum das Stichwort ›Columbus‹ gegeben. Mit diesem Stichwort wurden erhebliche Teile der Besatzungen abkommandiert. Sie sollten in italienischen Häfen in deutsche Hand gefallene, unbemannt festliegende T-Boote bemannen und als TA-Boote in Dienst stellen.

Von Berlin-Staaken ging es im Flugzeug über Wien-Belgrad-Sofia-Saloniki nach Athen. Bei der Meldung beim Kommandierenden Admiral Agäis wurden wir von seinem Chef des Stabes, Kapitän zur See von der Forst, empfangen und begrüßt. Anschließend wurden wir im Hotel ›Acropole Palace‹ untergebracht.

Am nächsten Tag ging es zur dienstlichen Meldung zum Kommandierenden Admiral. Wir begrüßten auch den Ersten Admiralstabsoffizier, Fregattenkapitän Rechel, der zuletzt Kommandant des ruhmreich kämpfenden Zerstörers ›Hermes‹ gewesen war.

Der zweite Admiralstabsoffizier war Korvettenkapitän Liebenschütz. Er war für uns der wichtigste Mann, denn ihm unterstand alles, was mit Bewaffnung, Personal und Ausrüstung der Boote zusammenhing.

Die Boote wurden bei einer ersten Hafenrundfahrt in Augenschein genommen. Fassungslos standen wir vor diesen Monstren.

So war das Boot ›San Martino‹, das spätere TA 17, geradezu vorsintflutlich**.

Mein Gott, was sollten wir mit diesen Schlitten anfangen? Ihr Gefechtswert war gleich Null. Ihr seemännischer Wert war ebenfalls Null. Aber wir waren jung und aktiv genug.«

---

* Vorsteher: ›In Aegirs Diensten‹
** TA 17 war eines der ältesten Boote dieser Klasse: Baujahr 1917 d. V.

Soweit der Bericht von Kapitän zur See Vorsteher.

In den nächsten Wochen mußten diese völlig verwahrlosten und verschmutzten Boote entrümpelt und neu eingerichtet werden. Anfang Oktober trafen die ersten Mannschaften ein. Sie wurden von Kapitänleutnant Vorsteher in seiner Rolle als Personalreferent eingeteilt. Als er zuletzt die Namen für sein Boot – TA 15 – verlas, erhoben fast alle Männer der Besatzung des Torpedobootes T 18, das er bis dahin geführt hatte, ein lautes Freudengeheul. Sie hatten sich fast vollzählig nach Griechenland gemeldet.

In der Werft erhielten diese ersten Boote der Flottille – es waren TA 14 bis TA 19 – teilweise neue Bewaffnung. So bekam TA 15 auf dem Podest am Achterdeck einen 2-cm-Vierling und eine vollautomatische 4-cm-Bofors-Kanone.

Am 31. Oktober 1943 wurden die ersten fahrbereiten Boote in Dienst gestellt. Die Reichskriegsflagge stieg feierlich an der Rah des achteren Schornsteins empor. Gleichzeitig am Mast der Kommandantenwimpel mit dem kleinen schwarzen Eisernen Kreuz am Liek.

In der Nacht zum 11. November 1943 liefen TA 14, TA 15, TA 17 und TA 19 zu ihrer ersten Unternehmung aus. Es galt, ein Landungsunternehmen gegen die von den Engländern zwischen dem 16. und 20. September in Besitz genommene Insel Leros zu schützen. Der Geleitzug bestand aus vielen kleinen Booten, die Teile des Regiments Brandenburg und Infanterie der 22. ID auf Leros landen sollten.

Vor der Netzsperre des Hafens Piräus sammelten sich die vier TA-Boote. In mäßiger Fahrt liefen sie aus. Vor Leros wurden sie durch Geschützfeuer der Landbatterie San Giorgio empfangen. Haushohe Wassersäulen sprangen rings um die Boote aus der See. Sie legten Nebelwände und entzogen damit die Kleinkampfeinheiten und Landungsboote der Sicht des Feindes.

Doch die Landbatterien hatten ihre Ziele gut aufgefaßt. Grau wuchsen die Einschläge bis zu doppelter Masthöhe empor. Boote wurden getroffen. Und noch immer nebelten die TA-Boote quer vor den Landungsfahrzeugen her.

Die Einschläge fielen dichter. Alle fünfzehn Sekunden krachten vier Einschläge dicht bei TA 15 in die See. Ein Höllentanz begann.

Aufschläge vor dem Boot! Aufschläge achtern! Aufschläge an Backbord! Aufschläge an Steuerbord!

In wilden Kurven wich das Boot diesen Salven aus. Die ersten deutschen Sturmtruppen wurden gelandet.

Noch zweimal lief TA 15 von Piräus nach Leros aus, um weitere Soldaten an Land zu bringen und vor allem die Versorgung der kämpfenden Truppe mit Munition und Waffen sicherzustellen. Mit TA 14 eröffnete TA 15 beim zweitenmal das Feuer auf die Landstationen.

Dann liefen die Boote aufgrund eines FT-Befehls nach Kalymnos zurück. Während sie bei bereits tiefstehender Sonne Kurs auf Kalymnos nahmen, sahen sie eine Anzahl deutscher Ju 52, und aus diesen Maschinen sprangen Fallschirmjäger über Leros ab. Kapitän zur See Vorsteher sagt: »Das war ein unerhört großartiges Bild, wie diese vielen Fallschirme, von der Abendsonne hell beleuchtet, goldweiß glänzend, langsam auf die Bergrücken der Insel niedersanken. Das waren die gleichen Truppen, die bereits im Mai 1941 über Kreta sprangen, und sie haben uns berichtet, daß Kreta ein Kinderspiel gewesen sei im Vergleich zu jenem Absprung auf Leros.«

Am Abend des 13. November liefen TA 15, TA 17 und TA 19 in Piräus ein. TA 17 hatte einen Artillerietreffer erhalten. Auch TA 14 und TA 19 waren nicht einsatzbereit.

Aber es sollte sofort wieder ein Bataillon der ›Brandenburger‹ nach Leros geschafft werden, weil die Lage dort kritisch war. Schließlich kämpften auf der Insel 1000 Deutsche gegen 3000 Engländer und 7000 Italiener.

Am Abend des 14. November liefen TA 15 und das inzwischen in Dienst gestellte TA 16 aus. Sie landeten die Truppen, und diese Verstärkung der ›Brandenburger‹ brachte die Entscheidung. Es war bewundernswert, mit welcher Erbitterung sich diese Eliteeinheiten einsetzten.

Am Vormittag des 16. November machten beide TA-Boote wieder in Piräus fest. TA 16 war aK (nicht kriegsbereit), und da TA 14 inzwischen ausgelaufen war, blieb nur TA 15 übrig, um eine neue Fahrt mit Waffen und Soldaten nach Leros zu unternehmen.

Fünf Tage und Nächte war dieses Boot ununterbrochen im Einsatz gewesen. Bei der Kommandantenmusterung sagte Kapitänleutnant Vorsteher:

»Wie die Kämpfe auf Leros auch ausgehen mögen, von uns – von der Besatzung TA 15 – soll man nie sagen, wir hätten nicht das Unsrige getan. Siegen wir auf Leros, dann wollen wir stolz sagen können: Wir haben zu diesem Sieg beigetragen.

Will es das Kriegsglück anders, soll man nicht die Schuld auf uns abwälzen können!«

So lief TA 15 wiederum aus. Das Boot durchlief die Durchfahrt am Ende der Themistokles-Mole, passierte die Netzsperre und nahm Kurs auf Leros. Dicht hinter der Insel Makronisi kam TA 14 auf Gegenkurs vom Unternehmen zurück. Es wünschte dem Kameradenboot viel Glück und entschwand. Kurz vor Leros erhielt das Boot einen FT-Spruch, bestehend aus zwei Worten:

»Leros kapituliert!«

Es erschien allen unfaßlich, aber die ›Brandenburger‹ hatten es geschafft.

TA 15 lief durch die Netzsperren direkt in den Hafen Portolago auf Leros ein.

Dies war der erste Einsatz der 9. T-Flottille.

Am 23. November liefen TA 15 und TA 19 unter Führung des auf TA 15 eingestiegenen Flottillenchefs nach Samos aus. Samos kapitulierte kampflos. Am Abend des 24. November war die Rückeroberung der Dodekanesinseln beendet. Kein Geringerer als Großadmiral Dönitz fand die Worte der Würdigung für dieses Unternehmen:

»Wenn Sie wüßten, mit welchen Mitteln die Deutsche Wehrmacht Leros erobert hat, dann würde von Ihnen ein Heldenlied aufklingen, dagegen die Züge der Argonauten verblassen …«

Im ersten Dezemberdrittel geleiteten TA 15 und TA 16 den Dampfer ›Leda‹ nach Leros. Dieser Dampfer sollte mit Gefangenen nach Piräus zurückgehen. Allein vier U-Boots-Torpedos mußten ausmanövriert werden. Sechs Luftangriffe galt es zu überstehen.

Wie die Angriffe vor sich gingen, berichtet Kapitän zur See Vorsteher:

»Wir standen vorlich vor ›Leda‹, TA 16 achtern. Plötzlich: ›Torpedolaufbahn an Steuerbord!‹

Diese Meldung schreckte uns auf. Steuerbord querab sah ich einen gewaltigen Wasserschwall und daraus wie drei gierige Finger drei Torpedolaufbahnen, die genau auf uns zuliefen.

›Hart Steuerbord!‹ befahl ich.

›Rote Sterne schießen!‹ befahl der Flottillenchef, der bei mir eingestiegen war.

›U-Boots-Alarm!‹ kommandierte ich bereits ruhiger.

Die roten Sterne wurden geschossen. Sie waren das Zeichen für ›Leda‹, sofort nach Backbord abzudrehen. Ein Geleitflugzeug flog über uns hinweg. Auch ihm morsten wir U-Boots-Alarm zu. ›Leda‹ drehte ab.

Außer diesem Dreierfächer hatte TA 16 einen Dreierfächer südlich vom Geleit gesichtet. Es waren also zwei U-Boote gewesen, zwischen denen unser Geleit genau hindurchgelaufen ist.

Bald kamen Steuerbord voraus die Berge der Insel Andros, Backbord voraus die der Insel Tinos in Sicht.

In diesem Augenblick meldete der Posten Ausguck abermals: ›Sehrohr an Backbord!‹ Und sofort hinterher: ›Torpedos an Backbord!‹

›Grüne Sterne schießen! – U-Boots-Alarm!‹ befahl ich.

TA 16 hatte die Abschußstellen bemerkt und lief darauf zu. Bald dröhnten Wasserbombendetonationen. Die U-Boots-Torpedos liefen vorbei.

Noch einmal gab es U-Boots-Alarm. Aber auch das ging gut, und am Abend des 7. Dezember machten wir in Piräus am Commando Marina fest.«

Mit Truppen für Samos an Bord, lief am 12. Dezember das Minenschiff ›Drache‹ aus Piräus aus. TA 14 und TA 15 übernahmen die Geleitsicherung. Am 14. Dezember legten die Boote wieder in Piräus an.

Mit TA 14 unter Kapitänleutnant Dehnert begleitete TA 15 am 20. Dezember abermals die ›Drache‹ nach Samos.

Kurz vor der Insel wurde ein U-Boot gesichtet. TA 14 warf alle Wasserbomben bis auf einen Anlauf. Dann wurde es von TA 15 abgelöst. In mehreren blinden Anläufen wurde das U-Boot geortet und sein Kurs anhand der geworfenen Bojen festgelegt. Dann wurde es ernst.

»Es folgt ein scharfer Anlauf!« befahl Kapitänleutnant Vorsteher. »Klar zum Wasserbombenwerfen!«

Leutnant Beyersdorf leitete das Werfen nach dem Rechengerät an der Brücke. Fünfzehn Wabos hatte er frei.

TA 15 überlief das Boot genau mit dessen Kurs.

»Fünfhundert – vierhundert! – Keine Ortung!«
»Erste Gruppe klar zum Werfen!«
»Erste Gruppe – wirf!«
»Zweite Gruppe klar zum Werfen!«
»Zweite Gruppe – wirf!«
»Dritte Gruppe – wirf!«

Mit jedem Wurf rollten je eine Wasserbombe über das Heck und jeweils eine nach Backbord und Steuerbord.

»Rumms! – Rumms! – Rumms!«

Dreimal dröhnten die Explosionen jeder Gruppe.

Fünf Gruppen krachten, ehe der Befehl kam: »Wasserbomben – halt!«

Fünfzehn runde Kreise standen wie die Muster eines Teppichs auf dem Wasser. Und mitten zwischen den Sprudeln der Wasserbomben stand eine weitere Sprudelstelle, anders als die Wabos: Braunes Öl quoll hoch. Wie Schaum lagerte es sich auf dem Wasser. Dann war alles ruhig.

»Keine Geräusche mehr!« meldete der Horchgast hinter dem Gruppenhorchgerät.

»Suchgerät durch Wasserbomben ausgefallen!« meldete der Maat.

Somit konnte TA 15 die Vernichtung des U-Bootes nicht sicher nachweisen. In der folgenden halben Stunde bis zum Auslaufen des Geleites aus Samos kreuzte TA 15 über der Stelle.

Am 23. Dezember ging TA 15 wieder nach Lemnos. Dort lag die 6000 BRT große ›Balkan‹, und vor dem Hafen lauerten zwei englische U-Boote.

Als das Geleit auslief, wurde ein Sehrohr gesichtet. Dann stob auf einmal schwarzer Qualm über der ›Balkan‹ empor. Sie hatte einen Torpedotreffer erhalten.

Mit AK jagte das T-Boot auf die Schwallstelle des tauchenden Bootes zu und legte einen Wasserbombenteppich darüber. Und das Unerwartete geschah: Wasser schäumte auf, und plötzlich kam das U-Boot aus der Flut empor.

»Feuererlaubnis!«

Steil schoß der U-Boots-Steven empor. Wasser rauschte aus seinen freiflutenden Teilen. Mehr als die halbe Bootslänge ragte der Bug im Winkel von fast sechzig Grad in die Luft. Dann schlug das Boot aufs Wasser. Einen Augenblick wurde der Turm sichtbar. Dann stieg das Heck ebenso steil wie der Bug empor und so schoß das Boot in die Tiefe hinunter, und nur ein breiter Schaumkranz kennzeichnete die Stelle dieser Spukerscheinung. War es verloren? Auch diese Versenkung konnte nicht bestätigt werden.

Die ›Balkan‹ lag noch auf ebenem Kiel, war aber sichtlich tiefer gesackt. Ein Räumboot, das den Dampfer begleiten sollte, war eben dabei, die Besatzung zu übernehmen. Ein paar Minuten später ging die ›Balkan‹ auf ebenem Kiel unter.

TA 15 übernahm von dem Räumboot die Besatzung, und gemeinsam liefen beide Boote nach Saloniki, wohin ein FT-Spruch des Admirals Agäis sie beorderte.

Abermals wurde TA 15 von einem U-Boot mit einem Dreierfächer bedacht. Mit Hartruderlegen kam das Boot klar. Eine Laufbahn ging an Steuerbord, zwei an Backbord vorbei. Einige Wabos wurden als Schreckbomben geworfen.

Beide Boote erreichten Saloniki. Am späten Abend kam der Hafenkommandant, Korvettenkapitän Pautz, ein Wiener, an Bord.

Seine ersten Worte waren: »Hat Ihre Besatzung schon etwas zu Weihnachten bekommen?«

Natürlich hatte sie nicht. Aber am Heiligabend waren die Weihnachtsgeschenke da. Es gab eine kleine Feier. In der gleichen Nacht lief dann noch TA 14, aus Piräus kommend, in Saloniki ein. Und am ersten Weihnachtstag lief ein Geleit von drei Dampfern mit den beiden T-Booten aus. Am zweiten Weihnachtstag kam Euböa in Sicht. In Chalkis wurden die Dampfer entladen. Von hier aus sollten die T-Boote ein Geleit nach Piräus bringen.

Das Jahr 1943 ging zu Ende. Die neue 9. T-Flottille hatte ihre Feuertaufe bestanden. Bis Jahresende hatte TA 15 insgesamt zwölf

Unternehmungen durchgeführt. TA 14 war achtmal ausgelaufen, TA 16 und TA 19 je dreimal, TA 17 zweimal, und TA 18 lag noch immer in der Werft.

Am Vormittag des 11. Januar 1944 griffen starke Feindverbände Athen an.

Die Maschinen erreichten den Hafen. Unter ihren Rümpfen blitzte es auf. Dann war plötzlich die Luft erfüllt von einem Brausen und Heulen, das sich zu einem infernalischen Fortissimo steigerte.

Auf einmal konnten die Männer in den Splittergräben den Hafen nicht mehr sehen. Dort erhob sich in 1000 Meter Breite eine Front von Fontänen aus Staub und Wasser und zuckenden Flammen. Als dieser Bombenteppich in sich zusammenfiel, sprangen die Detonationen des nächsten bereits empor. Und dieser rückte genau auf die Splittergräben vor. Der Lärm wurde so urgewaltig, daß man keine Einzelgeräusche mehr unterscheiden konnte.

In das kreischende Konzert der fallenden Bomben mischte sich das Donnern der Detonationen. Die Erde schüttelte sich, sie stieß und schwankte. Geben wir Kapitän zur See Vorsteher das Wort:

»Immer noch tobte die Hölle um uns mit unverminderter Heftigkeit. Auf einmal spürte ich einen schweren Schlag im Rücken, gleichzeitig einen Schlag von unten und einen betäubenden Knall.

Um mich war Wasser, und ich mußte den Kopf heben, um Luft zu bekommen.

Wie kam ich denn ins Wasser? Lebte ich noch? Was war los?

Dann war es plötzlich still, und aus der Stille, als seien sie aus ihr geboren, drangen Schreie um Hilfe, Stöhnen schwoll an. Auf einmal war ich wieder wach. Mein Boot!

Aber ich konnte nichts erkennen, es war fast dunkel. Die Luft bestand aus einer so massiven Staubwolke, daß man keine zehn Meter weit sehen konnte.

Ich torkelte in Richtung auf mein Boot, und als ich den Mauerdurchgang zum Liegeplatz erreichte, setzte das höllische Konzert abermals ein. Der zweite Bomberverband warf.

Wieder gingen die Detonationen in ein Getöse über, das man nicht beschreiben kann. Erst nach einer endlos erscheinenden Zeit hörte das Getöse auf.

Ich lief weiter. Mein Boot? Es lag genau dort wie vorher. Da kam mir auch schon Oberleutnant Krüger entgegen.

›Alles klar?‹

›Jawohl, Herr Kaleunt. Aber sehr naß!‹

Nur Matrosengefreiter Feder, Posten vor dem Boot, war leicht verletzt worden. Das Boot wies keinerlei Beschädigungen auf.«

Ein Ölbunker am Ende der Bahnpier war leckgeschlagen und brannte lichterloh.

Zu einer neuen Geleitaufgabe liefen TA 15 – mit dem Flottillenchef, Fregattenkapitän Riede, an Bord –, TA 14 und TA 16 am 31. Januar 1944 aus. Sie sollten diesmal die Dampfer ›Sieglinde‹ und ›Centaur‹ nach Portolago auf Leros bringen. Beide Dampfer machten im Innenhafen fest. Die T-Boote legten sich an die Steinpier. Es gab zweimal Fliegeralarm.

In den frühen Morgenstunden des 1. Februar liefen die T-Boote wieder aus. Diesmal sollte die ›Leda‹ von Leros nach Samos geleitet werden.

Als der Konvoi die Netzsperre verließ, überflogen Ju 88 den Verband. ›ES‹ wurde geschossen und beantwortet. Wenig später flogen acht weitere Ju 88 an. Wieder wurde ›ES‹ geschossen und von den Maschinen erwidert. Dann aber warfen sie Bomben, die dicht bei der ›Leda‹ explodierten.

Sofortige Funkmeldung ergab, daß überhaupt keine deutschen Ju 88 in der Luft seien. In der Nacht wurde der Konvoi wieder gebombt. Mehrfach wiederholten sich die Angriffe, dann war die Vathi-Bucht auf Samos erreicht. Die ›Leda‹ legte sich hier neben einen schwedischen Rot-Kreuz-Dampfer. Kurz darauf ging der Schwede ankerauf und verließ die Bucht. Den ganzen kommenden Tag über wurden die T-Boote aus der Luft angegriffen. Als die Boote bei Einbruch der nächsten Nacht ausliefen, setzten sofort neue Luftangriffe ein.

Keine der in fünfzehn Angriffen geworfenen Bomben traf. Doch dann kam der sechzehnte Angriff. Wieder wurde Sperrfeuer geschossen. Auf einmal stob aus der ›Leda‹ eine gewaltige Feuersäule in den Nachthimmel empor. Auch dies war kein Bombentreffer gewesen. Es war eine Maschine, die sehr tief heruntergezogen hatte und gegen den Mast der ›Leda‹ geprallt und an Deck zerschellt war.

An Deck der ›Leda‹ standen Lastwagen und etwas Benzin. Die brennenden Flugzeugtrümmer setzten das Benzin in Brand. Im Vorschiff hatte die ›Leda‹ Torpedoköpfe geladen.

Während TA 14 und TA 16 die U-Boots-Sicherung übernahmen, erhielt TA 15 Befehl, bei der ›Leda‹ längsseits zu gehen. Deren Besatzung hatte sich auf der hohen Back der ›Leda‹ versammelt. Noch lagen zwei Bootslängen zwischen TA 15 und der ›Leda‹, als eine wuchtige Detonation aufbrüllte. Gleich danach zwei gewaltige Schläge. Turmhohe Stichflammen schossen aus dem Achterschiff des Dampfers in die Höhe.

In diesem Augenblick befahl Fregattenkapitän Riede: »Beide Maschinen äußerste Kraft zurück!«

»Nein!« rief Kapitänleutnant Vorsteher dazwischen.

»Ziehen Sie das Boot zurück!« rief Riede abermals. »Die ›Leda‹ fliegt in die Luft!«

Aber Kapitänleutnant Vorsteher wollte sein Manöver weiterfahren, um die Seeleute auf der Back der ›Leda‹, die sich schon an Tauen zum wesentlich niedrigeren Deck des Torpedobootes hinunterließen, aufzunehmen. Vorsteher befahl daher: »Beide Maschinen stopp!«

Nun würde das Boot mit der letzten Fahrt an die Bordwand kommen. Doch wieder griff der Flottillenchef ein und befahl: »Beide AK zurück!«

Die Maschinen sprangen auf Rückwärtsgang an. Das Boot verlor seine Fahrt, stand nur dreißig Meter vor der ›Leda‹ und nahm dann Fahrt achteraus auf.

Die Leute baumelten an den Tauen im Leeren.

Zehn, zwanzig Sekunden länger, und trockenen Fußes hätte die Besatzung der ›Leda‹ übernommen werden können. Aber die Explosionsgefahr war so groß, daß der Flottillenchef meinte, nicht anders handeln zu können.

Doch die ›Leda‹ explodierte nicht. Sie trieb brennend nach Lee weg, während sich TA 15 von Luv an die im Wasser treibenden Seeleute herantreiben ließ. Die Schiffbrüchigen wurden aufgefischt. Auf einmal sackte das Achterschiff der ›Leda‹ weg. Knallend und brodelnd tauchte der Brandherd ins Wasser. Dann reckte sich plötzlich das Vorschiff steil in die Höhe. Ruckweise wurde es dunkler. Und im letzten Schein des Feuers rauschte das Schiff in die Tiefe.

Die ›Leda‹, der ›Schwan der Ägäis‹, das beste Schiff dieses Raumes, war verloren.

Die Flugzeuge kamen wieder, erzielten einen Treffer auf TA 14. Dann gab es U-Boots-Alarm.

Dicht vor dem Bug von TA 15 tauchte ein U-Boot auf.

»Feuererlaubnis!« rief der Kommandant. Aber die vordere Kanone fehlte. Sie war gerade zur Reparatur ausgebaut. Die Feuerstöße der Fla-Waffen brachten das Boot nicht zum Sinken. Bevor TA 15 gedreht hatte, um mit dem achteren Geschütz zum Zug zu kommen, war das U-Boot bereits wieder verschwunden.

Am Vormittag des 3. Februar liefen die T-Boote in Piräus ein. TA 15 ging in die Werft. Beim nächsten Geleit war TA 19 Flottillenboot. Der große Dampfer ›Oria‹ sollte mit Gefangenen an Bord von Leros nach Piräus geleitet werden.

Auf dem Rückmarsch geriet der Kleinkonvoi in einen Scirocco. TA 19 hatte plötzlich Ruderversager. Hilflos drehte das Boot einen Kreis. Der Kommandant, Oberleutnant zur See Hahndorff, stürzte und erlitt einen Knöchelbruch. Der Flottillenchef übernahm die Führung des Bootes.

Zur gleichen Zeit beachtete die ›Oria‹ nicht die Signalschüsse von TA 19 und brummte nahe Kap Sunion auf einen Unterwasserfelsen auf. Das Schiff brach auseinander. Es sank schnell. Mit ihm gingen viele Kriegsgefangene unter.

Ein interessantes Ereignis fand am 22. Februar statt. Wieder waren TA 17 und TA 15 zum Geleitdienst – diesmal nach Kreta ausgelaufen. Kein Flugzeug wurde gesichtet. Aber die Boote erhielten einen Funkspruch: »Geleit ist von feindlicher Aufklärung erfaßt!«

Die Funkhorchabteilung Südost hatte den englischen Funk abgehört und dies festgestellt. Die Funkhorchabteilung Südost meldete wenig später: »Alexandria gibt Angriffsbefehl: ›Aufforderung zum Tanz!‹«

Wieder wenige Minuten später folgte: »Erster Feindverband ist soeben in Alexandria gestartet.«

Stimmten diese Meldungen?

Schon tauchten die hohen Berge von Kreta aus dem Dunst.

Heraklion kam in Sicht. Der geleitete Dampfer ›Lisa‹ hatte 3000 Tonnen Benzin an Bord.

»Fliegeralarm!« meldete der Wachoffizier.

Dicht über dem Wasser kamen sie, direkt aus der im Süden stehenden Sonne.

»Alle Waffen Feuererlaubnis!«

Der am weitesten an Backbord anfliegende Bristol Beaufighter begann nach den ersten Salven zu qualmen. Von den Rümpfen der beiden mittleren Maschinen lösten sich längliche Gegenstände und klatschten schäumend ins Wasser.

»Torpedos! – Hart Steuerbord!«

Die beiden Maschinen zogen hoch. Dann tauchte die vierte dieser Rotte auf. Sie feuerte aus Bordwaffen. Die getroffene Maschine schlug auf dem Wasser auf und zerschellte.

Pausenlos feuerte die Flak beider T-Boote. In ihr Stakkato mischten sich die krachenden Einschläge der einhauenden Bordwaffengeschosse.

Dann prasselten einige harte Schläge ins Steuerhaus von TA 15 hinein. Schreie gellten dazwischen. Dicker Qualm waberte, Funken stoben. Jetzt kreischte das Flugzeug über TA 15 hinweg. Von unten jagte eine Zwozentimeter ihr Feuer in die Maschine. Sie schwankte, stürzte und klatschte hinter dem Heck von TA 15 in die See.

Verwundete lagen an ihren Waffen. Ein erster Rundblick des Kommandanten zeigte, daß TA 17 noch schwamm. Über der ›Lisa‹ stand der gewaltige Rauchpilz einer Detonation. Ein Torpedo hatte sie getroffen.

Zweihundert Einschüsse wies TA 15 auf. Zwanzig Männer waren verwundet. Maschinenobergefreiter Waldfried Feder war durch einen Kopfschuß getötet worden. Der Matrose Marut hatte einen Schuß durch beide Knie und mehrere andere Verwundungen. Trotzdem hatte er sich in den Armbügeln seiner Zwozentimeter festgeklammert. Er war es, der das zweite Flugzeug abschoß. Wegen Bewährung vor dem Feind wurde Marut, der vom Maaten zum Matrosen degradiert worden war, wieder in seinen alten Dienstgrad befördert.

Der Sanitätsgast Baeckmann rettete durch schnelles Versorgen der Schwerverwundeten mehreren Kameraden das Leben.

TA 17 meldete mit Winkspruch, daß dort an Bord alles klar sei. Und die ›Lisa‹ schwamm noch. Sie brannte nicht einmal. Der Torpedo war im Maschinenraum eingehauen. Aber die gesamte Besatzung war in Erwartung der Benzinexplosion ins Wasser gesprungen. Nur der Schiffsjunge war an Bord geblieben. Er hatte den Sprung in die Tiefe nicht gewagt.

TA 15 lief auf die ›Lisa‹ zu. Auf dem Wege zu den im Wasser schwimmenden Schiffbrüchigen wurden auch zwei englische Flieger aufgenommen. Sie wurden ritterlich behandelt, obgleich es ihre Maschine gewesen war, die TA 15 so schwere Verluste beigebracht hatte.

TA 15 lief nach Heraklion zur Abgabe der Verwundeten ein. Dann kehrte das Boot zur noch schwimmenden ›Lisa‹ zurück. Zwei Stunden darauf sank die ›Lisa‹, und beide T-Boote traten den Rückmarsch nach Piräus an.

Am 27. Februar lief TA 15, zum letztenmal mit Fregattenkapitän Riede als Geleitführer an Bord, mit TA 16 und TA 19 nach Leros aus. Zu sichern waren die Dampfer ›Gertrud‹ und ›Triton‹.

Am Vormittag des 28. Februar wurde die Insel erreicht.

Ein Truppentransport nach Rhodi auf Rhodos war die nächste Geleitaufgabe.

Der März hatte es in sich. Während Fregattenkapitän Riede seine Dienstgeschäfte abschloß, wurde Fregattenkapitän Dominik als sein Nachfolger erwartet. Von den Kommandanten war Kapitänleutnant Dehnert abkommandiert worden. Oberleutnant zur See Hahndorff lag mit seiner Fußverletzung im Lazarett. So mußten sich die Kapitänleutnante Vorsteher, Düvelius, Quaet-Faslem und Schmidt in der Führung von TA 14, TA 15, TA 16, TA 17 und TA 19 teilen. TA 18 war immer noch nicht fahrbereit.

Am 7. März liefen TA 15 und TA 19 – letzteres unter Kapitänleutnant Schmidt – zur Geleitsicherung nach Kreta aus. Sie sollten zu dem in Santorin liegenden Geleit laufen, das dort Schutz gesucht hatte, weil es nur von wenigen kleinen Booten der 21. U-Jagd-Flottille geleitet und vom Feind erkannt worden war. Am Morgen des 8. März liefen beide T-Boote in Santorin ein, nahmen den Konvoi auf und verließen die Bucht wieder. Bei Dunkelwerden wurde die Bucht von Heraklion erreicht. Die beiden Torpedoboote blieben auf der 100-Meter-Linie zurück, um zu sichern.

Es war stockfinster. Die Geräusche eines Flugzeuges aus Richtung Flugplatz Heraklion wurden als die einer dort um diese Zeit startenden Transportmaschine angesprochen. Doch als der Beobachter auf TA 15 das Flugzeug erkennen konnte, war es ein englisches. Fliegeralarm wurde gegeben.

Die Maschine kam schnell näher und warf Raketenbomben. TA 15 erhielt drei Treffer. Der erste traf das Vorschiff über der Wasserlinie. Die zweite Bombe zischte in die Aufbauten mittschiffs hinein, durchschlug das Schott zwischen den beiden Kesselräumen und mehrere Dampfrohre, so daß die Kessel leerdampften. Die dritte Bombe traf die vor dem achteren Geschütz lagernde Flakmunition; etwa 60 000 Schuß vom Kaliber 2 cm, 3,7 cm und 4 cm. Die Munition brannte sofort. Eine vierte Bombe detonierte im Kielwasser.

Es war genau 18.30 Uhr, als TA 15 getroffen wurde. Das Boot stand auf der Mitte zwischen der Insel Dia und der Westhuk, der Bucht von Heraklion. Es verlor an Fahrt, blieb liegen.

Die Brände breiteten sich rasch aus; besonders achtern. Die dort stehenden Besatzungsmitglieder mußten über Bord springen. Die übrige Besatzung versammelte sich auf dem Vorschiff, wo es nicht brannte und die Brückenaufbauten Splitterschutz gegen die explodierenden Flakgranaten boten. Als die Maschine noch einmal anflog, eröffneten die vorderen Fla-Waffen das Feuer und brachten sie zum Abdrehen.

»Blinkspruch an TA 19!« befahl der Kommandant dem Signalgasten, der die Klappbuchse von der Brücke auf die Back mitgenommen hatte. »Bitte, an Back längsseits kommen und Besatzung übernehmen.«

Die Antwort ließ nicht lange auf sich warten: »Nein! Aussteigen! Ich fische auf!«

Es war ein zu großes Risiko, an einem brennenden Boot, das jeden Augenblick in die Luft fliegen konnte, längsseits zu gehen.

Kapitänleutnant Vorsteher ging noch einmal auf die Brücke, holte den Kommandantenwimpel nieder, rollte ihn zusammen und steckte ihn in die Tasche. Dann ließ er das einzige heilgebliebene Floß aussetzen und die Verwundeten darauf betten.

Eine halbe Stunde war seit den Treffern vergangen. Auf einmal rauschte es gewaltig. Eine riesige weiße Feuersäule stob aus dem Brandherd empor; eine zweite, eine dritte.

»Die Wasserbomben, Herr Kaleunt!« sagte einer.

Um 19.10 Uhr abermals zwei fauchende Explosionen. Torpedoluftflaschen und Torpedokessel flogen in die Luft. Dann gingen die Torpedoköpfe hoch, und schließlich die beiden Aale an Deck. Noch immer hielt das Boot. Aber auf einmal legte es sich nach Backbord über.

Kapitänleutnant Vorsteher gab den letzten Befehl: »Alle Mann außenbords!«

Nun sprangen die auf der Back stehenden Männer über Bord. Der Kommandant blieb noch. Das Boot aber kenterte nicht. Es richtete sich noch einmal auf. Der Kommandant stand zögernd an der Reling.

»Springen Sie doch endlich, Sie Schafskopf!« brüllte Stabsoberstückmeister Müller aus dem Wasser. Dann stieg der Bug empor, und von unten aus dem Wasser erscholl der Ruf: »Unser guter alter ›Crispi‹, das Sonnenboot der Ägäis – Hurra!«

Ein in der Weite verhallender Chor fiel ein: »Hurra! – Hurra! Hurra!«

Dann sangen sie das Deutschlandlied.

Und zum Schluß das Lied ihres Bootes: »Uns geht die Sonne nicht unter!«

Die Back war hoch herausgereckt. Vierzig Meter über dem Wasser hatte sich Kapitänleutnant Vorsteher an der Reling festgeklammert.

Dann glitt das Boot in die Tiefe. Wie ein Fahrstuhl jagte es abwärts. Zischend tauchten die Feuerherde ins Wasser. Der achtere Schornstein verschwand. Dann der vordere. Die Brücke wurde verschluckt. Der Kommandant hörte das Rauschen. Dann war er im Wasser.

»Ich fühlte mich hinabgerissen von einem unwiderstehlichen Sog. Und ich spürte, wie sich das Boot – mein Boot – unter mir löste, wegglitt in größere Tiefen.

Am 9. März 1944 um 19.15 Uhr, 45 Minuten nach den tödlichen Treffern, war TA 15 gesunken.«

Die heraufblubbernden Luftblasen stießen den Kommandanten an die Wasseroberfläche zurück. Rings um ihn herum brannte das auf dem Wasser liegende Öl. Dann öffnete sich im Feuerkreis eine Lücke. Kapitänleutnant Vorsteher schwamm darauf zu. TA 19 nahm schon die Männer auf. Ein U-Jäger kam ebenfalls näher. Mit einer Batteriepfeife machte sich Vorsteher bemerkbar. Als letzter wurde er von dem U-Jäger gerettet.

Der U-Jäger (Kommandant: Oberleutnant zur See Brinkmann) hatte schon mehrere Leute von TA 15 aufgefischt und die Erschöpften und Verwundeten in die Kojen seiner eigenen Männer gesteckt. Kapitänleutnant Vorsteher ging von Koje zu Koje. Als er wenig später an Bord von TA 19 kam, rief ein Oberfeldwebel: »Achtung, der Kommandant!«

Was aufstehen konnte, sprang auf. Ein Händeschütteln begann.

Als letzter kam Stabsoberstückmeister Müller, um sich für den ›Schafskopf‹ beim Kommandanten zu entschuldigen.

Vierzehn Männer der Besatzung aber behielt die See.

Am 9. März traf Fregattenkapitän Hans Dominik in Athen ein. Kapitänleutnant Quaet-Faslem holte ihn ab. Seine erste Mitteilung war, daß TA 15 am Vortage gesunken sei. Zwei Boote stünden in See, die übrigen seien aK (nicht kriegsbereit).

Am 12. März übernahm Fregattenkapitän Dominik die Flottille. Neuer Flottillen-Verwaltungsoffizier war inzwischen Oberleutnant (V.) Zerrenthin geworden. Adjutant wurde Oberleutnant zur See der Reserve Bender. Die Themistoklesmole, an der drei Flottillenboote lagen, war nur 500 Meter vom Flottillenhaus und dem Amtsgebäude des Admirals Agäis entfernt.

Als erstes Unternehmen in der Agäis führte Fregattenkapitän Dominik mit TA 17, TA 16 und zwei R-Booten Truppen mit Gerät nach Milos. Anschließend wurde der Dampfer ›Gertrud‹ von der Sudabucht auf Kreta nach Piräus geleitet.

Die Lage im griechischen Seeraum war zu der Zeit wie folgt: Der Gegner versuchte laufend, den deutschen Inselverkehr zu stören, und zwar mit U-Booten, die meist an bekannten Plätzen lauerten, aber auch mit Flugzeugen. Wenn deutsche Geleite durch Aufklärer gemeldet waren, folgten oft Tiefangriffe durch Beaufighter mit Raketenbomben, manchmal auch mit Torpedos.

Schließlich operierten von der türkischen Küste aus englische Schnellboote, die dort – mit stiller Duldung der Türkei – Schlupfwinkel besaßen.

Außer den größeren Geleiten führten Boote der 12. R-Flottille und der Küstenschutzflottillen Attika, Peloponnes, Kreta, Dodekanes und Nordgriechenland Kurzgeleite in der kleinen Küstenfahrt.

Wichtig war auch die 21. U-Jagd-Flottille unter Korvettenkapitän Günther Brandt. Korvettenkapitän Brandt erhielt bereits nach der Eroberung der Insel Leros das Ritterkreuz.

Aber auch die 12. R-Flottille unter Kapitänleutnant Mallmann fuhr oftmals mit der 9. T-Flottille Einsätze. Einige ihrer Kommandanten waren Neßmann, von Sartorski, Großmann.

Im März 1944 befanden sich im Stabe des Admirals Ägäis folgende Offiziere:

Admiral Ägäis:	Vizeadmiral Lange
Chef des Stabes:	Kapitän zur See Waue
F 1	Kapitän zur See Rechel
F 1 op.	Korvettenkapitän der Reserve Schulz
F 1 M	Korvettenkapitän der Reserve Voigt
Qu.	Fregattenkapitän Liebenschütz
F III	Oberleutnant zur See der Reserve Reichel.

Der erste Geleitzug unter Fregattenkapitän Dominik wurde nach Milos geleitet. Als sie in den Hafen einlaufen wollten, rief man ihnen von einem Boot aus zu: »Nicht weiter nach innen. Da liegen Minen!«

Die Truppen wurden ausgeladen, und schon ging es wieder ankerauf, Richtung Sudabucht auf Kreta. Mit 21 Knoten Fahrt liefen die T-Boote aus, wobei die R-Boote zurückblieben. Die ›Gertrud‹, mit einigen hundert kriegsgefangenen Italienern an Bord, wurde aufgenommen. Eine halbe Stunde darauf schoß das Steuerbord achtern stehende R-Boot weiße Sterne.

Das ›U-Boot vom Dienst‹ hatte einen Dreierfächer auf die ›Gertrud‹ geschossen. Mit dem Führerboot nahm Dominik die Jagd auf. Die ›Gertrud‹ wurde nach Athen geleitet.

Ende April wurde der Dampfer ›Centaur‹ mit TA 16, einem R-Boot und einem U-Boot nach Leros geleitet.

Der Kommandant des im Augenblick einzigen fahrbereiten Bootes TA 16, Kapitänleutnant Schmidt, war alter Zerstörermann. Er hatte auf Z 24 als Torpedooffizier den englischen Kreuzer ›Edinburgh‹ im Nordmeer versenkt und das Deutsche Kreuz in Gold erhalten. Wachoffizier war Oberleutnant zur See Klüpfel, der Sohn des Admirals Klüpfel. Um Mitternacht herrschte auf dem Marsch Windstärke 11. ›Centaur‹ meldete: ›Mann über Bord!‹ Als TA 16 zur Hilfeleistung anlief, hatte man den Mann bereits in einem guten Manöver selbst wieder aufgefischt.

Sturzseen hämmerten auf TA 16 nieder. Gegen vier Uhr meldete ›Centaur‹: ›Habe Schlagseite. Sofort in die Nähe kommen und Ölen!‹

Aber inzwischen herrschte Windstärke 12, und TA 16 konnte nicht kehrtmachen, denn wenn es in dieser See quer zu liegen kam, bestand die Gefahr, daß es kenterte.

Eine Stunde später meldete sich ›Centaur‹ nicht mehr auf einen Funkspruch.

Das Schicksal dieses Dampfers wurde wenige Tage später geklärt, als ein Unteroffizier und drei Mann völlig erschöpft auf Chios antrieben. Erst gegen Mitternacht konnte TA 16 – das sich bei Nikaria unter Land verholt hatte – den Marsch nach Leros fortsetzen. Das Boot wurde vom Hafenkommandanten, Korvettenkapitän Fetzer, empfangen.

Auf Leros traf Fregattenkapitän Dominik auch den Seekommandanten Dodekanes, Kapitän zur See Beneke. Und in Oberstabsarzt Dr. Lenzner begrüßte er seinen alten Schiffsarzt während seiner Fahrenszeit auf dem Kreuzer ›Königsberg‹ 1937/38.

Anfang Mai liefen TA 16 und TA 17 nach Volos. TA 19 sollte nachkommen. Hier sollte der Tanker ›Julia‹ aufgenommen und nach Leros geleitet werden. Der Tanker, der mit Heizöl aus Konstanza kam, lag schon bei Volos klar.

Am Ostersonntag stieß TA 19 unter dem stellvertretenden Kommandanten, Oberleutnant zur See Foth, zum Konvoi. Unbehelligt lief der Konvoi in Portolago ein. Der leere Tanker wurde in die türkischen Hoheitsgewässer geleitet, durch die er ins Schwarze Meer und wieder nach Konstanza zurückgelangen konnte. Auf dem Rückmarsch sollte Tanker ›Berta‹ übernommen werden, der inzwischen in Konstanza vollgetankt hatte und wieder nach Portolago unterwegs war.

Nur auf diese Weise war es den vielen kleinen Kolchern im Mittelmeer möglich, zu beölen und wieder auszulaufen. Auf dem Rückmarsch wurde von TA 19, auf den inzwischen der Flottillenchef eingestiegen war, U-Boots-Alarm gegeben. Zu spät, denn schon wurden zwei Torpedoaufbahnen gesichtet. Zum Glück trafen sie nicht. Während der erste Torpedo rund 50 Meter seitlich am Boot vorbeijagte, sauste der zweite Aal einen Meter vor dem Vordersteven des Bootes her.

Das U-Boot hatte – von achtern schießend – den Tanker verfehlt und um ein Haar das vorn laufende T-Boot erwischt.

Kleinere Geleite folgten; meistenteils nach Leros.

Die Geleitaufgabe für den 6000-Tonnen-Dampfer ›Lüneburg‹ im Juni endete mit einem Fiasko. Mit drei T-Booten, drei U-Jägern und zwei R-Booten sollte dieser wichtige, mit Proviant und Munition vollgestopfte Dampfer nach Heraklion gebracht werden. Korvettenkapitän Brandt war auf einem seiner U-Jäger eingestiegen. Die ›Lüneburg‹ hatte als Besonderheit einen 15-cm-Zwillingsturm an Bord, der in eine kretische Landbatterie eingebaut werden sollte.

Der Konvoi hatte schon die Heraklion vorgelagerte Insel Dia erreicht, als an Backbord von Geleitflugzeugen ein weißer Stern geschossen wurde.

›Achtung U-Boot!‹ hieß das.

Zwanzig Minuten nach dem Alarm sahen die Männer auf der Brücke von TA 19, wie eine Arado aus einem MG feuernd auf die ›Lüneburg‹ zustieß. Sie schoß auf das U-Boot.

Die Dampfpfeife der ›Lüneburg‹ heulte. Dann stiegen an ihrer Backbordseite mittschiffs zwei Torpedofontänen empor. Das U-Boot, das rund acht Seemeilen entfernt gestanden hatte, mußte geschossen haben, und – was eine Meisterleistung war – es hatte gut getroffen.

TA 19 nahm die ›Lüneburg‹ in Schlepp. Die Besatzung wurde von den beiden Räumbooten aufgenommen.

In diesem Augenblick sah der WO von TA 19 ein Sehrohr nahe beim Boot. Er ließ mit AK angehen. Die Schlepptrosse brach. Außerdem war es ein blinder Alarm. Ein senkrecht treibender Bootshaken war gesehen worden.

Die ›Lüneburg‹ brach in zwei Teile und sank.

Die Marinegruppe Süd in Sofia (Admiral Fricke) forderte strengste Untersuchung. Sie verlangte Berichte über Berichte. Aber der Stab des Admirals Agäis stellte sich vor den Flottillenchef.

Beim nächsten Geleit von Rhodos trafen Feind-U-Boote nur den Felsen statt die ›Gertrud‹. Ein Torpedo lief als Oberflächenläufer hinter TA 19 her. Er holte auf, lief eine Weile in fünf Meter Seitenabstand neben TA 19 her und sackte dann weg.

Ein größeres Geleit ging im Juli nach Kreta. Es waren die Dampfer ›Gertrud‹, ›Tanais‹ und ›Sabine‹. Alle Dampfer hatten Proviant, Munition und Benzin geladen. Diesmal waren vier T-Boote einsatzbereit. Vier U-Jäger unter Korvettenkapitän Brandt gingen mit, ferner drei Räumboote. Die Luftüberwachung bestand in zahlreichen Arado 196 und Ju 88, die sich in der Luft ablösten. Dieser Geleitzug war entscheidend für die Versorgung der deutschen Truppen auf Kreta.

Beim Befehlsempfang der Flottille waren alle Angehörigen des Flottillenstabes zugegen. An Bord von TA 19 – dem Führerboot – schifften sich der F 1, Kapitän zur See Rechel, und der Ia des Generals der Flieger in Griechenland, Oberstleutnant Vonier, ein.

In der Abenddämmerung wurde Kap Sunion auslaufend passiert. Nördlich an Kythnos vorbei, ging der Marsch durch die Kykladen. Ein feindlicher Nachtaufklärer hängte sich an.

Nahe Polyandros, bei Eintritt in die Kretische See, gab es den ersten U-Boots-Alarm.

Als Kreta in Sicht kam, meldete Kreta-Luft:

›Größere Feindverbände südlich Kreta in 3000 Meter Höhe. Kurs Nord!‹

Über UK-Verbindung wurden die Geleitfahrzeuge laufend unterrichtet. Alles stand auf Gefechtsstationen.

Von mehreren Stellen gleichzeitig wurden bald darauf zwei Bomberverbände zu je 30 Marauders gemeldet.

Sämtliche Rohre – auch die noch nicht hinlangenden 2-cm-Fla-Waffen – eröffneten das Feuer.

Plötzlich tauchte ein dritter Feindverband auf. Es waren 30 Beaufighters, als Raketenflieger berüchtigt.

TA 16, das mit U-Jägern an Steuerbord stand, schoß Schnellfeuer. Zwei Maschinen stürzten brennend in die See. Raketen heulten auf TA 16 nieder, schmetterten in das Boot hinein.

Drei, vier weitere Feindmaschinen stürzten brennend in die See. Zwei U-Jäger, welche die Beaufighters aufzuhalten versuchten, erhielten ebenfalls Treffer. Explosionen hämmerten. Beide U-Jäger sackten schnell weg, erhielten starke Schlagseite.

Von den drei Dampfern waren zwei getroffen. Rauch und Flammen stoben aus den Decksaufbauten empor.

Alles ging in knapp zehn Minuten eines unbeschreiblichen Getöses vor sich.

»Nichtgetroffener Dampfer mit TA 17 und einem U-Jäger Heraklion anlaufen!« befahl Fregattenkapitän Dominik.

»Kommandant TA 16 an Flo-Chef: Haben starke Vorlastigkeit. Wasser im Boot steigt.«

Daraufhin wurde auch TA 16 nach Heraklion entlassen.

TA 14 wurde zum brennenden Dampfer ›Sabine‹ längsseits geschickt. Mit TA 19 ging der Flottillenchef zu einem der sinkenden U-Jäger. Ein R-Boot nahm die Besatzung des zweiten, inzwischen gesunkenen U-Jägers auf. Eine Meldung erreichte das Führerboot, daß Korvettenkapitän Brandt schwer verwundet sei. Der zweite U-Jäger sackte nun schnell weg. Die Besatzung, einschließlich des Kommandanten, Oberleutnant zur See Loida, konnte gerettet werden.

Anschließend lief TA 19 zum Dampfer ›Gertrud‹, dessen Maschinenanlage ausgefallen war. Ein Raketenbombentreffer war in Heizraum und Bunker gegangen und hatte dort einen Brand entfacht. Es bestand die Gefahr, daß die Munition und das Benzin erfaßt wurden und der Dampfer mitsamt TA 19 in die Luft flog.

Nach zweistündiger Löscharbeit war das Feuer eingedämmt.

Inzwischen hatte TA 17 mit Dampfer ›Tanais‹ den Hafen Heraklion erreicht.

Der Dampfer ›Sabine‹ brannte über alles lichterloh. Seine Besatzung war auf TA 14 übergestiegen. Munitions- und Benzinexplosionen brüllten über die See. TA 14 erhielt Auftrag, den Dampfer durch Torpedoschuß zu versenken. Der erste Aal war ein Kreisläufer. Der zweite traf. Aber ›Sabine‹ sank erst nach 20 Minuten.

›Gertrud‹ wurde nach Eindämmen des Brandes in Schlepp genommen und mit neun Meilen Fahrt nach Heraklion geschleppt. Das Schiff hatte wieder stark zu brennen begonnen. Jenseits der Hafenmole warteten ein U-Jäger und ein Schlepper, auf dem sich der Seekommandant Kreta, Kapitän zur See Wiarda, befand, und übernahmen den Dampfer.

Von drei Frachtern waren trotz der großen Gefahr zwei mit ihrer Ladung eingekommen.

Mit drei T-Booten – TA 16 blieb in Heraklion – trat der Flottillenchef den Rückmarsch nach Piräus an. Unterwegs sprach der Admiral Ägäis Führung und Besatzung über FT seine besondere Anerkennung aus.

Auf Kreta aber wurde TA 16, das an der Mole auf Grund gesetzt werden mußte, am nächsten Tag vernichtet. Und das geschah folgendermaßen:

Bei einem Luftangriff wurde die ›Gertrud‹ erneut getroffen. Ein Brand entstand, und plötzlich flog das ganze Schiff mit einem ungeheuren Donnerschlag in die Luft.

Das 500 Meter querab liegende TA 16 wurde durch den Druck umgeworfen und kenterte.

Die Toten des Bootes wurden auf dem deutschen Soldatenfriedhof bestattet. Die Verwundeten, darunter auch der Kommandant, Kapitänleutnant Schmidt, wurden nach Athen geflogen. Später auch die Überlebenden der Besatzung. Korvettenkapitän ›Longus‹ Brandt kam ebenfalls verwundet in ein Athener Lazarett.

Bei der übernächsten Unternehmung wurden in der Nacht in Portolago TA 17 und TA 14 durch englische Kommando-Trupps angegriffen. Bei TA 17 wurden fünf Haftminen achtern angebracht. Bei TA 14 zwei vorn und an einem KFK eine. Der KFK sank sofort. TA 17 lag mit dem Heck tief im Wasser, TA 14 mit der Back. Ein Obermaschinist wurde auf TA 17 getötet.

Es gelang aber, die Boote zu halten. Eine üble Sache. Mit Flicken von zwei mal drei Metern konnten die Lecks notdürftig gedichtet werden. Mit dem letzten fahrbereiten T-Boot, TA 19, und zwei R-Booten ging Fregattenkapitän Dominik am Nachmittag nach Rhodos, um einen leeren Dampfer zu holen. Bei Cos griffen acht Beaufighters an. In fünfzig Metern Höhe kamen sie von Steuerbord angerast. Flakfeuer empfing sie. Raketen heulten auf die Boote nieder. Bordwaffen peitschten. Eine Maschine stürzte getroffen ab. Eine Arado 196 holte eine zweite herunter.

TA 19 erhielt vier Treffer. Den ersten achtern. Ein Teil der Bereitschaftsmunition ging dort hoch. Ein zweiter Treffer löste einen Brand in der OF-Messe aus. Der dritte ging durch den Maschinenleitstand und von dort in die achtere Torpedorohrgruppe. Im Schwanzstück eines Torpedos blieb die Bombe liegen. Der vierte Treffer ging in den vorderen Kesselraum und riß zwanzig Zentimeter über dem Sicherheitsventil K 3 das Dampfrohr auf. Das Boot hatte einen Toten und fünf Schwerverwundete. Das Unternehmen mußte abgebrochen werden. Auf dem Soldatenfriedhof in Portolago ist der Tote bestattet.

Damit war nun kein Boot der 9. T-Flottille mehr klar.

Auf Salamis erhielt TA 14 eine sechswöchige Grundüberholung. TA 19 besserte seine Gefechtsschäden in Skaramanka aus. TA 17 lag noch in Portolago.

Das Geleit des Kriegstransporters ›Pelikan‹ nach Kreta durch TA 19 ging reibungslos vonstatten.

Bei einem Autounfall auf Leros wurde der Kommandant von TA 17, Kapitänleutnant Düvelius, schwer verletzt. Der LI des Bootes fand den Tod, und die Nummer Eins erlitt ebenfalls schwere Verletzungen.

Oberleutnant zur See Winkelmann überführte 14 Tage darauf das Boot nach Piräus.

TA 14 unter seinem neuen Kommandanten Oberleutnant zur See Densch wurde am 15. September bei einem schweren Fliegerangriff auf Salamis getroffen. Das Boot brannte aus und sackte auf flachem Wasser auf Grund. Sechs Besatzungsmitglieder fielen.

TA 19 war bereits am 9. August bei Samos durch einen U-Boots-Treffer des griechischen Bootes ›Pipinos‹ (Cdr. Palles) versenkt worden.

Damit war von der 9. T-Flottille nur noch TA 18 fahrbereit. Was mit diesem Boot geschah, blieb bis nach dem Kriege unbekannt.

Hier die Darstellung von Oberfähnrich zur See Dieter Linnekogel über den letzten Einsatz von TA 18*:

»Wir liefen am 19. Oktober 1944 aus Saloniki aus. Auf der Fahrt hatten wir die schon bekannten Schwierigkeiten mit der Maschinenanlage. Unsere Marschfahrt war auf 15 Knoten herabgedrückt.

Wir gelangten ohne Schwierigkeiten bis auf zehn Seemeilen an die Skiathossperre heran. Da kam das Verhängnis:

An Backbord, in etwa 300 Grad, tauchten Schatten auf. Ich rief unserem Kommandanten, Kapitänleutnant Schmidt, zu, daß es feindliche Zerstörer seien. Plötzlich wurde es um uns taghell. Die Engländer schossen Leuchtbomben und Leuchtfallschirme.

Es war 20.10 Uhr. Die beiden Zerstörer feuerten aus allen Rohren. Unglücklicherweise fiel gleich am Anfang unsere FT-Station aus. Ein Treffer ging im Verlaufe des Gefechtes in K 3, wobei das Personal dieses Kesselraums ums Leben kam.

Wir konnten das Feuer nicht erwidern, da die Zerstörer sich außerhalb unserer Reichweite hielten. Wir schossen einen Torpedo, der uns als Kreisläufer beinahe selber erwischt hätte.

Der Kommandant steuerte in Zickzackkursen direkt auf Land, um so viele Menschen wie möglich zu retten. Der LI, Oberleutnant (Ing.) Fey, machte in der Maschine alles zum Sprengen bereit. Der I. WO, Leutnant zur See Knüpfel, beaufsichtigte auf dem Leitstand die Zerstörung der Artillerie- und Fla-Waffen. Ich vernichtete die Geheimsachen.

Wir fuhren dicht an einen Felsen heran und – liefen auch schon mit gewaltiger Erschütterung auf.

Nachdem alle Anlagen gesprengt waren, gingen wir vom Boot aus direkt an Land. Bis zu diesem Zeitpunkt hatten die beiden Zerstörer gefeuert. Jetzt stellten sie das Feuer ein.

Kaum waren wir oben auf dem Felsen, als die Zerstörer das Feuer wieder eröffneten. Unser I. WO, Leutnant zur See Knüpfel, wurde getötet.

Dann verstummte das Feuer, und nur noch die Bereitschaftsmunition unseres Bootes flog donnernd in die Luft.

---

* Linnekogel, Dieter: ›Bericht über TA 18‹

Als es hell wurde, erschienen auf den Höhen Partisanen des Ellas, die uns unter Beschuß nahmen, einige von uns verwundeten und andere töteten. Auch ich wurde getroffen. Sie schossen mit Explosivmunition, die Splitterwirkung war verheerend. Schließlich tauchten noch einmal die Zerstörer auf und eröffneten ebenfalls das Feuer. Damit jagten sie wenigstens die Partisanen zurück.

Der Kommandant, der LI und einige Soldaten versuchten, auf Flößen, die sie sich aus dem Boot geholt hatten, zu entkommen. Wir Zurückgebliebenen wurden von den Partisanen gefangengenommen. Die Gesunden kamen in ein Lager, in das wenig später auch der Kommandant und der LI eingeliefert wurden. Die Griechen hatten sie zurückgeholt.

Es ging nach Volos. Nach drei Wochen der Mißhandlungen kamen wir nach Larissa. Hier im Lager erhielten Kommandant und LI den Befehl, Landminen zu räumen. Einmal kamen sie noch zurück. Beim zweitenmal kehrte der Lkw allein zum Lager zurück. Ob sie ein Opfer explodierender Minen geworden waren oder aber von den Partisanen ermordet wurden, ist nicht festzustellen gewesen.

Nach drei weiteren Monaten Gefangenschaft bei den Partisanen flüchteten wir zu den Engländern. Sie transportierten uns alle nach Afrika, darunter waren Obersteuermann Meier und Obermaschinist Wagner.

Viele sind während der Partisanengefangenschaft Opfer des Hasses geworden. Andere starben an Ruhr, Typhus und Lungenentzündung.

Dies ist ein kurzer Einblick in die letzte Fahrt und die Leidenszeit der Besatzung von TA 18.«

Die 9. T-Flottille hatte zu bestehen aufgehört. Fregattenkapitän Dominik – der kurzfristig zum Stab des Admirals Ägäis kommandiert war – kehrte zu seiner alten Flottille zurück. Wenig später erschien Admiral Fricke in Athen und teilte ihm mit, daß drei neue italienische T-Boote von Triest aus in See gehen würden, um entlang der dalmatinischen Küste, durch die Otrantostraße und den Kanal von Korinth in die Ägäis durchzubrechen. Es waren:

TA 38 – Leutnant zur See Scheller

TA 37 – Oberleutnant zur See Goldammer
TA 39 – Kapitänleutnant Lange.

Diese Boote hatten bereits seit August – eben in Dienst gestellt – von Triest aus in den Kampf im Mittelmeer eingegriffen. Es waren modernste Boote, die erst 1943/44 vom Stapel gelaufen waren. Die Boote hatten hier der 1. Geleitflottille (Fregattenkapitän Birnbaum) unterstanden. Am 19. August hatten sie die Minenunternehmung ›Chinchilla‹ durchgeführt: Der Minenleger ›Kiebitz‹ legte die Minen, während die T-Boote Sicherung fuhren.

Unter der Führung von Kapitänleutnant Lange liefen diese drei Boote am 27. August nach Venedig. An der Mole Constanzo Ciano wurde nach Minenübernahme festgemacht. Für das neue Minenunternehmen ›Murmel‹ – der Absperrung des Küstenweges Pesaro – kamen ›Kiebitz‹ und TA 20 hinzu.

Kurz nach dem Auslaufen wurde ein englischer UK-Spruch aufgefangen:

›Steaks 32 765‹.

Da fielen auch schon die Bomben nahe bei ›Kiebitz‹.

Auf Höhe Punta della Maestra gab es Schnellboot-Alarm.

In den ersten Morgenstunden begann dennoch das Werfen der Minen. Nach dem Einlaufen in Venedig ging TA 39 ins Torpedoarsenal, wo ein neuer Drillingsrohrsatz eingebaut werden sollte.

Am 10. September wurde Kapitänleutnant Lange vom Chef der 1. Geleitflottille, Fregattenkapitän Birnbaum, mit der Aufgabe betraut, die drei T-Boote in die Ägäis zur 9. Flottille zu bringen.

Das Unternehmen ›Odysseus‹ begann mit der Verlegung der drei T-Boote mit angehängtem S 151, auf dem der Chef der 7. S-Flottille, Kapitänleutnant Günter Schulz, eingestiegen war, von Triest nach Pola. Um 6.40 Uhr am 20. September machten die drei Boote in Pola fest.

Am selben Abend um 18.30 Uhr liefen die Boote von Pola aus. Kurs war zunächst 156 Grad. Marschfahrt 24 Knoten. Am Morgen des 21. September gab es gegen 5.05 Uhr den ersten Fliegerangriff mit Bomben und Bordwaffen auf TA 37. Durch Sperrfeuer und Zickzackkurs wurde der Angriff abgewehrt. Um sieben Uhr machte TA 38 in Risan, TA 39 in Kotor und TA 37 in Perast fest. Hier wurden die Boote mit Heizöl und Wasser versorgt.

Am 22. September, um 20.30 Uhr, wurde der Marsch zum Durchbruch der Otrantostraße von Kotor aus angetreten. Am 23. September, um 5.50 Uhr, wurden drei Feindzerstörer querab Fort Palermo gesichtet. Torpedos wurden geschossen. Ein Artilleriegefecht setzte ein. Alle drei Boote blieben unversehrt.

Nach weiteren Fliegerangriffen lief der Verband durch den Kanal von Korinth.

Am 24. September, um 20.37 Uhr, erreichten die drei Torpedoboote den Hafen von Piräus.

Für diese erfolgreiche Überführung erhielt Kapitänleutnant Lange das Deutsche Kreuz in Gold.

Bereits am 28. September gingen TA 37 und TA 38 mit den beiden Dampfern ›Zeus‹ und ›Lola‹ nach Saloniki. An Bord von TA 38 befand sich der Flottillenchef, Fregattenkapitän Dominik. Weitere Aufgaben folgten. Am 6. Oktober wurde TA 37 beim Alleinmarsch in der südlichen Salonikibucht, bei Kap Kassandra, durch englische Jervis-Zerstörer aufgefaßt und im Gefecht versenkt. Fast die gesamte Besatzung ging mit dem Boot unter.

Beginnend mit dem 9. Oktober 1944 verließen die letzten deutschen Kriegsschiffs-Einheiten den Hafen von Piräus. Athen und Südgriechenland wurden geräumt.

Die letzte offene Durchfahrt nach Piräus bei der Phleves-Enge wurde am 10. Oktober mit Minen dichtgeworfen. Die beiden T-Boote übernahmen die Fernsicherung für das Großgeleit mit dem Dampfer ›Anna‹, drei GA-Booten und Dampfer ›Lola‹ mit drei R-Booten. Um 0.30 Uhr des 11. Oktober wurden die Sprengtrupps an Bord genommen und der Marsch nach Chalkis angetreten. Auf dem Marsch nach Volos wurde TA 38 bei einem Angriff von neun Mitchell-Bombern schwer getroffen und mußte in der Hafeneinfahrt gesprengt werden. Gegen 13.45 Uhr dieses Tages liefen TA 39, zwei R-Boote und Dampfer ›Lola‹ nach Saloniki weiter. TA 39 hatte die Überlebenden von TA 58 und zehn Verwundete an Bord. Die ›Lola‹ 273 Mann aus den Stäben der 21. U-Jagd-Flottille und anderen Einheiten.

Von hier aus lief TA 39, das nunmehr allein übriggeblieben war, mit R 185 und R 195 unter Führung des Chefs der 12. R-Flottille am 15. Oktober gegen 20.50 Uhr aus Saloniki in Richtung Volos aus. Dort sollten noch auf einer kleinen Insel wartende deutsche Soldaten geholt werden.

Am 16. Oktober, gegen 1.35 Uhr, erhielt TA 39 einen Minentreffer. Das Achterschiff brach bis zu den Hüttenaufbauten ab. R 185 und R 195 übernahmen die Besatzung. Die Geheimsachen wurden geborgen.

Nach dreizehn Unternehmungen in der Adria ging TA 39 als letztes Boot der 9. Flottille um 1.46 Uhr über den Achtersteven in die Tiefe und sackte bei 46 Meter auf Grund.

So endete vorläufig die Geschichte der 9. T-Flottille.

Vorläufig, weil die bis dahin in der Adria operierende 1. Geleitflottille in 9. T-Flottille umbenannt wurde. Damit feierte diese Flottille ihre dritte Auferstehung.

Ihr Flottillenchef wurde Fregattenkapitän Friedrich Karl Birnbaum, der seit Juli 1944 die 1. Geleitflottille führte. Die Boote waren:

TA 41 (ex ›Lancia‹) Oberleutnant zur See Ascherfeld
TA 42 (ex ›Alabarda‹), Oberleutnant zur See Heinz Waldkirch, später Kapitänleutnant Densch
TA 43 (ex ›Sebenico‹) Kapitänleutnant Werner Lange
TA 44 (ex ›Antonio Pigafetta‹) Kapitänleutnant Fritz Vollheim
TA 45 (ex ›Spica‹) Kapitänleutnant Klaus Glissmann, später Kapitänleutnant Walter Wenzel.

Ende Oktober 1944 übernahm Kapitänleutnant Werner Lange TA 43 und unternahm die ersten Fahrten in der nördlichen Adria. Geleitdienst, Aufklärungsvorstöße, Minenaufgaben wechselten einander ab.

Das Jahr 1944 ging zu Ende, ohne daß eines der Boote verlorenging. In zwei Seegefechten mit feindlichen Motor-Torpedobooten und Motor-Kanonenbooten erhielten sie zwar Treffer, blieben aber einsatzbereit.

Die 1. und 2. Geleitflottille

Die 10. Torpedobootsflottille

Im Februar 1944 wurde unter Kapitän zur See Walter Berger in Triest die 11. Sicherungsdivision aufgestellt. Diese Division war bis Ende 1944 dem Kommandierenden Admiral Adria unterstellt. Ihr wurden die 1., 2. und 3. Geleitflottille, die 6. Räumbootsflottille, die 2. U-Jagd-Flottille, die 6. Transportflottille und die 10. Landungsflottille unterstellt.

Diese Flottillen waren nach der Kapitulation Italiens aufgebaut worden und hatten der 11. Sicherungsflottille unterstanden.

Den Einsätzen der 1. und 2. Geleitflottille kommt daher größere Bedeutung zu, weil zu ihnen ebenfalls Torpedoboote der ehemaligen italienischen Marine gehörten. Es waren dies:

1. Geleitflottille: Stützpunkt Triest.
Flottillenchef: Fregattenkapitän Birnbaum (ab Juli 1944).

TA 36 (ex ›Stella Polare‹)
TA 37 (ex ›Gladio‹)
TA 38 (ex ›Spada‹)
TA 39 (ex ›Draga‹)
TA 40 (ex ›Pugnale‹)
TA 41 (ex ›Lancia‹)
TA 42 (ex ›Alabarda‹)
TA 43 (ex ›Sebenico‹, ex ›Beograd‹)
TA 44 (ex ›Antonio Pigafetta‹)
TA 45 (ex ›Spica‹).

Alle Boote – mit Ausnahme von TA 36, das bereits am 18. März 1944 im Quarnaro-Kanal auf eine Mine lief und sank – wurden der 9. Torpedobootsflottille zugeführt.

2. Geleitflottille: Stützpunkt Pola.
Flottillenchef: Korvettenkapitän v. Hansmann (November 1944 bis Ende).

TA 20 (ex ›Audace‹)
TA 21 (ex ›Insidioso‹)
TA 22 (ex ›G. Missori‹)
TA 35 (ex ›G. Dezza‹)
TA 48 (ex T 8)
Ferner: Küstendampfer G 102, G 104, G 20, G 21, G 22, G 234-239

Während die Geschichte der 1. Geleitflottille mehr oder weniger mit dem Einsatz der 9. T-Flottille identisch ist (da sie ab 1. März 1945 in 9. T-Flottille umbenannt wurde), hat die 2. Geleitflottille ihr eigenes Schicksal erlitten. Es sei hier in Kurzberichten über den Einsatz und das Ende der einzelnen Boote dargestellt.

Mit ›Ramb III‹, dem Motorminenleger ›Kiebitz‹ (530 BRT), liefen die T-Boote der 2. Geleitflottille zum Minenlegen aus. Nach dem Werfen der tausendsten Mine wurde ›Kiebitz‹ vor der Tagliamentomündung am 2. Mai 1944 in Brand geworfen und sank auf flachem Wasser. Das Minenschiff konnte jedoch gehoben und eingeschleppt werden. Auf der Werft von Triest sollte es wieder fahrbereit gemacht werden.

Kommandant des Schiffes war Korvettenkapitän Walter von Hansmann. Er übernahm im November 1944 die Flottille als Chef.

Nach dem Untergang der ›Kiebitz‹ erhielt sein Ingenieuroffizier, Oberleutnant (Ing.) Huber, für seinen persönlichen Einsatz bei einigen Minenaufgaben das Deutsche Kreuz in Gold.

Nun ruhte der Mineneinsatz auf den beiden restlichen Minenschiffen ›Kuckuck‹ (667 BRT) und ›Laurana‹.

›Laurana‹ war mit ihren 113 BRT das kleinste Minenschiff. Es war aus dem ehemaligen italienischen MF 131 hervorgegangen.

Die ›Kuckuck‹ war am 5. November 1943 in Fiume durch Fliegerbomben versenkt, aber wieder gehoben worden.

Bis zum Sommer hatten die T-Boote eine Reihe Einsätze gefahren, und fast schien es so, als handele es sich um glückhafte Boote.

Aber im August 1944 begann der Untergangswirbel. TA 21 traf es als erstes tödlich. Es war am 8. November 1943 in Dienst gestellt. Bei einem nächtlichen Minenunternehmen wurde das Boot mit TA 20 und TA 35 von britischen Motortorpedobooten aufgefaßt. TA 21 erhielt einen Torpedotreffer und sank binnen weniger Minuten.

Bereits im Juli war TA 22 bei einem britischen Jaboangriff mit kleinen Raketenbomben und Bordwaffen so schwer zusammengeschossen worden, daß es am 11. August 1944 in Triest außer Dienst gestellt werden mußte.

Am 20. August war TA 35 an der Reihe. Das Boot wurde vor Pola von einem MTB aufgefaßt und durch Torpedoschuß versenkt. Nun ruhten die Minenfahrten und die Landbeschießungen allein auf den beiden Booten TA 20 und TA 48 und den kleinen G-Booten.

Am Abend des 1. November lief TA 20 mit den beiden U-Jägern UJ 202 und UJ 208 zu einem Unternehmen in das jugoslawische Inselgewirr nahe Zara aus.

Hier wurde die Gruppe in der Nacht von den britischen Zerstörern ›Wheatland‹ und ›Anvonvale‹ und einigen Fregatten gestellt. Es kam zu einem dramatischen Artilleriegefecht. TA 20 feuerte aus allen Rohren. Einschläge über Einschläge rissen das Boot förmlich auseinander. Torpedos gingen hoch. Dann war das Schicksal dieses Bootes und auch das von UJ 202 und UJ 208 besiegelt.

Drei Tage später, bei einem amerikanischen Luftangriff auf Fiume, wurde das hier liegende, inzwischen gehobene Minenschiff ›Kiebitz‹, das soeben von einer Minenunternehmung mit TA 40, TA 44 und TA 45 in der Adria zurückgekehrt war, versenkt. Auch das Geleitboot G 104 erhielt einen Volltreffer und sank.

Diesmal konnte ›Kiebitz‹ nicht wieder gehoben werden. Noch während der letzten Unternehmung hatte das Minenschiff einen Jaboangriff abgewehrt und zwei Jabos abgeschossen.

Als das Jahr 1944 zu Ende ging, bestand die 2. Geleitflottille nur noch aus TA 48 und einigen G-Booten.

Ähnlich wie bei der 9. T-Flottille wurden im Januar 1944 auch Kommandanten und Besatzungen der 10. T-Flottille aus anderen Flottillen kommandiert. Einsatzhäfen der 10. T-Flottille waren La Spezia und Genua. Die 10. T-Flottille setzte sich wie folgt zusammen:

Flottillenchef:

Korvettenkapitän Wirich von Gartzen (Januar bis November 1944)

Korvettenkapitän Franz Burkart (November 1944 bis März 1945)

Kapitänleutnant Emil Kopka m. W. d. G. b. (März 1945 bis Ende)

Boote:	Kommandanten:
TA 23 (ex ›Impavido‹)	Kptlt. Otto Reinhardt
TA 24 (ex ›Arturo‹)	Kptlt. Ernst Dereschewitz
TA 25 (ex ›Intrepido‹)	KorvKpt. Fritz Eisenberger (bis März 44), Oblt. z. S. Iversen (ab Juni 44)
TA 26 (ex ›Ardito‹)	Kptlt. Karl-Wolf Albrand
TA 27 (ex ›Auriga‹)	Kptlt. Thilo von Trotha
TA 28 (ex ›Rigel‹)	Kptlt. Walter Wenzel
TA 29 (ex ›Eridano‹)	Kptlt. Wolfgang Schmidt-Troje († 18. 3. 45)
TA 30 (ex ›Dragone‹)	Kptlt. Emil Kopka (bis Juni 44)
TA 31 (ex ›Dardo‹)	Kptlt. Franz Burkart (bis Oktober 44)
TA 32 (ex ›Premuda‹)	Kptlt. Emil Kopka (Juli 44 bis April 1945)
TA 33 (ex ›Corsaro‹)	(Das Boot kam nicht zum Einsatz)

Die 10. T-Flottille unterstand einsatzmäßig dem Deutschen Marinekommando Italien und war taktisch der 7. Sicherungsdivision zugeteilt. Ihr Operationsgebiet war das Ligurische Meer. Die Aufgaben der Flottille bestanden in Geleitdienst, im Landzielschießen, Aufklärungsvorstößen, Minenunternehmungen.

Seit Februar 1944, als Konteradmiral Kreisch seinen Posten als FdU-Italien mit dem des Führers der Zerstörer wechselte, waren ihm beide Torpedobootsflottillen personell unterstellt. So blieb der Admiral dem Mittelmeer auch nach seinem Ausscheiden als FdU-Italien eng verbunden.

Unter Führung des Flottillenchefs unternahm die 10. T-Flottille zehn Minenunternehmungen im Golf von Genua. An diesen Einsätzen waren die Boote TA 23, TA 24, TA 27, TA 28, TA 29 und TA 30 beteiligt.

Am späten Abend des 18. Februar liefen TA 24, TA 27 und TA 28 zu einer dieser Unternehmungen aus. Schon auf dem Marsch zum Minenwurfgebiet wurden die drei Boote von feindlichen Zerstörern und Schnellbooten angegriffen. Die Boote erwiderten das Feuer und zogen sich nebelnd zurück. Torpedos wurden mehrfach ausmanövriert.

Am Abend des 1. März liefen TA 24 und TA 28 vor die Küste Korsikas und beschossen zum erstenmal Landziele im Hafen von Bastia. Feindliche Artillerie erwiderte das Feuer. Schnellboote fuhren einen Torpedoangriff, wurden aber abgewiesen.

Bei der nächsten Minenunternehmung am 24. und 25. April kam es zu einem Schnellbootsgefecht. Jaboangriffe folgten. Die Boote TA 29 und TA 26 hatten Verluste, und dann lief noch TA 23 westlich von Capreira auf eine Mine und erhielt so schwere Lecks, daß es binnen weniger Minuten sank. Die Überlebenden wurden von den beiden anderen Booten aufgefischt.

Am Abend des 8. Juni liefen abermals TA 27, TA 28 und TA 24 zum Minenlegen vor Elba aus. In der Straße zwischen Pianosa und Elba wurden die Minen gelegt. In der mondhellen Sommernacht wurden plötzlich Flugzeuge gesichtet.

»Fliegeralarm!« befahl Kapitänleutnant Dereschewitz, der Kommandant von TA 24, der die Maschinen zuerst gesichtet hatte. TA 24 eröffnete das Feuer. Ein Leuchtfallschirm erhellte die See, dann noch einer. Gleich riesigen Fackeln standen sie am Himmel.

Sie beleuchteten auch die Brücke von TA 27.

»Feuererlaubnis!« befahl Kapitänleutnant von Trotha.

Zwozentimeter und Dreisieben eröffneten das Feuer. Schon heulten die ersten Bomben nieder. Einer der angreifenden Bomber erhielt einen Treffer. Er stürzte in die See und explodierte beim Aufprall. Leuchtspurgeschosse zischten nach oben, bildeten ein verwirrendes Muster aus gelben, grünen und blauen Fäden.

Wieder fielen Bomben, und diese Bomben fielen auf TA 27.

Mit Hartruderlegen versuchte das Boot zu entkommen – vergebens! In einer aufschnellenden Wasserkaskade verschwand das Heck des Bootes in der See. Eine zweite Bombe traf TA 27 achtern. Sofort sackte TA 27 tiefer. Eine dritte Bombe schlug mittschiffs ein.

Eine masthohe Feuersäule sprang aus dem Boot empor. Mit knatternden Schlägen explodierte Bereitschaftsmunition.

»Alle Mann aus dem Boot!« rief der Kommandant.

Die beiden übriggebliebenen Boote suchten die Stelle ab und nahmen einen großen Teil der Besatzung auf. Viele von ihnen waren verwundet. Auch der Kommandant konnte gerettet werden.

Wenige Tage danach liefen am 14. Juni TA 24, TA 26, TA 25 und TA 30 zur Minenunternehmung ›Nadel‹ im Golf von Genua aus. Der Himmel stand unendlich hoch über den Booten, die vierundzwanzig Meilen liefen und nach dem Passieren der Netzsperre auf Südostkurs gingen.

Die Sonne war eben untergegangen, und die schnell einfallende Dämmerung verdichtete sich rasch. Die Boote liefen durch ein intensives Meerleuchten. TA 25 fuhr mitten durch einen grünflammenden Teppich.

Plötzlich sichtete das am weitesten nach Südwesten herausgeschobene Boot flache Schatten. Es waren amerikanische Schnellboote, die im gleichen Augenblick ihre Torpedos auf die deutschen Boote abschossen.

Torpedolaufbahnen flitzten den auseinanderlaufenden Booten entgegen. Mit Hartruderlage versuchten die Kommandanten, ihre Boote auf Parallelkurs zu den Laufbahnen zu bringen. Für TA 26 kam dieser Versuch zu spät. Einer der Torpedos traf das Boot mittschiffs. Eine feuerdurchmischte Wassersäule stob empor.

Schon drehte eines der Schnellboote auf das getroffene Boot zu, auf dessen Back noch immer die Maschinenwaffen schnatterten und glühende Pfeile durch die Nacht schleuderten. Auch die deutschen Boote schossen ihre Torpedos, die jedoch vom Gegner ausmanövriert wurden.

Einem Schnellboot gelang es, noch einen zweiten Torpedotreffer auf TA 26 zu erzielen. Das Torpedoboot sank schnell. Die Besatzung sprang über Bord.

Unmittelbar nach TA 26 hatte einer der zuerst geschossenen Torpedos auch TA 30 getroffen. Flammen schlugen aus dem Boot. Achtern ging Bereitschaftsmunition hoch. Knallende Schläge rissen das Heck auf. Auch TA 30 sank an dieser Stelle des Mittelmeeres.

Die beiden übriggebliebenen Boote, die das Feuer auf die Schnellboote bis zuletzt erwiderten und sie zum Ablaufen zwangen, liefen nun zu den Untergangsstellen, um die Überlebenden aufzufischen. Wieder hatte die Flottille zwei Boote verloren, und viele Soldaten waren mit diesen beiden Booten zugrunde gegangen.

Das am frühen Morgen des 16. Juni zur Hilfeleistung auslaufende Lazarettschiff ›Erlangen‹ wurde auf dem Anmarsch durch alliierte Bomber – trotz deutlicher Kennzeichnung mit dem Roten Kreuz – angegriffen. Nach mehreren Treffern geriet die ›Erlangen‹ in Brand und mußte von seinem Kommandanten bei Sestri Levante auf Strand gesetzt werden.

Auch diese schweren Verluste hielten die übrigen Boote nicht davon ab, zwei Tage später abermals in See zu gehen. Unter Führung von Korvettenkapitän von Gartzen liefen TA 29 und TA 24 aus. Es galt, in der Piombinostraße eine neue Minensperre zu legen und feindlichen Zerstörern, S-Booten und Motor-Torpedobooten den Weg durch diese Straße zu sperren.

Feindliche Schnellboote griffen die Torpedoboote an. Es kam zum Artilleriegefecht. Die beiden modernen T-Boote schossen aus allen Rohren. Ein Doppeltreffer der Zehnzentimeterkanonen von TA 24 besiegelte das Schicksal eines Schnellbootes. Binnen weniger Sekunden stand ein grellroter Feuerball anstelle des Gegners auf der See. Und aus diesem Ball sprangen zuckende Flammen empor, schienen mit langen Fingern nach dem Himmel greifen zu wollen. Und dann barsten mit ungeheuren Schlägen die Maschinenanlagen des Bootes. Brückenaufbauten wurden hoch emporgeschleudert und klatschten ringsum auf die See.

Während die Männer von TA 24 noch diesem Drama zuschauten, rief der Ausguck Brücke: »Torpedolaufbahnen Backbord querab!«

Mit hart Backbordruder ließ Kapitänleutnant Dereschewitz sein Boot herumgehen. Keine dreißig Meter an Steuerbord flitzte einer der feindlichen Torpedos vorbei und detonierte am Ende seiner Laufbahn mit dumpfem Poltern.

Beide Boote konzentrierten sich nun auf dieses S-Boot. Granaten hieben um das zackende und mit weißgischtendem Schnauzbart ablaufende Boot in die See. Ein greller Einschlag zeigte, daß es ebenfalls getroffen war.

Eine weitere Rotte Schnellboote griff an. Auch von dieser Rotte wurde eines schwer beschädigt. Mit AK und nebelnd entkamen diese Feindboote in der Nacht.

Die T-Boote traten den Rückmarsch an. Sie hatten ein S-Boot versenkt und zwei beschädigt. Dazu war die Aufgabe befehlsgemäß erfüllt worden.

Korvettenkapitän von Gartzen hatte allen Grund, diesmal zufrieden zu sein. Er hatte alle Einsätze persönlich geführt. (Am 24. Juni 1944 erhielt er das Ritterkreuz.)

Aber die Freude über diesen Erfolg wurde wenige Tage später durch einen schweren Verlust getrübt. Diesmal traf es TA 25, das am 21. Juni in Höhe von Viareggio durch den Torpedo eines amerikanischen Schnellbootes versenkt wurde.

Am 19. Juli starteten TA 28 und TA 29 zu einem Aufklärungsmarsch in das Ligurische Meer. Wieder gab es Schnellbootalarm. Abermals wurden Torpedos geschossen, und das Wunder gelang wieder einmal, die Laufbahnen frühzeitig zu erkennen, so daß beide Boote ausweichen konnten.

Bereits in der Drehung eröffneten sie das Feuer. Beide T-Boote hatten je zwei 10-cm-Geschütze, vier Dreisieben und zwei Zweizentimeter-Vierlinge.

Ein wildes Feuergefecht begann, denn die Boforskanonen der feindlichen Schnellboote schossen Schnellfeuer.

Aus mehreren Trefferstellen eines S-Bootes leckten Flammen empor. Dann flog das Boot nach vier Volltreffern der Zehnzentimeter in die Luft.

Zwei weitere Schnellboote wurden getroffen. Sie drehten ab und verschwanden in der Nacht. Die Torpedoboote der 10. T-Flottille waren wieder einmal erfolgreich gewesen.

Auf dem Rückmarsch gab es einen Fliegerangriff. Mitchells und Fliegende Festungen B 17 warfen Bomben. Keine hundert Meter an Steuerbord von TA 29 klatschte ein schwerer Koffer in die See. Eine gewaltige Wassersäule stieg empor und fiel dann auf die Back des Bootes herunter, daß es tief eintauchte. Die Wucht des Wasseraufpralls und des Luftdrucks warf das Boot um dreißig Grad aus dem Kurs. Es gab Verletzte.

Am 4. September erfolgte ein alliierter Großangriff auf Genua.

Unmittelbar nachdem das Heulen der Alarmsirenen verstummt war, erschienen bereits die ersten Hochbomber über dem Hafen. 438 Tonnen Bomben heulten in die Tiefe. Hundert Meter vor dem Dock, in dem TA 28 überholt wurde, krachten Bomben ins Wasser. Eine der Bomben traf das Boot, das sofort sank.

An einer anderen Pier wurde einer der drei dort auslaufbereit liegenden Minenleger getroffen. Er flog mit allen Minen in die Luft. Dann traf es auch noch TA 33. Das Boot versank auf ebenem Kiel. Abermals wurde das inzwischen eingeschleppte Lazarettschiff ›Erlangen‹ getroffen.

Fast pausenlos wurden Bomben und Lufttorpedos geworfen.

Die Besatzungen, die sich in den Bunkern befanden, hörten das dumpfe Brausen und Heulen. Sie spürten, wie die Pier bebte. Die Flak feuerte verbissen. Auch TA 29 wurde beschädigt.

Von den elf Booten der Flottille waren nur noch vier übriggeblieben.

Mit drei dieser vier Boote – TA 24, TA 29 und TA 32 – unternahm Korvettenkapitän von Gartzen am 1. Oktober einen Aufklärungsvorstoß in den westlichen Golf von Genua. In der Nacht stießen die Boote auf Feindzerstörer. Es kam zu einem verbissen geführten Gefecht.

»Flo-Chef an alle: Rücksichtsloser Torpedoeinsatz!«

Mit geheißtem Doppelstander ›Z‹ griffen die Boote an. Die drei Öffnungen des vorderen Rohrsatzes von TA 32 entließen den Fächerschuß. Der avisierte Zerstörer feuerte eben eine Salve 12,7-cm-Granaten, die hart an Backbord von TA 32 einhieben.

Mit Steuerbordruder schor das Boot aus dem Kurs, und die nächste Salve lag über hundert Meter daneben.

»Zeit ist um!« meldete die Nummer Eins.

Aber der feindliche Zerstörer hatte rechtzeitig weggezackt. Die Torpedos gingen vorbei.

»Blasenbahnen, zehn Grad Steuerbord voraus!«

»Beide dreimal AK!«

Es ging wie ein Ruck durch das Boot, als die 48 000 Pferdestärken der beiden Parsons-Turbinen mit höchster Kraft drehten. Beide Torpedos des feindlichen Zerstörers gingen hinter dem Boot vorbei ins Leere.

TA 24 erhielt einen Treffer. Die beiden anderen Boote nebelten das Kameradenboot ein und zogen die Zerstörer auf sich, bis TA 24 wieder klarmeldete. Mit AK liefen die drei Boote ab, nachdem alle Torpedos verschossen waren.

Ein gefährliches Unternehmen war glücklich beendet.

Am 25. Oktober 1944 erhielt TA 31 einen Fliegerbombentreffer und war von der Zeit an fahrunklar.

Der Kommandant, Kapitänleutnant Franz Burkart, übernahm das Amt des Flottillenchefs für den scheidenden Chef, der Ende Oktober zu anderer Verwendung abberufen wurde.

Das Jahr 1944 ging zu Ende. Die 10. Torpedobootsflottille, die in diesem Jahr ihr Bestes gegeben hatte, bestand nur noch aus drei Booten. Diese Einheiten liefen aus, sobald sie fahrbereit waren. Die letzte Geleitunternehmung des Jahres 1944 führten TA 23 und TA 24 durch.

Die Räumbootsflottillen 1943/1944

Anfang 1943 begann Korvettenkapitän Reischauer, die noch fahrbereiten Boote seiner Flottille aus dem Raum Tunesien nach Sizilien zu überführen. Bis zu diesem Zeitpunkt war lediglich R 11 verlorengegangen.

Nach dem Rückzug aus Tunesien wurden die Boote im neuen Stützpunkt Palermo überholt. Später wurden sie in den Raum Mittelitalien nach Anzio-Nettuno verlegt. Korvettenkapitän Reischauer wurde im Juni 1943 zur Kriegsakademie abkommandiert. Sein Nachfolger wurde Kapitänleutnant Walter Klemm.

Nach wie vor war es Aufgabe der Flottille, Klein-Küstengeleite durchzuführen, die meistens aus italienischen Frachtern oder Küstenseglern bestanden.

Darüber hinaus erhielt sie auch U-Jagdaufgaben vor den Hafeneinfahrten, um dort lauernde Feind-U-Boote vor dem Einlaufen großer Geleite zu verscheuchen.

Später wurden die Wege mit Minensuch- und -räumgerät abgelaufen.

Der größte Feind dieser kleinen Räumboote waren nach wie vor die Flieger.

Bereits im September 1942 war die 11. R-Flottille aufgestellt worden.

Ihr Chef wurde Kapitänleutnant Felix Freytag

Von Reval aus waren diese Boote – Abgaben der Flottillen im Finnbusen – durch den Kaiser-Wilhelm-Kanal zunächst nach Wilhelmshaven gelaufen. Von dort ging es nach Wesermünde, wo weitere Boote zur neuen Flottille stießen. Vorbei an Terschelling marschierten diese R-Boote, die sämtlich der Fertigungsgruppe 1940-1943 angehörten und mit ihren 120 tons Wasserverdrängung doppelt so groß waren wie die kleinen Boote der 6. R-Flottille, nach Rotterdam. Hier begann die Fahrt über Flüsse und Kanäle, und bei Brie Comte Robert, südlich Paris, ging es in die Seine.

Der Briare-Kanal nahm die R-Boote auf, die immerhin eine Breite von 5,7 Metern hatten. Über den Loire-Kanal erreichten sie ihr Ziel westlich Lyon. Hier wurden sie ausgeweidet und auf Großtransportern nach Marseille gebracht. Jeweils zwei Männer der Besatzung blieben auf jedem Transportwagen als Wache zurück. In Marseille wurden die Boote überholt und neu ausgerüstet.

Von den Stützpunkten Genua und La Spezia liefen die ersten Boote der Flottille bereits im Frühjahr 1943 aus. Ihr Einsatz bestand in Geleitfahrten an der südfranzösischen und westitalienischen Küste und später im Raum Korsika-Sardinien.

Bei der Räumung Sardiniens leisteten sie ihren Beitrag zum Gelingen der Operation, und als Mitte September die Rückführung der auf Korsika stehenden deutschen Soldaten akut wurde, geleiteten die Boote der 11. R-Flottille die Konvois mit Truppen und Wehrmachtsgut ans Festland. Mit vier Räumbooten wurden am späten Abend des 3. Oktober 1943 vier der acht Pioniersprengtrupps übernommen, welche die Hafenanlagen von Bastia sprengten, während R 162 und R 200 für den Wehrmachtskommandanten, den Seetransportführer und die Marinefunkstelle bereitlagen.

Auf R 200 fuhr der Seetransportführer Korsika, Fregattenkapitän von Liebenstein, nach Ausfall der Ausweichstelle Bastia-Süd an alle auf der Reede liegenden MFP und I-Boote heran und wies ihnen eine neue Landestelle zu.

Gegen 22.45 Uhr verließen diese beiden Räumboote die Anlegestelle Bastia-Nord und marschierten in Richtung Livorno. Um 5.00 Uhr am 4. Oktober liefen sie in Livorno ein.

Weitere vier Räumboote lagen noch auf der Reede in Reserve, und das war gut so, denn anstatt der geschätzten 1000 Mann mußte am Abend des 3. Oktober noch ungefähr die doppelte Zahl ans Festland gebracht werden.

Diese letzte R-Boot-Gruppe, die auch die Flak- und U-Boots-Sicherung übernahm, lief, bis an die Halskrause mit Truppen vollgepackt, aus und brachte die Soldaten ans rettende Festland.

Mitte Oktober 1943 wurde dann die inzwischen neuaufgestellte 12. R-Flottille nach Piräus verlegt und der Gruppe Süd dem Admiral Ägäis – zugeführt. Chef der 12. R-Flottille war Kapitänleutnant Mallmann.

Im Raum der Ägäis standen die Boote der 12. Flottille vor allem im November/Dezember bei der Rückeroberung der Dodekanesinseln im Einsatz. Die Zahl ihrer Einsätze ist nicht abzuschätzen.

Die Boote R 188, R 190 und R 191 gehörten neben T-Booten zu dem Geleit, das einen Dampfer am 28. Februar 1944 durch die Adria bringen sollte. Westlich Isto wurde der Dampfer von den britischen Zerstörern ›Tumult‹ und ›Troubridge‹ in Brand geschossen. Das Torpedoboot TA 37 erhielt ebenfalls Treffer, und UJ 201 wurde durch einen Torpedo versenkt. Die R-Boote konnten sich absetzen.

Vor Pola führte R 185 mit dem Minenschiff ›Kiebitz‹ das Minenunternehmen ›Hermelin‹ durch.

R 211, das mit R 210 und R 195 zu den Geleitfahrzeugen gehörte, die den großen Nachschubgeleitzug für Kreta eskortierten, erhielt kurz vor Kreta schwere Treffer. Die beiden anderen Boote retteten die Schiffbrüchigen der beiden U-Jäger UJ 2101 und UJ 2105.

R 211 konnte mit dem Frachter ›Gertrud‹ und TA 16, die ebenfalls Treffer erhalten hatten, in Heraklion einlaufen. Der Dampfer ›Sabine‹ sank. Nur der Dampfer ›Tanais‹ erreichte ohne Schäden den Hafen.

Einige der Kommandanten der 12. R-Flottille waren Oberleutnant zur See von Sartorski, Leutnant zur See Neßmann und Großmann.

Bei der am 6. Oktober 1944 beginnenden Verlegung der deutschen Einheiten aus der Ägäis nach Saloniki waren R-Boote dabei. Gegen 13.45 Uhr am 11. Oktober liefen TA 39, der Dampfer ›Lola‹, R 185, R 195 und R 210 als letzte Boote der 12. R-Flottille in Richtung Saloniki.

Von hier aus unternahmen R 185 und R 195 unter Führung des Flottillenchefs am 15. Oktober gemeinsam mit TA 39 einen Vorstoß in Richtung Volos. Es sollten auf einer der Inseln wartende deutsche Soldaten geholt werden. Bei dieser Operation erhielt TA 39 am 16. Oktober um 1.35 Uhr einen Minentreffer. R 195 übernahm die Besatzung, während R 185 die Soldaten abholte.

Bis zu dem Zeitpunkt waren in Adria und Ägäis bereits die Boote R 178, R 186, R 188, R 190, R 191 und R 194 verlorengegangen. Überwiegend waren sie feindlichen Luftangriffen zum Opfer gefallen.

Als am 31. Oktober auch Saloniki von den deutschen Truppen geräumt wurde, mußten die Boote R 185, R 195, R 210 und R 211 gesprengt werden, da sie nicht mehr fahrbereit waren. Damit hatte die 12. R-Flottille zu existieren aufgehört.

Es waren dies die letzten Kriegsschiffseinheiten, die dem Kommandierenden Admiral Ägäis zur Verfügung gestanden hatten.

Es ist unmöglich, alle Fahrten der 12. R-Flottille aufzuzählen, einmal aus Platzmangel, zum anderen wegen fehlender Unterlagen. Eines jedoch ist sicher: Die Räumboote haben in aller Stille einen großen Teil am Kampfgeschehen im Mittelmeerraum getragen.

Über die Einsätze der 11. R-Flottille aber liegen Berichte von Flottillenangehörigen vor. Einige Einsätze seien im folgenden dargestellt.

In der Nacht zum 21. September 1943 liefen die beiden Minenschiffe ›Brandenburg‹ und ›Kreta‹, geleitet von R 200 und R 212, mit zwölf Knoten Fahrt nach Süden. An Backbord tauchte die kleine Insel Gorgona auf und wurde passiert.

Die Gruppe hatte eine Minenaufgabe zwischen Elba und Korsika durchzuführen. Auf der Brücke von R 200 hob Leutnant zur See Böttcher sein lichtstarkes Nachtglas und suchte die See an Steuerbord ab. Nichts war zu sehen als die silberne Streifenbahn des Mondlichtes auf dem Wasser und die grün phosphoreszierende Hecksee der 3894 BRT großen ›Brandenburg‹, die aus dem französischen Frachtdampfer ›Kita‹ zum Minenschiff umgebaut worden war.

Auf einmal stieg an Backbord mittschiffs der ›Brandenburg‹ eine wasserdurchmischte Feuersäule empor. Sekunden später hörten die Wachgänger auf der Brücke des Räumbootes den Donnerschlag der Torpedodetonation.

»Habe Torpedotreffer, Wassereinbruch Maschinenraum!« meldete der Funker der ›Brandenburg‹.

Plötzlich sprangen auch an der achtern laufenden und an Backbord von R 212 gesicherten ›Kreta‹ zwei Torpedopinien in die Höhe. Der Doppelschlag der Explosion war noch nicht verhallt, als der Ausguck Brücke von R 212 das U-Boot sichtete und Meldung machte.

»Feuer aus Dreisieben eröffnen!« befahl Leutnant zur See Siebert.

Die Granatenschnur der Dreisieben steppte durch das blaue Tuch der Nacht, jagte zu dem ungefähr eine Seemeile entfernt stehenden U-Boot hinüber und flitzte dicht über den Turm hinweg.

»Wird spitz, Herr Leutnant!«

Mit AK drehte das U-Boot und verschwand schnell unter Wasser.

In krachenden Schlägen gingen auf dem Heck der ›Brandenburg‹ die ersten Minen hoch, während ›Kreta‹ mittschiffs in dichte, masthohe Flammen gehüllt war.

»Springen Sie über Bord, wir fischen Sie auf!«

Von der ›Brandenburg‹ sprangen Menschen ins Wasser. Wrackteile wurden in immer neuen Kaskaden aus Stahl und Flammen durch die Luft geschleudert.

»Wir gehen zur ›Brandenburg‹!« ließ Leutnant zur See Böttcher zum Kameradenboot hinüberrufen.

Ein Ruderkommando ließ das Boot herumgehen. Keine fünfzig Meter entfernt klatschte ein metergroßes Wrackteil in die See. Gischt sprühte über die Brücke. Je näher sie an die ›Brandenburg‹ heran kamen, desto intensiver wurde die Hitze, denn auch sie stand bereits in Flammen.

Eine Batteriepfeife schrillte. Männer hoben sich aus dem Wasser und winkten verzweifelt. Gerade erreichte R 200 die erste Gruppe der auf das R-Boot zuschwimmenden Schiffbrüchigen, als eine unheimlich grelle Flamme aus der ›Brandenburg‹ emporstieg. Das Schiff hob sich in der Mitte an, knickte ein und brach auseinander. Das Heck sank sofort, und nach einer weiteren Explosion verschwand auch der Bug von der Wasseroberfläche. Laut hallte das Zischen der erlöschenden Brände durch die Nacht.

Eilends wurden die im Wasser schwimmenden Schiffbrüchigen geborgen.

Auf einmal meldete der Posten Ausguck:

»Torpedolaufbahn!«

Herumfahrend erkannte Leutnant zur See Böttcher, daß sie keine Chance mehr hatten: Schnurgerade lief der Torpedo auf R 200 zu, und dann – unterlief er das Boot und krachte zwei Minuten später als Endstreckendetonierer auseinander.

Der Dampfer ›Kreta‹ sackte nach vorn in die See. Noch immer schienen einige Männer an Bord zu sein, denn aus Flammen und Rauch zischten Buntsterne in den Himmel empor.

Dann hob sich das Heck der ›Kreta‹. Die beiden Schrauben ragten zwanzig, dreißig Meter über die See empor, und schließlich schoß das Schiff mit D-Zug-Geschwindigkeit in die Tiefe.

Nach Übernahme aller Schiffbrüchigen traten die beiden R-Boote den Rückmarsch an. Für sie war das Unternehmen noch einmal glimpflich abgelaufen.

Am 28. Januar 1944 schlug aber auch hier der Feind zu. Wieder einmal waren R 161, R 199 und R 201 zur Geleitsicherung ausgelaufen. Mit ihnen noch KT 20.

Auf der Höhe von St. Stefano wurde dieses Geleit von feindlichen Jabos erkannt. Fliegeralarm!

Während noch die Alarmglocke ihr ›Friedrich-Ludwig‹ schnarrte, stießen die Maschinen auf die R-Boote herunter.

Mit dumpfem Plopp stiegen vom Boot des Gruppenführers die Leuchtkugeln des ES in die Höhe. Es war ja immerhin möglich, daß es sich um deutsche Maschinen handelte. Das ES wurde nicht erwidert.

»Feuer frei!« befahl Kapitänleutnant Freytag, der auf R 161 eingestiegen war.

Mit einem Schlag fegten die Leuchtspurgeschosse der vier Boote in den Himmel und wirkten ihr flirrendes und flitzendes Muster. Dreisieben und Zwozentimeter jagten hinaus, was die Rohre hergaben. Doch die Jabos stießen unbeirrt herunter.

Schmetternde Einschläge ihrer Raketenbomben trafen R 201. Besatzungsmitglieder stürzten tödlich getroffen an Deck nieder. Auch im Maschinenraum fielen zwei Mann. Das Boot bekam schnell starke Schlagseite und sank.

Die übrigen Boote erhielten ebenfalls Treffer.

Die Fla-MW von R 161 faßten einen der Jabos im Anflug auf. Drei, vier Zwozentimeter-Leuchtspurbahnen jagten der Maschine entgegen und verschwanden in ihrem Bauch, ohne sichtbare Wirkung zu hinterlassen. Dann wurde sie von der Dreisieben erfaßt. Nach dem zweiten Feuerstoß der Dreisieben stürzte sie, einen langen Feuerschweif hinter sich herschleppend, in die See und explodierte beim Aufschlag.

Als der erste Pulk kaum verschwunden war, tauchte eine weitere Gruppe von vielleicht zwölf Jabos auf. Wieder wurde eine Maschine im Anflug getroffen. Die übrigen aber kamen zum Wurf. Einer der geleiteten Dampfer stand binnen weniger Sekunden in hellen Flammen. Munition ging hoch und riß sein Heck auseinander. Er sank vierzehn Minuten nach den tödlichen Treffern. Die Überlebenden wurden geborgen. Die restlichen Einheiten liefen nach Genua ein.

Zu einem neuen Minenunternehmen marschierten drei Boote der zweiten Gruppe nach Toulon. Sie sollten den Minenleger ›Niedersachsen‹ (2956 BRT) aufnehmen und nach Genua geleiten. Die ›Niedersachsen‹ hatte 260 Minen an Bord, die für neue Minenaufgaben bestimmt waren.

Am 15. Februar 1944, knapp eine Stunde nach dem Auslaufen aus Toulon – die ›Niedersachsen‹ hatte erst zwölf Meilen zurückgelegt –, gab es bereits U-Boots-Alarm. Die feindlichen U-Boote lagen vor dem Hafen auf dem Zwangswechsel. Sie schossen zwei oder drei Fächer.

Es war eine dunkle Nacht, und zwei Torpedodetonationen flammten wie Fackeln durch die Finsternis.

Und dann gab es ein wahrhaftes Höllenkonzert, als die Minen

in die Luft flogen und den ehemaligen japanisch-italienischen Frachtdampfer auseinanderrissen. Von 174 Besatzungsmitgliedern wurde ein Teil bereits durch die Minenexplosionen getötet. Die Schiffbrüchigen schwammen im eisigen Wasser. Nur 59 Männer konnten geborgen werden. Das U-Boot war verschwunden.

Zwei Tage später ereilte R 200 das Schicksal. Nahe Porto Ercolo wurde das Boot während einer Geleitaufgabe gebombt. Es erhielt mehrere Treffer und sank sofort. Nur ein Teil der Besatzung konnte gerettet werden.

Am 23. und 30. März führten R 161, R 162, R 198 und R 212 zwei Minenaufgaben durch. Die erste Sperre wurde unter dem Decknamen ›Hütte‹ an der Ostküste vor Korsika geworfen. Die zweite, mit dem Minenschiff ›Pommern‹ durchgeführt, erhielt den Codenamen ›Stachelschwein‹. Diese Sperre sollte nordostwärts Capreira gelegt werden und Livorno abschirmen. Zu den vier deutschen R-Booten war noch RA 256 hinzugekommen, das ehemalige italienische Boot VAS 303.

Als das Minenlegen in vollem Gange war, gab es wieder Fliegeralarm.

Die Feindbomber flogen sehr niedrig. Gleich der erste Bombenteppich bedeutete für R 161 das Ende. Ein Volltreffer riß das Boot wie eine Streichholzschachtel auseinander. Auf ebenem Kiel sackte es weg.

Wieder feuerten die übrigen Boote aus allen Rohren. Und mitten in den Jubel um einen Abschuß hinein krachte die Bombenexplosion, die RA 256 auseinanderplatzen ließ.

Auf den Brücken der anderen Boote herrschte auf einmal entsetztes Schweigen. Diese Angriffe zeigten ihnen wieder, daß sie zu jeder Stunde auf See nur eine Haaresbreite vom Untergang trennte. Wieviele Tage gleich diesen würden noch folgen?

Sie kreuzten noch drei Stunden an der Unglücksstelle. Erst als keine Hoffnung mehr bestand, weitere Kameraden zu retten, liefen die Boote wieder zurück.

Mit dem Minenschiff ›Oldenburg‹ (1050 BRT) liefen vom 3. bis 8. April 1944 R 192 und R 212 aus. Südwestlich La Spezia galt es, die Sperren ›Herz Dame‹, ›Herz König‹ und ›Herz Bube‹ zu legen. Mehrfach wurden die Einheiten während der Nächte aus der Luft angegriffen. Am 5. April kam es dann zu jenem Seegefecht, das für R 192 tödlich ausgehen sollte.

Die Boote hatten eben die Sicherungspositionen für das Minenschiff eingenommen, als niedrige Schatten aus der Nacht auftauchten. Wenige Sekunden darauf waren sie als englische Motorkanonenboote erkannt.

»Alle Geschütze Feuer frei!« kam es über die UKW-Verbindung vom Führerboot durch.

Oberleutnant zur See Oertel, auf der Brücke von R 192, sah die rotglosenden Feuerschnüre aus den beiden feindlichen Boforskanonen direkt auf sich zuflitzen.

»Hart Steuerbord!«

Gefährlich weit legte sich R 192 über, schöpfte mit der Reling Wasser und taumelte wieder empor. Die achtern stehende Dreisieben eröffnete das Feuer, als die Drehung ausgeführt war und an Backbord querab eines der MGB sichtbar wurde, das einen hohen Schnauzbart vor sich herschob.

Die Granaten flitzten zum Gegner hinüber, auf dessen Brücke es eben aufflammte. Aus ihren Doppellauf-MG jagten die Engländer lange Feuerstöße zu R 192 hinüber. Kugeln klatschten auf das Blech der Brückenverkleidung und durchschlugen es. Einer der Männer am vorderen Zwozentimeter brach zusammen. Sein Ladeschütze schleppte ihn weg und bediente dann die Kanone.

Boforsgranaten schlugen um Bootsmannsmaat Körber ein, der im Sitz hinter der Dreisieben angeschnallt war. Der Maat richtete unbeirrt nach. Eben wurde ein neues Magazin eingesetzt, und wieder drückte er die Auslösung.

Die Granaten fraßen sich in die Brücke des MGB hinein. Drüben splitterten Holz und Glas. Aber die Bofors feuerte noch immer. Ihre Salve jagte durch die Decksaufbauten des R-Bootes, dann senkte sich der Feuerstrahl tiefer, steppte Löcher unterhalb der Wasserfläche, und mit einem gewaltigen Knall traf eine Granate den Maschinenraum. Dicker Dampf strömte nach oben.

»Wassereinbruch Maschinenraum!« rief der Maschinist.

Noch schoß der Bootsmaat. Seine Munitionsmänner brachten neue Magazine und setzten sie ein. Er jagte eben einen Feuerstoß hinaus, als die Vierzentimetergranaten des Gegners sein Geschütz erreichten. In einem grausigen Wirbel aus platzendem Stahl ging alles unter.

»Alle Mann von Bord!« befahl Oberleutnant zur See Oertel.

R 192 stellte sich jäh auf den Kopf und versank.

Zwei Minuten später explodierte das getroffene Motor-Gun-Boat in einem roten Feuerball.

Die beiden Achtacht der ›Oldenburg‹ fielen nun auch in das Abwehrfeuer ein. Darauf zog sich der Feindverband nebelnd zurück.

Die Minenaufgabe wurde durchgeführt, während zwei R-Boote sicherten und die beiden anderen die Überlebenden auffischten.

Anfang Mai 1944 verließ Kapitänleutnant Freytag die Flottille und wurde zu anderer Verwendung abberufen. Neuer Flottillenchef wurde Kapitänleutnant Otto Reinhardt.

Am 28. Mai flog der von R 212 und R 198 geleitete vollbeladene Munitionstransporter ›Vallelunga‹ im Golf von Genua mit einem zweihundert Meter hohen Explosionskegel in die Luft. Beide Boote erhielten Beschädigungen und mußten ins Dock.

Auf einer Fahrt im Juli 1944 erlebte R 212 ein paar kritische Minuten. Es waren vier Dampfer in Richtung Livorno zu geleiten als R 212 ein aufgetaucht laufendes U-Boot sichtete und Alarm gab. Das U-Boot tauchte an Steuerbordseite von R 212. Alle Aufmerksamkeit richtete sich dorthin. Fünf Minuten darauf meldete der Bootsmannsmaat auf der Brücke: »Backbord querab Torpedolaufbahnen!«

Es war also noch ein zweites U-Boot auf dem Wechsel gewesen. Der am dichtesten an R 212 herankommende Torpedo lief dreißig Meter hinter dem Heck durch und verschwand in der Nacht. Einen der Dampfer aber traf ein Zweierfächer des an Steuerbord stehenden U-Bootes und ließ ihn binnen weniger Sekunden wegsacken.

Im Golf von Genua stießen die in den ersten Morgenstunden des 21. August 1944 von einer Unternehmung heimkehrenden Boote R 212, R 199, RA 255 und RA 259 auf einen Verband leichter britischer Seestreitkräfte.

Im Artilleriegefecht gelang es R 212, eines der Motor-Kanonenboote so schwer einzudecken, daß es brennend abdrehte. Aber

RA 255 und RA 259 wurden mit einer Serie von Treffern durchlöchert und sanken.

Mit der Operation ›Dragoon‹, der Landung alliierter Streitkräfte der 7. US-Armee an der französischen Mittelmeerküste zwischen Cannes und Toulon, entfielen die Fahrten zur Versorgung dieser letzten deutschen U-Boots-Basis. Die Schnellboote PT 202 und PT 218, ferner acht Landungsfahrzeuge liefen dort auf Minen, die von der 11. R-Flottille gelegt worden waren, und sanken.

Am 23. September 1944 wurde die 11. R-Flottille aufgelöst, und die restlichen Boote – es waren noch R 162, R 189, R 198, R 199, R 212 und R 215 – traten zur 22. U-Jagdflottille und zur 13. Sicherungsflottille, in deren Verbänden sie die nächsten Einsätze bis zum Jahresende 1944 mitmachten.

Chef der 22. U-Jagdflottille war ab Oktober 1944 Korvettenkapitän Burkhard Heye.

U-Boots-Einsatz 1944

Bis zum bitteren Ende

Zu Beginn des Jahres 1944 war die Zahl der im Mittelmeer befindlichen U-Boote auf zwölf abgesunken. In dem Maße, wie die Kampfhandlungen und insbesondere die Partisanentätigkeit die Nachschublage und die Arbeitsbedingungen erschwerten, verloren die Stützpunkte La Spezia und Pola an Bedeutung.

So war zu der Zeit Toulon praktisch der einzige U-Boots-Stützpunkt. Von dort liefen die Boote zu ihren Feindfahrten aus. Aber auch Salamis wurde noch zu kurzer Verproviantierung und Überholung angelaufen.

Da die Instandsetzungsarbeiten an den Booten immer längere Zeit in Anspruch nahmen, kamen in der ersten Januarhälfte nur wenige Boote zum Einsatz. Der Wirkungsgrad der U-Boote sank und dennoch blieben diese wenigen Boote fühlbar. Selbst in den letzten Monaten ihres verzweifelten Ringens fiel ihnen noch mancher schöne Erfolg zu.

Im Januar war es U 453, das unter Oberleutnant zur See D. Lührs vier Lastensegler versenkte.

Ende Januar war wieder eine Reihe von Booten ausgelaufen. Sie wurden auf die Schiffsansammlungen im Raum Anzio-Nettuno angesetzt, wo bereits am 22. Januar die alliierte Operation ›Shingle‹ – die Landung des VI. US-Korps unter Generalmajor Lucas – stattgefunden hatte.

Eines der ersten angreifenden Boote war U 223 unter Oberleutnant zur See Gerlach. Am 25. Januar schoß er auf eine Korvette mit dem T-5; der Torpedo ging vorbei. U 230 unter Kapitänleutnant Paul Siegmann schoß einen ›Zaunkönig‹-Fächerschuß auf eine Zerstörerrotte. Auch dies waren Fehlschüsse.

Vier Tage später griff U 223 abermals einen Zerstörer mit dem ›Zaunkönig‹ an. Ebenso am 30. Januar ein großes Landungsboot und zwei LST.

Alle Torpedos gingen fehl.

Inzwischen hatte beim FdU-Mittelmeer in Toulon/Aix-en-Provence ein Wechsel stattgefunden. Konteradmiral Kreisch, der die Geschicke der U-Boote im Mittelmeer ein Jahr und 363 Tage gelenkt hatte, verließ diesen Kampfraum, dem er dennoch bis Kriegsschluß verbunden bleiben sollte.

Für Konteradmiral Kreisch kam am 28. Januar 1944 Kapitän zur See Werner Hartmann als FdU-Mittelmeer nach Aix-en-Provence.

Hartmann war einer der Oldtimer der U-Boots-Fahrt. Er war 1935 zur eben im Aufbau begriffenen U-Boots-Waffe gestoßen, hatte als Kommandant von U 37 das Ritterkreuz erhalten und als Kommandant des großen Bootes U 198 mit zweihundert Seetagen die drittlängste Feindfahrt des Krieges gefahren. Großadmiral Karl Dönitz schrieb nieder, was für ihn zur Wahl gerade dieses Mannes auf den verantwortungsvollen Posten bestimmend war:

›Hartmann war ein Mann der alten U-Boots-Garde. Er hatte als U-Boots-Wachoffizier und Kommandant die Friedensausbildung durchlaufen und sich im Kriege als U-Boots-Kommandant und in der U-Boots-Ausbildung in der Ostsee als Kommandeur einer Lehrdivision sehr bewährt.‹

Chef der 29. U-Flottille in Toulon war seit August 1943 Korvettenkapitän Gunter Jahn, der vorher als U-Boots-Kommandant im Mittelmeer erfolgreich war.

Der Einsatz in der Bucht von Anzio-Nettuno ging weiter. Aber auch U 371 unter dem bewährten Kapitänleutnant Mehl gelang es trotz mehrerer Anläufe nicht, die Kriegsschiffe, auf welche es zum Schuß kam, zu versenken.

Erst am 15. Februar hatte ein anderes Boot mehr Glück. Es war U 410. Oberleutnant zur See Fenski, sein Kommandant, war bereits am 26. November 1943 mit dem Ritterkreuz ausgezeichnet worden. Am 15. Februar versenkte er aus der Landungsflotte ein großes Liberty-Schiff. Damit war der Bann gebrochen. Einen Tag später gelang es U 230, den LST 418 zu versenken. Es verfehlte einen U-Jäger nur knapp. Abermals griff Fenski an. Er verschoß am 17. Februar zwei Torpedos, die einem Zerstörer und einem Bewacher gegolten hatten. Vierundzwanzig Stunden später war er glücklicher. Es gelang ihm, auf den Kreuzer ›Penelope‹ zum Schuß zu kommen.

Diesmal traf der ›Zaunkönig‹, und der Kreuzer blieb bewegungslos liegen.

Als er wieder Fahrt aufnahm, ging U 410 noch einmal heran. Trotz der Wabos werfenden Zerstörer manövrierte Fenski sein Boot in eine ausgezeichnete Schußposition. Mit ungeheurer Nervenkraft bezwang er die Versuchung, schnell zu schießen. Als der Fangschuß das Rohr verließ, wußte Fenski, daß er gut treffen würde.

Der Kreuzer wurde am Wellenkanal getroffen und sank sehr schnell. Ein schöner Erfolg unter den inzwischen sehr erschwerten Bedingungen.

Am 19. Februar verfehlte Fenski nur knapp einen weiteren Zerstörer. Immer wieder griff dieser junge Offizier an. Er wurde zu einem der Großen im Mittelmeer.

U 230 setzte die Versenkungsserie bei Anzio am 20. Februar fort, indem es den LST* 305 durch Volltreffer vernichtete. U 410 versenkte am gleichen Tage LST 348.

---

* Tank-landing-ship

Noch einmal kamen U 410 und U 952 (Kapitänleutnant Curio) am 24. Februar zum Schuß, aber auch diese Torpedos gingen fehl.

Die Boote mußten zum Einsatzhafen zurückkehren. In Toulon wurde U 410 dann am 13. März 1944 bei einem Luftangriff gebombt und zerstört.

Horst-Arno Fenski wurde zum Kapitänleutnant befördert und übernahm im April U 371 von Kapitänleutnant Mehl.

Ein weiteres Boot, U 380, das zur gleichen Zeit in Toulon lag, fiel ebenfalls den Bomben der US-Flieger zum Opfer.

Mit diesem Boot war Korvettenkapitän Brandi eben von der ersten Feindfahrt zurückgekehrt. Er hatte es im Januar 1944 von Korvettenkapitän Röther übernommen.

Bereits am 11. Februar hatte Kapitän zur See Hartmann anläßlich des Vortrags beim Oberbefehlshaber Süd, Feldmarschall Kesselring, mitgeteilt, daß die U-Boots-Waffe im Mittelmeer über sechzehn Boote verfüge und daß sechs weitere erwartet würden.

Er machte ferner die optimistische Angabe, daß hier im Laufe des Jahres 1944 allein fünfundsiebzig Boote des neuen Typs XXIII – des Elektrobootes, das unter Wasser schneller als zwanzig Knoten laufen konnte – zum Einsatz kommen sollten.

Daß sich Kapitän zur See Hartmann auch über die denkbar schlechten Werftverhältnisse beklagte, verstand sich von selbst. Es gab auf keiner Werft einen U-Boots-Bunker, nur wenige deutsche Arbeiter und viele unzuverlässige Ausländer.

In bezug auf den Einsatz der U-Boote äußerte er sich ebenfalls optimistisch, denn es gab viele lohnende Ziele und gute Erfolgsaussichten trotz starker Abwehr. Als bestes und erfolgversprechendstes Einsatzgebiet bezeichnete er die Hauptverkehrswege entlang der Nordküste Afrikas.

In dieser Besprechung wollte Feldmarschall Kesselring den FdU-Mittelmeer dazu veranlassen, den Schwerpunkt des Einsatzes der U-Boote auf die Landestelle Anzio-Nettuno zu legen.

Doch die Erfahrungen hatten gezeigt, daß die dort stehenden Boote nach anfänglichen Erfolgen sehr bald durch stärkste Abwehr von Überwasserstreitkräften und aus der Luft an weiterer Betätigung gehindert wurden.

Hinzu kam noch, daß die Landestellen infolge der Küstennähe

zu geringe Wassertiefen aufwiesen. Dies aber erschwerte den Einsatz der U-Boote und gab ihnen beim Erkanntwerden kaum eine Chance, in tiefes Wasser zu entkommen.

Im Februar wurden aus La Spezia und Monfalcone je drei große italienische Transportboote erwartet. Ferner zwei kleine Kampfboote – UI 7 und UI 8. In Pola befanden sich vier sogenannte Cb-Boote von 30 tons mit jeweils vier Mann Besatzung. Von ihnen war jedoch nur ein Boot klargemeldet.

Am 10. März war südlich Sardinien U 343 unter Oberleutnant zur See Rahn durch den amerikanischen Zerstörer ›Hull‹ versenkt worden, wobei die Besatzung mit dem Boot unterging.

U 450 unter Oberleutnant zur See Kurt Böhme wurde am gleichen Tag südlich Ostia durch den britischen Zerstörer ›Exmoor‹ vernichtet. Zweiundvierzig Mann der Besatzung, darunter der Kommandant, wurden gerettet.

Am 30. März ging noch U 223 verloren, das im Januar von Kapitänleutnant Karl-Jürg Wächter an Oberleutnant zur See Gerlach übergeben worden war. Das Boot wurde nördlich Palermo durch die brit. Zerstörer ›Laforey‹, ›Tumult‹, ›E. Hambledon‹ und ›Blencathra‹ versenkt. Oblt. z. S. Peter Gerlach, der mit einer Schwimmweste im Wasser gesehen wurde, blieb vermißt.

Damit hatte die ohnehin zahlenmäßig schwache U-Boot-Waffe im ersten Vierteljahr 1944 fünf Boote verloren. Dies bei Zuführung von vier Booten. Aber nun mußten bald weitere Boote eintreffen.

Noch im Februar kam eines der neu ins Mittelmeer entsandten Boote – U 969 unter Oberleutnant zur See Dobbert – zu einem großen Erfolg. Es versenkte zwei Schiffe mit zusammen 14 342 BRT.

U 407 unter Oberleutnant zur See Korndörfer torpedierte ein Schiff und einen Lastensegler.

Auf seiner letzten Feindfahrt unter Kapitänleutnant Mehl versenkte U 371 im März aus dem Konvoi SNF 17 zwei Großtransporter mit zusammen 23 189 BRT. Das war wieder ein überaus beachtlicher Erfolg, und Waldemar Mehl erhielt am 28. März 1944 das Ritterkreuz.

Oberleutnant zur See Curio versenkte mit U 952 ein Schiff von 7176 BRT, und U 223 schrieb sich mit einem Kriegsschiff in die Liste ein, als es den Zerstörer ›Laforey‹ vernichtete.

Aus dem Konvoi UGS 37, der mit sechzig Handelsschiffen, geleitet durch die Task Force 65, von Norfolk nach Bizerta lief, versenkten deutsche Torpedoflieger den Geleitzerstörer ›Holder‹. U 407 versenkte ebenfalls aus diesem Konvoi zwei Schiffe mit 14 386 BRT.

Am Abend des 20. April wurde aus dem Konvoi UGS 38 der Zerstörer ›Lansdale‹ durch He 111 bombardiert. U 969 unter Oberleutnant zur See Dobbert gab dem Zerstörer den Fangschuß.

Auch im April erlitt die U-Boots-Waffe Verluste. So geriet am 6. April U 455 beim Einlaufen in den Hafen von La Spezia auf eine Mine und sank sofort.

Im Stützpunkt Toulon wurde U 421 (Oberleutnant zur See Kolbus) bei einem amerikanischen Luftangriff vernichtet.

Im Mai stand wieder eine größere Zahl von U-Booten am Feind. Den beachtlichen Erfolgen dieser Boote stellt sich die Verlustzahl von vier Booten gegenüber. Eines der Boote, das Anfang Mai große Erfolge errang und dabei am Feind blieb, war U 371. Diesmal war Kapitänleutnant Horst-Arno Fenski als Kommandant an Bord.

Wir wollen die für das Boot entscheidenden Tage aus der Sicht des Gegners hier aufzeigen. Nur so läßt sich die ganze Schwere der U-Boots-Fahrt erfassen. Folgen wir der Darstellung von Theodore Roscoe*:

»Nachdem der ostgehende Konvoi UGS 38 Bizerta erreicht hatte, lief von dort der westgehende GUS 38 aus, und die Task Force 66 übernahm auch den Schutz dieses Konvois.

Der GUS 38 bestand aus 107 Handelsschiffen. Einer der Geleitzerstörer war das Flaggschiff der Zerstörereskorte, ›Menges‹ (LtCdr. McCabe). Dieser Zerstörer hing gegen Mitternacht zum 3. Mai 3000 Yards achtern am Geleit. Kurz nach Mitternacht meldete sein Radar einen Kontakt weitere sechs Meilen hinter dem Konvoi. LtCdr. McCabe befahl: ›Auf Gefechtsstationen!‹

›Menges‹ lief nun Zickzackkurse, um das feindliche U-Boot zu überlisten und die Geräuschtorpedos auszumanövrieren.

Um 1.04 Uhr wurde das U-Boot im Radar erkannt. ›Menges‹

---

* Siehe Roscoe, Theodore: a. a. O.

ging wenige Minuten später mit der Fahrt auf 15 Knoten herunter und hörte dann auch ein Echo im Asdic.

Um 1.18 Uhr traf ein ›Zaunkönig‹ den Zerstörer ins Heck.

›Menges‹ verlor Schraube und Ruder. Die achteren Räume wurden durch die gewaltige Explosion völlig zerstört. 31 Besatzungsmitglieder wurden getötet und 25 verwundet.

Um 1.40 Uhr beorderte Commander Duvall (Kdr. Task Force 66) die Zerstörer ›Pride‹ und ›J. E. Campbell‹ zur Hilfeleistung zur ›Menges‹ und um das U-Boot zu jagen.

Um 2.45 Uhr erhielt ›Pride‹ nahe der ›Menges‹ Kontakt zum U-Boot und warf zwei Wabofächer. Das U-Boot entkam, und erst um 6.00 Uhr führte ›Campbell‹ die ›Pride‹ zum Wabofächer an das inzwischen wieder geortete U-Boot heran. Um 6.27 Uhr warf ›Pride‹ die gesamte Chargierung als Fächer und glaubte, das U-Boot getroffen zu haben.

Der nächste Wasserbombenfächer detonierte gegen 8.07 Uhr, und um 8.33 Uhr wurde ein Fächer Magnet-Wabos geworfen.

Dann ging der Kontakt abermals verloren.

U 371 war vorerst entkommen.

Doch der Divisions-Commander ließ weitersuchen, weil er glaubte, das Boot habe sich in großer Tiefe auf Grund gelegt und warte jetzt in seiner Fuchshöhle.

In dieser Phase stieß der Zerstörer ›Blankney‹ zur Jagdgruppe, und um 12.25 Uhr traf der Minenleger ›Sustain‹ dort ein. Vom U-Boot wurde nichts gehört. War es gesunken?

Am Nachmittag stießen die beiden französischen Zerstörer ›L'Alcyon‹ und ›Senegalais‹ zur Suchgruppe und beteiligten sich an der Jagd. Sechs Jäger jagten U 371, aber Mitternacht zum 4. Mai ging vorüber, und als es 2.00 Uhr wurde, wußten alle, daß das Boot nun auftauchen mußte, denn viel länger als vierundzwanzig Stunden konnte es nicht getaucht bleiben.

Um 3.15 Uhr erhielt ›Senegalais‹ einen Radarkontakt mit dem aufgetauchten Boot.

Sie schoß sofort Leuchtsterne, erkannte den U-Boots-Umriß und schoß mit den feuerbereiten Geschützen.

Mit AK liefen ›Campbell‹ und ›Pride‹ nach Norden, um die Flucht des Bootes dorthin zu verhindern, während ›Blankney‹ und

›Sustain‹ dem U-Boot den Weg nach Westen blockierten. Das Wild war gestellt, doch so leicht ließ sich U 371 nicht vernichten. Es lief mit zwölf Knoten nach Südwesten und tauchte um 3.59 Uhr plötzlich weg.

Fünf Minuten später stieg am Heck der ›Senegalais‹ die Feuersäule einer Torpedodetonation empor. Wabo-Explosionen zerschmetterten den Zerstörer in wenigen Sekunden. Aber die oben schwimmenden Überreste waren dennoch dauerhafter als ihr furchtbarer Feind.

Um 4.30 Uhr wurde von den Ausgucks der ›Sustain‹ ein im Wasser dicht beisammen schwimmender Pulk deutscher Seeleute gesichtet, die sich schreiend zu erkennen gaben. Der Minenleger lief auf den Pulk zu und fischte 41 Soldaten und 7 Offiziere aus dem Wasser. Unter ihnen auch den Kommandanten, Ritterkreuzträger Horst-Arno Fenski. Fünf Besatzungsmitglieder gingen mit dem Boot in die Tiefe, das bereits um 4.09 Uhr, vom Feind unbemerkt, gesunken war. Wir erfuhren, daß es U 371 gewesen war, eines der zähesten und besten deutschen U-Boote. Die Besatzung hatte es verlassen müssen, weil die Batterien gasten und die E-Maschinen während der kurzen Zeit an der Wasseroberfläche noch nicht wieder hatten aufgeladen werden können.

Diese Jagd auf U 371 war aber noch nicht das Ende der Angriffe und Verluste des GUS 38.

Am Morgen des 5. Mai befand sich der Konvoi nahe der spanischen Insel Alboran.

Um 3.15 Uhr erhielt hier der Zerstörer ›Laning‹ einen Kontakt mit einem ›fremden Schiff‹, das bald als feindliches U-Boot erkannt wurde. Es stand dreizehn Meilen vom Konvoi entfernt. Dann tauchte das Boot.

Um 3.45 Uhr stand der Geleitzerstörer ›Fechteler‹ zwischen dem Konvoi und dem U-Boot und drehte gerade auf eine neue Marschroute ein, als ein Torpedo das Boot traf. Eine donnernde Explosion erklang und riß die Männer an Deck, auf der Brücke und an den Geschützen von den Beinen. Ein gewaltiger Wassereinbruch erfolgte an der Stelle, wo der Zerstörer torpediert worden war. Wenige Minuten später brach ›Fechteler‹ auseinander und sank. 186 Schiffbrüchige wurden aufgefischt. Der Rest ging mit dem Zerstörer unter.«

Theodore Roscoe nahm an, der Zerstörer sei durch ein italienisches Renegaten-U-Boot versenkt worden. Dem ist aber nicht so. Es war U 967, das dritte Boot von Korvettenkapitän Brandi, das auf seiner ersten Feindfahrt den Zerstörer ›Fechteler‹ versenkte und einen Dampfer torpedierte.

Am 13. Mai erhielt Albrecht Brandi die Schwerter zum Eichenlaub.

Aus dem folgenden Konvoi GUS 39 versenkte U 616 unter Kapitänleutnant Siegfried Koitschka am 14. Mai 1944 zwei große Schiffe mit zusammen 17 754 BRT und U 453 unter Oberleutnant zur See Lührs eines von 7147 BRT.

U 616 aber wurde vom 14. Mai an von acht Zerstörern gesucht. Sie liefen ›mit Blut in den Augen wegen der Versenkung ihrer Kameradenboote‹ hinter dem Unterseefeind her.

Den ersten Kontakt erhielt der Zerstörer ›Ellyson‹. Er warf einen Wabofächer und mußte das Boot getroffen haben, denn ein starker Strahl Dieselöl kam aus der Tiefe empor.

Am Morgen des 15 Mai sichtete ein Seeaufklärer der 36. britischen Squadron das Boot zehn Meilen westlich des Angriffspunktes. Von diesem Zeitpunkt an bis gegen Mitternacht zum 16. Mai suchten zwei Zerstörergruppen das Boot zwischen der spanischen Küste und Cap Santa Pola.

U 616 hatte nach Norden gedreht und lief um sein Leben, zwei Meuten Verfolger im Nacken. Trotz tausend Tricks konnte es die Verfolger nicht abschütteln.

Die Zerstörer kreisten das Boot ein. ›Macomb‹ sah es zuerst im Licht einer Leuchtrakete in 2400 Yards Entfernung.

Das U-Boot eröffnete das Feuer aus seinen 2-cm-Kanonen. Die 5-Zoll-Geschütze (12,7 cm) der ›Macomb‹ erwiderten dieses Feuer. Das U-Boot tauchte, und ›Macomb‹ lief auf die Tauchstelle zu und warf einen Wabotepppich, der in 600 Fuß (183 m) Tiefe explodierte.

Nun griff auch der Zerstörer ›Gleaves‹ in die Verfolgung ein. Um 4.45 Uhr erschien die ›Nields‹. Die ›Emmons‹ folgte. Sieben Zerstörer waren schließlich an der Jagd beteiligt.

Ununterbrochen krachten Wasserbomben. Bereits vier Tage lang hatte U 616 die Zerstörer an der Nase herumgeführt. Aber um 2.30 Uhr ging der Kontakt abermals verloren.

Gegen 6.45 Uhr bei Tagesanbruch wurde der Kontakt wiedergefunden. ›Hambleton‹ fand das Boot im Asdic, zehn Meilen südlich der Stelle, wo der Kontakt in der Nacht verlorengegangen war.

Dieser Zerstörer warf zwei Wabofächer, die auf große Tiefe eingestellt waren. ›Ellyson‹ und ›Rodman‹ kamen ›Hambleton‹ zur Hilfe, während die übrigen vier Zerstörer das Boot in einem Kreis von vier Seemeilen umzingelten.

Es war genau 7.10 Uhr, als in der Mitte dieses Kreises in einem dichten Wasserschwall U 616 an die Oberfläche schoß. Gleichzeitig eröffneten die drei Zerstörer das Feuer aus zirka 2500 Yards (2285 m) Entfernung. Die 12,7-cm-Granaten trafen den Turm des Bootes. Die Besatzung ging über Bord, und dann sackte das Boot auf einmal weg. 53 Männer der Besatzung wurden von den Zerstörern ›Ellyson‹ und ›Rodman‹ geborgen. Einer von ihnen war verwundet.

Damit war das Unternehmen ›Monstrous 1‹ beendet.

Das Unternehmen ›Monstrous 2‹ galt U 960.

Das Boot unter Oberleutnant zur See Günter Heinrich stand vor der Höhle des Löwen (Oran), als die Killer Group von Captain A. F. Converse (acht Zerstörer) von ihrer erfolgreichen Jagd auf U 616 zurückkehrte. U 960 griff das Flaggschiff ›Ellyson‹ mit einem Dreierfächer an. Alle drei Torpedos wurden ausmanövriert, weil die Wachen sie rechtzeitig bemerkten.

Die bereitliegenden Zerstörer ›Woolsey‹, ›Madison‹, ‹Benson‹ und ›Ludlow‹ liefen aus, um die anderen Zerstörer bei der Jagd zu unterstützen. Mit AK lief aus dem nahen Mers el Kebir der Zerstörer ›Niblack‹ zur Hilfeleistung herbei. Die 36. und 500. Squadron der RAF flogen Sicherung. Das U-Boot stand jetzt zwischen Ténés und Cartagena.

Am Abend des 18. Mai wurden die Zerstörer vom CinC* Mittelmeer in zwei Gruppen geteilt. Aber erst am 19. Mai um 2.40 Uhr fand ein Flugzeug Radarkontakt mit dem Boot. Es warf eine Markierungsbombe, die um 2.51 Uhr von den Zerstörern ›Niblack‹ und ›Ludlow‹ gesichtet wurde. Nach 30 Minuten faßte das Asdic von ›Ludlow‹ das Boot auf. Beide Zerstörer warfen elf Wasser-

---

* Commander in Chief

bombenfächer an der Stelle, wo das Boot stehen mußte. Und mit dem ersten Sonnenstrahl, der über den Horizont kam, erschien auch das U-Boot mit dem Heck zuerst an der Wasseroberfläche. Beide Zerstörer eröffneten das Feuer. Flugzeuge erschienen wenige Minuten später und warfen Bomben. Dann trafen beide Zerstörer den U-Boots-Turm und zerschmetterten ihn.

In einer Rosette aus Granatenexplosionen sank U 960.

›Niblack‹ lief mit AK zur Untergangsstelle und warf zehn Wasserbomben. Auf einmal kam das Boot im Strudel der Explosionen wieder nach oben, um dann – mit dem Heck voran – jäh in die Tiefe hinunterzustoßen.

Jetzt sprangen die Besatzungsmitglieder außenbords. Um 7.20 Uhr – das Bott war gesunken – fischten ›Niblack‹ und ›Ludlow‹ zwanzig Schiffbrüchige, auch den Kommandanten, der bis zuletzt gekämpft hatte, aus der See.

Aus dieser Darstellung atmet, ohne Dramatisierung, die Unerbittlichkeit der U-Jagd und die tödliche Gefahr, der sich jedes ausgelaufene U-Boot gegenübersah.

Mit dem Untergang von U 960 waren die Mai-Verluste jedoch noch nicht zu Ende. Am 21. Mai wurde U 453 im Jonischen Meer durch britische Zerstörer versenkt. Von der Besatzung gerieten 33 Mann in Gefangenschaft. Unter ihnen auch der Kommandant Dirk Lührs.

Mit dem bereits am 29. April beim amerikanischen Luftangriff auf Toulon versenkten U 421 hatte die U-Boots-Waffe in fünf Monaten elf U-Boote verloren.

Im Juni erzielten die deutschen U-Boote zum erstenmal keinen Erfolg. Ihre Zeit im Mittelmeer ging zu Ende. U 967 wurde von Korvettenkapitän Brandi an Oberleutnant zur See Eberbach übergeben. Brandi wurde Einsatzleiter der U-Boote in Helsinki.

Am 5. Juli griffen 233 B 24 – Liberator – den Stützpunkt Toulon an. Bei diesem Angriff wurde U 586 (Oberleutnant zur See Götze) zerstört, U 642 (Kapitänleutnant Brüning) schwer und U 952 leicht beschädigt.

Immer wieder versuchte Kapitän zur See Hartmann für seine wenigen noch einsatzbereiten Boote bombensichere Liegeplätze zu erhalten. Noch am 20. Juli wandte er sich direkt an den Ob. d. M.

Der FdU-Mittelmeer war – im Einvernehmen mit Geologen der OT – der Meinung, daß bei Villefranche (nahe Nizza) durch Felssprengungen sehr rasch solche Bunker geschaffen werden könnten.

Die OT wollte innerhalb von zwei Monaten für mindestens drei Boote hier einen bombensicheren Bunker bauen.

Als dann aber anstatt der Arbeiter erst einmal vom Werftstab in Paris Spezialisten kamen, um die Sache zu überprüfen, war die Empörung groß, denn jeden Tag konnten weitere U-Boote in den Stützpunkten vernichtet werden.

Was man befürchtet hatte, trat auch ein. Die letzten Boote wurden nacheinander durch Luftangriffe zerstört.

Am 6. August griffen amerikanische Bomberverbände des Typs B 24 Toulon abermals an. Diesmal war das Ergebnis noch schlimmer: U 642, das noch schwamm, wurde endgültig versenkt. U 952, U 471 und U 969 wurden ebenfalls vernichtet oder schwer beschädigt.

Am 11. August mußte dann U 969 bei der alliierten Invasion in Südfrankreich in Toulon selbst gesprengt werden. U 466 wurde am 9. August unter der Leitung seines Kommandanten, Kapitänleutnant Gerhard Thäter, ebenfalls gesprengt.

U 230 unter Oberleutnant zur See Heinz-Eugen Eberbach versuchte am 21. August aus Toulon auszulaufen, geriet auf der Reede bei den Hyeres-Inseln auf Grund und mußte gesprengt werden. Eberbach stieg mit seiner Besatzung auf einen Trawler über, um damit aus der Festung zu entkommen.

In der Nacht zum 27. August wurde dieser Fischdampfer von den patrouillierenden Zerstörern ›Ericsson‹ und ›Ellyson‹ im Sektor St.-Tropéz angehalten. An Bord befanden sich vier Offiziere und 46 Mann der Besatzung von U 230. Sie gerieten in Gefangenschaft.

U 407, das drittletzte Boot des FdU-Mittelmeer, das noch zum Einsatz ausgelaufen war, wurde am 19. September 1944 südlich von Milos durch einen britischen Zerstörer vernichtet. Kommandant und 48 Mann gerieten in Gefangenschaft.

Am gleichen Tage wurde in Salamis U 565 von US-Bombern getroffen. Der Kommandant ließ das Boot, das nicht mehr einsatzfähig war, am 24. September sprengen. Auch U 596 wurde an diesem Tag in Salamis gesprengt. Die Besatzung ging mit dem Stab des Admirals Ägäis nach Saloniki.

Der Kampf der U-Boote im Mittelmeer war zu Ende.

Geben wir an dieser Stelle Vizeadmiral Kreisch das Schlußwort: »Fast drei Jahre hatten deutsche U-Boote im Mittelmeer im Kampf gestanden. In einem der Natur der U-Boote wenig zusagenden Seegebiet, der vollen Wirkungsmöglichkeit aller Abwehrwaffen ausgesetzt, auf sich allein gestellt, wurde zäh und unermüdlich bis zum bitteren Ende gerungen.

Ritterlich und mannhaft war dieser Kampf, kein Schatten fällt auf ihn. Insgesamt waren 64 U-Boote im Mittelmeer eingesetzt. Alle 64 Boote sind dort geblieben, davon 59 durch Feindeinwirkung. –

Der Einsatz der insgesamt 64 Boote hat das Geschick nicht wenden können, das konnte auch niemals erwartet werden. Dazu hätte es anderer Mittel bedurft.

Aber hat er sich gelohnt?

Es sei mir gestattet, hier der ›anderen Seite‹ das Wort zu geben; dem Captain Roskill, der in seiner ›Seekriegsgeschichte 1939–1945‹ urteilte:

›Der Preis, den die U-Boots-Waffe (im Mittelmeer) entrichtete, war durchaus gerechtfertigt. Denn diese Mittelmeer-U-Boote halfen zweifellos im Jahre 1941, das unter unseren Schlägen taumelnde Italien wieder auf die Füße zu stellen, und sie bereiteten uns während der darauffolgenden drei Jahre erhebliche Sorgen.‹

Ich glaube, hier mit der Erwähnung des Gefühls schließen zu sollen, das – rückblickend – heute alles überschattet. Es ist das Gefühl der Dankbarkeit und Anhänglichkeit den prächtigen Männern gegenüber, die standhaft, vertrauensvoll, selbstlos und opferbereit unter härtesten Bedingungen vorbildlich und selbstverständlich ihre Pflicht erfüllten.

Das war kein ›blinder Kadavergehorsam‹; der hätte den Belastungen niemals standgehalten.

Das Band der Kameradschaft, der Treue und der sittlichen Verpflichtung zerriß zu keiner Stunde, wenn auch die Waffe unter der Wucht der Schläge zerbarst.«

Der Einsatz der 1. Schnellbootsdivision 1944

Das Jahr 1944 sah die Flottillen der 1. Schnellbootsdivision in der Adria im Einsatz. Die Division gliederte sich wie folgt:

1. Schnellbootsdivision

Divisionschef:	FregKapt. H. Max Schultz (7. 43–3. 45)
Divisionschef i. V.:	Kptlt. Albert Müller (9. 43–8. 44)
Divisionschef i. V.:	Kptlt. Siegfried Wuppermann (3. 45–Ende)
1. Admiralstabsoffizier:	Kapitänleutnant Horst Weber (1. 44–1. 45)
1. Admiralstabsoffizier:	Kapitänleutnant Wrampe (1. 45–Ende)
Verbands-Ing.:	Kptlt. (Ing.) Sander (5. 44–4. 45)
DivVerwOffz.:	Kptlt. (V) Heinz Hartwig (10. 43–Ende)

3. Schnellbootsflottille

Flottillenchef:	FregKpt. He. Max Schultz (7. 43–7. 44)
Stellvertreter:	Kptlt. Albert Müller (7. 43–6. 44)
Flottillenchef:	Kptlt. Albert Müller (6. 44–10. 44)
Flottillenchef:	Kptlt. Günther Schulz (10. 44–Ende)

Boote: Kommandanten:
- S 30 – Oberleutnant zur See Backhaus
- S 33 – Oberleutnant zur See Brauns
- S 54 – Stabsobersteuermann Eilers
- S 36 – Obersteuermann Ahlers
- S 57 – Oberleutnant zur See Buschmann
- S 58 – Oberleutnant zur See Milbradt
- S 60 – Oberleutnant zur See Haag
- S 61 – Kapitänleutnant von Gernet

7. Schnellbootsflottille

Flottillenchef:	KorvKpt. Trummer (6. 42–7. 44)
Flottillenchef:	Kptlt. Günther Schulz (7. 44–10. 44)

Boote: Kommandanten:
- S 151 – Leutnant zur See Pankow

S 152 – Obersteuermann Mensch
S 154 – Leutnant zur See Kelm
S 155 – Oberleutnant zur See Heckel
S 156 – Obersteuermann Lössenberg
S 157 – Oberleutnant zur See Liebhold
S 158 – Obersteuermann Hertwig

24. Schnellbootsflottille

Flottillenchef: Kptlt. Hans-Jürgen Meyer
Boote: Kommandanten:
S 601 – Obersteuermann Swoboda
S 602 – Stabsobersteuermann Annuß
S 603 – Oberleutnant zur See der Reserve Bollenhagen
S 604 – Stabsobersteuermann Wernicke
S 621 – Oberfähnrich der Reserve Rohloff
S 623 – Obersteuermann Elksneit
S 626 – Obersteuermann Kaufhold
S 627 – Obersteuermann Jahraus
S 628 – Leutnant zur See Overwaul
S 629 – Leutnant zur See Müller

21. Schnellbootsflottille

Flottillenchef: Kapitänleutnant Graser
Boote: Kommandanten:
LS 7 – Obersteuermann Schippke
LS 8 – Obersteuermann Klaiber
LS 9 – Obersteuermann Huckebrink
LS 10 – Obersteuermann Breitschuh
LS 11 – Obersteuermann Henseleit

Der erste Einsatz der Schnellboote im Jahre 1944 in der nördlichen Adria wurde von zwei Booten der 3. S-Flottille unter Führung von Oberleutnant zur See Horst Weber durchgeführt. Sie versenkten zwei Motornachschubsegler. Anschließend beschossen sie die Hafenanlagen von Lissa.

Dieselben Boote liefen auch in der Nacht zum 10. Januar aus. Diesmal wurde der Hafen Komitza beschossen. Auf dem Rückweg wurden ein griechischer Nachschubsegler aufgebracht und mehrere Partisanen gefangengenommen.

Geleitfahrten, Hafenbeschießungen und Störung des Partisanennachschubs, das waren die Aufgaben der Boote.

Fregattenkapitän Schultz führte die Boote, die in der Nacht zum 18. März abermals in das dalmatinische Inselgebiet liefen. Ein Partisanen-Motorfischkutter, der zu entkommen versuchte, wurde mit der 2-cm-Bugkanone versenkt.

Im Gefecht mit feindlichen Torpedobootszerstörern gelang es in der Nacht zum 3. Mai, eines dieser Fahrzeuge zu torpedieren.

Unter Kapitänleutnant von Gernet, Kommandant S 61, liefen in der Nacht zum 11. Mai abermals zwei Boote zum Erkundungsmarsch aus. Auch diesmal wurde ein 250 BRT großes Küstenmotor-Passagierfahrzeug versenkt.

Beim Durchbruch der Räumboote der 12. R-Flottille durch die Otrantostraße in die Ägäis waren abermals zwei Boote unter Führung des Divisionschefs vom 18. bis 20. Mai beteiligt. Dabei wurden am 20. Mai ein feindliches Partisanenboot vernichtet und vier Gefangene gemacht.

In einer Großoperation konnten schließlich fünf Boote der 7. S-Flottille vom 31. Mai bis 1. Juni unter Führung von Korvettenkapitän Trummer fünf Partisanenmotorkutter, ein Kümo* und einen kleinen Tanker nach hartem Gefecht versenken. 159 Gefangene wurden aufgefischt.

Es war ein dauernder Kleinkrieg gegen einen Feind, der sich im Inselgewirr der dalmatinischen Küste wie kein zweiter auskannte. Dieser Einsatz forderte die größte Aufmerksamkeit aller.

Mitte Juni 1944 befand sich der Führungsstab der 1. Schnellbootsdivision in Cattaro, während die Organisations-Astos in Palmanova saßen. Palmanova war auch der Kommandositz der 3. S-Flottille. Die Boote der Flottille waren in mehreren Häfen verstreut. Während S 30 und S 33 einsatzbereit in Pola lagen und von dort ausliefen, lagen S 36 und S 61 aKB (nicht kampfbereit) ebenfalls in Pola. S 54 lag aKB in Salamis, S 57 und S 60 lagen aKB in Venedig.

---

* Küsten-Motorschiff

7. S-Flottille: Die Boote S 155, S 156 und S 157 lagen KB in Split und die Boote S 151, S 152, S 154 und S 158 KB in Venedig.

Alle Boote der 24. S-Flottille mit Kommandositz Grado lagen noch aKB in verschiedenen Werften.

Die Boote der 21. S-Flottille, deren Kommandositz Athen war, lagen sämtlich KB in Rhodos. Es waren dies Leichte Schnellboote.

Am 25. Juni 1944 liefen die Boote S 157, S 154 und T 7 in Richtung dalmatinische Inseln aus. An Backbord voraus führte das italienische Schnellboot T 7. Bei Passieren der Insel Cocoglari wurden zwei Torpedos auf T 7 geschossen, die fehlgingen und an der Steilküste explodierten. Es war genau 22.20 Uhr.

Zehn Minuten später entdeckte Oberleutnant zur See Liebhold Steuerbord achteraus drei große Schnellboote. Lassen wir ihn an dieser Stelle berichten*:

»Vor uns drehte T 7 auf die Küste ab, obwohl die Feindboote zwischen dem Boot und der Küste standen. Der Feind kam schnell auf und eröffnete das Feuer auf T 7 und kurz auch auf unsere beiden Boote. Auf T 7 zeigte sich sehr rasch starke Trefferwirkung, vor allem beobachtet: 4-cm-Granaten, die, mit starker Feuerkonzentration, vermutlich aus mehrrohrigen Waffen, abgeschossen wurden.

›Fertigmachen zum Torpedoangriff!‹ befahl ich.

Aber dieser Angriff wurde durch die überlappende Stellung von T 7 zu den Feindbooten vereitelt.

Um 22.40 Uhr stand T 7 als hell leuchtende Fackel auf der See und der Feind stellte das Feuer ein. Er lief mit eingeschalteten Scheinwerfern auf T 7 zu. Zwei Feindboote hielten an unseren Booten Fühlung.

Um 22.50 Uhr hatten wir sie abgeschüttelt.

Wir konnten wenig später 21 Mann der Besatzung von T 7 retten, ehe wir den Rückmarsch nach Zara antraten.«

Der Seekommandant Norddalmatien meldete dem Kommandierenden Admiral Adria:

›T 7 liegt 43 Grad 47,8 Min. Nord – 15 Grad 36 Min. Ost. Schiff brennt. Nicht mehr zu retten. 21 Mann gerettet, davon elf verwun-

---

* Siehe Liebhold: ›Kurzbericht S 157 vom 25. Juni 1944‹

det. Werden heute nach Zara abtransportiert. Über Kommandanten nichts bekannt. Drei Tote, elf Mann vermißt. Gefangene möglich.‹

Am 1. Juli waren die ersten ehemaligen italienischen MAS-Boote in Grado fahrbereit. Es waren: S 621, S 627, S 628 und S 629. Sie mußten jedoch noch ein FuBM-Gerät erhalten, ehe sie KB waren. Die in Monfalcone liegenden S 623 und S 626 waren noch aKB. Ebenso die in Saloniki liegenden S 601, S 602 und S 604.

Die 22. S-Flottille befand sich zu dieser Zeit auf der Überführung von der Ostsee in die Adria. Als Kommandositz war Lignano, südlich Latisana, vorgesehen.

Die 7. S-Flottille führte im Juli mehrere Einsätze durch. Bei dem Gun-Boat-Gefecht am 23./24. Juli wurde anläßlich einer Geleitsicherungsaufgabe von Booten der Flottille ein MGB versenkt. Zwei Tage später wurde abermals bei Geleitsicherung ein MGB in Brand geschossen.

Am 27. Juli trafen in Monfalcone die ersten Boote der 22. S-Flottille ein. Sofort ging der Werftstab daran, die Fahrbereitschaft der Boote herzustellen.

In dieser Zeit und auch im Laufe des August wurde von der 1. Schnellbootsdivision hauptsächlich Geleitsicherung gefahren. Kapitänleutnant Müller schrieb in das KTB:

›Der Einsatz der S-Boote in der Geleitsicherung hat nach den bisherigen Gefechtsberührungen mit MGB bewiesen: Die S-Boote können nicht verhindern, daß den eigenen Geleiten schwere Verluste zugefügt werden. Aufgrund ihrer Artillerieüberlegenheit sowie ihres geschickten taktischen Einsatzes ist es bisher den MGB immer wieder gelungen, unsere Geleite auseinanderzusprengen, um dann die verschiedenen Fahrzeuge einzeln zu vernichten.

Die Gun-Boote operierten nach den bisher gemachten Erfahrungen auf hervorragende Art. Gun-Boot-Gruppen, in der Regel drei Boote, stellen sich mit abgestellten Motoren ganz dicht unter die Küste. Sie lassen zunächst das Geleit an sich vorbeiziehen, um dessen Stärke sowie die Anzahl der Sicherungsfahrzeuge feststellen zu können. Dann greifen sie – meistens von achtern – an. Schlagartiger Feuerüberfall.

Gun-Boote verwenden neuerdings 4-cm-Leuchtgranaten. Fächer jeweils vier Stück mit etwa zwei Sekunden Leuchtdauer. Abschüsse sind äußerst lichtschwach, wirken wie Blinken mit abgeblendeter Klappbuchse. Bisher beobachtet, daß Gun-Boote oftmals in Dwarslinie auf Geleite zulaufen. Sie feuern dann mit 4-cm-Buggeschützen, drehen zum Passier- oder laufenden Gefecht auf; dabei Konzentration auf jeweils nur ein Ziel.

Die MGB besitzen einen Panzer, der von unseren 2-cm-Geschossen nicht durchschlagen werden kann. Erst wenn die Boote der 3. S-Flottille auf 4-cm-Kanonen umgerüstet sind, wird zu erwarten sein, daß sie den MGB artilleristisch gefährlich werden.

Daß es den MGB bisher verhältnismäßig leicht gelungen ist, unsere Geleite zu zersprengen, um anschließend die einzelnen Fahrzeuge zu vernichten, liegt m. E. zum großen Teil mit daran, daß die Geleit- und auch die Sicherungsstreitkräfte erst kurzfristig vor Beginn der Fahrt zusammengestellt werden, ohne vorher die geringste Möglichkeit gehabt zu haben, Rotten- geschweige denn Gruppenfahr- und Gefechtsausbildung geübt zu haben.

Es wird immer leicht sein, einen Verband, der nicht aufeinander eingespielt ist, auseinanderzujagen. Ich halte es daher für unbedingt erforderlich, daß den einzelnen Sicherungsfahrzeugen soviel wie nur eben möglich Gelegenheit gegeben wird, Übungen in der Einzel-, Rotten- und Gruppenfahr- und Gefechtsausbildung zu geben. Denn nur so werden die an und für sich gut bewaffneten Sicherungsstreitkräfte in der Lage sein, die taktisch gut geführten MGB abzuwehren.

Aufgefallen ist mir, daß die im süddalmatinischen Raum eingesetzten Sicherungsfahrzeuge keine Möglichkeit der Nachrichtenübermittlung während des Gefechtes außer der Klappbuchse haben. Ich halte eine Ausrüstung aller Sicherungsfahrzeuge mit UK-Geräten für unbedingt erforderlich.

gez. Müller, Kapitänleutnant‹

In der Nacht zum 19. August liefen fünf Boote der 3. S-Flottille zu einer Geleitaufgabe aus. Es galt, eine Reihe von Transportern für die griechischen Häfen durchzubringen. Es waren S 30, S 33, S 36, S 57 und S 58. Die Sicherungsstreitkräfte bestanden in einigen MAL (Marine-Artillerie-Leichter).

Die Nacht stand hoch über den drei S-Booten, die an der gefährlichen Backbordseite des Konvois liefen. Am 18. August 1944 passierten sie um 23.15 Uhr die Inseln Bisevo und Vis.

»Hundertprozentiger Ausguck!« befahl Oberleutnant zur See Brauns, der als Kommandant von S 33 diesmal auch vertretungsweise die Flottille führte.

Der Ausguck Brücke suchte die See an Backbord voraus ab. Als sich Oberleutnant zur See Brauns umwandte, sah er Backbord achteraus den gischtumschäumten Bug von S 57. Dahinter, kaum noch sichtbar, lief S 30. S 36 und S 58 standen an der Steuerbordseite des südgehenden Geleites.

»In wenigen Minuten haben wir die Insel Korcula erreicht, Herr Oberleutnant!« bemerkte die Nummer Eins.

Oberleutnant zur See Brauns nickte. Er sah die Schatten der Transporter an seiner Steuerbordseite. Sie hatten diesmal zwei größere Schiffe dabei.

Schließlich wandte er sich nach Backbord, hob sein Fernglas vor die Augen und suchte die Kimm im Osten ab. Dann schwenkte er nach Backbord achteraus und zuckte plötzlich zusammen.

»BÜ: Flo-Chef an alle: Schatten Backbord achteraus!«

Der Befehlsübermittler, der im Hintergrund lehnte, sprach die Meldung durch und erhielt die Bestätigung.

Inzwischen kamen die Schatten größer heraus, und auf einmal sahen alle, die auf der Brücke standen, wie achtern an mehreren Stellen gleichzeitig hellblitzende Lichter erschienen und dann wieder erloschen.

»Klappbuchse?« fragte der Ausguck. Aber da wurde er durch das Heranheulen einer Salve eines Besseren belehrt, die als Leuchtgranaten dem Boot entgegenzischte.

»Flo-Chef an alle: Drei Motorkanonenboote greifen an!«

»Feuer eröffnen!«

Aus zwanzig 2-cm-Rohren jagten alle fünf Boote dem Feind die buntschillernden Schnüre der Leuchtspur entgegen.

Auf den sehr schnell näher kommenden MGB blitzten nun die Abschüsse in pausenloser Folge.

»Sie schießen sich auf S 57 ein, Herr Oberleutnant!«

»Flo-Chef an S 30 und S 36: Angriff auf MGB!«

S 33 drehte mit Hartruder nach Backbord und lief nun spitz auf eines der MGB zu, das aus allen Rohren auf S 57 schoß. Näher und näher raste S 33 auf den Gegner zu. Seine Fla-Waffen jagten Schnellfeuer hinaus. Bis auf 300 Meter kamen sie an den Gegner heran und sahen, wie die 2-cm-Granaten an der Panzerung explodierten, ohne sie zu durchdringen.

»S 57 meldet drei Treffer, Herr Oberleutnant!«

»Flo-Chef an S 57: Abdrehen und Nordwestkurs laufen!«

S 57 bestätigte und drehte.

Aber in eben diesem Moment jagten alle drei Motorkanonenboote ihre Granaten in das Boot hinein.

Und auf einmal sprangen zwei Torpedodetonationen an zwei Dampfern hoch. Flammen stoben gen Himmel.

»Da rakt noch ein MTB, Herr Oberleutnant!« rief die Nummer Eins.

S 57 begann sich einzunebeln, aber die Flammen und der dicke schwarze Rauch durchstießen die grauen Schwaden. Dann stellte das Boot die Nebeldüsen wieder ab.

Während die 2-cm-Kanonen der vier übrigen Schnellboote sich auf die Bedienungen der Feindgeschütze konzentrierten und auch die eine und andere außer Gefecht setzten, hieben weitere Granaten um S 57 in die See. Andere schlugen ins Boot. Dicker schwarzer Qualm stieg aus dem Innern des Schnellbootes auf.

»S 57 an Flo-Chef: Müssen Boot aufgeben!«

»Flo-Chef an K. S 57: Gehen Sie von Bord! Wir fischen Sie auf!«

Und während die MGB nach vorn jagten und einen der brennenden Dampfer mit Granaten durchlöcherten, lief S 33 zu der Stelle hinüber, wo die Besatzung von S 57 im Wasser schwamm, und nahm sie auf.

Sie waren kaum eine halbe Meile von dem sinkenden Boot entfernt, als eine gewaltige Explosion aus der Maschinenanlage zu ihnen herüberdröhnte und das Boot von der Wasseroberfläche verschwand.

»Habe Torpedofächer geschossen!« meldete S 36.

S 58 meldete Einzelschuß. Aber die Feindboote wichen den Torpedos aus. Sie zackten, schossen, wurden von den Geschützen der

MAL zurückgetrieben. Eines erhielt einen Treffer und drehte brennend ab.

Einer der beiden Dampfer wurde von einem MGB tödlich getroffen, während der Brand auf dem zweiten gelöscht werden konnte. Dann war der Kampf plötzlich vorüber.

Dieses nächtliche Gefecht bewies noch einmal, daß die 2-cm-Kanonen gegen gepanzerte MGB nichts ausrichten konnten.

Das Geleit erreichte den Bestimmungshafen. Es hatte einen Dampfer verloren. Wieder einmal mehr hatten die MGB in alter Manier einen Erfolg errungen.

Unter Führung des Kommandanten von S 155, Oberleutnant zur See Heckel, liefen am 2. September die vier einsatzbereiten Boote der 7. S-Flottille in Richtung Brac aus. Von dieser Insel aus operierten die Partisanen, und die vier Boote wollten den Nachschubverkehr dorthin lahmlegen.

Als sie dicht bei der Insel standen, wurde ein kleiner Konvoi der Partisanen gesichtet. Alle Boote eröffneten das Feuer. Zwei Einheiten der Partisanen gerieten in Brand, und mit gellenden Explosionen barst ein Motorkutter, der Munition geladen hatte, auseinander.

Von Land eröffneten die Partisanen das Feuer. Sie setzten sogar Granatwerfer ein. An der Küste entlanglaufend, erwiderten die vier S-Boote dieses Feuer und brachten es zum Schweigen.

In dasselbe Gebiet liefen wenige Tage später drei Boote unter Führung von Oberleutnant zur See Kelm (Kdt. S 154) aus. Ein Partisanenfahrzeug wurde versenkt und acht Gefangene wurden gemacht. Die Häfen Supetar und Sumartin sowie Feindstellungen auf Cornat wurden im September beschossen.

Auf Befehl des Kommandierenden Admirals Adria liefen am 20. September Teile der 3. und 7. S-Flottille, zur Unterstützung des T-Boots-Durchbruches in die Ägäis, ins Dreieck Lissa-Brac-Solta aus. Von der 7. S-Flottille waren es die beiden Boote S 154 und S 158. Es herrschten Windstärke 5 und Seegang 4. Wegen Totalausfalls des UK-Geräts mußte S 158 kehrtmachen. Beide Boote liefen daraufhin um 0.30 Uhr in Split ein. Nur die Boote der 3. S-Flottille konnten ihre Sicherungsaufgabe durchführen.

Im Oktober griffen auch Boote der 24. S-Flottille in den Kampf ein. Sie kämpften Feindstellungen auf Melada nieder, während zur gleichen Zeit Boote der 3. S-Flottille die Kaianlagen Meladas torpedierten.

Am 10. Oktober liefen ein T-Boot und zwei U-Jäger mit vier Booten der 24. S-Flottille zum Sonderunternehmen ›Dakapo‹ von Pola aus. Die Führung dieses Unternehmens lag in den Händen des Chefs der 1. Geleitflottille.

Man vermutete auf der südwestlichen Landzunge der Insel Molat eine Funk- und Signalstation. Diese sollte zerschlagen werden. Außerdem wurden in Häfen und Buchten Bandenschlupfwinkel und Anlegestellen für Partisanenfahrzeuge vermutet.

Nach dem Operationsbefehl lief eine Gruppe, bestehend aus den beiden U-Jägern und zwei S-Booten, an der Westseite der Insel entlang, die zweite Kampfgruppe mit dem T-Boot und zwei S-Booten an der Südwest- und Südseite. Während die erste Gruppe das Feuer auf die Funkstation und die Buchten eröffnete, aus denen der Feind das Feuer erwiderte, griffen die Boote der 3. S-Flottille die Hafenanlagen an und torpedierten die Kais. Zwei kleine Fahrzeuge, die im Hafen lagen, flogen in die Luft.

Am 13. Oktober gingen die Reste der 7. S-Flottille als 2. Gruppe in der 3. S-Flottille auf. Aus der 24. S-Flottille wurde die 3. Gruppe der 3. S-Flottille gebildet.

Zwei Tage später, am 15. Oktober, lief zum erstenmal die 2. Gruppe der Flottille unter Oberleutnant zur See Buschmann (geretteter Kommandant von S 57) zu den Hafenanlagen von Zirje, die sie durch Torpedos unbenutzbar machten.

Vier Boote der 1. Gruppe unter Führung von Oberleutnant zur See Backhaus (Kdt. S 30) versenkten in einem nächtlichen Erkundungsvorstoß am 20. November vor Benedetto zwei Motornachschubsegler von 450 und 350 BRT.

Das Jahr 1944 ging mit einem nächtlichen Gefecht gegen feindliche MGB zu Ende. Zwei Boote erhielten Treffer. Eines der MGB wurde in Brand geschossen.

Neben S 57 waren noch S 33 (im Oktober 1944 gestrandet), S 54 (in Saloniki Ende Oktober 1944 gesprengt) und S 158 (25. Oktober 1944 in Sibenik durch Fliegerbombe versenkt) verlorengegangen.

Von den ehemaligen MAS-Schnellbooten sanken im gleichen Zeitraum:

S 601 im Oktober 1944 in der Ägäis, S 604 im November durch MGB-Treffer.

Auch in diesem Kampfraum sank der Stern der Kleinkampfeinheiten. Das Ende war bereits abzusehen.

Daß alle Besatzungen nach wie vor ausliefen, zeigt die hohe Moral dieser ›verlorenen Haufen‹ der Kriegsmarine.

Die letzte Lagemeldung des Jahres 1944 lautete:
3. Schnellbootsflottille:
1. Gruppe: (Gruppenführer Oberleutnant zur See Backhaus) mit 5 klaren Booten in Pola.
2. Gruppe: (Gruppenführer Oberleutnant zur See Buschmann) mit 3 klaren Booten in Pola.
3. Gruppe: (Gruppenführer Oberleutnant zur See Bollenhagen) mit 1 klarem Boot in Triest.

Kommandositz war nach wie vor Palmanova.

Die nicht einsatzbereiten Boote der 3. Gruppe lagen auf der Werft in Monfalcone.

Das Jahr 1945 – bis zum bitteren Ende

Bis Ende Dezember 1944 hatten die drei S-Boots-Flottillen (ab Oktober in die drei Gruppen der 3. S-Flottille aufgegangen) 85 Geleitsicherungsunternehmungen durchgeführt. Achtmal wurden Hafenanlagen beschossen und torpediert. Achtmal standen die Einheiten in Zerstörergefechten, neunmal im Kampf gegen feindliche Motor-Kanonenboote. Hinzu kamen zahlreiche weitere Gefechtsberührungen mit Schnellbooten und anderen Fahrzeugen.

Nur zwei S-Boote waren in diesen Einsätzen am Feind verlorengegangen. Die Schnellboote hatten insgesamt 27 Fahrzeuge versenkt, darunter ein MGB. Torpediert wurden ein feindliches Torpedoboot, ein MGB und ein Artillerieträger.

Nach diesen Erfolgen gingen die Boote mit Zuversicht in das neue Jahr. Aber bereits im Januar 1945 – S 36, S 58, S 60 und S 61 liefen zu einer Geleitunternehmung aus – erlitten sie einen großen Verlust:

Als, wiederum von achtern aufdampfend, feindliche Kanonenboote angriffen und ihre Geschützfeuer sich auf den größten Dampfer konzentrierte, fuhren drei der vier S-Boote einen Torpedoangriff. Alle Aale verfehlten den wild zackenden und mit wechselnden Fahrtstufen laufenden Gegner. Durch das Feuer seiner vorderen Zwozentimeter gelang es S 36, einen der Gegner in Brand zu schießen.

Plötzlich aber tauchten weitere Feindfahrzeuge auf, und die S-Boote mußten sich einnebeln und ablaufen.

Nahe der Insel Unie, auf der Höhe von Lussinpiccolo, lief dann das an der Spitze marschierende S 36 auf Grund, und kurz darauf saßen auch die übrigen drei Boote fest.

Durch einen Kompaßfehler, wie sich später herausstellte, erlitt die Schnellbootswaffe den größten Verlust ihrer Geschichte im Mittelmeer. Vier Boote wurden ohne Feindeinwirkung vernichtet.

Zur gleichen Zeit wurde S 154 in Pola durch Fliegerbomben versenkt.

Die übrigen Boote liefen weiter zu ihren gewohnten Unternehmungen aus. Am 1. Mai 1945 wurde S 157 westlich Triest durch Granatwerferfeuer von Land schwer getroffen und sank.

Es ist völlig unmöglich, im Rahmen dieses Buches alle Einheiten, ja auch nur alle Flottillen der Kriegsmarine zu nennen, die in selbstlosem Einsatz im Mittelmeer fuhren.

Dennoch soll des Einsatzes der 2. Geleitflottille an dieser Stelle noch einmal gedacht werden. Der erste Chef dieser Flottille, Fregattenkapitän der Reserve F. W. Thorwest, hatte am 30. Oktober 1944 bei einem Geleitunternehmen in der Adria den Tod gefunden. Am 5. November war ihm das Ritterkreuz verliehen worden, aber dieser tapfere Offizier erlebte die hohe Auszeichnung nicht mehr.

In seinem Geiste setzte Korvettenkapitän von Hansmann den Einsatz bis zum 3. Mai 1945 fort.

Die Torpedoboote seiner Flottille, von denen TA 49 bereits am 4. November 1944 in La Spezia durch Fliegerbomben vernichtet worden war, fuhren im Januar und Februar 1945 Geleitsicherung. Am 20. Februar erhielten sie dann den Todesstoß.

An diesem Tage wurden in Fiume TA 46 und TA 47 durch Fliegerbomben versenkt. Durch einen amerikanischen Luftangriff am selben Tage auf Triest erlitt TA 48 dasselbe Schicksal.

Die Boote der 21. U-Jagd-Flottille, die von Saloniki aus in die Adria entkommen waren, setzten ihren Kampf aus den Häfen Pola, Fiume und Triest fort.

Die noch schwimmenden Boote versuchten den beiden am 1. November 1944 gesunkenen Flottillenbooten UJ 202 und UJ 208 nachzueifern, deren Kommandanten – die Oberleutnante zur See Heinz Trautwein und Klaus Wenke – nach dem Zerstörer- und Fregattengefecht vom 31. Oktober zum 1. November 1944 mit dem Ritterkreuz ausgezeichnet worden waren.

Das letzte Boot dieser Flottille wurde nach Fliegerbombenschäden am 2. Mai 1945 in Venedig versenkt; es war UJ 206.

Die TA-Boote der 9. T-Flottille liefen auch im Jahre 1945 von Triest und Pola zu neuen Unternehmungen aus.

Als erstes der sechs Flottillenboote wurde TA 44 am 12. Februar 1945 in Triest durch eine Bombe britischer Flieger versenkt. Am 17. Februar folgte ihm TA 41 in die Tiefe. Es wurde bei San Rocco von einer Fliegerbombe getroffen.

Fregattenkapitän Birnbaum gab nicht auf. Immer wieder liefen seine übriggebliebenen Einheiten zu Küstenbeschießungen, Geleitfahrten und Erkundungsvorstößen aus.

Feindliche Motorsegler, Küstenfahrzeuge, Partisanenboote wurden versenkt. Im Gefecht mit feindlichen Zerstörern und MGB kämpften diese wenigen Torpedoboote mit letztem Einsatz. Es gelang ihnen, ein MGB durch Torpedotreffer und ein weiteres mit der Artillerie zu vernichten.

TA 40 erhielt am 20. Februar im Hafen von Triest einen Bombentreffer und fiel für einige Wochen aus.

Gut einen Monat darauf gab es abermals einen schweren Luftangriff auf die Hafenanlagen von Venedig. Dabei wurde TA 42 am 21. März vernichtend getroffen.

Am 13. April lief noch einmal TA 40, das nach dem Treffer vom 20. Februar wieder fahrklar gemacht worden war, mit TA 45 zu einem Aufklärungsvorstoß aus. Hierbei stießen die beiden Boote auf einen Feindverband, der aus drei Zerstörern und mehreren Schnellbooten bestand. Es kam zum letzten Seegefecht der 9. T-Flottille.

Beide Boote schossen aus allen Waffen, als der Feind in Sicht kam. Sie erzielten mit ihren 10-cm-Geschützen Treffer auf den Zerstörern und versenkten ein Schnellboot. Ein weiteres drehte schwarz qualmend ab.

Dann aber stiegen zwei Torpedodetonationen mittschiffs bei TA 45 empor. Das Boot wurde von diesen beiden Treffern so stark leckgeschlagen, daß es binnen kurzer Zeit sank.

TA 40 konnte dem Granathagel und den Torpedofächern entkommen und erreichte Triest mit mehreren Treffern. Es war aber noch fahrbereit.

Am 1. Mai wurde es abermals gebombt und sank.

Das letzte Boot der Flottille, TA 43, ließ Fregattenkapitän Birnbaum am 3. Mai 1945 sprengen. Es war ein Ereignis eingetreten, das ihn zu dieser Maßnahme zwang:

In der Operation ›Grapeshot‹ war den amerikanischen Truppen unter General Clark ein zweifacher Durchbruch durch die deutschen Stellungen zwischen Comacchio und der Straße Faenza-Bologna und auf den Straßen Florenz-Bologna und Pistoia-Bologna gelungen.

Bei Bondeno, zwanzig Kilometer nordwestlich Ferrara, vereinigten sich die britische 8. und die amerikanische 5. Armee. Damit hatten sie die hier stehende 10. deutsche Armee im Rücken gepackt. Mit einem Vorstoß auf Verona sollten nun die Verbindungsstraßen über den Brenner abgeschnitten werden.

Mitte April forderte Generaloberst von Vietinghoff-Scheel vom OKW die Rückzugsgenehmigung hinter den Po. Diese wurde verweigert.

Am 22. April erreichte die erste US-Division den Po bei San Benedetto. Zwei Tage später standen bereits fünf alliierte Divisionen auf dem Nordufer.

Damit fiel die Mehrzahl der schweren Waffen und des schweren Gerätes in Feindeshand. Außerdem gerieten 25 000 deutsche Soldaten der 10. Armee in Gefangenschaft.

Von nun an hing der Zeitpunkt des alliierten Vorstoßes auf Triest, Monfalcone und Gorizia nur noch von der Beschaffenheit der Straße ab.

So mußten denn auch in Triest und Pola die letzten deutschen Kleinkampfeinheiten gesprengt werden.

Auf der Westseite Italiens, im Bereich der 14. deutschen Armee, begann der entscheidende Kampf am 3. April im Raume Massa-Carrara. Hier stieß die 92. US-Division über Sarzana auf La Spezia vor. Auch hier wurden sämtliche Einheiten der Kriegsmarine gesprengt. Der Hafen war danach von Wracks völlig verstopft. Der weitere alliierte Vorstoß zielte nunmehr auf Genua.

Von Genua aus liefen die Boote der 11. R-Flottille auch im Jahre 1945 zu Geleitunternehmungen nach La Spezia und Nizza aus. Gemeinsam mit den Booten der 22. U-Jagd-Flottille und der 13. Sicherungsflottille sicherten sie den wichtigen Nachschub.

In UJ 2221, der ehemaligen italienischen ›Vespa‹, und UJ 2222, der ›Tuffeto‹, hatten sie ihre größten Stützen.

Dicht unter der Küste marschierend, ständig von Flugzeugen angegriffen, behaupteten sich diese kleinen Boote. Es waren dieselben Einheiten, die bereits im Vorjahr immer wieder nur um Haaresbreite der Vernichtung entgangen waren.

Aber auch sie mußten am 25. April, zwei Tage vor dem Eindringen des Feindes in Genua, gesprengt werden.

Und so gingen sie auf Tiefe. Vom Feind oft angeschlagen, aber nie besiegt: R 189, R 198, R 199 und R 212.

Auch UJ 2210 und UJ 2222 wurden hier neben weiteren Kleinkampfeinheiten versenkt.

Einer der bekanntesten U-Jäger-Kommandanten, der hier in den letzten Wochen im Einsatz stand, war der Kommandant von UJ 2210, Oberleutnant zur See Otto Pollmann. Bereits als Leutnant hatte er mit seinem Boot mehrere U-Boote vernichtet und das Ritterkreuz erhalten. Am 25. Mai 1944 wurde ihm als Oberleutnant das Eichenlaub zum Ritterkreuz verliehen.

Eine hohe Auszeichnung für den Kommandanten eines kleinen Kolchers. Aber Pollmann und seine Besatzung hatten sie in Hunderten von Einsätzen verdient.

Neben den Räumbooten waren es die letzten Torpedoboote der

10. T-Flottille, die auch im Jahre 1945 wieder zu weiteren gefahrvollen Einsätzen ausliefen. Immer mehr neigte sich der Schwerpunkt ihres Einsatzes den Geleitaufgaben zu. So unterstützten sie wirksam den Einsatz der R-Boote und der U-Jäger.

Im Februar gelang es zwei TA-Booten, ein feindliches Schnellboot im Gefecht zu versenken. Dann kam der Monat März, und mit ihm das denkwürdige Zerstörergefecht.

Mit allen drei Booten unternahm Kapitänleutnant Burkhardt am 18. März 1945 eine offensive Minenunternehmung im Ligurischen Meer. Es sollte eine der dramatischsten Feindfahrten werden.

Die drei Torpedoboote liefen mit Marschfahrt in Kiellinie, als TA 24, das Führerboot, einen Schatten in Kompaßpeilung 180 Grad meldete. Wenig später kamen drei feindliche Zerstörer in Sicht.

»Flo-Chef an alle: Feindliche Zerstörer, Entfernung achtzighundert. – Feuererlaubnis!«

»An Torpedowaffe: Klar zum Fächerschuß!«

Die beiden Befehle folgten einander in wenigen Sekunden. An den Rohrsätzen der TA-Boote wurden die Werte eingestellt, die von der Rechenstelle auf der Brücke durchgegeben worden waren. Alle drei Boote drehten auf Angriffskurs zum Torpedoschuß.

Die feindlichen Zerstörer eröffneten das Artilleriefeuer. Granaten schlugen vorn und achtern, an Steuerbord und Backbord der drei Boote in die See. Sie hielten ihren Kurs durch, bis sie nahe genug heran waren. Drei Dreierfächer wurden geschossen und liefen zu den Zerstörern hinüber.

Jetzt eröffneten auch die Geschütze der TA-Boote das Feuer. Nach Ablauf der Torpedolaufzeit sprangen an einem der Zerstörer zwei Torpedotreffer empor.

Dicker, schwarzer Qualm verdeckte bald darauf den getroffenen Gegner, und aus diesem Qualm zischten die Leuchtspurgranaten heraus.

Der am weitesten achteraus stehende Zerstörer lief plötzlich mit AK nach Süden. Wahrscheinlich hatte er die auf ihn zulaufenden Torpedos gesichtet und versuchte auszuweichen, was ihm auch gelang, denn es wurde keine Torpedodetonation mehr gehört.

Wieder brüllten Abschüsse, schmetterten Granaten in die TA-Boote hinein.

»Nebeln!« befahl der Flottillenchef.

Sekunden später stießen die Nebeldüsen am Heck dicke Rauchwolken aus. Auf einmal sah Kapitänleutnant Kopka, wie mehrere Granaten gleichzeitig bei TA 29 und TA 24 einhieben. Flammen sprangen aus der Back von TA 29 empor. Alle drei Zerstörer, auch der von den Torpedos getroffene, schossen im Salventakt.

Und auf einmal stiegen die Einschlagpinien zweier Torpedotreffer mittschiffs bei TA 24 in die Höhe.

Sein BÜ rief: »Haben Torpedotreffer! – Boot sinkt schnell!«

TA 29 versuchte, das Feuer der Zerstörer von dem tödlich getroffenen Kameradenboot abzulenken. Ebenso feuerte TA 32 auf den Zerstörer, dessen Granaten auf TA 24 niederpaukten.

Auf einmal ging ein wahrer Stahlregen auf TA 29 nieder. Die Zerstörer ließen von TA 24 ab und konzentrierten sich nun auf TA 29. Treffer schmetterten in die Aufbauten, rissen Zwozentimeter-Geschütze aus den Verankerungen und schleuderten sie über Bord. Munition ging in grellen, bunten Schlägen hoch. Flammenfinger von Boforskanonen griffen zur Brücke.

Beide schwer getroffenen Boote wurden von den Besatzungen verlassen. Als erstes stieß TA 24 in die Tiefe hinunter. Nur wenige Minuten später folgte ihm TA 29.

Lediglich TA 32 konnte dem Feuersturm der Zerstörer entkommen. Es war ebenfalls angeschlagen, hatte aber noch die Kraft, Genua zu erreichen.

Hier wurde das letzte Boot der Flottille zusammen mit dem nicht mehr fahrbereiten TA 31 gesprengt.

Damit war auch die Geschichte der 10. T-Flottille zu Ende. Auch sie hatte unter schwierigsten Bedingungen höchste Leistungen erbracht und war tapfer kämpfend der großen alliierten Seeüberlegenheit zum Opfer gefallen.

Im großen Kriegsgeschehen untergehend, hatte auch hier eine der Tragödien ihr Ende gefunden, an denen die Geschichte der kleinen Kriegsmarineeinheiten im Mittelmeer reich ist.

Der Krieg im Mittelmeer, von deutscher Seite mit bescheidenen Kräften geführt, war zu Ende. Am 27. April erreichten die Amerikaner Genua. Bei San Remo nahmen sie ein paar Tage später Verbindung mit der 1. freifranzösischen Division auf.

Am 29. April unterzeichneten die Bevollmächtigten von Generaloberst von Vietinghoff-Scheel – der General der Panzertruppe von Senger und Etterlin und der Waffen-SS-Obergruppenführer Wolf – beim Generalstabschef der amerikanischen Truppen, General Morgans, im alliierten Hauptquartier in Caserta ein Kapitulationsabkommen, das am 2. Mai 1945 in Kraft trat.

Im gesamten Bereich der Heeresgruppe Südwest schwiegen vom 3. Mai 1945 an die Waffen.

ANHANG

RITTERKREUZTRÄGER IM MITTELMEER

Kapitän zur See Heinrich Bramesfeld (Chef der 7. Sicherungsdivision)		21. 1. 1943
Korvettenkapitän Albrecht Brandi (†) (Kommandant U 617, U 380, U 967)		21. 1. 1943
	Eichenlaub	11. 4. 1943
	Schwerter	13. 5. 1944
	Brillanten	24. 11. 1944
Korvettenkapitän Günther Brandt (Chef der 21. U-Jagd-Flottille)		23. 12. 1943
Fregattenkapitän Hans Dominik (Chef der 9. Torpedoboots-Flottille)		28. 12. 1944
Kapitänleutnant Wilhelm Dommes (Kommandant U 431)		2. 12. 1942
Oberleutnant zur See Horst-Arno Fenski (†) (Kommandant U 410, U 371)		26. 11. 1943
Kapitänleutnant Wilhelm Franken (gef. 13. 1. 1945) (Kommandant U 565)		30. 4. 1943
Korvettenkapitän Wirich von Gartzen (Chef der 10. Torpedobootsflottille)		24. 6. 1944
Kapitänleutnant Friedrich Guggenberger (Kommandant U 81)		10. 12. 1941
	Eichenlaub	8. 1. 1943
Oberleutnant zur See Heinz Guhrke (gef. 31. 10. 1944) (Kommandant TA 20)		5. 11. 1944
Oberleutnant zur See Heinz Haag (Kommandant S 60)		25. 11. 1944
Kapitänleutnant Hans Heidtmann (Kommandant U 559)		12. 4. 1943
Kapitänleutnant Gunter Jahn (Kommandant U 596; Chef 29. U-Flottille)		30. 4. 1943
Bootsmannsmaat der Reserve Karl Jörss (Flakleiter auf einem Transporter)		17. 2. 1943
Kapitän zur See Rolf Johannesson (Kommandant Z 15 und ›Hermes‹)		7. 12. 1942
Kapitänleutnant Gerd Kelbling (Kommandant U 593)		19. 8. 1943
Kapitänleutnant Eitel-Friedrich Kentrat (Kommandant U 74)		31. 12. 1941

Kapitänleutnant Friedrich Kemnade		23. 7. 1942
(Chef 3. S-Flottille)	Eichenlaub	27. 5. 1943
Kapitänleutnant Hans-Werner Kraus		19. 6. 1942
(Kommandant U 83)		
Oberleutnant zur See Siegfried Koitschka		27. 1. 1944
(Kommandant U 616)		
Vizeadmiral Werner Lange		28. 10. 1944
(Kommandierender Admiral Ägäis)		
Fregattenkapitän Gustav von Liebenstein		3. 9. 1943
(Seetransportführer Mittelmeer)		
Vizeadmiral Wilhelm Meendsen-Bohlken		15. 5. 1944
(Befehlshaber des Deutschen Marinekommandos Italien)		
Kapitänleutnant Waldemar Mehl		28. 3. 1944
(Kommandant U 371)		
Kapitänleutnant Albert Müller		13. 12. 1943
(Div.-Chef i. V. 1. S-Division)		
Korvettenkapitän Albert Oesterlin (gef. 22. 1. 1944)		9. 6. 1944
(Chef der Küstenflottille Attika)		
Leutnant zur See Otto Pollmann		9. 5. 1943
(Kommandant UJ 2210)	Eichenlaub	25. 4. 1944
Fregattenkapitän Kurt Reche		8. 5. 1943
(Kommandant Zerstörer ›Hermes‹)		
Kapitänleutnant Hellmut Rosenbaum (gef. 10. 5. 1944)		12. 8. 1942
(Kommandant U 73; Chef 30. U-Flottille)		
Kapitänleutnant Egon Freiherr von Schlippenbach		19. 11. 1943
(Kommandant U 453)		
Oberleutnant zur See Dietrich Schoeneboom		20. 10. 1943
(gef. 23. 10. 1943) (Kommandant U 431)		
Kapitänleutnant Heinrich Schonder (gef. 28. 6. 1943)		19. 8. 1942
(Kommandant U 77)		
Fregattenkapitän F. W. Thorwest (gef. 30. 10. 1944)		5. 11. 1944
(Chef 2. Geleitflottille Adria)		
Kapitänleutnant Hans-Diedrich Freiherr von		
Tiesenhausen (Kommandant U 331)		27. 1. 1944
Oberleutnant zur See Heinz Trautwein		5. 11. 1944
(Kommandant UJ 202)		
Oberleutnant zur See Horst Weber		5. 7. 1943
(Kommandant S 55; 1. AdmStOffz. 1. S-Division)		
Oberleutnant zur See Klaus Wenke		5. 11. 1944
(Kommandant UJ 208)		
Oberleutnant zur See Helmuth Werther		8. 11. 1944
(Führer Minensuch-Gruppe der Küstenschutzflottille Attika)		

Korvettenkapitän d. Res. Joachim Wünning (gef. 22. 9. 1944) (Kommandant Minenschiff ›Drache‹)	22. 10. 1944
Korvettenkapitän z. V. Friedrich Wunderlich (Chef 22. U-Jagd-Flottille)	3. 12 1942
Oberleutnant zur See Siegfried Wuppermann (Kommandant S 56)	3. 8. 1941
Eichenlaub	14. 4. 1943

(Nur Träger berücksichtigt, die diese Auszeichnung im Mittelmeer erhielten)

DIE 10. U-FLOTTILLE IN MALTA

Flottillenchef:	Captain G. W. G. Simpson
Flottillenstab:	Commander G. Tanner
	LtCdr. S. A. McGregor
	LtCdr. R. Hiddings
	Lieutenant J. D. Martin
Boote:	Kommandanten:
›Upright‹	Lieutenant E. D. Norman
	Lieutenant J. S. Wraith
›Utmost‹	LtCdr. R. D. Cayley
›Unique‹	Lieutenant A. F. Collett
›Upholder‹	LtCdr. M. D. Wanklyn
›Usk‹	Lieutenant P. R. Ward
	Lieutenant G. P. Darling
›Ursula‹	Lieutenant A. J. MacKenzie
	Lieutenant A. R. Hezelet
›Undaunted‹	Lieutenant J. L. Livesay
›Unbeaten‹	Lieutenant E. A. Woodward
›Union‹	Lieutenant R. F. Golloway
›Urge‹	LtCdr. E. P. Tomkinson
›P 33‹	Lieutenant R. D. Whiteway-Wilkinson
›P 32‹	Lieutenant D. A. B. Abdy
›Sokol‹	Commander Karnicki
›P 34‹	Lieutenant P. R. H. Harrison
›P 31‹	Lieutenant J. B. Kershaw
›Una‹	Lieutenant D. S. R. Martin
	Lieutenant C. P. Norman
›P 38‹	Lieutenant R. J. Hemmingway

›P 35‹   Lieutenant S. L. C. Maydon
›P 36‹   Lieutenant H. N. Edmonds
›P 39‹   Lieutenant N. Marriott

TECHNISCHE DATEN DES U-BOOTES VII-C

Baujahr:	Von 1939 bis 1944
Bauwerften:	Verschiedene (z. B. U 69 Germaniawerft/Kiel)
Größe (Wasserverdrängung):	769 m^3 über, 871 m^3 unter Wasser
Länge über alles:	67,1 m
Breite:	6,2 m
Tiefgang:	4,8 m
Antrieb:	2 Dieselmotoren (MAN oder GW) für Überwasserfahrt
	2 Elektromotoren für Unterwasserfahrt
	2 Schrauben
Maschinenleistung:	2800 PS über, 750 PS unter Wasser
Fahrtstrecke:	6500 sm bei 10 kn Fahrt über Wasser,
	80 sm bei 4 kn Fahrt unter Wasser
Treibstoffvorrat:	114 Tonnen Öl
Bewaffnung:	5 TR 53,3 cm ⌀ (4 Bugrohre, 1 Heckrohr)
	10 Torpedos oder 30 Minen
	1 3,7-cm-Flak
	1 2-cm-Flak
	Die ersten Boote dieses Typs noch
	1 Buggeschütz 8,8 cm
	Später 4 2-cm-Flak in Doppellafetten
	Flak-Bewaffnung war nicht einheitlich
Besatzung:	50 Mann

Die Zahl der in Dienst gestellten Boote dieses Typs betrug 661

DEUTSCHES MARINEKOMMANDO ITALIEN

Befehlshaber:	Vizeadmiral Weichold	(11. 41– 3. 43)
	Konteradmiral Meendsen-Bohlken	(3. 43– 5. 43)
	Vizeadmiral Ruge	(5. 43– 8. 43)
	Vizeadmiral Meendsen-Bohlken	(8. 43– 7. 44)
Chef des Stabes:	Kapitän zur See Loyke	(11. 41– 5. 43)
	Kapitän zur See Bramesfeld	(5. 43– 2. 44)
Stabsoffiziere:	*1. Admiralstabsoffizier:*	
	Kapitän zur See v. Pufendorf	(7. 40– 6. 41)
	Kapitän zur See Friedrichs	(6. 41–10. 42)
	Kapitän zur See Berninghaus	(10. 42– 1. 43)
	Fregattenkapitän Fuchs i. V.	(11. 42– 1. 43)
	Fregattenkapitän Fuchs	(1. 43– 3. 43)
	Kapitän zur See Zimmer	(3. 43– 5. 43)
	Kapitän zur See Wachsmuth	(5. 43–12. 44)
	2. Admiralstabsoffizier:	
	Fregattenkapitän Engelhardt	(2. 41– 4. 41)
	Fregattenkapitän Friedrichs	(4. 41– 6. 41)
	Korvettenkapitän Stock	(7. 41– 9. 43)
	3. Admiralstabsoffizier:	
	Kapitän zur See Pahl	(1. 41– 4. 43)
	Korvettenkapitän Schmiedel	(4. 43– 6. 44)
	4. Admiralstabsoffizier:	
	Korvettenkapitän Schäfer	(9. 41– 5. 43)
	Kapitänleutnant Carlé	(2. 43– 4. 44)
A I G:	Korvettenkapitän Dipl.-Ing. Schmidt	(5. 43–12. 44)
	Marinenachrichtenführer Italien:	
	Korvettenkapitän Teubner	(11. 41– 3. 42)
	Korvettenkapitän Lampe	(5. 42– 3. 43)
	Kapitän zur See Krauss	(4. 43– 8. 43)
	Korvettenkapitän Stöve	(8. 43–12. 44)
Ing.-Offz.:	Kapitän zur See (Ing.) Graef	(3. 42– 3. 43)
	Kapitän zur See (Ing.) Taubert	(4. 43–12. 44)
Ing.-K.:	Korvettenkapitän (Ing.) Hartwig	(4. 43–12. 44)
Leit. San.-Offz.:	Marine-Stabsarzt Dr. Reichel	(2. 43– 9. 44)
	Geschwaderarzt Dr. Lotichius	(3. 43– 9. 44)
U-Boot-Abwehr-Ref.:	Fregattenkapitän Ahrens	(11. 41– 2. 44)
Sperrwaffen-Offz.:	Fregattenkapitän (W) Groth	(4. 43– 9. 44)
Verwaltungs-Offz.:	Fregattenkapitän (V) Fetzer	(10. 41–10. 42)
	Kapitän zur See (V) Kohlhase	(10. 42–12. 44)

Intendant:	Marine-Oberfeldintendant Wulff	(10. 42– 3. 43)
	Geschwaderintendant Schmula	(3. 43–12. 44)
Personalreferent:	Kapitänleutnant Dr. Starklof	(11. 42– 2. 43)
	Korvettenkapitän Overdyck	(3. 43– 8. 43)
	Fregattenkapitän Wernicke	(8. 43– 5. 44)
Quartiermeister:	Kapitän zur See Sporleder	(1. 43– 5. 43)
	Dienstgeschäfte des Chefs des Stabes wahrgenommen:	(5. 43–12. 43)
Oberwerftstab:	Kapitän zur See (Ing.) Graef	(4. 43– 9. 44)
Dienstaufsichtsrichter:	Marine-Kriegsgerichtsrat Franke	(12.41– 7. 42)
	Geschwaderrichter Dr. Michaelis	(7. 42– 6. 44)
MVO zum OB Süd:	Kapitän zur See Aschmann	(12. 41– 2. 43)
	Kapitän zur See Neubauer	(2. 43– 4. 44)
MVO zur Luftflotte 2:	Kapitän zur See Rüdiger	(2. 43– 8. 43)
	Korvettenkapitän Zaubzer	(7. 43– 8. 43)
	Fregattenkapitän Rümann	(8. 43–11. 43)

DEUTSCHES MARINEKOMMANDO ITALIEN
September 1943–Dezember 1944

Befehlshaber:	Vizeadmiral Meendsen-Bohlken	(8. 43– 7. 44)
	Vizeadmiral Löwisch	(7. 44–12. 44)
Chef des Stabes:	Kapitän zur See Bramesfeld	(5. 43– 2. 44)
	Kapitän zur See Jasper	(2. 44–12. 44)
Führungsstab: A I	Kapitän zur See Wachsmuth	(5. 43–12. 44)
(Geleite) A I G	Korvettenkapitän Dipl.-Ing. Schmidt	(5. 43–12. 44)
(Mineneinsatz) A I M	Korvettenkapitän Schmiedel	(4. 43– 6. 44)
	KorvKpt. Dipl.-Ing. Dr. Becker	(6. 44– 7. 44)
	Korvettenkapitän Dipl.-Ing. Boekholt	(7. 44–12. 44)
A III/A IV:	Kapitänleutnant Carlé	(2. 43– 4. 44)
Quartiermeisterstab:	Quartiermeister:	
	Korvettenkapitän Becker	(12. 43– 5. 44)
	Korvettenkapitän Roediger	(5. 44–12. 44)
	Qu 1–3:	
	Korvettenkapitän Roediger	(2. 43–12. 44)
	Korvettenkapitän Sprenger	(4. 43– 2. 44)
	Korvettenkapitän MA Dr. Titzck	(12. 43–10. 44)

	Korvettenkapitän Dr. Mueller	(11. 42– 8. 44)
Ing.-Offz.:	Korvettenkapitän (Ing.) Taubert	(4. 43–12. 44)
Ing.-K.:	Korvettenkapitän (Ing.) Hartwig	(4. 43–12. 44)
Leit. San.-Offz.:	Geschwaderarzt Dr. Lotichius	(2. 43– 9. 44)
	Marine-Oberstabsarzt Dr. Hartmann	(9. 44–12. 44)
Flak-Referent:	Korvettenkapitän MA Dr. Palmgreen	(43– 9. 44)
Art.-Waffen-Ref.:	Korvettenkapitän (W) Hilgers	(11. 43–12. 44)
Sperrwaffen-Ref.:	Fregattenkapitän (W) Groth	(4. 43– 9. 44)
U-Boot-Abwehr-Ref.:	Fregattenkapitän Ahrens	(11. 41– 2. 44)
Verw.-Offz.:	Kapitän zur See (V) Kohlhase	(10. 42–12. 44)
Intendant:	Geschwaderintendant Schmula	(3. 43–12. 44)
Personalabteilung:	Fregattenkapitän Wernicke (P 1)	(8. 43– 5. 44)
	Korvettenkapitän Rüder (P 1)	(5. 44–12. 44)

DEUTSCHES MARINEKOMMANDO TUNESIEN

Chef:

Kapitän zur See Loyke mWdGb	11. 42–12. 42
Konteradmiral Meendsen-Bohlken	12. 42– 3. 43
Kapitän zur See Dr. Meixner	3. 43– 5. 43

Stab:

1. Admiralstabsoffizier (zugl. Chef des Stabes):

Kapitänleutnant Reischauer (mWdGb)	11. 42–12. 42

2. Admiralstabsoffizier:

Fregattenkapitän Wachsmuth	12. 42– 5. 43
Kapitänleutnant Günther (gleichzeitig Art.-Kdr. Tunesien und Kdr. M. AA 640)	12. 42– 5. 43

3. Admiralstabsoffizier:

Korvettenkapitän Küster (gleichzeitig Quartiermeister)	12. 42– 5. 43

4. Admiralstabsoffizier:

Kapitänleutnant Dressler	2. 43– 5. 43

Kraftfahrzeugoffizier:

Kapitänleutnant (Ing.) Schwarz	12. 42– 5. 43

Sanitätsoffizier beim Stab:

Marine-Oberassistenzarzt Dr. Bülthoff	12. 42– 3. 43

Marine-Stabsarzt Dr. Roloff	3. 43– 5. 43
Verwaltungsoffizier:	
Korvettenkapitän (V) Brosinsky	1. 43– 3. 43
Korvettenkapitän (V) Liermann	3. 43– 5. 43
Intendant:	
Marine-Intendant Dr. Braasch	12. 42– 5. 43
Marine-Verbindungsoffizier zum Panzer-AOK 5 bzw. Heeresgruppe Tunesien:	
Kapitänleutnant Meentzen	12. 42– 4. 43
Korvettenkapitän Walter	3. 43– 5. 43

VERSENKUNGSERFOLGE DER MALTA-U-BOOTE
Von Februar 1941 bis Mai 1942

›Upholder‹:	2 Zerstörer, 3 U-Boote, 16 Handelsschiffe Insgesamt: 21 Schiffe mit 128 353 BRT
›Urge‹:	2 Kreuzer, 1 Zerstörer, 8 Handelsschiffe Insgesamt: 11 Schiffe mit 74 669 BRT
›Utmost‹:	1 Transporter, 6 Handelsschiffe Insgesamt: 7 Schiffe mit 43 993 BRT
›Unbeaten‹:	2 U-Boote, 4 Handelsschiffe, 2 Schoner Insgesamt: 8 Schiffe mit 30 616 BRT
›Upright‹:	1 Kreuzer, 1 Zerstörer, 4 Handelsschiffe, 1 Schwimmdock Insgesamt: 7 Schiffe mit 23 408 BRT
›Unique‹:	1 Handelskreuzer, 3 Handelsschiffe Insgesamt: 4 Schiffe mit 20 382 BRT
›Una‹:	1 Tanker, 2 Handelsschiffe Insgesamt: 3 Schiffe mit 15 355 BRT
›Ursula‹:	2 Handelsschiffe. Insgesamt: 14 640 BRT
›P 31‹:	1 Kreuzer, 1 Handelsschiff Insgesamt: 2 Schiffe mit 12 100 BRT
›Sokol‹:	1 Zerstörer, 2 Handelsschiffe, 1 Schoner Insgesamt: 4 Schiffe mit 7642 BRT
›P 33‹:	1 Versorgungsschiff mit 6600 BRT
›P 35‹:	1 Versorgungsschiff, 1 Schlepper mit 4471 BRT
›P 38‹:	1 Versorgungsschiff mit 4170 BRT
›Union‹:	1 Versorgungsschiff mit 2800 BRT
›P 34‹:	1 U-Boot mit 1461 BRT (ital. U-Boot)

VERSENKUNGSERFOLGE DEUTSCHER U-BOOTE IM MITTELMEERRAUM
(Nur vom Gegner bestätigte Versenkungen erfaßt)

U 73	(Kapitänleutnant Rosenbaum, Kapitänleutnant Deckert) 1 Flugzeugträger, 3 Handelsschiffe mit 15 261 BRT versenkt 1 Zerstörer, 2 Handelsschiffe mit 15 475 BRT torpediert
U 75	(Kapitänleutnant Ringelmann) 4 Handelsschiffe mit 4673 BRT versenkt
U 77	(Kapitänleutnant Schonder, Kapitänleutnant Hartmann) 1 Zerstörer, 8 Handelsschiffe mit 19 654 BRT versenkt 1 Korvette, 1 Handelsschiff mit 5229 BRT, 5 Segler torpediert resp. mit Artillerie versenkt
U 79	(Kapitänleutnant Kaufmann) 1 Motorkanonenboot, 1 Handelsschiff mit 300 BRT versenkt
U 81	(Kapitänleutnant Guggenberger) 1 Flugzeugträger, 16 Handelsschiffe mit 23 258 BRT versenkt 3 Handelsschiffe mit 20 060 BRT torpediert, 7 Segler beschossen
U 83	(Kapitänleutnant Kraus, Kapitänleutnant Wörishoffer) 3 Handelsschiffe mit 6281 BRT versenkt. (Dieses Boot versenkte eine Reihe von Schiffen mehr, die jedoch unbestätigt blieben.)
U 97	(Kapitänleutnant Bürgel, Kapitänleutnant Trox) 6 Handelsschiffe mit 14 459 BRT versenkt
U 133	(Kapitänleutnant Mohr) 1 Zerstörer versenkt
U 205	(Kapitänleutnant Reschke, Kapitänleutnant Bürgel) 1 Kreuzer versenkt, 1 Handelsschiff torpediert
U 223	(Kapitänleutnant Wächter, Oberleutnant zur See Gerlach) 1 Zerstörer, 1 Handelsschiff mit 4970 BRT versenkt 1 Fregatte torpediert
U 230	(Kapitänleutnant Siegmann, Oberleutnant zur See Eberbach) 2 LST versenkt
U 331	(Kapitänleutnant Frhr. von Tiesenhausen) 1 Schlachtschiff, 3 Handelsschiffe mit 9740 BRT versenkt 3 Segler
U 371	(Kapitänleutnant Mehl, Kapitänleutnant Fenski) 1 Zerstörer, 1 Minensucher, 1 U-Jäger, 7 Schiffe mit 40 165 BRT versenkt 2 Zerstörer, 4 Schiffe mit 28 071 BRT torpediert
U 372	(Korvettenkapitän Neumann) 1 Küstensegler versenkt

U 374	(Oberleutnant zur See von Fischel)
	2 Schiffe mit 1002 BRT versenkt
U 375	(Kapitänleutnant Koenenkamp)
	3 Schiffe mit 15 772 BRT versenkt, 1 Kreuzer torpediert
U 380	(Kapitänleutnant Röther, Korvettenkapitän Brandi)
	2 Schiffe mit 18 247 BRT versenkt, 1 Schiff mit 7191 BRT torpediert
U 407	(Kapitänleutnant Brüller, Oberleutnant zur See Korndörfer)
	3 Schiffe mit 26 803 BRT versenkt
	2 Kreuzer, 2 Schiffe mit 13 417 BRT torpediert
U 410	(Korvettenkapitän Sturm, Oberleutnant zur See Fenski)
	1 Kreuzer, 1 LST, 6 Schiffe mit 39 621 BRT versenkt
U 414	(Oberleutnant zur See Huth)
	2 Schiffe mit 13 113 BRT versenkt
U 431	(Kapitänleutnant Dommes, Kapitänleutnant Schoeneboom)
	2 Zerstörer, 6 Schiffe mit 10 896 BRT versenkt
	1 Schiff mit 3500 BRT torpediert
U 433	(Kapitänleutnant Ey)
	1 Schiff mit 6600 BRT versenkt
U 443	(Oberleutnant zur See von Puttkamer)
	1 Zerstörer, 1 Schiff mit 1592 BRT versenkt
U 453	(Kapitänleutnant Frhr. von Schlippenbach, Oberleutnant zur See Lührs)
	1 Zerstörer, 1 Korvette, 6 Schiffe mit 23 031 BRT versenkt
	1 Schiff mit 6894 BRT torpediert, 7 Segler
U 458	(Kapitänleutnant Diggins)
	2 Segler mit 71 BRT versenkt
U 557	(Kapitänleutnant Paulsen)
	1 Kreuzer, 1 Schiff mit 4033 BRT versenkt
U 559	(Kapitänleutnant Heidtmann)
	1 Panzerlandungsschiff, 1 Schiff mit 3059 BRT versenkt
U 561	(Kapitänleutnant Bartels, Kapitänleutnant Henning)
	3 Schiffe mit 11 791 BRT versenkt, 1 Schiff mit 4043 BRT torpediert
U 562	(Kapitänleutnant Hamm)
	4 Schiffe mit 28 224 BRT versenkt, 1 Schiff mit 3359 BRT torpediert
U 565	(Kptlt. Jebsen, Kptlt. Franken, Kptlt. Henning)
	1 Kreuzer, 1 Zerstörer, 1 Kanonenboot, 3 Schiffe mit 17 162 BRT versenkt
	2 Schiffe mit 26 686 BRT torpediert, 1 Segler
U 568	(Kapitänleutnant Preuß)
	1 Korvette versenkt

U 593	(Kapitänleutnant Kelbling)
	2 Zerstörer, 1 Minensucher, 2 LST, 6 Schiffe mit 24 811 BRT versenkt
U 595	(Kapitänleutnant Quaet-Faslem)
	1 Schiff mit 5332 BRT versenkt
U 596	(Kapitänleutnant Jahn, Oberleutnant zur See Kolbus)
	6 Schiffe mit 24 994 BRT versenkt, 2 Schiffe mit 14 180 BRT torpediert, 1 Schiff und 1 Segler ungeklärt
U 602	(Kapitänleutnant Schüler)
	1 Zerstörer versenkt
U 616	(Kapitänleutnant Koitschka)
	1 Zerstörer versenkt, 2 Dampfer mit 17 754 BRT torpediert, 1 Dampfer ungeklärt
U 617	(Kapitänleutnant Brandi)
	1 Kreuzer, 1 Zerstörer, 5 Schiffe mit 11 610 BRT versenkt (Mehrere Korvetten und einige Schiffe ungeklärt)
U 642	(Kapitänleutnant Brünning)
	1 Schiff torpediert
U 652	(Kapitänleutnant Fraatz)
	2 Zerstörer, 3 Schiffe mit 10 775 BRT versenkt
U 755	(Kapitänleutnant Göing)
	2 Schiffe mit 2928 BRT versenkt, 1 Schiff torpediert
U 952	(Kapitänleutnant Curio)
	1 Schiff torpediert
U 967	(Korvettenkapitän Brandi, Oberleutnant zur See Eberbach)
	1 Zerstörer versenkt, 2 Dampfer torpediert
U 969	(Oberleutnant zur See Dobbert)
	2 Schiffe mit 14 352 BRT versenkt, 1 Zerstörer torpediert

U-Boote versenkten im Mittelmeer (nur vom Gegner bestätigte Erfolge):
- 1 Schlachtschiff
- 2 Flugzeugträger
- 5 Kreuzer
- 19 Zerstörer
- 13 kleinere Kriegsschiffe
- 116 Schiffe mit insgesamt 472 815 BRT
- 24 Schiffe mit 175 114 BRT wurden torpediert
- 24 Segler versenkt

Die effektiven Versenkungszahlen liegen aller Wahrscheinlichkeit nach höher.

VERBLEIB DER MITTELMEER-U-BOOTE

U 73	(Kapitänleutnant Deckert) † 16. 12. 1943 vor Oran
U 74	(Oberleutnant zur See Friedrich) † 2. 5. 1942 37-32 N/10-00 Ost
U 75†	(Kapitänleutnant Ringelmann) † 28. 12. 1941 vor Tobruk
U 77	(Kapitänleutnant Hartmann) 28. 3. 1943 auf 37-42 Nord/ 00-10 Ost
U 79†	(Kapitänleutnant Kaufmann) † 23. 12. 1941 vor Tobruk
U 81	(Oberleutnant zur See Krieg) † 9. 1. 1943 vor Pola
U 83	(Kapitänleutnant Kraus, Kapitänleutnant Wörishoffer) † 9. 3. 1943 auf 37-10 Nord/02-50 Ost
U 95	(Korvettenkapitän Schreiber) † 28. 11. 1941 vor Gibraltar
U 97†	(Kapitänleutnant Trox) † 17. 6. 1943 auf 33-00 Nord/04-00 Ost
U 133†	(Kapitänleutnant Mohr) † 14. 3. 1942 vor Salamis (eigene Mine)
U 205	(Kapitänleutnant Bürgel) † 17. 2. 1943 auf 32-56 Nord/22-10 Ost
U 223†	(Oberleutnant zur See Gerlach) † 30. 3. 1944 auf 38-48 N/ 14-10 Ost
U 224†	(Oberleutnant zur See Kosbadt) † 13. 1. 1943 auf 36-28 N/ 00-49 Ost
U 230	(Oberleutnant zur See Eberbach) † 21. 8. 1944 vor Toulon
U 259†	(Kapitänleutnant Köpke) † 15. 11. 1942 nördlich Algier
U 301†	(Kapitänleutnant Körner) † 21. 1. 1943 auf 41-27 N/07-40 Ost
U 303†	(Kapitänleutnant Heine) † 21. 5. 1943 auf 42-50 N/06-00 Ost
U 331	(Kapitänleutnant Frhr. v. Tiesenhausen) † 17. 11. 1942 vor Algier
U 343†	(Oberleutnant zur See Rahn) † 10. 3. 1944 auf 38-07 N/09-41 Ost
U 371	(Kapitänleutnant Fenski) † 4. 5. 1944 auf 37-49 N/05-39 Ost
U 372	(Korvettenkapitän Neumann) † 4. 8. 1942 vor Palästina
U 374†	(Oberleutnant zur See v. Fischel) † 12. 1. 1942 ostwärts Sizilien
U 375†	(Kapitänleutnant Koenenkamp) † 30. 7. 1943 westlich Malta
U 380†	(Korvettenkapitän Brandi) † 6. 2. 1944 Toulon (FliBo.)
U 407	(Oberleutnant zur See Korndörfer) † 19. 9. 1944 bei Kreta
U 409	(Kapitänleutnant Massmann) † 16. 7. 1943 südlich der Balearen
U 410	(Oberleutnant zur See Fenski) † 6. 2. 1944 Toulon (FliBo.)
U 411	(Kapitänleutnant Spindlegger) † 28. 11. 1942 vor Algier
U 414	(Oberleutnant zur See Huth) † 25. 5. 1943 auf 36-31 N/00-40 Ost
U 421	(Oberleutnant zur See Kolbus) † 29. 4. 1944 Toulon (FliBo.)
U 431†	(Kapitänleutnant Schoeneboom) † 30. 10. 1943 vor Toulon
U 433	(Kapitänleutnant Ey) † 17. 11. 1941 südlich Malaga
U 443†	(Oberleutnant zur See v. Puttkamer) † 23. 2. 1943 vor Algier
U 450	(Oberleutnant zur See Böhme) † 10. 3. 1944 vor Ostia
U 451†	(Korvettenkapitän Hoffmann) † 22. 12. 1941 vor Tanger

U 453	(Oberleutnant zur See Lührs) † 21. 5. 1944 auf 38-13 N/16-30 Ost
U 455†	(Kapitänleutnant Scheibe) † 6. 4. 1944 vor La Spezia
U 458†	(Kapitänleutnant Diggins) † 22. 8. 1943 auf 36-25 N/12-39 Ost
U 466	(Kapitänleutnant Thäter) † 19. 8. 1944 Toulon (selbstversenkt)
U 471	(Kapitänleutnant Klöwekorn) † 6. 8. 1944 Toulon (FliBo.)
U 557†	(Kapitänleutnant Paulsen) † 18. 12. 1941 vor Salamis (von ital. T-Boot gerammt)
U 559	(Kapitänleutnant Heidtmann) † 30. 10. 1942 vor Port Said
U 561	(Kapitänleutnant Henning) † 12. 7. 1943 Messinastraße
U 562†	(Kapitänleutnant Hamm) † 19. 2. 1943 vor Bengasi
U 565	(Kapitänleutnant Henning) † 24. 11. 1944 Salamis (selbstversenkt)
U 568	(Kapitänleutnant Preuß) † 28. 5. 1942 vor Tobruk
U 573	(Kapitänleutnant Heinson) † 1. 5. 1942 auf 37-00 N/01-00 Ost
U 577†	(Kapitänleutnant Schauenberg) † 9. 1. 1942 auf 32-22 N/26-57 Ost
U 586	(Oberleutnant zur See Götze) † 5. 7. 1944 Toulon (FliBo.)
U 593†	(Kapitänleutnant Kelbling) † 13. 12. 1943 auf 37-38 N/05-58 Ost
U 595	(Kapitänleutnant Quaet-Faslem) † 14. 11. 1942 vor Oran
U 596	(Oberleutnant zur See Kolbus) † 24. 9. 1944 Salamis (selbstversenkt)
U 602†	(Kapitänleutnant Schüler) † 23. 4. 1943 (verschollen)
U 605†	(Kapitänleutnant Schütze) † 7. 11. 1942 vor Algier
U 616	(Kapitänleutnant Koitschka) † 14. 5. 1944 auf 36-46 N/00-52 Ost
U 617	(Korvettenkapitän Brandi) † 12. 9. 1943 auf 35-38 N/03-27 West (nach FliBo. selbstversenkt)
U 642	(Kapitänleutnant Brünning) † 5. 7. 1944 Toulon (FliBo.)
U 652	(Kapitänleutnant Fraatz) † 2. 6. 1942 auf 31-55 N/25-13 Ost (nach FliBo. durch U 81 selbstversenkt)
U 660	(Kapitänleutnant Baur) † 12. 11. 1942 vor Oran
U 755†	(Kapitänleutnant Göing) † 28. 5. 1943 auf 39-58 N/01-41 Ost
U 952	(Kapitänleutnant Curio) † 6. 8. 1944 Toulon (FliBo.)
U 960	(Oberleutnant zur See Heinrich) † 19. 5. 1944 auf 37-20 N/01-35 Ost
U 967	(Oberleutnant zur See Eberbach) † 11. 8. 1944 Toulon (selbstversenkt)
U 969	(Oberleutnant zur See Dobbert) † 6. 8. 1944 Toulon (FliBo.)

(Auf 24 Booten fielen Kommandant und die gesamte Besatzung)

† = Kommandant und Besatzung gefallen

QUELLENANGABEN

Alman, Karl:	Ritter der sieben Meere (Rastatt 1963)
ders.:	Angriff, ran, versenken! (Rastatt 1965)
ders.:	Fregattenkapitän Albrecht Brandi (Rastatt 1966)
ders.:	Graue Wölfe vor Marokko (Rastatt 1966)
Assmann, Kurt:	Die deutsche Seekriegsführung
Barker, Ralph:	The Ship-busters (London 1957)
Bekker, Cajus:	Kampf und Untergang der Kriegsmarine (Hannover 1953)
Belot, R. de:	La guerra aeronavale en méditerranée (Paris 1949)
Bernotti, Romeo:	Storia della guerra nel mediterraneo 1940-43 (Rom 1960)
ders.:	La guerra sui mari nel conflitto mondiale (Bd. 1–3) (Livorno 1950/54/56)
Bragadin, Marc' Antonio:	Che ha fatto la marina? (Milano 1956)
Brandi, Albrecht:	Mein Mittelmeer-Einsatz (i. Ms.)
Brennecke, Jochen:	Jäger – Gejagte (Biberach/Riss 1956)
Busch, Dr. Harald:	So war der U-Boot-Krieg (Bielefeld 1957 und Rastatt 1960)
Cameron, Jan:	Red duster, white ensign (London 1959)
Cocchia, Aldo:	Convogli (Napoli 1956)
ders.:	Sommergibili all' attacco (Milano 1955)
Creswell, John:	Sea warfare 1939–1945 (London 1950)
Cunningham, Admiral:	A saylors Odyssee (London 1951)
Dönitz, Karl:	Zehn Jahre und zwanzig Tage (Bonn 1958)
Dominik, Hans:	Kriegstagebuch der 9. T-Flottille (i. Ms.)
Engelhardt, Conrad:	Personal- und Stellenbesetzungslisten (i. Ms.)
Fonfè, Rudi:	Die 11. R-Flottille im Mittelmeer (i. Ms.)
Frank, Dr. Wolfgang:	Die Wölfe und der Admiral (Oldenburg 1953)
Gröner, Erich:	Die deutschen Schiffe der Kriegsmarine und Luftwaffe 1939–1945 (München 1954)
Hartmann, Werner:	Aufzeichnungen als FdU-Mittelmeer (i. Ms.)
Hoch, Fritz:	Die 20. Marine-Bordflak-Abteilung (i. Ms.)
Jachino, Angelo:	Le due sirti (Verona 1953)
Jacobsen, Hans-Adolf u. Rohwer, Dr. Jürgen:	Entscheidungsschlachten des Zweiten Weltkrieges (Frankfurt 1960)
Kemnade, Friedrich:	KTB der 3. S-Flottille (i. Ms.)
Kesselring, Albert:	Der Krieg im Mittelmeerraum

Kraus, Hans-Werner:	U-Boot-Krieg im Mittelmeer (i. Ms.)
Kreisch, Leo:	Vom Einsatz deutscher U-Boote im Mittelmeer
ders.:	Führungsorganisation, Einsatzgebiete. Erfolge im Mittelmeer (beides i. Ms.)
Lange, Werner:	Kriegstagebuch des Torpedobootes TA 39 (i. Ms.)
Langmaid, Rowland:	›The Med‹ (London 1948)
Liebenstein, Gustav von:	Deutscher Übersetzverkehr in der Messinastraße
ders.:	Schlußbetrachtung des KTB des Seetransportführers Messinastraße
ders.:	Die Räumung von Korsika (alle i. Ms.)
Liebhold, Oblt. zur See:	Kurzbericht S 157 (i. Ms.)
Linnekogel, Dietrich:	Das Schicksal von TA 18 (i. Ms.)
Lloyd, Hugh:	Briefed to attack. Malta's Part in african victory (London 1949)
Mars, Alastair:	Unbroken, the true story of a submarine (Edinburgh 1962)
MacIntyre, Donald:	The Battle for the Mediterranean (London 1964)
Ministry of Information:	East of Malta – West of Suez (London 1943)
dass.:	The Mediterranean fleet (London 1944)
Morison, Samuel E.:	United States Naval Operations in World War II. Vol. I. bis X. (Boston 1950-1957)
Müller, Albert:	KTB der 1. Schnellbootdivision (i. Ms.)
Paustian, Hans:	Bericht über die Versenkung von U 77 (i. Ms., bzw. in ›Schaltung Küste‹)
Pegolotti, Beppe:	Uomini contro navi (Firenze 1960)
Reischauer, Peter:	Einsatzbericht der 6. R-Flottille (i. Ms.)
Rieper, Helmut:	Die 20. Marine-Bordflak (i. Ms.)
Roscoe, Theodore:	United States, Destroyer Operations in World War II (Annapolis/Maryland III. Aufl. 1960)
Roskill, S. W.:	The War at Sea/Vol. I bis V (London 1954/56)
ders.:	Royal Navy (Oldenburg 1961)
Ruge, Friedrich:	Der Seekrieg 1939–1945 (Stuttgart 1954)
Schröder, Edgar:	U X stand im Mittelmeer (Berlin o. Jahr)
Shankland, Peter und Hunter, Anthony:	Durchbruch nach Malta (München 1963)
Stitt, George:	La campagne de Méditerranée (Paris 1946)
Strabolgi, J. M. K.:	From Gibraltar to Suez (London 1941)
Tippelskirch, Kurt von:	Die Geschichte des Zweiten Weltkrieges (Bonn 1956)
Trizzino, Antonio:	Die verratene Flotte (Bonn 1957)
Turner, John Frayn:	Periscope Patrol (London 1957)

Vorsteher, Carlheinz:	In Aegirs Diensten (i. Ms.)
ders.:	Der Untergang von TA 15 (i. Ms.)
Wachsmuth, Günther:	Tagebuch (i. Ms.)
Willis, Sir Algernon U.:	Operationen der Marine in der Ägäis vom 7. September 1943 bis 28. November 1943 (i. Ms.)
Weichhold, Eberhard:	Tobruk, Ehrenmal auch für die im Mittelmeer gefallenen deutschen Seeleute (i. Ms.)
Westmeier, Rudolf:	An Bord Minenschiff ›Kiebitz‹ (i. Ms.)
Wuppermann, Siegfried:	Einsatzberichte S 56 (i. Ms.)

ZEITSCHRIFTEN

Berliner Illustrierte	Jahrgänge 1941–1944
Die Wehrmacht	Jahrgänge 1941–1944
Leinen los!	Jahrgänge 1952–1966
Marine-Rundschau	Jahrgänge 1957–1964
The London Gazette	8. Oktober 1948 (Beilage)

Für die selbstlose Unterstützung, die der Autor aus allen Kreisen der ehemaligen deutschen Kriegsmarine erhalten hat, für die Beschaffung ausländischer Quellen, welche die Zentralbibliothek der Bundeswehr besorgte, für das Studium der 61 Faszikel über den Mittelmeereinsatz deutscher Kleinkampfverbände, das vom Militärgeschichtlichen Forschungsamt in Freiburg/Brg. ermöglicht wurde, sei an dieser Stelle noch einmal sehr herzlich gedankt.

Ohne diese Unterstützung wäre jeder Versuch einer Darstellung des Einsatzes der ehemaligen deutschen Kriegsmarine im Mittelmeer unmöglich gewesen.

PAUL LUND/
HARRY LUDLAM
Die Nacht der U-Boote

*Der SC 7 war einer der vielen Geleitzüge,
die den Atlantik durchquerten.
Dieses Buch ist dem Andenken an sie alle
und jenen Männern gewidmet,
die sie fuhren und begleiteten*

Von dem, was in den letzten Stunden dieses ›Schwarzen Freitags‹ passiert ist, werde ich berichten, wenn das Schicksal es will, daß wir den nächsten Tag und die nächste Nacht überleben. Jetzt kann ich nur sagen, daß ich, seit ich wieder auf See bin, noch nie so froh und dankbar war, in diesen letzten Monaten täglich meine Gebete gesprochen zu haben, so, wie ich es von daheim gewohnt bin. Fest steht: Uns hat in den letzten vierundzwanzig Stunden eine höhere Macht gelenkt, und nicht nur ein glücklicher Zufall, daß wir an diesem Samstagmorgen noch auf unserem Schiff sind. Dafür werde ich ewig Dank sagen.

> Aus dem Bordtagebuch des Funkoffiziers
> Kenneth Howell, *Corinthic;*
> niedergeschrieben in der Morgendämmerung
> des 19. Oktober 1940

INHALT

Einleitung: Die schwärzesten Tage 339
1. Die Tochter des Admirals a. D. 343
2. Ein Schiff namens Fritz 359
3. Der Verband unter Dampf 369
4. Schiffe im Glück 387
5. Gejagt 399
6. Die Wölfe im Rudel 421
7. Boote nicht wassern! 428
8. Die Nacht wird zum Tag 438
9. Das Schlachten nimmt kein Ende 457
10. Die ›Bluebell‹ – ein Schiff ohne Boden? 490
11. Wie fühlen sie sich, Käpt'n? 501
12. Der zweite Überfall 512
13. Die letzten Opfer 523
14. Drei Schuß, ein Sixpence 528
Danksagungen 531
Register 535

Einleitung:

Die schwärzesten Tage

Oktober 1940. Vierzehn Monate dauerte jetzt schon der Krieg mit Deutschland. Großbritannien stand allein und mit dem Rücken zur Wand. Im Winter zuvor war es noch ein ›Sitzkrieg‹ gewesen; das neue Jahr aber brachte dann eine Katastrophe nach der anderen: den Rückzug Norwegens, den Fall Dänemarks, Hollands und Belgiens, die Räumung von Dünkirchen und Frankreichs Kapitulation. Es folgte Mussolinis Kriegseintritt an Hitlers Seite. Wie ein schwarzer, scheußlicher Tintenfleck hatte sich der Nationalsozialismus über die europäische Landkarte ergossen, und Tag für Tag verbreiterte er sich weiter.

Junge Männer waren mit frischem Mut nach Norwegen und Frankreich ausgezogen, um dem Übel Einhalt zu gebieten, und kehrten, aller Illusionen beraubt, wenn auch ungeschlagen, zurück. Der populäre Song, den alle britischen Soldaten damals auf den Lippen hatten – »We're Going To Hang Out The Washing On The Siegfried Line« (An der Siegfried-Linie werden wir unsere Wäsche aufhängen) –, war ihnen nunmehr im Halse steckengeblieben. Jetzt schien eine Invasion Englands durch die Deutschen unvermeidlich.

Den ersten feindlichen Ansturm aus der Luft hatte die Royal Air Force in der ›Schlacht um England‹ mit Bravour zurückgeschlagen. Doch nun flogen nachts Schwärme deutscher Bomber an, bisweilen an die tausend zugleich. Auf London fielen in manchen Nächten die Bombenteppiche in Minutenabständen; brennende Gebäude färbten den Himmel leuchtendrot. Suchscheinwerfer forschten den Himmel nach hoch fliegenden Bombern ab, die sich mit tiefem Dröhnen näherten. Die Nächte waren erfüllt vom Krachen der Flugabwehrgeschütze und dem Pfeifen niedersausender Bomben. Eine Detonation folgte der anderen; Schrapnelle zischten durch die Straßen, Alarmsirenen mischten sich mit Schreien und Hilferufen.

In dieser kritischen Zeit rissen sich die Menschen die Zeitungen aus den Händen, hörten mit ängstlicher Neugier die neuesten Nachrichten der BBC, jene feste, zuverlässige Stimme in einer durcheinandertaumelnden Welt. Aber ihre Meldungen, in Zuversicht und Durchhaltewillen verkündende Programme verpackt, klangen grausam. Es waren Tage der Mühe und Nächte der Qual, des Todes, aber auch des unbeugsamen Heldentums. Im September hatten die Bombardierungs-Wellen begonnen; am Ende dieses Monats hatten sie bereits siebzehntausend Männern, Frauen und Kindern das Leben gekostet oder ihnen schwere Verletzungen beigebracht. Der trübe Oktober sollte noch größere Verluste bringen.

Über alldem hing, trotz pausenloser Bombardements der jenseitigen Kanal-Häfen durch die RAF, die drohend bevorstehende Invasion wie eine schwarze Wolke. Churchill gab jedenfalls freimütig zu, daß Deutschland über genügend Schiffe und Korvetten verfüge, um eine halbe Million Männer an den Küsten Britanniens landen zu können – falls es ihnen gelänge den Kanal zu überqueren. »Wir warten auf sie«, verkündete er kämpferisch, »sollen sie nur kommen.«

Mit ihm wartete eine Flotte von rund tausend britischen Kriegsschiffen aller Art. Etwa dreihundert waren, um einer Invasion zuvorzukommen, ständig patrouillierend im Einsatz. Zu diesem Zweck waren viele Schiffe von ihren Atlantik- und Westküsten-Einsätzen abgezogen worden. Folge: die Geleitzüge, die von Kanada nach Großbritannien unterwegs waren, konnten zu ihrem Schutz nur noch von kleinen Eskorten begleitet werden. Auch die Zahl der Kriegsschiffe, die man ihnen zum sicheren Geleit in den Heimathafen entgegenschicken konnte, war spürbar reduziert worden.

Die Verluste an Handelsschiffen hatten, je größer die Zahl der feindlichen U-Boote wurde und je wagemutiger und entschlossener sie ihre Angriffe fuhren, in alarmierender Weise zugenommen. Seit Juni 1940 hatten sich die Verluste vervielfacht, und bis zum September hatten die deutschen U-Boote schon neunundfünfzig Schiffe mit 295 335 Tonnen versenkt – die meisten von ihnen vor der nördlichen Küste Irlands, die mit ›Bloody Foreland‹ (Blutige Landspitze) auch schon den passenden Namen dazu trug.

Man befand sich in der schwärzesten Phase des Seekriegs oder, anders gesehen, auf dem Zenith einer viermonatigen Schlacht, die die U-Boot-Kommandanten auf deutscher Seite später die ›glückliche Zeit‹ nennen sollten.

Anfangs hatte man nur schnelle Geleitzüge vom kanadischen Halifax über den Atlantik heimwärts geschickt. Diese ›HX‹-Konvois bestanden aus Schiffen, die eine Dauergeschwindigkeit von acht bis neun Knoten halten konnten. Um aber den Güternachschub über diese lebenswichtige Ozeanlinie zu erhöhen und dazu auch langsamere Schiffe einsetzen zu können, wurde ein neuer Geleitzugtyp zusammengestellt: die sogenannten ›SC‹-Konvois, die vom kanadischen Sydney aus in See stachen. Man plante, diese alten, langsamen Frachter während des Sommers bei guten Witterungsbedingungen übers Meer zu schicken, wozu sie – mit sechs bis sieben Knoten Geschwindigkeit – sechzehn Tage brauchen würden. Doch die Verhältnisse machten es erforderlich, daß sie auch den Winter über ihre Routen befahren mußten. Da man mit diesen Schiffen nie zuvor die winterlich-harte Überfahrt bei schwerer See gewagt hatte, erhielten sie – für eine notwendig leichtere Ladung – eine spezielle Ladelinie auf den Rumpf gemalt – die WNA (›Winter North Atlantic‹-Linie). So setzten sie sich dem erbarmungslosen Winter aus.

Der SC 7 bildete den siebten unter den langsamen Geleitzügen, lief am 5. Oktober 1940 mittags um zwölf Uhr von Sydney, Cape Breton, aus, und bestand aus fünfunddreißig alten Schiffen, mit Holz, Getreide, Stahl, Schrott und Eisenerz – also nichts Speziellem – beladen. Und sollte ein Schiff, sollten ein paar Schiffe verlorengehen – die anderen würden schon bis in die heimischen Gewässer durchkommen; und schon bald würde man diesen einen unter Hunderten von Geleitzügen vergessen haben. Doch es sollte alles ganz anders kommen. Der SC 7 sollte als das Opfer eines der größten und verlustreichsten Überfälle, die den Deutschen im Krieg zur See je gelungen sind, in die Geschichte eingehen.

Dies ist die Geschichte des Geleitzugs SC 7 und die jener Männer, die dabei waren.

1.

Die Tochter des Admirals a. D.

Kaum war das langerwartete Telegramm in Cleveland, Ohio, angekommen, da befanden sich auch schon zwei junge, attraktive Mütter in ihrem kleinen, rot-blau bemalten Flugzeug tausend Meilen entfernt auf Kurs Richtung Halifax zur kanadischen Halbinsel Nova Scotia. Zwischen ihren Sitzen lag nur ein einziger Fallschirm, und für Fynvola James war es der zweite Flug ihres Lebens. Mary King aber war eine erfahrene Pilotin, und alles war dazu angetan, daß es einer der glücklichsten Flüge wurde, die sie je unternommen hatte.

Es war der 2. Oktober 1940. Das Telegramm hatte Mrs. James die frohe Nachricht gebracht, daß ihr Vater – ein schon in den Ruhestand versetzter, wieder reaktivierter Admiral – sich mit ihr in Halifax treffen könne, bevor er mit dem nächsten Geleitzug Richtung Großbritannien in See stechen müsse. Der Admiral sollte die Führung des Geleitzugs übernehmen. Mrs. James hatte sich in den schrecklichen und unsicheren Tagen, die Dünkirchen folgten, mit ihren drei kleinen Kindern nach Cleveland zurückgezogen. So war sie weit entfernt von ihrem Vater und auch von ihrem Mann, der als Flottenkapitän bei der Admiralität Dienst tat; Grund genug, die Möglichkeit einer kurzen Begegnung mit ihrem Vater nicht zu versäumen. Mrs. King, die Eigentümerin des Flugzeugs, hatte fürs Gelingen gesorgt. Ihre leichte Maschine vom Typ Stinson schaffte gut hundert Meilen die Stunde. Sie flog in östlicher Richtung, folgte der Uferlinie des Erie-Sees und landete in Schenectady, um nachzutanken und noch vor Einbruch der Dunkelheit Portland, Maine, zu erreichen. Und weiter ging der Flug, hinweg über waldige Hügel mit ihren herbstlich roten, gelben und orangefarbenen Bäumen; über die weiten blauen Seen, in denen sich weiße Wolken spiegelten. Nach der nächtlichen Rast in Portland hob die Stinson im Morgengrauen mit Kurs auf Bangor ab, den letzten Flughafen auf der Seite der Vereinigten Staaten. Auf einer holprigen Landebahn setzte sie dort auf, wurde bis zum Rand aufgetankt, damit Halifax nun im Non-stop-Flug erreicht werden konnte – man hatte die Frauen gewarnt: Kanada befand sich im Krieg, und so sollten sie besser nirgendwo anders landen als am offiziell genehmigten Zielort.

Der Krieg trug auch schuld daran, daß es von Kanada keine Landkarten mehr zu kaufen gab, über Funk abrufbare Wetternachrichten genauso fehlten wie sonstige Fluginstruktionen. So oft sie es auch versuchte: ihrem Funkgerät war kein Ton zu entlocken. Das war nach den eifrigen, freundlichen Funkkontakten über dem neutralen Amerika eine sehr beunruhigende Lage und machte den Flug weitaus beschwerlicher. Das einzige navigatorische Hilfsmittel, das Mary King zur Verfügung stand, bestand in einer alten Straßenkarte mit sehr großem Maßstab. So hielt sie sich bei ihrem Flug über das freie, waldbedeckte Land zumeist an die einzige Straße, die sich dort hindurchzog; bot sie doch zugleich für den Fall der Fälle die einzige Chance einer Notlandung.

Aber sie erreichten glücklich den Flughafen von Saint John, Brunswick. Wiederum erhielten sie auf ihre Funksprüche keine Antwort, so daß sie nach ein paar fruchtlosen Runden über dem Platz nach Osten abdrehten, die Bay of Fundy überflogen und Kurs auf Nova Scotia hielten. Es war die kürzeste und schnellste Route; bei einem Überlandflug hätten sie nach Norden abdrehen müssen. Aber sie waren in Eile; denn es war eine Sache von Stunden, bis sich der Kapitän zu seinem Geleitzug begeben mußte. Über die Bucht zu fliegen bedeutete zwanzig Meilen weit nur Wasser, offene See unter sich zu haben – für ein so kleines, einmotoriges Landflugzeug ein Risiko. So hielten sie denn den Atem an, murmelten ein Gebet, bekreuzigten sich – und erreichten das andere Ufer. Von da an war es eine leichtere Reise, sie hatten wieder Land unter sich. Gegen Mittag sichteten sie den Hafen von Halifax; nur ihr Funkgerät blieb weiterhin furchterregend schweigsam, so oft sie auch Zeichen gaben.

Immerhin hatten sie das Ziel ihres Tausend-Meilen-Flugs erreicht und freie Aussicht auf den Hafen, in dem sich die Schiffe für den großen Verband nach Großbritannien sammelten. Sie zählten nicht weniger als sechzig Schiffe vor Anker. Doch wo war der Flughafen? Aus dem Funkgerät hatten sie keine Hilfe zu erwarten, so zogen sie erneut ihre alte Straßenkarte zu Rate. Dort war ein

Flugplatz an der Nordseite des Hafens eingezeichnet, und tatsächlich sichteten sie ihn nach erneutem Rundblick – es schien ein großer, gut ausgebauter Platz zu sein. Sie hielten auf ihn zu, und Mary King brachte ihre Stinson sanft hinunter.

Ungläubige Augen beobachteten den Anflug dieses winzigen roten Maschinchens, wie es stoppte, umgeben von großen, gut getarnten Bombern, die dort abflugbereit mit ihren tödlichen Ladungen standen. Die beiden Frauen waren auf dem Flughafen des Luftkommandos Ost der Royal Canadian Air Force gelandet. Kaum standen die Räder des Flugzeugs still, da tauchten auch schon Sicherheitskräfte vor ihm auf, kletterten in die Kabine, schlossen Türen und Fenster und fingen an, die beiden Frauen, während draußen ein Soldat Wache stand, zu verhören. Neugierige Luftwaffenangehörige umringten währenddessen das Flugzeug in Scharen und versuchten, einen Blick auf seine höchst ungewöhnlichen Insassen zu werfen.

Man hatte das Flugzeug auf seinem Weg durch die Wolken und seit dem Augenblick, da es die Grenze überflogen hatte, beobachtet und war nicht weit davon entfernt gewesen, es abzuschießen. Wer die beiden seien, wo sie ihre Papiere hätten, wollten die Sicherheitsleute wissen. Gutgelaunt überreichten die beiden Frauen ihre Dokumente. Sie hatten ja ihren Flug genau geplant, und Mrs. James hatte, als sie erfuhr, daß ihr Vater nach Halifax kommen würde, die nötigen Papiere aus Washington erhalten. Alles, so hatte man ihr gesagt, gehe in Ordnung.

Aber das tat es nicht. Ihnen fehlten zur Landeerlaubnis einige ganz entscheidende Unterlagen. Mrs. King mußte, leider zu spät, feststellen, daß Washington nicht daran gedacht hatte, sie dazuzulegen.

Schlag auf Schlag setzte es Fragen. Sie wollten den Vater treffen? Wer ist das? Vizeadmiral Lachlan Donald Ian MacKinnon, Träger hoher Auszeichnungen? Wo ist er? O ... also ... er muß wohl am Zivilflughafen sein und auf sie warten.

Nach einer ganzen Reihe aufgeregter Telefonate wurde das kleine Flugzeug schließlich in militärische Obhut genommen, die beiden ›Verdächtigen‹ von einer Polizeieskorte vom Flughafen abgeholt.

Dies die reichlich ungewöhnlichen Umstände, unter denen Mrs. James schließlich ihrem Vater wiederbegegnete, und weder die beiden noch die Männer der Royal Canadian Air Force würden sie je vergessen. Glücklicherweise hatte sich der Auslauftermin des Geleitzugs um einen Tag verschoben, so daß der Admiral a. D. wenigstens die beiden Frauen von einer Amtsstube zur anderen – wo sie zwei-, dreimal unter Eid auszusagen hatten, wer sie seien, und wo sie eine ganze Batterie von offiziellen Fragen zu beantworten hatten, während die Behörden sich direkt mit Washington in Verbindung setzten und draußen vor der Tür sich schon die Reporter drängten, um Einzelheiten über diese delikate Geschichte in Erfahrung zu bringen – persönlich begleiten konnte. Was das doch für einen tollen Aufmacher abgab! – Eine willkommene Erholung von den düsteren Nachrichten aus dem Mutterland!

Nach der Abreise des Admirals brauchten seine Tochter und deren Freundin noch einmal vierundzwanzig Stunden, bis die Dinge zur Zufriedenheit der Behörden geregelt worden waren. Dann endlich wurde, von allen mit freundlichem Lächeln begleitet, die Stinson, sauber geputzt und poliert, vollgetankt wieder aus dem verschlossenen Hangar herausgezogen. Fynvola James und Mary King kletterten hinein, fertig zum Rückflug über tausend Meilen nach Cleveland; diesmal mit bereitwillig ausgehändigten Navigationsunterlagen bewaffnet. Die Männer vom Bodenpersonal draußen drehten und drehten am Propeller, aber der Motor gab keinen Laut von sich. Mary King hatte den Zündschlüssel sorgfältig an einem sicheren Platz versteckt und konnte ihn nun nicht mehr finden. Große Aufregung, bis man ihn endlich fand – und zwar an passender Stelle. Die Stinson konnte starten, drehte noch eine Runde über dem Flugplatz und verschwand am Horizont. Die Männer der Royal Canadian Air Force schüttelten ein letztesmal verwundert die Köpfe, ehe sie sich wieder ihrem Kriegshandwerk zuwandten.

Admiral MacKinnon, der die ganze Angelegenheit trotz des Wirbels und der Belästigungen von ihrer heiteren Seite gesehen hatte, war währenddessen per Eisenbahn nach Sydney, Cape Breton, aufgebrochen, wo der nächste Geleitzug auf ihn wartete. So hatte ihn seine Tochter zuletzt gesehen: auf seinen Waggon zugehend, mit einem leichten Koffer, der alle seine persönlichen Dinge enthielt, in der Hand. Es war ein ungewöhnlicher Anblick gewesen, denn er stand in krassem Widerspruch zu der wichtigen Rolle, die er vor Hitlers Krieg in der Marine gespielt hatte.

Lachlan MacKinnon war Sohn eines Pfarrers und dreizehnjährig als Kadett in die Königliche Marine eingetreten. Das war noch zu Zeiten Königin Victorias. Nun, als ergrauter Mann von siebenundfünfzig Jahren, schaute er auf eine ereignisreiche Laufbahn zurück. Im Ersten Weltkrieg diente er bei der Skagerrakschlacht als Artillerie-Offizier auf der *Indomitable*. Das hatte seine Karriere gefördert, und so wurde er der erste Kapitän des neuen stolzen Schlachtkreuzers *Hood*. MacKinnon hatte stets und mit Begeisterung auf großen Schiffen Dienst getan, sei's als Kapitän auf einem Kreuzer in den chinesischen Meeren oder, in späteren Jahren, als Konteradmiral, Befehlshaber des 2. Schlachtschiffgeschwaders der Heimatflotte. Unter den vielen Ehrungen, die ihm im Laufe seiner langen Karriere zuteil wurden, befand sich auch die Auszeichnung Commander of the Royal Victorian Order für die Verdienste an der Organisation der Flottenparade zum King-George-V-Jubiläum im Jahr 1953. Eine weniger bekannte, aber für ihn besonders erfreuliche Auszeichnung stammte aus der Türkei: Dort hatte der junge Leutnant als Ausbilder bei der türkischen Flotte Dienst getan und dafür den Ehrentitel eines hohen Beamten, ›Bey‹, erhalten.

MacKinnon war kein hochgewachsener Mann, hielt sich aber sehr gerade. In Fragen des guten Benehmens war er ein Pedant. Den Anblick eines Mannes mit den Händen in den Hosentaschen konnte er nicht ertragen. Er schwor auf Disziplin und liebte es, wenn alles nach Regeln ablief. Aber er war auch ein Mann voller Lebenshunger mit Sinn für Humor. Er fühlte sich in munterer Gesellschaft wohl. Als höherer Offizier war er an Bord der richtige Mann, um gesellige Runden zu organisieren und auch mitzumachen. Wenn er es auch gewohnt war, daß Offiziere und Mannschaften sich seinen Befehlen ohne Widerspruch fügten – und ihm diese Tatsache sichtlich wohltat –, so war er doch bei beiden Gruppen äußerst beliebt. Er war die fleischgewordene Navy, doch gleichzeitig von lebhaftem und impulsivem Temperament, das der goldenen Tressen nicht bedurfte.

Wäre der Krieg etwas eher ausgebrochen – drohte er doch schon aus der Münchner Krise von 1938 hervorzugehen –, also zu einem Zeitpunkt, als er noch das Kommando über das 2. Schlachtschiffgeschwader führte, dann wäre ihm sogleich eine wichtige Aufgabe übertragen worden. Aber die Gefahr eines plötzlichen Kriegsausbruchs schien damals zunächst gebannt, und so trat MacKinnon im Januar darauf, nach zweiundvierzig Dienstjahren in der Royal Navy, in den Ruhestand. Als wenige Monate später der Krieg dennoch ausbrach, meldete er sich geschwind wieder freiwillig zurück. Aber die Lage hatte sich für ihn verändert. Man bot ihm den Posten eines Kapitäns und die Führung von Geleitzügen an.

Zu seiner vergangenen Karriere konnte es keinen größeren Kontrast geben. Der Kapitän fuhr auf einem der Handelsschiffe mit und zeichnete für die Geleitzug-Formation verantwortlich. Er befehligte Kursveränderungen, Zickzack-Fahrten und andere Ausweichmanöver, sorgte für Ordnung im Verband der Handelsschiffe und hielt Kontakt zum dienstältesten Kriegsschiff aus der Eskorte. Das ›Leitschiff‹ des Kapitäns konnte ein großer Dampfer, aber auch ein dreckiger alter Kahn sein. Seine Mannschaft bestand aus einer Handvoll Signalgasten. Was war das im Vergleich zu früheren Zeiten! Doch Lachlan MacKinnon brachte, wie viele andere bereits pensionierte höhere Marineoffiziere aus der Kriegs- und der Handelsmarine, die den beschwerlichen Job eines Kapitäns auf sich nahmen, alles in diese Aufgabe ein, was er wußte. Wenn auch das Signalisieren zwischen Handelsschiffen, ganz zu schweigen von ihrer Kunst, Position zu halten, auf einem Standard war, der der Geduld eines Heiligen bedurfte, so hatte er sich dennoch seinem Auftrag mit Eifer und Gelassenheit gewidmet, so daß trotz allem noch gute Ergebnisse erzielt wurden.

Lange bevor Kapitän z. S. MacKinnon den Zug nach Sydney bestieg, waren die für den Geleitzug SC 7 zusammengestellten Schiffe beladen worden und lagen zur Passage ins Mutterland bereit.

Einige von ihnen hatten zuvor Häfen in den Vereinigten Staaten angelaufen – New Orleans im Süden, um dort Getreide und Aluminium-Erz zu laden; im Norden Baltimore, wo Metalle, Roheisen und Schrott geladen wurden. Vereinzelte Schiffe hatten zusätzlich New York angelaufen, um Nahrungsmittel, Grubenhölzer, Eisenbahnschienen und Schrott aufzunehmen. Kaum aufregende Güter also. Riesige Mengen Alteisen und Stahl polterten per magnetischem Kran in die Laderäume – aber sie waren doch wertvoll genug. Amerikanische Offiziere errechneten, daß Großbritannien aus jeder Tonne amerikanischem Schrott eine 75-Millimeter-Feldhaubitze, zwölf Maschinengewehre, die Granate eines 40-Zentimeter-Schlachtschiffgeschützes oder neun 500-Pfund-Bomben herstellen könnte.

Nur: Alle diese wertvollen Tonnen Rohmaterial mußten über einen von U-Booten unsicher gemachten Atlantik transportiert werden.

Der größere Teil der für den SC 7-Geleitzug vorgesehenen Schiffe wurde indes in kanadischen Häfen beladen, bisweilen in so kleinen und exotischen, daß sich die Kapitäne in größeren Häfen den Weg dorthin erfragen mußten. Doch bald herrschte die gesamte kanadische Ostküste hinauf rege Betriebsamkeit, bis die Fracht endlich verstaut war.

Einige Schiffe konnten zu diesem Zweck das ihnen wohlvertraute Saint John, den Haupthafen von New Brunswick, anlaufen, wo sie Holz, Kupfererz, Stahl, Getreide und Lastwagen aufnahmen. Andere mußten hinauf bis nach Campbellton, dem Jagd-, Fisch- und Nutzholzzentrum dampfen, wo sie mit diversen Hölzern beladen wurden – grob zugeschnittenen Brettern in allen Größen.

Andere Schiffe mußten noch weiter hinauf in den Norden bis nach Gaspe an der Sankt-Lorenz-Bucht. Hier nahm die Bevölkerung des Orts selbst sogar regen Anteil, schaute zu wie die hier fertiggestellten Grubenhölzer bündelweise an Bord gehievt wurden: Eine Ladewinde zog die Bündel hoch, die andere schwenkte sie weiter bis zu den Ladeluken. Nachdem sie geschlossen waren, wurden die Decks beladen, so daß die Dampfer von weitem so aussahen, als transportierten sie Tausende und Abertausende von Streichhölzern.

Einige Schiffe mußten sogar den St.-Lorenz-Strom selber hinauffahren, bis hinter Anticosti Island, wo ganze Rudel von Walen ihr Spielchen trieben und oft nur einen Steinwurf von den Schiffen entfernt ihre Fontänen in die Luft spritzten, spektakuläre Sprünge vollführten und sich dann wieder, in die Tiefe stürzend, den neugierigen Blicken entzogen. Zwei stark frequentierte Flußhäfen waren Quebec – eine von Millionen Lichtern erleuchtete Stadt an beiden Ufern des Flusses – und Rimouski, die Lotsenstation am Lorenzstrom, wo man sehen konnte, wie die Baumstämme durch Rinnen und Kanäle hinunter in den Strom geschwemmt wurden. Am Ziel angekommen, wurden sie von Sägemühlen im Tal zerschnitten und zum weiteren Transport zubereitet.

Noch weiter den Strom hinauf ankerten bei Three Rivers Schiffe, die aus riesigen Getreidesilos von mehr als sechzig Metern Höhe Fracht aufnahmen. Über die riesigen Rohre, die von Luke zu Luke schwenkten, wurden die Frachter beladen. Wenn das Getreide in goldenen Kaskaden in die Laderäume stürzte, waren die Schiffe schon bald in einen weißlichen Staub gehüllt, als sei ein Schneegestöber über sie hinweggegangen.

Three Rivers wurde aber auch von Schiffen, die mit Stahl und Holz beladen wurden, angelaufen, darunter waren die *Beatus* und die *Fiscus*, Frachter von fast 5000 BRT. Beide liefen in den zwanziger Jahren in Cardiff vom Stapel, wo sie zu den besten Schiffen gehörten – jedes eine hervorragende, schwimmende Werbung ihrer Eigner, der Tempus Shipping Company.

Kapitän Wilfred Brett hatte mit seiner *Beatus* Three Rivers angelaufen, um Stahlblöcke von je fünf Tonnen Gewicht zu laden. Nachdem diese sicher in den unteren Laderäumen verstaut worden waren, wurde freigebliebener Stauraum mit Holz gefüllt. Auch an Deck wurden Bohlen an die vier Meter hoch aufgeschichtet. Für die *Fiscus* lagen ebenfalls zum größten Teil Stahlblöcke bereit, zudem ein paar große Kisten, die in Kanada reparierte Flugzeuge enthielten und an die Royal Air Force im Heimatland zurückgegeben werden sollten. *Fiscus*-Kapitän, Ebenezer Williams schaute ein wenig skeptisch zu, wie die beiden Schiffe beladen wurden. Mit etwas traurigem Blick auf das viele Holz, das noch auf der *Beatus* verstaut wurde, meinte er: »Ich wünschte, wir hätten eure Ladung statt der unseren ...«

Kapitän Williams schien nicht mehr der alte zu sein. Er war

jetzt achtundvierzig, neun Jahre älter als Kapitän Brett von der *Beatus*. Schon im Ersten Weltkrieg war er zur See gefahren. Zeitlebens nie ein gesprächiger Mann, schien er jetzt in seinem Innern düsterste Vorahnungen zu verbergen. Es war seine Aufgabe, sich auf den Weg heim nach England zu machen, und schien davon überzeugt zu sein, daß er sein Heim in Anglesey niemals wiedersehen würde. Einigen anderen Kapitänen gestand er dann auch seine Befürchtungen ein, doch konnten sie ihm keinen Trost spenden. Tatsächlich gab es ja auch nicht viel, was sie ihm hätten sagen können. Es war ja bekannt, daß ein mit Stahl beladenes Schiff wie die *Fiscus* nach einem Torpedotreffer wie ein Stein sinken würde; folglich ließ sich auf sein festes Vorgefühl einer bevorstehenden Katastrophe wenig erwidern – es sei denn, man bestärkte ihn in seinem Vertrauen auf Gott und die Stärke des Geleitzugs.

Ganz hoch im Norden, an der Labrador-Küste legten weitere Schiffe an, um Holz aufzunehmen. Zwei von ihnen, die den Weg zum wenig bekannten Hafen von Francis Harbour an der Mündung des Alexis River anliefen, waren die *Scoresby* und die *Clintonia*; kleinere betagte Frachter. Die *Clintonia* hatte schon im letzten Weltkrieg den Angriffen feindlicher U-Boote getrotzt. Francis Harbour, ein kleiner Flecken, bestand aus kaum mehr als der St.-Francis-Kirche, die dem Ort ihren Namen gegeben hatte. Auf die *Scoresby* wurden direkt aus dem Fluß 1586 Klafter Baumstämme verladen; viele von ihnen entstammten der Fracht eines anderen Dampfers, der zu nah an die Küstenriffe gekommen und beschädigt worden war. Die Stämme waren mit Ketten zu Flößen zusammengebunden worden, wurden so längsseit der *Scoresby* verbracht und über Winschen an Bord gehievt. Dort wurden sie unter und über Deck verstaut, auch auf den Luken, die die Bunker verschlossen. Das bedeutete, daß man nur außen über Behelfsleitern achtern in die Kojen der Mannschaft oder in die der Schiffsjungen und in die Gesellschaftsräume im Vorschiff gelangen konnte. Wollte man einen Blick rundherum auf die See und den Horizont werfen, so mußte man auf die an Deck festgezurrte Fracht klettern. Wenn auch die *Scoresby* wie die anderen holzbeladenen Schiffe randvoll mit Fracht gestopft waren, so hatte man sie nicht bis an die Gefahrengrenze belastet; vielmehr führten sie sogar noch Ballast mit, den sie bei Bedarf fluten konnten. Die *Clintonia* lud Zellstoff, den man ebenfalls direkt aus dem Wasser fischte. Er schwamm, von Baumstämmen zusammengehalten, an einem Ankerplatz in Strandnähe, von wo er zum Schiff herübergezogen und in den Laderäumen verstaut wurde.

So wurden an einem Dutzend verschiedener Orte jene Schiffe, die sich dem SC 7 anschließen sollten, beladen. Es handelte sich nicht nur um britische Schiffe; viele fuhren unter fremder Nationalität – das britische Kriegstransportministerium hatte sie entweder nach dem Zusammenbruch ihres jeweiligen Herkunftslandes übernommen, oder sie waren neutral, zogen es aber vor, lieber in einem britischen Geleitzug als allein über den Atlantik zu dampfen. Den Neutralen wurde stets diese Alternative angeboten, von der die Mehrheit gern Gebrauch machte, bot doch das Fahren im zahlenmäßig stärkeren Verband einen entsprechend größeren Schutz. Dabei stand Hitlers forsche Erklärung, daß »jedes Schiff, ob in oder außerhalb eines Geleitzugs, das vor unseren Torpedorohren auftaucht, torpediert werden wird«, erst bevor; aber bereits seit Monaten hatten die deutschen U-Boote unter völliger Mißachtung des Internationalen Rechts genau dies bereits getan und rund um die Küsten Großbritanniens sowohl neutrale wie Handelsschiffe der Alliierten versenkt. Auch weithin sichtbare, auf die Bordwände gemalte Flaggen ihrer Nationalität konnten neutrale Schiffe nicht davor bewahren, von Torpedos angegriffen zu werden.

Eines der drei schwedischen Schiffe, die 1500 t schwere *Gunborg*, die für den SC 7 vorgesehen waren, hatte sich außerhalb des Blockaderings, den die Deutschen um Norwegen gelegt hatten, befunden und wurde von den Briten gechartert. Ähnlich verfuhr die britische Führung mit vielen Schiffen. Einem jungen schwedischen Seemann wurde die Ankunft der *Gunborg* in St. John's auf Neufundland, wo sie Zellstoff aufnehmen sollte, von schicksalhafter Bedeutung.

Sture Mattsson, gerade sechzehn Jahre alt geworden, hatte sich noch kaum von dem Schock erholt, den die Versenkung seines Schiffes während der Überfahrt nach Kanada verursacht hatte. Er war mit einem schwedischen Dampfer in einem Geleitzug unterwegs, als jener von einem Torpedo getroffen wurde und binnen zweieinhalb Minuten sank. Viele seiner Kameraden hatte das Schiff auf den Grund des Meeres mitgenommen. Doch der junge Mattsson gehörte zu den Überlebenden, die von der britischen *Empire Soldier* aus dem Meer gefischt und nach St. John's gebracht wurden. Sechs Wochen verbrachte er dort, bis man ihn auf die *Gunborg* holte. Er hatte alle seine Habseligkeiten verloren; man staffierte ihn neu aus und ließ ihn wissen, daß er mit einem schwedischen Schiff von New York aus wieder Richtung Heimat in See stechen könne, Ziel: Petsamo in Finnland. Das war natürlich ein feines Angebot, und doch konnte sich der Junge nicht dazu durchringen, es anzunehmen. Das hatte eine Menge mit dem zu tun, was er vom Kapitän der *Empire Soldier* erfahren hatte. Kapitän H. A. Lego war ein alter Fahrensmann in den Siebzigern, schon längst über die Pensionierungsgrenze hinaus. Eines Tages nun hörte Mattsson ihn jemand fragen, warum er in seinem Alter noch immer zur See fahre, und Kapitän Lego hatte in seiner ruhigen Art geantwortet: »Wenn es noch etwas gibt, was ich für mein altes England tun kann, dann will ich das tun, bevor ich sterbe.«

Dies klare Wort machte auf den jungen Schweden einen tiefen Eindruck, wirkte ähnlich auf ihn wie die Art, in der der alte Kapitän kurz zuvor bei einem Unfall mit Hand angelegt hatte. Als nämlich die Mannschaft der *Empire Soldier* Mattsson und die anderen Überlebenden aus dem Wasser zog, trug sich ein Unfall zu: die Frau des schwedischen Schiffsingenieurs verletzte sich am Kopf. Kapitän Lego nahm sich des Falles mit Gelassenheit an und nähte die Platzwunde wie ein Experte. Tatsächlich war es eine ganz besondere Leistung, wie ihm die Ärzte in St. John's gratulierend bestätigten.

So grübelte Sture Mattsson einige Zeit hin und her und ging schließlich zu der vor Anker liegenden *Gunborg*, die nach Clyde, Baffin Island, auslaufen sollte, und erfuhr, daß man dort noch einen Matrosen gebrauchen konnte. Alle seine Freunde rieten ihm zur Heimfahrt nach Schweden, er aber hatte seinen Entschluß gefaßt und hörte nicht auf sie; schulterte seinen Seesack, nahm seinen kleinen Hund auf den Arm und ging an Bord.

Der vorherige SC-Geleitzug, SC 6, hatte Sydney, Cape Breton, am 27. September verlassen. Kurz darauf liefen die ersten Schiffe, die das bunte Gemisch des SC 7 bilden sollten, ein. Ganz anders als im verdunkelten Großbritannien waren der Hafen und die Straßen Sydneys des Nachts strahlend hell. Von Zeit zu Zeit erleuchtete die Schlackenglut vom nahen Stahlwerk den Himmel über dem Strand. Einige Schiffe des SC-Geleitzugs nahmen ihre Stahlladungen in Sydney auf und fuhren weiter gen Norden, um Holz aufzunehmen, bevor sie nach Sydney zurückkehrten um auf ihre Abfahrt zu warten. Sydney zu verlassen, fiel den Seeleuten übrigens nicht schwer – die Stadt bot nichts, was einem im Gedächtnis haften bleiben könnte. Wer überhaupt von Bord ging, fand sich in einer von baufälligen Holzhäusern gesäumten Straße, in der er auf den Bus in die Stadt zu warten hatte. Die Stadt selbst bestand aus einer Ansammlung von Holzhütten; nur hier und da gab es ein paar Ziegelbauten. Doch wer war schließlich zum Sightseeing hierher gekommen? So hatte Sydney nur eine Attraktion zu bieten: als letzte Station vor der Heimkehr.

An wärmeren Tagen kam der eine oder andere in Sydney schon einmal in Versuchung, an die Küste zu fahren und schwimmen zu gehen; aber sie kamen meist rasch, von Kälteschauern geschüttelt, zurück. Das Wasser war viel kälter, als der Sonnenschein vermuten ließ. Im tiefen Winter lag der Hafen sogar von Packeis überzogen, fror oft ganz zu, so daß die Einwohner mit ihren Autos darauf herumfahren konnten.

Natürlich wäre ein erfrischendes Bad nach Arbeiten wie dem Kohlebunkern eine willkommene Sache gewesen. Gebunkert wurde die Kohle jenseits der Bucht, in St. Pierre, wohin sie per Lastwagen transportiert wurde. Beim Bunkern wurden die Decks in Mitleidenschaft gezogen, und der feine Staub legte sich auch in allen Räumen und Kabinen nieder und verschonte keine Nase. So wurde Regen jedesmal als Wohltat empfunden. Nach des Tages Mühe gingen die Mannschaften abends gern in einen der Tanzschuppen und warfen Mädchen durch die Luft, während die Kapelle nichts anderes spielte als ›Blueberry Hill‹ in allen Variationen.

Auf ungefähr fünfunddreißig Schiffe insgesamt – die Hälfte davon britischer Nationalität – wuchs der SC 7 an. Unter den anderen befanden sich die drei genannten schwedischen, sechs norwegische, vier griechische, ein französischer Tanker, zwei holländische und schließlich ein dänisches Schiff.

»Lauter alte Wracks und heruntergekommene Trampschiffe«, lautete lakonisch der (inoffizielle) Kommentar, wenn vom größeren Teil des Geleitzugs die Rede war. Es kam der Wahrheit ziemlich nahe; denn in den offiziellen Papieren stand nicht, daß die Hälfte der Schiffe überaltert war, großenteils aus der Zeit des Ersten Weltkriegs, einige sogar der Jahrhundertwende. Die vier ehrwürdigen Griechen hatte die Ozeane schon unter zehn verschiedenen Namen befahren. Das älteste Schiff hatte 1906 seine Jungfernfahrt angetreten. Mit dem ältesten Schiff überhaupt warteten die Norweger auf: dem kleinen Tanker *Thoroy*, der sage und schreibe bereits 1893 vom Stapel gelaufen war! Ihren britischen Erbauern, der Firma Armstrong Mitchel aus Newcastle, die das Schiff in den Pionierjahren des Tankerbaus konstruiert und fertiggestellt hatten, gereichte es natürlich zur Ehre, daß es noch jetzt unter Dampf stand. Zuerst auf den Namen *Snowflake* getauft, war der Öltanker bereits ein Veteran der großen Meere, noch bevor der Burenkrieg begann. In den siebenundvierzig Jahren im Dienst fuhr er seither unter vier Namen vier verschiedener Flaggen. Verständlicherweise galt das Schiff den anderen Kapitänen des SC 7-Geleitzugs als Objekt der Bewunderung; hauptsächlich deswegen, weil es noch ganz frech mithalten konnte.

Wie die *Thoroy* gab es auch noch andere Schiffe unter fremder Flagge, die auf englischen Werften gebaut worden und früher in britischem Besitz gewesen waren.

Schließlich befanden sich in diesem Geleitzug noch zwei Schiffe, die eigentlich schon mit dem vorigen SC hätten in See stechen sollen, ihn zu ihrer Schande aber verpaßt hatten; zwei weitere hatte man nach Halifax beordert, wo sie sich einem der schnelleren HX-Geleitzüge hatten anschließen sollen. Weil sie die vorgelegte Geschwindigkeit nicht mithalten konnten, mußten sie wieder umkehren. Von Halifax kommend, schlossen sie sich nun den ›müden Kähnen‹ in Sydney an. Man machte sich über die Schiffe, die für die SC-Geleitzüge rekrutiert worden waren, auch bei den Aufsichtsbehörden der Marine keine Illusionen. Ein höherer Offizier gestand sogar ausdrücklich ein, daß man den Schiffen, die jetzt von Sydney aus in See gingen, zu Friedenszeiten niemals Seetüchtigkeit zugestanden hätte.

Unter den britischen Schiffen des SC 7 hatte eines einige Zeit auf dem Meeresgrund zugebracht. Ein paar andere hatte man von ihrem Platz auf einem Schiffsfriedhof, wo sie langsam vor sich hinrosteten, wieder abgezogen, und zwar zur Zeit der großen Depression in den Dreißigern. Die Flaute hatte damals besonders die Trampschiffe betroffen – Schiffe, die keine festen Routen fuhren, sondern kreuz und quer die Ozeane durchpflügten, von jeder Handelsgesellschaft, die Stück- oder Schüttgut zu transportieren hatte, charterbar, immer mit einem neuen Auftrag von einem Hafen zum anderen unterwegs, diesmal für die Kriegsversorgung. Hunderte solcher Trampschiffe und anderer Frachter waren durch die Depression gezwungen gewesen, auf desolatesten Liegeplätzen bessere Zeiten zu erhoffen, bis im Dezember 1939 das Ministerium für Kriegstransportwesen damit begann, sie für eigene Zwecke zu requirieren. Über Nacht wurde so fast jedes Schiff, das sich gerade noch über Wasser halten konnte, wieder wertvoll, lebenswichtig für die Versorgung des Mutterlandes.

Auch die *Corinthic* aus Hull bewahrte man auf diese Weise vor dem ›ewigen Rost‹. Sie hatte jahrelang im Fal-Fluß in Cornwall gelegen, jenem von Touristen gern frequentierten Fluß, in dem nicht weniger als achtzig unerwünschte Schiffe in endloser Reihe still vor sich hindümpeln, geisterhafte Wasserfahrzeuge, in denen nur noch die Nachtwächter wohnen. Auf ihrer vorausgegangenen Fahrt in die Vereinigten Staaten fiel die *Corinthic* zwölf Tage durch Pannen aus: eine Lage, bei der sich einem die Haare sträubten, wußten doch alle, daß sie jeden Augenblick die Zielscheibe eines streunenden deutschen U-Boots werden konnte. Und nun lag sie hier, dem SC 7 eingegliedert und mit achttausend Tonnen Schrott und Stahl beladen. Auf diese gewichtige Fracht wurden noch ein paar Eisenbahnschienen und Bleche für die Panzerung von Flugzeugen gepackt. Kapitän der *Corinthic* war der kleine, hitzige George Nesbitt aus Hull, der mehr als einen Grund hatte, auf die Deutschen nicht gut zu sprechen zu sein. Bei Ausbruch des Ersten Weltkriegs lag er gerade mit einem britischen Schiff in einem deutschen Hafen und wurde prompt für den Rest des Krieges interniert. Jetzt war er natürlich sehr erleichtert, daß Hitlers Krieg ihn nicht weit vom Ort des Kampfes entfernt sah.

Ein weiteres britisches Schiff, das auf diese Weise vorm Verschrotten bewahrt wurde, war die *Botusk* aus London. Diesen etwas exotisch klingenden Namen erhielt sie mit einer Reihe anderer Frachter, die alle die Vorsilbe ›BOT‹ gemeinsam hatten, eine Abkürzung für Board of Trade (Brit. Handelsministerium). Die zweifelhafte Ehre, Britanniens ältestes Schiff dieses Geleitzugs zu sein, teilten sich indessen zwei reichlich mitgenommene Schiffe des Jahrgangs 1912. Bei dem einen handelte es sich um die *Creekirk*, die jetzt für Cardiff bestimmtes Eisenerz geladen hatte. Die *Creekirk* fuhr bereits unter dem dritten Namen seit ihrem Stapellauf in Glasgow. Bei dem anderen handelte es sich um die *Empire Brigade,* die nach einer abenteuerlichen Laufbahn an italienische Eigner verkauft, nun aber wieder, nach dem Eintritt Italiens in den Krieg auf gegnerischer Seite, als Prise aufgebracht worden war. Jetzt trug auch sie ihren dritten, wieder ganz englisch klingenden Namen.

Doch die allermerkwürdigsten Schiffe in diesem seltsamen Sortiment waren wohl drei britische Frachter, die man aus den großen nordamerikanischen Seen abgezogen hatte. Alle anderen Teilnehmer des SC 7, selbst die kleinsten und rostigsten Trampschiffe, hatten Mitleid mit ihnen. »Die sind zu langsam, um manövrieren zu können«, hieß es.

Die drei Boote – ›Schiffe‹ wäre eine Übertreibung gewesen – boten zudem noch mit ihren hohen Kommandobrücken am Bug, den hohen Schornsteinen weit achtern hinter den Maschinen, einen reichlich komischen Anblick. Das lange, flache Mittschiff machte den Eindruck, als würden die Leute von Bug und Heck sich niemals begegnen. Und ähnlich sah das auch im Kontakt zwischen Offizieren und Mannschaften aus – ausgenommen bei den Mahlzeiten; denn da der Kapitän im Bugraum residierte, befanden sich die Offiziersmessen achtern, und dort befanden sich auch die Kojen und Aufenthaltsräume der Maschinisten und Stewards. Bedachte man aber, zu welchem Zweck diese Boote gebaut worden waren, dann hatte das alles seinen Sinn: Von seiner merkwürdigerweise am Bug plazierten Brücke aus hatte der Kapitän den besten Überblick, wenn es darum ging, die engen Kanäle, die die Seen miteinander verbanden, zu passieren.

Selbst wenn die Deutschen sich nicht auf diese ›Süßwasserdampfer‹ stürzen sollten, so würden doch die Winterstürme des Atlantiks diesen schmächtigen Schiffchen den Garaus machen. Das glaubten jedenfalls die ozeanerfahrenen Seeleute voraussagen zu können. Doch in Wirklichkeit waren alle drei Boote – von denen zwei weniger als 2000 Tonnen groß waren – auf einer britischen Werft gebaut worden und hatten, um ihren Dienst auf den Seen anzutreten, den Atlantik überquert. Allerdings muß dazu gesagt werden, daß diese Überfahrt im Hochsommer unter besten Wetterbedingungen stattgefunden hatte. Seitdem waren sie mit Salzwasser nicht mehr in Berührung gekommen – was auch nicht vorgesehen war. Doch nun, nach jahrelangem Frachtentransport von einem Hafen der Großen Seen zum anderen, sahen sie sich einem Atlantik ausgesetzt, der keine Kompromisse kannte. Den sollten sie mit ihren schwächlichen Motoren von rund hundert Pferdestärken oder noch weniger bewältigen. Die übrigen, ja zumeist auch schon betagten Ozeanfrachter, waren immerhin mit 300-PS-Maschinen ausgestattet.

Kapitäne und Mannschaften der drei Boote hatte man aus Großbritannien geholt. Nach geglückter Heimfahrt sollten sie als Kohletransporter rund um Britanniens Küsten eingesetzt werden. Aber ob ihnen allein der erste Teil ihrer Aufgabe gelingen würde, stand auf einem anderen Blatt. Frühere Erfahrungen mit den ersten, von den Seen abgezogenen Booten stimmten nicht gerade hoffnungsvoll. Von ihren Mätzchen, als sie mit dem SC 1 in den viel ruhigeren Augusttagen in See stach, berichtete einer ihrer Kapitäne: »Ich hatte fünf dieser Boote dabei. Es stellte sich bei allen heraus, daß sie dauernd um sechzig Grad mal nach Back-, mal nach Steuerbord vom Kurs abkamen; bis ich endlich begriff, daß das so ihre Art des Vorwärtskommens war, wenn es galt, sich anzuschließen.« Eines der fünf Boote erwies sich beim Manövrieren als so hilflos, daß es schon wenige Stunden nach Auslaufen des SC 1 wieder nach Sydney zurückbeordert werden mußte. Ein weiteres folgte ihm am nächsten Tag. Der verstörte Korvettenkapitän fürchtete, auch noch die übrigen drei abschreiben zu müssen, doch zu seiner Überraschung befanden sie sich auch am nächsten Tag noch in Sichtweite und hielten in etwa ihre Positionen, wenngleich sie ihre exzentrische Methode des Vorwärtsbewegens bis zum Erreichen des Ziels in England nicht aufgaben. Zwei weiteren Booten der amerikanisch-kanadischen Seen, die mit dem SC 4 auf Fahrt gegangen waren, fiel es sogar bei ruhiger See schwer, Position zu halten, gar nicht zu reden bei rauher See. Zu jedermanns Erstaunen und Befriedigung hielten sie dann doch durch.

Doch nun war Oktober, und wie sich die drei ›Süßwasserdampfer‹ des SC 7 im wilden Seegang bewähren würden, stand noch in den Sternen.

So sah also das bunte Schiffs-Gemisch aus, das Kapitän Lachlan MacKinnon über den Atlantik zu führen hatte. Der britische Dampfer *Assyrian* diente ihm als ›Leitschiff‹.

Als der Admiral a. D. den Zug nach Sydney bestieg, bahnte sich der Kapitän der *Assyrian* seinen Weg von Nova Scotia die Ostküste entlang. Beide wußten noch nichts voneinander und ahnten nichts von dem mit Mühsal beladenen Kurs, den das Schicksal für sie vorgesehen hatte.

2.

Ein Schiff namens Fritz

Die *Assyrian* stammte, ausgerechnet, von der gegnerischen Seite. Die Deutschen hatten sie 1914 in Hamburg als *Fritz* vom Stapel laufen lassen. Ende des Ersten Weltkriegs mußte sie den Engländern übergeben werden. Die Ellerman & Papayanni Lines stellten sie als *Assyrian* in Dienst.

Die Deutschen hatten die *Assyrian* als dieselgetriebenes Motorschiff, als eines der ersten dieser Art, angelegt. Mit der Einreihung in die Ellerman-Flotte wurde sie in ein eher konventionelles Dampfschiff umgebaut. In der knappen Kostenkalkulation eines britischen Frachters fehlte der Posten für derartige Diesel-Extravaganzen; denn erstens war an Ersatzteile für die Motoren nur schwer heranzukommen, und zweitens – weit schlimmer noch – mußten sie von zwölf Maschinisten bedient werden! Also wurden die Sulzer-Diesel kurzerhand wieder aus-, Dampfkessel und -maschinen eingebaut.

Um Ausgaben einzusparen, beschloß man, die originale Schraube und Schraubenwelle zu belassen, was die Angelegenheit, weil hierzu nur noch ein paar passende Maschinen in Frage kamen, verkomplizierte. Schließlich wurde sie mit zwei speziell für Trawler entwickelten, kolbengetriebenen Dreizylindermaschinen ausgerüstet. Jetzt mochte sie ein wenig altmodischer und langsamer, dafür aber unendlich viel zuverlässiger sein.

So wurde aus der *Assyrian* ein kohlebefeuertes, doppelschraubiges Dampfschiff, das dennoch eine greifbare Erinnerung an ihren revolutionären Ursprung beibehielt. Ihr Großtopp war immer noch mit jener Plattform ausgerüstet, die der früheren deutschen Mannschaft erlaubte, die Segel zu hissen, wann immer die Diesel – die anfangs ja noch im Experimentierstadium steckten – Störungen zeigten.

Die nächsten zwanzig Jahre machte die *Assyrian* von ihrem Heimathafen Liverpool aus große Fahrt, stets bemüht, wenigstens einmal die Durchschnittsgeschwindigkeit von zehn Knoten zu erreichen – aber ganz schaffte sie sie nie. Bei ruhiger See und leichtem Wind machte sie glatte neun Knoten, aber bei schwerem Wetter kam sie über vier bis fünf Knoten nicht hinaus.

Nachdem man sie für Kriegszwecke requiriert hatte, wurde sie zunächst als Frachter im Mittelmeer eingesetzt, bis Italien in den Krieg eintrat. Danach wurde sie in den Atlantik abkommandiert. Da sie indessen nicht mit solchen Feinheiten wie einer Kühlanlage ausgestattet war, sondern nur mit einem Eisbehälter, erschwerte dies die Mitführung leicht verderblicher Verpflegung, und mit dem Schwinden der Eisbarren wurden die Mahlzeiten der Mannschaft immer eintöniger. Trotzdem liebte man die *Assyrian* als einen ›guten alten Kahn‹.

Anfang August 1940 lag sie in Liverpool, wo sie Ladung für die Westindischen Inseln aufnahm. Sie wurde mit einem Geschütz ausgerüstet, einem Ersten-Weltkriegs-Veteran, das man auf dem

Achterdeck befestigte. Ein paar aus der Mannschaft gingen an Land, wo man sie im Schnellkurs mit der Bedienung der alten Kanone vertraut machte. Beim ersten Schußversuch wurde über und unter den hölzernen Decks des Dampfers alles durcheinandergerüttelt, der Boden des Eisbehälters durchbrochen. Den Deutschen würde sie hoffentlich noch mehr Unannehmlichkeiten bereiten! Alle Matrosen bekamen schließlich die wichtigsten Handgriffe beigebracht, damit jeder im Notfall zur Geschützbedienung herangezogen werden konnte.

Unter den neununddreißig Seeleuten befanden sich in erster Linie Männer aus Cheshire und Nord-Wales; denn ihr Heimathafen war ja, wie gesagt, Liverpool; aber auch ein paar Männer aus Bristol, Hull und Devon; sogar Iren taten Dienst auf der *Assyrian*.

Auch der Kapitän war Ire. Reginald Kearon, fünfunddreißig Jahre alt, stammte von einer großen Seefahrer-Familie aus Arklow ab. Stämmig, gut gebaut, mit schwarzem, welligem Haar und gesund-gerötetem, glattrasiertem Gesicht, war er sowohl ein forscher Seemann wie liebenswerter Mensch. Reg Kearon kannte keinen Hochmut und pochte nicht auf seinen Rang, wurde aber von allen Matrosen, mit denen er kumpelhaften Umgang pflegte, respektiert. Sein Erster Offizier war ebenfalls Ire. John King stammte aus Rush in der Grafschaft Dublin, ging auf die Sechzig zu und stand schon viele Jahre lang im Dienst seiner Schifffahrtslinie. Doch erschien er auch den Jüngeren unter der Besatzung als reifer und gesetzter Mann, so fehlte es ihm doch nicht an Energie und Enthusiasmus. Gleich seinem Kapitän war er bei jedermann beliebt. Die beiden anderen Linienoffiziere waren ebenfalls erfahrene Männer von dreißig bzw. vierzig Jahren. Der Jüngste in der Mannschaft, ein Seekadett, war gerade sechzehn Jahre alt.

Es gereichte Kapitän Kearon durchaus zur Ehre, daß man seine *Assyrian* ein ›glückliches Schiff‹ nennen konnte, mit einer Mannschaft besetzt, die in praktisch allen Dingen bestens miteinander harmonierte. Sie kannten und beherrschten alle ihre Aufgaben, wenn auch einer oder zwei unter ihnen zwischenzeitlich Landjobs ausüben mußten – die Große Depression hatte eben ihre Opfer gefordert. Doch seit Ausbruch des Krieges hatten sie wieder Schiffsplanken unter den Füßen. Das galt zum Beispiel für Robert Stracy, den bedächtigen Funkoffizier. Nachdem ihn die Krise arbeitslos gemacht hatte – was damals jeden vierten britischen Seemann betraf –, trat er einen Landposten an, wurde aber als Reserveoffizier gleich nach Kriegsbeginn wieder einberufen.

Als die *Assyrian* im August Liverpool verließ, begann ihr schicksalhafter Weg, der sie zum SC 7 führen sollte. Fünf Tage nach dem Auslaufen verlor sie den Anschluß an ihren Geleitzug und mußte allein Kurs nach Süden auf Barbados nehmen, wo sie auch ohne Zwischenfälle ankam. Ihr nächstes Ziel war Georgetown in Britisch-Guayana. Hier gab es ein rührendes Zwischenspiel, das sich, besonders angesichts der späteren Ereignisse, tief ins Gedächtnis der Beteiligten einprägen sollte. Der Erste Offizier, John King, hatte seine Schwester gut zwanzig Jahre nicht mehr gesehen. Sie war Nonne geworden und lebte in einem Kloster tief in der Wildnis Brasiliens. Der örtliche Schiffsagent, den man gebeten hatte, für einen pflichteifrigen Angestellten seine Beziehungen ein wenig spielen zu lassen, hatte es zuwegegebracht, King und seine Schwester schließlich zusammenzuführen. Man schaffte ihn in stundenlangem Flug von Georgetown an einen Treffpunkt, an den von der anderen Seite her seine Schwester anreiste. Der Erste Offizier kehrte zwei Tage später als ein sehr glücklicher Mann zu seinem Schiff zurück.

Von Georgetown aus fuhr die *Assyrian* durch die Karibische See nach New Orleans, wo sie neue Ladung für die Rückreise über den Atlantik nehmen sollte. Angesichts der schlimmen Nachrichten aus der Heimat, wo Nacht für Nacht Hunderte unter dem Bombenhagel starben, und Großbritannien auf eine Invasion der deutschen Armeen gefaßt war, fanden sie sich in einer eigentümlichen Situation: da kreuzten sie nun durch die sonnige Karibik, vertrieben sich die Stunden mit Spielen an Deck, ließen es sich alle gemeinsam wohlergehen, vom Kapitän über den Koch bis zum Heizer. Manchen von ihnen erschien es als schlimme Sache, auf diese müßige Art seine Langeweile zu bekämpfen, während das Mutterland in so verzweifelter Not darbte und dringend Nachschub brauchte. Aber die *Assyrian* stampfte weiter ihrem Ziel entgegen und trug so auf ihre Weise zur großen Aufgabe bei, vor der alle standen.

Sie bereitete sich nach Übernahme von Getreide und anderen Gütern in New Orleans auf die lange Reise zurück nach England vor, erhielt Order, sich einem Geleitzug anzuschließen, der an den Bermuda-Inseln vorbei nach New York ging. Dort sollte zusätzlich Ladung aufgenommen werden. Aber so sehr sie sich auch bemühte; das Tempo des Geleitzugs von acht bis neun Knoten konnte sie nicht halten. Sie blieb zurück und mußte den Weg nach New York allein und ungeschützt finden. Die infolge Wetterumschlags aufgewühlte See ließ die Reise zu einem regelrechten Abenteuer werden. So manches Geschirr ging zu Bruch, bis nur mehr so wenige Tassen vorhanden waren, daß man sie die Runde machen lassen mußte. Um das Maß voll zu machen, lief die *Assyrian* New York auch noch zu spät an, so daß sie einen weiteren Geleitzug verpaßte, mit dem sie die nächste Station auf ihrer Heimreise, Halifax auf Nova Scotia, erreichen sollte.

Aber sie schaffte es auch allein bis Halifax. Drei französischen Marineangehörigen bereitete ihre Ankunft dort jedenfalls besondere Freude. Sie kamen von der *Champlain*, einem französischen Schiff, das bereits lange Zeit im Bedford-Becken vor Anker gelegen hatte. Die Mannschaft wußte nicht, auf welche Seite sie nach der Kapitulation Frankreichs gehörte. Die drei Männer hatten sich schließlich dazu entschieden, ihr Schicksal an das ›Freie Frankreich‹ und die in London residierende Exilregierung zu binden. Man hatte ihnen zugesagt, sie mit dem nächstverfügbaren Schiff nach Großbritannien mitzunehmen. So ging ein überschwenglich-glückliches Trio, bestehend aus dem Leutnant Gabriêle André Sauvaget aus Bordeaux und den beiden Matrosen Olivier Paupon und Marcel le Meur, an Bord der *Assyrian*, die sich auf die letzte Etappe zum Anschluß an den SC 7 machte: eine Reise von ungefähr 230 Meilen entlang der Nordküste von Nova Scotia nach Sydney.

Sie schaffte sie im letzten Augenblick, genau einen Tag bevor der Geleitzug auslaufen sollte. Sie wollte und durfte ihn nicht verpassen; denn zu aller Überraschung stellte sich bei der Ankunft heraus, daß die *Assyrian* ihn sogar anführen sollte. Dieser betagte Dampfer als Leitschiff! Niemals zuvor in ihren sechsundzwanzig Lebensjahren war ihr eine solche Ehre widerfahren.

Tief unter Deck inspizierte William Venables durch seine Brillengläser noch einmal die Maschinen – sieben zufriedene Jahre hatte er sich als Zweiter Ingenieur mit Hingabe um sie gekümmert.

Die *Assyrian* war mit ihren nur 2962 Tonnen eines der kleinsten britischen Schiffe des Geleitzugs, zudem auch eines der ältesten. Aber sie würde es schaffen. Ganz sicher würde sie es schaffen!

Kapitän Lachlan MacKinnon kam spät am Abend desselben Tages an Bord, zusammen mit seinem Stab von fünf Unteroffizieren und Matrosen: einem Marineschreiber, zwei Funkern und zwei Signalgasten. Er selbst bezog die Kapitänskajüte, während sein Stab es sich in den Vier-Mann-Kabinen des Schiffes gemütlich machte. Hier waren auch die Franzosen untergekommen.

Obersteward James Daley setzte mit einer Barkasse an Land, um für den notwendigen Verpflegungsnachschub zu sorgen und die dezimierten Vorratslager wieder aufzufüllen, wozu auch ein Satz Geschirr gehörte, denn davon war kaum mehr genug vorhanden, um auch nur die Besatzung hinreichend auszurüsten, ganz zu schweigen von den neun zusätzlichen Männern an Bord. Man versprach ihm, daß alles am nächsten Morgen pünktlich um 10 Uhr, also zwei Stunden vor Auslaufen, geliefert würde.

Kurz vor Mitternacht schob sich der große schwarze Schatten des letzten britischen Schiffs, das sich dem Geleitzug anschließen sollte, in den Hafen von Sydney. Es handelte sich um die 5000 Tonnen große *Somersby* aus West Hartlepool. Sie hatte Getreide geladen.

Der nächste Tag war der Samstag, 5. Oktober 1940. Die Morgendämmerung erwachte über dem Ankerplatz; eine warme Sonne brach sich ihren Weg durch den Dunst. Aber weil alle wußten, daß es Schlag zwölf Uhr mittags in See gehen würde, fanden sie nur wenig Zeit, sich am schönen Wetter zu erfreuen. Nach kurzem Frühstück hieß es für die Kapitäne, zum letztenmal von Bord zu gehen und sich gemeinsam mit einem begleitenden Offizier zur offiziellen Geleitzug-Konferenz an Land zu begeben.

Sie dauerte nicht lange. Für die Kapitäne hatte man die üblichen anfeuernden Worte, gut ihre Position im Geleitzug, dem ausgegebenen Plan entsprechend, zu halten: Sechs Reihen mit jeweils fünf bis sechs Schiffen waren vorgesehen. Man forderte sie dringend auf, sich genau an die vom Leitschiff-Kapitän signalisierten Instruktionen zu halten, und warnte sie vor dem Zurückbleiben: als Nachzügler schwebte man in besonders großer Gefahr, den Torpedo eines angreifenden U-Boots einzufangen.

Während sich die Kriegsflotte stets bemühte, alle Order zu befolgen, nahmen sie die Handelskapitäne eher teilnahmslos entgegen, in jener täuschend gleichgültigen Art, die ein früherer Kapitän in gereiztem Ton einmal so beklagte: »Es wurde wenig Notiz von dem genommen, was die Offiziere zu sagen hatten ...« Aber das Ganze hatte noch eine andere Seite. Die Einsatzbesprechungen der SC-Geleitzüge waren keineswegs so gut organisiert wie die HX-Konferenzen in Halifax. Man erinnerte sich mit Sorge, daß ein SC-Kapitän einst die gesamte Konferenz versäumte, weil ihm falsche Termine genannt worden waren.

Die Kapitäne des SC 7 erfuhren bei ihrer Besprechung, daß sie nur eine einzige Eskorte auf ihrem Weg über den Atlantik bekommen würden, und das war noch nicht einmal ganz eine Korvette – kleiner noch als das kleinste Trampschiff im Geleitzug. Hinzu kamen noch eine bewaffnete Jacht und ein Wasserflugzeug als ›fliegende Eskorte‹ für die beiden ersten Tage; danach würden die beiden wieder abdrehen. Der Geleitzug mußte danach, nur von der Korvette begleitet, seinen weiteren Weg allein gehen, bis er sich der Westküste Großbritanniens näherte. Noch so viele Anfeuerungsreden konnten den Schutz, den dieses eine kleine Kriegsschiff bot, nicht erhöhen und das Geleitboot selbst nicht größer erscheinen lassen. Noch schlimmer wird es, wenn man bedenkt, wie lächerlich gering die Bewaffnung der Handelsschiffe selbst bisweilen war. Ungefähr ein Dutzend verfügte über einen alten Vierpfünder oder ein 10-cm-Geschütz. Zwei oder drei Schiffe genossen sogar den Vorteil, einen Marine-Reservisten zugeteilt bekommen zu haben, der die Geschützbedienung überwachte. Dafür hatten andere Schiffe nur ein schlichtes, auf der Brücke angebrachtes Maschinengewehr, bestenfalls zwei; andere hatten nicht einmal das, sondern nur ein paar komische alte Gewehre, wie etwa die britische *Carsbreck:* Die einzige Verteidigungswaffe, über die man dort verfügte, bestand aus dem Karabiner des Ersten Offiziers. Glücklicher war da die *Beatus* dran, die ihre Gegner mit einem überholten 10-cm-Geschütz zu schrecken gedachte und zusätzlich zwei Karabiner auf sie anlegen konnte – falls sie geentert werden sollten.

Dergestalt hatte der SC 7 eine zehntägige Fahrt vor sich, ehe er den Punkt erreichen würde, an dem vor der britischen Westküste Kriegsschiffe aus den Heimathäfen auf ihn stoßen und ihn an sein Ziel begleiten würden. Angesichts der neuen und größeren deutschen U-Boote, deren Reichweite immer tiefer und tiefer in den Atlantik gehen sollte, schien das ziemlich knapp bemessen. Und das war es dann auch.

Eine etwas optimistischere Note war in die Zukunftsaussichten gekommen, als Kapitän MacKinnon, geruhsam an seiner Pfeife ziehend, den übrigen Teilnehmern des Geleitzugs als ein Mann vorgestellt worden war, der im Geleitzug noch niemals ein Schiff verloren hatte – und der keineswegs die Absicht hatte, auf diese schöne Bilanz einen Schatten fallen zu lassen. Den Kapitänen sagte zu, was sie da sahen: einen gesunden, präzise und klar denkenden Mann, der offenbar, was seinen Beruf anging, eindeutig auf der Höhe war. Auch wenn es sich eigentlich um einen im Ruhestand befindlichen Admiral handelte.

So ging die Konferenz in guter Stimmung zu Ende. »Beste Wünsche für eine heile Überfahrt, meine Herren.«

Nach der Konferenz blieben die meisten Kapitäne noch zu einem Drink und einem kleinen Gespräch, ehe sie wieder an Bord ihrer Schiffe gingen. Kapitän Ebenezer Williams verharrte nach wie vor in düsterer Stimmung, wenn er an seine stahlbeladene *Fiscus* dachte. Nichts während der gesamten Konferenz hatte ihn von seiner Überzeugung abbringen können, daß dies seine letzte Fahrt sein würde – sein bevorstehendes Schicksal stand ihm ins Gesicht geschrieben. War es das den Walisern so gern zugeschriebene zweite Gesicht, das ihm diese unerschütterlich-nagende Gewißheit einer kommenden Katastrophe eingab? Jedenfalls kostete es ihn große Anstrengung, seine Gefühle vor der Mannschaft zu verbergen.

Inzwischen war aus dem Obersteward Daley auf der *Assyrian* ein sehr besorgter Mann geworden. Es war nämlich zehn Uhr vorbei, und weit und breit war von dem versprochenen Nachschub noch nichts zu sehen. Um elf Uhr wurde er – der Kapitän und der Admiral a. D. waren inzwischen zurück an Bord – auf die Brücke gerufen. Wo, Himmeldonnerwetter, blieb die geordnete Verpflegung? wollte Kapitän MacKinnon wissen. Daley berichtete ihm, wie man ihm die Lieferung zugesichert habe, doch die Minuten rannen weiter dahin, und nichts geschah. Um 12 Uhr mittags verließ die als Begleitschutz fungierende Korvette den Hafen, und nun war es an der *Assyrian*, abzulegen und die Spitze des Geleitzugs zu übernehmen. Noch einmal wurde Daley auf die Brücke befohlen. Diesmal marschierte Kapitän MacKinnon schon aufgeregt auf und ab. Er war sehr ungehalten.

»Mr. Daley, können wir auch ohne die zusätzlichen Lieferungen in See gehen?«

Daley ließ schnell die reduzierten Vorratslager seines Schiffes vor den inneren Augen Revue passieren. Neun zusätzliche Personen mußten versorgt werden. Ja, sagte er schließlich, sie könnten gerade so durchkommen, wenn immer abwechselnd frisches, eingepökeltes und Büchsenfleisch serviert werde, denn glücklicherweise habe er Dosenfleisch in ausreichender Menge in New Orleans nachfassen lassen. Aber Brot sei ein großes Problem. Der Vorrat an Mehl werde auf keinen Fall bis zum Ende der Fahrt reichen. Falls man allerdings Zwieback und Kekse zu Hilfe nähme ...

Rund um die *Assyrian* hatten die Schiffe schon begonnen, die Leinen loszumachen. Eine Barkasse der Navy kam in Sicht. Der Admiral a. D. griff nach einem Sprachrohr und gab Order an den diensthabenden Offizier durch. »Geben Sie eine dringende Meldung an Land weiter«, meinte er grimmig. »Wenn unsere Verpflegung nicht in spätestens fünfzehn Minuten an Bord ist, wird irgend jemandes Kopf rollen!« Die Barkasse schoß augenblicklich davon.

Zum Erstaunen des Oberstewards fing aber nun die *Assyrian* an, Fahrt zu machen. Der Kapitän war offenbar entschlossen, keine Minute Zeit zu verlieren und planmäßig auszulaufen. Doch nach einer Weile ängstlichen Wartens rief plötzlich einer aus der Mannschaft: »Die Ladung kommt!«

Als Antwort auf die heftige Drohung des Kapitäns hatte sich

gleich eine komplette Motorboot-Flottille in Bewegung gesetzt, ging nun längsseit. Daley und seine Leute trugen an Bord, was an Fleisch, Kartoffeln und Mehl herangeschafft worden war – inklusive eines neuen, wertvollen Tafelgeschirrs. Sie wurden mit knapper Not damit fertig, als die *Assyrian* bereits mehr Fahrt machte und sich nach Verlassen des Hafens an die Spitze des Geleitzugs setzte.

Das gute Wetter hielt den Nachmittag über an, während die vierunddreißig Schiffe schwerfällig ihre Gleitzugformation bildeten. Die *Assyrian* nahm in der Mitte die Spitze. Die Begleitkorvette dampfte zusammen mit der bewaffneten Jacht voraus. Am frühen Abend hatten alle ihre vorgegebenen Positionen eingenommen – im Gegensatz zu einem vorausgegangenen Geleitzug, der sich zweiundneunzig Stunden lang damit abgequält hatte, seine endgültige Formation zu bilden.

Währenddessen hatte sich im Hafen von Sydney noch ein Nachzügler eingefunden: das kleine norwegische Trampschiff *Sneland I*. Es hatte nur unter großen Mühen den Weg nach Sydney gefunden. Nachdem es in New Orleans Aluminium-Erz geladen hatte, ging es auf nördlichen Kurs nach Hampton Roads in Virginia, wo das Ruderhaus stärker befestigt werden sollte. Das hatte sie lange aufgehalten. Als die *Sneland I* endlich auslaufbereit war, zeigte sich ihr Rumpf mittlerweile derart muschelbedeckt, daß es ihr nicht gelang, mit dem Geleitzug Schritt zu halten. Also dampfte sie allein nach Halifax. Dort gingen Hafenarbeiter, mit langen Stangen bewaffnet, an die Arbeit. Um ihnen diese zu erleichtern, wurden die Ballasttanks des Schiffes jeweils einseitig gefüllt bzw. gelenzt, so daß die *Sneland I* etwas Schlagseite bekam und damit die muschelbedeckten Schiffswände besser freigab. Dann stampfte sie los, um den SC 7 doch noch zu erreichen.

Als die *Sneland I* in Sydney Anker warf, hatten es ihr Kapitän und der Erste Offizier eilig, an Land zu kommen, wo sie sich die notwendigen Instruktionen über den Geleitzug holen wollten. Doch so sehr sie auch das Wasser nach einer Barkasse absuchten, die sie übersetzen sollte: sie konnten keine finden. So hielten sie es für das Beste, weiterzudampfen und ohne Aufenthalt den Anschluß an den Geleitzug zu suchen und nicht wieder zu verlieren.

Tatsächlich schaffte die *Sneland I* den Anschluß an den SC 7 noch in der folgenden Nacht. Ihre Besatzung wußte nichts vom Verbandfahren, hatte keinerlei Unterlagen, und niemand konnte irgendeines der Signale vom Leitschiff aus richtig interpretieren. Aber wie dem auch immer war: Sie hatte ihren Geleitzug erreicht!

3.

Der Verband unter Dampf

Am Sonntag, den 6. Oktober hatte der SC 7 schon seinen ersten Zwischenfall. Der Morgen dieses zweiten Tages auf See war sehr schön, und so wurde man bei der exzellenten Sicht schon bald gewahr, daß ein Schiff fehlte. Es handelte sich um die *Winona*, das älteste und größte der drei von den Großen Seen stammenden Boote, also um das eigentlich am besten auszumachende Schiff. Was war mit ihm passiert?

Auf der *Assyrian* setzte Admiral a. D. MacKinnon ein Kreuz neben den Namen *Winona* auf seiner Geleitzug-Liste. Tatsächlich war das Boot in der Nacht zuvor schon in den ersten Stunden wieder auf Gegenkurs gegangen. Trotz aller Anstrengungen des Leitenden Ingenieurs und seiner Mannschaft ließ sich der plötzlich ausgefallene Dynamo nicht mehr reparieren, und zur großen Enttäuschung von Kapitän John Stevenson aus Newcastle mußte er sein Schiff wenden und wieder Sydney anlaufen, wo die notwendigen Reparaturen ausgeführt werden konnten.

So gab es nur noch zwei Boote von den Großen Seen, und die Blicke vieler wanderten zu ihnen hinüber, wie sie sich beharrlich hin- und herstampfend den Weg durch die Fluten bahnten.

Die See war ruhig, so konnte der Geleitzug sieben Knoten Fahrt halten, manchmal in schöner Formation; bisweilen – nach Kursänderungen des Kapitäns – etwas durcheinander; denn dem Admiral a. D. war daran gelegen, daß seine Signale eingeübt und problemlos befolgt würden. Durch den klaren Himmel über ihnen zog das Begleitflugzeug seine Bahnen. Nahebei dampfte die bewaffnete Motorjacht *Elk,* ein umgebautes Handelsschiff, das man aus friedlicheren Zeiten als *Arcadia* kannte. Weiter voraus an der Spitze lief das Geleitboot *Scarborough*. Der Geleitzug war nun schon ein gutes Stück auf freiem Ozean. Jede der Schiffskolonnen zog sich über eine Länge von ungefähr drei Seemeilen; in der Breite maßen die sechs Kolonnen einen über drei bis vier Meilen reichenden Verband.

Trotz fachgemäßer Formation wirkte die Szene nicht gerade so, als stamme sie aus dem Handbuch für Seekriegsführung. So kamen die meisten Schiffe gar nicht auf den Gedanken, ihre Identität hinter einer eintönigen Anonymität zu verbergen, sondern zeigten, ob britisch oder aus anderen Ländern, am Schornstein die Farben ihrer Linien. Gleich nach Kriegsausbruch waren die britischen Schiffe, den Vorschriften des Kriegstransportministeriums entsprechend, in einem anonymen Grau gestrichen worden. Als der nächste Anstrich fällig war, bekamen die Schiffe prompt wieder ihre alten Friedenszeiten-Farben an die Schornsteine gemalt, und viele Wände sah man wieder im gewohnten Schwarz. Es schien ein zusätzlicher Akt der Widerspenstigkeit zu sein.

Auch die *Scarborough* war kaum das, was man ein Bilderbuch-Kriegsschiff nennen konnte. Sie war 1930 als Vermessungsschiff vom Stapel gelaufen und hatte die Zeit bis zum Krieg praktisch ohne Unterbrechung im Chinesischen Meer verbracht. Ihr großes Kartenhaus, das vom Achter- bis zum Vorderdeck reichte, nahm so viel Platz weg, daß auf dem Achterdeck ein Geschütz trotz vorgesehener Aufbauten fehlte. Ihr einziges größeres Geschütz befand sich auf dem Vorderdeck – eine alte, technisch recht schlichte 10-cm-Kanone japanischer Bauart. Man hatte sie im Hafen von Hongkong erworben und trug als Herstellungsjahr ›1920‹ eingraviert. Sie war also das, was man als eine ›müde, alte Spritze‹ bezeichnet hätte, aber immerhin funktionierte sie und hatte schon bei mancher Gelegenheit ihren Dienst getan.

Die *Scarborough* hatte gerade tausend Tonnen und damit kaum mehr als die Hälfte des kleinsten Geleitzug-Frachters, war seetüchtig, neigte aber ein wenig zur Schlagseite nach Steuerbord um bei schwerer See gefährlich zu stampfen und zu krängen. Deswegen wurde ein Tau übers Kartenhaus gespannt, an dem sich der Rudergänger, um Kurs halten zu können, festklammerte – eine für die Arme schmerzhafte, aber wirkungsvolle Prozedur.

Als weitere Hinterlassenschaft aus friedlicheren Zeiten führte die *Scarborough* ein besonders großes Motorboot mit sich, das man seinerzeit für Vermessungsarbeiten benötigte. Es hing nun in entsprechend ausladenden Davits an Backbord. Dieses unhandliche Boot war ein einziges Ärgernis und störte überdies das Gesamtbild ebenso wie das unansehnliche Kartenhaus.

Das Geleitboot hatte hölzerne Decks, die auf Befehl eines früheren Kommandanten stets geschrubbt und auf Hochglanz poliert zu sein hatten. Da es keine Deck-Hydranten gab, bestand auch nicht die Möglichkeit, Wasser zum Schrubben auf die Decks hochzupumpen. Die Mannschaften waren gezwungen, hölzerne Eimer über die Reling ins Wasser hinabzulassen und gefüllt hochzuhieven: eine anstrengende Arbeit, die die Muskeln arg strapazierte. Keiner der Männer sollte jemals in seinem Leben das Gewicht dieser Eimer wieder vergessen. Aber Krieg oder nicht Krieg, die Decks mußten geschrubbt werden, bis eines Tages ein Flugzeug das verräterische Glänzen der Decks monierte; das gab Anlaß zur allergrößten Erleichterung der Männer: auf das Blankpolieren wurde von jetzt ab verzichtet.

Nachdem die *Scarborough* für den Kriegsdienst requiriert worden war, gelang es seiner Besatzung, zwei bereits abgetakelte Lewis-Geschütze, die man dann an beiden Seiten der Brücke befestigte und wenigstens so etwas wie eine Scheinverteidigung gegen Luftangriffe darstellen sollten, zu ›organisieren‹. Das einzige weitere Exemplar an Artillerie bestand aus einer Salutkanone, ein zu rein zeremoniellen Zwecken geeignetes Schießgerät.

Sie behielt außerdem ihr empfindliches Unterwasserortungsgerät, das sie für Vermessungsaufgaben gebraucht hatte. Dafür mußte sie auf die Ausrüstung mit modernerem Asdic(Sonar)-Gerät verzichten, das feindliche U-Boote um einiges besser ausmachen konnte. Aber ihre Trefferquote beim Wasserbombenabwurf war trotzdem nicht schlecht. Noch eine bedeutende Veränderung hatte sie erlebt. Mit den blank geschrubbten Decks verschwand auch ihr Kommandant, der sich mit dem kleinen Vorpostenschiff aufgeführt hatte als sei es ein schwerer Kreuzer – mit allen entsprechenden Konsequenzen. Der jetzige Kapitän war ein großer, athletischer Mann, der seine Ausbildung in Dartmouth erhalten hatte. Schon bald stellte die Mannschaft befriedigt fest, daß er ein Mann sei, ›der weiß, wo's lang geht‹. Da fast die gesamte Mannschaft der *Scarborough* aus geschulten Marinesoldaten bestand, war das für den neuen Kommandanten zweifellos so etwas wie ein Ritterschlag.

Kapitän Norman Vincent Dickinson, an die vierzig Jahre alt, hatte bereits in einem Krieg gekämpft. 1915 war er als Kadett zur Royal Navy gekommen und hatte bei der Großen Kriegsflotte als Leutnant z. S. auf dem Schlachtschiff *Royal Sovereign* Dienst getan und kehrte mit Auszeichnungen heim. Nach dem Krieg hatte er sich als Experte für körperliches Training der Seekadetten hervorgetan: auf der *Erebus,* im Royal Naval College in Dartmouth, wenn sie dort zu ihren Lehrgängen zusammengezogen wurden, und in Shotley, wo er sich um die Schiffsjungen kümmerte. Auch später, wieder auf See, war er der zuständige Offizier für körperliches Training beim 1. Kreuzergeschwader und bei verschiedenen Zerstörer-Flottillen, die im Mittelmeer operierten, bis er schließlich stellvertretender Direktor der Physical and Recreational Training School in Portsmouth wurde.

Als Mann schneller, fester Entschlüsse war Kapitän Dickinson ein bei seinen Untergebenen beliebter Kommandant, und dies nicht nur, weil er offensichtlich wußte, wie man ein Schiff zu führen hat, sondern weil er Humor hatte und weitaus zugänglicher als sein Vorgänger war. Kaum hatte er das Kommando übernommen, herrschte auch gleich ein neuer und besserer Geist unter den Männern der *Scarborough*.

Bevor das Kanonenboot in den Nordatlantik geschickt wurde, hatte es bei verschiedenen Geleitzügen von England nach Gibraltar den einzigen Schutz abgegeben. In den ersten Kriegsmonaten war das eine vergleichsweise störungsfreie Passage gewesen; die deutschen U-Boote operierten eher in der Nähe der englischen Küste. Doch später wurde die *Scarborough* um einiges mehr beschäftigt. Ziemlich heiße Zeiten hatte sie zum Beispiel beim Schutz eines Verbands zwischen der Westküste Großbritanniens und Sydney: Mehrere Schiffe fielen U-Boot-Angriffen zum Opfer.

Nun hatte die *Scarborough* den Auftrag, den SC 7-Geleitzug sicher bis an die Westküste Großbritanniens zu führen, wo eine andere Eskorte ihn in Empfang nehmen würde. Zwischen dem Geleitboot und dem Kapitän des Leitschiffs waren keinerlei Pläne, die über generelle Taktiken hinausgingen, abgestimmt worden. Fregattenkapitän Dickinson und Admiral a. D. MacKinnon begegneten sich nur kurz anläßlich der Konferenz von Sydney. Ihr einziger Kontakt bestand jetzt in Flaggen- und Lichtsignalen; denn jede Art Funkkontakt sollte vermieden werden. Morsen war nicht gestattet, Sprechfunk unmöglich, weil die Schiffe dafür nicht ausgerüstet waren.

Der Sonntag blieb weiterhin ruhig. Am späten Nachmittag befand sich der Geleitzug auf Ostkurs unterhalb Neufundland auf Position 45°17' N, 55°43' W. Am nächsten Tag würden sie um den äußersten östlichen Zipfel Neufundlands Kurs nach Norden nehmen können, um in einem langsamen, stetigen Bogen den Atlantik gen Osten hin zu überqueren.

Im unterirdischen Einsatzbesprechungsraum in London hing eine Karte über die ganze Wand eines Zimmers. Auf ihr wurde die Position des SC 7 mit Fähnchen abgesteckt und dazu die eines weiteren, langsamen Geleitzugs auf langer Heimreise nach England. Stetig näherte sich der SC 6 der vorgelagerten Westküste Großbritanniens. Aus der Sicht der Admiralität waren die Leistungen dieser langsamen Geleitzüge soweit zufriedenstellend. Zwar war es einem feindlichen U-Boot einmal gelungen, ein unglückliches Schiff des SC 1 nicht nur zu versenken, sondern sogar um das langsam sinkende Schiff herumzukreuzen, so daß es dem deutschen Kommandanten von seinem Turm aus gelang ein paar erschütternde Fotos zu schießen. Aber im ganzen gesehen waren die Verluste relativ gering anzusetzen. Nur der SC 3 war auf größere gegnerische Aktivitäten gestoßen: Man hatte am Ende gleich zwei U-Boote bei Nacht und in Geleitzugnähe auftauchen und kreuzen gesehen, und zwar innerhalb wie außerhalb der Geleitzugformation. Man hatte nur vier Schiffe verloren, davon zwei Nachzügler; überdies verlautete offiziell, diese Versenkungen wären nicht passiert, wenn der Verband nicht einen Tag zu früh an der Stelle eingetroffen wäre, wo er auf seinen entgegenkommenden Geleitschutz treffen sollte. Tatsächlich waren die Verluste der SC-Geleitzüge insoweit eher gering, als die Hauptbetroffene vor allem die Kriegsmarine selbst war: Sie hatte schließlich zwei Korvetten verloren, die von U-Booten versenkt worden waren. Die Hauptschwierigkeiten, mit denen die Verbände zu kämpfen hatten, bestanden nach den Berichten der zunehmend beunruhigten Kapitäne in der Unfähigkeit, Positionen zu halten und sich per Signal eindeutig zu verständigen. Das traf vor allem auf die nichtbritischen Handelsfahrer zu. Hinzu kamen die oft schlechten Wetterbedingungen und die immerwährende Gefahr von Kollisionen, besonders dann, wenn Geleitzüge andere kreuzten. Auch das Nachzügler-Problem wurde schließlich zu einer Dauererscheinung. Und es gab keine Hoffnung, daß der SC 7 auf seinem Weg nach England andere Erfahrungen machen würde.

An diesem zweiten Tag aber hielten die Ausgucke noch guten Kontakt miteinander. Die See war ruhig, man konnte sich mit den einzelnen Teilnehmern vertraut machen.

Das kleinste aller Handelsschiffe war das alte norwegische Trampschiff *Havorn*. Seit 1902 bereits im Dienst, hatte sie schon unter drei Namen die Meere befahren. Gegenwärtig hatte sie Hölzer geladen. Etwa 1500 Tonnen groß, hat sie in den Augen ihrer Mannschaft weniger Angriffsfläche, mehr Sicherheit als die dickeren Schiffe. Der französische Tanker *Languedoc*, ein herrliches, brandneues Motorschiff von annähernd 10 000 Tonnen, war das größte Schiff, das nach der Kapitulation Frankreichs unter britischer Flagge bisher in tropischen Gewässern fuhr. Clyde war der Zielhafen der *Languedoc*. Sie hatte sich dem SC 7 anschließen müssen, weil sie einen schnelleren HX-Geleitzug verpaßte. Das wirklich wunderschöne Schiff – ordentlich und sauber und in einem frischen, leichten Grau gestrichen – kreuzte am Backbord-Flügel des Verbands und hielt sich von den anderen Gefährten ein wenig abseits – so wie ein Schwan unter einer Schar Gänse; doch diese stolze Haltung übertrug sich keineswegs auf ihre international zusammengewürfelte Besatzung unter einem britischen Kapitän. Denn so groß und breit daherzukommen, bedeutete, doppelt verwundbar zu sein. Von vielen anderen Schiffen schaute denn auch so mancher hinüber zur großen, geschmeidigen *Languedoc* und dachte bei sich: Wenn auf irgendein Schiff ihres Geleitzugs ein Torpedo abgeschossen würde, dann sicher der erste auf sie.

Das größte britische Schiff des Geleitzugs, die 6000 Tonnen große *Empire Miniver,* war im Grunde gar nicht ganz britisch. Sie stammte nämlich aus Amerika, genauer: aus Texas, gehörte zum ›Three-Island‹-Schiffstyp und war so alt wie der letzte Krieg. Zunächst auf den Namen *West Cobalt* getauft, wurde sie von den Briten für den Kriegseinsatz gekauft – und zwar in einer Art frühem Leasing-Verfahren – und transportierte nun Stahl und Roheisen. Es war ihre zweite Passage unter neuem Namen; ihre Crew bestand aus Engländern. Obwohl sie, wie die *Languedoc,* ölbetrieben, gegenüber Kohledampfern ein wenig im Vorteil war, konnte sie aus ihrer besseren Ausstattung sonst nicht viel machen. Für gewöhnlich transportierte sie Baumwolle; weshalb ihre stählerne Fracht sie sehr schwerfällig und wenig manövrierfähig machte. Auch ihre Bewaffnung war kaum besser als die der anderen. Ihr sehr altes 12-cm-Geschütz verfügte nicht einmal über ein Oberschild, und dem für seine Bedienung zuständigen Reservisten der Königlichen Marine standen ein paar Granaten und etwas Kartuschenmunition als Munition zur Verfügung.

Weniger als die Hälfte aller Geleitzug-Schiffe war vor der Abfahrt entmagnetisiert worden. Das geschah mit folgender Vorrichtung: Von Speigatt zu Speigatt wurde ein elektrisches Kabel um die Außenhaut des Schiffs gezogen, wodurch es ein eigenes Magnetfeld entwickelte, das die ebenfalls magnetischen Minen abstoßen sollte. Derart ›entmagnetisierte‹ Schiffe waren durch ein Kreuz, das sie seitlich in Höhe des vorderen Brückenaufbaus trugen, leicht zu identifizieren. Diese Kreuzmarkierung war offiziell vorgeschrieben, wurde aber von den Besatzungen scharf kritisiert, weil es für den Mann am Fadenkreuz eines zielnehmenden U-Bootes kaum eine bessere Hilfe geben konnte.

Eine andere, unangenehme Zielscheibe bot eines der schwedischen Schiffe, das, streng darauf bedacht, seine Neutralität vorzuweisen, die schwedische Flagge vorn und achtern auf die Außenhaut gemalt hatte. Die gelben Kreuze leuchteten weithin sichtbar; selbst bei Nacht konnte man sie über mehr als eine halbe Meile erkennen. An Bord jener Schiffe, die in unmittelbarer Nachbarschaft des Schweden fuhren, gab's Ärger; denn seit wann hatte je eine neutrale Flagge ein U-Boot von seinem Vorhaben abgeschreckt?

Und es gab schon eine ganze Reihe von Schiffen im Geleitzug, die die eine oder andere Begegnung mit dem Feind hinter sich hatten.

Die alte *Trident* zum Beispiel, ein Trampschiff aus Newcastle-upon-Tyne, hatte gerade erst ein paar Überlebende, die sie aus dem mittleren Atlantik während ihrer Passage nach Amerika gerettet hatte, nach Cape Breton gebracht. Eines Morgens hatte es U-Boot-Alarm gegeben – voraus hatte man ein Rettungsboot mit gesetzten Segeln ausgemacht. Kapitän Lancelot Balls hatte zwar auch den Verdacht, daß es sich um eine Falle handeln könnte, aber da das Boot direkt voraus lag, hielt er seinen Kurs, Geschütz und Waffen in Bereitschaft. Doch es stellte sich heraus, daß in dem Rettungsboot sieben Überlebende der norwegischen *Karet*, die in der Nacht zuvor torpediert worden war, saßen. Die *Trident* hatte die Norweger dann weiter bis Sydney mitgenommen, wo die dankbaren Geretteten sich mit einem silbernen Cocktail-Set bei der Schiffsführung und mit Füllfederhaltern bei den Matrosen revanchierten.

Die alte *Trident* war ein braves Schiff, selbst dann noch, wenn sie bei schlechtem Wetter mehr unter als über Wasser fuhr und ständig überflutet war. Zu ihren allerersten Kriegserfahrungen gehörte die Flucht aus Narvik mit 10 000 Tonnen Eisenerz an Bord – wenige Stunden, bevor die Deutschen vor Narvik auftauchten. Kapitän Balls war ein sehr kühler und beherrschter Kommandant. Als einmal die Meldung heraufkam, daß man das Periskop eines U-Boots gesichtet habe, hielt er die *Trident* direkt darauf zu, um dem Angreifer ein schmaleres Ziel zu bieten, ging voll unter Dampf und bereitete sich darauf vor, das U-Boot zu rammen. Glücklicherweise stellte sich heraus, daß es sich bei dem ›Periskop‹ um nichts anderes als den Mast eines leeren, nur mit Seewasser vollgeschlagenen Rettungsboots eines gesunkenen britischen Linienschiffs handelte.

Von ihrer Mannschaft wurde die dreckige alte *Trident* regelrecht geliebt, weil sie eben ihr Bestes tat und stets auf ihre langsame, schwerfällige Weise Kurs hielt. Man machte sich seinen Spaß bei dem Gedanken an einen deutschen U-Boot-Kommandanten, der einen Torpedo auf sie verschwenden würde – müßte sie doch auch so über kurz oder lang und ohne jede Mithilfe der Deutschen einfach auseinanderfallen.

Die *Empire Brigade* hatte man sich von den Italienern wiedergeholt. Auch sie hatte schon eine nervenaufreibende Begegnung mit einem U-Boot hinter sich. Kurz nach Abfahrt – der Anschluß an ihren Geleitzug war verloren –, da hielt plötzlich über Wasser und bei schwerer See ein U-Boot auf sie zu. Beide waren nicht wenig überrascht von diesem plötzlichen Aufeinandertreffen, und beide schossen je eine Granate aufeinander ab, ehe das Wetter völlig zuzog. Das Geschoß aus der deutschen Kanone verfehlte zwar die *Empire Brigade*, doch richtete die Druckwelle der Explosion einigen Schaden auf dem Schiff an und verschob die Ladung an Deck. Erst nach den Reparaturarbeiten konnte sie sich dem SC 7 wieder anschließen. Diesmal hatte sie 7000 Tonnen Kupfererz, 3000 Tonnen Getreide, große Mengen Konservennahrung und achtzehn Armeelastkraftwagen, gut auf dem Achterdeck vertäut, an Bord.

Schließlich gab es noch ein unter fremder Flagge fahrendes Schiff, das auf der Passage von England nach Amerika einen Angriff erlebt hatte: das holländische Trampschiff *Soesterberg*. Es war mit einem Ostküsten-Geleitzug von Tyneside in See gegangen, als es bei Nacht von feindlichen Sturzkampfbombern attackiert wurde. Drei Schiffe in unmittelbarer Nachbarschaft der *Soesterberg* wurden gleich beim ersten Angriff getroffen; der *Soesterberg* selbst gelang glücklich die Flucht. Der Geleitzug löste sich auf, die *Soesterberg* umfuhr unter Volldampf die Nordspitze Schottlands, um im Pentland Firth südlich der Orkney-Inseln Schutz zu suchen. Von dort aus schlüpfte sie noch in derselben Nacht, durch die Dunkelheit geschützt, in den Atlantik und ging allein auf Kurs Richtung Kanada.

Mittlerweile hatten sich die restlichen Schiffe ihres ehemaligen Geleitzugs wieder formiert. Da sie selbst nicht mehr auftauchte, wurde sie als verloren gemeldet. Eine einsame, spannungsvolle Reise der *Soesterberg* folgte. Am dritten Tag drohte Gefahr: Aus den Wolken stürzte sich ein Flugzeug auf sie. Niemand an Bord konnte das eine Flugzeug von einem anderen unterscheiden. War es der Feind? Entschlossen hißten sie die holländische Flagge. Das Flugzeug umkreiste sie, verlangte nach dem Namen des Schiffes; signalisierte Wiederholung. Dann kam schließlich das Gegensignal, und die Maschine verschwand in Richtung auf die englische Küste.

Kein kleiner Stoßseufzer entrang sich den Kehlen der Seeleute! Glücklicherweise hatte es sich um ein britisches Flugzeug gehandelt, das überdies zu Hause die Wiederentdeckung der *Soesterberg* melden konnte. Sie machte erfolgreich die Reise nach Kanada und nahm dort wichtige Fracht auf.

Der Sonntagabend kam, und der SC 7 hielt weiterhin den vorgeschriebenen Kurs, selbst die beiden Süßwasserkähne der nordamerikanischen Seen, die wie eiserne, von gischtiger See umschäumte Inseln aussahen. Verrückt, völlig verrückt, solche Kähne über den Atlantik zu schicken.

Die Nacht brach an, und sie war herrlich. Der Neumond schien; jeder Stern war zu erkennen. Schweigend und ohne ein einziges Licht dampften die vierunddreißig Schiffe weiter voran durch einen ungewöhnlich sanften, ruhigen Ozean.

Dafür war droben, in den Wellen der Luft, so einiges los. Funkoffiziere fingen die Meldung auf, daß ein U-Boot im Einzugsbereich operierte, 51° N, 27° W. *Siebenundzwanzig Grad West!* Angesichts dessen, daß der Geleitzug seine Eskorte erst viel weiter westlich treffen sollte – und zwar auf Position 21° West –, war ihnen dieses U-Boot auf jeden Fall zu nah an den Rumpf gerückt.

Montag, 7. Oktober. Die Morgendämmerung brach an; das Wetter blieb bemerkenswert ruhig. Die Sonne schien strahlend, die See war kaum bewegt, und wenn die Winde auch nicht direkt warm zu nennen waren, so doch angenehm und keineswegs kalt.

Ein idealer Tag also, um die Kapitäne alle vorhandenen Kräfte mobilisieren zu lassen. Admiral a. D. MacKinnon wurde bereits in der Frühe aktiv und spielte für den Fall eines Angriffs seine Kursänderungen durch. Der Funkoffizier auf einem der Schiffe notierte denn auch in sein Tagebuch: »Offensichtlich versteht dieser Kapitän etwas von seinem Job!«

An Bord der *Assyrian* wurde man sich der eigenen Bedeutung bewußt, als die Signalgasten des Kapitäns jene Befehle signalisierten, die von Schiff zu Schiff weitergegeben wurden. Die Kommando-Weitergabe per Signalflaggen würde die tägliche Regel bleiben; denn es mußte auf absolute Funkstille geachtet werden – die Funker hielten lediglich Funkwache und lauschten den Äther ab. In der Nacht wurden die Kapitänssignale über grüne und rote Lichter weitergegeben. Hierzu waren vorweg einige Schiffe ausgewählt worden, so daß nicht der gesamte Geleitzug Lichtsignale geben mußte – was ja einer Feiertagsbeleuchtung gleichgekommen wäre. Hatte jedes einzelne Schiff die Instruktionen empfangen, folgte das Signal, nun das erforderliche Manöver durchzuführen –: auf dem Leitschiff wurden die Lichter ausgeschaltet.

Für die Offiziere der *Sneland I*, dieses von Muscheln befallenen Nachzüglers, war dies bereits der zweite Tag, den sie in totaler Verwirrung über die viele Signalisiererei verbrachten; denn sie verstanden davon nichts, verfügten über keinerlei, den Geleitzug betreffende Unterlagen. Aber diesmal entdeckte der Admiral a. D., daß da etwas nicht stimmen konnte: das Schiff, das der *Sneland* vorausfuhr, erhielt Order, die Kolonne zu verlassen, zurückzubleiben und hinter der *Sneland*, von wo aus sie besser Assistenz bieten konnte, Position einzunehmen. Doch kaum war die neue Formation hergestellt, da tauchte plötzlich am Horizont voraus unerwartet ein Schiff auf, das sich offenbar dem Geleitzug anzuschließen gedachte.

Es handelte sich um den britischen Dampfer *Shekatika*, der zwar gerade erst vier Jahre alt war, dessen stählerne Decks aber bereits rosteten. Er war mit einem schnellen HX-Verband von Halifax aus in See gegangen, konnte aber nicht annähernd mithalten. Er hatte Stahl geladen. Auf den Decks hatte man hoch hinauf Hölzer verstaut: drei Meter hochragende Stangen verhinderten, daß sich ganze Kaskaden von Baumstämmen in die See ergossen. Und über die Stapel hatte man Planken und hölzerne Geländer verlegt, damit sich die Mannschaften nach vorn oder achtern bewegen konnten.

Die eigentliche Ursache, warum die *Shekatika* mit dem schnellen Geleitzug nicht hatte mithalten können, lag in der mangelhaften Qualität der gebunkerten kanadischen Kohle. Die Heizer hatten getan, was sie konnten; waren immer nur dann einmal ans Tageslicht gekommen, wenn sie eine Kanne leicht gesalzenen Trinkwassers brauchten. Doch wie sehr sie auch schwitzten und tranken, um den Flüssigkeitsverlust ihrer Körper wieder auszugleichen, so konnten sie ihr Schiff doch nicht auf der vorgegebenen Position halten – besonders gegen Ende jeder Wache, wenn sie statt Asche riesige Schlackeklumpen bis zu zwei Metern Umfang aus dem Heizkessel herausholten. Aus diesem Grunde hatte Kapitän Robert Paterson Befehl erhalten, abzudrehen und sich dem langsameren Geleitzug, der ihnen folgte, anzuschließen. Weniger als einen Tag lang war die *Shekatika* allein unterwegs gewesen, bis die ersten Masten des SC 7 am Horizont auftauchten. Um zwei Uhr nachmittags hatte sie ihre Position als letztes Schiff der Backbord-Kolonne eingenommen. Ihre Bewaffnung? Nicht mehr als ein einziger Karabiner, der, als sie im Dock lag, der Wache zur Abwehr möglicher Sabotageakte gedient hatte. So hatte der SC-Verband ein Schiff verloren, ein anderes hinzugewonnen. Und weiter ging es mit sieben Knoten Geschwindigkeit. Um sechs Uhr nachmittags wurden die Schiffsuhren eine Stunde vorgestellt. Das würde nun regelmäßig geschehen, bis sie die fünf Stunden Zeitdifferenz zwischen der amerikanischen Ostküsten- und der Greenwich-Zeit würden überwunden haben. Um neun Uhr abends verließ die Motorjacht *Elk* den Geleitzug, weil sie andere Aufgaben zu übernehmen hatte. Auch das Begleitflugzeug wurde nicht mehr gesichtet. Der Verband hatte nun nur noch den einen Geleitschutz, die *Scarborough*, und das würde für die nächsten zehn Tage auch so bleiben.

Kurz vor Mitternacht wurde der Kurs für den Rest der Nacht noch einmal geändert. Das Wetter blieb weiterhin schön.

Dienstag, 8. Oktober. Noch immer ruhiges Wetter, die Sonne schien warm. War das wirklich der angeblich immer so stürmische Atlantik? Aber immerhin war doch eine kräftige Dünung zu spüren, die die Schiffe rollen ließ.

Admiral a. D. MacKinnon verfolgte diesen Morgen seine Manöverübungen mit besonderer Hartnäckigkeit. Es ging im Zick-zack-Kurs voran, und von 10.00 bis 11.30 Uhr jagte nicht nur ein Flaggensignal das andere, sondern Dampfpfeifen unterstützten noch die Kommandos. Doch auch aus solchen Situationen konnten sich die Mannschaften ihren Spaß machen. Welches Schiff ließ gerade seine Pfeife heulen? Die der *Corinthic* hatte einen kräftigen Ton, den man gleich erkennen konnte. Die *Beatus* gleich nebenan, brachte erst einen hohen Zischlaut heraus, bevor der volle Heulton einsetzte, während die *Blairspey* erst einmal blubberte und spuckte, wenn einer die Abzugsleine betätigte. Die Pfeife der *Assyrian* brachte sogar einen Doppelton zustande. Über sie alle hinweg blies das Horn des dicken französischen Tankers einen besonders sonoren Ton.

Die Flaggensignale wurden in kurzen Abständen gegeben. Es gab übrigens nicht wenige Männer, die mit großem Interesse Sinn und Bedeutung der verschiedenen Flaggen zu erlernen trachteten.

Ob es nun glückliche Umstände waren oder einfach ein besseres Training, es ging jedenfalls alles etwas ordentlicher vonstatten als bei vorausgegangenen SC-Geleitzügen, deren Kommandanten schier daran verzweifelt waren, wie wenig auch nur die allereinfachsten Flaggensignale verstanden wurden; die vor allem die nichtbritischen Teilnehmer geradezu verflucht hatten, weil sie das Winken und den optischen Telegrafen entweder nicht lesen konnten oder wollten. Bedenkt man, daß es einmal in einem häufig erwähnten Fall drei Stunden und zehn Minuten gedauert hatte, bis zwei Signale aus dem Internationalen Code den gesamten Verband passiert hatten, dann war solch verzweifelter Zorn wohl gerechtfertigt. Schließlich hätten die Deutschen, wären sie bei der Gelegenheit in der Nähe gewesen, nur die halbe Zeit gebraucht, um sie allesamt zu versenken.

Doch wenn er auch eine halbwegs erträgliche Ordnung in seine Herde gebracht haben mochte, einen Mangel konnte Kapitän MacKinnon nicht abstellen; den furchtbaren Qualm, den sie alle machten. Er quoll in dicken Schwaden in den klaren Himmel hinauf und mußte dem Feind nur so in die Augen springen. Dampfer produzieren nun einmal Dampf, und gereizte Signale wie ›Weniger Rauch!‹ bewirkten wenig bei jenen Schiffen, die schließlich das Beste aus ihrer schlechten Kohle herauszuholen hatten. Auch die

Assyrian selbst beging in Ermangelung ihrer guten alten walisischen Kohle dieselbe Sünde.

Gegen Mittag erreichte der Geleitzug, der immer noch seine gut sieben Knoten Geschwindigkeit hielt, die Position 46°35′ N, 49°13′ W. Nun ging es scharf nach Norden.

An diesem ruhigen Nachmittag gingen viele Mannschaften noch einmal daran, ihre kleinen Sonder-Seesäcke zu kontrollieren. Es handelte sich dabei um so etwas wie Miniaturausgaben der leinernen Seesäcke, in die jeder das hineinpackte, was er an besonders wertvollen und ganz persönlichen Dingen besaß und die er im Notfall mit ins Rettungsboot nehmen wollte. Auch die Rettungsboote selber wurden noch einmal überprüft und für den Fall der Gefahr vorbereitet. Diejenigen Schiffsbesatzungen, die über Geschütze verfügten, überprüften deren Funktionstüchtigkeit. Natürlich ließen sich innerhalb des Geleitzugs keine regelrechten Schießübungen abhalten; man konnte halt nur auf irgendeinen Balken zielen, den man kurz über Bord geworfen hatte. Die nächsten richtigen Schüsse würden, wenn überhaupt, auf den Feind selber gerichtet sein.

Abgesehen von all diesen Aktivitäten waren die Mannschaften damit beschäftigt, diese eigenartige Mischung aus Gespanntheit und schierer Langeweile zu überwinden – ein Schicksal, das der Seemann über lange und monotone Perioden hin zu ertragen hatte.

Für die meisten Männer bedeutete das: Kartenspielen. Karten – gleichgültig, ob man um Geld oder um Streichhölzer spielte – waren mehr als eine Erholung; eine Art Religion. Und eine spezielle Abart dieser Religion war das Cribbage. Vor kurzem erst gab es an Bord des Neuankömmlings, der *Shekatika*, einmal ein mächtiges Geschrei. Der Lärm, das Hurra-Rufen waren unüberhörbar. Alles rannte in die Messe, wobei einige meinten, jetzt ginge es wohl gegen die Deutschen. Aber dem war nicht so. Es hatte nur einer die ›29‹, das rechnerisch höchste Ergebnis beim Cribbage, erreicht – was, statistisch gesehen, eine fast unmögliche Leistung war.

Natürlich gab es auch noch andere Formen, sich an Bord zu erholen und die Zeit totzuschlagen. Die drei auf der *Assyrian* mitfahrenden französischen Seeleute saßen zum Beispiel gern auf einer Luke und sangen zusammen mit dem jungen Schiffszimmermann aus Anglesey fröhliche Seemannslieder. Franzosen und Engländer hatten dabei entdeckt, daß die Songs aus Wales und die Chansons aus der Bretagne keltischen Ursprungs waren und deswegen von allen gemeinsam gesungen werden konnten.

Unter Deck saß währenddessen der Zweite Ingenieur, William Venables, in seiner wachfreien Zeit über den Plänen seines ›Fliegenden Flohs‹. Seit zwei Jahren bastelte er in der Freizeit an dem kleinen Flugzeug herum. Auf früheren Fahrten hatte er bereits den Rumpf, Höhen- und Seitenruder und das Spannwerk für die Flügel fertiggestellt. Jetzt hockte er in dem Raum, wo die beiden Wellen der Doppelschraube der *Assyrian* zusammentrafen, und brütete über der Endfertigung seiner Flugmaschine. Es war ein idealer Raum für seine Bastelarbeit, wenngleich er den Rumpf um gut einen Zentimeter schmaler hatte machen müssen als in der Bauanleitung stand, sonst hätte er ihn nicht durch die Tür hinausbekommen. Zu Hause in Liverpool lag schon ein brandneuer Benzinmotor für das Flugzeug bereit. Jetzt sparte er sein Geld für die Anschaffung von Lack und Leinen, um Anstrich und Bespannung zu vollenden. Als der Krieg ausbrach, hatte er seinen Floh vom Schiff heimlich in seine Wohnung transportiert, den Traum aber nicht aufgeben können, einmal sein eigenes Flugzeug zu bauen und zu fliegen, wenn nicht jetzt, dann nach dem Ende des Krieges. So hatte er sich denn auch im Krieg weiter mit seinem Werk beschäftigt. Sogar ein fertiger Propeller aus Buchenholz und Mahagoni hing bereits über seiner Koje.

Ja, eines Tages würde seine kleine Maschine fliegen. Will Venables war fest entschlossen.

Mittwoch, 9. Oktober. Noch immer hielt das wunderschöne, sonnige Wetter an, was alle Seeleute angesichts ihrer sonstigen Erfahrungen in nicht geringes Erstaunen versetzte. Hinzu kam aber auch ein gewisses unsicheres und ungemütliches Gefühl; denn Verhältnisse wie diese bevorzugten den Feind auf der Suche nach Opfern, und deswegen konnte man hier und da ein kleines Gebet hören, das Wetter möge doch bitte wieder seine gewohnt stürmische See hervorbringen. Ein rauher Seegang würde es den U-Booten einfach viel schwerer machen, sie aufzuspüren.

Das mit seiner Nationalflagge bemalte schwedische Schiff hatte unverzeihlicherweise in der Dunkelheit ein Licht aufgesetzt und war vom Geleitzug-Kommandanten entsprechend ernsthaft verwarnt worden. Die Verdunkelung war strikt einzuhalten. Die meisten Kapitäne sahen darin denn auch eine Sache der Selbstdisziplin. Verstöße wurden geahndet. Auf der *Corinthic* beispielsweise mußte jeder, der während der Verdunkelungszeit auch nur einen kurzen Lichtschimmer verschuldete, fünf Shilling Strafe zahlen. Die langen, einsamen Nachtstunden brachten stets noch eine zusätzliche Spannung: Aus dem Schornstein konnten plötzlich Funken stieben; irgend jemand konnte an Deck unachtsamerweise mal ein Streichholz anzünden ...

Diesen Morgen wurden wieder über eine Stunde lang Signalmanöver nach Kommandos des Admirals a. D. durchgeführt. Es schien, als kämen alle durchaus zufriedenstellend mit.

Von ihrem Nordkurs ab drehten sie nun wieder schärfer Richtung Osten. Für die Funkmaate bedeutete das eine immer weitere Entfernung von der Kakophonie des kommerziellen Rundfunks der Neuen Welt, den Abschied von den diversen Cowboy-Songs, die Einfahrt in eine weniger abwechslungsreiche, nur noch von Morsesignalen erfüllte Einsamkeit des Atlantiks.

Es bedeutete jedesmal eine neue Erfahrung für die Funkoffiziere der Handelsmarine, wenn sie ihre erste Seereise nach Kanada machten: hinaus aus der gewohnten Kriegsberichterstattung der BBC und der Soldatensender. Näherten sie sich nämlich der kanadischen Küste, dann brachte ein vielstimmiges Durcheinander im Äther die primitiven Zweiröhren-Empfänger auf den Schiffen durcheinander; ein Programm überlagerte oft das andere. Jetzt, auf Ostkurs, war es für den SC 7 genau umgekehrt. Bis auf die letzten Töne, die die ›Stimme Neufundlands‹ (VONF) herüberschickte, gab es niemanden mehr, der für Störungen und Interferenzen sorgte. Einsame VONF-Ansager plauderten über die letzten Neuigkeiten, legten Platten auf, schickten Grüße an die Lieben daheim und draußen in Wald und Flur – ein bißchen Musik, ein Schwätzchen, einen kleinen Spaß. Etwa so, wie ihn ein Discjockey einmal zwischen zwei Scheiben losließ:

»Zehntausend Tonnen war der Frachter groß,
fuhr tausend Meilen durchs Meer.
Geladen hatt' er Schuhe bloß.
Wenn die Matrosen nun alle einsachtzig maßen,
die Ingenieure drei Zentimeter noch mehr,
wie alt war 'n dann der Käpt'n und die, die bei ihm saßen?«

Gewöhnlich wurden nur die Funkmaate bei der Arbeit mit derartigen Unterhaltungssendungen traktiert; denn den Mannschaften war das Radiohören an Bord verboten. Vorhandene Geräte wurden konfisziert oder, solange die Fahrt dauerte, unbrauchbar gemacht. Aber es gab immer mal wieder einen Seemann, der es schaffte, sein Radio vor dem Zugriff der Vorgesetzten zu bewahren und bei Gelegenheit zu hören. Fraglich, ob ein U-Boot überhaupt durch ein eingeschaltetes Radio ein Schiff oder einen Verband leichter ausmachen konnte, aber zweifellos verursachte ein eingeschaltetes Radio Störungen auf dem 160-m-Band, auf dem die Trawler zu senden pflegten.

Auch die schiffseigenen Empfänger waren oft genug schuld an derlei Störungen: sie hatten nämlich mit einem besonderen Problem zu kämpfen. Von früheren SC-Geleitzug-Kommandanten kannte man bereits die Klage, daß immer wieder vor allem von Schiffen unter nicht-britischer-Flagge verursachte Störungen im Funkverkehr vorkamen. Einige hatten daher verlangt, die Funkkabinen und -geräte einfach zu versiegeln. In einigen früheren Geleitzügen war es vorgekommen, daß viele Schiffe nur jeweils einen Funkmaat hatten; das bedeutete, daß die Funkgeräte nicht rund um die Uhr besetzt sein konnten, sondern nur bei der Wache. Ergebnis: zu bestimmten Wach-Anfangszeiten wurden praktisch alle Funkgeräte etwa zur gleichen Zeit eingeschaltet. Das damit einsetzende Pfeifen und Heulen, Brummen und Blubbern lud natürlich jedes lauernde U-Boot geradezu ein und informierte es darüber hinaus genau über die Abfolge der Wachzeiten. Im SC 7 hatten die meisten Schiffe indessen schon zwei Funker, so daß sich mit der kontinuierlichen Besetzung der Geräte diese Gefahr weitgehend vermeiden ließ.

6 Uhr nachmittags. Erneut wurden die Uhren vorgestellt, dies-

mal um 30 Minuten. Das Barometer begann rapide zu fallen, und der von Süden blasende Wind erreichte mit Stärke 7 fast Sturmkraft. Die Bitten um einen Wetterwechsel hatten sich schon bald erfüllt.

Und wie sahen die Nachrichten aus der Heimat aus? London hatte die schwersten Luftangriffe seiner Geschichte hinnehmen müssen; die Verluste waren hoch. Die deutsche Invasionsflotte stand zum Angriff bereit.

Donnerstag, 10. Oktober. Der Sturm hielt an, und es begann zu regnen. Jeden Morgen sollte es nun nur so herniederprasseln. Der Sturm nahm ständig zu, die Schiffe rollten und krängten stark. Ein oder zwei Schiffe begannen nachzuhinken und erhielten prompt heftige Signale vom Leitschiff, den Anschluß nicht zu verpassen.

Die Mittagsposition lag bei 51°47′ N, 43°43′ W. Nach dem scharfen Nordkurs konnte der Verband nun immer mehr in einen nordöstlichen Bogen drehen. Trotzdem würden sie im Laufe der Fahrt eine noch weiter nördlich gelegene Position erreichen, und zwar unterhalb Islands, auf Höhe der Orkney-Inseln. Aber das würde noch weitere sechs Tage dauern.

So stampften sie weiter voran und mußten die ungemütliche Nacht über noch so manch schweren Brecher nehmen.

Freitag, 11. Oktober. Am Morgen brach die Sonne wieder durch, aber die See blieb so rauh wie zuvor. Das Wasser schwappte über die Decks, die Schiffe stampften und rollten, und das Frühstück gestaltete sich abenteuerlich. Die Teetasse in der einen Hand balancierend, in der anderen eine Gabel führend und gleichzeitig von einer Richtung in die andere schwankend, war eine mehr als schwierige Operation.

Der Sturm hielt den Tag über an, und es sah nicht so aus, als würde er sich bald legen. Der zuvor so ruhig und geordnet daherdampfende Konvoi gab nun ein ganz anderes Bild ab. Mal tanzte ein Schiff hoch auf einer Woge, mal verschwand es in einem Wellental. Von einem Ausguck war es nicht mehr möglich, den gesamten Geleitzug zu überblicken, zumal einige Schiffe bereits in der Nacht zuvor von der rauhen See aus der Formation gerissen worden waren und nun erst einmal ihre Position wiederfinden mußten. Einige Schiffe waren nicht mehr zu entdecken, darunter auch die zwei Dampfer von den Großen Seen.

Nach einigem aufgeregten Hin- und Hersignalisieren zwischen den rollenden und stampfenden Frachtern ergab sich für Kapitän z. S. MacKinnon und Fregattenkapitän Dickinson von der *Scarborough* nach endgültiger Zählung, daß vier Schiffe vermißt wurden: zwei alte griechische Trampschiffe von jeweils über 3000 Tonnen und die beiden ›Süßwasserdampfer‹.

Bei den Griechen handelte es sich um die *Niritos*, die Schwefel geladen hatte, und die *Aenos* mit einer Ladung Getreide. *Trevisa* und *Eaglescliffe Hall* hießen die beiden von den Großen Seen.

Alle Geleitkapitäne waren angewiesen worden, täglich zu einer bestimmten Zeit ihre Position genau einzunehmen, damit der Kommandant einen Überblick gewann. Verlor also ein Schiff in der Nacht oder wegen schlechten Wetters den Anschluß, so hatte es den Auftrag, mit besonderer Eile nachzuziehen. Würden die vier vom Sturm abgetriebenen Nachzügler das aber schaffen? Würden sie ihren Weg zurück finden?

Den beiden Griechen konnte es möglicherweise gelingen. Doch den langsamen, schwerfälligen See-Dampfern? MacKinnon hatte nur wenig Hoffnung.

4.

Schiffe im Glück

Als die See immer höher ging, kämpfte die *Trevisa* einen immer aussichtsloseren Kampf. Schließlich hatte sie den größten Teil ihrer fünfundzwanzig Jahre auf der weniger aufregenden Route zwischen dem Erie-See und Montreal als Kohletransporter zugebracht, und ihre 1800 Tonnen waren nicht dazu geschaffen, den Brechern eines stürmischen Atlantiks zu widerstehen.

Solange das Wetter ruhig und die See nur leicht bewegt war, hatte sie im Verband mithalten können. Doch sie hatte an Kraft und Geschwindigkeit schon da keine Reserven gehabt, weswegen die See auch nur etwas rauher zu werden brauchte, um sie zurückfallen zu lassen. Der Konvoi zog auf und davon, bald sah man ihn von der *Trevisa* aus am Horizont verschwinden.

Allein im Kampf gegen die schwere See befand sich das kleine Schiff in einer wenig beneidenswerten Lage. Denn man wußte ja, wie gefährdet ein Nachzügler war. Für die Mannschaft kam noch ein alarmierender Umstand hinzu.

Wie bei den anderen See-Schiffen auch, war für die *Trevisa* eine britische Mannschaft nach Kanada hinübergeschickt worden, die den Frachter nach England lenken sollte. Die Offiziere dieser Mannschaften hielten sich auf höhere Anweisung alle die Zeit über, da die Boote für die Fahrt vorbereitet und ihre Maschinen für das Salzwasser präpariert wurden, in demselben Hotel in Montreal auf. Und dabei entdeckten die Offiziere der *Trevisa*, daß ihr Kapitän leider zu einem geradezu exzessiven Alkoholkonsum neigte. Der Mann stand in den Fünfzigern und hatte offenbar einen lebenslänglich angesammelten Durst zu stillen. Sein Konsum ließ auch nicht nach, als man an Bord gegangen und in die Bay of Fund gedampft war, wo die *Trevisa* Fichtenholz lud. Auf hoher See ging es weiter: Ein Grog folgte dem anderen, so daß der Kapitän die Hälfte seiner wachen Zeit schwer unter Alkoholeinfluß stand.

Als jetzt die Situation da und der Anschluß an den Konvoi verloren war, befahl der Kapitän Kurswechsel. Obwohl Offiziere und Mannschaften merkten, daß er auch jetzt wieder einmal zu tief ins Glas geschaut hatte, erwarteten sie doch wenigstens von ihm, daß er sich an die offiziellen Anweisungen für Nachzügler hielt, wie sie an alle Kapitäne ausgegeben worden waren. Als die *Trevisa* nun aber mit aller Kraft, die ihr zur Verfügung stand, weiterdampfte, zeigte sich, daß sie immer mehr in südlicher Richtung driftete. Die Offiziere begannen sich Sorgen zu machen. Sie bekamen schließlich heraus, daß ihr Schiff nicht einen Kurs *zwischen* einer Reihe bestimmter, geheim festgesetzter Positionen hindurch fuhr, sondern praktisch von Punkt zu Punkt. Das war aber nicht nur ein großer und völlig unnötiger Umweg, sondern ein vollkommen verkehrter und gefährlicher dazu. Doch es war die Entscheidung des Kapitäns: sie durfte nicht in Frage gestellt werden.

Am 15. Oktober befand sich die *Trevisa*, nun schon fünf Tage vom Geleitzug getrennt, weit südlich der Route die der SC 7 nahm, und näherte sich der Position 21 Grad West, jenem Längenkreis, der die äußerste westliche Grenze Großbritanniens markierte, bis zu der britische Kriegsschiffe den nach England dampfenden Verband zum Schutz entgegenkamen. Doch diesmal war hier, mehr als 120 Meilen südlich der vorgesehenen SC-7-Route, keine Eskorte zu erwarten.

Wie der alte Kahn nun so Meile um Meile durch den gefährlichen Ozean stampfte, überkam den Funkoffizier Charles Littleboy ein immer stärkeres Vorgefühl einer nahenden Katastrophe, und er beschloß, etwas dagegen zu unternehmen. Er traf alle nur möglichen Vorbereitungen, seinen Funkraum auch dann noch funktionstüchtig zu halten, wenn es zu einem totalen Energieausfall kommen sollte. Selbst eine Notbeleuchtung installierte er. Am 15. Oktober ging er um neun Uhr abends in den Kartenraum und fertigte mit Erlaubnis des diensthabenden Offiziers eine Liste an, in die er alle halbe Stunde die geschätzte Position der *Trevisa* nach Längen- und Breitengraden eintrug. Mit dieser Liste marschierte er in seinen Funkraum zurück, legte sie dort zu seinem Morseschlüssel, packte sich aufs Lager, das er im Funkraum aufgeschlagen hatte, und zwar nicht allein in vollem Zeug, sondern sogar mit teilweise aufgeblasener Schwimmweste.

Kurz nach 2 Uhr in der Nacht entdeckte U 124 im Mondlicht seine Beute. Kapitänleutnant Wilhelm Georg Schulz konnte sich über sein Glück nur wundern. Er war ein atlantikerfahrener Kommandant, und dies war der zwölfte Tag, seit er den deutschen U-Boot-Stützpunkt im französischen Lorient verlassen hatte, um Jagd auf feindliche Schiffe zu machen. Seine U 124, mit dem Edelweiß-Emblem am Turm, war eines der neuen, größeren und atlantiktüchtigen Unterseeboote der Deutschen. Aufgetaucht schaffte es eine Höchstgeschwindigkeit von sechzehn Knoten, und selbst unter Wasser war es noch schneller als die *Trevisa* mit ihren sechs bis sieben Knoten. Es führte zweiundzwanzig Torpedos mit sich. Für dieses eigentümliche Schiff, das da ganz überraschend vor ihm aufkreuzte, würde wohl einer ausreichen.

Doch Kapitänleutnant Schulz ging kein Risiko ein. Er tauchte und fuhr einen Angriff wie aus dem Bilderbuch. Der Torpedo erreichte präzise sein Ziel und explodierte mit einem Blitz, der die Nacht erleuchtete. Die *Trevisa* schien zu sinken. Schulz schrieb ein ›Versenkt‹ in sein Logbuch, und U 124 setzte die Patrouillenfahrt fort.

Der Torpedo hatte die *Trevisa* am Heck getroffen und es in tausend Stücke zerrissen. Der Maschinenraum wurde zerstört, der gesamte Maschinenstab fand den Tod: der Obermaschinist, der Zweite und Dritte Ingenieur, ein Hilfsmaschinist und ein Heizer. Auch die Rettungsboote waren zerstört worden. Das Schiff dümpelte in totaler Finsternis dahin.

Der Funker Littleboy ruhte auf seinem Lager, als der Torpedo sein Ziel traf. Der Explosionsdruck wollte ihm noch heftiger als der Knall erscheinen. Es kam ihm vor, als hätte es ihn gegen die Decke geschleudert, doch in der Dunkelheit war es unmöglich, Wände, Decken und Fußböden voneinander zu unterscheiden. Schließlich ließ ihn die Schwerkraft auf das geneigte Deck zurückfallen. Durch die Türöffnung drang schwaches Mondlicht zu ihm herein, und er bemerkte, daß sein Funkraum noch über der Wasserlinie lag. Sehr bald fand er das präparierte Notlicht und schaltete es sogleich ein. Ohne Zweifel hat es vielen das Leben retten sollen, nicht zuletzt sein eigenes.

Als nächstes schaltete er seinen Sender ein, als ihm plötzlich die Antenne einfiel. War sie wohl unbeschädigt? Er kletterte hinaus an Deck, fand sie intakt, gut ausgerichtet und an ihrem Platz, eilte wieder zurück in den Funkraum und begann, ohne die Genehmigung des Kapitäns abzuwarten, das Notsignal zu morsen: »SOS – SOS«. Dazu gab er nach eigener Schätzung die Schiffsposition durch, wie sie sich aus seiner selbstgefertigten Liste ergab. Ein mehr als gutes Gefühl überkam ihn, gleich von beiden Seiten des Atlantiks Antwort zu erhalten. Er wiederholte seinen Notruf mehrmals und gab durch, daß die *Trevisa* schwere Schlagseite habe und zu sinken begänne. Damit verfolgte er einen doppelten Zweck: Einmal sollten Schiffe in der Nähe die Möglichkeit haben, eine genaue Peilung aufzunehmen; zum zweiten sollte das U-Boot sichergehen, seine Aufgabe gut erledigt zu haben – sie wollten schließlich nicht noch einen Torpedo mehr einfangen. Es war beruhigend zu hören, wie eine britische Küstenstation seine Botschaft eilig auf der Notruf-Frequenz wiederholte.

Danach kletterte er geschwind an Deck zurück. Die *Trevisa* sank langsam über ihr zerschmettertes Heck und neigte sich dabei so, daß sie fast überzurollen schien. Es gab mehr als ein Dutzend Überlebende, für die nur zwei primitiv zusammengebastelte Rettungsflöße aus jeweils vier Benzinkanistern, die man mit Holzlatten verbunden hatte, zur Verfügung standen. Ein paar Männer wollten sich in ihrer Panik auf die Flöße setzen und die *Trevisa* einfach unter sich wegsinken lassen. Aber Littleboy riet ihnen, die Flöße ordentlich ins Wasser zu lassen, das sei sicherer, als wenn sie sich möglicherweise verklemmten und nicht mehr manövrierfähig wären. Glücklicherweise folgten sie seinem Vorschlag; denn es stellte sich heraus, daß die rettenden Flöße mit Ketten an Deck verankert waren. Der schreckliche Gedanke, was ihnen wohl passiert wäre, wenn sie sich einfach draufgesetzt hätten und das Schiff von der Wasseroberfläche verschwunden wäre, wirkte wie eine ernüchternde Dusche auf die in Verwirrung geratenen Gemüter.

Jetzt entdeckten Littleboy und der Zweite Maat, daß der Kapitän eigentümlicherweise nirgends zu sehen war. Sie beeilten sich, ihn zu suchen. Der Maat kämpfte sich zum Vorschiff bis zur Kapitänskajüte durch. Dort fanden sie ihn, total besoffen, sich nicht völlig der Tatsache bewußt, daß irgend etwas in Unordnung sein könnte. Zur Erhaltung der allgemeinen Autorität schien es ihnen geboten, dem Kapitän erst einmal wieder auf die Beine zu helfen, auch wenn sie ihn dabei hart anpacken mußten. Als ihm schließlich dämmerte, in welcher Situation sie sich befanden, war er sehr schnell wieder nüchtern.

Zurück an Deck halfen Littleboy und der Maat beim Losmachen des ersten Floßes, das man darauf zu Wasser ließ. Als erster sprang ein vom Schreck gepackter junger Matrose aufs Floß und begann auch gleich, es vom Schiff wegzurudern und sich allein davonzumachen. Erst nach langem Zureden gelang es dem Ersten Offizier, ihn zur Rückkehr zu bewegen. Als das Floß wieder längsseit lag, kletterten weitere sieben Mann zu. Nun stieß das Floß wieder, diesmal voll beladen, ab.

In der Zwischenzeit war der Zweite Maat verschwunden, daher mußten die Männer ohne seine Hilfe das zweite Floß losmachen. Sie waren gerade so weit, es vom schräg geneigten Deck ins Wasser gleiten zu lassen, als der Maat wieder auftauchte. Er war noch einmal in seine Koje zurückgerannt und hatte seine persönliche Habe zusammengerafft. Er kam mit zwei schweren Koffern herangewankt, dazu eine Schreibmaschine unter den einen und die Schiffsuhr unter den anderen Arm geklemmt. Auch seine Taschen und Kleider waren von Dingen, die irgendeine private Bedeutung für ihn hatten, ausgebeult – dafür hatte er an so etwas wie Essen und Trinken nicht gedacht. Mitten in der tödlichen Gefahr, in der alle schwebten, machte er eine geradezu tragikomische Figur, zumal es ja auf dem schwankenden Floß überhaupt keinen Platz für sein ganzes Gepäck gab. Was dann folgte, fand dennoch keine Rechtfertigung in seiner wenn auch noch so unpassenden Handlungsweise.

Der triefäugige Kapitän nämlich ergriff nun die Möglichkeit, seine erste und einzige Handlung aus eigener Kraft zu begehen und riß dem Maat ärgerlich ein Gepäckstück nach dem anderen aus der Hand und warf es ins Wasser. Es wäre leichter für ihn gewesen, diese rührend anzuschauende Ladung einfach an Deck stehen zu lassen und ein wenig Verständnis für den Mann zu zeigen, der doch gerade mitgeholfen hatte, ihn wieder auf die Beine zu stellen und damit das Leben zu retten – aber es war eben die einzige Chance gewesen, in dieser Situation den Boß hervorzukehren. An allem anderen hatte er nämlich keinen Anteil, nicht am Funken der Notrufsignale, nicht am Unschädlichmachen der Code-Verzeichnisse, nicht an den Routineanordnungen, die zum Verlassen eines sinkenden Schiffs gehören. Die Code-Verzeichnisse hatte der Funkoffizier in einen der Stahlspinde im Funkraum eingeschlossen, so daß sie ganz sicher mit dem Schiff untergehen würden. Das dünne Blatt mit dem Code-Schlüssel hatte er in seine Tasche gesteckt, um ihn dem Kapitän später auszuhändigen – falls sie überlebten.

Zu diesem Zeitpunkt war die Steuerbordreling bereits unter Wasser, so daß sie keine Schwierigkeiten hatten, das zweite Floß zu wassern. Die letzten sechs Überlebenden kletterten an Bord; der

Kapitän, der Erste Offizier, der Maat, der Funkoffizier und zwei junge Matrosen. Sie ruderten ihr Gefährt in einen sicheren Abstand weg vom sinkenden Schiff und warteten. Es war ungewohnt ruhig, als sie da in der mondhellen Nacht zusammenkauerten und sich in der leichten Dünung schaukeln ließen. Nur der Funkoffizier war in Uniform, alle anderen trugen irgendwelche Kleidung, die sie in der Not gerade hatten zusammenraffen können. Und immer wieder kam die Frage: »Hast du Notruf gesendet, Funker?« und immer wieder mußte er ihnen versichern, daß er es getan und sogar die Bestätigung des Funkspruchs aufgefangen habe. Aber wie groß waren die Chancen, daß man sie aus dem Wasser holen würde? Es war keine Frage, über die man zu debattieren wagte, sondern jeder kaute sie starr und stumm für sich selber durch.

Da tauchte gerade bei Einbruch der Morgendämmerung am östlichen Horizont die scheinbar höchste Gefahr vor ihnen auf: Der Erste Offizier erkannte einen schattenhaften Umriß. Alle waren überzeugt, daß es sich um das herumschleichende U-Boot handele, das jetzt auf sie zuhalte, um die Flöße unter Maschinengewehrfeuer zu nehmen. Sie duckten sich vor Furcht zusammen. Aber kurz darauf stellte sich das, was sie für einen U-Boot-Turm gehalten hatten, als Topmast und Brücke eines britischen Zerstörers heraus. Überglücklich schossen der Erste Offizier und der Maat Leuchtkugeln ab. Der Funkoffizier signalisierte mit seiner Stablampe die Warnung »Achtung! U-Boot in der Nähe!« hinüber. Nach wenigen Minuten waren die Flöße von nicht weniger als drei Zerstörern umkreist, von denen einer mit der Geschwindigkeit herunter und längsseits ging: Es war die *Keppel*. »Los! Beeilung!«, scholl es von der Brücke herab, und sie verloren keine Zeit und kletterten so schnell sie konnten das Fallreep hinauf.

Als alle vierzehn wohlbehalten an Bord waren, drehte die *Keppel* wieder ab und mit ihr die *Sabre,* während der dritte Zerstörer, die aus Kanada stammende *Ottawa,* bei der nun schon voll auf der Seite liegenden und halb gesunkenen *Trevisa* zurückblieb. Um 8.21 Uhr gab sie an den Kommandanten des britischen Küstenschutzes den Funkspruch durch: »*Trevisa* kieloben, fünf Fuß über Wasser, schlage Versenkung vor ...« Für die Geschützbedienungen der *Ottawa* bedurfte es keiner besonderen Anstrengung, das aufgegebene Schiff ganz auf den Grund der mitleidigen See zu bohren. Sie sank auf Position 57°28' N, 20°30' W. Ein Vierteljahrhundert lang hatte sie ihre Ladungen im Süßwasser der Großen Seen hin- und hertransportiert, und nun hatte sie ihr fernes Grab im tiefen, salzigen Mittelatlantik gefunden. Sechs Männer nahm sie mit sich hinab.

An Bord der *Keppel* wurden die Geretteten schnell vom Schiffsarzt untersucht. Niemandem war ein Knochen gebrochen. Er verschrieb ihnen ein heißes Bad und Bettruhe. Offiziere und Mannschaften des Zerstörers rückten gern zusammen, um ihren neuen Gästen eine bequeme Unterkunft zu bieten.

Gerettet, komfortabel untergebracht und dazu noch zum Müßiggang verurteilt. Auf der *Trevisa* hatten sie ihre Arbeit getan, aber ihr Engagement war am 16. Oktober 1940 um die Stunde beendet, da sich die Wellen über ihrem Schiff schlossen. Auf den meisten Schiffen galt die Regel, daß vielleicht der eine oder andere Offizier weiterhin im Dienst bleiben konnte; doch für die einfachen Matrosen bedeutete der Verlust ihres Schiffes den Verlust des Arbeitsplatzes – und damit der Heuer.

Das waren die unwägbaren Bedingungen, unter denen Englands Matrosen der Handelsmarine in jener Zeit ihren loyalen Beitrag zur Kriegsführung leisteten.

Am gleichen 16. Oktober kämpfte sich Hunderte Meilen nordöstlich entfernt das andere Süßwasser-Schiff der Großen Seen, das ebenfalls den Anschluß an den Geleitzug verloren hatte, entschlossen in Richtung auf die englische Küste vor.

Die *Eaglescliffe Hall* war nur halb so alt wie die *Trevisa* und mit 1900 Tonnen um hundert Tonnen größer als sie, aber die Hindernisse, mit denen sie fertig zu werden hatte, waren ziemlich die gleichen, wenn nicht noch größer. Ihr dreizylindriger Kolbenmotor brachte es auf bloße 81 Pferdestärken, die dazu geeignet waren, das Schiff über ruhige Binnengewässer an sein Ziel zu bringen. Die Anstrengung, auf hoher See bei sieben Knoten Geschwindigkeit bei einem Geleitzug mitzuhalten, hatte sich als zu groß herausgestellt. Stück für Stück war sie zurückgefallen, weil es Schwierigkeiten beim Kurshalten, mit der Maschine und mit der

Dampferzeugung gab, und schließlich mußte sie sogar ganz stoppen. Zwar gelang es der Besatzung, die Probleme mit der Zeit in den Griff zu bekommen, aber der Geleitzug war inzwischen längst aus dem Blickfeld verschwunden.

Als sich Kapitän Charles Madsen allein auf dem Atlantischen Ozean und ohne jede Hoffnung auf ein Einholen des SC 7 fand, befolgte er seine eigenen Ratschläge. Zwar war er gerade erst Anfang Vierzig, aber doch schon ein erfahrener Kapitän, der praktisch mit allen Arten von Frachtern die Weltmeere befahren hatte. Noch besser für ihn: er kannte den Nordatlantik wie seine Westentasche. Trotz aller Gefahren, die der Ozean für ihn noch bereithalten sollte, wußte er, daß es für die *Eaglescliffe Hall* mit ihren begrenzten Möglichkeiten nur eine Chance gab, ans Ziel zu kommen, und zwar über die kürzeste Route. Dementsprechend richtete er den Kurs direkt auf den Butt of Lewis.

Diesen Kurs hielt die *Eaglescliffe Hall* nun seit fünf Tagen. Wie die *Trevisa* war das ebenfalls aus Montreal stammende Schiff bis obenhin mit Holz beladen. Ihre einzige Bewaffnung bestand aus einem Thompson-Geschütz, das in Sydney in Einzelteilen und mit schriftlicher Gebrauchsanweisung an Bord gehievt worden war. Dazu gab es wenig Munition. Mit Mühe und Not hatte man das Geschütz zusammenmontiert, aber mehr als ein paar kleine Mückenstiche würden sie mit ihr wohl kaum austeilen können.

Kapitän Madsen hatte, seit sie von Sydney ausgelaufen waren, das Ruderhaus weder am Tag noch nachts verlassen, und das war jetzt fast zwei Wochen her. Auch in den frühen düsteren Stunden des 17. Oktober war er dort und beobachtete aufmerksam die See. Plötzlich entdeckte er tief im Wasser an Backbord eine mysteriöse Erscheinung, die mit beträchtlicher Geschwindigkeit die *Eaglescliffe Hall* überholte. Einen Augenblick wollte ihm das Herz stehenbleiben; denn es konnte sich nur um ein aufgetauchtes U-Boot handeln, das sich mit seinen schnellen Dieselmotoren vorwärtsbewegte. Doch die nächsten spannungsvollen Minuten brachten von dem gefährlichen Marodeur kein weiteres Zeichen mehr. Zu ihrer großen Erleichterung waren sie von den Deutschen entweder nicht entdeckt worden, oder das U-Boot hatte einen dickeren Fisch an der Angel gehabt.

Kurz darauf tauchte ein anderes Gefährt aus der Dunkelheit auf, diesmal die Umrisse eines großen Dampfers, der die *Eaglescliffe Hall* an Steuerbord überholte, und zwar so nahe, daß Kapitän Madsen ihn sogleich als die *Aenos*, einen der beiden Griechen, identifizieren konnte. Ihm war nicht bekannt, daß sie ebenfalls zum Geleitzug gehörte und diesen verloren hatte. Er erkannte sie an ihrem, einen Schnellsegler nachempfundenen Vordersteven, außerdem war ihm das dreißig Jahre alte Schiff noch aus einer Zeit bekannt, da es unter seinem Originalnamen *Cedar Branch* lief.

Die *Aenos* hatte etwa die doppelte Tonnage der *Eaglescliffe Hall*, war entsprechend stärker und mit ihrer Getreideladung schon bald wieder in der Nacht verschwunden.

Diese Nacht ging ruhig zu Ende. Als die Morgendämmerung hereinbrach, war rundherum kein weiteres Schiff auszumachen. Doch ein paar Stunden später kam Gesellschaft hinzu, und zwar aus der Luft: ein Aufklärungsflugzeug des britischen Küstenkommandos. Tief über ihnen kreisend, gab es Lichtsignale: ›Rettungsboote, Flöße und Seeleute in Not, 25 Meilen voraus!‹

Es war 10.20 Uhr. Kapitän Madsen wies seinen Ersten Ingenieur an, alles aus seinen Maschinen herauszuholen, was möglich war, bis er tatsächlich seine sieben Knoten erreicht hatte. Nach drei Stunden Volldampf voraus sichteten sie zwei Rettungsboote, zwei Flöße und ein paar herumtreibende Wrackteile – die Reste eines ehemals 3500 Tonnen großen Dampfers. Laut Logbuch fischten Kapitän Madsen und seine Männer um 13.45 Uhr auf Position 58°56′ N, 13°03′ W fünfundzwanzig Überlebende, zum Teil vom Schock gezeichnete Besatzungsmitglieder der *Aenos* aus dem Wasser.

Kapitän Laskarides erzählte erschöpft und so gut es ihm sein gebrochenes Englisch erlaubte, wie sein Schiff torpediert worden war und dabei drei Männer durch die Explosion im Maschinenraum getötet worden seien. Nachdem sie die *Aenos* verlassen, das angeschlagene Schiff aber keine Anstalten gemacht habe, zu sinken, habe das U-Boot mit Geschützfeuer das Werk vollendet. Das Schiff sei um 8.30 Uhr untergegangen. Er und seine Männer seien nun gute fünf Stunden lang in den vollgeschlagenen Rettungsbooten und auf den Flößen herumgetrieben.

Es schien klar zu sein, daß jenes U-Boot die *Aenos* auf dem Gewissen hatte, das in der Nacht an der *Eaglescliffe Hall* vorbeigeschlichen war. Die unglückliche *Aenos* hatte es erwischt, sie war dem U-Boot praktisch vor die tödlichen ›Aale‹ gefahren. Danach war es offenbar schnell von der Szene verschwunden, nachdem es das Aufklärungsflugzeug gesichtet hatte. Ohne das Auftauchen des Flugzeugs wäre die *Eaglescliffe Hall* sicher das nächste Opfer des U-Boots geworden.

Doch diesmal hatte ihr das Glück gelacht. Nachdem man die ausgepumpten Griechen an Bord genommen hatte, steuerte Kapitän Madsen auf einen Kurs, der sie an den Hebriden vorbei nach Barra Head bringen sollte, wobei er gleichzeitig hoffte, weiteren Angriffen zu entgehen und näher unter Land zu sein, falls doch noch Zwischenfälle auftreten sollten.

Die Griechen hatten, von den Geschützen der Deutschen noch direkt bedroht, keine Sekunde Zeit mehr gehabt, sich umzugucken und praktisch nur bei sich, was sie anhatten, dazu ein paar Wertsachen wie Armbanduhren und Portemonnaies. Sie standen noch direkt unter Schockeinfluß und waren reichlich verwirrt, daß ihnen so etwas überhaupt passieren konnte: Sie hatten offenbar noch gar nicht begriffen, was Krieg bedeutete. Sie bewegte nur ein Wunsch: möglichst weit weg zu sein von diesem Ort tödlicher Bedrohung.

Als die *Eaglescliffe Hall* sich Meile um Meile langsam weiterkämpfte, warteten alle zitternd und ängstlich darauf, Land in Sicht zu haben. Als es soweit war – sie erkannten im Dunst die zerklüfteten Inseln von St. Kilda –, da waren sie vor freudiger Erleichterung den Tränen nah. Aber als sie zu ihrer Enttäuschung erfuhren, daß die *Eaglescliffe Hall* keineswegs dort anzulegen plante, gerieten sie völlig aus der Fassung; denn alles, was sie sich in ihrer Verzweiflung wünschten, war, wieder festen Boden unter die Füße zu kriegen und dem Wasser zu entkommen, ehe der nächste Torpedo auf sie zuschoß. Also wurde eine Abordnung bei Kapitän Madsen vorstellig mit der Bitte, sie auf St. Kilda an Land zu setzen. Es schien ihnen nicht bekannt oder gleichgültig zu sein, daß diese armselige Inselgruppe derzeit völlig unbewohnt war: Die wenigen Bewohner, die es dort überhaupt noch ausgehalten hatten, waren bereits vor einigen Jahren nach Schottland evakuiert worden. So versuchte denn der Kapitän den Bittstellern zu erklären, was sie erwartete, wenn er sie dort an Land setzte. Sie würden dort eine lange Wartezeit zu überbrücken haben, bis sie wieder eine Menschenseele treffen würden; darüber hinaus sei die Frage ungeklärt, wie sie sich am Leben erhalten wollten. Er werde mit seinem Schiff jedenfalls weiterfahren; denn sein Zielort sei Clyde.

Daraufhin klappten nicht wenige Griechen regelrecht zusammen; manche konnten ein Schluchzen nicht unterdrücken. Mit Tränen in den Augen erklärten sie, daß sie einfach nicht mehr könnten. In diesem Moment könne ihnen schon wieder ein U-Boot auf der Spur sein und ihnen jenes nasse Grab bereiten, dem sie gerade erst entflohen seien. Aber Kapitän Madsen blieb ungerührt. Zwischen dem Bestimmungsort Clyde und der möglichen Begegnung mit dem Feind gab es keine dritte Wahl. Sein Schiff werde Kurs halten. Sie mußten sich fügen, und ihre Sorgen blieben.

Der Kapitän sah sich nun dem letzten Stück seiner gefährlichen Fahrt gegenüber, und er ging es mit grimmiger Entschlossenheit an. Die *Eaglescliffe Hall* würde, ohne Schaden zu nehmen, mitsamt ihrer ganzen Mannschaft und den aufgefischten Überlebenden der *Aenos* in die Rothesay-Bucht einlaufen.

Obwohl es ihnen kaum glaublich erschien: Ihr kleiner Süßwasser-Kahn schaffte es tatsächlich; seine Maschinen hielten bis zum letzten Moment durch. Am 19. Oktober 1940 lief die *Eaglescliffe Hall* heil in den Hafen ein, tauchte einfach aus dem Dunkel unangekündigt an ihrem Ziel auf.

Doch am anderen Morgen sah alles ganz anders aus. Als sie nämlich von ihrem Ankerplatz in der Bucht zum Anlegeplatz am Gourock-Pier fuhr, wurde sie mit Hurra-Rufen und einem ganzen Konzert von Schiffshörnern herzlich begrüßt.

Zu langsam für Aufgaben außerhalb ihres eigentlichen Wirkungsbereiches? Langsam schon, aber verdammt sicher!

5.

Gejagt

Samstag, 12. Oktober. Zwei Tage nach dem Verschwinden der beiden See-Schiffe und der beiden Griechen stampfte der SC 7-Geleitzug weiter durch schwere See. Brecher um Brecher gingen über, und die Schiffe rollten und krängten. Das dauerte die ganze Nacht und den folgenden Morgen über. Doch trotz der wenig einladenden Bedingungen ließ der Geleitzug-Kommandant weiterhin ein Flaggensignal ums andere heißen, eine Reihe Schiffe ihre Position verändern und weitere Manöver ausführen.

Während des Nachmittags begann der Wind abzuflauen, und das Fortkommen wurde wieder etwas leichter. Nur noch tausend verdammte Meilen, immer schnurgeradeaus!

Sonntag, 13. Oktober. Es goß in Strömen, das Barometer fiel wieder einmal in den Keller; doch sie schafften ihre konstanten sieben Knoten, nachdem sie in den vergangenen Tagen damit zu kämpfen gehabt hatten, gerade sechs Knoten zu halten. Mittags befanden sie sich auf Position 55° 59' N, 32° 48' W, und der Konvoi hielt einen genau festgelegten Zick-zack-Kurs. Ab der folgenden Nacht würden sie in die Gefahrenzone gelangen; entsprechende Vorsichtsmaßnahmen mußten ergriffen werden.

An Bord wurde viel und wild darüber spekuliert, wann die einzelnen Schiffe wohl in ihren Bestimmungshäfen einlaufen würden. Die glücklicheren waren jene, deren Fahrt in Rothesay enden würde – im Gegensatz zu denen, die noch zu Häfen an der Ostküste dampfen mußten. Die Schiffe nach Rothesay würden am späten Freitagabend oder frühen Samstagmorgen dort einlaufen – aber das hing noch von so einigem ab: dem Wetter, den feindlichen U-Booten und Flugzeugen und vielem anderen.

Der Geleitzug hielt die ganze Nacht seinen einmal eingeschlagenen Zick-zack-Kurs.

Montag, 14. Oktober. Ihre Position lag bei 30° W. Es ging direkt auf die Britischen Inseln zu – ›direkt‹ mit der Einschränkung, daß man natürlich immer noch mächtige Zick-zack-Bewegungen machte, so daß jedes Schiff alle zehn Minuten abrupt seinen Kurs zu wechseln hatte.

Der Wind hatte etwas nachgelassen, die Sonne kam bisweilen durch. Nur hin und wieder ging ein Brecher über Deck.

Einige der mit Holz beladenen Schiffe fingen nun schon merklich an zu krängen, hielten sich aber weiterhin gut. Die täglichen Manöver wurden zur Gewohnheit; der Signalaustausch ging schnell vonstatten, und dem Admiral a. D. auf der *Assyrian* war es gelungen, aus ihnen eine Formation zu machen, als wären sie ein Kriegsflotten-Verband.

Sie waren nördlicher als je zuvor, hatten 57° N bereits überschritten, blieben aber demnach auf nördlichem Kurs. Noch war es nicht zu kalt.

Dienstag, 15. Oktober. Der Geleitzug bewegte sich weiter nordwärts Richtung Island, und man fing an, das am Wetter zu merken. Himmel und See waren grau, der Wind war eisig. Sie waren jetzt auf 58° N, 25° W.

Eine gute Kunde brachte der Tag: Eines der zurückgefallenen Schiffe hatte es geschafft, den Verband wieder einzuholen: die griechische *Niritos*. Sie hatte Schwefel geladen. Das robuste alte Trampschiff hatte ihre Laufbahn als britischer Dampfer – aus West Hartlepool – begonnen. Das war dreißig Jahre her. Mittlerweile trug sie ihren dritten Namen.

Von dem anderen vermißten Griechen gab es indessen kein weiteres Zeichen. Auch die beiden Binnensee-Schiffe blieben verschwunden. Kaum einer machte sich große Hoffnungen, sie im Verband noch einmal wiederzusehen.

Der Geleitzug dampfte stetig voran. Vorneweg suchte die *Scarborough* ihren Weg, in ständigem Kontakt mit den Spitzen der jeweiligen Kolonnen, so, als hingen sie an einem unsichtbaren Band zusammen.

Am Nachmittag setzte der Geleitzug-Kommandant ein Warnsignal: »Verschärfter Ausguck nach U-Booten achteraus!« Sie mußten nun besonders auf der Hut sein vor Unterseebooten, die ihren Konvoi beschatteten.

Am Abend setzte wieder ein besonders kompliziertes Zickzack-Manöver ein. Kurz nach Mitternacht begegneten sie einem nach Amerika auslaufenden Verband, der gerade noch in Sichtweite war und jene Gefahrenzone verließ, in die sich der SC 7 nun begab. Schiffe, die sich nachts begegnen ...

Mittwoch, 16. Oktober. Ein freundlicher, sonniger Morgen, an dem ein sehr kalter Wind blies. Doch an Bord der *Assyrian* und der anderen Schiffe, die den Notruf von der *Trevisa* aufgefangen hatten, tröstete man sich damit, daß die Schiffbrüchigen dort unten im Süden jedenfalls nicht mit dieser eisigen Kälte zu kämpfen hätten. Bedauerlicherweise erkannten aber nicht einmal alle Funker, von welchem Schiff aus der Notruf ausgegangen war, daß es eines ihrer Binnensee-Schiffe getroffen hatte – sie nahmen die Signale, wie so viele andere, einfach hin; von ihnen gab es die lange Nacht über genug. Auf der *Assyrian* aber wußten sie nur zu genau Bescheid. Mit reichlich gemischten Gefühlen nahm daher Admiral a. D. MacKinnon seine Schiffsliste zur Hand und strich den Namen *Trevisa* aus. Sie war das erste Schiff im Geleitzug, das durch Feindeinwirkung verloren gegangen war. Einer mußte das erste Opfer sein, und er war darauf vorbereitet gewesen, seit sie in See gegangen waren. Aber nun, nachdem es geschehen war, war es dennoch nicht leichter zu akzeptieren. Jedes Schiff, auch der dreckigste und am meisten heruntergekommene Kahn, war etwas Lebendiges, barg Leben – ganz abgesehen von der großen Bedeutung, die seine Ladung für die britischen Kriegsanstrengungen besaß –, und die Mannschaft der *Trevisa* war eben keine statistische Größe allein, sondern eine Gruppe menschlicher Individuen. Welches Schicksal hatten sie nun erlitten?

Gegen Mittag erreichte der Konvoi den nördlichsten Punkt seiner Reise, 59°31′ N, 21°39′ W. Von jetzt an würde ihr Kurs einer weiten Kurve nach Südosten folgen. Dieser Marsch in östlicher Richtung würde um vieles schneller vonstatten gehen als der nach Norden.

Am späten Nachmittag kam weit entfernt an Backbord ein einsames Schiff in Sicht. Als es querab von ihnen dampfte, zeigte sich plötzlich gleich hinter ihm ein Regenbogen. Ein seltener, wie von

Zauberhand bewirkter Anblick, der manchem vielleicht wie ein Omen, ein Vorzeichen auf kommende Ereignisse erschienen sein mag – Seeleute sind nun einmal abergläubisch.

Plötzlich sah man eine Signallampe in Richtung Norden herüberblitzen, und als die Sonne langsam hinter dem Horizont verschwand, konnten die erleichterten Mannschaften freudig die Silhouetten zweier kleiner Kriegsschiffe begrüßen, die auf sie zuhielten. Waren es Patrouillenboote des nördlichen Bereichs, oder handelte es sich um die langersehnte Geleitzug-Eskorte?

Sie wurden nicht mehr lange im Zweifel gehalten.

Die Korvette *Bluebell* und das Geleitboot *Fowey* waren ausgelaufen, um den Konvoi plangemäß gegen 21 Uhr zu treffen, hatten den SC 7 aber bereits um 18 Uhr erreicht. Bis dahin hatten sie einen auslaufenden Verband begleitet, schlossen sich nun aber dem SC 7 an.

Fregattenkapitän Dickinson von der *Scarborough* übernahm das Kommando und wies den beiden Neuankömmlingen ihre Positionen zu. Die *Scarborough* selbst operierte am Backbord-Flügel des Geleitzugs, die *Fowey* an Steuerbord und die *Bluebell* achtern.

Für die Handelsfahrer war es ein erhebender Anblick nun gleich von drei Schiffen, die auch zurückzubeißen vermochten, beschützt zu werden. Aber vielleicht wären sie nicht ganz so angetan gewesen, wenn sie gewußt hätten, daß die *Fowey* bereits eine ganze Anzahl von Überlebenden an Bord hatte, deren Schiffe einem U-Boot-Angriff zum Opfer gefallen waren. Es handelte sich dabei um die gesamte Mannschaft des 9000-Tonnen-Dampfers *Hurunui*, der einer neuseeländischen Schiffskompanie gehörte und zwei Tage zuvor aus dem auslaufenden Konvoi herausgeschossen worden war. Ein paar dieser Männer standen an Deck der *Fowey* und schauten besorgt auf die Szene. Gerade ihrem feuchten Grab entflohen, gehörten sie erneut zu einem Verband, der die U-Boote auf sich zog und der noch so manche gefährliche Meile vor sich hatte.

Die *Fowey* war genauso groß wie die *Scarborough* und im selben Jahr, nämlich 1930, vom Stapel gelaufen. Doch anders als die *Scarborough* war sie nicht für Vermessungsarbeiten bestimmt und ausgerüstet worden, sondern diente verschiedenen Zwecken: als Geleitboot, Minenwerfer und Admiralsjacht. Ihre angenehme

Aufgabe zu Friedenszeiten hatte darin bestanden, als Kanonenboot im Persischen Golf zu kreuzen. Nach Kriegsausbruch war sie in den Atlantik abkommandiert worden.

Getarnt, mit 10-cm-Geschützen auf dem Vorderdeck und achtern ausgerüstet, sah die *Fowey* sehr zweckmäßig hergerichtet aus. Überraschung löste sie jedesmal aus, wenn man die Aufschriften an Back- und Steuerbordwand sah – dort stand nämlich groß und deutlich zu lesen: ›U 15‹. Und manchmal blieb einem Ausguck vor Überraschung auch das Herz für ein, zwei Schläge stehen; denn die Tarnung war tatsächlich täuschend echt. So konnte man sich leicht vorstellen, daß ein Handelsschiff die *Fowey* sogar fast schon einmal gerammt hätte, weil sie sie für ein feindliches U-Boot gehalten hatte. Jene Leute, die für diese Art Kennzeichnungen auf manchen britischen Kriegsschiffen verantwortlich waren, schienen keine rechte Ahnung davon zu haben, was dieser Anblick an Argwohn und Schrecken unter den Seeleuten auslösen konnte, vor allem wenn sie ohnehin schon gegen Dunkelheit und schlechtes Wetter anzukämpfen hatten.

Die *Bluebell* dagegen war ein ganz anderes Schiff; eine erst fünf Monate alte Korvette, eine aus der neuen, fremdartigen Generation von Kriegsschiffen, die jetzt dem Seekrieg im Atlantik ihren Stempel aufdrücken sollten. Die Korvetten waren aus dem Trawler weiterentwickelt worden und sollten für den Küstenschutz eingesetzt werden. Da es jedoch einen verzweifelten Mangel an Hochsee-Eskorten gab, hatte man sie praktisch über Nacht mit Aufgaben betraut, für die sie niemals vorgesehen und entsprechend ausgebaut worden waren – ›ohne Hut und Mantel in den Regen geschickt‹, wie ein Marinekritiker einmal zornig anmerkte. Und es konnte einen schon schwindlig machen, wenn man die Korvetten in schwerer See beobachtete. Wie die Trawler, schnitten sie die Wellen nicht, sondern ritten praktisch auf ihnen. Sie tanzten und schwebten oben auf dem Wellenberg, saßen und drehten sich auf ihnen wie ein Flaschenkorken und stürzten sich dann in das nächste Wellental, daß einem angst und bange werden konnte. Aber sie überstanden so die allerschwersten Seen. Sogar etwas schlanker als die Geleitboote gebaut, waren sie äußerst manövrierfähig und schafften eine Höchstgeschwindigkeit von ungefähr fünfzehn Knoten. Die *Bluebell* war mit einer 10-cm-Kanone, Lewis-Maschinengewehren und, am allerwichtigsten, mit dem neuen Typ des Asdic-Geräts ausgestattet – während die *Fowey* nur über den Vorgängertyp verfügte.

Es gab einen weiteren bedeutsamen Unterschied zwischen der *Fowey* und der *Bluebell*. Während das Geleitboot von einem Leutnant der Kriegsmarine kommandiert wurde und über eine großenteils kriegsmäßig ausgebildete Crew verfügte, war der Kommandant der *Bluebell* ein Handelsoffizier der Royal Naval Reserve, dessen Mannschaft zum größten Teil aus kriegsunerfahrenen Matrosen bestand. Dagegen hatte die Tatsache, daß die Korvettenkapitäne Robert Aubrey von der *Fowey* und Robert Evan Sherwood von der *Bluebell* sich nie begegnet waren, wenig zu bedeuten. Die Kommandanten jener Eskorten, die zu diesem Zeitpunkt vor den westlichen Zugängen der Britischen Inseln operierten, kannten sich zum größten Teil nicht persönlich. Es hatte weder Sonderübungen für den gemeinsamen Einsatz zur U-Boot-Abwehr noch allgemeine Einsatzpläne gegeben. Jeder Geleitschutz operierte unabhängig von den anderen Booten. Sie eskortierten die Konvois hinaus ins offene Meer, erhielten über Funk Instruktionen vom Einsatzkommando in Liverpool, nach denen sie wieder abzudrehen und sich einem einlaufenden Konvoi an einer bestimmten Position anzuschließen und ihn zu begleiten hätten. Dann nahmen sie den befohlenen Kurs und waren glücklich, wenn sie den neuen Verband gefunden hatten – denn der hatte zwischendurch nicht selten seine Position verändert. Auch wußten sie nie, mit welchen und wie vielen anderen Kriegsschiffen sie zusammentreffen und die gestellte Aufgabe gemeinsam durchführen würden. Erreichten sie den Konvoi, erhielten sie von dem jeweils größeren Schiff ihre Position zugewiesen. Diese Kommandogewalt konnte sich im Laufe der Zeit auch noch mehrfach ändern, je nachdem, ob sich ein noch größeres Kriegsschiff ihnen anschloß.

Auf diese Weise vollzog sich auch der Zusammenschluß der beiden Neuankömmlinge mit dem SC 7 in den späten Stunden des 16. Oktober. Für sie war es ein weiterer Konvoi unter den vielen, die sie hinaus- bzw. hineinbegleitet hatten, und so würde es immer und immer weitergehen, bis ihr Schiff ins Dock mußte. Was den SC 7 betraf, so würden sie im ganzen etwa vier Tage und vier Nächte mit ihm verbunden bleiben – kaum Zeit genug, auch nur den Namen irgendeines einzelnen Schiffs kennenzulernen. So lief das eben ab, und es gab keinen Grund anzunehmen, daß es mit diesem Geleitzug aus langsamen und alten Frachtern anders werden würde.

Die Kommandanten beider Geleitschiffe hatten, so verschieden sie sein mochten, sich beide doch ganz der See verschrieben, waren schon in jungen Jahren in die Marine eingetreten.

Korvettenkapitän Aubrey von der *Fowey* war ein erfahrener Marineoffizier von jetzt einunddreißig Jahren, ein gut gewachsener Mann mit breiten Schultern und von großer Entschlossenheit. Er hatte das Royal Navy College in Dartmouth besucht und war seit 1926 auf See. Vor der *Fowey* hatte er das Leitboot einer Zerstörer-Flottille kommandiert und war schon in eine ganze Reihe von Kämpfen verwickelt gewesen, unter anderem vor Norwegen. Er war der Typ Mann und pflichtbewußte Marineoffizier, der sich bei seinen Untergebenen leicht Respekt verschaffen konnte, selbst dann, wenn sie mit seinen persönlichen Ansichten nicht übereinstimmten. Sie sahen es als eine wertvolle Erfahrung an, mit ihm zusammenzuarbeiten.

Aubrey war das, was man einen ›Seebär‹ nennt: verachtungsvoll gegenüber ›Spezialisten‹ aller Art, vor allem, wenn es um den Umgang mit Schiffen ging; ein Heißsporn und Kämpfer, ein Mann schnellen, entschlossenen Handelns. Jeden Morgen ließ er seine Offiziere auf dem Bootsdeck antreten und sie ›ihre Geschichte erzählen‹ – womit gemeint war: Sie sollten Bericht erstatten, was sie seit der letzten Besprechung unternommen hatten, damit er herausbekam, was alles *nicht* passiert war. Seine bündigen Kommentare würden allen stets im Gedächtnis bleiben: »Zögern ist Zeitverschwendung.« »Nie freiwillig eine Information geben.« »Da haben Sie wohl gefehlt.« »Ich will nicht wissen, was Sie gemacht haben, sondern was Sie *richtig* gemacht haben.« »Faß mal 'nem Fisch an die Titten.« Etwas ungehobelt und dazu streitlustig, war Aubrey doch stets fair zu seinen Männern, mal anmaßend, ein andermal leutselig, aber nie ungerecht. Außerdem hatte er noch eine Leidenschaft: Er sang gern lauthals komische Lieder, schlug sich dazu im Takt auf die Schenkel und lachte am lautesten über sich selber.

Korvettenkapitän Sherwood von der *Bluebell* war der Sohn eines Handelsmarinekapitäns, stämmig, bärtig und mit hellen Augen. Er war dreiunddreißig Jahre alt und mit fünfzehn zum erstenmal auf See gewesen. Auf verschiedenen an der Ostküste kreuzenden Schiffen hatte er es vom Maat zum Kapitän gebracht. Von 1935 an war er dann Offizier und schließlich Kapitän auf Dampfern der Holyhead-Dublin-Linie gewesen.

Als der Krieg ausbrach, übernahm Sherwood zunächst Kommandos auf Trawlern, die vor Dover Patrouille fuhren. Im Mai 1940 verließ er Dover und hielt sich für die *Bluebell* in Bereitschaft, die gerade als eine der ersten Korvetten ihrer Art vor der Fertigstellung stand. Später wurde er nach Dünkirchen beordert, um das gemeinsame Rettungswerk zu unterstützen! Dort befehligte er einen Schlepper, mit dem er Hunderte erschöpfter Soldaten an der Küste aufsammelte und heil nach Ramsgate hinüberschaffte. Als er nach Clyde zurückkehrte, war die *Bluebell* mittlerweile vom Stapel gelaufen. Ende August ging er an Bord und übernahm das Kommando. War die Korvette seitdem auch erst zwei Monate im Einsatz, so hatte sie doch schon einen großen Teil davon auf See zugebracht. Nach einwöchigem ›Eingewöhnen‹ unter Manöverbedingungen in Tobermory, hatte sie bereits begonnen, Geleitzug-Eskorten von Methil rund um die schottische Nordspitze in den Atlantik zu fahren und dort nach England gehende wieder in Empfang zu nehmen.

Sherwood verließ niemals die Brücke der *Bluebell*, wo er auch schlief: Im Asdic-Raum hing eine Hängematte für ihn. Er war ein beweglicher, Vertrauen ausstrahlender Kommandant und verfügte über eine gute Portion Sinn für Humor. Das hinderte ihn nicht daran, die Zügel stets fest zu halten; denn anders als auf dem Geleitboot, dessen Mannschaft aus Berufssoldaten bestand, war die *Bluebell*-Crew ziemlich frisch zusammengewürfelt. Drei Viertel von ihr waren zum Krieg eingezogene Matrosen, die gerade ihre Ausbildung hinter sich hatten; die *Bluebell* war ihr erstes Schiff. Nur eine Handvoll erfahrener Matrosengefreiter und Maate befand sich unter ihnen, dazu der Rudergänger, ein reaktivierter Marineoffizier. Die paar Männer hatten nun dafür zu sorgen, daß der größere Rest der Mannschaft etwas vom rechten Geist einer Schiffscrew mitbekam.

Erster Offizier der *Bluebell* war ein Kapitänleutnant, dessen Vorkriegserfahrungen sich praktisch darin erschöpften, daß er die Ostküste hinauf- und hinuntergefahren war, während die zwei aus Kanada stammenden Leutnants direkt aus der Ausbildung kamen.

So stand es um die *Fowey* und die *Bluebell.* Aber außer auf dem Leitschiff und auf der *Scarborough* hatte man im ganzen Geleitzug noch keine Kenntnis von ihren Namen genommen. Das würde sich jedoch schon bald ändern.

Donnerstag, 17. Oktober. Auf der *Corinthic* saß der Zweite Funkoffizier, der neunzehnjährige Henry Simpson aus Aberdeen, in der Funkbude und hielt Wache. Es waren die toten Stunden nach Mitternacht, in denen nie viel los war. So konnte er sich seinen bösen Vorahnungen hingeben, und die drehten sich um das Datum des Tages. Seine letzte Fahrt zur See hatte nur wenige Tage gedauert, ehe sein Schiff von einem Torpedo getroffen worden war – und zwar an einem 17. Zweifellos schien ihn diese Zahl zu verfolgen. Er war am 17. April an Bord gegangen, am 17. Juli torpediert worden, und auf die *Corinthic* war er am 17. August gekommen. Und jetzt, in den frühen Stunden des 17. Oktober, erfüllten ihn deswegen schlimme Befürchtungen. Er war schon den Abend zuvor sehr nervös gewesen, hatte sich gar nicht entschließen können, in seine Koje zu klettern – und als er es endlich tat, blieb er in voller Montur.

Kurz bevor Henrys Wache um Mitternacht begann, hatte Kenneth Howell, der Erste Funkoffizier, einen ziemlich entfernten Funkspruch aufgefangen, in dem vor einem U-Boot weit voraus gewarnt wurde. Halb belustigt hatte er daraufhin dem sorgenumwölkten Henry aufgetragen, gegen drei Uhr in der Nacht besonders intensiv aufzupassen – für diesen Zeitpunkt hatte er aufgrund der vorgegebenen Geschwindigkeiten und Entfernungen die mögliche Annäherung der Deutschen an ihren Konvoi berechnet.

Als der Konvoi nun ruhig durch die zufällig einmal monderleuchtete Nacht vorwärtsdampfte, klebte Henry Simpson geradezu an seinem Funkgerät. So ging es auch seinen Kameraden in den Funkräumen der anderen Schiffe. Wer aber keine Wache hatte, döste geruhsam in seiner Koje. Von allen Brücken herab suchten aufmerksame Augen die Dunkelheit nach verdächtigen Schatten ab. Das Wetter blieb klar, und die Sicht war sehr gut. Die wenigen Wolken am Himmel konnten nicht verhindern, daß der Verband immer wieder ins volle Mondlicht geriet.

Es herrschte absolute Stille. Auf die Ausgucke wirkte die Szene, wie da ihr Konvoi sich ganz allein durch die stille Nacht bewegte, fast hypnotisierend. Aber sie waren nicht allein. Sie wußten nur nicht, daß der erste ›Jäger‹ bereits in der Nähe war. Auf seinem Turm leuchtete das Emblem einer buckelnden Katze mit glühenden Augen. Sie wartete auf ihre Beute.

In den ersten Stunden der Dunkelheit, noch vor Mitternacht, hatte U 48, eines der neuen, großen, atlantiktüchtigen Unterseeboote, unter dem Kommando des Kapitänleutnants Heinrich Bleichrodt aufgetaucht seinen Weg gesucht und sich nach einem schweren Nordwest-Sturm an der sanften See erfreut. Die Brückenwache mußte nicht einmal mehr Schwimmwesten tragen. Die Stimmung im silbernen Mondlicht glich eher einer Manöverausfahrt in Friedenszeiten als einer Patrouille zu kriegerischen Zwecken, zur Suche nach den Fahrrinnen feindlicher Geleitzüge. Doch in Bruchteilen von Sekunden sah alles ganz anders aus.

»Schatten voraus!« meldete die Wache nach unten. In wenigen Sekunden war Kapitänleutnant Bleichrodt auf der Brücke und sah nun selbst an Steuerbord voraus eine Reihe schwach erkennbarer Schatten. Mit großer Fahrt voraus brachte er sein Boot näher an die Schatten heran und befahl die Mannschaften auf Gefechtsstationen. Der Eins WO (Erste Wachoffizier) und der Zwei WO bezogen auf der Brücke Position. Alle konnten sie nun erkennen, daß ihnen ein ansehnlicher Geleitzug vor die Rohre gelaufen war. Sie zählten mehr als dreißig Schiffe, deren Rauchsäulen sich gegen den Himmel klar abzeichneten.

Bleichrodt brachte sein Boot näher an den Konvoi heran. Nun

konnten die Deutschen auch die schattenhaften Umrisse des Geleitschiffes ausmachen. Bleichrodt befahl sein U-Boot auf Parallel-Kurs und folgte jeder Bewegung, die der Konvoi machte. Im Zickzack-Kurs ging es in gleicher Geschwindigkeit ostwärts voran.

Standort und Kurs seiner vielversprechenden Beute funkte U 48 nach Lorient.

Inzwischen hatten die Männer vom Turm aus die Bewegungen der drei Geleitschiffe registriert. Das eine (die *Scarborough*), ging dem Geleitzug Backbord voraus; das andere (die *Fowey*) patrouillierte an Steuerbord, das dritte (die *Bluebell*) spielte achtern den ›Ausputzer‹. U 48 befand sich in einer hervorragenden Position: Es hatte den Geleitzug voll gegen das Mondlicht im Visier, so daß sich die Silhouetten der Schiffe klar abhoben während die Umrisse des kleinen Unterseeboots gegen den schwarzen Horizont nur schwer auszumachen waren.

Bleichrodt stand vor der Aufgabe, sein U-Boot über Wasser in richtige Zielposition zu bringen, ohne selber entdeckt zu werden. Das konnte ihm nur gelingen, wenn die *Scarborough* am weitest entfernten Punkt ihres Zick-zack-Kurses nach Steuerbord voraus und die *Bluebell* entsprechend nach achtern lag, wodurch der Backbord-Flügel für einige Zeit unbewacht blieb. Aber jedesmal, wenn U 48 auf sein Ziel zuzusteuern begann, änderte eines der beiden Geleitschiffe seinen Kurs und hielt auf das U-Boot zu, so daß es gezwungen war, wieder schnell beizudrehen, um nicht gesichtet zu werden.

Viel länger konnte Bleichrodt nicht mehr warten. Wenn erst die Dämmerung kam, mußte er sich zurückziehen und konnte dann den Geleitzug nur mehr beschatten, solange das Tageslicht anhielt, und dies auf eine Distanz, daß sein Boot unentdeckt ließ. Weiterhin suchte er ruhig sein Glück, als endlich der geeignete Moment da war und beide Geleitschiffe nach Steuerbord wegzogen. Über das Sprechrohr ging sein Kommando an die Mannschaft: »Klar Schiff zum Gefecht! Rohr eins bis drei klar!«

Jetzt hielt U 48 von Backbord her auf die erste Kolonne von Schiffen zu. Langsam schlich er sich dabei an; denn Bleichrodt wollte sich nicht durch die stark aufschäumende Hecksee verraten, wenn die Schraube zu schnell drehte. Der Eins WO war angewiesen, drei Torpedos auf drei verschiedene Ziele auszurichten, die sich dadurch, daß sie gestaffelt nebeneinander fuhren, praktisch überlappten und wie ein einziges riesiges Schiff erschienen.

Im Mondlicht zeichneten sich die Konturen des Geleitzugs weiterhin gut ab. Endlich war U 48 seinen Opfern auf eine Dreiviertelmeile nahegekommen. Bleichrodt gab das Kommando: »Erstes Rohr los!« und drehte dabei das Boot nach Steuerbord. Ein sanftes Zittern ging durch das Boot, als auch der zweite und dritte Torpedo die Rohre verließen und den Weg zu ihren Zielen suchten. Dann ging U 48 auf nordwestlichen Kurs und zog sich, zuerst mit langsamer, dann mit voller Kraft voraus aus dem Gefahrenbereich zurück. Die Stoppuhren in den Händen des Eins WO und des Zwei WO würden ihnen Auskunft geben, ob die ›Aale‹ ihre Ziele erreichten oder nicht.

Die *Scarborough* und die *Bluebell* hatten ihren Kurs wieder gewechselt und strebten dem Backbord-Flügel des Konvois zu. Die U-Boot-Mannschaft wartete weiter angespannt. Würden die Torpedos treffen? Würde U 48 weit genug aus der Gefahrenzone sein, wenn sie explodierten?

Dann sahen sie zwei Flammenblitze hochschießen. Kurz darauf hörten sie zwei stumpfe Detonationen über die See zu ihnen herüberrollen.

Kapitänleutnant Bleichrodt befahl: »Große Fahrt voraus!« Jetzt mußte er so schnell wie möglich von der Szene verschwinden und im Schutze der Nacht den Feind abzuschütteln versuchen. Der Funkoffizier fing SOS-Rufe auf dem 600-m-Band auf. Wegen des plötzlich ausbrechenden Funkverkehrs von allen Seiten war aber nicht auszumachen, von welchem Schiff oder von welchen Schiffen die Signale kamen. Von der Brücke seines U-Boots aus mußte Bleichrodt seine Männer ermahnen, nicht weiter auf die Flammen zu starren, die aus dem Geleitzug schlugen, sondern in der Dunkelheit nach möglichen Verfolgern Ausschau zu halten.

Es war genau 4 Uhr morgens, als die ersten von U 48 abgefeuerten Torpedos ihre Ziele trafen. Ganz nahe bei der *Corinthic* gab es achteraus eine heftige Explosion. Kaum waren die ersten Männer an Deck geklettert, folgte auch schon die ebenso fürchterliche zweite

Explosion. Umgehend ließ der Geleitzug-Kommandant von der *Assyrian* aus Signale für einen Schwenk nach Steuerbord geben. Die Schiffe flüchteten aus dem Bereich, in dem der Angriff stattgefunden hatte.

Zwei Torpedos von U 48 hatten ihre Ziele gefunden. Der erste schlug in die Außenwand des großen Tankers *Languedoc* und ließ ihn wanken.

Vom zweiten Leitschiff, der *Scoresby*, beobachteten die Wachen an Steuerbord voraus den hellorangefarbenen Blitz der Explosion auf der *Languedoc*. Der Maat rief augenblicklich Kapitän Lawrence Zebedee Weatherill auf die Brücke. Unter Deck sprang der Erste Offizier Ronald Coultas sofort nach der Detonation aus seiner Koje. Er hatte gerade einen Fuß aus der Tür gestellt und wollte die behelfsmäßige Steigleiter hinaufklettern, um von dort aus über die an Deck aufgeschichtete Holzladung hinwegzuschauen – der Kapitän hatte gerade die Brücke erreicht –, als der zweite Torpedo die *Scoresby* voll traf. Er explodierte im Laderaum Nr. 3, gleich hinter dem Maschinenraum. Durch das Leck drang sofort Wasser ein. Die schwankenden Holzstapel kamen gefährlich ins Rutschen und wurden für die Männer auf dem Achterdeck zur Bedrohung. Schon begann das Schiff übers Heck zu sinken, und ein kurzer Blick auf den angerichteten Schaden machte klar, daß der Treffer tödlich war.

So machten denn der Kapitän und die gesamte Mannschaft die vier, glücklicherweise unbeschädigt gebliebenen Rettungsboote los und wasserten sie. Bei dem nur leichten Wind war das kein Problem. Kurz bevor der Kapitän in das letzte der vier Boote stieg, verschwand das Heck der *Scoresby* bereits unter Wasser.

Kaum fünf Minuten nachdem die Boote vom sterbenden Schiff weggerudert waren, streckte es sich fast senkrecht in die Höhe, ehe es so weit absackte, daß nur noch das Vorschiff aus dem Wasser emporragte. So hing es noch einmal drei oder vier Minuten da, ehe es plötzlich unter der Oberfläche verschwand und nichts als eine Masse durcheinanderwirbelnder Baumstämme und Wrackteile, die ihr Grab markieren sollten, zurückließ.

Auch die Crew der *Languedoc* hatte ihre Rettungsboote losmachen und sich ohne Zwischenfall von dem Tanker entfernen können, nachdem sie zuvor eine Leuchtkugel als Notsignal hochgeschossen hatte. Aber ihr angeschlagenes Schiff hielt sich noch immer über Wasser.

Die *Fowey* lief zweieinhalb Meilen entfernt vom Konvoi an dessen Steuerbordseite, als ihre Besatzung die beiden Explosionen über das Asdic-Gerät registrierte, die Notrakete in den Himmel zischen und gleichzeitig den Konvoi einen Schwenk nach Steuerbord machen sah. Eindeutig war der feindliche Angriff von der Backbord-Seite her gekommen, wo die *Scarborough* nun Unterstützung brauchte. Kapitän Aubrey befahl volle Kraft voraus – für sein Boot bedeutete das vierzehn Knoten –, kreuzte achtern um den Geleitzug herum und nahm eine Meile entfernt an der Steuerbordseite der *Scarborough* Aufstellung. Auch die *Bluebell* war von achtern herbeigeeilt. Alle drei Geleitschiffe setzten zu einer erschöpfenden Jagd bei Mondlicht auf den feindlichen Eindringling an. Sie blieb ohne jeden Erfolg. Wohin das U-Boot verschwunden war, blieb ihnen ein Rätsel. Nicht ein einziges Schiff bekam über das Asdic-Gerät Kontakt mit dem U-Boot.

So signalisierte die *Scarborough* der *Bluebell* per abgeblendeter Morselampe, sie solle umkehren und Überlebende aus dem Wasser fischen, während sie selbst zusammen mit der *Fowey* die Suche fortsetzen wolle. Keines der Frachtschiffe hatte gestoppt, um den Männern der getroffenen Schiffe zu helfen. So etwas wurde als zu gefährlich angesehen und war deswegen von oberster Stelle offiziell verboten worden.

Eine Stunde nach dem Angriff zeigte ein grünes Licht am Mast der *Assyrian*, daß der Verband wieder Kurs und Positionen aufnehmen solle. Alle Schiffe, die sich zerstreut hatten, gliederten sich planmäßig wieder ein. Bald darauf zog der Konvoi erneut in nahezu perfekter Formation seine Bahn.

Die *Bluebell* hatte inzwischen abgedreht, um in der Dunkelheit nach Überlebenden zu suchen. Ein Ausguck hielt zur Vorsicht Feind-Ausschau. Als die Korvette sich in der Nähe der treibenden *Languedoc* bewegte, wurde sie sogar beschossen. Es ließ sich nicht feststellen, von wo aus die Granaten abgefeuert wurden – das konnte irgendein Kanonier auf einem der Handelsschiffe sein –, aber wie dem auch war: Die Einschläge lagen verdammt zu nahe.

Schließlich fand die *Bluebell* die Crew des französischen Tankers in ihren Rettungsbooten und konnte sie an Bord nehmen. Die Korvette setzte ihre Suche nach Überlebenden der *Scoresby* fort.

Kurz vor Tagesanbruch wurden auch sie ausgemacht. Etwas irritierte dabei die Männer auf der *Bluebell:* Die vier Rettungsboote waren nämlich von einer großen, dunklen Masse auf der Wasseroberfläche umgeben. Als die Korvette noch etwas näherkam, konnte man ein mahlendes Geräusch hören, das von der Masse herrührte, und ihnen ebenso unheimlich wie unerklärlich war. Kapitän Sherwood entschloß sich, das Tageslicht abzuwarten, um Klarheit zu gewinnen. Das war eine kluge Entscheidung; denn schließlich stellte sich heraus, daß es sich bei der schwarzen Masse um Baumstämme handelte, die sich vom Deck des torpedierten Schiffs gelöst hatten und nun auf- und abdümpelten. Das aneinander reibende Holz verursachte jenes mahlende Geräusch. Drähte, mit denen die Stämme an Deck festgemacht worden waren, zogen sich auch jetzt noch von einem Bündel zum anderen durch das Wasser. Wäre die *Bluebell* mit ihren Schrauben darin verwickelt worden, hätte sie mit einem Schlag manövrierunfähig gemacht werden können.

Nunmehr konnte Sherwood sein Schiff mit aller gebotenen Vorsicht heransteuern und die Überlebenden – allesamt gesund und in guter Verfassung – an Bord holen. Niemals würde er dabei die Erscheinung des Kapitäns der *Scoresby* vergessen, wie er aus seinem Rettungsboot an Bord der *Bluebell* kletterte – ein sehr großer, gut aussehender Mann von imponierender Statur und in der prächtigsten Uniform, die der Kapitän der *Bluebell* je gesehen hatte! Die Erklärung dieses ungewöhnlichen Auftritts: Nachdem Kapitän Weatherill den Befehl gegeben hatte, die Rettungsboote klarzumachen, war er noch einmal in seine Kajüte gestiegen, hatte seine neue Uniformjacke übergezogen und war dann, noch ein paar Sachen über dem Arm und einen Koffer mit Schiffspapieren in der Hand, in eines der Rettungsboote gestiegen – dergestalt ausstaffiert kam er an Bord der *Bluebell*.

Diese nahm noch einmal Kurs auf die angeschlagene *Languedoc*. Obwohl der Tanker sehr tief im Wasser lag, schien es noch eine gewisse Chance zu geben, daß er gerettet werden könnte. Deshalb ruderte sein Kapitän zusammen mit dem Ersten Offizier, dem Zweiten Ingenieur und ein paar Männern aus der Crew wieder zu ihm hinüber. Doch sie brauchten nicht lange, um zu entdecken, daß die Maschinen nicht wieder anzuwerfen waren und daß die Schiffshaut so beschädigt war, daß es nur noch eine Frage der Zeit sein konnte, bis die *Languedoc* sank. Doch bis sie das wirklich tat, war sie für andere Schiffe eine Gefahr. So feuerte die *Bluebell* eine paar Salven aus ihrer 10-cm-Kanone auf sie ab und drehte erst bei, als die *Languedoc* tatsächlich zu sinken begann.

Nun begann die *Bluebell*, dem Konvoi, der bereits vor Stunden in die Dunkelheit davongedampft war, nachzusetzen. Mit ihren siebzig Überlebenden an Bord, die damit an Zahl schon die sechsundfünfzig Besatzungsmitglieder übertrafen, war sie ein wenig reichlich überladen.

Während die *Bluebell* mit ihren Rettungsaktionen beschäftigt war, hatten die beiden anderen Geleitschiffe die Jagd auf das U-Boot fortgesetzt, aber weiterhin ohne Erfolg. Schließlich schloß die *Scarborough* sich wieder dem Verband an und ließ die *Fowey* für eine Zeitlang allein weitersuchen. Doch kaum hatte die *Scarborough* ihre angestammte Position wieder erreicht, da tauchte am Himmel ein Flugboot vom Typ Sunderland auf und morste hinunter, daß es ein paar Meilen nordwestlich voraus ein U-Boot entdeckt und angegriffen habe. Es war 7.30 Uhr.

Das *mußte* der Angreifer aus der vergangenen Nacht gewesen sein. Das Flugzeug hatte ihn gezwungen, wieder unterzutauchen – mit der Folge, daß der SC 7 erneut einem unsichtbaren Angriff ausgesetzt sein konnte. Kapitän Dickinson faßte einen schnellen Entschluß. Die *Bluebell* und die *Fowey* würden in den nächsten Stunden wieder zum Geleitzug stoßen, außerdem wurden weitere Eskorten erwartet. Funksprüche, die vor anderen U-Booten in der Nähe warnten, hatte es weiter nicht gegeben. So drehte Dickinson sein Schiff wieder ab und ging erneut auf Feindsuche.

Nachdem sich U 48 sicher nach Westen zurückgezogen hatte, konnte die Mannschaft die Gefechtsstationen verlassen. Kapitänleutnant Bleichrodt wies den Smutje an, allen ein gutes Frühstück zu bereiten. Bleichrodt hielt es nun für das Beste, den Konvoi aus angemessener Entfernung zu beschatten und seinen Standort dauernd durchzugeben; denn U 48 hatte nur noch drei Torpedos in Reserve, und davon waren wiederum nur zwei direkt verwendungsfähig. Damit schien für die Dauer des Tageslichts die Operationsaufgabe des U-Boots geklärt. Doch plötzlich gerieten alle Pläne wieder durcheinander.

Bleichrodt stand selber auf der Brücke, als es dann passierte.

»Flugzeug voraus!« rief der Zwei WO.

Bleichrodt gab Befehl zu tauchen, und die Männer auf der Brücke sprangen eilends durch das Turmluk. Er selbst schlüpfte als letzter hinab, und dabei beobachtete er mit einem Blick nach oben, wie die Sunderland-Maschine im Tiefflug auf sie zukam. Sie war bereits sehr nahe, und es hatte den Anschein, als würde sie sich gleich aus dem frühen Morgenhimmel auf ihre Beute stürzen.

»Flutventile auf!«

Bleichrodt schloß das Turmluk. Nach fünfzehn bis achtzehn Sekunden zeigte das Tiefenmanometer achtzehn Meter an. In diesem Augenblick fielen die Bomben der Sunderland. Zwei explodierten so nahe, daß die Männer im U-Boot den Eindruck hatten, als würden sie von einer Riesenfaust geschüttelt. Die Lichter gingen aus, und an mehreren Stellen brach Wasser ins Boot ein. Der Druckanzeiger platzte. Der Neigungswinkel beim Tauchen war so stark, daß alles, was nicht niet- und nagelfest war, gegen die Schotten polterte und im Boot herumrollte. Die Männer klammerten sich fest, woran sie konnten. Bleichrodt bekam einen solchen Schlag gegen die Hände, daß sie sich taub anfühlten. Auch seine Arme konnte er eine Zeitlang nicht mehr beugen, wie leblos hingen sie an seinem Körper herunter. Eingehüllt in totale Finsternis, setzte U 48 seine Fahrt in die Tiefe fort.

»Ruhig bleiben«, rief Bleichrodt seinen Männern gelassen zu und gab Befehl, bis auf 150 Meter Tiefe zu gehen.

»Notbeleuchtung einschalten!«

Es dauerte noch ein paar Sekunden, bis endlich das dämmerige Licht der Notversorgung schien.

Und schon folgte der zweite Angriff der Sunderland. Zuerst registrierte der Horchraum das Aufschlagen der Bomben auf dem Wasser, dann wurde das Boot von zwei Detonationswellen durcheinandergeschüttelt. Doch diesmal hatten es schon genügend Tiefe erreicht und mußte keinen weiteren Treffer mehr hinnehmen.

Die Tiefensteuer hielten 165 Meter Tiefe. Die Flutklappen wurden geschlossen. Bleichrodt gab Befehl, die Lenzpumpen einzuschalten und Ordnung zu schaffen. Die Crew war erfahren und brauchte nicht lange, um die aufgetretenen Schäden zu reparieren. Der Kreiselkompaß freilich ließ sich nicht mehr richten. Das Leck im Turm war an den Periskopdichtungen entstanden; von dort schoß Wasser in das Boot.

Die Sunderland-Crew hatte jedenfalls gute Arbeit geleistet. Die ersten Bomben muß sie recht präzise dort abgeworfen haben, wo U 48 weggetaucht war, sie explodierten direkt vor dem Turm. Hätten sie die Brücke genau getroffen, wäre es mit dem U-Boot wohl zu Ende gewesen.

Langsam fühlte Bleichrodt nun seine Hände und Arme wieder, befahl halbe Kraft, blieb aber getaucht und steuerte westwärts aus der Angriffszone hinaus. Er plante, für wenigstens eine weitere Stunde unter Wasser zu bleiben, dann jedoch erneut aufzutauchen und sich an den Konvoi zu hängen.

Der Koch hatte erneut Anordnung bekommen, das unterbrochene Frühstück zu verteilen, als aus der Funkkoje eine Meldung durchgegeben wurde: »Von achtern nähern sich Schraubengeräusche!«

Bleichrodt eilte in den Funkraum und klemmte sich den Kopfhörer auf die Ohren. Das Schraubengeräusch war deutlich zu hören. Es gab keinen Zweifel, daß es von einem Kriegsschiff, nicht etwa von einem Frachter stammte. Augenblicklich wurde ihm klar, was das bedeutete. Die Sunderland hatte die Geleitschiffe des Konvois benachrichtigt, daß sie U 48 unter Wasser gezwungen habe. Daher hatte er jetzt wohl mit einem Wasserbomben-Angriff zu rechnen – aber von wie vielen Schiffen aus? Er ließ das Boot auf Schleichfahrt gehen und verlangte von der Mannschaft absolute Ruhe. Sie erfuhren über das Horchgerät, daß das nach ihnen suchende Schiff mit der Fahrt heruntergegangen war und schließlich gestoppt hatte. Bleichrodt informierte seine Mannschaft, daß mit einem Wasserbomben-Angriff zu rechnen sei, und ließ das Boot auf 180 Meter hinuntergehen. Jetzt mußten die Lenzpumpen wieder angeworfen werden; denn bei der Tiefe war es nötig, das Boot auf Höhe zu halten und ein Wegsacken zu verhindern. Nach einiger Zeit ließ er die Pumpen wieder ausschalten: sie verursachten ihm zuviel Lärm.

Alles blieb ruhig. Sie konnten nur dasitzen und warten. Bei Gelegenheiten wie dieser, wenn sie von feindlichen Schiffen verfolgt wurden, hielt sich Bleichrodt immer ganz in der Nähe des Schotts auf, das die Zentrale und den Funkraum voneinander trennte. Dort saß er, den einen Fuß im Funkraum, den anderen in der Zentrale, um alles mitzubekommen, was der Funker auffing und was das Tiefenmanometer anzeigte. Alle Befehle und Informationen wurden nur noch im Flüsterton oder durch Handzeichen weitergegeben. Die Mannschaften saßen oder hockten an ihren Posten. Die Offiziere und Unteroffiziere waren alle so postiert, daß sie ihren Kommandanten direkt sehen, seine Zeichen entgegennehmen konnten.

Eine Zeitlang schien es so, als würde U 48 nicht entdeckt werden. Dann kam aus dem Funkraum: »Schiff nähert sich von Backbord.« Jetzt konnte jeder, auch ohne Kopfhörer, das Geräusch der rotierenden Schrauben hören. Und alle starrten sie hinüber zum Funker am Horchgerät, der per Handzeichen vorzählte, wie viele Bomben der Feind über ihnen abwarf – sechsmal ging die Hand hinunter. Die *Scarborough* hatte ihr Ziel ausgemacht und eine Serie Bomben abgeworfen.

An Bord von U 48 wurde per Stoppuhr nachgemessen, auf welche Tiefe die Wasserbomben zur Explosion eingestellt waren. Von dem Moment an, in dem die *Scarborough* auf volle Kraft voraus ging, tat Bleichrodt mit seinem Boot das gleiche, allerdings im Winkel von 90 Grad zum Kurs seines Verfolgers. Es war lebenswichtig, aus der Feuerlinie des Schiffs zu kommen, und sei's um wenige Meter. Die Wasserbomben explodierten der Reihe nach und schüttelten das U-Boot jedesmal durch, ohne allerdings Schäden anzurichten. Alle Bomben explodierten über ihnen. Laut Stoppuhr waren sie auf Tiefen zwischen 75 und 140 Meter eingestellt.

Als alles vorbei war, ließ Bleichrodt U 48 wieder auf Schleichfahrt gehen. Wieder folgte eine lange Wartezeit, als die *Scarborough* erneut lauschte und ihr Ziel auszumachen versuchte. Danach kam die nächste Serie Wasserbomben, und auch das U-Boot verfolgte wieder die bereits geübte Taktik.

Den Vormittag hindurch und bis in den Nachmittag hinein saß die *Scarborough* dem U-Boot im Nacken, verlor bisweilen den Kontakt, fand ihn wieder, griff an, verlor ihn wieder. Währenddessen war der Geleitzug ein gutes Stück weitergedampft. Die *Fowey* eilte ihm nach und erreichte ihn am Nachmittag gegen 15.15 Uhr. Als die *Bluebell* einige Stunden später ebenfalls den Anschluß gefunden hatte, bezog Kapitän Aubrey, der jetzt der Eskortenführer war, mit seiner Korvette Posten an der Backbordseite des Geleitzugs und beorderte die *Fowey* nach Steuerbord. Beide Schiffe hatten ihre Asdic-Geräte dauernd auf den Gegner unter Wasser ausgerichtet; doch den Nachmittag hindurch, auch noch am Abend und den ersten Nachtstunden blieb alles ruhig und ohne Zwischenfälle. Meile um Meile kam der SC 7 der Heimat näher. Sie passierten 15° W und folgten einem Kurs, der sie nördlich von Rockall führen würde, diesem steil aufragenden Felsen, 200 Meilen von den Hebriden entfernt.

Für die weit zurückgebliebene *Scarborough* war es ein enttäuschender Tag gewesen, ein Katz-und-Maus-Spiel, bei dem sie ihre Beute nie ganz erwischte. Über acht Stunden schaffte es aber auch U 48 nicht, sich dem unermüdlich suchenden Geleitboot zu entziehen. Das Beste, was Kapitänleutnant Bleichrodt tun konnte, war, sein U-Boot Meter um Meter aus dem Bereich hinauszuführen, in dem die *Scarborough* ihre Suchaktion ablaufen ließ, und darauf zu hoffen, daß sie schließlich aufgeben und sich wieder dem Konvoi anschließen würde. Zu ihrem Glück fiel keine der auf das U-Boot abgeworfenen Bomben tiefer als 140 Meter. Wären sie tiefer explodiert, hätte die Geschichte vielleicht anders ausgesehen.

Schließlich schien es so, als habe ihr Verfolger den Kontakt endgültig verloren. Es gab keine weiteren Detonationen, und Schraubengeräusch war nicht zu vernehmen. Doch Bleichrodt wagte nicht gleich aufzutauchen. Wie oft war es schon passiert, daß ein lauerndes Kriegsschiff seine Maschinen gestoppt und gewartet hatte, nachdem es alle seine Wasserbomben abgeworfen hatte; so lange, bis ein U-Boot gezwungen war aufzutauchen, weil der Sauerstoffmangel zu groß oder seine Batterien zu schwach geworden waren – und dann hatte der Gegner es mit seinen Geschützen attackiert oder kurzerhand gerammt. So beschloß er, bis zum Einbruch der Dunkelheit auf Tauchstation zu bleiben; es war besser, übervorsichtig zu sein.

Als keine weiteren Wasserbomben mehr fielen, ließ die Spannung im Boot ein wenig nach. Irgendwer grummelte etwas von Hunger und Durst, und rundherum war erleichtertes Lachen zu hören. Bleichrodt mußte seine Männer ermahnen, weiterhin Ruhe zu halten, wenn ihm das auch selber nicht leichtfiel. Schließlich erlaubte er, daß die Ventilatoren wieder eingeschaltet wurden, so daß die stickig gewordene Luft wenigstens etwas in Bewegung kam. Endlich konnte der Smutje ihnen frischen Kaffee servieren, und in die bleichen Gesichter kam wieder Leben. Bleichrodt ließ das Boot auf 60 Meter Tiefe gehen. Es wurden alle Vorbereitungen zum Auftauchen getroffen: Er merkte, daß es höchste Zeit war, die Männer von der Spannung zu befreien, die den langen Tag über angehalten hatte – von den menschlichen Bedürfnissen einmal ganz abgesehen. Wenn das Boot getaucht war, konnte man nämlich die Toilette nicht benutzen; statt dessen gab es in einer Ecke der Zentrale einen Eimer, nicht weit entfernt vom Sehrohr, wo sie mehr oder weniger ungestört ihr Geschäft verrichten konnten. Seit der vergangenen Mitternacht, als es eine warme Suppe gegeben hatte, war keine warme Mahlzeit mehr zubereitet worden – und das war vor dem Angriff auf den Geleitzug gewesen. Seitdem hatten die Ereignisse dafür gesorgt, daß sie keinen Bissen mehr ungestört hinunterbringen konnten. Jetzt aber konnte die Mannschaft wieder ihr Lieblingsessen bestellen: Rindsuppe mit Reis und Fleischeinlage.

Als die Nacht einbrach, ging U 48 auf Sehrohrtiefe. Die Geschützbedienung stand fertig in der Zentrale bereit, die Mündungsklappen waren geöffnet, alle Sicherheitsvorkehrungen für den Notfall wurden noch einmal durchgegangen, die Tauchapparaturen ein letztesmal geprüft. Alle warteten gespannt, als Bleichrodt den Horizont mit dem Sehrohr abpeilte. Nichts zu entdecken. Er fuhr das Periskop noch weiter aus, sah aber immer noch nichts Verdächtiges. Da gab er Befehl zum Auftauchen. Durch das Boot ging ein leichtes Schütteln, dann durchbrach es die Wasseroberfläche. Bleichrodt öffnete das Turmluk und kletterte allein in den Turm hinauf. Tief sog er die frische Luft in seine Lungen. Nachdem er sich vergewissert hatte, daß U 48 wirklich allein war, ließ er die Tauchzellen entlüften, bis das Boot ganz aus dem Wasser war. Die Brückenwache nahm ihren Platz ein. U 48 begann wieder seine Fahrt über Wasser. Die Dieselmotoren wurden angeworfen, die Batterien aufgeladen. Einer nach dem anderen durfte nun hinauf auf Brücke und Oberdeck und seine Lungen mit lang entbehrter Luft anfüllen ...

Irgendwo dort draußen in der Nacht fuhr die *Scarborough*, immer noch auf der Suche nach der schwer zu fassenden Beute. Grimmig setzte sie die Nacht über ihre Suche fort. Ihren Lohn erhielt sie am nächsten Morgen, dem 18. Oktober, als sie U 48 weit entfernt über Wasser sichtete. Sofort begann die *Scarborough* wieder ihre verschärfte Jagd und feuerte ihr altes 10-cm-Geschütz auf den Gegner ab. Doch der Deutsche befand sich außer Reichweite. Und diesmal hatte U 48 es gar nicht nötig, unterzutauchen. Als die *Scarborough* sich vielmehr mit äußerster Anstrengung und voller Fahrt abmühte, das U-Boot einzuholen oder doch wenigstens auf Feuerreichweite heranzukommen, machte sich U 48 mit westlichem Kurs davon. Es fiel ihm leicht, Fersengeld zu geben, denn es war um gute drei bis vier Knoten schneller als sein bejahrter Widersacher. So wuchs der Abstand zwischen den beiden, bis er für den Engländer hoffnungslos wurde.

Enttäuscht und verzagt brach Fregattenkapitän Dickinson die Jagd ab und begann am frühen Nachmittag, mit den 14 Knoten Höchstgeschwindigkeit seiner *Scarborough* dem Geleitzug nachzusetzen. Alle seine Bemühungen schienen fehlgeschlagen zu sein, noch schlimmer: Bei dieser Geschwindigkeit hatte er nur mehr wenig Hoffnung, den Konvoi jemals wieder einholen zu können.

Tatsächlich sollte ihm das nicht gelingen, aber ebenso erging es – zum großen Mißfallen der Führung der deutschen U-Boot-Waffe – U 48. Als Bleichrodt die Entdeckung des Geleitzugs an den U-Boot-Stützpunkt in Lorient gemeldet hatte, waren von dort umgehend entsprechende Instruktionen an fünf weitere U-Boote gegangen, die zu dieser Zeit östlich und nördlich von Rockall im

Atlantik kreuzten. Alle fünf sollten sich mit Ziel auf den Konvoi zusammenziehen. Dabei hatte man erwartet, daß U 48 weiterhin den SC 7 beschatten, seinen jeweiligen Standort und Kurs durchgeben und auf diese Weise die anderen U-Boote auf direktem Weg auf ihre Beute ansetzen würde. Doch die ununterbrochene Verfolgungsjagd der *Scarborough* auf U 48 hatte all diese Pläne vereitelt und Bleichrodt daran gehindert, je wieder Kontakt zum Konvoi zu finden.

Die Deutschen hatten keinerlei weitere Informationen über die gegenwärtige Route des SC 7, und so mußte man sich im Hauptquartier des U-Boot-Stützpunkts mit der Frage herumschlagen: Wie kommen wir wieder an den Geleitzug heran? Der Mann, dem dazu die einfache, aber wirkungsvolle Antwort einfiel, war der Befehlshaber der U-Boot-Waffe selbst, Vizeadmiral Dönitz.

6.

Die Wölfe im Rudel

Vizeadmiral Dönitz, Befehlshaber der deutschen U-Boot-Waffe und in jeder Hinsicht ihr führender Kopf, hatte nun jene Position im Seekrieg erreicht, auf die er seit Ausbruch der Feindseligkeiten hingearbeitet hatte. Er verfügte im Nordatlantik über genügend U-Boote, um sie in verschiedene Gruppen einteilen zu können, die dann gemeinsame Angriffe auf gegnerische Schiffe unternahmen – die sogenannten ›Wolfsrudel‹, als die sie sehr bald schon berühmt-berüchtigt werden sollten.

Zu Beginn des Zweiten Weltkriegs verfügte Deutschland über nur siebenundfünfzig Unterseeboote. Viele davon gehörten zu einem eher kleinen Typ, der kaum atlantiktüchtig war. In den ersten neun Monaten des Krieges waren diese Boote an allen möglichen Kriegsschauplätzen eingesetzt worden, darunter auch bei der Eroberung Norwegens. Auch jetzt war die Gesamtzahl der Boote kaum gewachsen, weil den größeren Bauzahlen größere Verluste gegenüberstanden. Aber im Sommer 1940 waren doch immer mehr große, ozeantüchtige Unterseeboote in Dienst genommen worden – schnelle, moderne Schiffe mit ihren tödlichen Torpedoladungen, die von Männern kommandiert wurden, die ihr Handwerk verstanden: seit Mitte der dreißiger Jahre hatte Dönitz sie für diese Aufgabe ausbilden lassen. Nun war es möglich, im Nordatlantik besser präsent zu sein, was für die Briten schlimme Folgen haben sollte.

Es war Dönitz' feste und unerschütterliche Überzeugung, daß Deutschland dann am sichersten und schnellsten den Krieg gewinnen würde, wenn es ihm gelänge, Großbritanniens Lebensadern zu zerschneiden – und die liefen über den Atlantik. Diesen Auftrag aber, davon war er genauso überzeugt, konnten am besten die U-Boote erledigen, viel besser jedenfalls als über Wasser operierende Kriegsschiffe.

Als Kapitänleutnant war Karl Dönitz im Ersten Weltkrieg eines der U-Boot-›Asse‹ der Deutschen gewesen. Jetzt, als ›Befehlshaber der U-Boote‹, nutzte er seine langen Erfahrungen für die Führung der Seeschlacht gegen England. Dazu hatte er sorgfältig ausgeführte Pläne, die er in den vergangenen fünf Jahren ausgiebig geprüft und wieder geprüft hatte, in seiner Schublade.

Dönitz entstammte einer preußischen Familie und trat 1910 der Kaiserlichen Kriegsmarine bei. Als der Erste Weltkrieg begann, war er dreiundzwanzig Jahre alt, und am Ende war er ein kampferprobter Mann von siebenundzwanzig Jahren. Für Hitler erneut in den Krieg gezogen, war er erst knapp achtundvierzig. Unter seinem ersten aktiven Kommando sollten jene Lektionen, die er im Krieg für den Kaiser gelernt hatte, von seinen ihm ergebenen U-Boot-Kommandanten in die Tat umgesetzt werden.

Dönitz war vor allem schon lange zu dem Schluß gekommen, daß die U-Boote dann besondere Erfolgschancen hätten, wenn sie nicht einzeln, sondern im Verband angriffen. Im Ersten Weltkrieg war dies unmöglich gewesen, weil die Ausrüstung mit Funkgeräten noch ziemlich primitiv gewesen war. Damals konnte man nur über Langwelle funken; zudem mußte ein U-Boot erst einmal auftauchen und eine Antenne ausfahren, bevor es überhaupt senden bzw. empfangen konnte. Das war natürlich ein um so hinderlicheres Verfahren, als es oft gerade dann angewendet werden mußte, wenn die Bedingungen für einen Angriff besonders günstig waren. Außerdem kostete es nicht nur Zeit, sondern war unter vielerlei Umständen gar nicht praktizierbar, vor allem dann, wenn feindliche Gegenangriffe drohten oder alles davon abhing, das U-Boot bedeckt zu halten. Aus diesen Gründen war es auch nicht möglich gewesen, immer zu ganz bestimmten Zeiten gemeinsamen Funkkontakt aufzunehmen: die ständig sich wandelnden Voraussetzungen beim Operieren auf hoher See waren vorweg nicht berechenbar. Vermied man indes den zuverlässigen Funkkontakt, dann gab es nur noch begrenzte Möglichkeiten: Die Boote mußten auf Sichtweite zusammenbleiben, um sich per Flaggen- oder Lichtsignale verständigen zu können.

Trotz dieser Handikaps hatte es Dönitz als aktiver U-Boot-Kommandant einmal versucht, zusammen mit einem anderen U-Boot anzugreifen. Aber ohne Erfolg.

Jetzt, im Jahr 1940, war alles anders. Es gab das Kurzwellen-Funkgerät. Die U-Boote konnten untereinander und auch meistens mit dem Stützpunkt in ständiger Verbindung bleiben. Auch standen Dönitz die Mittel zu seinen Rudel-Attacken zur Verfügung.

Zuerst stellte er sich vor, daß bei dieser ›Rudeltaktik‹ ein normales Kriegsschiff oder ein U-Boot das Kommando übernehmen und die U-Boote zu ihren Einsätzen befehlen sollte. Aber er nahm davon schon bald wieder Abstand, weil die bei weitem beste Methode darin bestand, alle U-Boote engen Kontakt mit dem Stützpunkt halten zu lassen und von dort aus die Operationen selber zu leiten. Die Aufgabe des endgültigen Angriffs verblieb bei dem jeweiligen Kommandanten vor Ort. Die Lösung stellte sich nach dem Fall Frankreichs, als den Deutschen damit Lorient als Stützpunkt zufiel, als äußerst praktikabel heraus.

Theoretisch war ein Angriff im ›Wolfsrudel‹ eine ganz einfache Sache. Entdeckte ein U-Boot einen Geleitzug, dann meldete es dies an den U-Boot-Stützpunkt und beschattete den Geleitzug weiter, während andere Boote in dieses Gebiet dirigiert wurden.

Die zweite Lektion, die Dönitz aus dem Ersten Weltkrieg mitgebracht hatte, lautete: Ein bei Nacht mit hoher Geschwindigkeit angreifendes U-Boot war auch über Wasser immer im Vorteil, weil seine schmale Silhouette nur äußerst schwer zu entdecken war.

Diese Überraschungstaktik hatten einige U-Boot-Kommandanten, darunter auch Dönitz selbst, gegen Ende des Ersten Weltkriegs mit sehr großem Erfolg praktiziert.

So sah also der meisterhafte, doppelseitig angelegte Plan aus: Die U-Boote greifen nachts über Wasser in Gruppen an, um ihr Zerstörungswerk zu beginnen.

Unbekannt ist, ob und wie Dönitz diese revolutionäre Taktik geheim gehalten hat bzw. halten konnte. Immerhin hatte die deutsche Kriegsmarine ihre ersten weiträumigen Manöver, bei denen die U-Boote ihre Gruppenangriffe übten, schon 1937 durchgeführt. Dieses und die darauf folgenden Manöver konnten den Geheimdiensten der anderen Mächte kaum entgangen sein. Was speziell die Nachtangriffe anging, so hatte Dönitz die Welt sogar ausdrücklich vor ihnen gewarnt, indem er sie mit seinen Vorstellungen bekanntgemacht hatte. So wie Adolf Hitler seine Doktrin in ›Mein Kampf‹ ausführlich genug niedergelegt hatte, gab auch Dönitz seine Ideen offen preis. ›Die U-Bootwaffe‹ hieß das Buch und war im Januar 1939 erschienen – direkt nach ›München‹ und acht Monate vor Kriegsbeginn. In diesem Buch betonte Dönitz die großen Vorteile nächtlicher U-Boot-Angriffe über Wasser, von Illustrationen sogar noch unterstützt.

Aber offenbar hatte in Großbritannien niemand davon Notiz genommen.

In der Zeit bis 1939, als die deutsche Kriegsmarine sich auf die Perfektionierung ihrer Unterwasserhorchgeräte konzentrierte, fühlte sich die Royal Navy sicher, weil sie ihr weit überlegenes Asdic-Gerät hatte. Mit diesem konnte man einen Ultraschall-Ton senden, der, wenn er unter Wasser auf ein Objekt traf, eine sehr genaue Peilung gab. Daher war die Teilnahme von Unterseebooten bei Manövern der britischen Flotte, soweit es um Angriffe über Wasser ging, eher ein Zufall. Der Akzent lag eindeutig auf dem Unterwasserangriff; dementsprechend waren auch die Verteidigungsmethoden ausgerichtet. Das Ganze lief also darauf hinaus, daß man das U-Boot als ein unter Wasser operierendes Kriegsschiff ansah und nicht, wie Dönitz jetzt, als ein Überwasser-Angreifer in der Rolle eines Torpedoboots, das tauchen kann. Was die Royal Navy anging, so erwartete man feindliche U-Boot-Attacken stets tagsüber und unter Wasser, und dafür war das Asdic-Gerät die beste Abwehrwaffe, die sich ein britisches Kriegsschiff nur wünschen konnte.

Bald schon sickerte durch, daß die Deutschen von der Effektivität des Asdic-Geräts überrascht waren, doch es stellte sich gleichzeitig heraus, daß es nur unter Wasser funktionierte, gegenüber einem aufgetauchten U-Boot aber gänzlich nutzlos war. Radar wurde auf See aber noch nicht eingesetzt. Erstens steckte es noch in den Kinderschuhen, und zweitens wurde es hauptsächlich als Warnsystem vor feindlichen Flugzeugen benutzt.

Im Oktober 1940 lagen bereits Berichte von Überwasser-Angriffen deutscher U-Boote bei Nacht vor – sie stammten von einigen britischen Kriegsschiffen, die diese Beobachtung in den vergangenen zwei, drei Monaten gemacht hatten –, aber man nahm sie nicht zum Anlaß, deswegen irgendwelche neuen Taktiken zu entwickeln. Dementsprechend wurde auch auf Meldungen, daß bei Angriffen auf Geleitzüge mehrere U-Boote beteiligt gewesen seien, nicht mit speziellen Gegenmaßnahmen reagiert. Doch in Wahrheit hatte Dönitz' neue Methode des U-Boot-Kriegs bereits begonnen. In den ersten September-Tagen hatte er von Lorient aus den ersten erfolgreichen U-Boot-Angriff im Rudel organisiert: Fünf Geleitzugschiffe waren dabei versenkt worden. In der zweiten Septemberhälfte hatte ein zweiter Gruppenangriff ein noch erschreckenderes Ergebnis erzielt: Elf Schiffe hatten die deutschen U-Boote aus einem fünfzehn Schiffe zählenden Geleitzug herausgeschossen. Doch trotz dieser schlimmen Verluste war die Idee von bewußt organisierten U-Boot-Angriffen in Gruppen noch nicht bis an die Spitzen der britischen Admiralität durchgedrungen. Sollte dies doch der Fall gewesen sein, dann hatte sie noch keine entsprechenden Warnungen an die Kommandanten der Geleitschiffe durchgegeben.

Das war die Situation, als Vizeadmiral Dönitz seinen ›Wolfsrudel‹-Schlag gegen den SC 7 plante. Nachdem Heinrich Bleichrodts U 48, das den Geleitzug beschattet hatte, endgültig verjagt worden war, kannte man in Lorient nur die letzte Position des Konvois, die Bleichrodt hinübergefunkt hatte. Welchen Kurs würde der SC 7 nun nehmen? Es war nicht möglich, diese Frage mit einiger

Sicherheit zu beantworten, weil man nicht voraussehen konnte, welche Ausweichmanöver er vollführen würde. Aber es *gab* einen anderen Weg, ihn dennoch wieder zu lokalisieren. Dönitz ließ daher neue Instruktionen an die fünf patrouillierenden U-Boote ergehen, mit denen er bereits vorher Kontakt gehabt hatte. Diesmal erhielten sie den Befehl, sich bis zu einem Punkt zurückzuziehen, der der letzten gemeldeten Position des Geleitzugs weit voraus lag. Dort sollten sie sich querab in einer Linie von Norden nach Süden formieren, jeweils ein paar Meilen voneinander getrennt, oder auch hin- und herstreifen. Mit ein wenig Glück würde der SC 7 in diese Falle hineindampfen. Wenn alles nach Plan ging, sollte dieses Vorhaben noch bei Tageslicht des 18. Oktober ausgeübt werden.

Die zu diesem Hinterhalt ausersehenen fünf U-Boote wurden von Kommandanten befehligt, die zur Elite jener Offiziere gehörten, die Dönitz sich sorgfältig herangezüchtet hatte. Vier von ihnen waren seit 1930 bei der Marine. Alle waren Pioniere der ersten Stunde, mit denen er 1935 die neue U-Boot-Waffe aufzubauen begann, nachdem Deutschland aufgrund des Deutsch-englischen Flottenabkommens das Recht wiedererlangt hatte, seine Flotte zu erweitern. Dönitz lehrte sie, was er selber wußte, und war mit ihnen zum Manöver in See gegangen. Jetzt waren sie reife, junge Männer zwischen achtundzwanzig und dreißig Jahren mit überdurchschnittlichen Erfahrungen und Fähigkeiten. Alle waren von kleineren Booten umgestiegen und aufgerückt. Ihre neuen, großen Boote hatten sie seit dem Frühsommer mit Erfolg geführt. Ihre Talente konnten sie auf ganz individuelle Weise weiterentwickeln, da Dönitz seinen Offizieren stets erlaubte, eigene Taktiken aufgrund eigener praktischer Erfahrungen anzuwenden. Auf diese Weise hatten die ›Asse‹ unter ihnen ganz von selber, ohne daß das Prinzip des Nachtangriffs über Wasser schon in den Lehrbüchern gestanden hätte, fast unabhängig voneinander diese Methode mit der Zeit entwickelt.

Die fünf Kommandanten mußten also ihre Boote wie eine kleine Flotte einsetzen und in vorgesehener Position auf die erwartete Beute lauern. Es waren U 101 mit Fritz Frauenheim, U 123 mit Karl-Heinz Möhle, U 46 mit Engelbert Endraß, U 100 mit Joachim

Schepke und U 99 mit Otto Kretschmer als Kommandanten. Von ihnen allen waren wohl die beiden letzten die bekanntesten U-Boot-Kommandanten außerhalb der Marine: Schepke, 28 Jahre alt, groß gewachsen und gut aussehend, mit gewinnendem Lächeln, und Kretschmer, genauso alt, aber ernst in Aussehen und Verhalten.

Otto Kretschmer, Sohn eines Lehrers, war bereits auf dem Wege, Deutschlands größtes U-Boot-As des Zweiten Weltkrieges zu werden. ›Otto der Schweigsame‹ war ein disziplinierter, kühler und selbstbewußter Marineoffizier. Schneller als die anderen hatte er die Vorteile nächtlicher Angriffe über Wasser begriffen und die alte Praxis des Unterwasserangriffs auf einen Geleitzug bei Tage fast völlig aufgegeben, es sei denn, daß er nicht bis zum Einbruch der Dunkelheit warten konnte. Seine Taktik bestand darin, tagsüber zu beschatten, die Beute nicht aus dem Auge zu verlieren und in der Nacht anzugreifen. Dabei versuchte er, zwischen die Linien des Geleitzugs zu kommen und jeden Torpedo genau abzuschießen, einen auf jedes Schiff. Das war etwas ganz anderes als die klassische Attacke des getauchten Bootes; sie bestand nämlich darin, daß das U-Boot aus einer gewissen Distanz ganze ›Fächer‹ von drei oder vier Torpedos so abschoß, daß sie den Kurs des Konvois kreuzen mußten und dabei möglicherweise als Treffer ankamen. Diese und andere Taktiken hatte Kretschmer für sein U 99 abgeschafft, für dieses Boot mit dem berühmten goldenen Hufeisen auf dem Turm. An ihre Stelle setzte er die Ergebnisse harter und äußerst erfolgreicher Erfahrung.

Er hatte schon die erstaunliche Zahl von zwanzig Schiffen auf seiner ›Abschußliste‹ – ohne Ausnahme Überwasserangriffe.

Als die fünf U-Boote aus verschiedenen Richtungen aufeinander zuliefen, um im Osten von Rockall den geplanten Hinterhalt zu legen, war noch ein weiteres deutsches U-Boot in entgegengesetzter Richtung, nämlich Kurs Westen, auf Patrouille unterwegs. Es handelte sich um U 38 unter dem Kommando von Kapitänleutnant Heinrich Liebe. Es war spät am Abend des 17. Oktober. Liebe konnte mit seinem Tagewerk sehr zufrieden sein, hatte er doch am Morgen die griechische *Aenos* torpediert und mit seinem Geschütz endgültig versenkt. Jetzt war er auf Suche nach einem weiteren

Opfer, und ganz unerwartet lief es ihm vor den Bug: der SC-7-Geleitzug.

Kurz vor Mitternacht präsentierte sich ihm geradezu der Traum eines Ziels: Im hellen Mondlicht zeichnete sich die Silhouette des Konvois vor dem Horizont ab. Er schlich sich, aus dem Dunkel kommend, vorsichtig näher, um neue Beute zu machen.

7.

Boote nicht wassern!

Freitag, 18. Oktober. Es war fünfzehn Minuten nach Mitternacht, als zwei weitere Geleitschiffe, die den Konvoi sicher nach Hause bringen sollten, den SC 7 sichteten. Der Mond war hinter Wolken verschwunden, aber die Sicht war gut, die See ruhig; der Konvoi zog seine Bahn durch die Nacht. Er hatte jetzt Position 58°50' N, 14°12' W erreicht und würde in weniger als sechs Stunden nördlich von Rockall stehen.

Die beiden Neuankömmlinge waren das Geleitschiff *Leith* und die Korvette *Heartsease*. Nach ihnen erwartete der SC 7 keine weiteren Eskorten mehr. Beim Nähern an den Geleitzug gab der Kommandant der *Leith* der Korvette Signal, Position an der Flanke zu nehmen, während es selber achteraus sicherte. Doch gerade als sie ihre Positionen bezogen, war es mit der friedlichen nächtlichen Szene aus.

U 38 hatte sich unbemerkt an die Backbord-Flanke des Konvois herangeschlichen, wo nur die *Bluebell* als Eskorte fuhr, deren Asdic-Gerät das aufgetauchte U-Boot nicht erfassen konnte. Die *Fowey* befand sich weit entfernt an der Steuerbord-Seite. Als sich die Wolken einen Augenblick lang verzogen und der Mond volles Licht gab, schoß Kapitänleutnant Liebe einen Torpedo-Fächer auf die in Linie fahrenden Silhouetten des Geleitzugs ab. Besonders erfolgreich war er nicht; denn er registrierte nur einen Treffer – und der erwischte Schiff Nummer 13 im Konvoi.

Die aus Glasgow stammende *Carsbreck*, bis oben hin mit Holz beladen, schüttelte sich unter der Explosion und bekam sofort heftig Schlagseite nach Backbord. Kaum waren alle Mann an Deck gehastet, begann das Schiff über den Bug zu sinken. Die *Carsbreck* schien verloren. Ein Teil ihrer Holzladung stand zudem in Flammen. Kapitän John Muir gab Befehl, die Rettungsboote klarzumachen und das Schiff zu verlassen.

An den Funkgeräten der anderen Schiffe hörte man die SOS-Notrufe der *Carsbreck*, die zweimal wiederholt wurden; dann folgte vier- oder fünfmal der Versuch, das eigene Rufzeichen ›GYXB‹ zu morsen. Aber dem Funker schien das nicht zu gelingen: sein letzter Versuch brach mittendrin ab. Auf den anderen Schiffen fürchtete man das Schlimmste.

Auf der *Carsbreck* stand die Mannschaft bereit, die Rettungsboote zu wassern, als sich herausstellte, daß zwei Schiffsjungen vermißt wurden. Der Bootsmann, ein Matrose und der Schiffskoch, Hilton Brodie, rannten hinunter zu den Kojen der beiden Jungen nach mittschiffs Backbord, nicht mehr als zwölf Meter von der Stelle entfernt, wo der Torpedo eingeschlagen hatte. Nur mit Mühe bekamen sie die verklemmte Tür auf und fanden die beiden heftig schnarchend vor: sie hatten nichts von dem mitbekommen, was passiert war. Eilig rissen die drei Männer die jungen Burschen aus ihren sanften Träumen und schickten sie ohne Umschweife an Deck.

Die Rettungsboote wurden gerade herabgelassen, als Kapitän Muir, ein Glasgower Anfang der Sechzig, plötzlich an Deck erschien und einen sehr aufgeregten Eindruck machte.

»Boote nicht wassern!« schrie er. »Nicht wassern! Es ist alles in Ordnung, wir sinken nicht! Kommt zurück, Männer, kommt zurück!«

Der Befehl des Kapitäns, von Mann zu Mann weitergegeben, sorgte für nicht wenig Verwirrung; denn von diesem strengen und entschlossenen Kapitän war man den Widerruf eines Befehls nicht gewohnt. Niemand schien zu wissen, wie man die Aufforderung, das Schiff zu verlassen, wieder rückgängig machen konnte. Doch schließlich kam der größere Teil der Crew, bis auf die Besatzung eines Rettungsboots, das bereits von dem Schiff weggerudert war, wieder zurück.

Die *Carsbreck* war schwer beschädigt. Die Gewalt der Explosion hatte das Schiff auf Gegenkurs gedreht, weg von dem schnell verschwindenden Geleitzug. Es hatte weiterhin gefährliche Schlagseite nach Backbord, und das Vorschiff lag fast ganz unter Wasser. Aber Kapitän wie Erster Ingenieur behaupteten, die *Carsbreck* sinke nicht. Sie waren sogar überzeugt davon, daß sie die Fahrt fortsetzen könne. Nachdem sie dies erklärt hatten, akzeptierte die zurückgekehrte Mannschaft die neue Situation mit Erleichterung. Alles in allem gesehen, hatten sie einen Torpedo-Angriff ohne einen Verletzten überstanden, was für sich schon eine ermutigende Tatsache war, und ihr Schiff wollte sie auch nicht verlassen. Sogar die eigentlich immer sehr leicht erregbaren arabischen Heizer zeigten eine erstaunliche Gelassenheit. Eigentümlicherweise schien niemand mehr die Möglichkeit eines weiteren Torpedotreffers zu fürchten.

Und tatsächlich gab es auch keinen mehr. U 38 war nämlich mit voller Kraft davongeeilt und hatte sich eine neue Position gesucht, aus der es einen weiteren Angriff gegen den Verband unternehmen konnte. Eine halbe Stunde nach der Torpedierung der *Carsbreck* feuerte Kapitänleutnant Liebe den nächsten Fächer ab. Aber diesmal verließ ihn das Glück gänzlich: nicht ein Torpedo traf. Admiral a. D. MacKinnon sah von der Brücke der *Assyrian* die Blasenspur eines Torpedos, der seine Bahn kreuzte, und signalisierte dem Konvoi umgehend einen Schwenk nach Steuerbord, um ihm auszuweichen.

Die *Fowey*, einige Meilen entfernt an Steuerbord, begann mit Höchstgeschwindigkeit um den Konvoi herum an dessen Backbord-Flanke zu gelangen und der *Bluebell* bei der Suche nach dem feindlichen Eindringling zu helfen. Aber mit ihren vierzehn Knoten war sie einfach zu langsam und erreichte die *Bluebell* erst fünfunddreißig Minuten nach Abschuß des zweiten Torpedofächers. Doch der Deutsche fuhr währenddessen keinen weiteren Angriff mehr. Endlich konnten die beiden Geleitschiffe ihre gemeinsame Suche aufnehmen, aber ohne Resultat. Später kamen die beiden Neuankömmlinge, die *Leith* und *Heartsease*, hinzu. Doch so sehr sie auch immer wieder die Flanke des Konvois absuchten: das U-Boot war verschwunden. Wäre es getaucht, dann hätten sie eine reelle Chance gehabt, es zu entdecken; aber der Deutsche war an der

Oberfläche geblieben und hatte seine schnellen Diesel-Motoren angeworfen, um seinen Verfolgern zu entkommen.

Was sie nicht wissen konnten: U 38 hatte tatsächlich keinen weiteren Angriff mehr auf den SC 7 vor. Nachdem Kapitänleutnant Liebe die Position des Geleitzugs nach Lorient durchgegeben hatte, setzte er vielmehr seine Patrouille fort.

In diesen ereignisreichen frühen Stunden des 18. Oktober übernahm nun *Leith* als das größte unter den Geleitschiffen das Kommando. Sie schickte die *Fowey* dem Konvoi nach, befahl der *Heartsease*, sich um die torpedierte *Carsbreck* zu kümmern, und versuchte, zusammen mit der *Bluebell*, wieder Anschluß an den Geleitzug zu finden. Dabei war es jedoch die *Leith* selbst, die nach dem Abbruch der Verfolgung als erste die *Carsbreck* sichtete und dazu das Rettungsboot, das sich als einziges von dem Handelsschiff abgesetzt hatte. Es war morgens, 6.10 Uhr.

Im frühen Morgenlicht konnte man das ganze Ausmaß der Beschädigungen sehen, die der Torpedo angerichtet hatte. Er hatte mitschiffs an Backbord den Laderaum Nr. 2 getroffen. Zum Glück hatte das Schiff Holz geladen, wodurch es zusätzlich Auftrieb erhielt. Das Loch in der Backbordwand maß fast zehn Meter; aus ihm quollen Stämme und Bretter ins Meer hinaus.

Die *Leith* drehte bei. Ihr Kommandant verständigte sich per ›Flüstertüte‹ mit dem Kapitän der *Carsbreck*. War sie in Seenot? Wie schwer war sie beschädigt?

Kapitän Muir antwortete, sein angeschlagenes Schiff habe durchaus gute Chancen, sich über Wasser zu halten. Sie kämen mit sechs Knoten voran.

Das war eine gute Nachricht, aber sie beinhaltete auch ein Problem: In diesem Zustand könnte man die *Carsbreck* nicht allein lassen. Also signalisierte die *Leith* der *Heartsease*, zurückzubleiben, die Männer aus dem Rettungsboot aufzunehmen und dem beschädigten Dampfer Flankenschutz zu geben. Dann machten sich die *Leith* und die *Bluebell* auf, den Geleitzug wieder einzuholen. Mit ihren vierzehn Knoten hatten sie das kurz nach 9.30 Uhr geschafft.

Von der *Leith* wurden kurz Signale mit Geleitschutzkommandant MacKinnon auf der *Assyrian* ausgetauscht. Kommandant des Geleitschiffs war Fregattenkapitän Roland Charlton Allen, ein in

Dartmouth ausgebildeter, sehr tüchtiger Offizier, der bei seiner Mannschaft aus regulären Kriegsmarine-Angehörigen sehr beliebt war. Nach seinem abrupt unterbrochenen Anschluß an den Konvoi – die *Carsbreck* war gerade getroffen worden –, sollte er eine gewichtige Rolle während jener Ereignisse spielen, die nun folgten.

Die *Leith*, die er seit fünf Monaten kommandierte, war mit ihren weniger als tausend Tonnen etwas kleiner als die *Fowey*; aber jünger und ein wenig schneller. Sie verfügte über ein Asdic-Gerät der ersten Generation, das, auf der offenen Brücke befestigt, noch mit einem Handrad betätigt werden mußte. Außerdem besaß sie nur einen Magnet-Kompaß, statt des modernen Kreisel-Kompasses, der weniger auf Schwankungen reagierte. Bewaffnet war sie wie die *Fowey*, mit einem 12-cm-Geschütz auf dem Vorschiff und einem 7,5-cm-Geschütz auf dem B-Deck.

Wie die *Fowey* hatte auch die *Leith* die meiste Zeit vor Kriegsausbruch in wärmeren Gewässern zugebracht. Zuletzt war sie an die Royal Navy von Neuseeland ausgeliehen und zu einem offiziellen Besuch der Tonga-Inseln ausgelaufen, wo sie deren Königin Salote an Bord genommen und zu einer Rundfahrt um ihr Königreich mitgenommen hatte. Alle erinnerten sich noch lebhaft an die Schiffsreise mit der fidelen Königin. Natürlich hatte man ihr an Bord das Beste geboten, was das Schiff zu bieten hatte, und das war die Kapitänskajüte. Königin Salote war eine recht stattliche Dame gewesen, über 1,80 m groß, an die 120 Kilo schwer – was die Kapitänskoje dann auch prompt nicht ausgehalten hatte: Sie brach unter der Last Ihrer Majestät zusammen. Nach diesem unterhaltsamen Zwischenspiel sollte die *Leith* gerade eine sechsmonatige Reise durch die Südsee antreten, als sie plötzlich zum Kriegseinsatz abgerufen wurde.

Ihr vierzig Jahre alter Kapitän war ein ruhiger, peinlich genauer Mann, den seine Freunde ›Maudie‹ nannten (nach einem damals bekannten Tänzer namens Maudie Allen) und die anderen ›Auntie‹ (Tante) Allen, womit sie auf seinen offensichtlichen Hang anspielten, alles genau und gewissenhaft nach Vorschrift zu machen. Allen, ebenso liebenswürdig wie geradeaus, verfügte über enorme Fertigkeiten und Einfälle, die seine Offizierskameraden oft inspirierten. Wenn er zum Beispiel des Nachts zu einem kurzen

Schlummer die Brücke verlassen konnte, schlief er in einer Koje, über der er ein schwaches blaues Licht angebracht hatte. Entdeckte nun der Wachhabende Offizier irgend etwas Meldenswertes, brauchte er nur einmal kurz die Glocke zu läuten: zwei Sekunden später war Kapitän Allen auf den Beinen, stürmte durch den ebenfalls mit blauem Licht erleuchteten Waschraum, durch die stets offenen Türen auf die Brücke. Nach seiner Rechnung dauerte das alles in allem fünf Sekunden. Zudem konnten sich die Augen, da kein helles Licht eingeschaltet werden mußte, gleich der Dunkelheit anpassen, die ihn draußen erwartete. ›Tante‹ Allen konnte man so leicht nichts vormachen …

Für die anderen Kommandanten der SC 7-Geleitschiffe stellte er indessen eine unbekannte Größe dar. Keinem von ihnen war er jemals zuvor begegnet. So ergab es sich, daß alle vier Kommandanten der Begleitschiffe einander völlig fremd waren. Gemeinsame Abwehrpläne feindlicher Angriffe fehlten ebenfalls. Und jetzt war es Allens Sache, sie als Führer der Eskorte richtig einzuteilen.

Die späten Morgenstunden sahen den SC 7 auf stetem Südost-Kurs nördlich von Rockall. Die Lücke in der Backbord-Linie war geschlossen: Die *Shekatika*, bisher an 14. Stelle, war an die Position der *Carsbreck* gerückt. Von abergläubischen Anfällen einmal abgesehen, war diese ›Beförderung‹ für die Mannschaft kaum ein Fortschritt, nachdem die *Carsbreck* schließlich direkt vor ihrer Nase getroffen worden und dann allein zurückgeblieben war. Doch mit diesen Gedanken waren sie nicht allein. Keiner unter den Crews der Handelsschiffe wiegte sich in Sicherheit, vor allem dann nicht, wenn sie beobachten konnten, wie sich die geretteten Schiffbrüchigen auf den Decks der *Bluebell* und der *Fowey* ansammelten. Bei solchen Gelegenheiten fragte sich so mancher, an welcher Stelle ein Torpedo wohl sein eigenes Schiff treffen könnte. Würde es eine riesige Explosion geben, mit Flammenblitz und Getöse? Oder würde man kurzerhand von diesem in ein anderes Leben befördert, ohne erfahren zu haben, was eigentlich passiert war? Gedanken, die einen erstarren ließen, geboren aus einer eigentümlichen Mischung aus Angst, Fatalismus und einer davon fast abgelösten Form von Neugier.

Sie bewegten sich jetzt auf jene Zone zu, die als die gefährlichste galt. Verglich man die neunundzwanzig Schiffe, zwangsläufig über eine weite Wasserfläche verteilt, und die kleine Sicherheits-Eskorte, die sie begleitete, dann erschien es fast als unmögliche Aufgabe, mit den paar Kriegsschiffen einem so großen Geleitzug den notwendigen Schutz zu garantieren. Kurz nach Mittag wurden ein paar unheildrohende Wrackstücke im Wasser gesichtet; später kamen zwei Rettungsflöße langsam auf sie zu, deren Besatzungen wild gestikulierend auf sich aufmerksam machten – ein verlorenes Häufchen Leben inmitten des riesigen Ozeans. Die Geretteten hatten ihre Flöße aneinandergebunden, damit der Seegang sie nicht trennte, und beide waren hoffnungslos überfüllt: Einige Überlebende mußten aufrecht stehen.

Da sie dauernd mit Fallen rechnen mußten – vielleicht lag ein U-Boot in der Nähe auf der Lauer und benutzte die Schiffbrüchigen als Köder –, suchten die *Leith* und die *Bluebell* zunächst einmal den Bereich rund um die Flöße ab, bevor die *Leith* schließlich beidrehte und die Überlebenden an Bord nahm. Es waren der Kapitän und achtzehn Besatzungsmitglieder der aus Estland stammenden *Nora*. Sie waren bereits fünf Tage und Nächte auf den Rettungsflößen unterwegs gewesen und hatten, verzweifelt sich anklammernd, Stoßgebete entsandt, daß ein Schiff ihren Weg passieren möge, seit sie fünfzig Meilen westlich von Rockall torpediert worden waren. Krank und erschöpft kletterten sie die Wand des Geleitschiffs hoch. Doch so sehr sie auch in Seenot geraten waren, zwei wertvolle ›Gepäckstücke‹ hielt der Kapitän noch immer fest an sich gepreßt: seinen Sextanten und eine Aktentasche mit den Schiffspapieren.

Es war eine Szene, die düstere Ahnungen aufkommen ließ und allen nicht wenig an die Nerven ging.

Am späten Nachmittag gab Geleitzug-Kommandant MacKinnon eine ganze Reihe Flaggensignale. Danach sollten alle Schiffe um 20 Uhr den Kurs des Geleitzugs um 40° nach Steuerbord ändern, um 23.30 Uhr das gleiche nach Backbord zurück.

Währenddessen legte Fregattenkapitän Allen seine Pläne für die Bewegungen der Eskorte im Falle eines Angriffs fest und signalisierte sie der *Fowey* und der *Bluebell*. Tagsüber würde demnach die

Leith auf Gegenkurs und durch die Reihen des Konvois fahren. Die Eskorte, die auf der kursbestimmenden Seite fuhr, sollte sich voraus postieren, die andere achteraus. Nach dem Kurswechsel würde man das Ganze umkehren. Im Falle eines Angriffs sollte das Schiff, das sich auf der nicht attackierten Seite befand, seine Position dort behalten und beim Verband bleiben. War nicht klar, von welcher Seite der Angriff ausgeführt wurde, sollten beide Eskorten die Verfolgung des Gegners aufnehmen.

Nachdem diese Taktik geklärt war, gab Allen der *Fowey* Anweisung, bis Anbruch der Dunkelheit fünf Meilen achteraus nach eventuell sie beschattenden U-Booten zu suchen und danach ihren Platz an der Backbord-Flanke des Geleitzugs einzunehmen. Währenddessen sollte die *Bluebell* ihre Position an Steuerbord nicht verlassen.

Als die *Leith* auch diese Instruktionen durchgegeben hatte, zog sie an die Spitze des Geleitzugs vor und nahm dort den Platz ein, den bis dahin die *Scarborough* innehatte. Die *Heartsease* war in diese taktischen Züge noch nicht einbezogen, weil sie ja weit zurückhing und die beschädigte *Carsbreck* zu begleiten hatte.

Wie deren Kapitän es versprochen hatte, kämpfte sich der Frachter aus Glasgow bei fünf bis sechs Knoten Geschwindigkeit mühevoll durch die Wellen in Richtung Heimat. Aber die Crew hatte einiges an Bord durchzumachen, rollte das Schiff doch hin und wieder gefährlich nach Backbord über, und zwar immer dann, wenn aus dem vom Torpedo geschlagenen Loch wieder ein Stoß Hölzer ins Wasser schwappte.

Für die *Heartsease* war es eine reichlich ungewohnte Rolle, das Kindermädchen für ein einzelnes und dazu noch beschädigtes Schiff zu spielen. Die Korvette war es eher gewohnt, immer im Mittelpunkt aller möglichen Aktionen zu stehen, wie zum Beispiel kürzlich, als sie ihr blaugelbes Angriffssignal gegeben und ein U-Boot mit Wasserbomben eingedeckt hatte. ›Heart Disease‹ hieß sie bei ihrer Crew; denn ein wenig ›krank‹ machte es sie schon, wenn dieses ansonsten hervorragende Schiff bisweilen sehr heftig und furchterregend ins Rollen geriet. Sie war mit der *Bluebell* praktisch identisch, in derselben Woche wie sie vom Stapel gelaufen; und wie bei der *Bluebell* war auch ihr Kommandant, Korvettenkapitän

North, noch während der Fertigstellung zu seinem neuen Schiff abkommandiert gewesen.

North war achtunddreißig Jahre alt und eigentlich an weit größere Schiffe gewöhnt, die er zwanzig Jahre lang im Dienste der P. & O.-Line gefahren hatte. Als der Krieg ausbrach, war er gerade Kapitän des Linienschiffs *Strathaird* gewesen. Doch dann war er erst einmal auf noch kleinere Schiffe gekommen, hatte zum Beispiel zur U-Boot-Abwehr umgebaute Trawler befehligt, ehe ihm die *Heartsease* anvertraut wurde. North stammte vom Lande, aus Oxfordshire, und war ein anspruchsloser, bescheidener Mann mit einem herzlich-kräftigen Lachen. Bei seinen Offizieren wie bei den Mannschaften war er sehr beliebt. Er verlor selbst dann seinen Humor nicht, als sich herausstellte, daß er sich niemals an diese kleinen Schiffe gewöhnen und auf ihnen eher seekrank werden würde: Prompt mußte er sich beim Verlassen des Hafens an Bord der *Heartsease* mehrfach mit seinem Signalgast den Eimer auf der Brücke teilen, der für solche Fälle bereitstand. Trotzdem trug er keinen Groll gegenüber dem Schiff in sich, sondern war im Grunde von ihm ganz angetan. Bezeichnend, daß ein kleines Bild in der Offiziersmesse sogar einen Ehrenplatz bekam: Es zeigte jene kleine Blume, von dem sein ebenso kleines Schiff den Namen bekommen hatte – ein wildes Stiefmütterchen in der Felsenlandschaft bei Tynemouth, das ein Freund des Kapitäns für ihn während seines letzten Urlaubs gemalt hatte.

In ihrem kurzen Leben hatte die *Heartsease* bereits mit dem Schlimmsten Erfahrungen gemacht, was der Atlantik bieten konnte. Die halbe Zeit ihres letzten Einsatzes hatte sie mit einem furchtbaren Sturm zu kämpfen gehabt. Fast zwei Tage lang konnte sie ihrem Einsatzauftrag nicht nachkommen. Das nun herrschende ruhigere Wetter war damit gar nicht zu vergleichen, und einige Männer an Bord fragten sich, ob sie wirklich Oktober hätten und sich auf einem der wildesten Ozeane befänden.

Ähnliche Gedanken bewegten die Mannschaften jener Frachter, die sich jetzt im Verband schon außer Sichtweite der *Heartsease* und der *Carsbreck* befanden. Ein paar Tage lang waren See und Wetter rauh gewesen, nunmehr schienen sie ihnen fast zu sanft und ruhig. Und das war gar nicht so wünschenswert, weil stürmischer Seegang auch dem Feind hinderlich ist.

Gegen 20 Uhr erlosch das letzte Tageslicht, die Nacht brach herein. Admiral a. D. MacKinnon ließ den Konvoi um 40° nach Steuerbord schwenken. Das Manöver bereitete unter dem freundlichen Nachthimmel und in der nur leichten Dünung keinerlei Schwierigkeiten. Doch dann verzog sich der helle Mond hinter dunklen Wolken und schaute nur noch ab und zu hervor. Eine leichte Brise wehte hier und da Nebelschwaden heran.

Der Konvoi zog seine Bahn durch die Nacht. Niemand konnte ahnen, daß sie in wenigen Minuten zum Tag werden sollte: rundherum von Explosionsblitzen und Feuer erleuchtet.

Die fünf U-Boote hatten ihre Hinterhalt-Linie inzwischen gezogen. Der letzte Funkspruch von U 38, der ihnen die Position des SC 7 durchgegeben hatte, kam ihnen dabei sehr zustatten. Der Geleitzug war am Nachmittag zum letztenmal gesichtet worden; jetzt, bei Einbruch der Nacht, lagen die ›Grauen Wölfe‹ bereit, zuzuschlagen. Über die Stärke der Eskorte wußten sie nicht genau Bescheid. Es schien so, als würde der Geleitzug von wenigstens drei Zerstörern und einigen kleineren Kriegsschiffen beschützt; aber auch das galt noch keineswegs als besonders abschreckend. Jeder U-Boot-Kommandant hatte seine eigenen Pläne, wie er vorgehen wollte. Einige planten außerhalb der Linien Torpedo-Fächer abzuschießen und im Laufe des Kampfes näher an den Feind heranzurücken. Andere würden gleich die Vorteile des Überwasser-Angriffs aus naher Distanz nutzen. Die verwegenste Methode hatte Otto Kretschmer, der Kommandant von U 99, entwickelt: Er versuchte stets, die Geleitschiffe zu umgehen und gleich zwischen die Linien des Konvois vorzudringen.

Nun warteten alle auf ihre große Möglichkeit; auf die große Nacht.

Um 20.15 Uhr schoß Oberleutnant z. S. Engelbert Endraß eine erste Salve von drei Torpedos von U 46 auf die Backbord-Flanke des Geleitzugs, die völlig ungedeckt war, ab – die *Fowey* befand sich noch fünf Meilen achteraus auf Suchkurs. Ein Torpedo traf sein Ziel.

Die Vernichtung des SC 7 hatte begonnen.

8.

Die Nacht wird zum Tag

Der Torpedo von U 46 schlug Backbord am Heck der schwedischen *Convallaria* ein. Die riesige Explosion ließ das Schiff vom Bug bis zum Heck erzittern und schleuderte ganze Teile der an Deck vertäuten Fracht in die Luft. Sie begann sofort übers Heck zu sinken. Eilends wurde Befehl gegeben, die beiden Rettungsboote zu wassern, was binnen drei Minuten geschehen war. Die komplette Besatzung hatte sich in sie retten können und ruderte mit allen Kräften von dem tödlich getroffenen Frachter weg. Nur fünf Minuten vergingen, da ragte der 2000-Tonner nur noch mit dem Bug steil in den Himmel. Wenige Augenblicke später war die *Convallaria* in den Fluten versunken. Aber unter der Wasseroberfläche hielt sie sich dann noch eine volle Viertelstunde, weil ihre Holzladung Auftrieb gab. Doch dann ging sie, fast hörte es sich wie ein Seufzer an, endgültig auf den Grund des nachtschwarzen Atlantik, der an dieser Stelle um die zweitausend Meter tief ist.

Die *Leith*, die dem Konvoi vorwegdampfte, hatte gerade die äußerste Grenze ihres Operationsbereichs an Steuerbord erreicht, als das schwedische Schiff getroffen wurde. Sie wendete scharf und hielt mit voller Kraft auf die Backbord-Flanke zu, wobei sie Leuchtkugeln abschoß, um die gesamte Szene in Licht zu tauchen. Über zehn Seemeilen suchte sie den dunklen Ozean nach dem Angreifer ab, fand aber nicht die leiseste Spur, gab darum auf und schloß sich wieder dem Konvoi an.

Die *Fowey*, immer noch mit dem Asdic-Gerät auf der Suche nach Angreifern, die sich von achtern näherten, sah die Leuchtkugeln von der *Leith* und versuchte – um herauszubekommen, was passiert war – über die entsprechende Welle mit der *Leith* Funkkontakt aufzunehmen. Es handelte sich um eine spezielle Wellenlänge, auf der sich gut ausgerüstete Eskortenschiffe per Morsezeichen gegenseitig informieren konnten. Aber die *Fowey* erhielt keine Antwort und eilte deswegen auf ihre angestammte Position an der Backbord-Seite des Geleitzugs – doch das dauerte: Schließlich hing sie eine Stunde hinter dem Geleitzug zurück, und bei ihrer begrenzten Geschwindigkeit würde es eine lange Aufholjagd werden. Unterwegs sichtete sie zwei Rettungsboote voraus. Obwohl sich die Admiralität in ihren Anordnungen dagegen ausgesprochen hatte, daß Geleitschiffe stoppten, um Überlebende aufzunehmen, entschloß sich Korvettenkapitän Aubrey anders. Er tat das mit der Begründung, daß er von den Geretteten ein paar nützliche Informationen über den Angriff bekommen könnte. Hinzu kam natürlich auch noch die Überlegung, daß kein anderes Schiff in der Nähe war und er die Männer in den Booten sonst völlig allein und sich selbst überlassen hätte; humane Beweggründe standen aber immer noch über bürokratischen Vorschriften. Die Boote beherbergten die gesamte Mannschaft der *Convallaria*, die zu diesem Zeitpunkt längst gesunken war. Der kurze Aufenthalt, den die Aufnahme der Schweden kostete, wurde also gewagt. An Informationen aber kam nichts heraus. Das einzige, was ein Offizier Aubrey auf der Brücke berichten konnte, war: »Es gab einen großen Knall, und ich sprang rasch ins Rettungsboot ...«

Noch einmal versuchte Aubrey, mit der *Leith* Funkkontakt zu bekommen, aber wieder ohne Erfolg; entweder war die *Leith* nicht entsprechend ausgerüstet oder ihr Gerät nicht richtig eingestellt. Das war eine höchst frustrierende Angelegenheit. Nach einer Ewigkeit – so schien es jedenfalls dem Kommandanten der *Fowey*, der sonst schnellere Zerstörer gewohnt war – zog sein Schiff mit der *Leith* gleich, und im Kielwasser des Konvois machten sie sich erneut auf die Suche, fanden aber immer noch keine Spur vom Feind. Währenddessen – der Konvoi dampfte, nur noch von der *Bluebell* an Steuerbord geschützt, weiter – kamen die Wölfe heran.

Die *Beatus* aus Cardiff, mit Stahlblöcken und darüber hoch mit Holz beladen, sichtete im Mondlicht an Backbord den Schatten eines U-Boots. Der Funker konnte gerade noch Alarm geben, da schlug auch schon ein Torpedo ein und ließ den Dampfer erzittern. Der Treffer riß zwischen den Lagerräumen 2 und 4 ein Loch in die Backbordwand. Die *Beatus*, mehr als doppelt so groß wie die *Convallaria*, stoppte. Wasser drang in das Schiff ein. Schon eine kurze Untersuchung des Schadens ergab, daß es nur noch eine Frage der Zeit war, bis es sank. So gab Kapitän Wilfred Brett Befehl, das Schiff zu verlassen.

Doch eines der beiden Rettungsboote verunglückte: die Heizer kappten gleichzeitig die Trosse an der es aufgehängt war – mit dem Ergebnis, daß das Boot in die See stürzte und so beschädigt wurde, daß es praktisch ausfiel. Doch zum Glück gab es auf der *Beatus* noch ein zusätzliches Beiboot, das zusammen mit dem zweiten Rettungsboot losgemacht und zu Wasser gelassen wurde. Schließlich waren alle bis auf Kapitän Brett, einen indischen Heizer und den Richtkanonier, der das Schiffsgeschütz bediente, in den Booten untergebracht. Der Heizer, ein Fatalist, lehnte es ab, das Schiff zu verlassen. Seine Zeit sei nunmehr gekommen, sagte er, und er sei's zufrieden, wolle daher auf dem Schiff bleiben und mit ihm untergehen. Er verhielt sich vollkommen starrsinnig und unbeugsam. Kapitän und Artillerist konnten ihn schließlich nur dadurch zum Verlassen überreden, daß sie ihm sagten, sie beide seien laut Vorschrift die letzten, die von Bord müßten; folglich habe er *vor* ihnen zu gehen. Widerwillig und laut protestierend kletterte er daraufhin in eines der Boote. Kaum war er von Bord, da bestand der nicht weniger stur seine Pflichten betonende Artillerist darauf, als letzter zu gehen, nachdem der Kapitän in Sicherheit sei. Da es kaum der richtige Zeitpunkt für lange Diskussionen war, lösten sie das Problem damit, daß beide zugleich ins Rettungsboot sprangen.

Die schwer getroffene *Beatus* brauchte vierzig Minuten, bis sie gesunken war. Sie dümpelte noch über Wasser, als der holländische Frachter *Boekolo* sich näherte und zur Überraschung der Männer in den Rettungsbooten seine Maschinen stoppte, um sie offensichtlich aufzunehmen. Diese kameradschaftliche Geste verstieß gegen alle Vorschriften und sollte unglücklicherweise auch katastrophale Folgen zeitigen. Erst ein einziger Seemann aus den Booten der *Beatus* war an Bord des holländischen Handelsschiffs geklettert, als auch dieses von einem Torpedo getroffen wurde und heftig ins Schlingern geriet. Die Maschinen fielen aus und waren auch nicht wieder in Betrieb zu setzen.

Von der Brücke der *Bluebell* konnte man das Ganze, meilenweit entfernt, beobachten. Sie alle wollten ihren Augen nicht trauen, als das Trampschiff aus Amsterdam mit den holländischen Farben am Schornstein plötzlich stoppte und beidrehte.

»Guter Gott, warum stoppt der?« rief Kapitän Sherwood zu einem seiner Offiziere hinüber.

In der nächsten Minute dann traf schon der Torpedo, und damit hatten die Deutschen ihr drittes Opfer. Die Holzladung auf der *Boekolo* ging bereits in Flammen auf, als die Mannschaft sich in die Boote rettete.

An Bord der großen *Shekatika*, die der *Beatus* in Kiellinie folgte, als diese plötzlich wankte und versank, hatte Raymond Baldwin, der Zweite Funkoffizier, die dringenden Notrufe von allen drei Schiffen aufgefangen. Umgehend stürzte er hinauf auf die Brücke, um seinen Kapitän zu informieren, und der las die Nachrichten im Schein der Kompaßbeleuchtung.

Kaum wieder in seinen Funkraum zurückgekehrt, erfolgte ein furchtbarer Schlag, der das Schiff regelrecht taumeln ließ, die *Shekatika* zum vierten Opfer des ›Wolfsrudels‹ machte.

Sein Stuhl kippte um, aber mit letzter Kraft verhinderte er es, zu Boden geschleudert zu werden. Sich aufrappelnd, dachte er nur: ›Das kann doch nicht wahr sein ...‹ Trotz angelegter Kopfhörer konnte er hören, wie Holz von Bord polterte und ins Wasser stürzte. Sein Funkraum fing an, sich heftig zu neigen; – zehn Grad, zwanzig Grad. Auf dem Oberdeck hörte er das Getrampel vieler Füße. Der Erste Funkoffizier erschien: »Jetzt hat's uns erwischt! Wir haben einen Torpedo gefangen!« Er griff nach seiner Schwimmweste und zog sie über. Auch Baldwin schnappte seine Weste, die in seiner Koje lag, und schnürte sie sich fest um den Leib.

Der Torpedo hatte die *Shekatika* in Höhe des Laderaums 4 an Backbord getroffen und einen ganzen Haufen Stämme und Stempel in die Luft geschleudert. Mit schrecklichem Lärm krachten diese Hölzer wieder auf das Deck zurück oder klatschten in die See. Dazu regneten die Splitter des explodierten Torpedos auf das Schiff herab. Um ein Haar wäre ein Maat von einem langen Holzstück getroffen worden.

Der Torpedo war nicht weit entfernt von der achtern gelegenen Mannschaftsmesse explodiert und hatte alle möglichen losen Gegenstände mit furchtbarer Gewalt durch den Raum geblasen. Glücklicherweise war niemand verletzt worden. Die Lichter achtern erloschen sofort. Das Wasser schoß in dicken Fontänen herein, so daß es schien, als sei das Heck bereits überflutet. Die Männer flohen Hals über Kopf und nahmen sich nicht einmal die Zeit, ein paar persönliche Dinge zusammenzuraffen. Über die hoch aufgetürmte Holzladung krabbelten sie im Dunkeln nach mittschiffs und zu den Booten, sich gegenseitig stoßend und rempelnd und langsam den Weg vorwärts suchend. Zu diesem Zeitpunkt war das Heck des Schiffs schon ziemlich tief im Wasser.

Harris und Baldwin, die beiden Funkoffiziere, hörten vom Funkraum aus, wie ihr Kapitän eilig hin- und herrannte. »SOS-Rufe senden!« Kapitän Robert Paterson stürzte mit rotem Gesicht vorbei in seine Kapitänskajüte, wo er Schiffspapiere und Geldkassette an sich riß. Harris funkte SOS. Auf dem Rückweg schaute Paterson noch einmal kurz in die Funkbude hinein, griff sich eine dikke Aktentasche und rannte mit schweren Schritten wieder zur Brücke hinauf.

Plötzlich schien das krängende Schiff sich von selbst wieder aufzurichten. Das kam sehr überraschend, hatte aber einen einfachen Grund: Nachdem das Wasser auf einer Seite eingedrungen war, hatte es schnell seinen Weg über den mittleren Schraubenwellentunnel auf die andere Seite gefunden und die beiden anderen Hälften der Laderäume 3 und 4 überflutet, wodurch sich das Wasser gleichmäßig verteilte. Auf diese Weise lag die *Shekatika* wieder lotrecht im Wasser und wurde überdies von ihrer Holzladung oben gehalten.

Die Mannschaft versammelte sich im Mondlicht auf dem Bootsdeck. Die Dampfpfeife gleich neben dem Schornstein pfiff im Dauerton ihr ohrenbetäubendes Notsignal; denn das Schiff stand weiterhin unter Dampf. Keine Maschine war ausgefallen; die Kesselräume standen noch voll unter Feuer, nachdem der Torpedo getroffen hatte. Allerdings entwich der Dampf nach oben, wenn er nicht auf die Maschinen geleitet wurde, so daß die Dampfpfeife ununterbrochen tönte. An Deck konnte man sich nur unterhalten, indem man sich gegenseitig ins Ohr schrie.

Der Kapitän kam in den Funkraum zurückgeeilt. Man beschloß, den Land-Stützpunkt zu informieren, daß die *Shekatika* getroffen sei. Daher ging nun ein internationaler SOS-Notruf hinaus und wurde beruhigenderweise von der Küstenstation in Valentia im Südwesten Irlands beantwortet.

Der Erste Offizier Leask und der Obermaat Alexander Smith begaben sich auf das Achterdeck, um den Schaden zu inspizieren. Die Explosion hatte die Schraubenwelle gebrochen und das Schott zwischen dem Lagerraum 3 und dem Maschinenraum verbeult. Man konnte daher die wasserdichte Tür zum Wellentunnel nicht mehr schließen, und das hatte zur Folge, daß das Meerwasser ziemlich schnell in den Maschinenraum eindrang.

Der Dynamo, extrem unter Dampf und nun unkontrolliert, brachte entsprechend extrem hohe Stromleistungen, und der Funkraum war so hell erleuchtet, daß die Lampe durchzubrennen drohte. Es wurde Zeit, das Feld zu räumen. »Was ist mit dem Logbuch?« Es lag ein ganzer Stapel von Papieren und Aufzeichnungen herum. »Alles liegen lassen, wir nehmen nur die Kladden mit den Codes mit.« Baldwin zog das Glas mit dem Siliziumkarbid aus dem Regal, das nach Verfügung des Handelsministeriums von allen Schiffen mitgeführt werden mußte. Dieses Karborund erlaubte den Empfang von Funksprüchen auch dann noch, wenn jegliche Stromzufuhr abgebrochen war. Jetzt wanderte das Glas als Souvenir in die Taschen des Funkers, als sie, den schweren Sack mit den Code-Büchern über der Schulter, hinaus ins Freie strebten.

Auf dem Bootsdeck begegnete Baldwin dem aus Schottland stammenden Ersten Ingenieur. Ihm schob er ein Päckchen Patience-Karten in die Hand, die er sich einmal ausgeborgt und jetzt schnell mit seinem Mantel aus der Kabine gerettet hatte. »Es soll nicht heißen, ich hätte sie verloren, Chef«, brüllte er. Der Ingenieur schaute ihn an, als habe er einen Irren vor sich, aber dann steckte er das Päckchen in seine Taschen.

Ein gutes Stück weiter unten prüfte zur gleichen Minute der Zweite Ingenieur die Lage im Maschinenraum, in den durch die verzogene wasserdichte Tür das Meerwasser flutete. Er gab dem Dreizylindermotor ein wenig Dampf, mit dem Ergebnis, daß er gleich losdonnerte und das ganze Schiff durchschüttelte. Die derart in Schwung gebrachte Kurbel hatte nämlich nichts mehr, worauf sie ihre immense Kraft übertragen konnte. Die Haupt-Schraubenwelle war gebrochen, das Schiff deswegen völlig hilflos. Aber der Kapitän hatte darauf bestanden, daß dieser Umstand doppelt und dreifach untersucht und bestätigt werden müsse, ehe man das Schiff aufgeben dürfe. Der wachhabende Ingenieur hatte die stampfende Maschine zuvor abgedrosselt und war nach oben geflohen.

Auf dem Achterdeck herrschte ein ziemliches Durcheinander. Die vorher so ordentlich gestapelten Grubenhölzer lagen kreuz und quer übereinander verschoben, und Hunderte von ihnen trieben draußen auf dem Wasser, schwarz im Mondlicht glänzend. Das Schiff schwankte noch einmal matt; auch seine Decks glänzten vom Wasser, das nach der Detonation des Torpedos über alles hinweggespritzt war. Nunmehr hatte Kapitän Paterson aus Edinburgh, ein Mann Ende Dreißig, seine Entscheidung zu treffen ...

In diesem Moment sichtete die *Fowey* auf ihrem Suchkurs den dunklen Schatten der *Shekatika*, ungefähr eine halbe Meile entfernt. Sofort ließ sie ihre Signallampen hinüberblinken.

Ein halbes Dutzend Augenpaare las die Botschaft, die von dem Geleitboot hinübergemorst wurde. Der Erste Offizier der *Shekatika* bestätigte am Ende jedes Wortes mit einem Aufblitzen seiner Stablampe den Empfang.

»Seid ihr in Seenot?« fragte die *Fowey*. Eine Frage, auf die man nur mit grimmigem Gelächter antworten konnte. Doch die einschlägigen Kommentare gingen im schrillen Ton der Dampfpfeife unter.

»Ja«, blitzte die Stablampe zurück.

»Verlaßt ihr das Schiff?«

Kapitän Paterson schaute sich unter den Männern um, die in der Dunkelheit um ihn versammelt waren. Es waren mehr als zwei Dutzend, die auf ein Wort von ihm warteten. Traurig, widerwillig nickte er zu seinem Ersten Offizier hinüber.

»Ja«, morste die Lampe erneut.

In Ruhe und Ordnung kletterten sie in die Rettungsboote, aber trotz des stets höflichen Umgangs miteinander gab es fast so etwas wie einen heftigen Wettbewerb darum, wer als letzter oben an Bord blieb und die Trosse endgültig kappte. Die Boote ruckten an den stählernen Wänden das Schiff entlang hinab in die See. Als sie aufgesetzt hatten, fanden sich die Insassen in einem Wellengang wieder, der sie rund zweieinhalb Meter auf und ab schleuderte. Die Fallreeps wurden ausgehakt, und der Mann, der die Trossen oben gekappt hatte, kam nun die Schiffswand hinabgerutscht. Warnrufe wie »Paß auf die Beschläge auf!« waren kaum zu hören; denn oben schrie noch immer die Dampfpfeife. Endlich konnten sie sich in die Riemen legen und Distanz zwischen sich und das sinkende Schiff bringen. Es war nicht leicht zu bewerkstelligen weil sie sich den Weg durch herumtreibende Hölzer, die immer wieder gegen die Bootswände schlugen, bahnen mußten. Zum letztenmal konnten sie, als sie einen Bogen um den Bug beschrieben, den Namenszug ihres Schiffes *Shekatika* lesen, obwohl man ihn eigentlich grau überpinselt hatte. Die Männer, von denen einige bloß ihre Unterhemden anhatten, rückten näher zusammen.

Kapitän Paterson kommandierte das eine, Erster Offizier Leask das andere Boot, während sie durch die Dünung auf die *Fowey* zuhielten. Erst als die Männer an Deck des Geleitschiffs zu gelangen versuchten, erlitten sie Verletzungen: Es war nämlich etwas für Akrobaten, bei dem Seegang heil vom Boot auf das Schiff zu gelangen. Der Kapitän, zwischen Boots- und Schiffswand eingeklemmt, brach sich den Fuß. Ein Matrose stürzte zurück und brach sich ein paar Rippen.

Schließlich konnte die *Fowey* wieder auf volle Fahrt gehen; die leeren Rettungsboote verschwanden achteraus im Dunkel. In den Messedecks begannen die Geretteten von der *Shekatika*, ihre Schwimmwesten abzustreifen und vor sich auf den Boden zu legen.

»He, laßt das bleiben!« rief einer von ihnen den anderen zu. »Es heißt, daß sich dieser Eimer keine zehn Sekunden über Wasser hält, wenn er 'n Torpedo einfängt!«

Als die *Fowey* von der *Shekatika* abdrehte, wurde der große Frachter aus Schottland von seiner Holzladung immer noch gut über Wasser gehalten. Die *Fowey* wollte gerade mit Höchstgeschwindigkeit dem Konvoi nacheilen, als sie auf zwei weitere Rettungsboote stieß. Und erneut stand ihr Kommandant vor der verzweifelten Frage, ob er stoppen und die Überlebenden aufnehmen, oder ob er seine Fahrt fortsetzen solle. Aber Korvettenkapitän Aubrey zögerte nicht. Die *Fowey* drehte bei und nahm die Besatzung der *Boekolo*, zusammen mit dem einen Mann von der *Beatus*, der es geschafft hatte an Bord des Holländers zu klettern, ehe er torpediert wurde, an Bord. Dann ging es weiter hinter dem Konvoi her, der nun mehrere Seemeilen entfernt war.

Doch die Wölfe schlugen wieder zu – und das mit schrecklichem Erfolg. Dem alten britischen Dampfer *Creekirk*, der schon einen ganzen Krieg heil überlebt hatte, blieb keine Chance, als ein Torpedo ihm ein klaffendes Loch in die Wand riß. Das 4000-Tonnen-Schiff hatte Eisenerz geladen und sank sofort. Welche Dramen sich in den wenigen letzten Minuten abgespielt haben, wurde nie bekannt: Nicht ein Mann überlebte. Vom Kapitän, dem aus Guernsey stammenden Elie Robilliard, bis hinunter zum sechzehnjährigen Schiffsjungen wurden alle entweder sofort getötet oder von ihr mit in die Tiefe gerissen, als sie wie ein Stein wegsackte und an der Wasseroberfläche kaum eine Spur hinterließ – bis auf ein paar kleine verstreute Wrackteile.

An Bord eines ehemaligen amerikanischen Dampfers, der *Empire Miniver*, die an der Steuerbord-Seite der *Assyrian* eine Kolonne anführte, hatte man eine Explosion der anderen folgen gesehen und den Himmel erhellt von Geschützfeuer, Leuchtraketen und Leuchtfallschirmen. Die schützende Dunkelheit, die die Wolkendecke geboten hatte, wurde von einem leuchtenden Mond abgelöst. Alle fühlten sie sich nackt und dem Auge des lauernden Feindes ausgesetzt.

Während sie also das beginnende Inferno rundherum beobachteten, kletterte der Bootsmannsmaat der *Empire Miniver* die Brücke hinauf, um den Kapitän zu sprechen. Kapitän Robert Smith aus North Shields war ein erfahrener Seefahrer und hatte befohlen, daß die Mannschaft wach und in vollem Zeug blieb; jeder mußte seine Schwimmweste tragen. Nun kam der Bootsmannsmaat und bat für einige Männer um eine Ausnahme; für jene nämlich, die die mittlere Wache von Mitternacht bis vier Uhr morgens zu absolvieren hatten – sie sollten Gelegenheit bekommen, ein wenig zu schlafen. Aber Kapitän Smith machte ihm klar, daß es in der gegenwärtigen gefährlichen Situation wichtiger denn je sei, alle Männer in voller Montur und nicht in ihren Kojen anzutreffen.

Um ganz sicher zu gehen, gab der Kapitän einen weiteren schlauen Befehl. Den Chefsteward wies er an, jedem, der nicht auf Wache war, eine große Sonderportion Rum zuzuteilen. Dazu müsse man nach mittschiffs kommen, um das Glas zu trinken. Das Ganze klappte vorzüglich.

Nachdem er gesehen hatte, wie verschiedene Schiffe seines Konvois torpediert worden waren – zwei davon ganz in der Nähe seiner *Empire Miniver* – wälzte Kapitän Smith den Gedanken, ob es nicht klüger sei, sich per Flucht aus der Gefahrenzone zu retten. Die *Empire Miniver* war ein turbinengetriebenes, mit Dieselmotoren ausgerüstetes Schiff. Sie hatte ihre Geschwindigkeit während der Konvoi-Fahrt noch gar nicht ausfahren können. Der Kapitän wußte zwar, daß er sich regelwidrig verhielt, wenn er aus dem Geleitzug ausbrach, aber das war jetzt in Wirklichkeit eine zweitrangige Frage. Wenn es ihm nämlich gelänge, mit äußerster Fahrt aus dem Bereich der tödlich drohenden Gefahren hinauszukommen, dann hätte er reelle Chancen, seine Männer und das Schiff zu retten. Endlich kam er zu einem Entschluß und gab über den Maat Order an den Ersten Ingenieur, alles, was in ihnen steckte, aus den Maschinen herauszuholen.

Der Maat, Gilbert Hing, begab sich unter Deck, lief durch den Gang an Backbord zur Koje des Ersten Ingenieurs und gab ihm den Befehl des Kapitäns weiter. Der Leitende Ingenieur Paul aus Glasgow, ein besonnener, freundlicher Mann, verschwand umgehend in seinem Maschinenraum, um das große Wettrennen einzuläuten.

Als Hing den Mittelgang weiterlief, traf er auf den Dritten Ingenieur Sneddon, mit nichts als einem Handtuch um die Hüften und Sandalen an den Füßen bewaffnet. Ganz ruhig meinte Sneddon, er wolle jetzt ein Bad nehmen. Hing erinnerte ihn an den Befehl des Kapitäns, voll im Zeug zu bleiben; aber das zeitigte keinerlei Wirkung – der Ingenieur war zum Bad entschlossen.

Von der Brücke konnte man beobachten, daß die *Assyrian* Geschützfeuer gab. Andere Schiffe schienen ebenfalls zu feuern. Einige Granaten schlugen gefährlich nah ein. Danach schien alles sehr schnell zu gehen.

Der Torpedo, der die *Empire Miniver* als Ziel fand, hätte sie von

Rechts wegen gar nicht treffen dürfen. Er war eigentlich für die *Clintonia*, die nur halb so weit von dem abschießenden U-Boot entfernt lag, vorgesehen. Aber Kapitän Thomas Irvin von der *Clintonia* war dem Torpedo noch geschickt ausgewichen, und der war dann weiter auf das größere Schiff zugeschossen. Kapitän Irvin sah das und bat im Geiste Kapitän Smith um Abbitte, daß er dem Torpedo aus dem Wege geschlüpft war: Beide Kapitäne hatten ihre Laufbahnen bei derselben Schiffahrtslinie, der Stag Line, begonnen, und sie kannten sich sehr gut.

Der Erste Offizier, John Green, hatte gerade die Brücke der *Empire Miniver* betreten und sein Fernrohr nach Backbord gerichtet, als er die Blasenbahn des Torpedos, wie er auf sie zukam, entdeckte. »Achtung! Alles festhalten!« konnte er gerade noch brüllen, als schon Sekunden später der Torpedo einschlug. Er traf die *Empire Miniver* mittschiffs an Backbord, und zwar zwischen Maschinenraum und Öltank, riß einen Teil der Backbordwand weg und ließ die Rettungsboote hinunterkrachen – sie gingen allesamt zu Bruch, obwohl es amerikanische Rettungsboote aus Stahl waren. In den Zwischendecks verstaute Eisenbarren wirbelten in die Luft und donnerten um den Schornstein herum aufs Achterdeck hinunter. Den Schrecken im Nacken, sprang die dort postierte Geschützbedienung umgehend ins Wasser, in das sie mit letzter Not noch ein Floß hinunterlassen konnte. Ausfließendes Öl hatte sich bereits entzündet. Die Maschinen des Frachters blieben stehen, und sofort war alles in Dunkelheit getaucht. Von unten verließ Dampf zischend den leckgeschlagenen Kessel. Gleich daneben lag der Leitende Ingenieur Paul tot am Boden; die Explosion hatte ihn zusammen mit dem Vierten Ingenieur und einem Heizer voll getroffen.

Das Schiff, mit Eisen und Stahl schwer beladen, begann sehr schnell zu sinken. Seine Welldecks waren sofort überflutet. Alle Schotten unterhalb der Brücke hatte die Explosion weggerissen – ein riesiger Riß quer durch das Schiff. Es war sehr leicht möglich, daß es mitten auseinanderbrechen und umgehend in den Fluten verschwinden würde. Kapitän Smith gab daher Befehl, das Schiff zu verlassen, indem er seine Anweisungen von der Brücke aus den Matrosen auf dem Deck zurief.

Links: Admiral a. D. Lachlan Donald Ian MacKinnon, hochdekorierter Kommandant des SC-7-Geleitzugs. Rechts: Kapitän z. S. Sanderson Kearon, Chef des Leitschiffes *Assyrian*.

Oben: Das Leitschiff *Assyrian*, von Deutschen erbaut. Unten: Die *Scoresby*, zweites Leitschiff des Verbandes.

Kapitän z. S. Lawrence Zebedee Weatherill, Befehlshaber der *Scoresby*.

William Venables, Zweiter Ingenieur auf der *Assyrian*, mit seinem an Bord gebastelten ›Fliegenden Floh‹.

Links: Das schwedische Motorschiff *Valparaiso*. Rechts: Wilfred L. Brett, Kapitän der *Beatus*.

Unten: Ausweis der US-Küstenwache, auf den Namen des Chef-Stewards der *Assyrian*, James Daley, ausgestellt.

Links: John Mathiesen, Erster Offizier des Dampfschiffs *Sneland I*, eines der sechs norwegischen Schiffe des Geleitzugs. Rechts: I-Steward Bjarne Njaanes.

Die *Sneland I:* um den Geleitzug zu erreichen, mußte sie erst die Muscheln besiegen.

Die seltsam anmutenden ›Süßwasser‹-Schiffe der Großen Seen, die sich im SC-7-Verband zusammenschlossen. Oben die *Trevisa;* unten die *Eaglescliffe Hall.*

 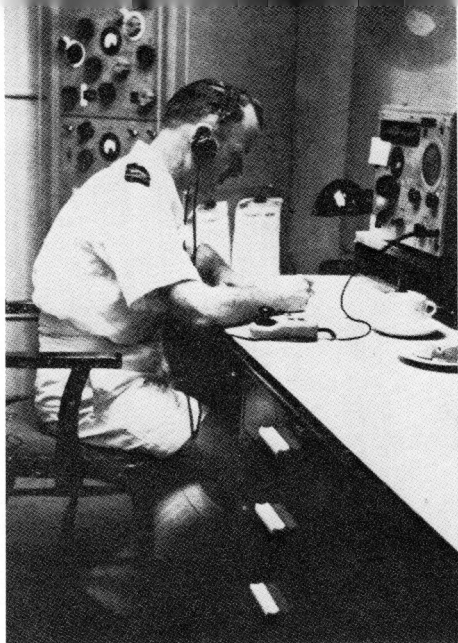

Links: Charles R. Madsen, Kapitän der *Eaglescliffe Hall*. Rechts: Funkoffizier Charles P. Littleboy an seinem Arbeitsplatz auf der *Trevisa*.

Funkoffizier Kenneth C. R. Howell am 10-cm-Geschütz des aus Hull stammenden Schrottfrachters *Corinthic*.

Links: Fregattenkapitän Roland C. Alen vom Motorschiff *Leith*. Rechts: *Leith*-Leutnant Anthony S. Tyers.

Oben: Die *Leith* in Picton, Neuseeland, bevor sie zum Kriegseinsatz in den Atlantik gerufen wurde. Unten: Der kleine, mit Fasernhölzern beladene schwedische Dampfer *Gunborg*.

Links: Korvettenkapitän Edward J. R. North von der *Heartsease*. Rechts: Navigationsoffizier Leutnant John D. Hill mit Leutnant J. B. Hider vom Motorschiff *Heartsease*.

Links: Telegraphist Eric R. Semmens (rechts) und Kollege an Bord der *Leith*. Rechts: Oberleutnant J. Robertson, Schiffsarzt auf der *Leith*, ein tüchtiger junger Doktor.

Links: Kapitänleutnant Heinrich Liebe von U 38. Mitte: Kapitänleutnant Joachim Schepke von U 100. Rechts: Kapitänleutnant Fritz Frauenheim von U 101.

Links: Oberleutnant z. S. Engelbert Endraß von U 46. Mitte: Korvettenkapitän Otto Kretschmer von U 99. Rechts: Kapitänleutnant Günther Prien von U 47.

Das schwedische Dampfschiff *Convallaria* sank als erstes nach dem Einschlag eines ›Wolfes‹.

Überlebende der *Nora*, seit fünf Tagen hilflos den Elementen preisgegeben, vom Begleitboot *Leith* geborgen und fotografiert.

Links: Kapitän z. S. Robert Smith, Chef der *Empire Miniver*. Mitte: Erster Offizier Jack Reardon von der *Botusk*. Rechts: *Somersby*-Kapitän J. William Thompson.

 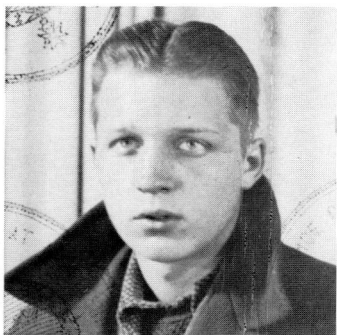

Links: Gilbert Michael Hing, Maat auf der *Empire Miniver*. Rechts: Der 16jährige Matrose der *Gunborg*, Sture Mattsson.

Oben links: Zweiter Funkoffizier Raymond Baldwin an Bord der *Shekatika*. Oben rechts: Kapitän z. S. Thomas H. Irvin, Chef der *Clintonia*, lieferte sich mit den ›Wölfen‹ ein grimmiges Duell.

Links: *Wandby*-Kapitän John Kenny. Rechts: Erster Ingenieur der *Sedgepool*: James E. Aves.

Unten: Die *Clintonia* war zäher, als sie aussah.

Die Sieger nach den Gefechten auf die Geleitzüge SC 7 und HX 79 mit Kapitänleutnant Bleichrodt in Kiel.

Der Erste Offizier Green leitete das ›Stopp‹-Kommando in den Maschinenraum hinunter. Der Aufwand war überflüssig; denn mit dem Maschinenraum gab es keine Verständigungsmöglichkeiten mehr. Der wachhabende Maat Hing ließ die anderen Schiffe per rotem Lichtsignal wissen, daß sie von einem Torpedo getroffen worden waren. Als er auf die untere Brücke rannte, sah er Kapitän Smith, wie er sich abmühte, die Tür zu seiner Kajüte zu öffnen, und er half ihm dabei. Doch trotz gemeinsamer Anstrengungen ließ sich die verklemmte Tür nicht öffnen.

An Deck versuchten Hing und der Zweite Maat, Reginald Leach, das Steuerbord-Rettungsfloß aus seinen Davits zu lösen, aber auch das klappte nicht. Also begaben sie sich nach achtern und kletterten den Niedergang zum Bootsdeck hinunter. Eine Gräting im Maschinenraum war aus ihren Halterungen gerissen worden, und sie mußten sehr vorsichtig sein, um nicht in dem schwachen Mondlicht einen Fehltritt zu tun. Dann entdeckte der Erste Offizier Green plötzlich seinen Kapitän beim Überqueren des Bootsdecks. »He, springen, Käptn!« schrie er hinüber. Der Kapitän reagierte fast automatisch und wurde sich erst später darüber klar, daß er sonst tief ins Schiff hinuntergestürzt wäre.

Während alle anderen damit beschäftigt waren, die Rettungsboote an Steuerbord flottzumachen, tauchte plötzlich eine seltsame Erscheinung in Gestalt des Dritten Ingenieurs Sneddon auf dem Bootsdeck auf – außer seinen Jockey-Unterhosen hatte er nämlich nichts an. Die Druckwelle des Torpedos hatte ihn im Baderaum zu Boden geschleudert und mit herabfallenden Fliesen halb zugedeckt. Ein weiterer Zuspätkommer war ein Hilfsmaschinist, der als einziger aus der Maschinenraum-Crew überlebt hatte. Als der Torpedo traf, befand er sich ganz am Ende des Schraubenwellen-Tunnels, den er zu schmieren hatte. Von dort aus war es ihm gelungen, unverletzt zu fliehen und sich durch die totale Dunkelheit vorzutasten, bis er auf einen Niedergang traf, über den er das Deck erreichte.

Die Pfeifen im Bootsdeck und die Schiffssirenen tönten, als die beiden Rettungsboote ins Wasser gingen. Das eine kommandierte der Kapitän, das andere sein Zweiter Offizier. Erst zehn Minuten waren seit dem Torpedotreffer vergangen, und doch schien das schon eine Ewigkeit hergewesen zu sein. Das eine Boot nahm alle Männer von dem Rettungsfloß über, auf das sich die Geschützbedienung gerettet hatte. Nur einer von ihnen fehlte, ein junger Schiffszimmermann, der das Floß nicht erreicht zu haben schien. Alle nahmen an, daß sie ihn wohl aufgeben müßten. Da hörten sie plötzlich eine Stunde später lautes Rufen, sahen eine Lampe im Wasser schwimmen und entdeckten so den Zimmermann, der nach seinem Sprung von Bord rufend und die Lampe im Wasser vor sich her stoßend umhergeschwommen war.

Die beiden Boote achteten auf gebührenden Abstand, als sie auf die nächtliche Unglücksszene zurückschauten. Von anderen Rettungsbooten und -flößen konnte man hier und dort Lichter aufblitzen sehen. Auch die Silhouetten einiger Schiffe waren zu erkennen, möglicherweise Nachzügler, die den Anschluß zum Verband etwas verloren hatten. Selbst jetzt, wo die Betrachter in ihren Booten selber kaum vom Fleck kamen, schien ihnen das Tempo, mit dem diese Schiffe sich vorwärtsbemühten, denkbar schwach.

Die Cardiffer *Fiscus* hatte es geschafft, ihre Geschwindigkeit auf zehn Knoten hochzupuschen – mehr erlaubte ihr die stählerne Ladung in ihrem Bauch beim besten Willen nicht. Kapitän Ebenezer Williams, den schon lange vor dem Auslaufen des Geleitzugs ein fatalistisches Gefühl von einer bevorstehenden Katastrophe heimgesucht hatte, fühlte sich durch das, was diese Nacht an Zerstörungen gebracht hatte, in seinen schlimmsten Befürchtungen bereits übertroffen. Mehr als alle anderen müssen ihn die Schrecken dieser Schlächterei rundherum heimgesucht haben. Aber wie sehr es ihn mitnahm, seine Vorahnungen plötzlich derart von der Realität eingeholt zu sehen, hat er niemandem mehr erzählen können; denn der Torpedo, der jetzt die *Fiscus* voll traf, verursachte eine der gewaltigsten Explosionen in dieser Nacht. Sie zerriß das Schiff fast unter den Füßen ihres Kapitäns in Stücke. Wie ein Stein versank es in den Fluten und nahm dabei die gesamte Mannschaft mit sich –: achtundzwanzig Männer, vom achtundvierzig Jahre alten Kapitän bis zu den beiden jüngsten Mitgliedern seiner Mannschaft, zwei vierzehn- und fünfzehnjährigen Brüdern, die eine verwitwete Mutter in Cardiff zurückließen.

Diese unbegreifliche Tragödie spielte sich vor den Augen der

Mannschaft an Bord der *Somersby* ab. Vor einer Minute war die *Fiscus* noch mit voller Kraft vorausgedampft, in der nächsten war sie praktisch in die Luft geflogen und von der Wasseroberfläche verschwunden, als hätte sie ein Strudel in die Tiefe gerissen.

Weit achteraus, nun schon Meilen hinter dem Geleitzug, gab es noch eine andere Explosion. Aber diesmal traf der Torpedo ein bereits leeres, von seiner Besatzung aufgegebenes Schiff – die *Shekatika*. Ein U-Boot hatte, nachdem der erste Angreifer abgedreht war, das einsam driftende Schiff entdeckt und ihm den Gnadenschuß versetzt. Dann drehte auch der zweite Deutsche ab, nachdem er einen Abschuß in seinen Büchern verzeichnet hatte; aber erstaunlicherweise hielt sich die *Shekatika* noch immer über Wasser.

An Bord der *Gunborg* hatten die Männer beobachten können, wie ihr schwedisches Schwesterschiff, die *Convallaria*, von einem Torpedo getroffen worden war. Hilflos hatten sie nicht einmal stoppen und die Schiffbrüchigen aus dem Wasser holen können. Doch jetzt waren auch sie an der Reihe, wurden auch sie Opfer des U-Boot-Rudels.

Der Torpedo traf die *Gunborg* an Backbord und verursachte eine derart heftige Explosion, daß eine riesige Sturzsee über das Schiff ging und der Kapitän gleich zweimal auf die Deckplanken geschmettert wurde. Das Schiff bekam ziemliche Schlagseite nach Backbord. Alles rannte zu den Rettungsbooten, unter ihnen der jüngste Leichtmatrose, Sture Mattsson, den nun innerhalb weniger Wochen schon der zweite Torpedo erwischt hatte – er hatte ein Schiff bereits auf der Fahrt nach Amerika verloren; nun versank auf der Rückfahrt auch das neue Schiff unter ihm. Als Mattsson das Bootsdeck erreichte, wurde er sich plötzlich bewußt, wie fremdartig diese vom Mond beleuchtete Szene sich vor seinen Augen ausbreitete: Es herrschte totale Stille; nicht ein Wort war zu hören, als die Männer die Rettungsboote flottmachten. Alles ging so routiniert und reibungslos vor sich, als täten sie hier etwas, was ihnen alle Tage passierte.

Als die Boote von der *Gunborg* weggerudert wurden, fiel Mattsson plötzlich mit einem Schlag ein, daß er bei seiner eiligen Flucht seinen Hund an Bord zurückgelassen hatte. Es war ein schönes Tier, ein deutscher Schäferhund, der nun, in seiner Kajüte eingesperrt, zu einem schrecklichen Tod in dem untergehenden Schiff verurteilt war. Mattsson erzählte seinem Kapitän von dem unglücklichen Tier. Der warf einen kritischen Blick auf die *Gunborg*. Sie sank nur langsam, weil die Holzladung Auftrieb gab. So kam er zu dem Schluß, daß noch Zeit genug war, zurückzurudern. Als das Rettungsboot nah genug an der Bordwand des Schiffs war, sprang Mattsson hinauf und rannte zu seiner kleinen Kajüte, riß die Tür auf, befreite den Hund, eilte an Deck zurück und warf ihn regelrecht ins Rettungsboot hinunter; denn das Tier war sehr erschreckt und nicht weit davon entfernt, sich mit Bissen zu wehren. Es dauerte nur ein paar Minuten, bis sie wieder weit genug von der *Gunborg* entfernt waren. Und wieder schauten sie nun hinüber zu ihr, wie sie langsam in der schwarzen See versank – grimmig die Männer, glücklich aber der Junge, der seinem Hund noch das Leben hatte retten können.

Als die See sich über der *Gunborg* geschlossen hatte, begannen sie, sich in die Riemen zu legen. Rundum sahen sie brennende Schiffe. Dann tauchte ein großer Dampfer aus der Dunkelheit auf, vom Mond schattenhaft beleuchtet: die alte griechische *Niritos*.

»Bereitmachen! Wir holen euch an Bord!« scholl es unerwartet von dort zu ihnen herüber, und der Grieche drosselte tatsächlich seine Geschwindigkeit, um ihnen zu helfen.

Die überraschten Schweden verständigten sich schnell untereinander und beschlossen, das Angebot nicht anzunehmen. Die Wahrheit war: Sie fühlten sich, solange die feindlichen Angriffe auf den Geleitzug noch anhielten, in ihren Rettungsbooten alle viel sicherer. Also riefen sie ihren Dank zu den Griechen hinüber und teilten ihnen ihre Entscheidung mit.

»Viel Glück!« kam es von der *Niritos* zurück, und der Dampfer nahm wieder Fahrt auf und verschwand in der Nacht. Kaum zehn Minuten später wurden die Rettungsboote der *Gunborg* von der Druckwelle, die der Torpedotreffer auf das griechische Schiff auslöste, durcheinandergeschüttelt. Sie konnten das alte, mit Schwefel beladene Trampschiff sogar noch mit eigenen Augen im Mondlicht sehen, als die Stichflamme aufblitzte und später eine Wolke aus Dunst und Rauch die *Niritos* einhüllte. Sie sank sehr schnell und brannte dabei lichterloh. In dem Boot, in dem Mattsson saß, sprach niemand ein Wort. Schweigend folgten die Augen der Männer dem glücklosen Griechen, bis er verschwunden war und nur noch ein paar rauchende Wrackteile von der Stelle kündeten, an der er sein Grab gefunden hatte. Dann ruderten sie weiter und entdeckten bald ein Licht auf dem Wasser, auf das sie zuhielten, um zu sehen, was es bedeutete. Es handelte sich um ein Rettungsboot mit einer kleinen Laterne am Bug. Sein einziger Insasse war ein toter Seemann. So ruderten sie weiter.

Über die ganze See verstreut schwammen die Wrackteile der vielen versenkten Frachter; durch sie zog ein einsames Boot mit Überlebenden der *Niritos* seine Bahn. Die Männer legten sich kräftig in die Riemen, obwohl es ihnen reichlich nutzlos schien, irgendeinen Kurs einzuhalten. Einzig sinnvoll war offenbar das Ausweichen vor Treibgut, das ihnen gefährlich werden konnte. Sie waren, einschließlich Kapitän, nur noch vierzehn Mann. Mehr als die Hälfte der Mannschaft war bei der Explosion umgekommen oder ertrunken, oder vielleicht waren jetzt noch einige dort draußen im dunklen Wasser und kämpften um ihr Leben. Es würde ihnen nichts nützen ...

Es war kurz nach 22.30 Uhr. In den letzten zwei Stunden hatte der SC 7, soweit man das im Funkraum auf der *Assyrian* bei dem großen Durcheinander von Notrufen hatte feststellen können, neun Schiffe verloren. Geleitzug-Kommandant MacKinnon hatte mit ansehen müssen, wie ihm der Konvoi zerrissen und zerschmettert wurde. Die übriggebliebenen zwanzig Schiffe eilten nun mit äußerster Anstrengung davon und hielten größtenteils noch verzweifelt an der gewählten Formation fest.

Alles war wie ein Alptraum gewesen, konnte nicht Wirklichkeit sein, was da im immer wieder durch Wolken und Dunst hervorbrechenden Mondlicht geschehen war: Flammenblitze und Explosionen, brennende Schiffe, Rettungsboote und Flöße mit ihren auf- und abschwankenden Laternen in der weiten See, aufschießende Leuchtkugeln. Und durch diese Szene hindurch waren die unbeschädigten Schiffe weiter vorwärtsgedampft, auf der Flucht vor dem Mondlicht und einem unsichtbaren Feind, manchmal einer Kollision nur knapp entkommen, wenn ein Schiff vor einem Torpedo plötzlich auswich und dabei aus dem Verband ausscherte. Jede Wolke, die sich vor den Mond schob und die Schiffe in Dunkelheit hüllte, wurde daher begrüßt, als bestimme sie darüber, wann das Ende der Schiffe gekommen sei oder ob sie überleben würden.

Für die unaufhörlich nach den Eindringlingen suchenden Geleitschiffe, die den Anschluß an den Verband inzwischen verloren hatten, war diese nicht endenwollende Abschlachterei ebenso entsetzlich wie rätselhaft. Wie konnten ein oder auch zwei U-Boote solche dauernden Angriffsmanöver überhaupt ausführen? Wieso schafften sie es nicht, den Feind zu entdecken? Natürlich störten die Maschinengeräusche der getroffenen Handelsschiffe den Empfang der Unterwasserhorchgeräte, und das galt gewiß noch mehr für die Torpedoexplosionen, für die Echos, die die Wrackteile und die im Sinken begriffenen Schiffe zurückwarfen; das alles erschwerte die Bedingungen extrem, unter denen die angreifenden U-Boote aufgespürt werden sollten. Aber wieso konnte es geschehen, daß nicht ein einziger Kontakt mit ihnen gelang? Die schnelle Aufeinanderfolge von Explosionen einmal in dieser, dann in der entgegengesetzten Richtung, ließ in den Männern auf den Kriegsschiffen ein Gefühl von Ohnmacht hochkommen. Wie ein blinder Boxer tappten sie im Ring herum und mußten Schläge einstecken, von denen sie nicht wußten, woher sie kamen.

Aber dann präsentierte sich ihnen im Durcheinander dieser Nacht doch endlich etwas Handgreifliches: Um 22.40 Uhr sichtete die *Leith* plötzlich direkt voraus ein aufgetauchtes U-Boot, das sich mit hoher Geschwindigkeit exakt auf dem gleichen Kurs wie das Geleitboot befand. Die Entfernung betrug etwa zwei Seemeilen. Sofort feuerte die *Leith,* während sie die Jagd aufnahm, mehrere Salven Leuchtkugeln ab. Das U-Boot und sein Kielwasser waren deutlich erkennbar, aber die Zeit reichte nicht aus, um das 12-cm-Geschütz gefechtsklar zu machen, bevor der Deutsche vor ihren Augen unter der Wasseroberfläche verschwand. Doch die *Leith* setzte die Verfolgung fort, bekam auch noch einmal Asdic-Kontakt und hielt ihn über die kurze Strecke von einer halben Seemeile – aber dann ging er wieder verloren.

Es war eine bittere Enttäuschung. Entweder hatte das U-Boot

seinen Kurs bei einer viel höheren Geschwindigkeit, als man für möglich halten konnte, gewechselt, oder man hatte Kontakt mit einem falschen Objekt und gar nicht mit dem Boot selbst gehabt.

An Bord der *Fowey* gab es wenig freundliche Worte darüber zu hören, daß die *Leith* eine Leuchtkugel nach der anderen abschoß. Das schien nämlich völlig unnötig in einer Nacht, wo eine Leuchtrakete auch nicht mehr erhellen konnte, als es der Mond bereits tat; dafür bot sie dem Feind aber eine zusätzliche Hilfe beim Ausmachen des Standorts eines Schiffes. Und hinzu kam noch, daß die eigenen Männer am Ausguck erst einmal für ein paar Augenblicke geblendet waren, wenn die Kugel aufblitzte. Oder hatte die *Leith* etwa spezielle Instruktionen bekommen, von denen die anderen nichts wußten?

Die *Bluebell* hatte sich zurückfallen lassen, um die *Leith* zu unterstützen, und bekam nun Befehl, sich an der Jagd nach dem U-Boot zu beteiligen. Die dauerte eine weitere Stunde, doch die Zeit war verschwendet, weil der Deutsche sich spurlos davongemacht hatte. So erhielt die *Bluebell* den Auftrag, die Überlebenden einiger torpedierter Schiffe, die noch in ihren Booten auf Rettung warteten, an Bord zu nehmen, während die *Leith* sich wieder an die Verfolgung des längst außer Sicht befindlichen Konvois machte.

Die *Bluebell* hatte indessen eine mühevolle und lange Suche nach Schiffbrüchigen vor sich, in einer See, die eine einzige Szene der Verwüstung war, überall bedeckt mit Wrackteilen versunkener Schiffe. Es war kurz vor Mitternacht, als die Korvette mit der Erfüllung ihres traurigen Auftrags begann. Wenn sie ein Rettungsboot ausgemacht hatte, suchte sie zunächst die Umgebung genau ab, um sich nicht einem eventuell lauernden Feind leichtsinnig auszuliefern. Erst dann drehte sie bei und nahm die Männer an Bord, was bei dem heftiger werdenden Wind und der zunehmenden Wellenbildung keine leichte Arbeit war. Es waren die Überlebenden der *Gunborg*, deren Kapitän besonders wütend war, weil die Schweden als Neutrale eigentlich nicht hätten torpediert werden dürfen; und es waren die Mannschaften der *Empire Miniver* und der *Niritos*. Die Griechen, von denen einige – wenn auch nicht schwer – verletzt waren, brauchten endlos, bis sie schließlich an

Bord waren. Für Kapitän Sherwood wurde es dann endgültig zuviel, als er mit aufgerissenen Augen mit ansehen mußte, daß die Schweden einen Hund mitbrachten.

»Jetzt machen wir hier noch einen Zoo auf«, war sein bissiger Kommentar.

Da die *Bluebell* vor dieser Rettungsaktion bereits siebzig Seeleute an Bord genommen hatte, wurden ihre Mittel spürbar knapp.

»Bringt alles mit rauf, was ihr in den Rettungsbooten habt«, hieß es daher. »Nahrungsmittel, Decken, Kleider – alles, was nützlich ist. Beeilung!« Mit jeder Minute, die die Korvette keine Fahrt machte, vergrößerte sich die Gefahr.

Der Maat Hing von der *Empire Miniver* war für die Rettungsboote seines Schiffs verantwortlich gewesen und wußte daher genau, wo alles verstaut war. So waren in wenigen Minuten Decken, Konserven und eine Flasche Brandy an Bord der *Bluebell* geschafft; unglücklicherweise driftete das andere Boot mit seinem Brandyvorrat weg, ehe man ihn sichern konnte. Normalerweise wurden die Rettungsboote nach dem Verlassen versenkt, damit sie nicht auf See herumtrieben. Diesmal aber hatte man sie intakt gelassen – vielleicht retteten sie dem einen oder anderen Seemann, der noch im Wasser schwamm, das Leben. Um 3.15 Uhr funkte die *Bluebell* an das Küstenkommando: »Haben Kapitän und Crew des britischen Schiffs *Empire Miniver* ... Kapitän und 22 Mann des schwedischen Dampfers *Gunborg* ... Kapitän und 13 Mann des griechischen Dampfers *Niritos* an Bord ... Suche nach Überlebenden wird bei Tageslicht fortgesetzt.«

Die *Bluebell*, deren junge Mannschaft selbst noch nie in ihrem Leben ein U-Boot gesehen hatte, hatte nun über 140 Überlebende von Torpedo-Angriffen an Bord. Doch damit hatte sie ihre Aufgabe noch keineswegs erledigt.

Nachdem die *Leith* die *Bluebell* gegen Mitternacht hinter sich gelassen hatte, war sie dem Konvoi mit äußerster Kraft nachgefahren. Zehn Minuten später sichtete sie die *Fowey*. Per Signallampen gaben sie sich die notwendigen Informationen. Auf der *Fowey* befanden sich mehr als 150 Gerettete – die Mannschaften der *Convallaria*, *Shekatika* und *Boekolo*; dazu jene Männer, deren Schiff auf dem

Weg in die andere Richtung, nach Amerika, verlorengegangen war.

Die *Fowey* mußte eine Meile von der *Bluebell* entfernt an Backbord Position beziehen. Beide stampften sodann mit der für die *Fowey* erreichbaren Höchstgeschwindigkeit von 14 Knoten dem Konvoi hinterdrein. Eine halbe Stunde nach Mitternacht erleuchteten an Steuerbord hohe Flammenblitze den Horizont. Die beiden Geleitschiffe änderten sofort ihren Kurs und hielten darauf zu, aber sie kamen hoffnungslos zu spät: Der ungeschützte Geleitzug war von dem lauernden Wolfsrudel mit einer neuen Vernichtungswelle überzogen worden.

9.

Das Schlachten nimmt kein Ende

Fast zur selben Zeit, als die *Leith*, Meilen vom Geleitzug entfernt, ein U-Boot sichtete, wurde auch von der *Assyrian*, die noch immer den dezimierten Konvoi anführte, eines entdeckt.

»Da, ein Deutscher!«

Kapitän Reg Kearon rief den Zweiten Ingenieur William Venables zu sich auf die Brücke. Er rannte hinauf und fand den Kapitän und den Geleitzug-Kommandanten aufgeregt über den Bug die See absuchen.

»U-Boot voraus«, sagte der Kapitän. »Holen Sie alles aus den Maschinen raus, was sie hergeben. Wir wollen versuchen, es zu rammen!«

Venables riskierte einen Blick voraus, bevor er in den Maschinenraum zurückeilte. Kaum hundert Meter entfernt konnte er im Mondlicht den dunklen Turm eines U-Boots erkennen. Unten im Heizraum hatten die beiden diensttuenden Heizer, zwei junge Burschen aus Liverpool auf ihrer ersten Fahrt, dafür gesorgt, daß ihr Kessel stets genug Dampf bekam, um gute sieben Knoten Geschwindigkeit zu halten. Ihre Augen fingen an zu leuchten, als Venables ihnen sagte, was der Kapitän plante und daß er dazu alles brauchte, was in ihrem Schiff steckte. Die beiden grinsten sich an bei dem Gedanken, daß ihr alter Kahn ein U-Boot rammen sollte, und gingen wie vom Teufel gejagt ans Werk, machten ein Feuer unterm Kessel, wie sie noch nie zuvor eines gemacht hatten. Mit Volldampf ging es dann voraus.

Von der Brücke aus gab Admiral a. D. MacKinnon per Lichtsignal den Plan, daß er das aufgetauchte U-Boot angreifen wolle, an die anderen Schiffe weiter, und gab Order, daß alle Schiffe in Schußreichweite zum Feind feuern sollten. Gleichzeitig machte sich die *Assyrian* zu ihrem Rammversuch auf.

Als der Druck anstieg, öffnete Venables die Ventile beider Maschinen ganz. Normalerweise machte die *Assyrian*-Maschine bei voller Fahrt etwa 104 Umdrehungen in der Minute; jetzt hatte sie 110 Umdrehungen erreicht, das höchste Tempo, das die Maschinen je gemacht hatten. Nie zuvor hatten solche Kräfte das alte Schiff zum Vibrieren gebracht. Zum erstenmal in seinem Leben war es auf zehn Knoten.

Vierzig Minuten lang hing sie so nah am Schwanz des U-Boots, daß sie nicht den kleinsten Schwenk wagte – hätte sie sich doch damit dem Achterdeck-Geschütz des U-Boots ausgesetzt. Doch wenn die *Assyrian* auch ihr Bestes gab, es war nicht genug. Als eine Wolke für einen Moment den Mond verdunkelte, ergriff das U-Boot die Gelegenheit und verschwand nach Steuerbord in die Finsternis.

Einen kurzen Augenblick bot sich der Geschützmannschaft auf der *Assyrian* an ihrer 10-cm-Kanone aber eine gute Sicht auf den fliehenden Deutschen. Sie gab zwei Schüsse ab, verfehlten aber beide Male. Dann wurden die Lichtverhältnisse wieder schlechter, und sie konnten nicht einmal sagen, ob das U-Boot nun getaucht war oder ob es sich mit hoher Geschwindigkeit über Wasser abgesetzt hatte.

Frank Bellas, verantwortlicher Geschütz-Offizier, ärgerte sich, daß sie auf dem Vorschiff kein Geschütz hatten; denn in dem Fall hätten sie das Heck des Deutschen hervorragend unter Feuer nehmen können. Doch Bug-Geschütze waren nach den Internationalen Richtlinien auf Handelsschiffen nicht zugelassen.

Ingenieur Venables, der schnell an Deck zurückgestiegen war, um die ganze Aktion mit eigenen Augen zu erleben, kehrte wieder nach unten zurück, um den Befehl zum Drosseln des Tempos zu geben, um eine Überhitzung des Kessels und der Maschinen zu verhindern. Die Geschützbedienung erhielt Kommandanten-Order, ein paar Rauchpatronen abzuschießen und das Schiff einzunebeln. Beim Abschuß gab es natürlich zuerst kurze Flammenblitze, die das Schiff zu einem idealen Ziel machten, aber dann verschwand es in einer dicken Wand von Rauch. Es war gerade so, als breite eine Glucke die Schwingen über ihre Küken, um sie gebührend zu schützen.

Langsam ließ die *Assyrian* sich wieder zurückfallen, bis sie ihre Position an der Spitze des Konvois erneut eingenommen hatte.

Auch zwei andere Schiffe in ihrer Nähe hatten das U-Boot gesehen. Der Holländer *Soesterberg* gab sogar einen Schuß auf das Boot ab, verlor, bevor er wieder nachgeladen hatte, dann aber den Deutschen aus den Augen. Die *Empire Brigade* entdeckte das U-Boot nur etwa 200 Meter voraus. Es bewegte sich mit, als gehöre es zum Konvoi. Aber außer einem Warnruf an die anderen Schiffe »U-Boot voraus« konnte die *Brigade* nichts unternehmen.

Auf der *Soesterberg* befanden sich bis auf die Wachhabenden alle Mann in Schwimmwesten bei den Rettungsbooten. Der Erste Offizier überzeugte sich noch einmal, ob alle Vorbereitungen zum Wassern der Boote getroffen worden waren, während die Geschütz-Mannschaft auf Gefechtsstation war. Aber sie mußte in ihrem Betätigungsdrang vorsichtig gebremst werden; denn wenn auch der Ausguck hier und da den Schatten eines U-Boots auszumachen glaubte – ehe gefeuert wurde, nahm Kapitän de Jong lieber noch einmal sein Fernglas zur Hand und überzeugte sich zusammen mit seinen Offizieren, ob und was sich da draußen in der Dunkelheit bewegte. Schließlich war es ja auch möglich, daß ein Schiff aus dem eigenen Verband irrtümlich für ein U-Boot gehalten wurde. Er gab Anweisung, erst auf seinen ausdrücklichen Befehl hin das Feuer zu eröffnen.

Auch auf der *Assyrian* herrschte unter der Geschützbedienung besondere Spannung. Nach der aufregenden Jagd auf das U-Boot war man jetzt in Sorge, daß sich das Leitschiff durch dieses mutige Manöver zu weit vom Konvoi abgesetzt habe und damit für den

Feind zu einem besonders guten Ziel geworden sein könnte. Die Spannung wuchs noch, als zwei Torpedos das Schiff nur knapp am Heck verfehlten. Zwei weitere sausten am Bug vorbei.

Auf der Brücke erkundigte sich Chefsteward James Daley beim Kapitän, ob er eine Kanne Tee hinaufschicken solle. Kapitän Kearon verwies ihn an den Admiral a. D., der an Steuerbord angestrengt in die Nacht hinausstarrte. Daley ging zu ihm hinüber.

»Soll ich Ihnen einen Tee hinaufschicken, Sir?«

Ohne sich umzudrehen oder seine Stimme zu heben, meinte der ruhig: »Eine hervorragende Idee, mein Lieber. Aber nur, wenn alle einen kriegen.«

An diese Antwort erinnerte sich Daley später noch oft und mit Bewunderung: Selbst in der Stunde höchster Gefahr dachte der Geleitschutz-Kommandant kameradschaftlich an seine Leute.

Daley verließ die Brücke und begab sich in die Küche. Er war jetzt ohne jede Hilfe, wie er merkte; denn alle anderen Stewards waren zur Geschützbedienung abkommandiert. Unterwegs begegnete er dem wachfreien Ingenieur Venables, der ihm gleich seine Hilfe anbot. Zusammen bereiteten sie den Tee, und Venables marschierte mit einer großen Kanne in der einen, einem Krug in der anderen Hand aufs Achterschiff, um die Männer am Geschütz zu versorgen.

Die Brücke sollte ihren Tee nie mehr erhalten.

Es war zwanzig Minuten nach Mitternacht. Zwar zeigten die Uhren unten im Maschinenraum kurz vor Mitternacht an; aber im Eifer der Verfolgungsjagd hatte man nicht darauf geachtet, die Uhren wie üblich vorzustellen und damit den Zeitverlust durch die Bewegung in Richtung Osten auszugleichen. Diese Diskrepanz der Uhrzeiten sollte sich für die drei Heizer in ihrem Heizraum schicksalhaft auswirken; denn sie hätten nun eigentlich schon wachfrei und an Deck sein müssen; aber es betraf natürlich auch die drei Männer, die längst zu ihrer Ablösung den Niedergang zum Kesselraum hinuntergeklettert sein müßten.

Es war also, laut Maschinenraum-Uhr kurz vor Mitternacht, als Bill Venables nach seinem Gang zur Geschützbedienung zu den Heizern hinunterschaute und den drei Männern gratulierte, wie großartig sie bei der Jagd nach dem U-Boot gearbeitet hätten.

Dann ging er wieder an Deck, um die nächste Wache darauf aufmerksam zu machen, daß sie, wenn sie gleich an die Arbeit ginge, nicht zuviel Dampf produzierte. Die Wache, zwei Heizer und ein Kohletrimmer, war bereits auf dem Wege, um die vielen Niedergänge und Grätings hinabzuklettern, bis endlich zwölf Meter tiefer ihre Arbeitsstätte erreicht war. Venables mußte daher an der Backbord-Seite des Schiffs entlangrennen, um sie noch einzuholen. Gerade als er bei ihnen war, erschütterte ein gewaltiger Explosionsknall die *Assyrian:* An Steuerbord hatte sich ein Torpedo in ihre Wand gebohrt. Venables wurde von der Druckwelle mit Wucht auf die Deckplanken geschleudert, wo er bewußtlos liegen blieb.

Eine Minute nach dem Torpedo, der die Assyrian *traf, riß ein weiterer den Rumpf der* Empire Brigade *auf. Ganz in der Nähe fuhr auch die* Soesterberg, *dessen Kapitän de Jong sofort »Steuer hart Backbord!« befahl. Mit einer Wendung um 180 Grad wollte er so dem U-Boot entkommen. Doch der Holländer hatte noch keine vier Grad hinter sich, als auch er einen Treffer erhielt.*

Fünf Männer starben in der furchtbaren Explosion, die die *Assyrian* in Höhe des Heizraums traf. Auch an Deck wurden drei Heizer der Freiwache Opfer des Torpedos. Sie standen, die Schwimmwesten umgebunden, im Bootsdeck an Steuerbord, als die plötzliche Explosion sie mit ungeheurer Kraft über Bord in die See schleuderte. Der Bug des Steuerbord-Rettungsboots ging zu Bruch, das Boot selbst hing nur noch an einem Davit baumelnd ins Meer hinab. Lukenverschlüsse rissen unter dem Druck der Detonation auf, die Maschinen stoppten auf einen Schlag. Alle Lichter erloschen, und überall hörte man zischend Dampf entweichen.

Ohne sich bewußt zu werden, daß er wohl mehrere Minuten lang besinnungslos dagelegen hatte, rappelte Bill Venables sich wieder auf und lief zur Tür des Maschinenraums. Ein dünner Strahl Mondlicht kroch durch die Wolken und ließ das schwarzölige Wasser aufglänzen, das eindringend schon die Maschinen bedeckte und immer höher stieg. Darüber quoll dicker Dampf auf der Suche ins Freie.

Ohne große Hoffnung, den Vierten Ingenieur noch unversehrt zu finden, kletterte Venables den Niedergang zum Maschinenraum weiter hinunter und rief dessen Namen. Er bekam keine

Antwort. Noch lauter rufend stieg er eine weitere Sprosse hinab, rutschte aus und fiel ins schwärzliche Wasser. Von Panik erfaßt, fuchtelte er im Dunkeln herum, bis er endlich wieder die Leiter zu greifen bekam. Jetzt mußte er wieder, um etwas Atemluft zu bekommen, hinauf. Erst als er sich das ölige Wasser aus den Augen wischte, bemerkte er, daß er seine Brille verloren hatte und daß seine Stirn vom Sturz auf das Deck blutete.

Er stolperte in seine Kajüte, um nach Ersatzgläsern und einer Taschenlampe zu suchen, dann tastete er erneut im einflutenden Wasser den Maschinenraum ab. Aber er fand nicht eine Spur des Ingenieurs oder irgendeines anderen Überlebenden. Schweren Herzens eilte er schließlich wieder an Deck.

In Wirklichkeit war dem Vierten Ingenieur William Dean eine bemerkenswerte Flucht gelungen. Die gewaltige Explosion hatte ihn mit Wucht gegen die gestoppte Backbord-Maschine geschleudert. Aber so heftig der Schock und so schmerzhaft die Prellungen, die er dabei erlitten hatte, auch waren, so war es ihm doch gelungen, an Deck zu kommen und nach Backbord zu rennen. Hier hatten, vom Mondlicht erhellt und vom Kapitän beaufsichtigt, Männer das Backbord-Rettungsboot gewassert und Strickleitern hinabgelassen. So brauchte Dean nur noch hinunterzuklettern. Schon hatte das Boot begonnen, sich von der sinkenden *Assyrian* abzusetzen.

Steward Jim Daley wurde von dem Schlag und der Dunkelheit überrascht, als er gerade mit dem Tee auf dem Weg zur Brücke war. Auch er fand durch die Dunkelheit tastend seinen Weg zum Bootsdeck. Doch das Backbord-Rettungsboot war, voll beladen, schon ein Stück von der Wand der *Assyrian* weggerudert worden. Allerdings gab es Probleme mit dem Boot; es hatte ein Leck. Das Wasser drang sehr schnell ein, so daß das Boot bereits unter der Wasserlinie war. Man sah also von dem Boot eigentlich nichts mehr; vielmehr schien es, als würden die Männer in ihm in der See stehen. Dabei hockten sie auf den Dollbords, die ebenfalls schon unter Wasser waren. Zu ihnen gehörte auch Ingenieur Dean, noch immer wie unter Schockwirkung nach dem, was er im Maschinenraum erlebt hatte. Er zitterte so, daß ein neben ihm sitzender Hilfsmaschinist sich auf Deans linkes Bein hockte, damit es zu zittern aufhörte – und dieses Zittern war keineswegs eine Reaktion auf die herrschende Kälte, obwohl Dean nur seinen Overall und Socken anhatte, sondern Folge des Schocks.

Vom Bootsdeck aus rief Kapitän Kearon dem Maat Robinson, der das unsicher hin- und herstampfende Boot führte, zu, er solle weiter von der *Assyrian* wegrudern lassen, um nicht in den Strudel des vielleicht sehr plötzlich sinkenden Schiffs zu geraten. Währenddessen hatte sich der junge Dritte Ingenieur nach Tarzan-Manier an einem Tau entlanggeschwungen, um das Boot noch zu erreichen. Das gelang ihm auch; aber als er sah, daß das Boot ebenfalls fast sank, griff er lieber wieder nach einer Strickleiter, die von der Reling hing, und zog sich an Bord zurück.

Alle, die jetzt noch an Bord waren, beeilten sich, die Rettungsflöße zu wassern.

Drüben, im Dunst, mal vom Mondlicht erhellt, mal wieder in der Dunkelheit verschwindend, taumelte die *Soesterberg* wie betrunken im Wasser. Der Torpedo hatte sie im rückwärtigen Teil des Maschinenraums getroffen. Die Explosion hatte eine riesige Welle über das Schiff ergossen. Die wasserdichten Türen zum Maschinenraum, die möglichst immer geschlossen gehalten wurden, um Notfällen vorzubeugen, rissen unter dem enormen Druck; das Steuerbord-Rettungsboot verschwand mitsamt seinen Aufhängevorrichtungen in der See. Vier Mann wurden von der Welle erfaßt und über Bord gespült.

Von der Brücke wurde, während alle Lichter ausgingen, der Befehl an den Maschinenraum ausgegeben, alle Maschinen zu stoppen; aber das war schon von selbst geschehen. Alles, was man nun noch von der Brücke aus sehen konnte, war ein schwarzes Durcheinander verbogener Metallteile und zerbrochener Hölzer. So ordnete Kapitän de Jong denn an: »Alle Mann von Bord! Rettungsboot an Backbord klar zum Fieren!«

Das Schiff bekam bereits schwere Schlagseite; doch das Rettungsboot war klar und brauchte nur noch ins Wasser gelassen zu werden. Hierzu wollte der Kapitän seinen beiden Deckoffizieren ein paar Anweisungen geben, aber die beiden Maate waren in dem Wirrwarr auf dem Bootsdeck zur Geschütz-Mannschaft aufs Achterdeck gerannt, wo man ein kleines Floß über die Reling warf und hintersprang. Jetzt waren sie gerade dabei, es schwimmend zu erreichen.

Der Kapitän eilte in seine Kajüte, ergriff den Sack mit den Geheimpapieren und rannte zum Bootsdeck zurück. Alle saßen schon im Boot bereit; der Erste Offizier hatte das Ruder übernommen. Der Kapitän griff nach einer Axt und schlug, von einem Maat unterstützt, die Taue, die das Boot noch hielten, durch. Kurz darauf waren sie im Wasser.

Der Maat, Ort mit Namen, der im Funkraum Dienst gehabt hatte, tauchte an Bord auf und bemühte sich, zusammen mit einem Matrosen, das letzte kleine Boot, das sich noch an Bord befand, loszumachen. Aber das Takelwerk hatte sich verknotet; das Boot blieb auf halber Höhe an der Schiffswand hängen. Der Matrose gab auf, sprang hinaus und schwamm zum Rettungsboot hinüber. Dort hatte man es eilig, von der *Soesterberg* wegzukommen. Dem Kapitän aber fiel auf, daß die Schiffsingenieure, die zur Zeit des Angriffs Dienst gehabt hatten, fehlten. Also gab er Order an das Boot, so lange zu warten, bis er und ein Maat, mit einer Taschenlampe bewaffnet, nachgesehen hätten. Sie stiegen in den Maschinenraum, wo das Wasser bereits über zwei Meter hoch stand und in dem eine Menge Hölzer herumschwammen, hinab, riefen in den dunklen Raum hinein, erhielten aber keine Antwort. Als sie nicht mehr tiefer klettern konnten, brachen sie die Suche wieder ab: die Explosion mußte alle diensthabenden Männer getötet haben.

Die *Soesterberg* lag schon ziemlich tief im Wasser, und das Rettungsboot in ihrer Nähe stampfte und schwankte. »Spring als erster!« befahl der Kapitän dem Maat, einem Mann, klein von Wuchs, aber groß in Mut und Tapferkeit. Der Maat weigerte sich und bestand darauf, erst den Kapitän heil im Boot zu sehen. Am Ende sprangen sie gleichzeitig, wobei der Kapitän direkt ins Boot fiel, sich aber nichts Schlimmeres als einen blauen Fleck holte; während der Maat fürchtete, zwischen Schiff und Boot eingeklemmt zu werden und deshalb im hohen Bogen ins Wasser sprang. Die Taue wurden gekappt, der Maat binnen Sekunden ins Boot gezogen. Schon zeigte sich, daß man ziemlich tief lag. Zum Erstaunen des Kapitäns war das Boot nämlich, mit zunehmender Tendenz, schon halb voll Wasser. Es mußte durch herumfliegende

Teile nach der Explosion leckgeschlagen worden sein, aber niemand tat jetzt etwas gegen das einströmende Wasser.

»Ausschöpfen!« befahl der Kapitän. »Schöpft mit allem, was ihr habt, oder wir gehen unter!«

Aber diejenigen, die nicht zu rudern hatten, saßen einfach da, mit vom Schock starren Blicken. Keiner rührte sich. »Ich bin verletzt«, entschuldigte sich einer von ihnen schwach. Zornig griff Kapitän de Jong nun selber nach einem Eimer und fing an, das Boot auszuschöpfen so schnell er konnte. Dabei hielt er immer ein Auge auf die Rudernden, um sich zu vergewissern, daß sie auch den rechten Kurs einhielten – schließlich mußten sie noch die Geschützbedienung vom Floß ins Boot holen. Maat Ort, der einzig zuverlässige Helfer des Kapitäns, tastete währenddessen im schwarzen Wasser nach dem Leck zu seinen Füßen. Schließlich fand er ein großes Loch im Boden.

»Zieht eure Stiefel und Schuhe aus und schöpft mit ihnen, was ihr könnt!« wandte sich der Kapitän erneut an alle. »Eure Socken könnt ihr mir geben – schnell!«

Jetzt endlich taten sie, was er von ihnen verlangte. Die Socken wickelte der Kapitän zu einem Ballen zusammen, den er Ort gab. Der stopfte ihn in das Leck und stellte seinen Fuß darauf, um ihn zu halten. Das alles geschah noch gerade rechtzeitig; denn das Boot lag schon gefährlich tief. Mit Stiefeln, Schuhen und dem Eimer wurde so lange geschöpft, bis man im Trocknen saß.

Mittlerweile hatten sie das Rettungsfloß erreicht. Die vier Männer auf dem Floß hatten eine Leuchtkugel abgeschossen – aber selbst wenn man die vom Boot aus nicht gesehen hätte: der Lärm, den die Artilleristen verursachten, hätte ihnen schon den Weg gewiesen. Nachdem sie ins Boot geklettert waren, wurde das Floß, da man ja nie wissen konnte, ob es im Notfall nicht noch einmal von Nutzen sein konnte, ins Schlepptau genommen.

An Bord der *Assyrian* waren alle eifrig damit beschäftigt, die kleinen Rettungsflöße hinunterzulassen. Mehr besaßen sie nicht, nachdem das bereits halb untergegangene Rettungsboot aufgegeben werden mußte. Da tauchte vor ihnen die leblose graue Hülle der *Soesterberg* aus der Dunkelheit auf. Sie schien noch um einiges höher zu liegen als die *Assyrian*.

»Könnten wir nicht dort an Bord gehen?« fragte Ingenieur Venables den Kapitän.

Kapitän Kearon sah sich den dahintreibenden Holländer ein paar Augenblicke lang an.

»Nein«, sagte er dann, »das Schiff sinkt – wenn es auch noch einige Zeit dauern kann.«

Die *Soesterberg* trieb näher und näher auf die *Assyrian* zu, bis beider Hecks fast aneinanderstießen. Dann driftete der Holländer ab.

Schon kurz danach war sein Schicksal besiegelt. Noch ganz in der Nähe, hob die *Soesterberg* leicht ihren Bug und sank bedächtig über das Achterschiff in die Fluten. Ihr Bug stieg fast senkrecht in die Höhe. Es hörte sich wie ein Stöhnen an, als sie endlich in die Tiefe glitt. Während sie versank, suchten Tausende von hölzernen Stämmen ihren Weg ins Freie und kamen an die Oberfläche geschossen, ehe sie die See bedeckten. Einige krachten sogar gegen die Wände der *Assyrian*. Alle im Wasser treibenden Flöße bekamen etwas dabei ab, einige wurden sogar völlig zerstört.

Venables und einer der Signalgasten des Geleitzug-Kommandanten waren gerade auf eines der Flöße gestiegen, als die Baumstamm-Kanonade begann. Ihr Floß wurde getroffen und brach auseinander. Der Signalgast kletterte an Bord der *Assyrian*, die bereits ziemlich tief im Wasser lag, zurück. Auch Venables versuchte, zur Schiffswand hinüberzuspringen, aber seine Hände waren steif vor Kälte: er konnte das Fallreep nicht greifen und stürzte in Wasser, von herumschwimmenden Baumstämmen bedrängt und gestoßen. Er kämpfte sich zu den Resten des Floßes zurück und machte einen erneuten Versuch, auf das Schiff zu gelangen. Diesmal kam ihm von oben eine starke Hand zu Hilfe, die ihn an Bord zog. Es war der Admiral a. D.

»Alles in Ordnung?«

Wer sich jetzt noch dort oben aufhielt, befand sich in einer äußerst mißlichen Lage. Sie hatten keine Boote und keine Flöße mehr. Der Bug ihres Schiffs war schon unter Wasser und hatte Schlagseite nach Backbord. Das Wasser ergriff immer mehr von dem sinkenden Dampfer Besitz.

Venables rannte los und leuchtete mit einer Stablampe in den

Maschinenraum hinunter. Überraschenderweise war hier aber kein Wasser mehr eingedrungen, und in ihm glomm die schwache Hoffnung auf, daß das Schiff sich vielleicht doch noch über Wasser halten könnte. Er schaute in den Raum über dem Kurbelgehäuse und entdeckte dort einen Heizer, der benommen dasaß, Arm und Kiefer gebrochen. Venables rief den Steward Daley zu sich, und zusammen leisteten sie dem Verletzten die allernotwendigste Erste Hilfe.

Ungefähr ein Dutzend Männer befanden sich noch an Bord, unter ihnen Kapitän Kearon, Geleitzug-Kommandant MacKinnon, zwei Männer aus seinem Stab, die drei Franzosen, Daley, Venables, Funker Stracy und der Schiffszimmermann. Kapitän Kearon rief sie zusammen.

»Also los«, sagte er mit Nachdruck, »bauen wir uns unser eigenes Floß.«

Unter seinem Kommando setzten sie sich auf dem Achterdeck zusammen und fingen an, aus Holzteilen und Planken ein großes Floß zu basteln. Sie waren alle klatschnaß; ihre kalten Hände waren kaum in der Lage Knoten zu binden. Trotzdem machten sie Scherze, sangen, während der Zimmermann die Holzstücke entsprechend zusägte – aber ganz hinten in ihrem Hinterkopf fragten sich doch so manche, wie es wohl sein würde, wenn sie nun stürben.

MacKinnon, ein Bündel aus Mut und Zuversicht, gesellte sich hinzu. Das Beispiel dieses Mannes, der sich bereits den Sechzigern näherte, feuerte die Ängstlicheren unter den jüngeren Männern wieder an. Hauptsache, daß man sich mit etwas beschäftigte und die Gedanken nicht nur um die Aussicht kreisen ließ, daß das Schiff nun plötzlich wegsinken und sie alle mit sich hinunternehmen könnte.

Ingenieur Venables eilte noch einmal in den Maschinenraum, um den Wasserstand zu überprüfen, als er von See her seinen Namen rufen hörte. Er schaute hinaus aufs Wasser, auf die schaukelnden Holzstämme und entdeckte zwischen ihnen den Ersten Offizier King: nur wenige Meter vom Schiff entfernt und zwischen Holzstämmen eingeklemmt. Venables suchte sofort nach einem Tau, um es ihm zuwerfen zu können. Doch in dem Augenblick schoben Wind und See die Hölzer so auseinander, daß King aus eigener Kraft bis zum Schiff schwimmen und an Bord klettern konnte. Einen Moment lang schauten sich die beiden Männer an; dann, als sie sich der Absurdität der Situation bewußt wurden, lachten sie laut auf – ausgerechnet das Deck eines sinkenden Schiffs sollte am sichersten sein?

Als Venables noch einmal über die Reling schaute, erkannte er den Dritten Ingenieur, an ein Tau geklammert, im Wasser schwimmen. Er schwang sich über die Reling und kletterte hinunter, um dem Mann zu helfen. Aber er schaffte es nicht, die eiskalten, verkrampften Hände vom Tau zu lösen. Der Mann starb in dem Moment, da Venables zu ihm hinunterstieg.

Kaum hinaufgeklettert, hörte er aus der Gegend des Kurbelgehäuses einen Hilferuf. Er rannte hin und leuchtete mit der Stablampe in das verschmierte Gesicht eines jungen Kohletrimmers. Er hing unter der Gräting, die Hände um die Sprossen geklammert. Von der Schulter an abwärts stand oder hing er im schmutzigen Wasser; aus einer Stirnwunde rann ihm Blut in die Augen. Den Mann da in seiner Falle gefangen zu finden, versetzte Venables einen doppelten Schreck, hatte er doch zuvor nachgeschaut, ob sich dort unten noch jemand befand. Seitdem war fast eine Stunde vergangen. Er rief nach Daley, Stracy und einem Hilfsmaschinisten namens Bishop, die ihm helfen sollten, den Trimmer zu befreien. Sie legten ihn sanft auf die Deckplanken. Er war sehr schwer verletzt, seine Beine waren bis zu den Oberschenkeln zerquetscht, die Bauchdecke war aufgerissen. Stracy, ein sensibler Mann, der normalerweise nicht einmal einen Finger bluten sehen konnte, drückte den hervorgetretenen Magen des Verletzten in die Bauchhöhle zurück und half, einen provisorischen Verband anzulegen. Daley legte dem Mann eine Morphium-Tablette auf die Zunge und gab ihm etwas Wasser zu trinken. Viel mehr konnten sie für ihn nicht tun, außer daß sie ihn in warme Decken einwickelten.

Der Junge war katholisch und stammte aus Liverpools Scotland Road. Wie er so dalag auf dem vom Mond erhellten Deck, hörte man ihn stöhnen und stöhnen: »Heilige Maria Mutter Gottes ... Heilige Maria ...« Er hatte, als die *Assyrian* im Dock lag, gerade geheiratet. Eigentlich hätte ihm die Explosion des Torpedos nichts anhaben dürfen; denn er war auf Freiwache und nur zu einem Schwätzchen in den Heizraum hinuntergegangen.

In der Nähe lag eine Gangway an Deck, die ihnen als Floß geeignet schien, das den Verletzten und seine Begleiter tragen könnte. Also zogen sie sie an die Reling, ließen sie ins Wasser hinab und wollten gerade nachspringen, als zu ihrer großen Enttäuschung die Gangway gleich in den Fluten versank.

Einer von ihnen entdeckte in kurzer Entfernung zwei Rettungsboote. Auf ihre lauten Rufe kam eine wenig erfreuliche Antwort übers Wasser zurück: »Tut uns leid, sind besetzt ... Außerdem sinken wir selber ...«

Eines der Boote stammte von der *Soesterberg,* randvoll mit Überlebenden belegt und das leere Floß im Schlepptau. Kapitän de Jong befand sich in einem schrecklichen Dilemma. Sein leckes Boot konnte niemanden mehr aufnehmen, deswegen wagte er auch nicht, allzu nah an die *Assyrian* heranzurudern. Das hätte sonst nur den einen oder anderen dazu ermuntert, von Bord des sinkenden Dampfers zu springen und zum Boot herüberzuschwimmen: sie wären allesamt untergegangen. So konnte er nichts weiter tun, als sein Boot leewärts von der *Assyrian* wegzurudern – allerdings unter Zurücklassung des Floßes, das auf das Schiff zutreiben würde. Wenn es ihnen gelänge, das Floß einzufangen, wären auch sie gerettet.

Das andere Rettungsboot, das ebensowenig riskieren konnte, auch nur noch einen Mann zusätzlich aufzunehmen, war von der *Empire Brigade,* einem 6000-Tonner, den ein Torpedo unterhalb der Brücke erwischt und versenkt hatte.

Unten im Funkraum hatte Funkoffizier Leonard Dewar die ganze Nacht über Notrufe von allen Seiten empfangen und gerade dankbar registriert, daß ihr Schiff bislang verschont geblieben sei, da schlug der Torpedo ein.

Dewar hatte gerade eine Tasse mit heißem Kakao zum Munde geführt und fluchte entsprechend: »Nicht mal austrinken lassen sie einen!« Sofort tippte er in seinen Morseapparat: »Nr. 53 an Steuerbord torpediert«, dann raste er auf die Brücke. Kapitän Parks, ein großer, glatzköpfiger Mann, war schon dabei, den Schaden einzuschätzen. Es gab wohl keinen Zweifel, daß die *Empire Brigade* tödlich getroffen war.

Kapitän und Offiziere liefen daher zum Bootsdeck hinunter, fanden dort aber unglaublicherweise kein Rettungsboot mehr vor. Die Mannschaften hatten die Boote schon gewassert und waren ohne Befehl von Bord gegangen.

Ein paar Männer hatten nicht einmal gewartet, bis die Boote im Wasser lagen, sondern waren sofort ins Meer gesprungen. Ein Kohletrimmer war den Niedergang zum Maschinenraum hinaufgeklettert und ohne Umschweife über Bord gesprungen – in den Tod. Auch der Dritte Ingenieur fiel dem Unglück zum Opfer. Oft genug hatte er verkündet: »Wenn wir einen Treffer einfangen, werd' ich mich nicht auf euch verdammte Kerle verlassen, daß ich noch rauskomme – ich vertraue auf Gott, daß er mir hilft!« Nach der Explosion des Torpedos war er auch heil aus dem Maschinenraum herausgekommen, doch seit er auf dem Bootsdeck aufgetaucht war, hat ihn niemand mehr gesehen.

Für jene Männer, die von der Brücke aufs Bootsdeck gekommen waren, gab es keine Zeit mehr zu verlieren. Der Bug lag schon unter Wasser, das Heck ragte entsprechend hoch in die Luft. Der Kapitän und die anderen sprangen über Bord in die dunkle See. Funkoffizier Dewar sprang vom Dach eines der Lastkraftwagen, die auf dem Achterdeck vertäut waren. Doch kaum abgesprungen, bekam er es mit der Angst. Folge: Er landete unsanft auf der Wand des krängenden Schiffs. Als er ins Wasser rutschte, konnte er sehen, wie sich die Schiffsschraube in der Luft drehte. Er schwamm hinaus in die See, da traf ihn das nächste Unglück: Er wurde vom Riemen eines der Rettungsboote am Kopf getroffen. Die Insassen entdeckten den Besinnungslosen und zogen ihn zu sich hinauf.

Während alle Mann von der Brücke schließlich in den Booten saßen, wäre der Kapitän selbst fast nicht gefunden worden – hätte sein Glatzkopf nicht so auffallend im Mondlicht geglänzt ...

Sechs Männer von der *Empire Brigade* kamen zu Tode, entweder vom explodierenden Torpedo direkt getötet oder ertrunken, als das große Schiff zwanzig Minuten nach dem Treffer unter der Meeresoberfläche verschwand.

Auf der *Assyrian* beeilte man sich nach dem Pech mit den Rettungsbooten, das noch vertäute Rettungsfloß flottzumachen. Nicht wenige zweifelten, ob es überhaupt alle tragen könnte, auch wenn sie es glücklich im Wasser hätten. Da die Zeit drängte, warfen sie alles, was schwimmen konnte, über Bord, in der Hoffnung, daß das eine oder andere Stück vielleicht ein Leben retten könnte. Ingenieur Venables und Hilfsmaschinist Bishop schnitten sogar noch das eine Tau durch, an dem das Steuerbord-Rettungsboot in der Luft baumelte. Es fiel kieloben ins Wasser. Bishop, mit ihm ein Matrose und ein Heizer setzten sich auf das gekenterte Boot und machten es an der Reling fest, während sich Venables dem schwerverletzten Trimmer zuwandte, der stöhnend auf dem Deck lag. Dort stand er nun vor der schier unlösbaren Aufgabe, den armen Kerl auf das gekenterte Boot zu schaffen. Suchend schaute er sich nach Hilfe um.

Währenddessen hatte sich Chefsteward Daley an die Reling begeben und entdeckte überrascht eines der kleinen Flöße, die vorher schon über Bord gelassen worden waren. Es trieb keine vier Meter vom Schiff entfernt. Das Floß war mit Hilfsgütern ausgerüstet; es gab in einer Kiste Kekse und Brandy. Daley konnte es ohne besondere Mühe erreichen, wobei ihm die vielen herumtreibenden Baumstämme und seine ›Mae West‹, die Schwimmweste, halfen. Er manövrierte das Floß längsseit und rief nach dem Zweiten Steward, der sich von Bord herabließ und mit dem Rücken zu Daley auf dem Floß niederließ. Nun war es allerdings schwer, wieder vom Schiff wegzukommen, weil die vorher hilfreichen Baumstämme nunmehr hinderlich waren. Aber als sich noch ein Matrose zu ihnen gesellte, schafften sie es mit vereinten Kräften: Zwei ruderten, und der Dritte schob mit einer Holzlatte die Stämme aus dem Weg. Die *Assyrian* sackte von Minute zu Minute tiefer ab. Sie trieben mit ihrem Floß achteraus. Dort konnten sie Kapitän Kearon, MacKinnon und den Ersten Offizier King sowie drei andere Männer dabei beobachten, wie sie vom Achterdeck aus im Wettlauf mit der Zeit darum kämpften, ihr Floß loszumachen.

Plötzlich ging ein Zittern durchs Schiff, sicheres Anzeichen dafür, daß es endgültig sinken würde. »Verlaßt das Schiff!« schrie der Kapitän, und sie begannen, das Floß übers Heck zu schieben, wobei es auseinanderbrach. Die Hände der Männer waren zu kalt und steif gewesen, als daß sie die Taue hätten fest verknoten können. Das Heck stieg immer schneller aus dem Wasser in die Höhe. Die Männer kletterten über die Reling und sprangen. Einer ließ sich, bevor auch er zum Sprung ansetzte, zunächst auf die große Schiffsschraubennabe herab.

Ein Stück von ihnen entfernt hatte Ingenieur Venables schweren Herzens den verwundeten Kohletrimmer allein zurücklassen müssen und war losgesprungen, um selber noch das gekenterte Boot zu erreichen. Dann schrien er und seine drei Kameraden aus Leibeskräften allen, die vielleicht im Wasser herumtrieben, zu, daß genug Platz für sie auf dem Kiel ihres Bootes sei. Als niemand antwortete, bemühten sie sich, das Boot aus der Nachbarschaft des Schiffs zu befördern, aber es gelang ihnen nicht: Der Sog des sinkenden Schiffs hielt sie fest. Plötzlich schien die Schiffswand neben ihnen in die Höhe zu springen. Der Steuerbord-Davit sauste auf sie zu und durchschlug zwischen Bishop und Venables das Boot. Die Männer wurden ins Wasser geschleudert und hatten nun direkt mit dem Sog zu kämpfen, der immer stärker wurde.

Venables kam nur mit Schwierigkeiten wieder hoch, die Haut zerkratzt, die Kleider zerrissen. Als er an die Oberfläche kam, drückte er seine Brille fest gegen die Augen, sah, wie der hintere Teil der *Assyrian* steil in die Luft ragte. Sie stand praktisch auf ihrer Bugspitze. Die Doppelschraube glitzerte im Mondlicht. Direkt vor ihm klaffte das schwarze Loch, das der Torpedo in die Schiffswand gerissen hatte; ein schrecklicher Anblick. Venables schwamm auf dem Rücken davon, denn er hatte große Angst, in das Loch hineingesogen zu werden. Ganz sicher wäre er noch schneller aus dem Gefahrenbereich hinausgekommen, wenn er sich zum Brustschwimmen entschlossen hätte, aber er konnte sich nicht von dem faszinierenden Anblick, den das untergehende Schiff bot, losreißen. Einen Augenblick lang hing die *Assyrian* wie in der Schwebe im Wasser, bis in ihrem Innern ein furchtbares Getöse losbrach, als ob im Maschinenraum alle Teile durcheinanderflögen. Schließlich glitt sie unter die Wasseroberfläche. Die restliche Luft, die durch die Ventilation den Weg ins Freie fand, verursachte ein Brummen und Dröhnen wie von mächtigen Orgelpfeifen. Danach war es still. Zurück blieben eine hoch aufschäumende See und aufschießende Wrack- und Ladungsteile. Das Schiff selbst fand sein Grab mehr als eine Meile tief auf dem Grund des Meeres.

Die Deutschen hatten die *Assyrian* einst gebaut und nun versenkt.

Aus vielen Richtungen waren Rufe zu hören. Die Kameraden suchten sich im Dunkeln und unter den Wrackteilen. Das Floß – oder besser das, was von ihm übrig geblieben war – hatte sich bereits weiter entfernt; so blieb einigen nur ein umhertreibender Baumstamm als einzige Lebensrettung.

Geleitzug-Kommandant Lachlan MacKinnon hatte das Floß nicht erreicht. Als er im Meer um sein Leben kämpfte, griff der Maat Frank Bellas nach seinen Füßen, den Kopf hielt Funker Stracy über Wasser, der dazu seine Arme durch die Hosenträger des Admirals a. D. geschoben hatte, um ihn hinter sich herzuziehen, bis er selber wieder genug Kräfte hätte, sich zu helfen.

Stracys eigener Rückzug vom sinkenden Schiff hatte irgendwie etwas Nonchalantes an sich gehabt. Er war nämlich einfach das Deck hinab ins Wasser marschiert, Schritt für Schritt, in Uniform und Mütze.

Kapitän Kearon befand sich noch in der Nähe des sinkenden Schiffes und wurde mit dem Sog hinuntergezogen; aber er war ein guter, kräftiger Schwimmer, kämpfte sich wieder nach oben und fand einen langen Sparren, an dem bereits der Erste Offizier King, fast doppelt so alt wie er, festgeklammert hing. Der Kapitän fischte sich ein Stück Tau, das in Greifweite herumschwamm, und band seinen Ersten Offizier damit an den Sparren fest. Danach vertäute er sich selbst am Holz.

Plötzlich intonierte jemand ein Lied. Es war der für die Offiziersmesse zuständige Steward. Mehr laut als wohltönend legte er mit ›Roll Out The Barrel‹ los. Irgendwo anders zog ein ebenfalls an einem Stück Holz hängender Matrose etwas aus seiner Unterjacke heraus, wedelte es über dem Kopf und brüllte jubelnd »Hab' meine Nylons!« Als er mit seinem Schiff im Hafen von New York gelegen hatte, hatte er die wertvollen Strümpfe als Mitbringsel für seine Freundin daheim gekauft.

Und da gab es noch eine halbwegs sitzende Gestalt, die sich an einer Rettungsboje festhielt: Carrot, der Signalgast des Admiral a. D. »Bist du in Ordnung?« rief jemand hinüber.

Munter gab Carrot zurück: »Wenn es nicht so verdammt kalt wäre, könnte man meinen, wir wären im Serpentine-Teich im Hyde-Park!«

Doch bald wurden die Männer, als sie so ziellos dahintrieben, wieder ruhig. Und da der Mond manchmal hinter den Wolken verschwand und alles wieder dunkel wurde, verloren sie den Kontakt zueinander, bis jeder nur noch seinen eigenen Gedanken nachhängen konnte.

Plötzlich hörten Steward Daley und die zwei Männer mit ihm auf dem schmalen Floß Stimmen aus der Dunkelheit. Als sie in die Richtung schauten, entdeckten sie einen dunklen Schatten, der größer als sie selber war. Sie paddelten hinüber. Die Stimmen wurden stärker, der Schatten deutlicher. Es war das Backbord-Rettungsboot, das sich immer noch über Wasser hielt, obwohl von ihm selbst nichts mehr, sondern nur noch von seinen aus dem Wasser ragenden Insassen etwas zu sehen war. Boot und Floß drifteten wieder voneinander ab und verloren sich in dem Meer von Baumstämmen. Alle beteten nun, daß es Tag und damit die Chance zur Rettung größer werden würde. Konnten sie sich so lange über Wasser halten und den tödlichen Wirkungen des Schocks und der Kälte trotzen?

Das Rettungsboot war einige Zeit durch die Wellen getrieben, als plötzlich einer mit dem Ausruf: »Da, ein Zerstörer!«, für große Aufregung sorgte.

Tatsächlich war eine halbe Meile direkt voraus so etwas wie ein Zerstörer zu sehen. Doch die Stimmung schlug sehr schnell um, als sich beim Näherkommen herausstellte, daß es auch nur ein getroffenes Handelsschiff war, das ganz langsam über das Heck im Wasser versank.

Weiter weg davon hörten die Männer auf Daleys Rettungsfloß eine einsame Stimme in einer fremden Sprache rufen. Sie paddelten darauf zu und fanden einen Seemann, vermutlich einen Griechen. Er griff nach dem Floß auf Daleys Seite und hängte sich an. Daley hielt ihn an einer Hand, dadurch konnte er die Tasche mit den Schiffs- und anderen Papieren, die er aus seiner Kajüte gerettet und so lange sicher aufbewahrt hatte, nicht mehr fest genug halten. Sie fiel ins Wasser und verschwand. Es war nicht möglich, den Griechen aufs Floß zu ziehen. Daley gab ihm einen Schluck Brandy, und der Mann redete und redete auf sie ein, obwohl sie kein Wort davon verstanden. Er hielt sich an Daleys Arm fest, bis dieser überhaupt kein Gefühl mehr hatte. Mit seinem freien Arm versorgte Daley den Griechen weiter mit Brandy.

Bald fand sich auch Bill Venables ganz allein im Meer schwimmend, in vollem Zeug, einschließlich Halstuch der Handelsmarine. Diese Ausrüstung wäre für einen Aufenthalt in einem Rettungsboot oder auf einem Floß wohl passender gewesen – um damit im Atlantik herumzuschwimmen, war sie sicher nicht das Richtige. Er versuchte, wenigstens seine Schuhe loszuwerden, um etwas mehr Bewegungsfreiheit zu gewinnen. Aber das Wasser hatte das Leder zusammengezogen; zudem waren seine Hände zu kalt, um die Schuhe mit Gewalt abzustreifen. Seine Schwimmweste war, seit er auf seiner Flucht von der *Assyrian* etwas unsanft hin- und hergeschleudert worden war, einigermaßen zerfetzt. Über eine Stunde lang schwamm er nun allein dahin, unter jedem Arm einen Baumstamm. Ihm begegneten Männer, die den Todeskampf bereits verloren hatten und in ihren Schwimmwesten, die Gesichter ins Wasser getaucht, dahintrieben. Jeden drehte er um, weil er sehen wollte, ob er einen von ihnen kannte.

Das Wasser schien nicht so kalt zu sein, wie es eigentlich hätte sein müssen. Doch seine Hände verloren bald jedes Gefühl, und sein Magen fühlte sich an, als sei er mit Eis gefüllt. Er begann zu fürchten, daß er selbst dann, wenn man ihn aus dem Wasser gerettet haben sollte, für den Rest seines Lebens physisch ein Wrack bleiben könnte.

Als ihm ein paar Packkisten in der See entgegenkamen, versuchte er, sie zu erklettern. Kaum oben angekommen, rollte die einfach über und drückte ihn unter Wasser. So hielt er sich lieber wieder an seine Baumstämme.

Plötzlich tauchte neue Gefahr vor ihm auf: Er entdeckte ein Sehrohr, wie es das Wasser teilte. Der Turm war noch fast überflutet, und er dachte, das U-Boot würde auftauchen. Er versteckte seinen Kopf hinter vorbeitreibenden Balken und hatte große Angst, gefangengenommen zu werden. Doch zu seiner großen Erleichterung glitt das U-Boot an ihm vorbei.

Mit der Zeit nahm das eisige Gefühl in seinem Magen immer mehr zu. Er hatte das Gefühl: erreichte es das Herz, dann würde er sterben. Der Mond verbarg sich hinter den jagenden Wolkenfetzen. Er fürchtete, daß er ganz verschwinden und ihn in der Dunkelheit allein lassen würde. Er schien weit und breit das einzige Lebewesen an der Oberfläche des Meeres zu sein.

Lebewesen? Er war fast so gut wie tot; es gab keine Hoffnung mehr auf Rettung. Die nicht von Torpedos getroffenen Handelsschiffe waren längst weit fort, und die Eskortenschiffe zweifelsohne auch. Ein Kriegsschiff konnte sich nicht einfach, wenn noch weitere feindliche Angriffe drohten, auf die Suche nach Überlebenden begeben. Das wußten sie alle.

Ihm wurde das alles plötzlich zuviel; die Lage schien ihm zu aussichtslos. Ganz bedacht steckte Bill Venables seinen Kopf unter Wasser und versuchte, sich selbst zu ertränken. Aber er konnte es nicht …

Anderswo auf dem weiten Ozean hing ein anderer einsamer Überlebender hilflos an einem Stück Holz, das ihn über Wasser hielt: Geleitzug-Kommandant MacKinnon. Nachdem er sich vom ersten Schock des Eintauchens in die See erholt hatte, verlor er den Kontakt mit den Männern, die ihn gerettet hatten, und schwamm eine Zeitlang allein, bis er ein kleines Floß fand, auf dem bereits sechs Männer saßen oder lagen. Es war damit gefährlich beladen und nicht mehr fähig, einen weiteren Mann aufzunehmen. So griff er denn nach einer Planke und hielt sich nur in der Nähe des Floßes und wies alle Angebote ab, auf das Floß zu steigen.

Er klammerte sich so lange an das Floß, wie er konnte. Doch als seine Glieder immer tauber wurden, mußte er schließlich loslassen und sich auf der Planke treiben lassen, wie das Wasser es wollte. Zum erstenmal fühlte er das ganze Gewicht seiner siebenundfünfzig Jahre. Doch war es nicht die zunehmende physische Schwäche und auch nicht die schreckliche Einsamkeit in der weiten See, die ihm ins Herz schnitt, sondern die hoffnungslose Situation, in der alle sich befanden; alle, die jetzt noch unsicher, frierend und voller Angst auf den Wellen treiben mochten.

Sein Geleitzug war einem wahren Massaker zum Opfer gefallen. Sein eigenes Schiff war versenkt worden; lange zuvor schon das zweite Leitschiff, die *Scoresby*. Alle jene Handelsschiffe, die jetzt noch unbeschädigt unterwegs waren, hatte keine gemeinsame Führung und, soweit er das beurteilen konnte, wohl auch keine Eskorte mehr.

Doch als er an seinem lebensrettenden Stück Holz so dahintrieb und alle Hoffnungen auf eine persönliche Rettung fahrenließ, konnte er – tröstlicherweise – nicht wissen, daß die Schlächterei des SC 7 noch keineswegs zu Ende war.

Als die *Leith* und die *Fowey* auf ihrer scharfen Aufholjagd nach dem Konvoi kurz nach Mitternacht an Steuerbord Flammenblitze am Horizont sahen und Kurs darauf nahmen, trafen sie unterwegs auf die große, randvoll mit Holz beladene *Blairspey* aus Glasgow. Ihre Maschinen waren gestoppt, sie driftete nur noch: Ein Torpedo hatte sie getroffen.

An Bord der *Blairspey*, deren Crew ausschließlich aus Schotten oder Nordländern bestand, war in dieser Nacht unter den Maschinisten ein eigentümlicher Wandel vor sich gegangen. Anfangs, als der Konvoi noch ruhig dahinfuhr, hatten die Heizer die Feuer unter dem Kessel geschürt und waren danach wieder hinauf in die Kombüse gestiegen, weil sie sich dort sicherer fühlten. Als aber die Ereignisse der Nacht dieselben Männer in die allerhöchste Gefahr stürzten, waren sie unten im Heizraum geblieben und hatten geschuftet wie die Wilden, und zwar nicht nur die, die ohnehin Dienst hatten. Sie sorgten dafür, daß die *Blairspey* allen Dampf bekam, dessen sie bedurfte, um dem Feind entkommen zu können. Sie war mit einer Geschwindigkeit durch die Nacht gestampft und gerollt, für die sie keineswegs ausgelegt worden war; sie machte – sämtliche Sicherheitsventile geschlossen – gute zwölf Knoten. Es reichte nicht! Sie drehte gerade hart nach Backbord, als sie an Backbord ein Torpedo in Höhe von Laderaum 1 traf. Die Maschinen stoppten sehr schnell, und der viele Dampf, unter dem sie stand, machte dem Schiff viel zu schaffen.

Im ersten Moment der Panik wurde das Steuerbord-Rettungsboot ins Wasser gelassen, aber Kapitän J. C. (›Jesus Christus‹) Walker, ein gebürtiger Glasgower wie alle seine Offiziere, befahl, das Boot umgehend wieder heraufzuhieven. Daß das Schiff aufgegeben würde, stünde noch gar nicht zur Debatte, erklärte er kurz und bündig – es sei denn, das Schiff beginne, von sich aus aufzugeben.

Von der *Leith* kam Lichtsignal: »Seid ihr in Schwierigkeiten?«

Kapitän Walker ließ zurücksignalisieren, daß er zuversichtlich sei, die *Blairspey* über Wasser zu halten; er könne ohne fremde Hilfe sechs Knoten machen.

Die *Leith* gab ihr Bedauern zurück, nicht in der Nähe bleiben zu können, wolle aber versuchen, bald eine andere Eskorte herzuschicken. Dann verschwand sie im Kielwasser der *Fowey*, um doch noch den Konvoi zu erreichen.

Nur knapp zwanzig Minuten später ging eine zweite heftige Erschütterung durch die *Blairspey*. Wieder geriet sie ins Taumeln, als ein zweiter Torpedo, diesmal an Steuerbord in Höhe des Lagerraums 2, traf. Das war das Ende. Kapitän Walker befahl, das Schiff zu verlassen.

Eines der Rettungsboote ging mit dem Kapitän und neunzehn Besatzungsmitgliedern in See. Sie kamen gut weg. Der Erste Offizier John Glasgow übernahm das zweite Boot mit den restlichen dreizehn Männern, unter ihnen Funkoffizier John Crawford. Sie hatten weniger Glück. Sie befanden sich auf der dem Wind zugewandten Seite und hatten dadurch Schwierigkeiten, vom angeschlagenen Schiff wegzukommen. Sie bemühten sich noch immer, klarzukommen, als ein dritter Torpedo die *Blairspey* an Backbord unterhalb der Brücke traf. Die gewaltige Explosion schleuderte Holz in Mengen in die Luft, das aufs Wasser heruntergeprasselt kam, von wo es noch einmal in alle möglichen Richtungen aufschoß. Glücklicherweise konnte das Rettungsboot dem herumfliegenden Holz ausweichen, aber die hochschlagenden Wellen warfen das Boot so scharf herum, daß ein paar Männer ins Wasser stürzten. Wie durch ein Wunder wurde niemand verletzt. Die über Bord gegangenen Männer konnten in Sicherheit gebracht werden.

Die beiden Rettungsboote fanden aber nicht zusammen. Weit drüben im Boot des Kapitäns hatte man Minuten größter Angst zu bestehen, als ein U-Boot aufgetaucht auf sie zuhielt. Als es mit fast gestoppten Maschinen ganz nahe war, fürchteten alle, daß jetzt die Maschinengewehre sprechen würden.

»Welches Schiff?« rief der deutsche Kommandant herüber.

»*Blairspey*«, antwortete Kapitän Walker.

Zufrieden drehte das U-Boot ab und verschwand in der Nacht. Fünfundzwanzig Meilen südlich der jetzt schweigend dahindriftenden *Blairspey* ging auf einer Fläche von ungefähr dreißig Quadratseemeilen die unbarmherzige Zerstörung des SC 7-Geleitzugs weiter.

Der kleine norwegische Dampfer *Snefjeld* sank sehr schnell, als ihn ein Torpedo seitlich traf. Das neununddreißig Jahre alte Schiff schien geradezu hinabzufallen, und nicht einmal seine Holzladung konnte es für kurze Zeit über Wasser halten.

Die britische *Sedgepool* war dreimal so groß wie die *Snefjeld*, aber auch ihr reichte schon ein Torpedo. Die Explosion riß die halbe Brücke weg, Kapitän und Zweiter Offizier wurden ihre Opfer – nichts blieb von ihnen übrig. Auch im Maschinenraum schlug der Tod zu: Der Dritte Ingenieur starb auf der Stelle. Die Hauptantenne der Funkanlage brach ab, ein Teil von ihr hing am Schornstein herunter, und die Notrufantenne wurde völlig abgerissen.

Der Erste Ingenieur James Aves stoppte die Maschinen und lief an Deck, wo er entdeckte, daß er ganz allein auf dem herrenlosen Schiff war: Die Rettungsboote waren, bis auf eines, das gegen die Schiffswand geschlagen und als beschädigt zurückgelassen worden war, weg. Verzweifelt bemühte er sich, das Boot doch noch klar zu bekommen, verletzte sich dabei eine Hand sehr schwer. Er gab auf, sprang über Bord und mußte eine Zeitlang umherschwimmen, bis ihn Leute aus seiner Mannschaft auf ihr Floß zogen. Etwas später wurden sie alle von einem Rettungsboot aufgenommen.

Fünfzehn Meilen weiter südlich waren die Griechen auf ihrer alten *Thalia* nicht so glücklich dran. Der fast 6000 Tonnen große Dampfer, mit Stahl für Liverpool beladen, sank sofort nach einem Torpedotreffer. Es gab nicht einen Überlebenden.

Zu dieser Zeit fing die *Shekatika*, die immer noch weit zurück im Atlantik trieb, ihren dritten Torpedo, vom dritten U-Boot abgeschossen. Das war, trotz ihrer Holzladung, zuviel für sie. Durch die drei großen Löcher in den Bordwänden suchten sich die Stämme und Planken ihren Weg ins freie Wasser. Die *Shekatika* sackte schnell weg.

Die *Clintonia*, ein Schiff der Stag-Linie, das Zellstoff nach Manchester transportieren sollte, war auf ihrer blinden Flucht ganz weit in den südlichsten Teil des Angriffsbereichs, in dem das Wolfsrudel operierte, vorgedrungen. Kapitän Thomas Irvin hatte beobachten müssen, wie alle fünf Schiffe, die an Backbord jeweils eine Linie des Konvois anführten, direkte Treffer erhalten hatten. Eines davon war auch die *Assyrian* gewesen, die den Konvoi damit führungslos zurückgelassen hatte. Sprecher der Offiziere und Mannschaften hatten sich daher nach dem Verlust des Leitschiffes an Kapitän Irvin gewendet und ihm versichert, sie seien darauf vorbereitet, das letzte Stück ihres Weges auch allein zu gehen. Das bedeutete: nach eigenen Vorstellungen unabhängig zu operieren, so wie es die *Clintonia* immer gehalten hatte, bevor sie in den SC 7 eingereiht wurde. Sie hatte eine kurze Schießerei mit einem U-Boot bereits hinter sich. Das war auf ihrer Fahrt von England nach Amerika gewesen, und sie hatte sich dabei gut gehalten. Daher glaubte die Mannschaft, es mit jedem Gegner aufnehmen zu können. Nach diesen Versicherungen änderte Kapitän Irvin tatsächlich den für den Konvoi vorgesehen Kurs, wobei er hoffte, bei Tagesanbruch aus dem Bereich akuter Gefahr heraus zu sein.

Doch die Rechnung sollte nicht aufgehen. Es war drei Uhr morgens. Zwei Stunden lang hatte sich der Feind weder sehen noch hören lassen. Der Kapitän sagte auf der Brücke zu seinem Zweiten Offizier, wie glücklich er sich fühlte, als ein feindliches U-Boot an Backbord auftauchte, so nah, daß er eine Handgranate auf den Turm des Deutschen hätte werfen können. Die Geschützbedienungen der *Clintonia* gingen auf Gefechtsstation. Im nächsten Augenblick wurde Alarm gegeben.

Mit einem geschickten Manöver schaffte Kapitän Irvin es, daß der Deutsche achtern lag. Dann gab er Feuerbefehl. Trotz guten Mondlichts konnten sie ihr Ziel nicht genau erkennen. Wahrscheinlich lag das daran, daß die Brücke viel höher lag. Ein einziger Schuß hätte das U-Boot womöglich stoppen können. Aber die

Chance wurde verpaßt. Was jetzt folgte, war ein angespanntes Suchen und Verstecken: Kapitän Irvin drehte sein Schiff in heftigen Kurswechseln einmal hier-, einmal dorthin, um den Deutschen zu verwirren, und achtete dabei stets darauf, in eine Position zu kommen, aus der seine Artilleristen feuern konnten.

Das Duell im Dunkeln dauerte bereits fast eine Stunde, als es Kapitän Irvin plötzlich dämmerte. daß diesmal er die Maus und nicht die Katze war: Denn auf einmal sah er sich einem zweiten U-Boot gegenüber, das aus einer anderen Richtung auf ihn zulief. Sein Befehl, hart abzudrehen, kam zu spät: Ein Torpedo traf die *Clintonia* an Backbord.

Die gewaltige Explosion riß den ganzen Hauptmast völlig weg – er krachte auf den Funkraum und zerstörte ihn mitsamt seiner Einrichtung, so daß nicht einmal mehr ein Notruf gesendet werden konnte. Den Chefkoch schleuderte die Druckwelle so heftig mit dem Kopf voran gegen das Geschütz, daß er regelrecht zerquetscht wurde.

Kapitän und Erster Ingenieur rannten zum Maschinenraum. Ein Blick nach unten zeigte ihnen, daß das Wasser schon bis zu den Zylindern gestiegen war. Schnell wurden die geheimen Schiffspapiere über Bord geworfen, die beiden Rettungsboote zu Wasser gelassen. Der Erste Offizier Buglass übernahm das Kommando über das eine, der Kapitän, bei dem auch der schwerverletzte Koch war, über das andere Boot. Sie waren kaum vom Schiff herunter, da schlug ein zweiter Torpedo ein. Noch einmal schüttelte sich die *Clintonia* unter der Explosion, die die gesamte Brücke in die Luft jagte. Aber noch hielt sich das 3000-Tonnen-Schiff über Wasser. Sie war zwar nicht mehr zu retten, aber die Zellstoffladung würde sie einige Zeit über Wasser halten.

Jetzt näherte sich wieder das erste U-Boot, mit dem die *Clintonia* den Zweikampf geführt hatte, und belegte das Schiff mit Granatfeuer. Den Männern in den Rettungsbooten stellte sich eine unglaubliche Szene dar: Zwei Hunde balgten sich um einen Knochen; während nämlich der eine Deutsche das Feuer eröffnete, mußte der andere sich schnell zurückziehen, weil er sonst in der Feuerlinie lag. Da die Deutschen nicht sehr genau zielten, bekamen auch die Männer in den Booten etwas ab. Drei Geschosse pfiffen direkt über ihre Köpfe hinweg: die Männer warfen sich flach auf die Planken. Mit äußerster Anstrengung ruderten sie aus der Gefahrenzone. Das U-Boot schoß weiter und weiter, als sei man entschlossen, das Schiff und seine Ladung in kleinste Teile zu zerlegen. Nach dreiundzwanzig Salven schwieg das Geschütz endlich.

Es gab noch eine weitere Explosion auf der *Clintonia:* ihr Kessel flog in die Luft; erst danach ging das schwer mitgenommene Schiff übers Heck und versank.

Die Männer in den Booten mußten sich kräftig in die Riemen legen, da die Ladung aus dem Wasser an die Oberfläche schoß und einen weiten Bereich um die Versenkungsstelle bedeckte.

Die beiden Boote hatten sich bei der Flucht aus den Augen verloren und mußten getrennt operieren. Der Kapitän beschloß, einen Treibanker auszuwerfen und den Tagesanbruch abzuwarten. Sie versorgten den verletzten Koch, so gut sie konnten. Weich bettete ihn der Kapitän zwischen seinen Beinen. Aber der Koch starb. Der Kapitän und sein Zweiter Offizier bestatteten ihn in den Fluten.

Die *Clintonia* war das letzte Opfer des angreifenden Wolfsrudels. Doch während sie ihr verzweifeltes Duell mit dem Deutschen focht, vollzogen sich noch andere menschliche Dramen auf der weiten See.

Auf ihrer Verfolgungsjagd nach dem Geleitzug erreichte die *Leith* schließlich das Zentrum der Schlacht, wo das Leitschiff zusammen mit der *Soesterberg* und der *Empire Brigade* untergegangen war. Fregattenkapitän Allen stand vor dem Problem, weiterhin à tempo die Reste des Konvois zu verfolgen oder zu stoppen und an Menschenleben zu retten, was noch zu retten war. Auf diese Frage gab es für ihn nur eine vernünftige Antwort. Seine Entscheidung hat er später so gerechtfertigt: Die restlichen Schiffe des Geleitzugs mußten so verstreut sein, daß die Chance, eines von ihnen in allernächster Zeit zu finden, sehr gering war. Zum zweiten war anzunehmen, daß die U-Boote inzwischen alle ihre Torpedos verschossen hatten. Also blieb die *Leith* und begann ihr Rettungswerk.

Die Überlebenden der *Assyrian* brachen erleichtert in Jubelrufe aus, als sie mit ihren vom Salz schon arg angegriffenen Augen das Geleitboot geisterhaft im Mondlicht durch die Wrackteile auf sich zu halten sahen. Schon bald aber erstarben die Rufe auf ihren Lippen: Die *Leith* zog an ihnen vorbei und ließ sie unbeachtet. Die Männer mochten ihren Augen nicht trauen. Als sie sich klar wurden, daß sie sie tatsächlich zurückließ, hörte man so manchen verzweifelten Schrei und wilden Fluch. Auch MacKinnon, der allein im Wasser schwamm, hatte das Geleitboot sich nähern und vorbeiziehen gesehen und verbittert den Kopf auf den Baumstamm gelegt, der ihn trug. Er wußte, daß die *Leith* offiziell nicht stoppen durfte, sondern den Feind zu verfolgen hatte. Sie tat also nur ihre Pflicht, was gleichbedeutend mit dem Ende aller Schiffbrüchigen war.

Plötzlich war die *Leith* jedoch wieder da. Sie stoppte, um sie alle zu retten. Zuvor hatte sie nur den ganzen Bereich mit dem Asdic-Gerät abgesucht und gesichert; denn gestoppt gab sie für lauernde U-Boote ein ideales Ziel ab. Gequält marschierte Fregattenkapitän Allen auf der Brücke auf und ab und erinnerte dauernd daran, wie notwendig es sei, schnell wieder Fahrt zu machen. Rettungsnetze hingen am Achterdeck an beiden Bordwänden hinunter. Den Männern, die direkt im Wasser schwammen, wurden Rettungsleinen zugeworfen. Mit Hilfe von Bootshaken wurde jedes Wrackteil und jedes Holzstück, an dem ein Überlebender hing, herangezogen. Als einige Gerettete versuchten, die Leitern hochzuklettern, merkten sie, daß ihnen die Beine nicht mehr gehorchten. Da stiegen die hilfsbereiten Männer der *Leith* die Leitern und Netze hinunter, um den erschöpften Schiffbrüchigen an Deck zu helfen.

Von den Decks der *Leith* boten sich den Beobachtern Szenen, die sich in ihrer schrecklichen Eindringlichkeit tief in ihre Gedächtnisse eingraben sollten – Szenen, die, in dem kalten Mondlicht und der von Wrackteilen übersäten See, etwas Groteskes an sich hatten: mußten die Männer doch fürchten, zwischen all dem Treibgut gar nicht entdeckt zu werden.

Steward Daley und seine beiden Kameraden wurden von ihrem Floß gerettet. Der Grieche, der so lange im Wasser an ihnen gehangen hatte, starb, kurz nachdem man ihn an Bord gehievt hatte. So fand er wieder seinen Weg zurück in die See. Alle Männer aus dem mit Wasser vollgeschlagenen Rettungsboot wurden ebenso in Sicherheit gebracht wie einzeln Herumschwimmende. Unter ihnen waren der Maat Bellas, der an einem Baumstamm hing, und Kapitän Kearon. Als man ihn an Bord zog, gab es unter den Überlebenden seiner Mannschaft ein großes Hallo; denn er war bei seiner Crew ein beliebter Mann. Doch neben der Freude stand die Tragödie: Der Erste Offizier King, von seinem Kapitän an den Sparren gebunden, damit er sich über Wasser halten konnte, war vor Entkräftung gestorben. Auch für ihn wurde das Meer zum Grab.

Als Ingenieur Bill Venables, der immer noch allein schwamm, den dunklen Schatten des Geleitboots direkt voraus entdeckte, konnte er kaum glauben, daß das Wirklichkeit war und nicht nur ein Fiebertraum. Von hinten als Silhouette beleuchtet, schien es nämlich so, als komme das Schiff direkt aus dem Mond.

»Ahoi!« schrie er, und tatsächlich antwortete gleich eine menschliche Stimme. Er rief noch einmal, und dieselbe Stimme machte ihm Mut: »Weiterrufen! Wir kommen! Weiterrufen!« Sie konnten ihn nämlich nicht sehen, mußten die Richtung also nach seiner Stimme finden.

Als die *Leith* beidrehte, verließ Venables seine lebenserhaltenden Baumstämme und kraulte wie ein Verrückter auf das Schiff zu. Er sah, wie ein Rettungsring neben ihm ins Wasser klatschte, griff dankbar danach und zog ihn über seinen Kopf. Dann schaltete irgend etwas in ihm aus, und er wurde fast besinnungslos an Bord gezogen.

Fünf weitere Männer, die man aus dem Wasser holte, waren verletzt. Einem Heizer hatte ein Baumstamm die Rippen gebrochen, aber er hatte noch Kraft genug besessen, weiterzuschwimmen.

MacKinnon beobachtete aus einiger Entfernung, wie ein Torpedo plötzlich direkt auf die *Leith* zuschoß. Aber es folgte keine Explosion. Der Torpedo schlüpfte unter ihr durch: Er war auf eine größere Tiefe, für ein Handelsschiff, eingestellt gewesen und hatte sein Ziel verpaßt. Ein paar Minuten später fand man auch den Admiral a. D., der nicht mehr fähig war, auch nur noch eine Schwimmbewegung auf seine Retter zuzumachen. Sie mußten ein

Netz hinunterlassen und ihn nach oben ziehen, wobei er mit dem Kopf nach unten zu ›stehen‹ kam: eine Lage, deren Komik er durchaus registrierte. In so vielen Jahren war er so oft mit allen Ehren seines Ranges begrüßt worden, wenn er an Bord eines Schiffes kam; jetzt hievte man ihn an Bord wie einen Sack Kartoffeln.

Es gab auch traurigere Entdeckungen: Viele Körper trieben bereits leblos dahin, und man mußte sie im Wasser lassen. Der verletzte Heizer von der *Assyrian*, den man auf einer Gangway dem Meer anvertraut hatte, war unter den Toten. Er wurde von seinem bizarren Leichengefährt losgebunden und dem Meeresgrab übergeben.

Eine schreckliche Situation gab es, als die *Leith* auf ein kleines, nur von einem Mann besetztes Floß stieß. Er hatte einen Arm gebrochen und stützte ihn mit dem gesunden. Wiederholt versuchten sie, in der Dunkelheit nahe genug an ihn heranzukommen, um ihm eine Leine zuwerfen zu können. Er aber wagte es nicht, mit seinem gesunden Arm nach der Leine zu greifen. Beim Abdrehen des Schiffs wurde sein Floß regelmäßig durch die von den Schrauben verursachte Strömung weit abgetrieben. Niemand konnte ihm helfen, und die *Leith* mußte weiter, schließlich die Rettungsversuche abbrechen und den unglücklichen Mann auf dem Floß zurücklassen.

Als man an Bord zu zählen begann, stellte sich heraus, daß nahezu die halbe Besatzung der *Assyrian* verloren war, darunter ein Unteroffizier und der junge Schiffszimmermann, der so fleißig geholfen hatte, das Floß zusammenzubauen. Unter den Geretteten befanden sich ein Matrose und ein Signalgast – beide aber schwer krank.

Plötzlich neue Rufe in der Nacht: Das Geleitboot näherte sich den Überlebenden der *Soesterberg*. Das lecke Rettungsboot der Holländer konnte dank dem Pfropfen aus den Socken der Seeleute über Wasser gehalten werden. Alle Männer hatten sich, völlig durchnäßt, im hinteren Teil des Bootes eng unter Decken zusammengekauert, um sich so ein wenig zu wärmen. Oben drüber hatten sie, um sich vor dem Wind zu schützen, das Bootssegel gebreitet.

Jeder bekam erst einmal einen guten Schluck Brandy zugeteilt. Nur Maat Ort hatte sich geweigert – er sei Antialkoholiker. Kapitän de Jong: »Ort, das ist kein Alkohol, sondern eine vom Doktor verschriebene Medizin.«

»Dann nehme ich sie«, hatte der Maat gehorsam geantwortet. »Medizin kann ich nicht verweigern.« Er nahm einen kräftigen Schluck – und meinte dann, wenn jede Medizin so gut schmecke wie diese, werde er sie künftig regelmäßig einnehmen.

Nach schier endlos langer Zeit sichteten sie in ziemlicher Entfernung weißen Rauch; dann tauchte etwas Schwarzes aus der Dunkelheit auf und kam mit großer Geschwindigkeit auf sie zu: die *Leith*. Sie war durch das ausgebreitete weiße Segel auf das Rettungsboot aufmerksam geworden. Die Maschinen wurden gestoppt, das Schiff so manövriert, daß die vom Achterdeck herunterhängende Sturmleiter genau ins Rettungsboot hinabreichte.

»Tempo!« rief Fregattenkapitän Allen von der Brücke hinunter. Die Aufforderung war allerdings überflüssig; denn die Männer, die kaum noch Kraft hatten, ihr langsam sinkendes Boot weiter auszuschöpfen, erwachten zu neuem Leben und waren blitzschnell an Bord. Kapitän de Jong, den Sack mit den geheimen Schiffspapieren unter dem Arm, ging als letzter an Bord. Oben angekommen, bemerkte er zu seinem Bedauern, daß er die halb volle Flasche Brandy, aus der er noch nicht einen Tropfen getrunken hatte, in der Eile vergessen hatte.

Weiter durchkreuzte die *Leith* das Schlachtfeld auf der Suche nach Überlebenden. Als nächstes fand sie die Männer der *Empire Brigade*, alle mehr oder weniger erschöpft, einige bis zur Unkenntlichkeit von einer schmutzigen Ölschicht überzogen. Unter ihnen befand sich ein Heizer von der *Soesterberg*, den die von der Torpedoexplosion verursachte riesige Wassersäule von Bord gefegt hatte. An zwei Baumstämmen konnte er sich so lange halten, bis das Boot ihn fand und aufnahm. Beim Klettern an Bord hatte er sich, ohne es überhaupt zu bemerken, einen Arm ausgekugelt. Kaum in Sicherheit, fiel er in tiefe Bewußtlosigkeit.

Die *Leith* setzte ihre systematische Suchaktion fort, fand aber nur noch Tote und Wrackteile. Kein lebendes Wesen; auch weit und breit kein Feind. Von vier Schiffen hatte sie die Überlebenden an Bord, einschließlich der Ersten von der *Nora*, und ähnelte einer schwimmenden Notarztstation. Offiziersmesse, Mannschaftsräume und Gänge waren mit ausgestreckten Leibern belegt. Der Schiffsarzt und Sanitäter sorgten für eine erste medizinische Betreuung. Jede Decke, jedes Handtuch und jedes Stück Kleidung, das entbehrt werden konnte, wurde den Geretteten zur Verfügung gestellt. Viele schliefen auf der Stelle ein und den Schlaf totaler Erschöpfung; so wie zum Beispiel Funkoffizier Dewar von der *Empire Brigade*, der im Gang vor der Offiziersmesse so, wie er war, durchnäßt und ölverschmiert, einschlief. Erwachend fand er sich unter dem wärmenden Überzieher des Kapitäns de Jong wieder. Der selbstlose holländische Kapitän war weitergegangen und hatte sich nach einem warmen Plätzchen im Maschinenraum umgesehen. Er fand auch eins; aber nach ein paar Stunden Ruhe auf einer metallenen Plattform tat ihm der ganze Körper weh, hatte sich das Muster eines ›eisernen Toasters‹ tief in seine Haut gedrückt.

Ingenieur Venables, der vor Erschöpfung zusammengebrochen war, wurde in die Kombüse getragen und mußte eine Stunde lang massiert werden, ehe er die ersten Lebenszeichen von sich gab. Danach hatten gleich zwei seiner Retter alle Hände voll damit zu tun, ihn von einem heißen Herd zurückzuhalten, an den er sich am liebsten gelehnt hätte. Er bekam heißen Kakao zu trinken und schlief wieder ein. Als er erwachte, fand er sich, in warme Decken gehüllt, in einem der Mannschaftsräume wieder. Sein Mund war vom heißen Kakao verbrannt. Ein freundlicher Grieche lag neben ihm und versuchte, dem geschwächten Mann eine Zigarette zwischen die Lippen zu schieben. Sie lagen eng beieinander, nur von schwachem Licht beleuchtet. Die Ventilation arbeitete auf vollen Touren. Schließlich entdeckte irgendwer, daß Venables Offizier war, und man brachte ihm seine Uniform zurück, die im Maschinenraum zum Trocknen aufgehängt worden war. Später kam er zu den anderen überlebenden Offizieren in die Offiziersmesse, von dessen Stirnwand Königin Salote breit lächelnd aus einem Foto auf sie hinunterstrahlte.

Nachdem Obersteward Daley die Gewalt über Beine und Füße wiedererlangt hatte, machte er sich auf den Weg durch die vollgelegten Gänge, um nach Überlebenden der *Assyrian* zu suchen. Er war glücklich, welche zu finden. Zurück in der Kombüse, erhielt er zur Stärkung eine Tasse dampfenden Kakao. Er staunte nicht wenig, dort auch den Koch von der *Assyrian* zu entdecken – er bereitete gerade Pfannkuchen zu.

Geleitzug-Kommandant MacKinnon spürte, nachdem man ihn an Bord gezogen hatte, erst mit der Zeit so richtig, wie sehr ihn der lange Aufenthalt im Wasser erschöpft hatte. Man flößte ihm ein heißes Getränk ein, hieß ihn sich ausstrecken, rieb und massierte ihn, damit er seine Glieder wieder spürte. Aber der Schüttelfrost wollte nicht aufhören. Ins Bett wollte er nicht. Ein Sessel, meinte er, tue es auch. Mit einem so hohen Offizier mußte strategisch umgegangen werden. Nachdem sich Fregattenkapitän Allen in Ruhe mit dem Schiffsarzt unterhalten hatte, betonte er, sein eigenes Bett zu verschmähen, solange der Kommodore noch auf sei. So gelang es ihm schließlich, den Admiral a. D., in dicke Decken gehüllt, in seiner Kajüte unterzubringen.

In der Zwischenzeit hatte auch die *Fowey*, als sie der Route des Konvois folgte, nach Überlebenden gesucht, aber kein Glück gehabt. Die *Bluebell* indessen stieß auf das Rettungsboot der *Blairspey*, das vom Kapitän geführt wurde. Neunzehn Mann konnten aufgenommen werden. Dann traf sie zwei Boote von der *Beatus*, dessen Insassen bereits zehn Stunden seit der Torpedierung ihres Schiffes in Seenot waren. Sie hatten große Schwierigkeiten gehabt, inmitten der vielen Wrackteile und Hölzer zu rudern, das Beste aus ihrer Situation gemacht und sich wenigstens so weit vorgekämpft, daß sie luvwärts des Treibguts – um Beschädigungen ihres Bootes zu vermeiden – ruderten. Wäre die *Bluebell* ihnen nicht zu Hilfe gekommen, so hätten sie wohl schließlich Segel gesetzt und versucht, auf eigene Faust die Heimat zu erreichen.

Noch war es dunkel. Die Rettungsaktionen der *Bluebell* wurden – da der Wind auffrischte, die See alles andere als freundlich war – erschwert, so daß viel Geduld und Geschicklichkeit erforderlich waren, um die Korvette längsseits den Rettungsbooten zu bekommen. Die Überlebenden, die sich bereits an Bord befanden, halfen der Besatzung eifrig bei ihrem Rettungswerk. Wie schon bei den anderen

Booten, achtete man auch hier darauf, daß alle nützlichen Dinge an Bord geschafft wurden: von warmen Wolldecken bis zu den eisernen Schiffszwieback-Rationen. Nach Vollzug ließ man die Boote treiben, bis sie unter den Hunderten von Wrackteilen, die den Ozean bedeckten, versinken würden.

Um 8.25 Uhr gab die *Bluebell* an das Oberkommando West den Funkspruch durch, daß sie den Kapitän und achtzehn Mann der *Blairspey*, den Kapitän und sechsunddreißig Mann der *Beatus* an Bord genommen habe. Der Funkspruch schloß mit der nicht wenig Aufsehen erregenden Mitteilung: »Habe jetzt 203 Überlebende an Bord, schließe mich Geleitzug an.«

Aber einen Geleitzug, dem die *Bluebell* sich hätte anschließen können, gab es schon lange nicht mehr. Die Schiffe, die den nächtlichen Angriff unbeschädigt überstanden hatten, waren weit über die See verstreut.

Das Wetter wurde immer rauher.

Eines dieser verstreuten Schiffe war die mit Schrott beladene *Corinthic*, deren Funkoffizier Kenneth Howell von Beginn der Überfahrt an genau Tagebuch geführt hatte. Tag für Tag trug er Notizen, die nur für seine Frau bestimmt waren, in ein billiges Schulheftchen ein. Über die vergangene Nacht, nachdem die *Corinthic* dem Inferno entgangen war und nun der englischen Küste zustrebte, hieß es dort:

»Von dem, was in den letzten Stunden dieses ›Schwarzen Freitags‹ passiert ist, werde ich erst berichten, wenn das Schicksal es will, daß wir den nächsten Tag und die nächste Nacht überleben. Jetzt kann ich nur sagen, daß ich, seit ich wieder auf See bin, noch nie so froh und dankbar war, in den letzten Monaten täglich meine Gebete gesprochen zu haben, so, wie ich es von daheim gewohnt bin. Fest steht: Uns hat in den letzten vierundzwanzig Stunden eine höhere Macht gelenkt, und nicht nur ein glücklicher Zufall, daß wir an diesem Samstagmorgen noch auf unserem Schiff sind. Dafür werde ich ewig Dank sagen.«

10.

Die ›Bluebell‹ – ein Schiff ohne Boden?

Fünf Stunden nachdem sie ihre letzten Überlebenden an Bord genommen hatte, dampfte die *Leith* mit ihrer Höchstgeschwindigkeit von sechzehn Knoten auf Geleitzug-Route und suchte die immer rauher werdende See nach Schiffen ab, die dem Angriff entkommen waren. Am Samstag, 19. Oktober, 9.30 Uhr, ging sie auf vierzehn Knoten hinunter, um die Maschinen zu schonen.

Fregattenkapitän Allen ließ nicht nach, den grauen Atlantik mit dem Fernrohr abzusuchen. Seine eigenen Beobachtungen und die Informationsfetzen, die er von den Geretteten aufschnappen konnte, verdichteten sich zu der schmerzlichen Gewißheit, daß der SC 7 das Opfer eines gut organisierten Angriffs der Deutschen geworden war. Aus den Positionen einiger der getroffenen Schiffe, den Zeitpunkten, zu denen sie attackiert worden waren, und der Zahl der abgefeuerten Torpedos – Fehlschüsse eingerechnet – ergab sich, daß wohl wenigstens zwei, wenn nicht drei U-Boote an dieser Aktion beteiligt gewesen sein mußten.

Der Überraschungseffekt ihres Angriffs war total, die Folgen entsprechend katastrophal. Drei Geleitschiffe hatten sich gegenüber der U-Boot-Taktik, über Wasser anzugreifen, als machtlos erwiesen; vor allem, weil man sie nicht einkalkuliert hatte. Es war ein riesengroßer Schlamassel gewesen, der alle Kriegsschiffe dazu gezwungen hatte, augenblicklich die Rollen von Rettungsschiffen zu übernehmen – denn sie hatten nur die Wahl gehabt, dies zu tun oder Hunderte von Männern der Barmherzigkeit der See auszuliefern. Jetzt, an diesem unfreundlichen Morgen, mußten trotzdem noch ein paar Schiffe unterwegs sein – ein paar, die der Vernichtung entgangen waren. Aber wo waren sie? Kein Anhaltspunkt auf dem weiten Ozean.

Der Schiffsarzt kam auf die Brücke und brachte schlimme Nachrichten mit. Admiral a. D. MacKinnon litt noch immer unter den Folgen der Erschöpfung und wurde weiterhin von Kälteschauern heimgesucht. Seine gesamte Verfassung hatte sich erheblich verschlechtert. Inzwischen waren Symptome hinzugekommen, die Schlimmstes befürchten ließen: Der rechte Lungenflügel war bereits von einer Entzündung befallen.

Die nächsten Stunden bedeuteten für Dr. John Robertson eine große Herausforderung: Konnte er das Leben des Admirals retten? Er hatte seine medizinischen Examina an der Universität Edinburgh noch nicht lange hinter sich; dennoch versuchte er alles, um die Lungenentzündung einzudämmen. Doch der Zustand des Admirals verschlechterte sich von Minute zu Minute, bis er dem Tod deutlich nahe schien. Er röchelte nur noch und war kurz vor dem letzten Atemzug. In diesem verzweifelten Moment griff der junge Robertson nach dem letzten Mittel, das ihm geblieben war. In seinem Medizinschrank befanden sich die neuen ›M 8 B 693‹-Tabletten, ein speziell entwickeltes Medikament, mit dem die Streitkräfte gerade ausgerüstet worden waren. Die Tabletten waren noch nicht erprobt, es gab keine Erfahrungswerte. Folglich hatte er keine Ahnung, in welcher Dosis er das Medikament verabreichen sollte. Ruhig, aber doch mit einem leisen Stoßgebet, gab er dem sterbenden Patienten das Mittel.

Niemand war darauf gefaßt gewesen, was als nächstes passieren sollte. Kaum eine halbe Stunde später schien nämlich der Admiral etwas zu Kräften zu kommen; nach einer Stunde war er deutlich ruhiger, wenn auch noch immer gefährlich krank.

Diese wunderbare Veränderung im Verhalten des Patienten, der gerade noch vor dem Exitus gestanden hatte, ließ in Robertson einen Hoffnungsschimmer aufleuchten. »Der Admiral war ziemlich schlecht dran«, erzählte er dem Kapitän, »aber mit ein wenig Glück sollten wir ihn über den Berg kriegen.«

Und darum würde er sich kümmern. Der junge Arzt war noch nie in seinem Leben entschlossener gewesen.

Aus den schlimmen Nachrichten waren also gute geworden, und die sprachen sich unter den Mannschaften und den meisten Geretteten bald herum. Sie schöpften Hoffnung, daß auch die beiden anderen schwerkranken Männer von der *Assyrian*, die um ihr Leben kämpften, gerettet werden könnten.

Unter den Seeleuten herrschte eine riesige Wut über die Zerschlagung ihres Geleitzugs; denn offensichtlich waren die U-Boote nach einem ausgeklügelten Plan vorgegangen und hatten dem

SC 7 aufgelauert. Ihr Zorn wandte sich gegen den immer noch andauernden Zustand, daß die U-Boote vor der irischen Südküste offenbar unbehelligt operieren und sich so aus günstiger Position auf einlaufende Geleitzüge stürzen konnten, während die Irische Republik stur auf ihrer Neutralität beharrte und dazu noch von deutschen Spionen übersät war. Britische Kriegsschiffe und Flugzeuge mußten die Basen im Süden Irlands meiden, und das war ein ernstes Handicap für sie. Konnte denn angesichts dieses Gemetzels auf See die britische Regierung gar nichts unternehmen? Warum war sie so machtlos?

Diese Wut konnten die Überlebenden selbst jetzt noch nicht teilen. Sie fühlten nur eines: eine Art betäubte Erleichterung. Sogar der Gedanke an die üblichen Bemerkungen ›gut informierter‹ Zivilisten konnte in ihnen derzeit keine Bitterkeit aufkommen lassen. So würden sie halt wieder mal, wenn sie in ihren Heimathafen einliefen, zu hören kriegen: »Nun ja, aber *Sie* haben es doch geschafft. Denken Sie mal an die Jungs in der *Kriegsmarine*!«

Die Männer hockten da, wo sie gerade Platz fanden – zwischen zum Trocknen aufgehängten Kleidern und auf dem Boden ebenfalls zum Trocknen ausgebreiteten Papieren. So wenig es sein mochte, was sie aus der See hatten retten können, um so mehr hingen sie daran. Da gab es den Maat, der seinen Sextanten als einzigen geretteten Besitz wie seinen Augapfel hütete und niemanden auch nur in seine Nähe kommen ließ. Alle Offiziere und Unteroffiziere legten stets großen Wert auf ihre Sextanten. Ihr Verlust galt als um so schmerzlicher, je neuer und besser sie ausgestattet waren – etwa mit Mikrometer und eingebauter Beleuchtung. Einige Überlebende hatten ihre Seesäcke retten können, aber anderen war nur geblieben, was sie in ihren durchnäßten Hosentaschen mit sich trugen. William Venables trauerte heftig seinem Besitz nach, den die *Assyrian* mit auf den Grund des Meeres genommen hatte: den schönen Propeller aus Mahagoni-Holz für sein kleines Flugzeug, den Fliegenden Floh, auf den er soviel Zeit und Mühe verwendet hatte und der über seiner Koje gehangen hatte, als das Schiff versank. Vielen ging wohl durch den Kopf, was sie alles verloren hatten. Auch MacKinnons gesamte wertvolle Habe war untergegangen. In klareren Momenten seines Zustands fiel ihm das immer wieder ein: Für immer dahin – die kleinen Geschenke, die er seiner Frau und seiner Tochter hatte mitbringen wollen, den Füllfederhalter, seine Pfeifen, seine gemutlichen alten Pantoffeln, die er jahrelang getragen hatte; niemals würde er zulassen, daß ihm jemand neue als Ersatz dafür kaufte ...

Gegen Mittag folgte die *Leith* bei dauernd schlechter werdendem Wetter einem ziemlich strikten Ostkurs, in einer Linie mit der allerdings unsichtbaren Südküste der Hebriden. Fregattenkapitän Allen funkte noch einmal an das Oberkommando West und gab neben der Zahl der aufgenommenen Überlebenden, einschließlich dem Admiral in dessen kritischem Zustand, noch durch: »Habe kein anderes Schiff des Konvois mehr gefunden. Schließe mich der *Fowey* an ...«

Aber in Wirklichkeit würde Allen das andere Geleitschiff nie mehr sehen.

Korvettenkapitän Aubrey hatte nach seiner erfolglosen Überlebenden-Suche die *Fowey* auf mehr südlichem Kurs gehalten und sich damit von der *Leith* entfernt. Bei Tagesanbruch wurde er endlich für seine Mühe belohnt – er sichtete das erste Schiff, dann noch eines – und wieder eines, bis er aufgeregt im ganzen acht verstreute Schiffe zählen konnte. Acht Schiffe! Die Geretteten an Deck der *Fowey* jubelten und winkten zu den mühsam dahinstampfenden Schiffen hinüber, deren Silhouetten ihnen allen während ihrer langen gemeinsamen Reise so vertraut geworden waren und von denen sie niemals geglaubt hatten, sie je wieder zu sehen.

Aubrey begann, die acht Schiffe wieder zu einem kleinen Verband zu formieren, der weniger als ein Viertel dessen umfaßte, was vormals von Sydney aus in See gestochen war. Zunächst mußte es ein ›Leitschiff‹ geben, das den Geleitzug anführen sollte, aber das wurde mit wenig zeremoniellem Aufwand betrieben: Es würde einfach das größte unter den Schiffen sein oder jenes, das ohnehin schon am weitesten vorausfuhr. Die *Somersby*, der 5000-Tonner aus West Hartlepool, schien schließlich am besten geeignet. Die *Fowey* signalisierte die Entscheidung per Morsescheinwerfer hinüber. Der Somersby-Funker mußte auf die Brücke, um Kapitän Bill Thompson die Botschaft entschlüsseln zu helfen und mit der Stablampe die Bestätigung zurückzublinken. Und das war's schon. Kapitän Thompson aus Cardiff, der sein Schiff aus der Gefahrenzone geschleust hatte, indem er das Letzte, nämlich zehn Knoten, aus seinen Maschinen herausgeholt hatte, übernahm die Führung des Konvois.

Da das Wetter weiterhin schlechter und schlechter wurde, gab es für die Schiffe wenig Möglichkeiten, sich gegenseitig intensiver zu verständigen. Aber es genügte ihnen auch, wieder zusammen zu sein, in vernünftiger Formation zu fahren und die *Fowey*, die sie so gut wie nur möglich beschützen würde, bei sich zu haben. Ihre Position war jetzt ungefähr vierzig Meilen südwestlich von der *Leith*. Es war kurz vor Mittag, als Korvettenkapitän Aubrey ans Oberkommando funken konnte, daß er acht Schiffe des SC 7-Geleitzugs wieder gesammelt habe und sie bei einer Geschwindigkeit von siebeneinhalb Knoten Richtung Heimat begleite. Er fügte noch seine Annahme hinzu, daß ungefähr zehn Schiffe des SC 7 torpediert worden sein dürften ...

Tatsächlich waren es erschreckenderweise sogar sechzehn Frachter gewesen, die in dieser Nacht den U-Booten zum Opfer gefallen waren. Zusammen mit den vier Schiffen, die der SC 7 bereits vorher verloren hatte, stand die Gesamtverlust-Zahl bei zwanzig; und das war mehr als die Hälfte des gesamten Geleitzugs.

Zu dieser Zeit lief die am weitesten zurückliegende Scarborough, *über achtzig Meilen nordwestlich entfernt, in jenen Bereich hinein, in dem die* Assyrian *und andere untergegangen waren. Alles, was jetzt noch dort zu sehen war, waren ein paar herumtreibende Wrackteile und ein leeres, ziellos dahindriftendes Rettungsboot. Überlebende gab es nicht mehr.*

Der stürmisch-düstere Nachmittag ging schon in die Abenddämmerung über, als die allein durch die Wellen stampfende *Leith* mit Erleichterung die *Heartsease* sichtete, die immer noch die beschädigte *Carsbreck* begleitete. In dem ganzen Chaos der vergangenen Nacht hatte die Korvette dem Frachter engen Schutz gegeben, während sie durch eine See voller Wrackteile und leerer Rettungsboote gekreuzt waren, voraus die Rauchwolken des weiterziehenden Konvois am Horizont. Die *Carsbreck* lag über den Bug schon tief im Wasser, kam aber immer noch langsam und plump voran, den Hauptmast halb gebrochen und fortwährend durch das große Loch in der Bordwand Stücke ihrer Holzladung von sich gebend.

Drei versprengte Schiffe des Konvois waren inzwischen zur Korvette gestoßen und hielten engen Kontakt zu ihr. Es handelte sich bei einem von ihnen um die kleine *Inger Elisabeth* aus Norwegen, ein anderes war die *Corinthic*. Es war der verlorene Haufen eines einstmals großen Geleitzugs unter Führung der *Leith*, der jetzt durch die wilde See dampfte. Der Wind hatte Sturmstärke erreicht. Die eingebrochene Dämmerung sowie ein starker Regen ließen die Sicht immer schlechter werden.

Am späten Nachmittag hatte man auf der *Leith* aus der Ferne deutlich eine Explosion gehört. Eine halbe Stunde später kam das Grollen einer zweiten Explosion herüber. Was passierte da? Und wo passierte es?

In seiner Koje durchfuhr den kranken Admiral a. D. erneut ein Zittern, als er die Geräusche hörte. Jedesmal, wenn das Geleitboot in ein Wellental hinunterkrachte, dachte er in seinem Fieber, ein Torpedo habe eingeschlagen.

Weit im Süden, wo der Konvoi aus acht Schiffen unter dem Schutz der *Fowey* in der immer schwerer werdenden See ihre Formation zu halten bemüht war, konnten die Funker in ihren Geräten eine höchst widerwärtig empfundene Stimme hören: »Germany calling, Germany calling ...« Ihnen und den Landsleuten daheim wurde berichtet, daß der SC 7-Geleitzug vernichtet worden sei – ein großer Triumph und ein ruhmreicher Sieg der deutschen U-Boot-Waffe. Es folgten ausführliche Berichte, wie die U-Boote die Geleitschutz fahrenden ›Zerstörer‹ versenkt und die Handelsschiffe ›zermalmt‹ hätten, und das in einer einzigen wagemutigen Nachtattacke ... Doch auf vielen Schiffen, die ihre Geräte auf diesen Sender eingestellt hatten, wurden die letzten Worte von einem Schwall grober Flüche und Beschimpfungen begleitet. Das galt den englischen Seeleuten als die einzig richtige Sprache, in der man jenen englischen Verräter niederschrie, der ihnen auf Englisch diese Botschaft übermittelte. Sie wünschten ihm alle erdenklichen Todesarten an den Hals, wie sie wohl noch nie zuvor auf einem britischen Schiff zu hören waren und wohl nie wieder zu hören sein würden. Der Sender sollte dazu dienen, den Briten ihr grausames Schicksal drohend zu verkünden, erreichte aber das Gegenteil: Er wurde der größte Förderer britischer Moral und Widerstandskraft.

Dennoch stampften sie in eine bedrohliche Nacht. Sturm und Regen ließen die Sicht auf Null sinken, der Wind trieb die Schiffe immer wieder ab. Für die *Botusk* gab es höchste Alarmstufe, als sie plötzlich im Nordwesten Irlands gefährlich in Küstennähe geriet. Erst als sie später genau nachrechneten, welchen Kurs sie genommen hatten, wurde ihnen endgültig klar, wie knapp sie einem Ende an den Klippen entkommen waren.

Trotz aller Schwierigkeiten gelang es der *Fowey* in dieser Nacht dennoch, mit dem führenden Schiff der mittleren Kolonne stets Kontakt zu halten. Als aber der nächste Tag – Sonntag, 20. Oktober – hereinbrach, bot sich ihnen eine sehr veränderte Szene. Die *Fowey* und die *Somersby* fanden sich nämlich gänzlich allein in der aufgewühlten See. Alle anderen Schiffe ihres kleinen Geleitzuges hatte der Sturm über Nacht von ihnen weggeblasen. Es hatte keinen Zweck, sie jetzt noch zu suchen. Korvettenkapitän Aubrey entschloß sich vielmehr, mit Rücksicht auf die hundertsiebenundfünfzig Geretteten an Bord, den nächsten Hafen anzulaufen. Statt also Kurs auf Liverpool zu nehmen, plante er, den Firth of Clyde zu erreichen und die Männer dort, bevor es wieder dunkel wurde, an Land zu setzen. Um 10 Uhr funkte er dieses Vorhaben an das Oberkommando West. Dann nahm die *Fowey* Kurs auf den Clyde.

Die *Leith* hatte auf ihrer Fahrt durch die stürmische Nacht kein bißchen mehr Glück. Sie verlor den Kontakt zur *Heartsease* und den vier Frachtern und fand sich bei Tagesanbruch allein. Auch bis mittags hatte sie noch kein weiteres Schiff mehr gesichtet. So funkte Allen an das Küstenkommando, daß er bald einlaufen und die Überlebenden an Land setzen werde. Aber im Unterschied zur *Fowey* wollte er direkt Liverpool anlaufen.

Am späten Nachmittag wurden die Männer an Bord der *Leith* Zeugen eines Epitaphs auf den SC 7. Die beiden Schwerverletzten der *Assyrian*, der Signalgast und ein Matrose, waren gestorben. Ihre in Zeltbahnen eingewickelten Leichname wurden an Deck nebeneinander aufgebahrt und mit der britischen Fahne bedeckt. Nach der Totenehrung und den Salutschüssen wurden sie dem Meer übergeben.

So viele andere Seeleute, die ebenso den Tod in der Schlacht gefunden hatten, hatten auf diese letzte Ehrung verzichten müssen. In dieser wurden sie alle mit eingeschlossen.

Nach Beendigung ihres Rettungswerks hatte die Korvette *Bluebell* ebenfalls wieder Geleitzug-Kurs eingeschlagen. Aber die Männer auf der Brücke bekamen nicht ein einziges Schiff mehr zu Gesicht. Bis zur Grenze ihrer Kapazität mit Geretteten belegt, konnte die *Bluebell* in den Augen von Kapitän Sherwood nun keiner anderen Aufgabe mehr dienen als der, sie so bald wie möglich heimzubringen.

Da unter ihrer Besatzung kein medizinisch ausgebildetes Personal war, wußte keiner so recht, wie man mit den Verletzten umzugehen habe. Ein paar von ihnen hatten sie wie Mumien von oben bis unten in Verbände eingewickelt. Da keine allzu ernsten Fälle darunter waren, ging alles gut. Mehr zu tun hatte man hingegen mit einer anderen Krankheit, nämlich der Seekrankheit. Sie befiel alle, die das Stampfen der Korvette, das vergleichsweise heftiger war als das behäbiger Handelsschiffe, nicht vertragen konnten und denen vierundzwanzig Stunden lang dadurch hundeelend war.

Die *Bluebell* hatte nunmehr viermal so viele ›Gäste‹ als Besatzungsmitglieder an Bord. Zwei todmüde Offiziere von der *Empire Miniver* haben es einem Matrosen ihr Leben lang nicht vergessen, daß er ihnen seine Koje zur Verfügung stellte, in die sie, drei Mann hoch, zusammen hineinkletterten. Später, als man alle Offiziere in die Offiziersmesse verlagerte, verließen auch die beiden dankbar ihr ›komfortables‹ Quartier und zogen in die kleine, total überbelegte Offiziersunterkunft, wo nun jeder anstelle eines Liegeplatzes einen schlichten Sitzplatz an Deck einnahm.

Die Kapitäne wiederum wurden in die Kapitänskajüte gebeten, wo Kapitän Brett von der *Beatus* und Kapitän Weatherill von der

Scoresby das Los entscheiden lassen mußten, wer Kapitän Sherwoods Koje besteigen durfte.

Aber das waren, gegenüber dem einen großen Problem dem Essen, noch kleine Fische. Die zum Geleitschutz abgestellten Korvetten waren mit einer Verpflegung, die für zehn Tage reichte, nebst einer Zulage für Notfälle, ausgerüstet. Aber das reichte für so viele Mägen, die nun zusätzlich zu füllen waren, natürlich hinten und vorne nicht. So mußte die Verpflegung denn streng rationiert werden; Mannschaften wie Gerettete teilten sich ein reichlich mageres Menü. Doch das wurde alles ohne Probleme gemeistert. Auch in der Offiziersmesse wird es kaum anderes gegeben haben als Schiffszwieback und Corned beef.

Die *Bluebell* dampfte weiter durch Sturm und Wetter, bis sie schließlich in einer Nebelbank landete. Und damit war sie in einer ganz und gar unmöglichen Situation. Seit Tagen hatten sie die Sonne nicht mehr gesehen, und Kapitän Sherwood lenkte sein Schiff auch mit einer tüchtigen Portion Gottvertrauen. Alle von anderen Schiffen geretteten Offiziere – ungefähr dreißig – boten ihre Hilfe an, indem sie ihre Berechnungen anstellten, aber niemand erwischte auch nur einen Sonnenstrahl, an dem er sich besser hätte orientieren können. Nur der Erste Offizier der *Scoresby* schwor zur anhaltenden Belustigung des Kapitäns, er habe die Sonne gesehen. Die schlimme Wahrheit über ihre wirkliche Position kam aber erst heraus, als sie plötzlich Tory Island im Nordwesten Irlands sichteten, und zwar auf der falschen Seite: Die *Bluebell* war ›blind‹ nach Süden gelaufen.

Wenigstens wußte Sherwood jetzt Bescheid und konnte mit voller Geschwindigkeit Heimatkurs nehmen. Alles laufe jetzt ganz wie am Schnürchen, versicherte er seinen ›Gästen‹, sie könnten sich beruhigt schlafen legen – denn wenn sie schliefen, würden sie weniger essen. Das war gar nicht als Spaß gemeint, im Gegenteil: Der rapide Rückgang der Lebensmittelvorräte war seine größere Sorge. Daher mußte er seine Passagiere so schnell wie möglich an Land bringen, deshalb entschloß er sich, die *Bluebell* nicht nach Liverpool, sondern in den Clyde laufen zu lassen. Falls nämlich der Nebel ihre Einfahrt nach Liverpool verhindern sollte – und darin hatte er so seine Erfahrungen –, dann würden sie bald in eine regelrechte Versorgungsnotlage geraten.

Die See war weiterhin schwer, als die *Bluebell* Stunde um Stunde sicher und schnell vorankam. Als sie am Sonntag, dem 20. Oktober, Firth of Clyde erreichte, blies ein kräftiger Südwest. Einige Kapitäne hatten sich inzwischen an die Aufgabe gemacht, eine Liste der Überlebenden ihrer Schiffe anzufertigen. Gegen Mittag verließ der Erste Offizier der *Scoresby*, Coultas, die Brücke und begab sich zum Essen in die Offiziersmesse. Seine Ration bestand aus einem Stück Corned beef – vier Zentimeter im Quadrat – und ein paar Krümeln Zwieback, die man noch vom Boden der Dose gekratzt hatte. Die Vorratskammern der *Bluebell* waren wortwörtlich leer bis auf die letzte Bohne.

Als die Korvette die erste Boje des Meeresarms erreichte, sichtete sie die *Fowey*, die herübersignalisierte, sie solle ihr folgen.

Am Abend hatten sie den Pier von Gourock erreicht. Die müden, hungrigen Überlebenden schleppten sich an Land. Es war eine ergreifende und kaum vorstellbare Szene, wie da Hunderte jene beiden Schiffe verließen, denen sie ihre Rettung zu verdanken hatten. Mehr als hundertfünfzig kletterten von der *Fowey*.

Wie viele die *Bluebell* beherbergt hatte, erkannte Kapitän Sherwood erst, als sich die Flut in Bewegung setzte. Als er schließlich über zweihundert gezählt hatte und der Strom noch immer nicht abriß, rief er dem erstaunten Marineoffizier, der sie in Empfang nahm, zu: »Guter Gott, sie müssen von unten durch ein Loch im Schiffsrumpf kommen – für so viele Leute können wir unmöglich Platz gehabt haben!«

Doch das Schiff selbst verfügte über genügend Zeugnisse, die auf die Anwesenheit so vieler Menschen schließen ließ. Drinnen sah es überall aus wie auf einem Schlachtfeld. In den Quartieren waren fast alle Kojen, die an Ketten hingen, abgerissen – zu viele Männer gleichzeitig hatten in ihrer Erschöpfung auf ihnen Platz gesucht.

Die Geretteten, über vierhundert an der Zahl, warteten darauf, von den Behörden offiziell aufgenommen und eingetragen zu werden. Sie wurden mit Tee, Sandwiches und Zigaretten versorgt. Schon bald tauchten die ersten Zeitungsreporter auf. Doch wachsame Offiziere und Kapitäne achteten streng darauf, daß keine unautorisierten Informationen weitergegeben wurden.

»Kommt, Jungs«, drangen die Reporter, »erzähl uns was und macht uns nicht jede Story mit eurer Zensur kaputt ...«

Die Männer wurden in einer großen Halle untergebracht, wo man ihnen Essen servierte. Danach verstreuten sie sich in Gruppen und gingen verschiedene Wege. Die Matrosen wandten sich an die Britische Seemanns-Gesellschaft und andere Vereinigungen, die Offiziere kümmerten sich um Unterkünfte in den Hotels der Stadt.

Dabei wurden die Offiziere der *Empire Miniver* an ein Hotel verwiesen, das so überfüllt war, daß sie auf Matratzen, die in der Halle ausgelegt wurden, schlafen mußten. Aber was tat das schon, wo sie doch zum erstenmal seit dem Angriff auf den SC 7 unter richtigen Leintüchern schlafen konnten. Die Offiziere der *Shekatika* bekamen es mit einem Hotel zu tun, in dem ihnen das Betreten des Speisesaals verboten wurde: Sie seien nicht entsprechend gekleidet, hieß es dazu lapidar. Dabei waren die meisten von ihnen in Uniform, nur fehlten ihnen Schlips und Kragen. Statt dessen hatten sie wollene Unterjacken und schwere Seemannsstiefel an, wie es sich für eine Fahrt im Rettungsboot ja auch wohl von selber verstand. Aber auf ihren Zimmern durften sie wenigstens Essen einnehmen. Außerdem warfen sie kurzerhand ihr restliches Geld zusammen und kauften sich, damit auf die gelungene Rettung und das künftige Wohl geziemend angestoßen werden konnte, eine Flasche Whisky.

Am anderen Morgen meldeten sie sich offiziell ab und traten den verdienten Urlaub an; sie und die hunderte anderen, diesmal fast unbeachtet. Auch von den Reportern wurden sie nicht mehr aufgesucht, und es erschien von ihnen oder über sie kein Wort in den Zeitungen, nicht jetzt und auch nicht später.

Die *Bluebell* und die *Fowey* liefen nach Übernahme einiger Notrationen mit Kurs nach Liverpool aus. Der nächste Konvoi wartete auf ihr Geleit in Richtung Westen, der übernächste darauf, daß er heil in die Heimathäfen geführt würde.

Doch noch führte die *Bluebell* einen Überlebenden an Bord; den deutschen Schäferhund, den der junge Sture Mattsson vorm Ertrinken bewahrt hatte, als die *Gunborg* sank. Die freundlichen Seeleute hatten den Jungen gewarnt: Wenn er seinen Hund mit an Land nähme, würden sie ihn gewiß in Quarantäne stecken. So hatte er ihnen denn, wenn auch traurigen Herzens, das Tier nach einer letzten Liebkosung überlassen. Jetzt gehörte der Hund zur Crew der Korvette.

11.

Wie fühlen Sie sich, Käpt'n?

»*Montag. 21. Oktober, 8.30 Uhr. Am Prince's Pier festgemacht und Überlebende ausgeschifft*«.

So lautete der Kurzbericht, den die *Leith* abgab. Alle Überlebenden befanden sich auf dem Oberdeck, als sie an diesem kalten Morgen in Liverpool einliefen. Über hundert zählten sie, die Offiziere und Mannschaften von der *Assyrian*, der *Empire Brigade*, der *Soesterberg* und schließlich der *Nora*, jenem Schiff aus Estland, dessen Crew sie schon aufgenommen hatte, bevor die alptraumhafte Nacht des SC 7 begann.

Begrüßt wurden sie von ein paar Dockarbeitern und Lastwagenfahrern, die gerade ihre Arbeit begonnen hatten, dazu von einigen Marineoffizieren, einer Ambulanz und einem Arzt.

Sie kamen, soweit sie zu den Glücklicheren gehörten, in den absonderlichsten Kostümen an Land; denn die anderen waren halbnackt und in Decken gehüllt. Irgendwelche Ränge waren unter ihnen nicht mehr erkennbar. Kapitän de Jong zum Beispiel, der kleine Chef der *Soesterberg*, der, wie seine Crew, Schuhe, Stiefel und Socken geopfert hatten, um das lecke Rettungsboot zu stopfen, marschierte mit zwei verschiedenen Schuhen verschiedener Größe auf, die er sich von einem wahren Riesen von Maschinisten ›organisiert‹ hatte. Zudem waren ihnen auch noch die Absätze abgebrochen. So schlurfte der Holländer dahin. Vervollständigt wurde seine überwältigende Erscheinung durch ein von Öl und Ruß schwarz verschmiertes Gesicht, das ein nun schon drei Tage alter Bart zierte. Auf die Mütze mußte er verzichten – die schwamm irgendwo draußen im Atlantik.

Als die Männer die Landebrücke entlanggingen und -humpelten, kamen sie an einer Gruppe Stewards vorbei, die ihr Schiff gerade mit Fleisch beluden.

»Von welchem Schiff seid ihr?« rief sie ihnen zu.

»Von Dutzenden«, kam die lakonische Antwort.

Fast hätten die Stewards ihre Ladung fallen gelassen.

Es war alles Grau in Grau, was sich dort an diesem Morgen abspielte, aber wie überall, so gab es auch hier einen Spaßvogel, der die trübe Stimmung aufzulockern wußte. Die schlagfertige Antwort kam von einem, der bereits die ganze Fahrt über für die richtige Stimmung gesorgt hatte. Er war einfacher Seemann, schon nahe an die Siebzig, mit Frau und acht oder neun Kindern zu Hause. An Bord der *Leith* war er wie kein anderer stetig in Bewegung gewesen, permanent beschäftigt mit Fegen und Wischen der Decks, mit der Mannschaft schwätzend und darüber räsonnierend, wie sehr er sich nach seinem häuslichen Nest sehne. Er war ein ganz und gar unbezähmbarer Charakter, den jedermann an Bord einfach ins Herz schließen mußte. Als er über die Gangway wegtrat, wurde ihm ein lautes Hurra nachgerufen.

Schließlich waren alle von Bord. Viele wandten sich an die Seemanns-Mission, wo sie, wie zum Beispiel Funkoffizier Frank Bellas von der *Assyrian*, ihre Lumpen gegen ordentliche Kleidungsstücke eingetauscht bekamen.

Die Ambulanz wartete am Kai. Sie war herbeordert worden, um den kranken Admiral a. D. aufzunehmen; doch zuvor gingen zwei Frauen an Bord.

Lachlan MacKinnon hatte das Bewußtsein wiedererlangt und diktierte gerade unter großer Anstrengung ein Telegramm an seine Frau, um sie zu benachrichtigen, daß er noch am Leben sei. Doch in dem Augenblick trat sie selbst mit Tochter Ione in seine Kajüte. Sie hatten von seinem schlimmen Zustand nach der Rettung gehört und hatten die lange, beschwerliche Bahnreise von Frampton (Dorset) nach Liverpool auf sich genommen, um ihn zu sehen. Dabei war es, bei aller Hilfe, die man ihnen geboten hatte, doch ein Gutteil Glück gewesen, daß sie auch den richtigen Hafen erwischten. Fregattenkapitän Ughtred James, der Ehemann der anderen Admirals-Tochter in Amerika, hatte auf Posten bei der

Admiralität davon erfahren, daß man seinen Schwiegervater aus Seenot gerettet habe und daß er schwer krank sei! Außerdem hatte er in Erfahrung gebracht, daß seine Retter innerhalb der nächsten achtundvierzig Stunden in einem ›nordwestlichen Hafen‹ erwartet würden. James war nach England gereist, hatte sich mit den beiden Frauen getroffen und war mit ihnen nach Euston gefahren, wo zwei Züge startbereit nebeneinander standen – der eine mit dem Ziel Liverpool, der andere mit dem Ziel Glasgow. Welchen sollten sie nun nehmen? Er rief den diensthabenden Offizier im Lageraum der Admiralität an.

»Liverpool ist näher als Glasgow«, kam die Antwort. »Ich würde es mit Liverpool versuchen ...« Und so waren sie hierher gekommen und standen nun an Bord der *Leith*. Der Admiral war immer noch schwer krank. Wäre seine Lungenentzündung nicht eingedämmt worden, hätte er die nächsten Stunden nicht überlebt. Nur die ›M & B‹-Tabletten retteten ihn. Aber Dr. Robertson wollte nicht erlauben, daß sein Patient an Land gebracht würde, bevor ein Lungenfacharzt aus dem nahegelegenen Hospital ihn an Ort und Stelle genau untersuchte.

Dann machte die *Leith* los und fuhr stromaufwärts, um Öl zu bunkern. Kaum in Fahrt, wurde sie an ihren Liegeplatz zurückgerufen, um den Lungenarzt in Empfang zu nehmen. Da eine erneute Bewegung des Schiffs derzeit dem Admiral, der nach vielen Schmerzen endlich etwas Schlaf gefunden hatte, eher schaden würde, gab Korvettenkapitän Allen das Signal zum Auftanken und zur geplanten Rückkehr.

Fregattenkapitän Dickinson von der *Scarborough* kam an Bord. Sie war auf dem Weg nach Liverpool nur noch einem einzigen Schiff des einstmals stolzen SC 7-Geleitzugs begegnet, und zwar der *Somersby*, die Kurs auf den Clyde hielt. Die beiden Kapitäne hatten nun Gelegenheit, ihre Meinungen über den unerwarteten Angriff auf den Konvoi auszutauschen.

Da kam ein weiteres Signal, die *Leith* solle unverzüglich umkehren. Der Experte war inzwischen am Kai gewesen, hatte das Schiff nicht mehr vorgefunden, war darauf umgekehrt und nun entsprechend wütend; auch der Kommandant der Begleitboote war wütend; und der Stabsarzt, der inzwischen zur Landungsbrücke gekommen war und die *Leith* nun zurückerwartete, war äußerst wütend. Mit grimmigem Blick und voller Ungeduld schaute er sich den Admiral eine Minute lang an und sagte dann brüsk: »Holt eine Bahre herein!«

Der junge Schiffsarzt bemühte sich seinen Standpunkt zu erklären, daß zunächst ein Experte den Admiral untersuchen müsse. Aber seine Proteste wurden von dem ranghöheren Arzt mit einer Handbewegung weggewischt, während er auf die besorgten Fragen der Verwandten gerade noch mit der angestrengtesten Höflichkeit antwortete. Mit vor Zorn bleichem Gesicht begleitete Dr. Robertson seinen Patienten ins Hospital. Er hatte den Admiral bis hierher durchbekommen, und er wollte ihn nicht eher verlassen, bis er ihn in Händen eines Facharztes wußte.

Der plötzliche Abtransport des Admirals a. D. zerschlug die Hoffnungen einiger Besatzungsmitglieder der *Leith*, die aufgrund der Schonbedürftigkeit MacKinnons auf einen kurzen Landurlaub spekuliert hatten. Statt dessen fuhr die *Leith* nun zu ihrem angestammten Liegeplatz im Gladstone-Dock. Die Besatzung wurde an Land und in eine offene Lagerhalle befohlen, wo sie von einer Blaskapelle begrüßt wurde. Außerdem waren dort: der Erste Lord der Admiralität, A. V. Alexander, ein paar Minister, der wie stets makellos gekleidete Admiral Sir Percy Noble als Oberbefehlshaber der westlichen Flottenverbände und eine Anzahl Flaggoffiziere. Admiral Noble hielt eine anfeuernde Rede, die die meisten aber keineswegs wie Musik in den Ohren klang. So schlimm die Tage gewesen seien, die sie durchgemacht hätten, meinte er, so seien sie doch nur ein Vorgeschmack dessen, was im kommenden Jahr noch auf sie zukommen würde …

Doch nach solchen schlechten Neuigkeiten kamen die guten. Es gab ein paar Tage Landurlaub.

Nach Hause!

Heim zu Frau und Freundin; ins Fußballstadion und ins Kino. Und, um zu erfahren, daß alle Männer bis zum fünfunddreißigsten Lebensjahr für den Kriegsdienst erfaßt werden sollten …

Auch für die von der *Leith* Geretteten hieß die Devise: Heim! Manche hatten es, wie etwa der Zweite Ingenieur William Venables, dazu gar nicht weit. Er mußte nur bis zum anderen Ende der Stadt gehen.

Als er unerwartet vor seiner Haustür auftauchte, fragte ihn seine Mutter erstaunt: »Was ist passiert, Will?«

»Ach, weiter nichts«. war seine Antwort. »Ich habe nur ein wenig Urlaub bekommen.«

Aber dann brach er doch plötzlich in Tränen aus und erzählte ihr, daß die *Assyrian* versenkt worden war.

So konnte es einem ergehen, der ein Schiff verlor, das in den sieben Jahren Dienst an Bord zu ›seinem‹ Schiff geworden war – Gefühle, die man nicht erklären, aber auch nicht einfach verdrängen konnte.

Funkoffizier Robert Stracy, der sonst stets peinlich auf Uniform und Erscheinung achtete, betrat sein Haus in Manchester in jenen zusammengewürfelten Kleidern, die er über die Seemanns-Mission erhalten hatte. Sein bißchen persönliche Habe hielt er in Zeitungspapier eingewickelt unter den Arm geklemmt.

»Was, um Himmels willen, ist denn mit dir los?« begrüßte ihn auch seine Frau. »Du schaust ja aus wie ein Wrack.«

»Ich bin auch torpediert worden, Liebling.«

Für die geretteten Kapitäne der Handelsschiffe folgten nach Verlassen der *Leith* erst einmal die üblichen Befragungen im Marinehauptquartier. Wie hatten die U-Boote angegriffen? Welche Ansichten hatten sie sich dazu gebildet? Hatten sie ihre geheimen Papiere retten können, oder waren sie vernichtet worden? Oder war es möglich, daß sie noch irgendwo im Meer schwammen?

Als für Kapitän de Jong die Befragung zu Ende war, machte er sich in seinen viel zu großen Schuhen mühsam auf den Weg durch die Straßen von Liverpool. Er mußte oft fragen, bis er endlich das holländische Konsulat gefunden hatte. Dort wurden dann, wenn auch knirschend, alle Räder in Bewegung gesetzt, und er bekam Geld ausgehändigt, um seine Crew versorgen zu können. Alle hatten inzwischen eine Unterkunft gefunden; die Verletzten waren ins Krankenhaus eingeliefert worden.

Kapitän de Jong schickte seinen Ersten Offizier zum Einkaufen für seine Leute, damit sie mit dem Notwendigsten ausgerüstet waren. Sich selbst leistete er im Hotel endlich einmal den Luxus eines Bades, einer Rasur und schlüpfte in einen neuen Anzug und neue Schuhe. An diesem Abend ging er früh ins Bett. Über das, was in der folgenden Nacht passierte, hat er später in einem Schreiben so berichtet: »Die Hunnen wollten mir den verdienten Schlaf nicht gönnen. Denn kaum war ich friedlich eingenickt, da erschienen gegen 22 Uhr die ersten deutschen Bomber über Liverpool und warfen ihre gesamte Ladung über der Stadt ab. Es regnete Bomben. Hinter dem Hotel befand sich eine Flak-Stellung. Als das Geschütz zu feuern begann, erzitterte das ganze Hotel bis in seine Grundfesten. Es war, als ob ich mich wieder an Bord eines Ballastschiffs befände, und das bei schlechtem Wetter, wo man in seiner Koje von einer Seite zur anderen geschleudert wird, wenn das Schiff durch die Wogen stampft, mit dem Bug in die Höhe schießt und dann wieder ins nächste Wellental stürzt und dabei alles knirscht und kracht. So ähnlich war es, als ganz in der Nähe eine Bombe einschlug. Eine Explosion folgte der anderen.

Ich dachte mir aber: ›Streng dich nur an, wie du kannst, du dreckiger Hunne, du wirst mich nicht aus dem Bett befördern. Dazu bin ich einfach zu müde.‹ Glücklicherweise war der Angriff gegen Mitternacht zu Ende, und die Deutschen flogen davon. Hinter sich ließen sie eine brennende Stadt und viele Trümmer. Die Stromversorgung war unterbrochen, nachdem offensichtlich das Elektrizitätswerk einen Treffer abbekommen hatte, und in vielen Straßen gab es kein Wasser mehr und kein Gas. Eine Menge Häuser rundum war getroffen worden, aber das Hotel war glücklicherweise verschont geblieben.

Am folgenden Morgen brannten noch immer viele Häuser. Als ich mich auf den Weg zum Büro der Niederländischen Schiffskompanie machte, begegnete ich dem holländischen Konsul: Er war auf der Suche nach einer neuen Unterkunft, weil auch sein Haus von Bomben zerstört war. Das ging so eine Reihe von Nächten immer weiter, und große Teile Liverpools wurden zerstört. Dennoch blieben die Bewohner ruhig und gelassen. Sie nahmen es hin, wie es kam, ohne zu grollen. Sie glaubten am Ende an einen Sieg.«

Mittlerweile hatten alle übrig gebliebenen Schiffe des SC 7 den Firth of Clyde glücklich erreicht.

Die *Botusk*, die an der irischen Küste fast auf Grund gelaufen wäre, traf unterwegs ein Kriegsschiff, das sie aus der Ferne eskortierte. Bei nebligem Wetter dampfte sie auch noch unwissentlich über ein britisches Minenfeld. Aber sie kam heil hindurch und legte glücklich in Gourock an.

Auch die alte *Dioni*, der einzige Überlebende der vier Griechen, lief dort ein. Dann kam die *Valparaiso*, einzig überlebender Schwede. Ein dichter und langanhaltender Nebel hatte sich für Kapitän Oscar Asplund als beschützender Freund erwiesen.

Dann gab es fünf Norweger: die *Karlander*, die *Inger Elisabeth*, die *Havorn*, die *Sneland I* und den alten Tanker *Thoroy*, dessen brüchige Wände mehrere Torpedos nur knapp verfehlt hatten. So war der Tanker, Jahrgang 1893, unbeschädigt bis ins Ziel weitergestampft.

Da waren die dänische *Flynderborg* und das alte, dreckige Trampschiff *Trident* aus England. Auch sie war zwei Torpedos, die ihren Kurs gekreuzt hatten, nur knapp entronnen – ihre Langsamkeit hatte sie davor bewahrt, direkt in sie hineinzulaufen! Als die *Trident* später die Barry-Docks erreichte, erhielt jeder Mann aus der Crew von einer generösen Schiffahrtsgesellschaft eine Zulage von fünf Pfund und drei Tage Urlaub; die Offiziere bekamen eine Gratifikation von zehn Pfund.

Wie die *Trident*, kam auch die alte *Corinthic* aus Hull am Sonntagabend in den Hafen gelaufen. Es regnete die ganze Nacht über, und am nächsten Tag herrschte dichter Nebel. Aber mit scharfen Augen suchte man doch die Kais nach den Umrissen vertrauter Schiffe ab, und die Erleichterung war jedesmal groß, wenn man wieder eines entdeckt hatte.

Die *Corinthic* verließ den Liegeplatz als erste. Die Mannschaften der anderen Schiffe kamen an Deck und winkten ihr zum Abschied mit ihren Mützen zu.

»Wie fühlen Sie sich diesen Morgen, Käptn?« erkundigte sich Kapitän Bill Thompson von der *Somersby*.

»Viel besser als am Freitagabend!« rief der kleine, drahtige Kapitän George Nesbitt zurück.

»Viel Glück«, scholl es von überall her durch den Nebel. War das der Rest der einstmals fünfunddreißig Schiffe des Geleitzugs? Nein, es gab noch eines.

Unter lauten Hurra-Rufen kam die angeschlagene *Carsbreck* hereingehumpelt, begleitet von der treuen *Heartsease*. Es war eine bemerkenswerte Leistung, die der Dampfer aus Glasgow da zuwegegebracht hatte. Mochte sie auch ein großes Loch in der Bordwand haben und mit dem Bug schwer im Wasser liegen – sie hatte es geschafft und konnte jetzt vor Anker gehen.

Die *Heartsease* stoppte hingegen ihre Maschinen nicht. Kaum hatte sie die *Carsbreck* abgeliefert, drehte sie auch schon Richtung Liverpool bei. Sie hatte noch neun Überlebende an Bord, die sie aus dem Meer gefischt hatte, während sie für die *Carsbreck* Geleitschutz gefahren war. Anderthalb Tage hatten die Männer in einem Rettungsboot zugebracht, ehe man sie entdeckt hatte. Vor Liverpool mußte die *Heartsease* jedoch vor Anker gehen, als dicker Nebel aufkam. Es handelte sich um eben den Nebel, der Kapitän Sherwood dazu bewogen hatte, seine überfüllte *Bluebell* nicht nach dorthin zu lenken.

Die Wartezeit über, bis sich der Nebel lichtete, setzte sich Kapitän North, der vom Lande stammte, an seinen Schreibtisch, holte einen der schönen Cox-Orange-Apfel aus Oxfordshire – von denen er einen ganzen Vorrat hatte –, hervor und schrieb seinen Eltern einen Brief.

»Wir werden bald wieder im Hafen sein, nachdem wir einen Einsatz hinter uns gebracht haben, der etwas länger gedauert hat als üblich. Es gab nämlich einige Zwischenfälle mehr ... Die meiste Zeit ging es uns recht gut, die See war ruhig, bis auf eine Nacht, in der es stürmte und regnete ... Wenn wir auf See sind, fliegen immer die verschiedensten Arten von Vögeln um unser Schiff. Diesmal waren es einige Stare, von denen ich nicht weiß, woher sie kamen ...«

So und ähnlich lauteten zumeist die Briefe, die man an seine Familie daheim schreiben konnte; denn von den Dingen, die wirklich vor sich gingen, konnte und durfte man nicht schreiben. Das war auch nicht mehr als das, was er selbst zum Beispiel von einem Minister des Kriegskabinetts, der kürzlich zu einer Besichtigung seines Schiffs an Bord gekommen war, anhören mußte: »Nun, Kapitän, ich muß sagen, Sie haben es hier doch recht gemütlich, nicht wahr?«

Alles war nun aufgelistet und abgehakt, aber immer noch kamen Überlebende, die man dem Atlantik entrissen hatte. Und, zur allgemeinen Überraschung, tauchte ein weiteres Schiff auf.

In der Angriffsnacht fand sich bei Tagesanbruch das zweite Rettungsboot der *Blairspey*, das noch intakt geblieben war, nachdem sie knapp vor dem dritten Torpedotreffer hatten fliehen können, allein auf weiter See. Endlich sichteten sie am Horizont ein Schiff. Sie konnten es kaum glauben, aber es war die *Blairspey*. Der große Dampfer war trotz erheblicher Beschädigungen, die die drei Torpedos angerichtet hatten, dreißig Seemeilen nach Süden gedriftet. Auch sie wurde von dem Auftrieb ihrer Holzladung über Wasser gehalten.

Als sie, ihren Augen nicht recht trauend, aus der Distanz zum Schiff hinüberschauten, brach eine Sunderland-Maschine vom Küstenkommando durch die Wolken und umkreiste das Wrack. Die Männer schrien und winkten aus Leibeskräften, aber das Flugboot entdeckte sie nicht. Nachdem seine Besatzung das Schiff inspiziert hatte, drehte es ab und flog davon.

Etwas später an diesem desolaten Morgen bekamen sie aber Gesellschaft. Ein anderes Rettungsboot, in dem die Überlebenden der *Sedgepool* saßen, kam in Sicht. Auch diese Männer hatten kurz nach Tagesanbruch ein Schiff gesichtet. Es hatte sich als die *Sedgepool* herausgestellt. Ihren Kapitän hatten sie verloren. So debattierten sie untereinander, ob sie wieder hinüberrudern und an Bord des schwer beschädigten Schiffes gehen sollten, um ein paar trockene Kleider zu holen – da steckte der Dampfer plötzlich seine Nase ins Wasser, und hinab ging es mit ihm und seiner Getreideladung, die für Manchester bestimmt gewesen war. Da erinnerten sie sich an die Späße, die sie zuvor über die alte *Sedgepool* gemacht hatten: Dies sei der einzige Konvoi gewesen, bei dem sie je habe mithalten können. Nun war es ihr erster und letzter gewesen.

Die beiden Bootsbesatzungen begrüßten sich und beredeten

miteinander, was zu tun sei. Die Leute im *Sedgepool*-Boot beschlossen, sich auf den langen Weg zum Butt of Lewis zu machen, dagegen wollten die *Blairspey*-Männer lieber in Sichtweite ihres Schiffs bleiben. Sie nahmen als sicher an, daß die Sunderland ihre Position und ihren Zustand durchgegeben habe und nun ein Schiff ausgeschickt werde, um das Wrack zu untersuchen.

Tatsächlich kam auch Hilfe, aber aus einer unerwarteten Ecke. Der Hochseeschlepper *Salvonia* war von Campbeltown aus in See gestochen, nachdem er die Notrufe von der *Shekatika* aufgefangen hatte. Als er ankam, war die *Shekatika* bereits gesunken, doch dafür traf er nun auf die *Blairspey*.

Es war 17 Uhr, als die vierzehn ermatteten Insassen des Rettungsbootes den Schlepper längsseit gehen sahen. Wieder fingen sie an, aufgeregt zu winken, und diesmal wurden sie, dem Himmel sei Dank, gesichtet. Der Schlepper hielt auf sie zu, und nun begann bei starkem Wellengang das gefährliche und schwierige Geschäft der Bergung. Aber nach einer Stunde war es geschafft: alle waren wohlbehalten an Bord.

Der erfahrene *Salvonia*-Kapitän war überzeugt davon, daß sich die *Blairspey* trotz der großen Schäden über Wasser halten könnte, und entschloß sich, sie in Schlepptau zu nehmen. Doch bei zunehmender Dunkelheit und der schweren See war es unmöglich, die *Blairspey* auf den Haken zu nehmen. Die *Salvonia* mußte, soviel war klar, den nächsten Tag abwarten und auf Wetterbesserung hoffen, ehe sie mit dieser Arbeit beginnen konnte. Weil immer noch die Gefahr bestand, daß ein U-Boot in der Nähe lauern könnte, drehte der Schlepper mit hoher Geschwindigkeit ab und fuhr dabei Zick-zack-Kurs, um die Nacht in sicherer Distanz von dem dahintreibenden Wrack zu verbringen.

Bei Morgendämmerung des folgenden Tages – Sonntag, 20. Oktober – kehrte die *Salvonia* zu ihm zurück. Jetzt gelang es, bei besserem Wetter und etwas ruhigerer See, die Trosse zu befestigen. Doch auf diese Weise rettete sie nicht nur ein leeres Schiff, sondern neben der Besatzung der *Sedgepool* konnte das zur rechten Zeit erschienene Schiff eines der beiden Boote von der *Clintonia* unter dem Kommando ihres Ersten Offiziers Buglass ausmachen und die Insassen an Bord nehmen. Jetzt hatte die *Salvonia* mit ihren 500

Tonnen schon die Besatzungen dreier Schiffe an Bord – und damit war ihr Werk noch lange nicht vollendet.

Den ganzen Sonntag über zog sie die stampfende und schlingernde *Blairspey* hinter sich her. Am nächsten Tag nahm sie die Überlebenden zweier Schiffe auf, die sich in ein gemeinsames Rettungsboot geflüchtet hatten: Offiziere und Mannschaften der *Port Gisborne* und der *St. Malo,* die zu einem viel früher von Halifax aus in See gegangenen HX-Konvoi gehört hatten. Zehn schreckliche Tage hatten die endlich Geretteten in ihrem Boot zugebracht.

Damit hatte der Schlepper jetzt mehr als hundert dankbare Überlebende an Bord. Einer von ihnen war der Erste Ingenieur James Aves von der *Sedgepool*. In seiner Tasche trug er ein Foto seiner Familie mit sich, praktisch das einzige, was er noch besaß. Es war ziemlich zerknittert und von der Feuchtigkeit mitgenommen; denn Aves hatte von seinem Schiff aus ins Wasser springen müssen, um sich zu retten. Auf der Rückseite der mittlerweile getrockneten Fotografie mußten nun einige der mit ihm Geretteten und auch Besatzungsmitglieder der *Salvonia* ihr Autogramm verewigen. Es war wohl das einzige persönliche Dokument ihres gemeinsam erlebten Dramas.

Vier weitere Tage und Nächte lang schleppte die *Salvonia* die taumelnde *Blairspey* durch die gefährlichen Gewässer westlich von Großbritannien. Am Freitag, den 25. Oktober, sieben Tage, nachdem sie von drei deutschen Torpedos getroffen worden war, erreichte der böse zugerichtete Dampfer den Clyde. Wie die *Carsbreck,* die ein paar Tage früher und trotz ihrer Schäden wieder heimgefunden hatte, wurde auch die *Blairspey* mit großem Hallo begrüßt.

Nun fehlte nur noch das zweite Rettungsboot mit den Überlebenden der *Clintonia*. Es hatte bei Tagesanbruch unter dem Kommando von Kapitän Irvin Segel gesetzt, um aus eigener Kraft den langen Heimweg zu schaffen. Doch glücklicherweise wurde es noch im Laufe des Vormittags von jener Sunderland gesichtet, die auch die *Blairspey* umkreist hatte. Die See war allerdings viel zu rauh, als daß das Flugboot hätte wassern können. Darum ließ es nur einen Sack mit Verpflegung, eine Karte, die ihnen ihre Position anzeigte, und einen Zettel, auf dem ihnen der Pilot versprach, daß er Hilfe schicken wolle, zu ihnen hinunter.

Nachdem sich das Flugzeug entfernt hatte, hielten sie ihr Boot langsam auf dem bisherigen Kurs und suchten Stunde um Stunde das Meer und den Horizont nach irgendeinem Zeichen ab, das auf Rettung deuten könnte. Dann, gerade brach die Abenddämmerung über einer rauher werdenden See herein, tauchte plötzlich ein Zerstörer auf der Suche nach ihnen auf und hielt direkt auf sie zu. Sie wurden alle wohlbehalten an Bord geholt und landeten schließlich in Londonderry.

Als Kapitän Irvin ein paar Tage später seiner Schifffahrtsgesellschaft in Tyneside offiziellen Bericht erstattete, hatte er noch eine schmerzliche Aufgabe zu erfüllen. Jenes Besatzungsmitglied, das sich auf der *Clintonia* während der Angriffsnacht am Geschütz so schwere Verletzungen zugezogen hatte und noch im Rettungsboot gestorben und sein Grab in der See gefunden hatte, hatte hier ganz in der Nähe gewohnt. Man bat ihn daher, der Schwester des Toten einen Besuch abzustatten und ihr die schlimme Nachricht möglichst sanft beizubringen.

So etwas gehört zu den unvermeidlichen Pflichten eines Kapitäns.

Die Frau hatte übrigens auch noch einen Sohn auf der *Clintonia* gehabt, der dort als Schiffsjunge seinen Dienst tat. Und Kapitän Irvin dankte Gott, als er auf seinem Weg zu ihr war, daß wenigstens der junge Bursche noch lebte und er nicht Bote einer doppelten Tragödie sein mußte.

12.

Der zweite Überfall

Die brillant ausgeführte Aktion gegen den SC 7 wäre für Vizeadmiral Dönitz' ›Wölfe‹ Triumph genug gewesen – doch die Schlacht sollte damit noch nicht ihr Ende gefunden haben. Sie ging vielmehr nur wenige Stunden später weiter, und diesmal traf es einen schnellen HX-Geleitzug, der dem langsameren SC 7 gefolgt war. Das Ergebnis waren nicht nur hohe Verluste auch für diesen Geleitzug, sondern vor allem die Chance für die Deutschen, gleich eine Doppelaktion mit zum Teil der gleichen Kampfeinheit zu starten und auf diese Weise einen der denkwürdigsten Erfolge in der Geschichte dieses Krieges zu verzeichnen.

Wie der SC 7 lief auch der schnelle HX 79 mit seinen nichtsahnenden Eskorten einem angreifenden ›Wolfsrudel‹ direkt in die Falle. Der Angriff fand in der Samstagnacht des 19. Oktober – also der der Attacke auf den SC 7 folgenden Nacht – ungefähr 250 Seemeilen westlich jenes Gebiets statt, in dem der SC 7 dezimiert worden war.

Einige ›Wölfe‹, die schon hier dabeigewesen waren, beteiligten sich auch an dem neuerlichen Angriff auf den nächsten Geleitzug. Zwar hatten Otto Kretschmer (U 99), Fritz Frauenheim (U 101) und Karl-Heinz Möhle (U 123) nach der Attacke auf den SC 7 wieder den U-Boot-Stützpunkt in Lorient anlaufen müssen, weil sie alle ihre Torpedos verschossen hatten; aber die Boote von Engelbert Endraß (U 46) und Joachim Schepke (U 100) waren für eine weitere Aktion noch ausreichend munitioniert und begaben sich daher mit in den neuen Hinterhalt. Auch Heinrich Bleichrodt stieß mit U 48 wieder dazu. Nachdem er von der *Scarborough* verjagt worden war, hatte Bleichrodt einen nach Westen dampfenden Konvoi-Nachzügler versenkt und jetzt nur mehr einen verwendbaren Torpedo. Aber den wollte er noch anbringen ...

Der HX 79 war einige Tage nach dem SC 7 von Halifax aus in See gegangen und machte acht bis neun Knoten. Er war nicht nur schneller – es gab in ihm eine ganze Reihe ölgetriebener Schiffe und Tanker –, sondern auch noch größer: Er umfaßte nicht weniger als 49 Schiffe. Auch wurde er von mehr Geleitschiffen eskortiert. Während dem SC 7 für seine Fahrt über den Atlantik gerade eine kleine Schaluppe mitgegeben worden war, begleiteten den HX 79 zwei große bewaffnete Handelskreuzer von 14 000 bzw. 16 000 Tonnen; und in Empfang genommen wurden sie von einer veritablen Kampfeinheit von zwei Zerstörern, vier Korvetten, einem Minenwerfer und drei Anti-U-Boot-Trawlern. Zusätzlichen Schutz bot auch noch ein holländisches U-Boot, das in der Mitte des Konvois fuhr. Schließlich war eines der Geleitzugschiffe zum Rettungsschiff für den Notfall erklärt worden: Der 5000 Tonnen große Dampfer *Loch Lomond* sollte für den Fall, daß irgendein Schiff torpediert werden sollte, die Überlebenden suchen und aufnehmen.

Doch mochte der Geleitschutz auch um noch so vieles größer sein, der HX 79 hatte mit haargenau dem gleichen Grundproblem zu kämpfen wie der SC 7. Die von der britischen Westküste ihm entgegenlaufenden Eskorten operierten unabhängig voneinander bis zu ihrer Ankunft. Außerdem wußten sie so gut wie nichts von der Beschaffenheit des Geleitzugs und welchen Auftrag sie zu erfüllen hatten. Die Kommandanten der Eskortenschiffe kannten sich untereinander nicht und verfügten nur über begrenzte Verständigungsmittel, vor allem bei Nacht, wo ihnen nur der Morsescheinwerfer zur Verfügung stand. Es gab keinen gemeinsamen Alarmplan. Vor allem aber: Auch sie dachten nicht daran, daß ein U-Boot sie über Wasser angreifen könnte, und schon gar nicht bei Nacht und massiert.

Es war Günther Prien, der auf seiner Patrouille den HX 79 sichtete. Prien war eines der großen ›Asse‹ unter den deutschen U-Boot-Kommandanten. Der schnaufende Stier auf dem Turm war ein berühmtes Symbol geworden: Prien war es, der sich kurz nach Kriegsbeginn in den für uneinnehmbar gehaltenen Flottenstützpunkt von Scapa Flow geschlichen und das Schlachtschiff *Royal Oak* versenkt hatte. Als er jetzt den HX 79 entdeckte, ließ Kapitänleutnant Prien gleich einen Funkspruch an den U-Boot-Stützpunkt schicken. Erneut sammelte sich ein ›Wolfsrudel‹ und hetzte dem Feind nach. Zu Prien, Endraß, Schepke und Bleichrodt gesellte sich noch Heinrich Liebe (U 38), der mit seinen Männern die *Aenos* versenkt und die *Carsbreck* schwer beschädigt hatte.

Als die fünf U-Boote den HX 79 erreichten, wiederholten sich die Ereignisse der vorausgegangenen Nacht nach gleichem Muster. Eine neue Nacht der Verwirrung, Konfusion und Frustration für die Geleitschiffe, die nach einem unsichtbaren und unfaßbaren Gegner fahnden mußten und deren Asdic-Geräte sich als nutzlos gegen über Wasser angreifende Boote erwiesen. Wieder stand man vor der fürchterlichen Frage, ob man abstoppen und Überlebende aus dem Wasser fischen oder weiter dem Feind nachjagen sollte – denn es stellte sich bald heraus, daß die ganze Rettungsarbeit für ein einziges Schiff viel zu viel war.

Wieder trauten Ausguckmänner auf den Handelsschiffen ihren Augen kaum, wenn plötzlich hinter ihnen im Mondlicht der Schatten eines Turms auftauchte und ein U-Boot mit großer Fahrt auf sie zukam. Schließlich waren U-Boote doch *Unterseeboote*, und da durften sie sich doch nicht einfach so verhalten, als wären sie Torpedoboote ... Oder? Alles war irgendwie unwirklich.

Auf dem 6000-Tonnen-Tanker *Sitala* sah man mit erstaunten Augen, wie der schmale Schatten von achtern herankam und kaum zwanzig Meter an Steuerbord vorbeischoß. Es handelte sich zweifelsfrei um den Turm eines U-Bootes. Mehr war bei dem hohen Wellengang von dem Deutschen auch gar nicht zu sehen. Wie eine große Haifischflosse durchschnitt er das Wasser. Gerade zwanzig Minuten hatte der Tanker von diesem Augenblick an noch zu leben. Der Torpedo, der die *Sitala* traf, setzte alles in Flammen. Als die Crew von Bord stürzte, war das Schiff zu einer einzigen lichterloh brennenden Fackel geworden.

Die trostlose Geschichte dieser Ereignisse in der zweiten Nacht spiegeln sich in den Erfahrungen eines bestimmten Schiffs und seiner Besatzung wider. Es war das Motorschiff *Wandby* aus Sunderland, das neueste im ganzen Konvoi. Es kam gerade von seiner Jungfernfahrt aus British Columbia zurück: ein glänzend aussehendes Schiff, knapp 5000 Tonnen groß; das letzte, das noch nach den Standards der Vorkriegszeit gebaut worden war.

Die *Wandby* hatte 1500 Tonnen Roheisen geladen und dazu eine riesige Menge Holz, das bis zu dreieinhalb Meter hoch auf den Decks gestapelt lag. Die Ladung hatte sie in Vancouver übernommen. Von dort fuhr sie die Westküste Amerikas hinunter und durch den Panama-Kanal und schloß sich dort einem kleinen Konvoi an, der sich mit dem HX 79 in Halifax vereinigen sollte. Damit war das Schicksal der *Wandby* besiegelt.

Der Angriff auf den HX 79 begann genau sechzehn Stunden nachdem das letzte, unglückliche Schiff des SC 7 auf Grund geschickt worden war. Es geschah in der Nacht vom 19. Oktober auf den 20. Oktober, als das Rudel herankam. Um 21 Uhr sah Kapitän

John Kenny sechs Seemeilen entfernt an Steuerbord ein plötzliches Aufleuchten. Das war der erste Torpedo, der ein Schiff des Geleitzuges traf. Es sank so schnell, daß es seinen Kapitän und ein Drittel der Mannschaft mit sich hinunternahm.

Innerhalb der nächsten zwei Stunden – der HX 79 mußte im verräterischen Licht eines nur von leichtem Dunst verhangenen Mondes fahren – verlor er noch drei weitere Schiffe. Dann war die *Wandby* an der Reihe.

Ungefähr um 22.30 Uhr traf ein Torpedo die *Wandby* an Backbord direkt vor dem Maschinenraum. Es gab eine furchtbare Explosion, die das Backbord-Rettungsboot wegblies und den fünfzigjährigen Kapitän zwei Meter hoch in die Luft schleuderte. Bei dem Sturz verletzte er sich am Bein. Alle ergriffen sofort die Flucht, gleichgültig welche Schläge und Stöße sie abbekommen hatten. Noch vor wenigen Wochen hatte Kapitän Kenny persönlich erleben können, wie man stolz letzte Hand an sein Schiff legte, bevor man es vom Stapel laufen ließ; nun war es tödlich getroffen worden. Die Bordwand hatte ein schweres Leck, und die Leitung zum Hilfskessel war so zerrissen, daß sie nicht mehr repariert werden konnte. Da die Hilfsaggregate der *Wandby* noch dampfgetrieben waren, bedeutete der Verlust des Kessels, daß Pumpen, Rudermaschine und Dynamo nicht mehr bedient werden konnten. Damit war das Schiff der Gnade oder Ungnade der See ausgeliefert. Mochte die *Wandby*, unterstützt von ihrer Holzladung, noch eine Zeitlang auf dem Wasser treiben, so konnte ihre Mannschaft sie doch nicht mehr retten.

Daher befahl Kapitän Kenny, das Schiff zu verlassen. Die fünfunddreißig Mann kletterten in das eine übriggebliebene Rettungsboot, der Kapitän zuletzt. Alles klappte ordnungsgemäß. Dank der Voraussicht des Kapitäns waren sie bestens darauf vorbereitet, einen langen Aufenthalt in dem Boot zu überstehen. Er sorgte dafür, daß jedem Offizier eine Flasche Scotch oder Brandy ausgehändigt wurde – freilich mit der Auflage, sie erst dann zu öffnen, wenn er die entsprechende Anordnung gab. Auch Dosen mit Zigaretten wurden unter der Crew verteilt. Niemand wußte, wie lange das Boot ihr Refugium bleiben würde.

Aber schon nach zwei Stunden kam der bewaffnete Trawler

Angle in Sicht, drehte schließlich bei und nahm die Männer an Bord. Dankbar tauften sie das Schiff daher in ›Angel‹ (= Engel) um; denn erst jetzt wurde ihnen bewußt, was diese Nacht an Schrecken für sie barg und unter welch glücklichen Umstände ihnen die Flucht gelungen war.

Nicht weit entfernt gab es eine dumpfe Explosion. Zugleich schien es, als würde alle Luft um sie herum weggesogen, bis sie in einem Vakuum waren. Dann schoß fünf Meilen westlich ein Feuerball in den nächtlichen Himmel auf. Man konnte sehen, wie die Aufbauten eines ganzen Schiffes in die Luft gejagt wurden. Über Meilen stand die See praktisch rundherum in Flammen. Es war so hell, daß die kleine Kiste von Kapitän Kenny mit den geheimen Schiffspapieren, die plötzlich über Bord fiel und weit abgetrieben wurde, doch noch leicht gesichtet und mit dem Beiboot des Trawlers wieder eingeholt werden konnte.

Alles, woran die Männer von der *Wandby* in diesem Moment denken konnten, war, auf welch schreckliche Weise die Mannschaft des explodierenden Öltankers den Tod gefunden haben mußte.

Was weiter in der Nacht geschah, schien die Fortsetzung eines nicht enden wollenden Alptraumes zu sein. Explosionen hier und dort, Notrufe von überall her, und völlig verwirrte Geleitschiffe, die im Kreise fuhren und den Feind nicht aufzuspüren vermochten.

Bei Tagesanbruch stampfte die *Angle* durch einen von sinkenden Schiffen, Wrackteilen und brennenden Ölflecken übersäten Atlantik. Sie suchte nach weiteren Überlebenden, aber sie fand keine mehr. Dann kam die angeschlagene *Wandby* wieder in Sicht. Sie hielt sich noch so gut über Wasser, daß einige Mann wieder an Bord gingen. Aber es stellte sich heraus, daß der Maschinenraum schon bis obenhin überflutet war und das Schiff schnell auseinanderbrechen würde. Die Männer kehrten daher zu dem Trawler zurück, und die *Angle* setzte ihre Suche nach Überlebenden zwischen den Wrackteilen fort, traf aber auf keinerlei Lebenszeichen. Als sie ihre traurige Runde vollendet hatte, war die *Wandby* bereits gesunken. Damit waren alle getroffenen Schiffe nun auch auf Grund gegangen – bis auf eines: die *Caprella,* ein 8000 Tonnen großer Motor-

Tanker. Er hatte seine Treffer im Vorschiff erhalten. Obwohl sein Bug bereits tief im Wasser lag, sah es so aus, als sacke er keinen Zentimeter mehr tiefer. Als eine Gruppe Männer die *Caprella* daher näher inspizierte, schien trotz des Schadens die Möglichkeit nicht ausgeschlossen, sie nach Hause zu schleppen. Nach all den verlorenen Schiffen – eine Bergung! Eine Extra-Crew, bestehend aus dem Ersten, dem Dritten Ingenieur und dem Schiffszimmermann der *Wandby*, dazu acht Matrosen und einem Signalgast von der *Angle* gingen an Bord der *Caprella* und machte sich an die Arbeit. Der Hilfskessel des Schiffs war noch warm. Nach einer halben Stunde Arbeit an der Handpumpe hatten die beiden Ingenieure genug Dampf gemacht, um die vom Öl angetriebenen Aggregate anzuwerfen. Langsam setzte sich der Tanker in Bewegung und folgte dem Trawler in Kiellinie.

Mit Einbruch der Dunkelheit änderte sich auch das Wetter. Der Wind frischte auf. Die steife Brise von Osten und die bewegte See nahmen den Tanker schwer mit – und es dauerte bis vier Uhr morgens, da begann er auseinanderzubrechen. Die an Bord arbeitende Gruppe versammelte sich auf dem Achterschiff und konnte von dort aus beobachten, wie das Vorschiff sich nahezu selbständig, als hinge es nur noch in einem Scharnier, das es mit dem Rest des Tankers verband, auf und ab bewegte. Dann kam der bizarre Moment, in dem der vordere Teil des Schiffs wegbrach.

Nun standen die Männer da, abgeschnitten und ohne zu wissen, wie sie von dem immer noch auf dem Wasser treibenden halben Schiff hinunterkommen sollten. Sie schossen eine Leuchtkugel ab, um auf ihre Notsituation aufmerksam zu machen. Die *Angle* wendete und ließ zur Rettung der Männer ihr Boot ins Wasser. Das Boot war aber nicht mehr seetüchtig und sackte weg. Blieb nur noch ein Rettungsfloß; doch es war unmöglich, es nahe genug an die Männer auf den Resten der *Caprella* heranzubringen. Der zunehmende Wind trieb es immer wieder weg. So blieb dem Trawler nichts anderes übrig, als das Wrack immer wieder zu umkreisen und die Versuche zu wiederholen, das Floß in die Nähe der Männer zu bringen.

Der Bootsmann der *Angle*, ein erfahrener Tiefseefischer, gab die großartigste Vorstellung wie man ein Schiff zu manövrieren hatte, die alle Beteiligten jemals erlebt hatten. Trotz des mörderischen Wellengangs brachte er den Trawler so nah ans Heck des Tankers, daß er eine Leine hinüber an Deck werfen konnte. Sie wurde mit großem Hallo aufgefangen.

Aber noch waren die Männer nicht außer Gefahr. Die erste Gruppe, die auf das von der Leine geführte Floß kletterte, schaffte es nicht, vom Tanker wegzukommen. Die heftige See drohte sie mittschiffs in einen der aufgerissenen Tanks des Schiffes zu spülen. Wieder kam die *Angle* näher heran und warf eine Wurfleine zum Floß hinüber. Damit bestand nun noch eine Verbindung vom Tanker zum Floß und eine von der *Angle* zum Floß. Auf diese Weise gelang es, das Floß längsseit zu ziehen und die Männer an Bord zu nehmen. Für den Rest der Gruppe wurde das Manöver noch einmal wiederholt.

Doch selbst bei diesem Wellengang blieb das Wrack des halbierten Schiffes an der Wasseroberfläche – als letztes Beweisstück dafür, daß ein Rudel U-Boote den Konvoi angegriffen hatte. Für andere Schiffe mußte es aber eine Gefahr darstellen: so wurde es von der *Angle* mit vier Schüssen aus einem 10-cm-Geschütz versenkt.

Damit waren alle Hoffnungen auf die Bergung des Schiffes dahin. Und dahin waren, wie sich später herausstellte, neben der *Wandby* und der *Caprella* zehn weitere Schiffe des HX 79. Als letztes Schiff aus dem Verband wurde die *Loch Lomond* – die als Rettungsschiff fungieren sollte – auf den Grund des Meeres gebohrt. Ihre Crew wurde zusammen mit den Mannschaften anderer Schiffe von dem Minenwerfer aufgenommen.

Aber noch immer war des Schlachtens kein Ende. In derselben Nacht lief den erneut über Wasser angreifenden U-Booten ein weiterer Konvoi, der mit dem Ziel Nordamerika ausgelaufen war, über den Weg. Sieben Handelsschiffe fielen den ›Wölfen‹ zum Opfer. Unter ihnen selbst gab es keinen einzigen Verlust zu beklagen. Jubelnd kehrten sie zu ihrem Stützpunkt zurück, wo sie von Kriegskorrespondenten und Fotografen gebührend empfangen und neugierig ausgefragt wurden – schließlich galt es, die Heimkehr von Kriegshelden zu feiern.

Nach offiziellen Angaben hatte Otto Kretschmer (U 99) beim Angriff auf den SC 7 sieben Schiffe versenkt – fast die Hälfte der Gesamtverluste. Karl-Heinz Möhle (U 123) versenkte vier Schiffe, und den Rest teilten sich Engelbert Endraß (U 46), Joachim Schepke (U 100) und Fritz Frauenheim (U 101). Frauenheim hatte die *Assyrian* versenkt. Endraß und Schepke konnten ihre Erfolgsquote noch dadurch höher schrauben, daß sie je drei weitere Schiffe des HX 79 in den Grund bohrten.

Es war jetzt an der Zeit Orden zu verteilen, zu Recht erworbene und schnell gewonnene; Vizeadmiral Dönitz wollte damit nicht geizen, sondern sorgte dafür, daß seine U-Boot-Kommandanten nicht lange darauf warten mußten.

Auf der anderen Seite aber erhielt nur ein einziger Mann einen Orden, und auf den hatte er, wie bei den Briten üblich, noch einige Zeit zu warten. Kapitän Reginald Sanderson Kearon, Kommandant der *Assyrian*, erhielt den Verdienstorden des Britischen Empire (O.B.E.) in Würdigung seines persönlichen Muts, mit dem er das Schiff geführt hatte. Seine Umsicht in jener Nacht, verbunden mit dem tapferen Versuch, das Leben seines Ersten Offiziers zu retten, brachte ihm noch eine andere Auszeichnung ein, die ›Lloyd's Kriegsmedaille für Tapferkeit auf See‹. Diese Medaille am blau-silbernen Band wurde Offizieren und Mannschaften der Handelsmarine und der Fischereiflotte für herausragende Taten auf See verliehen.

Die endgültigen Statistiken über den Monat Oktober 1940 zeichneten ein erschreckendes Bild: 352 407 Tonnen, weniger abstrakt: dreiundsechzig Handelsschiffe, an denen der SC 7 mit einem Anteil von fast einem Drittel beteiligt war, wurden versenkt. Es war der Höhepunkt jener viermonatigen Periode von Juli bis Oktober 1940, die die U-Boot-Kommandanten später die ›glückliche Zeit‹ nennen sollten.

Diese Zahlen wurden erst viel später bekannt. Wie nah aber die Behauptungen der Deutschen über ihre Erfolge der Wahrheit schon damals kamen, mag der Bericht des Oberkommandos der Wehrmacht vom 20. Oktober 1940 belegen:

»*Deutsche Unterseeboote haben in der Nacht vom 19. zum 20. Oktober wieder einen britischen Geleitzug mit größtem Erfolg angegriffen ... Nach bisher vorliegenden Meldungen (sind) aus diesem Geleitzug in einer einzigen Nacht 17 feindliche Handelsschiffe mit insgesamt 110 000 BRT versenkt worden ... Andere Unterseeboote melden die Versenkung von insgesamt 43 000 BRT aus weiteren Geleitzügen. Innerhalb von zwei Tagen sind damit durch die Vernichtung von zwei großen Geleitzügen und durch einige Einzelerfolge 327 000 BRT feindlichen Handelsschiffsraums von unseren Unterseebooten versenkt worden.*«

Aus verständlichen Gründen wurde diesem feindlichen Bericht in Großbritannien wenig Beachtung zuteil.

So ging der SC 7 als eine Katastrophe in die Geschichte der Seefahrt ein, an die man sich nur mit Bitterkeit erinnern kann. Es ist eine Geschichte der Unzulänglichkeiten, der mangelhaften Vorbereitungen, aber auch des wütenden Durchhaltewillens auf seiten der Briten, und die eines kühl und ausgezeichnet durchgeführten Unternehmens auf seiten der Deutschen, die hier ihre erste große Nachtattacke nach ›Wolfsrudel‹-Taktik als Sammelangriff gefahren sind. Die Deutschen hatten diese neue Methode der U-Boot-Kriegführung aus den harten Lektionen entwickelt, die ihnen der Erste Weltkrieg verabreicht hatte. Betrachtet man, wie völlig unvorbereitet Großbritannien darauf war, so hat es fast den Anschein, als habe für die Royal Navy der Krieg gar nicht stattgefunden. Den Geleitschutz für den SC 7 hatte man so zusammengestellt wie 1914 – 1918. Doch die Grenzen dieses Verfahrens hatten sich nun schmerzlich offenbart. Wie die Strauße hatten sie den Kopf in den Sand gesteckt: Sie besaßen ja das Asdic-Gerät, mit dem sie jeden Feind unter Wasser aufspüren konnten. Niemand in der britischen Kriegsmarine schien bemerkt zu haben, wie nutzlos es gegen einen über Wasser operierenden Feind war. Schließlich hatte man auch noch die Geschwindigkeit der U-Boote, wenn sie sich an der Oberfläche bewegten, in großem Ausmaße unterschätzt.

Dönitz selbst hat zugegeben, daß keiner überraschter war als er; denn mit einem derart durchschlagenden Erfolg seines ersten größeren Sammelangriffs mit über Wasser und nachts operierenden U-Booten hatte er nicht gerechnet. Er konnte es einfach nicht glauben, daß die Engländer diese Möglichkeit nicht vorausgesehen hatten, vor allem, da sie wußten, welche Erfolge mit dieser Taktik auch schon in den letzten Tagen des Ersten Weltkriegs errungen worden waren.

Doch selbst nach diesem vernichtenden Angriff auf den SC 7 brauchte es noch einige Zeit, bis man in Führungskreisen der britischen Kriegsmarine begriff, welchen Schrecken im Verband vorgehende U-Boote verbreiten konnten. Alles, was Fregattenkapitän Allen von der *Leith* als Führer des Gleitschutzes für den SC 7 berichten konnte, war, daß nach seinem Dafürhalten drei U-Boote an der Attacke beteiligt gewesen seien. Aber etwas konnte er bewirken; die notwendige Verbesserung der Kommunikation zwischen den Geleitschiffen, um aufeinander abgestimmt den feindlichen Angriffen begegnen zu können.

Für all das mußte nun gesorgt werden: die Aufstellung regulärer Geleitschutz-Verbände, die darin geübt waren, miteinander zu operieren; bessere Kommunikationsmittel durch Installierung von Sprechfunkanlagen; Ortungsgeräte, mit denen der Funkkontakt der U-Boote ausgemacht werden konnte; neue Leuchtraketen, die den nächtlichen Himmel weit heller erleuchteten als die herkömmlichen Leuchtkugeln; die Ausstattung von besseren Rettungsschiffen einschließlich des Sanitätspersonals; und, wohl am allerwichtigsten überhaupt, die Radar-Ausrüstung der Schiffe.

Einige der U-Boot-›Asse‹ von 1940 würden diese Veränderungen noch erleben. Doch innerhalb eines Jahres gingen drei der fünf ›Wölfe‹, die den SC 7 angegriffen hatten, verloren. Schepke und Endraß wurden dabei getötet, Otto Kretschmer geriet, nachdem sein Boot gesunken war, in Gefangenschaft.

13.
Die letzten Opfer

Wie dankt man jemandem dafür, daß er einem das Leben gerettet hat? Das war eine Frage, die sich den Seeleuten allzu oft stellte, wenn sie die Atlantikroute fuhren. Aber sie taten ihr Bestes, wie zum Beispiel die Überlebenden des SC 7, die ihren Dank später sogar schriftlich an die Eskorten richteten, die sie wohlbehalten nach Hause gebracht hatten.

Einige taten aber noch mehr, wie aus einem Brief an den Kapitän und die Besatzung der *Bluebell* hervorgeht: ein Dankschreiben von Kapitän Wilfred Brett von der gesunkenen *Beatus*, dem ein Scheck über sieben Pfund beigelegt war – genug, um der Mannschaft zu einer guten Runde zu verhelfen. So wanderte das Geschenk der Handelsfahrer in die gemeinsame Mannschaftskasse.

Für die meisten Überlebenden des SC 7 ging das Leben nach ein paar Tagen weiter wie zuvor: ein anderes Schiff, ein anderer Konvoi. Und so ging für sie auch der Krieg weiter von einem Transport zum anderen und für manche von einem verlorenen Schiff zum nächsten.

Manche aber überlebten einen zweiten Angriff nicht, wie der Funkoffizier Robert Stracy von der *Assyrian*. Im Jahr 1944 verlor sein Schiff als eines von vieren den Anschluß an den Konvoi und mußte ohne Eskorte durch den Indischen Ozean dampfen. Japanische Unterseeboote griffen die vier Schiffe an und versenkten sie alle. Es gab nicht einen Überlebenden.

Auch der Maat Ort, jener geduldige, einfallsreiche Mann, der dem Kapitän der *Soesterberg* so großartig geholfen hatte, fand den Tod. Er hatte sich freiwillig zum Einsatz von Spezialaufträgen gemeldet und war per Fallschirm in Holland gelandet, um dort als Techniker für ›Radio England‹ zu arbeiten. Die Deutschen nahmen ihn gefangen und richteten ihn später hin.

Die meisten Schiffe des SC 7, die die Heimathäfen noch erreicht hatten, traf es recht bald. Ein Jahr später schwammen von den sieben übriggebliebenen britischen Schiffen nur noch zwei.

Die alte *Botusk*, die ihren wenig schönen Namen vom Handelsministerium verordnet bekommen hatte, nachdem man sie von ihrem Liegeplatz auf dem Schiffsfriedhof geholt und erneut in Dienst gestellt hatte, sank schon drei Monate nach dem Angriff auf den SC 7. Sie lief vor der Küste von Inverness-shire auf eine Mine. Der Kapitän dachte damals, es handele sich um eine U-Boot-Attacke. Tatsächlich gingen noch zwei weitere Schiffe verloren, aber dem Rest gelang dafür mit voller Fahrt die Flucht. Die *Botusk* sank innerhalb von zwei Minuten. Zwei Männer fanden den Tod, die Überlebenden wurden von einem Postschiff aufgenommen. Erst da stellte sich heraus, daß der Geleitzug in ein britisches Minenfeld gelaufen war ...

Der Schrottfrachter *Corinthic* aus Hull, den man wieder aufgemöbelt hatte, auf daß er weiter seinen Dienst tat, fand sein endgültiges Grab am 13. April 1941, als ihn vor der westafrikanischen Küste ein Torpedo traf.

Die *Somersby*, der 5000-Tonner aus Tyneside, dessen kurze Zeit des Ruhmes darin bestanden hatte, die Reste des SC 7 anzuführen, wurde am 13. Mai 1941 torpediert und sank bei 26° West im Nordatlantik, weit westlich von dem Bereich, in dem der SC 7 sein Grab gefunden hatte. Die gesamte Mannschaft wurde von einem griechischen Schiff gerettet.

Die *Trident* dagegen, der alte Kahn aus Tyneside, Jahrgang 1914, fiel keinem Torpedo zum Opfer. Sie ging, an einer Ankerboje vor der Tyne-Mündung liegend, am 2. August 1941 unter, nachdem sie von feindlichen Flugzeugen bombardiert worden war. Auch ihre Crew konnte ohne Verluste gerettet werden.

Die beschädigte *Carsbreck* wurde repariert und nahm erfolgreich an mehreren Konvois teil, bis sie, fast ein Jahr, nachdem sie sich in den Clyde geschleppt hatte, im Oktober 1941 von einem U-Boot aufgespürt wurde. Sie fing einen Torpedo und sank vor der spanischen Küste nahe Gibraltar. Viele Matrosen verloren dabei ihr Leben.

Wie das Schicksal so spielt – das andere, noch schwerer beschädigte Schiff des SC 7, sollte den Krieg überstehen: die *Blairspey*. Die Beschädigungen, die die drei Torpedotreffer angerichtet hatten, waren so schwer gewesen, daß man sie mittschiffs halbieren und mit einem neuen Vorschiff versehen mußte. Danach ging sie wieder in See, diesmal unter dem Namen *Empire Spey*. Nach Kriegsende wurde sie in *Blairspey* zurückgetauft und ging erneut ihren gewohnten Geschäften zu Friedenszeiten nach.

Das einzige andere britische Schiff aus dem SC 7, das den Krieg überleben sollte, war dieses schreckliche Boot von den Großen Seen, die *Eaglescliffe Hall*. Während des Kriegs wurde sie rund um die britischen Küsten eingesetzt. Einmal wurde ihr sogar die Ehre zuteil, in den offiziellen Verlautbarungen der Marineleitung genannt zu werden: Von einem feindlichen Flugzeug angegriffen, gelang es der Mannschaft, eine eingeschlagene Bombe noch vor ihrer Explosion aus einem Lagerraum hinaus ins Wasser zu befördern. Zwei Männer verloren bei diesem Angriff ihr Leben. Nach Kriegsende nahm die *Eaglescliffe Hall* während einer Schönwetter-Periode wieder Kurs nach Westen und setzte in Kanada ihre alte ›Süßwasser-Tradition‹ fort.

Von den acht nichtbritischen Schiffen, die am SC 7 teilgenommen hatten, war überraschenderweise der alte norwegische Tanker *Thoroy*, das älteste Schiff des gesamten Konvois, auch das glücklichste. Der ehemals britische Dampfer, der 1893 vom Stapel gelaufen war, überstand den Krieg völlig unversehrt, wie er es auch im Ersten Weltkrieg schon geschafft hatte. Im ehrwürdigen Alter von vierundfünfzig Jahren wurde die *Thoroy* 1947 an die Türken verkauft.

Andere Fremde hatten bei weitem nicht soviel Glück.

Das erste Schiff, das zudem unter besonders erschütternden Umständen sank, war das schwedische Motorschiff *Valparaiso*. Nur zwei Monate nach dem SC 7-Überfall verließ sie, nachdem sie den Atlantik wieder nach Kanada überquert hatte, am 18. Dezember Halifax mit einem schnellen HX-Geleitzug. 250 Seemeilen südlich von Island, 23° West, geriet der Konvoi in schlechtes Wetter und dichten Nebel. Dabei verloren die Schiffe den Kontakt zueinander. Die *Valparaiso* verschwand mit ihren dreiunddreißig Mann Besatzung im Dunst und ward nie mehr gesehen. Sie war eines von insgesamt 254 Schiffen (und 1400 Seeleuten), die Schweden in diesem Krieg verlor.

Die *Dioni* aus Griechenland ging in Milford Haven auf Grund und mußte aufgegeben werden. Die dänische *Flynderborg* fing vor

Neufundland einen Torpedo und sank im November 1941. Knapp ein Jahr später torpedierte und versenkte im September 1942 ein anderes U-Boot die norwegische *Inger Elisabeth* im Golf von St. Lorenz.

Das tragischste Schicksal von allen aber ereilte die *Sneland I* aus Norwegen, dieses kleine Trampschiff, das den SC 7 sozusagen nur noch auf dem Zahnfleisch erreicht hatte. Ihre letzte Stunde schlug in den letzten Stunden des Krieges überhaupt.

Es war der 7. Mai 1945. Generaloberst Jodl unterzeichnete gerade Deutschlands bedingungslose Kapitulation und die Befehle zur Feuereinstellung waren ausgegeben. Droben im Firth of Forth feierten Handels- wie Kriegsschiffe das Ereignis, indem sie Leuchtkugeln und -raketen in den nächtlichen Himmel schossen und sich gegenseitig zum Sieg gratulierten. Für die *Sneland I*, die mit einer Reihe anderer Schiffe gerade abgelegt hatte, um den gewohnten Geleitzug zu bilden, war es ein Tag wie jeder andere: Sie hatte einen Auftrag, sollte nach Norden dampfen. Geführt wurde sie, wie schon beim SC 7, von Kapitän Laegland.

Und zum erstenmal seit Ausbruch des Krieges konnten sich die Männer der Freiwache wieder einmal richtig ausziehen, bevor sie sich in ihren Kojen zu einem friedlichen Schlaf niederlegten. Denn wenn das offizielle Ende der Feindseligkeiten auch erst in vierundzwanzig Stunden sein würde, so hatte doch jeder das Gefühl, daß die Sache bereits vorbei war.

Für ein immer noch aktives U-Boot war es das nicht. Um drei Minuten nach elf Uhr nachts feuerte Kapitänleutnant Klusmeier, der Kommandant von U 2336, seinen ersten Torpedo ab. Genau fünfunddreißig Sekunden später erschütterte die *Sneland I* eine gewaltige Explosion. Ein weiterer Torpedo schlug bei der britischen *Avondale Park* ein.

Beide Schiffe sanken schnell. An Bord der *Sneland I* wurden alle Männer, die sich auf der Brücke befanden, unter ihnen auch Kapitän Laegland, getötet. Sieben Männer verloren insgesamt ihr Leben.

All die Jahre, all die gefahrvollen Meilen – und jetzt dieses Ende.

Die beiden Schiffe waren die letzten Opfer eines deutschen Unterseebootes im Zweiten Weltkrieg.

Die Kommandanten der Geleitschiffe, die beim SC 7 solch schlimme Erfahrungen machen mußten, sahen, wie die Zeiten sich änderten und sich der Wind immer mehr gegen die ›Wolfs-Rudel‹ richtete, wie überhaupt der gesamte Seekrieg sich gegen den Feind wendete.

Fregattenkapitän Dickinson von der *Scarborough* erhielt den Kriegsverdienstorden und die Tapferkeitsmedaille für besondere Leistungen bei der Landeoperation der alliierten Truppen in Nordafrika. Später erhielt er das Kommando über den Flugzeugträger *Victorious*. Korvettenkapitän North von der *Heartsease* wurde Kommandant des Flugzeugträgers *Activity*. Fregattenkapitän Allen verließ die *Leith* und arbeitete bei der Admiralität an den Plänen für die Landung in Nordafrika mit. Dann begab er sich mit der Flotte nach Algier, wo er in General Eisenhowers Stab Dienst tat. Korvettenkapitän Aubrey von der *Fowey* übernahm das Kommando des Kanonenboots *Wren* und gehörte zu dem sehr erfolgreichen Eskortenverband von U-Boot-Jägern, der von Kapitän F. J. ›Johnny‹ Walker angeführt wurde. Später wurde er zum Fregattenkapitän befördert und erhielt das Kommando über einen eigenen Eskortenverband, in dem er die schnelle Fregatte *Exe* befehligte.

Die vielleicht allergrößte Möglichkeit zur Revanche für das, was die Deutschen dem Geleitzug SC 7 angetan hatten, bot sich Korvettenkapitän Sherwood von der *Bluebell*. Im Mai 1943 hatte Sherwood auf seiner neuen Fregatte *Tay* das Kommando über eine Eskorte, die den ONS-5-Geleitzug begleitete. Es kam mit einer Gruppe von U-Booten zu einer regelrechten Schlacht. Diese Schlacht war, wie sich dann später herausstellte, der Wendepunkt im Atlantik-Seekampf überhaupt. Zwölf Handelsschiffe gingen dabei verloren, aber der Preis, den der Feind dafür bezahlen mußte, war hoch: auf jedes versenkte britische Schiff kam ein versenktes U-Boot. Für die Deutschen war das ein fürchterlicher Rückschlag.

Sherwood hatte miterlebt, wie das Rad sich gewendet hatte. Drei Jahre zuvor war er auf der *Bluebell* hilflos dem ersten heftigen Angriff eines ›Wolfs-Rudels‹ ausgesetzt gewesen. Nun hatte er dabei mitwirken können, den ›Wölfen‹ einen Schlag zu versetzen, der sie tief in ihrer Moral traf und von dem sie sich nie mehr erholen würden.

Von den fünf Geleitschiffen, die den SC 7 geschützt hatten, kamen alle bis auf eines heil durch den Krieg. Das eine war – die *Bluebell*. In den Monaten und Jahren nach dem SC 7 rettete sie noch viele Männer aus Seenot und half auch dabei, Vergeltung zu üben. Sie bekam einen Geschmack von der Gewalt der arktischen See, als sie nach Rußland kommandiert wurde. Dort, am eisigen Rand der Welt, verließ sie das Glück. Ihr Kommandant war G. H. Walker, der zur SC 7-Zeiten auf demselben Schiff als Erster Offizier gedient hatte.

Am 17. Februar 1945 fuhr die *Bluebell* Geleitschutz für einen Konvoi durch die rauhe Barents-See. Kurz nach 15 Uhr an einem trüben Tag wurde sie von einem Torpedo getroffen und sank sofort. Kapitän, sechs Offiziere und ungefähr achtzig Mann Besatzung fanden den Tod. Nur ein einziger überlebte.

14.

Drei Schuß, ein Sixpence

Und wie erging es Admiral a. D. Lachlan MacKinnon? Er wurde nach drei Wochen, in denen er sich auf geradezu wunderbare Weise erholt hatte, aus dem Liverpooler Hospital entlassen. Kaum war er wieder zu Hause in Dorset, da meldete er sich, in bester Form und begierig, wieder einen Auftrag erfüllen zu können, zum nächsten Einsatz zurück.

Aber es folgten Wochen des Wartens. Die Antworten, die er auf seine Rückfragen erhielt, waren eher ausweichend. Was immer er auch in Bewegung setzte, niemand schien irgend etwas mit ihm zu tun haben zu wollen.

Schließlich erfuhr er die Ursache für dieses eigentümliche Verhalten der Marineleitung. Trotz seiner bemerkenswerten Gesundung und obwohl noch viel ältere Männer als der Admiral im Einsatz waren, hielt man ihn nicht mehr für belastungsfähig genug, um auf See Dienst zu tun. Der SC 7 war seine letzte Fahrt gewesen.

Es war ein furchtbarer Schock für MacKinnon, aber er wurde damit fertig.

Ein paar Monate später, im Frühsommer 1941, fand in Dorchester die ›War Weapons Week‹ statt, deren Zweck Geldsammlungen für die Rüstung waren. Das brauchte eine Menge Planung und erforderte harte Arbeit. Das Geld war knapp, und die Organisatoren hatten alle Hände voll zu tun, um etwas einzunehmen. ›Brot und Spiele‹ hieß daher die Devise. Nichts durfte ausgelassen werden, was ein paar Penny einbrachte. Am Eingang zu einem Kino war zum Beispiel ein auf Pappe abgezogenes Hitlerbild in einer Blechwanne zu sehen. ›Hilf Hitler versenken!‹ hieß die Aufforderung. Mit jedem Pence, den einer in das Wasser warf, stieg es höher.

Von Stand zu Stand, von Bude zu Bude ging der Organisator und machte den Helfern, unterstützt von seiner Frau und seiner Tochter, Mut. Er war ein silberhaariger, aufrechter Mann um die Sechzig, mit sportlicher Tweedjacke und Flanellhosen, die Pfeife im Mund. Eine seiner besten Ideen zeigte sich in einem Spielzeug-U-Boot. Es schwamm in einem großen Aquarium, das man auf dem Pflaster aufgestellt hatte. Wer zuschauen wollte, zahlte einen Sixpence und bekam dafür drei Murmeln, die er, an einer Angel befestigt, nach dem U-Boot ins Wasser werfen mußte, um es zu versenken. Der Organisator ließ es sich nicht nehmen, jedem zu zeigen, wie er das anzustellen hatte. Wenn sie ihm dabei zuschauten, wie er vergnügt seine ›Bomben‹ auf das Spielzeug warf, konnten sie allerdings nicht ahnen, daß derselbe Mann vor gar nicht langer Zeit draußen in der meilentiefen See mit letzter Kraft an einem Stück Holz gehangen und um sein Leben gekämpft hatte.

»Geschafft! Versenkt!«

MacKinnon schloß sich der Gruppe Freiwilliger an, die über Land zogen, Ansprachen in Fabriken hielten und bei Sammelaktionen auftraten. So war er kreuz und quer durch Großbritannien unterwegs, wobei er sich, trotz Ranges und Alters, oft stundenlang stehend und in der Menge eingekeilt schlicht per Eisenbahn transportieren lassen mußte. Doch seine Begabung zu persönlichen Kontakten, seine Beredsamkeit und sein Sinn für Humor ließen ihn überall Willkommen und Aufnahme finden. Auf Lachlan MacKinnon konnte man sich verlassen.

Sie taten alle, was sie konnten, vom Leichtmatrosen bis zum Admiral. Sie trugen ihr Scherflein bei.

Danksagungen

Die Autoren bedanken sich bei den Kapitänen, Offizieren und Matrosen der Britischen Handelsmarine, den Offizieren und Mannschaften der Royal Naval Reserve, Royal Naval Volunteer Reserve und Royal Navy, deren freundliche Antworten auf unsere Fragen und deren Hilfsbereitschaft es uns erst ermöglicht haben, diese Geschichte des SC 7-Geleitzugs zu schreiben.

DIE MÄNNER DER HANDELSMARINE

Clifford Atkinson aus Beverly, Yorkshire (Zweiter Funkoffizier auf der *Trident*)
Raymond Baldwin aus Whiteparish, Wiltshire (Zweiter Funkoffizier auf der *Shekatika*)
Wilfred L. Brett aus Cardiff (Kapitän der *Beatus*)
Ronald Coultas aus Ravenscar, Yorkshire (Erster Offizier auf der *Scoresby*)
John R. Crawford aus Wishaw, Lanarkshire (Zweiter Funkoffizier auf der *Blairspey*)
James Daley aus Blundellsands, Liverpool (Chefsteward auf der *Assyrian*)
W. Algwyn Davies aus Pen-y-lan, Cardiff (Kapitän der *Botusk*)
William Arthur Dean aus Crosby, Liverpool (Ingenieur auf der *Assyrian*)
D. de Jong aus Castricum, Holland (Kapitän der *Soesterberg*)
Leonard Dewar aus Handsworth, Birmingham (Erster Funkoffizier auf der *Empire Brigade*)
Gilbert Mitchell Hing aus Pelsall, Staffshire (Maat auf der *Empire Miniver*)
Henry Hotchkiss aus Kirkintilloch, Dunbartonshire (Zweiter Funkoffizier der *Somersby*)
Kenneth C. R. Howell aus Overmonnow, Monmouth (Erster Funkoffizier auf der *Corinthic*)
Thomas H. Irvin aus North Shields, Northumberland (Kapitän der *Clintonia*)
Reginald A., Leach aus Tonbridge, Kent (Maat auf der *Empire Miniver*)
Charles P. Littleboy aus Brisbane, Australien (Funkoffizier auf der *Trevisa*)
Charles R. Madsen aus South Shields, Co. Durham (Kapitän der *Eaglescliffe Hall*)
John Mathiesen aus Oslo, Norwegen (Erster Offizier auf der *Sneland I*)
Sture Mattsson aus Stockholm, Schweden (Matrose auf der *Gunborg*)

Bjarne Mjaanes aus Auklandshamn, Norwegen (Steward auf der *Sneland I*)
Bernard J. McGovern c/o Marconi Marine (Erster Funkoffizier auf der *Somersby*)
Karl J. Petersen aus Gothenburg, Schweden (Erster Ingenieur auf der *Valparaiso*)
Alexander Smith aus Findotchy, Banffshire (Maat auf der *Shekatika*)
Jack Reardon Smith aus Cardiff (Erster Offizier auf der *Botusk*)
Robert Smith aus Durham (Kapitän der *Empire Miniver*)
William H. Venables aus Irby, Cheshire (Zweiter Ing. auf der *Assyrian*)
John Morrison Waters aus South Shields, Co. Durham (Maat auf der *Empire Brigade*)
Lawrence Zebedee Weatherill aus Llandaff, Cardiff (Kapitän der *Scoresby*)

Und aus dem HX-79-Geleitzug:

William J. Edbrooke aus Brentwood, Essex (Dritter Ingenieur auf der *Wandby*)
James Griffiths aus Rusholme, Manchester (Matrose auf der *Sitala*)
John Kenny aus Arklow, Irland (Kapitän der *Wandby*)
Charles Walker aus Pendlebury, Manchester (Matrose auf der *Sitala*)

Die Autoren danken auch den Verwandten vieler Teilnehmer am SC 7 und am HX 79 für ihre großzügige Hilfe und dafür, daß sie uns Briefe, Notizen und Fotos überlassen haben; im einzelnen:

Mrs. Mary E. Aves, Hartlepool, Gattin des Ersten Ingenieurs James E. Aves, *Sedgepool;* Mrs. Elizabeth Dekonski, Arklow, Irland, Tochter des Kapitäns John Kenny, *Wandby;* Miß Sally Green, Belfast, Schwester des Ersten Offiziers John Green, *Empire Miniver;* Kevin R. Kearon und Roy T. Kearon, Arklow, Irland, Brüder des Kapitäns Reginald S. Kearin, *Assyrian;* Thoralf Laegland, Haugesund, Norwegen, Sohn des Kapitäns Laegland, *Sneland l;* Mrs. Constance M. Stracy, Manchester, Gattin des Funkoffiziers Robert A. Stracy, *Assyrian;* Mrs. J. W. Thompson, Cardiff, Gattin des Kapitäns J. William Thompson, *Somersby.*

Die Autoren schulden außerdem dem Hauptregisteramt für Schiffahrt und Seefahrer in Cardiff ihren Dank für die geduldige Hilfe während der dreijährigen Recherchearbeit; das gleiche gilt für die Öffentlichen Archive von Kanada in Montreal (Fotografien); die Marconi International Company Ltd. in Chelmsford, Essex, und die folgenden Schifffahrtsgesellschaften:

Rich. Amlie & Co., Haugesund, Norwegen; Andreadis (U.K.) Ltd., London; Billnerbolagen, Gothenburg, Schweden; Vairns, Noble & Co. Ltd., Newcastle upon Tyne; Canada Steamship Lines Ltd., Montreal; Ellerman Lines Ltd., London; Wm. France, Fenwick & Co. Ltd., London; Hall Corporation (Shipping) 1969 Ltd., Montreal; Headlam & Son, Whitby; Johnsonlinjen, Stockholm; Jacob Kjode, Bergen, Norwegen; Jacob Odland, Haugesund, Norwegen; Sir R. Ropner & Co. Ltd., Darlington; Christian Salvesen (Managers) Ltd., Leith; Sir William Reardon Smith & Sons Ltd., Cardiff; Stag Line Ltd., North Shields; Vickers Ltd., Barrow-in-Furness; Vinke & Co., Amsterdam; Witherington & Everett, Newcastle upon Tyne.

DIE MÄNNER VON DEN GELEITSCHIFFEN

Robert Aubrey aus Ringwood, Hantshire (Korvettenkapitän der *Fowey*)
George S. Boyd aus Epsom, Surrey (Heizer auf der *Leith*)
Neil K. Boyd aus Barton-on-Sea, Hantshire (Navigationsoffizier auf der *Scarborough*)
Patrick N. Culverwell aus Leicester (Leutnant z. S. auf der *Fowey*)
N. Vincent Dickinson aus Alresford, Hantshire (Fregattenkapitän der *Scarborough*)
John D. Hill aus Ipswich (Navigationsoffizier auf der *Heartsease*)
William J. Jenkins aus Bramhall, Cheshire (Vollmatrose auf der *Scarborough*)
Eric R. Semmens aus Orpington, Kent (Telegraphist auf der *Leith*)
Robert E. Sherwood aus Wendover, Buckshire (Korvettenkapitän der *Bluebell*)
Anthony S. Tyers aus Aylesbury, Buckshire (Leutnant z. S. auf der *Leith*)

Folgenden Verwandten der Besatzungsmitglieder danken die Autoren für ihre freundliche Unterstützung:

Miß Enid Allen, London, Schwester des Fregattenkapitäns Roland C. Allen (*Leith*); Mrs. Ione Carver, Farnham Surrey, und Mrs. Fynvola L. James, Northwood, Middlesex, Töchter, und Kapitän Ughtred H. R. James, Schwiegersohn des Admirals Lachlan Donald Ian MacKinnon; Miß Cora E. North, Chinnor, Oxon., Schwester von Korvettenkapitän Edward I. R. North *(Heartsease)*.

Außerdem:

R. H. Howard aus London (Bootsmann auf der *Scarborough*)
Dr. B. J. Mead aus Broadstone, Dorset (Schiffsarzt auf der *Scarborough*)

Charles H. A. Scott aus Dorridge, Warwicks (Signalgast auf der *Heartsease*)
Stan Stansfield aus Manchester *(Scarborough)*
Douglas F. Whittacker aus Hereford (Signalgast auf der *Fowey*)

Für seine spezielle Mitwirkung bedanken sich die Autoren auch bei Korvettenkapitän Heinrich Bleichrodt, München (Kapitänleutnant und Kommandant von U 48) und für seine Hilfestellung bei Kapitän z. S. K. T. Raeder, Marineattaché an der Botschaft der Bundesrepublik Deutschland in London. Für die Bereitstellung von Fotografien bedanken wir uns beim Podzun Verlag, Bad Nauheim.

Hilfe haben wir dankenswerterweise auch noch erfahren von:

Mrs. Ann Baird, Glasgow; Ruth und Eric Bardsley, Bollington, Cheshire; Gordon Duff, St. John's, Neufundland; A. C. Hughes, Hull; Leonard J. McLaughlin, Montreal; Gilbert E. Porteous, Cardiff; Donald Sanderson, Newcastle upon Tyne; A. A. Smith, Amsterdam; Jeremiah J. Smith, Edinburgh; Theodore Vokos, Piräus, Griechenland (Redakteur von ›Naftiliaki‹) und Mrs. D. Wetterhahn, London.

Schließlich möchten die Autoren all den vielen Zeitungen und Zeitschriften ihren Dank ausdrücken, die bei der Suche nach Veteranen des SC 7 behilflich waren, vor allem: *Daily Telegraph, Flying Angel, Hull Daily Mail, Montreal Star, The Navy, Navy News, Newcastle Evening Chronicle, Scottish Daily Express, Sea Breezes, Wexford People, Manchester Evening News, Liverpool Echo, Bridport News.*

Namens- und Sachregister

Die in Kursiv gesetzten Begriffe sind Schiffsnamen

Aberdeen 407
Activity, Flugzeugträger 527
Aenos, Frachter 387, 396 f., 427, 514
Alexander, A. V., Erste Lord der Admiralität 504
Alexis River 351
Algier 527
Allen, Maudie 432
Allen, Roland Charlton, Fregattenkapitän 431 f., 435, 482 f., 486, 488, 490, 493, 496, 503, 522, 527
Amerika 344, 375 ff., 401, 451, 457, 480, 502, 515
Amsterdam 440
Angle, Trawler 517 ff.
Anglesey 351, 383
Anticosti Island 349
Arcadia 370
Arklow 361
Armstrong Mitchel 355
Asdic-Gerät 371, 404, 412, 418, 424 ff., 432, 438, 454, 483, 514, 521
Asplund, Oscar, Kapitän 507
Assyrian, Frachter (Leitschiff des SC 7) 359 ff., 379 ff., 400 f., 411 f., 430 f., 446 f., 453 ff., 461 ff., 470 ff., 480 ff., 491 ff., 501 ff., 520, 523
Atlantik 340 f., 349, 352, 358 f., 362 ff., 373 ff., 380 ff., 390, 403, 406, 421 f., 436, 438, 475, 479, 490, 501, 509, 513, 517, 523 ff.

Aubrey, Robert, Korvettenkapitän 404 f., 412, 418, 439, 446, 493 ff., 527
Aves, James, Erste Ingenieur 479, 511
Avondale Park 526

Baldwin, Raymond, Zweiter Funkoffizier 441 ff.
Balls, Lancelot, Kapitän 376 f.
Baltimore 348
Bangor 343
Barbados 362
Barents-See 528
Barra Head 397
Barry-Docks 507
BBC 340, 384
Beatus, Frachter 350 f., 366, 381, 439 ff., 488 f., 497, 523
Bedford-Becken 363
Belgien 339
Bellas, Frank, Funk- u. Geschützoffizier 458, 473, 484, 502
Bermuda-Inseln 363
Bishop, Hilfsmaschinist 468, 471 f.
Blairspey 381, 477 ff., 488 f., 509 ff., 524 f.
Bleichrodt, Heinrich, Kapitänleutnant 408 ff., 414 ff., 420 ff., 513 f.
Bloody Foreland (Blutige Landspitze) 340
Bluebell, Korvette 402 ff., 410 ff., 428, 430 ff., 440, 455 ff., 488 f., 490, 497 ff., 500, 508, 523 ff.

»Blueberry Hill« 354
Board of Trade (Brit. Handelsministerium) 357
Boekolo, Frachter 440 f., 446, 456
Botusk, Frachter 357, 496, 507, 523, 524
Brasilien 362
Bretagne 383
Brett, Wilfred, Kapitän 350 f., 439 f., 497, 523
Bristol 361
Britisch Columbia 515
Britische Seemannsgesellschaft 500
Britisches Kriegstransportministerium 352, 356, 370
Brodie, Hilton, Schiffskoch 429
Buglass, Erster Offizier 481, 510
Burenkrieg 355

Campbellton 349
Campbeltown 510
Caprella, Tanker 517 f.,
Cardiff 350, 357, 439, 450, 494
Carrot, Signalgast 474
Carsbreck, Frachter 365, 428 ff., 494 f., 508, 511, 514, 524
Carver, Ione 502
Cedar Branch 396
Champlain 363
Cheshire 361
Chinesisches Meer 347
Churchill, Winston 340
Cleveland, Ohio 343, 346
Clintonia, Frachter 351 f., 448, 480 ff., 510 ff.
Clyde (Firth of) 353, 374, 398, 406, 496, 498 f., 503, 507, 511, 524
Convallaria, Frachter 438 ff.,
Corinthic, Frachter 356, 381, 384, 407, 410, 489, 495, 507, 524

Coultas, Ronald, Erste Offizier 411, 499
Crawford, John, Funkoffizier 478
Creekirk, Frachter 357, 446

Dänemark 339
Daley, James, Obersteward 364, 366 ff., 460, 462, 467 f., 471, 474 f., 483, 487
Dartmouth 372, 405, 432
Dean, William, Vierter Ingenieur 462 f.
Deutsch-englisches Flottenabkommen 426
Deutschland 339 f., 421 f., 426 f., 526
Devon 361
Dewar, Leonard, Funkoffizier 469 f., 487
Dickinson, Norman Vincent, Fregattenkapitän 372 f., 387, 402, 414, 420, 503, 527
»Die U-Bootwaffe« 424
Dioni, Frachter 507, 525
Dönitz, Karl, Vizeadmiral 421 ff., 512, 520 f.
Dorchester 529
Dover 406
Dünkirchen 339, 343, 406

Eaglescliffe Hall, Frachter 387, 395 ff., 525
Edinburgh 444, 491
Eisenhower, General 527
Elk, Motorjacht 370, 380
Ellerman & Papayanni Lines 359
Empire Brigade, Frachter 357, 377, 459 ff., 482, 486 f., 501
Empire Miniver, Frachter 375, 446 ff., 455 f., 497, 500
Empire Soldier 353 f.
Empire Spey 525

Endraß, Engelbert, Oberleutnant z. S. 426, 437, 513 f., 520, 522
England 339, 351, 353, 359, 363, 372 ff., 388 f., 394, 406, 422, 480, 503, 507, 523 (s. a. Großbritannien)
Erebus 372
Erie-See 343
Estland 434
Euston 503

Fal-Fluß (Cornwall) 356
Finnland 353
Fiscus, Frachter 350 f., 366, 450 f.
Flynderborg 507, 525
Forth, Firth of 526
Fowey, Geleitboot 402 ff., 412, 414, 418, 428, 430 ff., 444 ff., 455 ff., 477 f., 488, 493 ff., 499 f., 527
Frampton (Dorset) 502
Francis Harbour 351
Frankreich 339, 363, 374, 423
Frauenheim, Fritz, Kapitänleutnant 426, 513, 520
Fritz, Frachter 359
Fundy, Bay of 344, 388

Gaspe, Sankt-Lorenz-Bucht 349
Georgetown, Britisch-Guayana 362
Gibraltar 372, 524
Glasgow 357, 428 f., 435, 447, 477 f., 503, 508
Gourock (Pier von) 398, 499, 507
Green, John, Erster Offizier 448 f.
Griechenland 525
Großbritannien 339 f., 343 f., 349, 352 ff., 362 ff., 372 f., 389, 422, 424, 511, 521, 529
Guernsey 446
Gunborg, Frachter 352 f., 451 ff., 500

Halifax 341, 343 ff., 355, 363 ff., 379, 511 ff., 513, 515, 525
Hamburg 359
Hampton Roads 368
Harris, Funkoffizier 442
Havorn, Trampschiff 374, 507
Heartsease, Korvette 428, 430 f., 435 f., 494, 496, 508, 527
Hebriden 397, 418, 493
Hing, Gilbert, Maat 447, 449, 456
Hitler, Adolf 339, 347, 352, 357, 422, 424, 529
Holland 339, 523
Holyhead-Dublin-Linie 406
Hongkong 370
Hood, Schlachtkreuzer 347
Howell, Kenneth, Erster Funkoffizier 407, 489
Hull 356, 361, 507, 524
Hurunui, Frachter 402
HX 79 513 ff., 519f.
HX-Geleitzug 355, 374, 379, 513, 525
Hyde-Park 474

Indischer Ozean 523
Indomitable, Schlachtkreuzer 347
Inger Elisabeth 495, 507, 526
Inverness-shire 524
Irland 340, 443, 492, 496, 498
Irvin, Thomas, Kapitän 448, 480 f., 511 f.
Island 386, 400, 525
Italien 357, 360

James, Fynvola 343, 345, 346
James, Ughtred, Fregattenkapitän 502 f.
Jodl, Generaloberst 526
John, Erste Offizier 478
Jong, de, Kapitän 459, 461, 463 ff., 486 f., 501, 505

Kanada 340, 344, 350, 352, 377 f., 384, 388, 393, 407, 525
Karet 376
Karibische See 362
Karlander 507
Kearon, Reginald Sanderson, Kapitän 361, 457, 460 ff., 471, 473, 484, 520
Kenny, John, Kapitän 516, 517
Keppel, Zerstörer 393 f.
King-George-V-Jubiläum 347
King, John, Erster Offizier 361 f., 467, 471, 473, 484
King, Mary 343, 344, 345, 346
Klusmeier, Kapitänleutnant 526
Kretschmer, Otto, Korvettenkapitän 427, 437, 513, 520, 522
Kriegsmarine, britische 521
Kriegsmarine, deutsche 424 f.
Kriegsmarine, kaiserliche 422
Kurzwellen-Funkgerät 423

Labrador-Küste 351
Laegland, Kapitän 526 f.
Languedoc, Tanker 374 f., 411 ff.
Laskarides, Kapitän 396
Leach, Reginald, Zweiter Maat 449
Leask, Erste Offizier 443, 445
Lego, H. A., Kapitän 353
Leith, Geleitschiff 428, 430 ff., 454 ff., 477 f., 482 ff., 490 ff., 501 ff., 522, 527
Lewis, Butt of 395, 510
Liebe, Heinrich, Kapitänleutnant 427 f., 430 f., 514
Littleboy, Charles, Funkoffizier 389, 390 f.
Liverpool 360 ff., 383, 404, 457, 468, 479, 496, 498, 500 ff., 528
»Lloyd's Kriegsmedaille für Tapferkeit auf See« 520

Loch Lomond 514, 519
London 339, 357, 363, 373, 386
Londonderry 512
Lorient 389, 409, 420, 423, 425, 431, 513

MacKinnon, Lachlan Donald Ian, Vizeadmiral 345 ff., 359, 364 ff., 373, 378, 380 f., 387, 401, 430 ff., 453, 458, 467, 471, 473, 476, 483 ff., 490, 492, 502, 504, 528 ff.
Madsen, Charles, Kapitän 395 ff.
Manchester 480
Mattsson, Sture, Leichtmatrose 352 f., 451 f, 500
»Mein Kampf« 424
Methil 406
Meur, Marcel le, Matrose 363
Milford Haven 525
Mittelmeer 360, 372
Möhle, Karl-Heinz, Kapitänleutnant 426, 513, 520
Montreal 387 f., 395
München 348, 424
Muir, John, Kapitän 429, 431
Mussolini, Benito 339

Narvik 376
Nesbitt, George, Kapitän 356, 507
Neufundland 352, 373, 526
Neuseeland 432
New Orleans 348, 362 f., 367 f.
New York 349, 353, 363, 473
Newcastle-upon-Tyne 355, 369, 376
Niederländische Schiffskompanie 506
Niritos, Frachter 387, 400, 452 f.
Noble, Sir Percy, Admiral 504
Nora 434, 487, 501

Nord-Wales 361
Nordafrika 527
Nordatlantik 372 f.
North, Korvettenkapitän 436, 508, 527
North Shields 446
Norwegen 339, 352, 405, 421, 495, 526
Nova Scotia 343 f., 359, 363

Oberkommando West 489
ONS-5-Geleitzug 527
Orkney-Inseln 377, 386
Ort, Maat 464 f., 486
Ottawa, Zerstörer 393
Oxfordshire 436, 508

P. & O. Linie 436
Panama-Kanal 515
Parks, Kapitän 469
Paterson, Robert, Kapitän 380, 442, 444 f.
Paul, Leitender Ingenieur 447 f.
Paupon, Oliver, Matrose 363
Pentland Firth 377
Persischer Golf 403
Petsamo 353
Physical and Recreational Training School 372
Port Gisborne 511
Portland, Maine 343
Portsmouth 372
Prien, Günther, Kapitänleutnant 514

Quebec 350

Radio England 523
Ramsgate 406
Rimouski 350
Robertson, Dr. John, Schiffsarzt 491, 503 f.

Robilliard, Elie, Kapitän 446
Robinson, Maat 463
Rockall 418, 420, 427 f., 433 f.
»Roll Out The Barrel« 473
Rothesay-Bucht 398 f.
Royal Air Force 339, 350
Royal Canadian Air Force 345, 346
Royal Naval College 372
Royal Naval Reserve 404
Royal Navy 348, 372, 424, 432, 521
Royal Navy College 405
Royal Oak, Schlachtschiff 514
Royal Sovereign, Schlachtschiff 372
Rush, Grafschaft Dublin 361
Rußland 528

Sabre, Zerstörer 393
Saint John, New Brunswick 344, 349
Salote, Königin 432
Salvonia, Hochseeschlepper 510 ff.
St. John's Neufundland 352, 353
St. Kilda 397
St.-Lorenz-Golf 526
St.-Lorenz-Strom 349
St. Malo 511
St. Pierre 354
Sauvaget, Gabriêle André, Leutnant 363
SC-Geleitzug 354, 385
SC 1-Geleitzug 358, 373
SC 3-Geleitzug 373
SC 4-Geleitzug 359
SC 6-Geleitzug 354, 373
SC 7-Geleitzug 341, 348 f., 352 ff., 362 ff., 373 ff., 380 ff., 395, 399, 401 ff., 414, 418, 421, 425 ff., 431 ff., 453, 477, 479, 480, 490 ff., 500 f., 503, 507, 512 ff., 520 ff.

Scapa Flow 514
Scarborough, Geleitschiff 370 ff., 380, 387, 400, 402, 407 ff., 420 f., 435, 494, 503, 513, 527
Schenectady 339
Schepke, Joachim, Kapitänleutnant 427, 513 f., 520, 522
»Schlacht um England« 339
Schlachtschiffgeschwader 347 f.
Schottland 377, 398, 443, 445
Schulz, Wilhelm Georg, Kapitänleutnant 389
Schweden 353, 439, 452 ff., 525
Scoresby, Frachter 351, 411, 413, 477, 498 f.
Sedgepool, Frachter 479, 509 ff.
Seemanns-Mission 502, 505
Shekatika, Frachter 379 ff., 433, 441 ff., 451, 456, 479 f., 500, 510
Sherwood, Robert Evan, Korvettenkapitän 404, 406, 413, 441, 456, 497 ff., 508, 527
Shotley 372
Simpson, Henry, Zweiter Funkoffizier 407, 408
Sitala, Tanker 515
Skagerrakschlacht 347
Smith, Alexander, Obermaat 443
Smith, Robert, Kapitän 446 f.
Sneddon, Dritten Ingenieur 447, 449
Snefjeld, Frachter 479
Sneland I, Trampschiff 368 f., 379, 507, 526
Snowflake, Tanker 355
Soesterberg, Trampschiff 377 f., 459, 461 ff., 482 ff. 501, 523
Somersby, Frachter 364, 451, 493, 496, 503, 507, 524
Stag Line 448, 480

Stevenson, John, Kapitän 369
Stracy, Robert, Funkoffizier 361, 467 f., 473, 505, 523
Strathaird, Linienschiff 436
Sunderland 414 ff., 510 f., 515
Sunderland-Flugboot 415, 509
Sydney (Cape Brenton) 341, 346, 348, 354 ff., 358 f., 363 f., 368 f., 372 f., 395, 493

Tay, Fregatte 527
Tempus Shipping Company 350
Thalia, Frachter 479
Thompson, Bill, Kapitän 493, 507
Thoroy, Tanker 355
Three River 350
Tobermory 406
Tonga-Inseln 432
Tory Island 498
Trevisa, Frachter 387 ff., 390 ff., 401
Trident, Frachter 376, 507, 524
Türkei 347
Tynemouth 436
Tyneside 377, 512, 524

U 38 427 f., 430 f., 437
U 46 426, 437 f., 513, 520
U 48 408 f., 410 ff., 420 f., 425, 513
U 99 427, 437, 513, 520
U 100 426, 513, 520
U 101 426, 513, 520
U 123 426, 513, 520
U 2336 526

Valentia 443
Valparaiso 507, 525
Vancouver 515
Venables, William, Zweiter Ingenieur 364, 383, 457 f., 460, 466 ff., 471 f., 484, 487, 492, 504

Victorious, Flugzeugträger 527
Victoria, Königin 347
Virginia 368
VONF 384

Wales 383
Walker, F. J. »Johnny«, Kapitän 527
Walker, G. H., Kapitän 528
Walker, J. C., Kapitän 478
Wandby, Motorschiff 515 ff.
War Weapons Week 529
Washington 345 f.
Weatherill Lawrence Zebedee, Kapitän 411, 413, 497

Weltkrieg, Erster 347, 351 ff., 422 ff., 521 ff.
Weltkrieg, Zweiter 351, 421 ff., 526
West Cobalt 375
West Hartlepool 364, 400, 493
Westindische Inseln 360
Williams, Ebenezer, Kapitän 350, 366, 450
Winona, Frachter 369
WNA (Winter North Atlantic-Linie) 341
Wren, Kanonenboot 527

JOCHEN BRENNECKE
Haie im Paradies

INHALTSVERZEICHNIS

ERSTER TEIL
»It's a long way to go!« 551

ZWEITER TEIL
1. Raeders unerfüllte Hoffnungen. 559
2. Geheime Reichssache: Geheimnisvolle Passagiere auf U 180 566
3. Deutschland braucht Asiens Rohgummi 577
4. U-Dommes und U-Marco-Polo in Penang 579

DRITTER TEIL
1. Die Monsun-U-Boote 583
2. Nur vier Monsuner überlebten 594
3. U-Boot-Stützpunkt Penang 605
4. Zwischenoperationen der ersten, Einsatz der zweiten
Monsun-U-Boot-Gruppe 616
5. Einsatz für Südostasien: Ab jetzt einzelbootweise 632
6. Das Unternehmen Weißblech 671
7. »An Land«, sprach der Kapitän 682
8. Haie contra Haie 687
9. U 862 vor Sydney und Neuseeland 719
10. U 181 – U 510 – U 532 – U 843 – U 861: Kurs Heimat . . . 727
11. Heimkehr kurz vor Toresschluß 739
12. Das Sonnenbanner auf deutschen U-Booten 748

VIERTER TEIL
Die deutschen U-Boot-Operationen in Südostasien 756

FÜNFTER TEIL
1. Zwischen den Kapitulationen 764
2. Als das Sonnenbanner unterging 775

SECHSTER TEIL
Ein Vermißter taucht auf: Der WI von U-Jebsen 777

ANMERKUNGEN 793

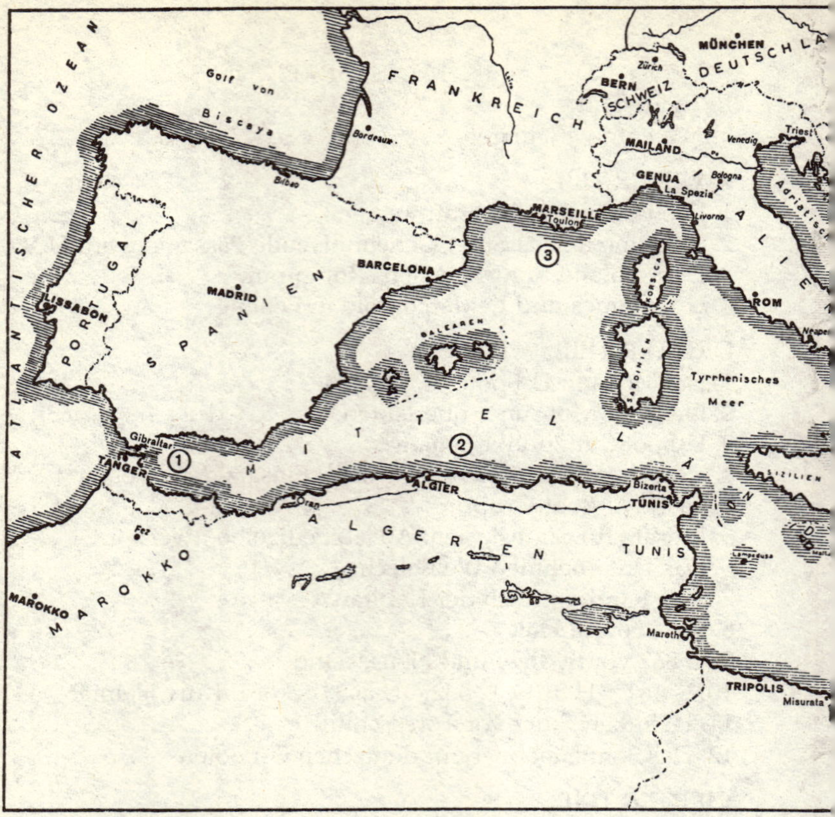

Kampfgebiet der deutschen U-Boote im Mittelmeer

Politische Grenzen 1940

0 100 200 300 400 500 km

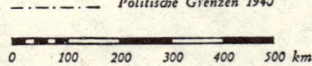

Legende für Karte:

(1) Am 13. 11. 1941 Flugzeugträger «Ark Royal» versenkt.
(2) Am 11. 8. 1942 Flugzeugträger «Eagle» versenkt.
(3) Am 27. 11. 1942 Selbstversenkung der französischen Flotte in Toulon.
(4) Die Große Syrte, Schauplatz der Kämpfe der Großkampfschiffe.
(5) Am 1. 2. 1943 Minenkreuzer «Welshman» versenkt.
(6) Am 11. 3. 1942 Kreuzer «Naiad» versenkt.
(7) Am 16. 6. 1942 Kreuzer «Hermione» versenkt.
(8) Am 25. 11. 1941 Schlachtschiff «Barham» versenkt.
(9) Am 14. 12. 1941 Kreuzer «Galatea» versenkt.
(10/11) Am 18./19. 12. 1941 Schlachtschiffe «Queen Elizabeth» und «Valiant» versenkt.
(12) Am 30. 6. 1942 U-Boot-Mutterschiff «Medway» versenkt.

VORWORT

Es muß einmal gesagt werden, daß ein Autor bei der Darstellung Geschichte gewordener Ereignisse und Personen in novellistischer Form zunächst den historischen *background* – wenn dieses treffliche Wort aus dem englischen Sprachschatz hier einmal verwendet werden darf – mit gebotener Sorgfalt studiert. Diesen *background* zu erarbeiten, ist nicht immer leicht. Oft genug sind für ein Geschehen mehrere Augenzeugen und Dokumente notwendig, um ein historisch zuverlässiges Bild gestalten zu können. Ohne den grundsätzlichen Wahrheitsgehalt etwa eines Kriegstagebuchs in Zweifel ziehen zu wollen, darf doch festgestellt werden, daß bereits die Niederschrift in einem KTB oft schon subjektiv zu werten ist, ganz abgesehen davon, daß KTB-Eintragungen nicht selten eine geraume Zeit nach dem eigentlichen Geschehen erfolgten. Die wirklich zeitnahen Unterlagen dürften die Kladden sein mit den Notizen, die während der Aktion gemacht wurden. Diese aber sind nicht zu beschaffen, wohl aber Erfahrungs- und Erinnerungsberichte von Augenzeugen.

Kurzum: Wo die Niederschrift rein kriegsgeschichtlicher Fakten aufhört, fängt für den ernsthaften Erzähler die Arbeit erst an.

Den nur am Fachlichen und Geschichtlichen interessierten Historiker wird diese Konzeption nicht befriedigen; auf der anderen Seite fühlt sich ein breiter Leserkreis durch die trockene Materie reiner Forschung nicht angesprochen. Dieser Kreis will nacherleben, er will im wesentlichen miterleben, wie es war, und wie es geschah.

In diesem Buch nun brauchen betont historisch interessierte Leser *nur* die Abschnitte in der *Kursivschrift* zu lesen. Wer mehr die erzählende, erlebnishafte Form vorzieht, findet diese in der normalen Schrift. Damit ist beiden Interessenkreisen gedient, womit ich die Hoffnung verbinde, daß das eine auch den anderen nutzt, daß auch der Freund novellistischer Darstellungen an den rein fachlichen und historischen Passagen Geschmack findet. Ein kleiner Teil der novellistischen Darstellungen erschien als Vorabdruck in der Millionen-Illustrierten *Quick*. Die Berichtserie wurde unter dem Titel *Heimat deine Sterne* veröffentlicht. Diese Passagen wurden für die Buchdiktion ergänzt und erweitert. Der Verfasser verdankt *Quick* die Möglichkeit einer gründlichen Recherchierung, vor allem die vielen Tonbandaufnahmen Dabeigewesener.

Ich darf daher in erster Linie allen danken, die in diesem Buch mit direkten oder sonstigen Aussagen namentlich in Erscheinung treten, insbesondere den damaligen Stützpunktleitern, U-Boot-Kommandanten, den Offizieren, Unteroffizieren und Mannschaften der Stützpunkte, von Monsun-U-Booten und den V-S sowie dem Chef des Marine-Sonderdienstes beim Marineattaché in Tokio; ferner der ›Arbeitsgemeinschaft für Marinegeschichte und Maritime Publizistik‹ in Düsseldorf. Dank gilt auch allen aktiven und inaktiven Experten der U-Boot-Waffe, Mitgliedern vom ›Arbeitskreis für Wehrforschung‹, Stuttgart; Dr. J. Rohwer, Leiter der Bibliothek für Zeitgeschichte, Weltkriegsbücherei, Stuttgart; Dr. H.-A. Jacobsen, Direktor vom ›Forschungsinstitut der Deutschen Gesellschaft für Auswärtige Politik‹, Bonn; weiter F. L. Dechow, Bad Godesberg; K. A. Thomsen, Dülken; Dr. med. Hans Werner, Düsseldorf; Dr. med. Wilhelm Kau, Düsseldorf; Dr. Th. Michaux, Speyer; Kapitän Ernst Laufenberg, Bodo Herzog, Oberhausen, Dr. jur. H. Wagener, und vor allem meinem U-Boot-Kameraden, dem heutigen Pastor Paul Rotfahl, Gladbeck, meinem pommerschen Freund und getreuen Mitarbeiter an der pommerschen Presse, Rektor Otto Noeske, jetzt Oberkotzau, und meinem Schulschiffskameraden Oberstabsbootsmann Werner Krüger, Deichsende.

Der Verfasser

ERSTER TEIL

»It's a long way to go!«

Singapore. Herbst 1945. Japan hat kapituliert.

Wochen vergehen. Endlich taucht im Lager Pasir Pandjang, wohin man die Deutschen aus dem stickigen Treibhaus des malayischen Dschungels wieder zurückdirigiert hat, der erste britische Offizier auf. Ein Major Wilson. Ziemlich jung noch, glattes Gesicht, Sommersprossen. In der Rechten ein dünnes Stöckchen aus Bambus. Er hat Militärpolizisten bei sich. Auf seinen Befehl verhaften sie den ehemaligen deutschen Stützpunktleiter von Malaya, Korvettenkapitän Erhardt. Er war einst IO auf von Ruckteschells Hilfskreuzer *Michel*. Er sei ein Kriegsverbrecher, erzählt man sich im Lager. »Na, denn man prost ...!«

Der Whisky, mit dem sie auf Korvettenkapitän Erhardts Wohl und Wehe und auf schnelle Klärung des offenkundigen Irrtums um ihren ehemaligen Stützpunktchef anstoßen, stammt nicht vom *blackmarket*. Er ist ein Geschenk australischer, englischer und kanadischer Soldaten, die bis vor kurzem noch Gefangene der Japaner waren.

Die Überraschungen reißen nicht ab. Ein paar Tage später: Major Wilson fährt wieder vor. Schon am harten Bremsen ist zu merken, daß er heute mit keiner guten Botschaft kommt. Die deutschen Seeleute, es sind Monsun-U-Bootfahrer, Überlebende der Hilfskreuzer *Michel* und *Thor*, Besatzungsmitglieder von Versorgern und Prisen, stehen abwartend vor ihren Unterkünften.

»Where is Captain Freiwald?« ruft der Major den Männern zu.

Sie schweigen.

Noch einmal fragt Wilson.

Wieder bekommt er keine Antwort.

Mit seinem dünnen Stöckchen trommelt der Major auf seiner Khakihose. Sich zu beherrschen, kostet ihn sichtlich Mühe. Dann tritt er kurz entschlossen auf einen kleinen, wohlgenährten Seemann zu, der vorn in der Mauer der schweigenden Männer steht.

»You understand?«

»Jarnischt«, sagt der Matrosenhauptgefreite Hein Briesicke aus Berlin-Moabit mit ausnehmend höflicher Stimme. »Ick vastehe keen Wort. Ick bin nämlich nich von hier.«

Die Kameraden grinsen. Der Engländer schnauft und wischt sich den Schweiß von der Stirn. Er kocht.

Einer der Militärpolizisten flüstert ihm etwas ins Ohr; dabei deutet er auf einen kleinen Bungalow: Blumen vor den Fenstern; englischer Rasen rundherum. Wilson nickt und geht über den Hof.

Kapitän zur See Kurt Freiwald, letzter Kommandant von U 181, einem der berühmtesten U-Boote, das je die salzigen Meere befuhr, erhebt sich, als der britische Offizier bei ihm eintritt. Ohne Gruß setzt sich Wilson auf Freiwalds Stuhl.

Der Deutsche mustert den Engländer erstaunt.

»Sie wünschen?«

»Sie werden mit Ihren Leuten verlegt! Morgen früh!«

»Wohin, wenn ich fragen darf?«

»Changi Jail.«

»Ins Zuchthaus? Ich habe mich wohl verhört?«

»Es bedarf keiner militärfachärztlichen Untersuchung, Ihnen ein ausgezeichnetes Gehör zu bestätigen«, sagt der britische Major mit fühlbarer Ironie. Dabei schlägt er mit seinem Stöckchen auf Freiwalds Arbeitstisch die Takte eines englischen Soldatenliedes.

Kapitän zur See Freiwald zeigt unwillig auf den Bambusstock.

»Würden Sie das bitte unterlassen, Major. Das stört die Unterhaltung.«

Wilson läuft an wie ein Beefsteak. Er schnauft wie ein Walroß, zieht jedoch den Stock von der Tischplatte zurück.

»Wann kommen die Wagen?« fragte Freiwald.

»Wagen?« sagt der Brite gedehnt und reckt sich. »Wagen, sagten Sie? Sie werden marschieren, Captain!«

»Soll das eine Brüskierung sein? Wollen Sie die deutschen Marinesoldaten demütigen?«

Der Major gibt keine Antwort.

»Ich mache Sie darauf aufmerksam, daß meine Soldaten Seeleute sind«, sagt Freiwald. Und weiter, leise, aber nicht ohne Schärfe: »Und ist Ihnen auch klar, was es bedeutet, wenn wir durch das farbige Singapore marschieren?«

Major Wilson springt auf. »Ja, das ist mir klar. Sehr klar sogar.«
»Sie werden Ihr Gesicht verlieren. Sie schneiden sich ins eigene Fleisch.«

»Sie werden marschieren. Unter der Bewachung von ausgesuchten Gurkhas. Morgen früh, neun Uhr. Quer durch die Stadt. Kreuz und quer. Dafür werde ich sorgen. Und mir ist es völlig egal, ob jemand sein Gesicht verliert oder nicht.«

Freiwald erkennt, daß es unmöglich ist, diesen Irrsinnsplan zu verhindern. Und ehe er sich dazu äußern kann, hat der Brite das Zimmer verlassen. Ohne Gruß, wie er kam.

18. Oktober 1945

Zehn Minuten vor neun Uhr treten die 260 deutschen Seeleute auf dem Hof des Lagers an. Sie tragen das beste Zeug, das sie haben, makellos, von den meisten noch nicht einmal getragenes Khaki. Sie haben blütenweiße Schiffchen auf dem Kopf, weiße Strümpfe an und schwarze Schuhe, auf Hochglanz poliert.

Wie zur Parade.

Ein Jeep fährt vor. Am Steuer Major Wilson. Sein Gesicht glüht vor Selbstbewußtsein. Hinter ihm ein LKW mit indischen Soldaten. Ein Zug schwarzbrauner Gurkhas aus den Vorbergen des Himalaya. Sie springen ab, pflanzen die Bajonette auf. Am rechten Flügel, also dort, wo die Spitze marschieren wird, treten australische Fallschirmjäger an. Sie haben entsicherte Maschinenpistolen unterm Arm.

Major Wilson erwartet, daß ihm der deutsche Kapitän zur See oder einer der Offiziere Meldung macht. Nichts dergleichen geschieht. Freiwald unterrichtet Wilson lediglich, daß die Lagerbesatzung vollzählig sei. »Falls Sie das überhaupt interessiert«, fügt er noch hinzu.

»Go on«, befiehlt der Major.

Keiner der Deutschen bewegt sich. Sie warten auf Kapitän Freiwalds Befehl. Durch die Reihen der Seeleute wogt ein Murren. »Man sollte ihm in die ...«

»Ruhe bitte«, verlangt Freiwalds Vertreter. Nur nicht die Nerven verlieren.

»Go on!« schreit der Major erneut. Er ist jetzt bleich vor Wut. Der deutsche Kapitän sieht ihn gar nicht an, er beobachtet vielmehr die Zeiger seiner Uhr. Dann hebt er die Hand, tritt vor die Front: »Abteilung – stillgestanden! Rechts – um! Im Gleichschritt – marsch!«

Freiwald setzt sich an die Spitze. Voraus, in zwanzig Meter Abstand, die Fallschirmjäger. Die Gurkhas sichern an beiden Seiten. Major Wilson fährt im Jeep hinterher.

Der Marsch beginnt. Und mit ihm ein Lied, das berühmte englische Soldatenlied: *It's a long way to Tipperary, it's a long way to go.* Aber nicht gesungen. Gepfiffen.

Wilson braust mit seinem Jeep nach vorn: »Shut up ... Aufhören!«

Die Deutschen reagieren überhaupt nicht.

»Shut up!« Wilson ist direkt neben dem deutschen Kapitän aufgefahren.

»Aufhören!« befiehlt Freiwald.

»Was fällt Ihnen ein, ein englisches Soldatenlied singen zu lassen?« wettert der Major.

»Sie müssen zunächst einen Unterschied zwischen Pfeifen und Singen machen. Lassen Sie sich bitte weiteres von diesem Offizier erklären.«

Kapitänleutnant Rasner, ExFTO vom Hilfskreuzer *Thor*, wendet sich an den Major. »Sorry, Sir. Was Sie da hören, ist zufällig auch die Melodie von einem europäischen Heimatlied.«

Kaum hat er dies dem Major gesagt, befiehlt die Spitze: »Weitermachen! Das Lied noch einmal von vorn ... Alle Strophen durch ... pfeifen. Und danach: laut und vernehmlich singen ›Das kann doch einen Seemann nicht erschüttern‹!«

»Eingepickt ...«, brüllt der letzte Mann. »Drei ... vier ...!«

Wilsons Gesicht nimmt die Farbe eines gebrühten Krebses an. Er fordert Freiwald auf, sofort in seinen Jeep zu steigen. Er hofft, hier den verantwortlichen Deutschen besser unter Kontrolle zu haben. Aber der Kapitän zur See lehnt höflich ab: »Danke, ich bleibe bei meinen Männern.«

Überall laufen die Farbigen zusammen. Die Menge am Straßenrand jubelt den Deutschen zu. Eingeborene Polizisten grüßen korrekt. Auch ein paar englische Kolonialbeamte stehen auf dem Bürgersteig, erstaunt, daß Europäer unter farbiger Bewachung durch Englands wiedergewonnene Kronkolonie marschieren müssen. Sie schütteln die Köpfe.

Im Hafengelände drängen australische und britische Fallschirmjäger, Soldaten, die in Europa hart gekämpft haben, die vor Begeisterung johlende Bevölkerung mit brutaler Gewalt und mit Schlägen zurück ... Inder, Malayen, Chinesen ... Und ein farbiger Polizist, den sie verschonen, ruft der Marschkolonne zu: »Das ist die beste Militärparade, die Singapore je sah. Bravo!« Dann trifft ihn ein Kolbenhieb.

Die Kolonne hält sich in tadelloser Ordnung. Die Männer haben jetzt zehn Kilometer hinter sich. In knapp zwei Stunden. Bei 45 Grad Hitze. Wilson führt sie nicht auf dem kürzesten Weg durch Singapore nach Changi Jail hinaus; er dirigiert sie kreuz und quer durch die Straßenzüge der britischen Kolonie. Über das glühende Pflaster der Innenstadt. Schweiß rinnt ihnen in Strömen am Körper herunter. Ihre Khakiuniformen sind klitschnaß. Durst macht sie halb wahnsinnig. Aber sie reißen sich zusammen.

»Ein neues Lied: ›Wir lagen vor Madagaskar ... und hatten die Pest an Bord ...‹«

»Durch!« krächzt der letzte Mann aus heiserer Kehle. »Drei ... vier ...!« Der Gesang hallt wider von den modernen Hochhäusern der City. An allen Fenstern drängen sich Menschen, dieses einmalige Schauspiel zu sehen.

Major Wilson hat die Gurkhas bereits durch eine neue Mannschaft ablösen lassen müssen. Sie vermochten nicht mehr Schritt zu halten. Im Zentrum der Stadt, vor dem Palast des britischen Gouverneurs, in dem Lord Louis Mountbatten residierte, hallen englische Kommandos, als sich die Kolonne nähert. Die Posten präsentieren. Bis der letzte Mann vorbeimarschiert ist.

Die Kolonne erreicht die Stadtgrenze, am Flugplatz vorbei. Immer weiter in der brütenden Hitze, die sich lähmend auf die Lungen legt. Jetzt singt keiner mehr. Aber sie marschieren noch, einige wankend, aber noch aufrecht. Naß, wie aus dem Wasser gezogen.

Die Blasen an den Füßen scheuern auf. Die Strümpfe kleben am rohen Fleisch fest. Die ersten Ausfälle drohen. Wilson ist wieder in seinem Element. In seinem Jeep fährt er die Reihen entlang.

Hein Briesicke hat einen jungen Gefreiten, der einen Hitzschlag bekommen hat, untergefaßt. Der Junge ist totenblaß und hat sich erbrochen. Immer wieder knickt er in den Knien ein. »Los, leg deinen Arm um meinen Hals.«

Wilson hat gesehen, daß die beiden immer zurückbleiben. Er stoppt seinen Jeep, winkt mit seinem Stöckchen einen Gurkha heran, ruft ihm einen Befehl zu und gibt wieder Gas.

»Ich kann nicht mehr,« flüstert der Junge.

»Aber jewiss kannste noch. Det schaffste schon.«

»Ich seh' bloß noch schwarze Punkte.«

Beinahe unhörbar kommen diese Worte über die aufgesprungenen, trockenen Lippen des Jungen. Und ehe Hein Briesicke ihn halten kann, bricht der junge Funkgefreite zusammen und schlägt lang hin. Die Lider sind halb geöffnet, die Augen verdreht. Stoßweise rasselt der Atem.

Vorn, an der Spitze, ist Kapitän zur See Freiwald aus der Marschkolonne heraus und auf Wilsons Jeep zugetreten: »Ich habe den ersten Ausfall. Weitere sind zu erwarten. Die Männer brauchen einen Arzt.«

»Ein Arzt ist nicht vorgesehen. Marschieren Sie weiter.«

Nachdem die Kolonne langsam vorübergezogen ist, nimmt Major Wilson den Hörer des Funksprechgerätes aus dem Halter am Armaturenbrett: »Schicken Sie sofort einen Lastwagen auf die Straße nach Changi Jail. Die Germans können nicht mehr. Lassen Sie auch einen Sani mit genügend Verbandszeug mitfahren.«

»Nur Bewußtlose nimmt ein soeben bestellter Lastwagen auf«, ruft er Kapitän zur See Freiwald zu, als er wieder an der Spitze auftaucht.

»Durchsagen: wer nicht mehr weiter kann, muß den Ohnmächtigen spielen«, gibt Freiwald seinen Männern bekannt. »Det soll uns een inneret Missionsfest sein. Machen wir den Anfang.« Hein Briesicke legt sich neben seinem noch immer benommenen Kumpel nieder. Aber nur ein paar noch machen von diesem Angebot Gebrauch. Keiner von den Alten ist unter diesen, schon gar keiner von den alten Oberfeldwebeln, den Obermaschinisten, den Obersteuerleuten, den Oberfunkmeistern der Monsun-U-Boote. Viele von ihnen sind schon oft, in den Wasserbombenschlachten über den schmalen Grat zwischen Leben und Tod geschritten. Als die Dämmerung hereinbricht, entdecken sie ein düsteres Gebäude voraus: Das Zuchthaus Changi Jail. Ein massiger Turm davor. Hohe Mauern rundherum. Aber das riesige, eisenbeschlagene Tor im Turm bleibt geschlossen. Es öffnet sich nicht, als die Spitze darauf zu marschiert.

Hony soit qui mal y pense! In steinernen Lettern steht es über dem Tor. Weiß Gott, diese drögen Briten haben Humor. Mit der Hand, nicht mit dem Stöckchen, weist Wilson die Spitze der Kolonne nach links ein, dorthin wo im Schatten der düsteren Mauern bungalowähnliche Gebäude sichtbar werden. Sie dienten malayischem Zuchthauspersonal mitsamt deren Familien als Behausungen: »Das ist Ihr künftiges Quartier, Captain«, sagt der Major, grüßt und fährt davon.

Beim Barte Neptuns, der Kerl hat gegrüßt … Sie alle, gewohnt, auch in dunkler Nacht zu sehen, notieren es in ihren Köpfen. Auch die glühenden Punkte der brennenden Zigaretten indischer und englischer Soldaten auf der Mauer des Zuchthauses Changi Jail. Die Kranken werden von den LKWs abgeladen. Dann sind die Deutschen sich selbst überlassen.

Keine Bewachung. Kein Stacheldraht.

Elektrisches Licht gibt es nicht in den Steinbaracken. Die Wasserleitungen funktionieren ebenfalls nicht. Weder Möbel noch Feldbetten sind vorhanden. Und nichts zu essen.

Das einzige, was sie im Flackerschein der Feuerzeugflämmchen erkennen, ist Dreck. Jede Menge Dreck. Dazu viehischer Gestank. Und Moskitos. Millionen.

»Hier sieht es ja aus wie bei Oberfähnrichs.« Es ist der Matrosenhauptgefreite Briesicke, der als erster die Sprache wiedergefunden hat. Dann haut er sich kurz entschlossen hin: »Nacht, Kameraden. Erst mal filzen.«

Das berüchtigte Changi Jail ist die letzte Etappe der Besatzungen der in Penang und Singapore von zwei Kapitulationen überraschten Monsun-

U-Boote und des Personals dieser beiden deutschen Stützpunkte. Für die anderen Kameraden der Stützpunkte Batavia und Soerabaja auf Java ist es am Ende die dem Hafen Tanjok Priok vorgelagerte Gefängnis-Insel Onrost.

Wenige Monate später werden die deutschen Seeleute aus dem Südostraum Asiens auf dem Fahrgastdampfer Empress of Australia *eingeschifft. Sie stehen an der Reling und blicken auf die vom Monsun-Wind marmorierte See. Die Küste sinkt unter die Kimm. Die fernen Berge heben sich tiefblau wie Saphire aus dem Boden dieser paradiesischen Erde.*

ZWEITER TEIL

1.

Raeders unerfüllte Hoffnungen

Was lag für die deutsche Seekriegsleitung näher, als unmittelbar nach Kriegsausbruch im Sinne der Verhandlungen von 1938 vom Antikominternpartner Japan Hilfe und Unterstützung zu erhoffen? Großadmiral Raeders konkrete Wünsche, vom damaligen Oberbefehlshaber der Wehrmacht gutgeheißen, sind:

a) Erlaubnis zum Anlaufen japanischer Stützpunkte für deutsche Hilfskreuzer und Unterseeboote,

b) Überlassung einiger U-Boote an Deutschland zur Kriegführung in Ostasien.

Noch am 22. November erklärt der ›Großadmiral‹ Hitler optimistisch, daß er von den Japanern eine günstige Antwort erwarte, während an Italien die Forderung um U-Boot-Gestellung erneut erhoben werden müsse, sobald seine Haltung klarer würde. Von Estland und Lettland könnten U-Boote nicht erbeten werden, da Rußland dies leicht als einen Eingriff in sein Interessengebiet halten könnte.

Die Antwort der japanischen Regierung lautete – unter Hinweis auf das gespannte Verhältnis von Japan zu den USA: Keine U-Boote, keine Stützpunkte!

Deutschen Hilfskreuzern selbst will Japan im Mutterland keine Stützpunkte oder Reparaturfristen gewähren, wohl aber duldet es still das Aufsuchen unter japanischer Kontrolle stehender Südseeinseln ehemals deutscher Kolonialgebiete als Versorgungs- und Reparaturplätze, auch von deutschen Hilfskreuzern aufgebrachter und als Prisen nach Japan entlassener Feindschiffe, da diese ja nun unter deutscher Flagge fahren.

Während sich in der ersten Phase des Seekriegs der Schwerpunkt der U-Boot-Operationen um die britische Insel und auf die Nordatlantik-Route konzentriert, operieren allerdings einige größere Boote bereits in südlicheren Gebieten, um das fehlende Dreieck außerhalb der sogenannten Westhemisphäre, der panamerikanischen Sicherheitszone, zu be-

decken. Neues Operationsziel wird ab Sommer 1941 das Seegebiet vor der afrikanischen Westküste, dessen Erweiterung aber mit Rücksicht auf die USA, Portugal und Spanien vorerst nicht offiziell bekannt gemacht wird. Den U-Boot-Kommandanten werden aber durch interne Befehle die unbedingt notwendigen Freiheiten eingeräumt[1].

Nachdem Japan, zusammen mit Italien, im September 1940 den Dreimächtepakt unterzeichnet hat, befaßt sich die deutsche Seekriegsleitung mit den verschiedenen Möglichkeiten für den Fall eines Krieges zwischen Japan und England oder auch den USA. In einer Niederschrift legt Großadmiral Raeder am 25. Januar 1941 seine Überlegungen zur Frage: ›Japan im Dreimächtepakt‹. dar. Diese sind insofern von Interesse, weil wir heute wissen, was eintraf und was nicht und welche Hoffnungen der deutschen Seekriegsleitung – auch in der Frage des U-Boot-Krieges im Indischen Ozean – sich erfüllten.

Im Kapitel IV, wohl das interessanteste in diesem Komplex, befaßt sich Raeder mit der japanischen Aufgabe aus der Sicht der deutschen Skl, wobei allein schon die Ziffer 1 interessant ist, weil sie die ganze Unsicherheit gegenüber dem fernöstlichen Bündnispartner ausdrückt:

»... Von erster Bedeutung vor Einweisung Japans in seine Kriegsaufgaben ist eine genaue Kenntnis seines ›Potentiel de guerre‹. Diese Kenntnis muß sich nicht nur auf Eigenschaften und Zustand aller Kriegsfahrzeuge usw., sondern auch auf den Stand der Rüstungsindustrie, der Öl- und Rohstoffversorgung und Ernährungswirtschaft erstrecken.

Diese Voraussetzung für eine rationelle Zusammenarbeit muß vertrauensvoll schon jetzt geschaffen werden ...

Wenn auch vernichtende Schläge gegen amerikanische Überwasserkräfte kaum möglich sein werden und auch nicht Hauptaufgabe japanischer Überwasserkräfte sind, so muß es das Bestreben und Ziel japanischer Überwasserkriegsführung sein, einen möglichst großen Teil der US-amerikanischen Flotte im Pazifik zu binden und in ständiger aufreibender Bewegung zu halten. Diese Diversionsaufgabe ist von entscheidendem Einfluß auf den Kriegsschauplatz in europäischen Gewässern ...

... Die Besetzung feindlicher oder feindhöriger Stützpunkte muß gegenüber den genannten Aufgaben zurücktreten. Sie kann jedoch erforderlich werden, um den Rücken frei zu bekommen. Diese Sachlage erscheint bei den Philippinen und bei Guam gegeben. Eine Besetzung dieser Stützpunkte schaltet Amerika im westlichen Stillen Ozean weitgehend aus und verbessert für Japan die Bewegungsfreiheit in südlicher Richtung. Ob diese Maßnahmen möglich und dem Japaner anzuraten sind, kann erst nach Kenntnis seiner tatsächlichen Stärke beurteilt werden.

Für die Ölversorgung wäre ein Fußfassen auf Borneo von großer Bedeutung. Die Besetzung erscheint jedoch nur möglich, wenn die strategische Bindung auf anderen Kriegsschauplätzen überlegene britische und USA-Streitkräfte aus dem Singapore-Bereich fernhält (Mittelmeer).

Eine enge Beziehung der Maßnahmen der Dreierpaktmächte muß in diesem Sinne angestrebt werden. Die augenblickliche Schwäche Englands in Asien/Fernost verlockt zu einem Angriff auf Singapore. Dieser Angriff erscheint auch nicht aussichtslos und würde im Falle des Gelingens die britische Machtstellung in Ostasien beenden. Trotzdem darf er im Sinne der gemeinsamen Kriegsaufgabe erst hinter dem Zufuhrkrieg rangieren, da er auch im günstigsten Falle starke eigene Kräfte für längere Zeit bindet und bei Zähigkeit des Gegners voraussichtlich auch erhebliche Verluste kosten würde ...«

Von ganz besonderem Interesse sind die im Kapitel V erhobenen Forderungen des Chefs der deutschen Seekriegsleitung:

... »Um bei Kriegseintritt Japans nicht in den gleichen Fehler unabhängiger Kriegführung zweier Bundesgenossen, wie beim Kriegseintritt Italiens, zu verfallen, erscheint eine straffe Zusammensetzung durch einen gemeinsamen Stab erforderlich. Sitz dieses Stabes zweckmäßig Berlin. Von japanischer Seite ein bevollmächtigter Vertreter der japanischen Seekriegsleitung. Beste und unmittelbare Funknachrichtenverbindung zwischen beiden Admiralstäben erforderlich.

Dieser gemeinsame Stab oder ›Oberste Kriegsrat‹ hat die Aufgabe, in laufenden Besprechungen mit strategischer Ausrichtung die Kriegführung der Dreierpaktmächte aufeinander abzustimmen, so daß alle Kriegsmaßnahmen vom Kriegseintritt Japans an auf allen Kriegsschauplätzen ein strategisches Ganzes bilden. Durch ständige Fortführung dieser Tätigkeit muß der Gleichklang aller Maßnahmen auch bei sich ändernder Lage laufend erhalten bleiben. Nur so ist eine einheitliche Ausrichtung der Kriegführung möglich, und nur so kann dem Gegner die Möglichkeit genommen werden, auch hier wieder, wie im Falle Italien, nach dem Grundsatz ›Divide et impera‹ weiterzukommen ...«

Als Deutschland im Juli 1941 Rußland den Krieg erklärt, fällt der Transport von kriegswichtigen Rohstoffen aus dem asiatischen Raum, der vordem zum größten Teil über die transsibirische Eisenbahn rollte, vollends aus. Es bleibt also nur noch die Brücke über die See. In diesem Punkte erweisen sich die Japaner von aufrichtiger Hilfsbereitschaft*.

1941. Als Japan am 7. Dezember die USA angreift, kommt vieles anders, als die deutsche Seekriegsleitung in einigen wesentlichen Punkten erhoffte. Die Japaner deckten ihre Karten vorher nicht auf. Ihre wirkliche Stärke verrieten sie auch ihren Paktpartnern nicht. Erst nach Kriegsausbruch und der alle Welt überraschenden und erschreckenden Dezimierung des Großteils der US-amerikanischen Schlachtflotte** in Pearl Harbour am 7. Dezember sowie des Rückgrats der britischen Fernost-Flotte, des Schlachtschiffes *Prince of Wales* und des Schlachtkreuzers *Repulse* durch Marineflugzeuge vor der Ostküste Malayas am 10. Dezember 1941, kommt es am 18. Januar 1942 zu einer militärischen Vereinbarung zwischen Deutschland, Italien und Japan. Sie wird als ›Geheime Reichssache‹ zu den Akten genommen, weil die Presse lediglich über die Tatsache einer solchen Militärkonvention informiert wird.

Das Geheimprotokoll lautet im hier erstmalig veröffentlichten Originaltext:

»... Die Deutsche und die Italienische Wehrmacht sowie die Japanische Armee und Marine schließen hiermit, im Geist des Dreimächtepaktes vom 27. September 1940 und im Zusammenhang mit dem Abkommen zwischen Deutschland, Italien und Japan vom 11. Dezember 1941, eine militärische Vereinbarung ab, um die operative Zusammenarbeit untereinander sicherzustellen und so schnell wie möglich die feindliche Kampfkraft zu vernichten.

I. Aufteilung der Zonen für die Operationen.
Die Deutsche und die Italienische Wehrmacht sowie die Japanische

---

* Über den Einsatz von Blockadebrechern – wie über die Leistungen der deutschen Handelsmarine im letzten Krieg siehe Jochen Brennecke ›Schwarze Schiffe – weite See‹, Stalling-Verlag, Oldenburg 1958 (vergriffen).
** Vernichtet wurden zwei der acht dort liegenden Schlachtschiffe. Es sanken zwar fünf von den acht, drei wurden aber gehoben, repariert und neu in Dienst gestellt.

Armee und Marine werden im Rahmen der ihnen nachstehend zugeteilten Zonen die erforderlichen Operationen ausführen.

1. Japan

a) die Gewässer ostwärts etwa vom 70. Grad östlicher Länge bis zur Westküste des amerikanischen Kontinents sowie das Festland und die Inseln (Australien, Niederländisch-Indien, Neuseeland usw.), die in diesen Gewässern liegen,

b) der asiatische Kontinent ostwärts etwa vom 70. Grad östlicher Länge.

2. Deutschland und Italien

a) die Gewässer westwärts etwa von 70. Grad östlicher Länge bis zur Ostküste des amerikanischen Kontinents sowie das Festland und die Inseln (Afrika, Island usw.), die in diesen Gewässern liegen,

b) der Nahe Osten, der Mittlere Osten und Europa westwärts etwa von 70. Grad östlicher Länge.

3. Im Indischen Ozean können die Operationen je nach der Lage über die oben vereinbarte Zonengrenze hinaus durchgeführt werden.

II. Allgemeiner Operationsplan.

1. Japan

wird im Zusammenwirken mit den deutschen und italienischen Operationen gegen England und die Vereinigten Staaten von Nordamerika die Operationen im Südseeraum und im Pazifik durchführen.

a) Es wird wichtige Stützpunkte Englands, der Vereinigten Staaten von Nordamerika und Hollands in Großostasien vernichten, deren dortige Gebiete angreifen oder besetzen.

b) Es wird die Vernichtung der nordamerikanischen und englischen Land-, See- und Luftstreitkräfte im Pazifik und im Indischen Ozean anstreben, um sich die Seeherrschaft im Westlichen Pazifik zu sichern.

c) Wenn die nordamerikanische und die englische Kriegsflotte sich größtenteils im Atlantik konzentrieren, wird Japan im ganzen Gebiet des Pazifiks und des Indischen Ozeans seinen Handelskrieg verstärken und außerdem einen Teil seiner Marinestreitkräfte nahe dem Atlantik entsenden und dort mit der deutschen und der italienischen Kriegsmarine unmittelbar zusammenarbeiten.

2. Deutschland und Italien werden, im Zusammenwirken mit den japanischen Operationen im Südseeraum und im Pazifik, die Operationen gegen England und die Vereinigten Staaten von Nordamerika durchführen.

a) Sie werden wichtige Stützpunkte Englands und der Vereinigten

Staaten von Nordamerika im Nahen Osten und im Mittleren Osten, im Mittelmeer und im Atlantik vernichten, deren dortige Gebiete angreifen oder besetzen.

b) Sie werden die Vernichtung der englischen und nordamerikanischen Land-, See- und Luftstreitkräfte im Atlantik und im Mittelmeer und die Zerstörung des feindlichen Handels anstreben.

c) Wenn die englische und die nordamerikanische Kriegsflotte sich größtenteils im Pazifik konzentrieren, werden Deutschland und Italien einen Teil ihrer Marinestreitkräfte nach dem Pazifik entsenden und dort mit der japanischen Marine unmittelbar zusammenarbeiten.

III. Hauptpunkte der militärischen Zusammenarbeit.

1. Gegenseitige Fühlungnahme hinsichtlich wichtiger Punkte der operativen Planung.

2. Zusammenarbeit im Rahmen des Handelskrieges, darunter

a) gegenseitige Fühlungnahme hinsichtlich der Planung des Handelskrieges,

b) gegenseitige Fühlungnahme hinsichtlich des Verlaufs des Handelskrieges, wichtiger Informationen und anderer notwendiger Einzelheiten,

c) falls ein Partner der Vereinbarung außerhalb der ihm zugeteilten Operationszone den Handelskrieg durchführen will, wird er die anderen Partner über seinen eigenen Plan im voraus unterrichten, um die Zusammenarbeit und gegenseitige Unterstützung hinsichtlich der Benutzung der Operationsbasen, des Nachschubs, der Versorgung, der Erholung der Besatzungen, der Reparaturen usw. sicherzustellen.

3. Zusammenarbeit bezüglich der Sammlung und des Austausches der für die Operationen wichtigen Informationen.

4. Zusammenarbeit bezüglich der militärischen Zersetzungsarbeit.

5. Zusammenarbeit zur Sicherstellung der gegenseitigen militärischen Nachrichtenübermittlung.

6. Zusammenarbeit zwecks Herstellung der militärischen Luftverbindung zwischen Deutschland, Italien und Japan, soweit die technischen Voraussetzungen für die Eröffnung des Seewegs und des Seetransports über den Indischen Ozean gegeben sind.

Zur Urkunde dessen haben der Chef des Oberkommandos der Deutschen Wehrmacht, der Bevollmächtigte des Oberkommandos der Italienischen Wehrmacht und die Bevollmächtigten des Chefs des Kaiserlich Japanischen Admiralstabs diese Vereinbarung unterzeichnet.

Ausgefertigt in deutscher, italienischer und japanischer Urschrift in Berlin am 18. Januar 1942 – im XX. Jahr der Faschistischen Ära – entsprechend dem 18. Tage des 1. Monats des 17. Jahres der Ära Syowa.«

Noch im März 1942, als die als uneinnehmbar geltende Festung Singapore überraschend schnell gefallen ist und Malaya, Sumatra, Java und Borneo bereits von den Angreifern besetzt worden sind, beabsichtigen die Japaner, sich außer auf Ceylon auch Stützpunkte auf Madagaskar zu verschaffen ... um von dort aus den Seeverkehr im Indischen Ozean und Arabischen Meer lahmzulegen und den Verkehr ums Kap wirksam anzugreifen [2]. Korrekt tragen sie diesen Plan dem Bündnispartner vor.

Da aber alle Einheiten, also auch fast alle U-Boote für Operationen gegen feindliche Flotteneinheiten in Anspruch genommen sind, während der Einsatz von Hilfskreuzern im Zufuhrkrieg kaum vorbereitet worden ist, vermochte die japanische Marine den Handelskrieg im Indischen Ozean nur mit einer kleinen Anzahl von U-Booten und zwei Hilfskreuzern zu beginnen. Dies zu einer Zeit, da die deutsche U-Boot-Waffe auf dem Höhepunkt ihrer Erfolge steht und da es, wie auch der japanische Kapitän zur See a. D. Toshikazu Ohmae später erklärt[*], nötig und auch möglich gewesen wäre, diese großen Erfolge gegen die alliierte Handelsflotte noch entscheidend zu verstärken: ›Die japanische Tendenz, bei Angriffen auf Geleitzüge nicht selten das kleinere Kriegsschiff statt den großen Transporter als Ziel zu wählen, führt dann auch später zu katastrophalen Rückschlägen für den eigenen japanischen Seeverkehr.‹

Immerhin versenkten japanische U-Boote im März 1942 (nach deutschen, wie es damals hieß, ›geprüften Angaben‹ 19 Schiffe mit 101 098 BRT, deutsche Boote 89 Frachter mit 524 286 BRT im Atlantik, Nordmeer und Mittelmeer.

Im April teilt der japanische Marineattaché, Kapitän zur See Yokoi mit, daß seine Admiralität beabsichtige, ab Mitte Mai bis Juli japanische U-Boote und Hilfskreuzer auch an Afrikas Ostküste operieren zu lassen, zunächst bis Ende 1942. Auch der Einsatz von Überwasserstreitkräften im westlichen Indik war dringend not-

---

[*] Marine-Rundschau 5 (1957).

wendig, um Feldmarschall Rommels derzeit laufende Libyenoffensive gegen Alexandria wirksam zu unterstützen.

Am 2. Juli meldet der deutsche Marineattaché in Tokio, Admiral Wennecker, daß die Japaner, zur Störung der Zufuhr für Ägypten, die an Afrikas Ostküsten und im Arabischen Meer operierenden U-Boote auf 20 erhöhen würden. Aber die Japaner vermögen den von der Seekriegsleitung so begrüßten Zufuhrkrieg im gesamten Indischen Ozean nicht mit den hier gebotenen Kräften zu führen, da, um mit den späteren Worten des Oberleutnants i. G. Nishi [3] zu sprechen, »der Gegner trotz seiner schweren Verluste im südostpazifischen Raum unerwartet früh zur Gegenoffensive angetreten ist«.

Wie sagte doch einer der japanischen Admiräle: »Wenn wir den Krieg gegen die USA nicht in sechs Monaten gewinnen, werden wir ihn verlieren.«

Ende 1942 kann Japan nur noch fünf U-Boote und vier Hilfskreuzer im Indik operieren lassen. Seine Kräfte werden bei den Kämpfen im Seegebiet der Salomonen derart beansprucht, daß es sich am 7. November 1942 auf die Vertragsgrenze 70 Grad Ost zurückziehen muß; daher – trotz Einsicht – kaum noch zur Schwächung des Gegners, dessen 8. Armee in Nordafrika inzwischen zur erfolgreichen Gegenoffensive gegen Rommel angetreten ist, im westlichen Indik beitragen kann [4].

2.

Geheime Reichssache: Geheimnisvolle Passagiere auf U 180

In diese Zeit des Frühjahrs 1943 fallen zwei Fernunternehmungen: die der neuen IX D1 Boote U 180 und U 195, die vor Südafrika und im südwestlichen Indischen Ozean operieren. Die eine davon, die von U 180, war ausgesucht geheimnisumwittert, zudem politisch und militärisch bedeutsam und außerdem schon propagandistischer Tricks wegen interessant. Und sie endete, das sei vorausgeschickt, schließlich in einer Situation, die seemännisch nicht treffender als mit dem Begriff ›Zustand‹ bezeichnet werden kann.

Der FdU-West in Angers hatte seinen Stab angewiesen, dem Marine-Gruppenkommando West in Paris sofort das Einlaufen des Bootes und damit den Abschluß einer in mehrfacher Hinsicht geheimen Sonderaufgabe durchtelefonieren zu lassen. Dem Partner in der Dienststelle des Bois de Boulogne der Seine-Stadt entlockte diese Meldung den optimistischen Kommentar:

»Wenn Sie Glück haben, mein Lieber, werden Sie deutscher FdU in Indien. Empfehle Cochin an der Malabarküste als palmenumwedeltes Stabsquartier.«

Dem kameradschaftlich gemeinten, in der Praxis aber in den Sternen schwebenden Wunsch blieb die erwartete Resonanz aus.

»Nichts für mich, Herr Kapitän, solange der Monsun weht.«

»Verstehe. Praktisch also gar nicht. Sie sehen die Weiterungen aus dem glücklich vollzogenen Geheimauftrag nicht günstig an?«

»Wenn Sie mich so direkt ansprechen, darf ich auf die Berichte der Offiziere des heimgekehrten Bootes verweisen«, weicht der FdU-Offizier aus.

»Das lassen Sie bloß keinen hören. Schon der geringste Zweifel kann als Wehrkraftzersetzung ausgelegt werden. Das trifft ganz besonders auf diesen Fall zu. An ihm hat der Führer höchstpersönlich allergrößtes Interesse.«

»Ich weiß. Ich zweifle auch gar nicht, Herr Kapitän. Ich stellte nur fest. Zur Sache selbst melde ich noch – ich weiß nicht, ob das für Ihr Ressort von Wichtigkeit ist –, daß sich die beiden mitgebrachten Passagiere der besten Gesundheit erfreuen. Sie erhalten der sprachlichen Hilflosigkeit und auch der Geheimhaltung wegen Offiziersgeleit bis nach Paris. Sie sind wohl schon, glaube ich, nach dort unterwegs.«

»Damit habe ich nichts zu tun«, kommt es sachlich zurück und dann, lebhafter, »auch nicht mit den Barren. Sagen Sie, was ist denn das für eine mysteriöse Geschichte mit diesen Dingern? Da fehlen angeblich welche?«

»Mit den Barren?« Die Stimme verrät Erstaunen.

»Ja, mit den Barren. Sie haben auf einmal so viel Hemmungen wie eine Gouvernante Gallensteine.«

»Natürlich verwundert es, daß die Gruppe darüber schon informiert ist ... verstehe, direkten Draht nach Bordeaux ... erlauben

Sie mir nur, daß ich berichtige: Sie sprachen im Plural. Es fehlt nur einer.«

Der Ressortchef in Paris quittiert diese Feststellung mit lautem Lachen. Dann sagt er mit drängendem Ton in der Stimme: »Nur einer, sagten Sie? Wissen Sie denn, was solch ein Vogel im Gewicht von fast einem halben Zentner wert ist?«

»Ein Viertel von einem U-Boot könnte man wohl dafür schon kaufen. Aber schließlich kann sich kein Seemann solch ein Paket in die Hosentasche stecken. Da reißen alle Nähte.«

»Kommandant und Ll hoffen ja auch, daß der Barren wiedergefunden wird. Die Dinger wurden ja an Bord zum Trimmen benutzt!«

»Zum Trimmen?! Reines Gold zum Trimmen? Ich höre wohl nicht recht. So was kommt doch hinter Schloß und Riegel.«

Es war Ende Januar des gleichen Jahres, als U 180 unter seinem Kommandanten, Korvettenkapitän Musenberg, in Kiel einlief. Das Boot, ein Neubau vom Typ IX D1, hatte in der Ostsee die üblichen Fronterprobungen erledigt. Es wurde nun mit größter Beeilung zur Feindfahrt ausgerüstet. Obwohl der Termin feststeht, läuft das Boot aber nicht aus.

Das macht die auf dem Wohnschiff untergebrachte Besatzung unruhig. Die Gerüchte schießen ins Kraut. Daß U 180 auf Fernunternehmung nach Westindien oder in den Südatlantik gehen soll, ist ein offenes Geheimnis, aber ...

Für den 9. Februar wird ein neuer Termin angesetzt. Seeklar ist für 8 Uhr befohlen. Obermaschinist Wien hat am Vorabend die Wache an Bord. Es ist dunkel, als ein Wagen auf dem Pier vorfährt. Der ›Posten vorm Schiff‹ meldet einen Offizier. Dieser, ein Oberleutnant, hält sich nicht mit Vorreden auf: »Lassen Sie diese Kisten und Koffer in den Offiziersraum des Bootes stauen. Der Kommandant ist verständigt. Sprechen Sie mit niemanden darüber.«

Wien tut, wie befohlen. Dann legt er sich wieder auf seine Koje. Aber er kann schlecht einschlafen. Was soll denn bloß diese Geheimnistuerei? Wem gehört das Gepäck, das bei Nacht und Nebel an Bord geschafft wird?

6 Uhr am anderen Morgen macht er mit dem Personal seiner Wache die Maschinenanlage klar.

7.30 Uhr erscheint der Flo-Chef zur Abschiedsmusterung.

8 Uhr beginnen die Schrauben zu drehen.

»Na«, brüllt Wien seinem Dieselmaaten durch den Motorenlärm zu, »mal wieder ein bißchen viel Rees an Backbord im Boot gewesen.« Es ereignet sich nichts. Die Männer sind fast ein wenig enttäuscht.

U 180 hat gerade Friedrichsort passiert, als Wien als wachhabendem Obermaschinisten befohlen wird: »Beide Maschinen stopp!« Danach: »Beide langsam voraus!« Und wenig später: »Beide stopp.«

Das Boot schwingt aus, liegt still. Im Maschinenraum könnte man eine Stecknadel zu Boden fallen hören. Doch dann hören sie das Trappeln von Schritten an Oberdeck. Danach nimmt U 180 die Fahrt wieder auf. Die Neugierde brennt den Männern im Dieselraum unter den Nägeln. Der Zweite Obermaschinist taucht unaufgefordert im Motorenraum auf. Er löst Wien für zehn Minuten ab: »Du, geh mal nach vorn. Wir haben zwei Gäste an Bord bekommen. Die sieh dir mal genauer an.«

Wien entdeckt im Offiziersraum zwei Zivilisten. Sie tragen dunkle Hornbrillen. Ihre Gesichtshaut hat die Farbe von verwittertem Bambus. Sie sind mit Mänteln aus schwarzem Tuch bekleidet. Ihre zivile Kopfbedeckung, Arbeitgeberhüte, haben sie neben sich auf die Bank gelegt. Der eine der beiden ist etwa einsiebzig groß. Er ist kräftig und untersetzt und beinahe etwas dick. Der andere wirkt klein und schmächtig. Als Wien 12.30 Uhr seine Maschinenwache abgibt, sind aus den beiden Gästen U-Boot-Fahrer geworden. Sie tragen, wie alle anderen an Bord, graugrüne Hosen und Jacken. Ihre schwarzen Bomben haben sie mit Offiziersmützen vertauscht. Die Gerüchte überschlagen sich. Einer läßt sich nicht beirren. »Den einen kenne ich. Vor ein paar Wochen habe ich ihn in der Wochenschau gesehen.«

Als das Stichwort Wochenschau fällt, dämmert es auch anderen. »Das ist der Bose, der indische ›Adolf‹! Klar!«

Dagegen stehen die Erklärungen des Kommandanten. Es handele sich um zwei Zivilingenieure, die später in Bergen wieder abgesetzt werden sollen. Die Herren seien Spezialisten für den Bau von U-Boot-Bunkern.

Ganz überzeugt sind die Männer nicht.

Zehn Tage später: Die WOs und die Unteroffiziere kennen ihre Pappenheimer: jene mit zweischneidiger Seele.

Wenn die Sonne scheint, wenn alles klargeht, sind sie fromm wie Heilige, aber ... wenn irgendwas dwars läuft, wenn Sturm und Seegang den Untersatz durchwalken, wenn der Smut die Bouletten anbrennen ließ ... dann verstehen sie sich aufs Fluchen, daß selbst abgebrühtesten Seeleuten kalte Schauer über den Rücken rieseln. Diesen Herren Seelords widmen sie ein gründliches Privatkolleg.

U 180 hat die gefährliche, vom Gegner streng bewachte ›Enge‹ zwischen Island und den Faröern – welch ein Glücksumstand – bei ausgesucht schwerem Wetter passiert.

Erst kam die See von Backbord ein und ließ das Boot wüst von einer Seite auf die andere torkeln, dann, nach der Kursänderung nach Westen, kam sie vierkant von vorn. U 180 stampfte, als läge es unter einem Rammbock. Dabei wurde die Sicht mit immer noch zunehmendem Stiem von Stunde zu Stunde schlechter.

Die Schwerwetterlage verbrachten die beiden Gäste zumeist in ihrer Koje. Gelbgrüngrau im Gesicht und sterbenselend in ihrem Innersten, ertrugen sie die Seekrankheit nach außen hin mit asiatischem Gleichmut. ›Bleich und gefaßt‹, das ist wohl die treffendste Charakterisierung, die der Kommandant für die beiden Ärmsten fand. Nur einmal ließ Bose durchblicken, was er wirklich dachte, als er leise sagte: »Das ist ja noch schlimmer als im Gefängnis.«

»Die physische wie psychische Belastung der Besatzung war daher ungeheuerlich, vor allem in tropischen Zonen bei einer feuchten Hitze von 50 Grad Celsius und mehr im Boot. Man merkte das, als wir nach vier Monaten auf der Heimfahrt standen. Da war es mit der physischen Spannkraft fast am Ende. Immer wieder kamen Tauchpannen vor, sei es, daß das Boot kopf stand, sei es, daß andere Pannen passierten. Ich führte sie nicht auf Nachlässigkeit zurück, sondern eben auf die beispiellose Belastung aller an Bord«, sagte der Kommandant später.

Inzwischen hat sich das Lebensbild der beiden indischen Gäste an Bord herumgesprochen und abgerundet. Man weiß von Bose, daß er Anfang 1941 aus Indien floh, um der drohenden Verhaftung durch die Briten zu entgehen. Als Lastenträger getarnt war er über den Khyber-Paß nach Afghanistan entwischt und von hier, in Kabul mit einem italienischen Paß versehen, über das damals mit Deutschland noch ›befreundete‹ Sowjetrußland nach Berlin gekommen. Was lag näher, als daß er sich von Hitler Hilfe und Unterstützung in seinem Kampf um Indiens Befreiung von der englischen Kolonialherrschaft versprach. Aber anfänglich wußte man in Berlin mit dem radikalsozialistischen Patrioten nicht viel anzufangen. Man erlaubte, befürwortete und unterstützte Aufstellung, Ausbildung und Ausrüstung einer ›Indischen Legion‹, sah aber erst mit Ausbruch des Krieges zwischen Japan und den USA realere Möglichkeiten, sich Boses Haß auf die Briten und seiner Ziele zu bedienen. Als die Japaner nach Malaya auch Burma erobern und in Kalkutta die ersten Fliegerbomben in Vorbereitung eines Vormarsches auf Indiens Grenzen fallen, glaubt sich auch Bose seinem Ziel näher, seine Heimat zusammen mit den Japanern mit Waffengewalt zu befreien. Obwohl seine Pläne ideologisch mit denen Mahatma Gandhis identisch sind, unterscheiden sie sich in der Ausführung doch erheblich, da Gandhi eine Politik der Gewaltlosigkeit verficht.

Korvettenkapitän Musenberg hat in sein Tagebuch geschrieben: »Er macht einen sehr gesetzten Eindruck. Wenn überhaupt, dann spricht er sehr überlegt und verrät den auf allen Wissensgebieten umfangreich gebildeten Menschen. Er weiß genau, was er will.«

Bose und Hasan bereichern des Bootes Küchenzettel um bisher unbekannte, dafür aber höchst schmackhafte und interessante indische Gerichte.

Am 18. April versenkt U 180 den mit Heizöl beladenen und für Kapstadt bestimmten 8132 BRT großen Tanker *Corbis*. Die Eintragung im KTB ist erschütternd, kann doch das U-Boot die Besatzungsmitglieder des Tankers nicht übernehmen: »... bei Dämmerung vier Boote, drei davon sind gekentert.«

Und dann folgt noch ein Zusatz: »... Angriffseigenschaften des

U-Bootes werden durch immer stärker zunehmendes Qualmen der Diesel eingeschränkt. Hochgehen mit Umdrehungen aus Marschfahrt ergibt unglaubliche Qualmbildung (bis zu einer Stunde), die Vorsetzmanöver praktisch unmöglich machen ... Bei jeder Dampfersichtung nach Möglichkeit sofort tauchen, 'rankommen zum Angriff ist daher Glückssache, je nach Lage beim Sichten ...«

Zwei Tage später, am 20. April, heißt es im KTB: »10.48 Uhr: KQ 7764* Dampfer 100 Grad, wegen Qualmen sofort Alarm. Vor Angriff durch Dünung dreimal 'rausgeschlagen. Wegen Rammkurs auf Tiefe gegangen. Aufgetaucht zum Vorsetzmanöver, wegen Qualmen mit Sehrohr. Abgebrochen, da Diesel ausfällt und uns der Dampfer immer achteraus hält (Qualmwolke!) ...«

Den vom Obersteuermann in die Karte eingetragenen Treffpunkt im Marinequadrat KR 5276** im Indischen Ozean steuert U 180 bei ziemlich unhandiger See, hoher langer, aus Südsüdwest auslaufender Dünung und sturmähnlichem Wind an. Um die zehnte Abendstunde meldet der Obergefreite am GHG 5 Geräusche von langsam drehenden Schrauben.

»Typisch für dieselmotorenbetriebenes Fahrzeug«, fügt er hinzu.

Nur wenig später entdeckt der Steuerbordausguck am nachtschwarzen Horizont einen hin und her taumelnden Schatten. Als er ihn meldet, ist er verschwunden. Aber nach Sekunden schiebt er sich wieder über die Kimm, bleibt für kurze Zeit sichtbar, geht wieder weg, um im gleichen Rhythmus wieder aufzutauchen.

U 180 hängt sich mit verminderter Fahrtstufe an. Nichts deutet daraufhin, daß da drüben das deutsche U-Boot gesehen oder im Horchgerät geortet wurde. In regelmäßigem Turnus der hochgehenden See beobachteten sie immer wieder den vierkanten Schatten in den Nachtgläsern. Jetzt, noch näher an dem Fremden stehend, sind sogar die schemenhaften Gestalten der Brückenwache auszumachen.

Position, Schiffsform und Größe lassen keinen Zweifel offen: voraus schwimmt der japanische U-Kreuzer I 29.

---

* Position nach deutscher Quadratkarte = Raum südlich von Madagaskar.
** Quadrat südöstlich von Madagaskar.

Aus der Zentrale hat sich LI Opitz für ein paar Minuten auf die Brücke abgemeldet. Als er neben dem IWO, Oberleutnant zur See Lange, steht, ist sein Gesicht so naß, wie nach einer Dusche.

»So warm ist's ja nun auch nicht«, sagt Lange, als er beobachtet, wie sich der LI die dicken Tropfen auf der Stirn abtupft. »Ne«, schüttelt sich Opitz,» aber der bloße Gedanke an die da drüben, an deren Frauen, deren Kinder daheim ... treibt einem den kalten Schweiß aus den Poren ... Seit über einer Stunde karren wir unentdeckt in knapp ein paar hundert Metern hinter dem ahnungslosen Japaner her. Mann, Lange, wenn wir ein Engländer wären ... Fächerschuß ... Detonation ... Fontäne über der See ... Totalverlust ...«

»Die pennen«, sagt einer der Ausguckposten. Da mischt sich der Kommandant ein. Ein solcher Vorwurf ist nicht gerechtfertigt. Von Nachlässigkeit der japanischen Ausguckposten kann schwerlich die Rede sein.

»Die japanischen Posten stehen viel zu hoch. Sie scheinen beinahe auf der Brückenverkleidung zu stehen. Aus dieser überhöhten Position sehen sie auf das Wasser herunter, in die See hinein. Bei uns hat die Brückenwache einen tieferen Stand. Sie hat dadurch eine bessere und viel weitere Kontrolle des Horizonts.«

»Jetzt wird mir eines klar«, schaltet sich Lange ein.

»Sie denken an die hohen japanischen U-Boot-Verluste durch Feind-U-Boote?« ergänzt der Kommandant.

»Genau das, Herr Kapitän.«

Jetzt frieren die anderen auch.

Nach anderthalb Stunden läßt Musenberg tauchen. Über das GHG vermögen sie auch den Kursänderungen des auf dem Treffpunkt auf und ab stehenden Japaners zu folgen. Als sie mit der Morgendämmerung aus der Tiefe des Indiks hervorbrechen, steht I 29 nur knapp drei Seemeilen von ihnen entfernt. Der Austausch der über das Auswärtige Amt vereinbarten Flaggensignale ist deutscherseits nur noch eine Formsache. Musenbergs Absicht, die er dem Japaner über Winkflaggen in englischer Sprache bekannt gemacht hat, die beiden Boote so zu manövrieren, daß sie in geringem Abstand parallel nebeneinander zu liegen kommen, um dann in diesem Leerraum die Schlauchboote hin und her fahren zu lassen, scheitert an einem Phänomen. Stoppt U 180 die Motoren, ist es einfach nicht quer zum Wind zu halten. Es schwoit immer wieder mit dem Heck in den Wind, bleibt dann aber völlig ruhig liegen. Völlig anders verhält sich der riesige Japaner. Wie vorgeschlagen, verharrt er quer zum Wind und quer zur See.

Sie manövrieren hin und her. Aber am Ende bilden sie immer wieder ein T.

Die Bockigkeit von U 180 kann ihre Ursache wohl nur in den anderen Aufbauten haben. Jedes Schiff hat seine Eigenarten. Jedes Schiff treibt in einer bestimmten Lage bei gestoppten Maschinen im Wind.

In einem großen Schlauchboot schert der japanische U-Boot-Kommandant bei U 180 längsseits. Als ihm Musenberg nach herzlicher Begrüßung bei einem Umtrunk in der Messe wissen läßt, man habe sein Boot schon in der Nacht in Sicht bekommen, man sei ihm Stunden erst dicht über Wasser und später getaucht gefolgt, wird Korvettenkapitän Yoichi blaß.

Personen mit einem Schlauchboot zu befördern, ist, auch bei hoher See, kein Problem; aber der Austausch der kostbaren Güter zwischen U 180 und I 29 scheint in dieser Dünung gefährdet. Musenbergs Vorschlag, ein Gebiet besserer Wetterverhältnisse anzulaufen, findet des Japaners Billigung. I 29 marschiert mit NNO-Kurs in Richtung Indien voraus ... einen Tag ... zwei Tage. Der deutsche Kommandant hat am dritten Tag, am 27. April, wegen der prekären Treibölsituation schon einen Morsespruch vorbereitet, notfalls selbst mit nach Penang fahren zu müssen, wenn das Wetter nicht bald besser wird, als der Wind endlich abflaut und die See ruhiger wird.

Die Übergabe und Übernahme der Austauschgüter beginnt. Manche Kisten sind so groß, daß sie nur durchs Torpedoluk gestaut werden können. Zwischendurch besichtigen deutsche U-Boot-Männer den Japaner und Japaner U 180.

Anstelle der beiden indischen Freiheitskämpfer steigen auf U 180 zwei japanische Ingenieur-Offiziere ein, der Schiffbau-Fregattenkapitän Tetsushiro Emi und der Schiffbau-Korvettenkapitän Tomonaga. Sie sollen in Deutschland mit dem Bau der neuesten U-Boote und mit der U-Boot-Ausbildung vertraut gemacht werden.

Man läßt sich die ›Achse‹ etwas kosten [6].

In den Kisten, die U 180 übernahm, befanden sich unter anderem drei kleine Einmann-Torpedos japanischer Konstruktion, eine Dreizentimeter-Gasdruck-Selbstladekanone und in den anderen, kleineren, Gold, fast pures einundzwanzigkarätiges Gold, das für die japanische Botschaft bestimmt sein soll.

Nachdem Japan sich in unerwartet schnellem Siegeslauf in den Besitz von Indonesien und Malaya zu setzen vermocht hatte, den reichsten Gebieten an Öl, Gummi, Zinn, Chinin und anderen wichtigen Rohstoffen, lag für die deutsche Leitung der Blockadebrecheraktion der Gedanke nahe, die Dienststelle des Marine-Sonderdienstes in Tokio nach dem Südostraum zu verlegen, um die Überwasser-Blockadebrecher an den Erzeugungsstätten der Rohstoffe zu beladen und den fast 6000 sm langen Hin- und Rückweg nach Japan einzusparen. Obwohl diese Planung seit Frühjahr 1942 betrieben wurde, kann sie erst Anfang 1943 verwirklicht werden. Die japanischen Dienststellen geben nicht eher ihre Zustimmung zur Errichtung einiger deutscher Dienststellen im Südostraum.

Dies hängt wohl damit zusammen, daß sie sich bisher scheuten, gegen den Schwerpunkt ihrer Großostasien-Slogans: ›Kampf dem weißen Unterdrücker und Ausbeuter‹, selbst zu verstoßen, wenn sie Deutsche, also Weiße, wieder ins Land holen. Überall im Mutterland wird in maßgeblichen Kreisen jene bewußt betonte chauvinistische Überheblichkeit auch weiterhin proklamiert, trotz des Bündnisses mit den Deutschen. Über Vermittlung der weniger orthodoxen japanischen Marine gelingt es endlich doch, die Genehmigung für die Beladung ›am Ort‹ zu erwirken. Die Organisation im Südostraum sieht zunächst nur an drei Plätzen eigene deutsche Dienststellen vor: Singapore – von Japan in Shonan-to umbenannt – ist wegen seiner zentralen Lage, des Sitzes der obersten japanischen Kommandobehörden im Südostraum und als Platz mit den besten Werftanlagen und Werkstätten als Zentrale vorgesehen. Daneben sollen Batavia – von Japan auf Drängen der Indonesier in Djakarta umbenannt – wegen seiner Lage an der Sundastraße, der Ein- und Auslaufstraße nach und von Ostasien und Penang als Hauptplatz für die Zinn- und Gummiverschiffung besetzt werden.

Nach Übereinkunft mit der japanischen Marine sind die deutschen Dienststellen den jeweiligen höchsten japanischen Marinedienststellen an den Plätzen beigeordnet. Sie unterstehen aber, was ihre deutschen Aufgaben anbetrifft, dem Marineattaché Tokio. Eigene deutsche Funkstellen dürfen im Südostraum zunächst wegen Einspruchs des japanischen Heeresoberkommandos nicht eingerichtet werden. Der Nachrichtenverkehr mit Tokio muß über die japanischen Marinenachrichtendienststellen abgewickelt werden. Um bei der damals schon zunehmenden Verknappung japanischen Schiffsraums hinsichtlich der Anfuhr von Ausrüstung und Ladung für die Blockadebrecher an den einzelnen Plätzen unabhängig zu sein, hat der deutsche Marineattaché die Zustimmung der japanischen Marine zur Stationierung eines eigenen deutschen Zubringerschiffes, des Motorschiffes Quito, erbeten und auch erhalten. Das Schiff ist mit einer eigenen und noch dazu modernen Funkstation ausgerüstet. So besteht wenigstens auf diese Weise von Fall zu Fall eine direkte, wenn auch geheime Verbindung zwischen der deutschen Leitung in Tokio und den ihr unterstellten Dienststellen im Südostraum, die unabhängig und unkontrolliert von den Japanern ist. Sehr bald ergibt sich aber für die Stützpunkte die Unzulänglichkeit der normalen Nachrichtenverbindung über die japanischen Stellen. Es sind dies nicht nur Sprachschwierigkeiten, sondern untragbare Verzögerungen, da die deutschen Funksprüche bei der Beförderung stets hinter den japanischen zurückzustehen haben. Schließlich wird dann doch erreicht, daß die bisher nur als reine Empfangsstation eingerichteten deutschen Funkstellen im Südostraum auch Sendeerlaubnis erhalten.

Auch organisatorisch unterstehen die Stützpunkte bis Ende 1944 dem Marineattaché Tokio, Admiral Wennecker. Als Dienststellenleiter fungieren in Singapore Korvettenkapitän von Zatorski – vormals Kommandant des in Japan durch eine Explosionskatastrophe verlorengegangenen, marineeigenen Troßschiffes Uckermark –, in Penang Korvettenkapitän Ehrhardt – vormals I. Offizier auf dem Hilfskreuzer Michel. Nach der Umkommandierung von Korvettenkapitän von Zatorski übernimmt Ehrhardt Singapore und Penang zunächst Kapitänleutnant Hoppe, vormals Fliegeroffizier auf HSK Michel.

3.

Deutschland braucht Asiens Rohgummi

Noch bevor die deutschen Stellen im Südostraum eingerichtet worden sind – die Entsendung des Personals von Japan verzögerte sich durch eine Havarie der Quito *–, hat sich die Kriegslage auch im Atlantik verschärft. Die Blockadebrecherreisen von Überwasserschiffen sind so risikovoll geworden, daß Berlin die Umstellung der Rohstofftransporte auf U-Booten in Erwägung ziehen muß.*

Hierfür sind aber zunächst Erprobungen und Versuche notwendig. Deutschland besitzt keine Transport-U-Boote. Es braucht die eigenen Front-U-Boote für den Handelskrieg dringender denn je.

Diese so wichtige Frage hat Großadmiral Dönitz als neuer Oberbefehlshaber der Kriegsmarine am 8. Februar 1943 im Lagebericht im ›Führerhauptquartier Wolfsschanze‹[7] aufgegriffen. Unter dem Eindruck der zunehmenden Bedrohung der ›Gummischiffe‹, wie die klassischen Blockadebrecher im Europa-Ostasienverkehr amtlich bezeichnet werden und von denen immer mehr der gegnerischen Luftüberwachung und den durch diese herangezogenen Seestreitkräfte im gesamten Atlantik zum Opfer fallen, hat er als Schnellmaßnahme vorgeschlagen, für den Fronteinsatz weniger geeignete italienische Atlantik-U-Boote als Rohstofftransporter zwischen Westfrankreich und dem nun auch für deutsche Interessen stärker erschlossenen Südostraum einzusetzen. Um den weiten Anmarsch zu sparen, könnten diese Boote, die gegen deutsche Kampf-U-Boote ausgetauscht werden müßten, gegebenenfalls in See im Raum von Kapstadt oder Madagaskar beladen werden. Hitler hält diesen Vorschlag für gut und befiehlt Prüfung*. Falls

---

* Bei solchen historischen Untersuchungen, die ja nur aus der Sicht der damaligen Zeit erforscht werden können, bleibt es nicht aus, daß Hitler als Staatsoberhaupt und Oberster Befehlshaber der Wehrmacht Erwähnung findet. Man würde einer leidenschaftslosen Untersuchung, wie es zu dem damaligen Unrechtsstaat kam, wenig nützen, hier etwa vom ›böhmischen Gefreiten‹ zu sprechen. Die politischen Fehler und seine Verbrechen gegen das Recht und die Menschlichkeit werden weder verkannt noch entschuldigt, im Gegenteil.

sich ein solcher Umbau lohne, wolle er den vorstehenden Austausch dem Duce brieflich mitteilen. In der Besprechung vom 26. Februar dagegen wird unter Ziffer 3 protokolliert: »Da die Ausnutzung der italienischen Atlantik-U-Boote als Transport-U-Boote so wenig bringt, lehnt Führer ihre Verwendung für uns ab.« Angeregt wurde Dönitz, U-Boote als Rohstofftransporter zu verwenden, durch die glücklich verlaufene Südostasien-Westfrankreich-Reise des japanischen U-Kreuzers I 30 unter Commander S. Endo, eine Unternehmung, die, wie wir heute wissen, bei der damaligen Beanspruchung der japanischen Streitkräfte überzeugendster Ausdruck des ›good will‹ für eine Zusammenarbeit gewertet werden darf[8].

Um die fragliche Zeit hatte aber das OKM von sich aus bereits mit der Supermarina in Rom verhandelt, um die in Bordeaux liegenden italienischen Atlantik-U-Boote als Transporter verwenden zu können. Als Gegenleistung bot Dönitz den Italienern neun neue Kampf-U-Boote vom Typ VII C an, die nach und nach geliefert werden sollten.

Am 18. März berichtet Dönitz in der Wolfsschanze, daß die Supermarina für ihre Atlantik-U-Boote mit Ausnahme der *Ammiraglio Cagni*, die auch weiterhin als Kampfboot eingesetzt werden soll, ihre Zustimmung gegeben habe. Darüber, daß Hitler in seiner Entgegnung am 26. Februar den Einsatz dieser italienischen U-Boote abgelehnt hatte und nunmehr von Dönitz vor eine vollendete Tatsache gestellt wird, findet sich nirgendwo die Aufzeichnung eines Widerrufs. Bei der Besprechung am 18. März betont Dönitz zu diesem Punkt lediglich noch, daß die Gummiverteilung wie gewöhnlich nach dem bestehenden Wirtschaftsvertrag erfolgen soll. Generalfeldmarschall Keitel habe die Richtigkeit dieser Auffassung bestätigt.

Bereits im Mai laufen die ersten italienischen Transport-U-Boote unter dem Sammelbegriff *Aquila* plus Nummer mit dem Ziel Südostasien aus.

In dem Vortrag am 8. Februar referierte Großadmiral Dönitz auch über den bevorzugten Bau von eigenen, regulären deutschen Fracht-U-Booten, solchen vom Typ XX[9].

Durch andere für die Front aber wichtiger gewordene Bauvorhaben verzögert sich der Bau dieser deutschen Fracht-U-Boote derart, daß diese Reihe zunächst abgebrochen wird und später, nach ihrer Wiederaufnahme, vor Sommer 1945 nicht mit der Fertigstellung der ersten Boote für den Ostasienverkehr gerechnet werden kann. Dagegen vermögen die Italiener noch zwei Transport-U-Boote bis zur Kapitulation in Dienst zu stellen.

Im Mai 1943, dem schicksalhaften Wendepunkt des bisher so erfolgreichen Kampfes der grauen Wölfe, trifft MS *Quito* dann mit dem Personal für die Stützpunkte ein. Singapore, Penang und Batavia melden Anfang Juni arbeitsfähig. Um diese Zeit aber wird hier über Tokio der Entschluß des Oberkommandos der Deutschen Kriegsmarine bekannt, den U-Boot-Krieg auf den gesamten Indischen Ozean auszudehnen. Nach Übereinstimmung mit den Japanern, deren maritime Kräfte im Pazifik außerordentlich beansprucht werden, sei vorgesehen, die im Indik operierenden Front-U-Boote nach ihren Operationen, beziehungsweise in Havariefällen, statt in die Heimat, zur Überholung und Neuausrüstung nach Penang zu senden.

Das Aufgabengebiet des Marine-Sonderdienstes Ostasien, dessen Dienststelle Kapitän zur See Werner Vermehren* als erster Gehilfe und Chef des Stabes beim Marineattaché Tokio untersteht, erfährt hierdurch eine in ihren Auswirkungen noch gar nicht zu übersehende Erweiterung.

4.

U-Dommes und U-Marco-Polo in Penang

Während U 180 auf dem Rückmarsch steht, sind inzwischen vor Südafrika und im südwestlichen Indischen Ozean weitere Boote der großen Typen für ozeanische Verwendung eingetroffen.

Ab Mai treten diese Boote ins Operationsgebiet ein, so daß dieser See-

---

* Kpt. Vermehren gelangte mit dem Überwasser-Blockadebrecher MS *Regensburg* nach Japan, wo er im Juli 1942 seine Dienstgeschäfte übernahm.

raum nach U 180 und U 195 auch für die Folgezeit besetzt bleibt. Die Boote operieren ostwärts von Madagaskar und zum Teil bis ins Gebiet der Straße von Mozambique, wo der Gegner seine Schiffe durch eine landgestützte Luftaufklärung in Geleitzügen zusammenfaßt, die aber nur in einigen Fällen mit mehr oder weniger Erfolg von einigen der Boote angegriffen werden konnten. Am 21. Juni verholen die Boote in östlicher Richtung und versorgen in der Zeit bis zum 26. Juni aus dem im Mai aus einem Südostraum-Stützpunkt ausgelaufenen Tanker Charlotte Schliemann, der, von den Kanarischen Inseln kommend, am 20. Oktober 1942 in Yokohama eingelaufen war. Die Versorgung verläuft vom Gegner unbemerkt, so daß die Boote, mit allem neu ausgerüstet – zu neuen Operationen ablaufen können.

Ende August werden U 181 und U 196 auf BdU-Befehl zur Suche nach dem vermißten U 197 angesetzt. Die Aktion verläuft erfolglos. Bartels Boot wurde bereits am 20. August, wie wir heute wissen, südöstlich von Madagaskar durch Fli-Bos vernichtet, es gab keine Überlebenden. An sich ist dieser Verlust für die U-Boot-Führung nicht sonderlich beunruhigend, doch ist bekannt, daß der Gegner seine in Küstennähe fahrenden Schiffe durch landgestützte Flugzeuge bewacht. U 197 ist der erste Verlust in diesem für deutsche U-Boote jungfräulichen Seegebiet. Die Hoffnung des BdU, vielleicht von Überlebenden Einzelheiten über die Ursache des Verlustes zu erfahren, erfüllt sich nicht.

Während U 181, U 177, U 196 und U 198 nach weiteren Operationen glücklich in ihre Ausgangsstützpunkte zurückkehren, wird U 178 unter Korvettenkapitän Dommes nach Penang befohlen.

Die Operationslücke im Indik füllen inzwischen japanische U-Boote aus, die nach Admiral Wennecker ab Juli 1943 erneut gegen die indische Versorgungsschiffahrt eingesetzt werden.

Der Erfolg der deutschen Operationen, die mit der ›Gruppe Eisbär‹ ihren Anfang nahmen, ist überaus befriedigend. Von den im Seegebiet um Kapstadt und den Raum südlich und östlich von Madagaskar operierenden Booten wurden nach deutschen Unterlagen 110 Gegnerfrachter mit rund 600 000 BRT versenkt. An diesem Erfolg, der durch, wenn man so sagen darf, nur drei Verluste überschattet wurde, waren Gysae und Lüth mit je zwei Unternehmen mit zusammen 36 Schiffen mit 191 000 BRT beteiligt.

Als Dommes einläuft, flattern fünf Wimpel am ausgefahrenen Sehrohr. Fünf Frachter mit zusammen ca. 25 000 BRT sind der Erfolg von 156 Feindtagen. 156 Tage sind fünf Monate: das bedeutet: pro Monat ein Schiff[10].

Bevor U-Dommes festmachte, lief übrigens ein anderes Kampfboot in den Südostraum ein: U 511, das am 10. Mai unter Kapitänleutnant Schniewind Westfrankreich verließ.

Das Boot, ein IX C-Typ, das unter dem Namen *Marco Polo* geführt wird und den japanischen Marineattaché, Vizeadmiral Nomura, Admiral bei der Skl und Japans Vertreter des Dreimächtepaktes in Berlin[11] sowie den neuen Landesgruppenleiter der sogenannten AO für Japan an Bord hat, ist ein Geschenk Hitlers an den Tenno. U 511, das auf dem Anmarschweg zwei Gegnerfrachter mit zusammen 11 000 BRT versenkte, wird am 7. August im japanischen Kriegshafen Kure in feierlicher Form der Kaiserlichen Marine zum Zwecke des Nachbaues mitsamt den Konstruktionsplänen und anderen Geheimunterlagen übergeben. Es wird später als Ro 500 unter dem Sonnenbanner in Dienst gestellt.

Noch ahnen weder der nun in Penang eingelaufene Dommes noch sein IWO, Kapitänleutnant Wilhelm Spahr, einst Priens Obersteuermann, noch die Männer der Besatzung, was ihnen bevorsteht.

Man hat wieder Land unter den Füßen. Land, auf dem Palmen und Bananenstauden im Freien wachsen. Ein Südseetraum scheint erfüllt ...

Kapitänleutnant Wilhelm Spahr erinnert sich:

»Wir wurden in Penang mit viel Tamtam begrüßt. Sogar ein japanischer Admiral war erschienen. Die erste Maßnahme: Alle Besatzungsmitglieder bekommen Zivilsachen verpaßt. Für die Soldaten war das schon 'ne Wucht ... so mit rohseidenen Oberhemden und gleicher Unterwäsche spazieren zu gehen ...

Die Maßnahme war von den Japanern aus Tarnungsgründen angeordnet worden, und unsere Seelords sorgten dafür, daß die Tarnung vollkommen wurde ...

Unteroffiziere und Mannschaften wurden in Hotels untergebracht. Für die Offiziere ist in der Park-Road ein ganzes Viertel beschlagnahmt worden. Ich wohnte in der Villa des Chefarztes des

Krankenhauses, zu unserer Bedienung hatten wir den gleichen Malayen und ein chinesisches Ehepaar, die schon Jahre in diesem Hause dienten.

Die Verrechnung der Unterkunft und Verpflegung ging über die deutschen Behörden. Der Wehrsold wurde in Chinesen-Dollars ausgezahlt. Besondere Ausweise bekamen wir nicht, aber wir waren verpflichtet, an der Jacke eine kleine schwarzgelbe Kokarde zu tragen. Das gab uns zwar den Japanern gegenüber als deutsche U-Boot-Männer aus, natürlich aber auch den zahlreichen Agenten der Feindseite. Deutlicher ging es nicht.«

DRITTER TEIL

1.

Die Monsun-U-Boote

Mit der Einrichtung Penangs als Zwischenstützpunkt hat die deutsche U-Boot-Kriegführung hinsichtlich der Operationsdauer der U-Boote durch Wegfall der zeitraubenden An- und Rückmärsche in die europäischen Stützpunkte eine wesentliche Entlastung erfahren. Sie hat nunmehr die Möglichkeit, neben den neuen großen Booten des Typs IX D auch Boote des Typs IX C ohne allzu häufige Zwischenversorgungen im Indischen Ozean operieren zu lassen.

Noch während die vorher genannten Boote, die im Raum von Madagaskar operierten, auf dem operativen Rückmarsch stehen, ist in der Heimat die erste Monsun-Gruppe ausgerüstet und in Marsch gesetzt worden. Neun Boote, alle vom Typ IX C, sind in der Zeit vom 28. Juni bis 7. Juli in drei Gruppen, rottenweise, von Sicherungsstreitkräften bis an die 200-m-Linie geleitet, aus Lorient an der französischen Westküste ausgelaufen.

Im Indik sollen diese Boote nach erfolgten Operationen im nunmehr gesamten Indischen Ozean die für die deutsche U-Boot-Waffe von den Japanern im Südostasiatischen Raum freigegebenen Stützpunkte anlaufen. Bereits beim Anmarsch gehen fünf Boote und der Versorger verloren, und zwar alle unmittelbar nach dem Auslaufen, während U 516 im Atlantik als Monsun-U-Boot zurückgezogen und zunächst als Versorger-U-Boot eingesetzt wird:

U 200 wird am 24. Juni südwestlich von Island von Flugzeugen angegriffen und gebombt (Totalverlust), U 506 wird am 12. Juli westlich von Vigo das Opfer amerikanischer Fliegerbomben (Überlebende) und U 509 am 15. Juli nordwestlich von Madeira durch Flibo USS Santee. U 514 geht am 8. Juli Ausgang Biscaya durch britische Flugzeuge verloren (Totalverlust), und U 847 wird am 27. August im Mittelatlantik, im Sargassa Meer, von drei Maschinen des VC. Sqdr.1 des USS Card vernichtet (Totalverlust). Das Versorgungsboot U 462 geht ebenfalls kurz nach dem Ausgang Biscaya nordwestlich von Kap Ortegal am 30. Juli durch Bomben der Halifax S des RAF. Sqdr. 502 verloren (Überlebende). Von den Booten der ersten Monsun-Gruppe haben also nur fünf ihr Operationsgebiet erreicht. Hier werden sie bereits von dem Hilfstroßschiff Brake unter Kapitän Kölschbachs ›glücklicher Hand‹[12] auf dem geheimen Treffpunkt erwartet. Nach der Versorgung, die zwischen dem 8. bis 14. September ohne Zwischenfall durchgeführt werden kann, laufen die Boote zum Einsatz in ihre Operationsgebiete im Indischen Ozean ab ...

Auf U 168 – Knappe vier Wochen danach ...

In den nördlichen Gebieten des Indischen Ozeans weht Nordost-Monsun. Er hat wenigstens das heiße, vom Dunst des Meeres vollgesogene Gespenst des sommerlichen Südwest-Monsuns verdrängt.

Im Vorschiff liegt wie auf allen Booten vom Typ IX C die O-Messe. In ihr hocken, eine Tasse mit dampfend heißem Tee vor sich, noch Stunden nach Mitternacht der Kommandant, der LI und der blutjunge IIWO, intelligent, so intelligent und klug, daß sein Besserwissen manchmal störend wirkt. Vor der Back steht, in abwartender Haltung, der Torpedomaat.

»Es könnte«, so sinnt der LI, »an dieser blöden Hitze in der Röhre liegen.« Mit dem Bleistift zeichnet er auf ein Stück Konzeptpapier einen Torpedo.

Der IIWO langt blitzschnell über den Tisch hinweg und zeigt auf einen Punkt. »Klar, nur das ist der Grund.«

Kapitänleutnant Pich wehrt mit erhobener linker Hand ab, mit der rechten Hand wischt er sich mit einem neuen Handtuch den Schweiß aus dem Gesicht und von den Schultern.

»Nein«, sagt er ruhig, »wir haben die Aale ganz einfach zu tief eingestellt. Die Tanker, die in den Golf von Oman einfahren, sind leer. Sie liegen zu hoch aus dem Wasser heraus. Also mußten wir«, Pich unterbricht sich. Der Funkmaat ist in die Messe getreten. »Was ist?«

»BdU Funkspruch, Herr Kaleu. Hier, bitte.«

Dabei muß sich der Funker vorbeugen. Wasser läuft von seine Schulter über den Arm auf die Hand. Es tropft auf das Papier.

»Tschuldigung, Herr Kaleu.«

Pich wehrt ab, lacht. Aber dann wird sein Gesicht ernst. Das FT aus der Heimat meldet, ein russischer Tanker habe im Golf von Oman in den Stunden vor Mitternacht ein U-Boot gesichtet und durch Funkspruch gemeldet. »Das waren wohl wir, als wir den einen der beiden Tanker angriffen. Der hat den zu tief eingestellten A-To gesehen. Bei der spiegelglatten See und bei diesem tropischen Vollmond bestimmt auch uns.«

»Ein anderes Boot operiert hier ja nicht«, sagt der LI.

»Nicht mehr«, ergänzt der IIWO, und er reißt damit auf, an was sie alle nicht denken wollen, was sie in sich tief, sehr tief vergraben haben. Nur der Gedanke an die anderen Kameraden wirkt wie ein Riß von oben nach unten.

»Ja, ja ... natürlich nicht mehr«, hört sich Pich sagen. Unvermittelt blickt er auf die Uhr, steht auf, schiebt sich zwischen Bank und Back in den Gang und sagt zum LI: »Beckmeier, wir unterhalten uns nachher weiter. Es ist sowieso gleich Wachablösung.«

Die Wachablösung geht ihn, den Kommandanten, nur indirekt an. In Wirklichkeit hat Pich das Verlangen, ein paar Minuten allein mit sich zu sein. Hinter dem grünen Vorhang der einzigen Trennwand für ihn an Bord, hockt er sich auf den Rand seiner Koje ...

Seine Gedanken wandern zurück.

Am 1. Oktober 1942 notierte sich Pich: »Mein Boot, U 168, ist heute in Dienst gestellt. Man kann eigentlich schwer beschreiben, wie stolz man ist, wenn man ein eigenes Boot unter sich hat, aber auch wie kümmerlich man sich da auf einmal fühlt ... denn jetzt mußt du alles selbst machen. Als Konfirmand* kutschiert man ja nicht selbst. Man hält sich immer etwas zurück, sieht, wie's gemacht wird. Nun aber ist man allein, letztverantwortlich ... Und siehe da, es geht.«

Später, bei der AGRU-Front passierte es. Pich brauste in der Dämmerung eines Dezemberabends hinter dem Übungsgeleit hinterher. Auf einmal tauchte vor ihm auf der Höhe von Hela ein grünes Licht aus der See auf ... Er konnte noch »Beide Maschinen Stopp« und »Hart Backbord« brüllen, da knallte es auch schon. Das andere, gerade auftauchende U-Boot, riß U 168 die ganze

---

* Konfirmand = U-Boot-Kommandant-›Anwärter‹.

Steuerbord-Seite in Fetzen. Aber der Druckkörper hielt, und über die Liegezeit im Heimathafen Stettin war keiner böse. Noch eine Atempause vor dem ersten Einsatz ...

75 Tage dauerte es dann.

Mit acht Booten liefen sie zusammen aus. Der FdU hatte noch rechtzeitig den zuerst festgelegten Auslauftermin auf Null machen lassen, sie hätten sonst an einem Freitag die Leinen loswerfen müssen. So war es ein Samstagmorgen, als Geleitboote und Zerstörer Pich und seinen Rottenkameraden Schäfer auf U 185 bis an die 200-m-Grenze geleiten. Sie fuhren in Rotten, der ›Bienen‹ wegen. Zu zweit hoffte man, angreifende Flugzeuge besser abwehren zu können. Und dann meldete der Mann am FuMB eine Ortung ... Pich gab das verabredete Zeichen: ab in den Keller. Erst im Indik, bei der *Brake,* hörten sie wieder über ihren Rottenkameraden. Er hatte bereits mit den anderen Booten während der befohlenen Zeit zwischen dem 8. und 11. September versorgt.

»Wir hatten Sie schon abgeschrieben«, waren Kapitän Kölschbachs Begrüßungsworte, als Pich, im Schlauchboot der *Brake* geholt, sein rechtes Bein über die Reling des Tankers schwang.

»Weil ich erst heute, am letzten Termintag, erscheine? Wir sind sparsamste Fahrt gelaufen. Wer garantierte mir denn Ihre Anwesenheit?«

»So kann man's auch nennen, wenn die Navigation nicht stimmt«, brummte Kölschbach. Aber aus seinem Zorn sprach ehrliche Sorge um dieses Boot. Er war so froh, daß wenigstens Pich noch kam, denn auch er hatte die Programmzeiten auf der U-Boot-Schaltung mit abhören lassen. Auch ihm war bekannt, daß hier dieses, dort jenes U-Boot wiederholt und vergeblich gerufen wurde und wird ...

Daß ein ›kleiner‹ und junger U-Boot-Kommandant noch seinen Bordarzt und seinen Bordmeteorologen ungebeten mit in den Kapitänssalon zu bringen wagte, grub noch tiefere Furchen in Kölschbachs Stirn. Großartiger Salon übrigens: alles edelholzgetäfelt, mit herrlichen japanischen Zwergbäumen ausgeschmückt. Pich ertappt sich dabei: wenn so was mal absaufen muß ... statt sich über das tiefgekühlte Bier zu freuen, das der brummige Kapitän dann doch mit nun sanfter Stimme spendierte.

Erstes Operationsziel für U 168 nach der Versorgung: Der Seeraum von Bombay.

Wie heißt es doch in der operativen Weisung so hoffnungsschwer: »Die Operationen vor Indiens Westküste sollen ein neuer ›Paukenschlag‹ werden ...«

Für Pich und für die Kameraden wurde nicht einmal ein ›Trommelwirbel‹ daraus. Die Japaner haben dieses Seegebiet schon vorher abgegrast und die Abwehr mobilisiert. Der Verkehr ist inzwischen auch hier zu Geleitzügen zusammengefaßt worden. Einzelfahrer sind so selten wie Kometen am Himmel. Dafür mehren sich auch hier die überwachenden Flugzeuge.

Schwarz wie eine Teertonne war die Nacht, als sie verwegen versuchten, in den Hafen von Bombay einzudringen. Bevor sie das Land sahen, rochen sie es bereits, hatten sie den süßlich, schweren Duft tropischer Flora in der Nase. Und dann sahen sie die Küste und die Perlschnüre der Lichter der Stadt und des Hafens, die auf einmal für Sekunden erloschen, als eine Sternschnuppe über den Tropenhimmel fuhr und die Nacht mit fast sonnengleicher Kraft erhellte, als sie zerplatzte. Sie tasteten sich bis in die Einfahrt, bis in die riesige Bucht vor dem Hafen vor. Meeresleuchten beunruhigte sie dabei. So stark, so intensiv hatte es keiner je gesehen.

Sie entdeckten kein Schiff. Nur ein harmloses kleines Fischerboot bohrten sie in dem mondlosen Dunkel direkt vor der Einfahrt um ein Haar in den Grund. Wer auf der Brücke stand, hat heute noch den gutturalen Entsetzensschrei der braunen Fischer in den Ohren.

Kurz bevor sich die Sonne aus ihrem saphirblauen Bett erhob, verholten sie sich in die Tiefe. Auf 30 Meter legten sie sich auf den Grund. Es müssen doch ein paar tausend Tonnen aus dem riesigen Hafen herauskommen ... es müssen ... Ihre ganze Hoffnung. Sie warteten. Vergeblich. Die nächste, die übernächste Nacht bescherte ihnen beim Überwassermarsch wieder dieses unheimliche Meeresleuchten, gleichsam, als ob ein unterseeischer Gong heraufschlägt und kreisförmige Strahlen nach oben schickt. Bei nur 30 bis 40 Meter Wasser unterm Kiel und akuter Luftgefahr schmeckte das keinem an Bord.

Bei Tage standen sie etwas weiter ab. Da waren sie schon, die Bienen, meist Catalinas, runter mit dem Boot, wieder hoch, wieder runter. Sie suchten dann später nördlich, dann südlich von Bombay ... Kein Schiff, nur Flugzeuge.

Und die große Hoffnung, nun hier im Golf von Oman in den Persischen Golf fahrende oder aus ihm herauskommende Tanker zu erwischen, ist durch die unheimlichen Versager der Torpedos zu einem Schlag ins Wasser geworden.

Der grüne Vorhang vor des Kommandanten Unterkunft zerteilt sich.

»Na, Beckmeier«, sagt Pich zu dem Oberleutnant (Ing.), »wenn Sie so ungerufen kommen ...«

»Es ist nichts, Herr Kaleu. Aber wenn wir es nun nicht waren, der den Russen angriff, dann ...«

»Nein, Beckmeier, seit Tagen schon wird Hennings Boot vergeblich gerufen. Wie ich den Unterlagen auf der *Brake* entnahm, wollte auch er in dieses Seegebiet. Diese hellen Nächte, dazu jetzt noch Vollmond. Eine Zeitung läßt sich ja mühelos lesen. Aufgetaucht karren wir in der Nacht wie auf einem glitzernden, blitzeblanken Spiegel einher. Und dann diese Fehlschüsse.«

»Ich bin fest davon überzeugt, daß die Batterien der E-Tos bei dieser Affenhitze einfach zu heiß geworden sind. Das ist der Grund.«

»Wenn Sie mir das als Techniker sagen, möchte ich das gern glauben. Es ist gar nicht so leicht, sich damit abzufinden, daneben oder drunter durch geschossen zu haben.«

»Etwas müssen wir doch aber hier erwischen. Und wenn wir ein paar von diesen Dhaus unter Arabiens Küsten mitnehmen.«

Pich sagt nichts darauf. Der LI wertet sein Schweigen als Bedenken. »Die Briten würden keine Sekunde zögern, auch solche Schiffe zu vernichten. Das sind ja ganze Flotten, die den Monsun ausnutzen, die da kriegswichtige Waren zwischen Persien, Arabien und der ostafrikanischen Küste hin und her schleppen.«

Als U 168 in der nächsten, silberhellen Nacht aus der Tiefe hervorbricht, ziehen in kaum einer Seemeile Entfernung die dreieckigen Segel solcher Dhaus vorbei. Deutlich heben sich die schwebenden Schatten gegen Omans Küstenstreifen mit seinen sich dahinter auftürmenden Bergmassiven ab. Der IWO zählt mehr als zwanzig Segler. Alle sind tief beladen, jedenfalls scheint das so.

»Also«, befiehlt sich Pich. »Klar zum!«

Fünf oder sechs dieser Dhaus versinken. Durch Rammstoß, durch Artilleriefeuer vernichtet. Die anderen entkommen unter die nahe Küste. Wenn es hochkommt, haben diese Schiffe zusammen tausend Tonnen geladen.

Aber jede Tonne Frachtraum zählt ...

Das Schießen wird die RAF alarmiert haben. Pich verzichtet auf Verfolgung der anderen, er dreht ab.

»Und wenn es Pilgerschiffe gewesen sind?« bohrt der IIWO. »Schiffe mit englandfeindlichen Arabern an Bord?«

Pich überhört die beschwörende Frage, und Assistenzarzt Dr. Wenzel trägt laut, zu laut, seine Vorschläge für den neuen Küchenzettel der kommenden Tage vor. Dieser Dokor Wenzel ist nicht nur ein hervorragender Arzt, der allein schon durch seine immer gleichbleibende Fröhlichkeit viel für die gute Stimmung an Bord tat, er ist ja auch Wirtschafts- und Proviantminister an Bord. Und vor allem ausgezeichneter Psychologe.

»Ich denke, wir versuchen noch einmal an Indiens Westküste unser Glück«, sagt der Kommandant, so unvermittelt und bestimmt, daß alle fühlen, daß er sich schon seit Tagen mit diesem Gedanken vertraut gemacht hat ...

»Ich zähle fünf, nein sechs Mastspitzen«, sagt der Steuerbord-Ausguck.

»Geleitzug«, bestätigt der WO. »Na endlich. Stimmt die Horchpeilung also doch. Auf Flugzeuge achten.«

Fast gleichzeitig mit den ersten Schornsteinen und Brücken entdecken sie die beiden Punkte am diesigblauen Tropenhimmel, eben noch rechtzeitig genug, um in die Tiefe zu fahren. Die Hoffnung, sich dem Geleitzug in schneller Überwasserfahrt vorsetzen zu können, schwindet. Kaum aufgetaucht, müssen sie dieser Bienen wegen, es sind Catalinas, immer wieder 'runter.

Kapitänleutnant Pich setzt seine ganze Hoffnung in die Nacht. Sofort mit Einbruch der Dunkelheit brechen sie aus der Tiefe hervor und jagen den Schiffen nach. Es scheint zwar kein Vollmond mehr, aber auch die nur halbe Scheibe des wandlungsfähigen Gefährten der Himmelsnacht genügt, die tropische See wie flüssiges Blei glitzern zu lassen.

Der vorliche Backbord-Ausguck und der WO hatten den Schatten am samtblauen Nachthimmel fast gleichzeitig gesehen und blitzschnell erkannt, daß er immer mehr Sterne verdeckte, also immer näher kam, daß er immer größer wurde. Und mit dem Schrei der Meldung über die Sichtung hat der IWO auch sofort eine Kursänderung befohlen.

»Hart Backbord ...«

Und Sekunden später, das Boot dreht gerade an, kommen die Bomben. Zwei fahren vorn, zwei achtern in die See. Doch bevor sie krepieren, verspüren sie alle im Boot einen metallisch dröhnenden Schlag, erst dann scheint die Welt um sie herum im Dröhnen der Detonationen unterzugehen. Das Boot bockt. Es fährt nicht mehr. Es wird regelrecht aus dem Wasser herausgehoben. Als es in sein Element zurückfällt, glauben sie nicht, daß es überhaupt noch schwimmt.

Die Maschinen sind intakt. Aber die Schäden sind so schwer, daß sie auch der so erfahrene LI mit seinen Männern nur behelfsmäßig beheben kann. Den Wassereinbruch kann er stoppen, aber die achteren Torpedorohre, die bekommt er nicht wieder hin. Sie bleiben verklemmt.

Durch FT unterrichtet Pich die Heimat. Zwei Tage später bestätigt der BdU und funkt: »Einlaufen Penang.«

Und wieder zwei Tage später warten sie vergeblich auf dem vereinbarten Aufnahmepunkt, weil inzwischen von den Japanern ein anderer bestimmt worden ist.

Schließlich werden sie auf der Höhe der nördlich von Sumatra gelegenen Insel Sabang von einem japanischen Geleitboot aufgenommen, das sie nach einer Verständigung über das internationale Signalbuch in den Inselhafen bringen will. Pich notiert später:

»Man hat bei diesen bergigen Inseln, die steil aus der kristallklaren, blauen See herauswachsen, immer das Gefühl, daß man gleich anstößt. Nichts dergleichen. Man hat immer noch zehn Meilen zu fahren. Der Hafen entsprach dem, was man sich von einer Tropeninsel in seinen Träumen vorzustellen pflegt. Er war kreisrund, ein

Kraterhafen, hinter dem blütenweißen Strand Hütten unter sich wiegenden Palmen.

Nach 152 Tagen Einsatz endlich wieder der Befehl ›Maschinen aus!‹«

Ein japanischer Offizier erwartet sie bereits. Über auf beiden Seiten zusammengeraffte englische Sprachkenntnisse erfahren die U-Boot-Männer, daß ein japanischer Admiral ihren Kommandanten zum Empfang bitte, daß die Gäste dieses Herrn aber vorher von dem angebotenen Bad Gebrauch machen möchten.

Und ob! Pich wird in einem japanischen Badehaus mit tierischem Ernst und viel Eifer von drei japanischen Soldaten in einem mit beinahe siedend heißem Wasser gefüllten Holzfaß abgebrüht und abgeschrubbt. Als er dieser ungewohnten Prozedur entsteigt, fühlt er sich wie neugeboren. Die gleichen Früchte, die man ihm reicht, sind inzwischen auch seinen Männern dargeboten worden: Einige davon sind schärfer als Pfeffer.

Der japanische Admiral nimmt an den so gar nicht gesellschaftsfähigen Khakiuniformen seiner Gäste, des Kommandanten und dessen IWO, ganz und gar keinen Anstoß. Im Gegenteil.

»Er machte uns und wir ihm Komplimente. Wir waren ja so froh, daß wir endlich einen Tag Ruhe hatten und sahen uns nach dem Empfang die Eingeborenen-Hütten am Strand und die Affen an. Im übrigen wußten wir nicht, wie es weitergehen würde. Der freundliche Admiral hatte lächelnd gebeten, wir möchten uns gedulden.

Geduld, ein Wort, das in Asien ganz groß geschrieben wird, das aber in uns nagte wie Sand in einem Getriebe.«

Aber auch diese quälenden Wartestunden fanden nach einer ruhig verbrachten Nacht am nächsten Morgen schon ein Ende. Sabang hatte mit Penang telefoniert. Das Geleitboot, das sie einbrachte, sichert U 168 ›nach herzlichem Abschied von den ersten japanischen Waffengefährten‹ auch auf dem Marsch durch die Malakkastraße.

»Noch sind wir nicht da«, unkt der IIWO. Und er hat es kaum ausgesprochen, da wird auf dem Begleiter voraus die rote Lampe geschwenkt; das vereinbarte Signal für U-Boot-Gefahr.

Aber es geht alles klar, auch das Einlaufen in den Hafen von

Penang, willkommen geheißen vom Stützpunktchef Kapitänleutnant Conrad Hoppe. Welch eine Überraschung für Pich. Sie kennen sich beide aus der Zeit der Seefliegerei.

Nur das Festmachen klappte nicht. Pich hatte im Hafen, in dem drei andere, inzwischen eingelaufene deutsche U-Boote festgemacht haben, einen schneidigen Kreis gefahren. Er will sein Boot mit dem Bug in die Richtung zur See an den Pier legen. Ein bißchen Kleinholz läßt sich nicht vermeiden. Während der eigens von Singapore herübergekommene japanische Militär-Musikzug, zusammen mit einer japanischen Band aus Tokio, abwechselnd deutsche und japanische Märsche intoniert, versuchen Pichs Seeleute das Boot zu vertäuen. Eine Leine haben sie am Pier bereits um einen provisorischen Holzpoller gelegt.

»Achtung …! Wahrschau …!«

Dann ein Knall. Die Leine ist gebrochen.

Wohl zur gleichen Zeit hat der Tidenstrom eingesetzt. Jetzt herrscht Zustand. Vierzig Minuten lang plagen sie sich herum, um das kopfscheu gewordene, störrische U-Boot mit jeder Menge an Ruder- und Maschinenmanövern endlich festzubekommen.

Pich in sein Tagebuch: »Inzwischen spielte die Kapelle munter weiter. Die wurden so langsam heiß, wir aber auch, ehrlich gesagt.

Und wieder ein Knall. Diesmal war's keine Leine, die brach. Die Pauke war's. Ihr Fell zerfetzte.«

»Wohin und zu wem?« will Pich von Hoppe, den sie hier unter sich den Tenno-Hoppe nennen, endlich wissen, als die ersten Begrüßungszeremonien vorüber sind.

»Du mußt hier nun eine ganze Reihe von Besuchen machen, vorher aber baden … sehr heiß baden; du, deine Offiziere, alle Männer. Solch ein Bad wird in Japan statt Blumen gereicht.«

Pich über das, was nun folgt: »Das Baden kannten wir ja schon. Dann, nachdem ich mich vergewissert hatte, daß es meiner Besatzung an nichts fehlte, gingen diese Besuche los. Bei zwölf höchsten und höheren japanischen Offizieren. Angefangen beim Admiral, beendet bei einem Kapitän. Erst war es immer ein wenig steif. Aber bei jedem wurde ein kleines Gläschen gereicht. Bei dem einen war der likörähnliche Inhalt eiskalt, bei anderen lauwarm. So verschieden sind hier die Geschmäcker. Ich habe an diesem Vormittag 68 Stück Köhms verputzen müssen.

Zum letzten Antrittsbesuch kamen wir daher schon sehr fröhlich an. Man war nicht indigniert, nein, man freute sich sehr darüber, und der Gastgeber zeigte uns auch gleich seine Frau. Plötzlich, als er unser unverhohlenes Interesse an der grazilen Dame mit malayischem Einschlag sah, veränderte sich seine Miene. Seine Züge zeigten Angst. Er steckte die Dame, die er seine Frau nannte, schnellstens wieder weg.

Abends war zu unseren Ehren in dem Club der japanischen Marine ein großer Empfang arrangiert. Erst wurden kernige Worte des Dankes gewechselt, und schließlich, ich traute meinen Augen nicht, zogen die Herren Gastgeber, alles höhere und höchste Offiziere, ihre Jacken aus.

So begann das Mahl. In Hemdsärmeln.

Mich redeten sie mit ›Pitschi-San‹ an. Wie froh war ich, daß ich nur ein kleiner Kapitänleutnant war, denn Korvettenkapitän Ehrhardt, von Singapore zur Begrüßung herübergekommen, hießen sie ›Ehrhardt-Kakker‹.«

Beim Frühstück am nächsten Morgen, unter Palmen auf der Veranda der Villa, legt LI Beckmeier etwas auf den mit frischen Früchten reichlich gedeckten Tisch.

»Was ist das denn?« sagt Pich und dreht das längliche Stück Metall zwischen den Fingern hin und her. Es ist verschrammt, es wurde, das ist offenkundig, mit roher Gewalt verbogen.

»Dieses Teilchen haben wir vorn auf dem Boot gefunden, unter den Grätings verklemmt. Dort, wo wir glaubten, daß uns ein Bombensplitter traf. Es ist der Zünder einer Bombe. Sie schlug genau auf die Mitte des Bootskörpers auf.«

Beckmeier saugt an seiner Zigarette. Und als Pich nichts sagt und den Zünder noch immer in seiner Hand wiegt, als wäre er aus Edelmetall, fügt der LI noch hinzu:

»Und nicht krepiert ...!«

2.

Nur vier Monsuner überlebten

Nach U 168 haben von den restlichen fünf Booten der ersten Monsun-Gruppe, die zwischen Indien und dem Golf von Suez operieren sollten, nur vier die neuen deutschen U-Boot-Stützpunkte erreicht.

Die Relation für den Indik sieht mit nur einem Verlust bei fünf operativ eingesetzten U-Booten dagegen günstiger und beruhigender aus, wenn auch Anzeichen darauf hindeuten, daß die Luftüberwachung auch in diesem Gebiet zuzunehmen beginnt. Die Erfolge liegen unter der Erwartung des BdU, aber mit 25 000 BRT pro Boot im Mittel immer noch höher als Schwarzseher fürchteten, nachdem der Gegner aus dem Auftauchen der ersten deutschen U-Boote im Raum von Madagaskar seine Konsequenzen gezogen haben wird. Den taktischen Erfolgen sind auch noch die strategischen hinzuzuzählen. Das Zusammenfassen der meisten Frachtschiffe in Geleitzügen, der vermehrte Einsatz von Sicherungsstreitkräften auf See und in der Luft und der durch die Verlegung von Routen dicht unter die Küste durch Umwege bedingte Zeitverlust sind ganz erheblichen Tonnageverlusten gleichzusetzen.

Die größten Erfolge haben mit je fünf versenkten Schiffen U 188 und U 532 erzielt. Die von U 532 wurden unter fürchterlichen Bedingungen erkämpft ...

Über die Hitze in der mit Technik und schwitzenden Menschenleibern vollgepfropften Röhre sollte eigentlich nicht mehr gesprochen werden. 35, 36, ja 40 Grad in der Zentrale und anderen Räumen und 60 und 65 Grad am Diesel beim Überwassermarsch sind im tropischen Indik ›normal‹. Als sich U 532 nach der Versorgung durch Kölschbachs *Brake* endlich dem ihm zugewiesenen Operationsgebiet zwischen Ceylon und den Gewässern vor dem südwestlichen indischen Subkontinent nähert, fällt der im achteren E-Maschinenraum in Höhe der Bilge zu den Flurplatten montierte Frischwassererzeuger aus. Die Brüdenpumpe ist zum Teufel. Einer derartigen Beanspruchung ist das Material nicht gewachsen.

»Ja, wenn man gewußt hätte, wohin wir sollten, dann ...«, knurrt der LI zum x-ten Male in seinen Fusselbart.

Was hatte Obermaschinenmaat Robert Wörle, der Seemann aus München, für einen beinahe trefflichen Kommentar darauf? »Aber die Werftgrandies in Lorient, die habens g'nau gewußt. Der eine hat mir's zuageflüstert: Ihr seid's für den Indischen Ozean bestimmt. Morgen sollen wir euer Boot ganz hellblau pöhnen.«

Natürlich waren auch dem LI solche Gerüchte nicht verborgen geblieben, aber hellblauer Außenanstrich hätte ja auch Karibik oder südlicher Südatlantik bedeuten können ... Woher nur wußten die Werftgrandies es besser? Und was die Werftgrandies wissen, das wissen die Franzosen.

Jedenfalls ist der Ausfall des Frischwassererzeugers eine böse Sache, vor allem, weil durch irgendeinen Organisationsfehler weder der Proviant noch der Frischwasservorrat von der *Brake* randvoll aufgefüllt worden waren.

Nach dem zweiten Frachter, den sie auf dem Marsch ins Op-Gebiet erwischen, passiert, was einer beschwor: Aller guten Dinge sind drei, aber auch aller schrecklichen.

Wie sich Fregattenkapitän Junker zur Regel gemacht hat, war er nach Versenkung volle vierundzwanzig Stunden im Keller geblieben. Schließlich, das ist sein Argument, ist eine Torpedierung immer Beweis für die Anwesenheit eines U-Bootes. Es muß also mit Flugzeugen und Sicherungsstreitkräften gerechnet werden. Die Altbefahrenen unter der Besatzung haben über diese Vorsichtsmaßnahme ihres Alten anfänglich nachsichtig gelächelt, denn der Kommandant, unter dem sie vorher fuhren, lief nach einer Versenkung mit AK ab und suchte sofort neue Opfer ... Na ja, dieser neue Alte ist wirklich ein Alter. 1905 in Freiburg geboren, gehört er der Seeoffizier-Crew des Jahres 1924 an. U-Boot hat er zwar vor dem Krieg gefahren, dann aber ist er von 1938 bis 1942 Gruppenleiter beim TEK, beim Torpedo-Erprobungskommando, gewesen.

Später, als sie nach einer Unternehmung, die sich sage und schreibe über volle drei Jahre erstrecken soll, mit ihrem Boot gesund und glücklich in Europa festmachen dürfen, als sie hören, daß die See auch die Boote ihrer so bewährten vorherigen Kommandanten fraß, werden sie anders über Ottoheinrich Junkers Praktiken denken ...

U 532 ist jedenfalls erst in der Nacht nach der zweiten Versenkung wieder aufgetaucht. Junker weilt auf der Brücke ... Es wird Zeit zum Tauchen, denn vor Hellwerden will er wieder verschwunden sein.

Schon an der Stimme merkt der Kommandant, daß im Boot etwas unklar gegangen ist, als der LI anfragt, ob er nach oben kommen dürfe.

»Bleiben Sie, ich komme in die Zentrale«, ruft er zurück. Wie ein Wiesel schlüpft er ins Loch.

»Furchtbares ist passiert, Herr Kapitän«, sind des LI's erste Worte.

Junker notiert: Das Gesicht seines Leitenden ist kreidebleich. Das jenes Matrosengefreiten, der hinter ihm steht, ist nicht nur bleich, dessen Augen verraten Angst.

Eines scheint sicher: das Boot ist nicht in Gefahr.

»Immer langsam, LI. Eins nach dem anderen. Also, was ist Furchtbares passiert?«

»Ich habe diesem Mechanikergasten«, sagt der LI und weist auf den Matrosengefreiten hinter sich, »Befehl erteilt, die Torpedozellen für die Heckrohre klarzumachen. Dabei hat der Mann ausgerechnet die Reserve-Trinkwasserzelle, also die mit Süßwasser gefüllte Torpedozelle, statt der anderen gelenzt.«

»Wie konnte das denn passieren?« fragt Junker ruhig.

Der Mechanikergast will antworten, aber Junker winkt ab. Die Antwort erwartet er von seinem LI.

»Ich bin fassungslos, Herr Kapitän. Wahrscheinlich hat der Mann die Zelle falsch angeschlossen und das Süßwasser nun außenbords gepumpt.«

»Hm«, sinnt Junker und schiebt mit seinem rechten Fuß einen Fussel Putzwolle über die öligen Flurplatten zur Seite. Dann scheint ein Entschluß in ihm gereift zu sein. Zu dem Matrosengefreiten gewandt, sagt er: »Gehen Sie, machen Sie Ihren Dienst weiter und passen Sie in Zukunft besser auf.«

Als der Mann, dessen Augen Erstaunen und Nichtbegreifen ausdrücken, nach einer Kehrtwendung durch das Schott gefallen ist, bricht es aus dem Leitenden heraus: »Sie wollen ihn nicht bestrafen? Sie wissen doch selbst, was dieser Frischwasserverlust für uns unter den augenblicklichen Umständen bedeutet ...«

Und der LI meint in seinen Ohren die Namen jener anderen U-Boot-LI's zu hören, die Dönitz ablösen ließ, weil die von ihnen betreuten Boote wegen Trinkwasserkalamitäten ihre Feindfahrt in der Schlacht um den Atlantik abbrechen mußten, genauso wie sich Fregattenkapitän Junker in diesem Augenblick an die von Dönitz gemaßregelten Kommandanten dieser Boote erinnert.

»Natürlich weiß ich das, LI. Nun sind wir 15 000 Seemeilen marschiert, wir stehen vor unserem Operationsgebiet, da droht, daß uns eine solche Panne zum Abbruch der Unternehmung zwingt ... Das ist mir schon klar. Aber, sagen Sie doch selbst, was hätte das für einen Sinn, diesen Seemann obendrein noch zu bestrafen? Der Junge hat Pech gehabt, einfach Pech. Wir sind Menschen. Fehler machen wir alle. Aber hier, unter diesen ungewohnten klimatischen Umständen, sind die physischen Belastungen auch ungewohnt und größer. Sie haben doch gesehen, wie der Mann aussah ... wie der Junge leidet ... Ihn zu bestrafen würde bedeuten, daß er nur noch mehr den Kopf verliert, daß er beim nächsten Alarmtauchen vielleicht wieder einen Bedienungsfehler macht und dann ...? Dann gefährdet er das Boot und uns alle. Nein, LI, mit einer Bestrafung des Mannes ist uns wahrlich nicht gedient. Kommen Sie, lassen Sie uns überlegen.«

Ein Zentralgast bekommt Befehl, den Bordarzt zu wecken. Tatsachen sind: 1. Die theoretisch ohnehin auf vier Kubikmeter verminderte Frischwasserkapazität des Bootes beträgt jetzt noch ganze 2,3 Kubikmeter. Von diesen sind noch 800 Liter für die Batterieaufladung abzuziehen. 2. Der Operationsbefehl aber sieht auf Grund der dem BdU in der Heimat bekannten Treibölvorräte Operationen von mindestens noch vier Wochen vor. U 532 hat über 50 Mann Besatzung an Bord. Wenn nun jeder Mann nur noch einen Liter Wasser pro Kopf und Tag bekommt, sind das 50 Liter je Tag. Das sind an zehn Tagen 500 Liter, 1000 Liter an zwanzig, 1500 Liter an dreißig. Junker hat die Zahlen auf ein Stück Papier hingeworfen und dabei leise vor sich hingesprochen. Er ist so in Gedanken, daß er den Bordarzt gar nicht bemerkt hat, und der nun das Wort ergreift.

»Nach bisher drei Liter Wasser pro Tag und pro Kopf, Herr Kapitän, ist in dieser tropischen Hölle nur noch ein Liter eine ... na, sagen wir ... ebenso rigorose wie riskante Maßnahme. Von diesem einen Liter geht ja noch das Frischwasser für die Kombüse ab, wenn wir auch die Kartoffeln in Salzwasser kochen können.«

»Natürlich«, bestätigt Junker, »anders geht's einfach nicht. Wenn dann also noch ein halber Liter zum Trinken bleibt, könnten wir es, vorausgesetzt, daß jeder Mann die Energie dazu aufbringt, vier Wochen durchstehen. Vier Wochen sind aber wirklich das Alleräußerste, das ich zu verantworten wage. Ob die Gefechtsbereitschaft der Männer dann noch vollwertig zu nennen ist, wage ich zu bezweifeln.«

»Das technische Personal kann sogar eine Tasse Trinkwasser mehr zugeteilt erhalten«, hat der LI inzwischen ausgerechnet.

»Einverstanden«, sagt Junker. »Vier Wochen genügen.« Er erhebt sich, als sei gar nichts weiter geschehen, schwingt sich durch das Kugelschott in die Zentrale und befiehlt, das Boot zum Tauchen klarzumachen ...

Zurück bleibt der Arzt. Seine wirklichen Bedenken hat er Junker nicht genannt. Wenn die Körper der Männer nicht genügend Wasser erhalten, kommt es zu gefährlichen Wärmestauungen ... dann dickt das Blut ein ... dann werden die Nieren die abgebauten Giftstoffe nicht mehr ausschwemmen ... Diese werden dann durch die Haut ausgeschieden ... Weiter aber werden innere Organe austrocknen ... Schäden an den Nieren, am Herzen und auch am Gehirn sind zu erwarten ... Diese werden sich durch Apathie und in schlimmeren Fällen durch Psychosen ankündigen ... Nur zwei Wochen mit nur einem Liter Wasser sind bei diesen klimatischen Bedingungen ein sehr großes Risiko. Aber oft hält ein Mensch mehr aus als nach medizinischem Ermessen.

Schon am nächsten Morgen sucht der LI seinen Kommandanten in dessen Raum auf. »Herr Kapitän, das geht nicht. Das Maschinenpersonal hält das nicht durch. Bei 60 Grad im Dieselraum ist die Wasserration einfach zu wenig.«

»Das wird schon zu schaffen sein, Buggisch. Die Männer müssen sich daran gewöhnen.«

»Es wird zu schaffen sein, Herr Oberleutnant«, versichert am gleichen Tag E-Maschinist Rotermehl seinem LI. Zusammen mit Obermaschinenmaat Wörle will er den einen Frischwassererzeuger reparieren. Sie sind sehr zuversichtlich, auch, wenn so etwas bisher noch keinem Boot auf See gelang.

U 532 versenkt in den nächsten Wochen noch einen dritten und einen vierten Frachter.

Die Besatzung hält sich nun, nach drei Wochen, nur noch mühsam aufrecht. Furunkel, unter denen die Leute sonst zu leiden hatten, sind allerdings verschwunden, denn keiner schwitzt mehr an Bord. Das ist aber auch das einzig Erfreuliche. Das Essen würgen sie von Tag zu Tag mit immer größeren Anstrengungen herunter. Der Speichel fehlt. Der Mund ist trocken, und die Zunge gleicht einem Reibeisen. Die Haut, die nicht mehr schwitzt, die aber die abgebauten Giftstoffe ausscheidet, ist klebrig. Alles im Boot scheint mit Kleister überzogen. Alles pappt. Auch das Kojenzeug. Und kaum einer benutzt noch das WC.

Es ist genau um Mitternacht, da U 532 in Suchfahrt durch die von einem strahlend, fast sonnengleichen Vollmond versilberte See ackert, als aus dem E-Motorenraum ein Schrei durch das Boot schwingt. Das in Gemeinschaftsarbeit von der Maschine gebastelte, würfelförmige Aggregat funktioniert. Es wirft soviel Kondenswasser aus, daß mit gut 150 Liter Süßwasser am Tag gerechnet werden kann. Aber in den Ausruf der Freude mischt sich ein ganz dicker Wermutstropfen: Der Arzt verbietet, die bräunliche Wasserbrühe zu trinken.

Auf Wörles Vorschlag haben die Bastler schließlich, als sie keinen anderen Rat mehr wußten, die Innenseite mit Kuril abgedichtet. Dieses Kuril ist eine teerähnliche Dichtungsmasse. Die Teersubstanzen teilen sich nun bei der Aufbereitung des Seewassers dem Kondenswasser mit, dessen Salz als sogenannte Brüde ausgeschieden wird*. Dieses braune Teerwasser zu trinken, käme einem Selbstmord gleich.

»Aber vielleicht wird der Teergeschmack weniger, Herr Stabsarzt«, läßt Wörle hoffen.

»Sie sind Techniker, nicht ich.«

»I glaub scho, daß wir dös Zeug in a paar Tag trinken können.«

»In ein paar Wochen vielleicht, vorher auf keinen Fall. Und

---

* Daher Brüdenpumpe.

nicht ohne meine ausdrückliche Genehmigung«, bestimmt der Doktor und denkt:

Morgen oder übermorgen müssen wir sowieso abbrechen. Schon gestern sind zwei Leute für Minuten zusammengeklappt. Weitere Ausfälle sind zu erwarten. Er braucht sich die Kameraden nur anzusehen. Wenn es die anderen erst packt, wird es wie eine Epidemie über sie herfallen. Morgen oder übermorgen will er dem Kommandanten reinen Wein einschenken, will er ihm zum Abbruch der Unternehmung raten. An eben diesem Tage sichten sie einen Frachter, gelingt das unbemerkte Vorsetzen und in der Nacht die Versenkung als Nummer Fünf.

Weil wieder einmal Vollmond ist, weil die phosphoreszierende See wieder einmal in Milliarden leuchtende Perlen zerfällt, wenn der Bug des U-Bootes das Wasser zerteilt, hat der Kommandant, um seine Anwesenheit und seinen Angriff nicht zu verraten, trotz Nacht wieder unter Wasser angreifen lassen ...

Taumelnd wie Trunkene tun sie in U 532 ihre Pflicht. Sie sind so apathisch, daß sie das Absaufen des Gegners nur zur Kenntnis nehmen. Sogar den temperamentvollen IWO, Oberleutnant Krohn, der für jedes versenkte Schiff eine Buddel Knallkümmel in Aussicht gestellt hat, rührt dieser Erfolg nicht.

Bei diesem Angriff gingen die letzten Torpedos drauf, denn schon beim zweiten Frachter hatten sie 25 Prozent ihres Torpedobestandes verschießen müssen. Ergo bleibt nur noch der Marsch nach Penang im Südostraum. Als ihn Junker befiehlt, tauchen vor seinem Auge gespensterhaft wieder die Szenen bei der Versenkung dieser Nummer Zwei auf. Zum wievielten Male schlägt ihm seine Erinnerung dieses Bild wieder auf.

»Oder eben doch nicht komisch«, resigniert Ottoheinrich Junker erneut, als er, in der Messe sitzend, in seinen Aufzeichnungen blättert, während der LI den Stabsarzt mit viel technischem Beiwerk in seinen Worten zu überzeugen versucht, daß das Teerwasser in einigen Tagen bestimmt kein Teerwasser mehr sein wird, was der Doktor entschieden bezweifelt. Aber das macht ja nichts, man wird sowieso bald im Hafen sein ...

Ja, die Sache mit der Nummer Zwo.

Eigentlich war Junker an diesem Tag, am 21. September, hinter einem anderen Untersatz her, einem, den sie, als das Boot tagsüber unter Wasser stand, durch Horchpeilungn in die Fänge bekommen hatten. Als sie auftauchten, war das westwärts ziehende Schiff trotz Fernsicht unter die Kimm getaucht. Dafür aber trottete ihnen aus derselben Richtung ein anderer Frachter direkt entgegen.

Die See war spiegelglatt ... Junker mußte wieder tauchen. Aber gegen Abend hatten sie das Schiff auf zwanzig Seemeilen querab.

»Jetzt hilft nur noch Glück, Herr Kapitän«, unkt der IIWO, Leutnant Woweries.

Ja, Glück brauchen sie jetzt, denn die Dämmerung ist sehr kurz, und bei dieser Entfernung kann der Frachter, wenn er einen von U 532 nicht richtig einkalkulierten Zack einlegt, durchaus noch entwischen.

»Er hat jetzt noch Südwestkurs«, überlegt Junker laut. »Kein Zweifel, daß er nach Colombo will. Der Kapitän da drüben wird mit Einbruch der Dunkelheit einen Schlag nach Osten machen. Also tun wir's auch.«

Genauso kommt es. Drei Stunden nach Einbruch der Dunkelheit meldet der Steuerbord-Ausguck einen zunehmend größer werdenden Schatten. Der Frachter läuft U 532 direkt vor die Rohre, so nahe, daß Junker im Widerstreit mit seinen Überlegungen doch nur einen Torpedo losmacht. Widerstreit deshalb, weil eine andere Stimme in ihm sagt: Spare bloß nicht an falscher Stelle. Aber wenn man 15 000 Seemeilen durch die Meere geackert ist, um zum Einsatz zu kommen, hält man eben doch mit den Torpedos zurück.

Der Aal trifft nach 40 Sekunden Laufzeit. Er krepiert mittschiffs. Bootsmann Meske, die Nummer Eins und bester Fla-Maschinenmann an Bord, kommentiert die Detonation: »Der funkt nicht mehr.«

Wie beruhigend der Gedanke, daß die da drüben nicht mehr auf die Taste drücken werden.

»Nanu«, staunt der IWO, »der zockelt ja weiter. Fliegender Holländer etwa? So was gibt's doch nur bei den Wagners in Bayreuth!«

Tatsächlich. Der vierkant torpedierte Frachter, ein Schiff von über 9000 BRT, ist zwar ein wenig nach Steuerbord ausgeschoren, setzt aber seine Fahrt mit unverminderter Geschwindigkeit fort. U 532 schiebt sich vor, und in dem Augenblick, da Junker erneut angreifen will, sehen sie, daß die Fahrt da drüben langsam weniger wird. Nach gut zehn Minuten ruht das torpedierte Schiff gestoppt auf der dünenden See.

»Rohr zwei ... Fertig ... Los ...«

Wieder verläßt ein Magnet-Torpedo das Boot. Wieder beobachten sie einen Mittschifftreffer. Und wieder sehen sie dieses sonderbare, ja unheimlich wirkende magnesiumfarbene Licht bei der Detonation. Als die gläsern leuchtende Wasserfontäne in sich zusammensinkt, schwimmt der Frachter genau wie eben vorher weiter auf der See.

»Der hat aber robuste Schotten«, meint einer.

Erst denkt Junker das auch und gerade, als er sich vor dem Schiff vorbei an die Steuerbordseite setzen will, um von hier aus sein Glück noch einmal zu versuchen, entdeckt er, als der andere in vorliche Position eindreht, nach beiden Seiten backspierenähnliche Ausleger. Unter diesen hängen, für ihn ganz deutlich erkennbar, Netze. Die Spieren sind gut 15 Meter lang. Das erklärt alles.

Junker durchfährt es wie mit glühenden Nadeln: Seit vier Jahren sind wir nun darauf erpicht, einmal zu beobachten, wie eine solche Abwehr auf Magnet-Torpedos wirkt, und nun erlebst du es selbst ... Ein Teil der Frühzünder wird bei Angriffen anderer Boote wohl genauso, wie hier in diesem Falle, auf solche Netze zurückzuführen sein. Nie aber hat eines der Boote eine Beobachtung darüber gemeldet ... Diese Netze sind, davon ist Junker als alter Torpedo-Fachmann überzeugt, mit VES versehen, mit einem Stromkreis also, der die Magnetpistolen früher, das heißt weit vor der Bordwand, zur Entzündung bringt.

Auf die Entfernung, in der Magnet-Torpedos dann vorher hochgehen, haben die Druckwellen auf den Schiffskörper keine Wirkung mehr.

»So hat das also keinen Zweck, jetzt mußt du es mit einem Torpedo mit Aufschlagzündung versuchen«, überlegt Junker.

Der Aal trifft prompt. Er knallt auf die Bordwand im vorderen

Viertel. Er ist durch das Netz dort hindurchgefahren, wo die beiden anderen Aale durch ihre Detonationen ein Loch in die Maschen gefetzt haben.

Dumpfer Schlag. Hört sich an, wie in Watte gepackt. Detonationswolke. Minuten später schon legt sich das Schiff auf die Nase. Drüben bringen sie ein Boot zu Wasser. Nur ein Boot! Seine Insassen machen sich an der Bordwand zu schaffen, danach fahren sie um ihr Schiff rundherum. Es scheint so, daß sie die Schäden am Netz und am Schiffskörper untersuchen.

Drei Aale hat der Kasten schon gekostet, mit dem einen auf den Frachter Nummer Eins sind das vier zusammen und damit 25 Prozent des Gesamtbestandes.

»Wollen wir es nicht mal mit unserer Kanone versuchen, Herr Kapitän?« Leutnant Woweries ist es, der den Vorschlag macht.

Schon bei dem vierten Schuß brechen explosionsartige Brände aus dem Schiff heraus. Wahrscheinlich Benzin oder Öl. Im Scheine dieses Feuerwerkes schälen sich unerfreuliche Einzelheiten aus dem Dunkel heraus: Vorn eine große Kanone, achtern gleich zwei, auf beiden Seiten, vom Schornstein etwas versetzt, Podeste, wie sie die deutschen K-Kreuzer für ihre Scheinwerfer haben, und darauf drei Fla-Kanonen, auf der Brücke jede Menge MGs. Ein Hilfskriegsschiff?

Junker fährt zweimal um den 9000-Tonner herum. Er läßt ihn von allen Seiten beschießen: »Zielwechsel achtern!«

Dies gerade noch rechtzeitig in dem Augenblick, als einige Seeleute da drüben versuchen, eine der beiden großkalibrigen Kanonen zu richten. Aber sie kommen zu spät. Bei den ersten Treffern ins Achterschiff fliegt die gesamte Bereitschafts- und Signalmunition in die Luft. Die Wucht der Explosionen fegt die beiden Kanonen wie Spielzeug über Bord.

45 Schuß sind raus. Der Gegner brennt. Von vorn bis achtern. In das Knistern der Flammen hinein gellen Hilferufe. »Help …! Help …!« Es sind Überlebende in einem Rettungsboot.

Aber Junker hilft nicht. Er hat jede äußerlich sichtbare Gefühlsregung ausgekuppelt, in seinem Innern reiben sich die Empfindungen wie Glassplitter aneinander, denn im Innersten bleibt auch ein U-Boot-Kommandant in erster Linie Seemann. Aber der

Selbsterhaltungstrieb läßt nur den kalten, nüchternen Verstand ans Ruder.

Nach zweieinhalb Stunden erlischt der Brand. So plötzlich, wie man das Flackerlicht einer Kerze auspusten kann.

Der Frachter ist gesunken.

Hatte er nun Schutznetze? Oder hatte er keine?

Fregattenkapitän Junker sagt: »Ja, er hatte.«

Er erklärte weiter: »Abgesehen davon, daß ich auf meinem zweiten Einsatz im Indik eine gleiche Beobachtung machen konnte, hatte ich sechs Wochen nach dieser Versenkung und sofort nach meinem Einlaufen in Penang, am 31. Oktober, mit der japanischen Marine über diese Feststellung gesprochen.«

Deren Antwort lautete: »Das wissen wir schon lange. Wir kennen sogar die Maschenweite und auch die Stärke solcher Netze.«

Übrigens, was der Obermaschinenmaat Wörle versprach, trifft ein. Das Teerwasser wird von Tag zu Tag heller. Schließlich genehmigt der Arzt, sich damit die Zähne zu putzen, um so den ausgedörrten Mund wenigstens zu erfrischen.

»Aber ausspucken das Zeugs!«

»Jawohl, Herr Stabsarzt, ausspucken«, bekräftigten die Männer und schlucken das Zahnputzwasser runter, kaum, daß der Arzt ihnen den Rücken zugekehrt hat. Dem zehrenden Durst zu widerstehen, haben sie nicht mehr die Kraft.

Gottlob, es geht gut. Es treten keine Vergiftungserscheinungen auf.

Acht Tage vor dem Einlaufen in Penang ist das Wörle-Wasser so sauber, daß sie damit sogar Kaffee kochen. Bohnenkaffee mit Teergeschmack ... es schmeckt dennoch wie eine Delikatesse.

Und noch etwas: Daß U 532 überhaupt den Indik erreichte, daß es nicht das Schicksal der Kameradenboote teilte, war fast nur Glück.

Kurz nach dem Auslaufen aus Westfrankreich, etwa 800 Seemeilen westlich der Straße von Gibraltar, hatte Junker das tägliche Prüfungstauchen befohlen. Als das Boot aus der Tiefe wieder herausbrach und bis zum Umschalten auf Dieselmotorenkraft für kurze Zeit kaum Fahrt voraus machte, sah die Nummer Eins die aus den Schäfchenwolken herausstoßende Trägermaschine zuerst.

Das FuMB hatte sie nicht gemeldet, konnte auch nicht, seit die Briten ja, was die deutschen Experten als unmöglich ansprachen, auf eine andere Welle gegangen sind. Die Biene war wie der Blitz über dem Boot, aber sie hatte keine Bomben mehr. Nur ihre MG-Garben zersägten den Schacht für das Funkmeßgerät [14].

3.

U-Boot-Stützpunkt Penang

Die Grauen Wölfe versenkten während der drei Monate Juni, Juli, August 1943 auf den Meeren der Welt, das Mittelmeer ausgenommen, nicht mehr als 58 Handelsschiffe mit 327 081 BRT; nahezu die Hälfte dieser Versenkungen wurde in Seegebieten in Südafrika und im Indik erzielt. Der Preis, den die deutsche U-Boot-Waffe dafür zu zahlen hat, sind 74 Boote, deren größter Teil, wie schon dargestellt, in der Biscaya verlorenging; hier nämlich 25, auf der nördlichen Transit-Route 4, auf der Nordatlantik Convoy-Route 24, in entfernteren Seegebieten 17, vor Norwegen 1, in der Ostsee 2, in der Arktis 1. Allein 58 U-Boote wurden die Opfer von Flugzeugen und von Trägern und Landbasen. Den Indischen Ozean noch ausgenommen, hat sich also die alliierte U-Boot-Bekämpfung nun auch auf die entfernteren Seegebiete im Mittel- und Südatlantik erfolgreich ausgewirkt.

Im Indischen Ozean, in dem auch weiterhin deutsche und japanische U-Boote zusammen operieren, wurden bis zu dieser Zeit* versenkt:

im Januar	6	*mit 56 213 BRT bei total*	*50 mit 261 359 BRT,*
im Februar	3	*mit 15 787 BRT bei total*	*73 mit 403 062 BRT,*
im März	2	*mit 6 161 BRT bei total*	*120 mit 693 389 BRT,*
im April	6	*mit 43 007 BRT bei total*	*64 mit 344 680 BRT,*
im Mai	6	*mit 32 300 BRT bei total*	*58 mit 299 428 BRT.*

Im Juni, in dem sieben deutsche U-Boote und der Hilfskreuzer Michel *im Indik operierten, verlor der Gegner 12 Schiffe mit 67 929 BRT (zwei durch den HSK), und*

---

* nach Roskill.

im Juli stieg die Verlustquote beim Gegner auf 17 Schiffe mit 97 214 BRT an, alle das Opfer deutscher U-Boote. Die Totalverluste lagen im Juni bei 28 Schiffen mit 123 825 BRT und im Juli bei 61 mit 365 398 BRT.

Der britische Admiral Sommerville sah sich vor nahezu unüberwindliche Schwierigkeiten gestellt, in diesem riesigen Seeraum mit seinen sich kreuzenden Routen ein einigermaßen ökonomisches und wirksames Convoy-System aufzustellen. Lediglich für die Routen Durban – Aden, Aden – Bombay, Colombo – Bombay und Kalkutta können schnellstens Geleitzüge organisiert werden. Geleitfahrzeuge, an denen es der Eastern Fleet noch schmerzlich mangelt, werden, soweit überhaupt verfügbar, von den südafrikanischen Gewässern hinaufgeschickt, weil dort Ruhe scheint, während die Royal Indian Navy alle Anstrengungen macht, die Handelsschiffe dicht unter die eigenen indischen Küsten und die des Persischen Golfs zu ziehen.

Mit der Eastern Fleet arbeitet im Hauptquartier Colombo die 222. Gruppe der RAF zusammen, während die anderen Luftwaffen-Hauptquartiere in Ostafrika, Indien und Aden von Fall zu Fall mit massierten Aufgaben in der U-Boot-Jagd selbst ausgelastet sind: Eine Vereinfachung für eine konzentrierte Luftüberwachung ist also im Interesse der Schwerpunktansätze dringend notwendig. So wird dann die Verantwortlichkeit der Gruppe 222 auch auf die anderen RAF-Hauptquartiere ausgedehnt, so daß die 222. Gruppe nunmehr als ›Coastal Command‹ vollverantwortlich mit der Eastern Fleet zusammenarbeitet. Im Herbst 1943 schon verfügt Marschall Lees über 13 weitreichende Aufklärer-Squadrons; elf davon sind mit Catalinas ausgerüstet. Die Flugzeuge starten und wirken von den verschiedensten Basen aus.

Gegen Ende des Jahres kommt es zu einer mehr organisatorischen Neuregelung. Das Prinzip, daß der Luftbefehlshaber den ihm am besten geeigneten Weg einer Zusammenarbeit mit seinen Navy-Kollegen bestimmt, bleibt erhalten, aber die einzelnen Luftkommandos werden zu dem ›Air-Commander-in-Chief South-East-Aasia‹ zusammengefaßt, der nunmehr mit dem ›Naval-Commander-in-Chief‹ eng zusammenarbeitet; die praktische Luftkontrolle jedoch verbleibt dem Kommandeur der 222. Gruppe.

Da der Aufbau dieser Zusammenarbeit und die Heranführung von Geleitschiffen aber nur langsam vorankommt, wirken sich diese Maßnahmen vorerst noch nicht aus.

Im August versenkten deutsche U-Boote 7 Schiffe mit 46 401 BRT bei 25 mit 119 801 BRT total. Lediglich U 197 kann durch die von Madagaskar startende RAF vernichtet werden.

Während sich die Boote der ersten Monsun-Gruppe aus der Brake *versorgten, wurden im Indik 6 Frachter mit 39 471 BRT (total 29 mit 156 419 BRT) versenkt. Nach* Roskill *durfte ein Teil (nach diesem der größte) dieser Versenkungen japanischen U-Booten zugeschrieben werden, da zu dieser Zeit acht Boote im Indik operierten. Also haben die Japaner die Lücke gestopft, wie der deutsche Militärattaché im Juli meldete: »Japanischer Marineattaché mitteilt, daß demnächst erneuter Einsatz japanischer U-Boote gegen indische Versorgungsschiffahrt beabsichtigt.«*

Im Oktober, in dem U 533 im Golf von Oman verlorengeht, verliert der Gegner 6 Schiffe mit 25 833 BRT (total 29 mit 139 861 BRT). Während die Boote der ersten Monsun-Gruppe nach Penang laufen, führen im Indik einige japanische U-Boote weiterhin Handelskrieg. Ihre Operationen kosten den Gegner in in den Monaten November und Dezember 9 weitere Frachter mit 60 321 BRT (total 60 mit 312 915 BRT).

Das Ergebnis dieser Phase des U-Boot-Krieges im Indik, in dem nie mehr als sieben deutsche und bzw. oder acht japanische U-Boote operierten, betrug während dieser Periode 57 Schiffe mit 337 169 BRT, von denen nur fünf aus Geleitzügen versenkt wurden. Viel schwerwiegender als dieser Verlust waren, so betont Roskill, *die strategischen Auswirkungen.*

Im Südostraum Asiens ist folgendes geschehen: Die Japaner haben die drei italienischen Transport-U-Boote nach dem am 25. Juli 1945 erfolgten Sturz Mussolinis nur schleppend überholt und zögernd beladen. An sich sollte das von Shanghai nach Singapore verlegte italienische Kolonialschiff* *Eritrea* diese drei Fracht-U-Boote betreuen. Hier aber kam es zu keiner Zusammenarbeit, da das Mißtrauen, das die Japaner damals von Natur aus Europäern – oder richtiger gesagt – Weißen schlechthin entgegenzubringen pflegten, durch die Ereignisse in Italien erneut geschürt und vertieft worden war.

---

* Italienisch: Nave coloniale. Dieses Schiff stellte einen Sondertyp dar, der allenfalls in seinen Aufgaben, keineswegs aber in seiner Bauart an einen Kreuzer erinnerte. In Deutschland entsprach ihm etwa der *Aviso Grille*.

Für die Japaner schien die Lage bei den Italienern derart unsicher, daß sie das Auslaufen des Anfang September dann doch beladenen und seeklar gemeldeten ersten der drei italienischen U-Boote zu offenkundig verzögerten. Als Marschall Badoglio über Radio Rom den bereits am 3. September 1943 zwischen der Regierung der Monarchie Italien und General Eisenhower unterzeichneten Waffenstillstand bekanntgab, gelang es dem über die neue Lage rechtzeitig informierten Kleinen Kreuzer *Eritrea* am Tag des Inkrafttretens des Waffenstillstandes, am 12. September, unbehindert aus Singapore zu schlüpfen. Daß der Kreuzer, der in Singapore lediglich eine Verlegung vorgetäuscht hatte, nachher, als seine Flucht bemerkt worden war, auch die Malakka-Straße passieren konnte, dürfte Beweis für die völlig unzulängliche Überwachung der von den Japanern besetzten Gebiete sein.

Die *Eritrea* lief am 15. September in Colombo ein. Ihr Kommandant, Fregattenkapitän Janucci, übergab das Schiff der britischen Navy. Wenn der Kreuzer zunächst auch beschlagnahmt und die Besatzung interniert wurde, so darf doch behauptet werden, daß die Aufhebung der Internierung und das Wiederhissen der italienischen Flagge auf dem wieder voll gefechtsklar hergerichteten Kleinen Kreuzer nicht bloß ihre tieferen Gründe in der von Fregattenkapitän Janucci ›erwiesenen Treue zum Italienischen Königshaus‹ gehabt hat. Janucci hatte nämlich den Engländern außer der *Eritrea* auch ausführliche Berichte über Einsatz, Taktik und Gepflogenheiten der deutschen U-Boote im allgemeinen sowie deren Versorgung durch Troßschiffe im Indischen Ozean übergeben, hatte er doch die Berichte der italienischen U-Boot-Kommandanten, die in Westfrankreich als Bundesgenossen der Grauen Wölfe in viele und oft in die geheimsten Planungen Einblick bekommen hatten, ebenso geschickt auszuwerten verstanden wie seine Kenntnisse über die Pläne der deutschen U-Boot-Führung in Südostasien.

Unmittelbar nach der Flucht der *Eritrea*, am gleichen Tag noch, beschlagnahmten die Japaner jedenfalls die drei italienischen U-Boote.

Erst nach langwierigen Verhandlungen des deutschen Marineattachés in Tokio wurden sie schließlich wieder den Deutschen unterstellt, die sie ihrem ursprünglichen Zweck – dem Transport von Rohstoffen nach Europa – wieder zuführen wollen. Dieses Zugeständnis setzte aber voraus, daß diese Boote, die in der Zwischenzeit von Japanern gründlich untersucht und zum Teil sogar auseinandergenommen worden sind, künftig ausschließlich unter deutscher Besatzung fahren sollten.

Zusammen mit den drei Exitalienern sind nun acht U-Boote von den deutschen Dienststellen im Südostraum zu betreuen. Für das Eindocken stehen in Singapore Kriegshafen Selatar Docks zur Verfügung, aber nur nach vorheriger Terminabsprache mit den Japanern, wobei die Termine durch Notstände bei Einheiten der japanischen Flotte, die von den Amerikanern immer härter bedrängt wird, oft genug aufgehoben und verschoben werden müssen. Japans Flottenchef, Admiral Fukodome, verschließt sich zwar nicht der Erkenntnis, welchen großen Nutzen die Operationen deutscher U-Boote auch für Japans Kriegführung darstellen, aber er kann schwerlich deutsche U-Boote japanischen Kriegsschiffen vorziehen lassen.

In Penang gibt es nur noch Werkstätten für Notreparaturen, denn das große Schwimmdock ist während der ersten Kriegsmonate weggeschleppt worden. Tandjok Priok, der Hafen von Batavia, ist noch nicht vollends wiederhergestellt. Ein Eindocken und eine Grundüberholung der Boote ist dort, schon aus Mangel an Spezialarbeitern, noch nicht möglich. In kleinerem Maßstab bietet sich zwar Soerabaja auf Java für U-Boot-Überholungen an. Hier aber muß erst eine deutsche Dienststelle eingerichtet werden. Vorerst ist sie nur geplant.

Doch das sind nicht die einzigen Sorgen und Probleme:

Die Beschaffung von Ersatzteilen, von Munition, von Textilien für die Zivilkleidung und Bordpäckchen, von Nahrungsmitteln für europäischen Bedarf und vor allem ihre Konservierung für die U-Boot-Verwendung sind andere, nicht weniger schwierig und ernsthaft. Hier aber wieder bildet das für den U-Boot-Dosenproviant erforderliche Weißblech bald schon den ärgsten Engpaß. Eine lächerliche, aber dringend notwendige Taschenlampenbatterie zu besorgen, macht eine regelrechte Expedition nach Bangkok notwendig. Und nicht selten tritt der Fall ein, daß diese Verbindungswege von Partisanen angegriffen werden.

Ein weiteres Problem: An Spezialpersonal zur Überholung der U-Boote ist schon gar nicht zu denken. Hafenablösungen, wie sie die Besatzungen der in Europa einlaufenden Boote gewohnt sind, stehen in den Sternen. Wenn die Männer blaß, erschöpft und mit keuchendem Atem aus ihren Booten klettern, wenn viele von ihnen endlich nach vielen Monaten wieder einmal die Sonne sehen, kann ihnen ihr Kommandant nur eine kurze Erholung gönnen, während die Überholungen der Boote, die in der Heimat hundertprozentig von der Werft durchgeführt werden, mangels Fachpersonal und bis auf Außenbordarbeiten auch aus Geheimhaltungsgründen von den ohnehin erschöpften Besatzungen selbst durchgeführt werden müssen. Japanische Fachkräfte heranzuziehen, scheitert von vornherein. Die Japaner scheuen sich, vor den Augen Farbiger körperlich zu arbeiten. Später können wenigstens noch die Besatzungen der italienischen U-Boote für diese Zwecke herangezogen werden. Die italienischen Kameraden bewähren sich in dieser Hinsicht hervorragend. Obwohl der Verfasser in einer anderen Publikation die weiteren Probleme in Verbindung mit einem kurzen, zusammenfassenden Kapitel über den Einsatz deutscher U-Boote in Asien bereits dargestellt hat[13], erscheint es im Zusammenhang der ausführlichen Geschichte der Monsun-U-Boote und der bisher unbekannten, aber so hochinteressanten Einzelschicksale dieser Boote hier doch notwendig, das, was dort bereits gesagt wurde, zu zitieren:

»Die Arbeitszeiten werden, soweit vertretbar, in die Morgen- und späten Nachmittagsstunden verlegt, um eine Überbeanspruchung in der heißesten Tageszeit – 40 bis 50 und mehr Grad Celsius – zu vermeiden.

So sieht der Zeitplan eines in Penang oder später Batavia einlaufenden U-Bootes aus:

Drei Tage Ausräumen des Bootes, Ziehen und Abgabe der Torpedos;

zwanzig Tage dringendste Konservierungs- und Überholungsarbeiten am Bootskörper, den Taucharmaturen, Maschinen und Waffen;

drei Tage Einpacken des Bootes, Überführung nach Singapore zum Dock;

vierzehn Tage Dockzeit zur Reinigung und Konservierung der oft übermäßig und fahrtvermindernd wirkenden bewachsenen Außenhäute, Beseitigung äußerer Schäden, zur Ölentnahme und der anschließenden Überführung zum Absprunghafen;

etwa vierzehn Tage beanspruchen die Neuausrüstung des Bootes mit Treiböl, Schmieröl und Proviant, die Munitionsergänzung, die Erholung der Besatzung, Probefahrten und Prüfungstauchen.

In der Praxis treten stets unvorhergesehene Verzögerungen ein. Sie sind auf die Anfälligkeit der Boote gegenüber dem feuchten Tropenklima zurückzuführen.

Die günstigste Überholungszeit liegt bei siebzig Tagen ...«

Wie gut nur, daß weder die Seelords noch ihre Offiziere den Humor verlieren. Das Paradies würde ihnen sonst als Hölle erscheinen.

»Zurückgekehrt vom Erholungsplatz Penang Hill«, notiert sich Kapitänleutnant Wilhelm Spahr, »machten wir uns mit viel Eifer und noch mehr Schweiß an die Überholungsarbeiten des Bootes. Zu den Binnenbordsarbeiten durften keine Ausländer herangezogen werden, Spezialkräfte waren sowieso kaum aufzutreiben. Für die Außenbordsarbeiten wurden Arbeiter auf dem öffentlichen Arbeitsmarkt angeheuert. Ich hatte fünfzehn Mann angefordert. Sie sollten sich am nächsten Morgen gegen 10 Uhr an Bord melden, wohlbemerkt, ich hatte rücksichtsvoll schon ›gegen‹ 10 Uhr gesagt. Wir legten alles klar. Kratzer, Mennige, Farbe. Es wurde 10, 12, 14 Uhr. Kein Schwanz ließ sich blicken. Die Nummer Eins wurde zum Arbeitsmarktboß geschickt, sollte nachfragen, wo denn nun die bestellten und zugesagten Arbeiter blieben?

Er berichtete mir nachher, daß ihn der japanische Boß ganz erstaunt angesehen habe, als er außer Atem angelaufen kam und nach den Arbeitern fragte. Der Seemann vermeinte aus den unverständlichen Lauten – die wohl bedeuteten: Geduld, Geduld, sie werden schon noch kommen! – im Unterton herausgehört zu haben: ›Nur Verrückte haben es eilig!‹

Nachdem wir volle vier Tage mehrfach rückfragten, erinnerten, mahnten, baten, gaben wir es auf – und als nach 14 Tagen die Binnenbordsarbeiten fast erledigt waren, erschienen die 15 Piepels. Sie meldeten sich devot und mit freundlich lächelnden Gesichtern und machten sich unverzüglich an die Arbeit. Diese haben sie dann aber sehr schnell und äußerst zufriedenstellend ausgeführt.

Am nächsten Tag verlegten wir nach Singapore ins Dock. Nach beendeter Werftzeit liefen wir zu einem Tieftauchversuch aus, wenn man bei den dortigen Wassertiefen bis höchstens 40 Meter überhaupt von einem solchen sprechen kann. Trotzdem zerplatzte uns bei diesem Manöver der Backbordbunker. Wir liefen weiter nach Penang und versuchten, den Schaden selbst zu reparieren. Der Plan, ihn mit Hilfe eines aufgesetzten Blechkastens und anschließendem Lenzversuch zu beheben, schlug fehl. Also zurück nach Singapore, wohin uns die kleine *Quito* begleitete.

Plötzlich U-Boot-Alarm! Und schon schnurrten zwei Torpedos auf uns zu. Wir konnten ihnen aber noch ausweichen. Während wir auf das feindliche U-Boot, dessen Sehrohr gut zu sehen war, mit AK zuliefen, tauchte dieses weg.

Ohne weitere Zwischenfälle erreichten wir Singapore. Hier mußten wir allerdings geraume Zeit warten, denn nach der ›Schlacht in der Javasee‹ waren alle Docks belegt. Als dann aber wir am Drücker waren, hatten uns die chinesischen Arbeiter, die Vorzügliches leisteten, schon nach acht Tagen wieder seeklar.

Von Singapore ging es dann nach Penang, wo uns der unbezahlbare Willy Vogel unter seine Fittiche nahm …«

Für die, die aus den feuchtheißen Röhren entstiegen, ist dieses Penang Hill der Garten Eden. Chinesische Köche und Bedienung sorgen für ihr leibliches Wohl. Bloß die Affen, soviel Spaß und fröhliche Aufregung sie anfänglich auch auslösen, fallen den Lords so nach und nach auf den Lukendeckel. Ihr Spektakel ist grausam, und ihre Streiche sind oft keine mehr.

Dschungelwald erstreckt sich bis an die Bungalows heran. Riesige uralte Bäume, Schlingpflanzen, bunte schillernde Schmetterlinge. Wie in Urzeiten. Jeder darf hier oben tun und lassen, was er will. Wecken und Zapfenstreich sind unbekannt.

Den Männern wird von heute auf morgen ein fast traumhaftes Maß an Freiheit gewährt: ohne Dienstgrad, ohne Orden, ohne Ehrenzeichen, ohne Uniformen und ohne *Vater Philipp*.

Rundherum um die Insel führt eine Autostraße zu den traumhaften Vororten Batu Feringai oder zum Mount Pleasure mit seinem Schwimmbad unter Palmen.

»A propos Autofahren«, sagt Obersteuermannsmaat Thomsen von der *Brake* zu seinen Kollegen von den U-Booten. »Unsere PKWs werden alle von Eingeborenen gefahren. Hat man endlich einen sicheren Fahrer erwischt, so ist es hier in Ostasien ungeschriebenes Gesetz, daß er an ›Gesicht‹ nur gewinnt, je schneller er fährt. Je höher die Stellung seines Herren, um so rücksichtsloser wird er sein. Wenn wir ein solches Verhalten auch nicht gutheißen, ist es dennoch völlig falsch, dem Fahrer etwa Vorhaltungen zu machen, wie er zu fahren habe, oder etwa gar selbst zu fahren, um ihm zu zeigen, daß man langsamer auch zum Ziele kommt, und zwar viel gefahrloser. Unbelehrbaren Selbstfahrern sei dabei gleich noch ins Ohr geflüstert, daß unsere Nerven den chaotischen Verkehrsverhältnissen in den volkreichen ostasiatischen Städten gar nicht gewachsen sind. Ein europäischer Selbstfahrer, besonders wenn er vermögend ist, läuft ständig Gefahr, bei einem Verkehrsunfall ›ersatzpflichtig und schuldig‹ gesprochen zu werden. Wie leicht kann er dann zeitlebens eine zwanzig- und mehrköpfige Chinesenfamilie ernähren. Eingeborene Fahrer hingegen sind in den Augen hiesiger Richter immer unschuldige Opfer ›verzeihlicher Irrtümer‹ im Verkehr. Bei ihnen ist ja ohnehin nichts zu holen. Und noch etwas: Nur Neulinge in Ostasien tanken ihren Wagen und verkehren selbst mit der Reparaturwerkstatt. Ihr Kraftfahrer wird sich natürlich um seine ›Provision‹ betrogen fühlen. Kein Geschäft in Asien ohne Provision. Wer die nicht zahlen will, soll zu Hause bleiben!«

Es geht auf die Mittagsstunde zu. Die im Hafen an ihren Booten arbeitenden Schichten haben schon lange Ausscheiden gemacht. Während der heißen Tagesstunden wird nicht gearbeitet. Einige der U-Boot-Fahrer hocken noch am Ende vom Pier. Sie haben die Schuhe ausgezogen und lassen die nackten Füße in das kristallklare Wasser baumeln, während andere im Stützpunktbereich in Liegestühlen eisgekühlte Getränke genießen. Wenn es sich hier um Dienstgrade handelt, werden sie, nur auf einen Fingerwink hin, lautlos und prompt von ›ihren‹ Eingeborenen bedient.

Eine fürchterliche Detonation läßt die Luft erdröhnen und die

Gebäude erzittern. Die Männer in den Liegestühlen werden durch einen taifunartigen Druck herausgerissen, hochgehoben oder zur Seite geschleudert ... Die im Hafen wirft es auf den Kai hin, so wie eine plötzliche Orkanbö Holz und Reisig davonwirbelt. Staub und Sand stieben auf. Die Palmen biegen sich. Von den Dächern fliegen Ziegel herunter. Glas splittert.

Und dann sehen die, die sich hochrappeln, wie sich eine dicke schwarze Wolke über der meist von japanischen Transportern voll belegten Reede in den Himmel schraubt. Danach donnern weitere, kleinere Explosionen. Aus der sich nach oben verbreiternden Wolke schießen und wirbeln Masten, Relingstützen, Lukendeckel, Eisenfetzen und wohl auch Menschen heraus ...

Und dann sehen sie alle auch die lodernden Flammen.

»Um Himmels willen, muß ja 'n ganz großer Kasten in die Luft geflogen sein«, bricht es aus Dechow, Oberfähnrich und Funker im Stützpunkt, heraus.

Sein Begleiter, Oberfunkmaat von U-Lüdden, ist genauso bestürzt. »Wird doch nicht etwa unsere *Quito*, unser Versorgungsdampfer sein?«

»Nein, der liegt da nicht. Aber los ...«

Sirenen heulen auf. Japanische Lastwagen donnern in Richtung Hafen vorbei. Der Oberfähnrich winkt einem Sanitätsfahrzeug. Es hält mit einem Ruck. Der japanische Fahrer steckt den Kopf durch das Fenster. Dechow deutet zum Hafen hin und schwingt sich, ohne des Japaners Antwort abzuwarten, auf das Trittbrett, der Funker von U-Lüdden steht auf der anderen Seite.

Der Fahrer legt ein so irrsinniges Tempo vor, daß sie froh sind, als sie im Werftgelände halten.

Von hier aus sehen sie das auf Reede vor Anker liegende Schiff genau. Es ist ein Japaner, auf dem es im Augenblick der Katastrophe von Menschen wimmelte. Es hat schwere Schlagseite. Das ganze Oberdeck brennt. In den Laderäumen explodiert ständig Munition. Giftige, grüngelbe Wolken quellen aus ihnen heraus. Gellende Hilferufe der Verletzten stehen in der Luft.

Es sind bereits deutsche Seeleute da. Sie haben Schlauchboote und Kutter zur Rettung Überlebender klargemacht. Schwerverwundete treiben im Wasser.

Überall auf dem Kai und im Werftgelände stehen japanische Matrosen und höhere Dienstgrade der Marine herum. Viele haben die Hände in den Hosentaschen. Andere rauchen. Gleichgültig, ja ausgesprochen gelangweilt starren sie auf den brennenden Dampfer. Die schrillen Schmerzensschreie und das Wimmern der Verwundeten scheinen sie nicht zu hören.

Das Bild der glühenden Hölle macht auf sie nicht den mindesten Eindruck.

Den beiden deutschen Funkern stellt sich ein japanischer Marineoffizier in den Weg. Seine ausgestreckte Hand weist nach hinten. Seine Miene ist böse. Er spricht ein hartes Deutsch.

»Verlassen Sie den Hafen. Sie sind hier unerwünscht.«

Die beiden Deutschen begreifen nicht. Den anderen deutschen Seeleuten in den Booten schreit der gleiche Japaner zu: »Mit Arbeiten sofort aufhören, die Boote verlassen.«

Die U-Boot-Männer denken gar nicht daran. Es hat doch Schwerverwundete gegeben ... sie treiben im Wasser ... Als sich diese Deutschen mit ihren Rettungsmaßnahmen noch mehr beeilen, statt diese, wie gebieterisch verlangt, einzustellen, wird der japanische Fregattenkapitän ausgesprochen wütend. Was er in seiner Erregung nun auf Japanisch herausschreit, versteht keiner mehr.

Die Männer im Stützpunkt erleben ähnliches.

Gleich nach dem Knall wurde alles abkömmliche Personal zusammengerafft. Mit wortloser und tausendmal einexerzierter Selbstverständlichkeit erscheinen die deutschen Soldaten in ihren ältesten Klamotten. Die Ärzte, die Sanitäter legen Verbandszeug, Wolldecken, Medikamente klar. Alles preußisch ausgerichtet.

Der Stützpunktleiter ist sofort zum japanischen Admiral gerast, ihm die Hilfe der deutschen Waffenbrüder anzubieten. Er kommt zurück, langsam, mit schleppendem Schritt. Dann befiehlt er:

»Alles wegtreten.«

In der Luft sind noch immer die entsetzlichen Schreie der Verletzten. Über dem Hafen weht braunroter, widerlich süßlich riechender Rauch.

Was ist denn da los, daß sie, die retten und helfen wollen, wegtreten sollen?

Erst später findet der Chef Worte, um über seinen Besuch beim japanischen Admiral zu sprechen.

Das sei ein Heeresschiff, habe ihm der japanische Admiral auseinanderzusetzen versucht. Er erklärt es mit fast tonloser Stimme. Das japanische Heer habe ja seine eigene Marine, es verfüge sogar über eine eigene Luftwaffe. Also, so habe der Admiral gefolgert, sei es auch Sache des Heeres, sich um die Rettung der Verletzten und die Bergung der Toten zu kümmern. Für die Marine bestünde noch gar kein Grund zum Eingreifen, solange nicht die Kameraden vom Heer ausdrücklich darum bitten würden.

Für den Stützpunktleiter ist dies praktisch ein Befehl. Die U-Boot-Kommandanten, die sich mit ihren Männern trotzdem und mit wortloser Selbstverständlichkeit an den Rettungsaktionen beteiligten, bekommen später böse Worte von der japanischen Marine zu hören.

»Da kann man wirklich sagen: andere Länder, andere Sitten«, flucht Kuddel Hollenkamp und zieht mit den Ballen seiner breiten Seemannshand seine Hose in den Hüften hoch.

4.

Zwischenoperationen der ersten, Einsatz der zweiten Monsun-U-Boot-Gruppe

Während die U-Boote überholt werden, startet die Skl in Berlin noch einmal den Versuch, Rohstoffe aus Asien durch ihre eigens als Blockadebrecher hergerichteten Motorfrachter nach Westfrankreich fahren zu lassen. Die Skl hofft, diese schnellen Schiffe im Schutze der längeren Winternächte im Nordatlantik und auf der letzten Etappe unter besonders starker Sicherung durch Zerstörer und Torpedoboote einbringen zu können. Diese ›Blockadebrecher in der Kautschukfahrt‹ werden im Oktober 1943 in Häfen des Südostraums beladen und in Marsch gesetzt. Es sind dies die Motorschiffe Osorno, Rio Grande, Alsterufer, Burgenland *und* Weserland. *Nur der* Osorno *glückt der Durchbruch, die anderen Frachter werden das Opfer der nun engmaschigen Überwachung des gesamten*

Atlantiks, vornehmlich der berüchtigten Natal-Freetown-Enge. Damit ist die ›klassische Blockadebrecher-Aktion‹, die Rohmaterialien und insbesondere Maschinen, zum Teil Einrichtungen für ganze Fabriken und Elektrizitätswerke nach Asien und Rohstoffe, hier vornehmlich Rohkautschuk, Wolfram und Chinin, von Asien nach Westfrankreich transportierte, zusammengebrochen.

Einen Hoffnungsstrahl in dieser Situation versprechen die im Südostraum den Deutschen zurückgegebenen italienischen U-Boote. Mit deutscher Besatzung an Bord werden sie nach und nach als UIT 23, 24 und 25 wieder in Dienst gestellt [14].

Um die gleiche Zeit ist in der Heimat die zweite Monsun-Gruppe ausgerüstet worden. Drei dieser Boote gehen bereits kurz nach dem Auslaufen verloren.

Genau wie bei den Booten der ersten Monsun-Gruppe ist für die zweite eine Versorgung im südwestlichen Indischen Ozean vorgesehen worden. Sie soll diesesmal wieder durch das Hilfstroßschiff *Charlotte Schliemann* erfolgen. Dessen Stationierung ist terminlich so eingeplant, daß auch die aus dem Südostraum Anfang Januar 1944 ausgelaufenen vier Kampf-U-Boote nach ihren durch den geringen Torpedobestand[15] an sich begrenzten Operationen im Indischen Ozean für ihren Weitermarsch in den Atlantik und Rückmarsch in die Heimat versorgt werden können.

»Unverständlich bleibt«, so sagt der damalige Fregattenkapitän Ottoheinrich Junker heute, »warum der deutsche Stützpunkt im Südostraum die dort über den B-Dienst bekannt gewordene Tatsache, daß am 10. Januar im Indik ein britischer Hilfsflugzeugträger mit Flugbooten an Bord in See gegangen war [16], den ausgelaufenen U-Booten nicht gefunkt hat. Hätte ich einen solchen Funkspruch gehabt, als ich später, im Indischen Ozean, durch immer wieder neue Befehle hin und her dirigiert, doch wieder Penang anlaufen mußte, wäre ich hellhörig geworden, ebenso aber auch die Kommandanten der anderen Boote, vor allem aber der Kapitän der *Charlotte Schliemann*. Daß der Gegner Hilfsflugzeugträger einsetzte, war nicht überraschend, daß er aber Flugboote mit weitreichendem Aktionsradius von einem beweglichen Träger startete, war neu und für unser Verhalten von entscheidender Bedeutung.«

Es war der 11. Februar 1944, als U 532 10.30 Uhr MOZ 75° Ost die *Charlotte Schliemann* in Sicht bekam.

Mit ihrem Kapitän, Louis Rothe, hat Fregattenkapitän Junker zunächst eine längere Besprechung. Dieser, der auf dieser Position Ende Januar bereits U 178 und das aus der Heimat eingetroffene U 510 versorgt hat, teilt Junkers zweifache Bedenken:

Einmal ist das Wetter derart unhandig geworden, daß die Versorgung nur unter erschwerten Umständen, möglicherweise sogar nur mit Verlusten durchgeführt werden kann, zum anderen aber hat das U-Boot einen Funkspruch vom BdU empfangen, der die bisherige Versorgungsposition bereits als ›unsicher geworden‹ erklärt. Die beiden Kapitäne vereinbaren einen neuen Treffpunkt in südlicheren Gefilden. Für den Fall, daß auf dem Marsch nach dort Flugzeuge in Sicht kommen und die *Charlotte Schliemann* anfliegen und angreifen, will Junker nicht tauchen, sondern versuchen, die Angreifer auch mit seinen Waffen abzuwehren.

Es ist 14 Uhr, als der Tanker mit Südkurs, rechtweisend 200 Grad, wieder Fahrt aufnimmt. In 72 Stunden wird man, wenn alles gut geht, die neue, 600 Seemeilen südlicher gelegene Position, erreicht haben. U 532 wird an der Grenze der Sichtweite mitlaufen. Obwohl weder U 532 noch die anderen U-Boote in diesem Gebiet Flugzeuge beobachtet haben, erscheint es Junker zweckmäßig, durch die Anwesenheit eines U-Bootes in unmittelbarer Nähe eines Tankers nicht von vornherein Verdacht zu erregen.

16.11 Uhr ist es, als sie auf der *Charlotte Schliemann*, die gerade auf 22° 11 Süd, 73° Ost steht, in rechtweisend 70° und gute 15 Seemeilen entfernt ein Flugboot entdecken. U-Junker, das noch in ziemlicher Nähe des Tankers schwimmt, wird sofort durch das Signal: ›Fritz! Fritz‹ verständigt. Zur Verwunderung der Schiffsführung des Tankers taucht das U-Boot aber plötzlich weg.

Fregattenkapitän Junker ist nicht ohne Grund von seinem eigenen ersten Befehl ›Es wird nicht getaucht, es wird abgewehrt‹, abgewichen.

Donnerwetter auch, so überlegte er sich blitzschnell und auch zu Recht, wo kommen denn hier in dieser Landschaft Flugboote her? Der nächste Stützpunkt dafür ist die Madagaskar vorgelagerte Insel Reunion. Die Entfernung bis dorthin beträgt gute 1500 Seemeilen. Also wird sich diese Maschine, wenn sie nicht von einem Träger stammt – und das wäre ja völlig neu –, mit Anbruch der Dunkelheit wieder auf den Rückflug begeben müssen. Bei ihrer Geschwindigkeit von etwas mehr als 250 Stundenkilometer wird sie sowieso sechs bis sieben Stunden dafür brauchen ...

Junker beobachtete noch, wie die Catalina den Tanker in respektvollem Abstand umkreiste, wie sie von diesem das Erkennungssignal forderte, dann verschwand er von der Wasseroberfläche. Mit dem langsamen Flugboot wird die massierte Flak des Tankers – die 1-7,5 cm, 1-3,7 cm in Doppellafette und die 4-2 cm – schon allein fertig werden. Und wenn sie in der Catalina das U-Boot nicht gesehen haben – eine Funkmeßortung haben sie ja im FuMB nicht –, dann ist noch lange nicht 'raus, ob sich die so vorzüglich getarnte *Charlotte Schliemann* nicht, ohne ihre Tarnung preisgeben zu müssen, als Neutraler durchmogeln wird.

»Bei einem Flugboot ist mit Seestreitkräften in der Nähe nicht zu rechnen«, bekräftigt Junker, als er in der Zentrale vor seinem LI und seinen WO's die Abkehr von seiner Übereinkunft mit dem Tankerkapitän motiviert. Die Männer nicken. Junkers Gründe sind einleuchtend.

Weder in der Nacht, als sie auftauchen und mit AK auf den Punkt zulaufen, den Junker mit Kapitän Rothe für den Fall einer Trennung vereinbart hat, noch am nächsten Tage, noch in der folgenden Nacht bekommen sie den Versorger in Sicht; nur wieder ein Flugboot, das sie aber rechtzeitig entdecken.

Fünf Tage steht U 532 auf dem vereinbarten Ausweichtreffpunkt auf und ab. Vergeblich.

Was sie auf Junkers Boot nun alle fürchten, trat schon in der Nacht des 12. Februar ab 0.30 Uhr ein. Wohl hatte sich die Catalina gegen 17 Uhr entfernt, Kapitän Rothe ließ aber noch bis 20 Uhr Scheinkurse in Richtung Australien steuern, um erst dann wieder auf den vereinbarten Kurs zu drehen. Inzwischen hatte das Gegnerflugzeug aber ein eigens auf deutsche Versorgungsschiffe angesetztes Kriegsschiff eingewiesen.

Kurz nach Mitternacht wird auf dem Tanker achteraus in 220° der Schatten von einem Überwasserfahrzeug ausgemacht. Der

Fremde, den sie auf dem Versorger 0.30 Uhr als Kreuzer ansprechen, ist der Zerstörer *Relentless* mit der taktischen Nummer H 85.

1 Uhr, als der Verfolger das Feuer aus allen Rohren eröffnet, läßt Kapitän Rothe stoppen, die Besatzung aussteigen und die Sprengladung abreißen. Aus einer Entfernung von höchstens zwei Seemeilen schießt der Gegner noch acht Torpedos. Nur einer trifft die Backbordseite unter der Brücke. Wenig später, 2 Uhr, versinkt der Tanker. Ein Teil der Besatzung, 41 Mann, wird von dem Zerstörer übernommen. Das Schicksal der anderen, die in ihren Rettungsbooten im Schutze der Dunkelheit entwischen und je 27 Tage und 31 Tage unterwegs sind, ist eine Odyssee an Leiden und Strapazen.

Was hatte der von H 85 gerettete Oberleutnant zur See d. R. Wimmel zufällig gelesen, als er vom britischen Kommandanten auf die Brücke und ins Kartenhaus gebeten wurde ...? Die *Relentless* war danach bereits am 5. Februar ausgelaufen ... ›for German supply ship ...‹ wie es ausdrücklich hieß.

Vielleicht hätte U 532 der *Charlotte Schliemann* doch helfen können, hätte es nicht getaucht, wäre es in unmittelbarer Nähe des Tankers verblieben, vielleicht hätte sich in der Nacht die Chance zu einem Angriff auf H 85 geboten. Aber das sind Unwägbarkeiten. Im Augenblick des Auftauchens der Catalina hat sich U 532 in beiderseitigem Interesse richtig und vernünftig verhalten.

Vier Wochen später, U-Spahr hat inzwischen U-Junker mit 30 Kubikmeter Treibstoff ausgeholfen, ereilt die als Ersatz für die *Charlotte Schliemann* ausgelaufene *Brake* dasselbe Schicksal. Wieder auf einem geheimen Versorgungstreffpunkt, und zwar gerade, als Kapitän Kölschbach einige U-Boote betreut.

U-Lüdden ist schon, U-Pich muß in dieser Stunde noch weiter versorgt werden. U-Junker hat bereits Brennstoff, aber noch kein Schmieröl übernommen, zudem ist der Kompressor ausgefallen. Man hofft, daß er von dem Werkstattpersonal des Troßschiffes repariert werden kann. Außerdem soll U 532, wie auch die anderen in die Heimat gehenden Boote, noch drei Tonnen Gummi und eine halbe Tonne Zinn an Bord nehmen.

Um die gleiche Zeit nun funkt das aus Bordeaux kommende exitalienische Transport-U-Boot 22, es könne wegen Mangel an Treibstoff den Treffpunkt nicht erreichen.

Es funkt, funkt und funkt immer wieder.

»Ich spür's im ... na ja, ich spür's eben, es liegt Unheil in der Luft«, orakelt auf U 168 Ersatz-IWO Conrad Hoppe, als der Funker dem Kommandanten immer neue, vom FT-Raum entschlüsselte Notrufe vorlegt.

»Du meinst, was UIT 22 betrifft?« sinnt Pich.

»Auch das, mehr aber noch, was uns hier angeht. Du bist nach Antritt der Unternehmung umgekehrt. Ein Seemann kehrt nicht um.«

»Aberglauben hin, Aberglauben her, das hier sind doch Haarspaltereien, Herr Kaleu«, mischt sich der LI ein. »Wir sind doch nicht nach Singapore, von wo aus wir die Unternehmung antraten, wir sind nach Penang zurückgelaufen. Und schließlich sind Sie jetzt an Bord. Sie sind ein neues Zahnrad im Getriebe.«

»Trotzdem«, murrt Hoppe und schlürft seinen Tee. Das Frühstück interessiert ihn nicht. Pich denkt daran, daß ihm das Pech in Penang ja auf den Füßen gefolgt wäre, womit die Regel als abgegolten gelten dürfte. Aber er sagt es nicht.

Es ist nachmittags – U 168 hat obendrein noch Maschinenschaden, der der Reparatur mit Hilfe des Versorgers bedarf – als von U 532 Flugzeuge gesichtet werden. Es ist genau 16 Uhr, als die Alarmmeldung eingeht. Der Angriff der Maschinen konzentriert sich auf die *Brake*, auf U-Lüdden und U-Junker, während das wegen Maschinenreparatur 15 Seemeilen auf und ab stehende U-Pich ungeschoren bleibt. Als dann wie bei der *Charlotte Schliemann* ein Kriegsschiff auftaucht und den Tanker unter gezieltes Feuer nimmt, hofft Brake-Kapitän Kölschbach vergebens. Keines der von den Bienen unter Wasser gedrückten U-Boote greift den Gegner an, der zumal stark zackt und nach Erfüllung seiner Aufgabe im Hinblick auf die akute U-Boot-Gefahr sofort und ohne eine Rettungsaktion abläuft.

U-Pich, das als erstes Boot zur Stelle ist, übernimmt die Überlebenden und Verwundeten des Versorgers, der sich im Feuer der gegnerischen Granaten befehlsgemäß selbst versenkt und die Boote ausgesetzt hatte[17].

»Ich kann Ihnen doch Männer abnehmen«, schlägt Fregattenkapitän Junker vor, als er später, in der Nacht schon, auf dem Katastrophenplatz auftaucht.

»Nicht nötig, Herr Kapitän. Denke, daß ich damit schon klar komme.«

Pich hofft, daß alles klar geht. Mit den 136 Überlebenden werden sie 190 Mann an Bord sein. Seine Koje hat der Kommandant an den völlig erschöpften Brake-Kapitän abgetreten, die anderen Kojenbesitzer ihre Schlafplätze an die Verwundeten. Gerade als der letzte Überlebende in das Boot übernommen, treffender gesagt, gerade als er in die Röhre hineingestopft wird, gibt es erneut Fliegeralarm. 136 Mann mehr an Bord entsprechen gut und gern einem Mehr von 200 Zentnern. Pich taucht mit einem gewichtsmäßig noch nicht ausgerechneten Boot, und die Fliegerbomben detonieren in verdammt bedrohlicher Nähe. Aber der Druckkörper hält stand. Dem LI aber gelingt es, U 168 noch vor Erreichen der Sicherheitsgrenze abzufangen.

Während U-Lüdden ohne nochmalige Kontaktaufnahme mit den Kameradenbooten inzwischen auf Kurs Heimat gegangen ist, haben Junker und Pich noch kurz vor dem erneuten Fliegeralarm verabredet, sich nach Osten abzusetzen. Von hier soll dem BdU über FT die Lage berichtet werden. Und diese ist alles andere als erfreulich. Der Ausfall der *Brake* wirft die Pläne der U-Boot-Führung hier im Indik über den Haufen.

»U-Pich zurück nach Batavia – stop – U-Junker wie befohlen weiter nach Westfrankreich«, bestimmt der BdU, als er das FT von U 532 erhält, in dem Junker den Verlust des Tankers berichtet, auch, daß er U 168 nach einem erneuten Fliegeralarm verloren und später nicht wiedergefunden habe. »U-Junker bekommt neuen Kompressor und Schmieröl im Südatlantik von ausgehendem Boot«, heißt es in der BdU-Antwort weiter.

»Das fehlt uns gerade noch«, sagt Junker mit zerfurchter Stirn. Ob der Ausmarschierer überhaupt ankommt? Wer weiß das denn überhaupt? Wer garantiert dafür? Und was, wenn er vorher absäuft?

Und was ist inzwischen mit UIT 22 passiert?

Hatten Kapitänleutnant Wunderlichs Hilferufe Erfolg? Half ihm ein Kameradenboot aus?

Zur Stunde, da Fregattenkapitän Junker erneut Kurs auf die Roaring Forties nimmt, um in deren Schutz das Kap der Guten Hoffnung zu runden, schwimmt UIT 22 überhaupt nicht mehr.

Das ging voraus:
Nachdem Wilhelm Dommes wegen Erkrankung ausgestiegen war, hatte U 178, das jetzt unter Spahrs Kommando fuhr, auf seinem Weg in den Atlantik und nach Westfrankreich wieder einmal eine Reparatur in der Maschine. Diese, nur bei aufgetauchtem Boot durchführbar, ging nicht reibungslos über die Bühne. Ein Flugzeug drückte U 178 mitten in der Arbeit ganz plötzlich unter Wasser. In 40 Meter Tiefe krepierte eine Bombe. Zum Glück weit ab. Und zum Glück auch nur eine.

Nach dem Auftauchen angelt der Funker ein FT aus dem Äther: »Treffen mit UIT 22 auf Position ...«

Es ist der 11. März 1944, mittags.

Spahrs bester Ausguck, Fähnrich Lange, meldet ruhig und bestimmt: »Fünf Flugzeuge rechts voraus!«

Auf Sehrohrtiefe angekommen, beobachtet Spahr, wie die Maschinen abkippen. Minuten später sind unter Wasser harte Detonationen zu hören.

»Jetzt haben sie den Wunderlich beim Wickel.«

»Wunderlich wird sich wundern, was hier los ist«, sagt der Zentralemaat. Er meint es nicht spöttisch.

Die Maschinen bleiben den ganzen Nachmittag in der Luft. Erst am nächsten Morgen kann Spahr auftauchen.

Auf dem Treffpunkt genau breitet sich ein riesiger, buntschillernder Ölfleck aus.

Was sich hier abgespielt hat, ist Spahr und seinen Männern klar.

»Trotzdem blieb ich«, so schreibt Spahr ins KTB, »eine Weile über Wasser und suchte das Seegebiet ab. Aber nichts, außer dem Öl, war zu entdecken. Ich tat noch ein übriges, ich tauchte, um UIT 22 mit UT zu rufen. Wir blieben geraume Zeit unter Wasser, bekamen aber auf diese Anrufe keine Antwort ...«

Wenige Tage nach dem Ende der *Brake* bekommt U 532 Befehl, UIT 24 zu versorgen. Der Exitaliener ist unter Oberleutnant zur See Pahl das erste regelrechte Transport-U-Boot, das mit Kautschuk, Chinin und Edelerzen an Bord nach Westfrankreich unterwegs ist. Wegen schwerer Seeschäden scheint aber ein Weitermarsch durch den Atlantik zu risikoreich. Nun soll Junker Pahl mit hundert Kubik Brennstoff aushelfen, damit UIT 24, das sonst im Südatlantik nachtanken sollte, zum Südostraum zurückmarschieren kann.

Was erzählt der Kommandant von U 532 heute?

»Das war eine sehr problematische Angelegenheit, denn wir hatten ja gar keine richtigen Versorgerschläuche. Wir haben das nun mit unseren Feuerwehrschläuchen gemacht. Wenn man da aber einmal Treiböl hindurchgepumpt hat, sind die schon halb hinüber. Der Gummibelag ist dann schon halb zerfressen, hatten diese Dinger doch schon beim Treffen mit U-Spahr herhalten müssen.

Aber es half ja nichts. Wir mußten diesem Boot die hundert Kubik geben. Bloß hatte ich Sorgen, daß das sehr lange dauern würde und daß die Trägergruppe wieder kommen könnte. Ich sagte mir, das mußt du eben riskieren. Wir hatten aber Glück: Wahrscheinlich waren die Briten durch ihren Erfolg bei der *Brake* müde. Oder satt. Außerdem sagte ich mir: Wie günstig, es ist ja Wochenende. Du versorgst am Sonntag. Die Engländer sind gute Christen. Die werden den Sonntag heiligen.

Welchem Umstand wir es zu verdanken haben, weiß ich nicht, jedenfalls haben wir den ganzen Feiertag über, zwar mit viel Mühe und noch mehr Not, aber unbelästigt U-Pahl versorgt.

Wegen der wesentlich schlechteren Steuerfähigkeit des Exitalieners schoren die Boote immer wieder auseinander. Der Schlauch brach mindestens ein halbes dutzendmal. Das hinterließ Ölspuren, die auf 20 bis 30 Meilen zu entdecken waren. Ja, und dann der Kummer mit den Anschlußstutzen, die verschiedene Durchmesser hatten. Aber das technische Personal hat Mittel und Wege gefunden, auch diese Schwierigkeit zu überbrücken ...«

U 532 läuft nach acht Tagen der erwartete, die beiden Boote trennende Zwischenfall in Form eines Dampfers über den Weg. Junker greift an und versenkt das Schiff, das zweite dieser Reise. Frachter Nummer eins hat das Boot vierzehn Tage nach dem Auslaufen, genau am 21. Januar, fünf Torpedos gekostet. Zwei bei dem Unterwasserangriff. Sie detonierten prompt, aber der Kasten schwamm weiter. Drei am Tage, als sich U 532 vorgesetzt hatte. Sie gingen vorbei oder unten durch. Junker glaubte deutlich wieder diese Schutznetze zu sehen, die ihm Ursache für die Frühkrepierer der Magnettorpedos schienen.

»Dann habe ich versucht, ihn noch einmal zu stellen und bin bis zum Abend hinterhergelaufen. Ich habe mich auch bis zu einem gewissen Grad vorgesetzt, und als dann der Mond aufging, gab es eine merkwürdige Sichtveränderung. Es war fast windstilles Wetter, und ganz plötzlich war keine Kimm mehr zu sehen. Es herrschte dabei kein Nebel, aber es war einfach kein Horizont mehr da. Eine ganz merkwürdige Atmosphäre. Da tauchte ich, um zu hören, ob der verfolgte Frachter noch in der Nähe stand. Da ich mich bei Tage weit vorsetzen mußte, hatte er mir aber in Verbindung mit dieser sonderbaren Atmosphäre einen Streich gespielt. Wie ein halbes Jahr vorher der andere, kam er mir nicht wieder vor die Rohre. Na ja, da habe ich mir gesagt: Auf den hast du nun fünf Torpedos ohne Erfolg verschossen. Vielleicht ist es ganz gut so, daß er abgehauen ist, sonst wären vielleicht die restlichen fünf Aale auch noch draufgegangen.«

Trotz der Angriffsmanöver auf Frachter Nummer zwo findet U-Junker nachher den Exitaliener wieder. Aber die Freude, nun also doch gemeinsam in Penang einlaufen zu können, weil sich eine Umkehr zu zweit leichter ertragen läßt, soll nur von kurzer Dauer sein. Für U 532 gibt es bald eine neue Überraschung.

U 510 hatte sein Operationsgebiet verlassen, und Kapitänleutnant Eick hat seine Erfolge, beachtliche sogar, dem Löwen gefunkt. Es heißt da weiter: »Vorschlage BdU: Treibstoff-Versorgung aus U-Junker. Könnte Operationen dann noch fortsetzen.«

»Jetzt bin ich aber neugierig«, brummt Junker und dreht sich auf die andere Seite. Zwei Stunden später klopft der Funkmaat wieder an die Koje.

»Ah, die Antwort?«

»Woll, Herr Kapitän, eine, die uns in einer Sache betrifft, von der wir selbst noch nichts wissen.«

Fregattenkapitän Junker liest, mit einem Ruck sitzt er aufrecht. »Was funkt der BdU da an Eick …?« murmelt er und liest halblaut vor: »… kann Versorgung durch U-Junker nicht zustimmen. Junker muß U 1062 beölen.«

Wer ist denn nun dieses U 1062?

Erst später geht ein weiteres, nun für Junker bestimmtes FT aus der Heimat ein:

»Nach Ausfall *Charlotte Schliemann* versorgt U 532 das aus der Heimat im Indik zu erwartende U 1062 mit Treiböl.«

Rein in die Kartoffeln … 'raus aus den Kartoffeln. Das aufregende Hin und Her ist fast noch ärger als eine Wabovervolgung. Und die sechs Tage, die sie wieder einmal auf einem Treffpunkt auf und ab stehen, zehren an ihrer Nervensubstanz Mühlsteinen gleich, zwischen denen Körner so gründlich wie ihre Hoffnung zermahlen werden.

Abends schreit der achtere Backbord-Ausguck auf: »U-Boot achteraus.«

Kommandant von U 1062 ist Oberleutnant zur See Albrecht. Er wirkt auf die Männer von U 532 ein wenig nervös. Aber vielleicht scheint das auch nur so.

Dieses U 1062 ist das erste reguläre Nachschub-U-Boot. Es hat Torpedos für die Stützpunkte im Südostraum an Bord. Wie beruhigend.

Aber es ist wie bei einem morschen Socken.

Wo ein Loch dichtgestopft wird, tauchen zwei neue daneben auf. – Aber diese Überlegungen spricht Junker nicht aus. Wozu die Leute beunruhigen. Was kommen muß, kommt früh genug.

U 510 ist das einzig überlebende Boot der zweiten Monsun-Gruppe.

»Eick nachmachen. Sofort Gebiet Lüdden besetzen«, hatte Dönitz gefunkt, als U 510 nach der Versorgung durch *Charlotte Schliemann*, der unter Südafrikas Ostküste ein vergeblicher Angriff auf einen Frachter voranging, quer durch den Indik geackert war. Lüdden hatte sich verschossen. Nun soll Eick dessen Operationsgebiet – den Dampfertreck zwischen Colombo und Aden besetzen. Während es aber Lüdden glückte, innerhalb von zehn Tagen acht Einzelfahrer zu torpedieren, bekommt U 510 nicht mal eine Rauchfahne in Sicht.

»Nachmachen ist leicht gesagt«, knurrt Eick, denn der Feind ist aufmerksam geworden, nachdem Lüdden diesen Seeraum abgegrast und beunruhigt hat. Die Frachter im Verkehr zwischen Aden und Ceylon fahren jetzt andere Kurse. Nach japanischen Meldungen – Eick erhält sie über die Funkstelle von Dommes in Penang – soll unter Arabiens Küsten mit Geleitzügen zu rechnen sein. Na klar, da müssen doch die aus dem Persischen Golf kommenden Tanker entlangmarschieren. Also hin, denn Eick ist ansonsten völlig frei in seinen Entschlüssen.

Dem in Essen geborenen Kapitänleutnant ist bis vor nicht allzu langer Zeit die U-Boot-Waffe gar nicht sympathisch gewesen. Bis zu dem Tag, da er zu den Grauen Wölfen abkommandiert wurde – keine Rede etwa von einer Freiwilligenmeldung –, hatte er als stolzer WO auf dem stolzen Zerstörer *Richard Beitzen* gefahren. Immer hatte er mit körperlichem Unbehagen, ja mit Grauen an die Enge, an diese fürchterlichen Luftverhältnisse in einer solchen Stahlröhre gedacht, wo auch immer er ein U-Boot sah. Und als er auf dem kleinen Schul-Boot in Pillau das erste Tauchmanöver erlebte, wurde er, wohl das einzigemal in seiner Soldatenzeit, so weiß wie eine frischgekalkte Wand. Dem Kommandanten des 250-Tonnen-Bootes hatte er seinen Zustand mit Seekrankheit entschuldigt. Und der hatte gar nicht ironisch gelächelt, nur verständnisinnig genickt und gesagt: »Das legt sich, Eick. Passen Sie nur auf.«

Eicks Boot zählt zu den ersten, die mit der neuen Geheimwaffe ausgerüstet wurden, mit dem ›Zaunkönig‹, jenem Torpedo, der sich auf Schraubengeräusche einsteuern soll.

U 510 hatte zwei davon in den Rohren. Befehl vom BdU: »Wenn du sie nicht brauchst, vor Einlaufen im Südostraum versenken.«

Warum und wieso? Die Japaner sind doch Deutschlands Bundesgenossen?

Aus der Zentrale meldet der Obersteuermann: »An Kommandant. Sonnenaufgang in 20 Minuten. Zeit zum Tauchen.« Gut 14 Tage stehen sie nun schon hier im Golf von Aden unter Arabiens Küsten. Die klimatischen Verhältnisse zehren körperlich, sie nagen seelisch an den Männern. Die Temperaturen verhindern erholsames Ausruhen. Beim Unterwassermarsch von meist zwölf Stunden wirkt sich die stickige, heißfeuchte und sauerstoffarme Luft lähmend auf die Besatzung aus. Nur eiserner Wille hält die Männer aufrecht.

»Klarmachen zum ...«

Minuten später hat der LI U 510 auf Sehrohrtiefe eingependelt. Eick legt sich endlich schlafen. Unter dem wirbelnden Lüfter über seinem Kopf fließt ihm der Schweiß vom nackten Oberkörper. Wache hat der Obersteuermann, der auch das Sehrohr von Fall zu Fall bedient, aber nur von Fall zu Fall, denn die See da oben ist spiegelglatt. Die Dünung ist so träge wie flüssiges Blei.

»Herr Kaleu!« weckt der Oberfunkmaat Maul den im Halbschlaf dahin dösenden Kommandanten. »Horchraum ... Schraubengeräusche bleiben. Sie werden sogar deutlicher.«

Der Obersteuermann sucht die Kimm mit der Optik ab, während Eick im Horchraum hockt. Es ist nichts zu sehen. Die Schraubengeräusche bleiben. Sie werden sogar deutlicher.

Der LI hat eine Erklärung: »Hier in diesem Golf sind die Horchmöglichkeiten ganz ausgezeichnet. Schätze sie auf zehn bis zwölf Seemeilen. Das kann an der Wasserschichtung oder auch an der Temperatur liegen.«

Wenig später entdeckt der Obersteuermann Rauchfahnen.

Erst drei, dann vier; dann zählt er sechs und mehr. Alles geht so schnell, ehe Eick ihn ablösen kann.

»Tagesangriff unter Wasser kommt nicht in Frage«, entscheidet der Kommandant. Das Risiko ist zu groß. Er läßt den Konvoy an sich vorübermarschieren. Dumpf rumoren die Schrauben der Frachter und Tanker. Durch das Sehrohr beobachtet Eick:

»Tanker. Zwölf an der Zahl. In der Mitte in Dreierkolonnen. An den Seiten Liberty-Frachter. Nur zwei Zerstörer als Sicherung. Einer vorn, einer hinten.«

Der Konvoy ist kaum außer Sicht, da läßt Eick auftauchen, um hinterherzuackern. Immer wieder zwingen ihn Flugzeuge zum Tauchen. Vorsichtig, daß die Bienen das U-Boot nicht entdecken. Wenn es nicht glückt, rechtzeitig aus der Fahrt heraus zu tauchen, läßt Eick sogar vorher stoppen, um verräterisches Kielwasser zu vermeiden.

U 510 sackt immer weiter achteraus. Ob das vielleicht die Absicht der Flugzeuge ist?

»Der geht uns in die Binsen«, denkt Eick für sich. Seine Offiziere und der Obersteuermann befürchten Gleiches.

Die Nacht ist da. Endlich, der Run beginnt. Aber erst, nachdem ein zurückgebliebener Zerstörer wieder Fahrt aufgenommen hat. Kluge Burschen, diese Briten. Zehn bis zwölf Stunden Dunkelheit stehen zur Verfügung. Zwei Stunden nach Mitternacht hat der Horcher wieder Peilung. Aber jedes Horchen kostet Vorausfahrt, denn zum Horchen muß das Boot tauchen.

Zwei Stunden vor Sonnenaufgang haben sie sich endlich mit AK vorgesetzt: Schulmäßiger Angriff von Backbordseite gegen eine regelrecht zusammenhängende Front dunkler Schiffsleiber.

Vier Torpedos, vier Treffer.

Die Liberty-Frachter schwärmen aus, einer läuft vierkant auf U 510 zu und hinter ihm her. Ein Zaunkönig für ihn ... Aber Eick läßt den Wunderaal im Rohr – um es später bitter zu bereuen.

Beim Nachladen werden die Mixer und ihre Gäste nervös. Ein Aal verklemmt sich. Als sie endlich klar melden – in den Heckrohren ruhen ja die Zaunkönige für den Fall der Fälle – leuchtet am Osthorizont schon ein schwacher Silberstreifen.

Die Dämmerung ist schon da, als Eick noch einmal schießen läßt. Entfernung 2000 Meter. Näher heranzukommen, gestattet der anbrechende Tag nicht mehr. Der IWO hatte den Vorhalt errechnet und eingestellt. Aber der Geleitzug war mit der Fahrt heruntergegangen, er läuft nur noch sechs statt zehn Knoten. Die Folge: nur einer der vier Aale trifft noch, die drei anderen ziehen vorn vorbei. Einen Liberty-Frachter hat es erwischt. Treffer Vorschiff, unterhalb der Back.

U 510 verschwindet. Es wurde höchste, allerhöchste Zeit.

Gegen elf Uhr meldet der Horchraum: »Schraubengeräusche kommen auf, vermutlich Zerstörer.«

»LI, auf Sehrohrtiefe«, sagt der Kommandant.

Der Leitende arbeitet mit der Präzision eines Uhrmachers. Das Sehrohr lugt nur eben mit dem Kopf aus dem Wasser. Oh, verteufelt ... Was ist denn das ...? Eick wird geblendet ... Von einem lichtstarken Morsescheinwerfer ...

Dicht voraus schwimmt ein Zerstörer, der auf ihn zuläuft. Gerade holt Eick Luft, gerade öffnet er den Mund, um die Zaunkönige einzusetzen, da sagt Oberfunkmaat Maul etwas von einer weiteren Peilung achteraus. Aha, der voraus morst mit einem anderen Zerstörer, der genau in Linie zum Standort des U-Bootes steht.

Da ist auf einmal noch ein dritter Zerstörer an der Backbordseite da.

Gute Arbeit. Sie haben das U-Boot eingekreist. Aber sie greifen nicht an. Der, der auf U 510 zuhält, dreht auf drei Seemeilen Entfernung plötzlich mit 90 Grad ab. Dann verschwinden die drei. Mit Höchstfahrt.

Sonderbar? Es scheint so ... Oder hat sich die für Zerstörer tödliche Wirkung der Horchtorpedos schon herumgesprochen?

Sie hat. Und die Alliierten haben auch schon eine Gegenwehr entwickelt. Wozu also kostbare Zerstörer unnötig opfern, wenn ihre bloße Anwesenheit genügt, den Angreifer in ein gehetztes Wild umzuwandeln und vom Geleitzug abzudrängen.

In seinem Tagebuch vermerkt Kapitänleutnant Eick:

»Dieses ausgesprochen ökonomisch zu wertende Verhalten der britischen Zerstörerkommandanten darf nicht zu falschen Schlüssen führen. Es ist für jeden, der die Briten nur ein wenig studiert hat, eine alte Weisheit: Sie werden um so zäher, je dichter ihnen das Feuer auf der Haut brennt.«

Abends: Bewußt langes FT über Erfolge und die Lage, danach läuft U 510 ab, nicht in Richtung Penang, wie der Gegner vermutet, weil er annimmt, daß sich das Boot ja verschossen haben muß. Irgendwo muß der Verkehr laufen, der von Australien über Colombo nach Aden führt, nagt es in Eick. Lüddens Goldader zu finden, ist wie das mühsame Spiel von Schatzgräbern. Aber nördlich der Laccadiven graben sie sie aus. Mit Pannen und auch mit Erfolgen. Und zum Deutschen Kreuz drahtet der Löwe für Eick nun noch die Verleihung des Ritterkreuzes und für viele Männer das EK Eins.

Eicks Blechkrawatte ist das erste Ritterkreuz im Indik.

Als es auf das Ende der Reise zugeht, ertappt sich Eick bei zunehmender Wurstigkeit. Erst viel später, im Stützpunkt, jagt ihm diese Erkenntnis der Lähmung des kritischen Spannungsvermögens Schauer den Rücken herunter. Aus purer Verzweiflung über die elende Monsun-Hitze taucht er jedenfalls schon zwei Stunden vor der Dunkelheit auf. Dies im Bereich vor Colombo. Das ist gegen jede sonstige Gewohnheit. Der Himmel ist mit dicken grauen Wolken bedeckt, und Flugzeuge wurden hier bisher kaum festgestellt. Angeblich.

Dennoch! Dieses Dennoch ist auch aus den Gesichtern der Offiziere und der Männer herauszulesen, soweit diese überhaupt Dienst tun, des WO's, des LI's der beiden Tiefenrudergasten, des unbedingt notwendigen Maschinenpersonal in der E-Maschine.

Alles andere liegt bis zum Auftauchen auf den Kojen und japst und hechelt und dampft.

Den Dampfer, dessen Rauchwolken sie ausmachen, greift Eick nach Einbruch der Dunkelheit mit zwei Aalen an. Zwei Detonationen und eine riesige dunkle Wolke. Wo der Dampfer schwamm, ist nichts mehr, als sich der Qualm verzieht.

Der LI glaubt eine Erklärung zu haben: »Kohlenschiff. Kohlenstaubexplosion.«

»Jaja, so wird es wohl gewesen sein.«

Die immer stärker werdende Apathie ist wie schleichendes Gift in die Seelen der Männer eingesickert. Daß der Gegner so plötzlich verschwand, wie ein Luftballon zerplatzt, rührt sie nicht. Daß da drüben keiner überlebte, keinen an Bord bewegt es ... Der Monsun, dieser verdammte Monsun ...

Und dann ist das Treiböl alle. Also auf denn, nach Penang, auf ins Paradies.

»Vor Einlaufen unbedingt die Zaunkönige versenken«, funkt die Heimat.

Kopfschütteln, Staunen, Verbitterung.

»Dann hätten wir sie ja beim Geleitzug auf die Zerstörer ansetzen können«, sagt der IWO ärgerlich.

»Noch besser in der Natal-Enge ... Wissen Sie noch, als wir erst den Schatten auf dem geheimen Prisenweg für unsere Blockadebrecher entdeckten ... den, der wie die *Osorno* aussah ... als wir dann später den alten US-Vierschornsteinkreuzer und den großen Zerstörer sichteten ... als der Kreuzer vierkant auf uns zulief, dann aber in den Wind drehte und wir feststellten, daß er Flugzeuge einsetzte ...«

Ja, das war die ganz große Chance für die Zaunkönige gewesen.

U 510 hätte so vielleicht das Schicksalsblatt eines der anderen Blockadebrecher noch einmal zurückgeschlagen.

Aber da war der Befehl: »Die neuen Torpedos dienen in erster Linie der Defensive!«

Das war schon richtig, jedenfalls damals noch, als sie noch absolut geheime Chefsache waren.

»Eick-San ...«, so sagt der japanische Admiral nach dem Einlaufen in Penang, nach dem Begrüßungszeremoniell, in kleinem Kreise, »... wo haben Sie denn die neuen Torpedos gelassen?«

»Ich verstehe nicht«, weicht der U 510-Kommandant mit gespielter Gleichmütigkeit aus, »... was für Torpedos meinen Herr Admiral? Die mit den Magnetknöpfen? Die sind doch schon uralt.«

»Oh, nein, ich meine diese ganz neuen Dinger, die, die auf Schraubengeräusche ansprechen.«

»Aber davon weiß ich gar nichts.«

»Aber wir, Herr Kapitänleutnant«, übersetzt der Dolmetscher des Admirals letzte Worte, die er noch im Aufstehen spricht.

Die Japaner verdankten ihre Kenntnisse, das erfährt Eick von des Admirals Adju, der amerikanischen Presse. Was nicht von der Hand zu weisen ist.

Acht Tage später legt Korvettenkapitän Dommes Eick einen langen Funkspruch der Skl vor. Danach hat das OKM den Japanern auch das Geheimnis der Horchtorpedos anvertraut, eine nun schon beinahe uninteressant gewordene Gekados-Technik, denn inzwischen sind die meisten alliierten U-Boot-Jäger, die Zerstörer, Fregatten und Korvetten, mit ›Rabbatz-Bojen‹ ausgestattet worden.

5.

Einsatz für Südostasien: Ab jetzt einzelbootweise

Aus der Heimat sind inzwischen weitere Kampfboote zu Operationen im Indischen Ozean und anschließender Überholung und Neuausrüstung im Südostraum in Marsch gesetzt worden. Ihr Einsatz erfolgt nunmehr einzelbootweise.

Es handelt sich um die Boote:

U 68, Typ IX C, unter Oberleutnant Albert Lauzemis, vormals IWO an Bord;
U 177, Typ IX D2, unter Korvettenkapitän Heinz Buchholz;
U 181, Typ IX D2, unter Fregattenkapitän Kurt Freiwald;
U 196, Typ IX D2, unter Korvettenkapitän Eitel-Friedrich Kentrat;
U 198, Typ IX D2, unter Oberleutnant Burkhardt Heusinger von Waldegg;
U 537, Typ IX C 40, unter Kapitänleutnant Peter Schrewe;
U 843, Typ IX D, unter Kapitänleutnant Oskar Herwartz;
U 851, Typ IX D2, unter Korvettenkapitän Hannes Weingärtner;
U 852, Typ IX D2, unter Kapitänleutnant Heinz-Wilhelm Eck;
U 859, Typ IX D2, unter Kapitänleutnant Johann Jebsen;
U 860, Typ IX D2, unter Fregattenkapitän Paul Büchel;
U 861, Typ IX D2, unter Korvettenkapitän Jürgen Oesten;
U 862, Typ IX D2, unter Korvettenkapitän Heinrich Timm;
U 863, Typ IX D2, unter Kapitänleutnant Dietrich von der Esch;
U 867, Typ IX C, unter Kapitän zur See von Mühlendahl;
U 871, Typ IX D2, unter Kapitänleutnant Erwin Ganzer.

Von diesen Booten gehen auf dem Anmarsch verloren:

U 68, Mertens Erfolgsboot, am 10. Mai 44 im Mittelatlantik nordwestlich von Madeira; Gysaes Erfolgsboot, U 177, am 6. Februar 44 im Südatlantik, südwestlich Ascension; U 851 im März 44 im Nordatlantik; U 867 am 19. September 44 nordwestlich Bergen; U 871 am 26. September nordwestlich der Azoren; U 863 am 29. September 44 im Südatlantik südöstlich von Pernambuco.

U 181, im November 1943 von Fregattenkapitän Freiwald übernommen, ist mit der Hypothek großartiger Erfolge, höchster Auszeichnungen und der auch bei dickster Luft bewiesenen glücklichen Hand des Vorgängers, Korvettenkapitän Lüth, belastet. Wolfgang Lüth, ein geistreicher und zäher Balte, hatte auf der letzten, bis in die Randgebiete des Indik führenden Unternehmung, auf der er während 205 Seetagen zehn Frachter mit 45 331 BRT versenkt, die Brillanten zum Ritterkreuz mit Eichenlaub und Schwertern erhalten; dies, nachdem er seit Kriegsbeginn ohne Unterbrechung an der ›U-Boot-Front‹ stand ... als Kommandant von U 9, von U 138, von U 43 und schließlich U 181*.

Ist es ohnehin für jeden neuen Kommandanten schwer, eine schon länger in Dienst stehende Einheit zu übernehmen, so hat es Freiwald besonders schwer. Im Vergleich zu Lüth kann er zwar eine gute Friedensausbildung, auch auf U-Booten, aber nur eine kurze, knapp drei Monate während U-Boot-Ausbildung während des Krieges aufweisen. Die andere Zeit, fünfeinhalb Jahre, hatte er in Stäben verbracht, erst in der Seekriegsleitung, dann als Adjutant des ObdM, Raeder, später in gleicher Eigenschaft bei dessen Nachfolger, Dönitz. Ihn direkt vom Schreibtisch auf den Turm eines der erfolgreichsten U-Boote zu kommandieren war eine Überforderung. Oder ... eine Auszeichnung? Denn wer schon sollte dieses Boot mit seiner eingefahrenen und durch die Praktiken und Erfolge des berühmten Lüth verwöhnten Besatzung denn sonst übernehmen?

Der einfache Seemann hat meist sehr bald schon die Qualitäten eines ›neuen Alten‹ abgetastet. Er empfindet unbelasteter, unkomplizierter, intuitiver: »Diese Ruhe hatte Lüth nicht«, sagt einer nach den ersten Wochen.

»Wenn er draußen auch so ruhig bleibt, haben wir keinen schlechten Tausch gemacht«, ein anderer.

»Hast du gestern gesehen, wie er mit dem Boot aus der Schleuse in die Gironde fuhr?«

»Und ob. Lüth war seemännisch vorsichtiger, bei ihm mußten wir immer Tampen an Land geben, vorn zwei und achtern zwei. Und mit der Fahrt heruntergehen. Und dieser Freiwald verzichtet darauf. Er karrt mit ›Zweimal Kleine‹ einfach ohne Schlepperhilfe durch. Allerhand, allerhand.«

In der Tat verlangt ein solches Manöver vollendete Beherrschung aller Manövriereigenschaften eines U-Bootes dieses Typs und gründlich studierte Fahrwasserbedingungen für den, der aus dem Schleusenkanal ohne Schlepperhilfe in die starke Strömung der Gironde eindrehen will.

---

* Siehe auch Brennecke: Jäger — Gejagte, Koehlers Verlagsgesellschaft, Biberach/Riß, 1956³ (jetzt Herford).

Als Freiwald auf der Gironde vor dem Strom am Kai anlegen wollte, als er die Schnauze des Bootes genau dorthin dirigierte, wo sie hin sollte, um die Vorleine an Land zu geben, bummste es ... nur ein wenig, aber spürbar. Freiwald ärgerte sich, er machte, als das Boot festlag, auch seinen Männern gegenüber kein Hehl daraus. Und deren Antwort? Erstaunen und dann: »Aber Herr Kapitän, das war doch prima, das Manöver ... Wie mit einem Torpedoboot!«

Kopfschütteln, ungläubiges Erstaunen an Bord, als Fregattenkapitän Freiwald, nachdem das Boot am 16. März 1944 aus Bordeaux zur Unternehmung ausgelaufen ist und nun schon tief im Atlantik steht, mit einer Pütz in der Zentrale auftaucht. In der Holzpütz ist heißes Seewasser, und in diesem schwimmt des Kommandanten Wäsche. Er, der sich hier auf die Kartoffelkiste gesetzt hat, knobelt sie selbst. Sonst besorgt das der Aufklärer, der jedem Kommandanten zusteht. Als dieser seinem Boß nun die Pütz mit der eingeweichten Wäsche abnehmen wollte, hatte ihn Kapitän Freiwald mit einigen freundlichen, aber bestimmten Worten weggeschickt. Die Art, wie er das sagte, wie er auch in diesem Falle, wie in anderen, den Mann abfertigte, ist vielen neu. Sie ist anders als bei anderen Kommandanten, hat doch Freiwald Übung in der hohen Kunst, Autorität mit vollendeter Höflichkeit zu verbinden.

Die Offiziere, insbesondere die Aktiven, zu gewinnen, fällt schon schwerer. Sie sind kritischer eingestellt. Gewiß, was die Besatzung fühlt und denkt, empfinden im Grunde genommen auch sie, aber mit ihren ausgereiften Erfahrungen suchen sie nach der Antwort auf Fragen wie diese: »Was aber, wenn ... Bei Lüth, den wir kennen, wußten wir ...«

Freiwald kontert. Er erfindet für den Offiziersbereich den FvD: den Feigling vom Dienst.

Jeden Tag wird ein anderer Offizier mit dieser in der U-Boot-Waffe und wohl in der Kriegsmarine einmaligen Sonder-Dienststellung auf einer frontfahrenden Einheit betraut.

Der FvD darf an der Offiziersback der schreibtischgroßen Messe tadeln, beanstanden, kritisieren, meckern, nörgeln. Er darf alles sagen, auch Überlegungen, die über die engmaschigen Grenzen dessen hinausgehen, was in der Heimat unweigerlich als Zersetzung der Wehrkraft mit Kriegsgericht geahndet wird. Der FvD genießt sozusagen Narrenfreiheit. Dabei weiß Freiwald, daß dessen Stimme oft die der Offiziere ist und daß er Bedenken ausspricht, wie sie sonst keiner der WO's so glasklar formulieren würde und daß er offen zeigt, was kein guter Offizier deutlich werden lassen darf: Angst, pure nackte Angst, daß die vom Kommandanten gehegten Absichten Boot und Besatzung ins sichere Verderben führen könnten.

Die Debatten, die der FvD entzündet, sind daher hundertprozentig ehrlich. Sie sind offener als anderswo. Und sie haben dreifachen Nutzen:

1. aufrichtiger und dankbar werden Anregungen von Freiwald entgegengenommen,
2. sie entspannen die Besserwisser, und
3. sie verhüten Kritik hinter dem Rücken.

Mit dem FvD hat Freiwald so etwas wie eine demokratische Kommandoführung eingeführt, ein Novum auf einem Schiff und auf einem Kriegsschiff dazu.

Festzustellen bleibt jedoch: als Kommandant befiehlt Freiwald am Ende doch, was er für richtig hält.

U 181 hat am 20. Mai das Kap der Guten Hoffnung umfahren und am 2. Juni den BdU-Befehl erhalten, in das Gebiet der Malediven zu gehen, falls sich das bisherige Operationsgebiet im Raum von Madagaskar als zu unergiebig erweisen sollte.

Bereits zweimal hat der BdU von U 181 nun schon Standortmeldung gefordert. Er braucht die jeweilige Position seiner Boote, denn die operative Führung auch der Monsun-Boote erfolgt aus seinem Hauptquartier.

»Wenn wir uns jetzt nicht melden, Herr Kapitän, bekommen unsere Muttis daheim den obligatorischen Brief«, erlaubt sich Funkmeister Wurmbach zu bemerken, als er die FT-Mahnung Freiwald übergibt. Er versucht seinen Hinweis zu bagatellisieren, in Wirklichkeit ist Angst und Sorge in seiner Stimme. U 181 wird jetzt schon seit Tagen gerufen.

»Wie war das denn früher hier an Bord?«

»Unter Lüth haben wir viel gefunkt. Ganz wohl war mir als Funkfachmann dabei nicht. Aber die Briten hatten damals ja keine so großangelegte Überwachung aufgezogen.«

»Sie meinen, heute ist das anders?«

»Herr Kapitän, ich sage Ihnen nichts Neues, daß man Funksprüche einpeilen kann, auch die aus sechs Buchstaben bestehenden Kurzsignale. Wir Funker sind uns darüber schon lange im klaren.«

»Aber um solche Peilungen auszunutzen, brauchen sie mindestens zwei Positionen. Erst diese ermöglichen dem Nautiker einen Schnittpunkt in dem betreffenden Seegebiet.«

»Jawohl, das heißt, sie müssen an allen Küsten Funkpeiler haben.«

»Und …?« bohrt Freiwald.

»Haben sie auch. Das ist meine ganz private Meinung.« Und auf einmal wird der sonst so ruhige, manchmal immer etwas phlegmatisch wirkende Wurmbach höchst munter. »Diese Funkpeiler müssen ja nun Tag und Nacht besetzt sein. Das kostet viel Fachpersonal. Und das ist sehr knapp. Ich meine fast, Herr Kapitän, daß die Brüder automatische Peilgeräte haben.«

»So, so, das behaupten Sie. Aber beweisen können Sie es nicht.«

»Natürlich nicht, allenfalls Fälle, daß U-Boote nach langen Funksprüchen angegriffen wurden und danach abgeschrieben werden mußten. Da gibt's genug Beispiele. Wenn man als Funkenpuster hinter seinen Röhrenkisten sitzt, ist man ja viel enger mit dieser Materie verwachsen.«

Freiwald erwidert nichts darauf. Was Wurmbach sagt, deckt sich ganz mit seinen Überlegungen. Die Zeit im OKM gab ihm Einblick in manches Für und Wider. Wurmbach, der so energisch automatische Funkpeiler an die berühmte schwarze Wand malt, ahnt zu dieser Stunde nicht, daß er in gar nicht allzu ferner Zeit eines der strengst gehüteten Geheimnisse der Engländer in die Hände bekommen soll … in Singapore nämlich, als auch die Japaner kapituliert hatten … als die Engländer wieder Herr im fremden Hause sind und immer wieder ehemalige deutsche U-Boot-Fahrer für Reparaturarbeiten in ihren Werkstätten anforderten … Mit 120 Mann arbeiteten sie in der Marinewerft in Selatar, einige in der Torpedowerkstatt, andere in der für die Kanonen und er, Wurmbach, nun Oberfunkmeister, in der Hochfrequenz-Abteilung. Zusammen mit britischem Fachpersonal und indischen und malayischen Studenten als Hilfskräften sollte Wurmbach damals ein Gerät reparieren. Daß es ein Funkpeiler war, sah er als alter Fuchs mit einem Blick, aber ... dieser hier hatte kein Handrad ... innen ist ein Motor eingebaut ... und dieser ist mit einem Sender gekoppelt. Was hat ein Sender in einem Funkpeiler zu suchen? Der Ingenieuraspirant Chaudhuri aus Calcutta erklärt es ihm. »Jede Peilung wird automatisch, das heißt sofort, an die Zentrale weitergemeldet.«

Aber soweit sind wir noch nicht. Im Augenblick verlangt der BdU zum dritten und letzten Male die Position.

»Ja, aber geschehen muß jetzt etwas«, entfährt es Freiwald, als er das BdU-FT noch einmal gelesen und an Wurmbach zurückgegeben hat. »Melden wir also. Oberleutnant Giese bitte zu mir. Der Obersteuermann soll ihn so lange ablösen.« Giese ist ehemaliger Handelsschiffsoffizier, A 6er. Beim Norddeutschen Lloyd fuhr er vor dem Krieg auf der berühmten *Columbus*.

»Sie sind unser Nautiker Nummer eins an Bord«, eröffnet ihm Freiwald, als er sich beim Kommandanten meldet. »Prüfen Sie noch einmal ganz genau das Besteck, übertragen Sie die Position in die Quadratkarte – und dann ab dafür mit der Positionsmeldung ... Bin mal neugierig, was danach passiert ...«

Das FT wird in der Nacht vom 12. zum 13. Juni aus dem Gebiet zwischen Mauritius und Madagaskar gefunkt. Am nächsten und übernächsten Tag werden westlich und nördlich von Mauritius tatsächlich Feindflugzeuge gesichtet oder geortet. U 181 verzieht sich in allen Fällen in den Keller. In 32 Sekunden sind sie mit dem großen Boot auf 80 Meter. So oft haben sie Tag für Tag das Alarmtauchen zur Probe geübt, und bei jedem neuen Manöver eine Hundertstel-Sekunde eingespart.

Tatsache ist, das wissen wir heute aus den Unterlagen der Eastern Fleet, daß dieses Kurzsignal von den britischen Peilstellen aufgefaßt und eingepeilt worden ist. Es wurde aber ungenau auf etwa 15° S und 51° Ost lokalisiert. Der zuständige Seebefehlshaber veranlaßte daraufhin sofort eine Luftaufklärung, die aber ohne Ergebnis verlief ... das heißt, die Flugzeuge sahen das Boot bloß nicht, denn auf U 181 hatten sie die besseren Optiken. Und mehr und bessere Ausgucks. Außerdem ist ein Flugzeug in der Luk leichter als ein – im Verhältnis – kleines U-Boot auf dem blaugrauen Riesenteller eines Ozeans zu sehen.

Da die einst so fette Weide in diesem Raum einer sonnenversengten Prärie im Hochsommer gleicht, verholt U 181 mit Nordostkurs in Richtung auf den Chagos-Archipel.

Der 7118 BRT große Holländer *Garoet* sinkt am 19. Juni nach wohlgezielten Torpedos. Es geht so schnell, daß die Angegriffenen nicht mal einen Notruf senden und der Frachter von den Alliierten zunächst nicht vermißt wird.

Während der BdU Freiwald nun südlich der Malediven koppelt, stößt U 181 in das Gebiet der Laccadiven und an die Südwestküste Indiens vor. So kommt es, daß die Heimat vom B-Dienst ermittelte Frachtschiffversenkungen U 181 zuteilt, nämlich die *Shadzada*, die indessen auf das Konto von U-Kentrat kommen.

In der Nacht des 15. Juli detonieren zwei U-181-Torpedos an der Bordwand des 7174 BRT großen Briten *Tanda*, den Freiwald und Giese vorsichtshalber etwas kleiner ansprechen.

›Weniger ist oft mehr.‹ Diesem Wahlspruch stimmte auch der Handelsschiffexperte Giese zu, bevor die Aale aus den Rohren fauchten und auf den 6000 BRT geschätzten Frachter zurasten.

Dieses Schiff hatten sie in den frühen Nachtstunden nur 25 Seemeilen von der indischen Küste entfernt ausgedampft. Und da der Frachter zackte, war das sogar recht schwierig.

Plötzlich meldete der Funkraum Radarimpulse in höchsten Lautstärken. Vielleicht ein Flugzeug ...? Freiwald entschloß sich zum sofortigen Angriff. Wegen der drohenden Luftgefahr hatte er sofort alle Fla-Waffen voll besetzen lassen.

Zwo Torpedos, zwo Treffer!

»Einsteigen ... einsteigen ... Beeilung!«

Nur der Kommandant bleibt noch oben. Er hat ›Alarm‹ befohlen. Aber er kennt die Wassertiefe in diesem bekanntermaßen relativ flachen Seegebiet nicht.

»Loten!« Sein nächster Befehl ins Boot. Die Zentrale versteht statt ›Loten‹ aber ›Fluten‹. Und sie handelt prompt.

Während Freiwald, auf die Tiefenmeldung wartend, den torpedierten und absaufenden Frachter beobachtet, merkt er erst in letzter Sekunde, daß sein Boot versinkt und taucht. Eben noch, aber gerade eben noch, geht diese Sache klar. Den 181ern bleibt ihr Kommandant erhalten.

Fregattenkapitän Freiwald will wegen der überlauten Ortungen im FuMB zunächst den ganzen Tag unter Wasser bleiben und erst in der späten Nacht wieder auftauchen. Dieser Tag ist ein Sonntag. Sie spüren es auf der Zunge. Am Nachtisch, den der Smuts spendiert.

In den ersten Nachmittagsstunden glaubt der Funker am Horchgerät, Schraubengeräusche zu hören.

»Hm, könnten das nicht auch Eigengeräusche sein, von Wasserschichten zurückgeworfene Eigenschwingungen?«

»Nein, Herr Kapitän. Das sind typische Schraubengeräusche von einem Frachter. Dem Rhythmus nach zu urteilen, ist's ein Schiff mit Kolbenmaschine. Alter Zossen wahrscheinlich, der seine 90 Umdrehungen macht. Turbinenschiff hört sich ganz anders an.«

Kriegsrat in der O-Messe. Anwesend sind der IWO, Oberleutnant zur See Dühring, IIWO Giese, der IIIWO Limbach, Ex-Obersteuermann unter Lüth und der LI. Den FvD ›spielt‹ heute der IIIWO.

Auftauchen oder nicht, das ist die entscheidende Frage.

»Nichts wie hoch und nichts wie hinterher«, drängt der IWO. Der FvD bekräftigt mit einem satten: »Nur dieses, Herr Kapitän.«

Aber Freiwald entschließt sich erst einmal, auf Sehrohrtiefe zu gehen. Er fährt den Spargel aus. Er sieht nichts. Blanke Kimm, blanke See, am Himmel Monsungebirge aus blaugrauen Wolken.

»Voraus eine Möwe, that's all«, ruft er in die Zentrale. »Sehrohr ein.«

Der FvD murrt, als Freiwald in der Zentrale berichtet, was er sah und denkt. Komisch, die Schraubengeräusche hat der Funker noch immer im Gerät.

»Sehr komisch sogar«, das meint auch der technisch versierte LI. »Nach der Lautstärke müßte der Eimer doch zu sehen sein, kann kaum fünf Meilen abstehen.«

»Eben«, sagt Freiwald. »Es hat also gar keinen Zweck aufzutauchen. Bei der noch immer akuten Luftgefahr scheint mir das viel zu riskant, Kameraden. Der Himmel hängt voller Bienen!«

Oben: ›Verbündete Haie‹ im Paradieshafen von Penang. Innen und außen zwei deutsche Monsun-U-Boote, in der Mitte einer der japanischen U-Kreuzer. Auch ein Nichtfachmann erkennt die Unterschiede.

Unten: Eines der ehemaligen italienischen Kampf-U-Boote, die, da Rohstofftransporter, als UIT-Boote (Untersee-Italien-Transport) Verwendung fanden.

Oben: Tanker waren das begehrteste Wild für die stählernen Haie. Oft gab es schaurige Bilder, wenn diese Tanker explodierten und ihre gefährliche Ladung die See in ein Flammenmeer verwandelte...

Unten: Kalt, heiß, warm, kalt und wieder heiß ... Der Marsch in den Indischen Ozean glich einer Monstre-Saunafahrt. Aber immer, bei jedem Wetter, war hellwacher Ausguck oberstes Gebot.

Oben: Ölabgabe von U 178 an ein italienisches Boot auf dem Geheim-Treffpunkt im Indischen Ozean. Bei dieser rauhen See wahrlich kein Spaß, den Ölschlauch des Tankers auf dem U-Boot-Oberdeck zu bedienen.

Unten: Ein zünftiger Skat hilft mit, so mancherlei Gedanken vertreiben ... solche an gute Kameraden, von denen man nie wieder etwas hörte, solche an das so ferne Daheim und über die Frage, wann und ob man es jemals wiedersehen würde ...

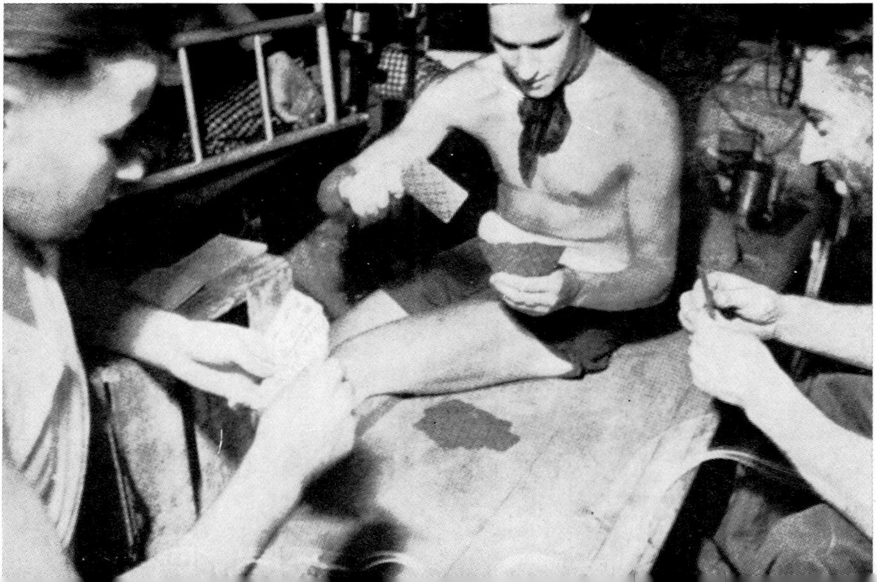

Oben: Der Bart muß ab. Nicht wie in der Heimat durften die ›Grauen Wölfe‹ ihre Bärte an Land bewundern lassen. Aus strikten Geheimhaltungsgründen mußten sie bei den ›Monsunern‹ vor dem Einlaufen ›fallen‹.

Unten: Tschinsche, tschinsche, mit eingeborenen Händlern. Der Rat der Erfahrenen an die Neuen: »Immer zehn Prozent von dem bieten, was die hier als ersten Preis verlangen.«

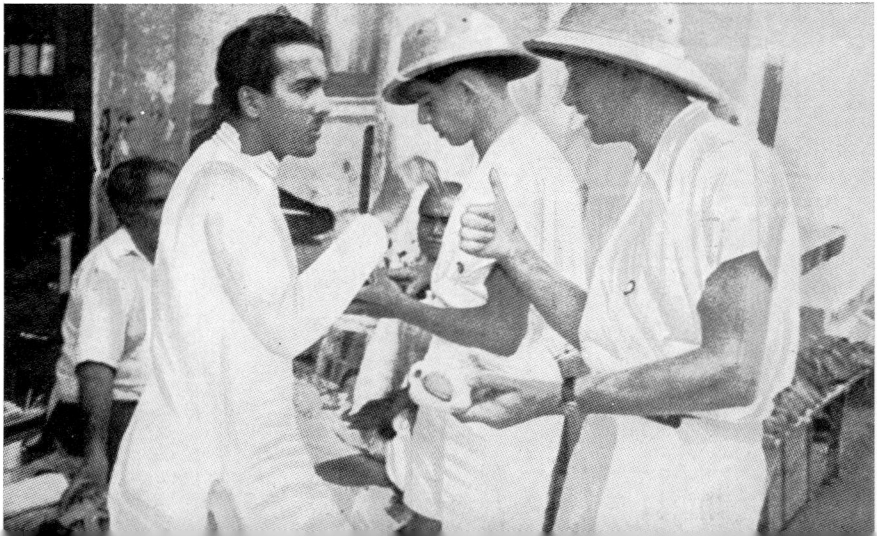

Oben: Geschafft. Mit seiner strategisch so wertvollen Ladung an Bord hat U 861 durch die Dänemarkstraße auch die letzte, schwerste Strecke der Reise durchgestanden. Mit fast leeren Bunkern lief es in den Hafen von Drontheim ein.

Unten links: Der Kommandant von U 861, Kapitänleutnant Oesten, bei der Begrüßung der Besatzung im Gespräch mit dem Flottillenchef. Auch hier sagen beide Gesichter mehr aus, als viele Worte es vermögen.

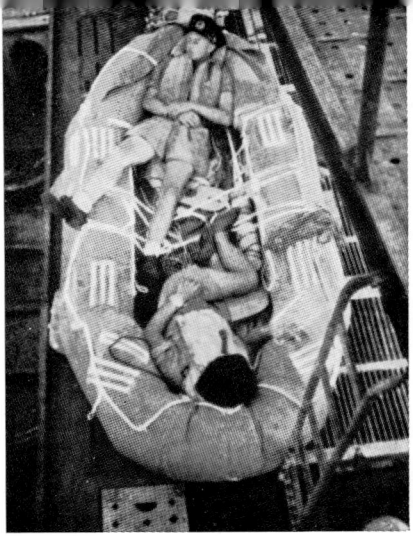 

Oben: Kommandanten, die im Gegensatz zu von Europa einkommenden Booten die Gefahren in Indonesiens Gewässern kannten, beließen nur das notwendigste Fahrpersonal im Boot Alle anderen Männer wurden an Oberdeck befohlen. Was tut ein Seemann, wenn er nichts zu tun hat: er ›torft‹, ›ruckst‹ oder ›nimmt ein Auge voll‹.

Unten: Festlicher Empfang nach dem Einlaufen eines Monsun-U-Bootes im Paradies. Sie sind höfliche, aber immer mißtrauische Gastgeber, die gelben Verbündeten.

Einige der im Buch genannten Monsun-U-Boot-Kommandanten (immer von links nach rechts, von oben nach unten): Kapitänleutnant Oesten (U 861); Fregattenkapitän Dommes, Chef im Südraum (ex U 178); Kapitänleutnant Kentrat, Stützpunktleiter Kobe (ex U 196); Kapitänleutnant Timm, ›Tüte‹ genannt (U 862); Kapitän zur See Kurt Freiwald (U 181); Kapitänleutnant Helmuth Pich (U 168); Kapitänleutnant Herwartz, Bully genannt (U 843) und Kapitänleutnant Jebsen, gefallen (U 859). (Fotos: Privataufnahmen)

Rechts:
Wabos fallen. Die Gesichter der bärtigen U-Boot-Männer sprechen Bände.

Unten:
Alarm! Tauchen! Der Dieselheizer zeigt klar, daß er die beiden Diesel stoppt.

»Lüth würde auftauchen.«

Lüth fand seit Wochen, nein, seit Monaten keine Erwähnung mehr, denn sein Nachfolger hat sich durchgesetzt und überzeugt. Daß die Weide so mager wurde, ist nicht seine Schuld. Auch das sahen sie ein. Auch daß der Indik immer mehr Gefahrenmomente birgt. So rührt denn des FvD Bemerkung an Bord schon fast Vergessenes. Die Offiziere befürchten – zu Recht – eine Zurechtweisung.

»Gut, meine Herren«, sagt Freiwald, als auch die anderen Offiziere des IllWO's Vorschlag nicht beanstanden. »Tauchen wir also auf. Sie werden sehen, was jetzt auf uns zukommt.«

Keiner widerspricht. Keiner widerruft.

Freiwald läßt anblasen. Sie fahren der Geräuschortung nach. Aber nichts kommt in Sicht. Funkmeister Wurmbach meint, die Engländer könnten vielleicht eine Geräuschboje abgeworfen haben.

»Speck für 'ne Mausefalle«, fügt er noch hinzu.

16 Uhr lösen die Wachen ab. Auch der Zentraleheizer und BÜ Trenn, der seine Station Steuerbord vorn zwischen den Tiefenrudern und dem Hauptruder hat, hier, wo die Sprachrohre und Telefone zusammenlaufen und von wo aus er auch bei Alarmtauchen die Untertriebszelle bedienen muß, hat es eilig, in seine Koje zu fallen: Weniger Bewegung, weniger Durst; weniger Durst, weniger Schweiß.

Da ... die Sirene schrillt im Bugraum. Die Blinklichtanlage schaltet sich ein. Gleichzeitig mit dem Befehl ›Alarmtauchen‹ stellt sich das Boot auf den Kopf. Sekunden später dröhnen nacheinander vier Hammerschläge auf das Boot, vier fürchterliche Explosionen. So laut, daß sie im Bugraum glauben, die Bomben sind auf der Bordwand aufgeschlagen und krepiert.

Trenn ist wie seine Kameraden bei Alarm und der ersten Bombe aus der Koje 'rausgestürzt ... Da fiel auch das Licht schon aus ... da hörten sie, daß mit der Maschine etwas nicht stimme, daß das vordere Tiefenruder klemmen würde.

»Mit klemmendem Tiefenruder in die Tiefe ... Na, denn gute Nacht«, fröstelt es Trenn.

Was Freiwald befürchtet hatte, ist eingetroffen.

Er selbst hatte das Flugzeug, das ihm zwar sofort, aber, da es aus den Wolken herausschoß, eben auch zu spät gemeldet wurde, erst gar nicht gesehen. Auf der Brücke waren die üblichen sieben Mann: zwei See-Ausguck, jeder hat einen 180-Grad-Sektor zu bewachen, vier Mann für die Luft, eingeteilt in 90-Grad-Sektoren, und ein Mann, der den Galgen mit der FuMB-Antenne zu drehen hat*.

Der Galgendreher hatte die Biene mit bloßem Auge entdeckt. Abstand höchstens 2000 Meter.

Alarm. Und als Freiwald als letzter in den Turm sprang, setzte die Maschine, ein zweimotoriges Flugzeug, aus einer Kurve heraus gerade zum direkten Angriff an.

In sein Tagebuch schrieb er:

»... Auf 40 Meter Tiefe fuhren die Bomben in die See. Und zwar in schräger Richtung. Die beiden ersten Explosionen waren noch erträglich, die beiden letzten schüttelten U 181 mit erheblicher Vehemenz durcheinander. Die Elektrizität fiel aus. Die Tiefenruder, die beide ›Hart unten‹ lagen und infolgedessen das Boot sehr stark vorlastig werden ließen, klemmten in dieser Stellung und erhöhten die Vorlastigkeit nur noch. Zur gleichen Zeit platzte eine Hochdruckleitung und blies mit einem ungeheuren Krach in den Raum ab. Die E-Maschinen blieben stehen. Es herrschte ein ziemlich chaotischer Zustand. Aber in dieser gefährlichen Situation hat sich die eingefahrene Besatzung außerordentlich bewährt. In Sekundenschnelle haben die Männer alle Störungen erkannt und beseitigt. Die defekte Leitung wurde im Augenblick abgedreht und die beiden Tiefenruder sofort auf Handbetrieb umgeschaltet. Neue Sicherungen für die E-Maschinen wurden eingesetzt. Sämtliche Glühbirnen im Boot waren schlagartig demoliert worden. Sie waren durch die Erschütterung einfach zerplatzt. Die Notbeleuchtung wurde eingeschaltet, die wichtigsten Lampen sofort ausgewechselt. Nach zwei Minuten hatten wir das schwer mitgenommene Boot wieder sicher und auf allen Stationen vollständig in der Hand. Aber wir tauchten nicht wieder auf. Wir gingen nun daran, die Röhre und ihre Technik im einzelnen zu untersuchen und, wo

---

* Bei Sonne zieht noch ein Posten ›Sonne-Luft‹ auf.

notwendig, zu reparieren. Einer der wesentlichsten und unangenehmsten Schäden war der totale Ausfall des Kreiselkompasses. Die Kalotte war gerissen. Sie mußte ausgebaut und gegen eine neue ausgetauscht werden, eine Reparatur, die allein 18 Stunden in Anspruch nahm – mit dem Erfolg, daß wir uns inzwischen nicht mehr orientieren konnten, denn der Magnetkompaß hatte unter Wasser Mißweisungen bis zu 180 Grad. Er war also praktisch wertlos ...«

Soweit Fregattenkapitän Freiwald.

»Nach zwei Minuten hatten wir das Boot wieder in der Hand ...«

Das schreibt sich so leicht hin, das liest sich auch so leicht. Aber was in diesen zweimal sechzig Sekunden an übermenschlichen Leistungen vollbracht wurde, vermag in seinem ganzen Umfang wohl nur einer ermessen, der dabei war ...

... als beim Alarmtauchen zu allem Überfluß diese verdammte Kupplung wieder mal hängen blieb ...

... und einfach nicht auszurücken war.

Da die E-Motoren sofort auf volle Drehzahl hochfahren, müssen sie nun nicht nur die Schraube, sondern auch die Diesel mitdrehen.

Der altbefahrene Obermaschinist am Diesel schaltet blitzartig. Um die Kompression des Dieselmotors zu vermindern, dreht er bei nach innenbords umgeschalteten Auspuffklappen alle Indikatorenstutzen auf ... Vielleicht ist diese Überbelastung die Ursache, daß auf einmal die Sicherungen für die E-Maschinen herausflogen und die Schrauben für Sekunden ganz zum Stehen kommen ...

... Vorn im Bugraum ist mit dem Zentralegasten Trenn und dem anderen Freiwächter auch der erste Torpedomechaniker, der Mechanikerobergefreite Hölscher, ein Hannoveraner übrigens, aus der Koje gesprungen. Auf die Notmeldung hin, daß die vorderen Tiefenruder klemmen, wirft er sich in seiner ganzen Länge, halbnackt wie er ist, geistesgegenwärtig zwischen die Torpedorohre auf die Flurplatten hin. Er greift mit voller Armlänge durch eine Öffnung hindurch und reißt den Hebel herum. Sein gebrülltes »Klar für Handbetrieb« übertönt sogar die vielen anderen Geräusche im Boot. Tatsächlich lassen sich die Tiefenruder des noch immer mit 35 Grad Lastigkeit nach unten schießenden Bootes nunmehr mechanisch bedienen.

Wäre dieser Hölscher durchgedreht, hätte er nur für ein paar Minuten den Kopf verloren, wäre er verwundet worden, was dann ...? Dann wäre, bis Ersatz kam, die Vorlastigkeit noch größer geworden ... dann hätte sich das Boot wohl gar auf den Kopf gestellt ... Kein Manöver hätte seinen Todesmarsch in die schweigenden Tiefen dann mehr aufgefangen ...

... Trenn, der als einziger Zentralegast im Bugraum mit der Tauch- und Entlüftungsanlage bestens vertraut ist, hat sofort die Entlüftungen, die Zu- und Abluftleitungen und sonstigen Verbindungen zugedreht. Das Kugelschott hat er in der Hand. Er ist fest entschlossen, es zu schließen, wenn Wasser von hinten nach vorn braust, wenn das Achterschiff undicht werden sollte. Von hinten nach vorn ist übrigens nicht richtig ausgedrückt. Trenn sieht regelrecht nach unten ... in den Unteroffiziersraum, in die Kombüse, in den Feldwebel- und Offiziersraum hinein ... Wer in den Gängen steht, krallt sich fest ... im Schein der Notbeleuchtung ein erregendes, gespenstisches Bild. Aus den Gesichtern schreit nur Weißes heraus. Dabei verraten Haltung und Mienen Selbstbeherrschung ... Dabei dreht keiner durch ...

Das Boot fällt, fällt und fällt. Noch immer sprechen die Tiefenruder nicht an. Endlich verändert sich die Lage. Die Männer merken es zuerst unter ihren angespannten Fußsohlen, dann an der Verlagerung ihres Körpergewichts. Das Boot schwingt langsam auf ebenen Kiel.

Auf Freiwalds Befehl steuert LI Hille, gemessen an seinem Vorgänger ein junger Mann noch, das Boot auf 80 Meter ein, dann, während U 181 mit drei Knoten Unterwasser-Marschfahrt abläuft, machen sie sich daran, die Schäden zu beheben. Einer davon ist, daß der Steuerbordbunker gerissen sein muß. Jedenfalls hat er an die 30 Kubikmeter Öl verloren. Auf Hilles Vorschlag wird das restliche Öl 'rausgedrückt und der Bunker mit Seewasser durchgespült.

Sechs Stunden später wummert die See um sie herum. Es hört sich an wie ein fernes, aber schweres Gewitter. Die Männer geben es bald auf, die Bombendetonationen zu zählen. Nach britisch-indischen Angaben habe die indische Sloop *Sutley* auf 12° 44 N, 73° Ost zwei Wasserbombenangriffe auf ein mit Sicherheit geortetes

U-Boot gefahren und dabei, nach dem zweiten Angriff, eine breite Ölspur beobachtet. Das ist, mit Verlaub gesagt, eine bemerkenswert großzügige Erklärung.

Doch noch sind die Überraschungen für U 181 nicht zu Ende. Immer, wenn Freiwald während der Kreiselkompaß-Reparatur nur auftaucht, meldet das FuMB akute Luftgefahr. Also wieder 'runter. Ein Besteck zu nehmen, ist bis jetzt unmöglich gewesen. Aber Sonnenstand, Seegang, Windrichtung geben einigermaßen verwertbare Anhaltspunkte. Als nach 18 Stunden nicht nur die Luft, sondern auch die Batteriekapazität verbraucht ist, müssen sie wohl oder übel hoch. Und sie haben Glück, sie haben keine Ortung mehr.

Der Saft wird aufgeladen, die Luft ergänzt und für die nächsten acht Stunden befiehlt Freiwald ›Klar bei Hängematten‹, denn das ewige Rauf und Runter hatte die Besatzung nervös gemacht.

Freiwalds Überlegung, zunächst in das Seegebiet der Malediven zu laufen, findet auch beim FvD uneingeschränkte Zustimmung. Nur, daß dieses Gebiet wegen der vielen kleinen Inseln und Korallenriffe navigatorisch wohl doch ein bißchen schwierig sei, gibt der IWO als ehemaliger Handelsschiffskapitän zu bedenken.

»Lieber diese Schwierigkeiten, als die anderen«, meint Freiwald und zeigt mit dem Daumen nach oben.

Wieso? Ja, wieso?! Diese Inselchen und Riffe haben nämlich den Vorzug, die Flugzeugortungen zu erschweren. Verwunderung selbst beim technisch versierten LI über diese Idee des Kommandanten. Nur beim Funkmeister Wurmbach nicht: »Um zu begreifen, was so ein gegnerisches Funkmeßgerät in Flugzeugen wirklich bedeutet, taktisch wie auch strategisch, muß man sich an ein funkmeßtechnisches Denken gewöhnen, muß man die Funkmeßtechnik sozusagen in den Fingerspitzen kribbeln fühlen ... So was geht nicht von heute auf morgen.«

Die Wache für die acht Stunden ›Ruhe im Schiff‹ hat der IWO übernommen. Auch Freiwald hat sich auf der Koje ausgestreckt. Als er erwacht, ist der kleine Zeiger seiner Armbanduhr erst sechs Stunden vorgerückt. »Dann hast du ja noch zwei Stunden Zeit«, sagte er sich. Aber irgend etwas beunruhigt ihn, ein sonderbares, komisches Gefühl bohrt da im Magen. Er erhebt sich, schwingt sich in die Zentrale, nickt dem IWO zu, sagt: »Wollen mal auf Sehrohrtiefe gehen«, und untertaucht den Verdunkelungsvorhang.

Leise schnurrt der Motor für das Sehrohr. Aus einer nervösen Unruhe heraus hat Freiwald die Augen schon lange am Okular, bevor der Spargel die Wasseroberfläche ritzt. Wundervoll diese Farben, dieses kristallen leuchtende Grün des Wassers, das heller, immer heller und immer duftiger wird. Dann ist die Optik 'raus.

»Oh«, sagt Freiwald nur, »das ist aber interessant.« Und nach unten gewandt, ruft er: »Dühring, kommen Sie doch bitte einmal 'rauf. Aber bitte Beeilung!«

Als der Oberleutnant im Turm neben seinen Kommandanten auf den Sehrohrbock tritt, macht Freiwald den Platz frei und sagt: »Gucken Sie mal durch, aber schnell, wir haben keine Zeit zu verlieren.«

Dühring preßt die Augen an den Gummibelag. Nur für eine Sekunde, dann sackt er beinahe in sich zusammen.

»Um Himmels willen ... Zurück, bloß zurück.«

U 181 marschiert nämlich vierkant auf ein Korallenriff zu. Wenn man den Kippspiegel etwas nach unten kantet, sieht man unter dem Bootskörper, der sich in dem klaren Wasser messerscharf abhebt, den weißlich schimmernden Korallengrund und, voraus, unter sich im Winde wiegenden Palmen ein breites Band: mal eine hochgehende Brandung, mal wieder schneeweißer Strand. Das Boot muß bei seinem Unterwassermarsch durch einen nicht bekannten und auch nicht vorauszuberechnenden Strom durch die schmale Einfahrt eines Atolls gedrängt worden sein. Dieses Atoll ist früher mal ein riesiger Krater gewesen. Sein Rand, der aus dem Wasser herausragt, ist heute mit tropischen Bäumen bewachsen. Er ist höchstens zwanzig Meter breit.

Die Manöver folgen viel schneller, als diese Zeilen geschrieben oder gelesen werden können:

»Beide Maschinen stopp ... AK zurück.«

Vorsichtig manövrieren sie durch den beiderseitig von wilder Brandung umtosten Durchlaß wieder nach draußen.

Nachher, an der Back, meint Freiwald: »Wenn man diese komische Sache in Ruhe zu Ende denkt, wäre vermutlich gar nicht viel passiert. Wir wären mit unseren zweieinhalb Knoten Fahrt auf das

Riff gebrummt, hätten uns die Schnauze verbogen, hätten das Boot, das ja sehr labil ist und bei solchen Rammings bestimmt ausweicht, gestoppt und eben zurückgezogen. Bei einem U-Boot kann eine solche Ramming wohl kaum zu einem Verlust führen.«

»Nein, das meine ich auch«, sagt Dühring, als die anderen zustimmend schweigen, »aber ...« Er packt seine Kaffeetasse, lüftet sie an, trinkt und schweigt.

Ja, aber ... Daß in diesem Freiwald dieser sechste Sinn auch während der Schlafenszeit lebendig ist und auf die Alarmtaste drückt, das ist verdammt gut für die Nerven aller an Bord, das beruhigt besser als eine Pütz voll Baldrian.

Zwei Tage später, am 19. Juli, lächelt Fortuna noch einmal. Dem nach den Fli-Bos trotz der Reparaturen nicht mehr voll einsatzfähigen Boot marschiert der 5106 BRT große Brite *King Frederick* über den Weg. Nach seiner Versenkung meldet Freiwald das bisherige Ergebnis und die Absicht, wegen der Schäden den Rückmarsch, das heißt den Marsch zum Südostraum, anzutreten.

Der BdU bestätigt.

Einer unerklärlichen Ahnung folgend tat Freiwald unmittelbar nach der Versenkung wieder etwas, was ihm und seinen Männern später einmal sehr nutzen soll. Etwas, was auch im Widerspruch zum Befehl ›Triton Null‹[18] stand. Es war ja Nacht. Er manövrierte U 181 an die Rettungsboote heran. Er fragte, ob alles in Ordnung sei ... ob die Überlebenden genug Proviant und Wasser hätten ... ob sie den Kurs wüßten, der sie am schnellsten zur Küste bringen wird ... ob sie Verletzte hätten oder sonst irgendwelche Wünsche ...

Wohl wundert sich die Brückenwache, daß die Überlebenden beim Sichten und der Annäherung des U-Bootes verzweifelte Anstrengungen machen, mit ihren Boot davonzupullen.

Wohl entgeht den U-Boot-Männern nicht die panische Angst in den Gesichtern der Weißen und der farbigen Seeleute, auch nicht das Aufatmen, als es nachher bei diesen Fragen bleibt, dieses so ungläubige, aber so befreiende Aufatmen.

Viel später, als auch die Japaner kapitulierten, als britische Seeoffiziere in Singapore auch die Besatzung von U 181 verhören, fragt ein englischer Commander Freiwald nach dem Schicksal von zwei anderen Schiffen. Der Exkommandant von U 181 vermag keine Antwort darauf zu geben. Er weiß nur und kann dies auch belegen: Um jene Zeit stand kein deutsches U-Boot in den fraglichen Seegebieten.

»Ist eigentlich auch nur eine Routinefrage gewesen«, meint der Engländer.

»Was meinen Sie mit Routinefrage?«

Der britische Navy-Offizier winkt ab.

Übrigens, daß U 181 die *King Frederick* erwischte, war eine reine Glückssache. Das Boot war unter Wasser marschiert und tauchte in den ersten Nachtstunden zum Auflanden der Batterien auf. Sie hatten vorher keine Horchpeilung gehabt, konnten auch nicht, denn nach dem Bombenrummel funktionierte das Gerät nur manchmal, andermal wieder nicht.

Freiwald will nach dem Auftauchen gerade Rundblick nehmen, da versucht der eine Seemann, die Nummer zwo, der durch das Aufentern noch aus der Puste ist, eine Meldung loszuwerden … Vor lauter Aufregung bekommt er kein Wort, nur unartikulierte Laute heraus. Als er dann endlich brüllt »SSSSteuerbord aaaaachteraus ein Dampfer«, hat Freiwald den wedelnden Armen der Nummer zwo folgend die Schiffssilhouette auch schon gesehen. Entfernung 4000 Meter. Theoretisch muß der Fremde das U-Boot ebenfalls entdeckt haben. Es ist ja heller Tag. Was ist richtig? Tauchen und den Dampfer vielleicht verlieren? Oder oben bleiben, schmale Silhouette zeigen, ablaufen, vorsetzen und erst in der Dämmerung angreifen?

Freiwald entschließt sich, oben zu bleiben, das Boot zu drehen. Er muß sogar lächeln, als er beobachtet, wie sich seine Männer, diese so U-Boot-erfahrenen Kerle, wegen der klaren Sicht hinter die Reling ducken, eine verständliche, aber doch so sinnlose Reaktion. Aber die da drüben haben wahrscheinlich noch den Alkohol des Abschieds im Blut.

Angriff nach Eintritt der Dämmerung aus schmaler Silhouette. Aus 350 Meter zwei Aale. Treffer mittschiffs. Es dauert vier Minuten, bis das Opfer versinkt.

Am 6. August funkt Freiwald Einlaufmeldung. Der Smut präsentiert die Reserven.

»Nummer 18, Herr Kapitän, und Nummer 21, wenn ich vorschlagen darf ...«

Alle U-Boot-Konserven, die in den Bilgen von Mud und ölgetränktem Wasser umspült werden, sind oben mit Ölfarbe numeriert. Büchsen mit der Nummer 18 sind Entenkeulen, die mit der 21 enthalten thüringische Erdbeeren, Sonderauslese.

Es ist der 10. August, als U 181 in Penang die Vor- und Achterleinen an Land gibt.

Drei Tage später läuft auch U 196 in Penang ein ...

Kapitänleutnant Kentrat und seine Männer von der Brückenwache sehen schon von weitem die vielen Menschen auf dem Pier. Am rechten Flügel eine Musikkapelle, daneben eine Ehrenkompanie.

»Und wenn mich nicht alles täuscht, Herr Kaleu«, sinnt der IWO und setzt sein Glas nicht ab, »dann hat sich da an die Spitze der Ehrenkompanie ein richtiger japanischer Admiral mitsamt seinem Offizierskorps postiert.«

Kentrat interessiert das im Augenblick ganz und gar nicht mehr. Die Strömung im Hafen ist ja ungeheuerlich. Trotz aller Maschinen- und Rudermanöver drückt sie das Boot immer wieder von der Pierseite ab. Endlich gelingt es der Nummer eins, hundert Meter vor der Ehrenkompanie die Vorleine an Land zu geben. Ein deutscher Seemann vom Stützpunkt belegt sie flugs. Das Empfangskomitee wird umziehen müssen. Naja, und wenn schon, Hauptsache, das Boot hat bei dieser verrückten Strömung erst einmal eine Landverbindung.

Doch was passiert da? Kommt doch da ein japanischer Posten vom Heer. Seine MP umgehängt, schreitet er, ohne Kentrat und seine Männer nur eines Blickes zu würdigen, auf den Poller zu, bückt sich und wirft die Leine wieder los – ins Wasser.

Kentrat ist im Augenblick derart verblüfft, daß er zu träumen glaubt. Was ist das denn: offizieller Empfang mit Musik und allen Schikanen und dann dieses ...? Aus dem Tritt gebracht, braucht U 196 jetzt eine volle Stunde, ehe es zwischen den anderen U-Booten sein Loch gefunden und festgemacht hat.

Wieso und warum durfte das U-Boot denn nicht die hundert

Meter vor der Ehrenkompanie festmachen? Daß gerade eine derart starke Strömung stand, das sahen die japanischen Seeleute mitsamt ihrem Admiral doch wohl auch ein? Schon, schon, aber nicht der japanische Heeressoldat. Kentrat hatte nämlich am Armeepier festgemacht, und dem Landser war es völlig wurst, daß hohe und höchste Marineoffiziere zum Willkommensgruß angetreten waren und daß der Gast Offizier einer befreundeten Nation ist.

Daß Kapitänleutnant Kentrat noch immer Kommandant von U 196 ist, ist ein Kapitel für sich ...

Als er nach seiner letzten, 225 Tage andauernden Unternehmung in Frankreich bei Dönitz zur Berichterstattung erschienen war, hatte er den BdU um Ablösung gebeten. Er fühlte sich völlig abgekämpft. Das Naturell der Menschen ist eben verschieden. Den einen nutzen derartige Dauerbelastungen während einer langen Feindfahrt mehr, den anderen weniger ab. Und was Kentrat auf der längsten U-Boot-Fahrt auf den Meeren der Welt durchstehen mußte, hätte wohl auch andere verschlissen, vielleicht sogar umgeworfen. Dönitz zeigte Verständnis.

»Geh erst mal auf Urlaub, Kentrat. Das ist das Wichtigste und Eiligste.«

Als Kentrat zurückkehrt, hat er Gelegenheit, die Verlustlisten der letzten Monate einzusehen[19]. Die Opfer an Booten und eingefahrenen Besatzungen sind erschütternd. Der Personalmangel vor allem auch an eingefahrenen Kommandanten ist erschreckend.

»Na, Kentrat, welches Landkommando soll ich dir geben?« begrüßt ihn Dönitz bei seiner Zurückmeldung.

»Keines, Herr Großadmiral.«

Kapitänleutnant Eitel-Friedrich Kentrat will und kann seinen BdU in dieser Situation nicht im Stich lassen. Zusammen mit U 181, das der 12. U-Flottille unterstand, lief auch er mit zwei weiteren Booten am 16. März aus.

Doch lassen wir Kentrat selbst berichten:

Wie schon bei der ersten Fahrt in den Indik fanden wir im ersten Operationsgebiet: ostafrikanische Küste, kein Ziel. Wir versenkten dann im zweiten Operationsgebiet, im Arabischen Meer, bei schwerem Sturm, einen 6000 BRT großen Frachter. Ein weiterer Angriff auf einen Dampfer vor der Südwestküste Indiens, unserem dritten Operationsgebiet, scheiterte am plötzlich eintretenden Monsun-Regen. Das vom Himmel strömende Wasser fiel so dicht, daß wir unseren eigenen Bug nicht mehr sahen. Daß Freiwald in der Nähe war, wußte ich nicht, hatten wir uns doch nach dem Auslaufen und der Verabschiedung des Geleits getrennt und nicht wiedergesehen.

Aber er bekam es dann bitter zu spüren, daß ich so dicht bei ihm stand. Das kam so:

Wir mußten unser bevorstehendes Eintreffen per Funk melden. Ich setzte also zur gegebenen Zeit mein FT ab – und ging dann gleich in den Keller, eine alte Erfahrung, die ich bei der ersten Unternehmung in den Indik gesammelt hatte. Zur Programmzeit wieder hoch – keine Quittung für meine Signale. Also wieder gefunkt, getaucht, gewartet – wieder nichts. Wir saßen also in der Stillen Zone. Erst beim fünften Versuch hatten wir Glück. Während wir nun jedesmal nach dem Funken in Sicherheit waren, fuhr Freiwald ahnungslos – er hatte uns nicht gehört – aufgetaucht. Jedes meiner Signale war eingepeilt worden, und daraufhin waren die Bomber in Colombo gestartet. Er hat nicht schlecht geflucht, als wir uns in Penang trafen.

Inzwischen startete beim Einlaufen eines unserer Boote eine Arado 196 von Penang. Dort waren zwei von diesen Vögeln stationiert. Als der Pilot, Oberleutnant zur See Horn, Exfliegeroffizier vom Hilfskreuzer *Michel*, am Treffpunkt ankam und ihn in niedriger Höhe überflog, lag dort ein U-Boot. Aber es beantwortete weder die Erkennungssignale noch reagierte es auf Morsezeichen. Als dann wenig später die japanischen Geleitfahrzeuge am Horizont auftauchten, nahm das Boot, es war entweder ein Holländer oder Engländer, Fahrt auf und verschwand von der Wasseroberfläche.

Genau einen Tag später liefen wir dann ein.

Ich selbst befand mich in einer äußerst schlechten Verfassung. Während fünf Monate langer Feindfahrt zunehmende, quälende Schlaflosigkeit. Der Blutdruck stark abgesunken, also im Keller. Kreislaufstörungen hatten sich zuletzt auch auf die Augen ausgewirkt. Mit der immer stärker werdenden Nachtblindheit war ich der schärfsten Abwehrwaffe des U-Boot-Mannes beraubt. Schweren Herzens mußte ich mich entschließen, nun doch um meine Ablösung zu bitten. Bemerkt hatte ich das Übel gegen Ende der letzten Unternehmung, als wir nämlich in der Dämmerung die Silhouette eines U-Bootes in Sicht bekamen. Ich versuchte zu erklären, ob es ein eigenes oder ein feindliches war. Da hatten wir ein gutes Erkennungszeichen: Die deutschen U-Boote fuhren in Indischen Gewässern zum Schluß des Krieges ohne Kanone. Für die zwei 10,5 cm gab es ohne tödliches Risiko aus der Luft für das U-Boot ja kaum oder überhaupt keine Angriffsmöglichkeiten mehr. Trotz Glas vermochte ich nur verschwommene Umrisse zu erkennen – scheute mich dann aber nicht, meine Nummer eins zu fragen:

»Hat er eine Kanone auf der Back? Oder hat er nicht?«
Er hatte keine[20]. Der Mann hat es mit bloßem Auge erkannt.
Der BdU entschied, daß ich U 196 an Striegler übergeben soll. Es war ein schmerzlicher Abschied von meiner alten Stammbesatzung. Als ich meiner Nummer eins die Hand drückte, sagte er:
»Wenn Sie an Bord bleiben würden, wissen wir, daß wir alle wieder nach Hause kommen!«
»Reden Sie doch nicht solchen Unsinn«, wehrte ich ab, wurde aber ein ungutes Gefühl nicht los.

Als der Brückenausguck in den ersten Morgenstunden rechts voraus gleich mehrere Rauchfahnen ausruft, halten die Kenner an Bord die Meldung für eine verzeihliche Sinnestäuschung.
»Wo soll denn hier, eben östlich von Madagaskar ein Geleitzug herkommen?« brummt IIWO Günther am Frühstückstisch. Und Kapitänleutnant Oesten, der Alte von U 861, verspürt keine sonderliche Unruhe, als er sich anschickt, die Messe zu verlassen, um nach oben zu steigen. Er war es, der sich nach dem Marsch um das Kap der Guten Hoffnung für den Weg um Madagaskar entschloß und den ursprünglichen Plan, durch die Straße von Mozambique nach Norden vorzustoßen, wegen der aufrührerischen Meldungen über starke gegnerische Luftaufklärung ziemlich mißmutig abgeschrieben hatte. Östlich von Madagaskar …? Da schwimmt doch jetzt nicht mal ein Neutraler …
Die Stimmung an Bord ist nicht gerade glänzend zu nennen.

Die Erfolge fehlen. Die Mühen und Strapazen stehen in keinem Verhältnis zu den mageren Ergebnissen. Zwei Schiffe, ein Zwerg von knapp zweitausend Tonnen vor Kap Frio und ein Liberty-Schiff vor dem La Plata, das ist alles, was ihnen nach den Kreuzschlägen im ersten Operationsgebiet, das Südatlantik hieß, vor die Rohre lief. Und das nach einem Anmarsch, der bei jedem die Nerven verbrauchte. Des BdU's Befehl war es, für Oesten wie für alle anderen Monsun-U-Boote, von Norwegen ausgehend bis zum 15. Breitengrad Süd tagsüber in jedem Fall unter Wasser zu marschieren und nur nachts aufzutauchen, um die Batterien aufzuladen. Aber die Nacht ist seit langem nicht mehr der Schutzmantel der Grauen Wölfe. Immer wenn sie oben in den nördlichen Breiten während der Nacht auftauchten, registrierte das FuMB an Bord Ortungen aus verschiedenen Richtungen. Meist aus allen. Und in allen Lautstärken. Zum Verrücktwerden. Zuerst hatte der Alte die Brückenwache einsteigen und das Boot in den Keller sacken lassen. Nach einer Stunde tauchten sie wieder auf. Derselbe Zirkus. Rundherum. Wieder 'runter. Nach einer Stunde wieder 'rauf. So trieben sie es einige Nächte hintereinander. Bis Oesten höchst unchristlich fluchte, die ›verdammte FuBM-Kiste‹ abstellen ließ, denn die Batterien brauchten endlich wieder vollen Saft.

Sie fuhren dann mit ›Klar zum‹ besetzten Fla-Waffen durch nachtdunkles, asphaltfarbenes Wasser. Aber: ein U-Boot bildet mit seiner phosphoreszierenden Hecksee ein ungleich besseres und größeres Angriffsziel als so eine Biene in der Luft, und neuerdings kommen sie in Schwärmen.

Aber es ging alles klar auf dem Weg bis zum 15. Grad Süd. Nach über zwei Monaten, nach genau 70 Tagen, sahen sie die Sonne wieder. Bis dato hatten sie wie die Barmädchen gelebt, am Abend gefrühstückt und um Mitternacht Mittag gegessen, weil das Boot dann oben schwamm und die Essensdünste von den Lüftern herausgeschafft werden konnten ...

Herausgeschafft werden mußte auch noch eine andere Sache, wenn das Boot nach dem Unterwassermarsch auftauchte: eine gewisse Pütz, für die die Maschine eine auflegbare Sitzbrille anfertigen ließ. In größerer Tiefe ist die Handpumpenvorrichtung des normalen WC's nämlich nicht mehr zu gebrauchen. Mit dem Auftauchen drang dann auch prompt der Ruf »Frage Pütz« aus der Zentrale in den Turm. Diesen randvollen ›Apparat‹, wie Hein Seemann alles und vieles benennt, über die steile Eisenleiter nach oben zu schaffen, war schon ein beachtenswertes Kunststück.

Vorsicht ... Vorsicht ... Vorsicht ... Aber es ging immer klar, obwohl jeden Tag zwei andere Besatzungsmitglieder in den zweifelhaften Genuß dieses ebenso delikaten wie artistischen Jobs kamen. Immer, wenn es ›klargegangen‹ war, erfuhren es die Heizer achter viel früher als die anderen: sie rochen ›es‹. Beim Entleeren saugte der Zulüfter ein paar Kubikmeter solcherart verdickte Luft mit in die Röhre hinein.

Am Tag, bei Marschfahrt über Wasser, hatten alle nicht unbedingt notwendigen Männer auf der Koje zu liegen. Um Sauerstoff zu sparen. Reserven sind das A und O für einen U-Boot-Kommandanten. Die alten Hasen an Bord fanden diesen Zustand ›primissima‹.

Und dann hat ein Matrosengefreiter auf einmal diese Rauchfahnen entdeckt. Als Oesten neben ihn tritt, sind sie schon mit bloßem Auge zu erkennen.

Der Alte läßt den Kurs ändern.

»Vier Dez Backbord«, ruft er in den Turm hinein. Der Gefechtsrudergänger Siegfried Schulze bestätigt. Das Boot dreht.

»Neuer Kurs liegt an.« kommt es aus dem Turm.

»Noch ein Dez Backbord.«

U 861 dreht noch weiter zehn Grad. »Drei dicke Dampfer, zwei Bewacher«, sagt der WO, in diesen Sektor einlaufend. Er setzt das Glas nicht ab und brummt: »Bißchen wenig Herde für soviel Hunde.«

Oesten kaut auf seiner Unterlippe und seinem Bart herum. Er sagt nichts. Obermaat Rutkowski registriert diese Reaktion. Er kennt sie zu genau. Unten in der Zentrale trägt der neue Steuermann, Gustav Goetsche, neben dem PK-Bildberichter, Leutnant Kiefer, dem einzigen Reservisten an Bord, die Position in die Karte ein. Oesten hat ihn, den A 6er, bei der Luftwaffe herausgefischt. Ein guter Fang ... dieser Goetsche, der nicht nur ein hervorragender Nautiker ist und der bei nächtlichen Bestecken im All geistreich plaudernd und erklärend wie in einem Sagenbuch blättert, so genau kennt er jeden Stern und all das, was sich mit seinem Namen verbindet ... »Mal sehen«, sagt er zum Obersteuermann Achmed, »wie er diesen Angriff ansetzen wird«, als er mit Kursdreieck, Parallellineal, Zirkel und Bleistift hantiert und auf einem Sonderblatt die Angriffsskizze vorbereitet.

»Geht allens klor«, versichert der Obersteuermann, alter ›Oestenfahrer‹ und Hamburger nicht bloß von Geburt. Achmed nennen sie ihn wegen so einer Geschichte in Tanger.

»Einmal nimmt es jeden von uns zwischen die eiskalten Pfoten«, ist des nüchternen LI's stete These. »Wer sich nicht viel vormacht, den wirft keine unerfüllte Hoffnung mehr um. Von drei ausgelaufenen Booten kehrt jetzt nur noch eines aus den Hauptoperationsgebieten heim.«

Aber sie wollen ja nach Südostasien. Ins Paradies. Quasi zur Belohnung für vergangene Taten. Und auch zur Erholung. So ließ man daheim durchblicken.

Oesten manövriert das Boot zunächst einmal auf die Steuerbordseite des gesichteten Geleitzuges. Dadurch wird U 861 in den Abendstunden gegen den dunkleren Horizont zu stehen kommen. Oben auf der Brücke saugt auch der Backbord-Voraus-Ausguck, Obermaat Rutkowski, die Luft tief in die Lungen ein. Er fühlt sich gasleicht. Der Alte versteht ja sein Handwerk.

U 861 hält aber weiter große Distanz. Die Motoren hämmern. Das Boot arbeitet sich langsam immer weiter vor. Mit Anbruch der Dunkelheit staffelt es sich näher heran.

Die da drüben scheinen den Endsieg schon in der Tasche zu haben. Sie ändern auch während der Nacht nicht den Kurs. Sie zakken nicht.

Die gegnerischen Schiffe heben sich als dunkle Schatten gegen die Kimm der sternenhellen Nacht ab. Vor den bloßen Augen verschwimmen sie zu einer unklaren Masse. Durch das Glas aber beobachten sie auf dem Boot, daß der ihnen zugewandte Bewacher, es handelt sich um Korvetten, die Flanken seiner Schutzbefohlenen genau überdeckt.

Wie also 'rankommen an das wertvollere Wild? Wie?

Nur manchmal, bei Veränderungen der Fahrtstufen, sackt die Korvette für ein paar Minuten achteraus. Dann wird der schwarze Leib eines mächtigen Frachtschiffes sichtbar.

Als die Korvette wieder einmal die Fahrt verlangsamt, sieht Oesten die Chance gekommen. Er setzt sofort zum Angriff an. Er will von schräg voraus in den Geleitzug hineinschießen. Dabei gerät das U-Boot fast direkt vor den Kurs des einen der gegnerischen Bewacher.

»Mann, o Mann, der Alte hat aber Nerven«, knurrt Rutkowski. Er steht mit seinem Ausguck-Kollegen vom gegenüberliegenden Sektor Rücken an Rücken. Die Unterhaltung auf Wache ist zwar verboten. Aber zuviel Verbote fordern nur Widerstand heraus. Oesten läßt die Männer also gewähren und ruhig mal quasseln.

Der IWO am Nachtzielgerät sagt leise: »Lage ist gut.«

»Je einen Aal auf den äußeren und den mittleren Frachter«, befiehlt Oesten. Die Entfernung haben sie geschätzt.

»Rohr drei und vier fertig«, meldet der Bugraum.

»Rohr drei und vier – Achtung!«

Oesten und sein IWO warten, bis die Korvette wieder etwas nach achtern abfällt.

»Jetzt«, der IWO flüstert unwillkürlich.

Oesten am Sprachrohr: »Rohr drei und vier … Los!«

Im Boot schlägt der Torpedomixer auf die Handabfeuerung. Ein sanfter, aber doch spürbarer Ruck durchpulst das Boot und die Männer, als Preßluft die beiden Torpedos aus den vorgewässerten Rohren heraustreibt, E-Tos, die nun ihren todbringenden Weg angetreten haben.

»Torpedos laufen«, meldet der Bugraum an die Brücke. In der Zentrale trimmt LI Panknin das verlorene Gewicht wieder aus. Er flutet die vorderen Tanks nach.

Als das Boot jetzt hart abdreht und mit AK davonbraust, wandern die Schatten wieder im Sektor des Matrosengefreiten Tschoppe ein. Er ertappt sich bei dem Gedanken, die Aale möchten diesmal doch danebengehen. Er ist abergläubisch. Wie fast jeder Seemann. Wenn ich euch Gutes wünsche, wird das Schicksal dann auch uns gnädig gesonnen sein? Unsinn, bohrt es in ihm. Unsinn, mein Junge. Diese Rechnung geht nicht auf. Es ist Krieg. Und du hast dich in diese Röhre obendrein noch freiwillig gemeldet. Zwischen den Erinnerungen, die in ihm plötzlich aufsteigen, zählt er weiter. Mit den Fingern seiner beiden Hände.

Gleich ... gleich ... müssen sie hochgehen. Das denkt auch Oesten, die Stoppuhr in der Hand. Das bewegt sie alle im Boot.

Da – zusammen mit einer steil aufsteigenden, blauweißen Fontäne hören sie den dumpfen Knall der Detonation.

Nummer eins hat getroffen.

Der zweite, für den zweiten Dampfer vorgesehen, geht ebenfalls am ersten Frachter hoch.

Leuchtkugeln spalten das Dunkel auf. Aber ihr Schein trifft U 861 nicht. Das Boot steht günstig. Der Wind weht die schwebenden Lichter weg.

»Korvette läuft an.« Der Matrosengefreite Tschoppe wundert sich, wie ruhig seine Stimme ist, als er seine Beobachtung weitermeldet. Tatsächlich, die eine der beiden Korvetten hat gedreht. Sie marschiert hinter ihnen her. Vierkant auf das U-Boot zu.

Was die da drüben mit ihren Augen und durch ihre weniger guten Gläser nicht sehen, das schafft das Radar.

Ob der Alte tauchen läßt?

Auch die Neuen an Bord haben Oesten inzwischen kennengelernt.

Es ist schwer, mit ihm warm zu werden.

Aber wenn dicke Luft ist, dann ist er da. Und jetzt ist sie zum Schneiden dick. Und sie wird gleich noch dicker.

Nerven behalten. Nur Nerven behalten. Nur nicht weich werden, sagt sich Oesten. Wenn ich jetzt in den Keller gehe, ist es mit der optischen Beobachtung des Geleitzuges aus. Dann werfen sie uns noch ein paar Wasserbomben ins Kreuz. Wie das ausgeht, das läßt sich nie so genau vorausbestimmen, das ist immer eine Spielerei mit Genickbruch. Also erst mal oben bleiben.

Die Korvette schwenkt auf einmal ab.

Na also, sie dreht ab. Sie glaubt ihre Aufgabe erfüllt. Sie hat das U-Boot vom Geleitzug abgedrückt.

»Du, der Alte, der schmeckt mir«, stößt Tschoppe seinen Rückennachbarn an, als Oesten unmittelbar danach den Kursbefehl gibt, der Korvette vorsichtig zu folgen.

»Solange es uns noch schmecken kann.«

Nach der Kursänderung sehen sie jetzt, nach achtern zu, das schäumend grünschillernde Heckwasser und dahinter, im Halbrund, nur blanke See. Der Feind kommt wieder von vorn. Es dauert eine Zeit. Dann schälen sich auch wieder für Obermaat Rutkowski Schatten heraus. Es sind die beiden Korvetten. Sie schwabbeln mit langsamer Fahrt bei dem torpedierten Frachter, der mit dem Vorschiff bereits tief im Wasser liegt, auf und ab. Wahrscheinlich bergen sie die Besatzung ab.

Doch wo sind die anderen Schiffe? Wo?

Alarmtauchen! Oesten läßt eine Horchpeilung nehmen. Der Mann am GHG hebt nur die Schultern, denn Oesten sitzt neben ihm. Er sucht weiter. Er dreht die Skala noch einmal vor und zurück.

»Nichts, Herr Kapitän!«

Also wieder 'rauf mit dem Boot.

Sie hatten den Gedanken alle gleichzeitig.

Der Alte, der WO und der Steuermann vor seinem Millimeterpapier: Der Generalkurs des Geleitzugs ist uns doch bekannt. Also hinterher. Zwei Stunden ... drei Stunden AK. Nichts kommt in Sicht. Und die deutschen Nachtgläser sind prima. Durch sie sehen die Männer fast so gut wie am Tag. Oesten ist zäh.

»Los, los, einsteigen.«

Das Boot taucht erneut zur Horchpeilung. Funker Schürmann hebt die Hand. Immer höher. Dann nimmt er den Kopfhörer ab. Er reicht ihn Oesten.

»Das sind sie.«

»Die hatten sich schon in Sicherheit geglaubt.«

»Sie sind wohl traurig darüber?«

»Na, ja, Herr Kapitän, wenn man dran denkt, wie oft es im Leben anders kommt.«

»Und im Krieg noch öfter«, sagt Oesten, steht auf und verschwindet durch das Kugelschott in die Zentrale.

U 861 taucht auf. Es folgt dem errechneten Kurs. Da sind die beiden. Sie marschieren auf ihrem Generalkurs weiter, als sei nichts, ganz und gar nichts geschehen. Mag sein, daß da drüben alle Mann angelüftet wurden. Mag aber auch sein, daß die Kumpels von der anderen Seite so dickfellig sind und sich sagen, ›nun passiert uns nichts mehr‹. Also haben sich die Freiwächter wieder auf den Kojen ausgestreckt.

Die beiden Frachter fahren immer noch in gestaffelter Formation. Oesten kann also nur einen der beiden angreifen, er pickt sich den größten heraus, ein ca. 10 000 BRT großes Schiff*. Die Torpedos detonieren mittschiffs. Der Frachter legt sich zum Sterben auf die Seite. Der andere Dampfer dagegen reißt mit Höchstfahrt aus. Er dreht zurück. In diesem Augenblick kommen die beiden heranschnaufenden Korvetten in Sicht.

Sie verlegen Oesten den Verfolgungsweg.

Das ist die Rettung für die Nummer drei.

U 861 dreht ab, zurück ins Seegebiet von Madagaskar. Die Korvetten bleiben bei ihren Opfern.

Als sie ein paar Tage später auch im Hafen Tamatave von Madagaskar durch das Sehrohr keine lohnenden Ziele sahen und nun nach Norden ablaufen, die Bachstelze, das zusammenklappbare Drachenflugzeug starten, schreit der Mann da oben in der freiluftigen Höhe plötzlich durch sein Telefon eine Sichtung aus.

Eingefahren die Bachstelze und mit AK drauf los, was der Beobachter für Mastspitzen und Schornstein eines Frachters hält.

Komisch, sehr komisch: die Peilung steht.

Das ersehnte Fahrzeug entpuppt sich als eine Insel der Aldabra-Gruppe.

Oesten gibt dem Drängen seiner ungestümen und abenteuerlustigen Offiziere und Männer nach, dieses ozeanische Eiland zu besichtigen. Nach dem Segelhandbuch soll es zwanzig Kilometer lang sein und in der Mitte von einem Küstensee unterbrochen werden. Eine typische Tropeninsel. Mit Palmen und einer Negersiedlung. Das ist doch etwas für die Seelords aller Dienstgrade. Und am Ende auch für den Alten.

Sie manövrieren sich vorsichtig an die Einfahrt zu dem Küstensee heran. Sie setzen das Schlauchboot aus. Was soll hier schon passieren …? Die Luken sind geöffnet. Frische Luft für alle. Die Freiwachen dürfen an Oberdeck. Wie gut das tut, sich die Beine zu vertreten. Dazu noch im Angesicht einer immergrünen Tropeninsel.

In dieser Situation kommt plötzlich und auch für die Pessimi-

---

* Nach Aussagen Beteiligter.

sten unerwartet ein Flugzeug in Sicht. Die Biene, noch ist sie für die bloßen Augen nur ein Punkt, fliegt direkt auf das U-Boot zu, auf dem in Windeseile die Flak besetzt worden ist und nun auf den Feuerbefehl wartet.

Oesten läßt aber nicht schießen. Die Maschine brummt näher, näher, immer näher. Noch immer gibt der Kommandant keinen Feuerbefehl. Als das Flugzeug bis auf 2000 Meter heran ist, dreht es in steiler Kurve ganz hart ab. Als es so einkurvt, erkennen sie den Vogel genauer. Es ist ein riesiges Flugboot, ein Brite.

In diesem Seeraum, nördlich von Madagaskar, gerät U 861 in ein ekelhaftes Wetter. Es regnet Bindfäden. Als sich die Nummer eins, Bootsmann Schley, während seiner Nachmittagswache nach seinem Kameraden umschaut ... nur mal so ... da sieht er in dessen Sektor einen Dampfer schwimmen. Schläft der andere Ausguckposten? Oder was ist da los ...? Oder aber ist der Frachter gerade in diesem Augenblick aus der Regenwand herausgetreten? Er hat gut 6000 BRT, und er ist schon nah heran. Er müßte das U-Boot sehen.

Egal. Alarm. Oesten taucht und durch das Sehrohr stellt er fest: die da drüben haben das U-Boot offenbar nicht entdeckt, bevor es verschwand.

Später setzt sich U 861 vor, und in der Nacht verläuft alles so routinemäßig wie bei der Agru-Front im Seeraum vor Gotenhafen: Überwasserangriff ... Treffer.

Die Besatzung des langsam sinkenden Frachters klettert in gut zu Wasser gekommene Boote. Die Küste oder bewohnte Inseln sind ja nicht weit.

Als die Rettungsboote schon abgelaufen sind, dreht Oesten noch einmal zurück.

»Wenn nun doch noch einer, vielleicht gar ein Verwundeter zwischen den Trümmern treibt!« Dieser Gedanke läßt ihm keine Ruhe.

Auf dem Wasser schwabbeln Planken, die Reste eines Rettungskutters, und ein leeres Floß. Aber keine Menschenseele ist zu sehen. Sie rufen. Nichts.

Plötzlich leuchtet auf dem Floß etwas auf: zwei grüne Pünktchen. Das Blinken wird stärker, als der WO die Stablampe anknipst.

Im Lichtschein steht ein Hund. Er wedelt aufgeregt mit dem Schwanzstummel und bellt.

»Das ist ja 'n Molly«, ruft der Heizer, ein blonder Ostpreuße, der für eine Zigarettenlänge auf der Brücke frische Luft schnappt. »Wär gar nicht das dümmste, wenn wir ihn an Bord nehmen!«

Er turnt vom Wintergarten, dem balkonartigen Turmanbau, hinunter und läuft an Oberdeck entlang zu dem Floß hin. Er kniet nieder, streckt den Arm aus, dem zitternden Tier entgegen.

»Was macht ihr denn? Ihr könnt doch das Hundche nicht schwimmen lassen.«

»Kommen Sie sofort rauf«, ruft der WO. »Wir können das Tier nicht retten ... Vielleicht sind Haftladungen an dem Floß. Sollen wir wegen eines Hundes in die Luft gehen?«

Das Floß treibt am Boot entlang nach achtern. Der Hund bellt. Er läuft aufgeregt hin und her, setzt sich, hebt bettelnd eine Vorderpfote. Dann winselt er. Schließlich bleibt er am äußersten Rand des Floßes stehen. Klagend heult er in die Nacht hinaus.

Der WO löscht die Lampe. Das Jammern des Tieres wird leiser, es entfernt sich immer mehr, bis es schließlich achteraus erstirbt.

Ein zentnerschwerer, nicht zu analysierender Seemannsfluch ist der Schlußstrich unter dieses Drama.

»Und wenn es ein Mensch wäre?« schnauft einer.

Schweigen. Nur der Wasserfall der Bugwelle rauscht.

Wie schon mittags, so hockt auch beim Abendessen der Maschinengefreite Knoll wieder wie geistesabwesend vor seinem vom Backschafter gefüllten Teller. Er hat nicht einen Bissen gegessen. Sein Gesicht glüht.

Er ist ein junger Matrose. Zum erstenmal auf Feindfahrt. Er war glücklich wie ein Kind, als er hörte, wohin die Reise ging. Aber nun quälen ihn seit Tagen unerklärliche, immer schlimmer werdende Schmerzen. Nachher, im Heckraum, wo er mit anderen Angehörigen des Maschinenpersonals wohnt, erhebt er sich plötzlich, taumelt und wankt durch das Boot. Eine Hand drückt er gegen das linke Ohr und den Hinterkopf, mit der anderen klammert er sich irgendwo fest.

In der Offiziersmesse sitzen zu dieser Stunde der Kommandant, der LI und der Bordarzt beisammen.

»Ich halt's nicht mehr aus, Herr Stabsarzt«, stöhnt Knoll. Er beißt die Zähne aufeinander.

Oesten blickt den Doktor fragend an? »Was fehlt ihm?«

»Er klagt über immer stärkere Kopfschmerzen. Ich habe ihm heute früh ein paar Tabletten gegeben.«

Im Kommandantenraum läßt er den E-Maschinengefreiten auf die Koje niedersitzen. »Das sind wohl keine gewöhnlichen Kopfschmerzen mehr, oder?«

»Nein – hier, so ganz hinten im Ohr, tut's jetzt verdammt weh. Als ob alles auseinanderplatzt.«

Der Schmerz treibt dem Jungen die Tränen in die Augen.

»Haben Sie noch andere Beschwerden dabei?«

Der Maschinengefreite bebt unter plötzlichem Schüttelfrost. »Mir ist so schwindlig, und gebrochen hab' ich auch schon ein paarmal …«

»Daß Sie mir so etwas verheimlichen, zum Donnerwetter! Warum sind Sie nicht gestern oder schon vorgestern zu mir gekommen!«

Knoll versucht den Kopf zu drehen, aber es gelingt ihm nicht. Sein Nacken ist beinahe steif.

Behutsam tastet der Arzt den Kopf hinter dem linken Ohr ab. Der Kranke zuckt zusammen. Die Ohrmuschel steht stark ab. Dahinter, auf dem Schädelknochen, ist eine hohe Schwellung. Der Gehörgang ist voller Eiter …

»Bleiben Sie einen Moment hier.« Der Doktor geht schnell zurück in die Offiziersmesse.

»Nun?« empfängt ihn Oesten.

»Mastoiditis … akute Mittelohrvereiterung. Alle Anzeichen sind da: Schüttelfrost, Fieber, Schwindelanfälle, Erbrechen, Nackensteifheit, Eiter …!«

»Verflucht und zugenäht! Ausgerechnet uns muß das passieren! Und wie behandelt man denn so was, Doktor?«

»Es gibt nur einen Weg: Operieren.«

»Können Sie diese Operation ausführen?«

Schweigen. Ein langes, bedrückendes Schweigen …

»Was ist, Doktor? Können Sie's oder nicht?«

»Ich habe so einen Eingriff noch nie gemacht. Außerdem fehlen mir auch die geeigneten chirurgischen Instrumente. Für einen Blinddarm reichen sie, aber nicht für eine solche Schädeloperation.«

Oesten kaut nachdenklich auf seiner Unterlippe. »Was passiert, wenn er nicht operiert wird?«

»Dann geht die Entzündung auf das Schädelinnere über ... und das ist lebensgefährlich!«

»Wenn ich also richtig verstanden habe, Doktor, dann bleibt nur eines übrig: Den nächsten Hafen anlaufen, damit der Mann sofort ins Lazarett kommt. Der nächste von den Japanern besetzte Hafen ist Penang bei Malaya. Bis dahin brauchen wir schätzungsweise noch zehn Tage.«

»So lange lebt der Kranke nicht mehr.«

Oesten trommelt den Takt des Dieselmotors auf der Tischplatte mit. »Gibt es noch einen anderen Ausweg?«

»Nein. Der Mann muß operiert werden, Herr Kaleu. Ich muß es versuchen. Auch ohne vernünftiges Besteck – und auch ohne Erfahrung ...«

Der LI, gebürtiger Pommer, hat bis jetzt geschwiegen. Nun fragt Kapitänleutnant (Ing.) Panknin: »Was brauchen Sie, Doktor? Irgendwelche passenden Werkzeuge werde ich schon haben. Meine Maschinen sind genauso empfindlich wie 'n Mensch.«

Ein erschütternder Vergleich für den Stabsarzt. Was hat ein Werkzeugkasten im Dieselraum mit sterilen Instrumenten eines Operationssaales gemein? Zögernd sagt er:

»Ich brauche einen kleinen Meißel und eine Art Löffel zum Ausräumen des erkrankten Gewebes. Sehen Sie, so ...« Mit der Gabel ritzt er Konturen auf die Tischplatte.

»In Ordnung«, sagt der LI und steht auf. »So was Ähnliches hab' ich. Muß es bloß ein bißchen zurechtfummeln. In einer halben Stunde kriegen Sie's.«

Oesten hat eine scharfe Falte über der Nasenwurzel. Mit gedämpfter Stimme fragt er den Arzt:

»Es kann genausogut schiefgehen, was?«

»Ja – weil ich eine Totalaufmeißelung machen muß. Man kann dabei leicht die Hauptader verletzen, die den Kopf mit Blut versorgt. Stoppen kann man die Blutung nicht ... Es ist eine schwierige und große Operation, selbst für Fachärzte. Na ja, ich will alles versuchen ...«

»Ich werde Ihnen zur Hand gehen, Doktor.«

Während der Kranke vom Stabsarzt eine Morphiumspritze gegen die unerträglichen Schmerzen bekommt, verwandelt Sanitäts-Gast Baumgartner die Offiziersmesse in einen Operationsraum. Über dem Tisch bringt Maschinenmaat Helferich noch zwei starke Lampen an.

»Offiziersmesse ist für jeden Durchgang gesperrt«, befiehlt Oesten.

Der Smutje rasiert dem Kranken den Kopf kahl. In der Kombüse brodelt Wasser zum Sterilisieren der Instrumente. Der LI bringt Meißel und Löffel und läßt sie ins kochende Wasser fallen. Die Schneide des Meißels ist haarscharf und halbrund. Das andere Instrument sieht einem Kaffeelöffel ähnlich.

Zwei Männer legen den Kranken auf den provisorischen Operationstisch. Der Sani zurrt den Patienten mit Lederriemen fest.

»Alles klar, Herr Kaleu«, meldet der Arzt. Er hat einen blütenweißen Kittel übergestreift.

»LI – auf achtzig Meter gehen«, befiehlt der Kommandant. Langsam taucht das Boot hinab in die See. Es wird eingependelt und liegt dann bewegungslos. In der Dünung der Wasseroberfläche wäre die Operation nicht möglich.

Der Arzt schrubbt sich die Hände in heißem Wasser. Sein weißer Mantel ist schon durchgeschwitzt. Die Temperatur im Boot schwankt zwischen fünfunddreißig und vierzig Grad. Oesten hat vor sich ein Tuch, auf dem die ausgekochten Instrumente ausgebreitet sind. Er assistiert bei der Operation. Als Sani Baumgartner den rasierten Schädel mit Jod abreibt, stöhnt der Patient leise.

Beruhigend streicht ihm der Doktor über die Schulter. »Keine Angst, es ist bald vorbei.« Das sagt er zu dem Kranken. Aber er sagt es auch zu sich selbst. Dann setzt er halblaut hinzu: »Narkose!«

Der Sanitäts-Gast legt die Gazenmaske auf das Gesicht des Patienten und tröpfelt Äther aus der Flasche. »Jetzt mußt a bisserl zählen.« Baumgartner verfällt in seinen Heimatdialekt. Er stammt aus Niederbayern, aus Kelheim an der Donau.

»Eins, zwei, drei, vier, fünf ...« Knolls Stimme wird leiser. Er kommt bis dreiundzwanzig. Dann schläft er tief.

Mit dem Skalpell in der Hand tritt der Arzt an den Tisch. Noch einmal wirft er einen Blick auf Oesten und den LI, dann beugt er sich über die Operationsstelle.

Zwei Zentimeter hinter dem Ohr durchtrennt er die Haut mit einem bogenförmigen Schnitt bis auf den Schädelknochen.

Oesten steht wie angenagelt. Er starrt auf die jodgelbe Haut mit dem blutigen Einschnitt.

Der Sani spreizt die Wunde mit Haken auf, und der LI läßt Tropfen um Tropfen aus der Ätherflasche auf die Gesichtsmaske fallen.

Es ist still geworden im Boot. Im Bugraum und bei den Dieseln, in der Zentrale und an der E-Maschine – überall lauschende Männer. Sie hören nichts als halblaut gesprochene Worte in der Offiziersmesse: die kurzen Befehle des Arztes. Wird er es schaffen?

Der Doktor legt das Skalpell ab und läßt sich von Oesten Meißel und Hammer reichen. Das scharfe Werkzeug setzt er auf den Warzenfortsatz des Schädelknochens hinter der Ohrmuschel. Mit dem kleinen Hammer aus der Werkzeugkiste des LI schlägt er kurz zu.

Ein metallisches Klicken. Nicht sehr laut. Und trotzdem zucken die Männer von U 861 zusammen, als hätten sie selbst einen Hieb auf den Kopf erhalten.

Vorsichtig meißelt sich der Arzt einen Zugang zum Mittelohr hin. Das heraustretende Blut verfärbt sich schmutziggelb. Die Hitze wird immer schlimmer. Der Geruch von Äther und Jod ist beinahe unerträglich. Oesten muß sich auf eine Koje setzen. Sein Gesicht ist so totenblaß wie das des Patienten. Sein Magen rebelliert. Es würgt ihn im Hals.

Der LI verfolgt jede Handbewegung des Arztes. Manchmal unterbricht er seine Arbeit mit der Ätherflasche und tupft ihm mit dem Tuch den Schweiß vom Gesicht.

»Den Löffel«, sagt der Doktor und legt Hammer und Meißel beiseite.

Der LI reicht ihm das primitive Werkzeug.

Behutsam senkt der Arzt das Instrument in die Paukenhöhle, vorsichtig schabt er den Eiter aus.

Die Männer haben Angst um ihren Kameraden. Unter normalen Umständen ist eine Mittelohrvereiterung wahrhaftig nicht lebensgefährlich. Aber hier hat der Kranke zu lange geschwiegen. Nur ein winziges Mißgeschick schon kann sein Ende bedeuten ...

Wieder ein paar halblaute Worte. Heftiges Atmen. Und immer schlechter wird die Luft.

Endlich hört das widerliche, nervenzerrende Schaben auf.

Der Arzt tamponiert die Wunde aus und verschließt sie mit Klammern. Ein Stückchen Watte läßt er herausschauen. Jeden Tag wird er davon ein wenig abzupfen.

»Fertig«, sagt der Doktor, erschöpft und ausgelaugt.

»Gott sei Dank!« Oesten ist aufgesprungen. Jetzt kann er auftauchen lassen. Dieser durchdringende Geruch von Äther, Jod und Diesel ist nicht mehr zu ertragen.

Auf einer Tragbahre wird der Frischoperierte durch das Kugelschott in seine Koje im Heckraum geschafft. Langsam kehrt Farbe in das bleiche Gesicht des Maschinengefreiten zurück ...

»Wird er wieder hören können?« fragt der LI.

»Bestimmt«, antwortet der Arzt und seift sich die Hände ab. Jetzt zittern sie ...

U 861 hat die nördliche Zufahrt zur Malakka-Straße erreicht. »Glauben Sie, daß wir diese lausige Insel finden?« Jürgen Oesten ist neben den Kartentisch getreten. Er ist ausgesprochen mißgelaunt. Das Wetter ist hundsmiserabel. Ein Monsun-Regen löst den anderen ab. Die Wassertropfen sind so groß wie der Daumennagel eines ausgewachsenen Mannes. Im Boot dröhnt ein Monster-Trommelwirbel.

»Nach meinen Berechnungen und Goetsches letztem Besteck kann sie nur rechts voraus liegen«, versichert der Obersteuermann. Ein bißchen Unsicherheit schwingt aber doch im Unterton seiner Stimme mit. Kunststück, bei diesen Bedingungen und diesen behelfsmäßigen Kartenunterlagen. Der Obersteuermann tippt mit seinem peinlichst angespitzten Bleistift auf die Position. Er verlängert den Marschweg ... Naja, danach liegt die Insel tatsächlich voraus.

U 861 wird nämlich in Penang erwartet. Oesten hat seine Einlaufabsichten durch FT gemeldet ... weil es höchste Eisenbahn wird, einen Hafen anzulaufen. Die Treibölbunker fahren fast nur noch Seewasser statt schwarzblauen Lebenssaft für die Dieselmotoren. Das Boot steht über fünf Monate in See. Es ist auch sonst überholungsreif. Und die Besatzung ist es nicht minder ...

Als der Bordfunker Schürmann die Bestätigung und Antwort der deutschen Funkstelle in Penang in die Schlüsselmaschine M drückte, saß Oesten neben ihm. Sie sollen also nicht sofort bis nach Penang laufen, sondern im Eingang der Malakkastraße bei der hundert Seemeilen nördlich gelegenen Insel Langkavi auf ein japanisches Geleitfahrzeug mit deutschem Lotsen an Bord warten. Das mildert Oestens anfängliche Sorgen, sich ohne Spezialkarten und ohne Geleitschutz in diesen Flaschenhals der Malakkastraße hineintasten zu müssen. Wenn irgendwo gegnerische U-Boote auf Opfer lauern, dann doch nur hier und im Bereich der Insel Penang.

Nach diesem Spruch angelte die FT noch eine andere Meldung aus dem Äther. Sie stammte von U 859; Kapitänleutnant Jebsen ist der Kommandant dieses Monsun-U-Bootes. Es ist bereits vier Wochen länger unterwegs und funkte ebenfalls seine Einlaufmeldung.

Penang führt Regie: beide Boote sollen gleichzeitig eingeholt werden.

Die Freude auf U-Jebsen ist groß, das wird Jubel, Trubel Heiterkeit geben, denn schon in den Stützpunkten Bremen, Gotenhafen und Kiel haben sie mit ihren Kameraden von U 859 manche Buddel gelenzt, manchen Bolzen ausgeheckt. Auch die Offiziere verbindet mehr als nur eine Bekanntschaft untereinander. Oesten kennt Jebsen schon aus der Zeit des Aufbaues der U-Boot-Waffe, als dieser ihn einmal als WO auf U 20 ablöste.

Noch in der Nacht sehen sie die gesuchte Insel schemenhaft direkt voraus. Dann wieder verschluckt sie eine Regenbö. Das Besteck stimmt. Einen Händedruck für den Steuermann. Im Boot wogen die erwartungsvollen Gespräche auf und ab. Steuermann Gustav Goetsche kennt die südostasiatische Küste von früher her. Was er berichtet, geht den Lords wie Dortmunder-Union-Pils ein. Oesten tut das Seine dazu. Bis ihn die Rufe seines WO's auf die Brücke zitieren.

»WO an Kommandant, Dämmerung beginnt.«

Das versprochene Geleitfahrzeug suchen sie vergeblich. Und als schließlich im Schatten der Insel ein kleiner, schnellbootähnlicher Untersatz in Sicht kommt, blicken sie sich alle auf der Brücke betroffen an. Sollte das etwa der versprochene Geleitschutz sein? Fühlen sich die Japaner so sicher in diesem Raum? Oder ist es mit der in der Heimat so verherrlichten Stärke der Flotte unter dem Sonnenbanner bereits so schlecht bestellt?

Maschinenmanöver. Das kleine Boot schert längsseits.

Ein Oberleutnant zur See Charly Militzer meldet sich bei Kapitänleutnant Oesten ›gehorsamst als Lotse an Bord‹. Ihm folgen ein paar deutsche Seeleute. Sie schaffen zwei große Körbe mit Apfelsinen, Bananen, Kokosnüssen und japanischem Bier auf das Boot.

»Nun, kommen Sie man erst in die Messe, Militzer. Unten wartet ein heimatliches Frühstück auf Sie«, lädt Oesten den Kameraden herzlich ein.

Aber Militzer dankt. Er wehrt höflich, aber entschieden ab. Seine Augen wandern unablässig über die Reling, über die See. Er tritt von einem Bein auf das andere. Oesten lacht.

»Nicht so dienstbeflissen. Los, los. Sie werden staunen. Wir haben noch prima Hühnereier in unserer Tiefkühlanlage und auch noch frische Erdbeeren aus Old Germany. Und dann nehmen Sie das Dingsda ab.«

Mit dem Dingsda meint Oesten die gelbe, aufgeblasene Schwimmweste, die Militzer beim Einsteigen in das Boot doch nur behindern wird.

Aber der Oberleutnant läßt sich nicht beruhigen. Er behält die Schwimmweste um. Er ißt unten von dem Dargebotenen, weil er keinen Ausweg sieht. Er versucht von dem Rührei, dankt aber nervös, als ihm der gemütlich grinsende Smut noch einen Schlag nachreichen will. Er kostet ausgesprochen uninteressiert die köstlichen Erdbeeren. Oesten schaut mal ihn und dann seine Offiziere an. Sie sind ein wenig ärgerlich, daß dieser Oberleutnant den herzlichen Empfang nicht zu würdigen scheint. Schließlich aber, als sie allein in der Messe sitzen, als der Smut und seine Gehilfen nicht mehr zu sehen sind, plaudert Militzer aus dem Nähkörbchen …

Danach sieht die Sache ernst, verdammt ernst aus. Mit der vielgerühmten japanischen Seemacht scheint es wahrhaftig nicht mehr weit her. Und wenn man, wie Charly Militzer, schon einmal durch amerikanische Torpedos absoff und noch einmal davongekommen ist, möchte man ein zweites Bad solcher Art tunlichst vermeiden. Das sieht auch Oesten ein, in dessen Ohren die Worte des Oberleutnants nachklingen ... Die Propaganda der Japaner sei ja noch viel fantasievoller als die vom Lügenlord Goebbels ... die gelben Bundesgenossen dächten sich überhaupt nichts dabei, einfach ganze Seeschlachten zu erfinden, wenn es gälte, den Mythos von der Unbesiegbarkeit der Flotte des Tennos zu stärken ... sie hätten den Südostraum propagandistisch hermetisch, quasi luft-, staub- und schalldicht abgekapselt ... alle Kurzwellensender hätten sie beschlagnahmt ...

Oesten hebt die Messerunde auf. Sie verspüren auf einmal heftiges Verlangen nach frischer Luft.

»Wenn das man gut geht«, sagt Militzer leise.

Welch ein sattes Grün, welch eine Augenweide ... diese tropischen Inseln an Backbord.

Nicht ablenken lassen! Nur nicht ablenken lassen!

U 861 steuert dicht unter Land und im Zickzackkurs Penang entgegen. Sie passieren dabei eine Stelle in der Seekarte, die später einmal keiner von ihnen mehr aus seiner Erinnerung bannen wird ...

Das Anlegemanöver wäre was für die Wochenschau gewesen, so schneidig dreht Oesten mit Dieselmotorenkraft an den kleinen Pier des Hafens von Georgetown heran. Andere Monsun-U-Boote ruhen hier schon an den Leinen aus. Ihre Besatzungen sind an Oberdeck angetreten. Die Männer winken ... Aber unter diesen sind keine von U 859.

U-Jebsen ist also noch nicht eingelaufen ...? Noch immer nicht? Es stand doch voraus?

Der Stützpunkt hat wieder einen ganz großen Bahnhof arrangiert. Die schrillen Mißtöne der japanischen Militärkapellen gehen in Banzai- und Hurrarufen unter.

Seit dem 20. Juli ist nun auch bei der Marine der ›Deutsche Gruß‹ eingeführt worden. Oesten bekam den Befehl dazu durch FT auf den salzigen Ozean hinausgefunkt.

»An Bord mit erhobener Hand grüßen …? Bei uns nicht. In dieser engen Röhre haut womöglich morgens einer dem anderen die Hand unter den Riecher.« Also unterblieb dieses optische Bekenntnis an Bord.

Für die Begrüßung der Japaner vom Stützpunkt gilt es nun aber doch. Als Oesten dem Stützpunktleiter Meldung macht, fährt seine Hand prompt an den Mützenschirm. Dommes dagegen steht mit erhobenem, ausgestrecktem rechtem Arm vor ihm. Der japanische Admiral zwinkert mit den Augen. Offenkundig ist bei den Deutschen einiges unklar. Als wohlerzogener Japaner ist er viel zu taktvoll, sich seine Verwunderung anmerken zu lassen oder einen der beiden Herren nach dem Wieso und Warum zu fragen. Aber er denkt sich seinen Teil. Mißtrauen wird jedem Japaner in die Wiege gelegt.

»Was gehört von Jebsen?« fragt Oestens IIWO seinen Obersteuermann.

»Gerüchte, scheußliche Gerüchte!«

»Also doch, Achmed.«

Außer U 863 ging von den einzelbootweise nach Punkt Paula und Punkt Siegfried (wie Penang und Singapore aus Tarnungsgründen genannt werden) entsandten Monsunern nach Eintritt in ihr Operationsgebiet verloren:

U 852 am 3. Mai 1944 südlich von Ras Hafun vor der Somaliküste; U 198 am 12. August 1944 nordwestlich der Seychellen.

Von den restlichen Monsunern liefen außer U 181, U 196 und U 861 in Penang noch U 862 ein. Nach Batavia, das als U-Stützpunkt immer mehr an Bedeutung gewinnt, wurden U 537 und U 843 befohlen. Mit Ausnahme von U 862, U 837 und U 168 sollen diese Kampfboote als Rohstoff-Transporter den Rückmarsch in die Heimat ohne Zwischenoperationen im Indik antreten.

6.

Das Unternehmen Weißblech

Es geschah zur Zeit, da der jetzt in Soerabaja sitzende Kapitänleutnant Hoppe noch Stützpunktleiter in Penang war:

Vogel und Hoppe hocken in Korbsesseln auf der Veranda ihrer Villa. Sie dösen vor sich hin. Um sie herum ist wohltuende Stille. Hin und wieder rufen sich Nachtvögel, manchmal raschelt es im Laub zu ihren Füßen. Immer, wenn einer an seiner Zigarette zieht, flutet rötlicher Schein über das Gesicht, über ernste, nachdenkliche Züge.

Vogel reckt den Kopf, hebt nach Seemannsart witternd die Nase in die Luft. Da ist ein feiner, spürbarer Windhauch.

Er weht durch die offenstehenden Flügeltüren aus dem Zimmer heraus. Dort erkennt Vogel eine Gestalt.

Bewegungslos, abwartend, verharrt sie dort.

»Wong Ho?«

»Ich bin's, Sir. Verzeiht einem Unwürdigen diese nächtliche Störung.«

»Treten Sie doch näher«, fordert Vogel, der sich jugendfrisch aus seinem Sessel herausgestemmt hat, den späten Besucher auf. Am Tag darf es Wong Ho der japanischen Geheimpolizei wegen ja nicht wagen, die Privaträume eines der deutschen Offiziere aufzusuchen. Wenn er aber kommt, dann mit einem ganz besonderen Anliegen.

Der Chinese verneigt sich wiederholt, schüttelt immer wieder die Hände vor seinem Gesicht und beteuert erneut, er sei es nicht wert, daß ihn die großen Kapitäne auch nur eines Blickes würdigen.

Vogel, mit den chinesischen Bräuchen vertraut, benimmt sich, wie es die Sitte fordert. Er bietet Wong Ho seinen eigenen Platz an, denn er, der Gast, sei Vertreter uralter Kultur und höchster Weisheiten, er sei ein Würdiger, ein viel, viel Würdigerer, was Wong Ho wiederum unter erneuten Verbeugungen und unter Selbstanklage bestreitet.

Schließlich unterhalten sie sich über das Wetter, die Gesundheit und das Wohlbefinden, und Vogel erkundigt sich teilnahmsvoll nach Wong Hos Gattin, Kam-Ho, was ›Köstliche Pfirsichblüte‹ heißt. Er fragt nach den Kindern, nach Onkeln und Tanten und Großmüttern und Großväter. Als Wong Ho geht, wendet sich dieser noch einmal um und sagt leise: »Besuchen Sie doch einmal den Händler Tschan Li. In vierzig Kisten erwartet Sie große weiße Freude.«

Als der Vorstand einer der größten chinesischen Bäckereien, die jetzt für die Deutschen arbeitet, davongeschlurft ist, wendet sich Vogel an seinen Chef: »Sie wissen, was er meinte?«

»Weißblech.«

»Yes, Weißblech. Der kam gerufen wie Yen Huei, des Konfuzius Lieblingsjünger. Manchmal kommt es mir vor, als würden unsere chinesischen Freunde immer zur rechten Stunde ahnen, wenn uns der Schuh drückt.«

»Aber was nun? Von diesem Weißblech weiß der Japaner ebenso nichts wie von manchen anderen Posten. Die japanische Militärbehörde einweihen, würde mit der Beschlagnahme der 40 Kisten enden.«

»Als Dank bekommen wir vielleicht zehn Kisten ab«, sinnt Hoppe.

»Und verderben es mit unseren chinesischen Gönnern, die uns die Tips geben. Es scheint mir so, daß dieser Tschan Li bei der Sippe Wong Ho nicht sonderlich beliebt ist.«

»Beliebt oder nicht, wie kommen wir an die Bleche? Die letzte Partie, die Sie mit Unterstützung vom Konteradmiral Graf Maida in Batavia auftrieben, war ein Tropfen auf heißem Stein. Dommes hat's mir vorgerechnet.«

»Weiß, langt nicht hin, langt nicht her.«

Vogel wandert mit schwankenden Schritten auf der Veranda auf und ab, als stünde er auf der Brücke eines Überseeschiffes. Dann bleibt er stehen.

»Wir müssen bluffen.«

»Gewaltstreich?«

»Dachte ich auch, aber …«

»Nichts aber, wenn die Japaner von diesem Posten Wind bekommen, wird er im Handumdrehen konfisziert. Also morgen früh: Große Uniform, Orden und Ehrenzeichen ... Am besten ist es, Vogel, Sie verständigen gleich den Verwaltungsfeldwebel Klosseck. Der ist ja sowieso zuständig.«

»Woll«, sagt Vogel und macht sich auf den Weg. Dieser Klosseck, gebürtiger Schlesier, stammt vom Hilfskreuzer *Thor*. Da er sich in seinem erlernten Zivilberuf auf die Kunst des Konservierens versteht, hatte ihn Vogel von Tokio für den Stützpunkt Penang angefordert.

»Moment noch«, ruft Hoppe seinem Adju nach. »Da fällt mir ein, der Klosseck soll doch mal bei den Japsen herumhorchen, wie hoch jetzt der offizielle Kurs für Weißbleche steht. Aber Vorsicht, daß die Brüder nichts merken.«

Kapitänleutnant Hoppe und Oberleutnant Willy Vogel brausen am nächsten Morgen in blütenweißer Uniform, von zwei Obergefreiten begleitet, vor der Villa des Händlers vor. Während die beiden Soldaten die Straße in diesem Bezirk, in dem nur reiche Chinesen wohnen, vor Japanern absichern, läßt sich Vogel, der chinesischen Sprache mächtig, bei Tschan Li melden. Und damit der reiche Scheinimann sich nicht etwa verleugnen läßt, folgen die beiden Herren dem Diener auf dem Fuß.

Tschan Li fällt buchstäblich aus allen Wolken, als ihn Vogel in vollendetem Nanking-Chinesisch nach den 4o Kisten mit dem Weißblech fragt. Erst will er ausweichen. Er kaut mit geschlossenem Mund auf einer noch unausgegorenen Ausrede herum. Er zupft, um Zeit zu gewinnen, an seinen Bartfäden herum. Seine Gesichtshaut hat die Farbe von Lava-Asche angenommen, so entsetzt und so bestürzt ist er. Woher kennen diese Germans sein Geheimnis, sein ganz großes Geschäft?

Doch da wandert sein Blick durch das Fenster, auf die Straße, auf der die beiden Soldaten auf und ab gehen ... Was hatte der eine der beiden Offiziere durchblicken lassen: ›Wenn die Kempetai von den Weißblechen erfährt, dann ...‹

Schon der bloße Gedanke an eine Begegnung mit dieser berüchtigten und gefürchteten japanischen Geheimpolizei treibt Tschan Li, so sehr er sich auch müht, Haltung zu bewahren und Gelassenheit zu spielen, dicke Schweißperlen ins Gesicht. Er sieht es ein, Leugnen hat hier keinen Sinn. Das macht die Sache nur noch schlimmer. Außerdem: die blütenweiße Uniform, die Orden ... Also scheint die Sache offiziell zu sein.

Tschan Li verneigt sich ehrerbietig. Unter dem Rascheln der kostbaren Seide seines Gewandes murmelt er eine Entschuldigung. Er habe nicht gleich verstanden, was die Herren wünschten. Aber natürlich, natürlich ...

Oben, unter dem Dach, läßt Tschan Li Reisstrohmatten beiseite zerren. Darunter werden Kisten sichtbar. Es sind 45 an der Zahl.

Als Vogel den Preis nennt, den er pro Tonne zu zahlen gewillt ist, hebt der füllige Chinese beide Hände. Das sei viel zuwenig. Viel, viel zuwenig. Das bedeute seinen und seiner Sippe völligen Ruin.

»Ehrwürdiger Tschan Li«, sagte Vogel höflich und leise, »nehmen Sie doch bitte Vernunft an.« Das Zetern des Chinesen ignorierte er. Dieses Jammerzeremoniell gehört zur Geschäftspraxis. Wenn nur ein Prozent davon wahr ist, ist's sehr viel sogar. »Dieser Preis, mein lieber Herr Li, entspricht dem offiziellen Kurs, den man Ihnen zubilligen würde, wenn Sie diesen Posten Weißblech den japanischen Behörden angeboten hätten ... von sich aus angeboten, verstehen Sie ...«

Tschan Li versteht sehr gut und auch sehr schnell, was der deutsche Offizier damit sagen will: weil er die Bleche nicht anbot, könnte die Ware jetzt ohne auch nur einen Penny Entgelt beschlagnahmt werden, dieweil er, der angesehene, vermögende, aber zu seinen eigenen Landsleuten nicht immer hilfsbereite Tschan Li, in sehr engen vier Wänden in der Gesellschaft von Ratten dann Zeit zum Überlegen haben würde, was falsch war und weshalb und wieso sein Geheimnis ans Tageslicht drang.

»Also?« bohrt Vogel. »Keinen Penny mehr, keinen weniger.«

»Okay. Aber nur, wenn der Japaner nichts erfährt.«

»In Ordnung. Du bekommst noch einen Sack Reis dazu.«

Nun nimmt das Pergamentgesicht wieder Farbe an. Tschan Li lächelt ölig. Reis ist für einen Chinesen fast noch schwerer zu beschaffen als Weißblech für die Deutschen.

Bei Nacht und Nebel läßt Willy Vogel die Kisten abfahren. Den LKW, den die Japaner dem Stützpunkt zur Verfügung gestellt haben, darf kein japanischer Posten anhalten. Das hat Hoppe durchgesetzt.

Und Sorgen, daß Tschan Li aus dem Geschäft etwa aussteigen, daß er die Kisten während des Tages etwa beseitigen lassen könnte, hat er nicht. Ein einmal abgeschlossenes Geschäft ist für einen Chinesen tabu.

»Bei Licht besehen, war's ein regelrechter Überfall«, meint Hoppe hinterher.

»Man kann's auch Erpressung nennen. Scheußlich.«

»Unsinn. Keiner von uns hat doch im Ernst daran gedacht, Tschan Lie etwa zu melden, wenn er abgelehnt hätte. Einigen wir uns darauf, daß es Notwehr war.«

Und Notwehr war es, zu dieser Selbsthilfe greifen zu müssen, seitdem sich die Verproviantierung der zahlenmäßig immer stärker angewachsenen U-Bootgruppen im Südostraum zum Problem Nummer eins entfacht hat.

Als sich die beiden Offiziere umgezogen haben, stößt Hoppe seinen Adjutanten an:

»Wissen Sie, Vogel, was mir einfällt: Es waren 42 Kisten. Mit der Zahl 42 scheint es bei Ihnen eine ganz besondere Bewandtnis zu haben.« Als er dies mit einem Augenzwinkern sagte, läßt er ›Black and White‹ in zwei Wassergläser fließen. Ja, die Zahl 42.

Als um jene Zeit im Südostraum Penang als U-Boot-Stützpunkt ausgerüstet werden sollte, wurde der schon früher von Südamerika nach Japan herübergekommene deutsche Frachter *Quito* [21], der bisher den Japanern Transporthilfe geleistet hatte, mit Nankin-Dosenproviant für Penang geladen. Außerdem bekam er eine Regelstelle für Torpedos eingebaut. Neben dem Beuteproviant aus der Prise des Hilfskreuzers *Thor* (zweite Reise), einem 7131 BRT großen Passagierdampfer mit Fleisch, Obst und Gemüse auf dem Weg von Australien zur Burma-Front, hatte er aber noch andere Kostbarkeiten und Mangelware an Bord: Gekauft mit den waschechten Scheinidollars. Auf dem noch übervollen Schwarzmarkt in Shanghai. Die Japaner hatten ja keinen blassen Dunst von der dollarschweren Beute auf der Prise, als diese einkam. In marineeigenen und daher nicht kontrollierten PKWs war das Geld aus dem Hafen in die Deutsche Dienststelle gefahren worden. Ein Teil wurde von dort später per Kurier nach Shanghai gesteuert.

»Denken Sie auch daran, viel Schokolade einzukaufen«, hatte einer der Herren die Aufkäufer gemahnt. »Sie kann sich im Südostraum als sehr nützlich erweisen. Die Herren der japanischen Marine mögen sie besonders gern.«

Die *Quito* erreichte nach einigen Pannen Batavia, in dessen Hafen gerade die *Alstertor* lag. Dieser Blockadebrecher und Hilfsversorger hatte eine ganze U-Bootausrüstung, zwei Ersatz-Sehrohre, Torpedos und Reserveteile für ein U-Boot an Bord. Die *Quito* übernahm diese Teile für den Stützpunkt Penang. Mit ihrem Eintreffen war U-Boot-Dauerproviant vorerst in genügender Menge vorhanden.

Aber an Frischproviant, an Kartoffeln und an Graubrot mangelte es. Die japanische Marine zeigte sich wohl sehr hilfsbereit. Sie lieferte aus eigenen Beständen, was sie nur abtreten konnte, aber über größere Frischfleischreserven verfügte sie auch nicht. Reis genügte den Japanern.

Blieb also nur der ›freie Markt‹, der Schwarzmarkt in Singapore.

Kartoffeln standen in den Sternen. Die Südostasiatischen Süßkartoffeln waren einfach nicht zu genießen. Grund genug für Dommes, später auf Java, auf der ehemaligen Teeplantage Tschikopo, den Anbau europäischer Kartoffeln versuchen zu lassen, was auch glückte.

Willy Vogel, der Asien von seinen früheren Fahrten her so gut kannte wie heute sein Revier um ›Cuxendorf‹ und der auch längere Zeit in Fernost an Land tätig war, bohrte prophylaktisch und zielsicher die einzig richtige Quelle an: die Chinesen.

Mit den Scheinis hatte er bisher nur beste Erfahrungen gemacht. Auf der Suche nach einer Bäckerei für das Nankin-Mehl kam es dann zur Begegnung mit Wong Ho.

»Ich merkte gleich, mit dem Mann war Freundschaft zu schließen. Mit dem mußte sogar Freundschaft geschlossen werden. Dieser Chinese haßte die Japaner, wie ein Chinese nur einen Japaner hassen kann. Ich konnte auch etwas für ihn tun. Er hatte eine riesengroße Familie, er brauchte Reis. Vor allem in Singapore hatten die Japaner Reisbestände gehortet. Ich versuchte es über die japanische Marine, und wenn die Navy nicht mehr konnte, dann klopfte ich beim Heer an. Ich habe auch vom Heer Reis bekommen, nur durfte das wieder die Marine nicht wissen, oder umgekehrt.

So nach und nach wurde eine echte Freundschaft aus der Bekanntschaft mit Wong Ho. Daß ich ihm mit Einverständnis des CIS auch etwas Mehl abließ, war ein Freundschaftsdienst, der sich einmal zehnfach bezahlt machen sollte. Denn eines Tages, das war ein klares Rechenexempel, würden auch die Fleischkonserven aus der *Ex-Nankin* aufgebraucht sein. Und dann?

Wong Hos Frischbrot, ein Graubrot nach unseren Rezepten, schmeckte prima. Roggenmehl hatten wir ja in Shanghai beschafft. Bezahlt mit blütenreinen Nankin-Dollars. Das hört sich alles so einfach an, aber welch ein mühevoller Weg, ehe Hein Seemann neben dem obligatorischen Reis täglich seine drei oder vier Scheiben Brot empfangen durfte.

Drei bis vier Scheiben! Das ist kein Druckfehler.

Zum Frischbrot besorgte Klosseck frisches Wasserbüffelfleisch. Es ist zwar nicht besonders zart und ziemlich grobfaserig, aber es war frisches Fleisch. Das war entscheidend.

Und damit begann Klossecks Wirken:
Fleisch und Brot zu konservieren.

Den Dreh herauszufinden, das Brot einzudosen, nahm Wochen in Anspruch. Wong gab sich verzweifelte Mühe. Er schuftete sogar in den Nächten. Endlich hatte er den Bogen raus: es mußte vorgebacken und dann in die Dosen hineingebacken werden, dann hielt es sogar eine ziemlich lange Zeit.

Mit den Dosen aber lag der dornenreiche Gang nach Canossa erst noch vor uns …«

Und es wurden viele draus.

Erst schaltete sich Tokio ein und beschaffte eine neue Partie, einen kleinen Posten, gerade ausreichend, um ein U-Boot mit Dauerproviant auszurüsten.

Über Wong Ho lernte Vogel einen anderen zuverlässigen Chinesen kennen, den Klempner Tai Fu. Sein erster Freundschaftsbeweis waren zwei Kisten mit Weißblech, genug für ein paar hundert Dosen.

»Da gibt es noch gutes Weißblech. Vier gebrauchte Gallontens. War Petroleum oder Schmalz drin«, flüsterte Tai Fu Vogel zu.

Aber diese großen, vierkanten Weißblechfässer waren, wie alle anderen Metalle, von Japanern bereits erfaßt. Vogel mobilisierte die Marine. Der Schokolade wegen sah man ihn stets gern. Aber die Kollegen von der blauen Achsenzunft bedauerten. Hier habe das Heer zu sagen. Das Heer bedauerte auch. Diese Posten seien noch nicht erfaßt, die Sache läge noch im Zuständigkeitsbereich der Geheimpolizei. Ob der vielen Zuständigkeiten bekommt Willy Vogel keine Zustände. Er fügt sich in sie mit asiatischem Gleichmut. Er lächelt und handelt. Der Chef der Kempetai hört sich Vogels Sorgen an. Das Wunder geschieht. Er besorgt die vier Gallontens und noch eine dazu, einen total verrosteten Behälter, den die Kempetai-Männer bei einem Inder ausgegraben haben.

Tai Fu stellt sieben Chinesen in seinem Betrieb ein. Sie zerlegen die vierkanten Dinger, walzen die Bleche glatt, schneiden sie in Streifen, entrosten, säubern und desinfizieren sie und handwerken am Ende blitzende Zwei-Kilodosen daraus. Welche Mühen! Welche Umwege!

CIS Dommes, immer auf der Suche, die Ausrüstung der Boote zu verbessern, regt die Konservierung von einheimischem Obst an, denn diese von der *Nankin* stammenden Vorräte werden auf die Dauer nicht reichen. Außerdem mag Hein Seemann die ›Stringbeans‹, diese eingedosten langen grünen Bohnen aus Australien, gar nicht so gern.

Von Erfolg gekrönte Versuche: malayische Rambutans und Mangopflaumen zu konservieren, einheimische Obstsorten, die jahraus jahrein auf den Bäumen wachsen und süß wie Zucker schmecken. Und auf Tschikopo andere: europäische Gemüse anzubauen und zu ernten, so Mohrrüben, Sellerie, Tomaten, Schnittlauch und Kohl.

Verdruß und Pech: Bei Bananen erleben die Konservenmixer eine böse Überraschung. Die mehligweichen Früchte werden nach der Konservierung in Dosen hart wie unreife Birnen. Tschikopo gehörte übrigens dem deutschen Plantagenverein, der auch unter holländischer Verwaltung die Treuhänderschaft behielt. Auf diesem 4400 Morgen großen Gelände, auf dem nun die Teesträucher anderen Zwecken weichen mußten, steht noch aus der Zeit des Weltkrieges Nummer eins ein Denkmal, das an Graf Spees Geschwader erinnert. Zum militärischen Leiter der Farm hat Dommes Kapitänleutnant Tangermann von der *Brake* bestimmt. 400 Javaner stehen ihm als bezahlte Hilfskräfte zur Verfügung, willige, fleißige Eingeborene. Und ein ehemaliger Maschinist der Kaiserlichen ›KM‹ wird Tangermanns rechte Hand in allen technischen Fragen. Dommes: »Man ahnt ja gar nicht, was man mit ein bißchen Blech, Hammer, Nägel, Zangen und Lötkolben alles anfangen kann.«

Vogel läßt Kokosnüsse zerkleinern und schnitzeln. Sie sind ja vitaminreich, wie der Stützpunktarzt Dr. Schlenkermann versichert. Auch rein – in die Dosen, wie Ananas und jene so delikaten Bambus-Schößlinge, sonst ein Gemüse für die Gaumen ausgesprochener Gourmets. Sind die Herren Seelords etwa keine?

Eines Tages besucht Dommes die Dosenbrot-Fabrik, ein auf die Verhältnisse bezogen anmaßendes Wort. Er glaubt seinen Augen nicht zu trauen. Die hier tätigen Malayenfrauen geben sich alle Mühe, das Brot mit kleinen Hämmerchen in die Dosen zu klopfen.

»Nanu, sind die Brote zu lang geraten?«

»Nein, aber die Dosen zu kurz.«

Die Weißblechstreifen der einen von den Scheinis gelieferten Partie waren zu schmal. Man hatte vergessen, Wong Ho zu verständigen.

Und als auch die letzte geheime Quelle für Wasserbüffel in Malaya endgültig versiegt, macht Vogel auf Java einen ehemaligen deutschen Schlachter aus, einen naturalisierten Holländer. Dieser schon etwas betagte Herr wohnt in Bandung, in Javas früherer Hauptstadt. Hier betreibt er wieder seine kleine Fleischwarenfabrik, nachdem sie ihm die Japaner unter deutschem Druck zurückgegeben haben. Er und sein Assistent, ein deutscher Chemiker mit einem für Konservierungsversuche gut geeigneten Waschküchenlabor, beschaffen Wasserbüffel in jeder Menge. Im Gegensatz zum ausgelaugten Malaya fließt im Paradies Java noch immer Milch und Honig.

Vogel brummt mit einer Arado nach Java. Auf den Geschmack komme es an, auf den deutschen Geschmack. Nur das allein ist der Zweck der Gespräche und der Proben. Man sieht, auch in diesem Punkt läßt es Vogel nicht an gebotener Gründlichkeit fehlen, die einem Grand-Hotel-Generaldirektor zur Ehre gereichen würde.

Die Sache mit der Fleischkonservenfabrikation in Bandung kommt prächtig in Schwung: Goulasch à la Czikos, Rouladen à la Schlicktown ... Eingedost. Numeriert. Verladefertig für die Grauen Wölfe ...

Sie türmen sich zu Bergen.

Und wieder schmilzt der Vorrat an Weißblech zusammen. Und wieder stehen Willy Vogels Sterne günstig. In der Nacht klopft es an der Tür der Villa, in der Willy Vogel wohnt. Es ist ein zaghaftes, aber drängendes Klopfen. Tai Fu ist völlig aufgelöst, verzweifelt. Sein Schwager, Oberhaupt einer großen chinesischen Familie, sei von den Japanern einberufen worden, denn die Japaner kassieren alles, was von den Chinesen und Malayen einen Spaten, einen Pickel, eine Schaufel bewegen kann, um Straßen an der Burmafront zu bauen.

»Wo steckt er denn?«

»Er sein noch in Kaserne in Penang, wartet auf Abruf zur Zwangsarbeit[22].«

Vogel weiß, wie groß die Chinesen das Wort ›Sippe‹ schreiben, wie eng die Familienbande sind, wie sehr sie ihre Alten verehren und ihnen sprichwörtlich dienen, im Gegensatz zu Europa, wo man Alte, die zu keiner Arbeit mehr fähig sind, zum alten Eisen tut.

Haben Chinesen nicht allen Grund, wenn sie die Europäer Barbaren nennen ...?

»Ich will's versuchen, Tai Fu.«

Lautlos, wie er kam, verschwindet der Chinese.

Morgens fährt Vogel mit dem Stützpunktdolmetscher zum Kempetai-Chef, in die Höhle des Löwen. Der Dolmetscher übersetzt:

»Ich brauche diesen Mann für unsere Proviantherstellung.«

»Wir ihn zum Straßenbau.«

»Er ist aber Spezialist.«

»Beweisen Sie es.«

»Sie verlangen etwas, was Sie selbst nicht gutheißen, würde man es von Ihnen fordern, weil Ihre Versicherung gilt.«

Der Kempetai-Boß lächelt, hebt den Hörer des Telefons und

spricht mit dieser, dann mit jener Dienststelle. Die Uhr gongt zehn, als der Dolmetscher übersetzt:

»Herr Oberleutnant Vogel-San, Sie können über diesen Mann verfügen. Er ist frei.«

In der nächsten Nacht klopft es wieder, wohl zaghaft, aber nicht mehr drängend und ängstlich. Tai Fu und sein Schwager Yang Ho sind es. Es kostet Vogel viel Mühe, sich ihrer Dankesbezeugungen zu erwehren.

»Wir lassen Sie nie im Stich. Nie.«

Die Befreiung des Sippenchefs Yang Ho vom Arbeitseinsatz wird zum Schlüssel für jede weitere Beschaffungsaktion.

Schlagartig hören alle Blechsorgen auf. Woher Yang Ho und seine vielen, vielen Familienuntertanen diese Raritäten beschaffen ... über Dschungelpfade ... über Dschunken, die heimlich und auf nur den Eingeborenen bekannten Küstengewässern zwischen Singapore, Sumatra, Borneo, Saigon oder Hongkong verkehren ... das erfahren sie im Stützpunkt nicht. Wenn Vogel feststellt: »Wir brauchen mindestens eine Tonne«, türmen sich schon bald zwei Tonnen auf Lager.

Schlagartig gibt es auch keine Proviantsorgen mehr. Zu jedem gewünschten Termin schleppen Yang Hos Sippenmitglieder an Verpflegung heran, was der U-Boot-Stützpunkt braucht.

Die Nöte, genügend Stoffe für die Zivilsachen und Ausgehuniformen der neuen U-Boot-Besatzungen zu erhalten, weil diese rationierten Spinnstoffwaren auch bei den Japanern seit langem knapper und knapper werden, sind wie weggeweht. Willy Vogel bekommt über die dunklen Kanäle der Sippe Yang Ho, was er braucht – und mehr als das. Und eine chinesische Schuhfabrik, der Teufel soll's holen, wenn deren Besitzer nicht auch einer von der Sippe Yang Hos ist, liefert Schuhe nach Bedarf. Feldwebel Klosseck braucht bloß die Größen anzugeben. Nachher haben sie sogar 100 Paar Schuhe zuviel. Und da die Deutschen in Japan schon lange auf immer dünner werdenden Sohlen laufen, kann Penang sogar aushelfen. Ein U-Boot, das zum Batteriewechsel nach Japan fährt, nimmt die Schuhe mit.

Und alles, auch die Schuhe, zu normalen Preisen. Und ohne viele Worte.

Bloß die Sache mit der Seewasserseife wird nachgerade zu einer Doktorarbeit. Kokosöle und Fette sind zu bekommen, Seifenstein dagegen nicht. Vogel bekommt eine deutsche Firma in Siam vermittelt und von dieser zwei Fässer mit Ätznatron-Soda-Gemisch.

Das Rezept für die Seewasserseife funkt die Heimat. Aber es kommt, da als chemische Formel aufgegeben, nur unvollständig an. Mit Hilfe der Scheinis zaubern sie dann aber doch ein brauchbares Produkt, das in Salzwasser schäumt.

Dommes bestellt Vogel zu sich. »Morgen wird wieder ein Boot erwartet. Schön wär's ja, wenn wir den Jungens ein delikates Festmahl bieten könnten.«

Als Willy Vogel nichts sagt und seinen Zeigefinger gegen die Tischplatte bohrt, meint Dommes noch: »Ich weiß, es wird von Tag zu Tag schwerer.«

»Ich will's versuchen. Es hat ja bisher immer geklappt.«

Bloß wie, das darf der CIS von Amts wegen nicht wissen, Tai Fu bekommt Nachricht, daß man ein Festessen plane ...

Am nächsten Morgen liegen Hühner, Enten und herrliche Früchte in der Kombüse.

»Ich wette, die sind wieder geklaut, nicht mal auf dem blackmarket gibt's ja so was in solchen Mengen.«

»Sie brauchen Urlaub, Klosseck«, knurrt Vogel. »So etwas träumt man nicht einmal, statt es zu sagen.«

7.

»An Land«, sprach der Kapitän ...

Sie bummeln die breite Strand Road herunter, an Traumvillen vorbei, unter im Monsumwind sich wiegenden Palmen entlang, von der machtvollen Melodie der Brandung begleitet. Sie folgen denen, die es brandeilig hatten, die ihre Rikschakulis zu höchster Marschfahrt antrieben. »Hälloh boy, w'oann Dollar more« ... in einen gepflegten parkähnlichen Garten hinein ... auf ein pompöses Bauwerk zu ... mehr Schloß als Villa ... einst der Privatbesitz eines millionenschweren Chinesen ... jetzt das Freizeitheim für die deutschen Unteroffiziere und Mannschaften vom Stützpunkt und aus den U-Booten im Hafen. In den Akten wird es offiziell als ›Shanghai-Hotel‹ geführt, die Lords aber nennen es: ›Das Haus der Tausend Freuden.‹

Als Kuddel Hollenkamp, Obermaat Schorsch Körber und Hein Gummi mit einigen anderen Kumpels von den Booten und vom Stützpunkt die breite Freitreppe hinaufsteigen und durch das weite Portal ins Dämmerlicht der Halle treten, bricht die Musik ruckartig ab. Die Hawayen Boys, angelernt und betreut vom Funkobergefreiten Osterfeld, haben die Gesichter der Neuen erspäht. Sie stimmen den Begrüßungssong an: *Eine Insel zum Träumen geboren.*

»Na, habe ich zuviel versprochen?« stößt Hollenkamp Körber an. »Alles nach eigenen Ideen eingerichtet und ausgebaut.«

»Das sieht man«, lacht Körber. Er zeigt auf die Wände mit den Zeichnungen. Sie stellen dar, was das Haus zu bieten hat. An einer bleibt die ausgestreckte Hand des Maschinenkumpels hängen.

Man sieht darauf einen Seemann, der Holz hackt, daß die Splitter fliegen.

»Nun weiß ich auch, warum es die Makkers auf der Strand Road so eilig hatten«, fällt es Körber ein.

Just im gleichen Augenblick drängt sich eine filigranzarte Chinesin an dem Maschinenobermaaten vorbei. Sie trägt einen straffen Anzug, der wie ein Schlafanzug aussieht, und sie hat zierliche, leuchtend bunt bestickte Pantöffelchen an den Füßen. Schorsch Körber schlägt das Herz im Halse bei dieser blutvollen Tuchfühlung.

»Mann, Kuddel.«

»Du mußt nur Obacht geben, daß sie eine große rote Plakette tragen. Von der, die keine hat: ›Hands off, sailor.‹«

»Verstehe«, nickt Schorsch Körber. Dann sagt er: »Hübsch sind sie ja, die Scheini-Mädchen. Aber hinten nix, vorne nix. Die scheinen alle in Mönchen-Gladbach auf die Welt gekommen zu sein.«

»Davon verstehst du nichts. Platt wie ein Waschbrett ist das chinesische Schönheitsideal. Sei unbesorgt, es gibt auch andere ... Malayinnen, Inderinnen, Burmesinnen und Mischlinge. Vertreterinnen aller Rassen und alle Schattierungen. Cocktails, hübsch zum Niederknien. Da, guck dir das an, da kommt Tong Sui aus Thailand. Und hinter ihr, kannst du sie sehen, das ist der ›Blaue Diamant‹ ... Na?!«

Maschinenmaat Körber holt tief Atem. Dann fährt es ihm heraus: »Donnerwetter, das allerdings sind Realitäten.«

Doch bevor sie in den großen Saal eintreten, müssen sie am Unteroffizier vom Dienst vorbei.

Der UvD ist Reservist und im Zivilberuf Verkäufer in einem Damenmoden-Geschäft.

»Was darf's sein, die Herren?« schnurrt er los. »Bitte in den Räumen von jeder Barzahlung Abstand zu nehmen. Tickets aller Art sind bei mir zu haben.«

»Sind wir die ersten?« fragt Hollenkamp.

»Genau, die Herren. Und nun wählen Sie bitte: Grüne Tickets: Ringelpietz, zwanzig Cents; Kühles Blondes: gelb, einen Dollar; Rapportwasser: blau, achtzig Cents; und die Krönung von allem: diese zartrosa Tickets, die kosten nur acht Dollar das Stück. Greifen Sie zu, meine Herren!«

Hein Gummi grinst. »Deinen Jabbell möcht ick haben.«

»Ihr Lob ehrt mich, mein Herr. Und nun weise ich pflichtgemäß auf die Hausordnung hin.« Der UvD zeigt auf die Tafeln neben der Tür. »Ich hab's nicht gern, wenn nachher Klagen kommen.«

Hein Gummi zieht Hollenkamp weiter.

»Nu komm schon, ick habe Durscht.«

Als Hein Gummi und Hollenkamp den Tanzsaal betreten, greifen die Musikanten hastig nach ihren Instrumenten. Es ertönt eine vertraute Melodie: ›Heimat, deine Sterne.‹

Ein wenig seltsam, des Reichswehmutssängers Stimme aus dem Berliner Wunschkonzert hier zu hören – 16 000 Seemeilen von der Heimat entfernt ...

»Zwei doppelte Whisky«, bestellt Hein Gummi und läßt sich nahe der Terrassentür in einen Korbsessel fallen.

»Das ist Mister Tschu Ling«, stellt Hein Gummi seinen chinesischen Begleiter am nächsten Tag Obermaat ›Kuddel‹ Hollenkamp vor. »Damit du's weißt, er gehört zum Unternehmen Weißblech.«

»Ach so, verstehe. Und nun?«

»Tschu Ling hat uns eingeladen. Nicht wahr?«

Tschu Ling blinzelt geheimnisvoll und bewegt den Kopf ein paarmal nach vorn.

»Big game«, sagt er nur.

Dann gehen sie.

»Etwa da 'rein?« will Hollenkamp wissen, als sie die Gambling Farm, Penangs Vergnügungsplatz am Tonga-Park, erreicht haben.

»No nix gutt for you«, grinst Tschu Ling. Er schlängelt sich zwischen zwei Tanzhallen hindurch und gibt Zeichen, ihm zu folgen.

Tschu Ling hat sie in eine Spielhölle geführt. Auf dem Tisch, den Malayen und mehr noch Chinesen aus allen Gesellschaftsschichten, satte Kaufleute neben ausgezehrten Riksha-Kulis, Arme und Reiche säumen, liegen die blauen Zehndollarscheine zu Bündeln. Zinngewichte beschweren das Geld.

»Rien ne va plus.« Der Bankhalter, ein in Rohseide gekleideter, eleganter Mischling, sagt an. Und auf dem Tisch hebt eine junge Chinesin mit geschickten Händen mit unwahrscheinlich langen, aber bewundernswert gepflegten Fingernägeln die Porzellanschale, die sie vorher hin und her bewegte, auf. Drei lange Würfel aus Eifenbein werden sichtbar. Die Zahlen, die sie oben zeigen, macht die hübsche Chinesin nun lässig lächelnd im großen für alle bekannt. Sie dreht die drei großen Würfel neben sich in die gleiche Konstellation. Bis dahin herrschte die Ruhe der Spannung. Nun bricht taifunartiger Lärm los. Der Bankhalter streicht die Einsätze ein. Der Gong verkündet lärmend den ganz großen Wurf:

Dreimal die Eins.

Keiner hatte auf sie gesetzt. Wenn, er hätte das Einhundertsechzigfache seines Einsatzes herausbekommen.

Hier rollt keine Kugel wie in Monte Carlo. Würfel ersetzen sie. Unter der Porzellanschale geschüttelt bleiben sie bis zum ›Rien ne va plus‹ den Augen der Spieler verborgen.

Die Chancen scheinen nicht gering. Man kann seinen Einsatz schon verdoppeln, wenn man nur richtig rät, ob die Summe der drei Zahlen gerade oder ungerade ist, ob groß oder klein. Man kann aber auch aufs Ganze gehen, eben auf die drei Einsen oder die drei Sechsen. Auf einer Tafel im Hintergrund zeigen große Kreidezahlen die bisherigen Würfe des Abends an. Es sind bis jetzt auch noch keine Dreien gefallen.

Briesicke wirft einen Zehndollarschein auf den Tisch. Er tippt auf die Neun.

»Spezial?« fragt der Bankhalter.

Hein Gummi nickt. Er wettet auf dreimal die Drei. Ihn reitet der Teufel. Dieser Wurf kommt oft den ganzen Abend nicht vor. Tschu Ling sagt nichts. Was er denkt, ist ihm nicht anzusehen. Er hat nur auf neun gesetzt. Aber auf Zahl. Auf die Quersumme also.

Die Würfel sind gefallen. Sie zeigen die Eins, die Zwei und die Sechs. Es ist keine Drei dabei. Aber die Quersumme ist neun.

Tschu Ling streicht das Fünfzehnfache seines Einsatzes ein.

Jetzt riskiert auch Hollenkamp eine Neun. Was gut war, kommt wieder. Mit Mathematik und Wahrscheinlichkeitsrechnung ist hier nichts zu wollen. Er folgt seinem Gefühl – was auch seinem Naturell entspricht. Er geht aber zur Sicherheit auf Centre. Also nicht auf Zahl.

Hein Gummi aber bleibt stur. Er will die drei Dreien sehen. Die lächelnde Chinesin bewegt die Porzellanschale immer noch hin und her. Als das ›Rien ne va plus‹ fällt, als ihre langen Finger mit den langen Nägeln die weiße Schale vorsichtig und, um die Spannung zu erhöhen, sehr langsam, sehr behutsam abheben, geht eine Bewegung durch die Zuschauer auf der Seite, wo die Deutschen mit ihren Chinesen stehen. Eine Hand verteilt die Menge, eine gelbe, spinnige dürre Hand. Sie fährt auf Tschu Ling zu. Dann sehen sie auch das Gesicht. Es ist das eines alten Chinesen. Er drängt sich an Tschu Ling heran.

Der nickt.

»Was ist?« fragt Hollenkamp.

»Was ist?« will Hein Gummi wissen.

Sie überhören das fürchterliche Dröhnen der Gongs. Die wilden Ausrufe des Erstaunens und der Begeisterung.

»Deutsche Soldaten alle sofort zurück. Alarm. Großer Alarm«, sagt Tschu Ling. Als Kuddel Hollenkamp und Hein Gummi davonstürzen wollen, hält Tschu Ling den Hauptgefreiten am Hemdsärmel fest.

»Aber das Geld nimm mit. Du dreimal die Drei.«

8.

Haie contra Haie

Die beiden italienischen U-Boote UIT 24 und UIT 25 werden, wie die beiden Tanker Bogota und Quito, im Verkehr zwischen dem japanischen Mutterland, beziehungsweise zwischen den Ölhäfen auf Borneo eingesetzt. Der Einsatz dieser Fahrzeuge bedeutet auch für die japanische Marine eine nicht unwesentliche Hilfe. Der zunehmende Tonnageschund auf dem Weg vom Mutterland in den südostasiatischen Raum bringt die Japaner in eine immer kritischere Lage. Es erweist sich als sehr nützlich, daß die deutschen Dienststellen den Japanern hier wie auch sonst im Rahmen ihrer Kraft behilflich sein können.

Lenken wir in der Verbindung mit dem Verlust von UIT 23 noch einmal die Aufmerksamkeit auf Gefahren durch gegnerische U-Boote im Südostraum.

So operieren nach einem Vortrag des japanischen Generals Arisne bei mehrstündiger Lagebesprechung in Tokio im März 1944 »zwischen dem japanischen Mutterland und den Südgebieten laufend mindestens 35 amerikanische U-Boote. Die japanische Abwehr ist unzulänglich, die Schiffsverluste sind daher erheblich und eine schwere Belastung für Führung und Truppe.«

Ganz allgemein betragen die monatlichen Tonnageverluste 140 000 BRT, denen nur – höchstens – 80000 BRT Neubauten gegenüberstehen. Die Abwehr ist nicht nur unzulänglich, es herrscht Mangel an Flugzeugen und Bewachern. Die Ortungstechnik ist unvollkommen und die Befehlsorganisation scheint nach Ansicht des deutschen Wehrmachtsattachés zudem fehlerhaft zu sein.

Es war am 15. Mai 1944, als der in Singapore weilende CIS, Korvettenkapitän Dommes, Fregattenkapitän Junker in Penang anrief.

»Am 18. ist Chance zum Eindocken in Selatar. Sie müssen also spätestens übermorgen, am 16., nach Singapore auslaufen.«

»Das ist unmöglich. Mein Boot ist noch nicht tauchklar. Die Maschinen sind nicht voll leistungsfähig, und die Dreikommasieben ist auch noch nicht überholt.«

»Es geht nicht anders. Wir verlieren unser Gesicht, wenn wir den Termin nicht ausnutzen. Konteradmiral Watanabe* hat erreicht, daß uns das eine Dock ab 18. Mai extra freigemacht wird.«

»Wenn ich hier aber noch nicht fertig bin, können Sie doch von mir nicht erwarten, daß ich früher in See gehe.«

»Sie bekommen einen Lotsen mit und können mit dessen Hilfe auf der Zehnmeter-Linie entlanglaufen. In diesen flachen Küstengewässern halten sich keine Feind-U-Boote auf. Wenn Sie es für notwendig erachten, fordern Sie doch noch Luftaufklärung an.«

Junker ist dennoch nicht einverstanden. Aber Dommes redet ihm immer wieder gut zu. Der Marsch von Penang nach Singapore sei doch eigentlich nichts weiter als ein Verholen von Hafen zu Hafen. Man merkt seiner Stimme an, daß er selbst nicht davon überzeugt ist. Denn eine Fahrt, die in der Heimat einem Weg von Kiel bis nach Memel gleichkommt, als ein Verholen von Hafen zu Hafen zu bezeichnen, ist wohl ein wenig reichlich untertrieben.

»Na schön«, sagt Junker schließlich, »wenn wir unser Gesicht verlieren, dann ist das natürlich auch schlecht.«

»Und ob das schlecht ist.«

»Wenn wir aber ein Boot verlieren, ist es noch schlechter.« Junker erinnert sich, als er am 2. Januar 1944 zum ersten Male zum Rückmarsch in die Heimat aus Penang auslief. Es war nachmittags, und abends entdeckte seine Nummer eins, der Bootsmann Mittendorf, an der Kimm einen U-Boot-Turm.

Junker dazu heute: »Ich lief eine Viertelstunde drauf zu, bis ich erkannte, daß es ein Gegner-U-Boot war, dann habe ich einen Haken nach Süden gemacht. Ich konnte noch nicht tauchen, weil ich wegen der mit Treiböl gefüllten Regelbunker Übergewicht hatte. Drei Stunden später hing dieses U-Boot noch immer hinter uns. Auf 2000 Meter Distanz. Ich habe mich da auf nichts eingelassen. Ich sagte mir: Ein Duell U-Boot gegen U-Boot ist völlig witzlos. Da kann ich ebenso dran sein wie er. Zeig die Hacken. Ich habe äußerste Kraft gefahren und den Verfolger dann auch schließlich abgeschüttelt. Auf ein Artilleriegefecht konnte ich mich auch nicht einlassen. Ich hatte nur meine 3,7 cm Kanone, während der Gegner über eine 10,5 verfügte. Warum er nicht das Feuer eröffnete, ist

---

* Der japanische Marineattaché in Singapore.

mir heute noch schleierhaft. Ich bin jedenfalls nie irgendwelche Risiken eingegangen, die von vornherein wenig sinnvoll schienen. Wo sie sein mußten und wo sie erfolgversprechend waren, gut, da wurde alles bis zum Letzten eingesetzt, nicht aber in derart zweifelhaften Situationen.«

Als U 532 an diesem 17. Mai am frühen Morgen, kurz nach sechs Uhr, seeklar macht, als der Kommandant seiner Besatzung wieder einmal eingeschärft hat, daß eine Feindfahrt bereits mit dem Loswerfen der letzten Leine beginnt, weil schon im Hafen oder in den Vorgewässern Grundminen liegen können, stoppt ein Wagen auf dem Pier. Ihm entsteigt der japanische Admiral Ischioka. Er ist eigens zur Verabschiedung heruntergekommen, und wie persönlich er diese Geste wertet, mag daran zu erkennen sein, daß er nicht einmal seinen Adjutanten bei sich hat.

Fregattenkapitän Junker befiehlt alle, die im Boot nicht für den Fahrbetrieb benötigt werden, an Oberdeck. Schwimmwesten umgetan, aufgeblasen. Er selbst fühlt sich durch eine ihm unerklärliche innere Stimme beunruhigt. Er hat sich vorgenommen, die Brücke während der ganzen Überfahrt weder während der Mahlzeiten noch in der Nacht zu verlassen. Er beteiligt sich am Ausguck. Seine Männer sehen ihn, wie er mit dem Rücken zum Bug auf dem Schanzkleid Vorkante Turm sitzt. Unaufhörlich beobachtet er den hinteren Sektor an der Steuerbordseite, mal durch das Glas, mal wieder mit bloßen Augen.

Es ist Junker bekannt, daß die englischen und amerikanischen U-Boote entgegen der deutschen Taktik nicht von vorn, sondern von der Seite, und wenn möglich, sogar ein wenig achterlich angreifen, wohl, weil sich deren Kommandanten sagen: Hier ist die Aufmerksamkeit der Ausguckposten nicht so groß. Sie nehmen damit den taktischen Nachteil der bei vorlichen Angriffen viel kürzeren Laufzeiten der Torpedos in Kauf. Aus der achterlichen Position geschossen, müssen die Aale wegen ihres geringen Geschwindigkeitsüberschusses ihrem Ziel ja nachlaufen.

Die Zeit geht dahin. U 532 hält sich auf der Zehnmeter-Linie. Die tropisch bewaldete, bergige Küste an Backbordseite ist drei bis vier Seemeilen entfernt. Dennoch ist die Navigation wegen Fehlens jeglicher Landmarken gar nicht so einfach. Ein Glück, daß

Junker einen hier eingefahrenen Offizier vom Stützpunkt an Bord hat. Der kennt die Wasserverhältnisse so genau, daß er nicht einmal die Karte einzusehen braucht.

»So gegen 18 Uhr werden wir die innere Malakka-Straße erreicht haben«, sagt er um die Mittagsstunde. »Dort ist kaum noch mit gegnerischen U-Booten zu rechnen, wenn, dann jetzt.« Um zwölf tauchten japanische Flugzeuge zur Sicherung auf. Eine halbe Stunde später sind sie wieder verschwunden. Gegen 16 Uhr fliegt die eine der beiden Arados 196 an. Sie brummt auf und ab. Aber die Unruhe, die an Junkers Nerven zerrt, läßt sich auch durch diese Sicherung nicht abschütteln.

Obermaat Wörle, Freiwächter der technischen Division, hat gerade Uhrzeit genommen – es war genau 17.38 Uhr – als er hört, wie sein Kommandant ruft: »Na bitte, da kommen sie ja …«

Fregattenkapitän Junker hatte nach wie vor hauptsächlich den achtern, seewärtsliegenden Sektor beobachtet. Es herrscht Seegang 2 – 3, für einen Unterwasserangriff eines feindlichen U-Bootes also ideale Verhältnisse.

Plötzlich sah es so aus, als würden die Wellen an einer Stelle besonders stark hochgekämmt.

Junker überlegte, ob er sofort U-Boot-Alarm geben sollte, unterließ es aber noch einmal, um Unruhe unter seinen Männern vorzubeugen. Er setzte sein schweres Doppelglas für Sekunden ab, dann preßte er es nach wiedergewonnener Ruhe, ohne sichtliche nervöse Bewegung erneut an die Augen und erkannte jetzt deutlich mehrere, dicht nebeneinanderliegende Torpedoaufbahnen, Abstand noch knapp 1500 Meter …

Sie marschieren an Steuerbordseite mehr von hinten als von der Seite auf U 532 zu, das zu dieser Zeit Generalkurs ca. 170 Grad steuert.

Die Befehle ›Hart Backbord‹ vom Kommandanten und ›beide Maschinen Äußerste Kraft voraus‹ auf Sichtzeichen von ihm an den IIWO, folgen in Bruchteilen von Sekunden. Da die Engländer, wie Junker als Torpedofachmann aus seiner Zeit bei der TEK weiß, die Angewohnheit haben, Fächer sehr eng zu streuen, blickt er, als die Bahnen noch 400 – 500 m entfernt sind, nochmals durchs Doppelglas. Auch diesmal bestätigt sich diese Praxis. Und außerdem ist zu erkennen, daß die Torpedos sehr flach eingestellt sind, wie es beim Einsatz gegen U-Boote üblich ist. Sie schieben nämlich eine mehr oder weniger kleine Bugwelle vor sich her. Der eine oder andere ›schrammt‹ gelegentlich sogar die Wasseroberfläche.

Rechtzeitig mußte das Ruder gestützt werden, um zu vermeiden, daß das Boot durch ein zu langes Abdrehmanöver in Gefahr kommt, von den Torpedos an Backbord getroffen zu werden.

Das Boot mußte, das ist Junker klar, also möglichst parallel zum Torpedokurs gebracht werden.

Gerade – und das alles im Verlauf von Sekunden – hatten sich die hierfür erforderlichen Befehle und Maßnahmen ausgewirkt, als der gesamte Fächer – aus fünf Torpedos bestehend – von achtern an der Backbordseite des Bootes entlangläuft.

Der am nächsten liegende Aaal ist keine fünf Meter von der Bordwand entfernt.

Mit tiefem Aufatmen hat Junker quittiert, daß der Fächer zum Glück ›einseitig‹ gelegen und U 532 nicht zwischen der Torpedogarbe gestanden hatte.

Mit dieser Feststellung hat der Kommandant seine alte Ruhe und die Gewißheit wiedergewonnen, daß Boot und Besatzung trotz der über einmonatigen Liegezeit in Penang und des kaum 12stündigen Ausgelaufenseins fest in seiner Hand sind und daß – wie bisher – auch alle weiteren Gefahren überstanden werden würden.

Denn noch ist der unbequeme, unsichtbare Gegner nicht abgeschüttelt.

Es ist bekannt, daß einige englische U-Boots-Typen 6 Bugrohre haben.

Es sind bisher aber nur fünf Torpedos geschossen worden.

Folglich fehlt noch ein eventueller ›Nachzügler‹, wenn man unberücksichtigt läßt, daß der Feind womöglich im ›Schnell-Ladeverfahren‹ einen weiteren Fächer vorbereitet, selbst wenn die Erfolgsaussichten für einen Angriff aus weitachterlicher Position dann nur noch sehr gering sein werden.

Wenig später sind alle Überlegungen illusorisch, als an Steuerbord aus weit achterlicher Lage ein einzelner Aal in mehreren hundert Metern Abstand mit spitzem Schneidungswinkel aufkommt, nachdem U 532 wieder auf einen ursprünglichen Kurs von ca. 170 Grad gegangen war.

Um ganz sicherzugehen und nicht einem Zufallstreffer zum Opfer zu fallen, dreht der Kommandant nochmals vorübergehend um einige Dez nach Backbord auf Land zu, solange, bis das Boot außer Reichweite auch dieses unliebsamen Weggenossen gekommen ist.

»Nun fehlt bloß noch, daß der Kerl auftaucht und uns mit seiner Kanone beharkt«, sorgt sich der IIWO. Auch Junker fürchtet es, denn die 10,5 cm haben sie in Penang ja ausgebaut. Aber die 50-Kilo-Bomben, die von der Arado mehr zur Abschreckung als in der Hoffnung auf einen gezielten Treffer geworfen werden, halten den Angreifer vorerst in Schach und unter Wasser. Endlich, genau 18 Uhr, schwimmt U 532 im engen Fahrwasser, das eine Insel zwischen Malaya und der Malakka-Straße bildet. Drei Stunden später haben sie den Schlauch hinter sich. Es wird wieder tiefer, bis an die 30 Meter. Auch die Nacht über bleibt Junker oben. Er hat sich den Kommandantenstuhl heraufbringen lassen, nimmt darin sitzend hin und wieder ein Auge voll, ist aber immer wieder hellwach, wenn ein Seemann vom Ausguck nur eine noch so leise, aber plötzliche Bewegung macht. Wichtig ist ihm: Wenn du nach unten gehst, und es ist etwas los, bist du blind, wenn du hochkommst. Dann brauchst du erst eine Zeit, um die Augen an die Dunkelheit zu gewöhnen.

Am nächsten Mittag, 12.30 Uhr, macht U 532 in Singapore fest. Wie sagt Junker heute:

»Ich legte an und meldete dem CIS: ›Boot eingelaufen‹.« Dommes ist richtig ein Stein vom Herzen gefallen. Das mit dem Angriff, das hätte er nun wirklich nicht gedacht. Er wollte nun etwas gutmachen, als er sagte: »Ich bekenne, daß ich Ihnen einen Befehl gegeben habe, mit dem ich innerlich selbst nicht ganz einverstanden war.«

Ein solches Bekenntnis war so wohltuend anständig, daß es mit der ausgestandenen Angst um mein Boot fast versöhnte. Natürlich, was sollte er auch machen, wenn ihm die Marine – endlich – nach langem Bitten ein Dock anbot?

U-Boot-Angriff auf U 532 am 17. Mai 1944 in der Malakka-Straße

Ablehnen ...?
Unmöglich.
Also blieb nur das Risiko.
»Daß wir überhaupt gut weggekommen sind, verdanken wir eigentlich nur meiner Unruhe. Ich bin weder vorher noch später beim Auslaufen wieder derart nervös gewesen.«
Junker ahnt noch nicht, daß es ein Jahr später im englischen Hafen zu einer Begegnung mit dem LI des Angreiferbootes kommen soll – an dem Tag, als eine Kommission alliierter Offiziere – Engländer, Franzosen, Amerikaner und ein Russe U 532 besichtigt – als ein englischer Ingenieur Junkers LI anspricht:
»Wo waren Sie denn im Einsatz?«
»In Ostasien.«
»So, da bin ich auch mal gewesen. Da hatten wir in der Malakka-Straße zwischen Penang und Singapore einen Angriff auf ein deutsches U-Boot gefahren. Wir wollten einen Fächer von sechs Torpedos schießen. Beim Aal Nummer sechs versagte die Abfeuerungsanlage. Den haben wir dann fünf Minuten später hinterhergejagt. Auch ohne Erfolg. Die Detonationen, die wir hörten, stammten von Flugzeugbomben ... Wie dem auch sei, die Kame-

raden von der anderen coté dürfen noch heute ihren zweiten Geburtstag feiern. Wenn die Abfeuerungsanlage nicht versagt hätte, dann ... Aber wahrscheinlich hat es auch dieses Boot bei einer anderen Gelegenheit erwischt.«

»Das ist nett, daß Sie mit den beinahe Betroffenen so viel Mitgefühl haben«, lächelt LI Buggisch dünn. Ihm fröstelt aber bei dem Gedanken an das Damals. Aber er verschweigt, daß sie es waren, denen der Sechserfächer galt.

Ungünstig dagegen stehen für U 168 die Sterne, als es am 5. Oktober 1944 aus dem Hafen von Batavia, Tanjok-Priok, mit Kurs nach Soerabaja verholt. Hier soll es für die gemeinsame Australienoperation mit U 557 und 862 ausgerüstet werden. Außerdem soll U-Pich dort von U-Schrewe eine neue Schraube erhalten, die U 537 auf FT-Anforderung mit an Bord hat. Das Boot hält sich dicht unter Land. Auch während der Nacht.

Helmut Pich, Kapitänleutnant und Kommandant von U 168, hat sich in der kleinen, bedrückend engen Offiziersmesse hinter die festgeschraubte Back des kleinen Holztisches geschoben. Es ist kurz vor acht Uhr morgens. Die Wachen lösen wieder ab. Die Offiziere haben sich bereits abgemeldet.

Pich ist in aufgeräumter Stimmung.

Er war während der kritischen Zeit, der Stunde des Sonnenaufgangs, wie üblich auf dem Turm. Die Ausguckposten hatten keine Sichtung. Pich hatte selbst den Wasserstreifen voraus unter Land beobachtet. Er hatte nichts Verdächtiges entdecken können. Auch das Horchgerät meldet keine Schraubengeräusche. Als er über die schmale Eisenleiter in die Zentrale gestiegen war, hatte er mit geübtem Blick die Position in der Seekarte erfaßt.

U 168 steht jetzt beinahe querab von Samarang. Endlich, nach vielen vorausgegangenen Komplikationen, schwimmt es wieder. Die Bombennahtreffer bei der Rettungsaktion der *Brake*-Überlebenden hatten zur Folge gehabt, daß eine Batterie vollends zum Teufel gegangen war. Die darin befindliche Säure war in die Bilge gelaufen und hatte im Lauf der Zeit dort, wo sie sich staute, je ein Loch in den Druckkörper gefressen.

In der Heimat wäre das kein Problem gewesen, auch nicht in

den U-Boot-Stützpunkten in Frankreich. Der LI hätte seine Liste bei der Werft abgeliefert. Basta.

Hier aber ... Ach, du ahnst es nicht. Als sie endlich ein Schweißgerät aufgetrieben hatten, fehlte der Schweißer. In Penang saß einer, ein Japaner.

»Na, schickt ihn doch mit dem Flugzeug«, schlug Pich vor.

»Geht nicht. Der Mann darf nicht fliegen. Wir schicken ihn mit einem Dampfer«, ist die Antwort der Japaner.

Warum der Kerl nicht fliegen durfte, verrieten die asiatischen Bundesgenossen weder Pich noch dem deutschen Stützpunktleiter in Batavia.

Also warteten sie.

Als der Mann Wochen später mit seinen Schweißarbeiten endlich anfing, versammelte sich alles, was Rang und Namen hatte. Der Kerl wurde wie eine Rarität bestaunt.

Ja, und dann kam U-Junker mit einer vom Seewasser völlig zerfransten Backbord-Schraube herein. [23] Für Junker war schon eine Schraube auf einem anderen Südostasien-Boot unterwegs. Aber sie war noch nicht da. Das Boot, das vor Tagen einlief, hatte die verkehrte an Bord. Pichs Boot mußte, da noch nicht voll einsatzklar, also wieder ins Dock. Junkers Boot bekam die Schraube von U-Pich – und U 168 mußte wieder warten.

Doch nun fahren sie wieder zur See. Sonne, tropische Landschaft, glutäugige Mädchen ... alles sehr schön. Aber die Heimat zieht. Sie zieht und zerrt wie ein riesiger Magnet.

»Besondere Wünsche, Herr Kaleu?«

Der Smut, ein schmächtiger junger Seemann, ist vor Pich hingetreten. Der Kommandant hat den Koch gar nicht kommen hören. Er war in Gedanken vertieft. Und der Lärm im Boot, das laute Hämmern der Diesel und das Arbeiten der Lüfter verschluckt jeden Schritt auf den Flurplatten.

»Daß Sie das nicht lassen können ... Ich esse das, was die anderen auch bekommen.«

»Naja, Herr Kaleu, ich dachte ja nur ... Sie haben doch kaum ein Auge dicht gemacht. Die anderen hatten doch wenigstens ihre Ruhe während der Wachen. Ein handfestes Frühstück könnte da nur guttun.«

»Na schön, was haste denn anzubieten?«

»Prima Hühnereier, ganz frisch, Herr Kaleu. Beinahe noch morswarm an Bord gekommen. Die Indonesier überschlagen sich ja, wenn sie uns helfen und eine Freude machen können.«

»Also gut, mach mir ein Brot mit Spiegelei, Smut.«

»Woll, Herr Kaleu.« Nach ein paar Minuten war er wieder da: »Das Frühstück, Herr Kaleu!« Er schob Pich den Teller mit dem dampfenden Ei darauf hin.

In diesem Augenblick tauchte der Bordarzt auf.

»Mensch, Doktor, haben Sie mich erschreckt!«

»Sorgen, Herr Kaleu?«

»Ich habe nur nachgedacht – wie lange wir wohl in Soerabaja liegen werden, über unsere Marschroute und ... ob wir gestern aus Tanjok Priok gut 'rausgekommen sind?«

»Meinen Sie, die Tommys könnten Wind bekommen haben? Oder die Amerikaner?«

Pich zuckt mit den Schultern. »Sie wissen ja, was so geredet wird. Nach menschlichem Ermessen ist der Auslauftermin aber geheim geblieben.«

Er lädt den Stabsarzt mit einer Handbewegung zum Sitzen ein. »Sie sind ja klatschnaß, Doktor ...«

»Ich war eben mal im Dieselraum«, sagt der Arzt. »Irrsinnshitze. Sechzig Grad in den Abgasklappen. Wie die Männer das bloß aushalten!«

»Ist das alles, was Sie auf dem Herzen haben?«

»Einen Tag vorm Auslaufen hatte ich einen Alptraum – scheußlich! Unser Boot war abgesoffen. Torpediert. Und irgendwo saßen Oberleutnant Stenger und unser Wetterfrosch, der Doktor Bahlke, drin. Eingeklemmt. Ich wollte sie 'rauszerren ...«

»Und?«

»Ich hab's nicht geschafft. Ich wurde immer gestört. Einer hat dauernd gegen das verriegelte Kugelschott gepocht ... Es muß jemand im Bugraum sein ... Wann werden wir in Soerabaja festmachen?«

»Schätze, daß es Nachmittag wird.«

»Wenn nichts dazwischenkommt ...«

»Wir haben das Schlimmste hinter uns: die Nacht und die Dämmerung. Außerdem stehen wir zu dicht unter Land.«

Pich will gerade ins Brot beißen, da wird er von einem fürchterlichen Stoß hochgeschleudert. Er kracht mit den Beinen gegen die Unterkante des festgeschraubten Tisches. Die Teller zerklirren auf den Flurplatten.

Dem Stoß folgt eine Druckwelle. Pich springt durch das Kugelschott in die Zentrale. Er spürt, daß sich das Boot nach vorn neigt. Von Sekunde zu Sekunde mehr.

Torpedotreffer im Vorschiff!

Entsetzensschreie aus dem Bugraum. Luft faucht durch die Schotten. Wasser sprudelt ins Vorschiff. Armdicke Fontänen zischen durch die zerrissenen Stahlplatten. Das elektrische Licht flackert.

Mit hämmernden Motoren jagt U 168 in die Tiefe.

Vier Männer erklimmen in panischer Angst die eiserne Leiter im Turm. Sie wollen 'raus aus dem absaufenden Boot. Durch das offene Turmluk stürzt ihnen tonnenweise Wasser entgegen. Trotzdem kommen die vier noch hinaus. Der letzte tritt das Luk hinter sich zu. Aber außenbords reißt sie der Sog mit hinab ...

Die Neigung des Bootes ist so stark, daß sich in der Zentrale niemand mehr auf den Beinen halten kann.

Das Vorschiff läuft voll. Mit dumpfem Knall schlägt das Schott zu. Vom Bugraum aus kann es nicht geöffnet werden ...

Gurgelnd dringt immer mehr Wasser in die Zentrale. Schwappend umspült es die Füße der Männer, steigt an ihren Beinen hoch. Und dann geht das Licht aus. In völliger Finsternis fahren die Überlebenden der Besatzung mit U 168 in die Tiefe ...

Wieder ein Stoß. Die Neigung läßt nach, das Boot kippt nach achtern zurück. U 168 legt sich waagrecht, zwanzig Grad nach Backbord geneigt.

»Boot liegt auf Grund, Herr Kaleu!«

Die Stimme des LI klingt heiser.

Einer patscht tastend im Wasser herum.

»Was suchen Sie denn?« fragt Pich.

»'ne Stablaterne. Irgendwo muß hier eine sein.«

Es ist der Zentrale-Maat.

Endlich flammt Licht auf, huscht über wachsbleiche Gesichter über weit aufgerissene Augen, über Hände, die sich an Rohrleitungen, Handrädern und Ventilen festkrallen.

»Wo ist Oberleutnant Stenger, und wo ist der Wetterfrosch?« fragt der LI.

»Im Oberfeldwebelraum«, antwortet einer. »Hatten sich schlafen gelegt.«

Der Oberfeldwebelraum befindet sich hinter dem geschlossenen Kugelschott. Hoffnungslos ... längst vollgelaufen.

Pich denkt an den Traum des Stabsarztes. Er nimmt dem Zentralemaaten die Lampe aus der Hand und leuchtet auf einen der beiden Tiefenmesser. Der Zeiger der Skala ist auf 45 Meter stehengeblieben.

Dann überspült öliges Wasser die Manometer über dem Tiefenruderstand.

Noch einmal gleitet der Lichtstrahl über die Gesichter. Zwölf Männer sind übriggeblieben ...

Als die Ölbrühe die Schultern der Männer erreicht, befiehlt der Kommandant: »Klarmachen zum Aussteigen!«

Ein paar Herzschläge lang ist es totenstill. Dann fragt aus der Finsternis eine Stimme: »Aus fünfundvierzig Meter, Herr Kaleu?«

»Und? Wollen Sie drinbleiben?«

»Aber wer ohne Tauchretter aus mehr als fünfundzwanzig Meter Tiefe aufsteigt, dem zerreißt es die Lungen«, ruft der kleine Obergefreite mit zitternder Stimme. »Der Tauchlehrer in Gotenhafen hat gesagt ...«

»Red nicht kariert«, unterbricht ihn Obermaschinist Meier. »Spar lieber die Luft!« Daß der Meier vom Maschinenpersonal überhaupt in der Zentrale ist, verdankt er seinem Raucherhunger. Er hatte sich gerade ablösen lassen, um im Turm eine Zigarette ›zu stoßen‹.

Stille. Lähmende Stille.

Allen ist bekannt, daß die Tauchretter keinen Sauerstoff mehr haben. Der wurde verbraucht, als U 168 die *Brake*-Besatzung aufgefischt hatte. Ersatz gab's in Batavia nicht.

Jetzt ist deutlich das schwere Atmen der Männer zu hören. Das Wasser steigt nicht mehr.

Der LI meldet: »Druckausgleich.«

Druckausgleich ... Alle wissen, was das bedeutet. Das Wasser hat die Luft im Boot so zusammengepreßt, daß ein Druck von über vier Atmosphären entstanden ist. Vier Atmosphären hat nicht jeder von ihnen in der Lunge ...

»Aussteigen«, befiehlt Pich. »LI, Sie machen den Anfang.«

Sie hören seine Tritte auf der Eisenleiter im Turm: eins, zwei drei, vier ... jetzt muß er bald oben sein.

Ein Knall! Das Turmluk öffnet sich. Mit schrillem Fauchen schießt die zusammengepreßte Luft hinaus. Wasser stürzt in den Turm. Er läuft voll. Aber in der Zentrale verändert sich der Wasserspiegel nicht. Er kann sich nicht verändern, weil der Turmschacht so weit in die Zentrale herunterragt, daß ein Luftpolster zum Atmen bleibt. Nur der Sauerstoff verbraucht sich rasch.

Obermaschinist Meier überlegt, ob der LI wohl schon auf der Wasseroberfläche angekommen ist. Gesund? Oder mit zerrissene Lunge?

»Mund aufmachen beim Hochschwimmen und ausatmen«, sagt der Kommandant leise.

»Und die Haie?« fragt der kleine Obergefreite.

»Bleib im Ölfleck, dann tun sie dir nichts.« Obermaschinist Meier schlägt ihm auf die Schulter.

Sie hören, wie der Obergefreite noch einmal tief Luft holt. Es plätschert, als er unter dem Süll, dem überhängenden Rand des Turmschachts, hindurchtaucht.

Jetzt ist er drin, denkt der Obermaschinist. Hoffentlich kommt er gut durch das Luk, hoffentlich bleibt er nicht hängen! Sonst ist es vorbei. Sonst kommt von uns keiner mehr hier 'raus ...

Der nächste, der das Süll untertaucht und im Turm verschwindet, ist der Stabsarzt. Wenn das Luk blockiert ist, kann er nicht mal Bescheid geben.

Pich knipst einen Moment die Lampe an. »Meier, jetzt steigen Sie mit dem Zentrale-Gasten aus«, sagt er. Der Zentrale-Gast – das ist der junge Matrose, dessen unterdrücktes Schluchzen sie fast verrückt macht.

»Los«, sagt Meier und packt die Hand des Matrosen. »Halt dich fest. Es ist gleich vorbei.«

Das Wasser gluckst, plätschert. Dann herrscht wieder Stille.

»Der Nächste ... Ab! Mund auf. Langsam nach oben schwimmen!« Pich gibt dem Zentrale-Maaten das Zeichen.

Dann dem Mechaniker-Maaten.

Der fühlt sein Herz klopfen. In wenigen Sekunden wird es sich entscheiden, denkt er. In wenigen Sekunden bin ich aus diesem Sarg heraus oder tot ... Er pumpt sich noch einmal die Lunge mit Luft voll, taucht ins ölige Wasser, dann unter dem Süll hindurch. Als er die Augen öffnet, sieht er über sich, am oberen Ende des Turms, eine kreisrunde dunkelgrüne Öffnung ...

Vier Meter werden's bis zum offenen Turmluk sein, denkt er. Und dann nochmals vierzig Meter ...

Und dann ist die dunkelgrüne Öffnung plötzlich vorbei. Das Dunkelgrün wird rosafarben. Und alles ist so leicht und vollkommen schwerelos ... Und er ist so müde. So furchtbar müde.

Er rudert ein wenig mit den Armen und gleitet weiter aufwärts. Aber er hat das Gefühl, als ginge es in unendliche Tiefen. In Blasen kommt die Luft aus seinem weit geöffneten Mund.

Wie ein hochschnellender Korken bricht er durch die Wasseroberfläche. Grelle Sonne blendet ihn. Sein Schädel platzt beinahe. Seine Ohren sind taub.

Plötzlich hört er etwas.

Stimmen?

»Hier sind wir!« ruft der IIWO. »Hier – dreh dich doch um!« Ja, da sind sie. Lauter ölverschmierte Gesichter. Wie schwarze Bälle tanzen sie in der Dünung auf und ab.

Neben dem Mechaniker-Maaten schießt einer bis zur Gürtellinie aus dem Wasser heraus:

Der Kommandant.

»Alles klar, Herr Kaleu«, rufen die Männer durcheinander.

»Alles klar!«

Der IIWO schwimmt heran. Er war auf der Brücke, als Torpedo traf. Und mit ihm waren fünfzehn andere an Oberdeck.

»Gott sei Dank, Herr Kaleu. Wir dachten schon, es kommt niemand nach oben! Es hat so lange gedauert ...«

Dann starrt der junge Leutnant wieder auf das Wasser, wartet er darauf, daß noch jemand auftaucht. Doch plötzlich fällt ihm ein: Der Kommandant muß ja wohl der letzte sein. Er zählt die Köpfe, die in den Wellen wippen. Achtundzwanzig. Die Hälfte der Besatzung. Die anderen sind tot ...

»Zusammenbleiben«, keucht Kapitänleutnant Pich. »Legt euch auf den Rücken. Kräfte sparen!«

Das Dieselöl auf dem Wasser entwickelt unter der stehenden Sonne betäubende, stinkende Gase. Je länger sich die Überlebenden von U 168 in dem großen Ölfleck aufhalten, desto matter werden ihre Schwimmbewegungen. Und wenn ihnen das Öl Mund oder Nase gerät, würgt sie der Brechreiz.

Einer schreit plötzlich auf. Er treibt gerade auf dem Kamm der Dünung. Aber keiner kann ihn verstehen. Dann versinkt er wieder in einem Wellental ... taucht wieder auf. Wieder hören sie ihn schreien ...

»U-Boot voraus!«

Wie der Kopf eines vorzeitlichen Ungeheuers bricht der Turm des Bootes aus der See. Gleißend sprüht die weiße Gischt in der Sonne.

Auf der Brücke des Bootes erscheinen Köpfe. Die Flagge geht hoch. Rot-Weiß-Blau. Ein Holländer ...

Das Boot dreht und hält auf die Männer im Wasser zu. Der scharfe Bug wächst steil aus der See.

Gerettet! denkt der Obergefreite. Und wie er denken alle in diesem Augenblick. Der Holländer kommt rasch näher. Mit schäumender Bugwelle. 200 Meter, 150 Meter, 100 Meter ...

»Die überkarren uns!« schreit einer auf.

Er wirft sich entsetzt zur Seite, er rudert wie ein Wahnsinniger, um dem Unheil zu entgehen.

Das gibt's doch nicht, durchfährt es den Mechaniker-Maaten. Das kann doch nicht sein!

Aber dann sieht er den messerscharfen Bug und die kochende See zu beiden Seiten.

»Nein!« brüllt er und streckt seine Arme abwehrend dem Boot entgegen ...

Über den Palmen der Terrasse der Stützpunktsunterkunft von Soerabaja, im berühmten Oranje-Boulevard gelegen, klettert ein quittengelber, pausbackiger Mond den dunkelblauen Samt des Nachthimmels bergan. Leise murmelt der Abendwind in den breiten Blättern der Bananen. Er streicht von der Javasee herüber, er schmeckt würzig nach Salz, Tang, Fisch und Ewigkeit. Das Silberlicht, das die Palmblätter scharf gegen den mit diamantenen Tupfen und mit Sternmyriaden übersäten Tropenhimmel meißelt, fällt auf eine Gruppe weißgekleideter Männer. Sie sitzen in Bambus-Sesseln, die Füße weit von sich gestreckt. In den Händen halten sie eisgekühlte Getränke, von lautlosen und sich geschmeidig bewegenden Javanern serviert. Und immer wieder wird nachgefüllt. Erst Soda mit Whisky, dann Whisky mit Soda – dann nur noch Whisky.

Aus dem Halbdunkel der Mondlichtnacht glühen brennende Zigaretten heraus. Bei jedem Zug leuchten sie stärker auf. Viel zu oft, viel zu stark. Hastig und nervös.

Kapitänleutnant Hoppe wirft seine eben erst angezündete Zigarre, made in Sumatra und daher first class, auf den Boden. Er springt auf und tritt sie aus. Mit langen Schritten geht er auf dem kurzgeschnittenen englischen Rasen, hinter der einst einem reichen Kolonialholländer gehörenden Prunkvilla, auf und ab. Er wie seine Offiziere warten schon seit den Mittagsstunden auf U 168. Für Hoppe und einen Teil seiner Offiziere ist U 168 ja nicht irgendein Boot. Oberleutnant (Ing.) Kazsmarek, nach seiner dramatischen Rettung von Bord der sinkenden *Brake* durch U-Pich in Batavia ärztlich betreut und genesen ist einer von ihnen. Hoppe zwingt sich ein dünnes Lächeln ab, wenn er an U-Pichs Einlaufen in Batavia denkt ... Stützpunktleiter Korvettenkapitän Kandler, Reservist und Dr. jur. im Zivilberuf, hatte sich bestimmt viel Mühe gegeben, um U 186 mit all den *Brake*-Überlebenden feierlich zu empfangen ... aber daß die deutschblütigen, mit derzeit von Japanern eingesperrten Holländern verheirateten Damen Pich seinen ausgedörrten Männern und den *Brake*-Überlebenden Milchreis mit Zimt zur Begrüßung vorsetzen ... dieser Kinderpaps hat die Seeleute ziemlich durcheinander gebracht. Sie kamen total erschöpft vom Boot herunter ... Sie waren elend durchgefroren, weil sie die letzte Strecke dicht an dicht an Oberdeck gestanden hatten. Während der Fahrt durch die Sundastraße ... während dem Weitermarsch durch das Gebiet der Tausend Glücklichen Inseln hatte der Kommandant alle Mann nach oben befohlen. Nur das Fahrpersonal blieb in der Röhre. Und von diesem auch nur die allernotwendigsten ... zwischen den Tausend Inseln pflegten die alliierten Stahlhaie auf Beute zu lauern ...

Kazsmarek ist soeben aus dem Hafen zurückgekehrt. Die Herren auf der japanischen Kommandantur hätten bedauert, nichts von U 168 zu wissen. Man würde schon rechtzeitig genug erfahren, ob oder ob nicht.

»That's all.«

Sie setzen sich wieder. Kazsmarek versteht sich auf die Gabe, die sorgenschweren Gedanken der Kameraden in andere Bahnen zu lenken. Er berichtet über seine Arbeiten an U 537, dem ersten U-Boot, das unter Kapitänleutnant Schrewe den neuen Stützpunkt anlief.

»Müller, wenn wir Sie nicht hätten. Wo haben Sie denn nun bloß wieder diese Ersatzteile aufgetrieben?«

Leutnant zur See der Reserve Müller, Exhandelsschiffer ist für Soerabaja das, was Willy Vogel für Penang ist. Nur mit dem Unterschied daß der hiesige Schwarzmarkt noch alles bietet: vom Insektenpulver angefangen bis zu Geldschränken jeder Größenordnung und Qualität.

Und der lebenslustige Leutnant Müller schafft das auf seine Art. Geschickt, gewandt und prompt, wenn der Stützpunkt irgend etwas benötigt ...

In der Tür zu den Büroräumen des Stützpunktes taucht die grazile Gestalt des Mädchens Joice auf. Joice, eine Eingeborene, die mit dem Chef der japanischen Zivilverwaltung für Soerabaja befreundet ist und neben ihrer Muttersprache sonst noch – angeblich – ein wenig das Japanische beherrscht, versieht den Telefondienst im Stützpunktsgebäude. Diese fünfzehnjährige, aber bereits reife, kluge und verständige Javanerin von der berückenden Anmut ihrer Landesschwestern, hat Befehl, die Namen oder Telefonnummern von Anrufern mit Kreide auf eine Tafel zu schreiben. ›Fräulein Nummer‹ wird sie genannt.

Als sie jetzt erschien, strahlend lachend wie eine Märchenprinzessin aus Tausendundeiner Nacht, hält sie die Tafel mit vier Zahlen hoch. Es ist die Nummer der japanischen Hafenkommandantur.

»Na endlich, stellt das Bier und den Whisky wieder kalt! Sie kommen ...«

Hoppe eilt indessen, begleitet von Dr. Schreiber, ans Telefon. Der Dolmetscher übersetzt und erklärt, was der japanische Offizier mit tonlos sachlicher Stimme aus dem Hafen berichtet.

In der Nähe von Taju habe die für diesen Küstenabschnitt zuständige Kempetai weiße Männer festgenommen und eingesperrt. Diese würden behaupten, Überlebende von einem versenkten deutschen U-Boot zu sein. Es wären an die zwanzig Mann. Der Verdacht, es könnte sich auch um Männer eines britischen Sabotagetrupps oder um Spione handeln, sei naheliegend. Die Leute würden kein Englisch sprechen, hätte die Kempetaistation von Taju noch ergänzend gemeldet. Aber das besage ja noch gar nichts.

Hoppe ahnt, wer diese Männer sind. Seine Gefühle haben ihn nicht betrogen. Aus Joice, der Überbringerin einer so sehnsüchtig erwarteten Botschaft, ist eine Botin des Unheils geworden.

Joice, ahnungslos und unbeschwert, lacht noch immer. Wenn sie aber wirklich Deutsch versteht, spielt sie ihre Rolle als Agentin der Kempetai hervorragend.

»Wir müssen hin«, reagiert Hoppe.

Dr. Schreiber nickt. »Natürlich, aber wie? Wir brauchen dafür einen japanischen Wagen und eine Sondergenehmigung vom zuständigen Befehlshaber des Heeres.«

»Ich weiß«, sagt Hoppe und nimmt eine Zigarette aus Schreibers Silberetui, einem Geschenk des Tenno. »Da kann nur einer helfen: Fudjy.«

Mit Kapitän zur See Fudjy, Chef des japanischen U-Boot-Stützpunktes, wichtigster Mann für Hoppe und seine Aufgaben, verbindet die Deutschen über den dienstlichen Kontakt hinaus eine echte und daher ungewöhnliche Freundschaft zwischen einem Europäer und einem Japaner. Jeden Tag fährt Hoppe mit ihm zum Golfspiel hinaus. Weder der für einen Japaner selten große Fudjy noch der schlanke Kapitänleutnant Hoppe haben vom Golfspiel sehr viel Ahnung. Doch jeder meint, damit dem anderen einen Gefallen zu erweisen. So kam man sich näher und näher.

Man sah Fudjy immer häufiger als Gast bei den Deutschen. Was ihm gefiel, betrachtete er selbstredend als Geschenk, und wenn er etwas trank, fühlte er sich selbstverständlich eingeladen. Daran nahm keiner Anstoß, wissen doch alle, daß die japanischen

Offiziere nicht mit Reichtümern gesegnet sind. Und Fudjy hat keine geheimen Einkünfte, wie sie bei japanischen Zivilangestellten üblich sind. Fudjy ist korrekt. Er ist sich und seinen Ahnen treu geblieben. Auch der Krieg hat ihn nicht wankend werden lassen.

Sie wählen Fudjys Nummer. Ein japanischer Soldat meldet sich. Der Herr Kapitän sei nicht da. Wohin er gegangen sei, habe er nicht hinterlassen.

Der Funkmaat vom Stützpunkt bekommt Befehl, mit AK ins ›Taifun‹ zu radeln.

»Welch ein Glanz in unserer Hütte«, begrüßt ihn der UvD vom Taifun-Hotel. »Mann, du bist ja schweißüberströmt, mußt ja ein Mordstempo draufgehabt haben ... Durst oder?« Der Funkmaat geht auf den scherzhaften Ton des ihm befreundeten Bootsmaaten nicht ein. »Komm, laß ...«, wehrt er ab. Er schiebt das Päckchen Tanzmarken und die großzügig zugeteilten Tickets für harte Getränke zurück.

»Ich suche Fudjy.«

Der Bootsmaat kneift die Augen unter seinen buschigen Brauen ein wenig zusammen. Er mustert den Kameraden so mißtrauisch wie ein Nervenarzt seinen Patienten.

»Der war mal hier«, sagt er schließlich, wendet sich unvermittelt ab und vertieft sich in seine Listen. Zu deutlich, daß er sich nicht näher äußern will. Kapitän Fudjy ist auch bei den deutschen Unteroffizieren und Mannschaften tabu. Wer nur den Versuch macht, sich über ihn abfällig zu äußern, darf sich von vornherein als lazaretttreif betrachten ...

Der Funkmaat tritt dicht neben den UvD hin.

»Ich gebe dir den dienstlichen Befehl, mir zu sagen, wo Kapitän zur See Fudjy ist.«

Der Bootsmann lacht schallend. Er stemmt die Hände in die Seiten. »Hast wohl nicht alle Tassen im Schrank. Es ist 23 Uhr. Klar?«

Der andere geht auf den seemännischen Ton nicht ein. Er sagt ruhig: »Es handelt sich um U 168. Wir brauchen ihn.«

»Oh«, fährt der UvD zusammen. »Wenn Fudjy im Taifun-Hotel gestört werden muß, dann ist eine ganz große Schweinerei passiert.« Er zeigt nach oben, zur Decke hin.

»Zimmer dreizehn, in dem mit der aufgemalten kupferfarbenen Chrysantheme auf der Tür. Er ruht sich aus.«

Der Funkmaat durchquert den Tanzsaal, stürzt an der Bar einen doppelten Gin herunter, bevor er sich auf den Weg nach oben macht.

Er kennt sich im Taifun-Hotel bestens aus. Er hat es mit einrichten helfen, als Stützpunktleiter Hoppe einsah, daß seinen Soldaten mit den von den Japanern zur Verfügung gestellten ›Häusern‹ nicht gedient war. Diese Art organisierter Geselligkeit und uhrzeitlich geregelter Freude schmeckte den Lords, die wie die japanischen Soldaten nachmittags zu den Häusern hin und abends mit Einbruch der Dunkelheit zurückgefahren wurden, ganz und gar nicht. Heimgekehrt jumpten sie über den Bambuszaun. Die Wachen, die der Stützpunktleiter dann einrichten ließ, steckten mit ihren Kumpels unter einer Decke. Sie meldeten keinen. Sie verrieten keinen. Schlimmer noch als diese Wachvergehen waren die anderen Folgen. Der Stützpunktarzt bekam viel Arbeit.

So hatte Hoppe dann zusammen mit dem in Soerabaja lebenden deutschen Innenarchitekten Weiß die Traumvilla eines von den Japanern eingesperrten Kolonialhändlers in ein Soldatenheim nach deutschem Geschmack ausbauen lassen: Wunderbare Bar, Tischtennisraum und Billardsäle.

Den Namen Taifun wählten sie, weil dieser Wirbelwind auf japanisch Taifuso heißt, also ähnlich klingt und für beide Teile verständlich ist. Und taifunhaft mochte es ruhig zugehen. Seeleute sind keine Heilsarmisten.

Einer der Stammgäste wurde mit dem Tag der Eröffnung Kapitän zur See Fudjy. Er setzte sich gern zu den Lords und ließ sich von diesen einladen. Als Kapitänleutnant Hoppe davon erfuhr, gab er Anweisung, Kapitän zur See Fudjy sei Gast der Deutschen Marine. Er dürfe ohne Berechnung essen und trinken soviel und was er auch wolle.

Ärger und Verdruß gab es nur mit den Tanzdamen, die Fudjy trotz seiner 58 Jahre pausenlos in Bewegung hielt, ohne ihnen jedoch die Tanzkarten zu bezahlen. Das nahmen ihm die Hübschen übel, denn schließlich wollten sie Geld verdienen. Da sie aber beinahe wirkliche Damen waren, sprachen sie nicht darüber. So ging eine geraume Zeit ins Land, bis Hoppe von Fudjys Tanzpraktiken erfuhr. Beim Golfspielen ließ es sich ab nun taktvoll einrichten, Kapitän zur See Fudjy mit gültigen Tanzmarken zu versorgen ...

Der Funkmaat vom Stützpunkt tritt in den mit weichen Teppichen belegten Gang. Wie an Bord, so sind die geraden Zahlen links, an Backbord, und die ungeraden Zahlen rechts, an Steuerbord. Er klopft an die Tür mit der aufgemalten kupferroten Chrysantheme.

Einmal, zweimal. Noch einmal. Keine Antwort.

Schließlich hämmert er mit der Faust auf die Chrysantheme.

Die Tür wird aufgerissen. Im Rahmen steht Kapitän Fudjy. Die Spitzen seines dünnen, aber gepflegten Kaiser-Wilhelm-Bartes, auf den er stolz ist, zittern.

Als er den Funkmaat vom Stützpunkt erkennt, wird sein Gesicht freundlicher. Er verbeugt sich und sagt höflich in gebrochenem Deutsch: »Ich sein traurig, nicht können bitten Sie in meine Zimmer.«

Der Funkmaat verneigt sich ebenfalls. »Ich bitte sehr um Entschuldigung, Herr Kapitän, aber Sie müssen uns helfen. In der Kempetai-Station von Taju sollen Überlebende von U 168 sein. Kapitänleutnant Hoppe braucht einen japanischen Wagen und eine Genehmigung, um nach Taju zu fahren.«

Fudjys Gesicht wird ernst und auch ein wenig traurig. »Ich hier keine Vollmacht. Nicht für Auto, nicht für Nachtfahrt.«

Fudjy greift in die Taschen seines Uniformrockes, der an der Tür hängt. Dann verändert sich sein Gesichtsausdruck schlagartig. Er lächelt. »Sie haben zufällig Tanzmarken in Tasche?«

Der Deutsche sucht nervös in seinen Hosentaschen. Tanzmarken ...? Was will er denn ausgerechnet jetzt mit Tanzmarken? Er findet ein paar Tickets. Er drückt sie Fudjy in die Hand und drängt: »Aber wir müssen doch nach Taju, Herr Kapitän! Wenn es wirklich Gerettete von U 186 sind, dann ...«

»Es sein besser, ich wissen von nichts. Sein Sache von Kempetai.« Fudjy drückte dem Funkmaat die Hand, dann schließt er schnell die Tür vom Zimmer mit der Chrysantheme.

Der Stützpunktfunker spürt etwas Hartes in seiner Rechten: ein Autoschlüssel. Es ist der Schlüssel für Fudjys PKW! Und das hat japanische Kennzeichen ... Es führt die rote Flagge eines Stabsoffiziers[24].

Was sagt der heute in Duisburg lebende Konrad Hoppe darüber, wie es weiterging:

»Ich konnte auch Kapitänleutnant Schrewe nicht mehr erreichen. Der war irgendwo unterwegs. Müller war gleich auf Draht. Obwohl wir strengstes Verbot hatten, selbst mit dem Wagen zu fahren – ich war schon im Stützpunkt bei den Japanern –, ist er dann sofort hinter mir hergebraust. Die eingeborenen Chauffeure hatte er bereits angelüftet und mitgenommen. Er sagte schlicht und militärisch: ›Unsere Fahrzeuge sind klar‹, und fügte hinzu: ›Wenn wir von den Japanern keine bekommen, dann fahren wir allein los.‹

Soweit war also alles in Ordnung. Schließlich stieg auch der japanische Chef des Stabes, Korvettenkapitän Hatschimodo, zu.«

Kapitän zur See Fudjys Wagen brauchen sie nun nicht mehr. Los, mit AK.

Dort, wo die Straße nach dem kleinen Küstenort abzweigen muß, hat Kapitänleutnant Hoppe halten lassen. Er steigt aus. Der Schein seiner Stablampe beleuchtet ein verwittertes Schild. ›Taju‹ kann Hoppe entziffern. Stimmt.

Der Weg gleicht einem Tunnel, einer dunklen Schlucht, aus der sich ihnen eine modrigfeuchte Luft entgegenwälzt. Die Kronen der wildwuchernden Tropenbäume sind so ineinandergewachsen, daß das Auge keine Handbreit vom Nachthimmel mehr erspäht.

Millionen Zikaden ticken. Die Ochsenfrösche quaken. Und hin und wieder erschallt der wilde Ruf eines Ziegenmelkers. Als sich Hoppe zum Wagen zurückbewegt, kreischt in unmittelbarer Nähe ein Brainfevervogel. Warnt er vor Menschen? Oder vor einem Panther?

Immer wenn Hoppe an einen Panther denkt, verschmilzt das Bild vor seinen Augen mit den Gestalten der Kempetai ...

Die Dienststelle der gefürchteten und berüchtigten japanischen Geheimpolizei in Taju zu finden, fällt nicht schwer.

Der ganze Ort ist in Aufruhr.

Vor dem Haus mit dem Sonnenbanner am Flaggenmast drängen sich in respektvoller Zurückhaltung die eingeborenen Bewohner Tajus. Sie lauern und beobachten im Schutz der Bäume und der Umfassungsmauern dieses luxuriösen Bungalows, einst der Privatbesitz eines holländischen Kaufmannes auf Java.

Daß die Weißen, die der javanische Fischer angelandet hatte, Deutsche sein sollen, hat sich inzwischen in Taju herumgesprochen. Auch, daß die Japaner die Deutschen seit Stunden verhören, statt sie zu verpflegen, zu betreuen und ausruhen zu lassen.

Als dem PKW deutsche Offiziere entsteigen, erwarten die Bewohner von Taju, gar nicht zu Unrecht, eine Sensation.

Sie kennen den Chef dieser Kempetai-Station. Sie hassen ihn, weil er zerstört, was sie von den Japanern erhofften: Die Erfüllung ihres Traumes von der Freiheit Indonesiens.

Hoppe schiebt die japanischen Posten zur Seite. Im Gang aber vertritt ihm ein kleiner, in Zivil gekleideter Japaner den Weg. Hinter ihm warten andere in drohender Haltung.

Durch die geöffneten Türen entdeckt der deutsche Kapitänleutnant ein paar Mann von U 168. Sie hocken auf dem Boden. Also hat es doch U-Pich erwischt ...

Hoppe wendet sich an den Japaner vor ihm, an einen unheimlichen Kerl, dessen Gesicht und Hände aus faltigem Ochsenleder zu sein scheinen, dessen Mund aus ein paar Kinnladen besteht, die an das Quermaul eines Tigerhaies erinnern. Und dann diese brennenden Augen.

»Diese Männer sind deutsche U-Boot-Seeleute«, läßt Hoppe Dr. Schreiber übersetzen. »Ich bin der Leiter des U-Boot-Stützpunktes Soerabaja. Und Sie sind, so vermute ich, der Chef der Kempetai-Station.«

Ehe der Japaner antwortet, zieht er saugend die Luft durch die Nase ein. Dann nennt er seinen Namen. Mehr sagt er nicht.

Als Hoppe an ihm vorbeigehen will, vertritt er diesem erneut den Weg.

»Meine Untersuchungen sind noch nicht abgeschlossen«, fährt er Hoppe an. »Sie haben meine Entscheidung abzuwarten.«

»Ich wüßte nicht, was es für Sie zu untersuchen gibt«, sagt Hoppe sanft, wenn auch bereits mit dem Unterton von Erregung und Verärgerung in seiner Stimme.

»Doch«, zischt der Japaner. Seine Schlitzaugen werden zum

Strich. »Zunächst weisen Sie sich aus. Erklären Sie, was Sie hier wollen. Beweisen Sie Ihr Recht, mit diesen Leuten zu sprechen. Erst wenn ich diese Kerle freilasse, dann dürfen Sie zu ihnen. Vorher nicht.«

»Mein Herr«, antwortet Hoppe mühsam beherrscht. »Ich habe Ihnen doch eben erklärt: Wir wollen, und so scheint es, wir müssen uns um die Überlebenden von U 168 kümmern.«

Mit dem Wort Überlebende ist für den Japaner das Stichwort gefallen. »Mit Verrätern, wollten Sie sagen, Hoppe-San.«

Der Japaner hat diese Worte in höchster Erregung aus sich herausgepreßt. Erschöpft macht er eine Pause, verwundert, da Hoppe und seine Begleitung schweigen.

Wie aus der Tiefe eines gärenden Vulkans bricht es erneut aus ihm heraus. »Meine Verhöre und Untersuchungen haben ergeben, daß sich die Offiziere des versenkten deutschen U-Bootes auf das feindliche Boot gerettet haben. Sie werden dort verraten, was sie wissen. Und wenn diese hier«, er macht eine ausholende Handbewegung nach den Türen hin, in denen sich immer mehr ausgezehrte stoppelige Gesichter zeigen, »nicht hier, sondern an einer feindlichen Küste gelandet worden wären, dann wären auch sie zu Verrätern geworden. Kein japanischer Seeoffizier, kein japanischer Seemann, kein Japaner überhaupt setzt sich den Gefahren einer Gefangennahme aus. Ein japanischer Soldat wählt den Tod nach der Niederlage.«

Die Stimmung ist zum Zerreißen gespannt, als der Japaner endet.

Der Kapitänleutnant tritt ganz nahe an den Japaner heran, so nahe, daß er fast nur zu flüstern braucht, um von Dr. Schreiber und dem Japaner verstanden zu werden.

»Erstens sind diese Männer keine Japaner, mein Herr. Sie sind Deutsche. Und als solche sind sie vom Tenno, erschrecken Sie nicht, wenn ich den Sohn des Himmels erwähne, mit all den anders gearteten Lebens- und Kampfauffassungen anerkannte Verbündete.«

Hoppe zündet sich während des Sprechens eine Dr. Schreibers Etui entnommene Zigarette an. Seine Bewegungen zeigen weder überstürzte Hast noch eine Erregung an. Dann sagt er weiter, so leise wie zuvor:

»Zweitens, und das beachten Sie bitte sehr genau, wenn Sie nicht sofort den Weg zu meinen überlebenden Kameraden freigeben, zwingen Sie mich zu etwas. Ich werde Sie dann in der Praxis daran erinnern müssen, aus welchem Holz die Grauen Wölfe geschnitzt sind. Sie werden sich über die Folgen wundern – wenn Sie überhaupt noch dazu kommen –, wenn nur einer dieser U-Boot-Fahrer von mir erfährt, wessen Sie diese Männer beschuldigen.«

Hoppe zieht an seiner Zigarette. Er wundert sich über sich selbst, wie ruhig er dabei seine Hand hält. Dann sagt er noch mit tonloser, aber kalter Stimme: »Im übrigen lehne ich es ab, mich mit Ihnen noch zu unterhalten. Das Weitere werden Sie später hören. Und Sie werden sich auch noch entschuldigen.«

Der Japaner ist so bleich und elendsgrau wie die vom Staub verschmutzte Wand im Foyer. Er kocht. Seine Zähne mahlen aufeinander, daß es knirscht, als würden Knochen gebrochen.

Aber es passiert nichts, als sich Hoppe mit sanfter Gewalt und einem verbindlichen, wenn auch gezwungenen Lächeln, an ihm vorbeischiebt. Der Kempetai-Chef wird dabei an die Wand gedrückt.

Draußen vor der Tür drängen sich Kopf an Kopf, Schulter an Schulter die eingeborenen, männlichen Bewohner von Taju.

Ihre Blicke funkeln böse. In die Freudenrufe der Begrüßung mischen sich die Flüche und die Verwünschungen des hinter Hoppe hertobenden Kempetai-Chefs.

Zur gleichen Zeit spielt sich in Soerabaja ein anderes Drama ab. Kapitänleutnant Peter Schrewe hat, zum Stützpunkt zurückgekehrt, inzwischen die Gründe für Hoppes und seiner Offiziere überstürzte Nachtfahrt erfahren. Sein IWO war zugegen, als der Anruf kam.

»Wieviel Überlebende, sagten Sie, hat der Küstensegler an Land gesetzt?«

»Nach dem Kempetai-Bericht aus Taju sollen es über zwanzig Mann gewesen sein.«

»Über zwanzig Mann ...? Und 54 hat Pich normal an Bord. Kommen Sie.«

Sie nehmen die Fahrräder, von denen Hoppe 150 Stück durch die zartgliedrigen Hände eingeborener weißer und farbiger Frauen bei den Chinesen für die Freizeitgestaltung besorgen ließ. Ab zum Hafen. Schrewes erster Weg gilt seinem eigenen Boot. In der Seekarte von Ostjava findet er mit kundigem Blick dieses Taju. Die hier und im weiteren Bereich unter der Küste angegebenen Wassertiefen lassen erkennen, daß die Vorgewässer überall verhältnismäßig geringe Tiefen haben – 20 Meter, 30 Meter, 40 Meter, 35 Meter.

Dem Kempetai-Bericht zufolge sei das Boot – es ist kein anderes als das von Pich – in Sichtweite der Küste, ja ziemlich dicht unter Land torpediert worden und gesunken.

Die Seekarte unter dem Arm, verlassen Schrewe und sein IWO das Boot.

Im Stützpunkt der japanischen Marine treffen sie den Offizier vom Nachtdienst an, einen schmächtigen Korvettenkapitän. Mit angeborener und durch die Schule der Marine vollendeten Höflichkeit bietet der lächelnde Japaner den beiden Deutschen einen Stuhl an.

Doch Schrewe verzichtet. Er steigt gleich in die Sache ein. Ein Dolmetscher übersetzt.

»Sie haben von dem Absaufen von U 168 gehört?«

Der Japaner nickt. Auch er tritt an die Lagekarte. Sein nikotingebräunter gelber Zeigefinger tippt auf einen Punkt.

»Hier«, sagt er. »Hier ist es gewesen, auf 6 Grad und 20 Minuten Süd und 111 Grad und 28 Minuten Ost.«

»Wir brauchen Hebeschiffe.« Schrewe steuert vierkant auf sein Ziel zu.

Der Dolmetscher übersetzt.

»Wie sagten Sie?« fragt der Kapitän.

»Es muß etwas geschehen. Wir müssen mit Wachschiffen, mit Hebefahrzeugen und Spezialtauchern an die Absaufstelle ... die 'rausholen, die im Boot noch lebend eingeschlossen sind.«

»Ich verstehe immer noch nicht«, sagt der Japaner. Seine Augen werden zu einem Schlitz. Aber er ist noch immer die vollendete Liebenswürdigkeit in Person.

Jetzt aber wird Kapitänleutnant Schrewe ungemütlich, er tut etwas, was ein Japaner auch in der größten Erregung und seelischer Not nicht tut.

Er schlägt mit der flachen Hand auf die Karte.

»Rausholen ... Retten müssen wir die, die noch im Boot sind. Es sind doch nur die davongekommen, die an Deck standen.«

»Das ist noch nicht erwiesen«, gibt der Japaner zurück. Er begreift sehr wohl, was der Deutsche will.

»Das ist doch völlig wurscht, zum Donnerwetter. Und wenn auch welche aus der Zentrale ausgestiegen sind, es können noch immer Überlebende vorn oder achtern im Bootskörper sein ... Sie haben doch Hebeschiffe ... Sie haben doch Tieftaucher in Ihrem Stützpunkt ... Geben Sie doch einen Befehl. Seid doch nicht so langweilig. Hier ist doch jede Minute kostbar. Helft.«

Das Gesicht des japanischen Korvettenkapitäns ist kühle Ablehnung.

Je mehr Schrewe sich erregt, um so mehr erstarren die Züge des Japaners. Wenn bei der Flotte unter dem Sonnenbanner in Kriegszeiten ein Schiff versinkt, gehört die Mannschaft dazu, denn Schiff und Besatzung sind ein Ganzes. Auch wer die Katastrophe überlebt, hat keine Lebensberechtigung mehr.

So deutlich drückt der Kapitän aber nicht aus, was er denkt ... daß die Besatzung von U 168 nach japanischem Kodex kein Anrecht auf nur einen Versuch der Rettung mehr hat. Ausweichend erklärt er dem deutschen Kommandanten:

»Das Risiko, auch noch die Hebeschiffe und Wachboote bei einer solchen Rettungsaktion zu verlieren, ist größer als die Chance, auch nur einen Mann aus der Tiefe lebend heraufzuholen.«

Schrewe ist außer sich.

Die eiskalte Höflichkeit des japanischen Korvettenkapitäns, diese offenkundige Ablehnung erbittert ihn immer mehr.

»Sie wollen also nicht?«

»Ich kann nicht, Kapitänleutnant Schrewe-San.«

Er kann wirklich nicht. Er würde mehr verlieren, als im ungünstigsten Fall die Hebeschiffe: Sein Gesicht.

Die Tür fällt ins Schloß. Peter Schrewe alarmiert alle möglichen und unmöglichen Stellen. Auch den inzwischen in sein Haus heimgekehrten Kapitän zur See Fudjy. Auch den japanischen Admiral in der Dwarsburg-Straat.

Überall stößt er auf das gleiche Bild: Erst höfliche Ablehnung, dann aber, wenn Schrewe an die Waffenbrüderschaft appelliert, die so selbstverständliche Kameradschaft auf See beschwört, versteinern die Gesichter.

Was noch zu tun übrig bleibt, sind jede Menge Entschuldigungsbesuche, die Kapitänleutnant Hoppe als Stützpunktleiter für später harren.

Der japanische Fahrer tritt mit aller Kraft auf die Bremse. Der neben ihm mehr eingequetschte als sitzende Matrosengefreite hat blitzschnell die Handbremse gezogen. Der PKW, in dem Stützpunktleiter Hoppe und, soweit nur irgendwie Platz, einige Überlebende von U-Pich dicht nebeneinander gezwängt hocken, schleudert auf dem von faulenden Blättern glitschigen Boden wild hin und her. Dicht hinter der Kurve hatten sie bei hoher Fahrt im Dämmerlicht des Blätterdoms die quer über die Fahrbahn liegenden Bäume entdeckt, eben noch frühzeitig genug, um den Wagen zum Stehen zu bringen. Die Natur war es nicht, die diese Baumriesen zum Stürzen brachte. Sie erkennen es mit einem Blick. Die Axthiebe an den Wurzeln, die Lage der Bäume sprechen Bände. Sie steigen aus. Nichts rührt sich. Der unter der Tageshitze dumpf dahinbrütende Tropenwald schweigt und dampft. Ein paar Vögel, von Affen gehetzt, kreischen. Ein paarmal knackt es. Erst in unmittelbarer Nähe, dann weiter entfernt. Es hört sich an, als ob Menschen oder Tiere davonschleichen.

Diese Baumsperre galt Japanern. Unzweifelhaft. Die Unzufriedenheit mit den ›Befreiern vom kolonialen Joch der Holländer‹ wird von Tag zu Tag größer.

Tabu allein sind die Deutschen. Für die Masse der Javaner jedenfalls, denn es gibt nun einmal keine Regel ohne Ausnahme. Solche Ausnahmen sind nicht selten die Halben, die ›Cocktails‹, die nicht wissen, zu wem sie nun eigentlich gehören …

Durch nichts behindert, räumen die Männer mit PKW-Kraft die Bäume zur Seite. Sie schaffen einen schmalen Durchlaß und brausen weiter, Soerabaja entgegen.

In Taju, das hinter ihnen liegt, hat Kapitänleutnant Hoppe für die vorerst zurückbleibenden Überlebenden alles Notwendige veranlaßt.

Die Besitzerin eines ehemals holländischen Luxushotels am Strande der hier besonders traumhaft schönen Küste, eine gebürtige Deutsche, deren Mann von den Japanern interniert wurde, hat die Betreuung der Geretteten von U-Pich übernommen. Alles Weitere wird der herbeigeeilte Leiter des Stützpunktes Batavia, Korvettenkapitän Kandler, als Dienstgradältester besorgen.

Ein Teil der Überlebenden, so wurde es noch abgesprochen, soll mit der Bahn nach Soerabaja geschafft werden, andere sind für den Stützpunkt Batavia ausersehen.

Das faltenreiche, so bösartige Gesicht des Chefs der Kempetai am Ort hatte nach dem Streit mit dem deutschen Kapitänleutnant niemand mehr zu Gesicht bekommen. Sein Vertreter, den der von Hoppe höflich aber sehr bestimmt zurechtgewiesene Kempetai-Boß dann sandte, zerfloß vor Höflichkeit. Wie Butter unter tropischer Sonne.

Hier, im PKW, läßt sich Hoppe das Ende von U 168, das Aussteigen der Überlebenden und deren Rettung noch einmal in allen Einzelheiten erzählen. Und wie schon in Taju, so bewegt ihn auch jetzt noch die quälende Frage, ob in dem aufgeschlitzten Stahlsarg in 45 Meter Wassertiefe vielleicht nicht doch noch ein paar Männer in einer Luftblase leben.

»Das ist wirklich hoffnungslos, Herr Kapitänleutnant«, versichert der ausgestiegene Obermaschinist Meier. »Wir brauchen uns da keine Sorgen zu machen. Nur wer in der Zentrale war oder bis zu ihr kam, hatte noch eine Chance. Weder vorn, noch achtern im Boot lebt ein Mann.«

Jener scheußliche Traum, den Stabsarzt Dr. Wenzel vor dem Auslaufen hatte und aus dem er schweißgebadet mitten während der Nacht erwachte, hat sich nun doch erfüllt: Den IWO und den Wetterfrosch Dr. Bahlke fraß die See. Zusammen mit ihren Kameraden. Genau wie dieser unheimliche Traum es dem Bordarzt vorgegaukelt hatte.

Eines aber erfüllte sich nicht: Die gräßliche Angst vor einem zweiten Fall *Van Imhoff*.

Der Gegner, der U 168 in Sichtweite der Ansteuerungstonne von Soerabaja aufgelauert hatte, das holländische U-Boot *Zwaardvisch*, war aufgetaucht, um die Überlebenden zu retten. Der Holländer stoppte kurz vor den Pulks im Wasser. Seine Schiffsführung und Besatzung machten gut, was die von der *Van Imhoff* dem guten Ruf holländischer Fairneß und an sich so selbstverständlicher seemännischer Ritterlichkeit so schwer geschadet hatten.

Sie taten noch mehr. Obwohl es wegen der zu starken Eigengefährdung und auch wegen der Unmöglichkeit der Unterbringung nicht üblich war, daß U-Boote Überlebende torpedierter Schiffe aufnahmen, Kommandanten und LI's von Fall zu Fall ausgenommen, zerrten die Holländer die im Wasser treibenden deutschen Seeleute zu sich an Oberdeck. Ein freudiger Ausruf eines Seemannes von U-Pich wurde seinem Kommandanten allerdings zum Verhängnis. Als der Matrose schon gerettet auf den Grätings des Oberdecks stehend, Kapitänleutnant Pich im Ölfleck des Wassers schwimmend sah, brach es vor Freude laut aus ihm heraus.

»Guckt, da ist ja auch unser Alter.«

Und den Alten, den eben suchten die Holländer ... Ihn und seine überlebenden Offiziere gedachten sie trotz der Raumnot an Bord als lebende Trophäe einer versenkten Naziröhre mit in ihren Stützpunkthafen in Perth in Australien mitzunehmen.

So kam es, daß Kapitänleutnant Helmut Pich, sein LI, sein II-WO, der Stabsarzt und der ziemlich bös verletzte Seemann Hannes Feiertag von den anderen abgesondert, erst auf den Turm und dann ins Boot geschafft wurden. Hannes Feiertag wohl nur, weil die Holländer ihm, der als Ausguck noch sein Glas um den Hals zu hängen hatte, einfach nicht glaubten, nur ein kleiner Mannschaftsdienstgrad zu sein.

Die anderen 23 Überlebenden wurden zunächst an Oberdeck versorgt. Sie erhielten Seewasserseife, um sich von dem Ölfilm zu säubern, man versorgte sie, die fast ohne Bekleidung aus dem Boot herauskamen, mit frischem Zeug, mit Kaffee und Zigaretten. Schließlich rief der Kommandant der *Zwaardvisch*, Luitenant ter zee der 1e klasse (Korvettenkapitän zu deutsch) H. A. W. Goosens, zwei Küstensegler heran. Diesen übergab er die Geretteten mit der Weisung, sie auf dem kürzesten und schnellsten Wege an der javanischen Küste abzusetzen.

Damit die deutschen Seeleute nicht ganz wehrlos waren, ließ van Goosens jedem dieser Männer ein Bordmesser verausgaben.

»Alles andere, Herr Kaleu«, so endet der Bericht von Obermaschinist Meier, »wissen Sie aus Ihren eigenen Beobachtungen.«

Der Verfasser hat auch mit dem bei der Bundesmarine tätigen heutigen Fregattenkapitän Pich ein Gespräch geführt. Es ging um die vermutlichen Ursachen, die zum Verrat des Auslauftermins geführt haben können und über den weiteren Aufenthalt der Geretteten an Bord der *Zwaardvisch*.

Autor: »Sagten Sie nicht, daß vorher ein Mädchen an Bord gewesen sei?«

Pich: »Ja, das ist nur die Story nebenbei. Ich hörte es von einem anderen, daß da ein Indonesier an Bord gewesen sein soll mit so einer Frau. Und das hätte also das Unglück gebracht …«

Autor: »Also hat Spionage eine Rolle gespielt.«

Pich: »Spionage war es zweifelsohne. Die Gegner waren über uns genau im Bilde und bestens unterrichtet. Als ich auf die Brücke kam, fragte der holländische IWO, van Ravenstein, gerade die Leute aus, ob es schön in Batavia war. Die wußten genau, woher wir kamen. Auch die Mädchen kannten sie. Die eine war eine Cousine von ihm. Die war wohl auch durchgegangen. Die Aufnahme auf dem Boot aber war hervorragend. Nachdem wir uns einen Tag berochen hatten und sie uns erst die Augen auskratzen wollten, waren wir schon ab nächsten Tag die besten Kameraden. Als Feinde mochten sie uns erst gar nicht. Der LI, der hätte uns lieber tot als lebendig gesehen.«

Autor: »Hat der sich denn nicht wenigstens in der Fachsprache mit dem deutschen Leitenden verstanden?«

Pich: »Das war gar nicht nötig. Der war am nächsten Tag schon ein Herz und eine Seele mit uns.«

Autor: »Wie war denn die Stimmung, die kann sich doch nicht so schnell wie eine Buchseite umwenden.«

Pich: »Das hat mit Krieg und Ideologie gar nichts mehr zu tun. Wir saßen wieder in einem Boot, waren aufeinander angewiesen, und da ist es nämlich gleich, ob man Deutscher, Holländer, Engländer ist oder sonstwer.«

Autor: »Aber irgend etwas muß doch das Eis zum Schmelzen gebracht haben.«

Pich: »Weiß der Teufel. Wir waren am zweiten und dritten Tag schon mitten in der Politik drinnen, bekamen uns fürchterlich in die Wolle. Und dann sagte der Kommandant: ›Über Politik wird hier nicht mehr gesprochen.‹ Und dann verging ein Tag ohne Politik. Am nächsten sprach man wieder darüber. Wir hielten natürlich zu unserem und die zu ihrem Standpunkt. Auf diesem kleinen Raum konnte man sich ja nun nicht schlagen oder versohlen.«

Autor: »Die holländischen Offiziere waren zu dritt?«

Pich: »Nein, zu viert, da war noch ein Engländer. Mit dem haben wir kein Wort geredet. Der sprach nie mit uns.«

Autor: »Was war das für ein Engländer?«

Pich: »Das weiß ich nicht, wahrscheinlich ein Oberleutnant. Der gehörte zu dem Radargerät, das da an Bord war. Vermutlich handelte es sich um einen technischen Verbindungsoffizier.«

Autor: »Und wo haben Sie geschlafen?«

Pich: »In der Offiziersmesse. Wir haben mit denen auch zusammen gegessen. Die hatten da auch einen Indonesier an Bord, als Jonas, als Messejungen. Dem sagte ich am zweiten Tag auf malayisch meine Wünsche, und da war er derartig nett zu uns und paßte auf, daß wir alles schön hatten und alles nach unserem Wunsch ging. Ein Herz und eine Seele war das da an Bord.«

Autor: »Und wohin ist das Boot gefahren?«

Pich: »Erst sind wir mit denen noch auf Unternehmung gewesen. Der schoß dabei noch einen japanischen Zerstörer an. Und dann schoß der wieder. Tod und Teufel war das. Und dann sind sie durchgegangen durch die Timorsee.«

Autor: »Haben Sie da noch Ratschläge gegeben?«

Pich: »Nein, gar nicht, da bekamen wir noch Wasserbomben, und das war für uns gar nicht so angenehm. Und auf einmal kam der holländische LI angeschossen: ›Alles klar. Wir sind durch.‹«

Autor: »Der deutsche LI war ja auch dabei.«

Pich: »Pustekuchen, wir saßen in der Messe und schauten auf den Tiefenanzeiger, der auf 50 Meter stand. Tiefer konnten die gar nicht gehen, weil es nicht ging.«

Autor: »Also Sie haben dann da an Bord ›Mensch ärgere dich nicht‹ gespielt.«

Pich: »Ja. Wir mußten uns doch unterhalten. Der LI kam und spielte mit uns. Nach drei Wochen kamen wir nach Freemantle in

Australien. Uns wurden die Augen verbunden und schön ›Auf Wiedersehen‹ gesagt. Da kam Hannes noch an. Unseren Seemann Hannes Feiertag wollten sie nämlich an Bord behalten. Sie hatten schon eine Eingabe gemacht, daß der zur Besatzung kommen sollte, so beliebt war der an Bord, so hatte der sich überall nützlich gemacht. Das ging natürlich nicht, abgesehen davon, daß der ja auch gar nicht wollte.«

9.
U 862 vor Sydney und Neuseeland

U 168 ist also für die Australien-Operation ausgefallen. Es bleiben nur noch U 537 und U 837, die inzwischen für diese Unternehmung klargemacht werden. Erwähnenswert dürfte sein, daß der Kommandant von U 837, Kapitänleutnant Timm, der mit seinem Boot in Singapore ausgerüstet wird, nichts über U-Pichs Ende erfährt und dann später, bei der Unternehmung, der Annahme ist, daß sie zu dritt in ein für deutsche U-Boote jungfräuliches Seegebiet vorstoßen. Da CIS Dommes keine operative Befehlsgewalt zusteht, sind die ›Australischen U-Boot-Kommandanten‹ gezwungen, ihre Vorschläge direkt dem BdU zu unterbreiten. So ließ U 837 an die Heimat funken: »Timm Absicht Unternehmung südlich und südöstlich Australiens.«

Des BdU Antwort lautete: »Einverstanden.«

Alle anderen Kampfboote werden als Rohstofftransporter eingesetzt. Eigentlich mehr zu Defensiszwecken laden sie zwei oder drei Torpedos in die Rohre. Die Beschaffung der für die Mitnahme in die Heimat bestimmten Rohmaterialien wird von Tokio aus geleitet. Sie liegt dort in den Händen von Staatsrat Wohltat, der zu diesem Zwecke eine eigene Organisation in Anlehnung an die deutschen militärischen Dienststellen aufgezogen hat. Dieses Unternehmen, das sich ROGES nennt, was soviel wie Rohstoffgesellschaft bedeutete, hatte bereits die Beladung der Blockadebrecher durchgeführt; es sorgt nun auch in kleinem Maße für die Bereitstellung der U-Boot-Ladungen.

Die Unterbringung im Boot erfolgt auf verschiedene Art:

Der Rohgummi wird fast ausschließlich in freiflutenden Tauchbunkern und unter Oberdeck in eigens gefertigten Racks sowie in den Oberdeckstuben untergebracht; das Zinn wird zu Barren verschiedenen Formats gegossen und sowohl im Kiel als auch im Bootsinnern verstaut; die übrigen Rohstoffe, wie Wolframerze und Molybdän, werden in extra angefertigten Zinnbehältern eingelötet und im Boot gelagert; Chinin wird bereits in wasserdichten und tropenfesten Packungen geliefert.

Der Stauplan im Bootsinneren sieht hauptsächlich die Ausnutzung der Bilgen, der Bug- und Heckräume und der leeren Torpedorohre vor.

Die Gesamtladung eines Bootes des Typs IX D2 umfaßt:

Zinn 120 t, Molybdän ca. 15 t, Gummi ca. 80 t, Chinin ca. 1 t, Opium 0,20 t.

Diese Beladung ist nur möglich auf Kosten des Brennstoffvorrates, der für wirtschaftlichste Fahrtstufen nur wenige Reserven enthält, und auf Kosten der Torpedobewaffnung.

Die Ladung eines IX C-Bootes beträgt: Zinn 115 t (100 t im Kiel, Molybdän ca. 10 t, Wolfram ca. 9 t, Gummi 10 t, Chinin 0,5 t, Opium 0,2 t, sonstige 0,3 t, das heißt insgesamt ca. 145 t.

Die Beladungsmöglichkeit der U-Transporter ist größer. Praktisch ist sie jedoch nicht erprobt worden.

In diesem Zusammenhang sei noch einmal vermerkt, daß für den Transport bestimmter Rohstoffe, die nur im japanischen Mutterland zu beschaffen sind, mangels Schiffsraum[25] die restlichen exitalienischen U-Boote Verwendung finden.

Kommandant eines dieser beiden Boote, des UIT 25, ist der aus den Reihen der Christlichen stammende Oberleutnant zur See der Reserve Alfred Meyer. Seit seinem 16. Jahr Seemann und später Nautiker, hat er heute wegen Verlust seiner Sehschärfe seinen Beruf verloren, ein schweres Los für einen so hervorragenden Mann und Organisator. Während des Krieges fuhr Meyer erst auf U-Jägern, später als IWO auf U 183. Als er dieses verließ, um UIT 25 zu übernehmen, lief das Gerücht um: »Wenn Meyer aussteigt, geht das Boot verloren.«

Das Gerücht blieb kein Gerücht, es wurde bitterste Wahrheit. Schwierigstes Problem war bei der Übernahme der italienischen Boote die Besatzung. Meyer hatte von U 183 zehn Mann als Fachkräfte mitbekommen, ferner wurden ihm weitere zwanzig Besatzungsmitglieder ehemaliger deutscher Hilfskreuzer zugewiesen. Ausgezeichnete Seeleute, aber keine U-Boot-Männer. So blieb es nicht aus, daß diese fachlichen Trennungen zu Spannungen an Bord führten. So sah denn Kommandant Alfred Meyer seine erste und wichtigste Aufgabe darin, erst einmal für ein gutes, kameradschaftliches Bordklima zu sorgen. Erst mußte die Crew zusammengeschweißt werden. Sie hat homogen zu sein, ehe überhaupt mit der Schulung an den Geräten begonnen werden kann.

Meyer löste diese Probleme. Wer befahren ist, wird sie zu werten wissen.

Bei den ersten taktischen Tauchübungen ergaben sich größte Schwierigkeiten. Sämtliche Tauch- und Schnelltauchanlagen auf dem Italiener waren völlig anders angelegt als auf den deutschen U-Booten, dergestalt, daß auch die bewährten U-Boot-Fachkräfte von U 183 sich erst einarbeiten mußten. Sämtliche Ventile, die Gestänge, die Rohrleitungen, die Pumpen, die E-Anlagen befanden sich an anderen Plätzen. Die Beschriftungen der Armaturen waren italienisch.

In der ersten Zeit gab es manche Fälle bei Tauchübungen, bei denen sie nur wenig Hoffnung hatten, die Oberfläche jemals wieder zu durchbrechen. Es funktionierte anfangs beinahe gar nichts.

Aber der Eifer der neuen Crew war riesengroß, und zusammen mit den wenigen eingeschifften, mussolinitreuen Italienern behoben sie die technischen Pannen und Probleme und wurden deren schnell Herr, wenn sie wieder auftraten. Sie schwitzten, fluchten und lachten, und sie durchstanden in Tiefen von 50 bis 60 Metern eine Angstpartie um die andere.

Aber in drei Monaten hatte Meyer UIT 25 voll KB, fürwahr eine Leistung, wenn man berücksichtigt, daß die U-Boot-Ausbildung in der Heimat normalerweise ein Jahr und eine Schnellausbildung mindestens ein halbes Jahr beansprucht. Not und Eifer aller machten diese Ausnahme möglich. Und auf dem Exitaliener kehrte echter deutscher U-Boot-Geist ein.

Nach dieser in Kobe, Japan, durchgeführten Ausbildung begann der Einsatz zur Versorgung des Stützpunktes Penang mit Ladungen für heimatgehende deutsche Kampf-U-Boote. UIT 25 brachte vornehmlich Molybdän und Wolfram nach dort, während es für die Rückfahrt nach Japan von den aus Frankreich eingetroffenen deutschen U-Booten mitgebrachte Güter nach Japan fuhr. Außer den schon erwähnten ›Geschenken‹ militärischer Art befanden sich unter dieser Fracht vor allem auch Sulfonamide und Medikamente vom Tropen-Institut Hamburg.

Eine Fahrt von Penang nach Japan dauerte im Schnitt acht Tage. Da UIT 25 nun überhaupt keine Kampfaufgabe mehr hatte, entwarf der humorvolle Kommandant Alfred Meyer als taktisches Zeichen einen Kuli mit typisch flacher, breitrandiger Kopfbedeckung. Dieser dahinschreitende Chinese, der am Tragestock ein Colli und einen Rettungsring schleppte, wurde in fröhlich leuchtenden Farben beiderseitig an den Turm des Bootes gemalt. Später hat ein japanischer Künstler dieses taktische Zeichen als Flachrelief in Messing gearbeitet. Jedes Besatzungsmitglied erhielt es zur Erinnerung an eine U-Boot-Zeit, die zwar keine Erfolge, wohl aber Strapazen ganz besonderer Art mit sich brachte.

Für das andere Boot, UIT 24, das, wie bekannt, schon auf dem Weg nach Europa stand und nach der Versenkung der *Brake* durch U 532 versorgt wurde, bevor es nach Penang zurückmarschierte, wurde ein Batteriewechsel dringend. Es trat den Marsch nach Japan am 15. Januar 1944 an. Diese Reise verlief insofern äußerst dramatisch, als sie durch das Kampfgebiet bei den Okinawas hindurchführte. Dennoch erreichte UIT 24 Kobe. Repariert wurde es indessen nie.

Da die Rückführung von Rohstoffen durch Kampf-U-Boote dem dringenden Mangel auch nicht annähernd abzuhelfen vermag, sind inzwischen von der Seekriegsleitung weitere reguläre Transport-U-Boote in die südostasiatischen Stützpunkte in Marsch gesetzt worden, bzw. befinden sich zu diesem Zeitpunkt noch in der Ausrüstung.

Von diesen Booten gingen durch Feindeinwirkung die meisten verloren.

Lediglich U 219 und U 195 erreichen ihren Bestimmungshafen. Sie laufen um die Jahreswende in Bataria ein. Zu einer Beladung mit Rohstoffen dieser beiden Boote kommt es jedoch nicht, da die Grundüberholung in der noch zur Verfügung stehenden Zeit nicht zu Ende durchgeführt werden kann.

Lediglich U 195 wird, wie später noch dargestellt wird, für einen Kurzeinsatz in den Indischen Ozean auf Versorgungsposition südlich von Madagaskar in See geschickt.

Unter sich nannten sie ihn ›Tüte‹ Timm, und der Besatzung von U 862 wird dieser Name nicht bloß wegen des weitesten Vorstoßes in östliche, pazifische Seegebiete in den Ohren klingen, nicht minder auch dessen Hobbys wegen: Tüte Timm liebte nur klassische Musik ... abgöttisch und mit professoraler Interpretation Symphonien ... Sonaten ... Klavierkonzerte ... Hein Seemann ist im allgemeinen recht musikalisch. Er singt sogar sehr gern: über seine Arbeit, über die Stürme auf See und an Land, über seine Sehnsucht, wieder heimzukehren ... über St. Pauli ... die Reeperbahn ... und den guten alten Michel ...

Aber Symphonien ...?

Und das in einem U-Boot ...!

Da war die tropische Hitze noch Balsam für die Gemüter ...

Aber ein echter Seemann gewöhnt sich an alles.

Auch an Beethoven, Chopin und den damals in der Heimat verbotenen Mendelssohn-Bartholdy.

U 862, statt mit 30 Torpedos nur mit zwölf ausgerüstet, lief im November 1944 von Singapore mit Kurs Sundastraße aus.

Timm ist bekannt, daß sich die ›anderen Boote‹ – es ist ja nur noch eins mit von der Partie – nördlich, westlich und südwestlich Australiens Beute erhoffen. Er selbst hat sich von vornherein die südöstlichen und östlichen Seegebiete vorgenommen. Er hat Seekarten und Segelhandbücher an Bord, und wo der Verkehr laufen muß, fällt bei Betrachtung der Unterlagen gar nicht so schwer.

Er sollte sich dennoch täuschen.

Timms Hoffnung, von den Japanern über die Routen und Verkehrsbündelungen zu erfahren, war wie eine Seifenblase zerplatzt. Er war eigens von Singapore über Batavia nach Soerabaja geflogen.

»Ich flog mit einer japanischen Verkehrsmaschine nach dort. Aber erfahren habe ich bei der dortigen Flotte nichts. Die Japaner erzählten sowieso nicht gern etwas. Sie lächelten. Sie waren überaus freundlich, aber sie schwiegen. Und dann war da noch ein Kapitän zur See Fudjy, mit einem Bart, wie ihn Wilhelm II. trug. Der war furchtbar nett. Er lud uns ein zum Bier, und wir mußten die ganze Zeche nachher bezahlen ...«

Wie befürchtet, vor Cap Leeuwin an der Südwestküste Australiens, zeigt das FuMB starke Ortungen an. Timm weicht tief nach Süden aus und stößt erst in Höhe von Adelaide wieder nach Norden. Sie stehen einige Tage und Nächte vor diesem so wichtigen Hafen und den Känguruh-Inseln auf und ab, dort, wo der Verkehr durchlaufen muß. Kein Schiff, keine Mastspitze, keine Horchpeilung.

U 862 fährt ganz dicht unter der Südküste Tasmaniens entlang. Aus der tintenschwarzen Nacht fischt die Hundewache einen Tanker heraus. Als sie sich zum Angriff vorsetzen wollen, verbündet sich der Himmel mit dem noch ahnungslosen Wild, er schickt ein märchenhaftes Meeresleuchten. Wie eine leuchtende Neonreklame steht die Bugwelle als riesiges V auf der See. Der Tanker dreht ab, und gleichzeitig ist auch ein Flugzeug da. Wie Timm meint, von den Leuten an Land, die das U-Boot unter der Küste beobachteten, alarmiert. Es greift aber nicht an, es blinkt und verlangt ES. Wo, zum Teufel, sollen denn hier des Dönitz' Graue Wölfe herkommen? Als alter Atlantikfahrer verzieht sich Timm in die Tiefe. Den Tanker findet er aber später nicht wieder.

Aber dann: bei Cape Howe sichten sie, als sie abends auftauchen, 20 bis 30 Mastspitzen.

Timm in sein KTB: »Das hätte zu einem Paukenschlag wie vor Amerikas Küste geführt, wenn wir nur mehr Boote gewesen wären. Aber CIS Dommes hatte ja keine operativen Vollmachten, nicht einmal für den Befehl, uns drei Australienboote für eine solche Operation zusammenzufassen.«

U 862 sucht sich einen nach Nord laufenden Tanker heraus und greift diesen an. Erst ein zweiter Torpedo bringt ihn zum Sinken. Wegen der plötzlich einsetzenden vielen Ortungen zerschlägt sich Timms Plan, vorerst vor Sydney zu bleiben.

U 862 setzt sich etwas ab und erwischt bei gröber gewordener See dann noch einen stark zackenden Dampfer.

Weil nun auch hier Flugzeuge auftauchen, sucht sich U 862 eine neue Weide: Neuseeland.

Und weil sie am Heiligen Abend den Angriff fuhren, feiern sie auf dieser Überfahrt Weihnachten und Silvester zusammen. Die Heizer haben aus dem Kupferdraht des in Singapore explodierten japanischen Munitionsdampfers ein Tannenbaumgerippe gebastelt, die Seeleute haben Segeltuch gezupft und diese ›Nadeln‹ grün getönt. Mit Taschenlampenbirnen beleuchtet wirkt das Bäumchen beinahe echt.

Es steht vorn im Bugraum. Es brennt Tag und Nacht. Das ist gut so, denn zuerst hatte Wehmut und Sehnsucht allen den Mund vernagelt. So aber wird langsam Gewöhnung draus.

Timm umfährt das Nordkap Neuseelands. Er stößt dabei über den 174. Längengrad Ost vor, dann dreht das Boot die Schnauze nach Süden. Es lauert vor dem Hauraki-Golf, der Zufahrt nach Aukland, auf Beute. Nichts, rein gar nichts.

U 862 ackert weiter nach Süden, die blauvioletten Kaimanawa-Berge zur Rechten. Sie drehen in die Hawke-Bay. Timm schleicht sich in der Nacht bis vor die Hafeneinfahrt von Napier heran. Am Kai sind verschiedene Küstenfrachter vertäut. Das Boot steht auf und ab. Etwas nördlicher scheint ein Badeort zu liegen. Die Hotels und Gaststätten sind strahlend hell erleuchtet. Auf den Terrassen sehen sie aus einer Entfernung von einer halben Seemeile, also aus weniger als tausend Meter, unter bunten Lampions sich im Tanz drehende Paare, und der ablandige Wind trägt Musik zu ihnen herüber, andere Musik … Das Staccato in Deutschland ungewohnter und verbotener Jazzrhythmen. Timm läßt seine Männer gruppenweise an Deck, dieses Wunder des Friedens zu bestaunen.

Einer von den Frachtern im Hafen von Napier geht noch in derselben Nacht in See. Er nähert sich U 862 mit gesetzten Seitenlaternen.

Ein besseres, sichereres Ziel bietet sich selten.

»Laufen lassen«, entscheidet Timm. »Der ist, wie die anderen da drin, keine tausend Tonnen groß.«

›Da muß man sich ja schämen, für solch eine Pütz einen Aal zu opfern‹, denkt er bei sich. Schon vorher, auf der Höhe von Aukland haben sie einen dieser kleinen Küstenfrachter laufen lassen. Dann also auf nach Wellington. In der Cook-Straße, die Nord-Neuseeland von Süd-Neuseeland trennt, ist Wellington, der größte

Hafen, gelegen. Der Obersteuermann hat gerade mit Kursdreieck, Lineal und Zirkel unter routinemäßiger Einbeziehung von Deklination und Deviation den weiteren Marschweg eingezeichnet.

Genau auf der Höhe von Whakataki geht ein FT aus Singapore ein. CIS Dommes ruft U 862 zurück.

Timm dreht den Funkspruch hin und her. Weder er noch seine Offiziere begreifen warum und weshalb.

»Sofort Rückmarsch antreten«, lautet der Text.

Der heutige Fregattenkapitän Timm dazu: »Wenn's geheißen hätte, Rückmarsch antreten, dann hätte ich mir ja noch ein bißchen Zeit gelassen, aber das ›sofort‹ zwang mich doch, es gleich zu tun.

Nun, gespannt war die Lage überall. Ich wußte nicht, was ist da los. Deshalb sagte ich mir, da kommst du nicht gegen an. Du mußt also kehrtmachen. Ich ging dann südlich runter und lief gegen die grobe See, gegen die Roaring Forties, an.«

Wochen später macht U-Timm in Batavia fest, nachdem es auf dem Rückmarsch auf der Höhe 250 Seemeilen vor Perth noch einen Dampfer vor die Rohre bekam ...

»Der kam von achtern auf, hatte offensichtlich Kurs Indien. Wir kriegten ihn in der Morgendämmerung, es war eigentlich schon vormittags. Wir setzten uns wieder vor, griffen nachts an, und er bekam seinen Torpedo. Der riß ihm aber nur das Vorschiff ab. Das ganze Achterschiff schwamm weiter. Und nun wollte ich ihm mit der Granate der 10,5 cm ein paar Luftlöcher in den Rumpf stanzen. Aber das funktionierte nicht. Der Verschluß war festgerostet. So bin ich dann ganz dicht herangefahren und habe mit der Zwozentimeter noch ein paar Löcher in die Bordwand geschossen und ihn dann treiben lassen. Bei dem Strom, der da oben herrschte, konnte das Schiff bestimmt nicht mehr gerettet werden. Ein zweiter Torpedo war mir zu schade. Man wußte ja auch nicht, was noch ist und was noch kommt.«

Als U 862 nach kurzem Aufenthalt in Batavia nach Singapore weiterfährt, klärt sich hier der so plötzliche Rücklaufbefehl. Die Japaner rechneten mit einer Landung auf der Malaya-Halbinsel durch Mountbattens Truppen. Außerdem drücken von der Burmafront starke alliierte Streitkräfte in Richtung Süden. Die japanischen Truppen, die zusammen mit der unter dem Befehl von Subhas Chandra Bose stehenden ›Indischen Nationalarmee‹[26]. die indische Grenze bis Imphal überschritten, stehen in schweren Rückzugskämpfen Die Japaner haben die Kraft der Bose-Bewegung im indischen Mutterland überschätzt und die Stärke des Gegners, insbesondere seiner Nachschubmöglichkeiten aus der Luft unterschätzt.

Wenn aber Singapore[27] fiel, dann hätte, so argumentierte CIS Dommes, U 862 ohne Funkverbindung mit dem Stützpunkt in der Luft gehangen.

Erst hier erfährt Kapitänleutnant Timm, daß U 168 überhaupt nicht mehr zur australischen Unternehmung auslaufen konnte und weiter, daß auch U 537 nicht mehr existiert.

Kapitänleutnant Schrewe, wie Pich und Hoppe ehemaliger Seeflieger, lief am 9. November aus Soerabaja aus. Seitdem meldete er nicht mehr. Er wurde, wie wir heute wissen, am gleichen Tag auf 07 13 S 115 17 0 durch das amerikanische U-Boot Flounder torpediert. Es gab nur einen Überlebenden, der von den Amerikanern an Bord genommen wurde. Ebenfalls durch ein amerikanisches U-Boot geht zwei Monate später das von Japan vom Batteriewechsel kommende U 183 verloren. Das Boot, das Kapitänleutnant Fr. Schneewind führt, wird am 23. April auf 04 57 S 112 52 0 durch USS Besugo versenkt.

Verloren geht in diesem Raum auch U 196, das mit Rohstoffen für die Heimat beladene Boot, das vormals unter dem Befehl von Kentrat stand. U 196, das unter Oberleutnant zur See H. W. Striegler am 30. November aus Batavia zur Heimat ausgelaufen war, ist vermutlich in der Sundastraße verlorengegangen. Dieser Verlust ist einer der wenigen ungeklärten Fälle, weil eine Feindeinwirkung nicht zu beweisen ist.

10.

U 181 – U 510 – U 532 – U 843 – U 861: Kurs Heimat

Zur gleichen Zeit, als U-Timm nach den in der deutschen U-Boot-Geschichte einmaligen Operationen von Australien und Neuseeland zurückkehrte, stehen die Heimkehrer-U-Boote, U 181 ausgenommen, bereits tief im Atlantik ...

Daß U 532 an einem Dreizehnten, am 13. Januar 1945, den Rückmarsch antrat, hat sich bis jetzt nicht nachteilig ausgewirkt. Junkers Offiziere haben immer noch den entsetzten Ausruf des Stützpunktleiters von Batavia, Korvettenkapitän Kandler, in den Ohren:

»Sie wollen wirklich an einem solchen Tag ... Herr Kapitän!«
»Warum nicht. Ich bin nicht abergläubisch.«

Nein, abergläubisch ist er nicht, hatten einige der bei dieser Besprechung im Stützpunkt anwesenden Offiziere gedacht. Er ist viel zu religiös. Selbst hier in Asien regt er seine Besatzung zum Kirchgang an. Und sie gehen, die Männer. Was doch ein gutes Wort, was doch eine echte Autorität vermag. Und einige andere überkam es fröstelnd bei anderen Gedanken: daß dieser Junker so gar kein Verehrer des Dritten Reiches ist, daß er nicht einmal ein Hehl daraus macht. Seine Bemerkungen über ›gewisse Auswüchse‹ könnten ihm, würden sie einem Parteifanatiker oder einem Mitglied des Sicherheitsdienstes zu Ohren kommen, schweren, sehr schweren Kummer bereiten. Gewiß, hier in diesen Reihen darf er sich äußern ...

»Außerdem«, hatte Junker zu Kandler gesagt, »ist dieser 13. ein Sonntag. Ich rechne, daß der Gegner an einem solchen Tag weniger aufmerksam ist.«

Fregattenkapitän Junkers Bilanz ging auf. Unbehelligt erreicht er den freien Indischen Ozean und tritt so seine letzte und fünfte Feindfahrt während dieser Unternehmung an. Die zweite schilderten wir schon. Die dritte und vierte führte nach Japan, wo die Batterie ausgetauscht wurde. Die Japaner hatten die Batterieanlagen aus dem ihnen von Hitler geschenkten U 511 gründlich untersucht und nachgebaut. Das Ergebnis dieser Nachbauten war, vermutlich wegen der besseren Rohstoffe, besser als das Original.

Als sie nach dem Batteriewechsel auf dem Rückmarsch standen, gerieten sie in einen ausgewachsenen Orkan, wie er an Heftigkeit und Gewalt nur in der Chinesischen See erlebt werden kann, wenn man mit seinem armen Schiff ein derartiges Furioso überhaupt übersteht. Zwar ist ein U-Boot ein außerordentlich seetüchtiges Fahrzeug, zur Not kann es wegtauchen und in größeren, ruhigeren Tiefen Schutz suchen. Aber U 532 hatte an diesem Tage nur 30 Meter Wasser unterm Kiel ... Und das in einem tropischen Wirbelsturm, den die Chinesen ›Taifun‹, zu deutsch ›großer Wind‹, nennen.

»Es war gar nicht schön, als es nach der tönernen Stille im Zentrum dann wieder aus allen vier Himmelsrichtungen zu blasen begann ...«, schrieb Junkers in sein Tagebuch.

Bis auf den Obermaschinisten, der gegen einen Obermaaten von der *Brake* ausgetauscht wurde, ist noch immer die gleiche Besatzung an Bord, mit der das Boot vor zwei Jahren aus Frankreich auslief. Vor nunmehr zwei Jahren ... welch eine Zeit! U 532 darf in der Geschichte der U-Boote des Zweiten Weltkrieges einen Rekord für sich in Anspruch nehmen: Es hat die längste Gesamtunternehmung gefahren.

Die Abkommandierung des Obermaschinisten dürfte von grundsätzlichem Interesse sein. Der Kommandant hatte sich, typisch für ihn, mit der ihm eigenen Gründlichkeit damit befaßt – als Soldat, als Mensch und als Kommandant. Er sagt: »Er hatte acht oder neun Feindfahrten, bevor er bei mir einstieg. Aber ich mußte ihn einfach in Penang aufgeben. Einerseits war er zu nervös geworden, andererseits ertrug er auf Grund seiner ausgesuchten, ja hervorragenden Fähigkeiten die Unterordnung unter den jungen, erst knapp 23 Jahre alten LI nicht mehr. Ich habe noch einmal den Arzt zu Rate gezogen, um die Sache wieder ins Lot zu bringen. Es ging einfach nicht mehr ...

Für mich bedeutet der Ausfall dieses Spezialisten einen schweren Schlag. Er war mein Praktiker am Diesel. Der Ersatz war ein E-Fachmann. So hatte ich jetzt zwei E-Maschinen-Spezialisten an Bord, und der eine Dieselmaat war nun aufgerückt. Er tat, was er konnte. Aber den alten Obermaschinisten ersetzte er noch lange nicht.

Ich wußte, daß sich der Obermaschinist in Penang über mich abfällig geäußert hatte. Ich nahm ihm nicht einmal übel, wenn er mir nachsagt, ich hätte ihn mutwillig von Bord haben wollen. Im Gegenteil. Mit ihm fielen ja 50 Prozent meiner möglichen Einsatzfähigkeit aus. Aber Autorität und Disziplin gingen vor. Ich konnte es nicht riskieren, daß es auf dem Atlantik-Rückmarsch zwischen LI und dem Obermaschinisten zu einer offenen Feindschaft kam.

Schon mit Rücksicht auf die Autorität meines LI's mußte ich mich schweren Herzens von diesem so ausgezeichneten Praktiker trennen, und auch mit Rücksicht auf uns alle ... Was denn, wenn sich die beiden in einem Notfall – und wir hatten im Atlantik mit vielem zu rechnen – mißverstehen?«

Die vom BdU südöstlich von Madagaskar eingeplante Versorgung für U 532 klappte. U 195, Steinfeld, eigens in Batavia für diesen Zweck ausgerüstet und mit Öl vollgepumpt, war am 6. Februar zur Stelle. Auch U-Oesten lief vorher schon aus und danach U-Eick, dem wenigstens Junker noch mit zehn Kubik aushelfen konnte, weil dessen Boot mehr verbraucht hatte, als vorher berechnet worden war.

Daß südlich von Kapstadt wieder eine Laufbuchse zum Teufel ging, war schon eine bitterböse Sache. Der LI hatte Junker schon den Vorschlag gemacht, nach Batavia zurückzumarschieren.

»Unsere Ersatzlaufbuchsen haben wir schon eingebaut, weitere haben wir nicht mehr. Mit dem jetzigen Schaden können wir zwar noch laufen, aber was, wenn weitere Ausfälle folgen ...! Dann schafft das Boot nicht mehr seine Höchstgeschwindigkeit dann werden wir nicht mehr in notwendig kurzer Zeit aufladen können, wenn wir erst im Nordatlantik stehen ...«

»Sehe ich alles ein, LI. Aber wenn wir jetzt kehrtmachen, dann legt man uns das zu Hause als Kneifen aus. Daß der Krieg in diesem Jahr, ich behaupte in einigen Monaten, zu Ende geht, das sieht auch ein Blinder. Wir können nur beten, daß wir von weiteren Pannen dieser Art verschont bleiben.«

Aber dann ging noch die dritte, die vierte, die fünfte und auch noch die sechste Laufbuchse in die Knie. Sie waren an Bord darüber klar: ›Wenn das so weitergeht, können wir einpacken. Dann müssen wir das Boot irgendwo in Afrika oder in Brasilien auf Strand setzen und in die Luft jagen, denn Hilfe gibt es nun weit und breit keine mehr.‹

Aber das Wunder geschieht. Von da an tritt kein weiterer Laufbuchsen-Defekt mehr auf.

U 532 hat drei Torpedos in den Rohren. Zwei A-Tos und einen E-To, jenen, den sie in Kobe auseinandergenommen hatten, um seine Batterie zu überholen. Dabei rutschte der wichtigste Teil dem Mixer aus der Hand. Beim Herausschieben fiel der Batterie-Trog auf die Flurplatten. Sie haben ihn dann zurechtgebogen, zurechtgeflickt und in den Aal wieder hineingeschoben. Ob der jemals und überhaupt noch funktioniert? Der Mixer versichert es immer wieder. Er hätte auch mit seinen japanischen Kollegen darüber gesprochen, die gleicher Ansicht seien.

Als sie zwischen der Fernando de Noronha und den St.-Pauls-Felsen in den Abendstunden einen 7000-BRT-Tanker in Sicht bekommen, läßt Junker sicherheitshalber die beiden A-Tos feuern dem E-To traut er nicht. Sie trafen, und sie beobachteten noch das Absaufen des Frachters. Es dauerte ganze 15 Minuten. Um die Überlebenden kümmern sie sich nicht. Sie dürfen es auch laut BdU-Befehl: ›Triton Null‹ nicht mehr [28]. Alles ist auf Sicherheit abgestellt. Nur kein unnötiges Risiko eingehen. Die Hauptaufgabe lautet: Das Boot mit den wertvollen Rohstoffen und vor allem mit einer gesunden Besatzung nach Hause zu fahren.

Es ist Ende März, als U 532, ohne auch nur einmal auf die Taste zu drücken, die Höhe der Kap Verden erreicht hat. Der Obersteuermann, sonst verantwortlich für die Mittelwache, ist krank geworden. Damit die beiden WO's wenigstens einmal länger als vier Stunden durchschlafen können, vertritt ihn der Kommandant. Auch in dieser Nacht vom 26. zum 27. März. Der Smut hat soeben die Kanne mit dem Mittelwächter* nachfüllen lassen, wie immer kurz vor 2 Uhr, da zuckt die seemännische Nummer 3, bestes Nachtauge auf U 532, zusammen. Was der Bootsmaat seinem Kommandanten zeigt, als dieser durch sein Nachtglas endlich in der gewiesenen Richtung etwas achterlicher als querab etwas zu erkennen glaubt, ist ein Schatten von ungewöhnlich großen Ausmaßen.

Ein Tanker, mindestens 18 000 BRT groß**.

Es wurden während der Unternehmungen der ›Monsuner‹ und auch sonst so viele Schiffe versenkt, daß es sich eigentlich erübrigen dürfte, hier näher darauf einzugehen, wenn nicht die Tatsache für diesen Kommandanten und dessen blutjunge Besatzung spräche, daß dieses Boot dennoch einen Angriff fährt,

---

* Besonders starker Bohnenkaffee für die Mittelwache in der Nacht.
** Lt. Aussage Kommandant.

obwohl es als Rohstofftransporter eingesetzt worden ist, obwohl jeder an Bord der felsenfesten Überzeugung ist, daß der Orlog so oder so zu Ende gehen wird,
trotz der allen bekannten, für die Grauen Wölfe so prekären, für die Boote der alten Typen nachgerade tödlichen Situation im Atlantik.

Es ist eine wundervolle Vollmondnacht. Die See ist kaum bewegt.

›Den über Wasser abzunehmen – bei diesem Licht –, ausgeschlossen‹, überlegt Junker. Er hebt die Hand. Das Signal zum Alarmtauchen. Die Bedingungen für einen Unterwasserangriff dagegen sind ungewöhnlich günstig. Nur muß alles sehr schnell gehen. Das auflaufende Gegnerschiff – es ist tief beladen – hat Kurs auf Gibraltar. In genau 23 Minuten marschiert es in den Vorhaltewinkel der Schußentfernung ein.

›Der ist ja viel schneller, als ich annahm ... der macht ja seine 14 Knoten!‹ Junker will den Angriff schon zurückpfeifen, aber das wäre das drittemal auf dieser Reise, daß seine Männer das Boot umsonst schußklar gemacht hätten. Er meint, das vielsagende Grinsen seiner Seeleute zu sehen: Na ja, der alte Alte, schön, schön ... Sie haben sich an ihn gewöhnt, sie respektieren, sie achten ihn, sie verdanken seiner blitzschnellen Reaktionsfähigkeit sogar ihr Leben. Aber es ist nun einmal ein entschuldbarer Charakterzug der Jugend, auch einmal draufgängerisch, unüberlegt handeln zu dürfen. In einer Situation wie dieser würden sie ihren Kommandanten wahrscheinlich nicht verstehen, wenn er den Angriff ›auf Null machen‹ läßt.

Also 'raus mit dem E-To. Zwei Minuten, drei Minuten vergehen. Drei Minuten sind eine sehr lange Zeit für 56 klopfende Herzen. Und drei Minuten bedeuten bei elektrischen Torpedos das Ende der Laufstrecke, einer ordnungsgemäß geregelten Laufstrecke jedenfalls. Aber dieser Aal ist im Sinne des TEK[29] eigentlich gar nicht mehr ordnungsgemäß geregelt. Er hat außerdem diesen Puff bekommen – damals in Kobe.

Unten aus der Zentrale rief es schon vor Sekunden der IIWO in den Turm hinauf: »Zeit ist um.«

Nun sagt auch Junker auf seinem Sehrohrblock, die Augen an

das Okular gepreßt, leise, aber ohne Resignation: »Der ist vorbei.« Gerade schickt er sich an, aufzustehen. Er will seinem IWO Platz machen, der soll sich den davonstampfenden Riesenburschen auch einmal ansehen. Da hören sie eine fürchterliche Detonation.

Als der Kommandant durch das Sehrohr blickt, steht das Tankerheck bereits in hellen Flammen.

Junker läßt auftauchen.

Das FuMB meldet prompt ›Nachtluft‹, wahrscheinlich Trägerflugzeuge.

Der Tanker funkt noch immer, er alarmiert, was nur irgendwie in der Nähe ist.

Aber im Boot wollen sie das Absaufen abwarten. Sie wollen die Bestätigung mit nach Hause nehmen ...

Vom Achterschiff, wo der Torpedo eben noch traf, fressen sich die Brände nach vorn. Von Zelle zu Zelle. Jede Viertelstunde läßt eine neue Detonation die Nacht erbeben, immer, wenn sich der Inhalt einer weiteren Zelle entzündet. Im Umkreis von mehreren Meilen brennt das aus dem aufgerissenen Achterschiff ausgelaufene Öl. Zwei, oder sind es drei Rettungsboote, versuchen, der sich rasend schnell ausbreitenden Feuerwand zu entrinnen. Ein gräßliches Schauspiel, dem sie tatenlos zusehen müssen, gebannt, entsetzt, aber doch hilflos. Denn helfen hieße, mit dem U-Boot in diese brennende Fläche hineinzulaufen. Das würde notwendig machen, Männer an Deck zu schicken. Und das ist gleichbedeutend damit, die Tauchbereitschaft des Bootes zu vermindern. Und diese darf auch nicht um eine Zehntelsekunde geschmälert werden.

Gerade, als Junker den Befehl geben will, wegen der bevorstehenden Dämmerung auf Tiefe zu gehen – es ist inzwischen eine Viertelstunde vor 4 Uhr geworden –, werden zwei Flugzeuge mit Infrarot-Scheinwerfer beobachtet. Der IWO, der den Luftausguck versieht, meldet es jedenfalls so. Sonderbarerweise schwenken aber beide Maschinen wieder ab. Offenbar haben sie, geblendet von dem rotgelben Flammenmeer, das U-Boot nicht gesehen. Es läuft zudem mit sieben Knoten Fahrt. Die Schraube wirbelt kein verräterisches Heckwasser auf.

Als sie tauchen, schwimmt der Tanker zwar immer noch. Aber

er brennt nun von vorn bis achtern. Er treibt mit schon ziemlicher Schlagseite auf einem riesigen Teller glühender Lohe. – Er wird ausbrennen. Die Außenhautvernietungen werden unter der Glut aufbrechen. Das Schiff wird leck werden, absaufen. – Und die Besatzung? Nicht daran denken, nur nicht daran denken ...

Für Junker gilt jetzt nur eins: Dem alarmierten Gegner, der auch im Mittelatlantik geradezu jeden Quadratmeter der See mit seinen Flugzeugen und ›Submarine-Killer-Groups‹ kontrolliert, in den nächsten Tagen keine, aber auch nicht die geringsten Anhaltspunkte für die Anwesenheit eines U-Bootes zu geben.

Spüren die Alliierten eine dieser Naziröhren aus der Luft und auf See erst auf, gibt es kein Entrinnen mehr. Sie werden sie hetzen und jagen. Und wenn sie das U-Boot nicht mit Flibos oder Wabos vernichten – es wird auftauchen müssen, wenn die Batteriekapazität aufgebraucht oder wenn der Sauerstoff an Bord verbraucht ist.

Aber sie erwischen den Angreifer nicht. So gründlich und massiert sie auch im Bereich der Tanker-Katastrophe suchen und orten.

Junker hat sich einfach unter Wasser treiben lassen. Sechs Tage lang. Er hat keine Maschine angerührt.

Er ist nur von der zweiten Nacht an eine Stunde vor Hellwerden aufgetaucht, für zehn bis fünfzehn Minuten, nur, um das Boot durchzulüften. Dann ist er wieder in den Keller gefahren, hat die Maschinen wieder stoppen lassen, wohlbemerkt, vollends stoppen lassen, damit er überhaupt keinen Verbrauch an Batteriesaft hat.

Und U 532 hat Glück, sehr viel Glück. Das Boot, das der LI auf ungefähr 100 m eingesteuert hat, treibt zwischen Wasserschichten auf einem in nördlicher Richtung versetzenden Strom.

Bereits in der dritten Nacht, als der Kommandant während des kurzen Auftauchens bei klarer Sicht ein Besteck nehmen kann wissen sie es, daß sie nach Norden geschoben werden.

Junker dazu heute:

»Hier hat sich die an Bord befindliche Stromkarte, nachträglich gesehen, bestätigt. Wir sind während dieser sechs Tage 300 Seemeilen nach Norden getrieben. Bei unserem ›Schwebemarsch‹ kam es ja gar nicht darauf an, ob das Boot einmal auf 120 m durchsackte oder wieder auf 90 m stieg. Das war egal. Ein getauchtes U-Boot verhält sich ja im Grunde im Wasser wie ein wasserschwerer

Balken. Und da wir nun sowieso in einer Gegend standen, in der man normalerweise nur in der Nacht zum Aufladen über Wasser marschierte und sonst getaucht fuhr, spielte unser Schweben ohnehin keine wesentliche Rolle mehr für ein schnelleres oder langsameres Vorwärtskommen.«

Auf U-Oesten, das, mit nur zwei Torpedos ausgerüstet, mit höherer Marschfahrt als U-Junker der Heimat entgegenackert, fehlen zwei Mann von der Stammbesatzung. O nein, ihnen ist nichts Arges zugestoßen. Weil so sonnenklar war, daß beim Auslaufen von U-Pich Verrat im Spiel war, hatte Stützpunktleiter Hoppe wie vorher mit U-Schrewe, von dessen Versenkung sie im Stützpunkt zur Stunde noch nichts wußten, die Auslauftermine immer wieder fingiert. Man schickte auch von U 861 einen Teil auf Urlaub, rief sie plötzlich zurück. Und dann passierte gar nichts. Die Männer bekamen wieder Urlaub, wurden erneut zurückgeholt. Auf diesem Klavier spielten sie so lange, bis es wirklich ernst mit dem Inseegehen war und zwei Mann nicht mehr gewahrschaut werden konnten. Dennoch muß Oestens Auslaufen sofort verraten worden sein. Auf U 861 warteten in der Straße zwischen Bali und Lombock zwei amerikanische U-Boote. Nach dem Krieg hat Oesten in Belfast einen der amerikanischen Offiziere von einem der beiden Boote gesprochen.

Ein japanischer Zerstörer hatte U 861 bis in die Straße geleitet. Hier aber hatte Oesten einen Tieftauchversuch gemacht und den Zerstörer vorher entlassen. Er tauchte aber nicht wieder auf. Er blieb still in der Tiefe. Erst in der Nacht ließ Oesten anblasen und fuhr das Boot auf AK hoch ... gefolgt von einem der amerikanischen U-Boote.

»Es hat mich auf dem Weg in den Indischen Ozean noch drei Tage gesucht. Es hätte mich normalerweise auch gefunden, wenn ich nicht aus verschiedenen Gründen sehr hart nach Süden abgelaufen wäre. Ein Teil meiner Besatzung litt unter Dengö-Fieber. Besser als jede Medizin helfen hier, wie von unseren Ärzten im Stützpunkt und an Bord erprobt, klimatisch günstigere, also kältere Wetterverhältnisse. Das, nur das, war der Grund für den ungewöhnlichen Südkurs.« Und U-Oestens Rettung.

Das Millimeterpapier, in das der IIIWO und Obersteuermann Limbach nun schon seit 25 Stunden den Kurs und die Zacks des von U 181 beschatteten und verfolgten Tankers einträgt, ist schon so lang wie eine Rolle Toilettenpapier. Und noch immer müssen neue Streifen angeklebt werden.

Fregattenkapitän Freiwald hält den Zeitpunkt für einen Angriff noch nicht für gekommen. Nach seiner und auch des Obersteuermanns Rechnung werden sie bei des Gegners Marschfahrt erst in 30 oder 32 Stunden in günstiger Position stehen.

U 181, das am 19. Oktober als drittes Kampf-U-Boot als Rohstofftransporter in See gegangen war, hatte am 2. November auf dem Marsch in Richtung Kapstadt auf der Linie zwischen Aden und Australien nach einem der üblichen Prüfungstauchen einen Tanker in Sicht bekommen. Das Schiff hat Kurs auf Australien, es macht seine 18 Knoten.

Um den Gegner auszudampfen, muß sich U 181 schließlich in einem riesigen Bogen vorzusetzen versuchen. Dabei kontrollieren sie aus gehörigem Sicherheitsabstand des anderen Zackbewegungen. Diese, des Gegners und den Eigenkurs, zeichnet Limbach in feinen, hauchdünnen Linien auf das Spezialpapier. Die Zahlen der Uhrzeiten sind so akkurat, daß man meinen möchte, sie seien gedruckt. Dabei arbeitet und rüttelt und rumort das Boot in der See und unter dem Stampfen der vollaufgedrehten Dieselmotoren. Die E-Maschine ist zusätzlich auf die Welle geschaltet. Der Stabsobermaschinist legt den Rechenschieber nicht aus der Hand.

Noch ein bißchen mehr, noch einen hundertstel Knoten mehr Fahrt, ist sein Sehnen und Trachten. Hin und wieder steckt der LI den Kopf in den Maschinenraum.

»Geht's noch?«

»Muß, Herr Kaleu. Wenn der Alte noch die Kumpels mit den großen Ohren auf die Back schicken würde ...«

»Ich weiß, zum Segeln ...«, lacht der LI. »Das sagen Sie ihm lieber selbst. Sie wollen ja auch, daß wir den Burschen erwischen.«

»Schon, schon, aber ...«

An einem der Diesel bricht eine Brennstoffzufuhrleitung. Öl spritzt in den Motorenraum. Zwei Dieselheizer legen eine Manschette um die Bruchstelle. Aber das Öl spritzt noch immer heraus. Die beiden umwickeln die Stelle mit Lappen und Werg und pressen das Dichtungsmaterial mit den Händen fest. Jetzt sickert das Öl nur noch tropfenweise durch.

So stehen beide Stunden um Stunden mit nacktem ölverschmiertem Oberkörper. Ihre fettig glänzenden Gesichter sind braunschwarz, das Weiße der Augen leuchtet gespenstisch heraus.

Der Obergefreite Trenn springt inzwischen von Lager zu Lager. Er mißt die Temperaturen, meldet diese dem Stabsmaschinisten, und dieser unterrichtet wieder den LI! Die Temperatur bewegt sich nun schon seit 25, nein jetzt seit 30 Stunden an der Grenze des äußerst Zumutbaren. Und meist ein bißchen darüber.

Oben stampft ein, wie sie schnell geschätzt haben, mindestens 10 000 BRT großer Tanker durch die See. Sein Kapitän wird sich zur Ruhe gelegt haben. Vielleicht sitzt er aber auch in seinem getäfelten Salon und schreibt einen Brief an seine Familie, dieweilen draußen der Zweite die Wache versieht. Wenn der Kapitän das Licht löscht, kann er den Zweiten von Backbord nach Steuerbord pendeln sehen. Er beobachtet, wie er die Ausguckposten kontrolliert, wie er ab und an selbst sein Glas in die Hand nimmt und die See absucht.

Nach der letzten Position sind sie eigentlich schon lange aus dem Gefahrenbereich heraus. Deutsche U-Boote? Aber woher? Hier unten ist schon mit gar keinem mehr zu rechnen. Aber besser ist besser, und Vorsicht ist auch bei einem britischen Seemann die Mutter der Porzellankiste.

Der Rudersmann hat Befehl, nach der Tafel 38 zu steuern, das heißt, der Generalkurs des Tankers wird durch minuziös festgelegte Zacks unterbrochen. Der Kapitän im Salon spürt es, wenn das Schiff nach Backbord oder Steuerbord abdreht. Er blickt auf seine Armbanduhr, dann in die Tafel. Stimmt – stimmt ganz genau. Es ist alles in Ordnung, in allerbester Ordnung. Er zieht die Verdunkelung wieder vor, knipst das Licht an und beugt sich wieder über das Briefpapier. – Wo war ich doch gleich stehengeblieben ...

Exzentrale-Heizer Trenn stößt seinen Makker Fritz Ulbing, waschechter Schlesier aus Glatz, in die Rippen: »Du, wann meinst du, daß ...«

»Wie üblich, denke ich.«

In der Tat, alle bisherigen Schiffe hat ihr Kommandant abends nach Dunkelheit angegriffen, wohl, so sind sie sich einig, weil die neue Wache noch verschlafen und nicht ganz da und die andere schon müde und unlustig ist. Welcher Seemann hat es gern, vom rosafarbenen Himmel seiner Urlaubsträume gerissen zu werden.

In der Zentrale ist die Rolle Millimeterpapier jetzt so dick geworden, daß Witze nicht ausbleiben. Gut, dieser Flachs, er möbelt ein bißchen auf. Limbach sind die Knie schon butterweich, den anderen nicht minder. In der Kombüse kocht der Smut eine Kanne ›Extra-Stark‹ nach der anderen.

Die Ruhe selbst ist Freiwald. Er ist seit dem Auftauchen auf dem Turm, hin und wieder zwängt er sich ins Boot, bespricht sich mit dem LI, unterhält sich mit dem Obersteuermann. Wenn sie sich über das Millimeterpapier neigen, sind die Rücken der beiden wie Stahlfedern gespannt. Überall im Boot ist diese übermenschliche Anstrengung fühlbar. Auch in den Motoren.

Gegen neun Uhr abends läßt Freiwald den Tanker auf sich zulaufen. Vom Turm kommt an die Zentrale und für alle im Boot: »Anlauf beginnt.«

Jeder weiß, jetzt dauert es noch drei, vier Minuten, dann ... Jetzt, jetzt fährt der Ahnungslose noch zwei Minuten auf altem Kurs, dann wird er nach den inzwischen ermittelten Zackunterlagen drehen.

Genau in die Schußposition hinein.

Es läuft ab wie ein Uhrwerk. Der Torpedo trifft. Der Tanker stoppt, aber er sinkt nicht. U 181 umschleicht ihn im Abstand wie eine Katze einen heißen Brei, denn Freiwald will den anderen, den letzten der beiden Aale, die er an Bord hat, nicht opfern. Aber die Zehnkommafünf ist nicht mehr an Bord, und die Dreikommasieben wird nach dem zehnten Schuß die obligatorische Ladehemmung haben. Es mit den Zwo-Zentimeter-Zwillingen versuchen ...? Witzlos. Die da drüben sind armiert wie ein Hilfskreuzer. Vorn eine Fünfzehner, achtern ein ähnliches Kaliber.

Schließlich muß der letzte Aal vollenden, was der erste nicht schaffte. Den gestopten Gegner zu treffen, ist keine Kunst. Er schwimmt wie auf einem Präsentierteller. Freiwald kümmert sich um die Rettungsboote. Die Auskünfte der Überlebenden sind unklar und widersprechend. Erst später erfahren sie, daß es sich um den 10 198 BRT großen amerikanischen Turbinentanker *Fort Lee* gehandelt hat.

Später hören sie auch, daß eines der Rettungsboote nach einer Fahrt von 84 Tagen an der Ostküste Javas angetrieben sei. Der eine der Insassen starb nach der Bergung, der andere kam nach langer Leidenszeit durch.

Unmittelbar nach dieser nervenzehrenden Jagd meldet der Oberstabsmaschinist seinem LI den ersten Lagerschaden. Ein weiterer tritt hinzu. Es werden immer mehr. Auf der Höhe von Kapstadt geht U 181 auf Gegenkurs, in Höhe der Kokosinseln versorgen sie U 843 mit dem nun überschüssigen Öl. Die Versorgung endet genau am Heiligen Abend. Die Ölabgabe aber bedingt, daß das ganze Boot umgetrimmt werden muß. Die Barren aus Wolfram und Molybdän ruhen in den Bilgen im Schlick und Ölwasser. Jeder dieser Klötze wiegt gut einen halben Zentner. Ihn herauszuheben heißt, erst einmal die Fingerspitzen unter das Metall schieben, um ihn ein wenig anzulüften. Die Flüche der Männer stehen nicht im Duden, nicht einmal im Seemannswörterbuch.

Also zurück nach Singapore.

11.

Heimkehr kurz vor Toresschluß

Den Maschinenschaden auf U 181 zu beheben, wird Wochen dauern. U 862, Timms Boot, muß ebenfalls überholt werden. Es soll dann, wenn alles gutgeht, Mitte Mai als Rohstoffboot in die Heimat gehen. Hier kommt es wohl zur einzigen engeren, wenn auch nur geplanten militärischen Schulter-an-Schulter-Zusammenarbeit zwischen Gelb und Weiß.

Auf Bitten der Japaner soll U 862 an Madras vorbeischeren und japanische Agenten absetzen. Das Schlauchboot für diesen gefährlichen Ausflug bekommt U-Timm lange vorher an Bord. Es ist ein großes Boot, das sogar eine Beseglung führt und unter der Brücke verstaut wird. Die Agenten selbst sollen erst kurz vor dem Auslaufen, in der Mainacht, an Bord geschleust werden ...

Nordwärts, immer nordwärts, den Passat im Rücken, pflügen die anderen Rohstoff-Boote der Heimat entgegen. Oft, wenn sie unter Wasser stehen, hören sie Donnergrollen, manchmal nah, manchmal fern.

Der ganze Atlantik ist ein Schlachtfeld.

Nur wer auch Glück, viel Glück hat, entwischt.

U 861, Oestens Boot, bleibt Fortuna auch weiterhin treu. Sie rammen zwar einen Eisberg, als sie sich dicht unter Grönland entlangtasten, aber die Schäden sind unerheblich.

Mit nur einem Kubikmeter Öl in den Treibstofftanks läuft U-Oesten in Drontheim ein ...

Durch die orkanüberbrauste Dänemarkstraße und das Eismeer hat auch U 843 unter Kapitänleutnant Herwartz, den sie Bully nennen, am 2. April Norwegen erreicht. Für jeden Seemann Blumen und für jeden einen Kuß von Schwestern des Roten Kreuzes. Heringe mit Pellkartoffeln sind der Besatzung Begrüßungsmahl im Hafen von Bergen. Es war der Wunsch von allen.

Sie haben sich dann über Stavanger bis nach Christiansand durchgeschlagen, und sie sind am 8. April dann auf die letzte Strecke der 16 000 Seemeilen langen Reise gegangen, auf die allerletzte für die meisten der Besatzung.

Im Kattegat, nordöstlich von Fredikshaven ...

Das Wasser unter dem Kiel, mit den Wolframerz- und Zinnbarren als Ballast, ist hier im minenfreien Weg nicht tief genug, um sich bei Fliegersichtung in die schützende Tiefe zu verholen, vorausgesetzt, die Bienen werden rechtzeitig erkannt. Aber dafür sorgen die Männer der Brückenwache schon. Sie halten ihre gummibeschlagenen Gläser ohne Handschuhe in den Händen. So warm ist ihnen bei dem Gedanken an Deutschland, an Kiel, an die Mutti, an die Eltern ...

Genau 16.15 Uhr fegt aus der grauen Wolkendecke eine Moskito heraus. Der WO schreit: »Alarm!« Die Flak schießt aus allen

Rohren. Aber der Tommy fällt nicht. Aus seinen Tragflächen zukken Mündungsfeuer. Um das U-Boot brechen kleine Fontänen wie Perlschnüre aus der See. Dazwischen dröhnt es, wenn sie Stahlfetzen aus der Brückenverkleidung herausstanzen. Die Moskito braust ab, dreht. Sie wagt einen neuen Anflug. Tief, eben über die See hüpfend, jagt sie heran, direkt in den Feuerwirbel der U-Boot-Flak hinein.

Und keine Granate trifft tödlich. Was ist los? Sind die Männer in ihrer Vorfreude auf die Heimat durchgedreht?

In dem gleichen Augenblick, da aus dem Turm für den Kommandanten ein FT gemeldet wird, wendet sich der Brite endgültig ab.

Das eingekommene FT warnt Herwartz vor Moskitos im Oslofjord. Mit einer von diesen 45 hatten sie sich soeben herumgeschlagen. Es fielen keine Bomben, aber die Granaten hinterließen Schäden.

Die Meldungen gehen Schlag auf Schlag ein. Alles Hiobsbotschaften: Heckraum macht Wasser – Rudermaschine ausgefallen – E-Maschine brennt ...

Herwartz läßt den Heckraum räumen. Den Brand in der E-Maschine löscht der LI mit seinen Männern. Aber auf das Handruder reagiert das Boot nicht. Das Heck hängt tief in der See. Vielleicht liegt es daran. Herwartz gibt Befehl, den Heckraum durch Preßluft zu lenzen. Voraus, aber schon hoch über der Kimm, ist ein kleiner Geleitzug in Sicht gekommen.

Ein Vorpostenboot sichert einen kleinen Tanker.

»Nimm mal Signalverkehr mit dem VP-Boot auf«, sagt Herwartz zu dem Obergefreiten hinter sich. Die anderen auf der Brükke atmen auf. Verdammter Mist, daß das Ruder ausfallen mußte, aber wir sind ja nicht allein hier, da sind Kameraden, die uns helfen.

Wie gesagt, sie standen im minenfreien Weg, als die Biene angriff. Sie haben bei dem Abwehrfeuer Manöver gefahren. Der Obersteuermann hat jede Kursänderung in die Karte eingetragen, in eine Seekarte mit wieder vertrauten Namen und Zeichen. Aufpassen – nicht zu nahe an die Teufelseier unter der Wasseroberfläche heran ...

Genau in diesem Augenblick knickt es den Männern auf dem Turm und dem Wintergarten die Knie ein. Sie werden gegen das Schanzkleid und die Reling geschleudert. Sie verlieren den Boden unter den Füßen. Sie sehen den schwarzgrauen Bug ihres Bootes steil in den Himmel ragen. – Für Sekunden. – Dann ist er weg [30].

Zwölf Mann treiben auf ihren Schwimmwesten dort auf, wo Öl und Luftblasen aus der See heraufblubbern. Kein einziger Mann aus dem Bootsinnern ist dabei. Die, die überlebten, fischt das Vorpostenboot heraus.

In Kiel bedrängt Kapitän Herwartz Konteradmiral Godt, Chef der Operationsabteilung beim BdU, doch Hebefahrzeuge herauszuschicken.

»Von den 46 Mann müssen noch welche leben, Herr Admiral. Das Boot liegt auf flachem Wasser.«

»Bedaure, Herwartz. Bei dieser Kriegslage ausgeschlossen.«

In Christiansund hatte Oskar Herwartz übrigens noch mit dem Kommandanten des für den Südostraum auslaufklaren Transport-U-Bootes U 234 gesprochen. Er und Johann-Heinrich Fehler sind Crew-Kameraden, aber den Jagdschutz, den U 234 gegen die alliierten Bienen auf seinem Auslaufweg braucht, den kann ihm auch der General der Flieger Kessler nicht beschaffen. Kessler ist mit seinem Stab bei Fehler eingestiegen. Er hat einen Sonderauftrag in Japan zu erfüllen. Mit dem General sind noch zwei Offiziere vom OKM, zwei Ingenieure von Messerschmidt und zwei japanische Schiffbauoffiziere Gast auf U 234. Es sind die beiden Japaner, Tomonaga und Tetsuchiro Emi, die Musenberg 1943 im Indischen Ozean auf U 180 übernahm. Vollgestopft mit deutschen Erfahrungen, mit den geheimsten deutschen Plänen und Methoden schwimmen sie nun, in den ersten Maitagen, auf U 234 im nördlichen Atlantik ihrer so fernen Heimat entgegen.

Das Stichwort ›Regenbogen‹ macht auch diese Hoffnung brutal zunichte. Auch Fehler hat Befehl, eine schwarze Flagge zu setzen und Kurs auf den nächsten alliierten Hafen zu nehmen. Er funkt seine Position.

Der Schiffbau-Korvettenkapitän Tomonaga bittet um eine Unterredung.

Er ist ernst. Sein Gesicht ist grau wie der Frühjahrshimmel über dem Atlantischen Ozean.

Der deutsche U-Boot-Kommandant möchte doch bitte den Hafen eines neutralen Landes anlaufen, etwa den einer portugiesischen Insel hier im Atlantik.

»Es ist des Tennos unumstößlicher Befehl für uns, niemals lebend in die Hände der Feinde zu fallen.«

Des Japaners Worte kommen tonlos von seinen Lippen. Er sagt weiter:

»Sie verstehen, Japan ist noch im Krieg mit Amerika und England.«

Fehler bedauert. Seine Offiziere versuchen, die beiden japanischen Gäste zu beruhigen. Die Meinungen unter der Besatzung sind gespalten, denn die Azoren sind nicht weit. Schließlich sind die Japaner noch immer Bundesgenossen. Noch ist die deutsche Kapitulation nicht ausgesprochen.

Bevor U 234 am 16. Mai in den englischen Hafen Portsmouth einlaufen kann, haben sie auf dem Boot noch eine traurige Pflicht zu erfüllen: Sie müssen die sterblichen Überreste der beiden japanischen Kapitäne der mitleidlosen See übergeben. Niemand auf U 234 konnte die blitzschnellen Bewegungen des Harakiri der beiden verhindern.

Tomonaga und Tetsuchiro Emi entleibten sich selbst. Sie bettelten nicht, als Fehler bedauerte. Sie baten aber auch kein zweitesmal.

Über die Heimfahrt von U 510 lassen wir den Kommandanten, den heutigen Wirtschaftsprüfer und Dipl.-Kaufmann Alfred Eick in Bielefeld selbst erzählen:

»Da ich keinen Schnorchel besaß, hatte es mir der BdU freigestellt, einen französischen Hafen anzusteuern. Kurz vor dem Einlaufen geriet ich in die schweren Angriffe auf die Festung Gironde-Nord. Es war ein fürchterliches Dröhnen und Rumoren an diesen Tagen. Ich habe mich in die Bucht von Bilbao verholt und tagsüber auf Grund gelegt. Wir haben erst mal ausgeschlafen. Nachts sind wir in der Bucht dicht unter Land umhergefahren und haben es uns gemütlich gemacht, bis wir über Funk erfuhren, daß sich die Lage um die Festung nun wieder beruhigt habe. Wir hörten es auch, das heißt, wir hörten nichts mehr, was uns vorher so beunruhigte.

Die Fahrt entlang der spanischen Küste war für uns U-Boot-Fahrer, wenn man von See kam, stets ein besonderes Erlebnis. Es roch hier immer nach Kastanien, und es duftete nach spanischen Frauen. Genauso wehmütig und sehnsüchtig stimmte es, wenn man in der Nacht am schillernden Lichtermeer von San Sebastian vorbeifuhr.

Ja, ich bin dann also eingelaufen in St. Nazaire, und wir sind dort sogar friedensmäßig empfangen worden. Die alten Mädchen waren auch noch da. Die Verpflegung war gut, die Unterbringung war gut. Nur ging die Sache dann sehr schnell zu Ende. Am 10. Mai wurden wir von den Franzosen in Empfang genommen. Am Anfang war die Behandlung sehr gut, was aber dann folgte … Schwamm darüber.

Auch die Franzosen sind keine Engel.

Ach ja, vor Gibraltar bekam ich noch ein paar Dampfer vor die Rohre, genauso, wie es sich ein U-Boot-Kommandant immer erträumt. Der Mond ging hinter den Frachtern auf, und ich selber stand im dunklen Sektor. Ich brauchte nur zu sagen ›Torpedo los‹. Schon wär's passiert gewesen. Aber ich hatte keine Aale mehr. Die beiden alten Vögel, die man mir für den Rückmarsch an Bord gab, die habe ich schon vor Kapstadt verschossen. Da habe ich noch einen Einzelfahrer versenkt.

Vielleicht war es ganz gut so, daß ich keine Torpedos mehr hatte. Der Krieg war ja praktisch zu Ende.«

Liverpool, am 17. Mai 1945. Auf dem Mersey.

Der britische Admiral schüttelt den Kopf. Er, der bedeutend größer ist als der kleine, schmächtige U-Boot-Kommandant, muß auf den Deutschen hinabsehen. Sein Blick ruht forschend auf dem bärtigen, von Anstrengungen und Verantwortung gemeißelten Gesicht des deutschen Fregattenkapitäns.

»Sagen Sie, Captain Junker, Sie wollten also allen Ernstes aus Batavia kommen? Sie haben den Indischen Ozean und dann den Atlantik ohne eine einzige Feindberührung passiert? Das ist doch unmöglich. Das gibt es nicht.«

»Da müßte ich Sie fragen, wie es möglich war, daß Ihre Abwehr mich nicht geortet hat. Ich bin jedenfalls da. Und das ist für mich und meine Männer die Hauptsache.«

»Und Sie erhielten keine Wasserbomben? Sie nahmen nirgendwo einen Schaden?«

»Nein. Allerdings verlor ich einen Mann. Fünf Stunden vor Liverpool hob ihn eine besonders schwere See von der Brücke. Wir fanden ihn nicht wieder.«

Das ist der einzige Mann überhaupt, den Junker je verlor.

Der Engländer steigt, von seinen Stabsoffizieren gefolgt, in U 532 ein. Er muß sich überzeugen lassen; dieser Kapitän sagt die Wahrheit.

»Und wo haben Sie Ihren Schnorchel?« möchte ein älterer Stabsoffizier wissen.

»Ich sagte Ihnen ja, ich bin vor zwei Jahren nach Asien ausgelaufen, da gab es noch keinen Schnorchel.«

Der britische Kapitän will und kann es immer noch nicht begreifen, eher schon, daß dieser deutsche U-Boot-Kommandant noch auf See alle Geheimunterlagen, alle Schlüsselmittel und auch das Maschinenlogbuch vor der Übergabe vernichten ließ.

»Und wo standen Sie am Tag der Kapitulation?«

»Nördlich von Schottland. Ungefähr 500 Seemeilen vor Norwegen.«

U 532 sollte gemäß BdU-Befehl Drontheim anlaufen. Als Junker aus der Heimat das FT erhielt, jegliche Kampfhandlungen einzustellen und das Boot dem ehemaligen Gegner in betriebsklarem Zustand zu übergeben, haben sie wohl in der Messe darüber nach Möglichkeiten gesucht, das Boot verschwinden zu lassen – es vor der Küste eines neutralen Landes zu versenken. Aber wo war in dieser Nähe neutrales Land?

Ottoheinrich Junker erinnert sich: »Das Risiko, bei einem solchen Versuch einen Teil oder alle Besatzungsmitglieder zu verlieren, schien mir zu groß. Unsere Schwimmwesten waren durch den zweijährigen Aufenthalt in den Tropen praktisch keine Rettungsmittel mehr. ›Nein‹, sagte ich mir, ›das ist die Sache nicht wert.‹ Und der Makel, daß ein Kommandant sein Boot oder Schiff nicht übergibt, ist ja im Endeffekt durch die Auslieferung der Kaiserlichen Flotte nach Scapa Flow illusorisch geworden. Mir schien klar, daß dieser Übergabebefehl unter gewissem Feinddruck gestanden haben mag. Auf der anderen Seite aber war ausdrücklich erwähnt – und das war entscheidend –, daß bei Zuwiderhandlungen mit Repressalien gegen die deutsche Zivilbevölkerung gerechnet werden mußte, ein Druckmittel, gegen das kein anderes Argument ankam.«

Gezögert hat der Kommandant von U 532 allerdings. – Als sie Anfang Mai in das Seegebiet des berüchtigten Rosengartens einliefen, in eine unheimliche Landschaft, die von Hunderten und aber Hunderten, vom Gegner prophylaktisch geworfenen Wasserbomben erdröhnte, als sie Tag und Nacht, Stunde für Stunde, in dieser an den Nerven zehrenden Akustik schwebten, hatten sie das Stichwort ›Regenbogen‹ empfangen. Am 8. Mai, 6 Uhr, sei die Stichstunde.

Junker richtete sich noch nicht danach. Er wartete bis zum 10. Er wollte ganz sichergehen, denn der Gegner, so überlegte er, könnte ja auch mit einem Bluff aufwarten.

Als am 8. Mai, Punkt 6 Uhr MEZ, diese makabre Wabo-Geräuschkulisse erstarb und als am 10. detaillierte Weisungen über das weitere Verhalten noch in See stehender U-Boote eingingen, war sich der Kommandant vom Monsun-U-Boot U 532 darüber klar: Das Ende war wirklich da. – Und als Trost verblieb ihm die Erkenntnis: ›Du hast zwar keinen deutschen Hafen mehr erreicht, du hast aber dein Boot und deine Männer heil über diesen schrecklichen Krieg hinweggebracht.‹

Tage später wird Fregattenkapitän Junker in das Verhörlager Wildenpark gebracht. Er soll über die japanischen Verhältnisse im Südostraum aussagen.

Die Engländer eröffnen das Gespräch:

»Wir haben Sie hierher geholt, weil auch ein Teil Ihrer Besatzung hier ist. Diese Männer erklären: sie sagen nichts. Der Kommandant, also Sie, hätten ihnen das verboten.«

»Das freut mich. Daß eine U-Boot-Besatzung auch nach der Kapitulation soldatisch korrekten Befehlen folgt, ist doch Erklärung genug.«

»Aber der Krieg ist doch nun zu Ende ...«

Was die Verhöroffiziere wissen wollen, ist verständlich: Alles über die japanischen Befestigungen des Uferlandes von Südmalaya, Java und Sumatra, über die Truppenstärken, Flugplätze, Hafenbelegungen ...

»Meine Herren, damit Sie klarsehen, ich weiß gar nichts. Ich habe vergessen, was für Sie von Interesse sein könnte. An eines aber erinnere ich mich genau, daran, daß bereits nach dem Ersten Weltkrieg alle jene deutschen U-Boot-Kommandanten auf der Schwarzen Liste standen, denen man nachweisen zu können glaubte, nach der Kapitulation noch gegen die Interessen der Siegermächte gehandelt zu haben. Denen, derer Sie habhaft werden konnten, denen haben Sie doch den Prozeß gemacht. Nicht wahr?«

Schweigen als Antwort.

»Und sehen Sie mal«, so fährt Junker fort. »Wenn ich nun Ihre mir so verständlichen Wünsche dennoch erfülle, so bleibt doch die Möglichkeit drin, daß sich inzwischen im Raum Singapore und Java einiges verändert hat. Nachher marschiert Ihre stolze Grand Fleet auf ein von den noch kämpfenden Japanern später gelegtes, mir aber nicht bekanntes Minenfeld drauf. Ich werde einen Kopf kürzer gemacht – und kann nicht mal was dafür.«

Die britischen Verhöroffiziere lächeln. Sie sind aber nicht mehr so frostig. Der eine springt plötzlich auf und tritt vor Junker hin.

»Sie sind doch aber mit Deutschlands Kapitulation von der Schweigepflicht entbunden.«

»Aber für die Japaner ist der Krieg eben noch nicht aus. Sie können von mir nicht erwarten, daß ich von unseren ehemaligen Kriegsgenossen jetzt einfach sage: Laß sehen, wie sie weiter kommen. Das geht gegen meine Einstellung. Sie würden nicht anders handeln.«

»Trotzdem. Warum aber machen Sie sich den Weg in die weitere Zukunft nicht leichter. Ausgerechnet Sie, Captain Junker.«

Vom Schreibtisch nimmt der Sprecher einen Aktenhefter auf. Er enthält alles, was die Britische Admiralität über den Seeoffizier Ottoheinrich Junker, geboren am 12. Juli 1905 in Freiburg im Breisgau, Crew 24, zusammentragen ließ. Und das ist sehr viel, wie der Umfang vermuten läßt.

Das ›ausgerechnet Sie‹ spielte ja darauf an.

Also wissen sie auch, daß Junker kein Freund des NS-Regimes gewesen ist. Gerade für ihn bieten sich also alle Möglichkeiten an, schnell nach Deutschland zu kommen, als Unbelasteter eingestuft zu werden – womöglich noch die Unterstützung der Militärregierung als Feind der Nazis in Anspruch nehmen zu dürfen ...

Er braucht nur zuzugreifen.

Es sind gar nicht wenige, die sich in der Gefangenschaft auf diesen Dreh glänzend verstehen, die ihre Fahnen sehr schnell in den anderen Wind gehängt haben. Sie treten mit Füßen, was sie gestern noch angebetet haben, am lautesten jene, die vorher am lautesten schrien.

Für Junker aber ist diese seine Haltung letztlich auch eine Frage seiner Erziehung als Seeoffizier und – des Anstandes. Die Engländer respektieren dies. Sie lieben den Verrat, aber nie den Verräter. Als Junker geht, bieten sie ihm die Hand.

12.

Das Sonnenbanner auf deutschen U-Booten

Und was geschah im Südostraum um diese Zeit, als in Europa endlich der Krieg zu Ende war?

Nach einem Spiegeleierfrühstück und einem säubernden Bad hat sich Willy Rinkel, Dieselheizer auf U 219, in der U-Boot-Unterkunft Telepetong in Batavia auf seine Koje hingehauen. Jetzt, während der Vormittagsstunden, sind die anderen Kumpels von der seemännischen Fakultät an der Arbeit, um U 219, das einzige U-Boot in Batavia, noch seeklar zu machen. Korvettenkapitän z. V. Walter Burghagen sieht die Lage Ende April 1945 glasklar: »Leute, wir sitzen hier in einer Mausefalle. Laßt sehen, daß wir hier 'rauskommen. Lieber in einer zertrümmerten Heimat als im Paradies hinter Stacheldraht.«

Für alle Fälle haben sie die Kanonen auf Land zu gerichtet, die Handfeuerwaffen klargelegt und an den Hauptflutventilen Sprengladungen angebracht. »Aber nur für alle Fälle! Für den letzten Fall! Macht keinen Mist, wir wollen ansonsten mit den Japanern keinen Krach kriegen«, hat Burghagen gewarnt.

Seit diesem Tag bleiben Tag und Nacht Männer von der Geschützbedienung an Bord.

Seit Wochen schuften sie in drei Schichten. Bei 50 Grad Hitze in der Röhre, nur mit der Badehose bekleidet. Einer nach dem anderen kippt um. Aber sie bekommen bei allem Eifer ihr Boot dennoch nicht klar.

Die Japaner versprechen, lächeln – aber sie liefern nicht.

›Komisch‹, geht es Rinkel noch kurz vor dem Einschlafen durch den Kopf, ›was wollte denn der IWO heute schon so früh? Es war doch stockdunkel, als er gegen drei Uhr morgens auf dem Boot auftauchte. Und nach ihm stapfte sogar der Alte, vom IIWO gefolgt, über das Fallreep hinweg‹.

Sonderbar, sehr sonderbar. Dann schläft der Dieselheizer Willy Rinkel ohne Übergang ein. Bis er im Unterbewußtsein Schritte, Stimmen und Rufe hört. Wilder Lärm macht ihn vollends wach. Es ist zehn Uhr. Die Besatzung schon zurück? Da stimmt doch was nicht …? Was schimpfen die denn da …? »Warum hat der Alte den Japsen nicht einen Schuß vor den Bug gesetzt: Bis hierher und nicht weiter! Weshalb hat er den Laden nicht hochgehen lassen …?«

Jetzt hellwach, tritt Rinkel zwischen seine fluchenden Kameraden. »Sei froh, daß du nicht dabei warst! Diese hinterlistigen Brüder …«

Das war geschehen: Burghagen hatte seine Besatzung plötzlich aus dem Boot befohlen. »Alles hochkommen. Auf dem Pier antreten. Es ist soweit.«

Als die Männer aus ihrer Röhre herauskrochen, sahen sie eine Kompanie japanischer Soldaten unter Gewehr angetreten. Vor der Front stand der japanische Konteradmiral Graf Maida. Dr. Hupfer, ein schon älterer ›aus der großen Seestadt‹ an der Pleiße, Leipzig, stammender Junggeselle, bis zum Kriegsbeginn Dozent an der Universität in Tokio, jetzt von der deutschen Marine als Dolmetscher in die Uniform eines ›Silberlings‹ gesteckt, übersetzte, was der stets deutschfreundliche Maida den Deutschen zurief:

Die Deutsche Wehrmacht habe kapituliert. Es bestehe eine Abmachung, wenn eine der beiden Nationen weiterkämpfe, müsse die andere ihr Kriegsmaterial übergeben ...

Der Admiral versicherte, daß er wisse, welche Gefühle Seeleute bewegen, wenn sie ihr Schiff, ihre zweite Heimat, verlassen müßten, er hätte das im Ersten Weltkrieg als U-Boot-Kommandant in Port Arthur am eigenen Leib erlebt. U 219 würde nun von der japanischen Marine übernommen ...

Burghagen hielt keine Gegenrede. Er ließ seine Männer stillstehen. Dann gab er den Befehl:

»Hol nieder Flagge.«

Die Japaner präsentierten ihre Gewehre. Der Admiral und der Korvettenkapitän grüßten.

Seinen Kommandantenwimpel hakte Burghagen mit eigenen Händen ab.

Japanische Kommandos. Das Sonnenbanner kletterte am Flaggenstock empor. Die Übergabe war vollzogen.

Ja, bis dahin war alles einigermaßen erträglich für die Männer von U 219 gewesen. Es war hart, aber immerhin ehrenvoll.

Was aber dann kam, begriffen sie erst nicht und gottlob für die Japaner viel zu spät. Sie mußten auf Lastwagen klettern, kaum waren sie oben, warfen die Japaner Netze über sie hinweg und brausten ab. Vier Soldaten mit aufgepflanztem Bajonett besorgten auf jedem LKW die Bewachung. Bis vor Minuten noch freundlich lächelnde Bundesgenossen, jetzt Männer mit steinernen, ausdruckslosen Gesichtern, die rechte Hand am Abzug ihrer Gewehre.

»Sieh 'raus, Willy Rinkel, da siehst du sie. Sie haben unseren Stützpunkt umstellt. Wir dürfen ihn nicht mehr verlassen.«

»Und unser Alter ...? Ich meine, hat Kapitän Burghagen denn keinen Befehl gegeben, das Boot zu versenken?«

»Hat er eben nicht. Wer weiß, wozu das gut ist. Ist auch egal. Scheiße, wie kommen wir nun nach Hause?«

Daß diese scheinbar gewaltsame Übernahme der deutschen U-Boote in Südostasien vorher in Tokio zwischen der japanischen und der deutschen Marine abgesprochen worden war, darüber hatte Admiral Maida befehlsgemäß ausschließlich nur den Kommandanten unterrichtet.

In Singapore bittet in den ersten Tagen des Mai 1945 der japanische Flottenchef, Admiral Fukodome, den deutschen Chef im Südostraum und seine verantwortlichen Offiziere in den Flottenstützpunkt Seletar. Er macht die deutschen Offziere mit der bevorstehenden Internierung vertraut. Seine Worte sind ohne Groll.

In Penang verabschiedet sich der japanische Stützpunktchef, Konteradmiral Ischioka, von den deutschen Offizieren. Er versichert, Japan würde den Krieg am Ende doch gewinnen. Es würde den tapferen deutschen U-Boot-Besatzungen im Südostraum die ferne Heimat von den verhaßten Amerikanern und Briten wieder zurückerobern.

Als er dies versichert, stockt der Admiral. Er vermag nicht weiterzusprechen. Er verliert die Fassung, und seine Augen füllen sich mit Tränen. Er bemüht sich nicht mehr, seine innere Regung zu verbergen.

Das ist für einen Japaner, von Kind auf erzogen, nie und in keiner Situation sein Gesicht zu verlieren, nie eine innere Regung zu zeigen, ein erschütterndes und dramatisches Bekenntnis wahrer Freundschaft und Achtung.

An Fregattenkapitän Dommes, Chef im Südostraum, schreibt der japanische BdU, Vizeadmiral Uozumi: »Begehen Sie, mein Freund, keine Unbesonnenheit. Es kommt nur darauf an, daß die geistigen Grundlagen erhalten bleiben.«

Keiner ahnt, welch eine grundlegende Wandlung Deutschen wie Japanern bevorsteht.

Daß der japanische Flottenchef in Seletar in den Tagen der deutschen Kapitulation einigen deutschen Offizieren, die er in ritterlichster Weise unmittelbar vor ihrer beabsichtigten Internierung zu sich gebeten hatte und im Beisein hoher japanischer Offiziere in ehrlichem Ernst die Wiedereroberung Deutschlands durch die japanische Wehrmacht in Aussicht stellte, berührt eigenartig. Er läßt erkennen, in welchem Maße selbst in diesen Kreisen Illusionen, Unterschätzung des Gegners und vollkommene Verkennung des Kräfteverhältnisses zu einer nahezu grotesken Fehlbeurteilung der politischen und militärischen Lage geführt haben.

Und in Japan? Hier ist der Bericht des Kapitänleutnants Kentrat, der nach Wiederherstellung seiner Gesundheit auf Betreiben von Admiral Wennecker den U-Boot-Stützpunkt in Kobe übernommen hat:

»Und dann geht das letzte FT vom BdU ein: ›Stichwort Regenbogen‹.

Es ist ein Schlag für uns alle. Wir können es nicht fassen. Wir treffen uns mit allen Kommandanten und beratschlagen. Übergabe oder Versenkung? Wir entscheiden uns einmütig: Die Boote sollen weiterkämpfen!

Also Übergabe.

Um in dieser Sache zu verhandeln, fahre ich mit dem Marinebefehlshaber von Kobe, einem Konteradmiral, zu dem für uns zuständigen Vizeadmiral in Osaka. Erschwerend ist, daß zwischen diesen beiden Offizieren obendrein ein äußerst gespanntes Verhältnis herrscht[31]. Der Konteradmiral aus Kobe ist ausgesprochen deutschfreundlich, der Kollege in Osaka denkt anders. Jedenfalls werde ich zu ihm sofort ins Zimmer gebeten, während der Konteradmiral draußen, auf dem Vorplatz, auf einer kleinen Bank Platz nehmen muß. Um wegen der in Japan lebenden Russen diplomatische Schwierigkeiten auszuschalten, verabredeten wir, die japanische Marine solle die ›Übergabe‹ mit ›Gewalt‹ vornehmen.

Unsere Besatzungen werden noch am späten Abend unterrichtet. Am nächsten Morgen erscheinen schwerbewaffnete Japaner an Bord der Boote. Sie führen jeden Mann unter Doppelbewachung in die Unterkünfte, die ebenfalls, wie verabredet, für drei Tage unter strengster Bewachung stehen. Daß unsere Männer diese Aktion mit seemännischem Humor genossen, sei am Rande vermerkt.

Nach Ablauf der Dreitagefrist werden diese Posten aber nicht eingezogen. Vorsprachen bei den örtlichen Stellen werden mit asiatischem Gleichmut abgetan. Was liegt denn nun an? Der Männer Humor ist wie weggeblasen.

Ich telefoniere mit dem deutschfreundlichen Konteradmiral. Wir fahren wieder nach Osaka. Die Begrüßung ist noch frostiger, dieweilen der Konteradmiral aus Kobe wieder auf der harten Bank vor dem Zimmer warten muß.

›Herr Admiral, warum wurden die Posten nach drei Tagen nicht eingezogen?‹

›Weil sie stehen bleiben sollen!‹

›Das entspricht nicht unseren Verabredungen!‹

›Deutschland hat seine Verabredungen auch nicht erfüllt!‹

›Darf ich dann wenigstens mit Admiral Wennecker telefonieren?‹

›Das ist zwecklos!‹

Nichts hilft, alles prallt an seinem unbeweglichen Gesicht ab! Unverrichteter Dinge müssen wir abziehen.

Jetzt aber kommt eine Überraschung für mich: Der Konteradmiral aus Kobe, der sonst stets auf der Vorzimmerbank saß, erwacht zu ungeahnter Aktivität. In Kobe fährt er mit mir von Unterkunft zu Unterkunft, von Hotel zu Hotel – überall dorthin, wo unsere Leute wohnen und bewacht werden. Er tritt auf jeden einzelnen Posten zu, spricht ein paar knappe, mir unverständliche Worte. Die Soldaten salutieren, sie nehmen ihr Gewehr und verschwinden. Ich befürchte das Schlimmste. Aber nichts, gar nichts geschieht nach der eigenmächtigen Handlung unseres Freundes.

Dieses Asien hat viele Gesichter ...

Nach der deutschen Kapitulation haben wir versucht, die Unterkünfte unserer Männer auf den klimatisch besseren Rokko, einen in den Bergen gelegenen Erholungsplatz, zu verlegen, vor allem, um den schweren Luftangriffen der B-47-Geschwader auf Kobe-Osaka zu entgehen. Wozu sollen wir uns, für die der Krieg aus ist, noch Gefahren aussetzen? Die Verlegung scheitert, weil die Japaner Spionage befürchten.

Wenn wir selbst auch nicht der Spionage verdächtigt werden, so gab es, wie wir später erfahren sollen, in Kobe tatsächlich eine sehr aktive deutsche Agentengruppe. Sie stand unter der Führung eines deutschen Kaufmannes. Über ihre Tätigkeit ist im Gegensatz zu dem hinreichend bekannt gewordenen ›Fall Dr. Sorge‹ noch nirgendwo berichtet worden ... Die Mitglieder dieser Gruppe luden auch unsere Männer gern und oft ein, um sie auszuhorchen. Ob mit Erfolg – oder nicht, wer weiß das heute zu sagen. Es ist aber ziemlich sicher, daß diese Gruppe auch den größten japanischen Flugzeugträgerneubau auf dem Gewissen hat. Dieser

50 000-Tonnen-Koloß war damals gerade fertig. Er lag in Kobe, vollkommen ausgerüstet, klar zur Indienststellung. Die Besatzung sollte erst am Tag danach einsteigen. Über einen Geheimsender ist der Termin der Indienststellung an die Amerikaner verraten worden. Am gleichen Tag erschienen Sturzbomber, sie versenkten diesen Riesen. Es war das letzte Werk dieser deutschen Agenten, wenig später wurden sie verhaftet und vor Gericht gestellt. Jeden Tag wurden dann auch unsere Männer beim Verhör dieser Gruppe als Zeugen geladen.

Die Mitglieder dieses Spionagerings wurden später zum Tode verurteilt. Fast unmittelbar nach diesem Prozeß kapitulierten die Japaner. Das Urteil wurde nicht mehr vollstreckt.

Doch soweit ist es noch nicht. Als der Agentenring jedenfalls erst einmal aufgeflogen war, versuche ich erneut, den Vizeadmiral in Osaka umzustimmen. Wie üblich, muß der mich begleitende Konteradmiral aus Kobe im Vorraum Platz nehmen. Der Vizeadmiral lehnt erneut ab, verspricht aber, sich die Sache noch einmal zu überlegen. Mir ist klar, daß er uns abschieben will, denn ein paar Tage später erhalten wir die Einladung, ein hinter dem Rokko im flachen Hinterland gelegenes Dorf zu besichtigen. Wir werden hier fürstlich empfangen, und uns zu Ehren veranstaltet man ein großes Hibatschi-Essen, gewürzt mit Unmengen Reiswein. Ich merke gleich, wohin der Hase laufen soll. Am nächsten Tage bin ich wieder in Osaka.

›Herr Admiral, es ist sicher, daß Sie diesen Krieg gewinnen werden. Aber er wird noch Jahre dauern. Wollen Sie uns nun zumuten, daß wir Europäer jahrelang in diesen japanischen, für uns unbequemen Unterkünften leben sollen?‹

›Herr Kentrat, ich glaube, Sie sind japanfeindlich!‹

Jetzt wird es ernst. Ich versuche ein letztes Mittel:

›Herr Admiral, Sie verstoßen gegen das Völkerrecht!‹

Davon möchten die Japaner nun gar nicht gern etwas hören.

›Wer verstößt gegen das Völkerrecht? Hat Deutschland nicht seinen Vertrag mit uns gebrochen? Ist es nicht von seinen Verpflichtungen uns gegenüber zurückgetreten?‹

›Herr Admiral, Sie beleidigen uns U-Boot-Männer. Wir haben unsere Pflicht, auch für Japan, getreu erfüllt.‹

›Warten Sie einen Augenblick!‹

Mit diesen Worten verläßt der Vizeadmiral den Raum, um bald danach mit einem Schriftstück zurückzukommen:

›Ich mache Sie hiermit mit einem Geheimbefehl des Tenno bekannt, der seinen ehemaligen Verbündeten anheimstellt, an der Seite Japans bis zum Endsieg weiterzukämpfen! Wie ist es damit?‹

Ich verzichte natürlich. Soweit mir bekannt ist, hat sich in unserem Abschnitt kein deutscher Soldat für die japanische Truppe verpflichten lassen.

Auf den Rokko kommen wir aber doch noch. Und zwar nach einem schweren Angriff auf Kobe, bei dem wir alles verloren, was wir besaßen. Ich sagte dem Vizeadmiral nun kurzerhand, wir hätten eine Genehmigung des Marineministeriums. Kein Wort war daran wahr. Aber der Bluff gelang. Es blieb mir keine andere Wahl, unsere Männer aus dem Gefahrenbereich herauszuschleusen, in dem sie der wenig deutschfreundliche Vizeadmiral belassen wollte.

Kurz nach dem Einmarsch der amerikanischen Streitkräfte erhalte ich Besuch durch den CIC:

›Warum haben Sie Ihre Leute bei der Vernehmung der deutschen Agenten als Zeugen abgestellt?‹

Da platzt mir der Kragen! ›Wir U-Boot-Fahrer haben während des ganzen Krieges unter allergrößten Entbehrungen unsere Pflicht getan. Und was diese Spionage-Sache anbelangt, so waren diese Männer Agenten und daher Verräter. Sie sind nach den Gesetzen dieses Landes zum Tode verurteilt worden. Auch in Ihrem Lande werden Verräter und Agenten, wenn man sie erwischt, nach den dort gültigen Gesetzen bestraft. Was ist daran ungerecht? Was ist falsch? An meiner Stelle hätten Sie als Soldat und Offizier und als Amerikaner nicht anders gehandelt. Im übrigen habe ich jetzt keine Zeit mehr. Ich muß mich bei meinem deutschen Admiral melden. Würden Sie mich bitte entlassen?‹

Er tut es sofort.

Er bringt mich sogar mit seinem Wagen zum Admiral Wennecker hin.«

VIERTER TEIL

Die deutschen U-Boot-Operationen in Südostasien
Eine kritische Untersuchung über die Planung, Bedeutung und Erfolge

Mit dem Stichwort ›Regenbogen‹, dem Kapitulationsbefehl des BdU für die U-Boote im Mai 1945, endeten auch die deutschen U-Boot-Operationen in Ostasien. Historisch betrachtet, sind die Ergebnisse der Monsun-U-Boote, gemessen an den Rückschlägen an den anderen, bisherigen Fronten des U-Boot-Krieges, noch als befriedigend zu bezeichnen.

Nach den Meldungen der ›Monsuner‹ wurden etwa 170 Schiffe mit rund 1 000 000 BRT versenkt. Die Haupterfolge wurden in der ersten Phase der Operationen errungen.

Die Verluste waren hoch, zu hoch. Von den teilweise in mehreren Unternehmungen von Europa aus eingesetzten 45 deutschen U-Booten gingen bis zum Tage der Kapitulation 34 Boote = 76 Prozent verloren, vier wurden in den ostasiatischen Stützpunkten von den Japanern interniert, vier erreichten wieder die Heimatstützpunkte, und drei kapitulierten in See bzw. in einem westfranzösischen Hafen.

Von den versenkten Booten konnten nur in acht Fällen Teile der Besatzungen gerettet werden.

Ganz allgemein lassen die abnehmenden Erfolge im U-Boot-Krieg und die zunehmenden Verluste erkennen, wie die totale U-Boot-Bekämpfung des Gegners im Nord- und Mittelatlantik nun auch in den neuen Schwerpunktgebieten des deutschen U-Boot-Einsatzes mit zunehmendem Erfolg betrieben worden ist, also erst im Kap-Gebiet und dann im Indischen Ozean. Wesentlichen Anteil hatte die Verwendung des neuen Radar-Gerätes in den zur U-Boot-Jagd von den Landbasen und Trägern angesetzten Flugzeugen. Weiter die vollautomatische Funküberwachung, mit der auch Kurzsignale eingepeilt und ausgewertet wurden.

Während der U-Boot-Einsatz im Raum von Kapstadt noch im Winter 1942 und im Sommer 1943 pro Boot ein Erfolgsergebnis von ca. 35 000 BRT brachte, sank dieses Ergebnis bei der ersten Monsun-Gruppe auf ca.

15 000 BRT, bei der zweiten Monsun-Gruppe auf 14 000 BRT und lag beim Einzelbooteinsatz im letzten Kriegsjahr bei ca. 11 000 BRT.

Umgekehrt stieg die Verlustziffer. Während ein Versenkungsergebnis von 100 000 BRT mit einem halben eigenen U-Boot-Verlust im Kapstadt-Einsatz erzielt wurde, stieg die Verlustzahl bei der ersten Monsun-Gruppe auf fünf Boote und bei der zweiten Monsun-Gruppe und dem letzten Einsatz auf sieben Boote. Das zeigt, daß das Risiko, bezogen auf den gleichen Erfolg, sich mehr als verzehnfacht hatte.

Diese eindrucksvollen Zahlen dürfen nicht etwa zum Schluß führen, daß die Qualität der Kommandanten, deren Besatzungen und des Bootsmaterials gegen Ende des Krieges in diesem Seegebiet geringer gewesen wären. Es muß im Gegenteil darauf hingewiesen werden, daß gerade für den Einsatz im Indischen Ozean gleichbleibende, immer gut ausgebildete Boote abgestellt wurden. Die gegenseitige Abgrenzung zwischen deutschen und japanischen U-Boot-Operationsgebieten hat, um auch diesen Punkt zu untersuchen, zu keinen Schwierigkeiten geführt. Sie entfiel ab Herbst 1944 vollends, nachdem die wenigen, im Indischen Ozean eingesetzten japanischen Boote verlorengegangen oder zur Abwehr der amerikanischen Offensive in den Pazifischen Ozean verlegt worden waren.

Es muß aber betont werden, daß die Zusammenarbeit mit dem japanischen U-Boot-Führer im Südostraum, Vizeadmiral Uozumi in Penang, auf allen Gebieten des U-Boot-Einsatzes gut und verständnisvoll war und blieb, daß aber durch die geringe Zahl eingesetzter japanischer Boote und den Mangel an Ergebnissen von Fernaufklärung und Funkbeobachtung die operative Unterstützung viel zu gering gewesen ist.

Es blieb noch die Frage zu prüfen, ob es nicht zweckmäßiger gewesen wäre, die operative Führung der im Indischen Ozean eingesetzten Boote nach Schaffung der dortigen Stützpunkte einem in Ostasien stationierten deutschen U-Boot-Führer zu übertragen. Dafür sprachen:
1. *Auf den Kriegsschauplätzen Nordmeer, Mittelmeer und Schwarzes Meer, wo taktische und operative Zusammenarbeit mit einer verbündeten Macht oder einer anderen deutschen Marine-Führungsstelle notwendig war, hatte sich die Einsetzung eines FdU bewährt.*
2. *Die Skl war bei ihren Führungsaufgaben im wesentlichen nur auf übermittelte Informationen, weniger auf persönliche Vorträge eingelaufener U-Boot-Kommandanten angewiesen. Die Praxis hatte ge-*

zeigt, daß nur drei Kommandanten der Heimat über ihre Erfahrung in Ostasien Bericht erstattet haben, während in Penang die frischen Eindrücke von 14 Kommandanten ausgewertet und die japanischen Erfahrungen im Meinungsaustausch vollständig erfragt werden konnten.

3. *Die Skl war durch die Konzentrierung auf die Abwehr der Invasion, die Bereitstellung neuer Typen und den Krieg um England viel zu stark absorbiert.*
4. *Ein deutscher U-Boot-Führer stellte ein starkes Gegengewicht gegen die mit Admiralen besetzten korrespondierenden japanischen Dienststellen dar.*

Für die Beibehaltung der bisherigen Führungs-Organisation indessen sprachen:

1. *Die Skl blieb in ihren Entschlüssen unabhängiger als ein U-Boot-Führer, der japanischen Wünschen und der japanischen Mentalität im Interesse der Zusammenarbeit mehr Rechnung tragen mußte.*
2. *Die Befehlsgebung an die Boote in Ostasien hätte zudem verstärkter Funkmittel und Vermehrung des Funkpersonals bedurft, eine zur Stunde außerordentlich problematische Aufgabe.*

Zweifellos, das darf zusammenfassend gesagt werden, standen unter den erfahrenen U-Boot-Kommandanten der Kapstadt-Gruppe für die Aufgaben eines Chefs im Südostraum ältere Seeoffiziere zur Verfügung. Darüber hinaus wäre es möglich gewesen, einen älteren Offizier, nach Möglichkeit einen Admiral, mit einem U-Boot aus der Heimat in den Südostraum zu detachieren.

Mit der Ernennung von Korvettenkapitän Dommes als Chef im Südostraum ergab sich, wenn wir dem tatsächlichen Geschehen folgen, diese Lage:

Obwohl Dommes auch in den Augen der Japaner den Ruf eines außerordentlich tüchtigen und erfolgreichen Seeoffiziers und U-Boot-Kommandanten genoß und er als ehemaliger A 6er auch über Erfahrungen verfügte, die aktiven Seeoffizieren zwangsläufig fehlten, erwies sich diese Ernennung mit ihren eingeschränkten operativen Befugnissen bei aller Achtung vor Dommes gegenüber der japanischen Mentalität als ein Fehler. Der Japaner ist in allen Fragen der Etikette, des Dienstgrades, der Dienststellung und vor allem des Dienstalters sehr genau und empfindlich. Er kennt auch kein Springersystem. So blieb es nicht aus, daß er ei-

nem Offizier, der bisher als der jüngste Stabsoffizier der drei Dienststellen bekannt war, in dieser neuen, wichtigen Stellung seine volle Anerkennung und damit volle Unterstützung vorerst versagte. Diese Einstellung schlug sogar zeitweise in Ablehnung um, als seine vorzeitige Beförderung zum Fregattenkapitän erfolgte, und sie ging so weit, daß die japanischen Gegenspieler der vermeintlich übergangenen deutschen Dienststellenleiter deren nunmehrige Beförderung betrieben und diesbezügliche Anfragen sogar bis nach Berlin gerichtet haben.

Ebenso verständnislos standen die Japaner der Tatsache gegenüber, daß im Dienstgrad ältere und höhere U-Boot-Kommandanten dem neu ernannten Chef im Südostraum unterstellt wurden. Die Ernennung dieses Offiziers zum CIS löste jedenfalls zunächst latente Spannungen aus.

Aber die vorstehend gemachten Überlegungen – welch ein anderer Weg hätte beschritten werden können oder gar müssen – sind Konditionale mit allem gebotenen Für und Wider, denn

1. ist gar nicht erwiesen, ob ein älterer Seeoffizier und höherer Dienstgrad das gleiche oder mehr als Dommes erreicht haben würde;
2. wissen wir gar nicht, ob ein Admiral, hätte der BdU bei besseren und gründlicheren Informationen über die Lage im Südostraum einen solchen zur Verfügung gehabt, mit einem U-Boot das Ziel Penang überhaupt erreicht haben würde, denn die Bootsverluste waren ungeheuerlich;
3. ist allerdings auch denkbar, daß diese und ähnliche Friktionen durch die Kriegsentwicklung beeinflußt wurden. Die deutsche Niederlage war nicht mehr zu leugnen. Es wurde aber auch allen kritischen Beobachtern klar, daß auch der japanische Sieg von Tag zu Tag mehr in Frage stand. Die japanische Wehrmacht vermochte dem massierten Angriff der Alliierten auf dem südostasiatischen Raum kaum noch nennenswerten Widerstand entgegenzusetzen. Es fehlte an modernem Material, und es bestand der Eindruck, daß die Kampfmoral der japanischen Truppen unter dem Einfluß der Tropen, des im Mutterland ungewohnten Wohllebens und der Länge des Krieges immer mehr absank.

Jedenfalls holte Dommes, das sei abschließend vermerkt, nach Überwindung anfänglicher Schwierigkeiten und gewisser Resignation, vor allem beim Heer, das Möglichste aus seiner, wenn auch eingeengten Position heraus, man darf wohl sagen, sogar noch mehr, als anfangs zu erwarten und zu hoffen war. Ob ein deutscher Admiral oder älterer Seeoffizier und FdU in dieser Phase des Krieges nicht mehr erreicht haben würde? Vielleicht reibungsloser, manches gewiß. Aber auch ein Flaggoffizier hätte die U-Boote nicht einsatzklar ausrüsten können, wenn er über keinen geeigneten Proviant in Weißblechdosen verfügen konnte. Natürlich, auch einem Admiral hätte der Helfer in der höchsten Not zur Verfügung gestanden: Oberleutnant zur See d. R. Willy Vogel, Handelsschiffskapitän und Ex-Prisenoffizier auf Hilfskreuzer Thor, ein Genie der Organisation und ein Meister in seinem Fach, hinter dem Rücken der mißtrauischen Japaner Fäden zu spinnen und zu knüpfen, die auch stärksten Zerreißproben widerstanden. Ob ein so hoher Seeoffizier davon hätte wissen dürfen, wie Willy Vogel, der heute als Lotse in Cuxhaven wohnt und auf der Außenelbe einem schweren, entsagungsreichen Dienst nachgeht, es machte und schaffte …?

Da sich in hohen Auszeichnungen Leistungen und Erfolge widerspiegeln, seien die ausgezeichneten Monsun-U-Boot-Seeleute der Reihe nach aufgeführt, soweit das Ritterkreuz während dieser Aktion und nicht schon vorher verliehen wurde:

Am 11. Februar 1944: Kapitänleutnant Lüdden (Siegfried), Kommandant U 188.

Am 31. März 1944: Kapitänleutnant Eick (Alfred), Kommandant U 510 (nach Geleitzugangriff).

Am 22. Mai 1944: Kapitänleutnant (Ing.) Wiebe (Karl-Heinz), LI auf U 178.

Am 17. September 1944: Korvettenkapitän Timm (Heinrich), Kommandant U 862.

Am 6. Februar 1945: Leutnant zur See Limbach (Johann), IIIWO auf U 181.

Die Aktion, U-Boote als Kautschuk-Transporter einzusetzen, führte, da nach dem Zusammenbruch der Überwasser-Blockadebrecher-Fahrten reguläre Transport-U-Boote nicht oder bis dato noch nicht zur Verfügung standen, praktisch zu keinem nennenswerten Erfolg. Auch die tatkräftige Unterstützung des japanischen Bundesgenossen, der einige der großen U-Kreuzer als Rohstofftransporter nach Europa schickte, führte zu keinem befriedigenden Ergebnis. Auf der anderen Seite waren selbst die mengenmäßig wenigen Überführungen an Wolfram, Molybdän und Chinin von nicht unerheblichem Nutzen.

Zusammenfassend darf man über den deutschen U-Boot-Krieg in asiatischen Gewässern wohl doch zu der Schlußfolgerung kommen:

Gemessen an den Schwierigkeiten in den Stützpunkten, die zu Improvisationen zwangen, und an der Neuheit und Fremdartigkeit des Milieus, in das die U-Boot-Seeleute in den tropischen Gewässern und in den asiatischen Häfen ohne irgendeine Erfahrung hineingestellt wurden,

gemessen an gewissen personellen und technischen Unzulänglichkeiten und an den Fehlern, die trotz besten Willens und Könnens auch hier nicht auszuschalten waren,

im Endergebnis nicht weniger erreicht und geleistet worden, als erwartet werden durfte, eher mehr.

Dennoch kommt man um eine Erschränkung nicht umhin. Sie hat an sich nichts mit den Erfolgen der Kampf-U-Boote zu tun. Wenn die erwähnten Rohstoffe für die Heimat wirklich so ›kriegsentscheidend‹ waren, drängen sich die Fragen auf:

1. Warum ließ dann die Heimat nach dem Ausfall der Überwasser-Blockadebrecher ihr einziges, noch funktionierendes Transportmittel über See nicht direkt zum Südostraum fahren?
2. Weshalb wurden diese Kampf-U-Boote, die später die Überwasser-Rohstofftransporter ersetzen sollten, im Indik bis an den Rand ihrer Einsatzfähigkeit manövriert? Erst, wenn diese Boote materialmäßig wie personell dem Zusammenbruch nahe waren (es sei an die Batterien erinnert), liefen sie in die Stützpunkte im Südostraum ein. Nun aber bedurfte es Wochen und Monate, ehe sie überhaupt wieder einsatzklar waren.
3. Waren die Versenkungen einiger Frachtschiffe wie auch die strategischen Auswirkungen der Monsun-U-Boote für den Fortgang des Krieges in Europa entscheidender, als es die Transporte der so kriegswichtigen Rohstoffe gewesen sind?

Diesen Fragenkomplex zu untersuchen, bedürfte eines gesonderten Studiums, für das in erster Linie der wirkliche Rohstoffbedarf und die Produktionskapazität der Heimatindustrie belegt werden müßte.

Nach Dr. Rohwer wurden in den Südafrikanischen Gewässern und im Indischen Ozean (ohne Südatlantik) versenkt:

1942	Zahl der Schiffe/ Größen in BRT	
Oktober	24/161 372	BRT
November	21/118 010	BRT
Dezember	4/ 17 369	BRT

1943		
Januar	0/0	BRT
Februar	5/31 264	BRT
März	10/58 834	BRT
April	3/20 308	BRT
Mai	7/36 015	BRT
Juni	5/23 453	BRT
Juli	14/76 941	BRT
August	7/46 400	BRT
September	4/27 144	BRT
Oktober	8/10 050	BRT
November	0/0	BRT
Dezember	1/ 7 244	BRT

1944		
Januar	6/38 751	BRT
Februar	11/39 234	BRT
März	5/17 035	BRT
April	1/ 5 277	BRT
Mai	0/0	BRT
Juni	3/15 645	BRT
Juli	4/23 000	BRT
August	9/57 732	BRT
September	1/ 5 670	BRT
Oktober	0/0	BRT
November	1/10 198	BRT
Dezember	1/ 7 180	BRT

1945

Januar	0/0	BRT
Februar	1/ 7 176	BRT
März	0/0	BRT
April	0/0	BRT
Mai	0/0	BRT

Total: 156/861 662 (ohne Kriegsschiffe, aber mit allen nach BRT vermessenen Hilfskriegsschiffen).
Verloren gingen im Indik und den Gewässern vor und um Südafrika: 12 U-Boote, davon allein 6 von Juni 1944 bis Mai 1945*.

---

* U-Boote, eine Chronik in Bildern. Herausgegeben von Jürgen Rohwer, Stalling, Oldenburg/Hamburg 1962.

FÜNFTER TEIL

1.

Zwischen den Kapitulationen

Die im Südostraum und in Japan verbliebenen deutschen und exitalienischen U-Boote wurden von den Japanern übernommen und in Dienst gestellt. In Singapore: U 181 (Freiwald) als I 501; U 862 (Timm) als I 502; in Bataria: U 219 (Burghagen) als I 505; in Soerabaja: U 195 (Steinfeld) als I 506; in Japan UIT 24 (Pahls) als RO 503 und UIT 25 (Meyer, Friedrich) als RO 504. Daß die Boote noch unter dem Sonnenbanner des Tenno zum Einsatz kamen, ist hier nicht bekannt.

Die deutschen Marinesoldaten in Singapore und Penang, mehr als 250 Mann, unter diesen auch die Besatzung der von den Japanern übernommenen U 181 und U 862, sind bis auf ein Restkommando bereits in mehreren Transporten in das Innere Malayas geschafft worden. Die Japaner haben ihnen in dem kleinen Dschungelstädtchen Batu Bahat das bisher von japanischen Offizieren und Soldaten bewohnte Europäerviertel zugewiesen.

Der Matrosengefreite Briesicke gehört zu den letzten zehn Mann, die das Restkommando von Penang bilden. Zusammen mit den auf verschiedenen Waggons verteilten gesamten Möbeln, Proviantkisten, Mehlsäcken und Medikamenten rollen sie mit einem japanischen Transportzug Batu Bahat entgegen. Elftes Mitglied des Restkommandos ist Hexe, der Exbordhund von HSK *Michel*.

Hinter Ipoh, der ersten größeren Stadt im Dschungel, bekommen sie die ersten Partisanen zu spüren. In der Nacht fallen Schüsse. Links und rechts liegen zertrümmerte, ausgebrannte Waggons und zerstörte Lokomotiven neben den Gleisen. Hier und dort sind auch ganze Dörfer dem Erdboden gleichgemacht worden.

Die Eingeborenen hatten sich geweigert, die Partisanen zu unterstützen. Der Dschungel ist so grausam, wie die Natur nur mitleidlos sein kann.

Japaner die der chinesischen Widerstandsbewegung in die Hände fallen, werden barbarisch niedergemacht. Umgekehrt machen die Japaner mit den Widerstandskämpfern kurzen Prozeß.

Sie fesseln ihnen die Hände – sie zwingen sie in die Knie – Kopf nach vorn gebeugt – durch die Luft zischt das Schwert des japanischen Soldaten.

Die deutschen Seeleute erlebten mehrfach solche grauenvollen Schauspiele der ›Abschreckung‹ auf offener Straße.

Je näher die zehn Mann vom Restkommando Batu Bahat kommen, um so deutlicher die Spuren der Partisanen. Durch Schutzwände aus Mehlsäcken haben sie sich in ihren Waggons gegen den Beschuß aus dem Hinterhalt des tropischen Dschungels heraus gesichert, und als gleich hinter Ipoh die Lokomotive aus aufgerissenen Gleisen herausspringt, klappt vorzüglich, was sie sich vorgenommen haben. Sie sind mit einem blitzschnellen Satz aus dem Wagen heraus und in eine Deckung gesprungen.

Der Güterzug schnauft durch die schwüle Hitze. Der stinkende Qualm der Lok weht in die offenen Schiebetüren der Waggons. Zu beiden Seiten des Bahnkörpers der tropische Wald wie eine undurchdringliche grüne Mauer. Ganze Kompanien von Partisanen können sich darin verstecken und ungesehen die Waggons unter Feuer nehmen. Gleich hinter der Lok und am Ende des Zuges laufen offene Loren. Auf den Plattformen sind Zwillings-MGs montiert. Japanische Soldaten hocken daneben.

»Batu Bahat soll doch ein hübsches Städtchen mitten zwischen Gummiplantagen sein«, meint der junge Mattes zum Hauptgefreiten Briesicke. »Und unser Lager besteht angeblich aus Bungalows.«

»Et kommt nich darauf an, wie't aussieht, Junge. Wenn die Luft eisenhaltig is, kann det schönste Paradies zur Hölle werden. Und hier machen die Partisanen den Fahrplan …«

Langsam poltert der Zug über eine Notbrücke. Dann hält er auf einer einsamen Dschungelstation.

Während die Lok Wasser nimmt, vertreten sich die deutschen Seeleute die Füße. Die Japaner bleiben stur hinter ihren Maschinengewehren sitzen.

Der malayische Stationsvorsteher warnt vor Partisanen, die die Nachschublinien zur Burma-Front unsicher machen.

»Ach was«, wehrt Mattes ab, »uns tun die nichts.«

»Sie nix tun Deutschen. Ihr Deutsche uns oft geholfen, wir auch helfen. Aber Japaner sein auf Zug. Und in Nacht sein alles schwarz und grau. Nix unterscheiden gelb und weiß.«

»Uns ist bis jetzt nichts passiert«, meint Mattes. »Warum sollen wir uns ausgerechnet nach Kriegsende noch Sorgen machen? Unkraut vergeht nicht.«

Die Lok pfeift. Der Zug fährt weiter. Die Sonne ist hinter den Baumwipfeln verschwunden. Der Zug fährt durch eine Kurve in ein enges Tal hinein und wird dabei immer schneller. Die Seeleute stehen an den offenen Waggontüren und blicken in den farbenprächtigen Abendhimmel. Der Hauptgefreite Briesicke hat den Oberkörper weit hinausgelehnt und läßt den kühlenden Fahrtwind um sich wehen.

Plötzlich geht ein Ruck durch die Wagenschlange, der sie alle durcheinanderwirft. Briesicke sieht, wie Heizer und Lokführer von der Maschine springen. Dann kippt die Lokomotive aus den Schienen und stürzt mit ohrenbetäubendem Krachen die Böschung hinunter.

»Raus!« schreit Briesicke. Er macht einen Satz aus der Tür, schlägt hart auf und rollt ins Gestrüpp am Fuß der Böschung.

Die Waggons schieben sich mit donnerndem Getöse ineinander und ballen sich zu einem Gewirr von Holz und Eisen zusammen.

Gerade noch rechtzeitig sind auch der Bootsmann und die anderen abgesprungen. Selbst der Hund hat sich instinktiv nach draußen gerettet. Schnüffelnd läuft er an der Böschung entlang.

Schüsse knallen in der Dunkelheit. Eines der beiden japanischen Zwillings-MGs rattert wild. Das andere schweigt ...

In der grünen Wand des Dschungels blitzt es auf. Geschosse treffen auf Eisen und jaulen als Querschläger in die Gegend. Am hinteren Plattform-Wagen explodiert eine geballte Ladung. Nun schießt auch das zweite Zwillings-MG nicht mehr ...

Die Deutschen gehen zwischen den Trümmern der Güterwagen in Deckung. Aus Konservenkisten bauen sie einen Kugelfang. Dann bergen sie ihre verwundeten Kameraden. Zwei bluten aus Fleischwunden, zwei andere haben Rippenbrüche, einer ist besinnungslos.

»Jetzt fehlt bloß noch Mattes«, stellt Briesicke fest. »Der hat's ja nich geglaubt, det hier wat passieren kann.«

Der Hund läuft suchend zwischen den zerstörten Waggons herum. Schließlich kommt er zurück und bleibt vor Briesicke stehen.

»Dann werden wir mal den Mattes suchen«, sagt ein Mechanikermaat. »Vielleicht ist er irgendwo eingeklemmt. Komm, Briesicke. Such, Hexe!«

Der Hund läuft los. Die beiden Männer folgen ihm vorsichtig. Sie wollen sich weder in dem Gewirr von Holz und Eisen die Knochen brechen, noch einem der Freischärler in die Schußbahn laufen.

Immer noch peitschen vereinzelte Schüsse aus dem Dschungel. Das Sicherheitsventil der umgestürzten Lok zischt. Kochendes Wasser brodelt aus dem Kessel.

Plötzlich bleibt der Hund stehen. Er stemmt beide Vorderbeine wütend auf. Die Nackenhaare sträuben sich. Und dann knurrt er böse.

Hein Briesicke und der Maat drücken sich eng an den Boden eines umgestürzten Güterwagens ...

»Da ist wer«, flüstert Briesicke.

Und tatsächlich sehen sie einen Mann auf sich zukommen. Er hat zwar eine Maschinenpistole über die Schulter hängen, schwenkt aber friedlich seine Mütze.

Briesicke hält den Hund fest und tritt mit dem Maat aus der Deckung heraus. Sie warten, bis der andere vor ihnen steht. Es ist ein Chinese. In der Uniform der Partisanen. Er verbeugt sich höflich und sagt in fließendem Englisch:

»Wir wußten nicht, daß Deutsche im Zug sind. Hätte man uns das rechtzeitig gemeldet, wäre Ihnen nichts passiert. Es tut uns sehr leid. Bitte, verzeihen Sie.«

Wieder verbeugt er sich und verschwindet, ohne eine Antwort abzuwarten, in der Nacht.

»Merkwürdige Burschen!« Briesicke schüttelt den Kopf. »Erst alles übern Haufen knallen und dann entschuldigen sie sich, uns ham'se jarnicht jemeint ...« Er läßt den Hund wieder los. »Such, Hexe!«

Endlich finden sie den jungen Mattes. Tot. Er muß beim Sprung aus dem fahrenden Zug umgekommen sein. Sie tragen ihn zu den Kameraden zurück, die hinter Proviantkisten Schutz gesucht haben.

Und dann hocken sie wieder hinter ihren Kisten und warten. Die vier Unverletzten lösen sich bei der Wache ab.

Keine Menschenseele ist mehr zu sehen. Nur ein paar Tote liegen neben den Geleisen. Kein Geräusch, außer den fremden, unheimlichen Lauten des Urwaldes.

Und die Sonne glüht immer mörderischer vom wolkenlosen Himmel herab.

Am späten Vormittag trifft ein japanischer Hilfszug an der Unglücksstelle ein. Die Strecke wird geräumt und ausgebessert. Das dauert Stunden. Die Partisanen lassen sich zum Glück nicht sehen.

Dann dampft der Hilfszug weiter. Er bringt die Deutschen nach Labis, der nächsten kleinen Station.

Aber es ist unmöglich, von dort aus Batu Bahat telefonisch zu erreichen, obwohl es nur fünfzig Kilometer südlich von Labis liegt.

»Unsere Leitungen sind gestört«, sagen die Japaner. »Sobald wie möglich werden wir Ihre Vorgesetzten unterrichten.«

In einer Eingeborenenhütte beziehen die Deutschen provisorisches Quartier. Da ist wenigstens Schatten. Auch Wasser gibt es in der Nähe. Und wieder heißt es warten.

Am Nachmittag hält ein japanischer Lazarettzug kurz auf der Station. Er kommt von der Burma-Front. Die Ärzte versorgen die deutschen Verwundeten, lehnen es aber ab, sie nach Singapore mitzunehmen.

»In Singapore habt ihr Deutschen nichts mehr zu suchen. Später vielleicht wieder. Wenn wir den Krieg gewonnen haben.«

So warten die neun weiter.

»Sie werden uns in Batu Bahat vermissen und holen«, ist des Obermaaten feste Überzeugung. Er sollte die richtige Nase haben. In der Tat sind dem deutschen Lagerkommandanten, dem im April zum Kapitän zur See beförderten Exkommandanten von U 181, Kurt Freiwald, Nachrichten über den Überfall bei Labis zugespielt worden. Die Japaner teilten es nach 48 Stunden offiziell durch ihren Dolmetscher Nishikawa mit, erklärten sich jedoch außerstande, die Verwundeten zu bergen, da ihre Kräfte in Batu Bahat und Umgebung nicht ausreichen würden, zu dem ca. 30 Meilen entfernten Labis durchzustoßen. Der Andrang der Freiwilligen zur Teilnahme an dem Rotkreuzunternehmen ist überwältigend.

Der erste mit Maschinenpistolen und Gewehren bewaffnete Trupp, der sich unter Korvettenkapitän Timm, Exkommandant von U 852, auf LKW's auf den Weg macht, muß wieder umkehren. Eine von Partisanen angesteckte und in hellen Flammen stehende Holzbrücke über einen auf anderen Wegen nicht zu überquerenden Fluß stoppt die Männer.

Aber der zweite Stoßtrupp, den am nächsten Morgen Kapitänleutnant Grützmacher anführt, kommt unangefochten von Partisanen bis nach Labis durch. Zu der Gruppe gehört auch der Oberassistenzarzt Dr. Buchholz.

Die Freude ist groß, denn die letzte Nacht war gar nicht schön ...

Die neun vom Restkommando hatten sich um ihre Unterkunft wieder aus Kisten und Mehlsäcken einen Kugelfang errichtet. Sie waren gerade fertig damit, als der Feuerzauber über Labis hereinbrach.

Die chinesischen Partisanen waren glänzend ausgerüstet. Sie schossen mit MGs und Gewehrgranaten. Ihr Ziel war das Bahnhofsgebäude mit der japanischen Wache und die malayische Polizeistation. Die ganze Nacht über war die Hölle los.

Aber keine Granate, keine Kugel traf die Hütte mit den Deutschen. Sie lag wie eine Insel im reißenden Strom.

In seinem Handgepäck führte einer der neun eine Teedose aus Blech mit sich. Sie enthält die Asche des jungen Mattes, den sie nach der Eingeborenenart am Bahnhof in Labis verbrannten. Der deutsche Seemann will das, was von dem jungen Kameraden übrigblieb, mit in die Heimat nehmen.

Welch ein schöner und edler Gedanke in Stunden, in der sie sich selbst in Not befanden.

Batu Bahat ist eine der vielen kleinen Ortschaften im Gebiet der malayischen Gummiplantagen. Die 3000 Einwohner zählende Stadt hat ihr Europäerviertel, in dem einmal die Pflanzer und die Verwalter gewohnt haben, ein typisch windschiefes, typisch eng bebautes Malayenviertel mit vielen schreienden Kindern auf den holprigen Straßen und – nicht zu vergessen – jenen Stadtteil, in dem nur die geschäftstüchtigen Chinesen und Inder wohnen.

Kapitän Freiwald hat sich mit seinen Offizieren und Männern im Südteil der Stadt, im Europäerviertel, einquartiert. Sie haben eine große, moderne Schule und acht Bungalows zur Verfügung. Ein Fußballplatz ist in der Nähe, und das umliegende Land bietet sich an, landwirtschaftlich genutzt zu werden.

Die Japaner haben den Deutschen einen Dolmetscher und einen Offizier mit sechs Unteroffizieren und Mannschaften beigegeben, dies aber wohl mehr der Form halber, denn die Bewacher bewachen die Deutschen nicht.

Die Lords können gehen, wohin sie wollen, in die Stadt oder tagsüber in die nähere Umgebung. Die Waffen, die Freiwald vorsichtshalber nicht abgeben ließ, zeigt man zwar nicht offen, aber die Japaner, die darum wissen, verlangen sie nicht. In die Rundfunkgeräte, die man den Deutschen überließ, haben die cleveren Funker die Kurzwellenteile wieder eingebaut. Man weiß daher, was anliegt, denn die Japaner schweigen sich über die Kriegslage aus. Wahrscheinlich werden selbst ihnen die wahren Lageberichte verschwiegen.

»Wichtig ist in unserer Situation, uns das Wohlwollen der eingeborenen Bevölkerung zu sichern«, ist Freiwalds erstes Gebot. Das läßt sich um so leichter an, als in der Stadt Techniker fehlen, um die streikenden Dieselmotoren des Elektrizitätswerkes zu reparieren.

Die U-Boot-Spezialisten sind froh, wieder einen Motor zwischen die Finger zu bekommen. Die Reparatur ist kein Problem. Diese nicht und viele andere nicht. Die deutschen Ärzte helfen auch im Krankenhaus aus. Hatten sie im Anfang einen guten Namen, so vertieft sich dieser Ruf nur noch mehr.

Am 6. August detoniert über Hiroshima die erste Atombombe der Welt, am 9. fällt eine zweite auf Nagasaki. Im Lager von Batu Bahat hören sie die alliierten Nachrichten über die Wirkung der neuen Bomben und deren entsetzliche Wirkung im Kurzwellenfunk.

Den straff organisierten Partisanen geben diese neuen fürchterlichen Kampfmittel der Amerikaner ungeheuren Auftrieb. Einige Tage später schon ist Batu Bahat von den chinesischen Widerstandskämpfern eingeschlossen.

Es ist schon dunkel, als der Hauptgefreite Briesicke noch einen Bummel durch das Lager ohne Stacheldraht macht. Neben einem abgelegenen Haus glaubt er eine dürre Gestalt zu erkennen. Sie sieht ihm sehr nach einem Chinesen aus. Hein Gummi macht einen Umweg um die Häuser, und als er sich dem Bungalow von achtern nähert, erkennt er Kapitänleutnant Meckmann mit einem Chinesen im Gespräch. In Meckmanns Begleitung befindet sich der deutsche Kaufmann Ahrens aus Singapore.

»Ich habe mit Kapitän Freiwald gesprochen«, sagt Meckmann. »Er ist bereit, sich mit dem Führer der chinesischen Widerstandskämpfer zu unterhalten. Dieser möchte aber bitte hierher in das Lager kommen.«

»Das wird Oberst Wung Fu von der Resistance Army nicht tun. Wir sind keine Partisanen, wir sind reguläre Truppen. Wir mißtrauen den Deutschen nicht. Aber es gibt gewisse Zufälle.«

»Ich verstehe.«

»Was wird geschehen, wenn wir die Japaner und die malayischen Polizeistationen angreifen? Werden sich die Deutschen ruhig verhalten? Wir wissen, daß die Deutschen bewaffnet sind.«

»Ich glaube schon«, sagt Meckmann, »daß von unserer Seite nichts geschieht.«

»Fragen Sie Ihren Kapitän. Ich komme morgen um die gleiche Stunde wieder.«

Am nächsten Abend ist der Chinese pünktlich zur Stelle. Mit ihm auch Hein Gummi, den Meckmann nicht verjagt. Es erscheint ihm sogar gut, daß ein deutscher Seemann in der Nähe weilt.

»Kapitän Freiwald verlangt nur eines: daß die deutschen Soldaten aus jedweder Kampfhandlung herausgehalten werden, kurzum, daß die Chinesen die Deutschen zufriedenlassen, und daß deren Lager, seine Insassen und Bestände unberührt bleiben.«

»Das kann ich im Namen von Oberst Wung Fu versprechen. Aber nur, wenn die Deutschen nachher ihre Waffen abgeben.«

Freiwald geht auch auf diese Forderung ein. Er und seine Männer sind Angehörige einer Wehrmacht, die kapituliert hat, die eigentlich gar keine Waffen mehr in Besitz haben darf. Die Frage, ob und welche Waffen abgegeben werden, läßt sich später immer noch im einzelnen klären.

In den nächsten Tagen ist der Teufel los. Mord und Brand verheeren das Land. Es herrscht eine totale Whooling. Die Malayen wüten gegen die Chinesen. Die Chinesen gegen die Malayen. Die Japaner gegen beide. Und Chinesen und Malayen zusammen wieder gegen die Japaner.

Die malayische Polizei, die im japanischen Auftrage für Ruhe und Ordnung sorgen soll, bringt die schwersten Opfer. Die Polizeistationen gehen in Flammen auf. Die Polizisten werden umgebracht. Geschäfte werden geplündert.

Die Japaner ziehen Verstärkung heran. Aber sie greifen kaum ein. Die Lage ist äußerst kritisch, wenn man auch im deutschen Lager keine Übergriffe der Partisanen auf Deutsche befürchtet.

In diesen Tagen geht für die Deutschen im Inneren Malayas der Rückruf nach Singapore ein. Der Befehl kommt – noch – von der japanischen Marine. Kapitän zur See Freiwald setzt sich mit seinen Offizieren zusammen.

»Sollen wir oder sollen wir nicht?«

»Eigentlich sollten wir nicht«, meint einer.

»Ja«, sagt Freiwald. »Wir müssen mit Verlusten rechnen. Eigentlich sollten wir wirklich nicht. Aber ... ich werde mir selbst ein Bild von der Lage machen.«

Freiwald braust mit Kaufmann Ahrens und einem seiner U-Boots-Leute nach Singapore. Vorn auf dem Kühler haben sie eine Rotekreuzflagge ausgebreitet. Hinten hockt ein Obergefreiter mit schußbereiter MP.

Verbrannte Dörfer. Eingeäscherte Bahnstationen. Überall Spuren grausamer Kämpfe im Dschungel. Manchmal fahren sie ganz dicht an Partisanengruppen vorbei, an einheitlich uniformierten Chinesen. Die Gelben tragen graugrüne Hemden. Sie haben Tropenmützen aus gleicher Farbe auf dem Kopf. Die Mützen schmückt vorn ein fünfzackiger Stern. Der Stern ist von blutroter Farbe.

Es sind gelbe Rote. – Die automatischen Waffen stammen aus den USA. Die Partisanen lassen den PKW ungeschoren. Sie grüßen sogar umgänglich freundlich. Für sie sind diese Insassen Weiße. Ihr Kampf gilt den Japanern.

Die Japaner in Singapore lassen sich auf nichts ein. Die dem kämpfenden Heer attachierte japanische Admiralität antwortet nicht einmal auf die deutschen Bedenken. Sie teilt nur in lakonischer Kürze mit:

An zwei hintereinander folgenden Tagen treffen je fünfzig LKWs in Batu Bahat ein. Diese werden die deutschen Soldaten und ihre Sachen abholen.

Am übernächsten Tage beginnt der Rücktransport.

Den größten Teil des Proviants können sie mitnehmen. Freiwald stattet dem malayischen Bürgermeister von Batu Bahat einen Besuch ab. Er übergibt ihm das Depot mit den Resten des Proviants. Für die Armen der Stadt. Die Übergabe wird zu einem feierlichen Akt.

Eine Stunde später, nachdem die Deutschen mit den japanischen LKWs abgebraust sind, werden die Depots geplündert. Die Polizei plündert mit.

Die Rückfahrt ist so verrückt wie es das ganze Durcheinander ist. Die einzigen Verluste, die auftreten, haben die Japaner. Während die Deutschen auf den Wagen sitzen, die Beine herunterbaumeln lassen und die aus dem Proviantlager freigegebenen Cognacbuddeln schwenken, knallen die Japaner Schreckschüsse in die grünen Mauern des Dschungels zu beiden Seiten hinein. Die Sonnensöhne sind reichlich durch den Wind. Sie achten nicht darauf, wann die LKWs die Serpentinen hinabfahren oder hinaufkeuchen. Sie knallen weiter. In ihrem Eifer beschießen sie in den Kurven ihre eigenen Leute.

Der Dschungel tritt zurück. Die Ebene liegt vor ihnen. Niedergebrannte Dörfer, verödete Gummiplantagen, brachliegende Felder.

In Johore, der letzten Stadt vor Singapore, kommt es zu turbulenten Szenen. Die malayischen, chinesischen und indischen Bewohner jubeln den Deutschen begeistert zu. Sie schwenken Fahnen: englische, russische, chinesische und amerikanische. Die Deutschen werden von den Eingeborenen für Alliierte gehalten. Daß sie es nicht sind, spielt keine Rolle. Sie sind Weiße. Das genügt!

Die deutschen Lords winken jovial zurück, sie schwenken die Buddeln. So haben sie sich alle einmal das Kriegsende vorgestellt.

Bejubelt, begrüßt, gefeiert ...

Die Japaner sind die einzigen, denen böse Blicke gelten. Dabei sind sie de facto noch immer die Herren im Lande. Ihre Waffen zeigen sie nicht.

Kapitänleutnant Rasner ist abgesprungen. Er spricht malayisch. »Für wen kämpft ihr eigentlich?«

»Für wen ...?« kommt es zurück. »Gegen die Japaner.«

Das wenigstens scheint klar zu sein.

In Pasir Pandjang endet die Fahrt, hier in der alten, jetzt kahlen Unterkunft. Was die deutschen Seeleute vor drei Wochen hier zurückließen, haben sich die Eingeborenen unter den Nagel gerissen. Daß die Germans zurückkommen, daran dachte keiner von ihnen auch nur im Traum.

Ein paar Tage später sind die Sachen wieder da. Die Chinesen, die Malayen und auch die Inder der Umgebung verstehen plötzlich Deutsch, als sie nur von weitem die Suchkommandos sehen.

Und noch etwas taucht auf: PKWs aller Klassen und Größenordnungen. In ihnen sitzen Chinesen, als seien sie da hineingeboren. Die Chinesen, das schlaueste Volk aller Völker, hatten eigene und andere Kraftwagen auseinandergenommen, bevor die Japaner das Land besetzten. Ein Rad versteckten sie bei der Großmutter, das andere beim Großvater, den Motor bei der Tante ... Nun, da die Herrschaft der Japaner endgültig gebrochen und die Kapitulation nur noch eine Frage von Tagen ist, finden die Wagenteile wieder zueinander. Später, als die Engländer kommen, sind sie allerbestens motorisiert. Und da die Chinesen der Briten Bundesgenossen sind, gibt es auch keine Handhaben, an diese fahrbaren Untersätze heranzukommen. Es sei denn, man ist bereit zu zahlen, was gefordert wird. Und diese Preise sind chinesisch ...

Kein Japaner bewacht jedenfalls das Lager mit den Deutschen.

Die ›Preußen Ostasiens‹ haben jetzt mit sich selbst genug zu tun. Sie bereiten sich auf das unausweichliche, bittere Ende vor. Als in jenen Tagen vor Malaya ein alliiertes Geschwader gesichtet wird, das zwar wieder abdreht und nicht, wie erwartet, die Invasion einleitet, kommt es überall in Singapore zu feierlichen Kundgebungen. Auf allen öffentlichen Plätzen versammeln sich, getrennt voneinander, japanische Zivilisten und Soldaten. Zu ihnen spricht der Oberkommandierende von Malaya und Singapore: »Brüder! Es ist soweit. Nehmt Abschied von den irdischen Gütern. Wappnet euch ...«

2.
Als das Sonnenbanner unterging

Als Japan kapituliert, am 15. August 1945 [32], entbindet der Tenno seine Soldaten vom Harakiri-Tod. Nur einige finden sich nicht damit ab. Sie stürzen sich aber nicht in das Samurai-Schwert. Total betrunken, sprengen sie sich mit Handgranaten in die Luft. Kein Zweifel, daß die Soldaten bis zum letzten Augenblick gekämpft haben, daß alle Japaner Harakiri begangen haben würden, hätte ihnen Kaiser Hirohito nicht befohlen: »Legt die Waffen nieder. Kämpft nicht mehr weiter. Ergebt euch.«

Die Deutschen im Lager Pasir Pandjang läßt man vorerst in Ruhe. In Singapore ziehen inzwischen wieder Engländer ein. Aber noch immer geschieht nichts bei den deutschen Seeleuten. Proviant ist noch genügend vorhanden. Nun, man hat hier in Fernost das Warten gelernt ...

Hein Gummi kehrt eines frühen Morgens von einem Rendezvous am Stadtrand zurück, denn in der Nacht sind alle Katzen grau. Ein Weißer ist tabu. In Singapore kann ein Weißer jetzt nur ein Brite sein. Müde von dem langen Fußmarsch bummelt er, die Hände in den Hosentaschen, über den Vorplatz hin. Da hört er hinter sich Motorenlärm. Es sind LKWs.

Die, die von den Wagen herabspringen, sind Weiße. Magere, ausgezehrte Gestalten, die sich lärmend und laut rufend auf die deutschen Unterkünfte stürzen. Die Weißen sind jene Engländer und Australier, die bei den Japanern in Gefangenschaft geraten waren.

Sie kommen, um den deutschen Seeleuten Dank zu sagen. Dank

für die Zigaretten und die Lebensmittel, die ihnen die Seelords an bestimmten Plätzen, wo sie für die Japaner schwere körperliche Arbeiten verrichten mußten, für sie versteckt hatten.

Einen von den Deutschen umringen die Australier mit besonders heftigem Lärm. Ihm donnern ihre Hände auf die Schultern.

Hein Briesicke, noch immer nicht ganz da, schiebt sich durch das Gedränge heran. Er befürchtet Schlimmes. Aber dann hört er die Stimme seines Kameraden: »Prima, ihr alten Säcke, daß ich euch noch mal wiedersehe. Ihr habt ja direkt wieder Saft in den Knochen!«

Jetzt erst fällt der Groschen beim Marinehauptgefreiten aus Berlin-Moabit, gerade in dem Augenblick, als er die Fäuste ballt, um Reinschiff zu machen. Der, den die Australier umjubeln, ist ein Obermaat von Freiwalds Boot.

Damals: Er war mit einer Gruppe Kameraden von U 181 im Hafen von Singapore unterwegs. Hier trafen sie gefangene Weiße. Ehemalige australische Soldaten unter japanischer Bewachung. Da passierte es, daß einer der Wachtposten einem der Gefangenen einen Fußtritt gab. Das war zuviel für den Obermaaten. Ein Pfiff – und die japanischen Wachsoldaten kannten sich nachher nicht wieder. Sie hatten Köpfe wie Poller auf der Holtenauer Schleuse. Sie sahen auch nichts mehr. Nicht einmal mehr ihre Waffen. Die allerdings konnten sie auch nicht mehr sehen, die lagen im Bach.

Es kam nichts nach dieser handfesten Belehrung. Die weißen Gefangenen aber vergaßen sie nicht.

Australier wie Engländer sind sich einig in der Versicherung: »Wenn ihr uns braucht, nennt unsere Namen. In Europa geht man mit deutschen Soldaten gar nicht sanft um. Denkt daran, daß ihr an uns Freunde habt!«

SECHSTER TEIL

Ein Vermißter taucht auf: Der WI von U-Jebsen

»Es war am 4. 4. 44, 4.44 Uhr in Kiel-Wik, als der Fliegeralarm endlich vorüber war. – Man gönnte uns nicht einmal diese letzte Nacht.

7 Uhr trat die Besatzung vor dem Boot an. Der Flottillenchef verabschiedete uns, die wir auf des Kommandanten Befehl danach auf Manöverstation eilten.

Auf dem Pier vor der *St. Louis* hatten sich viele Verwandte, Freunde und Kameraden eingefunden. Das Stützpunktpersonal war angetreten, und eine Marinekapelle spielte Marschmusik. Wir wurden mit Blumen übersät.

Rührende Abschiedsszenen spielten sich ab.

Hier war es eine Mutter, dort eine Frau, die ohnmächtig zusammensank, nachdem sich die Lippen zum vielleicht letzten Kuß vereinten.

»Achterleinen los«, das nächste Kommando. Die wachfreie Mannschaft stand an Oberdeck. Alle im grauen U-Boot-Kleid. In ihren Gesichtern zeigten sich harte Züge. Viele fuhren zum erstenmal auf Feindfahrt. Alle bedrückte eine Ungewißheit. Niemand wußte, wohin es ging.

Wir ahnten es aber.

Als letzter sprang ich an Bord. Die Achterleinen waren bereits losgeworfen, und beide E-Maschinen liefen kleine Fahrt. Gegen alle Vorschrift und Praxis ließ der Kommandant die Dieselmotoren anfordern. Er wollte schnell aus dem Gesichtsfeld der Zurückbleibenden herauskommen.

Marschmusik, Rufe, Kommandos gingen im Motorengeräusch unter. Nur mit dem Glas vermochte man von der Brücke aus noch einzelne Personen zu erkennen.

Für das bloße Auge verschwanden die Gesichter in einem Meer winkender Taschentücher, Blumensträuße und Mützen. Nach einer halben Stunde passierten wir das Marineehrenmal.

Als letzten Gruß legten wir die Hand an unsere Mütze und gedachten derer, die im Ersten Weltkrieg auf den Meeren ihr junges Leben ließen.

Und was steht uns bevor?

Gut, daß es niemand weiß ...«

Horst Klatt schildert nun den Weitermarsch nach Norwegen, wo U 859 Christiansund-Süd anläuft, das inzwischen verbrauchte Treiböl und den Proviant ergänzt und dann mit dem für Japan bestimmten U 1224, einem IX C-Boot, das unter japanischer Besatzung übergeführt werden soll, zur eigentlichen Unternehmung ausläuft. [33] Lediglich der Navigationsoffizier und der Funkmeister für die Funkmeßgeräte sind auf U 1224 deutsche U-Boot-Fahrer.

Dieses Boot, das sei vorausgeschickt, ging bereits im Atlantik verloren. Am 13. Mai 1944 wurde es nordwestlich der Kap Verden von USS *Francis M. Robinson* versenkt.

Über den ersten Teil der Unternehmung von U 859 ist zwar manches Interessante, aber im Hinblick auf das zu klärende Endschicksal des Bootes nichts sonderlich Wesentliches zu sagen.

Allenfalls, daß die bedrückende Enge im Boot aus der Perspektive eines Technikers vielleicht besonders plastisch wirkt – und damit auch die zusätzlichen Belastungen deutlicher werden ...

Horst Klatt notierte:

»Das Boot ist buchstäblich bis zur Decke mit Proviant, Reserveteilen und Munition vollgestopft. In den Mannschaftsräumen, dem Bug- und Heckraum sind die Kojen mit Reservetorpedos belegt. Die wachfreien Seeleute schlafen in allen Stellungen, wo sich nur ein freies Fleckchen zeigt. Grundsätzlich wird in Kleidung, in nördlichen Breiten im Lederzeug geschlafen. Und mit umgehängter Schwimmweste. Im Dieselmotorenraum sind die Flurplatten mit Kisten, die auf der Werft mit Durchbrüchen für die Bedienungsgestänge der Bodenventile angefertigt worden sind, ausgelegt worden. Nur im gebückten Zustand kann man zur Zentrale gelangen. Auch hier wird jeder freie Platz ausgenutzt. Im Funkraum hat der Funker kaum Platz. Stühle gibt es keine, Proviantkisten ersetzen sie. Auch der Offiziersraum ist mit Kisten ausgelegt. Hier dienen Eierkisten als Sitze. Die Offiziere haben hier nicht mehr Platz zur Verfügung, als in einem D-Zugabteil. Spindraum ist kaum vorhanden. Wer sich einen freien Raum von 40 x 40 x 60 cm vor dem Zugriff des ›Proviantstaumeisters‹ für Privatzwecke erschleichen kann, der ist überglücklich. Die Kombüse ist sogar geräumig zu nennen, ein Mann, der Smutje, kann sich hier sogar um seine eigene Achse drehen. Das will auf unserem Boot etwas heißen, denn er hatte eine wohlproportionierte Figur. Im OF-Raum und U-Raum herrscht die gleiche Enge wie in den übrigen Wohnräumen. Im Bug-Torpedoraum sieht man vor Torpedos keine Kojen mehr.

Wir haben den verständlichen Wunsch, recht bald Feindberührung zu bekommen. Jeder Aal, der ein Rohr verläßt, schafft Luft ...

Mitte April 1944 schlagen wir NW-Kurs ein. Wir steuern durch den berüchtigten Rosengarten zwischen Island und den Faröern. Auf seinem Grund liegen viele Boote. Hier wünscht man sich starken Seegang, weil dieser eine Ortung durch Flugzeuge und Bewacher erschwert. Uns aber ist das Glück nicht hold. Trotz Nordlicht und Schneestürmen kommen wir über einen Seegang 5 – 6 nicht hinaus.

Das erste Alarmtauchen! Auf 90 m Tiefe wurde gehorcht, ob ein Schraubengeräusch auszumachen ist. Nichts ist zu hören. Nach einer Stunde tauchten wir wieder auf, um die Batterie aufzuladen. Nicht lange bleiben wir oben, denn nach einer dreiviertel Stunde werden wir wieder geortet. Diesmal ohne Alarmglocken. Die schrillen Töne machen die Besatzung nur nervös. Auf Sehrohrtiefe wird der Schnorchelluftmast aufgerichtet, die Batterien werden aufgeladen. Auf dem Schnorchelkopf ist ein Beobachtungsgerät angebracht. Der Funker stellt fest, daß selbst der Schnorchelkopf geortet wird. Trotzdem setzen wir die Schnorchelfahrt fort. Durch den Seegang schneidet der Schwimmer laufend unter. Die Motoren kommen gegen den hohen Abgasdruck nicht mehr an. Die Sicherheitsventile blasen die giftigen CO-Gase ins Boot ab. Mehrere Matrosen fallen um und können nur mit dem Sauerstoffgerät wieder zu Bewußtsein gebracht werden. Alle sind völlig schwarz im Gesicht.

Der Luftdruck im Boot fällt von 1000 auf 750 Millibar. Die Dieselmotoren saugen bei einem solchen Unterschneiden ihre Verbrennungsluk aus der Bootsluk heraus.

Am nächsten Tag passieren wir zwei Bewacherlinien, die mit S-Geräten das nasse Element abgrasen. Nerventötend sind die Ortungsgeräusche. Es hört sich an, als wenn Erbsen gegen den Druckkörper geworfen werden. Im Boot werden Gummimatten ausgelegt. Es darf nur geflüstert werden. Die E-Maschinen laufen Schleichfahrt. Die Tiefenruder werden von Hand bedient, da die Relais beim Stromwechsel starke Geräusche verursachen. Die Bewacher werfen in unregelmäßigen Abständen Schreck-Wasserbomben.

Wenn auch diese Wabos noch recht weit von uns entfernt detonieren, so verursachen sie einen mörderischen Krach. Sie haben, wenn auch keine vernichtende, so doch eine starke moralische Wirkung. Wir nutzen diese Detonationen, um mit AK-Fahrt die Position und die Tiefe zu wechseln.

Frühjahrsstürme brausen über den Nordatlantik. Mit vereistem Regenzeug kommt die Wache von der Brücke. Wegen des Schneesturms können die Gläser nicht benutzt werden. Es wird auf Sicht gefahren. Die Brückenwache schnallt sich an. An Oberdeck klappern Bleche und Rohre. Vom Turm lasse ich mich anseilen und betrete das Oberdeck, um mit einem Schlüssel die losgelösten Schrauben nachzuziehen. Zweimal werde ich über Bord gespült. Die Leine zerrt mich wieder an Deck. Anderthalb Stunden dauert diese Reparatur. Sie ist aber so wichtig für das Boot und seine 68 Mann Besatzung. Das Thermometer fällt auf vier Grad plus. Alles friert an Bord.

Wir sind für die Tropen ausgerüstet worden, und jeder nahm sich persönlich nur etwas wollenes Zeug mit. Und die wenigsten haben Platz, es überhaupt zu verstauen.

Ende April drehen wir endlich auf südlichen Kurs.«

In diesen Tagen hat U 859 seinen ersten Erfolg. Ein über eine Horchpeilung ausgemachter und aufgelaufener Frachter, von Kapitänleutnant Jebsen auf 6000 BRT geschätzt, wird aus einer Entfernung von 400 m mit einem Zweierfächer versenkt. Am 6. Juni passiert das Boot die Linie und erreicht ohne nennenswerte Vorkommnisse oder Behinderung den Südatlantik. In der Zeit vom 28. bis 30. Juni steht U 859 knapp zehn Seemeilen vor dem Hafen von Kapstadt ...

Horst Klatt darüber:
»Durch das Sehrohr ist der Tafelberg gut auszumachen. Wir legen uns direkt vor die Hafeneinfahrt und warten auf dicke Brocken. Nichts ereignet sich. Die starke Strömung zieht uns in gefährliche Bereiche, in die Nähe von Fischerbooten. Nachts tauchen wir auf. Kapstadt kennt keine Verdunkelung. Die Leuchtfeuer brennen. Sturm und Seegang nehmen inzwischen immer mehr zu: Winterstürme.

Die Temperatur auf der Brücke beträgt 15 Grad Celsius. Vom Tafelberg her haben wir im FuMB Ortungen. Die Leute am Radar da drüben scheinen zu schlafen. Bei Seegang acht bis neun ist aber auch eine Ortung schwierig. Wir bleiben nachts oben und warten.

Einen, zwei, drei Tage.

Am 29. Juni erleben wir Seegang in Stärken zwischen neun und zehn. 80 Prozent der Besatzung sind seekrank ...

Nach dieser Aktion läuft das Boot in Richtung ›roaring forties‹ in den Indischen Ozean ab. Am 1. Juli wird die Passiermeldung gefunkt. Jebsen hofft, in der Nähe des Kriegshafens Port Elizabeth Ziele zu finden. Obwohl er sich dem Hafen bis auf 30 Seemeilen nähert, kommt kein Schiff in Sicht. Nur die Ortungen mehren sich, sie werden immer stärker. Wegen der starken Gegenströmung schafft das Boot, das mit 130 Grad unter Wasser abläuft, nur ganze 40 Seemeilen pro Tag.

Am 8. Juli läßt Jebsen auftauchen, um die Seeschäden nach dem Orkan zu kontrollieren. Es herrscht strahlender Sonnenschein. Kaum aufgetaucht, wird U 859 von einer ›Catalina‹ angegriffen. Erst beim dritten Versuch des mit der Flak abgewehrten Gegners gelingt es Jebsen, sein Boot in die rettende Tiefe zu fahren, nachdem es ihm vorher glückte, alle gezielt geworfenen Bomben und Wabos auszumanövrieren. Ein Seemann von der Flak, der Matrosengefreite Boldt, ist bei dem Zweikampf zwischen Flugzeug und U-Boot gefallen; der IIWO, Leutnant zur See Lask, ist schwerverwundet. Seine Schädeldecke ist gebrochen; einige Granatsplitter sind bis ins Kleinhirn gedrungen. Stabsarzt Dr. von Gehlen verwandelt die O-Messe in einen Operationsraum.

Die Operation glückt.

Drei Stunden später ruht Lask in seiner Koje. Hier aber muß er festgebunden werden. Er phantasiert, er will immer wieder auf die Brücke.«

U 859 läuft mit Schnorchelfahrt* über 130 Stunden in 180 Grad unter Wasser ab. Bei jedem Auftauchen werden Radarortungen in großer Lautstärke gemessen. Mitte Juli operiert U-Jebsen zwischen Madagaskar und der Insel Réunion, und Anfang August sucht es im Raum vor Sansibar nach Zielen. Als auch hier kein Frachter zu sehen oder über das GHG zu orten ist, versucht Jebsen zwischen der Insel Sokotra und der Brüder-Insel in den Golf von Aden einzudringen. Dieses Vorhaben scheitert an der starken Gegenströmung. So muß das Boot die Insel Sokotra umrunden. Es muß den längeren Anmarschweg wählen, also mehr Treiböl verbrauchen. Hinterher legt es sich auf dem bekannten Schiffahrtsweg auf 90 Meter Wassertiefe auf den Grund.

Der WI, Horst Klatt, berichtet:

»In der zweiten Nacht gehen die Leuchtfeuer von Kap Guardafui an. Ein Geleitzug ist im Anmarsch. In der Morgendämmerung des 6. August werden zwei Truppentransporter gesichtet. Sie werden von zwei Flugzeugen und vier Zerstörern und Korvetten gesichert. Wir stehen in ungünstiger Position und werden durch die starke Unterwasserströmung 14 Seemeilen unterhalb der afrikanischen Küste in 35 Meter Tiefe auf Grund gesetzt**. In der Nacht sind wir dann in östlicher Richtung aus dem Golf herausgelaufen.«

Mitte August entdeckt U-Jebsen in Höhe des Neun-Grad-Kanals vier Stunden nach der Dämmerung einen Tanker. Obwohl das 12 000 BRT*** große Schiff von zwei Korvetten gesichert ist, glückt ein Unterwasserangriff mit einem Dreierfächer. Danach

---

* U 859 war das erste und blieb das einzige Schnorchel-U-Boot im Indik.

** Bemerkenswert sind immer wieder diese Feststellungen über ›starke Unterwasserströmungen‹, die den deutschen U-Boot-Kommandanten offenkundig nicht bekannt gewesen sind.

*** Lt. Aussage Klatt.

taucht U-Jebsen auf und löst noch einen vierten Torpedo. Dieser Treffer im Vorschiff besiegelt das Schicksal des Tankers, der nun ausbrennt. Die Korvetten, die erst auf U-Jebsen zudrehten, laufen ab, als das U-Boot taucht. Aus Angst vor dem deutschen Wunderaal? Oder, um die Besatzungsmitglieder des Tankers zu bergen? Fast zur gleichen Stunde des nächsten Abends wird ein stark zackender Schnelläufer beobachtet. Obwohl er zeitweise außer Sicht kommt, glückt das Vorsetzmanöver noch kurz vor der Morgendämmerung. Das Boot taucht in guter Schußposition. Der Gegner, durch einen Zweierfächer aus 800 Meter Entfernung torpediert, sinkt in wenigen Minuten. Es gelingt ihm aber, noch vorher Notsignale und seine Position zu funken. Jebsen setzt sich daher mit großer Fahrt nach Osten ab. Zwei Tage später, quasi zur ›Programmzeit‹ entdeckt der Ausguck wieder einen Schatten. Nach einer fünf Stunden andauernden Verfolgung wird der Schatten, ein ca. 8000 BRT großer Frachter, durch einen Dreierfächer versenkt. Auch in diesem Fall handelt es sich um einen besonders schnellen Einzelfahrer.

U-Jebsen operiert nun südlich der Gewässer von Ceylon bei den Andamanen und den Chagos-Inseln. Hier werden eines Tages – es ist Anfang September – besonders starke Schraubengeräusche von Turbinenschiffen festgestellt. Das Boot geht auf Sehrohrtiefe. In südlicher Richtung werden ein Flugzeugträger, mehrere Kreuzer und Zerstörer, auf Südkurs liegend, beobachtet. Wegen der hohen Fahrt der Gegnerschiffe ist ein Vorsetzen unter Wasser unmöglich, und ein Auftauchen wäre einem Selbstmord gleichgekommen. Auf zwölf Seemeilen Entfernung einen Torpedotreffer anzubringen, schien Kapitänleutnant Jebsen mehr als eine Frage des Glücks.

Wie in den Monaten zuvor, operiert U 859 weiter nur während der Nacht für drei bis vier Stunden über Wasser. Tagsüber fährt es getaucht.

Als Kapitänleutnant Jebsen am 21. September auftauchen läßt, steht U 859 ungefähr 150 Seemeilen westlich der Nordspitze von Sumatra. Hier funkt der Kommandant die Einlaufmeldung für Penang.

Folgen wir nun der Schilderung von Horst Klatt im Wortlaut:

»Nach der Antwort vom Stützpunkt Penang sollen wir am 23. September am Aufnahmepunkt mit U 861, U-Oesten, zusammentreffen. Die Position dieses Treffpunkts liegt südlich von Polu Butang. Beide Boote sollen im Schutz von Geleitfahrzeugen durch den minenfreien Weg durch die Malakkastraße geschleust werden. Penang weist darauf hin, auf eine deutsche Arado zu achten. Die Wassermaschine würde über dem Aufnahmepunkt kreisen.

Wie befohlen, stehen wir am 23. auf der bezeichneten Position. Weder U 861 noch die Geleitfahrzeuge kommen in Sicht. Nebel und Monsun-Regen behindert die Beobachtung. Schließlich läßt der Kommandant erneut einen Funkspruch absetzen. Er lautet in lakonischer Kürze: »Geleitfahrzeuge verfehlt.«

Als Antwort erfahren wir über den Chef im Südostraum, U-Oesten könne erst einen Tag später auf dem Treffpunkt stehen, um aufgenommen und eingebracht zu werden. Wegen der hier besonders akuten U-Boot-Gefahr solle U 859 nicht weiter auf und ab stehen, sondern vielmehr mit unbedingt verstärkter Brückenwache einlaufen: Also ohne Geleitschutz und allein.

Als Gefechtswache ziehen auf U 859 dreizehn Mann auf. Als an Backbord nach einer Feindfahrt von 173 Tagen Land in Sicht kommt, scheint sogar die Sonne. Kapitänleutnant Jebsen erlaubt seinen Männern im Turnus der Abwechslung eine ›smoketime‹ auf der Brücke. Es herrscht Seegang in Stärken vier bis fünf. Später wird es neblig und diesig.

Die Stimmung an Bord ist gut, denn die vier Wimpel, die am Sehrohr für die versenkten 33 000 BRT wehen, bekunden einen guten Erfolg. Er liegt weit über dem Durchschnitt der Operationen der letzten Monsun-U-Boote.

Die Bärte müssen abgenommen werden, um gegnerischen Agenten im Südostraum keine Anhaltspunkte über die Dauer der Unternehmung zu geben. Für den Empfang in Penang wird bereits Tropenzeug ausgegeben.

Als U 859, das über 20 000 Seemeilen* zurückgelegt hat und dennoch 17 Kubikmeter Treiböl in seinen Bunkern fährt, vor der

---

* Während der Dauer der Gesamtoperation lag der normale Fahrbereich bei 32 700 Sm. bei 12 Kn. Marschfahrt über Wasser.

Ansteuerungstonne von Penang steht, befiehlt Kapitänleutnant Jebsen alle Offiziere zur Einlaufbesprechung in die O-Messe. Während dieser Zeit übernimmt der IIIWO, der Obersteuermann die Brückenwache. Das Echolot zeigt bereits Wassertiefen von weniger als 80 Metern an.

Im Offiziersraum sitzen der Kommandant, Kapitänleutnant Jan Jebsen, der LI, Kapitänleutnant (Ing.) Kiehn, der IOW, der vom Hilfskreuzer *Thor* kommende Oberleutnant zur See Schnitzler und der IIWO, Leutnant zur See Lask. Trotz gut überstandener Operation ist dieser aber noch nicht als WO einsatzfähig. Immerhin, das dürfte in diesem Zusammenhang interessieren, besserte sich sein Gesundheitszustand von einem Tag zum anderen. An der Besprechung nehmen ferner teil: der Bordarzt, Stabsarzt Dr. von Gehlen, und der Wachingenieur, Horst Klatt.

Kapitänleutnant Jebsen hatte gerade die Wacheinteilung für die Hafenliegezeit bestimmt, und er befaßt sich nun mit der problematischen Werftüberholung, als ich ihn um eine vorübergehende Abwesenheit bitten muß. Nur zögernd gibt er mir seine Genehmigung, gerade jetzt zum WC gehen zu dürfen. Ich sehe noch, wie er einen Blick mit Dr. von Gehlen wechselte, und ich möchte annehmen, daß er aus des Stabsarztes Miene herauslas, daß die tropischen Verhältnisse auch in dieser Beziehung Ausnahmen fordern.

Ich verlasse also die O-Messe, und ich ahne nicht, daß ich keinen Teilnehmer dieser Besprechung wiedersehen werde. Kaum habe ich im vorderen WC, im Unteroffiziersraum, die Tür abgeriegelt, da hörte ich einen kurzen, metallisch klingenden Schlag. Gleichzeitig ist eine kaum fühlbare Erschütterung des mit 15 Knoten Marschfahrt in Richtung Penang dahinackernden Bootes zu spüren. Nur Bruchteile einer Sekunde später erdröhnt eine gewaltige Detonation.

Das ganze Boot wird buchstäblich angehoben, es macht einen regelrechten Sprung. Mit dem Kopf zuerst werde ich mit fürchterlicher Wucht gegen den Druckkörper geschleudert. Den Aufprall vermag ich aber noch zu mindern, instinktiv hatte ich beide Hände vor den Kopf gerissen.

Schreie gellen durch das Boot. Schrille Schreie und laute Rufe. Das Licht ist aus.

Ich spüre, wie das Boot wegsackt, daß es absäuft ... Je mehr es in die Tiefe fährt, um so stärker wird der Druck auf meinen Ohren. Ich versuche, den Vorreiber vom WC-Schott zu öffnen. Aber durch die Treffereinwirkung klemmt er. Meine beiden Hände schmerzen. Durch den stoßähnlichen Aufprall am Druckkörper sind beide Gelenke verrenkt. Und dann fühle ich auch die wahnsinnigen Schmerzen am Kopf. Als ich mit der rechten Hand über die Haare und über das Gesicht streiche, spüre ich, daß ich blute. Am Kopf? Im Gesicht? Zum Nachdenken bleibt jetzt keine Zeit.

Es muß etwas geschehen. Ich muß raus aus dem WC-Schapp. Ich klopfe und schlage gegen die Tür. Keiner kommt, um sie zu öffnen. Wer an Bord noch lebt, wird mit sich selbst zu tun haben. Im WC steht das Wasser bereits bis zur Tür-Rosette. Ich rufe, rufe und rufe.

Meine Schreie brechen sich in dem engen Raum; im Boot aber scheinen sie in den anderen Geräuschen unterzugehen.

Schließlich versuche ich noch einmal mit einem Vierkantschlüssel, die Tür mit Gewalt zu öffnen. Der Ausbruch gelingt. Ich werde sofort vom Wasser erfaßt und in den Unteroffiziersraum gespült.

Im Schein der Notbeleuchtung ist die verheerende Wirkung des Treffers zu erkennen: Kojen, Kojenzeug, Zigarettenschachteln und andere Dinge schwimmen zwischen leblosen Körpern auf öligem, ständig ansteigendem Wasser.

Ich versuche, über den OF-Raum durch die Kombüse und die Offiziersmesse in die Zentrale zu gelangen. Ein entsetzliches Bild springt mich auf diesem Weg an:

Im U-Raum erlebe ich einen Maschinenmaaten, der anscheinend seinen Verstand verloren hat. Der Mann versucht, in seinen kleinen Spind hineinzukriechen. Ich rede auf ihn ein, um ihn davon abzubringen ...

Mit starrem Gesichtsausdruck gibt er mir zu verstehen, daß er mit seiner Frau zusammen sterben wolle. Ich muß ein paarmal fragen, ehe ich begreife, was er meint ...

Doch dann wird es mir klar: Im Spind sind die Bilder von seiner Frau und seinen Kindern.

Als ich den Verzweifelten bei einem erneuten Versuch, in den

Spind hineinzukriechen, mit aller Gewalt herauszerren will, greift er mich tätlich an.

Ich muß ihn abschütteln. Dann aber kann ich mich nicht mehr um ihn kümmern.

Ein anderer Maat hat seine Schlafmatratze unter dem Arm und schwimmt zum Bugraum hin, denn hierhin haben sich die Überlebenden gerettet. Er schafft es nicht. Plötzlich wird er besinnungslos. Er fällt in den U-Raum zurück.

Nun aber blockiert die Matratze des Unteroffiziers das Bugraumluk. Es läßt sich nicht mehr schließen, obwohl mehrere Seeleute es versuchen.

Für mich ist das ein Glück, stehe ich doch in diesem Augenblick noch zwischen dem OF-Raum und der Kombüse. Hier versuchen gerade zwei Mann das darüber befindliche Luk zu öffnen. Aber das Schwitzwasser und die Dämpfe vom Kochen haben offenbar einen so starken Rostansatz verursacht, daß sich das Handrad auch mit Gewalt nicht bewegen läßt.

Ein Blick in den Offiziersraum: Was ich sehen kann, ist ein grausiges Bild der Verwüstung. Genau hier muß der Treffer erfolgt sein. Eisenteile versperren den Durchgang zur Zentrale. Nirgendwo ist noch eine Spur von Leben.

Gelbe Schwaden ziehen durch die Räume. An dem beißenden Geruch merke ich, daß es Chlorgase sind. Es wird also höchste, allerhöchste Zeit, in den letzten, noch sicheren Zufluchtsort, in den Bugraum zu schwimmen.

Ich arbeite mich in das Vorschiff zurück und tauche durch das vordere Torpedoluk in den Bugraum hinein. Er steht bereits zu 75 Prozent unter Wasser.

Kaum habe ich ihn betreten, dröhnt eine neue Detonation durch das Boot. Eine der beiden Batterien ist explodiert.

Durch die Abluftleitungen dringen die giftigen, tödlichen Chlorgase jetzt auch bis zu uns hinein. Die Rosetten werden geschlossen. Wir sind zwölf Mann, die sich nach hierhin gerettet haben. Sind wir zwölf, dreizehn oder nur elf? Genau vermag man das in und bei diesem Zustand nicht zu zählen. Wohl aber stelle ich fest, daß die meisten Männer und einige Maaten der seemännischen Freiwache angehören.

Weder ein Offizier, noch ein Feldwebel ist unter denen, die überlebten. Diese, daran ist kein Zweifel, löschte der Explosionsdruck der Torpedodetonation aus. Ich allein blieb also übrig. Mich verschonte die Druckwelle im WC.

Von den zwölf Mann im Bugraum verfügen nur sieben über einen Tauchretter. Sie haben ihn bereits umgelegt. Die anderen suchen. Sie tauchen, aber sie haben kein Glück. Weitere Tauchretter sind nicht zu finden. Die Unruhe und die Aufregung, namentlich unter den jüngeren Matrosen, werden nur noch größer. – Einige beten. – Andere weinen. – Wieder andere jammern leise vor sich hin. – Und ein paar von denen, die keinen Tauchretter haben, halten vaterländische Reden – bis die giftigen Chlorgase ihre Lungen zerfressen haben.

Wir hingen nun an den Deckenventilen. Noch immer steigt das Wasser weiter an.

Gleich wird auch das spärliche Licht der Batterie-Notbeleuchtung überspült sein. Ich versuche, die Leute zu beruhigen. Ich sage ihnen, daß wir uns retten können, wenn wir absolute Ruhe bewahren würden. Ich erkläre ihnen, das Wasser sei hier nur 40 Meter tief. Wenn das Boot vollends geflutet sei, würde sich das Luk ganz leicht öffnen lassen.

Ein Heizer schreit mich mit vor Angst klirrender Stimme an. Dies sei eine Lüge. Er wisse genau, das Wasser sei hier 80 Meter tief. Niemand könne hier noch aussteigen. Auch die Tauchretter würden uns nicht helfen.

Inzwischen haben zwei Maate versucht, das Luk zu öffnen.

Es klemmt. Wir brauchen einen harten Gegenstand. Ein Messer oder einen Meißel.

Weiter, immer weiter steigt der Wasserspiegel an. Am vorderen Tiefenmesser lese ich 15 Meter Wassertiefe ab. Also ist der Druckausgleich bis auf 0,8 atü ausgeglichen.

Das Luk geht aber noch immer nicht auf.

Ich weiß es: Körperliche Arbeit bei einem Druck von über 6 atü ist fast unmöglich.

Wir sind schon viel zu lange bei diesem Druck im Boot eingesperrt. Wenn wir nicht gleich das Luk öffnen, wird es aus sein. Das weiß jeder. Aber keiner spricht es aus.

Ein Bootsmaat opfert sich. Er taucht in den Nebenraum zurück. Mit einem spitzen, harten Gegenstand kehrt er zurück. Was es war, weiß ich heute noch nicht.

Zusammen mit diesem Maaten verließen noch zwei andere Seeleute den Bugraum. Sie wollen versuchen, so sagten sie, durch das Trefferloch im Druckkörper ins Freie zu gelangen. Wir haben sie nie wieder gesehen.

Das Luk zu öffnen, glückt.

Einer der Maate gibt mir das Zeichen, daß das Luk nunmehr frei sei. Er fragt nach dem Druckausgleich. Mir bleibt nur wenig Zeit, den restlichen überlebenden Kameraden zu erläutern, wie sie sich verhalten sollen:

1. Mundstück des Tauchretters erst kurz vor dem Aussteigen in den Mund nehmen ...
2. Tauchretter nur geringfügig mit Bootsluft und etwas Sauerstoff aufblasen ...
3. Nicht krampfhaft auf das Mundstück beißen, immer Luft ablassen ...
4. Versuchen, mit der Luftblase auszusteigen ...
5. Langsam aufsteigen, mit den Armen gegenrudern ...

Im Bugraum ist das Wasser mittlerweile so hoch gestiegen, daß nur noch 30 bis 40 Zentimeter Luftraum unter der Decke zum Atmen verbleiben. Hier, dicht unter der Decke, klammern wir uns an irgendwelchen Ventilen fest. Keiner kennt die wirkliche Tiefe, in der das Boot liegt.

Ein Rauschen rumort durch das Boot.

Das stählerne Luk über uns flattert. Es schlägt wild und wütend auf und nieder. Brausend und zischend entweicht die komprimierte Luft aus dem Boot.

Wasser dringt nach.

Endlich ist der Druckausgleich hergestellt. Das Luk bleibt jetzt in geöffneter Stellung stehen. Es ist eingerastet.

Es wird hell um uns.

Einige der überlebenden Kameraden sind bereits mit der aus dem Boot entweichenden Luftblase aus dem stählernen Sarg herausgerissen worden.

In die Ungewißheit hinein ...

Die anderen steigen nach. Sie klettern ruhig und ohne Aufregung durch das kreisrunde Loch hindurch. Ich bin der letzte, der letzte Lebende auf dem Meeresgrund. In dem zerfetzten Boot ruhen nur noch meine toten Kameraden. Ganz still ist es um mich. Eine unheimliche, mich beruhigende Ruhe schwebt durch den Raum.

Über mir ist die helle Öffnung. Sie zeichnet sich als grünlichblauer Kreis über meinem Kopf ab, so scharf, wie mit einem Messer geritzt. Dann und wann steigen noch ein paar Blasen auf. Wie silbern glitzernde Perlen schweben sie nach oben ... durch den grünblauen Teller hindurch ...

Langsam ziehe ich mich am Luk hoch. Ich achte darauf, daß sich mein Tauchretter nicht am Handrand verheddert, auch, daß er nicht etwa am Netzabweiser hängenbleibt.

Ich fühle, wie ich leichter werde, ich spüre den Auftrieb. Dann entschwinden meine Sinne.

Um mich herum ist nur noch ein untergründiges Rauschen. Plötzlich aber wird es ganz still. Ich glaube in einer anderen Welt zu sein. Die Augen zu öffnen, wage ich noch nicht.

Doch dann reißen mich Schreie in die Wirklichkeit zurück. Ich öffne die Augen: Um mich herum sind meterhohe Wellen. Ich schwimme auf meinem prall gefüllten Tauchretter. Das Mundstück an ihm hängt mit geöffnetem Ventil herunter. Ich muß es verloren haben, als ich für 20 Minuten das Bewußtsein verlor. Der Überdruck aus der Lunge konnte also entweichen.

Wenn mich eine See anhebt, entdecke ich einige der überlebenden Kameraden. Aber noch mehr Tote. Offenkundig sind diese Männer viel zu schnell an die Oberfläche geschossen. Blutiger Schaum bedeckt ihren Mund. Ihre Lungen sind zerrissen.

Die Schreie stammen von Verwundeten, die von zahlreichen Haifischen angegriffen werden.

Da sehe ich, dicht neben mir, meinen Aufklärer Paddy. Er liegt auf einem Schlauchboot. Paddy war nicht mit uns im Bugraum. Also sind auch aus dem Heckraum welche herausgekommen. Ein Trost in dieser Not.

Plötzlich wieder laute Rufe. Erst ist es einer, dann sind es ein paar, die immer wieder schreien. ›Ein U-Boot ... ein U-Boot ... ein U-Boot!‹

Zuerst denke ich an Oesten. Dann aber erkenne ich an der Silhouette, daß es nur ein feindliches Boot sein kann. Es kommt näher. Ich sehe Besatzungsmitglieder an Deck. Sie fischen die ersten Überlebenden heraus. Mir fällt noch etwas auf, was sich unauslöschlich in meine Erinnerung eingegraben hat:
Eines der beiden Sehrohre ist ausgefahren. An seiner Spitze hat sich ein britischer Seemann festgekrallt ... Oder hat man ihn dort sogar festgebunden? Er hält Ausschau nach Überlebenden. Immer wieder weist sein Arm in diese oder in eine andere Richtung.
Sieben, acht oder neun Mann sind bereits gerettet worden. Jetzt dreht das Boot. Es kommt direkt auf mich zu. Bei der hohen Dünung werde ich um ein Haar von dem messerscharfen Bug getroffen. Eine Leine fliegt durch die Luft, ein Tau, das man mir zugeworfen hat. Ich packe den Tampen und werde an das Boot herangezogen. Es sind wohl viele Hände gewesen, die mich herausgezerrt haben, die mich über das Oberdeck schleiften und durch ein Luk in das Innere des U-Bootes hoben.
Unten im Boot zähle ich acht Gerettete. Wir fallen uns in die Arme.«

ANMERKUNGEN

1 Anlage 2 vom Protokoll 9. VII. 41 1./SkI Ib 1321/41.
2 Auf Madagaskar sollte nur ein U-Boot-Stützpunkt eingerichtet werden – eine Planung, die einmal nicht weiter betrieben wurde, weil Hitler glaubte, daß die Franzosen dazu ihre Zustimmung nicht geben würden, und die zum anderen dann auch von den Japanern zurückgestellt wurde.
3 Vortrag in Berlin am 19. 9.1944 vor Chef des Generalstabes des Heeres. Nishi war Gehilfe des japanischen Militärattachés in Berlin.
4 Nach britischen Unterlagen (Roskill) wurden im Indischen Ozean von Januar 1942 bis Januar 1943 versenkt: Januar 13 mit 46 062 BRT, Februar 18 mit 38 151 BRT, März 65 mit 68 539 BRT, April 31 mit 153 930 BRT, Mai 4 mit 22 049 BRT, Juni 18 mit 90 322 BRT, Juli 9 mit 47 012 BRT, August 1 mit 5237 BRT, September 6 mit 30 052 BRT, Oktober 11 mit 63 552 BRT, November 23 mit 131 071 BRT, Dezember 6 mit 28 508 BRT, Januar 1943 o mit o BRT.
5 GHG = Gruppenhorchgerät.
6 Wenn man indessen die Möglichkeiten der Alliierten auf dem Gebiet solcherart Zusammenarbeit betrachtet, bedarf es keines weiteren Kommentars.
7 Skl vom 13. 2. 1943; 497/43 gKdos. Chefsache Ziffer 3.
8 Unter dem deutschen Tarnnamen *Kirschblüte* hatte dieses Boot wertvolle Rohstoffe nach Europa gebracht. T 3o übernahm diese Güter nicht etwa im Hafen, sondern erst in See. Es war am 20. April 1942 aus Penang ausgelaufen. Nach einer Versorgung aus dem japanischen Hilfskreuzer *Qikoku Maru* am 25. April fand das Boot im Indischen Ozean als Aufklärungs-U-Boot der A-Gruppe des 8. U-Boot-Geschwaders Verwendung. Dieses Geschwader hatte den Auftrag, mit Klein-U-Booten einen Spezialangriff gegen die British Eastern Fleet zu führen. I 30 klärte mit seinem Bordflugzeug am 11. Mai über Aden, am 13. Mai über Djibouti, am 28. Mai über Sansibar und am 5. Juni über Durban auf, nachdem es am 21. Mai den Raum von Daressalam durch Sehrohrbeobachtung aufgeklärt hatte. Mitte Juni wurde I 30 östlich von Madagaskar aus den Hilfskreuzern *Aikoku Maru* und *Kokoku Maru* versorgt. Am 24. Juni unternahm es einen Aufklärungsvorstoß nach Durban und wurde dann, von den Hilfskreuzern wieder versorgt, mit Rohstoffen für Deutschland beladen und als Transport-U-Boot nach Westfrankreich entlassen. Es traf am 4. August in Lorient ein. Von hier ging es, nunmehr mit für Japan wichtigen Rohstoffen beladen, am 26. August

wieder in See und kam am 11. Oktober wohlbehalten in Singapore an. Allerdings ging es wenige Tage später verloren. Auf dem Marsch nach Japan lief es am 13. Oktober auf eine britische Mine. Noch während I 30 in See stand, lief der U-Kreuzer I 8 unter dem Kommando von Captain S. Uschino am 6. Juli aus Penang aus. Außer Rohstoffen hatte dieses Boot, das deutscherseits unter dem Tarnnamen *Flieder* fuhr, noch eine vollständige japanische U-Boot-Besatzung an Bord. Diese war für das deutsche IX C-Boot U 1224 bestimmt, auf dem diese Besatzung ausgebildet werden sollte, um später unter japanischer Flagge nach Japan zu fahren und um dort der japanischen U-Boot-Waffe die bei den Agru-Front-Übungen gewonnenen Erfahrungen über die deutschen Angriffstaktiken im Handelskrieg zu vermitteln. U-Kreuzer I 8 traf auf diesem Marsch am 21. August mit U 161 (Kapitänleutnant Achilles) zusammen. Es übernahm von diesem Boot ein Funkmeß-Beobachtungsgerät, gleichzeitig steigen ein Offizier und vier Funker als Bedienungspersonal über. Am 31. August brachte ein Minengeleit das Boot in den Hafen von Brest ein. Am 5. Oktober bereits ging I 8 mit einer Ladung, die vornehmlich aus Torpedomotoren, Flugzeugkanonen und Chronometern bestand, wieder in See. Unter starker Sicherung, wieder durch Torpedoboote und Minensucher, erreichte es den freien Atlantik, wurde aber Ende Oktober nach Abgabe einer Passiermeldung von amerikanischen Flugzeugen zwei Tage lang angegriffen und, auf 60 Meter Tiefe fahrend, durch Bomben leicht beschädigt. Mehrfach vom Gegner eingepeilt, erreichte I 8 ohne Zwischenfälle am 7. Dezember Singapore, von wo es unbehindert nach Japan weiterlief. Angeregt durch diesen zweiten Erfolg, schickten die Japaner, schon im eigenen Interesse, später noch weitere Boote nach Europa. Über deren Schicksal wird an anderer Stelle noch kurz berichtet werden.

9 An sich war es Hitler, der in der Konferenz am 19. 11. 1942 den Bau von Transport-U-Booten wünschte, da er nach Übernahme von Island durch die Amerikaner den Gedanken einer plötzlichen Besetzung von Island und Schaffung einer Luftbasis dort wieder aufgenommen hatte. Skl Qu.A regte die Übergabe dieser Aufgabe an den Schiffahrtkommissar an, da diese Boote als Handels-U-Boote gebaut und als solche für Handelszwecke eingesetzt werden könnten (Blockadebrecher). Ob.d.M. sagte Prüfung der Frage zu.

10 *Breiviken*, 2669 BRT großer norwegischen Frachtdampfer; *Michael Livanos*, 4774 BRT großer Frachtdampfer unter griechischer Flagge.

11 Nomura wurde, allerdings nur für kurze Zeit, im Juli 1944, japanischer Marineminister.
Um ein Haar wäre U-Schneewind, statt in Japan einzulaufen, auf den Grund der Chinesischen See gesunken. Da auch bei der japanischen

Führung oft die linke Hand nicht wußte, was die rechte tat – oder nicht wissen durfte, passierte es: Der zuständige Seebefehlshaber war völlig ahnungslos. Als U 511 sein Seegebiet durchfuhr, griffen japanische U-Boot-Jäger an. Granaten verschiedenster Kaliber zerplatzten um U-Schneewind herum. Die japanische Kriegsflagge, des Tennos Sonnenbanner, ignorierten die Angreifer. Sie schossen nur um so heftiger. Schließlich gelang es Nomura, über Morsesprüche in japanischer Sprache seine Landsleute zu überzeugen, daß dieses U-Boot kein als Japaner getarnter Amerikaner sei. Was Nomura zu sagen hatte, paßte in keinen Seemannsspind. Diplomaten sind auch Menschen.

12 Käp'n Kölschbach, Der Blockadebrecher mit der glücklichen Hand; Koehlers Verlagsgesellschaft, Herford 1958.

13 Jochen Brennecke: Jäger – Gejagte, Deutsche U-Boote 1939 bis 945, Kapitel 25: Deutsche U-Boote in asiatischen Gewässern, Koehlers Verlagsgesellschaft, Herford 1956, pg. 306 bis 314.

14 UIT ist die Abkürzung von Untersee-Italien-Transport.

15 Da die Stützpunkte über keine ausreichenden Torpedoreserven verfügten, konnten diese Boote nur mit der Hälfte des Solls, also mit nur zwölf Torpedos ausgerüstet werden. Diese Torpedokalamität, wie auch die behelfsmäßige technische Ausrüstung der Stützpunkte, machte die Zuführung von Waffen (Ersatzrohre für die Zwozentimeter als Beispiel), Munition und sonstigem Kriegsgerät, das von japanischer Seite nicht gestellt werden konnte, zum Teil über Kampf-U-Boote notwendig. Ab Frühjahr 1944 wird sie regelrechten Transport-U-Booten der Typen IX D1, X, XIV und VII F sowie dem einen, noch in Westfrankreich liegenden ehemaligen italienischen U-Boot *Alpino Bagnolini*, jetzt UIT 22, übertragen.

16 Wie schon angedeutet, haben die Engländer die vom Kommandanten der *Eritrea* überlassenen Details über Einsatz und Versorgung von U-Booten im Indischen Ozean sehr wohl und vor allem sehr schnell zu nutzen verstanden. Sie haben begonnen, nun auch für den Indischen Ozean den Überwachungsdienst weiter auszubauen.

17 Die *Brake* wurde zunächst durch Maschinen des Geleitträgers *Battler* gesichtet, während das V-Schiff gerade zwei U-Boote (also U 188 und U 532) beölte. Die Flugzeuge führten den bei dem britischen Verband stehenden Zerstörer *Roebuck* heran, der, wie es in britischen Dokumenten heißt, das Versorgungsschiff versenkte. Roskill dazu: »This success further curtailed U-Boot operations in the Indian Ocean, and the survivers were forced to return to Penang prematurely.«

18 Siehe ›Der Fall Laconia‹, nachdem der BdU zum Schutze seiner Besatzungen und Boote jede Rettungs- und Hilfsaktion verboten hat, weil U-Boote bei einer solchen Aktion gebombt wurden.

19 Es waren die tödlichen Monate nach Auftauchen des neuen Radars beim Gegner, die Monate Mai, Juni, Juli 1943.
20 Das Boot war U 181, das durch einen Zufall zwischen Colombo und Sumatra auf U 196 traf.
21 Aus Coquimbo/Chile am 18. Mai 1941, an Japan 27. Juni.
22 Die Verständigung erfolgte in Englisch, gemischt mit chinesischen Brocken, die Vogel beherrscht. Die Tatsache, daß Chinesen kein R sprechen können (sie sprechen es wie ein L), ist in den Dialogen nicht berücksichtigt worden.
23 U 532 hatte nach einer Kollision in der Ostsee in Stettin Stahlschrauben bekommen, die in tropischen Gewässern stärker als Bronzeschrauben dem Einfluß der Korrosion ausgesetzt sind.
24 Gelbe Flagge = Admiral, General; rote Flagge = Stabsoffiziere; blaue Flagge = Oberleutnante, Leutnante. Anweisung der Stützpunktleiter: »... bei Kraftwagen muß der Gruß rechtzeitig, aber in jedem Fall erwiesen werden.«
25 Meldung des Mil. Att. Tokio vom 13. 9.1944 mit Nr. 2502 Cito Nr. 191, 3 c: Schwerpunkt des USA-U-Boot-Einsatzes bei enger Zusammenarbeit mit in China basierten Luftwaffenteilen. Auswirkung so, daß Schiffsverbindung japanisches Mutterland – Südostraum zur Zeit nahezu unmöglich.
26 Rekrutiert aus der Indischen Legion, ca. 30 000 Mann.
27 S., besonders Hafen und Werften, wurde am 24. 2. 1945 von 170 in Indien gestarteten B 39 angegriffen.
28 Siehe: Jochen Brennecke: ›Der Fall Laconia‹, Ein hohes Lied der U-Boot-Waffe, Koehlers Verlagsgesellschaft, Jugenheim.
29 Torpedo-Erprobungskommando = TEK, Junker war dessen Gruppenleiter vom November 1938 bis August 1942.
30 Nach Aussagen des heutigen Fregattenkapitäns Herwartz ist dieses plötzliche Absinken nicht, wie an anderer Stelle berichtet, auf die Explosion einer britischen Magnetmine im minenfreien Weg zurückzuführen. Das mit dem Heck schon tief im Wasser liegende Boot kippte ganz plötzlich, ruckartig, nach achtern weg.
31 Die Spannungen innerhalb der Marine sind ungewöhnlich groß gewesen. So teilte der Wehrmachtattaché Tokio mit Nr. 019/44 gKdos vom 27. 2. 1944 u. a. mit »... Heißumstritten ist Figur Minister Admiral ›Shimada‹, der mir gegenüber von höheren Offizieren als ›Laufjunge Tojos‹ bezeichnet wurde. Als Nachfolger werden Admiral ›Okada‹, früherer Ministerpräsident, sowie Admiral ›Suetsugu‹ früherer Flottenchef, genannt. Im Marineministerium herrscht derartige Spannung, daß z. B. sogar Gewalttätigkeiten nicht ausgeschlossen.«
32 Die Kapitulation wurde bereits um Mitternacht des 14. August durch

Mr. Attlee und Präsident Truman bekanntgegeben, dieweilen der 15. August als ›VJ-Day‹ in die Geschichte einging. Am 16. August stellten alle japanischen Truppen das Feuer ein, und am 2. September wurde auf dem US-Schlachtschiff *Missouri* die Kapitulation unterzeichnet. Die ersten britischen und indischen Truppen in Singapore landen erst am 5. September, am 7. September wird die Marine-Basis von Singapore vom japanischen Flottenchef der Britischen Navy übergeben (zurückgegeben). Die Kapitulation von Niederländisch-Indien und Holländisch-Borneo wird am 8. September unterzeichnet, am gleichen Tage werden in Bougainville auch Nord-Guinea und die angrenzenden Inseln übergeben. Am 9. September kapituliert eine Million japanischer Truppen in China, die Unterzeichnung erfolgt in Nanking. Am 10. kapitulieren die Japaner in Nord-Borneo, am 11. auf Holländisch-Timor und erst am 12. September wird vor Admiral Lord Mountbatten die Kapitulation von Südostasien in Singapore unterzeichnet, am 13. folgen die japanischen Streitkräfte in Burma (Rangoon), die 18. Armee in Neu-Guinea und alle Truppen in ganz Malaya. Am 14. wird die Phosphat-Insel Naura übergeben, am 16. kapitulieren die japanischen Streitkräfte in Hongkong vor Admiral Harcourt. Am 9. Oktober werden die Andamanen wieder von den Briten besetzt.

33 Diese japanische Besatzung war als zusätzliche Besatzung mit I 8 von Penang, wo das Boot am 27. Juni 1943 auslief, nach Brest gekommen, wo es am 5. September eintraf.

| Vaterland |
| 01/8902 |
| **Enigma** |
| 01/10001 |

Robert Harris

»Packend wie John le Carré. Exzellent geschrieben.«
THE TIMES

»Eine perfekte Symbiose aus Historie und Fiktion.«
DIE WELT

01/8902

01/10001

Heyne-Taschenbücher

Tom Clancy

»Tom Clancy hat eine natürliche erzählerische Begabung und einen außergewöhnlichen Sinn für unwiderstehliche, fesselnde Geschichten.«

THE NEW YORK TIMES

Tom Clancy
Gnadenlos
01/9863

Tom Clancy
Ehrenschuld
01/10337

Tom Clancy
Steve Pieczenik
Tom Clancy's OP-Center
01/9718

Tom Clancy
Steve Pieczenik
Tom Clancy's OP-Center Spiegelbild
01/10003

01/10337

Heyne-Taschenbücher

John Le Carré

Perfekt konstruierte Spionagethriller, spannend und mit äußerster Präzision erzählt.

»*Der Meister des Agentenromans.*«
DIE ZEIT

Ein blendender Spion
01/7762

Das Rußland-Haus
01/8240

Die Libelle
01/8351

Enstation
01/8416

Der heimliche Gefährte
01/8614

SMILEY
Dame, König, As, Spion
Agent in eigener Sache
Zwei George-Smiley-Romane in einem Band
01/8870

Der Nacht-Manager
01/9437

Ein guter Soldat
01/9703

Unser Spiel
01/10056

Eine Art Held
01/6565

Der wachsame Träumer
01/6679

Dame, König, As, Spion
01/6785

Agent in eigener Sache
01/7720

Heyne-Taschenbücher